거시경제학의 실세계 적용

응용

최신자료 및 연구와의 접속

이 책에서 사용하는 부호

부호	의미
A	생산성
B	정부부채
$BASE$	본원통화
C	소비
CA	경상수지
CU	비은행 민간 보유현금(통화)
DEP	은행 예수금
E	노동자의 직무열의
G	정부구매
I	투자
INT	순이자지급
K	자본스톡
KFA	자본계정 및 금융(계정)수지
M	통화공급량
MC	한계비용
MPK	자본의 한계생산물
MPN	노동의 한계생산물
$MRPN$	노동의 한계수입생산물
N	고용인원, 노동자수
$\bar{N}$	완전고용수준
NFP	순요소지급
NM	비통화자산
NX	순수출
P	물가수준
P^e	예상 물가수준
R	실질통화주조수입
RES	은행지불준비금
S	(국민) 총저축
S_{pvt}	민간저축
S_{govt}	정부저축
T	조세수입
TR	이전지출
V	(통화) 유통속도

부호	의미
W	명목임금
Y	총소득 또는 총산출량
$\bar{Y}$	완전고용산출량
a	개인의 부 또는 자산
c	개인소비, 노동자 1인당 소비
cu	통화량-예금 비율
d	감가상각률
e	실질환율
e_{nom}	명목환율
$\bar{e}_{nom}$	공식명목환율
i	명목이자율
i^m	통화의 명목이자율
k	자본-노동 비율
n	노동력 증가율
p_K	자본재의 가격
r	예상 실질이자율
r^w	국제 실질이자율
$r_{a\text{-}t}$	세후 예상 실질이자율
res	지준예치금-예수금 비율
s	개인저축, 저축률
t	소득세율
u	실업률
$\bar{u}$	자연실업률
uc	자본의 사용자비용
w	실질임금
y	개별 노동자 소득, 노동자 1인당 산출량
π	물가상승률(인플레이션율)
π^e	예상 물가상승률
η_Y	통화수요의 소득 탄성치
τ	기업수입에 대한 세율

거시경제학
Macroeconomics

거시경제학

Macroeconomics

제7판

Andrew B. Abel, Ben S. Bernanke, Dean Croushore 지음
박성휘, 김홍진, 이충열, 황진영 옮김

PEARSON

거시경제학 제7판

Macroeconomics 7th edition

7판 1쇄 발행 | 2012년 5월 10일

지은이 | Andrew B. Abel · Ben S. Bernanke · Dean Croushore
옮긴이 | 박성휘 · 김홍진 · 이충열 · 황진영
발행인 | 유재성
발행처 | (주)피어슨에듀케이션코리아
등 록 | 제13-579호(1999. 3. 31.)

판매처 | ㈜지필미디어
전 화 | (02)362-4504
팩 스 | (02)393-4509
이메일 | book@jiphil.co.kr

ISBN | 978-89-450-1077-3

값 33,000원

역자 서문

제6판 번역서 출간에 즈음하여…

나무보다 숲을 봐야 하는 거시적 경제 분석은 단순한 직관이나 논리만으로 이해 · 습득하기에는 벅찬 학문이다. 경제의 과거 역사와 현실의 모든 현상을 다각도로 관찰하고 깊은 사고를 통해서만 통합적 식견에 이를 수 있을 것이다.

과거에나 지금에나 경제를 바라보는 견해들은 다양다기하여 경제학에 이제 막 흥미를 느끼기 시작하는 학생들에게는 이들을 가려 어느 하나를 택하기는 더욱 어렵다고 하겠다.

역자들이 시중에 나와 있는 많은 원서를 굳이 마다하고 버냉키 교수의 책을 선택한 것은 단순히 미국중앙은행 총재라는 그의 명성에 의존한 것만은 아니다. 공저자인 아벨 교수도 마찬가지지만, 이 저자들은 경제학 200여 년 역사에 축적되어 온 선배들의 지혜와 또 그간의 여러 논쟁에 대해 속단하거나 편들지 아니하고 그야말로 온고지신(溫故知新)하는 자세로 재삼 검토해 어느 한곳에 편중되지 않는 균형 잡힌 통합체계를 이루어냈다고 생각했기 때문이다.

저자들이 머리말에서 밝히고 있듯이 이 책은 실제 경제생활에 응용력을 높일 수 있도록 세계 각국의 다양한 사례를 다루고 있고, 광범위한 현대의 주요 경제 이슈를 포함시킴으로써 시대와 동행하는 현실 속에서 경제학의 바람직한 모습을 구현하고 있으며, 기존의 경제학에서 검증된 핵심 개념을 반복설명함으로써 학생들이 매우 쉽게 이해할 수 있도록 노력했다. 또한 여러 학파 간의 논쟁을 균형 있는 시각에서 정리해 제시함으로써 학생들이 자칫 혼란에 빠질 위험을 최소화했고, 여러 가지 다양한 도표와 수식 등의 분석도구들을 알아보기 쉽게 설명함으로써 거시경제학 교재가 갖춰야 할 장점들을 두루 갖추고 있다.

또한 디지털 시대에 걸맞도록 각종 관련자료를 인터넷상의 웹사이트를 통해 제시하고 있다.

끝으로 촉박한 일정과 편집상의 어려움에도 불구하고 아름다운 모습으로 책이 출간되도록 지원해 주신 (주)피어슨에듀케이션 사장님 이하 관계자 여러분에게 깊은 감사를 드리고자 한다.

2008년 8월

박성휘 · 김홍진 · 이충열 · 황진영

제7판 번역서 출간에 즈음하여…

2008년 8월 제6판의 번역본이 출간된 후 과분한 호응과 성원을 받아 여러 대학교에서 교재로 채택 사용되었다. 이는 오직 원서의 혁신적인 내용 때문이었다. 역자들도 자신들의 번역본을 교재로 사용해 왔는데 적지 않은 곳에서 미흡한 번역이 있음을 발견하였다. 이 자리를 빌어 독자 여러분에게 심심한 유감을 표하고자 한다.

이번의 제7판 번역에 역자들은 모두 우선 지난 제6판의 오류와 탈루를 바로잡는 한편 제7판에서 추가된 내용을 정확히 번역하도록 최대한 노력하였다. 그렇다 하더라도 촉박한 기한 때문에 미처 발견하지 못한 오류가 남아 있을지 두렵기만 하다. 독자 여러분의 기탄없는 질정(叱正)을 기다린다.

끝으로 제7판 번역본 출간을 위해 아낌없는 지원을 보내 주신 (주)피어슨코리아의 사장님과 관계자 여러분에게, 그리고 까다로운 교정작업에 헌신적인 노력을 기울여 준 편집부 직원들께 깊은 감사를 표한다.

2012년 4월

박성휘 · 김홍진 · 이충열 · 황진영

저자 서문

2006년 2월부터 벤 버냉키(Ben Bernanke)는 미국연방준비은행(The Federal Reserve Bank of the United States)의 총재 겸 이사회의장으로 일하고 있다. 연준위의 윤리규정 때문에 그는 제6차와 제7차 개정판을 준비하는 데 많은 기여를 하기는 어려웠다.

제7판을 준비하면서 우리가 주 목표로 삼은 것은 책의 내용이 최근 상황을 잘 반영하면서 더 새롭게 유지되는 것이었는데, 특히 최근 주택시장과 금융시장에서 일어난 위기적 현상과 그들이 거시경제에 미친 영향을 살펴보는 데에 역점을 두었다. 따라서 우리는 책의 전편에 걸쳐 새로운 응용과 자료 그리고 연습문제를 추가하였고, 경제의 각 부문에서 일어난 최근 사건이나 추이를 반영하도록 교재 내용을 수정·보완하였다. 또한 각 장의 말미에 있는 실증문제는 학생들이 세인트루이스 연방준비은행의 웹사이트에서 해당 자료를 찾아서 문제를 풀도록 유도하고 있다. 왜냐하면 이 데이터는 자주 최신 자료로 교체되고 있고 무료로 사용할 수 있기 때문에 학생들이 이 자료를 자주 접하여 친숙해짐으로써 이 과목을 이수한 이후에도 계속 이들 자료를 편리하게 사용토록 해 주기 때문이다.

우리가 제7판에서 수정·보완한 내용을 요약하면 다음과 같다.

새로 추가된 주제와 새로워진 내용

중급 거시경제학에서 가르치는 내용과 방법은 최근 수년 사이에 현저하게 바뀌어 왔다. 이 책의 앞선 여러 판들이 그러한 발전을 이루는 데 주요한 역할을 해왔다. 제7판에서는 거시경제학의 주제와 사상을 광범하고도 생생하게 다루었는데, 새로 추가된 주제와 새로워진 내용은 다음과 같다.

- **통화정책** 2008년에 일어난 금융위기에 대한 대응방안의 하나로서 금융제도를 튼튼하게 받쳐 주고 경제활동에 영향을 잘 끼칠 수 있는 새로운 정책수단을 도입하였다. 따라서 이 책에서도 이러한 정책 변화의 여러 측면을 논의하기 위한 자료를 상당 분량 추가하였다. 나아가 이에 더하여, 세계 각국의 중

앙은행들이 이제는 목표 이자율 조정정책을 주로 사용하고 있기 때문에 종래의 *LM* 곡선 대신 수평적인 곡선(즉 *LR* 곡선)을 도출하여 통화정책을 목표 이자율 조정정책에 관련하여 분석할 때 이 수정된 *IS-LM* 모형을 어떻게 사용하는지에 대한 설명도 추가하였다. 이 두 가지 중요한 변화로 인해 통화정책에 대해 논의하는 14장을 전면적으로 다시 집필하였다.

새롭게 그리고 대폭 수정된 내용을 보면, 14장에서는 극심한 금융위기 기간 중의 통화 승수에 대해 논의하였는데, 대공황 시기의 통화량 공급과 2007~2009 기간의 통화량 공급을 비교하면서 최근 금융위기 기간 중 연방준비은행의 대차 대조표상의 변화를 설명함과 동시에, 연방준비은행의 금융기관의 준비자산에 대한 이자 지급상황을 살펴봄으로써 테일러 준칙(Taylor rule)과 인플레이션 목표 조정 정책(inflation targeting)에 대한 분석의 범위를 더욱 확장하였다.

- **장기 경제성장** 경제성장률이 국민의 생활수준을 결정하는 데 있어 중심역할을 하기 때문에 제2부의 대부분을 경제성장과 그에 관련된 주제를 다루는 데 할애하였다. 먼저 경제성장에 기여하는 요인을 설명하였는데, 즉 3장에서는 생산성, 4장에서는 저축 · 투자의 증가율을 살펴본 뒤에 6장에서는 성장회계와 솔로우 모형을 사용하여 경제성장 전과정을 분석하였다. 경제성장 관련 주제로서 1973년 이후의 생산성 정체 추이, 장기 생활수준 결정요인, 1990년대의 생산성 '기적'을 다루었다. 특히 이 판에서는 최근 자료와 중국의 최근 경제성장에 관한 논의가 새롭게 추가되었다.

- **국제 거시경제의 주요 문제** 이 책은 날이 갈수록 더욱 진전되고 있는 세계경제의 통합 추이를 두 가지 방법으로 다루었다. 첫째, 국가 간 비교와 미국 이외의 다른 나라에서의 경험에서 나오는 적용사례를 자주 사용하였다. 예를 들어 3장에서는 미국과 유럽의 노동시장을 비교하였고, 6장에서는 여러 외국의 장기 경제성장률을 서로 비교하였으며, 7장에서는 현재 변화과정에 있는 유럽의 인플레이션 경험을 비교분석하였다. 8장에서는 여러 나라의 공업생산의 성장을 상호 비교하였고, 12장에서는 여러 나라의 희생률(sacrifice ratio : 인플레이션율 1%포인트 하락에 수반되는 생산 · 고용의 손실 비율 – 역자 주)을 비교하였으며 14장에서는 세계 각국의 통화정책 수립에 사용되는 정부의 전략을 비교하였다.

  둘째로 우리는 국제문제를 특별히 조명하기 위해 5장, 13장을 별도로 할애하였다. 5장에서는 국제수지가 한 나라의 저축과 투자에 어떻게 관련되어 있는지를 살펴보고 이 분석틀을 미국의 무역적자나 재정적자와 무역적자의 관계와 같은 문제들을 논의하는 데 적용해 보았다. 13장에서는 환율결정 문제를 검토하는 데 단순한 수요-공급 모형을 사용하였다. 이 장의 내용 중에는 고정환율제, 화폐동맹 같은 혁신적인 주제도 들어 있고 외환이나 화폐가 어떻게 투기열풍에 휩싸이게 되는지에 대한 설명도 들어 있다.

이 책의 새로운 주제와 대폭 수정된 내용은 3장의 미국 · 유럽의 노동시장 비교(3장), 세계화가 미국 경제에 미치는 영향(5장)과 관련 최근 자료이다.

- 경기순환 이 책의 경기순환에 대한 분석은 이론보다는 사실에서 출발하고 있다. 8장에서는 미국의 경기순환 역사를 살핀 후 각종 주요 경제변수의 순환변동 행태에 대한 관찰 내용을 기술하였다("경기순환 사실"). 9장부터 11장까지에서는 고전파와 케인즈파의 경기순환 이론이 사실을 얼마나 잘 설명하고 있는지 평가하였다.

 이 판에 새로 추가된 내용은 연방준비은행이 선호하는 인플레이션 측정치(2장), 2007년에 시작된 주택(금융)위기에 대한 논의(7장), 경기순환주기 간 실업률과 취업률의 변동에 관한 논의(8장), 우발적 동행 지수에 관한 논의(8장) 등이다.

- 재정정책 거시경제 정책의 영향에 대해서는 이론이나 그 적용을 막론하고 거의 각 장마다 다루고 있다. 우리는 통화정책, 재정정책의 적합한 사용에 대한 각 학파의 견해를 살펴보았는데 10장에서는 고전파, 11장에서는 케인즈파, 14장에서는 통화주의자들의 견해를 검토하였다. 이번 판에 새로 추가된 내용과 대폭 수정된 내용을 보면 다음과 같다. 조세환급에 대한 소비자의 반응(2장), 2009 경기 부양정책수단 패키지(package)와 국가부채/GDP 비율에 대한 영향(15장) 등이다.

- 노동시장의 주요 문제 저자는 이 책에서 고용, 실업, 실질임금에 관련된 문제에 대해 면밀히 고찰하였다. 3장의 초반부에서는 실업은 물론 노동시장에 대한 기본적인 수요–공급 모형을 소개하였다. 12장에서는 실업문제를 보다 광범위하게 논의하였는데 인플레이션–실업의 상반관계, 실업에 수반되는 제비용, 실업을 줄이기 위한 정부정책 등을 다루고 있다. 노동시장의 다른 주제, 예를 들어 가계에서의 노동재 생산과 이것이 경기순환에 미치는 영향은 10장에서, 효율성 임금제는 11장에서, 한계 조세율과 평균 조세율 변화가 노동 공급에 미치는 영향은 15장에서 다루었다. 이 책에서 새롭게 추가된 내용

과 크게 수정된 내용은, 경기 변동의 전 과정에 걸쳐 일어나는 실업률과 취업률의 변화를 최근 연구에 근거한 자료를 실어 보다 자세하게 설명한 부분이다.

견고한 기초

제7판은 이 책을 가르치는 교강사나 학생들에게 주는 지속적인 매력의 힘에 바탕을 두고 있는데, 그 힘의 원천은 아래와 같은 특성에서 나온다고 하겠다.

- 현실 경제에 대한 적용 사례를 다양하고 풍부하게 하였다. 경제학을 가르치는 사람들에게 끊임없이 주어지는 무거운 과제는 학생들이 교과서에서 배운 경제학 지식을 실사회에 활발하게 적용할 수 있도록 도와주어야 한다는 것이다. 이 책은 교재의 여러 곳에서 다양한 응용사례를 다룸으로써 경제학의 개념이 실생활에서 부딪히는 여러 문제들을 설명하는 데 유용하게 사용될 수 있음을 보여주었다. 예를 들어 2007년에 일어난 주택(금융)위기, 2008년에 일어난 금융위기, 미국과 유럽에서 실업이 나타나는 모양이 아주 모순되게 보이는 문제, 생산성이 하락하다가 다시 향상되고 있는 현상, 국가의 예산과 사회안전 체제가 직면하고 있는 여러 문제들, 경제의 지구촌화(globalization)가 미국경제에 미치는 영향, 2008년의 금융위기에 대처하기 위한 금융정책을 수립하는 데에 사용되었던 새로운 접근방법 등을 제시하였다. 제7판에서는 특히 과거 이 책의 전판들에서 사용되었던 것 중 가장 우수한 응용 및 분석 사례와 함께 새로운 응용과 사례를 제공하고 있다.

- 핵심적인 경제 개념을 응용하여 설명하였다. 이 책에서 비록 여러 주제들을 광범위하게 다루었지만 각기의 문제들에 대해 새로운 모형이나 이론을 개발하는 것은 피하려 하였다. 그 대신 그동안 널리 사용되어 온 핵심적인 개념(예를 들어 생산함수, 오늘의 소비와 내일을 위한 저축 간의 선택, 수요-공급 분석)을 넓게 응용하는 데 중점을 두었다. 즉 이들 핵심 개념을 사용하여 이 책에서 다루고 있는 모든 거시경제 분석(예를 들어 장기와 단기, 개방경제와 폐쇄경제, 고전파와 케인즈파 등)을 아우를 수 있는 이론의 틀을 구축하였다.

- 학파 간의 상이한 견해에 대해 균형적 입장을 취하였다. 거시경제학은 많은 논쟁으로 넘쳐나고 있는데 이들 중 대부분은 고전파와 케인즈파(여기에도 구파, 신파, 여러 신주류 등이 있다) 간의 분리 · 대립에서 비롯된 것이다. 때로 이들 간의 논쟁 때문에 두 학파가 공유하는 광범위한 공통적 기반이 보이지 않게

되기도 한다. 우리는 두 학파 간의 공통적 합의기반에 중점을 두었다.

첫째, 우리는 고전파와 케인즈파 간의 의견대립이 적은 장기적 문제에 중점을 두었다.

둘째, 우리는 단기의 경제변동에 관한 고전파와 케인즈파의 분석을 '하나의 종합적 틀(single overall framework)' 안에서 다루었는데, 여기에서 두 파의 접근방법은 임금과 물가가 얼마나 신속하게 조정되는가에 대한 가정에 있어서만 중요한 차이가 있다는 것을 분명히 보여주고 있다. 여전히 이견이 남아 있는 문제, 즉 실업에 대해 탐색이론식 해석이 옳다는 주장과 효율성 임금가설에 따른 해석이 옳다는 주장으로 대립하고 있는 데 대해서는 우리는 두 개의 상이한 견해를 다 제시하고 각각에 대한 비판도 함께 다루었다. 이처럼 균형 잡힌 접근방식을 채택하였으므로 이 책을 공부하는 학생들은 현대 거시경제학의 최고의 지식을 접할 수 있을 것이다. 그와 동시에 고전파 혹은 케인즈파에 경도된 교강사라 하더라도 그가 설계한 교과과정을 이 책으로 충분히 다룰 수 있을 것이다.

- **혁신적인 교수방법을 통해 내용을 설명하였다.** 이전 판들과 마찬가지로 제7판에서는 학생들이 학습하고 이해하고 그것을 자신의 것으로 만들도록 도와주기 위해 다양한 학습도구를 개발하여 사용하였다. 이 머리말 뒷부분에서 더 자세히 설명하겠지만, 우리가 사용하는 도구에는 요약표(summary table), 주요 그래프(key diagrams), 핵심용어(key terms), 주요 방정식(key equations)이 들어 있는데 학생들은 이를 사용해서 스스로 학습을 체계화할 수 있고, 복습문제(review questions), 계산문제(numerical problems), 분석문제(analytical problems)와 인터넷을 통해 바로 얻을 수 있는 데이터(인터넷에서 쉽게 사용할 수 있게 하였다)를 통해 풀어 볼 수 있는 실증문제 등은 학생들이 학습내용을 잘 이해하고 나아가 그들 스스로 실증연구를 할 수 있도록 하였다. 권말 부록과 각 장마다 붙어 있는 부록에서는 *IS-LM/AD-AS* 모형을 수식으로 표현하였으며, 수치를 대입하여 풀 수 있도록 방법을 설명해 놓았다.

신축성 있는 편제

제7판에서도 이전 판들이 그랬던 것처럼 신축성 있는 구조로 편제를 갖추었다. 제1부(1, 2장)에서는 거시경제학에서 다루는 주제의 범위와 경제변수의 측정에 관련된 주요 문제들을 소개하였다. 제2부(3~7장)에서는 장기적 주요 문제, 즉 생산성, 저축, 투자, 무역수지, 성장, 인플레이션 등을 다루었다. 제3부(8~11장)

는 모두 단기적 경제변동과 안정화 문제를 논의하는 데 할애하였다. 마지막으로 제4부(12~15장)에서는 정책결정에 따른 제 문제와 제도에 대해 면밀히 고찰하였다. 권말부록에서는 함수식과 도면 등의 유용한 분석 도구를 다시 한 번 설명하였다.

중급 거시경제론의 교강사들은 교과과정의 내용에 대해 각기 다른 선호를 가질 수 있고, 학생들의 학습배경이나 학기의 기간에 따라 취사선택의 범위가 자주 제약을 받기도 한다. 이 책은 여러 사람의 각기 다른 요구를 모두 수용할 수 있는 체계로 구성되어 있다. 이 책을 사용하려는 교강사들은 아래의 참고사항을 고려해 보는 것이 도움이 되리라 본다.

- **핵심적 부분** 저자는 어떤 거시경제론 과정에서도 아래 6개 장은 반드시 포함하도록 권장하고 싶다.

  1장 : 거시경제학 입문
  2장 : 국민경제의 측정 및 구조
  3장 : 생산성, 생산, 고용
  4장 : 소비, 저축, 투자
  7장 : 자산시장, 화폐, 물가
  9장 : *IS-LM/AD-AS* 모형 : 거시경제의 일반적 분석틀

  1장과 2장은 국민소득의 측정 방법을 포함하여 거시경제에 대한 안내와 소개를 싣고 있다. 그리고 그다음에 열거한 네 장은 이 책의 핵심적인 분석 내용을 담았다.

  즉 3장은 노동시장을 심도 있게 검토하였고 3장과 4장은 함께 상품시장분석으로 진전되도록 했다. 7장은 자산시장을 집중 분석하고 있고, 9장에서는 3장, 4장, 7장에서 다룬 노동시장, 상품시장, 자산시장을 단기분석에 유용한 일반균형모형(고전파와 케인즈파의 일반균형모형을 모두 다루었다)에 넣어 분석하였다.

- **추가내용 선택에 관한 권고** 교강사들은 위에 제시한 6개 장에 각자가 설계한 교과과정의 초점에 따라 이 책의 다른 장들을 다양하게 선택하여 덧붙일 수 있을 것이다. 아래에서는 몇 가지 가능한 선택의 예를 제시하고자 한다.

  - **단기분석에 중점을 두는 경우** : 단기의 경제문제(경기변동과 안정화정책)에 중점을 두고자 하는 경우 5장과 6장을 생략해도 내용의 연속성에 지장이 없을 것이다. 1장과 2장을 끝낸 후 바로 8장과 9장으로 넘어갈 수도 있겠다.

8장에서는 경기순환을, 9장에서는 *IS-LM/AD-AS*의 일반균형 모형을 다루고 있기 때문이다. 다만 3장에서 7장까지를 생략하는 경우 비록 8장과 9장이 그 자체적으로 필요사항을 충분히 다루고 있기는 하더라도 각 변수의 행동양식이나 균형조건에 대한 간략한 배경설명을 덧붙이는 것이 도움이 될 것이다.

- 고전파를 강조하고자 하는 경우 : 거시경제론 과목을 현대 고전파의 견해에 강조를 두면서 가르치고자 하는 경우 제2부(3~7장) 전부를 다룰 것을 권고한다. 제3부(8~10장)에서는 고전파의 경기순환 이론을 자체적으로 완결된 형태로 제시하고 있다. 이 외에 유용한 내용으로는 필립스 곡선(Phillips curve)에 대한 프리드먼 펠프스(Friedman-Phelps)류의 해석(12장), 통화정책의 신뢰성(14장), 다세대에 걸친 리카도 등가 정리(Ricardian equivalence theorem)(15장)를 들 수 있다.
- 케인즈파 견해를 강조하고자 하는 경우 : 케인즈파의 견해를 더 강조하고자 하는 경우 10장(고전파의 경기순환 분석)을 생략할 수 있다. 또 이미 언급한 것처럼 단기분석에 초점을 두는 경우에는 5장(개방경제의 완전고용 분석), 6장(장기 경제성장)을 생략해도 내용의 연속성에 지장이 없다.
- 국제적 측면에 중점을 두는 경우 : 5장에서는 개방경제에서의 저축, 투자, 국제수지에 대해 논의하였다. 13장에서는 완전고용으로부터 단기적인 격차발생이 가능한 개방경제 모형에서 환율결정과 거시경제 정책을 다루고 있다(5장은 13장의 선행적 필수요목은 아니지만 13장을 공부하는 데 유용할 것이다). 이 두 장은 국내경제에 중점을 두는 교과과정에서는 생략할 수도 있다.

거시경제학의 실사회에 대한 적용

경제학자들은 형식적인 이론 모형의 우아함에 사로잡혀 어떤 모형이나 이론의 궁극적인 시험(the ultimate test)은 그것의 현실 타당성에 있다는 점을 자주 잊어버리는 경향이 있다. 우리는 이 책의 이전 판들에서 어떤 이론이 실제의 사건이나 문제들에 어떻게 적용될 수 있는지 보여주는 데 각 장 내용의 상당 부분을 할당하였다. 이러한 노력은 여러 독자들에게 많은 호응을 받았었다. 이번 제7판에서 다음의 여러 특색 있는 내용을 더함으로써 학생들로 하여금 '경제학자처럼 생각하는 방법(how to think like an economist)'을 터득하도록 도와주고 있다.

- 응용 각 장의 여러 곳에 실려 있는 응용에서는 학생들이 현실의 중요한 사건이나 문제에 대해 이론을 어떻게 적용할 수 있는지 설명해 주고 있다. 몇 가

지 주요한 것은 기술 변화와 임금의 불평등성(3장), 주가 상승이 거시경제에 미치는 영향(4장), 조세감면에 대한 소비자의 반응고찰(4장), 국제적 채무에 대한 고찰(5장), 최근 미국의 생산성 향상 추세가 되살아나고 있는 현상(6장), 경기순환의 규모를 측정하는 문제(10장), 유로 화폐(euro currency)의 도입이 환율에 미친 영향(13장), 물가안정목표제(14장), 노동공급과 세제 개혁(15장) 등을 그 예로 제시할 수 있다.

- **최신자료 및 연구와의 접속** 이 상자에 들어 있는 내용은 경제계의 최신동향을 따라잡기 위한 안내와 함께 경제학 연구의 최근 진전 상황을 독자들에게 제시해 주기 위해 마련되었다. 이 상자에서 다루어진 주제 중 대표적인 것을 보면, 인플레이션 측정 시 편기(bias) 문제에 대한 논의(2장), 자본투자와 주식시장 간의 연계성(4장), 달러화의 세계화가 미국과 여타 국가들에 미친 영향(7장), DSGE 모형과 고전파와 케인즈파 간의 논쟁(10장), 루커스 비판(Lucas critique)(12장), 2009년에 통과된 경기부양을 위한 재정정책 및 법안(15장) 등을 들 수 있다. 경제학 현실상황을 잘 따라잡으려면 거시경제 데이터 중 어느 것이 얼마나 이용 가능하고 각 데이터들의 강점과 약점은 무엇인지에 대해 숙지하고 있어야 한다는 것이다. 학생들에게 주요한 거시경제 데이터를 어디에서 찾아야 하는지를 보여주기 위해 일련의 별도 칼럼을 두어 설명하였다. 즉 노동시장 데이터는 3장에서, 국제수지 데이터는 5장에서, 환율은 13장에서 다루었고 데이터를 해석하는 방법도 설명하였다. 온라인 데이터 출처(online data sources)도 전통적인 자료 매체와 함께 제시해 두었다.

학습을 편리하게 하는 특색 있는 도구

이 책의 또 다른 특색은 아래와 같은 학습편의 도구를 통해 학생들이 주요 개념을 이해하고, 적용하고, 자기 것으로 만들기 쉽도록 도와주고 있다는 것이다.

- **자세하고 잘 채색된 그래프** 이 책에서는 이론의 실증적 타당성을 강조하는 데이터 도표(data graph)와 모형과 이론의 전개과정을 순차적으로 보여주는 분석도표(analytical graphs)를 다양하게 실어 내용을 보다 알기 쉽게 설명하였다. 분석도표에서 사용하고 있는 채색 방식은 일련의 내생변수가 이동할 때의 효과를 나타낸 옆 페이지의 그림 9.14에서 잘 볼 수 있다. 이동 전 원래의 곡선은 검은색으로 그렸고, 이동 후의 위치는 붉은색 선으로 그렸으며, 이동 방향은 화살표로 표시하였다. 복숭아색으로 채색된 충격란(shock box)에는 곡선이동의 원인을 적어 놓았고, 푸른색의 결과란(result box)에는 내생변수

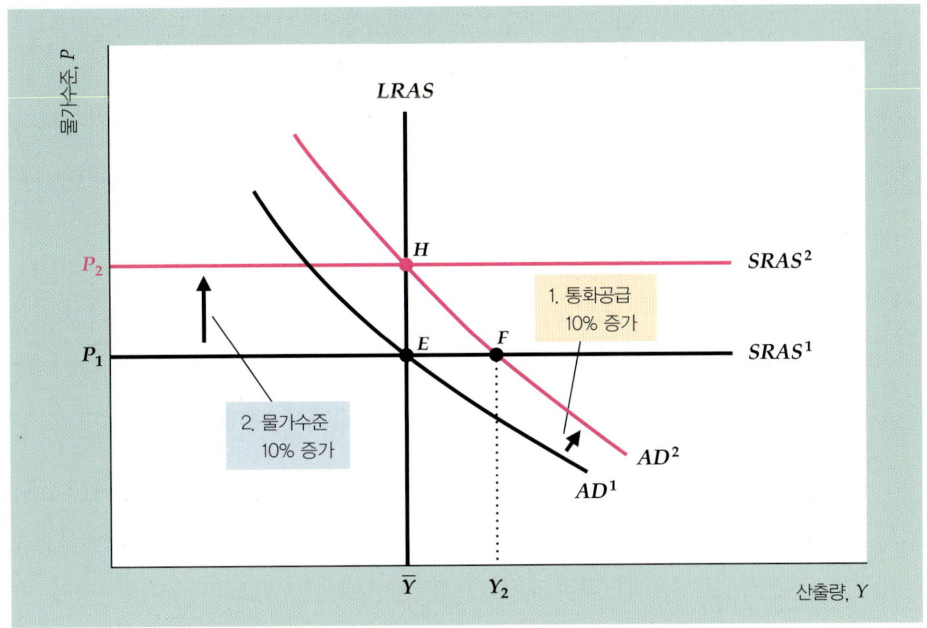

그림 9.14

***AD-AS* 분석틀에서 화폐 중립성**

일반균형점 E에서 출발하여, 명목 화폐공급이 10% 증가하면 AD 곡선은 AD^1에서 AD^2로 우상방 이동한다. 새로운 AD 곡선 위의 점은 각 산출량 수준에서 물가수준이 10% 더 높다. 왜냐하면 실질통화량과 총수요량을 불변으로 유지하려면 물가수준이 10% 상승해야 하기 때문이다. 새로운 단기 균형점 F에서 물가수준은 불변이며, 산출량은 완전고용수준보다 더 높다. 새로운 장기 균형점 H에서 산출량은 $\bar{Y}$에서 불변이며 물가수준 P_2는 최초의 물가수준 P_1보다 10% 더 높다. 따라서 화폐는 장기에서 중립적이다.

에 가해진 충격의 주된 영향을 열거해 놓았다. 이와 같거나 유사한 방법으로 도표를 그려 학생들이 분석내용을 보다 분명히 이해할 수 있도록 하였다.

- 주요 그래프 몇몇 선별된 장에는 그 말미에 주요 그래프(key diagrams)라 표시된 별도의 지면을 할애하여 이 책에서 가장 중요하다고 생각되는 분석도표를 제시하고 그 내용의 전부를 완전하게 설명해 놓았다(차례의 가장 뒷부분을 참조). 각각의 '주요 그래프'에서는 먼저 도표를 제시하고(예를 들어, 129쪽의 생산함수, 440쪽의 총수요-총공급 곡선), 그림의 각 내용을 말과 수식으로 정의해 놓았다. 그다음 그래프가 나타내는 내용을 분석하고 그래프 상에서 곡선을 이동시키는 요인에 대해 논의하였다.

- 요약표 이 책의 곳곳에 요약표를 두어 주요 분석 결과를 한군데 모아 간략히 정리해 둠으로써 학생들이 쓰고 암기하는 데 들어가는 시간을 절약하여 이해하고 응용하는 데 더 많이 집중할 수 있도록 배려하였다.

- 장 말미의 복습자료 학생들이 각 장에서 공부한 내용을 복습하기 편리하도록 각 장의 끝부분에 그 장의 요점을 정리한 장별 요약을 두었고, 핵심용어와 식의 번호를 매긴 수식 일람표도 실어 놓았다.

- 장 말미의 연습문제 각 장의 끝부분에는 다량의 토론문제와 연습을 실었는데 학생들의 자율적 학습과 자기 테스트를 위해 토론 문제를 실었고, 수치적 해

답을 요구함으로써 학생들이 기본적인 관계와 개념을 정확히 이해했는지 점검해 볼 수 있는 계산문제를 실었다. 또한 학생들에게 이론을 정성적(qualitatively)으로 사용하거나 활용할 수 있는지 여부를 묻는 분석문제도 두었다. 나아가 세인트루이스 연방준비은행(FRED)의 데이터 베이스를 사용하도록 유도하여 그들 스스로 자신들이 배운 이론이 현실세계의 데이터를 얼마나 잘 설명하고 있는지를 살펴볼 수 있도록 실증분석 문제도 함께 실어 놓았다. 이들 문제에 대한 해답은 별책으로 출판된 강의지침서(Instructor Mannual)에 있는데, 실증분석 문제는 시간을 달리하는 데이터에 대해서는 해답이 달라지기 때문에 그곳에 나와 있지는 않다.

- **일부 장의 말미에 둔 계산문제 풀이 보기** *IS-LM/AD-AS* 모형은 이 책 제3부와 제4부에서 다루고 있는 거시일반 균형분석의 핵심요소이다. 제3부와 제4부의 몇몇 선정된 장 말미에서는 별도의 부록을 두어 수리적으로 설명하였는데, 그에 그치지 아니하고 별도의 추가적인 부록에서는 이 모형에 실제 수치를 대입하여 답을 구하는 해답 보기를 따로 실었다.

- **유용한 분석도구의 재정리** 이 책에서는 고등학교 대수를 넘어서는 고등수학은 사용하지 않았다. 그렇다 하더라도 이 책에 실려 있는 주요 분석도구들을 한번 재정리해 보는 것이 학생들에게 도움이 될 것이라 판단하였다. 이 교재의 끝부분에 실린 권말부록에서는 단일변수 함수식, 다변수 함수식, 도표, 기울기, 멱지수(exponents), 생산물의 성장률을 구하는 공식 그리고 여러 가지 비율 등에 대해 명료하게 요약 정리해 놓았다.

- **용어 해설** 이 책에 실려 있는 핵심용어들(각 장의 본문에서는 굵은 체로 쓰여 있고, 각 장의 끝에 모아 놓았다)을 해설한 용어 해설집을 두었는데 용어가 나오는 장을 함께 표시해 두었으므로 학생들이 쉽게 그곳을 찾아 더욱 상세한 내용을 숙지할 수 있도록 하였다.

그 밖의 보조자료

이 교과서를 사용하여 경제학을 가르치는 교사나 학생들을 지원하기 위하여 아래와 같은 부교재, 보조교재들이 아주 잘 갖추어져 있다.

- 학습안내서는 각 장의 내용을 재정리 · 요약하여 놓았고 선다형 문제와 단답형 문제를 그 해답과 함께 실어 놓았다.
- 교강사 지침서는 교강사들이 교과서를 사용하는 요령을 안내해 주고 있으며

교과서 각 장 말미의 연습문제 해답(실증문제는 예외)과 수업 중에 사용하기 적합한 토론주제들을 실었다.

- 문제항목파일(file)은 각종 선다형 문제나 주관식 문제를 풍부하게 실었고 그에 대한 해답도 전부 제시하였다.
- 강의용 파워포인트는 교재의 기본내용은 물론 교재에 있는 모든 표와 그림을 슬라이드로 제작하여 교사가 강의 시 쓸 수 있도록 해 놓았다.

요약 차례

차례

Chapter 9

IS-LM/AD-AS : 거시경제 분석을 위한 일반 모형 397

Chapter 10

고전파 경기순환 분석 : 시장청산 거시경제학 457

Chapter 11

케인즈파 : 임금과 물가 경직성의 거시경제학 507

Chapter **15**

정부지출과 재정 711

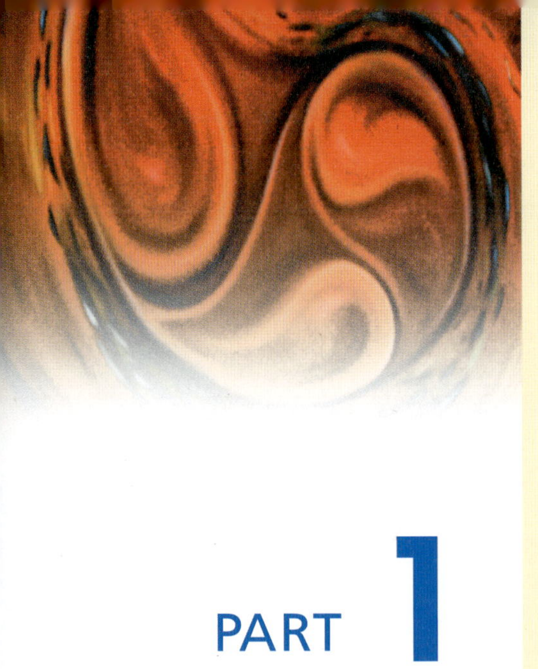

PART 1 서론

1 거시경제학 입문

2 국민경제의 측정과 구조

1

거시경제학 입문

1.1 거시경제학은 무엇에 관한 연구인가?

거시경제학(macroeconomics)은 국민경제가 어떠한 구조로 되어 있고 또 어떻게 작동하는지를 연구하는 경제학의 한 분야다. 또한 거시경제학은 국민경제의 운용에 영향을 미치기 위해 정부가 사용하는 정책에 대한 연구이기도 하다. 거시경제학자가 다루는 중요한 주제는 다음과 같다.

- 한 나라의 장기적 경제성장을 결정하는 요인은 무엇인가? 1870년 노르웨이의 1인당 국민소득은 아르헨티나보다 낮았다. 그러나 오늘날 노르웨이의 1인당 국민소득은 아르헨티나의 약 3배에 이를 정도로 높다. 왜 어떤 나라의 경제는 빠른 속도로 성장해 국민들의 생활수준을 급속히 향상시키는 데 반해, 또 어떤 나라의 경제는 상대적으로 제자리걸음을 하고 있는 것인가?
- 한 나라의 경제활동이 변동하는 이유는 무엇인가? 1990년대는 미국 경제역사상 가장 긴 지속적 성장 기간을 나타내었지만 2000년대에 들어 미국의 경제활동은 훨씬 쇠약한 모습을 보였다. 2001년의 경기후퇴국면에 이어 약간의 경기회복이 있었지만 이마저도 2007년 12월까지밖에 유지되지 못하고 끝나고 말았다. 2007년 말에 시작된 본격적인 경기침체는 2008년 말에 일어난 금융위기 때문에 더욱 악화되었고, 이 때문에 2008년 말부터 2009년 초까지 산출량의 급격한 감소가 발생했다. 왜 경제는 호황기와 불경기를 번갈아 오가며 급격한 단기변동을 겪어야 하는가?
- 실업을 야기하는 요인은 무엇인가? 1930년대 내내 미국의 노동력 중 약 4분의 1은 실직자였다. 약 10년 후 제2차 세계대전 중 실업률은 2%에 불과했다. 왜

실업률은 때때로 아주 높은 수준까지 올라가는 것인가? 그리고 왜 비교적 호황기인데도 노동력의 상당 부분이 실업상태에서 벗어나지 못하는 것인가?

- 물가를 상승시키는 요인은 무엇인가? 미국의 물가상승률 추이를 돌아보면, 1970년대에는 꾸준히 조금씩 상승하는 추세를 보였는데 1980년대 초반에는 연평균 10%를 웃돌았고, 1980년대 중반에 이르러 연평균 4%로 떨어졌으며 1990년대 후반에는 2% 이하로 떨어졌다. 독일은 최근 수십 년간 물가안정의 모범사례로 명성을 얻고 있지만 독일의 인플레이션 경험은 훨씬 극단적이다. 독일이 제1차 세계대전에서 패배한 직후부터 18개월 동안(1922년 7월~1923년 12월) 물가는 무려 수십억 배나 상승했었다. 인플레이션을 일으키는 요인은 무엇이고, 그에 적용할 수 있는 대책에는 무엇이 있는가?
- 글로벌 경제체제의 일원으로서 국민경제는 어떠한 영향을 받는가? 1990년대 후반 미국 경제는 전 세계 경제성장의 엔진이었다. 미국인들은 증권시장에서 벌어들인 돈으로 소비재 시장에서 지출을 늘렸고 이에 따라 해외에서 생산된 수입품에 대한 소비도 늘어났으며, 그 결과 여러 나라의 경제활동이 더욱 활발해졌다. 무역이나 자본차입과 같은 국제경제적 연관관계로 개별 국가의 경제는 어떠한 영향을 받으며 또한 세계경제는 어떠한 영향을 받는가?
- 국민경제의 운용을 개선하는 데 정부정책이 사용될 수 있는가? 1980년대와 1990년대에 미국의 산출량, 실업률, 물가상승률은 1960년대와 1970년대에 비해 그 변동폭이 훨씬 작은 양상을 보였다. 어떤 경제학자들은 경제 운용을 개선하는 데 양질의 정부정책이 효과가 있다고 신뢰한다. 2008년 금융위기 때 연방준비은행과 연방정부는 은행 및 여타 금융기관의 파산을 막기 위해 극단적인 조치를 사용하였다. 그러나 어떤 경제학자들은 경제안정화를 위한 것으로서는 이 조치들은 너무나 지나친 것으로서 금융회사들이 과도한 위험선호 행위를 하도록 부추기는 부작용이 있다고 비판하였다. 경제를 가능한 한 안정되고 번영된 모습으로 유지하려면 경제정책을 어떻게 시행해야 하는가?

거시경제학은 위에 말한 문제에 대해 해답을 제시하고자 하는 학문이다. 그러한 문제들은 실생활에서 아주 중요한 문제일 뿐만 아니라 정치가나 언론, 그리고 일반 대중 사이에서 끊임없이 논의되고 있는 주요 현안이다. 이 절의 나머지 부분에서 거시경제학의 이러한 논제에 대해 좀 더 자세히 살펴보려 한다.

장기적 경제성장

개발도상국 중 어느 한 나라를 여행한다면 반드시 그 나라의 생활수준이 미국

그림 1.1

미국의 산출량 추이 (1869~2008)

이 그래프에서 미국 경제의 총산출량은 1929~2008년에는 실질국내총생산(실질 GDP)을, 1929년 이전의 기간에는 실질국민총생산(실질 GNP)을 표시하고 있는데, 이를 2005년의 가격으로 환산한 것이다(2장 참조). 그림에서와 같이 전체적으로 매우 강력한 상승추이를 보이고 있음에 유의하라. 또한 대공황시기(1929~1940), 제2차 세계대전 기간(1941~1945), 그리고 몇 번의 경기침체기(1973~1975, 1981~1982, 1990~1991, 2001, 2007)에 나타난 급격한 변동을 눈여겨볼 만하다.

출처 : 1869~1928년 기간의 실질 GDP—Christina D. Romer, "The Prewar Business Cycle Reconsidered : New Estimates of Gross National Product, 1869~1908," *Journal of Political Economy*, 97, 1(February 1989), pp. 22-23; 1929년 이후의 실질 GDP—세인트루이스 연방준비은행 FRED 데이터베이스, research.stlouisfed.org/fred2/series/GDPCA. Romer 저서에서 사용된 자료는 2005년 가격으로 환산조정했음.

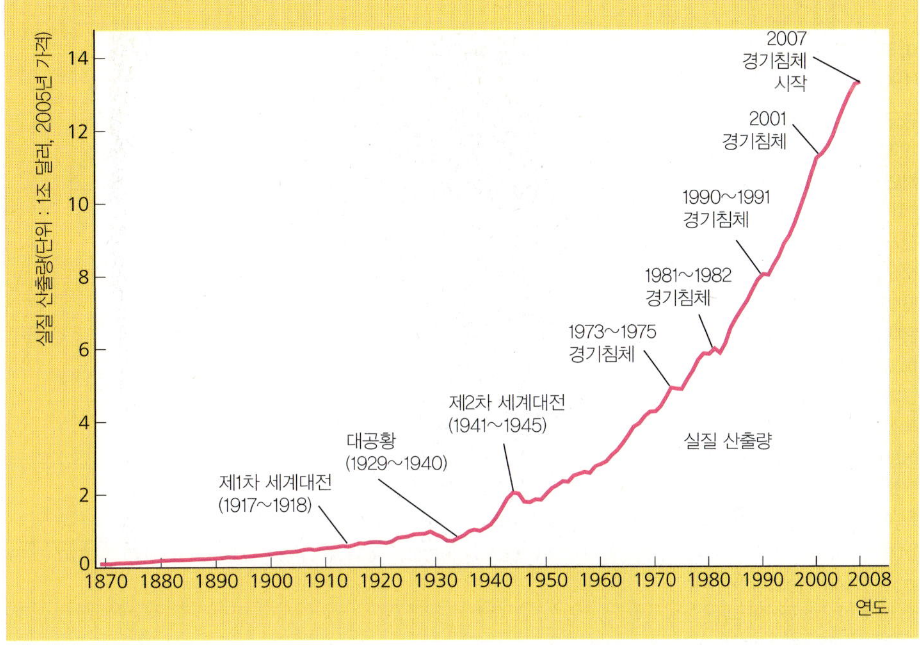

같은 선진국과는 아주 다르다는 것을 반드시 목격하게 될 것이다. 부자 나라에서도 아주 가난한 계층은 부적절한 식생활, 주거, 건강관리 문제 때문에 어려움을 겪고 있는데 개발도상국에서는 국민 대부분의 평균적 생활수준이 그런 상태에 놓여 있다. 거시경제학의 관점에서 볼 때, 부유한 나라와 가난한 개발도상국의 차이는 다음과 같이 요약할 수 있다. 즉, 부유한 국가는 그 나라의 역사상 어느 한 시점에서 상당 기간의 지속적 경제성장을 경험했던 반면, 빈곤한 국가는 지속적 경제성장을 전혀 경험해 보지 못했거나 혹은 지속적 경제성장이 있었더라도 그 후의 경제 침체가 그것을 상쇄해 버렸기 때문에 가난을 벗어나지 못했다고 보는 것이다.

그림 1.1에는 1869년 이래 미국 경제의 생산증가 추이가 나타나 있다.[1] 그 기록은 매우 인상적인데, 지난 130여 년 동안 미국의 상품과 서비스의 연도별 산출량은 100배 이상 증가했다. 그러나 미국 경제의 이러한 성과는 유례가 없는 것은 아니다. 다른 선진공업국들도 같은 기간 동안 그와 유사하거나 더 높은 성장률을 기록하기도 했다. 이와 같은 선진공업국가들의 산출량 급등 기록은 현대 세계역사의 특징적인 핵심적 사실 중 하나로서 정치적으로나 군사적, 사회적,

1. 그림 1.1의 산출량은 두 개의 유사한 개념에 의해 측정됐다. 즉, 1929년까지는 실질국민총생산량(실질 GNP)으로, 1929년 이후는 실질국내생산(실질 GDP)으로 측정됐는데, 이 두 측정지표는 매년의 생산물량을 측정하는 개념이다. 산출물의 측정에 대해서는 2장 "국민경제의 측정과 구조"에서 자세하게 논의할 것이다.

그림 1.2

미국의 평균노동생산성 (1900~2008)

평균노동생산성(취업노동자 1인당 생산량)은 해를 거듭하면서 증가되어 왔으며, 제2차 세계대전 기간 중에는 전시물자 생산증가로 인해 생산성 증가율이 최고조에 달했다. 1950년대와 1960년대에는 생산성 향상이 특히 강세를 보였지만, 1970년대에는 그 증가세가 완만해졌고 1990년대 중반에 이르러서야 증가추세를 회복했다. 생산성 계산에 사용된 산출량 측정방법은 그림 1.1에서와 동일하다.

출처 : 1900~1947년 기간 중 14세 이상 노동자의 고용자수—*Historical Statistics of the United States, Colonial Times to 1970*, pp. 126-127; 1948년 이후 16세 이상 노동자의 고용자수—세인트루이스 연방준비은행 FRED 데이터베이스, research.stlouisfed.org/fred2/series/CE16OV. 노동자 평균생산성은 생산량을 고용노동자로 나눈 것인데 생산량은 그림 1.1에서 인용해 사용했음.

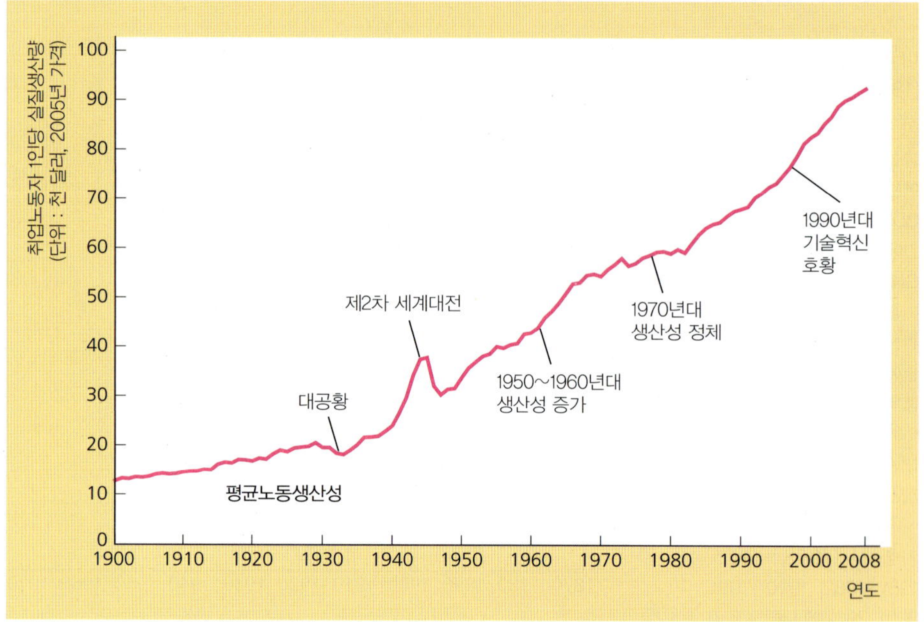

심지어 문화적으로도 중요한 의미를 지닌다고 하겠다.

미국 경제가 이처럼 장기적으로 성장하게 된 것은 꾸준한 인구 증가에 힘입은 점도 있다. 인구 증가로 산업현장에 투입할 수 있는 노동자의 수가 늘어났기 때문이다. 미국의 경제성장에 기여한 또 한 가지 중요한 요인은 일정한 노동자수가 생산할 수 있는 산출량이 증가한 것이다. 노동투입량 한 단위당(노동자 1인, 노동시간 1시간) 생산되는 산출물의 양을 **평균노동생산성**(average labor productivity)이라고 한다. 그림 1.2에서는 취업노동자 1인당 산출량으로 정의된 평균노동생산성이 1900년 이후 어떻게 변화됐는지 보여주고 있다. 약 100여 년 동안 1인당 노동시간은 줄어들었지만 2008년 미국의 보통 노동자는 20세기의 처음연도의 보통 노동자보다 6배 이상 생산하고 있다. 오늘날의 일반 노동자는 과거에 비해 훨씬 생산성이 높기 때문에 미국인은 1세기 전에 비해서 현저히 높은 생활수준을 향유할 수 있게 됐다.

미국의 노동생산성이 장기적으로는 놀라운 성장세를 보여 왔지만 1970년대 초부터 1990년대 중반까지는 매우 정체된 양상을 보이다가 겨우 최근에서야 회복세로 돌아섰다. 1949~1973년에 노동자 1인당 산출량은 연평균 2.5%의 성장률을 보였던 반면, 1973~1995년에는 단지 1.1%에 그치고 말았었다. 1995~2008년에 이르는 더 최근에는 노동자 1인당 산출량의 연평균 증가율이 1.7%로 증가함으로써 미국 경제의 건전성이 현저히 개선되어 왔음을 보여주고 있다.

산출량 성장률, 특히 노동자 1인당 생산량 증가율이 궁극적으로 한 나라가 부국이 되는지 아니면 빈국이 되는지를 결정하기 때문에 무엇이 그 같은 경제성장을 결정하는지 이해하는 것이야말로 거시경제학의 가장 중요한 목표 중 하나라고 말할 수 있다. 그러나 불행하게도 경제가 성장하는 이유를 설명하기는 쉬운 일이 아니다. 그 예를 들어 보자. 자원이 풍부한 중남미 국가들은 그동안의 경제성장이 갈팡질팡했고 최근 수년간은 마이너스 성장을 보여 온 반면, 자원이 빈곤한 일본과 한국은 전쟁으로 피폐해진 나라를 단지 한두 세대의 짧은 기간 안에 선진공업국가로 변모시킬 수 있었던 이유는 무엇인가? 경제학자들은 무엇이 경제성장률을 결정하는가 하는 질문에 대해 완전한 해답을 갖고 있지는 않다. 그렇다 하더라도 답을 구하기 위한 몇 가지 아이디어는 제시할 수 있다. 예를 들어, 이 책에서 자세히 논의하고 있는 것처럼 대부분의 경제학자는 저축률과 투자율이 경제성장에 매우 중요하다고 믿고 있다. 경제성장률을 결정하는 또 다른 주요인으로서 저자가 제시하는 것으로는 기술진보율과 기계와 노동자의 생산성을 높이는 기타 요인을 들 수 있다.

경기순환

그림 1.1에서 나타나는 것처럼 미국의 산출량 변화에 대한 역사를 보면 생산량 증가곡선이 완만한 양상을 보이는 것이 아니고 여러 개의 언덕과 골짜기가 있음을 알 수 있다. 급격한 변화가 가장 두드러지게 나타나는 시기는 대공황이 일어난 1929년부터 제2차 세계대전이 끝나는 1945년까지다. 1929~1933년에 나타난 급격한 경제붕괴는 대공황의 전반부를 대표하는 주요 특징으로서 미국의 총생산량이 30% 가까이 감소했다. 그런데 1939~1944년에는 미국이 제2차 세계대전에 참전해 군수물자 생산을 늘리게 되자 총생산량이 거의 2배로 늘어났다. 1945년 이후에는 비록 몇 번의 경기변동이 있기는 했으나 1929~1945년만큼 급격한 변동 양상을 보이는 경우는 없었다. 그렇다 하더라도 1960년대와 1990년대처럼 유례없는 고도성장을 기록한 기간이 있었는가 하면 1973~1975년, 1981~1982년, 1990~1991년 기간처럼 생산량이 실제로 감소한 시기도 있었다.

거시경제학자는 경제활동이 이처럼 단기적이지만 때로는 급격한 수축이나 확장을 나타내는 경우를 묘사하기 위해 **경기순환**(business cycle)이라는 용어를 사용한다.[2] 경기순환에서 하강하는 국면, 즉 국민총생산이 감소하거나 혹은 매우 완만하게 성장하는 기간은 **경기침체**(recession)라고 한다. 경기침체는 그것이 비교적 완만한 양상을 보인다 하더라도 많은 사람이 경제적으로 매우 어려운 시기

2. 좀 더 정확한 정의는 8장에 언급되어 있다. 크리스마스 전후에 나타나는 단 몇 개월간의 단기적 경제변동은 경기순환에 포함되지 않는다.

를 겪어야 한다는 것을 의미한다. 경기침체는 정치적으로도 매우 중요한 관심의 대상이다. 정치인은 거의 다 재선되기를 원하는데 경제가 위축되기보다는 확장되는 상황이 재선에 좀 더 유리하기 때문이다. 거시경제학자는 경기변동을 일으키는 요인이 무엇인지를 밝히고, 경기변동에 대해서 무엇을 할 수 있고 무엇을 해야 하는지를 규명하는 데 많은 노력을 기울인다. 이 책에서는 경기변동과정에서 나타나는 다양한 특성을 묘사하고, 순환변동에 대한 여러 가지 다른 설명을 비교해 보며, 경기순환의 진로에 영향을 미치기 위해 사용할 수 있는 정책대안들을 평가해 보려고 한다.

실업

경기침체의 특징적 양상으로서 중요한 한 가지는 경기침체가 **실업**(unemployment)의 증가를 동반한다는 점이다. 즉, 노동투입에 고용할 수 있는 사람의 수, 혹은 적극적으로 직장을 원하지만 찾지 못하는 사람의 수가 늘어나는 것이다. 이 실업의 문제는 거시경제학에서 경제성장, 경기순환 다음으로 세 번째로 중요한 문제라 할 것이다.

실업에 대한 측정치로서 가장 잘 알려진 것으로는 실업률(unemployment rate)을 들 수 있는데, 이는 전체 노동력(total labor force, 현재 취업 중이거나 직장을 구하고 있는 사람의 수)으로 실업자수를 나누어 산출한다. 그림 1.3은 지난 100여 년 동안의 미국 실업률을 보여주고 있다. 실업률이 가장 높고 오래 지속된 기간은 1930년대 대공황시기에 있었다. 1933년 실업률은 24.9%를 기록했는데, 이것은 노동이 가능한 네 사람 중 한 사람은 직장을 가질 수 없었다는 것을 의미한다. 이에 비해 제2차 세계대전 기간에 나타난 엄청난 경제활동 증가로 인해 실업률은 현저히 감소해 전시호황기로 정점에 있던 1944년에는 실업률이 1.2%에 불과했다.

제2차 세계대전 이후에 일어난 불경기에서는 실업률이 매우 높게 나타났다. 예를 들어, 1981~1982년의 경기침체기에는 미국 실업률이 10.8%까지 올라갔었다.[3] 그런데 경기확장기에도 실업률은 그림 1.3에서 볼 수 있듯이 0%보다 훨씬 높은 수준에 머물러 있다. 2000년에는 과거 9년간 경기가 조금도 침체하지 않고 지속적으로 성장해 왔음에도 실업률이 4%에 머물러 있었다. 경제가 전체적으로 잘 운행하고 있음에도 실업률은 어째서 꽤 높은 비율에 머물러 있는가

---

3. 1982년 11월과 12월에 실업률은 10.8%까지 올라갔다. 그림 1.3에서 실업률은 10.8%까지 높은 것으로 나타나 있지는 않다. 그래프에는 연간 데이터(즉, 매년 12개월간의 평균치)만을 표시하기 때문이다. 1982년 평균실업률은 9.7%였다.

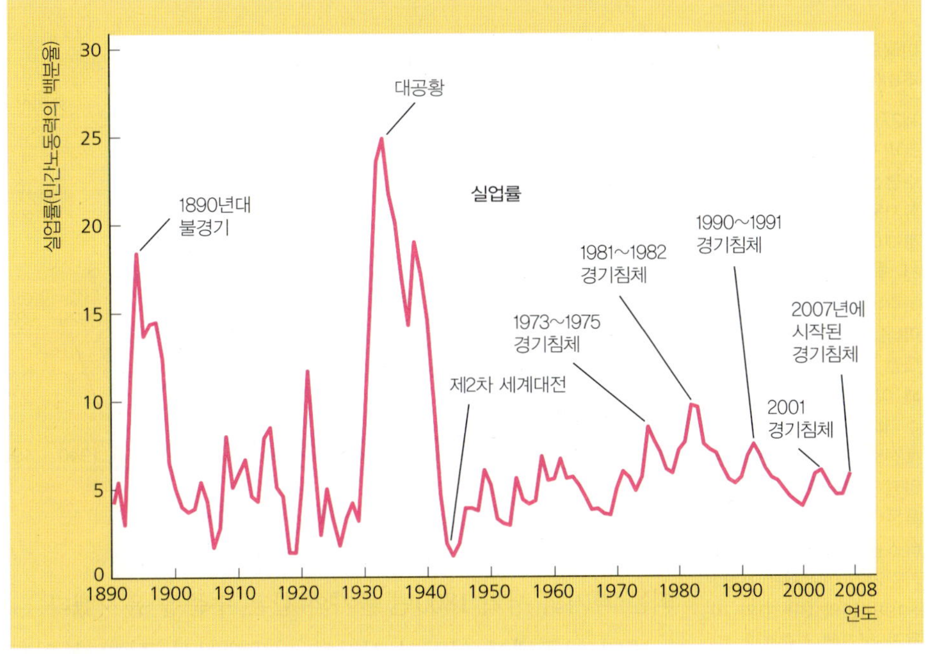

그림 1.3

미국의 실업률 추이(1890~2008)

도표의 추세선은 1890년 이래 미국의 민간노동자(군인 제외) 중 실업자의 비중을 나타낸다. 실업률이 아주 높았던 시기는 1890년대의 불경기시기와 1930년대의 대공황기간이었고, 1920년대와 제2차 세계대전 기간에는 가장 낮은 실업률을 보였다. 제2차 세계대전 이후에 가장 높은 실업률을 보인 시기는 1973~1975년과 1981~1982년이었다.

출처 : 1890~1947년 기간 중 민간실업자(1947년까지는 14세 이상, 1947년 이후는 16세 이상)—*Historical Statistics of the United States, Colonial Times to 1970*, p. 135; 1948년 이후—세인트루이스 연방준비은행 FRED 데이터베이스, research.stlouisfed.org/fred2/series/UNRATE.

하는 문제는 거시경제학의 또 다른 주요 의문이라고 하겠다.

인플레이션

각종 상품과 서비스 대부분의 가격이 꾸준히 상승하고 있을 때 경제가 **인플레이션**(inflation)을 겪고 있다고 말한다. 그림 1.4는 지난 200여 년 동안 미국 소비자들이 지불해야 했던 평균가격수준에 관한 측정치의 변동추이를 보여주고 있다.[4] 그림에서 유의해서 봐야 할 점은 제2차 세계대전 이전의 시기에서는 인플레이션이 주로 전쟁을 치르는 기간, 즉 1812년 남북전쟁, 제1차 세계대전 중에 발생했다는 사실이다. 이러한 전시가 끝나면 곧바로 **디플레이션**(deflation) 기간이 뒤따라 왔는데, 이 기간에는 대부분의 상품과 서비스의 가격이 하락했다. 이처럼 인플레이션 기간과 디플레이션 기간이 서로 뒤이어 옴으로써 물가수준 변동의 효과가 서로 상쇄되면서 결국 물가수준은 장기간 거의 일정 수준을 유지할 수 있었다. 예를 들어, 제1차 세계대전이 끝난 시기(1918년)의 물가는 100년이 더

4. 이 측정치를 소비자 물가지수(CPI : consumer price index)라 하는데 2장에서 좀 더 자세히 논의한다. 이 CPI는 소비자가 통상적으로 구매하는 상품과 서비스의 일정 묶음, 혹은 소비자 용품 한 '바구니(basket)'를 구입할 때 들어가는 비용을 측정하고자 할 때 사용되는 개념이다. 그러나 2세기가 넘는 장기간에 걸쳐 소비자 물가지수를 설정하려면 여러 가지 사정을 고려할 수밖에 없다. 예를 들어, CPI 산정에 포함되는 소비자 용품의 바구니 내용물은 그림 1.4에서 표시된 전 기간에 걸쳐 다 똑같을 수는 없고, 시대에 따라 구입이 가능한 상품과 서비스의 종류가 다르다는 사실을 주기적으로 반영해야만 한다.

그림 1.4

미국의 소비자 물가지수 추이(1800~2008)

제2차 세계대전 이전 평균 소비자 물가지수는 거의 수평선처럼 일정 수준으로 유지됐는데 전쟁기간의 인플레이션(물가상승)이 종전 후의 디플레이션(물가하락)으로 상쇄됐기 때문이다. 그러나 제2차 세계대전 이후 물가는 무려 10배 이상 상승했다. 물가지수 혹은 CPI(2장 참조)로 측정해 표시했다. CPI는 일정 소비자용품 세트(set) 혹은 바구니의 상품과 서비스를 구입하는 비용을 기준기간(여기서는 1982~1984년의 3년간)의 비용과 비교해 산출했다. 그러므로 2008년의 CPI 215.20이라는 수치는 1982~1984년에 100달러로 구입할 수 있었던 상품과 서비스를 2008년에 구입하려면 215.20달러를 지급해야 한다는 것을 의미 한다.

출처 : 1800~1946년 기간의 소비자 물가지수(1967 = 100)–*Historical Statistics of the United States, Colonial Times to 1970*, pp. 210–211; 1947년 이후(1982~1984 = 100)–세인트루이스 연방준비은행 FRED 데이터베이스, research.stlouisfed.org/fred2/series/CPIAUCSL. 1971년 이전의 데이터는 1982~1984년 기간을 100으로 하여 재조정 환산했음.

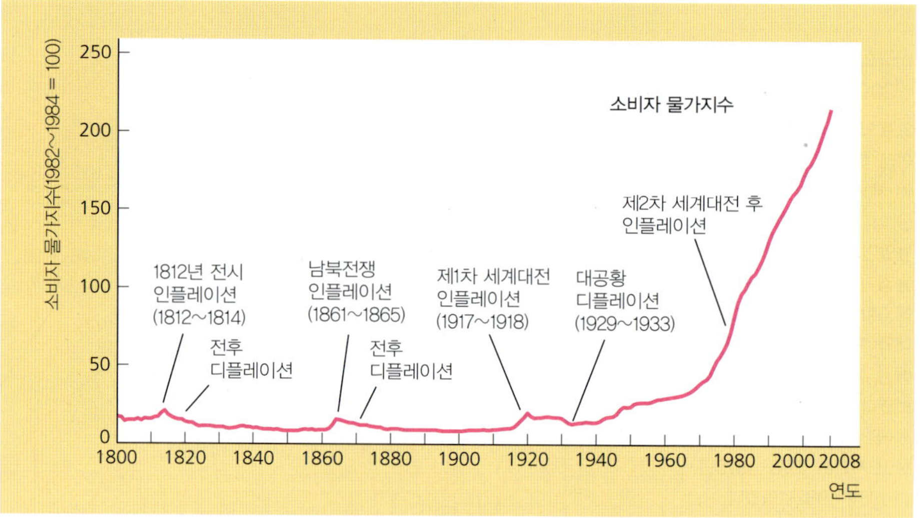

되는 과거의 서기 1800년 물가와 같은 수준을 유지했다.

과거 미국에서 있었던 심각한 디플레이션 중 가장 최후에 발생한 것은 1929~1933년에 일어난 대공황의 초반국면이라 할 것이다. 그 이후 인플레이션은 뒤따르는 디플레이션으로 상쇄되지도 않았고 그저 정상적인 상태로 여겨질 만큼 일상화됐다. 1990년대와 2000년대 초반에 들어 그 세가 약화되기는 했지만 자고 나면 물가가 오르는 일이 계속되고 있다. 그림 1.4에서 볼 수 있듯이 제2차 세계대전 이후 소비자 물가는 꾸준히 올라 이전의 약 10배가 넘는 수준으로 상승했다.

1년간 평균물가수준이 상승한 정도를 백분율로 나타낸 것을 물가상승률(inflation rate)이라 한다. 예를 들어, 물가상승률이 10%라 하면 소비자가 구입하는 품목의 평균가격이 1년당 10%씩 오르고 있다는 것을 뜻한다. 물가상승률은 기간마다 혹은 나라마다 극단적으로 차이가 나는 경우가 많다. 스위스처럼 물가상승률이 낮은 나라는 연평균 1~2%에 불과하지만, 초인플레이션(hyperinflation)이나 극단적인 인플레이션을 겪고 있는 나라(1990년대 초의 구소련에 소속된 나라들)에서는 연간 1,000%가 넘는 경우도 있다. 물가상승률이 극단적으로 높은 수준에 이르게 되면 물가는 매일 또는 시간별로 올라가는데 그렇게 되면 경제는 잘 작동하지 못하게 된다. 높은 물가상승은 또한 화폐의 구매력이 급속도로 닳아 없어진다는 것을 의미한다. 이러한 상황에 부딪히게 되면 사람들은 돈이 수중에 들어오면 곧바로 써버리려고 안간힘을 다하게 된다.

국제경제

오늘날 세계 주요 국가들은 모두 **개방경제**(open economy)로서 다른 나라와 광범위한 무역거래와 금융거래 관계를 갖고 있다[그에 반해 **폐쇄경제**(closed economy)에서는 다른 나라와 경제적인 교류를 하지 않는다]. 거시경제학자는 국가 간의 경제 관계를 좀 더 잘 이해하기 위해 국제무역과 자본거래의 유형을 연구해 왔다. 예를 들면, 국제무역이나 자본거래 관계가 국가 간의 경기순환을 전파하는 데 어떠한 관련이 있는지를 탐구하는 것도 거시경제학의 주요한 과제다.

국제관계를 핵심사항으로서 고려해야 하는 또 다른 문제로 무역불균형(trade imbalances)을 들 수 있다. 그림 1.5에서는 미국의 수출과 수입이 역사적으로 어떻게 변모해 왔는지를 살펴볼 수 있다. 미국의 수입(import)은 해외에서 생산된 상품과 서비스를 미국인이 구입한 것을 나타내고, 미국의 수출(export)은 미국에

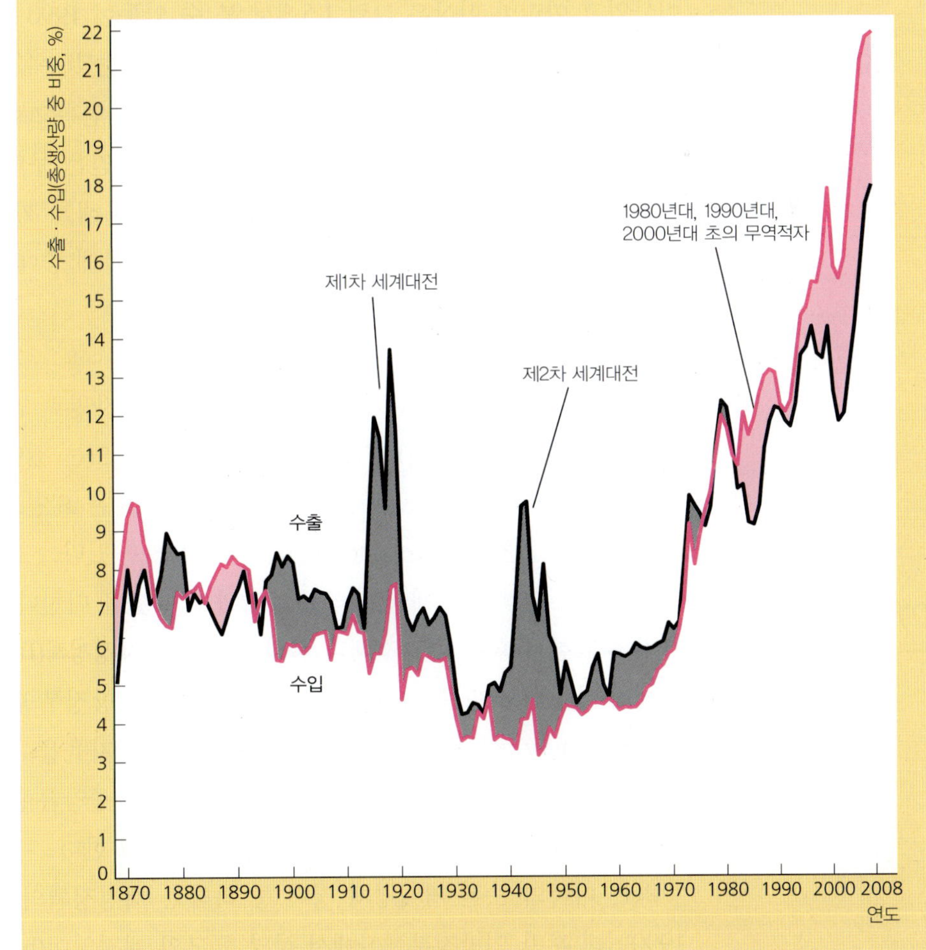

그림 1.5

미국의 수출·수입 동향 (1869~2008)

그림에서는 수출(검은 선)과 수입(붉은 선)이 총산출량에서 차지하는 비중이 표시되어 있다. 수출과 수입이 매년 꼭 같아야 할 필요는 없다. 미국은 20세기에 대부분 수출이 수입을 초과하는 무역잉여(회색 음영)를 시현했다. 그러나 1980년대와 1990년대 그리고 2000년대 초반 미국의 수출은 수입보다 적어 무역손실(붉은색 음영)을 시현했다.

출처 : 1869~1959년 기간 중의 상품 및 서비스의 수출입 통계—*Historical Statistics of the United States, Colonial Times to 1970*, pp. 864-865; 1960년 이후—세인트루이스 연방준비은행 FRED 데이터베이스, research.stlouisfed.org/fred2/series/BOPX 및 BOPM. 산출량은 그림 1.1의 자료를 사용했음.

서 생산된 상품과 서비스가 외국인에게 판매된 것을 나타낸다. 국제무역의 상대적 중요성을 더 잘 이해할 수 있도록, 미국의 수출과 수입을 미국의 총생산량에 대한 비중으로 표시해 그림 1.5를 그렸다. 현재 미국의 수출과 수입은 총생산량에서 차지하는 비중이 1950년대와 1960년대에 비해 다 같이 증가했는데 이는 대공황기와 제2차 세계대전 기간 중에 일어난 세계무역의 붕괴현상이 차츰 회복되어 나라와 나라 사이에 상호의존관계가 더욱 증대되는 추세를 나타내고 있다. 그렇다 하더라도 이미 100여 년 전에도 수출과 수입은 미국 경제 전체에서 이미 상당한 비중을 차지하고 있었다는 사실에 유의할 필요가 있다.

그림 1.5에서는 수출과 수입이 매년 꼭 같을 필요는 없다는 것을 잘 나타내 주고 있다. 예를 들면, 제1차 세계대전 직후와 제2차 세계대전 직후 미국의 수출은 수입을 훨씬 능가했는데, 이는 미국이 전쟁에 의해 경제가 손상된 나라에 많은 물자를 공급했기 때문이다. 수출이 수입을 초과하면 **무역잉여**(trade surplus)가 발생한다. 그런데 1980년대에 들어와 미국의 수출은 수입에 비해 현저히 줄어들었고 이러한 현상은 그림 1.5에서 볼 수 있듯이 1990년대는 물론 2000년대 초반까지 이어지고 있다. 최근 들어 나타난 입초현상(수입이 수출을 초과하는 현상), 혹은 **무역손실**(trade deficit)은 정책당국자나 언론으로부터 엄청난 주목을 받아 왔다. 즉, 이러한 무역불균형을 야기하는 요인은 무엇인가? 무역불균형은 미국 경제에 해를 끼치는가 아니면 교역상대국에 해를 끼치는가? 이러한 문제 역시 거시경제학자가 해답을 구하고자 노력하는 과제 중에 포함되어 있다.

거시경제 정책

한 나라의 경제적 수행성과는 여러 요인, 즉 자연자원과 인간자원, 자본재 재고량(건물, 기계, 소프트웨어), 기술, 국민들이 개개인 또는 집단적으로 행한 정치사회적 선택 등에 따라 좌우된다. 그 밖에 극히 중요한 요인으로는 정부가 추구하는 거시경제 정책(macroeconomic policy)을 들 수 있다.

거시경제 정책은 경제 전반의 수행성과에 영향을 미친다. 거시경제 정책의 두 가지 주요한 유형은 재정정책과 통화정책이다. **재정정책**(fiscal policy)은 지출과 조세에 관련된 사항에 대해 국가 전체, 주정부, 지방정부 단위로 결정된다. **통화정책**(monetary policy)은 나라 전체의 통화공급 증가율을 결정하는 것으로서 중앙은행이라는 정부기구의 통제를 받는다. 미국의 중앙은행은 연방준비제도, 즉 Federal Reserve System이라 하고 줄여서 Fed라고 한다.

최근 미국의 주된 거시경제 정책 중 하나는 재정정책의 영역에 속한 과제다. 1990년대 후반 연방정부예산에서 상당 규모의 재정잉여(budget surplus)가 발생

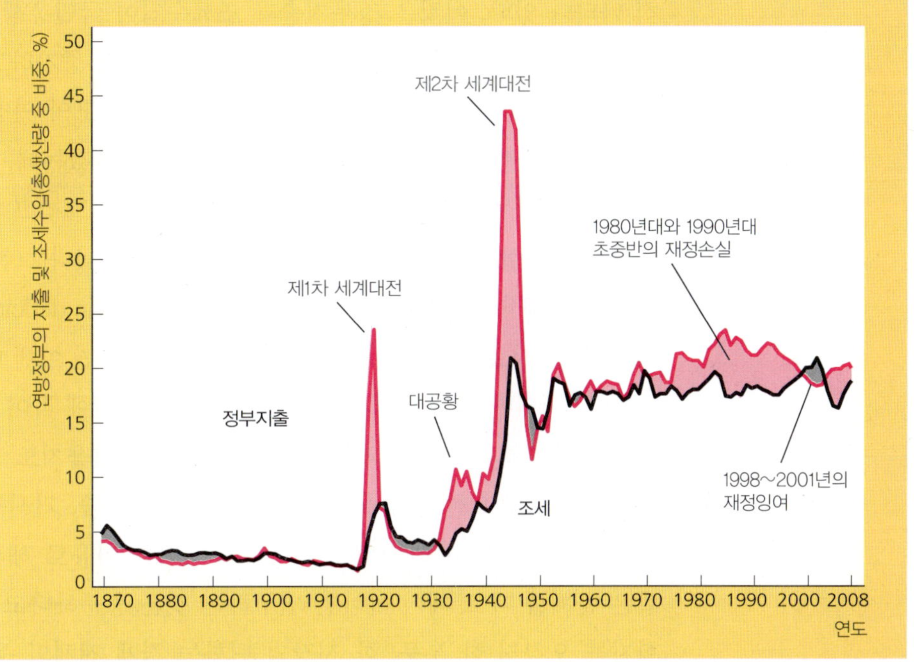

그림 1.6

미연방정부의 지출 및 조세수입(1869~2008)

미국연방정부의 재정지출(붉은 선)과 조세수입(검은 선)이 총생산량에서 차지하는 비중으로 표시되어 있다. 재정손실(재정지출이 조세수입을 초과하는 금액)은 붉은색 음영으로, 재정잉여(조세수입이 재정지출을 초과하는 금액)는 회색 음영으로 나타나 있다. 정부부문이 전체 경제에서 차지하는 비중은 제2차 세계대전 이후 계속 증가하고 있다. 대규모의 재정손실은 제1, 2차 세계대전 시와 대공황기간, 그리고 1980년대와 1990년대 대부분 기간에 발생했다.

출처 : 1869~1929년의 연방지출 및 수입—*Historical Statistics of the United States, Colonial Times to 1970*, p. 1104; 1930년 이후의 자료—*Historical Tables, Budget of the U.S. Government*, Table 1.2; 1869~1928년 기간의 GNP—Christina D. Romer, "The Prewar Business Cycle Reconsidered: New Estimates of Gross National Product, 1869~1908," *Journal of Political Economy*, 97, 1(February 1989), pp. 22-23; 1929년 이후 기간의 GDP— BEA 웹사이트 www.bea.gov.

했었지만, 2001년에서 2008년까지 그리고 이 책을 집필하고 있는 지금 이 시각에도 GDP의 2%에 달하는 재정적자가 발생하였고 2009년에는 GDP의 11%에 달할것으로 예상되고 있다. 이러한 연방정부예산의 최근 추이는 그림 1.6에서와 같이 장기적 관점으로도 비교해 볼 수 있다. 그림 1.6은 지난 130여 년간 연방정부의 지출과 조세수입에 관한 데이터를 바탕으로 그린 것이다.[5] 앞에서 본 그림들과 마찬가지로 정부의 지출, 조세수입, 예산 손실과 잉여 각 항목이 경제 전체에서 차지하는 중요도를 나타내기 위해 각 항목을 총생산량의 몇 퍼센트인가로 계산해 나타내었다.

그림 1.6에는 두 가지가 분명하게 나타나 있는데 제1차 세계대전과 제2차 세계대전 시에 군비를 증강함으로써 야기된 정부지출 증가와 재정손실이 미국역사상 유례없는 두 개의 봉우리(peak)로 두드러져 보인다는 점이다. 제2차 세계대전 중 재정적자가 최고조에 달했을 때 연방정부지출은 총생산량의 43%를 초과했다. 1930년대 대공황 시에도 심각한 재정적자가 발생했는데 정부가 정부지원 취업 프로그램 같은 각종 경기회복조치에 그 지출을 늘렸기 때문이다. 위 그림에서는 또한 제2차 세계대전 이래로 정부부문의 규모가 증가하고 있는 것이 분명

5. 정부지출은 정부의 상품구매와 서비스구입 둘 다 포함하는데, 군용 장비의 구입이나, 공무원 급여의 지급, 그리고 사회안전보장지급금과 같은 개인에게 주는 정부의 은급이 여기에 해당된다.

히 나타나 있다. 이것은 정부지출과 조세수입이 국민총생산에서 차지하는 비중이 1940년대 갑자기 늘어났고 그 이후에도 꾸준히 증가하고 있기 때문이다.

1980년대 내내 그리고 1990년대 중반까지 대규모의 연방재정적자가 지속적으로 나타난 현상은 역사적으로 매우 이례적이라 하겠는데, 평화시기에 그것도 비교적 호황을 구가하던 기간에 발생했기 때문이다. 그리고 1980년대에 발생한 대규모 재정손실은 대규모 무역손실과 겹쳐서 나타났다(그림 1.5 참조). 이 1980년대의 연방재정손실과 무역손실은 '쌍둥이 적자(twin deficit)'로 지칭되었다. 그런데 이 둘은 서로 연관이 있는 것인가? 만일 그렇다면 이에 대해 어떻게 대처할 수 있을까? 이러한 의문도 역시 거시경제학의 범주 안에 들어 있다 하겠다.

정부의 재정손실과 무역불균형 사이에 혹시 있을지도 모르는 연관관계는 거시경제학의 중요한 일면을 엿볼 수 있게 한다. 즉, 거시경제학의 여러 문제는 자주 상호연계되어 있는 경우가 많다. 이러한 이유로 해서 정부의 재정손실과 같은 문제를 따로 떼어 하나만 연구하는 것은 충분하다고 할 수 없다. 거시경제학자는 오히려 한 부문, 한 시장의 변화는 경제 전체의 운행에 영향을 미칠 수 있다는 점을 염두에 두고 경제를 하나의 통합된 체제로서 분석하는 것이 일반적이다.

집계

거시경제학은 경제학의 또 다른 한 분과인 미시경제학(microeconomics)과 함께 경제학의 주요한 두 부문 중 하나다. 그런데 이 두 분야는 기초적인 개념과 방법에 있어 많은 것을 공유하고 있다. 이 두 부문의 차이는 연구대상의 수준이 다르다는 것뿐이다. 미시경제학자는 개별 소비자, 노동자, 기업에 초점을 맞추는데, 이들 각 개별 경제주체는 그 규모가 너무 작아서 국민경제에 아무런 영향을 미치지 못한다. 이에 반해 거시경제학자는 국민경제에 존재하는 여러 가지 수많은 상품과 기업, 시장을 명확히 구분하지 않고 그 대신 나라 전체의 합계량에 초점을 둔다. 예를 들면, 거시경제학자가 경제분석을 할 때 소비자들이 Microsoft Xboxes를 사는지 Sony PlayStations를 사는지 구분하지 않고, 소비자가 소고기를 사는지 닭고기를 사는지, 펩시를 사는지 코카콜라를 사는지 구분하지도 않는다. 그 대신 거시경제학자는 모든 상품과 서비스에 대한 지출을 더해서 총소비라는 총량을 구한다. 이처럼 개별 경제변수를 합하여 경제 전반의 총량을 구하는 과정을 **집계**(aggregation)라 한다. 총소비, 총투자, 총생산량과 같은 집계량을 사용하고 강조하는 점이야말로 거시경제학자와 미시경제학자를 구분하는 주안점이라 하겠다.

1.2 경제학자는 무슨 일을 하는가?

거시경제학자는 그들의 기술을 어떻게 사용하고 그들이 수집한 모든 데이터를 어떻게 처리하며 또 무슨 이론을 만들어내는 것일까? 거시경제학자는 학생에게 경제학을 가르치는 일 외에도 여러 가지 다양한 활동을 하는데, 경제를 예측하고, 기초연구를 수행하며, 정부나 비영리기관, 개인기업을 위한 여러 데이터를 만들어내기도 한다.

거시경제예측

사람들은 경제학자가 앞으로 경제가 어떻게 될 것인지 예측하는 데 대부분의 시간을 보낸다고 믿는다. 그러나 사실은 소수의 예측전문가를 제외하면 경제예측은 거시경제학자의 과업 중 아주 작은 부분에 불과하다. 거시경제학자가 이처럼 경제예측을 크게 강조하지 않는 이유는 거시경제학자 대부분이 경제예측에는 영 시원치 않기 때문이다. 경제예측이 어려운 이유는 경제가 어찌 돌아가는지에 대한 우리의 이해가 불충분하기 때문이기도 하고, 나아가 미래의 경제진로에 영향을 미치는 모든 요인(그중에는 꼭 경제적 요인이 아닌 것도 많이 있다)을 다 고려해서 넣기가 불가능하기 때문이다. 어떤 경제예측 전문가가 국민경제의 미래행로를 예측하려 할 경우 먼저 그 답을 구해야 할 중요한 문제들이 있을 것이다. 즉, 해외에서 발생하는 사건들이 관련 분과위원회가 향후 몇 년간의 국방비 지출을 결정하는 데 어떠한 영향을 미치게 될 것인가? 또 석유수출국기구(OPEC)가 차기 회의에서 석유가격을 얼마로 결정할 것인가? 농업지대에 심각한 가뭄이 발생해 식량생산량과 식량가격에 악영향을 미치게 될 것인가? 기업이 컴퓨터 기술을 더 사용함으로써 생산성이 1990년대와 2000년대 초기처럼 빨리 향상될 것인가? 등을 예로 들 수 있겠다. 그와 같은 문제에 확실한 해답을 얻기는 어렵기 때문에, 거시경제학자가 단 하나의 예측치를 제시하는 경우는 아주 드물다. 예측가들은 보통 가장 '확률이 높은' 예측치에다 '낙관적' 혹은 '비관적' 시나리오를 곁들여 발표한다.

이처럼 경제활동에 대해 정확도가 높은 예측을 하는 데 있어 거시경제학이 별 소용이 없다는 사실 때문에 거시경제학을 공부하는 것 자체가 쓸모없는 일이라고 할 수 있을까? 그렇게 생각하는 사람도 있겠지만 예측의 정확성이라는 것은 거시경제학 연구가 유용한 것인지를 판단하는 기준으로서는 그다지 합리적이라 할 수 없다. 예측이 어려운 분야라 한다면 기상학(meteorology)이 좋은 예라 하겠다(예를 들어, 이번 주말 확실히 날씨가 맑을 것인지를 예측해야 하는 것처럼). 그렇다고 기상학이 소용없다고 말할 수는 없다. 기상학으로부터 유용한 지식을 많이 얻을 수 있기 때문이다(기상학자의 도움으로 지구 오존층이 엷어지고 있어 위험하다는 사실을 밝혀냈다). 마찬가지로 심장전문의도 과연 환자가 심장발작을 일으킬 것인지, 일으킨다 하더라도 그것이 언제일지는 예측할 수 없다. 다만 심장발작의 확률에 대해서는 말할 수 있다는 것이다. 경제학자도 기상학자나 의사처럼 자체가 복잡해서 완전한 이해가 어렵고 또 그것의 행태와 진로를 예측하기는 더욱 어려운 복잡한 시스템을 가지고 씨름하고 있는 것이다. 그러므로 대부분의 거시경제학자는 앞으로 무엇이 일어날 것인지를 예측하기보다는 어떠한 사건이 발생했을 때 그 사건을 분석하고 해석하는 일(거시경제분석)을 하거나 혹은 경제 전반의 구조를 이해하는 일(거시경제 조사연구)에 중점을 두고 노력한다.

거시경제분석

거시경제분석가는 경제운용상황을 면밀히 관찰하면서 현재 진행되고 있는 일련의 사건이 어떤 의미를 갖는지 살펴본다. 경제분석가는 거의 대부분 은행이나 대기업 같은 민간부문에 취업해 일하고 있다. 이들 민간부문에서 일하는 경제분석가는 전반적인 경제상황이 그들을 고용한 업체의 금융투자수익률이나 전략, 기업 확장의 기회, 제품의 수요 등에 어떠한 영향을 주게 될 것인지 점검한다. 어떤 민간기업에서는 거시경제분석에 전문화해 그들의 분석내용을 필요로 하는 고객에게 일정 요금을 받고 서비스를 제공한다.

중앙 또는 지방 단위의 공공부문이나 세계은행, 국제통화기구 같은 국제기구에서도 많은 거시경제분석 전문가를 고용한다. 공공부문 경제분석가의 주된 임무는 정책수립을 보조하는 것인데, 예를 들어, 여러 가지 현안 경제 문제를 진단하고 가능한 정책대안들을 비교평가해 보고서를 집필하는 일이 주업무라 하겠다. 미국의 정책수립자, 예를 들어, 통화정책을 수립하는 공무원은 미국연방준비은행에서 일하는 수백 명의 박사급 경제학자에게 도움을 요청하기도 한다. 또한 미국의 대통령은 경제자문위원회의 자문을 받고, 또 행정부의 각 부처나 기관에서 일하는 전문 보좌관의 도움을 받아 경제정책을 수립한다. 국회의원은 주로 국회 예산사무국에서 제출하는 경제분석 데이터를 사용한다. 경제정책수립자는 간혹 정부 밖에 있는 기업 또는 학계의 거시경제 전문가의 자문을 구하기도 한다.

미국처럼 잘 훈련된 거시경제분석 전문가가 많은 나라라면, 그 나라의 거시경제 정책도 따라서 장래를 멀리 내다본 아주 영특한 모습으로 수립되는 것일까? 그러나 그 대답은 불행히도 "아니요"이다. 국민경제 그 자체의 복잡성 때문에 거시경제 정책분석은 거시경제예측과 마찬가지로 어렵고도 불확실하다. 그리고 이보다도 더 중요한 사실은 경제정책을 경제학자가 아니라 정치가가 수립한다는 점이다. 정치가라면 으레 정책이 선거구 주민에게 미치는 직접적이고 즉각적인 효과에 더 관심이 있지 그 정책이 추상적으로 바람직한지 아닌지에는 별반 관심을 두지 않는다. 그러므로 1990년대 후반 무역장벽을 줄이려는 국제협상 중 일부는 실패로 끝났다. 왜냐하면 EU 각국 정부는 (거의 모든 경제학자가 보호장벽이나 농산물 가격 보조금제를 일제히 반대했음에도 불구하고) 역내 각국의 농민에게 지급되던 높은 가격보조금을 삭감하는 것이 정치적으로 바람직하지 않다고 생각했기 때문이었다. 2002년에 미국 부시(Bush) 행정부는 (경제학자들의 무역장벽 설치 반대를 무릅쓰고) 철강업계의 압력에 굴복해 수입 철강제품 몇 종류에 보복관세를 부과하고 말았다.

거시경제분석 전문가가 제시하는 기술적 충고만이 거시경제 정책을 수립하는 유일한 기초는 아니겠지만 좋은 정책결정을 내리려 한다면, 특히 급격한 변화를 염두에 두고 있는 경우에는 전문가의 권고를 받아들일 필요가 있다. 예를 들어, 보면 1990년대부터 동유럽, 중남미 그리고 타 지역에서도 많은 국가가 국민경제를 급진적으로 개혁했다. 이들의 경우 국가 지도자는 국내외 경제전문가의 자문을 구했고 그 자문내용은 대부분 정책 수립에 심대한 영향을 끼쳐 왔다. 구소련에서는 경제구조의 개편과 경제 개혁에 관한 논쟁에서 경제학자는 기술적 전문가로서 그리고 정치적 선도자로서 매우 중요한 역할을 수행했다.

거시경제 조사연구

거시경제에 관한 조사연구는 지극히 추상적인 수리분석에서부터 심리적 실험, 시뮬레이션 조사에 이르기까지 아주 놀랄 만큼 다양한 형태를 띠고 있다. 특히 시뮬레이션 조사는 일상적인 경제활동의 우발성을 반영하는 임의의 수, 즉 난수표를 만들어내기 위해 컴퓨터를 사용하기도 한다. 그러나 거시경제 조사연구의 주목적은 경제가 어떻게 작동하는지에 대한 일반론을 도출해내는 데 있다. 조사연구를 성공적으로 수행함으로써 터득한 경제에 대한 전반적 통찰력이야말로 어떤 특정의 경제 문제, 정책, 상황을 분석하고 진단할 수 있는 튼튼한 기초를 형성한다 하겠다.

조사연구가 왜 중요한지 알아보기 위해 한 가지 가상적인 상황을 상정해 보자. 여러분이 국제통화기금(IMF)에서 일하는 경제전문가인데, 높은 물가상승에 시달리고 있는 아프리카의 어느 작은 나라의 물가안정을 도와주려 한다면 여러분은 무엇을 근거로 삼아 정책권고안을 제시할 것인가? 우선 기본적으로 여러분이 알아야 할 것은 과거 다른 나라에서 인플레이션을 극복하는 데 어떠한 정책을 사용했고, 그 결과는 어떠했으며 그 정책을 사용한 나라의 특성에 따라 그 결과가 얼마나 좌우되었는지 등이다. 만일 여러분이 분석하고 있는 상황이 과거에 있었던 다른 경우와 다르고, 어떤 이론적 원리를 적용하면 그 나라의 인플레이션을 야기하는 주요 요인을 이해하고 확인하는 데 도움이 되는 경우에는 더욱 더 조사연구가 중요한 의미를 갖는다. 여러분 혼자의 힘으로 과거의 역사적 사례들을 다 분석하고 여기저기 흩어져 있는 단편적 사건들로부터 이론적 원리를 만들어내려면 수년에 걸친 노력이 필요하다. 여러분이 당면한 과업을 해결하는 데 필요한 연구결과나 지식들은 이미 출판된 저서나 전문학술잡지 또는 미발표 문건의 형태로 배포되어 있기 때문에 경제학 전반에 걸쳐 누군가에 의해 진행되고 있는 조사연구가 그만큼 가치가 있는 것이다. 조사연구활동은 경제분석, 경제예측과 같은 학술적·전문적 활동의 기반을 형성하기 때문에, 거시경제연구는 배후에 있는 거시경제학이라는 전체 산업을 이끌어 가는 진정한 의미의 엔진이라 할 것이다.

거시경제 조사연구는 주로 대학이나 국립경제연구소(National Bureau of Economic Research), 브루킹스연구소(Brookings Institution), 미국 기업연구소(American Enterprise Institute) 같은 비영리 연구기관이나, 정부나 국제기구와 같은 공공부문이 담당해 수행한다. 특히 공공부문에서 경제분석과 경제조사연구는 우리가 이 책에서 구분하는 것처럼 확연히 구별되지는 않는다. 그 이유는 많은 경제전문가가 특정 문제(아프리카 국가의 인플레이션 문제 등)의 분석활동과 좀 더 기초적인 조사연구(인플레이션 전반에 관한 분석) 사이를 왔다 갔다 하기 때문이다.

경제이론 거시경제 조사연구는 어떻게 수행되는가? 기타 학문 분야와 마찬가지로 거시경제 조사연구도 이론을 수립하고 검증하는 것을 위주로 진행된다. **경제이론**(economic theory)은 논리적 구조 안에서 조직적으로 체계화된 경제 관련 개념의 묶음이다. 대부분의 경제이론은 **경제모형**(economic model)의 형태로 발전됐는데 경제모형은 경제의 몇 가지 측면을 주로 수리적 형식으로 표현하는 등 단순하게 묘사한 것이다. 경제학은 경제모형 또는 이론을 다음 네 가지 기준으로 평가한다.

1. 가정은 합리적이고 현실성이 있는가?
2. 실제 문제 연구에 사용할 때 이해나 조작에 불편이 없는가?
3. 그 이론이나 모형이 지니는 함축성은 **실증분석**(empirical analysis)에 의해 검증될 수 있는가? 다시 말해, 실제 사회에서 얻어진 데이터와 비교해 평가할

수 있는가?

4. 그 이론의 함축성과 데이터를 비교했을 때 두 가지가 서로 모순되지는 않는가?

어떤 이론이나 모형이(어떤 형태든지, 또 꼭 경제이론이 아니더라도) 쓸모가 있으려면 위에 열거한 네 개의 질문에 하나도 빠짐없이 "그렇다"로 답할 수 있어야 한다. 그런데 불행하게도 경제학자들은 특정 이론모형에 대한 평가에 있어 의견이 언제나 일치하는 것은 아니다. 그 결과 어떤 경제상황에 대해 모형화하는 방법을 놓고 무엇이 최선인지 서로 다투는 논쟁이 끊이지 않고 있다.

경제이론 · 모형을 개발하고 검증하는 주요 절차를 "최신자료 및 연구와의 접속 : 경제이론의 개발 및 검증절차"에 요약해 놓았다.

데이터 개발

경제 관련 데이터를 수집하는 일은 거시경제학에서 아주 긴요한 부분인데 그래서 수많은 경제학자가 데이터 개발과정에 참여하고 있다. 다른 주요 국가와 함께 미국에서도 수천 가지 경제변수에 관한 데이터를 수집 · 분석하고 있다. 앞에서 산출량이나 가격수준에 관한 측정치 등 일련의 주요 거시경제 데이터를 제시했는데, 2장에서는 이 변수들은 물론 다른 것들도 자세히 살펴보려 한다. 거시경제학자는 경제현황을 진단하거나 향후 동향을 예측하기 위해 여러 정책대안을 분석하거나 경제이론을 검증하기 위해 수집된 경제 데이터를 사용한다.

이 경제 데이터는 대부분 중앙정부기관이 수집해 발표하는데, 미국의 경우 센서스국(Bureau of the Census), 노동통계국(Bureau of Labor Statistics), 경제분석국(Bureau of Economic Analysis)이나 연방준비은행(Fed) 같은 중앙은행이 그 업무를 담당한다. 그러나 최근에는 민간부문의 역할이 더욱 증가하고 있다. 예를 들어, 마케팅 회사나 민간 경제예측회사들이 경제 데이터를 수집하고 사용하고 또 판매하기도 하는 주요 기관으로 대두하고 있다. 이 책에서도 "최신자료 및 연구와의 접속"에서 주요 경제 데이터 시리즈가 어떠한 것인지, 그리고 그것이 어떻게 수집되고 또 어떻게 찾아볼 수 있는지 소개하고 있다.

이 데이터를 수집하고 정리, 준비하는 과정은 그저 정해진 순서에 따라 똑같이 진행된다. 그런 데이터를 제공하는 사람들은 비용을 최소화하면서도 최대한 활용도를 높이기 위해 잘 훈련된 전문가들이기 때문에 주요 데이터의 수집작업을 담당하는 사업부서는 많은 전문기술자들이 협동작업할 수 있도록 조직되는 것이 보통이다. 데이터를 제공하는 사람들은 그 데이터를 누가 어떻게 사용

최신자료 및 연구와의 접속 *IN TOUCH WITH DATA AND RESEARCH*

경제이론의 개발 및 검증절차

경제이론을 개발하고 검증하는 과정을 설명하기 위해, 사람들이 집에서 직장까지 자가용으로 출퇴근하는 노선을 선택하는 방법에 관한 이론을 개발하려는 경우를 상정해 보자. 그와 같은 이론은 예를 들어, 어떤 주택단지 건설 프로젝트의 교통영향 평가를 해야 하는 당국의 교통계획 담당자에게는 아주 쓸모 있다고 볼 수 있다. 이 이론을 개발할 때 거쳐야 할 절차는 다음과 같다.

1단계 : 조사연구하려는 문제를 명확히 밝힌다.
예 : 출퇴근시간대에 그 도시의 교통흐름을 결정하는 요인은 무엇인가?

2단계 : 경제적 환경과 경제주체들의 행동에 관한 가정을 설정한다. 그 가정은 단순하면서도 문제에서 가장 중요한 측면을 제대로 포착할 수 있어야 한다.
예 : 교통 환경은 도시의 지도로써 충분히 묘사할 수 있다. 행동에 관한 가정은, "통근하는 사람들은 운전시간을 최소화하는 경로를 선택한다"로 한다.

3단계 : 이론이 지니고 있는 함축적 의미를 도출한다.
예 : 도시지도를 사용해서 가정과 직장 간의 운전시간을 최소화하는 노선을 그린다.

4단계 : 이론의 함축적 의미와 실제 데이터를 비교하기 위해 실증분석을 실시한다.
예 : ① 주택의 위치, ② 직장 위치, ③ 출근 시 택하는 노선을 확인하기 위해 설문조사를 실시한다. 이론모형이 예측하는 노선이 설문조사에서 나타난 노선과 대체로 일치하는지 검토해 판정한다.

하는지를 기준으로 어떠한 유형의 데이터를 수집해야 할 것인지를 먼저 결정해야 한다. 또한 데이터를 수집하는 사람들은 경제학 이론에서 말하는 추상적 개념(예를 들어, '자본'이나 '노동' 같은 개념)에 상응하는 경제활동의 측정치를 잡을 때 주의를 기울이지 않으면 안 된다. 나아가 데이터 제공자는 개인이나 개별 기업에 관한 정보가 노출되지 않도록 철저한 기밀유지를 보장해 줘야 한다. 국가통계조사국 같은 큰 데이터 수집 기관에서는 데이터 수집을 시작하기 전 많은 경제전문가, 통계전문가가 위에 열거한 문제 하나하나를 철저하게 분석하고 있다.[6]

6. 데이터 수집가가 대처해야 할 문제에 대해 잘 논의해 놓은 논문으로는 다음을 참조하라. Janet L. Norwood, "Distinguished Lecture on Economics in Government : Data Quality and Public Policy," *Journal of Economic Perspectives*, Spring 1990, pp. 3–12.

5단계 : 앞 단계에서의 비교결과를 평가해 본다.

- 이론이 실측치와 잘 부합되는 경우 : 이론을 사용하여 경세적 환경이나 정책이 변화할 경우 어떠한 일이 일어날 것인지 예측해 본다.

  예 : 최소운전시간 가정을 사용해 새로 개발되는 주택단지의 주민들이 가장 많이 선택할 것으로 예상되는 노선들을 추정함으로써 새 주택단지의 교통영향을 평가한다.

- 이론과 실측치가 잘 부합하지 않는 경우 : 새로운 이론모형을 세워 다시 시작한다. 2단계부터 5단계까지 반복한다.

  예 : 행동에 관한 가정을 다음과 같이 바꿔 본다. 즉, 자가용 출퇴근자들은 운전하는 거리(운전시간이 아니라)를 최소화하는 노선을 선택한다고 가정한다.

- 이론이 실측치와 어느 정도 부합하는 경우 : 부분적으로 예측에 성공한 이론을 가지고 어떻게든지 임시변통으로 꾸려나가는 방안도 있고 또는 새로운 가정을 추가해 모형을 수정하고 2단계부터 5단계까지 반복한다.

  예 : 최소운전시간 가정을 수정해 본다면, "출퇴근 시 자가용 운전자들은 운전시간이 일정 범위의 시간을 초과하지 않는다면 좀 더 경치가 좋은 노선을 택한다" 같은 식이 될 것이다. 이 새로운 가정으로 수정한 모형을 검증하기 위해서는, 어떤 노선이 경치가 좋은 노선(호수를 지나는)이고, 어떤 노선이 경치가 나쁜 노선(쓰레기 매립장을 지나는)인지 결정해야 한다.

1.3 거시경제학자들의 의견이 서로 다른 이유

지난 여러 해 동안 수천, 수백의 경제분석가, 데이터수집 전문가, 조사연구자가 엄청난 노력을 기울인 결과 우리는 여러 거시경제현상을 좀 더 잘 이해할 수 있게 됐다. 그런데 거시경제의 어떠한 문제라도 뉴스매체에서 전하는 토론자들의 의견은 매번 양쪽으로 갈리는 것으로 나타난다. 도대체 왜 거시경제학자들은 서로 의견이 그토록 다르게 나타나는 것일까?[7]

거시경제학자 간의 의견대립의 정도가 심한 것처럼 보이는 것은 일반 대중이

7. 거시경제학자들은 다른 사람과 의견을 달리할 뿐만 아니라 그들 자신과도 의견합치를 이루지 못한다고 비난받을 때도 있다. 트루먼(Harry Truman) 대통령은 많은 정책수립자의 좌절감을 이렇게 표현한 적이 있다. "나는 손이 한쪽밖에 없는 경제학자를 원한다. 한편으로는 이렇고(on the one hand…), 또 다른 한편으로는 저렇고(on the other hand…) 하는 식으로 말하지 않는 경제학자 말이다."

나 언론매체에서 아주 어렵고 논쟁거리가 많은 문제에만 초점을 맞춰 보여줌으로써 상당 부분 너무 과장되게 나타나 보이는 면이 없지 않다. 또한 경제정책이나 경제적 성과는 대중의 관심과 우려 대상이기 때문에 논쟁의 심각성이 더 크게 인식되는 경향도 있다. 즉, 다른 어떤 분야에 비해 거시경제학 분야의 논쟁은 세미나실이나 실험실보다는 일반 대중에게 공개된 장소에서 진행되는 경우가 흔하다. 비록 거시경제학자 간의 중대한 의견대립이 존재하기는 하지만, 의견이 일치하는 영역도 아주 많다.

경제정책에 관련된 실증분석방법과 규범분석방법을 구분함으로써 거시경제학자들의 의견이 일치하지 않는 이유를 좀 더 잘 알 수 있을 것이다. **실증분석**(positive analysis)은 어떤 경제정책의 경제적 효과를 면밀하게 분석하지만 정책 시행의 결과로 나타나는 효과가 바람직한지 아닌지는 따지지 않는다.

규범분석(normative analysis)은 어떤 정책이 꼭 시행돼야 할 것인가 아닌가를 결정해 보려고 노력하는 분석방법이다. 예를 들어, 어떤 경제학자에게 소득세 5% 인하가 경제에 미치는 영향을 분석해 달라고 요청했을 때, 그 학자는 실증분석을 실시해 응답할 것이다. 그런데 "소득세를 5% 인하해야만 하는가"라는 질문을 받는 경우에는 규범분석이 필요하게 된다. 이 규범분석에는 경제가 어떻게 운용되는지에 대한 그 학자의 객관적이고도 과학적인 이해도 포함될 뿐만 아니라 정부부문의 적정 규모나 바람직한 소득재분배 비율 같은 문제에 대한 주관적 가치판단도 필요하다.

경제학자들은 어떤 문제가 지니는 실증분석 부분에서 의견이 같더라도, 규범분석 부분에서는 각자의 가치판단이 다르다면 의견도 달리하게 될 것이다. 가치관의 차이는 기타 분야에서도 흔히 발견할 수 있다. 즉, 물리학자는 핵무기가 폭발하면 무슨 일이 일어날 것인지(실증분석)에 대해서는 완전히 의견이 일치한다. 그러나 '매파' 물리학자와 '비둘기파' 물리학자는 핵무기를 꼭 사용해야만 하는지 말아야 하는지(규범분석)에 대해서는 아주 심각한 의견대립을 보이고 있다.

실증적 문제에 대해서도 의견대립이 일어날 수 있는데 이 의견 불일치는 경제학에서 아주 중요한 문제다. 거시경제학 분야에는 경제가 어떻게 작동하는지에 대해 사뭇 다른 견해를 가진 여러 학파가 존재해 왔다. 예를 들어, 통화주의라든지 공급주의 경제학파에 속한 학자들은 사상이 매우 독특한데, 뒤에서 자세히 살펴볼 것이다. 거시경제학의 실증분석 문제에 있어 오랫동안 의견대립을 보여 온 주요 학파는 고전파(classical approach)와 케인즈파(Keynesian approach) 두 학파다.

고전파와 케인즈파

고전파 접근방법과 케인즈파 접근방법은 거시경제학의 지적 전통으로 볼 때 가장 중요한 두 학파라 할 수 있다. 여기서는 이 양자 간의 차이를 간략히 살펴보는데, 이 책의 후반부에서 더욱 자세히 검토하게 될 것이다.

고전파 접근방법 고전파의 기원은 지금부터 약 200여 년 전 스코틀랜드 출신의 유명한 경제학자 애덤 스미스(Adam Smith)로 거슬러 올라간다. 애덤 스미스는 경제학의 고전이 된 그의 저서 『국부론(The Wealth of Nations)』을 1776년 출판했는데, 그는 이 저서에서 '보이지 않는 손'이라는 개념을 처음으로 제시했다. **보이지 않는 손**(invisible hand)이라는 개념은, 자유로운 시장이 존재하고 각 개인이 자신의 이익을 최대한 추구하는 방식으로 각자의 경제행위를 한다면 전체 경제는 아주 잘 돌아갈 것이라는 생각이다. 스미스가 표현하기로는 시장경제하에서 개개인이 자신의 이익을 추구하는 것은 마치 어떤 보이지 않는 손에 이끌려서 그 경제에 속한 모든 개개인의 일반적 복지를 극대화하는 결과를 가져온다는 것이다.

그러나 스미스가 주장한 것을 너무 과장해서는 안 된다. 즉, 보이지 않는 손이 작용한다고 말하는 것은 시장경제 안의 어떤 사람도 배고프지 않거나 불만이 없다는 것을 의미하는 것은 아니다. 자유로운 시장이라고 해서 어떤 나라를 가뭄이나 전쟁이나 정치적 소요로부터 완전히 격리할 수는 없다. 또한 보이지 않는 손이 부자와 빈자 사이에 존재하는 엄청난 불평등을 모두 쓸어낼 수도 없다. 왜냐하면 스미스는 자유시장 분석에서 각 개인 간 최초의 부의 분배가 주어진 것으로 가정했기 때문이다. 그러므로 '보이지 않는 손'이라는 개념은 오히려, 어느 나라에 일정한 자원(자연자원, 인간자원, 기술자원)과 부의 초기분배상태가 주어져 있을 때 자유시장 제도를 채택하면 가능한 범위 내에서는 국민을 최대한 경제적으로 잘 살게 만들 수 있다는 것을 의미한다.

이 '보이지 않는 손'의 아이디어가 현실 타당성이 있는지 여부는 하나의 주요 가정에 따라 달라진다. 즉, 국민경제의 금융시장, 노동시장, 재화시장 같은 각 시장이 원만하게 작동되고 있고 최소임금제나 최고이자율제한 같은 방해요소가 없다는 가정이 성립하는지 말이다. 특히 임금이나 물가는 모든 시장에서 수요량과 공급량이 일치하는 소위 **균형**(equilibrium)을 유지하도록 신속히 조정될 수 있어야 한다. 수요량이 공급량을 초과하는 시장에서는 가격이 상승해 시장이 균형상태가 되도록 해야 한다. 사람들이 사려고 하는 것보다 더 많은 양의 상품이 있는 시장에서는 가격이 하락해 시장을 균형상태에 있도록 해야 한다.

임금과 가격의 신축성은 보이지 않는 손의 개념에서 아주 결정적인 요건이다. 자유시장경제체제에서 임금과 가격의 변화는 사람들의 경제행위를 조절하는 신호의 역할을 하기 때문이다. 예를 들어, 설명해 보면, 외국에서 전쟁이 발생해 석유수입이 중단됐다고 가정해 보자. 이와 같은 공급감축은 석유가격을 올리게 될 것이다. 석유가격의 상승으로 인해 국내의 석유공급자가 원유를 더 많이 채굴하거나 새로운 유정을 개발하는 것이 그들에게 더 많은 이익을 가져다주는 상황이 전개된다. 또 석유가격의 상승은 국내 소비자들이 석유소비를 줄이고 다른 대체에너지원으로 전환하도록 유도할 것이다. 또한 대체에너지원에 대한 수요가 증가하면 그 가격을 올려 그 대체에너지 품목의 생산 증가를 자극하는 등 일련의 새로운 상황이 전개될 것이다. 그러므로 정부의 가격통제와 같은 방해요인이 없다면 가격의 자율적 조정은 자유시장경제가 당초의 공급차질에 대해 좀 더 건설적이고 균형 잡힌 방식으로 반응할 수 있게 도와준다.

거시경제학에서 고전파 접근방법은 사람들이 각자 자신의 경제적 이익을 좇아 행동하고 가격은 모든 시장에서 균형을 적절히 달성할 수 있도록 신속히 조절된다는 스미스의 가정 위에 그들의 이론과 정책을 구축해 왔다. 고전파 접근방법을 추종하는 사람들은 이 두 가정에 기초를 두면서, 현실 데이터와 부합하고 우리가 이 장에서 제기한 주요 문제에 대해 해답을 제시할 수 있는 이론모형을 수립하려 노력하고 있다.

그런데 고전파 접근방식을 사용하는 경우 매우 강력한 정책적 함의가 뒤따르게 된다. 고전파에서는 보이지 않는 손이 잘 작동된다는 것을 가정하기 때문에 고전파 경제학자는 (규범적 제안으로서) 정부가 경제에서는 아주 제한적인 또는 최소한의 역할만 해야 한다고 주장한다. 그리고 실증적 제안으로서 고전파 경제학자는 정부정책은 효과가 없거나 또는 목표로 하는 상태에 도달하는 데 있어 역작용을 한다고 주장한다. 그러므로 대부분의 고전파 경제학자는 정부가 경기변동을 제거하기 위해 적극적으로 노력해서는 안 된다는 주장을 펴기도 한다.

케인즈파 접근방법 고전파에 비해 케인즈파 접근방법은 비교적 근래에 태동했다. 케인즈파 접근방법을 처음으로 학계에 소개한 책은 영국 경제학자 존 메이나드 케인즈(John Maynard Keynes)가 저술한 『고용 · 이자 · 화폐에 관한 일반이론(The General Theory of Employment, Interest, and Money)』이라는 책이었는데, 이는 애덤 스미스의 『국부론』이 발간된 지 160년이 지난 1936년에 출판됐다. 1936년에 전 세계는 대공황을 지내면서 엄청난 경제적 고통을 받고 있었다. 역사상 전례 없는 높은 실업률이 수년간 전 세계 각국의 경제를 파탄 속에 몰아

넣었고 자유시장의 보이지 않는 손은 완전히 무력한 듯 보였다. 1936년 당시 상황으로서는 고전파 이론은 현실의 데이터와 너무나 모순된 것으로 나타났고 그로 인해 새로운 거시경제이론이 절실하게 필요했다. 이때 케인즈가 이 새 이론을 제공한 것이다.

케인즈는 그의 저서에서 높은 실업률이 오래 지속되는 이유에 대한 하나의 새로운 설명을 제시했다.[8] 그는 실업의 원인에 대한 설명에서 임금과 가격의 조절에 대한 고전파의 가정과는 전혀 다른 가정을 채택했다. 고전파가 각 시장에서 균형이 유지되도록 임금과 물가는 신속히 조정된다고 가정하는 것과는 달리 케인즈는 임금과 물가는 매우 느리게 조정된다고 가정했다. 임금과 물가가 느리게 조정된다는 것은 시장이 상당히 오랫동안 균형에서 벗어난(수요량이 공급량과 같지 않은) 상태에 놓일 수 있다는 것을 의미한다. 케인즈파 이론에서는 직장을 원하는 사람의 수와 기업이 고용하려는 사람의 수가 일치하도록 임금이나 가격이 신속하게 조절되지는 않기 때문에 실업이 오랫동안 사라지지 않는다고 보는 것이다.

케인즈는 높은 실업사태에 대한 대책으로서 정부가 상품과 서비스의 구매를 늘려 생산물에 대한 수요를 증대해야 한다고 주장했다. 케인즈가 이 정책을 실업해소대책으로 제시한 이유는 이러하다. 정부가 지출을 늘려 상품과 서비스의 구매를 늘리면, 기업은 자신이 생산하는 상품과 서비스의 수요량이 증가하는 것을 보고 그에 부응하기 위해 노동자의 고용을 더 늘린다고 본 것이다. 케인즈는 또한 새로 채용된 노동자들은 새로운 소득으로 더 많이 소비할 수 있게 되었으므로 새로운 추가적 상품수요를 유발하며 이는 곧 더 많은 노동자의 고용으로 이어진다고 주장했다. 케인즈파 학자는 대부분 고전파와는 달리 보이지 않는 손에 대해 회의적인 태도를 보이는 경향이 있어 정부가 적극적으로 개입해 국민경제의 운용성과를 높이는 역할을 해야 한다고 주장한다.

고전파 대 케인즈파 논쟁의 진화 대공황은 많은 경제학자가 고전파 학설에 대해 갖고 있던 굳건한 신념을 통째로 뒤흔들어 버렸기 때문에 케인즈파 접근방식은 제2차 세계대전 시기부터 1970년대까지 거시경제학 이론과 정책을 지배해왔다. 케인즈파의 영향이 막강했던 만큼 대부분의 경제학자는 정부가 거시경제정책을 능숙하게 활용한다면 인플레이션이나 경기침체를 겪지 않으면서도 경제

8. 실제로는 케인즈는 그의 저서에서 실업이 존재하는 이유에 대해 여러 가지 설명을 내놓았다. 그래서 '케인즈의 진의는 무엇이었는가'에 대해 여전히 논란이 계속되고 있다. 케인즈의 진의에 관한 저자의 해석은 그의 추종자들 중 주류에 속한 사람들의 것과 같다.

성장을 추진할 수 있다고 믿었다. 그들이 믿기로는 거시경제의 주요 문제는 이미 확실히 해결되었고 단지 몇 가지 사소한 것들만 보충하면 된다는 식이었다.

그런데 1970년대에 미국은 높은 인플레이션과 높은 실업률 두 가지가 겹쳐오는, 즉 경기침체(stagnation)와 인플레이션(inflation)이 합쳐진 소위 **스태그플레이션**(stagflation)으로 인해 엄청난 시련을 받았었다. 이와 같은 체험으로 말미암아 마치 대공황이 고전파 학설의 기반을 무너뜨린 것처럼, 그때까지 정통 케인즈파 학설에 대해 지녔던 경제학자들의 굳건한 신뢰도 약해졌다. 더욱이 임금과 물가는 서서히 조정됨으로써 시장이 상당 기간 불균형상태에 놓일 수 있다는 케인즈파의 기본가정은 확실한 이론적 기반이 없다는 비판을 받게 됐다. 이처럼 케인즈파 학설이 공격을 받는 동안 경제학이론이 어느 정도 발전하게 됨으로써 많은 경제학자에게 고전파 학설은 케인즈파 학설보다 더 흥미롭고 매력적으로 보였다. 1970년대 초부터 현대화된 고전파 학설은 거시경제학자 사이에서 인기가 크게 되살아나게 됐다. 그렇지만 그 강도는 제2차 세계대전 직후의 케인즈파 학설만큼 크지는 않았다.

지난 30여 년 동안 양 진영의 전도사 역할을 맡은 학자들은 각기 자기 학파 학설의 약점을 보완하기 위해 처음부터 다시 엄청난 분량의 연구에 몰두했다. 고전파 진영의 경제학자는 경기순환과 실업에 관한 자기 학파 학설의 설명력을 개선했다. 케인즈파 학자는 임금 · 물가가 느리게 조정된다는 자기 학파 학설에 대해 탄탄한 이론적 기초를 구축하려고 노력한 끝에 이제는 케인즈파 모형 안에 스태그플레이션 현상을 무리 없이 수용할 수 있게 됐다. 현재는 양 진영에서 아주 훌륭한 연구를 진행하고 있고, 양 진영 간의 의견교환도 빈번히 이뤄짐으로써 각 진영의 발전에 유익한 자양분을 상호 간 공급하는 바람직한 현상이 일어나고 있다.

거시경제학의 통합된 접근방식

이 책을 쓰면서 저자는 거시경제학에 주요한 두 학파가 존재하는 현실을 어떻게 다뤄야 할 것인지에 대해 전략이 있어야만 했다. 한 가지 전략은 두 학파 중 하나를 중점적으로 강조하고 다른 한 학파는 간단히 다루는 방식이었다. 그런데 이 전략을 취할 때 뒤따르는 문제는 현대경제학을 구성하는 핵심적 아이디어나 빛나는 통찰을 독자들에게 전부 보여줄 수 없다는 점이었다. 다른 전략으로서는 양 진영의 학설을 따로따로 설명한 뒤 결론을 서로 대조해 비교하는 방식인데 그렇게 되면 양 진영이 공유하는 수많은 공통점을 독자들이 살펴볼 기회를 잃게 될 것이라 판단했다.

저자가 택한 전략은 가능한 한 균형 있고 통합된 접근방법을 취하는 것이다. 그러므로 이 책에서 제시하는 모든 분석은 그것이 경제성장에 관한 것이든 혹은 경기순환, 인플레이션, 정책에 관한 분석이든 관계없이, 또한 고전파 사상에 입각한 것이든 케인즈파 사상에 기반을 둔 것이든, 이 모두를 하나의 경제모형 안에서 다뤘으며, 적어도 그 기본모형에 속한 구조물의 한 부분이나 그 연장선상에서 진행됐다. 저자가 사용하는 이 통합 모형은 고전파와 케인즈파의 두 전통적 학설로부터 아주 많은 내용을 끌어와 만든 것인데 다음과 같은 특성을 지니고 있다.

1. 개인, 기업, 정부는 재화시장, 자산시장, 노동시장에서 서로 상호작용을 한다. 거시경제학에서는 집계가 불가피하다는 점을 이미 앞에서 언급했다. 이 책에서 사용하는 거시경제모형에서도 거시경제학의 표준 관행에 따라 국민경제의 모든 시장을 세 가지 유형의 주요 시장으로 집계했다. 즉, 상품과 서비스가 거래되는 재화시장, 주식, 채권, 부동산 같은 자산이 거래되는 자산시장 그리고 노동시장, 세 개로 집계했다. 앞으로 이 책에서 각 시장에 참가하는 경제주체들이 상호 간에 어떻게 교류하는지, 그리고 이 세 개의 시장이 각기 그리고 경제 전체와 어떻게 연관관계를 맺고 있는지 살펴볼 것이다.

2. 이 책에서 사용하는 모형의 분석은 개별 경제주체의 행동에 관한 분석에 기초를 두고 있다. 거시경제적 행태는 각 시장에서 상호교류하는 수많은 개인이나 기업의 행동을 반영한 것이다. 각 개인이나 기업이 어떠한 행동을 취하는지를 이해하기 위해 '상향식' 접근방식을 취해 개인의 의사결정수준에서 분석하는 데 초점을 둘 것이다("최신자료 및 연구와의 접속 : 경제이론의 개발 및 검증절차"에 따라 직장으로 출근하는 노선을 각 개인이 어떻게 선택하는지 분석하는 모형을 논의하는 방식으로 말이다). 즉, 개인의 의사결정원리를 분석하는 과정에서 얻어진 지혜를 바탕으로 경제 전체를 연구하려 한다.

개인과 기업의 행동을 분석할 때 우리가 우선시하는 원리는 다음과 같은 기본가정이다. 개인과 기업은 일정한 자원이 주어져 있고 그들의 필요, 기호, 기회가 일정한 경우 각기 자신의 경제적 만족을 극대화하려고 노력한다. 이 가정은 고전파의 창시자인 애덤 스미스가 특별히 강조했지만 케인즈파나 고전파가 다 같이 이를 받아들이고 있으며 사실상 모든 현대의 거시경제연구에서 사용되고 있다.

3. 케인즈파는 임금과 물가가 단기적 균형을 유지할 수 있을 만큼 신속히 조정된다는 고전파의 가정을 받아들이지 않지만, 케인즈파나 고전파 다 같이 장기적으로는 재화시장, 자산시장, 노동시장 모두에서 균형을 달성할 수 있을 만큼 임금과 물가가

충분히 신축적으로 조정된다는 점에 의견이 일치한다. 이처럼 장기에 있어 임금과 물가가 완전히 신축적이라는 점에 대해서는 전혀 논란이 없기 때문에 이 책에서 경제의 장기적 행태를 먼저 검토하고(3~7장), 경기순환과 연관된 단기적 문제들은 뒤에 논의할 것이다(8~13장).

4. 이 책에서 제시하는 기본모형은 임금과 물가가 신축적이라는 고전파의 가정과 함께 사용될 수도 있고, 임금과 물가는 느리게 조정된다는 케인즈파의 가정과 함께 사용될 수도 있다. 이 책에서 사용하는 모형의 이 특성 때문에 고전파와 케인즈파의 분석 결론이나 정책권고안을 하나의 이론틀에서 비교해 볼 수 있는 것이다.

요약 *SUMMARY*

1. 거시경제학은 국민경제의 구조와 운용상태를 연구하며 나아가 정부가 경제의 운용상태에 영향을 미치기 위해 사용하는 정책을 연구하는 학문이다. 거시경제학에서 다루는 중요한 주제로는 장기적 경제성장의 결정요인, 경기순환, 실업, 인플레이션, 국제무역과 자본거래, 거시경제 정책 등이 있다.
2. 거시경제학은 국민경제 전체를 하나로 통틀어 대상으로 하기 때문에 거시경제학자는 종류가 다른 재화, 기업, 또는 시장을 일일이 구분하지 않고, 총소비와 같은 나라 전체의 집계량에 중점을 둔다. 개별 경제변수를 합해 나라 전체의 총계량을 구하는 과정을 집계라 한다.
3. 거시경제학자가 하는 활동으로는 (가르치는 일 외에도) 거시경제에 대한 예측, 조사, 연구, 데이터 개발을 들 수 있다.
4. 거시경제학을 연구하는 목적은 국민경제가 어떻게 작동하는지에 대한 보편적 진술을 할 수 있도록 하기 위해서다. 거시경제학의 조사연구 활동은 경제이론을 개발해 실증적으로 검증함으로써 그 목표에 한발 다가설 수 있다. 실증적 검증이란 개발된 경제이론이 실사회에서 수집한 데이터와 부합하는지를 따져 보는 것을 말한다. 어떤 경제이론이 유용한 이론이 되려면 합리적이고 현실성 있는 가정에 바탕을 두고, 사용하기에 간편하면서, 그 이론이 시사하는 함축적 내용을 실사회에서 검증해 볼 수 있어야 하고, 나아가 그 이론은 실사회에서 관찰되는 사람들의 행태나 실사회에서 수집된 데이터와 모순되지 않아야 한다.
5. 경제정책에 대한 실증분석이라 함은 그 정책의 경제적 효과를 점검하면서도 그 효과가 과연 바람직한 것인지는 언급하지 않는 것을 말한다. 어떤 정책의 규범적 분석은 그 정책이 꼭 사용돼야 할 것인지 아닌지에 대해 검토하는 방법이다. 거시경제학자 간의 의견대립은 규범적 분석의 결론에 있어 차이가 있기 때문이다. 이는 각 개인의 가치관이나 신념의 차이 때문에 어떤 정책제안에 대한 실증분석에서도 차이가 나타나게 마련이다.
6. 고전파의 거시경제학설은 각 개인과 개별 기업이 각자 자신의 최대이익을 위해 행동하며 임금과 물가는 모든 시장 내에서 균형이 달성되도록 신속히 조정된다는 가정에 기초를 두고 있다. 이 가정하에서는 자유시장경제의 보이지 않는 손이 잘 작동하므로 정부는 제한된 범위 내에서만 경

제에 개입한다.

7. 케인즈파의 거시경제학설에서는 임금과 물가는 신속히 조정되지 않으므로 그 보이지 않는 손은 잘 작동하지 않는다고 가정한다. 따라서 케인즈파에서는 임금·물가의 느린 조정속도 때문에 실업이 상당 기간 높은 수준에 머물러 있을 수 있다고 주장한다. 케인즈파의 학자는 고전파 학자에 비해 정부의 국민경제에 대한 개입이 경제운용에 도움이 된다고 믿는 경향이 두드러진다.

핵심용어 *KEY TERMS*

개방경제
거시경제학
경제모형
경제이론
규범분석
균형
디플레이션
무역손실
무역잉여
보이지 않는 손
스태그플레이션
실업
실증분석
인플레이션
재정정책
집계
통화정책
평균노동생산성
폐쇄경제

복습문제 *REVIEW QUESTIONS*

1. 미국에서는 그동안 총생산량과 노동자 1인당 생산량이 어떻게 변화되어 왔는가? 이러한 변화는 전형적인 미국 국민의 삶에 어떤 영향을 미쳤는가?
2. 경기순환이란 무엇인가? 경기순환과정에서 실업률은 어떠한 변화행태를 보이는가? 실업률이 0%로 떨어지는 경우가 있었는가?
3. 인플레이션과 디플레이션을 정의하라. 미국의 소비자물가가 제2차 세계대전 전과 후에 어떠한 행태를 보였는지 비교하라.
4. 역사적으로 볼 때 미연방정부가 언제 재정적자를 낼 확률이 가장 많았는가? 최근의 경험은 어떠한가?
5. 무역적자와 무역잉여를 정의하라. 최근 미국 경제는 무역적자를 기록했는가 아니면 무역잉여를 기록했는가? 1900년부터 1970년까지 무역수지에 대한 미국의 경험은 어떠했는가?
6. 거시경제학자의 주된 전문적 활동을 열거하라. 거시경제학 조사연구가 각 전문활동에 있어 어떠한 활동을 하는가?
7. 경제이론 또는 경제모형을 개발하고 검증할 때 거쳐야 할 절차는 무엇인가? 유용한 이론 또는 모형의 기준은 무엇인가?
8. 두 경제학자가 어떤 경제정책의 효과에 대해서는 의견이 같지만 그 정책을 시행하는 것이 바람직한지에 대해서는 의견이 다를 수 있을까? 이에 답하고 그 이유를 설명하라.
9. 임금과 물가의 조정속도에 대한 고전파와 케인즈파의 견해를 비교하라. 이 두 학파의 견해 차이가 초래하는 중요한 결과는 무엇인가?
10. 스태그플레이션이란 무엇이며 언제 일어났는가? 그것은 경제학자의 거시경제학에 대한 견해를 어떻게 바꿔 놓았는가?

계산문제 NUMERICAL PROBLEMS

1. Oz라는 나라의 2008년, 2009년 거시경제 데이터가 다음과 같다.

	2008	2009
생산량	감자 12,000톤	감자 14,300톤
고용자수	1,000명	1,100명
실업자수	100명	50명
총노동자수	1,100명	1,150명
물가	감자 1톤당 2세켈	감자 1톤당 2.5세켈

위의 표에 나타나 있듯이 Oz국은 감자만을 생산하며 화폐단위는 세켈(shekel)이다. Oz국의 아래 거시경제변수를 계산하라. 단, 단위를 명시해야 한다.

a. 2008년과 2009년의 평균노동생산성은 각각 얼마인가?

b. 2008~2009년에 일어난 평균노동생산성의 성장률은 얼마인가?

c. 2008년과 2009년의 실업률은 각각 얼마인가?

d. 2008~2009년의 물가상승률은 얼마인가?

2. 「Survey of Current Business」 최근호에서 "Selected NIPA Tables"라는 제목이 붙은 데이터 부문을 찾아보라. 그 안에 있는 표 1.1.5 "국내총생산(GDP)"에서 국내총생산, 수출, 수입에 대한 데이터를 찾아보라. 그리고 표 3.2 "연방정부의 세입과 세출"에서 정부의 총세입(조세수입)과 지출에 관한 데이터를 찾아보라. 이 표들은 경제분석국의 홈페이지 www.bea.gov에서도 분석해 놓고 있다.

a. 표에 나타나 있는 최근 분기의 수출 대 GDP 비중, 수입 대 GDP 비중, 무역불균형 대 GDP 비중을 계산하라. 구한 답을 그 전 2년의 각 연도별 비중과 비교하라.

b. 최근 분기와 그 전 2년에 대해 연방정부 세입 대 GDP 비중, 연방정부 지출 대 GDP 비중, 연방정부 예산적자 대 GDP 비중을 구하라.

분석문제 ANALYTICAL PROBLEMS

1. 총생산량이 증가하는데도 평균생산성이 떨어질 수 있는가? 총생산량이 증가하는데도 실업률이 올라갈 수 있는가?

2. 2009년 미국의 물가는 1890년도에 비해 훨씬 높은 수준에 있다. 이것이 곧 미국민이 1890년에 비해 경제적으로 훨씬 풍족하다는 것을 의미하는가? 그 이유는 무엇인가?

3. 이 책에는 어떤 이론이 쓸모 있으려면 반드시 충족시켜야 하는 기준이 제시되어 있다. 똑같은 기준에 합당하면서 사람들이 왜 민주당 또는 공화당에 투표하는지 설명할 수 있는 이론을 말해보라. 여러분이 세운 그 이론을 어떻게 검증하겠는가?

4. 아래 각 항의 진술내용은 실증적인가? 아니면 규범적인가?

a. 세금을 인하하면 이자율이 오를 것이다.

b. 급여소득을 인하하면 주로 빈곤층이나 중산층에 그 혜택이 돌아갈 것이다.

c. 급여소득이 너무 높다.

d. 급여소득을 인하하면 대통령의 인기순위가 올라갈 것이다.

e. 자본이득세가 같이 인하되지 않으면 급여소득을 인하해서는 안 된다.

5. 2002년 조지 부시 대통령은 몇 종류의 수입철강에 관세를 부과했다. 그는 외국의 철강생산자들이 미국 시장에 낮은 가격으로 덤핑하고 있다고

주장했다. 그리고 그들이 그렇게 싸게 팔 수 있는 것은 자국 정부로부터 보조금을 받기 때문이라고 했다. 부시 행정부는 외국의 철강이 국내에 쏟아져 들어오면서 미국 철강산업을 해치고, 미국 철강노동자 중에서 실업자를 유발해 미국 경제를 뒤집어 놓고 있다고 주장했다. 이러한 주장에 대해 고전파 경제학자라면 무엇이라 말했겠는가? 케인즈파 경제학자라면 관세부과에 대해 더 동정적이었겠는가, 아니면 덜 동정적이었겠는가? 그 이유는 무엇인가?

실제 거시경제 데이터를 이용한 문제 *WORKING WITH MACROECONOMIC DATA*

이 연습문제에서 사용하는 데이터를 구하려면 research.stlouisfed.org/fred2에 있는 세인트루이스 연방준비은행의 FRED 데이터베이스를 찾아라.

1. a. 1950년대, 1960년대, 1970년대, 1980년대, 1990년대 미국의 평균노동생산성 증가율을 계산하라. 어떤 연도의 평균노동생산성은 전년도 최종월의 민간고용 노동자수로 그 연도의 실질 GDP를 나누어 산출하라. 어느 연대에서 평균노동생산성이 가장 빠르게 성장했는가? 또 어느 연대가 가장 느리게 성장했는가? 연도별 데이터를 바탕으로 각 연대의 성장률을 산출하려면 다음 공식을 사용하라.

$$(1 + g)^{10} = 1 + G$$

여기서 g는 연평균 증가율로서 5% 대신 0.05의 소수점 이하의 수치로 표시되어 있다. G는 10년간의 노동생산성 증가율(시작연도의 생산성 수준으로 10년간의 노동생산성 변화분을 나눈 수치)을 가리킨다. 각 연대별로 계산된 G와 공식을 써서 g를 구할 수도 있다.

b. 데이터가 허용하는 범위 안에서 2000년 이후의 각 연도별 평균노동생산성 증가율을 구하라. 최근의 증가율과 과거 각 연대의 증가율을 비교하라.

2. 월별 데이터를 사용해 1961년 이후 최근까지의 민간 실업률 동태를 그래프로 그려라. 1969~1970, 1973~1975, 1980, 1981~1982, 1990~1991, 2001년에 일어난 불경기를 볼 수 있는가? 실업률을 기준으로 할 때 2007년의 불경기는 그 이전 시기의 경기 하락에 비해 그 정도가 얼마나 심한가? 그리고 2000년대의 실업률 동향이 1960년대, 1970년대, 1980년대, 1990년대에 비해 어떻게 나타나는가?

3. 전 도시 소비자 물가지수(CPI)를 사용해 1948년 이래 각 연도별로 인플레이션율(전년 12월부터 당해년도 12월 사이의 물가지수 변화율)을 계산하고 그래프로 그려라. 제2차 세계대전 이후 언제 가장 극심한 인플레이션을 경험했는가? 또 언제 물가상승률이 가장 안정됐는가?(즉, 한 연도에서 다음 연도까지 물가수준이 거의 같았는가?)

CHAPTER 2

국민경제의 측정과 구조

측정은 과학적 연구에서 아주 결정적인 부분이다. 이론을 평가하며, 미래에 일어날 사건이나 추세를 예측하는 데 있어 필수불가결한 요건이라 하겠다. 20세기 전반부에는 노벨상 수상자 사이먼 쿠즈네츠(Simon Kuznets, 최초로 국민소득의 종합적인 측정방법을 고안했음)나 아서 번스(Arthur Burns)와 웨슬리 미첼(Wesley Mitchell)의 연구팀(경기순환의 진행단계에 대한 정밀한 측정을 해냈음)과 같이 많은 경제학자가 각고의 노력을 기울인 결과, 세심하고 정밀한 경제에 관한 측정이 가능할 뿐만 아니라 국민경제를 제대로 이해하는 데 꼭 필요한 수단이라는 점을 확실하게 입증했다. 위의 대표적인 학자들과 그 밖의 많은 학자들의 노력으로 인해, 경제학은 과거 학자들의 주관적인 관찰과 광범한 일반화에 의존하는 학문 분야에서 이제는 수치분석, 통계분석이 중요한 부분을 차지하는 학문 분야로 바뀌었다.

2장에서는 거시경제의 측정에 관련된 개념상의 주요 사안이나 실제 문제를 살펴보려 한다. 우선 경제분석가와 조사연구자가 광범위하게 사용하는 국민소득계정, 즉 경제활동을 측정하기 위한 기본틀에 초점을 둘 것이다. 국민소득계정을 알게 되면 몇 가지 유용한 경제 관련 데이터에 익숙해질 것이다. 나아가, 국민소득계정은 국민경제의 구조를 그대로 반영할 수 있도록 논리적으로 구축되어 있으므로 이 국민소득계정을 통해 공부하는 것은 거시경제의 작동원리를 이해하는 중요한 첫걸음이라 할 것이다. 이 장을 마칠 때쯤이면 주요 거시경제 변수와 국민경제의 각 부문 사이에 존재하는 관계를 좀 더 명확하게 이해하게 될 것이다.

2.1 국민소득회계 : 생산, 소득, 지출의 측정

국민소득계정(national income accounts)은 당기의 경제활동을 측정하는 데 사용되는 회계적 기본틀이다. 거의 모든 나라는 고유한 형태의 공식적인 국민소득계정을 갖고 있다(미국의 국민소득계정에 관한 배경을 좀 더 알고 싶다면 "최신자료 및 연구와의 접속 : 국민소득 및 생산계정"을 참조하라).

국민소득계정은 어떤 기간 중에 일어난 경제활동을 다음 세 가지를 기준으로 하여 측정할 수 있다는 생각에 기반을 두고 있다.

1. 생산의 중간 단계에 사용된 생산물을 제외한 최종생산물의 수량(생산접근방법)
2. 생산물의 생산자가 받은 소득(소득접근방법)
3. 최종구매자가 지출한 금액(지출접근방법)

위 세 가지 접근방법은 경제를 각기 다른 각도에서 바라볼 수 있게 해준다. 그러나 데이터의 오류나 누락을 제외하고는, 세 접근방법 모두 당기 경제활동의 크기에 대해 동일한 측정치를 나타낸다는 것이 국민소득회계의 근본 원리다.

이 세 가지 접근방법이 왜 동일한지를 예를 들어 설명해 보자. 어떤 국민경제에 단 두 개의 회사, 즉 오렌지사(OrangeInc)와 주스사(JuiceInc)만 있다고 가정해 보자. 오렌지사는 오렌지 농장을 소유, 운영하고 있다. 또 이 회사는 오렌지 일부를 일반 소비자에게 직접 판매하고 일부는 주스사에 파는데, 주스사는 오렌지주스를 생산해 판매한다. 아래 표는 1년간 두 기업 간의 거래내역을 보여주고 있다.

오렌지사의 거래		주스사의 거래	
사원에게 지급한 임금	$15,000	사원에게 지급한 임금	$10,000
정부에 납부한 세금	5,000	정부에 납부한 세금	2,000
오렌지 판매수입	35,000	오렌지 구매대금	25,000
일반 소비자 판매분	10,000	오렌지주스 판매대금	40,000
주스사 판매분	25,000		

오렌지사는 종업원에게 오렌지를 따는 작업의 대가로 연간 총 15,000달러의 임금을 지급한다. 그리고 이 오렌지를 팔아 35,000달러의 수입을 얻는다(10,000달러는 일반 소비자 판매분이고, 25,000달러는 주스사에 판매한 오렌지값이다). 그러므로 오렌지사의 이윤은 $35,000 − $15,000 = $20,000이다. 여기서 오렌지사는 5,000달러의 세금을 납부하므로 세후 이윤은 결국 15,000달러가 된다.

주스사는 오렌지사로부터 오렌지를 25,000달러어치 구입해 이를 주스로 가공하기 위해서 종업원에게 연간 총 10,000달러의 임금을 지급한다. 이 회사는 가공된 오렌지주스를 팔아 40,000달러의 수입을 얻는데, 세전 이윤은 5,000달러다 ($40,000 − $25,000 − $10,000 = $5,000). 이 중 2,000달러를 세금으로 납부하면 세후 이윤은 3,000달러가 된다. 이 두 회사에 의해 창출된 경제활동의 총가치는 달러로 환산해 얼마인가? 생산접근방법, 소득접근방법, 지출접근방법으로 이 질문에 대한 답을 구할 수 있다. 물론, 세 접근방법을 통해 얻는 답은 모두 같다.

1. **생산접근방법**(product approach)은 생산된 재화와 서비스의 시장가치를 합해 경제활동을 측정하는 방법인데, 다만 생산의 중간 단계에서 사용된 재화나 서비스는 제외한다. 이 접근방법은 부가가치라는 개념을 사용하는데, **부가가치**(value added)란 산출물 가치에서 다른 생산자로부터 구입한 투입재(inputs)의 가치를 뺀 것이다. 그러므로 생산접근방법에서는 모든 생산자의 부가가치를 전부 합해 경제활동을 측정, 계산한다.

   앞의 사례에서 오렌지의 생산물 가치는 35,000달러고 주스사의 생산물 가치는 40,000달러다. 그런데 35,000달러와 40,000달러를 단순히 합쳐서 총생산이라 하면 맞지 않는다. 왜냐하면 주스사가 오렌지사로부터 구매해 가공한 오렌지값 25,000달러를 '이중계산' 했기 때문이다. 이 이중계산을 피하기 위해 생산물 대신 부가가치를 더한다. 주스사는 25,000달러의 오렌지를 가공해 주스 40,000달러어치를 생산했으므로 부가가치는 15,000달러($40,000 − $25,000)이다. 오렌지사는 다른 기업으로부터 투입재를 구입하지 않았기 때문에, 이 회사의 부가가치는 총수입과 같은 35,000달러다. 그러므로 이 국민경제의 총부가가치는 50,000달러다($35,000 + $15,000 = $50,000).

2. **소득접근방법**(income approach)은 모든 재화의 생산자들이 수취한 소득을 합해 경제활동의 크기를 측정하는 방법인데, 여기에는 노동자가 받은 임금과 기업소유자의 이윤이 포함된다. 앞에서 살펴본 것처럼 오렌지사의 (과세 전) 이윤은 총수입 35,000달러에서 임금비용 15,000달러를 뺀 20,000달러다. 주스사의 이윤은 총수입 40,000달러에서 오렌지 원료 구입대금 25,000달러와 종업원 임금 10,000달러를 뺀 5,000달러다. 오렌지사의 이윤 20,000달러와 주스사의 이윤 5,000달러를 합하고, 두 회사 종업원이 받은 임금 25,000달러를 전부 합치면 50,000달러인데 이는 앞의 생산접근방법에서 산출한 값과 같다.

   이 계산에서는 노동자와 기업소유자의 세전 소득을 합산했는데, 생산자의 세후 소득과 정부가 징수한 세금을 합산하면 그 값은 똑같다. 이를 다시 한 번 살펴보자. 세금을 빼고 난 오렌지사의 세후 이윤은 15,000달러고, 주스사

최신자료 및 연구와의 접속 *IN TOUCH WITH DATA AND RESEARCH*

국민소득 및 생산계정

미국에서 국민소득의 공식명칭은 국민소득 및 생산계정(National Income and Product Accounts)인데 약칭으로 NIPA라 칭하기도 한다. 이 계정은 미국 경제의 생산, 소득, 지출에 대한 측정치들을 매우 포괄적으로 제공한다. 미국의 국민소득계정은 1930년대와 1940년대 미 상무성에서 개발했는데 제2차 세계대전 중 경제계획을 위해 사용됐다. 공식적인 국민소득계정이 수립된 시기는 1929년까지 거슬러 올라가며 몇몇 공식 추계치는 1909년 자료까지도 이용이 가능하다.

현재는 미 중앙정부 상무성의 한 부서인 경제분석국(BEA : Bureau of Economic Analysis)에서 여러 경제전문가와 통계전문가들이 분기별로 국민소득 및 생산계정을 추계하고 있다. BEA가 이 계정을 추계할 때는 정부의 다른 부처, 즉 센서스국(Census Bureau), 노동통계국(Bureau of Labor Statistics) 같은 곳에서 제공하는 자료에 많이 의존하고 있다. 또한 BEA는 각종 세무보고서나 산업별 협회 같은 민간단체가 제공하는 자료를 사용하기도 한다.

분기별 경제활동의 최초 추계치는 매 분기 말의 한 달 뒤에 발표된다. 수정된 추계는 그다음 1개월 후에 발표되며, 두 번째 수정된 추계치는 또 그다음 1개월 후에 발표된다.

NIPA의 역사적 자료는 여러 곳으로부터 입수할 수 있는데, 예를 들면 BEA가 출간하는 월보인 「최신경영조사(Survey of Current Business)」와 대통령 경제자문위원회가 매년 2월에 발간하는 「대통령경제보고서(Economic Report of the President)」를 들 수 있다. 최근 분기의 NIPA 데이터는 각종 경제신문에도 보도되는데, BEA가 매월 발표하는 자료를 폭넓게 다루고 있다. BEA의 홈페이지 www.bea.gov에서는 최근 자료나 과거 자료를 쉽게 찾아볼 수 있다. NIPA가 작성하는 여러 경제변수에 관한 자료는 세이트루이스 연방준비은행의 FRED 데이터베이스가 들어 있는 웹사이트 research.stlouisfed.org/fred2에서 편리하게 다운로드 받을 수 있다. 다른 나라의 국민소득계정에 대해서는 경제협력개발기구(OECD : Organization for Economic Cooperation and Development)에서 출간하는 「국가별 계정(National Accounts)」이나, 국제통화기금(IMF)에서 발행하는 「세계경제전망(World Economic Outlook)」 그리고 국제연합(UN)이 발간하는 「국가별 계정 통계(National Accounts Statistics)」에서 찾아볼 수 있다.

의 세후 이윤은 3,000달러이므로 두 회사의 이윤합계는 18,000달러다. 여기에 두 회사 종업원의 임금 25,000달러를 합치고(종업원들은 세금을 내지 않는다고 가정함), 정부가 받은 세금 7,000달러를 더하면 역시 총국민소득은 50,000달러가 된다.

3. **지출접근방법**(expenditure approach)은 생산물의 최종사용자가 지출한 금액을

합산해 산출하는 방법이다. 이번 사례에서는 각 가정이 오렌지의 최종사용자다. 주스사는 오렌지의 최종사용자가 아니다. 왜냐하면 이 회사는 오렌지를 가공된 액체 형태로 만들어 가정에 판매하기 때문이다. 최종사용자인 가정은 오렌지사로부터 총 10,000달러어치의 오렌지를 구입하고, 주스사로부터 총 40,000달러의 오렌지주스를 구입하므로, 최종사용자의 총지출은 50,000달러가 된다. 생산접근방법에서 계산된 총생산과 총지출이 같은 값이다.[1]

세 접근방법이 같은 결과를 내는 이유

생산/소득/지출방법 세 가지가 모두 같은 답을 내는 것은 우연이 아니다. 이 세 접근방법의 논리상 언제나 같은 답을 내야만 한다.

그 이유를 알아보기 위해 먼저 일정 기간 중 생산된 상품과 서비스의 시장가치는 그것을 구매한 사람들이 구입을 위해 지출한 금액과 정의상 같아야 한다는 점에 주목해야 한다. 주스사가 생산한 오렌지주스의 시장가치는 40,000달러인데, 이는 사람들이 그것을 사기 위해 기꺼이 지출하려는 금액이기 때문이다. 생산된 상품과 서비스의 시장가치와 이에 대한 지출은 언제나 같기 때문에 생산접근방법(시장가치를 측정하는 방법)과 지출접근방법(지출금액을 측정하는 방법)은 경제활동에 대해 동일한 측정치를 내야만 한다.[2]

그다음으로, 판매자가 받은 수입액 전체와 구매자가 지급하는 총액은 같아야 한다는 점에 주목해야 한다. 판매자의 총수입은 경제활동에 의해 창출된 총소득과 같아야 한다. 여기에는 노동자와 원료공급자에게 지급된 소득액과 정부에 납부한 세금총액, 기업의 이윤(남아 있는 것이 있다면)이 포함되는 것은 물론이다. 그러므로 총지출은 창출된 총소득과 같아야 하는데, 이는 지출접근방법과 소득접근방법이 같아야 한다는 것을 의미한다.

마지막으로 생산물가치와 소득, 지출이 모두 같아야만 한다. 이처럼 세 가지 접근방법이 등가관계에 있으므로 어느 일정 기간 동안에는 다음 식이 성립한다.

$$\text{총생산} = \text{총소득} = \text{총지출} \tag{2.1}$$

단, 식 (2.1)에서는 생산, 소득, 지출이 같은 단위(예를 들어, 달러)로 측정돼야 한다.

1. 위의 사례에서 각 기업은 고용된 직원들로부터 노동서비스를 구입한다. 그러나 이 서비스는 생산에 사용되기 때문에 최종사용자가 구매한 서비스에는 포함되지 않는다.

2. 사례 설명에 있어, 모든 생산물이 판매된다는 가정을 전제로 한다. 만일 어떤 기업이 생산한 상품을 판매하지 못한다면 어떻게 될 것인가? 국민소득계정에서는 판매되지 않은 상품은 그 기업이 자기로부터 구입한 것으로 취급한다. 즉, 미판매상품의 재고 축적은 지출의 일부로 간주되므로 상품 중 일부가 판매되지 않더라도 지출액과 생산액은 같은 크기로 유지된다.

식 (2.1)은 **국민소득회계의 기본 항등식**(fundamental identity of national income accounting)이라 하는데, 국민소득회계의 기초를 이룬다 하겠다(항등식이란 정의 그 자체에 의해 등가관계가 성립하는 수식을 말한다). 2.2절에서는 기본 항등식이 당기 경제활동 전체를 측정하는 데 어떻게 사용되는지 살펴보겠다.

2.2 국내총생산

총체적 경제활동에 대한 가장 광범위한 측정치로서 가장 잘 알려져 있고, 또 가장 빈번하게 사용되는 것이 **국내총생산**(gross domestic product)이며 약자로 GDP라 한다. 앞의 2.1절에서 사용한 사례에서와 같이 어느 나라의 GDP는 생산접근방법, 지출접근방법, 소득접근방법으로 측정된다. 이 세 접근방법은 GDP에 대해 똑같은 수치를 제시하지만, 각자는 GDP를 다른 각도에서 바라볼 수 있게 한다. 그러므로 어느 한 방법으로만 측정하기보다는 세 가지 접근방법 모두 사용하는 것이 한 국가의 경제구조를 정확하게 파악하는 데 도움이 된다.

GDP 측정을 위한 생산접근방법

생산접근방법에서 GDP, 즉 국내총생산은 어느 일정 기간 동안에 새롭게 생산된 최종상품 및 서비스의 시장가치라고 정의한다. 이 정의에 포함된 각 부분 및 GDP를 측정할 때 일어나는 여러 가지 실제적인 문제는 검토과정에서 하나씩 살펴보기로 한다.

시장가치 상품과 서비스는 GDP 산출과정에서 시장가치(market value), 즉 판매되는 가격으로 측정된다. 이처럼 시장가치를 사용하는 것의 장점은 서로 다른 종류의 상품과 서비스 생산물을 합산하기가 쉽다는 것이다. 예를 들어, 차 7대와 신발 100켤레를 생산하는 나라의 총생산량을 측정하려 한다고 가정해 보자. 차 대수와 신발수를 단순히 합쳐서 총생산량이 107이라 한다면 웃기는 짓이라 할 것이다. 차와 신발의 경제적 가치는 같지 않기 때문이다. 차가 한 대에 10,000달러에 팔리고 신발은 한 켤레에 60달러에 팔린다고 가정하자. 이 상품들에 대해 시장에서 결정된 가격을 상대적인 경제가치를 나타내는 측정치로 간주한다면, 차의 생산액은 70,000달러(7 × \$10,000), 신발의 생산액은 6,000달러(100 × \$60)로 계산할 수 있다. 전체 생산물의 시장가치, 즉 GDP는 70,000 + 6,000 = 76,000달러다. 생산물을 측정하기 위해 시장가치를 사용하는 것은 의미 있는 일이다. 각기 다른 종류의 상품과 서비스에 대해 경제적 가치의 상대적 중요성을 잘 반영할 수 있기 때문이다.

그러나 시장가치를 GDP 측정치로 사용하는 것에 문제가 전혀 없는 것은 아니다. 유용한 상품 및 서비스 중 공식적인 시장에서 판매되지 않는 것도 있기 때문이다. 이론적으로는 GDP가 이 상품 및 서비스의 존재를 반영할 수 있도록 상향조정되는 것이 바람직하나, 비시장(nonmarket)의 재화 및 서비스에 대한 신뢰할 만한 가치척도를 세우기가 어렵기 때문에 GDP를 산출할 때 그 상당 부분이 무시되고 만다. 전문 청소업자나 사설보육원 같은 곳에 일을 맡기면 집안청소나 아이돌보기에 보수를 지급해야 하므로 GDP에 포함되나, 가족이 보수를 받지 않고 그 일을 하면 GDP에서 제외된다. 마찬가지로, 맑은 공기와 물이 주는 혜택이 시장에서 거래되지 않는다는 이유로 오염을 줄이거나 다른 방법으로 환경의 질을 개선하는 행위는 GDP에 반영되지 않는다("최신자료 및 연구와의 접속 : 천연자원, 환경 그리고 국민소득계정" 참조).

비시장의 재화와 서비스 중 어떤 것은 공식적인 GDP 측정치에 부분적으로 반영되고 있다. 소위 지하경제활동이라고 하는 것이 그 예라 할 수 있다. **지하경제**(underground economy)에는, 정부의 기록관리자로부터 숨겨진 합법적 활동(예를 들어, 조세 회피나 규제 회피의 목적으로 행해진 은닉)은 물론, 마약밀매, 성매매, 도박(규제받는 지역에서의) 같은 불법 경제활동이 포함된다. 어떤 사람들은 마약밀매 같은 경제활동은 '상품'이라기보다는 '해악'을 거래하는 것이므로 이 유여하를 막론하고 GDP에서 제외돼야 한다고 할지 모른다. 그러나 이러한 논리로 유해성 여부를 따진다면 현재 GDP에 포함되어 있는 상품이나 서비스 담당자는 지하경제 규모의 추정치를 포함시키기 위해 GDP 수치를 정기적으로 조정해야 한다. 장부에 기재하지 않는 거래의 경우 현금이 가장 선호되는 지급수단이므로, 지하경제 규모를 추정하는 데 현금유통액이 사용될 수 있다.[3]

시장을 통하지 않는 경제활동 중 아주 중요한 부분은 국방, 공교육, 도로나 교량의 건설, 유지와 같이 정부가 공급하는 서비스의 가치다. 대부분의 정부 서비스가 시장에서 판매되지 않는다는 사실은 정부가 GDP에 기여하는 가치를 계산할 때 시장가치를 사용하지 않는다는 것을 뜻한다. 이 경우, 그 해법으로 채택된 방법은 정부 서비스의 가치를 생산비용으로 환산하는 것이다. 그러므로 국방부

3. 국민소득생산계정(NIPA)에서 지하경제를 조정하는 세부사항에 대해서는 "Taking the Pulse of the Economy: Measuring GDP" by J. Steven Landefeld, Eugene P. Seskin, and Barbara M. Fraumeni, *Journal of Economic Perspectives* 22 (Spring 2008), pp. 193-216에 잘 설명되어 있다. 그리고 지하경제 규모의 추정방법에 대해서는 Edgar Feige, "Measuring Underground (Unobserved, Non-observed, Unrecorded) Economies in Transition Countries: Can We Trust GDP?" *Journal of Comparative Economics* 36 (June 2008), pp. 287-306를 참조하라.

최신자료 및 연구와의 접속 *IN TOUCH WITH DATA AND RESEARCH*

천연자원, 환경 그리고 국민소득계정

어느 나라든지 국민의 경제적 복리후생은 인간이 만든 자산보다는 토지, 강, 바다, 천연자원(석유나 목재 같은), 그리고 모두가 숨쉬는 공기 같은 자연적 자산으로부터 유래한다. 경제와 환경을 계획적으로 활용하기 위한 목적에 부응하려면 자연자원과 환경을 올바로 사용하고 잘못된 부분을 잘 측정해 국민소득계정에 적절히 반영해야 한다. 그러나 불행하게도 현실은 그렇지 못하다. 현재 국민소득계정에서 자연자원과 환경의 사용을 다루는 방법에 있어 적어도 두 가지의 큰 개념상 문제가 있다고 생각한다.

1. 천연자원의 고갈 : 석유 채굴업자가 지하 유정으로부터 원유를 퍼올리면, 생산된 원유의 가치는 GDP의 일부분으로 계산된다. 그러나 재생 불가능한 자원이 고갈됐다는 사실을 고려해 그에 상응하는 상쇄차감은 하지 않는다. 원칙적으로 본다면 유정의 고갈은 재고투자의 감소로 봐야 마땅하다. 어떤 의미에서 원유 채취는 곧 원유 재고를 감소시키기 때문이다. 만일 이러한 마이너스의 재고투자를 GDP 계산에 반영한다면, 계산된 GDP는 그만큼 줄어들 것이다.
2. 오염방지의 손실과 이익 : 어떤 회사에 다음 두 가지 선택대안이 있다고 가정하자. 즉, 그 회사가 산출물 1억 달러를 생산하면서 생산과정에서 폐기물 처리로 인해 인근 하천을 오염시키는 경우가 첫 번째 선택이고, 생산인력의 10%를 써서 폐기물을 적절히 처리함으로써 오염을 피하는 대신 생산을 9천만 달러밖에 할 수 없는 경우를 두 번째 선택안이라 가정한다. 현재의 국민소득 추계 규칙하에서는 그 기업이 강을 오염시키지 않기보다는 오염시키는 쪽을 선택한다면 GDP에 대한 기여는 더 크게 된

문이 GDP에 기여한 총가치는 정부가 국방서비스를 제공하는 실비용과 같다. 즉, 현역군인과 문관들의 급여, 무기와 기지를 구축하고 유지하는 비용 등이다. 마찬가지로, 공교육의 GDP 기여분도 교사, 직원들의 급여, 신규로 지급된 장비와 학교 신설비용 등이다.

새로 생산된 상품과 서비스 당기 경제활동에 대한 측정치의 하나인 GDP는 당기 내에 새롭게 생산된 상품과 서비스만을 포함한다. 즉, GDP에는 과거에 생산된 상품의 매매는 제외된다. 그러므로 새로 건립된 주택에 대해 지급된 시장가격은 GDP 계산에 포함되지만, 중고주택의 판매대금은 GDP 계산에서 제외된다(중고주택의 가치는 그것이 건립된 해의 GDP에 이미 포함됐다). 그러나 중고주택의 매매 시 발생한 부동산 대리인의 서비스 가치는 GDP의 한 부분이다. 그 서비스는 당기 중에 제공됐기 때문이다.

다(9천만 달러가 아닌 1억 달러를 생산). 국민소득계정에서는 청정하천에 대해 어떠한 가치도 인정하지 않기 때문이다. 만일 이상적인 국민회계 시스템이 수립된다면, 환경의 질 저하에 대한 경제적 비용이 어느 기업의 GDP 기여액에서 차감될 것인지가 명확해질 것이며, 환경개선활동의 경제적 이익을 인정해 생산액에 활동의 가치가 가산될 것이다.

자원고갈과 환경오염이 국민소득회계에 갖는 의미를 이처럼 논의하는 것은 이 중요한 문제를 너무 사소한 것으로 치부하는 것처럼 보일 수 있다. 그런데 사실은 GDP와 관련된 통계치들이 정책분석에서 계속 사용되고 있기 때문에, 소득 추계에 관련된 추상적 문제가 실제로는 매우 중요한 영향을 미치는 것으로 드러날지도 모른다. 예를 들면 경제개발 전문가들이 꾸준히 지적해 오는 문제 중의 하나로, 빈곤국가들이 최대한 빨리 GDP를 올리려고 시도해 부분적으로는 성공했지만 천연자원을 과도하게 채취하고 환경을 훼손하는 우를 범했다. 만일 이처럼 '숨어 있는' 자연 및 환경적 손실을 경제성장의 공식적 측정치에 명확하게 반영한다면, 무분별한 성장정책이 수정될 수 있을 것이다. 이와 마찬가지로 선진공업국의 환경에 대한 정치적 토론에서도 정부의 환경오염 방지조치가 전체적인 경제적 복리후생에 미치는 영향보다는 GDP 추계치에 미치는 영향을 더 강조하는 경우가 많았다. 환경의 질을 진지하게 고려한다면 이러한 토론은 좀 더 합당한 질문, 즉 어느 특정 환경 관련 프로젝트에서 이익(경제적/비경제적)이 비용을 능가하는지 아닌지에 대한 문제를 좀 더 집중적으로 검토할 수 있을 것이다.

최종상품 및 서비스 일정 기간 내에 생산된 상품과 서비스는 중간재나 중간서비스로 분류되거나, 최종상품이나 최종서비스로 분류된다. **중간재와 중간서비스**(intermediate goods and services)는 그것이 생산된 같은 기간에 다른 상품이나 서비스를 생산하는 데 사용, 처분된 것을 가리킨다. 예를 들어, 빵 생산에 사용된 밀가루가 같은 기간에 생산됐다면 그것은 중간재다. 밀가루를 제빵회사에 실어다 준 운송서비스는 중간서비스다.

최종상품과 최종서비스(final goods and services)는 중간재로 쓰이지 않은 상품과 서비스를 말한다. 최종상품과 서비스는 생산과정에서 가장 마지막에 남는 생산물이다. 예를 들면 제과점에서 생산된 빵은 최종상품이며, 주부가 빵을 사서 집으로 들고 갈 때 이용한 버스는 최종서비스다. 경제활동의 목적은 최종상품과 최종서비스를 생산하는 것이며, 중간재는 단지 그 과정의 한 단계에 불과하므로 최종상품과 최종서비스만이 GDP 계산에 포함된다.

그런데 때로는 중간재와 최종생산물의 구분이 아주 모호해지는 경우도 있다. 예를 들어, 가구 제조업자에게 팔린 신상품 선반은 중간재로 볼 것인가, 최종상품으로 볼 것인가? 그 선반이 다른 상품(가구)의 생산에 사용됐지만, 그해에 모두 사용/처분된 것은 아니다. 그러므로 그것은 중간재가 아니라 최종생산물이다. 특히 그 선반은 자본재라고 하는 최종생산물의 한 유형이다. 자본재로서 좀 더 일반적인 형태의 예를 들어 보면 공장, 사무용 건물, 장비, 소프트웨어 등이 있다. **자본재**(capital goods)는 그 자체가 생산물이며(토지와 같은 자연자원은 제외된다), 다른 재화를 생산하는 데 사용되는 생산수단이다. 그러나 다른 중간재와는 달리 자본재는 그것이 생산된 연도에 다 소비되지는 않는다. 국민소득을 추계하는 담당자들은 자본재를 최종상품으로 구분하기로 결정했고, 그에 따라 자본재 생산액을 GDP에 포함시키고 있다. 그렇게 결정한 이유는 새로운 자본재로 인해 생산능력을 증강하는 것도 경제활동의 일부라고 생각했기 때문이다.

중간재와 최종재의 구분이 미묘한 경우는, 재고투자(inventory investment)를 취급할 때다. **재고**(inventory)는 팔리지 않은 완제품, 재공품 그리고 원료의 기업 보유량을 말한다. 재고투자는 그 재고가 연간 증가한 만큼의 금액을 말한다.[4] 한 제빵회사가 연초에 창고에 보관된 밀가루 재고가 1,000달러어치였는데, 연말에 밀가루 1,100달러어치의 재고를 보유하고 있다고 가정해 보자. 연초 재고와 연말 재고의 차이, 즉 밀가루 100달러어치의 금액이 제빵회사의 연도 중 재고투자액이다. 비록 제빵회사가 밀을 보관하는 궁극적 목적은 빵을 만드는 것이지만, 회사의 재고증가는 그해에 사용/처분되지 않은 밀의 생산 증가로 간주할 수 있다.[5] 자본재의 경우와 마찬가지로 재고투자도 최종상품의 하나로 취급되어 GDP에 포함된다. 그 이유는, 재고보유의 증가는 미래의 생산능력이 더 커졌다는 것을 의미하기 때문이다.

앞서 오렌지사-주스사의 사례에서 전체 경제활동의 크기는 각 생산자의 부가가치(생산물의 가치에서 투입물의 구매액을 뺀 금액)를 합해 측정할 수 있음을 봤다. 부가가치 측정기법의 장점은, 최종생산물은 포함시키고 중간재를 제외하는 것이 자동적으로 이뤄질 수 있다는 것이다. 앞의 사례로 되돌아가서, 두 회사의 부가가치를 합함으로써 소비자에게 판매한 최종생산물의 가치는 포함시키고 주스사가 오렌지사로부터 구입한(가공되지 않은 오렌지) 중간재는 제외했음을 알 수 있다. 이는 곧 국민총생산의 측정치와 일치한다.

---

4. 연도 중 재고가 감소했다면 재고투자는 마이너스(−)가 된다.

5. 재고투자는 재고로 보유하고 있는 상품물량의 변화량에 단위당 가격을 곱한 금액과 같다. 단위당 가격의 변화(자본이익 또는 손실)로부터 일어나는 재고가치의 변화는 재고투자로 간주되지 않는다.

GNP와 GDP 1991년까지는 미국의 데이터를 바탕으로 연구하는 대다수의 경제학자가 전체 경제활동의 측정치로 GDP보다는 GNP(gross national product, 국민총생산)에 중점을 뒀다. 그런데 1991년 미 상무성(Department of Commerce)은 다른 주요 선진공업국의 국민소득 추계방법과 보조를 맞추기 위해 GDP를 경제활동의 기본측정치로 사용하기 시작했다. GNP와 GDP의 차이는 자국 밖, 즉 외국에서 일하는 노동자와 자본에 의해 생산된 산출물을 취급하는 방식에 있다. 특히 **국민총생산**(GNP)은 자국의 생산요소에 의해 생산된 최종상품과 서비스의 시장가치를 말한다. 그 반면, GDP는 어느 한 나라의 국경 안에서 일어난 생산이 모두 포함된다.

미국의 생산요소, 즉 자본과 노동이 외국의 생산과정에 사용되면 그 노동자와 자본 소유자는 산출물을 생산하고 소득을 얻는다. 이 생산물과 소득은 미국의 GNP에는 포함되지만, GDP에는 포함되지 않는다. 그것들은 미국의 국경 안에서 생산된 것이 아니기 때문이다. 예를 들어, 사우디아라비아에서 사업하고 있는 미국의 건설회사가 건설한 도로의 가치(이것을 그 회사가 사우디 정부로부터 받은 용역비로 계산)는 미국의 GNP에는 포함되지만 GDP에서는 제외된다. 마찬가지로, 외국의 노동력이나 자본이 미국에서 사용됐을 때 생산된 산출물이나 수취한 소득은 미국의 GDP에는 포함되지만(생산이 미국 영토 내에서 일어났기 때문), 미국의 GNP에는 포함되지 않는다(그 대신 노동과 자본의 소유국인 외국의 GNP에 포함된다). 한 예로, 일본의 자본과 경영능력에 의존해 미국에서 제조된 일본 자동차의 가치에 해당하는 부분은 일본의 GNP와 미국의 GDP에 포함되지만, 미국의 GNP에서는 제외된다.

해외순수취요소소득(NFP : net factor payments from abroad)은 자국의 생산요소에 대해 다른 나라가 지급한 소득에서, 다른 나라의 생산요소에 대해 자국이 지급한 금액을 뺀 금액으로 정의할 수 있다. 이 개념을 사용해 GDP와 GNP의 관계를 정리하면 다음과 같다.

$$\text{GDP} = \text{GNP} - \text{NFP} \tag{2.2}$$

미국의 경우 GDP나 GNP는 거의 같은 크기로 나타난다. 예를 들어, 2008년 미국의 GDP는 14조 4,410억 달러였고 GNP는 14조 5,830억 달러였는데 그 차이는 단지 1%에 불과했다. GNP와 GDP의 구분이 더 중요한 경우는 이집트나 터키처럼 국민이 해외에 가서 일하는 경우가 많은 나라다. 해외에 나가 일하는 자국노동자가 버는 소득은 그 나라의 GNP에는 포함되지만 GDP에는 포함되지 않기 때문이다.

GDP 측정을 위한 지출접근방법

국민소득계정의 지출 측면을 살펴보면 GDP를 구성하는 각 부분을 다른 각도에서 조망해 볼 수 있다. 지출접근방법에서는 GDP를 일정 기간 동안 어느 나라의 국경 안에서 생산된 최종상품 및 서비스에 대한 총지출로 규정하고 계산한다. GDP를 얻기 위해서는 네 개의 주요 지출부문이 합산되는데, 즉 소비, 투자, 정부의 상품 및 서비스 구매, 상품 및 서비스의 순수출을 합해야 한다. 기호로 간단하게 표현하면 다음과 같다.

$$\begin{aligned} Y &= \text{GDP} = \text{총생산(총산출)} \\ &\phantom{= \text{GDP}} = \text{총소득} \\ &\phantom{= \text{GDP}} = \text{총지출} \\ C &= \text{소비} \\ I &= \text{투자} \\ G &= \text{정부의 상품 및 서비스 구입} \\ NX &= \text{상품 및 서비스의 순수출} \end{aligned}$$

이 기호를 가지고 GDP 측정을 위한 지출접근방법을 다음과 같이 나타낼 수 있다.

$$Y = C + I + G + NX \tag{2.3}$$

식 (2.3)은 식 (2.1)과 같이 거시경제학의 기본 관계식 중 하나다. 식 (2.3)은 **소득지출 항등식**(income-expenditure identity)이라 하는데, 이 식에서는 소득 Y가 총지출, $C + I + G + NX$와 같다는 것을 나타내고 있기 때문이다. 그 주요 지출항목 네 가지와 그 외 몇 가지에 대한 최근의 미국 데이터가 표 2.1에 나와 있다. 이 절의 나머지 부분을 읽어 가면서 표 2.1을 자주 살펴보고 미국 경제에서 각 지출부문의 상대적 비중에 대해 감을 잡을 수 있어야 한다.

소비 **소비**(consumption)는 미국 내 각 가정에서 외국에서 생산된 것을 포함한 최종상품 및 서비스의 구입에 지출한 것을 말한다.[6] 소비는 총지출에서 가장 큰 비중을 차지하는데, 미국의 경우 보통 GDP의 3분의 2 정도를 차지한다. 총소비는 다음 세 가지 부문으로 나뉜다.

1. 내구소비재(consumer durables) : 자동차, TV, 가구, 기타 주요 가전제품 등 수

---

6. 국내에서 생산된 상품 및 서비스에 대한 총지출을 계산하기 위해 총지출에서 수입을 빼고 수출을 더하는 방법은 나중에 보기로 한다.

표 2.1 지출접근방법에 의한 미국의 2008년 GDP

	지출액(10억 달러)	GDP 비중(%)
개인소비지출(C)	10,130	70.1
내구소비재지출	1,095	7.6
비내구소비재지출	2,308	16.0
서비스지출	6,727	46.6
총민간국내투자(I)	2,136	14.8
기업고정투자	1,694	11.7
비주택구조물	610	4.2
장비 및 소프트웨어	1,084	7.5
주택건설투자	477	3.3
재고투자	−35	−0.2
정부의 상품 및 서비스 구입(G)	2,883	20.0
연방정부	1,083	7.5
국방비지출	738	5.1
비국방지출	345	2.4
주 및 지방정부	1,801	12.5
순수출(NX)	−708	−4.9
수출	1,831	12.7
수입	2,539	17.6
합계(= GDP)(Y)	14,441	100.0

주 : 반올림으로 인해 숫자 합계가 맞지 않을 수도 있음.
출처 : 경제분석국 웹사이트 www.bea.gov, 표 1.1.5, 2009년 7월 31일 자

명이 긴 소비재가 포함된다(여기에 주택은 포함되지 않는데, 투자로 분류되기 때문이다).

2. 비내구소비재(nondurable goods) : 식품, 의류, 연료 같은 수명이 비교적 짧은 소비재가 포함된다.
3. 서비스(services) : 교육, 보건, 금융서비스, 수송 등이 포함된다.

투자 **투자**(investment)에는 신규자본재에 대한 지출, 즉 고정투자(fixed investment)와 기업의 재고보유 증가, 즉 재고투자(inventory investment)가 포함된다. 고정투자는 또 두 개의 주요 부문으로 나뉜다.

1. 기업고정투자(business fixed investment)는 기업이 공장, 창고, 사무실 같은 구조물과 기계, 차량, 컴퓨터, 사무실 가구와 같은 장비 그리고 소프트웨어에 지출하는 금액을 포함한다.
2. 주택투자(residential investment)는 새로운 주택 및 아파트 건물에 대한 지출을

포함한다. 주택이나 아파트 건물은 자본재로 취급되는데, 장기간 서비스(주거)를 제공해 주기 때문이다.

소비와 마찬가지로 투자도 외국에서 생산된 상품에 대한 지출을 포함한다. 전체적으로 볼 때 미국의 고정투자는 보통 GDP의 6분의 1 정도다.

앞에서도 이미 언급한 것처럼, 재고의 증가도 그 증가 이유를 불문하고 투자지출에 포함된다. 특히 어느 기업이 판매할 물량을 초과해서 상품을 생산했더라도, 결과적으로 발생한 재고의 증가는 투자로 계산한다. 국민소득회계를 위해 그 기업은 자신으로부터, 팔다 남은 물건을 구입한 셈이 된다. 이러한 회계원칙은 아주 유용한데, 국민소득계정에서 생산과 지출이 언제나 같은 수치가 나오도록 보장해 주기 때문이다. 정의상으로, 생산된 것은 무엇이든 간에 고객이나 기업 스스로 구매해 모두 팔려야 한다.

정부의 상품 및 서비스 구입 **정부구매**(government purchases)는 당기에 생산된 상품 및 서비스(국산 또는 외국산)를 구입하는 데 쓴 정부의 지출을 말하는데, 총지출 중 세 번째 주요 항목이다. 최근 미국의 정부지출은 GDP의 약 5분의 1 정도를 차지하고 있다. 표 2.1에서 미국 정부지출 중 대부분은 주 및 지방정부에 의한 지출이지, 연방정부에 의한 것이 아니라는 점에 주목할 필요가 있다.

정부가 발급하는 국고수표의 모두가 다 당기의 상품 및 서비스를 구입하기 위한 것은 아니다. **이전지출**(transfers), 즉 사회보장기금지급, 의료보장지출,[7] 실업보험지급, 복지연금지급과 같은 정부의 지출은 당기의 상품 및 서비스를 교환해 행해지는 것이 아니라, 정부가 일방적으로 지급하는(주로 개인에게) 정부지출이다. 그 결과, 정부의 상품 및 서비스 구입 항목에서 제외되며, 지출접근방법에 의한 GDP에는 포함되지 않는다. 마찬가지로, 정부채무에 대해 지급하는 이자도 정부구입의 일부분으로 간주되지 않는다.

민간부문의 소비와 투자를 구분할 때와 매우 유사하게, 정부구입의 어떤 부분은 당기의 필요를 충족시키기 위해 지출되는 것(공무원 월급 등)도 있고, 자본재를 획득하기 위해 지출되는(사무용 건물 등) 부분도 있다. 자본재 구입을 위한 정부지출(건물, 장비, 소프트웨어)은 여타 정부지출에서 따로 구분되어 표기되어 왔다. 정부의 투자지출은 꽤 큰 규모인데, 근래 몇 년간에는 민간부문 연평균투자액의 약 5분의 1인 4천억 달러를 초과하고 있다. 그런데 국민소득계정에서 '투

---

7. 정부의 의료보장지출은 정부의 경상지출이지 이전지출은 아닌 것으로 볼 수도 있지만, 국민소득생산계정(NIPA)에서는 의료비지출은 가계비지출의 한 항목이며 의료비지출을 보전하기 위한 정부의 의료보장지출은 정부가 가계에 지급하는 이전지출로 간주한다.

자' 라고 지칭하는 경우, 일반적으로 민간부문에 의한 투자 I를 말하는 것으로 이해하기 때문에, 정부투자 부분을 정부의 상품/서비스 구입 G에 포함하는 것이 좀 더 편리하다.

순수출 **순수출**(net exports)은 수출에서 수입을 뺀 금액이다. 1장에서 설명한 것처럼, 수출은 어느 나라에서 생산된 상품과 서비스가 외국인에 의해 구입된 금액이며, 수입은 외국에서 생산된 상품과 서비스가 국내거주자에 의해 구입된 금액을 말한다. 수출액이 수입액을 초과하면 순수출은 플러스(+)고, 수입액이 수출액보다 많으면 순수출은 마이너스(−)다.

수출이 총지출에 가산되는 이유는, 국내에서 생산된 상품 및 서비스에 대한 지출(외국인에 의한)이기 때문이다. 수입이 총지출에서 차감되는 이유는 소비, 투자, 정부지출이 수입된 상품과 서비스를 포함하는 것으로 정의하고 있기 때문이다. 수입을 차감하는 것은 또 총지출($C + I + G + NX$)이 그 나라에서 생산된 산출물에 대한 지출을 반영하도록 한 당초의 원칙을 지키고 있음을 확인해준다. 예를 들어, 수입의 증가는 곧 미국 국민들이 미국차 대신 일본차를 산다는 것을 말한다고 볼 수 있다. 국내거주자의 총지출이 일정할 때 수입의 증가는 국산품에 대한 지출을 줄이게 한다.

GDP 측정을 위한 소득접근방법

GDP 추계의 세 번째이자 마지막 방법은 소득접근방법이다. 이 방법에서는 생산에 참여한 사람들이 받는 소득과 이윤 그리고 정부에 납부한 세금을 합산해 GDP를 추계한다. 이 소득접근방법에서 핵심적인 부분은 국민소득이라는 개념이다. **국민소득**(national income)은 8가지 형태의 소득을 합산한 것이다(최근의 미국에 관한 데이터가 표 2.2에 나와 있다).

1. 피고용자 보수(compensation of employees) : 피고용자에 대한 보수는 노동자의 소득인데(자영업자의 업주보수는 제외), 여기에는 임금, 월정급여, 피고용자에 대한 각종 연금(고용주의 연금 납부금 포함), 고용주가 사회보장보험에 납부하는 부담금 등이 포함된다. 표 2.2에서 볼 수 있듯이, 피고용자 보수가 국민소득에서 가장 큰 비중을 차지하고 있는데 2008년 GDP의 55.7%를 점유하고 있다.
2. 자영업자 소득(proprietors' income) : 타인의 자본과 합작하지 않고 스스로를 고용하는 자영업자의 소득을 말한다. 많은 자영업자가 자기 소유의 자본을 어느 정도 소유하고 있기 때문에(예를 들어, 자영농가의 트랙터나 치과병원의 엑스

표 2.2 소득접근방법에 의한 미국의 2008년 GDP

	소득액(10억 달러)	GDP 비중(%)
피고용자 보수	8,037	55.7
자영업자 소득	1,106	7.7
개인임대소득	210	1.5
기업이윤	1,360	9.4
순이자소득	815	5.6
생산 및 수입에 대한 부과금	994	6.9
기업의 경상이전지출	119	0.8
정부기업의 경상잉여	−7	0.0
총계(= 국민소득)	**12,635**	**87.5**
+ 통계오차	101	0.7
= 순국민생산(NNP)	**12,736**	**88.2**
+ 고정자본 소모	1,847	12.8
= 국민총생산(GNP)	**14,583**	**101.0**
− 해외수취요소소득	809	5.6
+ 대외지급요소소득	667	4.6
= 국내총생산(GDP)	**14,441**	**100.0**

주 : 반올림으로 인해 숫자 합계가 맞지 않을 수도 있음.

출처 : 경제분석국 웹사이트 www.bea.gov, 표 1.7.5와 1.12, 2009년 7월 31일 자

레이 기계 같은 것), 자영업자 소득은 노동소득과 자본소득이 다 포함된다. 이 자영업자 소득은 2008년 GDP의 7.7%였다.

3. 개인임대소득(rental income of persons) : 비중이 아주 작은 항목으로, 토지나 건축물의 소유주가 타인에게 임대를 주고 얻는 소득을 말한다. 작가나 음반을 취입한 가수 또는 기타 예능인이 받는 원작자 로열티 수입 같은 잡수입도 여기에 포함된다. 개인임대소득은 2008년 GDP의 1.5%를 차지했다.[8]
4. 기업이윤(corporate profits) : 기업이 임금, 이자, 임대료, 기타 비용을 다 지급하고 남는 잔여부분을 기업 자체의 수입으로 벌어들인 부분을 일컫는다. 기업이윤은 법인소득세처럼 법인에 부과된 세금을 납부하고 또 주주에게 배당금을 지급하는 데 쓰인다. 조세납부 및 배당금 지급 후 남는 기업이윤은 미처분 이익 잉여금이라 하는데 이는 기업 내부에 보관/적립해 둔다. 기업이윤은 GDP에서 차지하는 비중이 그리 크지는 않지만 그래도 상당한 규모라고 할

8. 개인임대소득은 GDP에서 차지하는 비중이 아주 미미하다. 국민소득회계에 계상되는 금액은 실제로 받은 임대료에서 건축물 상각액과 소모분을 차감한 순소득액이기 때문이다. 또한 개인임대소득은 임대소득 전체를 다 나타내는 것은 아니다. 여기서는 기업이 받은 임대소득이 제외됐기 때문이다.

수 있는데(2008년 GDP의 9.4%), 기업이 벌어들이는 이윤은 매년, 심지어는 분기별로 급격히 변동하는 경우가 많다.

5. 순이자소득(net interest) : 개인이 기업이나 해외로부터 받은 이자수입에서 개인이 지급한 이자를 뺀 금액이다. 이 순이자소득은 과거 25년간 연도별 GDP의 약 4~8%를 차지했다.
6. 생산 및 수입에 대한 부과금(taxes on production and imports) : 여기에는 판매세와 소비세처럼 기업이 연방 또는 주 정부에 납부하는 간접세를 비롯해 수입물품에 부과하는 관세, 주거용 대지에 대한 재산세, 자동차면허세 등이 포함된다. 지난 25년간 GDP에서 차지한 비중은 평균 약 7%였다.
7. 기업 경상이전지출(순)(business current transfer payments(net)) : 이 항목은 기업이 개인이나 정부 또는 외국인에 지급한 것 중에서 급여나 세금, 어떤 서비스에 대한 대가 등을 제외한 것을 말한다. 대신, 기업이 내는 불우이웃돕기 같은 기부금, 보험금지급, 은행이 납부하는 보험금, 벌과금 등이 포함된다. 기업 경상이전지출은 과거 25년간 매년 GDP의 0.5~0.9%를 차지했다.
8. 정부기업의 경상잉여(current surplus of government enterprises) : 상수도, 전기, 폐기물, 쓰레기매립, 대중교통, 주택 관련 사업을 관장하는 정부소유 기업들의 이윤이다. 정부기업의 경상잉여는 기업의 손실이 발생하면 간혹 적자를 기록하기도 하는데, 과거 25년간의 적자폭은 GDP의 최대 0.11%를 넘지는 않았고, 이 중 7년간만 적자를 나타냈다.

위에서 설명한 국민소득의 8개 구성부문 외에도, 전체 GDP를 산출하려면 다음 세 가지 항목을 추가로 합산해야 한다.

- 통계적 오차(statistical discrepancy)
- 감가상각(depreciation)
- 순요소지급(net factor payments)

통계적 오차는 소득 관련 데이터가 생산 관련 데이터에 비해 출처가 다양하기 때문에 발생하는데, 그 크기는 총생산 측정치에서 총소득 측정치를 뺀 것과 같다. 그러므로 통계적 차가 플러스로 나오면 소득 추계치가 생산 추계치에 비해 적게 나왔다는 것을 의미한다. 국민소득에 통계적 오차를 합치면 **순국민생산**(NNP : net national product)이 되는데, 이는 표 2.2에도 나와 있다.

감가상각(고정자산소모분이라고도 한다)은 경제활동 측정 대상기간 중 소모된 자본의 가치다.[9] 국민소득의 각 항목을 추계할 때(특히 자영업자소득, 기업이윤, 임대소득), 감가상각 부분은 총소득에서 제외해야 한다. 그러므로 소득의 총액을 구하려면 소득에 감가상각을 다시 더해야 한다. 순국민생산(NNP)에 감가상각을 더하면 국민총생산이 된다. 국민총생산(GNP)이나 국내총생산(GDP) 등 '총(gross)' 자가 붙어 있는 것은 상품과 서비스의 총생산을 감가상각을 하지 않고 추계했기 때문이다. 앞에서 이미 논의한 것처럼, GNP에서 GDP를 산출하려면 GNP에서 해외순수취요소소득(NFP)을 빼야 한다[식 (2.2) 참조]. 표 2.2에서 보는 것처럼 미국의 해외순수취요소소득은 상대적으로 적기 때문에 GDP와 GNP는 거의 근접한 크기로 나타났다.

민간부문소득, 정부부문소득 지금까지 경제활동을 측정할 때 국민경제 전체의 경제주체가 얻은 소득을 모두 합산해 추계했다. 그러나 때로 경제학자는 민간부문(가계와 기업)이 받은 소득은 얼마고 정부부문(미국에서는 연방정부, 주정부, 지방정부)이 받은 소득은 얼마인지 구분해서 알아야 할 필요가 있다. 예를 들어, 소비재 수요를 예측하려고 할 때는 국민경제 전체의 소득보다는 민간부문의 가처분소득에 중점을 두는 것이 훨씬 더 유용할 것이다.

민간부문의 소득은 **민간가처분소득**(private disposable income)이라고도 하는데, 민간부문이 실제로 지출할 수 있는 소득금액을 나타낸다. 일반적으로 각 가정별로 민간부문 가처분소득을 계산하려 한다면, 그 가정이 민간부문으로부터 얻은 소득과 정부로부터 받은 소득을 합한 뒤, 정부에 납세한 세금을 빼면 된다. 이것을 정확히 정의하면 다음과 같다.

$$\text{민간가처분소득} = Y + NFP + TR + INT - T \tag{2.4}$$

Y = 국내총생산(GDP)

NFP = 해외순수취요소소득

TR = 정부로부터 수취한 이전소득

INT = 정부부채에 대한 이자지급액

T = 세금납부액

식 (2.4)에 나타나 있듯이, 민간가처분소득은 민간부문이 국내에서 얻은 소득

---

9. 감가상각(고정자산소모분)에는 자본의 물리적 소모분과 함께 폐기된 자본도 포함된다. 폐기된 자본은 더 이상 경제적 의미가 없기 때문이다. 예를 들어, 작동은 잘되지만 신형 모델에 밀려 사용되지 않는 구형 컴퓨터도 감가상각에 포함된다.

(GDP)에 국외로부터 얻은 소득(NFP)을 더하고,[10] 여기에 정부로부터 받은 소득(TR과 INT)을 합산한 뒤 정부에 납부한 세금(T)을 뺀 것과 같다.

GDP 중 민간부문이 처분할 수 없는 부분은 정부의 순소득이다. **순정부소득**(net government income)은 민간부문이 정부에 납부한 조세(T)에서 정부가 민간부문에 지급한 금액(이전지출 TR와 이자지급 INT의 합계)을 뺀 것과 같다.

$$순정부소득 = T - TR - INT \tag{2.5}$$

식 (2.4)와 식 (2.5)를 더하면 민간가처분소득과 정부순소득의 합계치를 얻을 수 있는데, 그 결과는 $Y + NFP$이고, 이것이 바로 국민총생산(GNP)과 같게 된다.

2.3 저축과 부

어떤 가정의 경제형편을 살펴보려고 할 때, 그 가정의 현재 소득은 중요한 정보 중 하나일 것이다. 그러나 어떤 사람의 현재 소득이 높다고 해서, 소득이 낮은 사람에 비해 경제적으로 꼭 낫다고 할 수는 없다. 예를 들어, 은퇴한 재벌총수가 현재 소득은 전혀 없지만 약 1천만 달러 정도 되는 부동산을 갖고 있다고 가정하자. 그는 현재 높은 보수는 받고 있지만 의대 재학 중 진 빚이 아직도 많이 남아 있는 신참의사보다는 훨씬 부유하다. 따라서 어떤 가정의 경제적 형편을 판단하려면 현재 소득뿐만 아니라 그 가정이 소유하고 있는 것(자산)이 전부 얼마이고 갚아야 할 것(부채)이 전부 얼마인지 알아야 한다. 자산의 가치에서 부채의 가치를 뺀 금액을 **부**(wealth, 富)라 한다.

가정과 마찬가지로 한 나라의 경제적 후생은 소득뿐만 아니라 부에 의해서도 좌우된다. 나라 전체의 부를 합쳐서 **국부**(national wealth, 國富)라 한다.

부의 크기를 결정하는 중요한 요인은 저축률이다. 즉, 매월 소득의 4분의 1을 저축하는 가정은 똑같은 소득을 올리면서 매월 2%밖에 저축하지 않는 가정보다 훨씬 빨리 부를 축적할 것이다. 마찬가지로 국부의 증가율도 그 나라의 국민, 기업, 정부가 저축하는 비율에 의존한다. 저축률과 부의 축적은 밀접한 관련이 있다.

이 절에서는 총저축과 부에 관련된 여러 개념을 설명하고, 그들 간의 관계를 검토해 본다. 중점적으로 알아볼 것은 측정에 대한 것이며, 한 나라의 저축률을 결정하는 요인 등에 대해서는 뒤에서 살펴보기로 한다.

---

10. 국내외에서 벌어들인 소득의 합계, 즉 GDP + NFP는 GNP와 같다는 점에 유의하라.

요약표 1 저축의 측정치 개념

측정치	정의 및 공식
민간저축	민간가처분소득에서 소비를 뺀 것 $S_{pvt} = (Y + NFP - T + TR + INT) - C$
정부저축	정부세입에서 세출을 뺀 것 $S_{govt} = (T - TR - INT) - G$
국민저축	민간저축 + 정부저축, 또는 GNP($Y + NFP$)에서 소비와 정부지출을 뺀 것 $S = S_{pvt} + S_{govt}$ $= Y + NFP - C - G$

총저축의 측정치

일반적으로 말해, 어느 한 경제단위의 **저축**(saving)은 현재 소득에서 현재 소비를 뺀 금액이다. 한 경제단위의 **저축률**(saving rate)은 저축을 소득으로 나눈 비율이다. 거시경제의 관점에서 볼 때, 저축 관련 중요 측정치는 민간저축, 정부저축, 국민저축인데, 요약표 1에서 각 측정치의 정의를 간략하게 살펴볼 수 있다.

민간저축 민간부문의 저축, 즉 **민간저축**(private saving)은 민간부문의 가처분소득에서 소비지출을 차감한 금액이다. 식 (2.4)에서 본 민간가처분소득 공식을 써서 나타내면 다음과 같이 나타낼 수 있다.

$$\begin{aligned} S_{pvt} &= \text{민간가처분소득} - \text{소비} \\ &= (Y + NFP - T + TR + INT) - C \end{aligned} \tag{2.6}$$

여기서 S_{pvt}는 민간저축을 나타낸다. 민간저축을 산출하기 위해 민간가처분소득에서 소비를 뺀 이유는, 민간부문이 현재의 필요를 충족시키기 위해 행하는 지출을 나타내기 때문이다. 투자는 비록 민간부문지출의 한 부분이기는 하지만 현재의 필요를 충족하기 위한 것이 아니라, 미래의 생산능력을 높이기 위해 자본재를 구입하는 데 쓰이는 지출이므로 민간가처분 소득에서 차감하지 않는다. 또한 **민간저축률**은 민간저축을 민간가처분소득으로 나눈 비율이다.

정부저축 **정부저축**(government saving)은 순정부소득[식 (2.5)]에서 정부의 상품 및 서비스 구매액을 뺀 금액으로 정의된다. S_{govt}를 정부저축이라고 할 때, 정부저축에 관한 전통적인 정의를 다음과 같이 나타낼 수 있다.

$$\begin{aligned} S_{govt} &= \text{순정부소득} - \text{정부구매} \\ &= (T - TR - INT) - G \end{aligned} \tag{2.7}$$

식 (2.7)에서는 정부구매(G)를 현재의 필요를 충족시키기 위한 정부의 지출로 간주하고 있다. 정부저축을 이렇게 정의하는 방식은 저축을 소득에서 소비를 뺀 금액으로 나타내는 일반적인 정의방식에는 잘 부합된다.

그러나 앞에서 말한 것처럼, 정부구매가 모두 현재의 필요를 충족시키기 위한 지출은 아니며, G의 상당 부분은 학교, 고속도로, 저수지와 같은 수명이 긴 자본을 획득하는 데 쓰인 돈이다. 정부구매는 현재의 필요충족을 위한 지출[정부소비(government consumption)[11]]과 수명이 긴 자본재 구입을 위한 지출[정부투자(government investment)]로 구분된다. 이와 같은 구분방식하에서는, 정부저축은 순정부소득에서 모든 정부지출액을 빼는 것과는 달리, 순정부소득에서 정부소비만 빼는 방식으로 추계한다. 이러한 새로운 접근방법으로 인해 미국의 총저축과 투자는 정부투자분만큼 증가한 금액으로 측정되기 시작했는데, 그 금액은 매년 4천억 달러가 넘는 것으로 나타났다.[12]

이처럼 정부저축을 새롭게 정의하는 방식이 개념적으로는 좀 더 정확하다. 그렇다 하더라도, 정부소비와 정부투자를 따로 구분해 추적하는 것은 쓸데없이 일을 너무 복잡하게 만드는 것이라 볼 수 있다. 때로 일을 간단하고 편리하게 하기 위해 정부투자를 무시하고 정부지출을 모두 정부소비로 가정하는 경우가 많다. 이러한 가정하에 간혹 정부저축을 식 (2.7)과 같이 정의할 수 있다. 그러나 정부의 예산적자와 같은 문제를 고찰하는 경우에는 정부지출의 상당 부분이 수명이 긴 자본재를 건축하거나 획득하는 데 쓰였음을 잊어서는 안 될 것이다. 정부저축에 대한 명칭으로 더 익숙한 용어는 아마 정부의 예산잉여일 것이다. 정부의 **예산잉여**(budget surplus)는 **정부수입**(government receipts)에서 **정부지출**(government outlays)을 뺀 금액이다. 세입은 조세수입(T)이다. 세출은 정부의 상품 및 서비스 구매(G), 이전지출(TR), 정부채무에 대한 이자지급(INT)을 합한 것이다. 그러므로 정부의 예산잉여(government budget surplus)는 $T - (G + TR + INT)$이고, 식 (2.7)에서 정의한 정부저축과 같다.

정부의 세입이 세출보다 적을 때, 그 차액을 **예산적자**(budget deficit)라고 한다. 그러므로 정부가 예산을 적자로 운영하면, 즉 세출이 세입보다 많으면 정부저축은 마이너스다.

국민저축 **국민저축**(national saving), 즉 국민경제 전체의 저축은 민간저축과 정

11. 정부소비를 측정할 때 정부소유 자본재의 감가상각을 포함시킨다.

12. 이러한 논리대로라면 가계의 내구재구입(차량구입 등)은 저축으로 계산해야 하지만, 실제 민간저축을 산출할 때 민간가처분소득에서 내구소비재 지출을 소비로 간주해 차감한다.

부저축을 합한 금액이다. 이미 언급한 민간저축과 정부저축의 정의를 사용해 식 (2.6)과 식 (2.7)을 합치면 국민저축(S)에 관한 정의인 식 (2.8)을 얻을 수 있다.

$$\begin{aligned} S &= S_{\text{pvt}} + S_{\text{govt}} \\ &= (Y + NFP - T + TR + INT - C) + (T - TR - INT - G) \\ &= Y + NFP - C - G \end{aligned} \tag{2.8}$$

식 (2.8)은 국민저축이 국민경제의 총소득 $Y + NFP$(GNP와 같음)에서 현재의 필요를 충족하기 위한 지출, 즉 소비(C)와 정부구매(G)를 뺀 금액임을 보여준다.

민간저축의 용도

국민경제에서 민간저축은 어디에 쓰이는가? 민간저축은 신규 자본투자에 자금을 조달하거나 정부의 재정적자를 메우기 위한 자원 조달에 사용되는 한편, 외국인으로부터 자산을 취득하거나 외국인에게 자금을 빌려주는 데 사용된다.

민간저축의 여러 가지 용도를 설명해 주는 중요한 항등식을 유도하기 위해 먼저 소득지출 항등식(식 (2.3))을 사용하기로 하고, 민간저축에 관한 식 (2.8)에서 Y 대신 $C + I + G + NX$를 대입하면 다음이 성립한다.

$$S = (C + I + G + NX) + NFP - C - G$$

이 식을 단순화하면 다음과 같다.

$$S = I + (NX + NFP) \tag{2.9}$$

국민저축을 나타내는 식 (2.9)에는 $NX + NFP$ 항목이 들어 있는데, 이것은 곧 순수출(NX)과 순요소수취(NFP)를 합친 것으로, 이를 따로 경상수지(CA)라 한다.[13] **경상계정수지**(current account balance)는 당기에 생산된 상품과 서비스(요소 서비스도 포함)를 외국에 수출하고 그 대가로 받은 금액에서, 국내에서 외국의 상품 및 서비스를 수입하고 그 대가로 지급한 금액을 뺀 나머지를 말한다. 식 (2.9)에서 $NX + NFP$ 항 대신 CA를 대입하면 다음 식을 얻는다.

$$S = I + CA \tag{2.10}$$

이제 국민저축(S)에 대해서는 명확하게 표현할 수 있게 되었는데, 그 다음으로는 민간저축(S_{pvt})을 정확히 정의하는 것이 우리의 목표다. 식 (2.8)에서 민간저축(S_{pvt})은 국민저축(S)에서 정부저축(S_{govt})을 뺀 금액으로 표시됐다. 이제 식 (2.10)의 양변에서 S_{govt}를 빼면 다음의 식을 얻는다.

---

13. 실제로 경상계정수지에는 순 일방적 이전지출(net unilateral transfers) 항목이 포함되는데, 여기에는 외국의 민간인에게서 받은 선물이나 증여, 그리고 공식적인 해외원조가 포함된다(5장 참조). 이 부분은 거의 무시하고 분석을 진행할 것이다.

$$S_{\text{pvt}} = I + (-S_{\text{govt}}) + CA \tag{2.11}$$

여기서 $-S_{\text{govt}}$가 예산적자다.

식 (2.11)은 거시경제학의 주요 항등식 중 하나로서, **저축용도 항등식**(uses-of-saving identity)이라 한다. 이 항등식에서는 민간저축이 다음과 같이 세 가지 용도로 사용된다는 점을 언급하고 있다.

1. 투자(I) : 기업은 민간저축자로부터 자금을 빌려 새로운 자본(주거용 자본 포함)을 건설하거나 구입하고, 재고투자를 한다.
2. 정부의 예산적자($-S_{\text{govt}}$) : 정부가 적자로 예산을 운영할 경우(즉, S_{govt}가 마이너스, $-S_{\text{govt}}$가 플러스), 정부는 세출과 세입의 차액(즉, 부족분)을 채우기 위해 민간저축자로부터 차입해야 한다.
3. 경상계정수지(CA) : 미국의 경상계정이 플러스(즉, 흑자)로 나타나면, 이것은 곧 외국인들이 미국으로부터 받는 수취액이, 그들이 미국에 지급해야 할 금액에 미달한다는 의미다. 그 차액을 보충하려면 외국인은 미국의 민간저축자로부터 돈을 빌리든지, 그들이 가진 자산(토지, 공장, 주식, 채권 등)을 미국의 저축자에게 팔아야 한다. 경상계정의 자금 대차관계는 곧 그 나라의 민간저축이 어떻게 쓰이는가에 영향을 미친다.

   그런데 반대로 미국의 경상계정수지가 1980년대, 1990년대, 그리고 2000년대 초반처럼 적자를 기록한다면, 미국이 외국으로부터 받는 수취액이 미국의 대외지급액보다 적다는 것을 의미한다. 이처럼 수취액을 초과하는 지급을 메우기 위해서는 미국이 외국으로부터 돈을 빌리든지, 미국의 자산 일부를 외국에 매각해야 한다. 이 경우 외국인은 그들의 저축으로 미국에 대출해 주거나, 미국의 자산을 사게 된다.[14]

저축과 부의 연결

저축은 경제적으로 매우 중요한 변수다. 왜냐하면 저축은 부의 축적률과 밀접하게 연관되어 있기 때문이다. 이 절의 남은 부분에서는 저축과 부의 관계를 자세히 살펴보자. 그러기 위해서 먼저 저량(stocks)과 유량(flows)이라는 대비되는 개념을 소개하기로 한다.

저량과 유량 이 장에서 지금까지 논의했던 경제변수(예를 들어, GDP라든지 지출, 소득, 저축과 같은 여러 유형의 변수)는 모두 어떤 시간단위(예를 들어, 1분기당

14. 경상수지와 국제 간 자금차입 및 대출과의 관계는 5장에서 더 자세하게 논의한다.

또는 연간)로 측정된 변수였다. 즉, 연도별 GDP는 매 연도별로 1년간에 이뤄진 생산량을 측정해 나온 수치다. 이처럼 시간단위별로 나누어 측정되는 변수를 **유량변수**(flow variable)라 한다.

이와는 반대로, **저량변수**(stock variable)라는 경제변수는 어느 일정 시점을 기준으로 측정되는 변수다. 예를 들어, 금년 9월 15일 현재 은행계좌에 남아 있는 어떤 사람의 예금잔액이라든지 2010년 1월 1일 현재 미국의 주택가치총액 등을 저량변수라 한다.

여러 가지 사례를 볼 때, 유량변수는 대개 저량변수의 변화율이다. 이에 대한 고전적인 예로 자주 인용되는 것은 수도꼭지에서 물이 흘러내리고 있는 욕조다. 어떤 시점에서 욕조에 있는 물의 양은 일종의 저량변수다. 저량변수의 단위(이 경우 갤런)에는 시간차원이 존재하지 않는다. 욕조에 물이 흘러들어가는 비율은 유량변수다. 그런데 이때 단위에는 시간차원(1분당 몇 갤런과 같이)이 존재한다. 이 경우 유량은 저량의 변화율과 같다.

저축은 유량이고 부는 저량이다 욕조에 유입되는 물의 양과 욕조 안에 채워진 물의 양이 서로 연관되어 있는 것처럼, 저축과 부도 아주 비슷한 모양으로 연관되어 있다. 어느 경제단위(하나의 가계, 기업, 정부처럼)의 부 또는 순가치(net worth)는 그 단위의 자산[소유하는 것과 다른 경제단위로부터 받아야 할 채권(IOU)도 포함한다]에서 그 단위의 부채(다른 단위에 갚아야 하는 채무)를 뺀 금액이다. 부는 어느 일정 시점에서 달러 단위로 측정된다. 그래서 유량변수의 일종이다. 저축은 자산이 축적되든지 아니면 부채가 감소하는(예를 들어, 저축을 빚 갚는 데 썼다면) 형태를 취하기 때문에 마치 물이 흘러들어 욕조의 물 재고량이 늘어나는 것처럼 저축은 부를 늘려준다.

국부 국부는 그 나라에 거주하는 국민의 부를 전체 합산한 것이다. 국부는 (1) 국내의 자본재 재고, 토지의 존재량과 같은 물리적 자산[15]과 (2) 그 나라의 해외자산이라는 두 부분으로 구성되어 있다. 한 나라의 **순해외자산**(net foreign assets)은 그 나라가 보유하고 있는 해외자산(국내거주자가 소유하고 있는 외국의 주식, 채권, 공장 등)에서 해외부채(외국인이 소유하고 있는 국내의 물적자산과 금융자산)를 뺀 순가치다. 순해외자산은 국부의 한 부분이다. 외국인이 국내경제에 청구하는 채무에 의해 차감되지 않고 내국인이 외국인에게 청구할 수 있는 권리가

---

15. 원칙적으로는 국부에 그 나라 국민이 갖고 있는 기술능력이나 훈련과 경험(경제학자는 인간자본이라 부른다)의 가치를 포함시켜야 한다. 실제로는 측정상의 문제 때문에 인간자본은 국부 추계에 포함되지는 않는다.

실려 있기 때문이다.

내국인이 소유하는 국내의 금융자산은 국부가 아니다. 국내금융자산의 가치는 국내금융부채로 인해 상쇄되기 때문이다. 예를 들어, 미국 거주자가 미국은행에 개설해 보유하고 있는 당좌계정은 예금자에게는 자산이지만, 은행에게는 부채다. 그러므로 경제 전체로 볼 때는 국부는 아니다. 이와는 반대로 미국 거주자가 외국은행에 갖고 있는 당좌계정은 그에 해당하는 국내부채가 없고(그것은 외국인의 채무다), 그러므로 미국 국부의 일부분이다.

시간이 경과하면 국부의 크기도 변할 수 있는데 대략 두 가지 모양으로 나타난다. 첫째, 국부를 구성하고 있는 자산이나 부채의 현존 가치가 달라질 수 있다. 예를 들어, 1990년대 미국 증시의 급격한 주가 상승으로 국부가 증가했다. 또한 물적자산의 소모나 감가상각도 그들 자산가치의 하락을 가져오기 때문에 국부를 감소시킨다.

국부가 변할 수 있는 두 번째 경로는 국민저축을 통해서다. 어느 일정 기간 동안 기존의 자산과 부채가치가 불변이라고 할 때 국민저축 1달러가 늘면 국부도 1달러 그대로 늘어난다. 즉, 식 (2.10)에서처럼 $S = I + CA$의 관계가 성립한다는 것은 이미 설명했다. 이 식에서는 국민저축이 두 가지 용도로 쓰인다는 것을 나타낸다. 즉, (1) 투자(I)를 통해 국내물적자산의 재고량을 증가시킨다. (2) 경상수지(CA)만큼 외국인에게 자금을 빌려주거나 해외자산을 취득해 순해외자산을 증가시킨다. 그런데 국내물적자산이든 순해외자산이든 늘어나는 금액만큼 그대로 국부를 증가시킨다. 그러므로 이미 설명한 대로 국민저축의 증가는 그 크기만큼 그대로 국부를 증가시키는 것이다. 이미 욕조에 흘러들어가는 물의 예에서 설명한 대로 국민저축이 빠르게 흘러들어가면 갈수록 국부의 재고량은 더욱 빨리 증가하게 될 것이다.

미국의 국민저축과 투자는 다른 나라와 비교하면 어떠한 상황인가? 미국은 다른 선진공업국에 비하면 비교적 적게 저축하는 국가다. 그리고 공식통계를 볼 때 미국은 투자 또한 상대적으로 낮다.[16] 미국의 투자율은 저축률에 비해 일반적으로 높다. $S = I + CA$의 관계를 이용해 설명하면 투자(I)가 저축(S)보다 많으면 경상수지(CA)는 마이너스가 돼야 한다. 이에 앞에서 언급한 대로 미국은 1980년대 초 이래로 거의 매년 경상수지에서 적자를 보여 왔다. 이와는 대조적

16. 미국의 저축률과 투자율이 낮게 나타나는 이유는 경제단위의 근본적인 행태가 다른 점도 있지만 그 못지않게 여러 가지 측정상의 문제가 있기 때문이라고 주장하는 경제학자도 있다. 예를 들면, William Dewald and Michael Ulan, "Appreciating U.S. Saving and Investment" *Business Economics*, January 1992, pp. 42-46 참조.

으로 일본처럼 저축률이 높은 나라는 투자율이 저축률을 밑도는 것이 보통인데, 그 결과 경상수지는 계속해서 흑자를 나타내고 있다.

2.4 실질 GDP, 물가지수, 인플레이션

이 장에서 지금까지 검토해 본 거시경제의 주요 변수, 즉 GDP, 지출과 소득의 각 구성 부분, 국부, 저축 등은 모두 그 당시의 시장가치로 측정된다. 이러한 변수를 **명목변수**(nominal variable)라고 한다. 경제활동의 측정에 경상시장가치를 사용할 때의 이점은 여러 가지 형태가 다른 상품과 서비스를 합산할 수 있다는 것이다.

그러나 경제활동을 명목가치로 평가할 때의 문제점은, 어떤 경제변수(예를 들어, GDP)를 서로 다른 두 시점에서 비교 평가하는 경우에 일어난다. 만일 GDP 측정에 포함되어 있는 상품과 서비스의 경상시장가치가 시간이 경과함에 따라 변한다면, 이 변화가 상품과 서비스의 생산수량이 변화한 것을 반영하는지, 상품과 서비스의 가격이 변화한 것을 반영하는지 또는 이 두 효과가 합쳐진 결과를 반영하는 것인지 구분할 수 없다. 예를 들어, GDP의 경상시장가치가 크게 증가한 것으로 나타났을 때, 그 나라의 상품 및 서비스 생산이 확대됐음을 의미할 수도 있고, 혹은 그 나라에 인플레이션이 일어나서 상품과 서비스의 가격을 올려놓았다는 것을 의미할 수도 있다.

실질 GDP

경제학자는 명목변수의 변화를 물리적 수량의 변화에 의한 변화 부분과 가격의 변화에 의한 변화 부분으로 나누어 볼 수 있는 방법을 고안했다. 표 2.3에서는 컴퓨터와 자전거 두 유형의 상품을 생산하는 국민경제에 대해 생산과 가격 데이터를 표시해 놓았다. 그리고 이 데이터는 서로 다른 두 연도에 대해 각기 구분 표시했다. 제1년도에 GDP는 46,000달러(1,200달러짜리 컴퓨터 5대와 200달러짜리 자전거 200대)로 나타났다. 제2년도에는 GDP가 66,000달러(600달러짜리 컴퓨터 10대와 240달러짜리 자전거 250대)로 나타났으며, 이는 제1년도의 GDP에 비해 43.5%가 증가한 크기다. 명목 GDP 43.5% 증가는 생산물량 증가 43.5%를 반영하는 것도 아니고 가격상승 43.5%를 반영하는 것도 아닌, 생산량 증가와 가격상승 두 가지 모두를 반영하는 결과다.

명목산출량의 상승률 43.5% 중 얼마만큼이 생산물량 증가 때문이라고 할 수 있는가? 물가 변화의 효과를 제거하고 생산물량의 변화에만 초점을 맞춰 분석

표 2.3 생산 및 가격 데이터

	제1년도	제2년도	제1년도에서 제2년도까지의 변화
생산물(량)			
컴퓨터	5	10	+100%
자전거	200	250	+25%
가격			
컴퓨터	$1,200/1대	$600/1대	−50%
자전거	$200/1대	$240/1대	+20%
가치			
컴퓨터	$6,000	$6,000	0
자전거	$40,000	$60,000	+50%
합계	$46,000	$66,000	+43.5%

하는 간단한 방법은, 어떤 기준연도의 가격을 사용해 매년 생산액을 측정하는 것이다. 이 예에서는 제1년도를 기준연도로 선정키로 한다. 제1년도의 가격을 사용해(컴퓨터는 대당 1,200달러, 자전거는 대당 200달러) 제2년도의 생산액은 표 2.4에서와 같이 62,000달러로 산출된다. 이 62,000달러를 제1년도의 가격을 사용해 측정한 제2년도의 실질 GDP라고 한다.

일반적으로 어떤 기준연도의 가격으로 측정한 경제변수를 **실질변수**(real variable)라 한다. 실질경제변수는 경제활동의 물리적 수량을 측정하는 데 쓰인다. 특히 **실질 GDP**(real GDP)는 불변가격(constant-dollar) GDP라고 하는데, 기초연도의 가격으로 국민경제의 생산물량을 측정하는 데 쓰인다. **명목 GDP**(nominal GDP)는 경상가격(current-dollar) GDP라고도 하는데, 그해의 시장가격으로 측정한 국민경제의 최종생산액이다. 그러므로 위의 예에서 제2년도 명목 GDP는 66,000달러로서, 이는 그해(즉, 제2년도)의 시장가격을 사용해 산출량가치를 측정한 것이다.

제1년도의 실질 GDP 총액은 얼마인가? 제1년도를 계속 기초연도로 하여, 즉 제1년도의 가격(컴퓨터는 1대당 1,200달러, 자전거는 1대당 200달러)을 사용해 생산액을 산출한다. 컴퓨터 5대와 자전거 200대의 가치는 합계 46,000달러다. 그러므로 제1년도 실질 GDP는 제1년도의 명목 GDP와 같다. 이런 결과는 일반적인 것으로 어느 경우에나 타당하다. 왜냐하면 경상가격이 기준연도 가격과 같으므로, 기준연도에는 실질치나 명목치가 언제나 같다. 특히 기준연도의 실질 GDP와 명목 GDP는 같다.

이제 제1년도로부터 제2년도에 이르는 기간 중 생산물량의 증가를 계산해 낼

표 2.4 기준연도를 달리한 실질산출량 계산

제1년도를 기준연도로 했을 경우의 계산	현재 수량		기준연도 가격			
제1년도						
컴퓨터	5	×	$1,200		=	$6,000
자전거	200	×	$200		=	$40,000
				합계	=	**$46,000**
제2년도						
컴퓨터	10	×	$1,200		=	$12,000
자전거	250	×	$200		=	$50,000
				합계	=	**$62,000**
실질 GDP 성장률 = ($62,000 − $46,000)/$46,000 = 34.8%						
제2년도를 기준연도로 했을 경우의 계산	**현재 수량**		**기준연도 가격**			
제1년도						
컴퓨터	5	×	$600		=	$3,000
자전거	200	×	$240		=	$48,000
				합계	=	**$51,000**
제2년도						
컴퓨터	10	×	$600		=	$6,000
자전거	250	×	$240		=	$60,000
				합계	=	**$66,000**
실질 GDP 성장률 = ($66,000 − $51,000)/$51,000 = 29.4%						

준비는 다 됐다. 실질 GDP는 생산의 물리적 수량을 측정하도록 고안되어 있다. 제2년도의 실질 GDP는 62,000달러고 제1년도의 실질 GDP는 46,000달러이므로 실질 GDP로 측정한 제2년도의 산출량은 제1년도에 비해 34.8%가 더 많다.

물가지수

이제까지는 물량의 변화에 따라 일어나는 명목 GDP상의 변화 부분을 계산해 내는 방법을 살펴봤다. 지금부터는 관점을 돌려 물가지수를 사용함으로써 물가에 일어나는 변화를 검토해 보자. **물가지수**(price index)는 특정한 상품과 서비스 묶음에 대한 평균물가수준을 특정 기준연도와 비교해 측정하는 수치다. 예를 들어, **GDP 디플레이터**(GDP deflator)는 GDP에 포함된 상품과 서비스 전체의 평균물가수준을 재는 측정치인데, 다음과 같이 정의한다.

실질 GDP = 명목 GDP / (GDP 디플레이터 / 100)

GDP 디플레이터(100으로 나눈)는 실질 GDP를 얻기 위해 그것으로 명목 GDP를 나누어야 하는, 즉 '환가된(deflated)' 수치다. 앞의 예에서 이미 명목

GDP와 실질 GDP를 계산해 봤으므로, 앞의 공식을 이항 정리하면 GDP 디플레이터의 정의는 다음과 같다.

GDP 디플레이터 = 100 × 명목 GDP / 실질 GDP

제1년도(앞의 예에서 기준연도)에 명목 GDP는 실질 GDP와 같으므로 GDP 디플레이터는 100이다. 이 결과는 GDP 디플레이터에 관한 일반원칙, 즉 기준연도의 GDP 디플레이터는 언제나 100이라는 결과와 부합한다. 제2년도에 명목 GDP는 66,000달러고(표 2.3 참조) 실질 GDP는 62,000달러(표 2.4 참조)이므로 제2년도의 실질 GDP는 100 × $66,000 / $62,000 = 106.5이고, 제1년도의 GDP 디플레이터보다 6.5%만큼 높다. 그러므로 GDP 디플레이터로 측정한 전반적 물가수준은 제2년도가 제1년도에 비해 6.5% 높다고 하겠다.

실질 GDP와 GDP 디플레이터의 값은 기준연도를 언제로 택하는지에 따라 달라진다. 기준연도의 선택이 실질산출량의 성장률 계산에 중요한 영향을 미칠 수 있고, 또 그에 따라 물가수준의 변화율 계산에도 영향을 미칠 수 있는데, 이는 "최신자료 및 연구와의 접속 : 컴퓨터 혁명과 연쇄가중된 GDP"에서 잘 살펴볼 수 있다.

소비자 물가지수 GDP 디플레이터는 GDP에 포함된 상품과 서비스 가격의 평균수준을 나타내는 측정치다. **소비자 물가지수**(CPI : consumer price index)는 소비재의 물가를 측정하는 지수다. GDP 디플레이터는 분기별로 작성되지만 CPI는 월별로 측정, 발표된다. 노동통계국은 직원들을 통해 식품, 의복, 주거용품, 연료 등 많은 특정한 소비재 및 서비스 묶음 또는 '바구니'의 목록에 대한 시가를 조사해 오게 한다. 해당 월의 CPI는 기준기간의 품목바구니 구입비용으로 해당 월의 같은 품목바구니 구입비용을 나누고, 100을 곱해서 산출한다.

소비자 물가지수를 계산하려면 두 가지 기준기간이 필요한데, 서로 다른 시기의 가격을 비교하기 위해서는 참조기준기간(reference base period), 지표산정에 사용되는 상품바구니 구성을 결정하기 위해서는 지출기준기간(expenditure base period)이 필요하다. 현재 참조기준기간은 1982~1984년으로서, 이것은 1982년 1월부터 1984년 12월에 이르는 3년간의 평균소비자물가를 비교기준으로 정한 것이다. 그러므로 2008년의 CPI 평균이 215라면 2008년의 평균소비자물가가 1982~1984년 기간보다 115% 높다는 것을 뜻한다.

CPI 지출기준기간은 노동통계국이 상품바구니에 들어가는 상품 구성의 기준으로 삼는 기간인데, 현재는 2005~2006년 2년간으로 하고 있다. 즉, 2005~2006년 동안 소비자지출 행태에 대한 조사결과를 가지고 CPI 작성에 포함될 상

최신자료 및 연구와의 접속 IN TOUCH WITH DATA AND RESEARCH

컴퓨터 혁명과 연쇄가중된 GDP

컴퓨터가 널리 확산됨에 따라 대부분의 선진국에서는 기업경영, 교육, 여가오락 등이 혁신적으로 바뀌게 됐다. 미국에서의 컴퓨터 관련 실질지출은, 1980년대 중반부터 1990년대 중반에 이르는 10여 년의 기간 동안 약 4배나 늘어났고,[17] 같은 기간에 컴퓨터 가격은 연평균 10% 이상 하락했다.[18] 컴퓨터의 실수량이 급증한 것과 컴퓨터 가격의 급락 현상은 실질 GDP의 성장률 계산에 있어 기준연도를 선택하는 문제가 중요하다는 것을 잘 보여주고 있다.

이 문제를 좀 더 명확하게 설명하기 위해, 컴퓨터 생산량의 급증과 컴퓨터 가격 하락이 동시에 나타난 표 2.3과 표 2.4의 사례를 들어 보겠다. 앞의 설명에서 본 것처럼 제1년도를 기준연도로 하면, 제1년도와 제2년도 사이에 실질산출량은 34.8% 증가했다. 그런데 여기서는 기준연도를 제2년도로 할 경우, 실질산출량은 전혀 다른 수치로 계산된다는 것을 보여주려 한다. 제2년도를 기준연도로 한다는 것은, 생산금액을 계산할 때 제2년도의 물가를 사용한다는 것을 의미한다. 그렇다면 컴퓨터는 대당 600달러, 자전거는 240달러로 계산해야 한다. 컴퓨터 5대, 자전거 200대를 생산한 제1년도의 실질 GDP는 51,000달러로 계산된다. 제2년도를 기준연도로 삼았기 때문에, 제2년도의 실질생산액은 명목생산액과 같으므로 이미 표에 계산된 수치와 같은 66,000달러다. 제2년도를 기준연도로 했으므로, 제1년도의 실질생산액 51,000달러에서 제2년도의 생산액 66,000달러로의 실질성장률은 29.4%가 된다.

지금까지 우리가 계산한 것을 요약해 보자. 제1년도를 기준으로 한 실질산출량 성장률은 34.8%이고, 제2년도를 기준으로 한 실질산출량 성장률은 29.4%이다. 왜 이와 같은 차이가 발생하는가? 우리가 사용한 사례에서 제1년도와 제2년도 사이에 컴퓨터 생산량은 5대에서 10대로 100% 성장했고, 자전거 생산량은 200대에서 250대로 25% 성장했다. 그런데 전체 산출량의 성장률은 기준연도를 제1년도로 하면 34.8%, 제2년도로 하면 29.4%로 계산되는데, 이는 각 개별 상품 성장률의 중간에 들어간다. 전체 성장률이란 개별 상품 성장률의 가중평균치라고 볼 수 있다. 제1년도가 기준연도일 때는 산출액 계산에 있어 제1년도 가격을 사용하는데, 제1년도에는 컴퓨터가 자전거에 비해 훨씬 비싼 가격에 팔렸다. 그러므로 전체 산출량 금액의 성장률은 제2년도를 기준연도로 했을 때의 성장률보다 컴퓨터 생산물량 증가율과 같은 '가장 높은 성장률(100%)' 에 더 가깝게(34.8%) 나타나는 것이다.

---

17. Joseph Haimowitz, "Has the Surge in Computer Spending Fundamentally Changed the Economy?" *Federal Reserve Bank of Kansas City Economic Review*, 2nd Quarter 1998, pp. 27-42 참조.

18. 이 가격은 다음 참고문헌의 표 1에 나오는 컴퓨터와 주변기기의 가격이다. Stephen D. Oliner and Daniel E. Sichel, "Computers and Output Growth Revisited: How Big Is the Puzzle?" *Brookings Papers on Economic Activity*, 2: 1994, pp. 273-317.

그러면 어느 해를 기준연도로 하는 것이 옳은가? 어느 해를 다른 해보다 우선해야 한다는 데 대해서는 뚜렷한 이유가 없다. 기준연도 선정에 관련된 이 문제를 다루기 위해 경제분석국(BEA)에서는 1996년 실질 GDP 측정을 위한 연쇄가중지수(chain-weighted index)를 도입했다. 이 연쇄가중된 실질 GDP는 기준연도를 제1년도로 정하는 경우와 제2년도로 정하는 방법 간에 수학적인 절충을 하려는 것이다. 연쇄가중된 실질 GDP는 제1년도를 기준연도로 했을 때의 성장률과 제2년도로 했을 때의 성장률을 가지고 산출한 일종의 평균치다. (위의 사례에서 연쇄가중치를 사용한 실질 GDP 성장률은 32.1%다. 그러나 여기서는 그 계산과정을 자세히 설명하지 않겠다.)[19]

경제분석국이 연쇄가중방법을 도입하기 전에는 1987년을 실질 GDP 계산의 기준연도로 사용했다. 시간이 지나면서, 실질 GDP 계산에 사용된 물가가 새로 생산되는 다양한 상품의 실제 가치를 반영할 수 있도록 기준연도를 좀 더 최근에 가깝게 바꿔야 할 필요가 생겼다. 기준연도를 변경할 때마다 경제분석국은 실질 GDP의 역사적 기록을 수정해야 했다. 그런데 연쇄가중방법은 기준연도를 자동으로 최근에 가깝게 변경하는 효과가 있다. 어느 해의 연간 성장률은 그해와 전년도를 함께 기준으로 하여 계산된다. 따라서 시간이 경과하면서 실질 GDP에 관한 역사적 데이터를 새로운 기준연도에 대해 다시 계산할 필요도 없다. 그렇다 하더라도, 연쇄가중된 실질 GDP는 아주 특이한 성질을 갖고 있다. 소득지출 항등식($Y = C + I + G + NX$)을 명목치로 했을 때는 언제나 등식이 성립하는데, 연쇄가중치로 계산한 각 부분의 실질치를 대입하면 기술적인 이유 때문이기는 하지만 등식이 성립하지 않는다. 그 오차가 보통은 아주 작기 때문에 이 책에서는 소득지출 항등식이 실질치와 명목치에서 모두 성립한다고 가정한다.

연쇄가중방법은 실질 GDP 계산에 있어, 어느 특정연도를 기준연도로 선정해야 하는가에 대한 문제를 해결하기 위해 도입됐다. 컴퓨터 생산이 급속히 증가하면서 가격이 급락하는 상황에서 연쇄가중방법을 썼을 때는 실질생산액 계산에 있어 얼마만큼의 차이가 발생하는가? 1987년을 기준연도로 하면, 1994년 4/4분기의 실질 GDP는 연평균 5.1% 성장하는 것으로 나타났다. 연쇄가중방법으로는 그 분기의 실질 GDP 연간 성장률은 고작 4.0%에 불과했다. 경제분석국의 추산으로는 두 성장률 계산치의 차이에 대해 문제의 컴퓨터가 5분의 3을 차지하는 것으로 나타났다.[20]

---

19. 연쇄가중법에 대한 논의는 다음을 참조하라. ① Charles Steindel, "Chain-Weighting: The New Approach to Measuring GDP," *Current Issues in Economics and Finance*, New York: Federal Reserve Bank of New York, December 1995. ② 경제분석국 웹사이트 www.bea.gov/national/pdf/nipaguid.pdf에 있는 "A Guide to the NIPAs"

20. 이 수치는 다음 논문의 36쪽에 나와 있다. J. Steven Landefeld and Robert P. Parker, "Preview of the Comprehensive Revision of the National Income and Product Accounts: BEA's New Featured Measures of Output and Prices," *Survey of Current Business*, July 1995, pp. 31–38.

최신자료 및 연구와의 접속 *IN TOUCH WITH DATA AND RESEARCH*

소비자 물가지수 인플레이션과 핵심물가지수 인플레이션

미국 노동통계국과 마찬가지로 세계 각국의 정부통계 담당 부서에서는 각기 그 나라의 소비자 가구에서 보편적으로 사용하는 주요 상품으로 구성된 바구니의 물가를 추적하여 지표로 삼는다. 인플레이션은 건강한 국민경제를 가장 크게 위협하는 요소이기 때문에, 경제정책당국에서는 소비자 물가지수(CPI)를 정책지표로 사용한다. 또한 소비자 물가지수(CPI)는 정부의 각종 프로그램에 대한 생계비 조정항목을 계산하는 데 쓰이기도 하며 다수의 노동조합협상과 협약의 기준으로, 그리고 피고용인의 급여와 임금을 계산하는 기준으로 사용되기도 한다.

그러나 대다수의 정책 담당자들은 CPI를 인플레이션 측정지표로 사용하는 것은 정확성이 떨어지고 재정 · 금융정책을 집행하기 위해 그들이 내려야 하는 여러 결정사항을 왜곡하게 만들기 쉽다고 불평해 왔다. 특히 1990년 뉴질랜드에서 시작된 이후로 물가상승률 목표치 설정방식(inflation targeting)은 통화정책을 운용하는 데 있어 인기 있는 기본틀로 자리 잡아 왔다. 여러 나라의 중앙은행들이 CPI를 지표로 사용하는 것은 여러 가지 이유로 물가상승률을 과장하는 오류를 범할 수 있다는 것을 발견하였는데 그 내용은 다음과 같다. 첫째, CPI 자체에는 소비자 가구의 상품 바구니를 구성하는 상품과 서비스의 종류가 시간이 경과해도 바뀌지 않는다는 가정이 들어 있기 때문에 대체효과를 조정하여 반영할 수 없다는 것이다. 예컨대 중동지역에서는 소비자들이 생선보다는 육류를 더 선호한다. 그래서 이 지역 국가에서 CPI를 작성할 때 육류의 가중치가 더 크다. 그런데 2007~2008년 기간 중 세계식량위기가 닥쳐 와 가축사료가격이 상승하였고 이에 따라 육류가격도 상승하였다. 결국 이 때문에 어류 소비가 급등하게 되었다. 당초의 소비자 가구의 상품 바구니의 품목 구성과 가중치를 종전대로 고수함으로써 CPI는 사우디아라비아에서는 11%, 이집트에서는 23.6%라는 높은 상승률을 기록하는 것으로 발표되었다.[21] 육류가격상승 이후 소비자 가구는 과거 오랫동안 관습화된 육류 구입량을 더 이상 그대로 유지하지는 않게 되었으므로 CPI 통계가 보여주는 만큼 그들의 실제 생활수준이 크게 악화된 것은 아니었다. 왜냐하면 그들은 비싸진 육류 소비를 줄이고 상대적으로 저렴한 식품을 더 구입하였기 때문이다. 이러한 이유

---

21. 자료출처

-사우디아라비아통화당국(Saudi Arabian Monetary Agency), http://www.sama.gov.sa/Pages/Home.aspx

-이집트 중앙은행(The Central Bank of Egypt, 2009) "Domestic Prices Indicator," *Monthly Statistical Bulletin*. http://www.cbe.org.eg/Public/All%20Monthly%20Statistical%20Bulletin%20PDF/Monthly%20 Statistical%20Bulletin%20Nov%20.2009/64%2042%20-%20Domestic%20Prices%20Indicators.pdf

때문에 걸프지역협력위원회(Gulf Cooperation Council)에서는 소비자 가구 상품 바구니의 품목별 가중치를 수정하기 위해 소비자 가구 조사를 실시하였다. 부정확성의 오류가 일어나는 두 번째 요인은 소비자 가구 상품 바구니의 고정된 품목구성은 가격이 지속적으로 하락하고 있는 신기술 상품의 가격 변화를 제대로 반영하지 못한다는 점이다. 더욱이 식품이나 에너지 상품처럼 외국으로부터 수입된 인플레이션(imported inflation) 등의 통제 불가능한 요인으로부터 야기되는 가격불안정이 심한 품목에서 급격한 가격변동이 일어났을 때 그 특정 시점의 현상으로부터 CPI 자체가 심한 영향을 받는다는 점이다.

이 모든 이유 때문에 통화당국들은 소위 '핵심 소비자 물가지수 인플레이션또는 코어 인플레이션(core CPI inflation)' 이라는 것을 자주 계산한다. 그런데 이 지표는 기본적으로 가격변동이 심한 품목을 제외한 뒤 계산하는 소비자 물가지수(CPI)이다. 이 코어 인플레이션(core inflation)을 계산하는 이유는, "만일 한 예를 들어, 가격이 예상치 못하게 급등한 육류를 제외하면 물가상승률은 어떻게 나타났을까?" 하는 의문에 답하기 위해서이다. 각국의 중앙은행들은 이 '코어 인플레이션' 을 계산할 때 두 가지 방법을 사용한다. 첫 번째 접근방법은 역사적으로 가격변동이 일어나기 쉬운 품목을 제거하는 방식인데 이것이 좀 더 잘 쓰이는 방법이다. 두 번째 방법은 가격변동이 심한 품목은 제외하는 방법이다. 두 가지 방법 중 어느 방법을 사용하든 대부분 식품과 에너지 지출항목은 코어 CPI에서 제외된다. 그 밖에도 코어 CPI에서 제외되는 항목을 예를 들어 보면, 캐나다에서는 주택담보대출이율과 간접세이고, 칠레에서는 가격규제가 시행되는 공공요금이며, 체코 공화국에서는 모든 서비스 요금, 그리고 이집트에서는 가격규제 품목 등이다.

그런데 각 소비자 가구가 코어 인플레이션에 대해 왜 관심을 가지는 것일까? 각 개인들은 경제활동의 의사결정에서 예상인플레이션의 예측치에 거의 규칙적으로 의존한다. 예컨대 주식시장에 투자할 것인가 아니면 부동산 매물을 구입할 것인가를 결정할 때, 최근의 물가변동이 일시적인가 아니면 장기적으로 지속될 것인가를 파악하는 것은 그 투자결정을 하는 데 도움이 될 것이다. 곧 잦아들 것이 예상되는 물가의 일시적 변동은 오래 지속되는 물가변동에 비해 장기적 가격 안정에 대해 별로 큰 위협이 되지 못할 것이다. 그러나 일시적인 물가상승이 일반 소비자 가구가 받아들일 만한 것이라는 뜻은 아니다. 코어 CPI에서 매 월별 변동양상을 추적하는 것과 함께 코어 CPI의 연간 변동률을 계산하는 것은 기초적인 물가상승률을 측정하는 최선의 계측치라는 데 많은 경제학자들이 동의한다. 그러나 마지막으로 한 가지 덧붙여 말하면, 우리가 가장 관심 있는 인플레이션 측정치는 생계비이고, 석유가격과 식품가격의 상승 효과를 제외하는 것은 바람직하지 않다는 것이다.

품 및 서비스 품목 구성과 가중치를 결정하고 있다. 정부에서는 몇 년 간격으로 지출기준기간을 새로 설정하고 참조기준연도가 변경됨에 따라 과거의 지수를 재산출하지 않도록 했다. 정부지출 기준연도를 몇 년 간격으로 업데이트하고는 있지만, CPI의 인플레이션율은 상향편중되어 있음을 의심할 여지가 충분하다. 이에 관한 자세한 논의는 "최신자료 및 연구와의 접속 : 소비자 물가지수 인플레이션과 핵심물가지수 인플레이션"을 참조하라.

인플레이션 물가지수로 측정할 수 있는 주요 변수는 물가상승률(인플레이션율)이다. 인플레이션은 매 기간당 물가지수 상승분을 백분율로 표시한 값과 같다. 만일 어느 해의 GDP 디플레이터가 100이었는데 이듬해 105로 올라갔다면, 이 두 해 사이의 물가상승률은 (105 − 100)/100 = 5/100 = 0.05 = 5%/년이다. 제3차 연도의 GDP 디플레이터가 112라면 제2차 연도와 제3차 연도 사이의 물가상승률은 (112 − 105)/105 = 7/105 = 0.0667 = 6.67%/년이다. 이를 좀 더 일반적인 정의로 나타내 보자. 기간 t 중의 물가수준을 P_t라 하고, 기간 $t+1$ 중의 물가수준을 P_{t+1}이라 하면, 두 기간 t와 $t+1$ 사이의 물가상승률 π_{t+1}은 다음 식으로 나타난다.

$$\pi_{t+1} = \frac{P_{t+1} - P_t}{P_t} = \frac{\Delta P_{t+1}}{P_t}$$

여기서 ΔP_{t+1}, 즉 $P_{t+1} - P_t$는 t 시점으로부터 $t+1$ 시점에 이르는 기간 중 물가수준의 변화를 나타낸다.

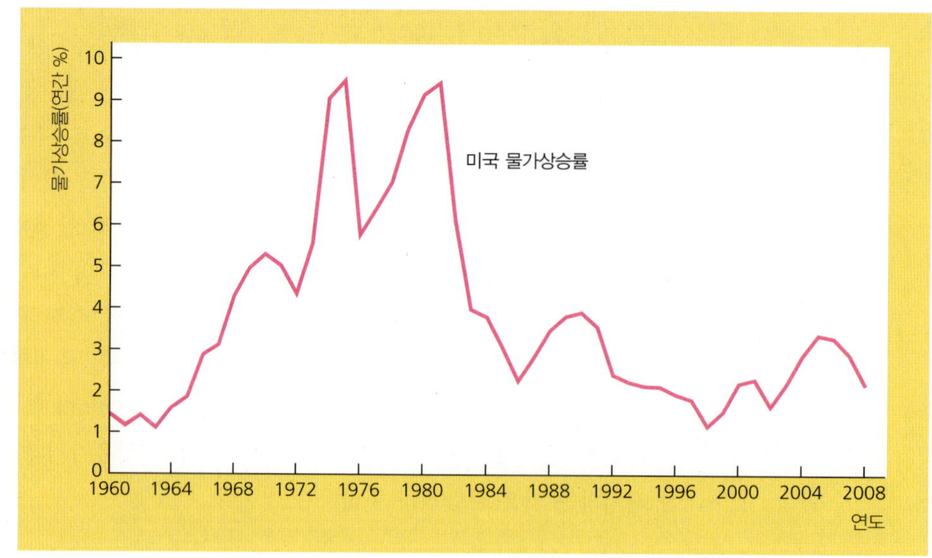

그림 2.1

미국의 물가상승률 (1960~2008)

여기서는 GDP 디플레이터의 연간상승률을 물가상승률로 표시했다. 물가상승률은 1960년대와 1970년대에 급격히 상승했고, 1980년대에는 급락했으며, 1990년대에는 더욱 하락했다. 그러나 2000년대 초반에는 상승하다가 후반에는 하락하는 추세를 보였다.

출처 : GDP 잠정 디플레이터 자료—세인트루이스 연방준비은행 FRED 데이터베이스, research.stlouisfed.org/fred2/series/GDPCTPI.

그림 2.1에서는 GDP 디플레이터를 물가수준 측정지표로 하여 1960~2008년의 미국 물가상승률을 보여주고 있다. 물가상승률은 1960년대와 1970년대에 더욱 높아졌지만, 1980년대 초반 급격히 하락했으며, 1990년대에는 더 떨어졌다. 반면, 1998~2005년에는 상승세를 보였으나 2005년부터 2008년까지는 하락하였다.

2.5 이자율

이자율은 우리가 많이 들어본 또 다른 주요 경제변수의 하나다. **이자율**(interest rate)이란 돈을 빌리는 사람[차입자(borrower)]이 빌려주는 사람[대부자(lender)]에게 지급하겠다고 약속한 수익률이다. 예를 들어, 100달러를 1년간 차입하는 이자율이 8%라면 차입자는 빌리는 날로부터 1년이 되는 날 대부자에게 108달러, 즉 이자 8달러와 원금 상환액 100달러를 더한 금액을 돌려주겠다고 약속한 것이다.

4장에서 더욱 자세하게 논의하겠으나, 국민경제에는 여러 가지 이자율이 있다. 이자율은 빌려가는 사람이 누구인지에 따라 달라지고, 그 자금을 빌리는 기간이 얼마나 되는지에 따라 달라지며, 그 외의 요인에 의해서도 달라진다. 4장에 있는 "최신자료 및 연구와의 접속 : 이자율"을 참조하라. 또한 우리 경제에는 많은 종류의 자산(asset)이 있는데, 회사 주식 같은 것은 정해진 이자를 주지는 않지만 주식 보유자에게 어느 정도의 수익을 돌려준다. 즉, 주식에 대해서는 수익은 배당금과 자본이익(주식의 시가 상승)의 형태로 돌아온다. 우리 경제에는 많은 종류의 자산이 존재하고 각기 고유한 수익률이 있기 때문에, 거시경제연구를 복잡하게 만들 소지가 충분히 있다. 그러나 다행스럽게도 대부분의 이자율이나 수익률은 함께 오르고 내리는 경향이 있다. 그러므로 거시경제를 분석하기 위해 이자율이 단 하나만 존재하는 것처럼 '그(the) 이자율'이라고 말하는 것이다. 예를 들어, 어떤 정책이 '그' 이자율을 올라가게 할 것이라고 말한다면, 사실은 여러 이자율과 수익률이 전반적으로 상승할 것 같다는 의미를 담고 있다.

실질이자율과 명목이자율 이자율이나 수익률도 명목 GDP처럼 측정상의 문제가 있다. 이자율이 얼마라고 하면, 이는 곧 이자가 붙는 자산의 명목가치가 시간이 경과하면서 얼마나 빨리 상승하는지를 가리킨다. 그러나 그렇다고 해서 그 자산의 실질가치 혹은 구매력이 얼마나 빨리 상승하는지는 나타내지 못한다. 예를 들어, 연초에 잔고 300달러의 저축예금에 연간 이자율 4%를 지급하는 것으로 예금을 했다고 하자. 연말에 저축예금의 가치는 312달러가 되는데, 물가상승

응용 *APPLICATION*

연방준비은행이 선호하는 인플레이션 측정치

이 책의 본문에서 물가지수를 논의할 때 GDP 디플레이터와 소비자 물가지수(CPI)를 설명하였다. 그러나 연방준비은행(약하여 연준)이 경제예측치를 발표할 때 물가의 또 다른 측정치, 즉 개인소비지출(PCE : personal consumption expenditure)에 중점을 둔다. 이 PCE는 국민소득 및 생산계정에서의 소비자 물가 측정치이다. 연준은 2007년 11월, 앞으로 1년에 네 번씩(과거에는 두 번씩) 인플레이션과 기타 주요 변수의 예측치를 발표하겠다고 공표하였다. 또한 연준은 PCE의 전체 물가상승률과 식품과 에너지 품목을 제외한 핵심 인플레이션율(core inflation)의 예측치도 발표하겠다고 언급하였다.

1990년대에 연준은 CPI에 기초한 물가상승률 예측치를 발표했었다. 그러나 보스킨 위원회(Boskin Commission)에서 CPI 인플레이션 측정치는 생계비 인상률을 현저하게 과장한다는 사실을 발견해 냄으로써 연준은 CPI보다는 PCE 물가지수에 더 큰 관심을 두게 되었다.[22] PCE 물가지수는 각종 상품 및 서비스에 대한 소비자 가구의 실제 지출에 기초를 두고 있으므로 CPI에 내재하고 있는 대체편기(substitution bias)를 피할 수 있다.[23] 또한 연준은 PCE의 소비지출 측정치는 대상 품목이 CPI보다 광범하고 따라서 더 나은 데이터를 입수할 경우 수정할 수 있는 이점이 있는 반면 CPI는 수정할 수 없다고 언급하였다.

CPI와 PCE 물가지수 간의 또 다른 차이점은 지수를 산정하는 공식, 포함되는 품목의 범위, 각 품목별 가중치의 차이 등이다.[24] CPI는 기준연도가 고정되어 있는 반면 PCE 물가지수는 연쇄가중 지수(chain-weighted index)로 차이가 있다. 이에 관해서는 이 책에 나와 있는 "최신자료 및 연구와의 접속 : 컴퓨터 혁명과 연쇄가중된 GDP"에 자세히 논의하였다. PCE 물가지수는 포함되는 상품과 서비스의 종류가 CPI보다 훨씬 광범하다. 즉 CPI는 도시지역에 거주하는 소비자들의 평균적 소비지출 관습에 기초하여 대상품목을 결정하지만 PCE 물가지수는 국민경제의 모든 소비재에 대한 지출을 대상으로 산출한다. 물론 소비지출범위에 대한 가중치도 서로 다르다. 예컨대 주택보유비용에 대해 CPI는 20%의 가중치를 두는 반면 PCE 물가지수에서는 가중치가 11%에 불과하다.

연준은 2000년도부터 PCE 물가지수의 변동률을 주된 인플레이션율 측정치로 사용하여 왔으나, 식품과 에너지에 대한 단기적 충격이 자주 일어나 인플레이션율 측정치

22. 연방준비은행이사회, *Monetary Policy Report to the Congress*, February 2000, p. 4 참조.

23. PCE 측정치에도 여전히 다른 문제가 있는데, 즉 질적조정편기(quality adjustment bias)이다. CPI에도 같은 문제가 내재되어 있다.

24. 더 자세한 내용은 논문, Todd E. Clark, "A Comparison of the CPI and the PCE Price Index," Federal Reserve Bank of Kansas City *Economic Review* (Third Quarter 1999), pp. 15-29를 참조.

그림 2.2

종합 PCE 인플레이션과 핵심 PCE 인플레이션 (1960~2009)

종합 PCE 인플레이션율은 대개 핵심 PCE 인플레이션율과 다르게 나타난다. 그러나 종합 PCE 인플레이션율은 핵심 PCE 인플레이션율로 회귀하는 경향이 있다.

출처: 세인트루이스 연방준비은행 FRED 데이터 베이스 research.stlouisfed.org/fred2/series/PCEPI와 PCEPILFE.

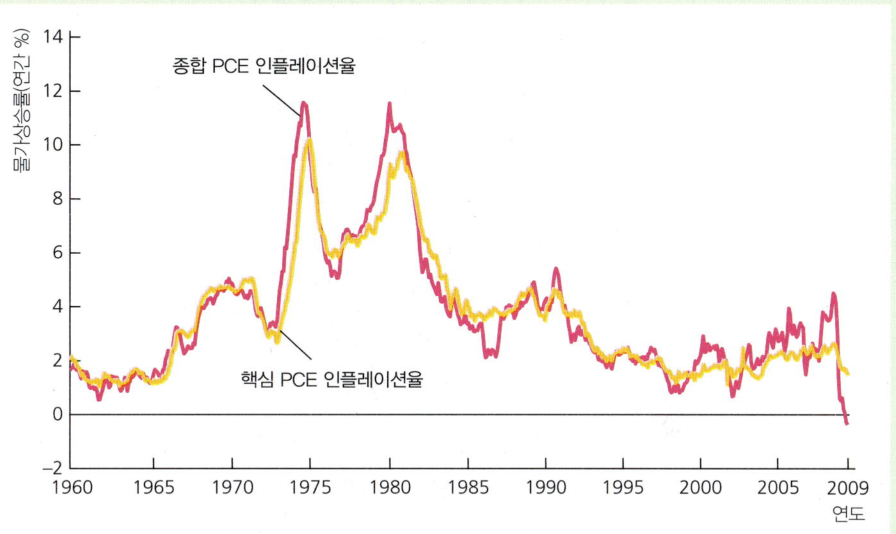

에 급격한 변동이 발생하는 것에 실망하게 되었다. 그래서 2004년 연준은 식품과 에너지 가격을 제외한 PCE 물가지수로 전환하였다. 우리는 이 지수를 사용하여 산출하는 인플레이션율을 '핵심 PCE 인플레이션율(core PCE inflation rate)'이라 칭하고, 식품과 에너지 가격을 포함하는 인플레이션율을 '종합 PCE 인플레이션율(overall PCE inflation rate)'이라 구분하여 칭한다. 2004년 연준이 지수 변경 발표에 즈음하여 '핵심 PCE 인플레이션율'이 '기초적 물가상승추세(underlying inflation trends)'를 더 잘 반영하는 측정치라고 주장하였다.[25]

그러나 2007년 11월 연준은 종합 PCE 인플레이션율과 핵심 PCE 인플레이션율에 대한 예측치 둘 다 발표하기로 결정하였다. 그 이유는 연방준비은행 이사 프레드릭 머쉬킨(Frederic Mishkin)의 연설에서 언급되었는데, 통화정책 담당자들이 통화정책을 결정할 때 핵심 인플레이션율에 중점을 두어야 하지만 동시에 인플레이션율을 계속 주시해야 할 이유도 충분히 있다는 것이다.[26] 결국 종합 PCE 인플에션율은 소비자 가구가 실제로 구입하는 상품과 서비스와 잘 부합되고, 만일 이를 잘 지켜보지 않으면 핵심 PCE 인플레이션율은 소비자 가구의 실제 행동으로부터 벗어나는 측정치가 될 수도 있다.

그림 2.2는 종합 PCE 인플레이션율이 핵심 PCE 인플레이션율과 어떻게 달리 나타나는지를 보여준다. 여기서는 1960년 1월부터 2009년 6월까지의 두 개 지표를 보여주

25. 연방준비은행 이사회, *Monetary Policy Report to the Congress*, July 2004, p. 3.

26. 2007년 10월 20일, 몬트리올 HEC에서 열린 "경기순환, 국제적 전파, 거시경제정책" 총회에서 행한 연설 "통화정책 수행에 있어서의 헤드라인(Headline) 인플레이션과 코어(core) 인플레이션"

고 있는데,[27] 여러 해에 걸쳐 두 지표가 상당히 다르게 나타남을 알 수 있다. 1970년대 중반과 후반 석유가격의 대폭상승이 일어남으로써 이 사태가 일어난 기간 중 종합 PCE 인플레이션율이 핵심 PCE 인플레이션율보다 높게 나타났다. 그러나 1980년대 석유의 상대가격이 하락함에 따라 1982년부터 1987년가지 종합 PCE 인플레이션율은 핵심 PCE 인플레이션율보다 낮게 나타났다. 그 후 기간 동안에는 핵심 PCE 인플레이션율은 종합 PCE 인플레이션율만큼 크게 변동하지는 않았다. 일반적으로 종합 PCE 인플레이션율이 핵심 PCE 인플레이션율보다 높거나 낮게 나타난 몇 년 후에는 핵심 PCE 인플레이션율과 같은 수치로 복귀하는 경향이 있다.

27. 그림 2.2에 그려진 인플레이션율은 어떤 달과 전년 같은 달 사이의 인플레이션율을 나타낸다. 인플레션율은 해당 월의 물가지수를 1년 전의 물가지수로 나누고 그 값에서 1을 뺀 다음 100을 곱해 퍼센트 포인트로 나타낸다. 그러므로 인플레이션율은 P_t를 t월의 물가지수라 할 때, $\pi_t = \left[\left(\frac{P_t}{P_{t-12}}\right) - 1\right] \times 100$으로 나타낼 수 있다.

률이 0이라면 예금주에게는 상대적으로 꽤 이익이 되는 조건이다. 즉, 물가수준이 1년간 전혀 변동이 없는 상태에서 312달러는 1년 전의 원금 300달러에 비해 상품 및 서비스를 실제로 4% 더 많이 구입할 수 있다는 것을 뜻한다. 그런데 물가상승률이 4%라면 1년 전에 300달러가 들던 비용이 이제는 312달러가 되기 때문에 실질가치로 따져 볼 때 현재의 저축예금 가치는 1년 전과 전혀 다름이 없는 것이다.

자산의 실질가치와 명목가치를 구분하기 위해 경제학자는 실질이자율이라는 개념을 자주 사용한다. 어떤 자산의 **실질이자율**(real interest rate, 또는 실질수익률)은 그 자산의 실질적 가치 혹은 구매력이 시간이 경과함에 따라 상승하는 비율을 의미한다. 우리가 보통 말하는 이자율, 즉 언론 매체에서 보도되는 이자율은 명목이자율로서, 실질이자율과는 구분된다. **명목이자율**(nominal interest rate, 또는 명목수익률)은 어떤 자산의 명목가치가 시간에 따라 상승하는 비율을 가리킨다. 명목이자율을 기호 i로 써서 표시해 보기로 하자.

실질이자율은 명목이자율과 물가상승률에 대해 다음과 같은 관계를 갖고 있다.

$$\text{실질이자율} = \text{명목이자율} - \text{물가상승률} = i - \pi \qquad (2.12)$$

식 (2.12)에 대한 도출경위는 부록 A.7절에서 자세하게 논의하기로 한다.[28] 지금

28. 식 (2.12)는 정확한 수식이라기보다는 개략적인 관계식이며, 이자율이나 물가상승률이 너무 높지 않을 경우 대부분 성립한다.

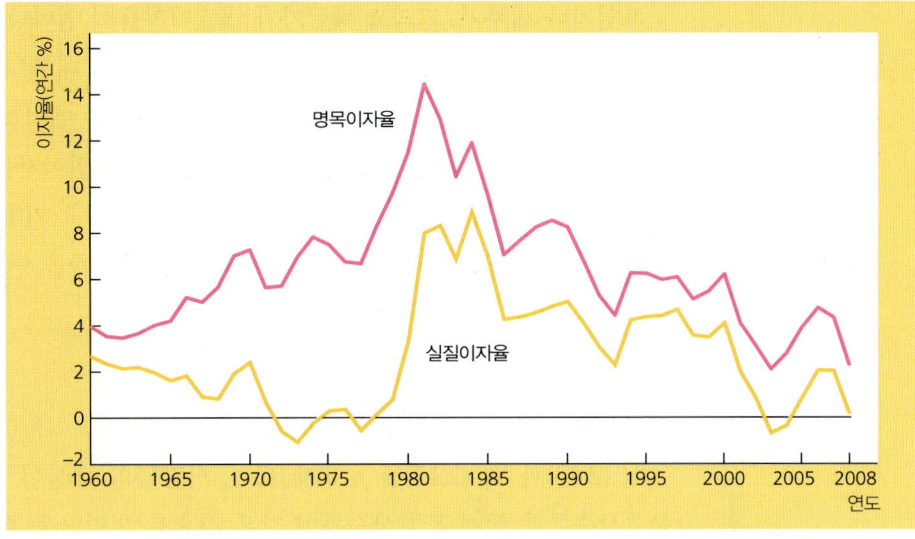

그림 2.3

미국의 명목이자율과 실질이자율 추이(1960~2008)

그림에 표시된 명목이자율은 3년 만기 재무성 증권의 이자율이다. 실질이자율은 그 해와 추후 2년간의 평균물가상승률이다(GDP 디플레이터 사용). 실질이자율은 1970년대 중반에 비정상적으로 낮았다(실제로는 마이너스). 1980년대 초에는 명목이자율과 실질이자율 모두 매우 높은 수준이었다. 1990년대에는 명목이자율과 실질이자율 모두 정상적인 수준으로 돌아왔으나, 2000년대 초에는 급격히 하락했다.

출처 : 잠정 GDP 디플레이터는 그림 2.1에서와 같다. 2006년과 2007년의 물가상승률은 2%로 가정했다. 3년 만기 재무성 증권의 이자율－연방준비제도이사회, Statistical Release H15, www.federalreserve.gov/rel-eases.

여기서는 우선 이자율 4%를 지급하는 저축예금의 예를 다시 살펴보자. 물가상승률(p)이 0이라면, 명목이자율(i)이 4%이고 여기서 물가상승률 0%를 빼면 4%이므로 실질이자율은 4%이다. 저축예금을 1년간 예치하고 실질이자율 4%를 받는다면, 그 예금자는 연말에 가서 연초에 비해 4% 더 많은 상품과 서비스를 살 수 있게 될 것이다. 그러나 물가상승률이 4%라면 그 저축예금에 대한 실질이자율은 명목이자율 4%에서 물가상승률 4%를 뺀 0%와 같다. 이렇게 되면 그 예금의 연말 시점의 구매력은 연초와 같게 된다.

1960~2008년의 기간 중 미국의 명목이자율과 실질이자율 추이는 그림 2.3과 같다. 1970년대의 실질이자율은 이례적으로 낮았고, 마이너스일 때도 있었는데, 이는 결국 이자가 붙는 자산의 실질가치가 시간이 경과하면서 실제로는 떨어지고 있었다는 것이다. 명목이자율이나 실질이자율이 정상적인 수준으로 회복된 것은 1990년대였지만, 1980년대에는 기록적으로 높은 수준까지 올라가기도 했었다. 그러나 2000년대 초반에는 실질이자율이 마이너스로 되었다가 2008년에는 0에 가까운 수준이 되었다.

기대 실질이자율 우리가 자금을 빌리거나, 빌려주거나, 또는 은행에 예금할 때는 명목이자율은 사전에 정해진다. 그렇다면 실질이자율은 어떠한가? 식 (2.12)를 보면 명목이자율이 어떠한 수준에 있든지, 실질이자율은 융자 또는 예치 기간 중(예를 들어, 1년)의 물가상승률에 달려 있다는 것을 알 수 있다. 그런데 그 기간 중의 물가상승률은 그 연도가 지나봐야만 알 수 있으므로, 앞으로 받게 될 실질이자율은 불확실하다.

차입자나 대부자, 그리고 예금자가 실질이자율이 얼마나 될 것인지 모르기 때문에, 향후 실질이자율이 얼마로 나타날 것인지에 대한 예상치를 근거로 하여 얼마나 차입할 것인지 또는 대부해 줄 것인지, 혹은 예치를 할 것인지를 결정해야 한다. 명목이자율은 사전에 알 수 있으므로, 실질이자율은 결국 물가상승률이 얼마나 될 것인가 하는 예상에 달려 있는 셈이다. **기대 실질이자율**(expected real interest rate)은 명목이자율에서 기대 물가상승률을 뺀 것과 같으며, 다음과 같이 나타난다.

$$r = i - \pi^e \tag{2.13}$$

여기서 r은 실질이자율, π^e는 기대 물가상승률이다.

식 (2.13)과 식 (2.12)를 비교해 보면, 사람들의 예상이 옳았을 경우, 즉 기대 물가상승률과 실제 물가상승률이 같은 것으로 드러났을 경우, 기대 실질이자율과 실제로 지급받는 이자율은 같아질 것이다.

기대 실질이자율은 대부분의 경제행위에 대한 의사결정, 즉 돈을 얼마나 차입하고 얼마나 빌려줄 것인가와 같은 의사결정을 연구하는 데 적합한 이자율이다. 그러나 기대 실질이자율을 측정하는 데 따르는 문제점은 경제학자라도 일반 대중이 예상하는 물가상승률이 얼마인지를 정확히 알지 못한다는 것이다. 기대 물가상승률을 추정하기 위해 경제학자는 여러 가지 방법을 사용한다. 그중 한 가지 방법은 일반인을 대상으로 한 의견조사를 통해 그들이 예상하는 물가상승률을 알아보는 방식이다. 두 번째 방법은 일반 대중의 기대 물가상승률이 정부가 공식 발표한 것이나 사적인 예측치와 같다고 가정하는 방법이다. 세 번째 방법은 최근의 물가상승률을 연장하는 선상에서 추정하는 외삽법(extrapolation)적 수치가 일반 대중의 물가 예상과 같다고 가정하는 것이다. 그러나 불행하게도 이 세 가지 방법 중 어느 하나도 완전하지 못하기 때문에, 기대 물가상승률 측정에는 얼마간의 오차가 항상 존재한다고 봐야 한다.

요약 SUMMARY

1. 국민소득계정은 현재의 경제활동을 측정하는 데 사용되는 회계적인 분석틀이다. 국민소득계정은 경제활동을 세 가지 방법, 즉 생산접근방법, 지출접근방법, 소득접근방법으로 측정한다. 세 가지 방법 중 어느 것을 택하더라도 모두 같은 답을 얻을 수 있지만, 각 방법은 다른 각도에서 경제를 조망할 수 있게 해 준다.

2. 국내총생산(GDP)은 일정 기간 중에 일어난 경제활동에 대해 가장 넓은 범위에서 집계한 수치다. GDP를 생산접근방법으로 측정하기 위해서는 국

민경제에서 새롭게 생산된 최종상품과 서비스의 시장가치를 합하면 된다. 즉, 모든 생산자에 의해 창출된 부가가치를 합계하는 방법이다. GDP를 지출접근방법으로 측정하려면 소비, 투자, 정부구매, 순수출 등 네 개 범주의 지출항목을 합해야 한다. GDP를 소득접근방법으로 측정하려면 경제활동에 의해 창출된 모든 소득, 즉 조세와 이윤을 포함한 소득을 합쳐야 한다.

3. 민간부문(국내의 가계와 기업)의 소득은 민간가처분소득이라 한다. 민간가처분소득은 민간부문의 활동으로 얻은 소득(GDP + 해외순수취요소소득, 또는 GNP)에 정부로부터 받은 지급(정부 이전지출 및 정부채무에 대한 지급이자)을 더한 후 정부에 납부한 조세액을 뺀 금액과 같다. 정부부문의 순소득은 조세수입에서 민간부문에 대한 이전지출과 정부채무에 대한 지급이자를 뺀 금액과 같다. 민간가처분소득에 순정부소득을 더하면 국민총생산(GNP)과 같다.

4. 저축은 어느 경제단위의 소득 중 현재의 필요를 위해 지출하고 남은 부분이다. 민간부문에 의한 저축은 민간저축이라 하는데, 민간가처분소득에서 소비를 뺀 금액과 같다. 정부저축은 정부의 예산잉여와 같은 것으로서, 정부순소득에서 정부가 상품 및 서비스 구매를 위해 집행한 지출액을 뺀 금액과 같다(정부구매는 정부투자에 조금도 쓰이지 않고 오로지 정부소비에만 지출됐다는 가정에 의한다). 국민저축은 민간저축과 정부저축을 합한 금액이며, GDP에 해외순수취요소소득을 더한 후 총소비와 정부구매를 뺀 금액과도 같다.

5. 저축용도 항등식은 민간저축은 투자, 정부의 예산적자, 경상수지를 합친 금액과 같다는 것을 보여준다. 마찬가지로, 국민저축은 투자와 경상수지를 합한 수치다.

6. 어느 국가의 국부는 자본과 같은 물적자산에 순해외자산을 합친 것과 같다. 국부는 두 가지 방법으로 증가하는데, 하나는 기존의 자산가치가 변화하는 것이고, 다른 하나는 국민저축을 통한 것이다. 국민저축은 국부를 증가시킨다. 왜냐하면 국민저축은 투자에 사용됨으로써 물적자산을 증가시키고, 경상수지의 흑자만큼 외국인에게 빌려줌으로써 순해외자산을 증가시키기 때문이다.

7. 명목 GDP는 한 나라의 최종산출물을 현재의 시장가격으로 평가한 금액이다. 실질 GDP는 한 나라의 최종생산물 가치를 어떤 기준연도의 가격으로 평가한 금액이다. 실질 GDP는 명목 GDP를 GDP 디플레이터로 나누고 100을 곱한 금액과 같다.

8. 물가지수는 어떤 기준연도에 대해 현재의 물가수준을 비교한 측정치다. GDP 디플레이터는 GDP에 포함된 상품 및 서비스의 전반적 물가수준을 측정하는 수치다. 소비자 물가지수(CPI)는 소비재 한 바구니의 물가수준을 측정한다. 물가상승률은 GDP 디플레이터나 CPI와 같은 물가지수의 변화율을 백분율(%)로 나타낸 측정치다.

9. 이자율은 차입자가 대부자에게 지급하겠다고 약속한 수익률이다. 명목이자율은 이자부자산의 명목가치가 시간경과에 따라 상승하는 비율이다. 실질이자율은 명목이자율에서 물가상승률을 뺀 크기와 같은데, 자산의 가치가 실질치 또는 구매력을 기준으로 성장하는 비율을 말한다. 차입과 대부의 의사결정은 기대 실질이자율에 기초해 내려지는데, 기대 실질이자율은 명목이자율에서 기대 물가상승률을 뺀 크기와 같다.

핵심용어 KEY TERMS

GDP 디플레이터
감가상각
경상계정수지
국내총생산(GDP)
국민소득
국민소득계정
국민소득회계의 기본 항등식
국민저축
국민총생산(GNP)
국부
기대 실질이자율
명목 GDP
명목변수
명목이자율
물가지수
민간가처분소득
민간저축
부
부가가치
생산접근방법
소득접근방법
소득지출 항등식
소비
소비자 물가지수
순국민생산
순수출
순정부소득
순해외자산
실질 GDP
실질변수
실질이자율
예산잉여
예산적자
유량변수
이자율
이전지출
자본재
재고
저량변수
저축
저축용도 항등식
정부구매
정부수입
정부저축
정부지출
중간재와 중간서비스
지출접근방법
지하경제
최종상품과 최종서비스
통계적 오차
투자
해외순수취요소소득

주요 방정식 KEY EQUATIONS

$$\text{총생산} = \text{총소득} = \text{총지출} \qquad (2.1)$$

국민소득회계의 기본 항등식은 경제활동을 최종상품 및 서비스의 생산으로 측정하든, 경제활동으로 창출된 소득금액으로 측정하든, 최종상품 및 서비스에 대한 지출로 측정하든 간에 모두 같은 값을 얻는다는 것을 나타내고 있다.

$$Y = C + I + G + NX \qquad (2.3)$$

소득지출 항등식에 의하면, 총소득 또는 총생산(Y)은 네 가지 유형의 지출, 즉 소비(C), 투자(I), 정부구매(G), 순수출(NX)의 합계와 같다.

$$S_{pvt} = (Y + NFP - T + TR + INT) - C \qquad (2.6)$$

민간저축은 민간가처분소득에서 소비(C)를 뺀 금액과 같다. 민간부문의 가처분소득은 국내총생산(Y)에 해외순수취요소소득(NFP)을 더하고, 정부 이전지출(TR)과 정부 지급이자(INT)를 더한 뒤, 납부한 세금(T)을 뺀 금액과 같다.

$$S_{govt} = (T - TR - INT) - G \qquad (2.7)$$

정부저축은 세금으로 거둬들인 정부수입(T)에서 이전지출(TR)과 국가채무에 대한 지급이자(INT)를 빼고 다시 거기에서 정부구매를 뺀 금액과 같다. 정부저축은 정부의 예산잉여와 같으며, 마이너스의 정부예산적자와 같다.

$$S = S_{pvt} + S_{govt} = Y + NFP - C - G \qquad (2.8)$$

국민저축(S)은 민간저축과 정부저축을 합한 금액이

다. 또한 국민저축은 국내총생산(Y)에 해외순수취요소소득(NFP)을 더하고 소비(C)와 정부지출(G)을 뺀 금액과 같다.

$$S = I + CA \tag{2.10}$$

국민저축(S)은 두 가지 용도로 쓰인다. 투자(I)에 대한 자금조달과 경상수지흑자(CA)와 같은 크기의 금액을 외국인에게 빌려주는(혹은 외국자산을 획득하는) 용도로 쓰인다. 경상수지흑자는 순해외자산의 증가와 같다.

$$S_{pvt} = I + (-S_{govt}) + CA \tag{2.11}$$

저축용도 항등식에 따르면 민간저축은 투자(I)에 대한 자금조달과 정부의 재정적자($-S_{govt}$)에 충당할 자금을 조달하는 용도로, 그리고 경상수지흑자(CA)만큼 외국인에게 자금을 빌려주는(혹은 외국자산을 취득하는) 용도로 쓰인다.

$$r = i - \pi^e \tag{2.13}$$

기대 실질이자율(r)은 명목이자율(i)에서 기대 물가상승률(π^e)을 뺀 것과 같다.

복습문제 *REVIEW QUESTIONS*

1. 경제활동을 측정하는 세 가지 접근방법은 무엇인가? 왜 세 가지 방법이 모두 같은 값을 주는가?
2. GDP에 추계되는 상품과 서비스는 시장가격으로 평가하는가? 생산가치의 측정에 시장가격을 사용할 때 불리한 점이나 문제점은 없는가?
3. 최종생산물이나 최종서비스, 중간생산물과 중간서비스 사이에는 어떤 차이가 있는가? 공장이나 기계와 같은 자본재는 어느 범주에 속하는가? GDP 추계에 있어 중간생산물과 최종생산물을 구분하는 것이 왜 중요한가?
4. GDP와 GNP는 어떻게 다른가? 어떤 나라에서 외국인 노동자를 많이 고용하고 있다면, GDP와 GNP 중 어느 것이 더 클 것 같은가?
5. 전체 지출의 네 구성요소를 열거하라. 그리고 지출접근방식으로 GDP를 계산할 때 왜 수입을 빼야 하는가?
6. 민간저축을 정의하라. 민간저축은 국민경제에서 어떤 용도로 쓰이는가? 민간저축과 국민저축 사이의 관계는 무엇인가?
7. 국부는 무엇이며 왜 중요한가? 국부는 국민저축과 어떤 연관이 있는가?
8. 한 나라의 경제성장을 평가하려는 목적에 실질 GDP와 명목 GDP 중 어느 것이 중요한 통계치인가? 그 이유는 무엇인가?
9. CPI와 CPI 물가상승률이 어떻게 계산되는지 설명하라. CPI 물가상승률이 진정한 물가상승을 과장할 수도 있는 이유는 무엇인가?
10. 명목이자율, 실질이자율, 기대 실질이자율 간의 차이를 설명하라. 차입자와 대부자의 의사결정에 가장 중요한 이자율 개념은 무엇인가? 또 그 이유는 무엇인가?

계산문제 NUMERICAL PROBLEMS

1. 보트가 구조된 뒤 길리건 섬(Gilligan' s Island)에서 모든 사람이 떠나고 교수(Professor)와 길리건(Gilligan) 두 사람은 배가 다시 난파되지 않을까 두려워서 섬에 그냥 남아 있게 됐다. 그 후 교수는 코코넛을 기르고 물고기를 잡는 일을 계속하고 있다. 작년에 교수는 코코넛 1,000개를 수확하고 물고기 500마리를 잡았다. 그는 물고기 한 마리는 코코넛 2개와 같은 가치를 지녔다고 생각했다. 교수는 길리건이 코코넛 수확을 도와준 대가로 코코넛 200개를 줬고, 낚시에 미끼로 쓸 벌레를 잡아준 대가로 물고기 100마리도 줬다. 교수는 장래의 소비에 대비해 코코넛 100개를 그의 오두막에 저장해 뒀다. 또한 물고기 100마리를 코코넛 나무의 비료로 사용했는데, 이는 매년 코코넛 나무에 열매가 열리게 하기 위해서였다. 길리건은 그가 받은 코코넛과 물고기를 모두 소비했다. 물고기를 기준으로 할 때, 길리건 섬에서의 GDP는 얼마인가? 또 소비와 투자는 얼마인가? 교수와 길리건의 소득은 각각 얼마인가?

2. 국민소득이나 생산에 관한 데이터는 일반적으로 수정, 개편된다. 아래 각 항목과 같은 수정은 소비, 투자, 정부구매, 순수출, GDP에 어떠한 영향을 미치는가?
   a. 소비자들이 이전에 예상했던 것보다 가구를 60억 달러어치 더 구입한 것으로 드러났다. 이 가구는 노스캐롤라이나 주에서 제작됐다.
   b. 소비자들이 이전에 예상했던 것보다 가구를 60억 달러어치 더 구입한 것으로 드러났다. 이 가구는 스웨덴에서 제작됐다.
   c. 기업들은 이전에 예상했던 것보다 가구를 60억 달러어치 더 구입한 것으로 드러났다. 이 가구는 노스캐롤라이나 주에서 제작됐다.
   d. 기업들이 이전에 예상했던 것보다 가구를 60억 달러어치 더 구입한 것으로 드러났다. 이 가구는 스웨덴에서 제작됐다.

3. ABC 컴퓨터 회사는 실리콘 밸리에 2천만 달러짜리 공장 하나를 소유하고 있다. 금년 중 ABC사는 컴퓨터 부품 200만 달러어치를 생산했다. ABC사의 비용지출은 노동비용 100만 달러, 부채 이자지급 10만 달러, 세금납부액 20만 달러다. ABC사는 생산물 전부를 XYZ 슈퍼컴퓨터사에 판매한다. XYZ사는 ABC사의 부품을 사용해 슈퍼컴퓨터 4대를 생산하는데, 대당 생산비는 80만 달러다(부품 50만 달러, 노동비용 20만 달러, 세금 10만 달러). XYZ사는 3천만 달러짜리 공장을 소유하고 있다. XYZ사는 슈퍼컴퓨터를 한 대에 100만 달러씩 3대를 팔았다. 연말까지 한 대는 팔지 못해서 장부에 재고가 80만 달러 증가한 것으로 기재해 이월시켰다.
   a. 위의 거래를 통해 GDP에 기여한 금액을 계산하고, 세 가지 접근방법이 모두 같은 결과를 보이는 것을 증명하라.
   b. ABC사가 컴퓨터칩 수입에 50만 달러를 지급했다는 가정을 추가해, 앞의 (a)항목에서 실시한 계산을 반복하라.

4. 아래 각 항의 거래가 금년의 GDP에 얼마나 기여했는지를 밝히라. 생산, 소득, 지출 계정에 각기 어떤 영향을 미치는지 설명하라.
   a. 1월 1일 휘발유 10갤런을 갤런당 2.80달러에 구입했다. 주유소는 1주일 전에 휘발유를 갤런당 도매가격 2.60달러에(수송비 포함) 구입했다.
   b. 호그워시 대령은 남북전쟁 당시의 저택을 100만 달러에 구입했다. 그리고 중개수수료로 구입 금액의 6%에 해당하는 금액을 지급했다.
   c. 한 가정주부가 연봉 4만 달러를 주는 직장에

취직했다. 대신에 자녀를 돌보는 전문서비스 업체에 연간 1만 6천 달러를 지급해야 한다.

d. 한 일본 회사가 1억 달러를 들여 테네시 주에 자동차 공장을 설립하면서 그 지역의 노동력과 자재만을 사용하기로 했다(힌트 : 자동차 공장은 미국인이 생산한 자본재고, 이를 일본인이 구입했다).

e. 여러분이 뉴저지 주 복권 300만 달러에 당첨됐고, 전액을 즉시 지급받을 것이라는 통지를 받았다.

f. 뉴저지 주 정부에서는 여러분이 복권사업을 TV 광고에 출연해 홍보하는 대가로 5천 달러를 추가 지급했다.

g. 허츠 렌터카에서는 GM사로부터 1억 달러 상당의 새 차를 사서 임대용 차량을 교체했다. 허츠사는 그동안 사용하던 중고차를 중고차 매매상 컨소시엄에게 4천만 달러를 받고 넘겨줬다. 중고차 매매상 컨소시엄은 사들인 중고차를 일반 소비자에게 팔아 총 6천만 달러의 수익을 올렸다.

5. 어떤 국민경제에 대해 다음과 같은 정보를 제공받았다고 가정하자.

총국내민간투자 = 40
정부의 상품 및 서비스 구매 = 30
국민총생산(GNP) = 200
경상수지 = −20
조세 = 60
국내 민간부문에 대한 정부의 이전지출 = 25
정부로부터 민간부문에 지급한 이자(정부의 이자 지급액은 전부 국내 민간부문에서 수취했다고 가정) = 15
외국으로부터 받은 요소소득 = 7
외국에 지급한 요소지급 = 9

정부투자가 0이라고 가정하고 다음 각 변수의 크기를 계산하라.

a. 소비
b. 순수출
c. GDP
d. 해외순수취요소소득
e. 민간저축
f. 정부저축
g. 국민저축

6. 사과, 오렌지, 바나나 세 가지 종류의 과일만 생산하는 국민경제가 있다고 가정하자. 기준연도(몇 년 전)의 생산과 가격에 대한 데이터는 다음과 같았다.

과일	수량	가격
사과	3,000포대	2달러/포대
바나나	6,000송이	3달러/송이
오렌지	8,000포대	4달러/포대

금년도의 생산 및 가격 데이터는 다음과 같다.

과일	수량	가격
사과	4,000포대	3달러/포대
바나나	14,000송이	2달러/송이
오렌지	32,000포대	5달러/포대

a. 금년과 기준연도의 명목 GDP를 계산하라. 기준연도로부터 금년까지의 성장률은 몇 %인가?

b. 기준연도와 금년도의 실질 GDP를 계산하라. 기준연도로부터 금년까지 실질 GDP는 몇 % 증가했는가?

c. 금년도와 기준연도의 GDP 디플레이터를 구해 보라. 기준연도에 비해 금년도의 물가수준은 몇 % 상승했는가?

d. 이 국민경제의 명목 GDP 상승이 가격수준 상승과 생산물량 증가 중 어느 요인에 더 기인한다고 생각하는가?

7. 다음에서 보여주는 소비자 물가지수로부터 1930년부터 1933년까지의 매해 물가상승률을 계산하라. 최근의 경험에 비추어 이 기간에 나타난 이상한 현상은 무엇인가?

연도	1929	1930	1931	1932	1933
CPI	51.3	50.0	45.6	40.9	38.8

8. 하이 막스 씨는 2009년 1월 1일 1년 만기 국채를 500달러에 구매했다. 그는 2010년 1월 1일 원금과 이자를 합해 545달러를 받기로 했다. CPI가 2009년 1월 1일에는 200이었는데 2010년 1월 1일에는 214였다고 가정하자. 물가상승은 그가 예상했던 것보다 더 높게 나타났다. 그는 2010년 초 CPI가 210이 될 것으로 예상했다. 명목이자율, 물가상승률, 실질이자율, 하이 씨의 기대 물가상승률과 기대 실질이자율을 계산해 보라.

9. 2008년 1월 1일 현재 이코노랜드 국가의 GDP 디플레이터는 200이다. 2010년 1월 1일 GDP 디플레이터가 242로 올랐고, 2011년 1월 1일에는 266.2로 상승했다.

a. 2008년 1월 1일부터 2010년 1월 1일까지 2년 동안의 연간 물가상승률은 얼마인가? 즉, 매년 똑같은 비율로 물가가 상승해 2년 후에 관찰된 수준으로 올라간다면 1년에 얼마씩 상승해야 하는가?

b. 2008년 1월 1일부터 2011년 1월 1일까지 3년 기간 중 연간 물가상승률은 얼마인가?

c. 일반적으로 볼 때, n년 기간 중의 최초연도의 물가수준을 P_0라고 하고, 기간 말 최종연도의 물가수준을 P_n이라고 했을 때, 그 기간 중 연간 물가상승률 p에 대해 다음 관계가 성립함을 증명하라.

$$(1 + \pi)^n = P_n/P_0$$

분석문제 *ANALYTICAL PROBLEMS*

1. 한 믿을 만한 연구에 따르면 어떤 특정 작업장의 안전에 관한 신규 규제조치가 실질 GDP 성장률을 축소시킬 것이라고 한다. 이 연구는 해당 규제조치의 시행에 반대하는 주장을 펴는 것인가? 설명해 보라.

2. 전화회사가 콜스아어스(Calls-R-Us) 한 곳밖에 없는 폐쇄경제사회가 있다고 가정해 보자. 이 나라의 국민은 1년에 200만 통의 전화를 하고, 1통당 3달러씩의 요금을 낸다. 어느 날 새로운 전화회사 칩콜(Cheap-Call)이 시장에 진출해 전화통화료를 1회당 2달러씩으로 내려 받기 시작했다. 국민 모두는 전에 가입했던 콜스아어스 이용을 즉각 중단하고 모두 칩콜사로 옮겨갔다. 국민들의 통화횟수는 연간 200만 통으로 변화가 없다. 칩콜사의 임원들은 그들의 시장점유율 100%에 커다란 자부심을 느끼고 있었다. 더욱이 그들은 옥외광고탑에 "우리나라는 칩콜사로 전화 가입을 전환함으로써 매년 200만 달러씩 국민저축을 늘려가고 있습니다"라는 문구를 크게 써서 광고하고 있다. 그 광고판의 광고문구가 정확한 내용을 담고 있는지 논평하라.

3. 경제학자들은 전 세계 나라들의 GDP를 측정하려고 노력해 왔다. 그러나 그런 노력 가운데 일어날 수 있는 실제적인 문제에 대해 생각해 보도록 다음 문제가 출제됐다. 문제에 답해 보라.

a. 공산주의가 몰락하기 이전의 구소련과 동유럽 국가의 경제체제는 중앙계획경제였다. 중앙계획경제의 한 특징은, 대부분의 가격이 정부에 의해 결정된다는 것이다. 정부에서 결정한 가격이 너무 낮아, 공급된 수량보다 더 많은 양의 상품을 사려고 사람들이 몰려들 수도 있고, 반대로 가격이 너무 높아 엄청난 양의 재고가 창고에 그냥 쌓여 있는 경우도 있다. 지난 수년 동안 중앙계획경제는 동유럽국가와 구소련

연방국가에서 대부분 사라졌지만, 정부가 가격을 결정, 고시하는 방식은 완전히 사라지지 않았다. 이처럼 정부가 가격을 통제하는 국가에 대해 경제학자가 GDP 측정을 시도하는 경우 어떤 문제가 있겠는가? 이 문제에 대처하기 위한 전략을 제시해 보라.

b. 한 빈곤한 농업국가에서는 많은 사람이 자신들이 먹을 식량을 스스로 경작하고, 옷을 지어 입으며, 가족 또는 마을 공동체 단위로 각기 필요한 서비스를 주고받는다. 이런 나라에 대한 공식적인 GDP 통계치는 때로 아주 낮은 수치로 집계되고, 1인당 몇백 달러밖에 되지 않는 것으로 발표되기도 한다. 일부 경제학자는 공식 발표되는 GDP는 그 나라의 실제 GDP에 비해 너무 낮게 추산됐다고 주장한다. 이런 일이 왜 가능하다고 생각하는가? 또한 이 국가의 GDP 측정 문제에 대처할 전략이 있으면 제시해 보라.

4. 정부지출을 G라 할 때, 정부저축은 $T - (G + TR + INT)$로 정의할 수 있다. 그런데 정부지출은 정부소비지출(GCE)과 정부투자(GI) 두 부분으로 나눌 수 있다고 가정하면 정부저축의 새로운 정의는 $T - (GCE + TR + INT)$가 된다. 정부저축에 대한 새 정의(즉, 정부투자를 민간투자와 비슷하게 취급하는 식)를 가지고 저축용도 항등식을 수정한다면 어떻게 수정해야 하는가?

이 새로운 정의방식이 얼마나 큰 차이를 불러오는지 조사해 보려면 「Survey of Current Business」의 최근호에서 NIPA 섹션을 보거나 인터넷 사이트 www.bea.gov에 들어가서, 표 5.1 "총저축과 투자"를 찾아봐도 된다. 이 표에서는 민간저축을 민간총저축, 투자를 민간총투자, 경상수지를 순해외투자, 정부투자를 총정부투자, 그리고 정부저축에 대한 우리의 새로운 정의를 총정부저축으로 명명하고 있다. 저축용도 항등식에 대해 과거의 정의와 새로운 정의가 통계상의 오차를 빼고는 다 같이 성립한다는 것을 증명해 보라.

실제 거시경제 데이터를 이용한 문제 *WORKING WITH MACROECONOMIC DATA*

이 연습문제에서 사용하는 데이터를 구하려면 research.stlouisfed.org/fred2에 있는 세인트루이스 연방준비은행의 FRED 데이터베이스를 찾아라.

1. 1947년 1/4분기부터 GDP를 구성하는 네 개 지출부문의 실질치로 그래프를 그려 보라. 또한 이 네 개 지출부문의 총실질 GDP에 대한 비중을 내어 그래프로 그려라. 어떤 의미 있는 경향을 발견할 수 있는가?

2. 1947년 1/4분기 이후 분기별 데이터를 가지고 국민저축과 투자의 대 실질 GDP 비중을 산출해 위의 그래프와 함께 그래프를 그려 보라(FRED 데이터베이스에서는 국민저축을 총저축으로 명명하고 있음에 유의하라). 이 변수들의 최근 10년간의 행태가 그 이전과 비교해 어떤 양상을 보이는가? 과거 어느 시기에 실제로 일어났던 것처럼, 투자가 저축을 초과해 집행됐던 것은 어떻게 가능했는가?

3. 같은 그래프에 1960년 이후 연간(12월~익년 12월) CPI 물가상승률과 연간(4/4분기~익년 4/4분기) GDP 디플레이터의 물가상승률을 그려라. 물가상승률을 측정하는 데 있어 이 두 방법의 개념적 차이는 무엇인가? 자신이 그린 그래프로 판단할 때, 이 두 측정치가 물가상승률 추정에 있어 비슷한 결과를 나타내는가, 아니면 다른 결과를 나타내는가?

4. 실질이자율이 대체로 일정 수준을 유지하려면 물가상승률이 높은 시기에는 명목이자율이 비교적 높아야 한다(명목이자율은 실질이자율과 물가상승률을 합한 크기와 같기 때문이다). 1948년 이후의 연도별 데이터를 사용해 3개월 만기 미국 재무성 증권의 이자율(91일 만기 재무성 증권의 할인율)과 미국 CPI 물가상승률을 그래프로 그려라. 일반적으로 명목이자율이 물가상승률과 같이 상승한다는 것이 사실인가? 그리고 실질이자율이 일정 수준을 유지할 때처럼 명목이자율이 물가상승률과 일대일 관계(물가상승률 1%포인트가 오르면 명목이자율도 똑같이 1%포인트 오르는)가 존재하는 것으로 나타나는가? 1948년 이후 실질이자율을 계산해 그래프로 그려라.

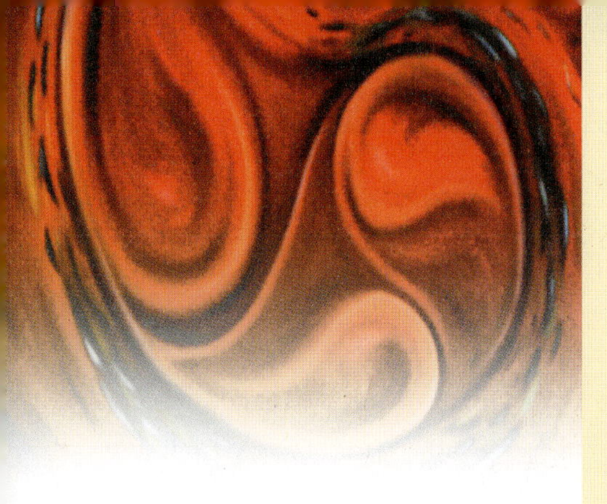

PART 2 장기적 경제운용의 성과

3

생산성, 산출물, 고용

2장에서는 국민경제의 건강상태를 점검하는 데 사용되는 여러 경제변수의 측정에 대해 논의했다. 경제운용의 성과를 측정하는 것은 거시경제학의 주목적(즉, 국민경제가 어떻게 작동하는지를 이해하는 것)에 대해 하나의 전주곡과도 같은 것이다. 국민경제가 어떻게 작동하는지 이해하기 위해서는 이제 경제측정에서 경제분석으로 관심을 돌려야 한다.

이 책의 2부는 이 3장으로부터 출발하는데, 두 가지 목표가 있다. 첫 번째 목표는 국민경제의 장기적인 운용성과에 영향을 미치는 요인을 분석하는 것으로서, 우리가 관심을 두고 있는 장기적 경제운용성과의 지표는 경제성장률, 생산성과 생활수준, 장기적인 고용 및 실업수준, 저축과 자본형성, 물가상승률 등이라 할 수 있겠다.

두 번째 목표는 이 책에서 다루고 있거나 혹은 장래에 독자들이 다른 곳에서 부딪힐지도 모르는 여러 가지 경제 이슈를 분석하는 데 사용할 수 있는 거시경제의 이론모형을 발전시키는 것이다. 1장에서 대략 설명했던 것처럼, 우리가 사용하는 분석모형에서는 각 개인, 기업, 정부 등 경제주체가 노동시장(3장에서 다룰 것임), 재화시장(4장), 자산시장(7장)이라는 세 개의 큰 시장에서 상호작용 및 교류를 하고 있다고 가정한다. 이 모형을 2부에서 더욱 발전시켜 사용하기 위해 우선 개략적으로 세 개의 주요시장에서 공급량과 수요량이 일치하고, 완전고용 상태에 도달했다고 가정한다. 당분간 국민경제의 장기적 행태에 초점을 맞출 것이기 때문에, 별로 무리한 가정은 아니다. 3부에서는 경기순환 문제를 탐구하는데, 단기적으로 공급량과 수요량이 일치하지 않을 가능성은 열어 두기로 한다.

3장에서는 어느 사회에서나 그 사회의 후생복리수준을 결정하는 가장 근본적인 요인, 즉 국민경제의 생산능력을 살펴봄으로써 국민경제가 운용되는 원리에 대한 논의를 시작하자. 모든 다른 조건이 일정하게 유지되고 있을 때, 어떤 국민경제가 생산할 수 있는 상품 및 서비스의 양이 많으면 많을수록, 국민들은 현재에 더욱 많이 소비할 수 있고 미래를 위해 더 많이 저축하고 투자할 수 있을 것이다.

3.1절에서는 국민경제가 생산할 수 있는 산출물의 수량은 (1) 생산과정에 사용되는 투입재(노동, 자본, 원료 등)의 수량과 (2) 투입재의 **생산성**(productivity, 즉 투입재를 가지고 얼마나 효과적으로 생산할 수 있는가)이라는 두 가지 요인에 의해 좌우된다는 것을 설명하려 한다. 1장에서 논의한 것처럼 국민경제의 생산성은 국민의 생활수준을 결정하는 기본요건이다. 이 장에서는 생산성이 얼마나 많은 노동자에게 일자리를 제공하고 그들이 받는 임금수준에 어떤 영향을 미치는지 살펴봄으로써 국민들의 소득에 미치는 영향을 설명하고자 한다.

생산에 투입되는 여러 생산요소 중 가장 중요한(총비용에서 차지하는 비중으로 보아) 생산요소는 노동이다. 이러한 이유 때문에 이 장의 대부분을 수요-공급 분석도구를 사용해 노동시장을 분석하는 데 할당하려 한다. 먼저, 사용자가 고용하려는 노동의 수요량과 공급량에 영향을 미치는 요인을 분석하고, 어떠한 힘이 작용해 노동의 수요량과 공급량이 균형을 이루게 하는지 살펴보자. 노동시장의 균형은 임금과 고용량을 결정한다. 또한 이렇게 결정된 고용수준은 다른 생산요소(자본과 같은)의 투입량과 생산성수준을 결정하며, 그에 따라 국민경제가 얼마나 많은 산출량을 낼 수 있는지가 결정되는 것이다.

노동시장에 대한 우리의 기본모형은 공급되는 노동력과 수요량이 일치함으로써 모든 자원이 완전히 이용된다는 가정에 근거한다. 그러나 실제로는 고용되지 못한 사람들이 항상 존재한다. 이 장의 후반부에서는 실업에 대해 살펴보고, 실업률과 국민경제 산출량 간의 관계도 알아본다.

3.1 국민경제가 얼마나 생산할 수 있는가? 생산함수

경제 관련 뉴스에서는 국민경제의 운용성과에 영향을 미치는 많은 경제변수, 즉 소비자지출 비율, 달러화의 가치, 주식시세의 오르내림, 통화공급 증가율 등에 대해 매일같이 자세히 보도하고 있다. 이 변수들 모두가 매우 중요함은 말할 것도 없다. 그러나 국민경제가 상품과 서비스를 얼마나 생산할 수 있는지 알려 주는 물적생산능력만큼 국민경제의 성과와 국민들의 생활수준 결정에 기본적인 요인은 없다. 만일 나라 안에 있는 공장, 농가 그리고 기타 기업체가 무슨 이유에서인지 갑자기 문을 닫는다면 다른 어떤 경제적 요인은 별 의미가 없게 된다.

한 나라가 생산할 수 있는 상품과 서비스의 수량을 결정하는 요인은 무엇인가? 중요한 요인 중의 하나는 자본재, 노동, 원자재, 토지, 에너지처럼 생산자가 사용할 수 있는 투입재의 수량이다. 경제학자는 생산과정에 사용되는 투입재를 **생산요소**(factor of production)라 한다. 다른 모든 조건이 일정하다면, 사용된 생산요소의 양이 많으면 많을수록 생산되는 상품과 서비스의 양은 많아진다.

여러 생산요소 중 가장 중요한 두 가지 생산요소는 자본(예를 들어, 공장이나 기계)과 노동(노동자)이다. 따라서 이제부터는 국민경제의 상품 및 서비스 생산능력을 논의할 때 이 두 생산요소에 초점을 맞춰 검토할 것이다. 그러나 현대 경제에서는 다른 생산요소, 즉 에너지나 원자재의 공급 변화에 따라 산출량이 크게 영향을 받는다. 3.4절에 있는 "응용 : 석유가격 파동 중 산출량, 고용 및 실질임금" 에서는 석유공급의 차질이 경제 전반에 미친 영향을 상세히 알아보겠다.

생산에 투입된 자본, 노동 그리고 기타 요소의 수량만이 산출량을 전적으로 결정하는 것은 아니다. 이와 함께 중요하게 생각해야 할 것은, 이 생산요소가 얼마나 효과적으로 사용되는가다. 자본과 노동에 대해 똑같은 공급 충격이 있을 때, 좀 더 우수한 기술과 경영능력을 갖춘 나라는 그렇지 못한 나라에 비해 더 많은 산출량을 생산할 것이다.

자본과 노동이 사용되는 효율성은 생산함수라는 관계식에 잘 요약되어 있다. **생산함수**(production function)는 생산에 사용된 자본과 노동의 수량과 생산되는 산출물의 수량 간의 관계를 수리적으로 표현한 방정식이다. 생산함수를 간단하게 표시하면 다음과 같다.

$$Y = AF(K, N) \tag{3.1}$$

Y = 어느 일정 기간에 생산된 실질생산량
A = 전반적인 생산성을 측정하는 수치
K = 자본재의 재고(stock) 또는 일정 기간 사용된 자본재의 수량
N = 그 기간 중 고용된 노동자의 수
F = 산출량 Y와 투입자재 K와 N의 수량을 연결하는 함수

식 (3.1)과 같은 생산함수는 국민경제 전체에 적용할 수도 있고(이 경우 Y, K, N이 각각 국민경제의 총산출량, 총자본, 전체 노동자수를 가리킨다), 개별 기업에 대해서도 사용할 수 있다(이 경우 Y, K, N은 각각 그 기업의 생산량, 자본, 노동자수를 가리킨다).

식 (3.1)에 의하면 국민경제(또는 개별 기업)가 어느 일정 기간 동안 생산할 수 있는 산출량(Y)은 자본재고량(K)과 노동자의 수(N)에 좌우된다. 식 (3.1)에 있

응용 APPLICATION

미국의 총체적 생산함수와 생산성 향상

한 실증연구에 의하면 미국 경제에서 산출물과 투입물 간의 관계는 아래의 생산함수로 잘 표현될 수 있다고 한다.[1]

$$Y = AK^{0.3}N^{0.7} \tag{3.2}$$

식 (3.2)와 같은 생산함수는 앞에서 본 일반적인 생산함수식 (3.1)의 $F(K, N)$ 대신 $K^{0.3}N^{0.7}$을 적용한 것이다[이 생산함수에는 멱수(exponent, 冪數)가 들어 있는데, 멱수의 속성을 자세히 알아보려면 부록 A.6절을 참조하라].

식 (3.2)는 미국에서 산출량(Y)이 생산요소의 사용량, 즉 자본(K)과 노동(N), 생산성(A)과 어떤 관계에 있는지 보여주고 있다. 표 3.1에서는 1979년부터 그 후 29년간 미국 경제에서 이 변수들이 어떤 양상을 보여 왔는지 데이터로 보여주고 있다. 표의 (1)열은 자본재고량, (2)열은 노동력, (3)열은 산출량(실질 GDP)을 각 연도별로 나타내고 있다. 실질 GDP와 지본재고량은 2000년 가격의 10억 달러 단위로, 노동력은 고용노동자 100만 명을 단위로 측정됐다. 한편, (4)열은 미국 경제의 연도별 생산성을 나타내고 있다.

표 3.1의 산출량, 자본재고, 노동력은 직접 조사해 측정한 것이나, 생산성을 직접 측정할 방도는 없다. 그 대신 (4)열에 나와 있는 생산성지수(productivity index)는 식 (3.2)를 만족시키기 위해 필요한 수치를 부여하는 형식으로 간접 측정됐다. 좀 더 정확히 말하면, 식 (3.2)를 이항 정리한 공식 $A = Y/(K^{0.3}N^{0.7})$을 이용해 산출한 것이다. 예를 들어, 2007년에 대해 표 3.1에서는 $Y = 11{,}523.9$, $K = 11{,}848.7$, $N = 146.05$로 표기되어 있으므로 2007년의 A값은 $11{,}523.9/[(11{,}848.7)^{0.3}(146.05)^{0.7}] = 21.103$이 된다. 이런 공식을 통해 생산성을 산출하는 방법은 식 (3.2)를 만족시킴을 알 수 있다.

표 3.1에 기록된 생산성지수 A는 산출량, 자본, 노동력의 측정단위에 따라 달라질 수 있는데(예를 들어, 노동자수를 백만 명 단위가 아니라 천 명 단위로 표시하면 A의 값이 달라진다), 그렇게 되면 수치를 해석하기가 어려워진다. 그와는 대조적으로, (5)열에 표시된 매 연도별 생산성 증가율은 단위에 따라 달라지지 않으므로 사용하기가 훨씬 용이하다. 표 3.1의 생산성 증가율을 자세히 들여다보면 다음의 두 가지 중요한 점을 발견할 수 있다.

첫째, 생산성 증가율은 매년 매우 급격히 변화할 수 있다는 것이다. 그중 가장 놀라

1. 이러한 형태의 생산함수를 콥-더글러스(Cobb-Douglas) 생산함수라 한다. 콥-더글러스 생산함수는 $Y = AK^{a}N^{1-a}$의 형태를 취하는데, a의 크기는 $0 < a < 1$의 특성을 갖는다. 어떤 특정 조건하에서 콥-더글러스 생산함수에 있는 매개변수 a는 자본소유자가 받는 소득이 전체 생산량에서 차지하는 비중을 가리키고, $1 - a$는 노동자들의 몫을 가리킨다. 그러므로 자본소유자와 노동자가 실제로 받는 소득의 비중을 잘 관찰하는 것도 매개변수 a를 추정하는 한 방법이 될 수 있다.

표 3.1 미국의 연도별 생산함수(1979~2007)

연도	(1) 실질 GDP, Y (2000년 가격의 10억 달러)	(2) 자본재재고, K (2000년 가격의 10억 달러)	(3) 노동력, N (백만 명)	(4) 생산성[a]	(5) 생산성 증가율 (%)
1979	5173	5615	98.8	15.58	
1980	5162	5831	99.3	15.32	−1.7
1981	5292	6060	100.4	15.40	0.6
1982	5189	6236	99.5	15.07	−2.2
1983	5424	6383	100.8	15.50	2.8
1984	5814	6614	105.0	15.98	3.1
1985	6054	6863	107.2	16.22	1.5
1986	6264	7060	109.6	16.38	1.0
1987	6475	7239	112.4	16.51	0.8
1988	6743	7429	115.0	16.79	1.7
1989	6981	7623	117.3	17.01	1.3
1990	7113	7809	118.8	17.06	0.3
1991	7101	7932	117.7	17.06	0.0
1992	7337	8045	118.5	17.47	2.4
1993	7533	8208	120.3	17.64	1.0
1994	7836	8396	123.1	17.94	1.7
1995	8032	8638	124.9	18.04	0.6
1996	8329	8917	126.7	18.35	1.7
1997	8704	9242	129.6	18.67	1.8
1998	9067	9605	131.5	19.03	1.9
1999	9470	9986	133.5	19.44	2.1
2000	9817	10,392	136.9	19.57	0.6
2001	9891	10,669	136.9	19.55	−0.1
2002	10,049	10,841	136.5	19.82	1.3
2003	10,301	10,986	137.7	20.10	1.5
2004	10,676	11,147	139.3	20.59	2.4
2005	10,990	11,333	141.7	20.83	1.2
2006	11,295	11,584	144.4	20.99	0.8
2007	11,524	11,849	146.0	21.10	0.6

[a] 총요소생산성(A)은 공식 $A = Y/(K^{0.3}N^{0.7})$을 통해 계산됐음. 이 표에 나와 있는 생산성(A)은 실질 GDP(Y), 노동력(N), 자본재재고(K)에 대한 보다 정확한 수치로 계산된 것이므로 독자들이 이 표에 있는 Y, N, K의 수치로 계산하여 나온 A의 값과는 약간 다를 수 있다.

출처 : Y는 GDP로서 2000년 가격의 10억 달러 단위이며 세인트루이스 연방준비은행의 FRED 데이터베이스 research.stlouisfed.org/fred2/series/GDPCA에서 나왔고, K는 비주택 민간고정자본의 실질 재고로서 2000년 가격 10억 달러 기준이며 미 상무성 경제분석국의 사이트 www.bea.gov/bea/dn/faweb/AllFATables.asp에서 나왔음. N은 민간고용자수로서 노동자 100만 명 단위며 노동통계국의 ftp://ftp.bls.gov/pub/special.requests/lf/aat1.txt에서 인용했음.

운 것은 심각한 경기침체를 겪고 있던 1982년 미국의 생산성은 2.2% 감소했는데, 바로 이듬해인 1983년에는 2.8%, 경기회복기인 1984년에는 다시 3.1%가 증가했다는 것이다. 생산성은 보통 경기침체기에는 하락하고 경기회복기에는 상승하는데, 경기순환 과정에서의 생산성지수 동태에 대한 이런 설명은 많은 논란을 불러일으켰다. 이 문제는 3부에서 다시 논의한다.

둘째로, 1980년부터 1995년까지 미국의 생산성은 연평균 0.9% 정도로 비교적 완만하게 상승하고 있었다. 이러한 결과는 연평균 생산성 증가율이 0.4%에 불과했던 1970년대보다는 낫지만, 1950년대와 1960년대의 2.1%에 비해서는 매우 낮은 수준이라 하겠다. 그러나 1995년 이후 생산성 증가율은 연평균 1.3%로 높아졌다. 이와 같은 최근의 증가추세가 그대로 유지된다면 미국 경제에는 좋은 소식이 아닐 수 없다. 생산성 증가율이 생활수준 향상률과 밀접한 관련이 있기 때문이다. 6장에서는 생산성과 생활수준의 관계를 더욱 자세히 살펴보겠다.

는 기호 A는 함수 $F(K, N)$의 승수(乘數)인데, 자본과 노동이 사용되는 전반적 효율성을 나타내는 척도다. A는 **총요소생산성**(total factor productivity) 또는 간단히 생산성이라고 지칭한다. 노동과 자본의 수량이 어떠한 수치로 주어졌을 때 생산성이 10% 증가했다면 생산 가능한 산출량은 10% 증가한다는 점에 유의해야 한다. 그러므로 생산성(A)의 향상은 생산기술의 진보, 또는 자본과 노동이 좀 더 효율적으로 사용될 수 있게 하는 국민경제의 다른 요인 변화에 해당한다.

생산함수의 형태

식 (3.1)의 생산함수는 그래프로 그릴 수 있다. 그래프로 그리는 가장 쉬운 방법은 노동과 자본, 두 생산요소 중 하나를 일정한 상수로 고정시키고, 생산량과 다른 투입요소 간의 관계를 그림으로 나타내면 된다.[2] 2007년 미국의 생산함수를 사용한다고 가정하고, 노동력(N)은 2007년 실제 노동자수 146.05백만 명(표 3.1 참조)이라고 가정한다. 또한 생산성(A)도 2007년의 21.103을 그대로 사용한다. 그렇게 하면 식 (3.2)의 생산함수는 다음과 같이 표현된다.

$$Y = AK^{0.3}N^{0.7} = (21.103)(K^{0.3})(146.05^{0.7}) = 691.03K^{0.3}$$

이러한 관계식은 자본재고(K)를 가로로, 생산량(Y)은 세로로 하여 그림 3.1처럼 그릴 수 있다. 그림 3.1은 노동력과 생산성을 2007년의 값으로 놓고, 그해

2. 생산량과 두 생산요소 간의 관계를 동시에 보여주려면 3차원 그래프가 필요하다.

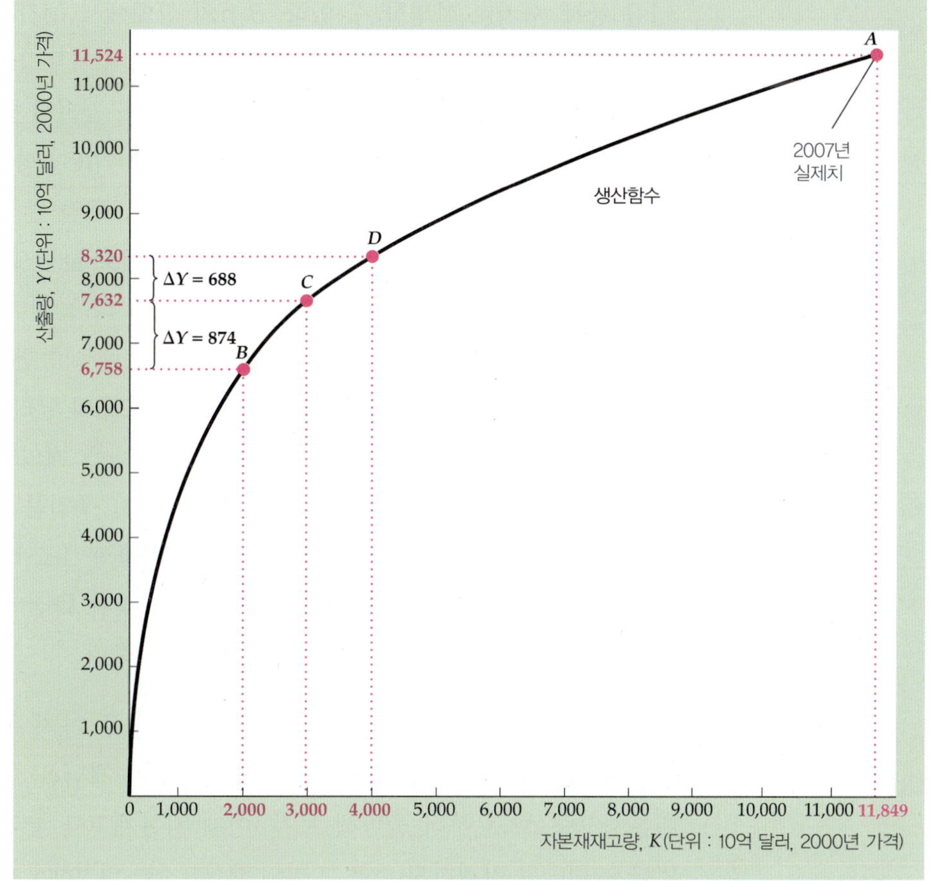

그림 3.1

생산함수

산출량과 자본 간의 관계인 생산함수는 미국의 노동력과 생산성이 2007년 수준으로 그대로 유지되는 경우 미국의 자본재재고량수준이 변할 때 총산출량이 얼마로 나타나는지를 보여준다. *A*점은 2007년의 실제 자본재고량 및 실제 산출량과 일치한다. 생산함수는 자본의 한계생산성이 체감하는 속성이 있다. 즉, 자본재재고량을 1조 달러 증액시켜 *B*점에서 *C*점으로 이동하면 산출량은 8,740억 달러 증가한다. 자본량을 또다시 1조 달러 증가시켜 *C*점에서 *D*점으로 이동했을 때 산출량은 6,880억 달러밖에 증가하지 않는다.

의 자본량이 여러 가지 크기로 투입됐을 경우 얼마만큼의 산출량을 얻을 수 있는지 보여준다. 그림에서 *A*점은 2007년에 실제로 일어났던 상황을 보여주고 있는데, 그해의 실제 자본재고량(11조 8,490억 달러)은 가로축에 나타나 있고, 실질 GDP의 실제값(11조 5,240억 달러)은 세로축에 나타나 있다.

그림 3.1에 나타난 미국의 생산함수는 다른 일반적인 생산함수와 다음과 같은 두 가지 특성을 공유하고 있다.

1. 생산함수는 우상향의 모양을 나타낸다. 생산함수의 기울기는 자본재고량이 증가할수록 더 많은 생산량을 얻을 수 있음을 보여준다.
2. 생산함수의 기울기는 왼쪽에서 오른쪽으로 갈수록 점점 평평해진다. 자본 투입량의 증가는 생산량의 증가로 이어지더라도 생산량 증가 비율은 점차 줄어드는 속성을 지닌다.

생산함수의 두 번째 속성의 배후에 깔려 있는 경제이론을 논의하기 전에 그림

3.1을 통해 수치로 설명할 수 있다. *B*점의 상태에서 생각해 보자. 이 점에서의 자본재고는 2조 달러다. 여기에 자본을 1조 달러 추가투입하면 자본재고 3조 달러인 *C*점으로 옮겨갈 수 있다. 자본투입량을 1조 늘려서 산출량은 얼마나 늘어났는가? *C*점과 *B*점 사이의 산출량 차이는 8,740억(*C*점의 7조 3,620억 달러 − *B*점의 6조 7,580억 달러)이다. 이 산출량 증가분 8,740억 달러는 생산성과 노동력을 그대로 뒀을 때 자본을 2조 달러에서 3조 달러로 늘림으로써 얻은 결과다.

이제 *C*점에서 출발해 자본투입량을 1조 달러 더 늘린다고 가정하자. 자본투입량을 늘리면 총자본재고가 4조 달러인 *D*점으로 이동한다. *D*점과 *C*점 간의 산출량 차이는 단지 6,880억 달러(*D*점의 8조 3,200억 달러 − *C*점의 7조 6,320억 달러)에 불과한데, 이는 *B*점에서 *C*점으로 이동했을 때의 생산량 증가분 8,740억 달러보다 작다. 그러므로 두 번째의 자본 추가 투입분 1조 달러가 총산출량을 증가시키기는 했지만, 첫 번째 자본 추가 투입분 1조 달러에 비해 증가시킨 생산량은 적다. 이러한 결과는 생산함수에서 *C*점과 *D*점 사이의 기울기가 *B*점과 *C*점 사이의 기울기보다 작다는 것을 설명해 준다.

자본의 한계생산물 앞에서 언급한 생산함수의 두 가지 속성은 자본의 한계생산물이라는 개념과 밀접하게 관련되어 있다. 이 개념을 이해하기 위해 주어진 자본재고량 ΔK로부터 출발해 보자. 이제 자본재고를 늘리기 위해 추가투입량만큼 늘린다고 가정하자(물론 그 밖의 생산요소는 일정하게 유지한다). 자본투입량의 증가는 산출량 Y를 ΔY만큼 증가시킨다. **자본의 한계생산물**(marginal product of capital) ***MPK***는 자본재고가 한 단위 증가할 때 증가하는 산출량의 크기를 나타낸다. 자본 추가투입단위 ΔK에 따라 산출량의 추가단위 ΔY가 생산되기 때문에 추가자본단위당 생산되는 산출량의 추가량은 $\Delta Y/\Delta K$이다. 즉, 자본의 한계생산물은 $\Delta Y/\Delta K$이다. 이 자본의 한계생산물 $\Delta Y/\Delta K$는 생산함수 그래프의 세로축(Y)의 변화분(ΔY)을 가로축(K)의 변화분(ΔK)으로 나눈 것으로서, 생산함수의 기울기로 볼 수 있다.[3] 자본재고의 소량 증가에 대해서 *MPK*는 생산함수 곡선에 그려진 접선의 기울기로 측정할 수 있다. 그림 3.2가 이 방법을 보여주고 있다. 예를 들어, 자본재고가 2,000일 때 *MPK*는 생산함수상의 *B*점에 접한 선의 기울기와 같다.[4] 앞에서 언급한 생산함수의 두 가지 속성은 자본의 한계생산물 개념을 사용해 다음과 같이 다시 설명할 수 있다.

3. 선과 곡선의 기울기에 대한 정의와 관련사항에 대한 논의는 부록의 A.2절을 참조하라.

4. 생산함수상의 한 점과 만나는 접선의 기울기를 간단히 줄여서 그 점에서의 생산함수의 기울기라고 말한다.

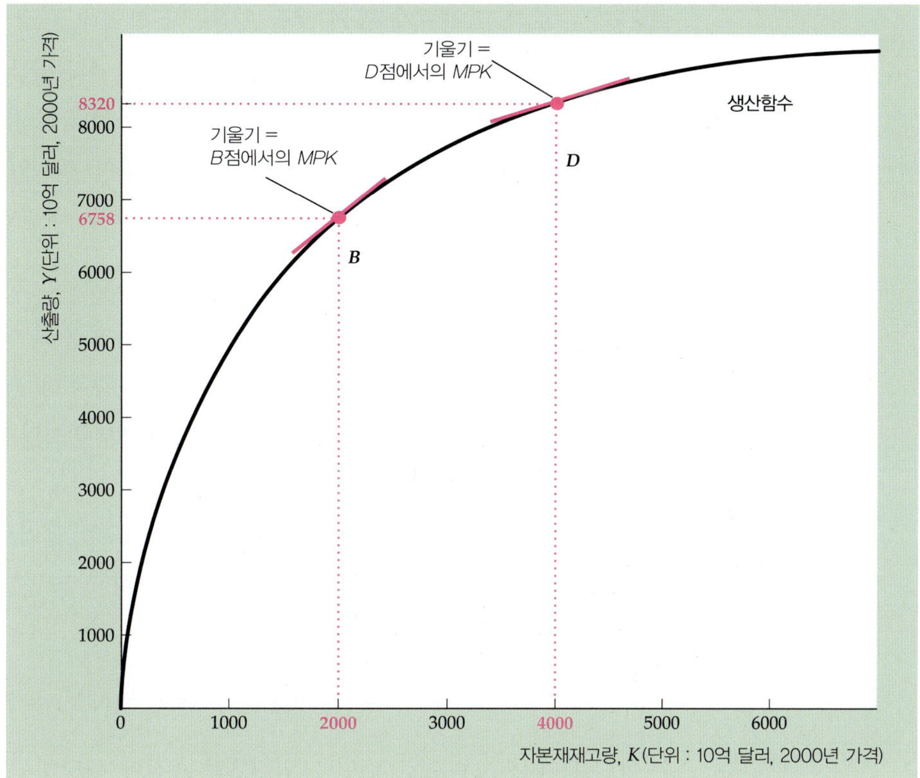

그림 3.2

자본의 한계생산물

생산함수의 한 점에서의 자본의 한계생산물(MPK)은 그 점에 접하는 선분의 기울기를 재어 산출할 수 있다. B점에 접하는 선분의 기울기가 D점에 접하는 선분의 기울기보다 더 크기 때문에 B점에서의 MPK가 D점의 MPK보다 크다는 것을 알 수 있다. 자본재재고량이 좀 더 큰 수준에서 MPK는 상대적으로 작아지기 때문에 자본의 한계생산성이 체감하는 속성을 반영한 것으로 볼 수 있다.

1. 자본의 한계생산물은 정(positive)이다. 자본재고량이 어느 수준에서 추가 투입되든지 생산량은 증가한다. 자본의 한계생산물이 정(+)이므로 생산함수는 좌측에서 우측으로 올라가는 기울기를 갖는다.
2. 자본재고량이 증가함에 따라 자본의 한계생산물은 점점 감소한다. 자본의 한계생산물이 생산함수의 기울기이므로 자본재고량이 증가함에 따라 생산함수의 기울기는 작아진다. 그림 3.2에서 보는 것처럼 자본재고가 4,000인 생산함수상의 D점의 기울기는 자본재고가 2,000인 B점의 기울기보다 작다. 그러므로 생산함수곡선은 왼쪽에서 오른쪽으로 가면서 점점 평평해진다.

자본투입량이 증가하면서 자본의 한계생산물이 감소하는 경향을 자본의 **한계생산성 체감**(diminishing marginal productivity)이라 한다. 자본의 한계생산성이 체감하는 경제적 이유는 다음과 같다. 자본재고량이 낮을 때는 기계 한 대에 붙어서 일하는 노동자수가 많다. 이때 자본(기계대수)을 늘려주면 그로부터 돌아오는 이익은 크다. 그러나 자본재고량이 높을 때는 노동자에게 이미 자본(기계)이 충분히 있기 때문에 자본을 늘려서 추가로 얻을 수 있는 이익은 그리 크지 않다. 예를 들어, 기업의 고객문의센터에 있는 작업대(전화와 컴퓨터 단말기가 설치되어 있음)의 수보다 직원수가 훨씬 많을 경우, 각 작업대는 끊임없이 이용될 것이며 직원들은 작업대가 빌 때까지 기다리면서 상당한 시간을 낭비하고 있을 것이다. 이런 상황에서는 작업대를 추가로 설치하면, 생산량 증가로 인한 이익이 높을 것이다. 그러나 작업대가 직원 숫자만큼 많이 설치되어 있다면(그래서 어떤 작업대는 가끔 비어 있을 때도 있고, 작업대가 비길 기다리는 직원도 없다면) 작업대를 늘려서 추가로 이익을 얻지는 못할 것이다.

노동의 한계생산물 그림 3.1과 그림 3.2에서는 노동의 양을 일정 수준으로 고정시키고, 미국의 2007년 생산함수에 나타난 산출물의 생산량과 자본 간의 관계를 그림으로 나타내었다. 이와 마찬가지로 자본투입량을 일정하게 고정시키고 산출물의 생산량과 노동투입량 간의 관계를 살펴볼 수 있다. 2007년 미국의 실제 데이터에서처럼 자본재고량 K를 11조 8,487억 달러로 고정하고 생산성 A를 21.103으로 설정해(표 3.1 참조) 산출물 생산량과 노동투입량 간의 관계를 살펴볼 수 있다. 생산함수식 (3.2)는 다음과 같다.

$$Y = AK^{0.3}N^{0.7} = (21.103)(11{,}848.7^{0.3})(N^{0.7}) = 351.92N^{0.7}$$

이런 관계를 그림으로 보면 그림 3.3의 A점에 해당하는데, 2007년 실제 데이터와 같은 $N = 146.0$백만 명, $Y = 11$조 5,240억 달러였다.

산출물과 노동 간의 관계를 나타내는 생산함수도 산출물과 자본 간의 관계에 관한 생산함수와 대체적으로 같은 모양을 보인다.[5] 자본의 경우와 마찬가지로 노동자수의 증가에 따라 산출량도 증가하지만, 그 증가속도는 점차 느려진다. 그러므로 한계생산성 체감의 원리는 노동에 대해서도 똑같이 성립한다. 그 이유도 역시 같은데, 수량이 이미 고정된 노동과 기타 투입요소를 가지고 일하는 노동자의 숫자가 증가하면 노동자를 추가 투입함으로써 얻는 이익(생산성 증가분으로 볼 때)은 점점 작아진다.

노동의 한계생산물(marginal product of labor) MPN은 추가로 투입되는 노동단위당 추가로 생산되는 산출물의 증가량으로서, $\Delta Y/\Delta N$과 같다. 자본의 한계생산물에서와 마찬가지로 MPN은 노동과 생산물을 연결하는 생산함수에 접하는 선의 기울기로 측정할 수 있다. 그림 3.3에서 고용노동자수가 3천만 명일 때 MPN은 B점에서 생산함수곡선에 접하는 선의 기울기와 같고, 고용노동자수가

5. N의 멱수는 0.7이고 K의 멱수는 0.3이므로 노동과 산출물 간의 생산함수 그래프는 자본과 산출물 간의 관계를 나타내는 생산함수 그래프에 비해 활처럼 많이 휘어져 보이지는 않는다. 멱수가 1에 가까워질수록 생산함수 그래프는 직선처럼 반듯해진다.

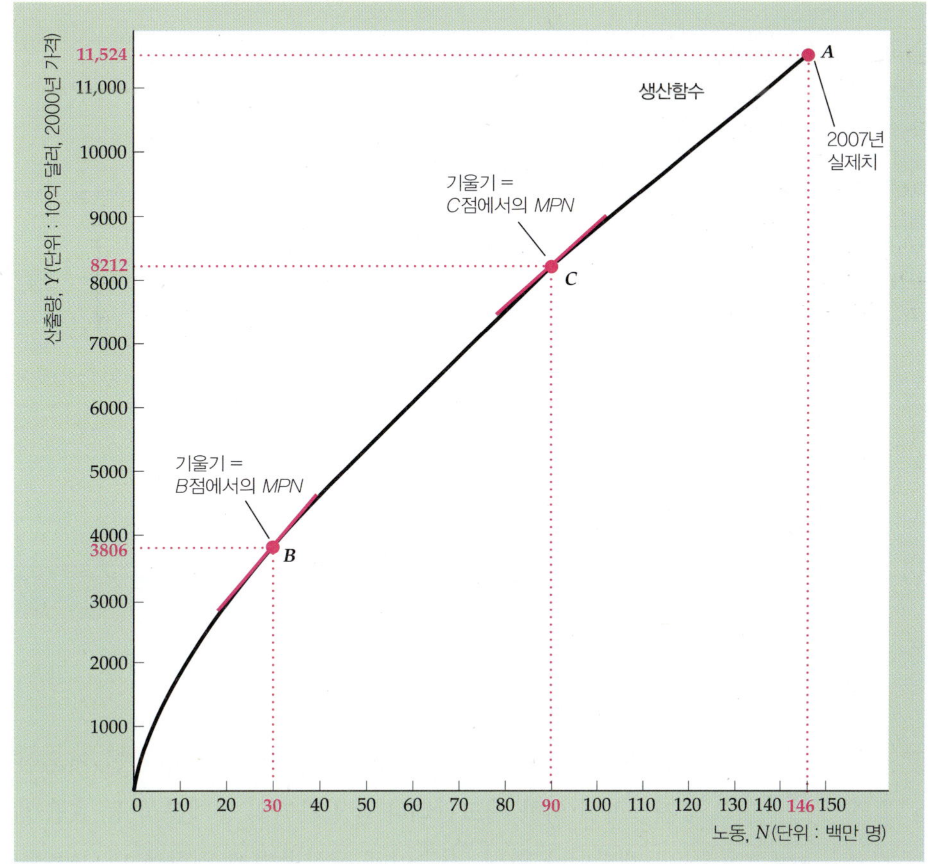

그림 3.3

산출물과 노동을 연결하는 생산함수

이 생산함수는 자본재고량과 생산성을 2007년 수준으로 묶어 놓고 각 고용(노동투입)수준에 따라 산출량이 어떻게 변화하는지를 보여준다. 생산함수곡선의 *A* 점은 2007년 실제 총생산량과 고용자수를 나타낸다. 생산함수곡선상 한 점에서의 노동의 한계생산물(*MPN*)은 그 점에 접하는 선분의 기울기와 같다. 고용량이 높은 수준일수록 *MPN*은 더 작은데 이는 노동의 한계생산물이 체감하는 것을 반영하고 있다.

9천만 명일 때의 *MPN*은 *C*점에서 생산함수곡선에 접하는 선의 기울기와 같다. 노동의 한계생산성이 체감되기 때문에 노동과 산출량 간의 관계를 나타내는 생산함수의 기울기는 *C*점에서보다 *B*점에서 더 크고, 왼쪽에서 오른쪽으로 갈수록 생산함수의 기울기는 점점 완만해진다.

공급 충격

세계 어느 나라의 생산함수라도 시간이 경과하면 변하게 된다. 경제학자는 국민경제의 생산함수에 일어난 변화를 가리켜 **공급 충격**(supply shock) 또는 생산성 충격(productivity shock)이라 한다.[6] 국민경제에 긍정적이며 이로운 공급 충격은 주어진 자본과 노동투입량을 가지고 더 많은 산출물을 생산할 수 있게 한다. 그러나 부정적인 또는 해로운 공급 충격은 각 자본–노동 결합에 의해 생산될 수

6. 충격(shock)이란 용어는 잘못 붙인 이름으로서 오해의 소지가 있다. 생산함수에 일어나는 변화에는 여러 가지가 있을 수 있지만, 그 변화가 모두 매우 급격하거나 예측 불가능한 것은 아니다.

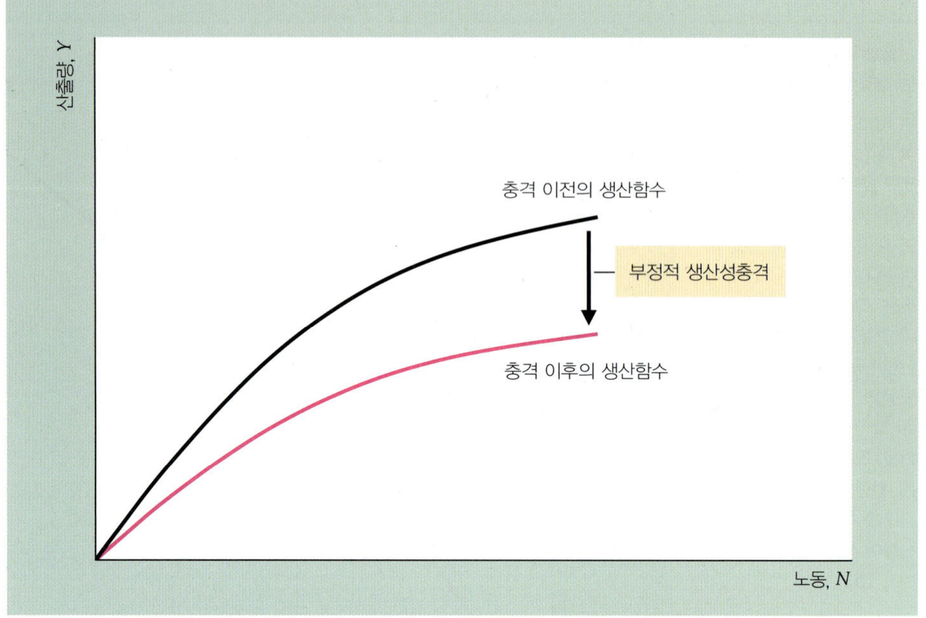

그림 3.4

MPN을 줄이는 부정적 공급 충격

부정적 공급 충격은 생산함수를 하방이동시킨다. 모든 노동공급수준에 대해 생산량은 종전에 비해 적어졌다. 부정적 공급 충격은 모든 노동공급수준에 대해 생산함수의 기울기를 감소시킨다.

있는 산출물의 수량을 감소시킨다.

공급 충격의 실제 예로는, 가뭄이나 비정상적인 저온현상 같은 일기의 변화, 전산화에 의한 재고관리나 품질관리의 통계분석 등 효율성을 높여주는 경영기법의 개발이나 혁신, 기술이나 생산방법에 영향을 미치는 환경오염방지법 등의 정부규제 변화 등을 들 수 있다. 또한 공급 충격의 범주에 포함되는 것으로서는 생산 가능량에 영향을 주는 자본과 노동이 아닌 기타 생산요소의 공급 변화가 있다.

그림 3.4에서는 노동과 산출물 간의 생산함수에 미치는 부정적인 공급 충격의 영향을 볼 수 있다. 부정적인 공급 충격은 생산함수를 아래쪽으로 이동시킴으로써, 주어진 노동과 자본에 대해 이동 전보다 산출물을 감소시킨다. 더구나 그림에 나타난 공급 충격은 생산함수의 기울기도 줄이기 때문에 추가 노동력 투입에 의한 생산량(노동의 한계생산물)이 매 고용수준별로 모두 줄어들게 한다.[7] 이와는 반대로 이로운 공급 충격은 주어진 노동과 자본을 가지고 더 많은 산출물을 생산할 수 있게 도와준다. 그에 따라 생산함수는 위로 이동한다.[8]

7. 논리적으로는 부정적 공급 충격이 노동과 자본의 한계생산물을 언제나 반드시 감소시킬 이유는 없다. 예를 들어, 생산함수가 평행하게 하향이동할 수도 있는 것이다. 그렇지만 부정적 공급 충격이 한계생산물을 감소시키는 것이 정상이라고 생각하는 편이 합리적인 것 같다. 한편, 총요소생산성(A)이 감소하면 생산함수의 하방이동은 그림 3.4와 같은 모양으로 나타날 것이다.

8. 자본과 생산물 간의 생산함수에 대한 공급 충격의 영향도 이와 비슷할 것이다.

3.2 노동의 수요

지금까지 한 국가와 기업의 산출물 생산량은 생산성과 생산과정에 사용되는 투입재의 수량에 근거한다는 것을 설명했다. 3.1절에서는 주로 생산성에 초점을 맞춰 측정방법과 그것을 변하게 하는 요인, 즉 공급 충격 같은 문제를 살펴봤다. 3.2절에서는 생산자들이 사용하는 투입재의 수량을 결정하는 요인이 무엇인지 검토하고자 한다.

가장 중요한 투입요소는 자본과 노동이라는 것을 상기할 필요가 있다. 국민경제 내의 자본재고량은 시간이 흐르면서 기업에 의한 투자와, 낡거나 못쓰게 된 자본의 폐기로 인해 규모가 변하게 된다. 그러나 자본재고는 수명이 길고 수년에 걸쳐 축적됐기 때문에, 새로운 투자와 낡은 자본의 폐기는 이용 가능한 자본 총량에 대해서는 매우 느리게 영향을 줄 수도 있을 것이다. 따라서 몇 분기, 몇 년에 대한 단기 분석에 대해서 경제학자는 국민경제의 총자본이 고정된 것처럼 가정한다. 당분간 이런 관행에 따라 자본재고량이 불변한다고 가정하자. 6장에서는 좀 더 장기간에 걸친 경제성장을 다루면서 이 가정과는 달리, 자본재고량이 시간의 경과에 따라 어떻게 변화하는지 검토하게 될 것이다.

자본의 수량과는 달리, 국민경제에서 생산에 투입되는 노동의 수량은 매우 신속하게 변할 수 있다. 예를 들어, 기업에서는 사전에 충분한 예고 없이도 노동자를 임시해고하거나 초과근무시킬 수 있다. 노동자도 금방 직장을 그만둘 수 있고, 또 얼마 되지 않아 다시 노동에 참여할 수 있다. 고용상태가 왜 변하는지 설명하기 위해 이 장의 나머지 부분에서는 수요-공급의 접근방법을 통해 노동시장이 어떻게 작동하는지 분석하려고 한다.

국민경제에서 전체 노동수요를 이해하는 첫 단계로, 먼저 한 기업이 고용하는 노동자수가 어떻게 결정되는지 살펴보자. 문제를 단순화하기 위해 당분간은 다음과 같은 조건을 가정하기로 한다.

1. 노동자들은 모두 같다. 노동자의 능력, 기술, 열정 등의 차이는 무시한다.

2. 노동자의 임금은 기업 스스로 결정하는 것이 아니고 경쟁적인 노동시장에서 결정된다. 예를 들어, 클리블랜드(Cleveland)에 있는 경쟁적 기업이 기계공을 채용하려고 할 때, 자격 있는 기계공을 고용하려면 그 지방의 현행임금을 지급해야 한다는 점을 잘 알고 있다는 것이다. 그 기업은 현행임금수준을 알고 난 연후에 기계공을 몇 명 채용할 것인지 결정한다.

3. 기업이 노동자를 몇 명 고용할 것인지에 대한 결정을 내릴 때 그 기업이 목표로 하는

것은 가능한 한 최대한의 이윤(산출물의 가치에서 생산비용과 세금을 뺀 금액)을 벌어들이는 것이다. 기업은 이윤을 극대화하는 노동투입량을 수요할 것이다.

기업이 이윤을 극대화하는 노동고용량을 산출해내기 위해서는 노동자 한 명을 추가로 고용할 때마다 들어가는 비용과 이익을 비교해야 한다. 추가로 고용되는 노동자에 들어가는 비용은 노동자의 임금이고, 추가로 고용되는 노동자가 가져오는 이익은 그 노동자가 추가로 생산하는 상품과 서비스의 가치다. 추가로 고용되는 노동자의 이익이 비용을 초과하는 한, 기업은 노동자를 더 고용함으로써 이윤을 증대시킬 수 있을 것이다. 추가로 고용하는 노동자로부터 얻을 수 있는 이익(추가로 생산되는 상품 및 서비스의 가치)이 비용(임금)과 같아질 때까지 기업은 노동자를 추가로 고용할 것이다.

노동의 한계생산물과 노동수요 : 예

노동수요에 대해 좀 더 구체적으로 논의하기 위해 애완견 미용업을 하는 작은 기업 클립 조인트(Clip Joint)사의 예를 살펴보기로 한다. 클립 조인트사는 털 깎는 기계, 욕조, 털 빗기는 솔 등의 자본과 노동력을 투입하여 잘 다듬어진 애완견을 산출물로 내놓는다.

클립 조인트사에 적용되는 생산함수는 표 3.2에서 보는 것과 같다. 일정한 자

표 3.2 클립 조인트사의 생산함수

(1) 종업원수, N	(2) 미용된 애완견수, Y	(3) 노동의 한계생산물, MPN	(4) 노동의 한계수입생산물 $MRPN = MPN \times P$ (미용완성견 마리당 30달러일 때)
0	0		
		11	$330
1	11		
		9	$270
2	20		
		7	$210
3	27		
		5	$150
4	32		
		3	$90
5	35		
		1	$30
6	36		

본과 생산성이 주어졌을 때, (1)열에 나타나는 고용노동자수에 따라 클립 조인트사의 미용완료 애완견의 수가 (2)열에 나타나 있다. 클립 조인트사의 종업원 수가 늘어날수록 그 회사의 산출량은 더 커진다.

이 회사의 각 종업원당 *MPN*은 (3)열에 나와 있다. 종업원 한 명을 처음 고용했을 때 클립 조인트사의 산출량은 0에서 11로 증가하는데, 그에 따라 첫 종업원의 *MPN*은 11이 된다. 두 번째 종업원을 고용하면 이 회사의 산출량은 11에서 20으로 9만큼 증가하는데, 두 번째 종업원의 *MPN*은 따라서 9가 된다. (3)열은 이 회사의 종업원수가 늘어갈수록 *MPN*이 줄어들고 있는 것, 즉 클립 조인트사의 노동의 한계생산성이 체감하는 것을 보여주고 있다. 작업에 투입된 종업원이 많을수록 수량이 고정된 자본(욕조, 털 깎는 기계, 빗)을 나눠 써야 하고, 거기에 종업원이 추가로 투입되면 회사에 돌아오는 추가이익은 줄어들 수밖에 없다.

노동의 한계생산물은 추가로 노동력을 고용할 때 얻어지는 이익을, 추가로 생산되는 산출물의 수량으로 측정한 것이다. 이와 연관된 개념, 즉 **노동의 한계수입생산물**(marginal revenue product of labor) ***MRPN***은 추가로 노동력을 고용할 때 얻어지는 이익을 새로 발생한 추가수입으로 측정한 것이다. *MRPN*을 계산하기 위해서는 이 기업의 산출물 가격을 알아야 한다. 클립 조인트사가 애완견 한 마리를 미용하는 데 30달러를 받는다면 최초 고용된 종업원의 *MRPN*은 하루에 330달러(미용완성견당 30달러 × 11마리)다. 좀 더 일반적으로 말하면, 추가로 고용된 노동자의 한계수입생산물은 그 기업의 산출물의 가격 *P*에 추가로 고용된 노동자에 의해 얻어진 추가산출물의 수량 *MPN*을 곱한 것과 같다.

$$MRPN = P \times MPN \tag{3.3}$$

클립 조인트사의 산출물 가격(*P*)은 1마리당 30달러이므로, 각 노동자당 *MRPN*((4)열에 나와 있는)은 (3)열에 30달러를 곱하면 된다.

이제 임금(*W*), 즉 클립 조인트사가 자격 있는 종업원을 고용하기 위해 지급해야 하는 돈은 하루에 240달러라고 하자(임금 *W*가 현재의 달러로 표시되는 통상적인 방법으로 측정된다면 이를 명목임금이라 한다). 클립 조인트사가 이윤을 극대화하려면 종업원을 몇 명 고용해야 하는가? 이 문제에 답하기 위해서 클립 조인트사는 한 명을 추가로 고용할 때마다 그 비용과 이익을 비교해야 한다. 추가로 노동자 한 사람을 고용할 때 얻는 이익은, 하루당 얻는 달러 단위로 환산해 그 노동자의 한계수입생산물(*MRPN*)이 된다. 한 사람을 추가로 고용할 때 드는 비용은 하루당 들어가는 달러로 환산해 명목임금(*W*)이 된다.

표 3.2에서는 첫 번째 종업원의 *MRPN*이 하루에 330달러인데, 이는 하루 임금 240달러를 초과하는 금액이다. 따라서 첫 번째 종업원을 고용하는 것은 클립 조인트사에 이익이 된다. 두 번째 종업원을 채용하더라도 클립 조인트의 이익은 여전히 증가하는데, 두 번째 종업원의 *MRPN*(하루에 270달러)은 여전히 하루 임금을 초과하기 때문이다. 그러나 세 번째 종업원을 채용하면 클립 조인트사의 이윤은 줄어든다. 세 번째 종업원의 *MRPN*은 하루에 210달러로 하루 임금 240달러보다 적기 때문이다. 그러므로 클립 조인트의 이윤극대화 고용수준, 즉 클립 조인트의 노동수요량은 하루 임금을 240달러로 가정했을 때 2명이다.

클립 조인트의 노동수요량을 찾아내기 위해 추가로 고용하는 종업원의 비용과 이익을 명목치(즉, 달러단위)로 측정했다. 추가로 고용된 노동자의 이익과 비용을 실질치로 측정해도 결과는 마찬가지일 것이다. 추가로 고용하는 노동자의 이익을 실질치로 보면, 그 노동자가 내놓는 미용완성견의 마리수가 되는데, 이는 바로 노동의 한계생산물(*MPN*)이다. 노동자 한 명을 추가로 고용하는 비용은 **실질임금**(real wage)인데, 이는 임금을 산출량 단위로 측정한 것이다. 수치로 표시하면 실질임금(w)은 명목임금(W)을 산출물의 가격(P)으로 나눈 것이다.

이 예에서 명목임금(W)은 하루에 240달러고, 산출물의 가격(P)은 미용완성견 한 마리에 30달러이므로 실질임금(w)은 (하루 240달러)/(미용완성견 한 마리당 30달러) = (하루당 미용완성견 8마리)와 같다. 이윤극대화 고용수준을 찾아내기 위해 클립 조인트는 추가로 고용하는 노동자의 실질비용을 추가로 고용하는 노동자의 실질이익, 즉 *MPN*과 비교해야 한다. 첫 번째 노동자의 *MPN*은 하루당 미용완성견 11마리로, 실질임금 8마리를 초과하므로 이 노동자를 고용하는 것은 회사에 이익이 된다. 두 번째 노동자도 고용돼야 한다. 왜냐하면 두 번째 노동자의 *MPN*은 하루당 미용완성견 9마리로, 하루당 실질임금인 8마리를 역시 초과하고 있기 때문이다. 그러나 세 번째 노동자는 채용해서는 안 된다. 세 번째 노동자의 *MPN*, 하루 7마리는 실질임금보다 적기 때문이다. 그러므로 클립 조인트사의 노동수요량은 노동자 2명으로서, 이익과 비용을 명목치로 비교해 계산한 결과와 일치한다.

이 예에서 시사하는 점은, 추가로 고용할 노동자의 이익이 비용을 초과할 때는 기업이 이윤을 극대화하기 위해 고용을 늘려야 한다는 것이다. 마찬가지로, 기업이 현재와 같은 고용수준에서 최후에 고용된 종업원이 내는 이익이 그 종업원의 고용비용보다 적다면, 기업은 고용을 줄여야만 한다. 클립 조인트사가 현재 종업원을 3명 두고 있다면, 세 번째 종업원의 *MRPN*은 210달러로 명목임금 240달러에 미치지 못하므로 그 기업은 종업원 한 명을 해고해야 한다. 요약표 2

요약표 2 노동자 고용량 변화에 따른 비용/편익 비교

이윤극대화를 위해 기업이 해야 할 일	추가로 고용하는 노동자에 대해 아래와 같다면 고용을 늘려야 한다.	최후로 고용된 노동자에 대해 아래와 같다면 고용을 늘려야 한다.
실질치	$MPN > w$ $(MPN > W/P)$	$MPN < w$ $(MPN < W/P)$
명목치	$P \times MPN > W$ $(MRPN > W)$	$P \times MPN < W$ $(MRPN < W)$

MPN = 노동의 한계생산물
P = 산출물의 가격
$MRPN$ = 노동의 한계수입생산물 = $P \times MPN$
W = 명목임금
w = 실질임금 = W/P

에서는 추가로 고용하는 노동자의 이익과 비용을 명목치와 실질치로 비교해 보여주고 있다. 이윤을 극대화하는 고용수준을 선택함에 있어 이익과 비용을 실질치 또는 명목치로 비교한 결과는 다 같이 타당하다.

임금의 변화

클립 조인트사가 종업원 2명을 고용하기로 한 결정은 하루의 명목임금이 240달러라는 것에 근거한다. 그런데 어떤 이유로 자격 있는 종업원을 고용하기 위해 하루에 임금 180달러만 지불해도 되는 상황이 됐다고 가정하자. 명목임금의 하락이 클립 조인트가 고용하기를 원하는 종업원의 숫자에 어떤 영향을 미치게 될까?

이에 대한 해답을 얻기 위해서는 비용과 이익을 명목치 또는 실질치 어느 한 가지를 써서 비교해야 한다. 실질치를 가지고 비교해 보자. 애완견 한 마리의 미용요금이 그대로 30달러일 때 명목임금이 하루에 180달러로 내렸다면 실질임금은 '(하루 180달러)/(마리당 30달러) = (하루 6마리)'로 내렸다. 표 3.2의 (3)열에서 세 번째로 채용되는 종업원의 MPN은 하루 동안 완성되는 미용견 7마리로 나와 있는데, 이는 새로운 실질임금 6마리보다 많다. 그러므로 하락한 임금수준하에서는 노동수요를 2명에서 3명으로 늘리는 것이 클립 조인트사에게는 이득이다. 그러나 이 회사는 네 번째 종업원을 채용하지는 않을 것이다. 네 번째 노동자의 MPN은 하루 미용완성견 5마리로, 실질임금(하루 미용완성견 6마리)보다 작기 때문이다.

이 사례는 실질임금이 노동수요에 미치는 효과에 대한 일반원리를 잘 설명해주고 있다. 즉, 여타 조건이 같다면 실질임금의 하락은 노동수요를 증가시킨다. 마찬

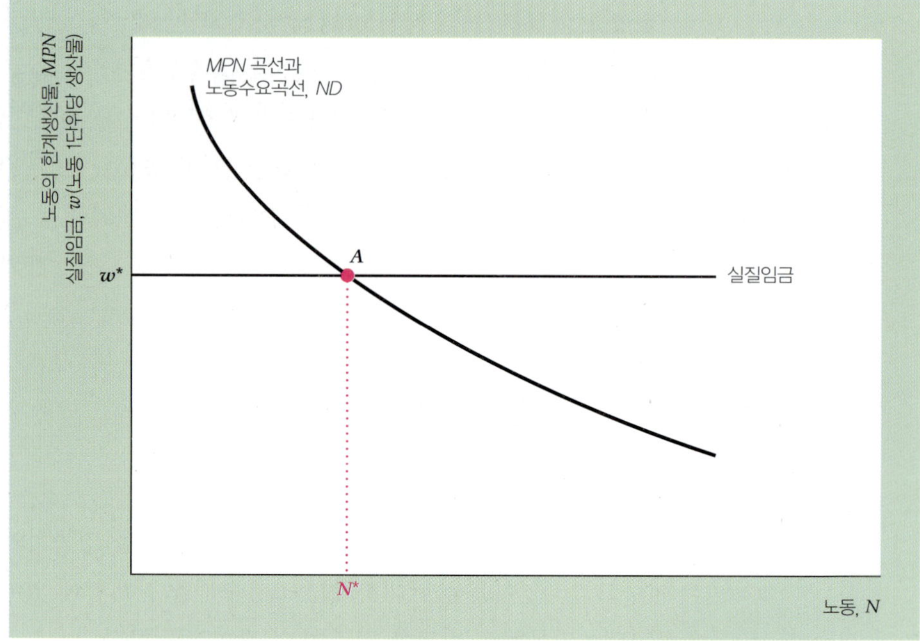

그림 3.5

노동수요량의 결정

노동수요량은 *MPN* 곡선 상에서 *MPN*이 실질임금률과 같은 점을 찾아내어 결정하면 된다. 그 점에 해당하는 노동량이 수요하는 노동량이다. 예를 들어, 실질임금이 w*일 때 *MPN*과 실질임금은 *A* 점에서 일치하고 노동수요량은 N*이다. 노동수요곡선 *ND*는 각 실질임금수준에서 기업이 수요하는 노동수요량을 나타낸다. 노동수요곡선은 *MPN* 곡선과 일치한다.

가지로 실질임금의 상승은 노동수요를 감소시킨다.

노동의 한계생산물과 노동수요곡선

클럽 조인트사의 사례를 통해 실질임금과 한 기업의 노동수요량 간에 역의 관계가 있음을 알아보았다. 그림 3.5에서는 실질임금과 노동수요량의 관계가 어떻게 결정되는지를 좀 더 일반적인 기준으로 설명하고 있다. 노동수요량 N은 가로축에 표시했고, *MPN*과 실질임금은 둘 다 노동단위당 상품수량으로 측정되어 세로축에 나타나 있다. *MPN* 곡선의 기울기가 우하향인 것은, 노동의 한계생산성이 체감하기 때문이다. 그림 가운데 그어진 수평선은 기업이 노동시장에서 지불해야만 하는 실질임금을 표시하는데, 이는 곧 시장에서 결정된 임금을 그 기업이 그대로 수용해야 한다는 것을 의미한다. 그림에서의 실질임금은 w*이다.

어떤 실질임금수준, w*에서 최고의 이윤을 내는 노동고용량(노동수요량)은 실질임금선과 *MPN* 곡선이 만나는 *A* 점에서 결정된다. *A* 점에서 노동수요량은 N*이다. 그런데 왜 N*은 한 기업의 이윤극대화를 위한 노동 투입수준인가? N*보다 낮은 고용수준에서는 노동의 한계생산물이 실질임금을 상회한다(*MPN* 곡선이 실질임금선 위에 있다). 그래서 당초 기업의 노동 투입이 N*보다 낮은 수준에서는 기업이 사용하는 노동력의 수량을 확대함으로써 이윤을 늘릴 수 있다. 마찬가지로 한 기업의 고용이 애초에 N*보다 클 때는 노동의 한계생산물이 실질임금보다 작기 때문에(즉, $MPN < w^*$) 고용을 줄임으로써 기업의 이윤을 늘릴 수 있다. 고용량이 N^* 수준일 때만 그 기업은 현재 채용한 노동자수에 만족할 수 있다. 이를 좀 더 일반적인 원리로 표현하면, 어떤 실질임금수준이 주어졌을 때 이윤극대화를 위한 노동투입량, 즉 노동수요량은 *MPN* 곡선이 실질임금선과 교차하는 점과 일치한다.

기업의 노동수요량과 그 기업이 직면하는 실질임금과의 관계를 나타내는 그래프를 **노동수요곡선(labor demand curve)**이라 한다. *MPN* 곡선은 각 실질임금수준에 따른 노동수요량을 나타내기 때문에 **노동수요곡선은 *MPN* 곡선과 같다.** 단, 이때 세로축은 노동수요곡선에 대해서는 실질임금의 척도가 되고 *MPN* 곡선에 대해서는 노동의 한계생산물의 척도가 돼야 한다.[9] *MPN* 곡선과 마찬가지로 노동수요곡선의 기울기도 오른쪽으로 가면서 내려가는 모양을 보이는데, 이는 실질임금이 오르면서 노동수요량은 줄어든다는 것을 의미한다.

이 노동수요곡선은 클립 조인트사의 사례에 비해 좀 더 일반적이라 하겠는데, 다음의 두 가지 측면에서 언급할 필요가 있다고 본다. 첫째로, 클립 조인트사의 예에서는 종업원수에 대한 수요를 따졌지만, 여기서는 노동의 수요라는 용어를 사용하고 있다. 일반적으로 노동(N)은 여러 가지 방법으로(예를 들어, 총노동시간, 총작업일수, 고용노동자수 등), 적용하는 곳에 따라 다른 방법으로 측정할 수 있다. 둘째로, 클립 조인트사의 사례에서는 노동자 한 명이 고용의 단위였지만, 그림 3.5의 노동수요곡선에서 노동(N)은 꼭 한 사람일 필요가 없이, 양수이기만 하면 문제가 없다. 노동(N)이 어떤 값을 취해도 된다는 것은, 사람들이 실제로 한 시간의 일부분만이라도 일할 수 있기 때문에 의미가 있다고 하겠다.

노동수요곡선을 이동시키는 요인

노동수요곡선은 실질임금과 기업이 고용하기를 원하는 노동수요량과의 관계를 나타내기 때문에, 실질임금의 변화는 수요곡선을 따라서 나타난다. 실질임금의 변화는 노동수요곡선 자체를 이동시키지는 않는다. 노동수요곡선이 이동하는 것은 **주어진 실질임금수준에서** 기업이 고용하기 원하는 노동량을 변화시키는 요인들에 반응할 때 일어난다. 이 장의 앞부분에서 이로운(긍정적인) 공급 충격은 모든 투입노동수준에서 *MPN*을 증가시킬 것이고, 해로운(부정적인) 공급 충격은 모든 투입노동수준에서 *MPN*을 감소시킬 것이라는 점을 설명했다. 그러므로 이로운 공급 충격이 일어나면 *MPN* 곡선은 위쪽으로, 또는 오른쪽으로 이동

9. 실질임금과 *MPN*은 같은 단위, 즉 노동 1단위당 생산되는 산출물의 수량으로 측정됐음을 상기하라.

표 3.3 이로운 생산성충격이 있은 후 클립 조인트사의 생산함수

(1) 종업원수, N	(2) 미용된 애완견수, Y	(3) 노동의 한계생산물, MPN	(4) 노동의 한계수입생산물 $MRPN = MPN \times P$ (미용완성견 마리당 30달러일 때)
0	0		
		22	$660
1	22		
		18	$540
2	40		
		14	$420
3	54		
		10	$300
4	64		
		6	$180
5	70		
		2	$60
6	72		

하기 때문에 주어진 실질임금수준에서의 노동수요량은 증가한다. 해로운 공급 충격은 그 반대의 결과를 낳는다.

클립 조인트사의 노동수요에 대한 공급 충격의 영향을 설명하기 위해, 그 회사 사장이 뉴에이지 음악을 틀어 놓으면 개의 흥분을 가라앉힐 수 있다는 것을 발견했다고 가정하자. 음악을 틀어 놓음으로써 개들은 미용작업에 좀 더 협조적인 태도를 보였고, 그 결과 종업원 한 사람이 하루에 미용시킬 수 있는 개의 숫자가 두 배로 늘어났다. 이런 기술 향상으로 인해 클립 조인트사는 표 3.3에서와 같은 새로운 생산함수를 갖게 됐다. 총산출을 두 배로 늘리는 것은 모든 고용수준에서의 *MPN*을 두 배로 늘려준다는 것에 유의할 필요가 있다.

클립 조인트사는 원래의 생산함수(표 3.2)에서는 '하루 미용완성견 8마리'의 실질임금조건하에서 종업원 2명을 고용하려고 했었다. 표 3.3에서는 생산성이 향상됨에 따라 클립 조인트사의 노동수요가 같은 실질임금수준에서 4명으로 늘어났다. 네 번째 고용되는 종업원의 *MPN*(하루 미용완성견 10마리)이 이제는 실질임금을 상회하기 때문이다. 그러나 클립 조인트사는 다섯 번째 노동자를 채용하지는 않을 것이다. 이 노동자의 *MPN*(하루 미용완성견 6마리)은 실질임금보다 작기 때문이다.

이로운 공급 충격이 노동수요곡선에 미치는 효과는 그림 3.6과 같다. 그러한 이로운 충격은 어떤 노동투입수준에서도 *MPN*을 증가시키기 때문에, *MPN* 곡

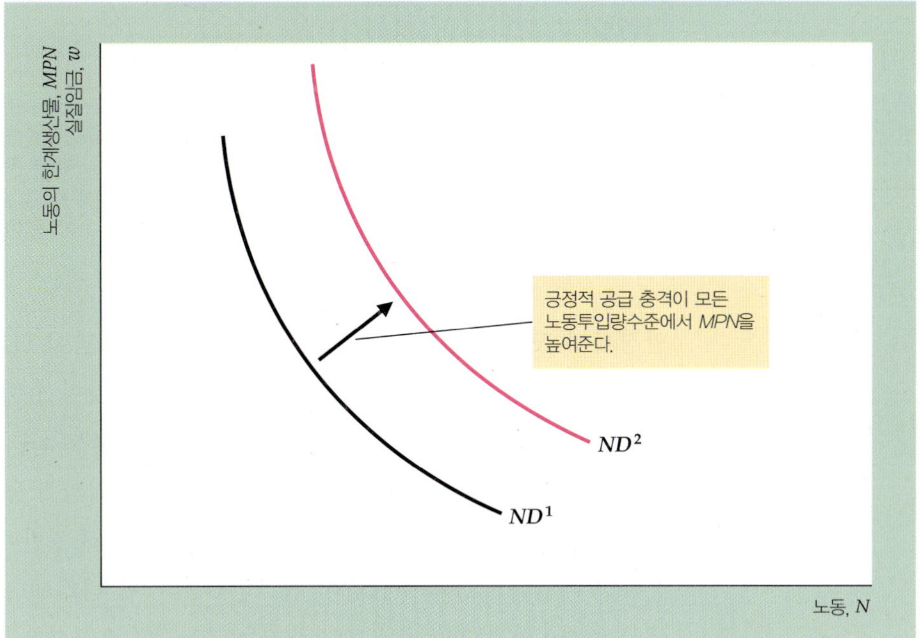

그림 3.6

긍정적인 공급 충격이 노동수요에 미치는 효과

모든 고용수준에서 *MPN*을 증가시키는 긍정적 공급 충격은 *MPN* 곡선을 상방으로 그리고 우측으로 이동시킨다. 노동수요곡선과 *MPN* 곡선은 사실상 동일하므로 노동수요곡선도 ND^1에서 ND^2로, 즉 우상방으로 이동한다. 긍정적 공급 충격이 있은 후 어떤 실질임금수준에서도 기업은 더 많은 노동자를 수요한다.

선은 상방 또는 우측으로 이동한다. *MPN* 곡선과 노동수요곡선은 사실상 동일하므로 노동수요곡선 역시 그림 3.6처럼 ND^1에서 ND^2로, 오른쪽 위로 이동한다. 노동수요곡선이 ND^2로 이동하면, 그 기업은 어떤 실질임금수준에서도 ND^1에서의 상태보다 더 많은 노동자를 고용한다. 그러므로 노동자 생산성과 노동수요량은 밀접하게 연관되어 있다고 하겠다.

노동수요에 영향을 미칠 수 있는 또 다른 요인은 자본재재고의 규모다. 일반적으로 자본재재고(K)의 증가는, 노동자 각자에게 기계와 장비를 더 나눠 주는 것과 같으므로, 노동자의 생산성을 향상시키게 되고, 따라서 어떤 고용수준에서라도 *MPN*을 증가시킨다. 즉, 자본재재고의 증가는 노동수요곡선을 우측, 상방으로 이동시킬 것이며 그에 따라 주어진 실질임금수준에서 기업의 노동수요량을 증가시킨다.[10]

총노동수요

이제까지는 클립 조인트사와 같은 개별 기업의 노동수요에 초점을 맞춰 살펴봤다. 거시경제분석을 위해서는 **총노동수요**(aggregate demand for labor), 또는 국

10. 자본재재고가 증가하더라도 만일 신규자본재가 노동수요를 대체한다면 노동의 수요는 줄어들 수 있다. 예를 들어, 고속도로 요금소에 자동검표기를 설치함으로써 검표인력의 한계생산물이 감소하고, 이 인력에 대한 수요가 줄어들게 되는 것이다.

요약표 3 노동수요곡선의 총체적 이동요인

증가 원인	노동수요곡선의 이동방향	이유
생산성	우측	긍정적 공급 충격이 *MPN*을 증가시키고 *MPN* 곡선을 상방과 우측으로 이동시킴
자본재재고량	우측	자본재재고량 증가로 *MPN*이 증가하고 *MPN* 곡선을 상방과 우측으로 이동시킴

민경제 내 모든 기업의 노동수요의 합계에 대한 개념이 필요하다.

총노동수요는 기업들의 노동수요를 전부 합친 것이기 때문에, 그 수요를 결정하는 요인은 개별 기업의 경우와 같다. 그러므로 총노동수요곡선은 개별 기업의 노동수요곡선(그림 3.5)과 같은 모양이다. 개별 기업의 노동수요곡선처럼 총노동수요곡선도 우하향의 기울기를 보이는데, 이는 경제 전반에 걸쳐 실질임금이 상승하면 기업들의 노동수요량이 감소한다는 것을 나타낸다. 마찬가지로, 이로운 공급 충격이나 총자본재재고의 증가는 총노동수요곡선을 상방과 우측으로 이동시키며, 그 반대로 해로운 공급 충격이나 총자본재고의 감소는 총노동수요곡선을 하방과 좌측으로 이동시킨다. 총노동수요에 영향을 미치는 요인들은 편의를 위해 요약표 3에 열거되어 있다.

3.3 노동의 공급

노동의 수요는 기업에 의해서 결정된다. 그러나 노동공급은 개인이나 가족구성원의 공동의사결정에 의해 결정된다. 노동가능 연령에 도달한 모든 개인은, 임금을 지급하는 부문에서 얼마만큼의 노동을 할 것인지 결정해야 한다. 또는 임금을 받지 않는 일, 예를 들어 가정과 아이를 돌보는 일, 학교에 다니기, 은퇴 등의 다른 대안에 대해 결정해야 한다. **총노동공급**(aggregate supply of labor)은 국민경제 내의 모든 사람이 공급하는 노동의 합계다.

기업이 얼마만큼의 노동을 수요로 하는지 결정할 때, 추가로 고용하는 노동자로 인한 비용과 이익을 비교한다는 점을 상기해 보자. 마찬가지로, 개인도 노동으로 얻는 대가와 희생을 비교해 노동의 강도를 결정해야 한다. 노동의 주된 목표는, 직업을 가짐으로써 얻어지는 심리적 만족감을 넘어 소득을 얻는 것인데, 소득은 생활필수품과 사치품을 사는 데 사용할 수 있다. 노동에 수반되는 주된 희생은 노동에 들어가는 시간과 노력으로, 일단 투입되면 다른 활동에는 활용할 수 없는 것이다. 경제학자는 먹고, 잠자고, 가사를 돌보고, 가족이나 친구들과 시간을 보내는 등의 직업 외의 활동에 대해 **여가**(leisure)[11]라는 용어를 쓴다. 각 개인은 가급적 많은 소득을 얻기 위해, 한 시간을 일해서 얻는 소득이 한 시간의 여가를 정확히 보상하는 점까지 노동을 해야 한다.

소득-여가의 선택

소득과 여가 사이의 선택이 노동공급결정에 어떠한 영향을 미치는지 설명하기 위해서 예를 하나 들어 보자. 테니스 레슨을 해 주는 에이스(Ace)의 경우를 생각해 보자. 에이스는 세금과 고용 관련 경비를 제외하고 시간당 60달러를 버는데, 이를 (세후)명목임금이라 칭하기로 하자. 에이스는 테니스 코치로서 명성을 얻고 있기 때문에, 매년 그가 원하는 만큼 일할 수 있다. 그러나 그는 너무 많은 시간 동안 일하는 것은 원하지 않는다. 테니스를 가르치면서 시간을 보내면 그가 정말로 좋아하는 스카이다이빙에 정열을 쏟을 수 있는 시간이 그만큼 줄어들기 때문이다. 에이스가 직면하고 있는 의사결정은 금년에 몇 시간을 일해야 하는가(노동공급을 얼마만큼 해야 하는가)이다.

에이스는 다음과 같이 스스로에게 질문함으로써 이 문제에 접근했다. 경제적으로 말해서 무엇이 나를 진정 행복하게 하는가? 잠시 생각해 본 뒤 에이스는 그의 행복수준, 즉 **효용**(utility)은, 그가 소비하는 상품 및 서비스의 양과 그가 비행기 밖으로 뛰어내리는 데 쓸 수 있는 여가시간의 길이에 의거한다는 결론을 내렸다. 그러므로 다음과 같이 다시 질문을 던져 볼 수 있다. 가능한 한 최고 수준의 효용을 얻기 위해 금년 1년 동안 얼마만큼 일해야 하는가?

에이스는 자신의 효용을 극대화하는 노동공급수준을 발견하기 위해, 추가로 노동할 때 얻어지는 이익과 지불해야 하는 비용을 비교해야 한다. 한 시간 더 노동할 때의 비용은 여가 한 시간을 잃는 것인데, 이 비용은 스카이다이빙 대신 한 시간 더 일해야 할 때 그가 잃어버리는 효용으로 측정할 수 있다. 한 시간을 추가로 일할 때 얻는 이익은 60달러다. 이것으로 에이스는 더 많은 소비를 즐길 수 있다.

한 시간을 추가로 일해서 얻는 이익(즉, 추가의 소득으로부터 얻는 효용)이 비용(여가를 줄임으로써 잃어버리는 효용)을 초과하면 에이스는 그 한 시간을 더 일해야 한다. 사실 그는 소득 60달러를 추가함으로써 얻는 효용이 여가 한 시간을 희생하는 데 따르는 효용의 손실분과 같아질 때까지 그의 노동시간을 계속 증가시켜야 한다. 그 점에서의 에이스의 노동공급은 그의 효용을 극대화하는 노동공급

11. 여가라는 용어를 쓴다고 해서 모든 직업 외의 활동(가사, 학교공부 등)이 '한가하다'는 뜻은 아니다.

이다.[12] 노동공급결정이 소득과 여가를 비교해 선택한 결과로부터 나온 것이라는 개념을 이용해서, 에이스의 노동공급량에 영향을 미치는 요인을 검토해 볼 수 있다.

실질임금과 노동공급

실질임금은 어떤 노동자가 일하기 위해 포기해야 하는 여가 한 단위(예를 들어, 한 시간, 하루, 한 주 등)에 대한 대가로 받는 실질소득의 양을 말한다. 실질임금은 노동공급량을 결정하는 중요한 요인이다.

일반적으로 실질임금의 상승은 두 가지 경로를 통해 노동공급결정에 영향을 미친다. 첫째로, 실질임금이 상승하면 한 시간을 더 일해서 얻는 이익(실질임금의 추가분으로 환산해)이 증가하기 때문에, 노동자로 하여금 노동공급을 증가시키도록 유도한다. 노동자가 좀 더 높은 보수에 반응해 노동공급을 늘리는 현상을 노동공급량에 대한 **실질임금 상승의 대체효과**(substitution effect of a higher real wage)라고 한다.

둘째로, 실질임금의 상승은 노동자를 더 부유하게 하는 효과가 있는데, 종전과 같은 양의 노동을 하고도 더 높은 실질임금을 받을 수 있기 때문이다. 부유해진 사람은 여가를 즐길 수 있는 경제적 여유가 생겼기 때문에, 그 결과로 노동공급은 적어진다. 노동자가 부유해짐으로써 노동공급이 줄어드는 경향을 노동공급량에 대한 **실질임금 상승의 소득효과**(income effect of a higher real wage)라고 한다. 실질임금 상승의 대체효과와 소득효과는 반대방향으로 작용한다는 점에 유의해야 한다. 즉, 대체효과는 노동공급량을 늘리는 경향이 있고, 소득효과는 노동공급량을 줄이는 경향이 있다.

순대체효과 : 단 1일간의 실질임금 상승 에이스는 얼마간 생각해 본 후, 매주 6일간 하루 8시간씩, 주당 총 48시간씩 일하기로 결정했다. 이제 그 대체효과를 설명해 보자. 그는 수요일은 스카이다이빙을 위해 비워 놨다. 수요일에도 일을 한다면 시간당 60달러를 벌 수 있지만, 그날은 일하는 대신 여가를 위해 보내는 것이 최대의 효용을 얻을 수 있다고 생각한 것이다.

그런데 어느 화요일에 한 괴짜 테니스 동호인이 에이스에게 전화를 걸어 주말 아마추어 시합 출전 사전연습을 위해 수요일에 레슨을 부탁했다. 그 사람은 시

12. 모든 사람이 에이스처럼 노동공급을 신축적으로 선택할 수 있는 것은 아니다. 예를 들어, 어떤 직업은 주당 40시간을 일하지 않으면 아예 자리를 얻을 수 없는 경우도 있다. 그렇다 하더라도, 초과근무나 시간제근무, 부업, 노동하는 가족수를 변경시킴으로써 각 가정단위로 노동공급시간 조정에 상당한 선택의 폭이 있다고 할 수 있다.

간당 60달러의 정규 레슨비를 제안했지만, 에이스는 스카이다이빙 계획을 들어 거절했다. 그러나 그 동호인은 다시 시간당 600달러의 레슨비를 제시해 왔다. 에이스는 통상임금의 10배를 주겠다는 제의를 듣고 이렇게 생각했다. "이런 제의는 매일 있는 게 아니다. 스카이다이빙은 다른 날 가기로 하고 이번 수요일에는 일을 해야겠군."

에이스가 이번 주 수요일에 스카이다이빙을 하는 대신 일을 하기로 결정한 것(즉, 여가를 노동으로 대체한 것)은, 그날 일하는 매 시간당 벌어들이는 추가소득, 즉 매우 높은 보수에 반응한 것이다. 에이스가 하루를 초과근무하기로 한 결정은 대체효과로부터 일어난 결과다. 단지 하루만 아주 높은 임금을 받는다고 해서 에이스가 금방 큰 부자가 되는 것은 아니기 때문에, 하루 동안의 임금인상에 따르는 소득효과는 무시할 수 있다고 하겠다. 그러므로 에이스의 실질임금이 단 1일간만 상승해 노동공급량에 미친 효과는 거의 순전한 대체효과라고 볼 수 있겠다.

순소득효과 : 복권당첨 에이스는 스카이다이빙과 함께 복권을 사는 일이 취미였다. 운수가 대통했던 것인지, 괴짜 테니스 동호인을 지도하며 수요일을 보낸 1주일 뒤, 에이스는 복권에 당첨되어 30만 달러를 벌었다. 에이스는 곧, 일하는 날을 주 6일에서 5일로 줄였다. 30만 달러의 추가소득을 올림으로써 일하는 시간을 줄여도 될 만큼 경제적 여유가 생겼기 때문이다. 30만 달러의 복권당첨금은 한 시간 여가를 포기하고 일하는 현재의 보수(에이스의 실질임금은 아직도 시간당 60달러다)에 영향을 주지 않기 때문에 대체효과는 없다. 그러므로 복권에 당첨되는 것은 순수한 소득효과의 예가 된다고 볼 수 있다.

순소득효과의 예를 하나 더 들어 본다면, 기대 미래 실질임금이 상승하는 경우다. 에이스가 사는 지역에 있는 고급 컨트리클럽에서 일하던 나이 든 테니스 프로가 다음 해에 은퇴를 선언했고, 그 컨트리클럽에서는 지금으로부터 1년 후 그 사람 대신 에이스를 고용하기로 했다고 가정하자. 그렇게 되면 에이스는 시간당 100달러(세후)에 그가 원하는 시간만큼 테니스 교습을 할 수 있게 된다.[13] 에이스는 이런 장래임금의 인상으로, 미래에 공급할 일정한 노동에 대해 받을 소득이 증가해 그를 부유하게 만드는 효과가 있음을 깨닫게 됐다. 즉, 미래의 실질임금 증가는 에이스가 현재의 노동공급을 줄이도록 유도하는 소득효과가 있다. 그러나 미래임금의 상승이 현재임금에 아무런 변화를 일으키지 않기 때문에

13. 내년 1년간 물가상승률은 0%로, 다음 해 그가 시간당 받는 교습료 100달러는 그의 명목임금 인상은 물론, 그의 실질임금도 인상되는 것이라고 가정한다.

(현재 한 시간 더 일하는 대신 여가 한 시간을 포기하는 대가로 받는 현재의 보수에 아무런 영향을 주지 않기 때문에), 에이스의 현재 노동공급에 대한 대체효과는 전혀 없다. 그러므로 미래 실질임금의 상승은 에이스의 노동공급에 순수한 소득효과만 나타낸다.

대체효과와 소득효과가 함께 나타나는 경우 : 실질임금의 장기적 인상 컨트리클럽의 나이 든 프로가 갑자기 그만두는 바람에, 에이스에게 곧바로 일을 시작해 달라는 요청이 들어왔다. 에이스는 요청을 받아들여 그가 원하는 시간만큼 테니스를 가르치고 시간당 100달러(세후)를 벌고 있다.

에이스가 이처럼 새로운 일자리를 얻게 됨으로써 전보다 많은 시간을 일하게 될 것인가, 아니면 적은 시간을 일하게 될 것인가? 이 경우에 두 효과는 반대방향으로 작용한다. 노동에 대한 보수가 높아졌으므로 에이스는 이전보다 일을 더 하려는 유혹을 느낄 것이다. 좀 더 높은 실질임금에 반응해 노동공급을 증가시키려는 이런 경향은 대체효과다. 다른 한편으로, 에이스는 매주 3~4일만 일해도 식비, 집세, 스카이다이빙 비용까지 다 댈 수 있으므로 일하는 시간을 줄이고 스카이다이빙에 더 많은 시간을 투자하고 싶은 유혹도 느낄 것이다. 전보다 부유해짐으로써 노동공급을 줄이려는 이 경향은 소득효과다.

그렇다면 이 두 가지 중 어느 효과가 더 강한가? 에이스의 결정에 영향을 미칠 한 요인은 그가 받는 높은 임금이 얼마나 지속할 것인지에 대한 그의 예상이다. 고임금이 오래 지속될수록 에이스가 일생 동안 버는 총자원에 대한 영향은 클 것이며, 소득효과도 더욱 강하게 나타날 것이다. 그러므로 만일 에이스가 새 일자리를 그가 은퇴할 때까지 계속 잡고 있을 것으로 예상한다면 소득효과가 강하고(그가 더욱 부유해졌으므로), 그가 일하는 시간을 줄일 확률이 더 높다고 하겠다. 이와는 반대로 에이스가 그 자리에 오래 있지 못할 것으로 예상한다면 소득효과는 약하며(생애 총자원의 증가는 적으므로) 그가 일하는 동안 얻을 수 있는 소득의 이득을 더 누리기 위해 일하는 시간을 늘려갈 수도 있다. 일반적으로 실질임금의 상승이 오래 지속될 것으로 예상될수록 소득효과는 커지고 노동공급량은 줄어든다.

실질임금과 노동공급에 관한 실증적 증거 소득효과와 대체효과가 서로 상충되기 때문에, 실질임금의 변화가 노동공급에 미치는 영향에 대해서는 다소 모호한 점이 있다. 이에 관한 실증적 증거는 존재하는가?

노동공급에 대한 연구 결과를 보면, 일반적으로 실질임금의 일시적 상승에 대해서는 총노동공급량이 증가하지만 실질임금의 항구적 상승에 대해서는 총노동

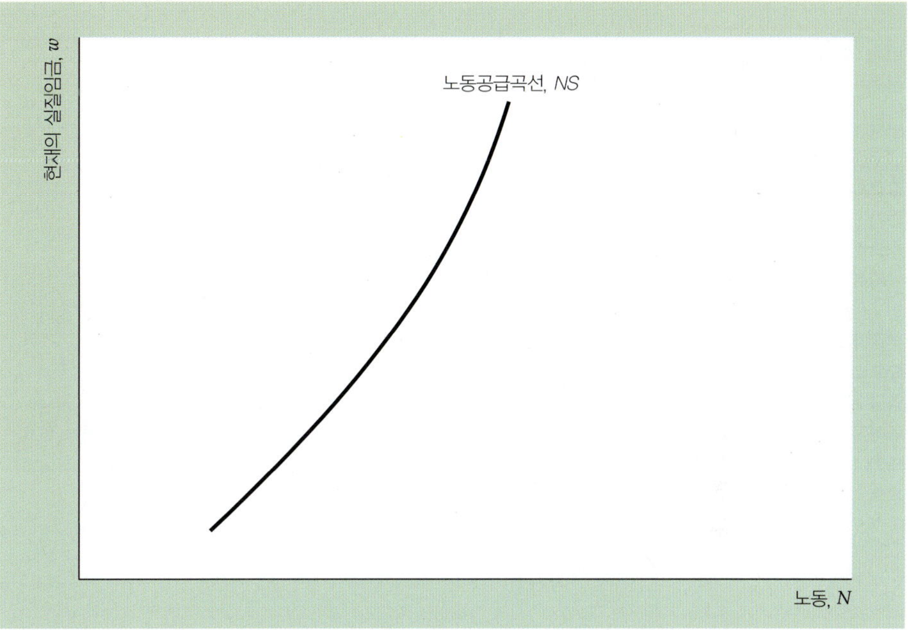

그림 3.7

개별 노동자의 노동공급곡선

가로축은 한 노동자 개인이 세로축에 나타나 있는 현재의 각 실질임금 수준에 대해 얼마만큼 노동공급을 할 것인지를 나타낸다. 노동공급곡선은 우상향의 기울기를 갖는데, 기대 미래 실질임금을 포함한 여타의 요인이 일정 수준으로 유지되고 있을 때 현재의 실질임금이 상승하면 노동공급량이 증가한다는 것을 나타낸다.

공급량이 감소하는 것으로 나타났다.[14] 실질임금의 일시적 상승이 노동공급량을 늘린다는 실증 근거는 대체효과를 확인시켜 주고 있다. 즉, 노동에 대한 보수가 단기간에 상승한다면 사람들은 그 기회를 활용해서 더 많이 일하려고 한다. 실질임금의 항구적 상승이 총노동공급량을 줄인다는 결과는 상승된 실질임금이 장기간 지속되면 소득효과가 대체효과보다 더 크게 나타난다는 것을 보여준다. 즉, 항구적으로 높아진 임금을 받게 되면 노동자들은 더욱 부유해지기 때문에 노동을 줄이는 선택을 한다는 것이다. 이 효과의 크기는 그 개인의 가정환경(결혼 여부와 자녀가 있는지의 여부)과 조세율(세금을 납부한 후의 소득의 크기를 결정하는 요인)에 따라 좌우된다.

노동공급곡선

지금까지는 한 개인의 노동공급량이 현재의 실질임금과 기대 미래 실질임금수준에 의해 어떻게 달라지는지 알아봤다. 한 개인의 노동공급곡선(labor supply curve)은 노동공급량에 영향을 미치는 모든 다른 요인(기대 미래 실질임금을 포함)을 일정하게 유지했을 때, 현재의 실질임금과 노동공급량 간의 관계를 나타낸다. 그림 3.7은 전형적인 노동공급곡선을 그린 것이다. 현재의 실질임금은 세

14. 노동공급에 대한 연구를 보다 상세하게 검토하려면 다음 논문을 참조하라. Richard Blundell and Thomas MaCurdy, "Labor Supply: A Review of Alternative Approaches," in O. Ashenfelter and D. Card, eds., *Handbook of Labor Economics*, Vol. 3(Amsterdam: North-Holland, 1999), pp. 1559–1695.

그림 3.8

부의 증가가 노동공급에 미치는 영향

부의 증가는 주어진 실질임금수준에서 노동공급량을 감소시킨다. 그러므로 부의 증가는 노동공급곡선을 좌측으로 이동하게 한다. 마찬가지로 기대 미래 실질임금이 상승하면 노동자를 더욱 부유하게 만드는 효과가 있으므로 주어진 현재의 실질임금수준에서 노동공급량을 줄어들게 한다. 따라서 이 또한 노동공급곡선을 왼쪽으로 이동시킨다.

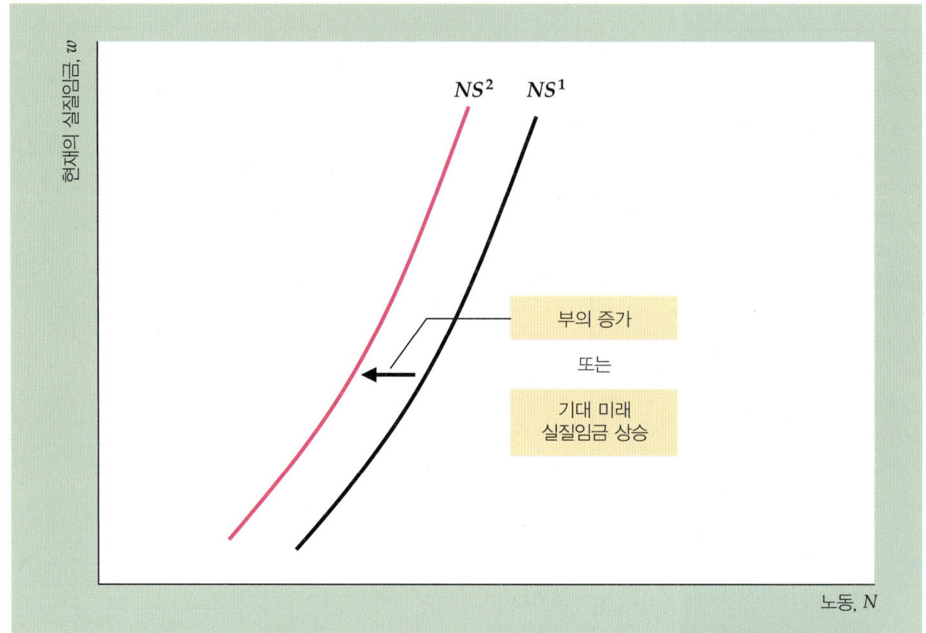

로축에, 노동공급량은 가로축에 표시한다. 노동공급곡선은 우상향의 기울기를 보이는데, 이는 현재의 실질임금이 상승하면(기대 미래 실질임금이 일정하다면) 노동공급량이 늘어나는 결과로 이어지기 때문이다.

노동공급곡선을 이동시키는 요인 일정 수준으로 주어진 현재의 실질임금에서 공급되는 노동의 양을 변하게 하는 어떤 요인이 있다면, 그 요인은 노동공급곡선 전체를 이동시킨다. 좀 더 자세히 말하면, 일정한 실질임금 수준에서 노동공급량을 전보다 감소시키는 요인은 노동공급곡선을 좌측으로 이동시킨다. 이미 앞에서 부의 증가(예를 들어, 복권당첨 같은 사건)는 주어진 실질임금수준에서 노동공급량을 감소시키는 순소득효과가 있다는 것을 확인했다. 그러므로 그림 3.8에서 볼 수 있듯이 부의 증가는 노동공급곡선을 왼쪽으로 이동하게 한다. 또한 기대 미래 실질임금이 상승하면 순소득효과를 일으켜서, 주어진 실질임금에서 노동공급량을 감소시킨다는 것을 설명했다. 그림 3.8은 기대 미래 실질임금 상승에 대한 노동공급곡선의 반응이 같은 모습으로 나타난다는 것을 보여주고 있다.

총노동공급곡선

이미 앞에서 언급한 대로, 총노동공급은 국민경제 안에 있는 모든 사람의 노동공급을 합친 것이다. 한 개인의 현재 실질임금이 상승할 때 그 개인의 노동공급

요약표 4 총노동공급곡선을 이동시키는 요인

해당 요인의 증가	곡선의 이동방향	이유
부	좌측	부의 증가는 노동자가 여가를 더 즐길 수 있는 경제적 여유를 증가시킨다.
기대 미래 실질임금	좌측	기대 미래 실질임금이 상승하면 노동자들의 경제적 여유가 증가해 여가를 더 즐길 수 있다.
노동연령인구	우측	잠재적 노동자의 수가 증가해 노동공급량을 증가시킨다.
노동참가율	우측	일하기 원하는 사람들의 수가 증가해 노동공급량을 증가시킨다.

량이 증가하는 것처럼, 총노동공급도 국민경제의 실질임금이 상승할 때 증가한다. 국민경제의 실질임금 상승이 총노동공급의 증가를 유도하는 데는 두 가지 이유가 있다. 첫째, 실질임금이 올라갈 때 이미 취업 상태에 있는 사람들은 초과근무를 하거나 시간제근무에서 전일제근무로 바꾸려 할 것이고 혹은 부업을 하면서 노동공급시간을 늘릴 것이다. 둘째, 좀 더 높은 실질임금은 현재 취업상태에 있지 않은 사람들을 구직에 나서게 유도할 수도 있다. 이처럼 실질임금이 높아지면 사람들로 하여금 더 많이 일하도록 유도하기 때문에, 총노동공급곡선(즉, 현재의 실질임금과 총노동공급량과의 관계를 나타내는 곡선)은 우상향의 기울기를 갖는다.

현재의 실질임금 외에도, 사람들이 공급을 원하는 노동의 양을 변하게 하는 요인들은 총노동공급곡선을 이동시킨다. 요약표 4에서는 총노동공급곡선의 이동요인을 열거했다. 표에 나와 있는 두 요인, 즉 부와 기대 미래 실질임금에 대해서는 이미 앞에서 논의했다. 한 나라의 노동연령인구가 증가했거나(예를 들어, 출산율이나 이민자 유입이 증가), 사회적 · 법적 환경이 변화해 노동연령인구의 더 많은 부분이 노동력에 편입된다면(즉, 노동참가인원이 증가하면) 총노동공급 역시 증가한다. 예를 들어, 1960년대 후반부터 1990년대 중반까지 사회에서 여성에 대한 인식이 변화하면서 미국 노동시장에 진출한 여성의 숫자는 폭발적으로 증가했다. 또한 여러 분야에서 의무퇴직제도가 철폐됨으로써 고령노동자의 노동참가가 급격히 증가했다.

응용 APPLICATION

미국과 유럽의 노동시장 비교

이 장에서 지금껏 논의해 온 내용은 주로 미국의 노동시장에 관련된 것이었는데, 일부 이론은 유럽이나 그 밖의 나라에도 똑같이 적용할 수 있다. 그런데 비록 이론은 같다고 하더라도 노동시장제도나 정부정책에 있어서는 미국과 그 밖의 나라 간에 많은 차이점이 있는 것도 사실이다. 이 "응용"에서는 미국의 노동시장과 유럽의 노동시장을 비교해 보자.

경제학자는 지난 10여 년간 유럽의 노동시장에 특별한 관심을 가지고 연구해왔다. 미국과 유럽의 실업률은 1970년대와 1980년대 초 거의 같았지만 그 후부터 서로 다른 양상을 보였기 때문이다. 1990년대에 미국에서는 실업률이 아주 낮은 수준까지 떨어졌는데, 유럽의 여러 나라에서는 오히려 높은 수준으로 올라갔다. 그림 3.9가 이를 잘 설명해 주고 있다. 2008년 미국 경제가 아직도 불경기에 머물러 있는데도 미국의 실업률은 5.8%로 대부분의 유럽 국가에 비해 여전히 낮은 수준이었다. 왜 이처럼 대부분 유럽 국가에서는 노동시장이 침체했는데 미국의 노동시장은 수행성과가 양호한 편이었는가?

유럽의 높은 실업률에 대한 여러 가지 이유가 연구를 통해 제기됐는데, 너무 관대한 실업보험제도, 높은 소득세율, 정부의 노동시장 개입정책 등이 있다. 이 요인들을 하나씩 살펴보자.

유럽 국가들은 대부분 미국에 비해 훨씬 관대한 실업보험제도를 운영하고 있다. 우선 한 가지 치환율(replacement rate), 즉 노동자가 실업수당으로 받는 손실 임금의 비중이 미국에 비해 훨씬 높게 나타났다. 또한 해고된 유럽 노동자는 미국에 비해 훨씬 오랫동안 실업수당을 받을 수 있다. 그 결과 유럽에서는 해고노동자가 좀 더 오랜 기간 실업상태에 머물려고 하는 경향을 보였다. 이 때문에 실업률은 더욱 높게 나타났다.

일부 경제학자는 유럽의 관대한 실업수당이 높은 실업률을 야기했다는 견해에 도전하기도 했다. 그들은 유럽이 비록 수십 년간 실업수당제도를 관대하게 운영해 왔지만 미국에 비해 높은 실업률이 대부분의 유럽 국가에서 나타난 것은 단지 1980년대 중반뿐이었다고 주장했다. 라스 융키스트(Lars Ljungqvist)와 토마스 사전트(Thomas Sargent)는 유럽의 실업률이 초기 몇십 년간은 낮았다고 한다. 유럽 경제는 1950년대부터 1970년대까지 아주 안정되어 있었는데, 1980년대와 1990년대에 와서 훨씬 불안정한 모습을 보였다고 그들은 주장했다.[15] 비록 초기 몇십 년간은 실업급여의 필요성을 느끼지 못했지만, 직장을 잃을 확률이 높아지면서 노동자들이 비로소 실업수당제도를

15. "A Supply-Side Explanation of European Unemployment," Federal Reserve Bank of Chicago, *Economic Perspectives* (September 1996), pp. 2–15.

그림 3.9

미국과 유럽의 실업률 추이(1982~2008)

1990년대 미국의 실업률은 하락했는데 독일, 이탈리아, 프랑스에서는 실업률이 증가했다. 스페인의 실업률은 표에 나타난 다른 나라에 비해 비교기간 중 가장 높았다. 그렇다면 질문은 이러하다. "왜 유럽의 실업률은 미국에 비해 그토록 높은 것인가?"

출처 : OECD Factbook 2009, Harmonised Unemployment Rates.

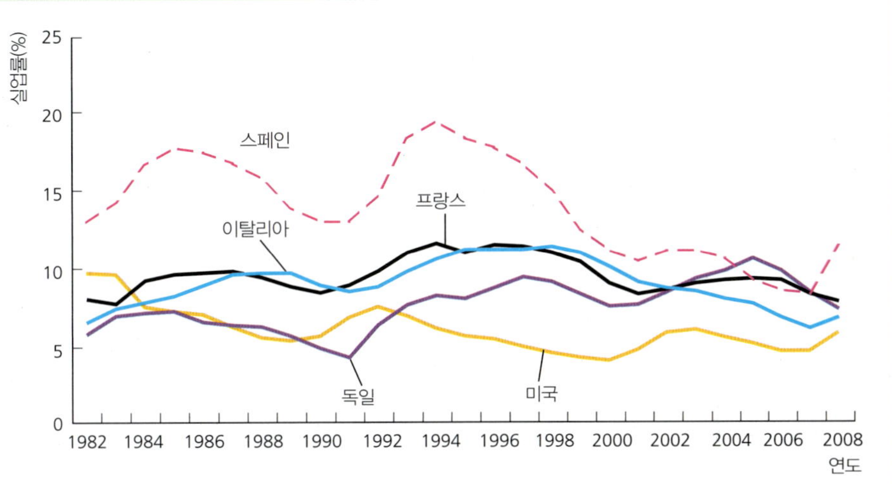

이용했다고 보는 것이 맞을 것이다.

실업수당제도를 개혁하는 나라는 실업률을 현저하게 낮출 수 있다. 그 좋은 사례가 아일랜드와 네덜란드다. 두 나라는 1990년대에 개혁에 착수해 실업수당 지급률을 대폭 축소했다.[16] 아일랜드의 실업률은 1993년의 15.6%에서 2005년 4.3%로 낮아졌으며, 네덜란드도 1982년 7.7%에서 2001년 2.2%로 낮아졌다.

그런데 여기서 유의할 것은 실업수당 개혁이 아일랜드와 네덜란드에서 일어난 변화의 전부는 아니라는 점이다. 아일랜드는 소득세율을 낮췄고, 네덜란드는 시간제근무에 대한 정부규제를 완화했다.

일부 경제학자들이 유럽 노동시장이 취약한 이유는 주로 높은 소득세율 때문이라고 지적했던 것을 상기해 보자. 그중에 눈에 띄는 사람으로, 노벨 경제학상 수상자 에드워드 프레스콧(Edward Prescott)이 있다. 그는 높은 소득세율로 인해 사람들이 일을 적게 할 유인이 있다고 지적했다.[17] 프레스콧은 세율의 차이가 미국인이 유럽인에 비해 더 많이 일하게 하는 이유라고 주장했다. 즉, 미국인은 그들의 소득 대부분을 갖고 그 중 일부분만 세금으로 납부하기 때문에 더 열심히 일한다는 것이다.

또한 정부의 노동시장 개입이 유럽의 높은 실업률을 야기하는 한 요인이란 주장에 대해 생각해 보자. 유럽 정부는 미국 정부보다 노동시장에 더 많이 개입해 왔다. 예를

16. 논문을 참조하라. Cédric Tille and Kei-Mu Yi, "Curbing Unemployment in Europe: Are There Lessons from Ireland and the Netherlands?" Federal Reserve Bank of New York, *Current Issues in Economics and Finance* (May 2001).

17. 다음을 참조하라. Edward C. Prescott, "Why Do Americans Work So Much More Than Europeans?" Federal Reserve Bank of Minneapolis, *Quarterly Review* (July 2004), pp. 2-13.

들면, 유럽 몇 개 국가에서는 기업이 노동자를 해고할 수 있는 권한에 제약을 두고 있다. 이런 제한조치는 노동공급곡선을 우측으로, 노동수요곡선을 좌측으로 이동시킨다. 11장에서 더 자세히 살펴보겠으나, 이런 규제가 시행되어 임금이 노동시장의 과잉공급을 해소할 수 있을 만큼 하락하지 못한다면 실업은 증가한다. 유럽 정부는 다른 방법으로도 노동시장에 개입했었다. 예를 들어, 네덜란드 정부는 시간제근무를 제한했다. 그러나 1982년부터 규제를 완화하자 종전보다 훨씬 많은 여성이 노동에 참여했고 전체적으로 노동수요가 노동공급을 초과할 만큼 증가함으로써, 여성실업률은 빠른 시간 안에 급격하게 하락했다.

미국에 비해 유럽의 실업률이 높은 이유가 관대한 실업수당제도, 높은 세율, 시간제근무제에 대한 규제 등이라는 주장에는 명백한 근거가 있다고 할 것이다. 노동시장에 대한 이러한 장애요인을 제거한 나라에서는 실업률이 감소하는 것을 목격했다. 사실 2008년에는 아일랜드와 네덜란드의 실업률이 미국에 비해 낮았지만, 그 밖의 유럽 국가에서는 그 반대 현상이 나타났다.

3.4 노동시장의 균형

노동시장이 균형을 이루려면 총노동수요량이 총노동공급량과 같아야 한다. 여기서 소개하는 노동시장의 기본적 수요-공급 모형(노동시장의 고전파 모형이라 한다)은 노동의 공급과 노동수요를 일치시킬 수 있을 만큼, 실질임금이 적정한 빠르기로 조정된다는 가정에 기초하고 있다. 그러므로 노동공급이 노동수요보다 적다면 희소한 노동자를 두고 경쟁하는 기업들은 실질임금을 올릴 것이다. 그에 반해 노동자들이 상대적으로 적은 수의 일자리를 놓고 경쟁하는 경우에는 실질임금은 하락하려 할 것이다.

노동시장의 균형을 그림으로 나타내면 총노동수요곡선과 총노동공급곡선이 만나는 그림 3.10의 E점과 같다. 임금과 가격을 완전히 조정한 후 이뤄지는 균형 고용수준은 $\bar{N}$인데, **고용의 완전고용수준**(full-employment level of employment)으로 알려져 있다. 이 점에 상응하는 시장청산 실질임금은 $\bar{w}$이다.

총노동수요곡선이나 총노동공급곡선 중 어느 하나를 이동하게 하는 요인은 균형 실질임금과 완전고용수준의 고용량 모두에 영향을 미친다. 그 요인 중 한 가지를 예로 들면, 일시적인 해로운 공급 충격이다. 예를 들어, 비정상적인 악천후로 인해 일시적으로 해로운 공급 충격을 받게 되면 모든 고용수준에서 노동의 한계생산물이 감소한다. 그림 3.11에 나타나 있듯이, 이러한 노동의 한계생산물 감소는 노동수요곡선을 ND^1에서 ND^2로 좌측이동시킨다. 그런데 이 공급 충

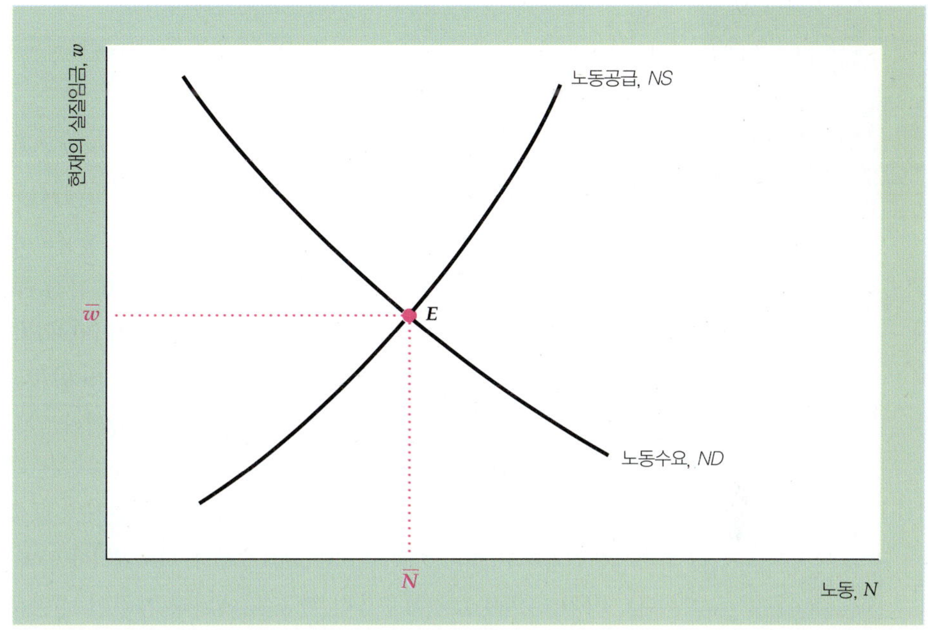

그림 3.10

노동시장의 균형

점 E에서는 노동수요량과 노동공급량이 일치한다. 균형 실질임금은 $\bar{w}$이고, 여기에 상응하는 균형 고용수준은 $\bar{N}$인데, 이는 또한 완전고용수준이기도 하다.

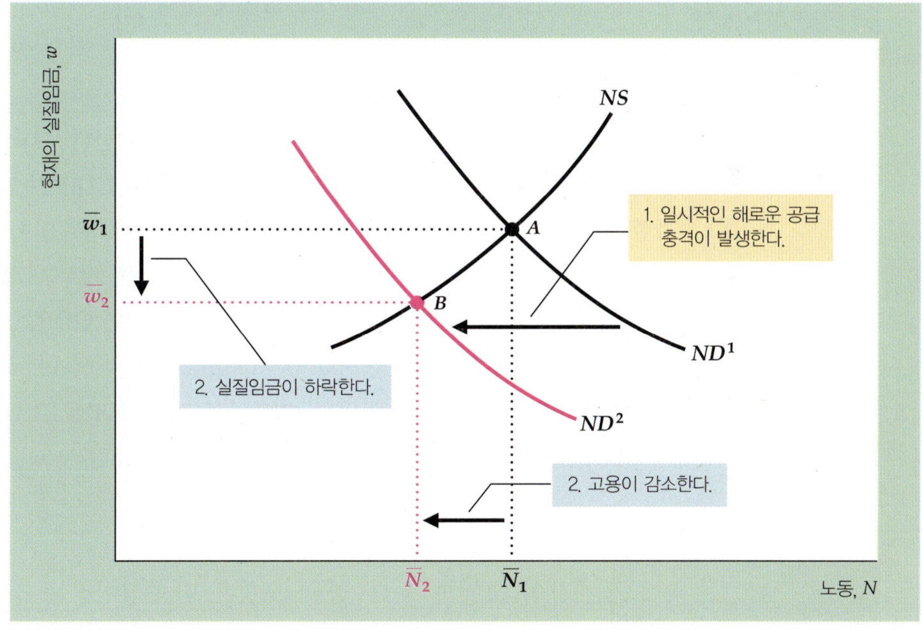

그림 3.11

일시적인 해로운 공급 충격이 노동시장에 미치는 영향

노동의 한계생산물을 감소시키는 해로운 공급 충격(그림 3.4 참조)은 어떤 실질수준에서라도 노동수요량을 감소시킨다. 그러므로 노동수요곡선은 ND^1에서 ND^2로 이동하며 노동시장균형은 A점에서 B점으로 이동한다. 해로운 공급 충격은 실질임금을 $\bar{w}_1$에서 $\bar{w}_2$로 하락시키고 완전고용수준 고용량도 $\bar{N}_1$에서 $\bar{N}_2$로 감소시킨다.

격은 일시적이기 때문에 미래의 한계생산물이나 미래의 실질임금에 영향을 줄 것으로는 보이지 않는다. 따라서 노동공급곡선은 이동하지 않는다. 노동시장의 균형은 A점에서 B점으로 이동한다. 그러므로 이 모형은, 일시적 공급 충격은 현행 실질임금을 이동시키고($\bar{w}_1$에서 $\bar{w}_2$로), 완전고용수준의 고용량을 이동시킨다($\bar{N}_1$에서 $\bar{N}_2$로).

응용 APPLICATION

석유가격 파동 기간 중 산출량, 고용, 실질임금

제2차 세계대전 이후 미국과 세계경제에 타격을 입한 가장 심각한 공급 충격은 석유와 기타 에너지 제품의 급격한 가격상승이었다. 그림 3.12에서는 1960~2008년 기간에 기업이 지불한 에너지 가격을 GDP 디플레이터(모든 산출물의 일반물가)에 대한 상대가격으로 측정, 표시하고 있다. 세 번의 석유가격 파동이 가장 두드러지게 나타났다. 첫 번째는 1973~1974년에 있었던 것으로, 석유수출국기구(OPEC)가 처음으로 석유수출 제한조치를 취한 후 가격을 크게 올렸을 때다. 두 번째는 1979~1980년에 이란 혁명으로 석유공급이 원활하지 못했을 때다. 세 번째는 중국이나 인도처럼 급속한 경제발전을 보이는 경제대국에서의 석유수요가 급증하고 공급능력은 취약해지면서 가격이 급등했을 때다(공급능력이 취약해진 것은 불충분한 생산능력과 함께 멕시코만의 생산시설을 파손시킨 허리케인, 최근 중동, 러시아, 베네수엘라, 나이지리아 등의 지정학적 분쟁 조짐 때문이다). 1979~1980년의 석유가격 파동은 에너지 가격이 곧바로 하락하면서 일시적인 사태로 끝나고 말았다. 1990년 8월 이라크의 쿠웨이트 침공 직후 석유가격이 상승했지만, 앞에서 언급한 세 번의 석유가격 파동에 비해 전체 에너지 가격에 미친 영향은 적었다. 그림 3.12에서 볼 수 있듯이 일시적으로 지나가는 작은 충격에 불과했다.

에너지 가격이 상승할 때는 기업이 에너지 사용량을 줄이므로, 자본과 노동이 일정 수준으로 유지되더라도 산출량은 줄어드는 결과를 야기한다. 그러므로 에너지 가격의 상승은 일종의 해로운 공급 충격이다. 석유가격 파동이 GDP에 미치는 영향은 얼마나 심각한가? 그 파동이 발생하면 국민경제 안에서 복합적으로 일어나는 여러 가지 사건을 따로 떼어 관찰하기는 매우 어렵기 때문에, 그 결과는 정부가 어떤 정책을 취하는가에 달려 있다. 실증연구에서는 석유가격이 10% 인상되면 GDP는 약 0.4%포인트 감소한다고 주장하고 있다.[18] 따라서 2002년부터 2008년까지 석유가격이 96% 인상됐으므로 가격인상이 없는 경우에 비해 약 3.8%포인트 정도 GDP를 감소시켰다고 볼 수 있다.

지금까지 분석해 본 결과에 따르면 해로운 공급 충격은 노동수요와 고용, 산출물의

노동시장의 고전파 수요-공급 모형은 단순성이라는 장점이 있어, 경제적인 교란 요인이나 정책 변화가 일어났을 때 고용과 실질임금에 어떤 영향을 미치는지를 연구하는 데는 사용할 수 없다는 것이다. 이 모형의 균형 실질임금수준에서는 일하기를 원하는 어떤 노동자도 다 일자리를 얻을 수 있다고 가정하고 있기 때문에, 이 모형상에는 실업이 전혀 없다. 그러나 실업이 0인 상황은 결코 일어날 수 없다. 이 장의 후반부에서 실업에 대해 논의하는데, 그때까지는 당분간 고전파 수요-공급 모형을 계속 사용하려 한다.

그림 3.12

에너지 상대가격 추이 (1960~2008)

그림에서는 GDP 디플레이터 대비 연료, 관련 제품 및 동력의 생산자 가격지수(생산자가 지불하는 에너지 가격지수) 추이를 보여주고 있다. 그림에서 1973~1974, 1979~1980, 2003~2008 기간 중 석유가격 하락을 눈여겨보라.

출처 : 연료 및 관련 제품 그리고 전력에 대한 생산자 가격지수—research.stlouisfed.org/fred2/series/PPIENG; GDP 디플레이터—research.stlouisfed.org/fred2/GDPDEF. 에너지 상대가격은 2000년을 100으로 하여 환산조정했음.

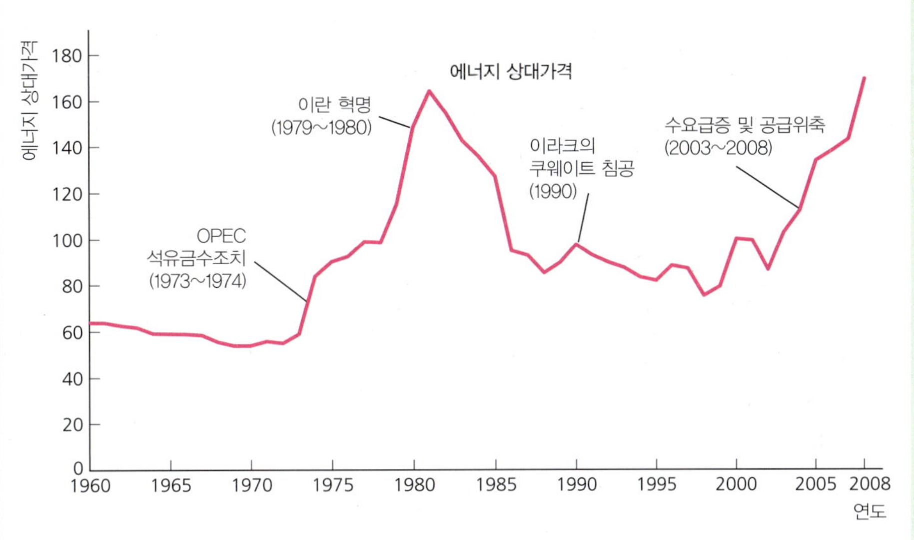

생산량을 감소시킨다고 예측할 수 있다. 사실 1973~1974년, 1979~1980년, 1990년 등 세 번의 석유 공급량 제한에 의한 석유가격 인상 후 불경기가 뒤따랐고, 매번 GDP는 마이너스 성장을 기록했다. 또한 매번 고용도 줄고 실질임금도 하락했다. 그러나 이러한 결과를 해석할 때는 주의가 필요한데, 거시경제 정책과 기타 여러 요인이 동시에 변하고 있었기 때문이다. 그럼에도 불구하고 우리의 모형은 미국 경제의 반응을 그런대로 잘 설명하고 있다고 할 것이다.

18. 다음을 참조. Charles T. Carlstrom and Timothy S. Fuerst, "Oil Prices, Monetary Policy and the Macroeconomy," Federal Reserve Bank of Cleveland, *Economic Commentary* (July 2005); John Fernald and Bharat Trehan, "Why Hasn' t the Jump in Oil Prices Led to a Recession?" Federal Reserve Bank of San Francisco, *Economic Letter*, Number 2005-31, November 18, 2005.

완전고용산출량

노동시장의 균형과 생산함수를 결합하면 기업이 공급하기를 원하는 산출물의 수량을 결정할 수 있다. **완전고용산출량**(full-employment output) $\bar{Y}$는 때로 잠재산출량(potential output)이라고도 하는데, 임금과 물가가 완전하게 조정됐을 경우 국민경제 내의 모든 기업이 공급하는 산출량의 수준이다. 마찬가지로 완전고용산출량($\bar{Y}$)은 총체적 고용량이 완전고용수준($\bar{N}$)과 일치할 때 공급되는 산출량이기도 하다. 이를 생산함수에 관한 방정식[식 (3.1)]을 이용해 수리적으로 표현하면 다음과 같다.

$$\bar{Y} = AF(K, \bar{N}) \tag{3.4}$$

식 (3.4)는 자본재고(K)가 일정 수준으로 고정되어 있는 경우 완전고용산출량은 두 가지 일반적 요소, 즉 완전고용수준 고용량($\bar{N}$)과 고용과 산출량을 연결하는 생산함수에 의해 결정된다.

완전고용수준 고용량($\bar{N}$)이나 생산함수를 변화시키는 어떤 요인이라도 완전고용산출량($\bar{Y}$)을 변하게 한다. 예를 들면, 노동의 한계생산물(MPN)을 감소시키는 해로운 공급 충격(그림 3.11)이 발생하면 이는 다음의 두 가지 방법으로 완전고용산출량을 감소시킨다.

1. 해로운 공급 충격은 주어진 자본과 노동으로 생산될 수 있는 산출물의 양을 감소시키는 직접적인 효과가 있다. 이런 직접적인 효과는 생산성지표[식 (3.4)의 A]의 하락으로 간주할 수 있다.
2. 해로운 공급 충격은 노동수요를 감소시켜 그림 3.11에서처럼 완전고용수준 고용량($\bar{N}$)을 감소시킨다. $\bar{N}$의 감소는 완전고용산출량 $\bar{Y}$도 감소시킨다. 이는 [식 (3.4)]에서 쉽게 확인할 수 있다.

3.5 실업

수요-공급 분석에 기초를 둔 고전파 노동시장 모형은 국민경제의 임금률과 고용수준을 연구하는 데 유용함은 물론, 이 변수들이 산출량과 생산성에 어떻게 연결되어 있는지를 설명하는 데도 쓸모가 있다. 그러나 이 노동시장 모형은 하나의 강한 가정에 기초를 두고 있는데, 이는 곧 노동시장이 균형상태에 있을 때 현행 임금하에서 일할 의사가 있는 모든 노동자는 일자리를 얻을 수 있다는 가정이다. 그러나 물론 일하기를 원하는 모든 사람에게 실제로 일자리가 주어지는 것은 아니다. 실업이 존재한다는 것은 언제든지 사회의 노동력 자원 중 일부는 상품 및 서비스 생산에 적극적으로 참여하지 못하고 있다는 것을 의미한다.

이 책에서는 여러 차례, 특히 12장에서는 실업문제를 집중적으로 논의할 것이다. 여기서는 실업에 대한 기초적 사실을 소개하고 그에 대한 예비적인 경제분석으로 나아가기로 한다.

실업의 측정

미국의 실업률을 추정하기 위해 노동통계국(BLS : Bureau of Labor Statistics)에서는 매달 약 60,000가구를 조사하고 있다. 조사대상 가구 내의 16세 이상인 사람은 다음 세 분류대상 중 하나에 속한다.

1. 취업자 : 조사 전주에 전일제 혹은 시간제로 일했던 사람(병가나 휴가 중이었던 사람도 포함)
2. 실업자 : 조사 전주에 일하지 못했으며, 과거 4주 동안 구직활동을 했던 사람
3. 노동력 미편입자 : 조사 전주에 일하지 않았고, 과거 4주 동안 구직활동을 하지 않았던 사람(예 : 전업학생, 가정주부, 은퇴자)

표 3.4에서는 2009년 6월 현재 위 분류기준의 각 항목에 속한 인원수를 나타내고 있다(이 고용현황과 기타 노동시장에 관한 데이터는 바로 이어지는 "최신자료 및 연구와의 접속 : 노동시장 데이터"에서 자세히 설명하고 있다). 그 달에 140.2백만 명은 취업노동자였고, 14.7백만 명은 실업자였다. **노동력**(labor force)은 모든 취업자와 실업자로 구성되어 있는데, 따라서 2009년 6월 총노동력은 154.9백만 명이다(취업자 140.2백만 명과 실업자 14.7백만 명을 합친 인원). 2009년 6월 성인(16세 이상) 인구는 235.7백만 명이었는데, 그중 80.8백만 명은 노동력에 편입되지 않은 상태로 남아 있다(총인구 235.7백만 명에서 노동력 154.9백만 명을 뺀 숫자).

노동시장 관련 지표 중 유용한 것으로는 실업률, 노동참가율, 취업자 비율이 있다. **실업률**(unemployment rate)은 노동력 중에서 취업되지 않은 사람들의 비율이다. 2009년 6월 실업률은 9.5%였다(실업자 14.7백만 명을 노동력 154.9백만 명으로 나눈 값). 그림 1.3에서는 1890년 이래 미국의 실업률 추이를 보여주고 있다.

성인인구 중 노동력에 편입되어 있는 비율이 **노동참가율**(participation rate)이다. 2009년 6월 미국의 성인인구는 235.7백만 명인데, 이 중 154.9백만 명이 노동력에 편입되어 있으므로 노동참가율은 65.7%이다(154.9/235.7 = 0.657 = 65.7%).

표 3.4 미국 성인인구의 고용상태, 2009년 6월

구분	인원수(백만 명)	노동력 비중(%)	성인인구 비중(%)
취업노동자	140.2	90.5	59.5 (취업률)
실업자	14.7	9.5 (실업률)	6.2
노동력(취업자 + 실업자)	154.9	100.0	65.7 (노동참가율)
노동력 미편입자	80.8		34.3
성인인구(노동력 + 노동력 미편입자)	235.7		100.0

주 : 반올림으로 인해 숫자 합계가 맞지 않을 수도 있음.
출처 : *The Employment Situation*, June 2009, Table A-1.

최신자료 및 연구와의 접속 IN TOUCH WITH DATA AND RESEARCH

노동시장 데이터

정부 관련 부처에서는 노동시장에 관련된 매우 다양한 종류의 데이터를 수집, 배포하고 있다. 노동시장 데이터를 요약한 것 중 유용한 것으로는 노동통계국(BLS)에서 발간하는 월간 「The Employment Situation」이 있다(www.bls.gov/news.release/pdf/empsit.pdf에서도 이용 가능). 이 정기 보고서는 매월 첫 주 금요일에 배포되는데, 전달의 취업, 실업, 주당 평균노동시간, 주당 평균임금, 시간당 평균임금 등에 관한 데이터를 싣고 있다. 또한 관련 데이터는 미국 전체에 대한 수치는 물론 노동자의 연령별, 성별, 인종별, 직업별, 산업별 분류 데이터도 싣고 있다. 이 데이터는 후일 여러 종류의 자료에 인용되는데, 그중에는 「Employment and Earnings」, 「Economic Report of the President」와 인터넷 사이트 research. stlouisfed.org/fred2의 FRED 데이터베이스 등이 포함되어 있다.

월간 「The Employment Situation」에 실리는 데이터는 두 가지 조사를 통해 얻어지는데, 하나는 가구별 조사(household survey)고, 하나는 기관별 조사(establishment survey)다. 가구별 조사는 이 장의 앞에서 설명한 대로 매월 실시되며, 취업률과 실업률을 계산하는 데 사용된다. 기관별 조사[급여(payroll) 조사로도 알려져 있음]는 각 기관별 고용, 근무시간, 종업원 급여 등에 대한 약 40만 개 기관의 응답을 기초로 하고 있다.

가구별 조사와 기관별 조사는 모두, 고용현황에 대한 정보를 제공해 주지만 때로는 전달의 고용상황에 대해 모순되는 신호를 보내기도 한다. 두 조사의 중요한 차이점은, 기관별 조사는 직업의 수를 계산하고, 가구별 조사는 사람의 수를 계산한다는 점이다. 따라서 직장이 두 곳인 사람의 경우 기관별 조사에서는 두 번 계산되지만, 가구별 조사에서는 한 번만 계산된다. 기관별 조사로부터 나오는 고용 데이터는 좀 더 포괄적이어서, 가구별 조사로부터 나오는 데이터보다 산출량에 더 밀접하게 연관되어 있다.[19] 그러나 가구별 조사는 기관별 조사에 비해 실업에 관해 좀 더 많은 정보를 제공해 준다.

19. 다음을 참조. Robert Ingenito and Bharat Trehan, "Using Monthly Data to Predict Quarterly Output," Federal Reserve Bank of San Francisco, *Economic Review*, 1996, no. 3: pp. 3-11.

취업률(employment ratio)은 성인인구 중 취업노동자의 비율을 말한다. 2009년 6월 취업률은 59.5%였다(취업노동자 140.2백만 명을 성인인구 235.7백만 명으로 나눈 비율). 2009년 6월 취업자 비율이 59.5%이므로 성인인구의 40.5%는 취업하지 못한 상태에 있었다. 이 40.5% 중 6.2%는 실업률이고, 나머지 34.3%는 노동력에 참가하지 않은 사람들의 비율이다. 그러므로 어느 일정 시점에서 취업하지 않고 있는 성인의 대부분은 실업자라기보다는 노동력에 편입되지 않은 사람들이다.

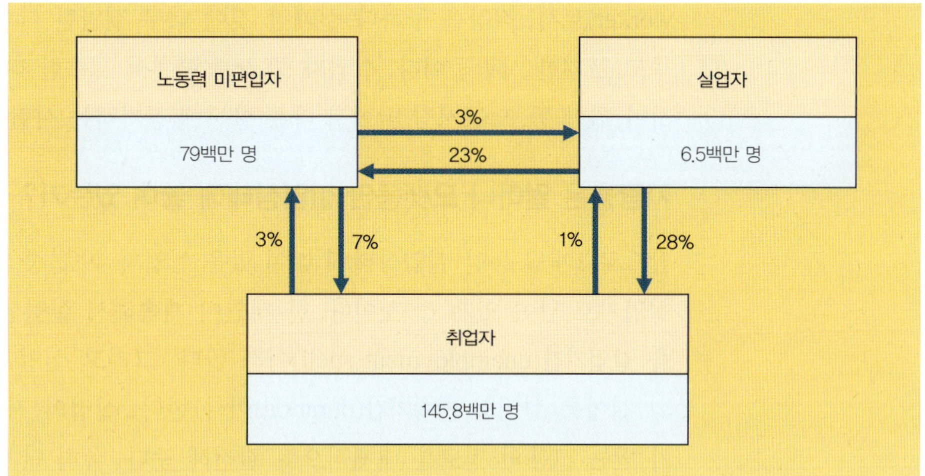

그림 3.13

1개월간의 고용지위 변화 (2007년 6월)

두 사각형 사이의 화살표는 한 고용지위에서 다른 지위로 전환하는 방향을 나타내며, 화살표 위에 표시된 수치는 1개월 동안 하나의 고용지위에서 다른 지위로 전환한 비율을 나타낸다. 예를 들면, 실업자로부터 취업자로 그려진 화살표 위의 수치는 실업자의 28%가 다음 달에 취업자가 됐다는 것을 표시한다. 취업자에서 실업자로 그려진 화살표는 취업자의 1%가 다음 달에 실업자가 됐다는 것을 나타낸다.

고용지위의 변화

노동시장은 항상 소용돌이처럼 변화무쌍하다. 심지어 어느 달로부터 다음 달까지 실업률이 변하지 않고 그대로 있더라도, 그 한 달 사이에 미국 노동자 수천, 수만 명은 일자리를 잃고, 또 다른 수천, 수만 명은 일자리를 얻게 된다.

그림 3.13에서는 노동자들이 평상시에 그들의 고용지위(employment status)를 어떻게 바꾸는지를 보여주고 있다. 즉, 그들이 취업자가 될 것인지, 실업자로 남아 있을 것인지, 아니면 노동력에서 빠져나갈 것인지를 어떻게 결정하는지 설명해 주고 있다. 그림에서 각 사각형 사이에 그려진 화살표는 하나의 고용지위에서 다른 지위로 전환하는 방향을 나타내며, 화살표 위에 표시된 숫자는 전형적인 1개월간 하나의 지위에서 다른 지위로 전환한 사람들의 비율을 표시한다.[20] 예를 들어, 취업자 사각형에서 실업자 사각형 쪽으로 그려진 화살표 위에는 1% 꼬리표가 붙어 있는데, 이것은 1개월간에 취업자 상태에서 실업자의 지위로 전환하는 비율을 가리킨다(그림의 수치는 2007년 6월의 통계치를 인용했다).

그렇다면 실업자의 취업전망은 어떠한가? 그림 3.13에서는 어느 달에 실업상태였던 사람의 28%가 다음 달에 취업이 된다는 것과, 실업자의 23%는 다음 달에 노동력에서 빠져나간다는 것을 보여주고 있다. 실업자의 나머지 49%는 다음 달에도 여전히 실업상태에 놓여 있을 것이다. 그리고 매달 노동력에서 빠져나가는 실업자의 23%에 해당하는 사람들 중 일부는 **낙심한 노동자**(discouraged

20. 그림 3.13에 표시된 숫자는 표 3.4의 데이터를 그대로 이용했다. 그리고 전환비율은 다음 자료를 그대로 사용했다. Bureau of Labor Statistics research series on labor force status flows from the Current Population Survey, www.bls.gov/cps/cps_flows.htm.

worker)로서, 직장을 구하다 실패한 것에 너무 실망한 나머지 구직활동을 그만두고 포기한 사람들이다. 실업자 중 노동력에서 철수한 다른 사람들은 가사 종사나 취학 등, 노동시장 밖에서 다른 활동에 참가하는 사람들이다.

사람들은 얼마나 오랫동안 실업상태에 놓여 있는가?

앞으로 1개월 동안 실업상태에 놓여 있을 실업자 49% 중 일부는 상당히 장기간 실업자로 남아 있게 될 것이다. 한 개인이 계속해서 실업상태에 놓여 있는 기간을 **실업기간**(unemployment spell)이라 한다. 그리고 실업기간이 지속되는 시간의 길이를 실직의 **지속기간**(duration)이라 한다. 실업의 지속기간은 실직노동자가 받는 고통의 정도를 대체적으로 결정해 준다. 극히 단기간, 즉 1주일의 실업기간은 그 노동자의 1주간의 급여손실을 가져오지만, 생활수준에 심각한 영향을 미치지는 않을 것이다. 그러나 이와는 달리 극단적인 경우, 예를 들어 실업기간이 수개월간 지속된다면, 실업자는 평생 모은 저축을 다 소진하거나 집이나 자동차를 팔아야 하는 상황에 처할 수도 있다.

미국의 실업지속기간은 얼핏 보기에 모순되는 다음 두 가지 특성을 나타내고 있다.

1. 대부분 실업기간(spell)은 그 지속기간(duration)이 단기적이어서 2개월이나 그 이하다.
2. 주어진 시점에서 실직상태에 있는 사람들 대부분이 장기간 지속되는(long duration) 실업기간(spell)을 경험하고 있다.

위의 두 진술이 어느 정도까지가 진실인지를 이해하기 위해, 총노동력이 100명인 국민경제를 생각해 보자. 매월 초 노동자 2명이 실직해 새 직장을 얻기까지 1개월간 실직상태가 지속된다고 가정해 보자. 나아가 매년 초에 4명이 실직해 1년 동안 계속 실직상태에 놓여 있다고 가정한다.

이 예에는 1년 동안 28개의 실업기간(spell)이 있다. 즉, 1개월간 지속되는 24개의 실업기간이 있고, 1년간 지속되는 4개의 실업기간이 있다. 그러므로 1개월간 지속되는 실업기간은 전체 28개의 실업기간 중 86%인 24개로서, 첫 번째 진술, 즉 "대부분의 실업기간은 단기다"와 부합한다.

주어진 어느 날, 예를 들어, 5월 15일에 실업자로 있는 사람은 몇 명인가? 5월 1일에 1개월의 실업기간을 시작한 실업자가 2명 있고, 1월 1일에 1년의 실업기간을 시작한 실업자가 4명 있다. 그러므로 5월 15일 현재 실직상태에 있는 6명의 실업자 중 67%인 4명이 1년의 실업기간을 경험하고 있기 때문에, 두 번째 진술, 즉 "주어진 시점에 실업상태에 있는 대부분의 사람이 장기간의 실업기간을 경험하고 있다"라는 진술과 부합한다.

왜 실업자는 항상 존재하는가?

경제가 역동적으로 성장하고 새로운 일자리가 많이 생겨나고 있을 때도, 실업자는 여전히 있다. 왜 이처럼 실업은 분명하게도 영구적인 현상으로 나타나는가? 여기서는 마찰적 실업과 구조적 실업에 대해서 논의할 것이다. 이 두 가지 유형의 실업은 노동시장에서 항상 존재함으로써, 실업률이 0%에 절대 도달하지 못하도록 방해하는 것이다.

마찰적 실업 노동시장에서는 노동자와 기업 쌍방이 엄청난 양의 탐색활동을 벌이게 된다. 실업자는 적절한 직장을 찾아 나서고, 빈자리가 있는 기업은 적합한 노동자를 구하려고 노력한다. 만일 노동자들이 모두 같고, 모든 직장 또한 같다면, 이런 탐색활동은 짧고 쉬울 것이다. 즉, 실업자는 빈자리가 있는 기업이라면 어디에서든 즉시 채용될 것이기 때문이다. 말할 필요도 없이, 일자리나 노동자 어느 것도 일률적이지 않다는 것이 문제다. 노동자는 재능이나 기술, 경험과 목표가 각기 다르고 지리적 위치(그리고 이주하려는 의욕)도 다르며, 각자 직무에 바치려는 시간이나 열정의 양도 다르다. 마찬가지로 일자리도, 요구되는 기술이나 경험, 작업조건, 직장위치, 근무시간이나 급여에서 많은 차이를 보이기 마련이다. 이와 같이 여러 조건에 차이가 있기 때문에 실업자는 적합한 직장을 찾기까지 몇 주 또는 그 이상 탐색활동을 계속할 것이다. 또한 이와 마찬가지로 기업도 적합한 근로자를 채용하기까지 상당 기간 탐색을 지속할 수 있다.

노동자가 각기 적합한 일자리를 탐색하고 기업 모두가 각기 적합한 근로자를 탐색하기 때문에 발생하는 실업을 **마찰적 실업**(frictional unemployment)이라 한다. 경제는 역동적이어서 일자리가 계속 창출되고 파괴되기도 하며, 노동력에 참여하는 노동자와 노동력으로부터 철수하는 노동자가 끊임없이 생겨나기 때문에 항상 어느 정도의 마찰적 실업이 존재하기 마련이다.

구조적 실업 장기간의 실업으로 고통받는 사람들 외에도, 수많은 사람이 만성적인 실업상태에 놓여 있다. 그들의 실업기간은 짧은 기간의 고용에 의해 일시 중단되기도 하고, 그들이 일시적으로 노동력에서 철수하기도 하지만, **만성적 실업자**(chronically unemployed)는 삶의 대부분을 실업자인 상태로 보내는 것이다. 장기간의 실업기간이나 만성적 실업은 노동자와 일자리를 연결해 주는 과정 때문이라고 탓할 수만은 없는 것이다. 이런 상황에 놓여 있는 사람들은 일자리를 열심히 찾아 다니는 것도 아닌 것 같고, 또 대개는 안정적인 일자리를 찾아내지도 못한다. 경제가 침체상태에 있지 않을 때도 존재하는, 장기적이고 만성적인 실업을 **구조적 실업**(structural unemployment)이라 한다.

구조적 실업이 일어나는 주된 이유는 다음의 두 가지다. 첫째로, 기술이 전혀 없거나 기술수준이 낮은 노동자는 장기적으로 일할 수 있는 일자리를 찾을 수 없는 경우가 많다. 그런 사람이 얻을 수 있는 일자리는 대개 상대적으로 임금이 낮고, 훈련이나 승진 기회도 거의 없는 경우가 많다. 구조적 실업의 가장 큰 문제는 기술수준이 낮은 노동자가 갖고 있는 일자리가 오래 지속되지 못한다는 점이다. 몇 달이 지나면 그 일자리가 없어지기도 하고, 노동자가 중간에 그만두거나 해고를 당하기도 한다. 그래서 그들은 또다시 장기실업기간에 돌입하는 것이다. 기술수준이 낮은 노동자 중 일부는 충분한 훈련이나 경험을 통해 좀 더 안전하고 장기간 지속되는 일자리를 얻기도 한다. 그러나 불충분한 교육, 각종 차별, 언어장애 등의 이유 때문에 미숙련노동자 중 대부분은 장기고용상태로 옮겨가는 데 성공하지 못하고 만성적인 실업상태로 남아 있게 된다.

구조적 실업의 두 번째 원인은 위축되고 있는 산업이나 경기가 침체된 지역으로부터 경제가 성장하는 부문으로 노동자가 재배치되는 경우다. 생산하는 제품이 더 이상 수요가 없는 산업(예를 들어, 마차용 말채찍을 제조하는 업체)이나 더 이상 경쟁력이 없는 산업(시장의 대부분을 일본 기업에 빼앗긴 미국 컬러 TV 생산자)이 발생하면 이 산업체의 근로자는 직장을 잃게 된다. 이와 동시에 어떤 산업은 성장한다(예를 들어, 건강 관련 서비스업체나 컴퓨터 소프트웨어 개발업체). 구조적 실업이 발생하지 않도록 미리 예방하려면, 사양산업에서 일하는 근로자에게 성장산업의 일자리를 찾아 연결해줘야 한다. 이와 같은 연결작업에는 장기간의 실업기간이 수반될 수도 있다. 특히 노동자가 이주를 해야 한다든지 새로운 일자리에 적합한 훈련을 받아야 할 때는 더욱 그렇다.

자연실업률 마찰적 실업과 구조적 실업은 현실경제에서 언제나 함께 나타나기 때문에, 설령 경제가 완전고용상태에 있다 하더라도 실업률은 절대 0%가 되지 못한다. 경제의 산출량과 고용이 완전고용수준을 유지하는 중에도 지속되는 실업률을 **자연실업률**(natural rate of unemployment) $\bar{u}$라고 한다. 자연실업률은 마찰적 원인과 구조적 원인으로 일어나는 실업을 반영한다. 자연실업률을 나타내는 통일된 공식지표는 없지만, 많은 경제학자는 1950년대에는 4~5% 사이, 1980년대에는 약 6%까지 상승한 것으로 보고 있다. 또한 그들은 1990년대와 2000년대에는 자연실업률이 5.5% 또는 그 이하로 하락했다고 보고 있다. 12장에서 자연실업률이 변화하는 이유에 대해 검토할 것이다.

산출량이 완전고용수준 부근에서 오르락내리락하는 것처럼, 실제 실업률도 자연실업률을 중심으로 상승, 하락한다. 실제 실업률과 자연실업률의 차이를 **경기적 실업**(cyclical unemployment)이라 한다. 실제 실업률을 u, 자연실업률을 $\bar{u}$라고 할 때, 경기적 실업 $= u - \bar{u}$가 성립한다. 산출량과 고용이 완전고용수준에 미달하면 경기적 실업은 항상 플러스고, 산출량과 고용이 완전고용수준을 초과하면 경기적 실업은 마이너스다.

3.6 산출량과 실업률의 관계 : 오쿤의 법칙

이 장의 앞부분에서 단기 산출량 변동의 대부분은 고용 변화로부터 야기된다는 점을 언급했다. 고용이 감소하고 실업이 증가할 때, 일하는 사람의 숫자가 줄면서, 생산된 상품과 서비스의 양이 감소하는 결과가 나타난다. 이처럼 노동시장의 상태와 총산출량 사이에 존재하는 관계를 좀 더 정확하게 제시하기 위해 경기적 실업의 개념을 사용할 수 있다.

실업률의 변화가 총산출량에 미치는 정량적 영향은 오쿤의 법칙으로 묘사될 수 있다. 이것은 법칙이라기보다는 개략적인 경험법칙으로, 1960년대 존슨 행정부에서 경제자문위원회 의장을 지낸 아서 오쿤(Arthur Okun)이 처음 말한 것이다. **오쿤의 법칙**(Okun's law)에 의하면, 실업률이 1%포인트 증가하면 국민경제의 완전고용수준 산출량과 실제 산출량 간의 격차가 2%포인트 증가한다.[21, 22] 오쿤의 법칙을 식으로 표현하면 다음과 같다.

$$\frac{\bar{Y} - Y}{\bar{Y}} = 2(u - \bar{u}) \tag{3.5}$$

식 (3.5)의 좌변은, 완전고용수준 산출량($\bar{Y}$)에 실제 산출량(Y)이 미달하는 격차를 완전고용수준 산출량($\bar{Y}$)의 백분율로 표현한 것이다. 그러므로 식 (3.5)는 잠재적 산출량과 실제 산출량 간의 백분율 격차는 경기적 실업률의 2배와 같다는 것을 나타내고 있다.

자연실업률이 6%이고 완전고용산출량이 15조 달러라고 가정하고 오쿤의 법

---

21. 예를 들어, 실업률이 6%에서 9%로 오르면 실업률이 3%포인트(9% − 6%) 상승했다고 말하거나, 또는 실업률이 50%(3%는 6%의 50%이다) 올랐다고 말한다.

22. 오쿤이 쓴 원래의 논문("Potential GNP: Its Measurement and Significance," reprinted in Arthur Okun, *The Political Economy of Prosperity*, Washington, D.C.: Brookings Institution, 1970, pp. 132-145)에서는 소위 '오쿤법칙의 계수'는 2가 아니라 3이었고 따라서 경기적 실업 1% 변화는 완전고용산출량과 실제 산출량의 차이 3% 변화와 연관되는 것으로 설명되었다. 현재의 추정치로 나타난 '오쿤법칙의 계수'는 2에 가깝다.

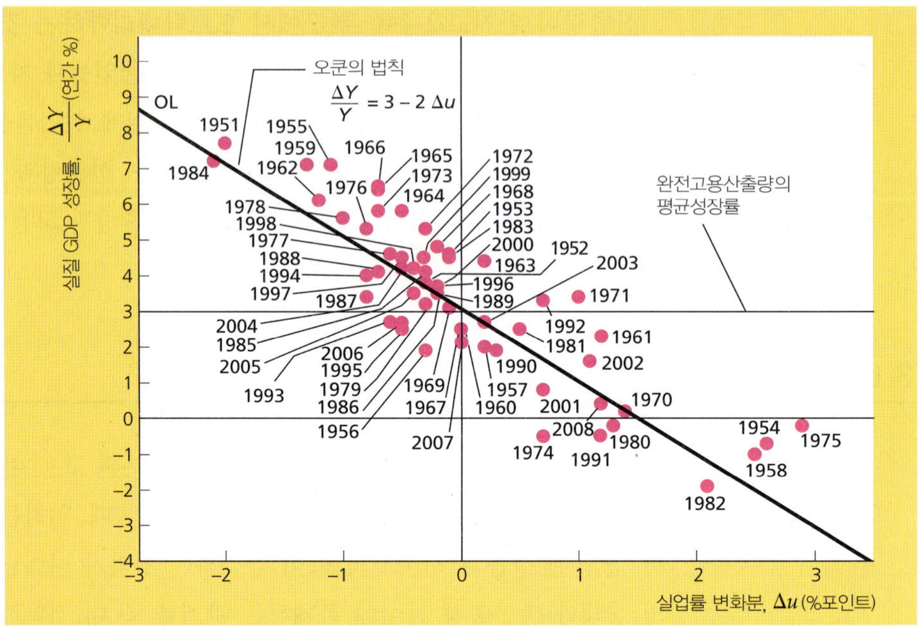

그림 3.14

미국에서의 오쿤의 법칙 (1951~2008)

이 그림은 실질 GDP의 성장률(세로축)과 실업률(가로축)의 관계를 보여준다. 선분 OL은 오쿤의 법칙[식 (3.6)]이다. 이 선의 기울기는 −2인데 실업률 1%포인트의 변화는 산출량을 반대 방향으로 2%포인트 변화시킨다는 것을 가리키고 있다. 세로축 3%에서 수평으로 그려진 선분은 완전고용산출량의 평균 성장률로서 실업률에 변화가 없을 때 ($\Delta u = 0$) 실제 산출량의 성장률과 같다.

출처 : 실질 GDP–경제분석국 웹사이트 www.bea.gov/bea/dn/nipaweb의 표 1.1.1; 민간부문 노동자의 실업률–노동통계국 웹사이트 data.bls.gov.

칙을 적용해 보자. 현재 실업률이 7%, 즉 자연실업률보다 1%포인트 높다면 경기적 실업($u - \bar{u}$)은 1%와 같다. 만일 경기적 실업이 1%라면 오쿤의 법칙이 예측하기로는 실제 산출량($\bar{Y}$)이 완전고용산출량(Y)보다 2%(1% × 2) 적게 될 것이다. 완전고용산출량($\bar{Y}$)이 15조 달러이므로, 오쿤의 법칙에 따르면 실제 산출량은 완전고용수준보다 3,000억 달러(15조 달러의 2%) 줄어든 크기가 될 것이다.

그러면 실업률이 1%포인트 증가하면(즉, 고용을 1%포인트가량 줄이면) 오쿤의 법칙에 따라 산출량이 퍼센트포인트의 두 배인 2% 감소하는 이유는 무엇인가? 경기적 실업이 증가하면 산출량을 결정하는 다른 요소들, 즉 노동력에 남아 있는 사람들의 수, 주당 한 사람이 일하는 시간, 노동의 평균생산성 역시 떨어지므로 이런 요소들의 복합적인 작용으로 실업률 증가가 확대된다. 이 장의 끝에 있는 계산문제 10번에서 이 점을 설명해 주고 있다.

오쿤의 법칙은 때로 약간 변형된 형태로 표현된다. 즉, $\Delta Y/Y$를 산출량의 성장률이라 하고 Δu를 실제 실업률의 연간 변화분이라고 할 때, 다음이 성립한다.

$$\frac{\Delta Y}{Y} = 3 - 2\Delta u \qquad (3.6)$$

식 (3.6)은 실업이 증가할 때($\Delta u > 0$) 실제 산출량(Y)은 미국의 완전고용수준 산출량(잠재산출량)의 평균성장률인 3%보다 느리게 증가한다. 식 (3.6)을 오쿤 법칙의 성장률 형태라고 하는데, 자연실업률이 일정하다는 가정을 전제로 한다. 식 (3.6)을 유도하는 방법은 이 장의 끝에 있는 부록 3.A를 참조하라.

그림 3.14는 오쿤법칙의 성장률 형태를 설명해 주고 있다. 그림에서는 1951~2008년의 미국 실업률 연간 변화(가로축에서 측정)와 산출량 연평균 성장률(세로축에서 측정) 간의 관계를 보여주고 있다. 선분 OL은 오쿤의 법칙을 나타낸다. 이 선분의 기울기는 −2인데, 실업률의 1%포인트 상승은 산출량의 2% 감소와 연계되어 있음을 가리킨다. 가로축의 O점 위로 그려진 수직선의 세로축의 3%에서 OL선과 교차한다. 이러한 세 선의 교차는, 실업률에 변화가 없을 때 실제 산출량은 3%가 된다는 것을 의미한다. 그런데 산출량 성장률 3%는 대략 미국의 평균 완전고용수준 산출량(잠재생산량)과 같다.

요약 *SUMMARY*

1. 생산함수는 주어진 자본과 노동의 수량을 가지고 생산할 수 있는 산출물의 수량을 알려 준다. 생산함수는 노동을 일정하게 고정해 놓고 자본과 산출량 간의 관계로 그래프를 그릴 수도 있고, 자본을 일정량으로 고정해 놓고 노동과 산출량의 관계로 그래프를 그릴 수도 있다. 어느 경우든지 생산함수는 우상향의 기울기를 갖는데, 이는 자본이나 노동의 투입량을 늘릴수록 더 많은 산출량이 생산된다는 것을 의미한다. 생산함수의 이동은 주어진 자본과 노동을 가지고 생산 가능한 산출량이 변했다는 것을 의미하는데 이를 공급 충격이라 한다.

2. 노동투입량을 일정하게 고정시켜 놓고 자본재고를 1단위 증가시켰을 때 추가로 생산되는 산출량 증가분을 자본의 한계생산물(*MPK*)이라 한다. 자본과 산출물 간의 관계를 나타내는 생산함수의 그래프에서 *MPK*는 생산함수의 기울기로 측정할 수 있다. 자본재고량이 증가하면 *MPK*는 줄어드는데, 이는 자본의 한계생산성이 체감하는 것을 반영하는 것이다. 마찬가지로 노동의 한계생산물(*MPN*)은 자본재고량을 일정하게 유지한 채 노동투입량이 1단위 증가했을 때 추가로 생성되는 산출물의 증가분을 말한다. *MPN*은 노동과 산출량의 관계를 나타내는 생산함수의 기울기로 측정할 수 있는데, 고용량이 증가할 때 감소한다. 이는 곧 노동의 한계생산성 역시 체감한다는 것을 가리킨다.

3. 기업은 이윤극대화를 위해, 노동의 한계수입생산물(*MRPN*)이 명목임금 *W*와 같은 점에 이르거나 혹은 노동의 한계생산물(*MPN*)이 실질임금 w와 같은 점에 이르는 수준까지 노동을 필요로 한다.

4. 노동수요곡선은 *MPN* 곡선과 동일하다. 실질임금이 상승하면 노동수요는 줄어들게 마련이므로 노동수요곡선의 기울기는 우하향이다. 주어진 실질임금 수준에서 노동수요를 증가시키는 요인, 즉 이로운 공급 충격이나 자본재고의 증가 같은 요인이 발생하면 노동수요곡선을 우측으로 이동시킨다. 총노동수요는 국민경제 내 각 기업의 노동수요를 총집계한 것이다.

5. 한 개인이 자신의 노동을 얼마만큼 공급할 것인가에 대해 의사결정할 때 한 시간을 추가로 더 일해서 얻은 이익과 비용을 비교한 결과를 반영한다. 한 시간 더 일함으로써 얻는 이익은 추가로 벌어들이는 소득인데, 이것을 가지고 노동자

는 소비를 증가시키는 목적으로 쓸 수 있다. 한 시간 더 일할 때 발생하는 비용은 한 시간 즐길 수 있는 여가를 희생하는 것이다. 한 개인의 행복 또는 효용은, 한 시간을 일할 때 발생하는 비용(여가시간의 감소로 인한 효용손실)이 그 이익(소득 증가에 따라 더 얻어지는 효용증가)과 같은 점에서 극대화된다.

6. 실질임금이 증가하면 대체효과와 소득효과가 발생해 노동공급에 상반되는 효과를 나타낸다. 실질임금의 상승에 따른 대체효과는, 노동에 대한 보수가 상승하면서 노동자가 반응하기 때문에 노동공급량을 증가시킨다. 소득효과는 노동공급량을 감소시키는데, 실질임금이 좀 더 높아짐으로써 노동자가 더욱 부유해지고 그에 따라 더 많은 양의 여가를 즐길 수 있는 경제적 여유가 생기기 때문이다. 실질임금의 상승이 더 오래 지속될 것으로 예상되면 소득효과는 더욱 강하게 나타난다. 그러므로 실질임금의 일시적인 상승은 노동공급량을 증가시킬 것이다. 실질임금의 항구적인 상승은, 같은 크기의 실질임금이 일시적으로 상승하는 경우에 비해 노동공급량을 더 적게 증가시키거나, 오히려 노동공급량을 아예 줄어들게 할 수도 있다.

7. 노동공급곡선은 현재의 실질임금과 노동공급량 사이의 관계를 나타낸다. 노동공급곡선의 기울기는 우하향인데, 이는 다른 요소, 예를 들어 기대 미래 실질임금 등을 일정하게 고정했을 때, 현재의 실질임금이 오르면 노동공급량도 증가한다는 것을 가리킨다. 현재의 실질임금수준에서 노동공급량을 줄어들게 하는 요인, 즉 노동공급곡선을 좌측으로 이동시키는 요인에는 부의 증가나 기대 미래 실질임금 같은 요인이 포함된다. 총노동공급은 국민경제 내의 각 개인의 노동공급을 총합계한 것이다. 그런데 이는 노동시장에 참가하는 인원수에 영향을 미치는 성인인구의 변화나 사회적 혹은 법률적 요인들의 변화에 의해 영향을 받는다.

8. 노동시장의 고전파 수요-공급 모형은, 실질임금이 노동수요량과 노동공급량이 같아지도록 비교적 신속하게 조정된다는 가정에 기초를 두고 있다. 노동시장의 균형수준은 국민경제 내의 모든 임금과 물가가 완전히 조정됐을 때 달성되는 경우 완전고용수준의 고용량이라 한다. 고용과 실질임금의 변동은 노동공급곡선이나 노동수요곡선 중 어느 하나 혹은 둘 다 이동할 때 일어난다.

9. 완전고용산출량 또는 잠재생산량은 고용이 완전고용수준에 있을 때 생산되는 산출량이다. 완전고용수준 고용량이나 이로운 공급 충격이 일어났을 때 완전고용산출량은 증가한다.

10. 직전 4주간 직장을 구하는 활동을 계속했고 현재 직장이 없는 성인은 실업자로 분류된다. 그러나 구직활동을 하지 않았다면 노동력 미편입자로 분류된다. 노동력은 모든 취업자와 모든 실업자를 합친 것이다. 실업률은 노동력 중 실업상태에 있는 노동자의 비율이다.

11. 마찰적 실업은 잠재적 노동자가 알맞은 일자리를 구하고 빈자리가 있는 기업이 알맞은 노동자를 구하기 위해서는 시간이 필요한 상황을 반영하고 있다. 구조적 실업은 국민경제가 불경기가 아닌데도 장기적이고 만성적인 실업이 존재하는 상황인데, 이는 노동자에게 장기적 일자리를 얻는 데 필요한 기술이 없거나, 경제적으로 침체된 부문으로부터 성장하는 부문으로 노동자가 재배치되면서, 일자리 찾는 것이 지연되고 있을 때 발생한다. 마찰적 실업과 구조적 실업을 합친 크기를 자연실업률이라 하는데, 이는 고용이 완전고용수준에 도달했더라도 여전히 실업이 존재할 때의 실업률을 가리킨다. 경기적 실업은 실제 실업률이 자연실업률을 초과하는 경우의 실업을 말한다.

12. 오쿤의 법칙에 의하면, 경기적 실업률 1%포인트 증가는 산출량을 2%포인트 감소시킨다.

주요 그래프 1

생산함수

생산함수는 하나의 기업 혹은 한 국가가 일정한 자본과 노동을 가지고 얼마만큼의 산출량을 생산할 수 있는지를 가리킨다.

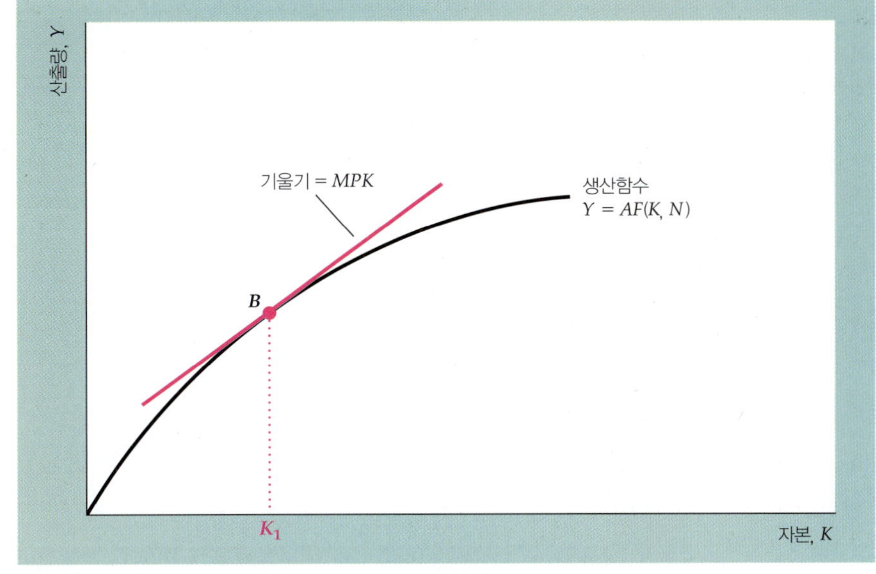

그래프의 성질

- 여기에 그려진 생산함수는 노동(N)을 일정 수준으로 고정해 둔 채 자본(K)투입량은 가로축에, 생산된 산출량(Y)은 세로축에 표시했다. 생산함수는 자본을 일정 수준으로 묶어 두고 산출량과 노동투입량 간의 관계에 대해서도 그릴 수 있다. 산출량과 노동과의 관계를 나타내는 생산함수도 여기에 그린 생산함수와 비슷한 모양이다.
- 생산함수의 방정식은 $Y = AF(K, N)$인데, A(총요소생산성 또는 단순히 생산성이라 한다)는 국민경제에서 자본과 노동을 얼마나 효과적으로 사용하는지를 나타내는 척도다.

분석

- 생산함수는 우상향의 기울기를 갖는다. 이는 자본투입량이 증가하면 더 많은 산출량이 생산된다는 것을 반영한다.
- 생산함수는 좌측에서 우측으로 갈수록 점차 평평해지는데 기존 자본재재고량이 많을수록, 추가로 한 단위 자본을 더 투입할 때 증가하는 산출량은 점차 적어진다는 것을 의미한다. 자본재재고량이 증가하면서 추가로 투입되는 자본의 생산성이 점차 떨어지는 현상을 자본의 한계생산성 체감이라 한다.
- 노동을 일정 수준에 놓고 자본의 증가분(ΔK)에 의해 생산량의 증가분(ΔY)이 발생한다면 $\Delta Y/\Delta K$는 자본의 한계생산물, 즉 MPK라 한다. MPK는 생산함수의 접선 기울기로 측정된다. 예를 들어, 그림에서 자본재재고량이 K_1일 경우의 MPK는 생산함수상 B점의 접선 기울기와 같다.

곡선을 이동시키는 요인

- 주어진 자본량과 노동량에 대해 더 많은 산출량을 생산할 수 있게 하는 변화, 즉 이로운 공급 충격은 생산함수를 상방으로 이동시킨다. 이로운 공급 충격의 예로는 새로운 발명이나 경영기법의 개선 등을 들 수 있다.
- 주어진 자본량이나 노동량에 대해 생산될 수 있는 산출량을 줄이는 변화, 즉 해로운 공급 충격은 생산함수를 하방으로 이동시킨다. 해로운 공급 충격의 예로는 악천후나 자연자원의 고갈 등을 들 수 있다.

주요 그래프 2

노동시장

한 나라의 고용수준과 실질 임금은 노동시장에서 결정된다.

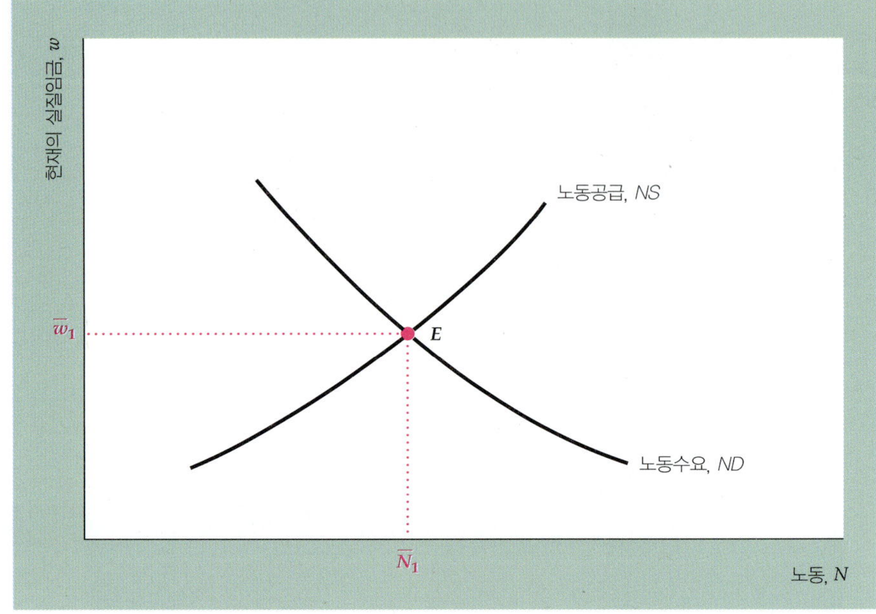

그래프의 성질

- 현재의 실질임금 w는 세로축에, 고용수준 N은 가로축에 표시되어 있다. 변수 N은 총노동시간 등의 노동지표로 측정해 나타낼 수도 있다.
- 노동수요곡선 *ND*는 기업이 각각의 현재 임금수준하에서 고용하기 원하는 노동의 양을 나타낸다. 노동수요곡선은 우하향의 기울기를 갖는데, 이는 실질임금이 떨어질 때 기업으로서는 고용을 늘리는 것이 더 이익이 되기 때문이다. 개별 기업의 노동수요곡선은 *MPN* 곡선과 일치하는데, 이 곡선은 각 고용수준에 대한 노동의 한계생산물을 나타낸다.
- 노동공급곡선 *NS*는 각각의 현재 실질임금수준에서 노동자들이 제시하는 노동공급량을 표시한다. 노동공급곡선은 우상향의 모양을 보이는데, 이는 여타 조건이 동일한 채로 현재의 실질임금이 상승하면 노동공급량이 증가하기 때문이다.

분석

- 노동수요량과 노동공급량이 같을 때 노동시장의 균형이 이뤄진다. 그림에서 균형 고용수준은 $\bar{N}_1$이며 균형 실질임금은 $\bar{w}_1$이다. 임금과 물가가 완전하게 조정된 후에 달성되는 균형 고용수준은 완전 고용수준 고용량이다.

곡선의 이동요인

- 주어진 현행 실질임금수준에서 노동수요량을 증가시키는 요인은 노동수요곡선을 우측으로 이동시킨다. 그러한 요인으로는 노동의 한계생산물을 증가시키는 생산성 향상이나 자본재고의 증가를 들 수 있다. 본문에 있는 요약표 3을 참조하라.
- 주어진 현행 실질임금수준에서 노동공급량을 증가시키는 요인은 노동공급곡선을 우측으로 이동시킨다. 그러한 요인으로는 부의 감소, 기대 미래 실질임금의 하락, 성인인구의 증가, 노동참가율의 증가를 들 수 있다. 본문에 있는 요약표 4를 참조하라.

핵심용어 KEY TERMS

경기적 실업
공급 충격
구조적 실업
낙심한 노동자
노동력
노동의 한계생산물(MPN)
노동의 한계수입생산물($MRPN$)
노동참가율
마찰적 실업
만성적 실업자
생산성
생산요소
생산함수
실업기간
실업률
실질임금
실질임금 상승의 대체효과
실질임금 상승의 소득효과
여가
오쿤의 법칙
완전고용산출량
완전고용수준 고용량
자본의 한계생산물(MPK)
자연실업률
지속기간
취업률
총요소생산성
총노동공급
총노동수요
한계생산성 체감

주요 방정식 KEY EQUATIONS

$$Y = AF(K, N) \tag{3.1}$$

생산함수는 주어진 자본량 K와 노동량 N과 주어진 총요소생산성 A에 대해 얼마만큼의 산출량 Y가 생산될 수 있는지를 가리킨다.

$$\bar{Y} = AF(K, \bar{N}) \tag{3.4}$$

완전고용산출량 $\bar{Y}$는 임금과 물가가 완전히 조정된 후 기업에 의해 공급되는 산출량이며, 이때 고용량은 균형 고용수준 $\bar{N}$와 같다.

$$\frac{\bar{Y} - Y}{\bar{Y}} = 2(u - \bar{u}) \tag{3.5}$$

오쿤의 법칙은 실업률 u의 1%포인트 증가는 완전고용산출량 $\bar{Y}$의 2%만큼 산출량 Y를 감소시킨다. 실제 실업률이 자연실업률 $\bar{u}$와 같을 때, 실제 산출량은 완전고용수준과 일치한다.

$$\frac{\Delta Y}{Y} = 3 - 2\Delta u \tag{3.6}$$

오쿤의 법칙을 성장률 형태로 나타내는 이유는 산출량성장률 $\Delta Y/Y$를 미국의 완전고용산출량의 평균성장률 3%와 실업률 변화분 Δu를 서로 연결시키기 위해서다. 식 (3.6)에 의하면, 산출량은 실업이 증가할 때는 완전고용산출량보다 느리게 성장하고, 실업이 감소할 때는 완전고용산출량보다 빠르게 성장한다. 오쿤의 법칙을 이런 버전으로 표현하는 데는 자연실업률이 일정하다는 가정이 전제되어 있다.

복습문제 REVIEW QUESTIONS

1. 생산함수란 무엇인가? 시간이 경과하면서 한 나라의 생산함수를 이동하게 하는 요인에는 어떠한 것이 있는가? 한 나라가 산출량을 얼마나 생산할 수 있는지 알기 위해서는 생산함수 외에 또 어떠한 것을 알아야 하는가?

2. 생산함수는 우상향의 기울기를 갖는다. 그런데 그 기울기의 크기는 우측으로 갈수록 점차 줄어든다. 생산함수의 이 두 가지 특성에 대한 각각의 경제적 해석을 제시하라.

3. 자본의 한계생산물 또는 MPK의 정의는 무엇인

가? *MPK*는 그래프로 어떻게 그릴 수 있는가?

4. 한 기업에서 노동의 한계수입생산물과 명목임금이 같을 때 이윤을 극대화하는 고용수준에 도달하는 이유는 무엇인가? 이 이윤극대화 조건은 실질치로 어떻게 표현할 수 있는가?

5. *MPN* 곡선은 무엇인가? *MPN* 곡선은 생산함수에 어떻게 연결할 수 있는가? 또 *MPN* 곡선은 노동수요와 어떠한 관련이 있는가?

6. 소득효과, 대체효과의 개념을 사용해, 실질임금이 일시적으로 상승하면 노동공급을 늘리지만, 항구적으로 상승하면 노동공급량을 줄일 수도 있음을 설명하라.

7. 총노동공급곡선에 의해 연결되는 두 변수는 무엇인가? 총노동공급곡선을 이동하게 하는 요인은 무엇인가?

8. 완전고용산출량을 정의하라. 노동공급의 증가에 의해 완전고용산출량은 어떻게 영향을 받는가? 또한 이로운 공급 충격은 완전고용산출량에 어떠한 영향을 받는가?

9. 이 장에서 논의한 노동시장 고전파 모형이 실업을 연구하는 데 그다지 유용하지 않은 이유는 무엇인가?

10. 노동력, 실업률, 노동참가율, 취업률을 정의하라.

11. 실업기간과 지속기간을 정의하라. 실업기간에 대해 서로 모순으로 보이는 두 가지 사실은 무엇인가? 그 두 사실은 왜 실제로는 모순되지 않는가?

12. 마찰적 실업이란 무엇인가? 잘 작동하고 있는 국민경제에서도 어느 정도의 마찰적 실업이 필요할 수 있는 이유는 무엇인가?

13. 구조적 실업이란 무엇인가? 구조적 실업을 야기하는 두 가지 주된 원인은 무엇인가?

14. 자연실업률과 경기적 실업을 각기 정의하라. 마이너스의 경기적 실업이란 무슨 의미인가?

15. 오쿤의 법칙이란 무엇인가? 실업률이 금년과 내년 사이에 2%포인트 증가하면 산출량은 같은 기간에 얼마만큼 변할 것인가? 자연실업률과 완전고용산출량이 일정하다고 가정하라.

계산문제 NUMERICAL PROBLEMS

1. 미국 경제의 각 연도에 대해 실질 GDP, 산출량(Y), 자본(K), 노동(N)에 대한 데이터가 아래와 같이 주어졌다.

연도	산출량	자본	노동
1960	2502	2695	65.8
1970	3772	4044	78.7
1980	5162	5831	99.3
1990	7113	7809	118.8
2000	9817	10,392	136.9
2007	11,524	11,849	146.0

출처와 단위는 표 3.1과 같다. 생산함수는 $Y = AK^{0.3}N^{0.7}$이라고 가정하라.

a. 1960년과 1970년 사이에 미국의 총요소생산성은 몇 % 증가했는가? 1970~1980년, 1980~1990년, 1990~2000년, 2000~2007년에는 각각 어떻게 되었는가?

b. 1960~2007년에 노동의 한계생산물(*MPN*)에는 어떠한 일이 발생했는가? 위의 두 연도에서 노동자 1백만 명이 추가 고용됐을 경우 한계생산물은 추가로 얼마나 증가했겠는지 수치로 계산해 보라(노동자 N의 데이터는 노동자 1백만 명 단위로 표시됐으므로 노동자 1백만 명을 추가 고용하면 노동투입량 데이터에 1.0 증가하는 것으로 볼 수 있다).

2. 한 나라의 생산함수가 다음과 같다.

$$Y = 0.2\left(K + \sqrt{N}\right)$$

당 기간에는 $K = 100$, $N = 100$이다.

a. 노동을 현재 수준으로 일정하게 놓고 자본과 산출량 간의 관계를 그래프로 그려 보라. MPK는 얼마인가? 자본의 한계생산물이 체감하는가?

b. 자본을 현재 수준으로 일정하게 놓고 노동과 산출량 간의 관계를 그래프로 그려 보라. 노동투입량이 100에서 110으로 증가했을 경우에 대해 MPN을 구해 보라. 이것을 N이 110에서 120으로 증가했을 경우의 MPN과 비교해 보라. 노동의 한계생산물은 체감하는가?

3. 애크미 위젯사(Acme Widget, Inc.)의 생산함수는 다음과 같다.

노동자수	공구생산량
0	0
1	8
2	15
3	21
4	26
5	30
6	33

a. 각 고용수준에 대한 MPN을 구하라.

b. 애크미사는 생산되는 공구 1개당 5달러씩 받을 수 있다. 명목임금이 38달러라면 애크미사는 노동자 몇 명을 고용할 수 있는가? 그리고 명목임금이 27달러라면 어떤가? 22달러라면?

c. 애크미사의 노동수요와 명목임금 간의 관계를 그래프로 그려라. 이 그래프는 일반적인 노동수요곡선과 어떻게 다른가? 애크미사의 노동수요 곡선을 그려 보라.

d. 명목임금은 38달러로 그대로인데 공구단가는 5달러에서 10달러로 올랐다. 애크미사의 노동수요와 생산량에는 어떠한 일이 발생하겠는가?

e. 명목임금 38달러, 공구단가 5달러로 변함이 없는 상태에서 새로운 자동공구제작기를 들여와 노동자수를 그대로 둬도 생산량은 2배로 늘어났다. 노동수요와 제품생산량에는 어떠한 일이 발생하겠는가?

f. (d)문항 답과 (e)문항 답 사이에 어떠한 관계가 있는지 설명하라.

4. 어느 기업의 노동 한계생산물(산출물 단위로 측정됐음)은 $MPN = A(100 - N)$으로 나타낼 수 있으며, 이때 A는 생산성이고 N은 생산에 투입된 노동시간이라 가정한다. 산출물의 단가는 2.00달러다.

a. $A = 1.0$이고 명목임금이 10달러라면 노동수요는 얼마인가? 20달러라면? 노동수요곡선을 그림으로 그려 보라. 노동공급이 95시간으로 고정되어 있다면 균형 실질임금은 얼마인가?

b. $A = 2.0$일 경우 (a)문항과 같은 내용을 반복해 보라.

5. 노동의 한계생산물이 $MPN = 309 - 2N$인 경우의 국민경제를 상정해 보자. 여기서 N은 노동투입량이다. 그리고 w가 실질임금이고 T가 각 개인에게 부과되는 인두세라 했을 때, 노동공급은 $NS = 22 + 12w + 2T$로 주어져 있다고 하자.

a. 소득효과와 대체효과를 사용해 인두세를 인상하면 왜 노동공급량이 증가하는지를 설명해 보라.

b. 인두세 $T = 35$라 가정하자. 균형 고용량과 균형 실질임금은 각기 얼마인가?

c. $T = 35$가 그대로인 채 기업이 실질임금을 최저 7이나 그 이상으로 지급해야 한다는 최저임금법을 정부에서 통과시켰다. 이 결과를 나타내는 고용수준과 실질임금은 어떻게 될 것인가?

6. 생산함수가 $Y = 9K^{0.5}N^{0.5}$라고 가정하자. 이 생

산함수에서 노동의 한계생산물은 $MPN = 4.5K^{0.5}N^{-0.5}$이다. 자본재고는 $K = 25$이다. w는 실질임금, t는 노동소득에 대한 세율, $(1 - t)w$는 납세 후 실질임금이라 하면, 노동공급은 $NS = 100[(1 - t)w]^2$이라 하자.

a. 노동소득세율 t가 0이라고 가정한다. 노동수요 함수를 도출하라. 실질임금과 고용의 균형수준, 완전고용산출량수준, 노동자들의 납세 후 총노동소득을 계산하라.

b. $t = 0.6$일 때 (a)문항을 다시 풀어라.

c. 최저임금 $w = 2$가 새 제도로 실시됐다. $t = 0$이라면 그 결과로서 고용수준과 실질임금은 어떻게 되는가? 노동자를 하나의 그룹으로 생각할 때 최저임금제 실시로 인해 노동자들의 소득총액은 증가했는가?

7. 노동력이 500인 국민경제를 상정한다. 매월 첫날 5명이 실직해 정확히 1개월 동안 실직자로 남아 있다가 새 직장을 찾아 취업한다. 또한 매년 1월 1일 20명이 실직해 새 직장을 찾을 때까지 6개월간 실업자로 남아 있다.

a. 통상적인 1개월간의 실업률은 얼마인가?

b. 실직기간이 1개월간 지속되는 비율은 얼마인가? 실직기간이 6개월인 실업자 비율은?

c. 실직기간의 평균지속기간은 얼마인가?

d. 특정 날짜에 장기간(6개월)의 실직기간으로 고통받는 실업자의 비중은 얼마인가?

8. 그림 3.13에 있는 데이터를 사용해 통상적인 1개월 동안에 실업자 발생인원이 몇 명인지 계산하라. 노동력으로부터 퇴출하는 사람은 몇 명인가?

9. 실직률과 산출량에 대해 다음의 데이터가 주어졌다고 가정하자.

연도	1	2	3	4
실업률	8%	6%	7%	5%
산출량	950	1,030	1,033.5	1,127.5

a. 자연실업률이 6%이고 $(\bar{Y} - Y)/\bar{Y} = 2(u - \bar{u})$가 성립한다고 가정하자. 각 연도별 완전고용산출량수준을 계산하라.

b. 연도 2, 3, 4에 대해 완전고용산출량 증가율을 두 가지 방법으로 산출해 보라. 첫 번째 방법은, (a)문항에서 구해진 완전고용산출량의 값을 사용한 증가율을 계산한다. 그 다음으로는 실업률 한 가지만 변화한다고 가정하고 완전고용산출량 증가율과 산출량 증가율을 계산하고 이어서 오쿤법칙의 성장률 형태식 $\Delta Y/Y = \Delta\bar{Y}/\bar{Y} - 2\Delta u$를 계산해 보라. 여기서 오쿤법칙의 성장률 형태식은, 미국 경제에 대한 식 (3.6)에서 $\Delta\bar{Y}/\bar{Y} = 3$인 데 반해 $\Delta\bar{Y}/\bar{Y}$가 3과 다를 수도 있다. 두 가지 다른 방법으로 나온 답을 비교해 보라.

10. 당초에 노동력이 2,000명이었던 국민경제를 상정하자. 이 노동자 중 1,900명이 고용됐고 주당 40시간씩 노동한다. 매 노동시간당 10단위의 제품이 생산된다.

a. 이 국민경제의 주당 총노동시간은 얼마인가? 이 국민경제에서 매주 생산되는 총산출량은 얼마인가? 실업률은 얼마인가?

b. 이 국민경제가 경기침체기에 접어들었다. 고용률은 4% 감소했고 노동자 1인당 주당노동시간은 2.5% 감소했다. 그리고 노동력의 0.2%는 구직전망에 좌절해 노동력으로부터 퇴출하고 있다. 그리고 마지막으로 총노동시간이 1% 감소하면 총산출량은 1.4% 감소한다고 가정하자. 경기침체가 시작된 이후 전체 노동력 규모는 얼마로 되었는가? 실업자수는 얼마이고 실업률은 얼마인가? 이 나라 경제의 주당 총산출량은 얼마로 변했는가? 당초의 상황에 비해 총산출량은 몇 % 감소했는가? 실업률 증가로 인한 산출량 감소관계를 나타내는 오쿤법칙의 계수는 얼마인가?

분석문제 *ANALYTICAL PROBLEMS*

1. a. 어떤 나라에서 신기술혁신이 일어나, 총요소 생산성 A가 10% 향상됐다. 이 변화가 자본과 산출량 간의 관계를 나타내는 생산함수 그래프와, 노동과 산출량 간의 관계를 나타내는 생산함수 그래프 모두에 어떠한 영향을 미치는지 그림으로 나타내라.

b. A의 10% 향상이 어떤 자본재재고수준이나 노동투입수준에서도 MPK나 MPN을 10%씩 상승시킨다는 것을 증명해 보라. (힌트 : 자본 증가 ΔK나 노동 증가 ΔN에 대해 산출량 증가 ΔY는 어떻게 되는가?)

c. 어떤 이로운 공급 충격이 MPK나 MPN에 아무런 영향을 주지 않고 그대로 둘 수 있는가? 그림으로 그려 답하라.

2. 다음 각 문항에서 제시하는 상황이 현재의 완전고용산출량수준에 어떻게 영향을 미치는지 설명하라.

a. 많은 수의 이민자가 입국했다.

b. 에너지 공급이 고갈되고 있다.

c. 새로운 교수기법으로 고교상급생의 성적이 향상되고 있다.

d. 새로운 법률제정으로 안전조치가 미흡한 공장 시설이 여러 군데 강제로 폐쇄조치를 당했다.

3. 1980년대와 1990년대 유럽의 평균실업률은 높은 수준이었다. 일부 경제학자는 이러한 고실업률은 '실질임금 경직성' 때문이라고 주장했다. 즉, 노동조합이 실질임금을 시장청산수준 이상으로 유지했기 때문이라는 것이다.

a. 실질임금이 1980년대와 1990년대 유럽에서 너무 높았었다는 주장을 받아들이면서 이러한 상황이 어떻게 실업(현행 임금수준에서 일하기 원하는 사람이 직장을 구하지 못하는 상황)에 이를 수 있는지 설명해 보라.

b. 실질임금 경직성이 없을 경우 기업이 공급할 산출량에 비해, 실질임금 경직성이 기업의 공급량에 미치는 영향은 무엇인가?

4. 다음 각 문항에서의 상황이 헬레나 핸드배스킷(Helena Handbasket)의 노동공급에 어떠한 영향을 미치는가?

a. 예상 외로 뜨겁게 달아오른 부동산 시장경기로 헬레나의 집값이 3배로 뛰었다.

b. 당초 미숙련노동자였던 헬레나가 좀 더 높은 임금을 지급하는 직장을 찾을 수 있는 기술을 습득했다. 직장 변경에 의해 그녀의 여가에 대한 선호가 영향을 받지 않는다고 가정하라.

c. 임시 소득세 할증제에 따라 금년에만 그녀가 납세해야 하는 소득세 비율이 인상됐다(헬레나의 나라에서 소득세는 비례세다).

5. 새로운 법률에 의해 모든 기업이 총매출액의 6%를 세금으로 납부해야 한다고 가정한다. 그리고 이 조세는 소비자에게 전가되지는 않는다고 가정한다. 그 대신 소비자는 조세가 부과되기 이전과 같은 가격을 지불한다. 이 경우 이 조세가 노동수요에 미치는 효과는 무엇인가? 노동공급곡선이 변하지 않는다면 이 조세가 고용과 실질임금에 미치는 영향은 어떠한가?

6. 실업률과 취업률이 같은 달에 동시에 증가할 수 있는가? 취업률이 상승하는 시기에 노동참가율은 동시에 하락할 수 있는가? 설명하라.

7. 미국의 자영업 노동자는 2009년의 소득이 106,800달러 이하인 경우 소득의 12.4%에 해당하는 금액을 사회보장세로 납부해야 한다. 이 106,800달러 소득수준을 '상한선(cap)'이라 한다. 이 상한선을 초과하는 소득은 사회보장세 부과대상이 아니다. 그러므로 106,800달러를 초과하는 소득을 올리는 자영업 노동자는 $106,800

× 0.124 = $13,243를 사회보장세로 납부한다. 이제 사회보장세 징수액을 증가시키는 두 가지 조세개정안을 생각해 보자. 제안 A는 소득상한선을 129,194달러로 올려서 소득이 129,194달러 이하 소득의 12.4%를 사회보장세로 부과하는 방안이다. 제안 B는 상한선은 106,800달러 그대로 두고 세율을 15%로 올리는 방안이다. 소득이 상한선을 언제나 초과하는 사람들에게는 그들이 납부하는 사회보장세 금액이 제안 A($129,194 × 0.124 = $16,020)와 제안 B($106,800 × 0.15 = $16,020)에서 동일하다. 그리고 현재 고용되어 있는 노동자에게는 장래 사회보장지급금을 변경하는 계획은 없다.

a. 샐리(Sally)는 자영업 노동자고 연간 150,000달러의 소득을 올린다. 제안 A와 제안 B가 샐리의 노동공급에 미치는 효과는 각기 무엇인가? 두 제안 중 어느 개정안하에서 그녀가 노동공급을 더 많이 할 것인가? 소득효과와 대체효과의 개념을 이용해 그 이유를 자세히 설명하라.

b. 프레드(Fred)는 자영업 노동자고 연간 50,000달러를 벌어들인다. 제안 A와 제안 B가 프레드의 노동공급에 미치는 효과는 각기 무엇인가? 두 제안 중 어느 개정안하에서 그가 노동공급을 더 많이 할 것인가? 소득효과와 대체효과의 개념을 이용해 그 이유를 자세히 설명하라.

실제 거시경제 데이터를 이용한 문제 *WORKING WITH MACROECONOMIC DATA*

이 연습문제에서 사용하는 데이터를 구하려면 research.stlouisfed.org/fred2에 있는 세인트루이스 연방준비은행의 FRED 데이터베이스를 찾아라.

1. 식 (3.2)에 있는 생산함수와 표 3.1의 출처에서 찾은 실질 GDP, 자본재고량, 민간부문 고용에 대한 연간 데이터를 사용해 1948년 이후 미국의 총요소생산성을 계산하고 그래프로 그려라. 그리고 상기 총요소생산성의 성장률도 계산하라. 어느 기간에 총요소생산성 증가율이 가장 높았었는가? 가장 낮았던 기간은? 앞의 해답에 대한 그래프와 민간부문 실업률 그래프를 비교해 보라. 경기침체기 부근에서 생산성은 어떠한 양태를 보였는가? 1973~1975년, 1979~1980년, 1990년, 2003~2008년의 네 번에 걸친 석유가격 파동에 의해 생산성은 어떠한 영향을 받았는가?

2. 1948년부터 현재까지의 월별 데이터를 이용해 총노동가능연령인구(민간부문 비기관 인구라고 한다), 취업근로자수, 실업노동자수, 노동력에 포함된 노동자수를 계산하고 그래프로 그려라. 노동통계국의 웹사이트 www.bls.gov/cps/cpsatabs.htm에서 전체 노동가능연령인구에 대한 노동참가월에 대한 데이터를 찾아 그래프를 그려라. 또한 남성 20세 이상, 여성 20세 이상의 노동참가율도 그래프로 그려라. 제2차 세계대전 이후 기간 중 이 변수들에 대해 일어난 중요한 변화는 무엇인가?

3. 1970년부터 현재까지 실질 GDP와 완전고용 GDP에 대한 분기별 데이터를 그래프로 그려라(FRED 데이터베이스에서 완전고용 GDP는 실질잠재 GDP라고 한다). 어떤 변수가 변동이 적은가? 그래프에서 1953~1954년, 1957~1958년, 1960~1961년, 1969~1970년, 1973~1975년, 1980년, 1981~1982년, 1990~1991년, 2001년의 경기침체기를 집어낼 수 있는가?

부록 3.A

오쿤의 법칙 : 성장률 식

식 (3.6)과 같은 오쿤의 법칙에 대한 성장률 식을 도출하기 위해서 오쿤의 법칙에 관한 기본식 (3.5)에서부터 출발하자.

$$\frac{\overline{Y} - Y}{\overline{Y}} = 2(u - \bar{u}) \tag{3.5}$$

식 (3.5)의 양변에 −1을 곱하고 정리하면,

$$-1 + \frac{Y}{\overline{Y}} = -2u + 2\bar{u}$$

이 식의 양변에 대해 전년도부터 금년에 이르는 변화를 계산해 보자. 좌변의 변화분과 우변의 변화분을 같게 놓고 u가 일정하다면(즉, $\Delta\bar{u} = 0$이라면) 다음 관계를 얻을 수 있다.

$$\Delta(Y/\overline{Y}) = -2\Delta u$$

이 식의 좌변, 즉 $Y/\overline{Y}$의 변화분은 $Y/\overline{Y}$의 증가율 즉 $\Delta(Y/\overline{Y})/(Y/\overline{Y})$와 아주 가까운 근사치다(변화분을 증가율로 바꾸려면 $Y/\overline{Y}$로 나눠 줘야 하는데 분모인 $Y/\overline{Y}$는 1에 가까운 수치다). $Y/\overline{Y}$의 변화분을 $Y/\overline{Y}$의 증가율의 근사치로 삼고, 어떤 비율의 증가율은 분자의 증가율에서 분모의 증가율을 뺀 것과 같다는 공식(부록 A.7)을 사용해 위의 식을 다시 한 번 쓰면 다음과 같다.

$$\frac{\Delta Y}{Y} - \frac{\Delta \overline{Y}}{\overline{Y}} = -2\Delta u$$

미국의 경우 완전고용산출량의 연평균성장률은 3%이다. 이를 위 식에 대입해($\Delta Y/\overline{Y} = 3$) 정리하면 식 (3.6)과 같이 오쿤의 법칙을 성장률 식으로 나타낼 수 있다.

4

소비, 저축, 투자

3장에서는 경제에서 생산되는 혹은 공급되는 생산량을 결정하는 몇 가지 요인을 살펴봤다. 4장에서는 재화와 서비스에 대한 경제 전반에 걸친 수요의 기초가 되는 요인에 대해 고찰한다. 다시 말해, 우리의 주제는 얼마만큼 생산되는지에 대한 검토에서 그 생산이 어떻게 사용되는지에 대한 검토로 옮겨간다.

경제 내의 총수요(지출)는 네 가지 구성요소로 이뤄져 있다는 2장의 내용을 기억하기 바란다. 즉, 경제 내의 총수요는 가계의 소비재와 서비스에 대한 수요(소비), 기업의 새로운 자본재에 대한 수요와 가계의 새로운 주택에 대한 수요(투자), 재화와 서비스에 대한 정부구매 및 외국인의 국내 재화에 대한 순수요(순수출)로 구성된다. 정부구매의 수준은 통상적으로 정치적 과정을 통해 결정되므로, 거시경제 분석에서 정부구매는 종종 주어진 값으로 취급한다. 4장에서도 경제는 폐쇄경제며, 따라서 순수출은 0이라고 가정한다(5장에서는 폐쇄경제의 가정을 완화한다). 이상의 가정으로 인해 이 장에서 논의될 지출의 두 가지 중요한 구성요소, 즉 소비와 투자만이 남게 된다. 4.1절에서는 가계가 얼마만큼 소비를 선택할지 결정하는 요인들을 제시하고, 4.2절에서는 기업이 얼마만큼 투자할지에 관한 의사결정을 살펴본다.

이 장은 재화와 서비스에 대한 총수요와 관련된 내용으로 구성된다는 점은 이미 언급했다. 그러나 우리는 이상의 내용이 외관상 매우 다른(그러나 동등하게 중요한) 주제, 즉 저축과 자본 형성의 결정요인에 관한 내용이라고 쉽게 말할 수도 있다. 재화와 서비스에 대한 총수요의 연구는 다음과 같은 이유로 인해 저축과 자본 형성을 결정하는 요인에 대한 연구와 동일하다. 첫째, 저축은 단순히 경제주체(예를 들어, 가계)가 자신의 소득 중에서 얼마만큼 소비할지 결정한 이후 남은 것에 불과하다. 따라서 얼마만큼 소비할 것인가에 대한 결정은 얼마만큼 저축할 것인가에 대한 결정과 동일하다. 둘째, 투자지출은 재화와 서비스에 대한 총수요의 일부일 뿐만 아니라 기업에 의한 새로운 자본재의 획득을 나타내기도 한다. 그러므로 우리는 투자지출과 관련된 분석을 살펴봄에 있어, 어떤 경제가 새로운 공장, 기계 및 주택을 획득할 수 있게 유도하는 요인도 함께 검토할 수 있다. 실제적으로 이 장에서는 다음 두 가지 사항을 한꺼번에 살펴본다.

- 재화에 대한 총수요의 결정요인을 고찰한다. 이 부분에 대한 이해는 이후 경기순환에서 지출 변동의 역할과 같은 주제를 논의할 때 도움이 된다.
- 총수요에 대해 고찰하는 동안, 저축과 자본 형성에 영향을 미치는 요인도 함께 살펴본다. 이 부분에 대한 이해는 이후 경제성장의 원인 및 기타 주제에 대해 논의할 때 도움이 된다.

이 장에서 고려하는 사항들을 포함한 많은 경제적 결정을 행함에 있어, 미래를 위해서는 반드시 현재를 포기해야 한다. 예를 들어, 얼마만큼 소비하고 저축할지 결정함에 있어, 가계는 미래를 위해 소득의 일부분을 저축으로 남겨 놓음으로써 얻는 이익과 현재에 좀 더 많은 소비를 향유함으로써 얻는 이익을 반드시 비교 검토해야 한다. 마찬가지로 얼마만큼 투자할지 결정함에 있어, 기업 경영자는 지금으로부터 1년, 5년, 혹은 심지어 20년 동안 기업의 생산력을 향상시키기 위해 오늘 얼마만큼 지출해야 하는지 반드시 결정해야 한다. 이와 같은 현재와 미래의 상충에 있어, 가계와 기업은 정부정책에 대한 기대를 포함해 경제의 미래에 대한 그들의 기대를 반드시 고려해야 한다.

3장에서는 어떤 힘이 노동시장을 균형으로 유도하는지 질문했다. 우리는 재화시장에 대해 똑같은 질문을 하면서 이 장을 마칠 것이다. 재화시장의 균형은 (3장에서 논의된) 생산자가 공급하고자 하는 재화와 서비스의 양이 (4장에서 논의되는) 가계, 기업 및 정부가 수요하는 재화와 서비스의 양과 동일할 때 달성된다. 동일한 의미를 달리 표현하면, 재화시장의 균형은 경제에서 바람직한 저축이 바람직한 투자와 일치할 때 달성된다. 우리는 실질이자율이 재화시장의 균형을 형성하는 데 중요한 역할을 한다는 사실을 제시한다.

4.1 소비와 저축

소비자지출에 영향을 미치는 요인들을 논의함으로써 재화와 서비스에 대한 수요의 고찰을 시작한다. 가계의 소비지출은 재화와 서비스에 대한 수요의 가장 큰 구성요소(미국에서는 총지출의 3분의 2 이상을 차지함)이므로, 소비자들이 소비하려는 의사의 변화는 경제의 행태에 중요한 시사점을 갖는다.

소비지출의 규모와 함께 소비를 연구하는 또 다른 이유는 얼마만큼 소비할지에 관한 개인 혹은 가계의 결정이 또 다른 중요한 경제적 결정, 즉 얼마만큼 저축할지에 관한 결정과 밀접하게 관련된다는 점에 있다. 주어진 처분가능소득의 수준에서 얼마만큼 소비할지에 대한 결정과 얼마만큼 저축할지에 대한 결정은 사실상 동일한 결정이다. 예를 들어, 세금을 공제하고 매년 4,000달러를 벌 수 있는 시간제 일자리를 갖고 있는 어느 대학생이 옷, 음식, 여가 및 기타 소비에 매년 3,700달러의 지출을 결정한다고 하자. 만일 그녀가 계획한 금액만큼 소비한다면 그녀의 저축은 자동적으로 매년 300달러(4,000달러 − 3,700달러)가 된다. 즉, 그녀는 소비 대신 매년 300달러의 저축을 결정할 수 있다. 그녀가 300달러를 저축한다면 그녀의 소비는 자동적으로 매년 3,700달러(4,000달러 − 300달러)가 된다. 따라서 얼마만큼 소비할지에 대한 결정과 얼마만큼 저축할지에 대한 결정은 실제적으로 동전의 양면과도 같기 때문에 우리는 이를 동시에 분석한다.

거시경제적 관점에서 우리는 총량적 혹은 국가 전체수준의 소비와 저축에 관심을 갖는다. 한 국가의 바람직한 소비(desired consumption)수준 C^d는 가계의 경제적 기회들을 결정하는 소득 및 기타 요인들이 주어진 상황에서 가계가 소비하려는 재화와 서비스의 총량으로 정의된다. 우리는 개별 가계의 소비에 대한 의사결정을 살펴봄으로써 바람직한 소비를 분석하고, 소득이나 이자율과 같은 다양한 요인에 대한 바람직한 소비의 반응을 검토한다. 바람직한 소비의 총량적 수준 C^d는 모든 가계의 바람직한 소비를 합해 구할 수 있다. 따라서 개별 가계의 바람직한 소비를 증가시키는 어떤 요인은 C^d를 증가시키고, 개별 가계의 바람직한 소비를 감소시키는 어떤 요인은 C^d를 감소시킨다.

가계의 소비에 대한 의사결정과 저축에 대한 의사결정이 밀접히 관련돼 있듯이, 한 국가의 바람직한 소비는 그 국가의 바람직한 저축과 밀접히 관련돼 있다. 특히 바람직한 국민저축(desired national saving) S^d는 총소비가 바람직한 수준에 있을 때 발생하는 국민저축수준이다. 2장에서 밝힌 바와 같이[식 (2.8)] 해외순수취요소소득(NFP)이 0이면(이는 폐쇄경제에서 당연한 사실임) 국민저축 S는 $Y - C - G$와 같다. 여기서 Y는 생산, C는 소비 및 G는 정부구매를 나타낸다. 바람직한 국민저축 S^d는 소비가 바람직한 수준과 동일할 때 발생하는 국민저축수준이기 때문에 우리는 국민저축을 정의할 때 사용한 소비 C를 바람직한 소비 C^d로 대체함으로써 바람직한 국민저축을 표현할 수 있다. 이와 같은 대체로 인해 다음 식이 가능하다.

$$S^d = Y - C^d - G \tag{4.1}$$

우리는 개별수준에서 소비와 저축에 대한 의사결정이 어떻게 이뤄지는지 살펴봄으로써, 국가 전체수준에서 소비와 저축에 영향을 미치는 요인들에 대한 통찰력을 지닐 수 있다. 부록 4.A에서는 이상의 의사결정과정을 좀 더 정형적으로 분석한다.

개인의 소비와 저축에 대한 의사결정

스펙터큘러 안경(Spectacular Eyeglasses) 회사의 경리직원인 프루던스(Prudence)의 사례를 고려하자. 프루던스는 세금을 공제하고 매년 60,000달러를 번다. 따라서 그녀는 매년 60,000달러어치의 재화와 서비스의 소비를 선택할 수 있다. 그러나 프루던스는 다음의 두 가지 다른 선택도 가능하다.

첫째, 프루던스는 매년 60,000달러 이하로 소비함으로써 저축할 수 있다. 왜 프루던스는 자신의 소득이 허용하는 것보다 적게 소비해야 하는가? 그 이유는 그녀가 미래를 고려하기 때문이다. 그녀는 자신의 현재소득보다 적게 소비함으로써 미래의 어떤 시기에 자신의 소득 이상으로 소비할 수 있게 해 주는 저축을 축적할 수 있다. 예를 들어, 그녀는 은퇴 후 자신의 소득이 매우 적을 것으로 예상할 수 있다. 따라서 그녀는 노동활동을 하는 동안 저축함으로써 은퇴 이후에는 그녀의 소득 이상을 소비할 수 있다. 실질적으로 은퇴 이후를 대비하고자 하는 욕망은 현실세계에서 저축에 대한 중요한 동기부여가 된다.

둘째, 프루던스는 차입하거나 이전에 모아둔 저축을 축소함으로써 그녀의 현재소득 이상을 소비할 수 있다. 예를 들어, 그녀가 은행에서 5,000달러를 빌린다면, 소득은 60,000달러에 불과하지만 그해에 65,000달러어치의 재화와 서비스를 소비할 수 있다. 프루던스는 자신의 소득 이상의 소비를 즐길 수 있지만, 이로 인해 그녀는 차입금을 갚아야 할 미래의 어떤 시기에 자신의 소득 이하로 소비해야 하는 희생을 감수해야 한다.

프루던스가 현재에 적게 소비하면 미래에 더 많이 소비할 수 있으며, 반대로 현재에 많이 소비하면 미래에 더 적게 소비할 수 있다. 다시 말해, 프루던스는 현재소비와 미래소비 사이의 상반관계(trade-off)에 직면한다. 현재소비와 미래소비를 교환하는 비율은 그 경제의 일반적인 실질이자율에 의존한다. 프루던스가 자신의 저축에 대해 매년 실질이자율 r을 획득할 수 있다고 가정하자. 또한 단순화를 위해, 그녀가 차입하는 경우 차입에 대해 동일한 실질이자율 r을 지불해야 한다고 가정하자. 이러한 가정은 그녀가 현재(올해)소비 1단위를 미래(내년)소비 $1 + r$단위와 교환할 수 있음을 의미한다. 예를 들어, 그녀는 오늘 소비를 1달러 감소시켜 저축을 1달러 증가시킨다고 하자. 그녀는 자신의 저축에 대해 실질이자율 r을 획득하기 때문에 그녀가 오늘 저축한 1달러는 지금으로부터 1년 뒤에는 $1 + r$달러의 가치를 갖게 된다.[1] 프루던스가 추가적인 $1 + r$달러를 내년의 소비를 증가시키는 데 사용한다고 가정하면, 그녀는 오늘 1달러 가치의 소비를 지금으로부터 1년 뒤 $1 + r$달러의 소비와 효율적으로 교환한 것이다.

다시 말해, 미래소비의 실질 $1 + r$달러를 오늘 1달러의 추가적인 소비와 교환할 수 있다. 그녀는 돈을 차입해 오늘 추가적인 1달러를 소비함으로써 그러한 교환을 하게 된다. 따라서 그녀는 1년 후 차입금과 이자를 합한 총 $1 + r$달러를 갚아야 한다. 내년에 $1 + r$달러를 갚아야 하기 때문에 그녀의 내년 소비는 차입을 하지 않았을 경우에 비해 $1 + r$달러가 줄어든다. 따라서 오늘 추가적인 소비의 1달러 가치에 대한 프루던스의 가격은 미래에 있어 소비의 $1 + r$달러의 가치이다.

실질이자율 r은 현재소비와 미래소비의 상대가격을 결정한다. 주어진 상대가격하에서, 프루던스는 어떻게 오늘 소비할지 혹은 미래 소비할지 선택해야만 하는가? 한 가지 극단적인 가능성은 대량으로 돈을 빌려 오늘 그녀의 소득보다 훨씬 많이 소비하는 것이다. 이와 같은 전략의 문제점은 프루던스가 미래에 차입금을 갚고 나면 소비할 수 있는 돈이 거의 없을 수 있다는 점이다. 반대의 그러나 똑같이 극단적인 접근은 프루던스가 현재소득의 거의 대부분을 저축하는 것이다. 이 전략은 그녀로 하여금 미래에 상당히 많은 소비를 허용하지만, 오늘은 거의 아사할 정도의 희생을 치러야 한다.

현실적으로 대부분의 사람은 이상과 같은 극단적인 전략을 선택하지 않을 것이며, 대신 소비의 급격한 변동은 회피하려 한다. 매우 높은 혹은 매우 낮은 수준의 소비기간을 회피함으로써 시간이 흐름에 따라 소비를 상대적으로 일정한 행태로 유지하려는 욕망은 **소비 안정화 동기**(consumption-smoothing motive)로 알려져 있다. 소비 안정화 동기로 말미암아 프루던스는 한 기간에는 홍청망청 먹고 다른 기간에는 굶주리는 것보다 시간의 흐름에 대체로 소비지출을 균등하게 배분하려 노력한다.

이하에서는 현재소득, 기대 미래소득 및 부를 포함한 프루던스의 경제적 복리수준을 결정하는 중요한 요인들이 변화할 때 소비 안정화 동기가 그녀의 행동을 어떻게 유도하는지 살펴본다. 이와 같은 각 변화를 고려함에 있어 우리는 실질이자율 r을 일정하게 유지시켜, 현재소비와 미래소비의 상대가격을 일정하게

1. 다음 해에 인플레이션이 영이라고 가정함으로써, 1달러로 매 기간에 동일한 양의 실질재화를 구매할 수 있다. 혹은 실질이자율이 r이므로, 우리는 프루던스가 오늘 저축한 각 1달러의 실질가치는 지금으로부터 1년 뒤에는 $1 + r$달러의 실질가치를 갖게 된다고 말할 수 있다.

유지한다. 실질이자율이 변화하면 어떤 일이 발생하는지는 이후에 논의된다.

현재소득의 변화 효과

현재소득은 소비와 저축의 의사결정에 영향을 미치는 중요한 요인이다. 이를 설명하기 위해 프루던스가 직장에서 6,000달러의 일회성 보너스를 받아 그녀의 경상연도 소득이 6,000달러 증가한 경우를 상정하자. (소득세는 무시한다. 동일한 의미로, 실제 보너스가 6,000달러 이상이지만 세금을 내고 나면 프루던스의 경상소득이 6,000달러 증가한다고 가정할 수 있다.) 그녀는 이상의 추가적인 소득으로 무엇을 할 것인가? 그녀는 보너스를 홍청망청 쓰거나 하와이 여행에 전부 지출할 수 있다. 프루던스가 보너스를 전부 사용할 경우 그녀의 현재소비는 6,000달러 증가하지만, 저축을 증가시키지는 않았기 때문에 그녀의 미래소비는 변동하지 않는다. 또 다른 방법으로 그녀는 보너스 전부를 저축함으로써 현재소비의 변화 없이 미래소비를 증가시키기 위해 보너스와 그 보너스를 통해 얻은 이자를 사용할 수 있다. 그러나 소비 안정화 동기로 말미암아 그녀는 이상의 극단적인 전략을 선택할 것 같지는 않다. 오히려 그녀는 보너스의 일부를 지출하고(현재소비를 증가시키고), 나머지를 저축한다(또한 그녀는 미래소비를 증가시킨다).

프루던스가 보너스에서 지출하는 부분은 만족감에 따른 그녀의 의향이나 현재 및 미래의 욕구에 대한 그녀의 판단과 같은 요인에 의존한다. 프루던스의 **한계소비성향**(marginal propensity to consume) *MPC*는 그녀가 추가적인 현재소득 중에서 당해기간에 소비하는 부분으로 정의된다. 프루던스는 추가적인 소득 중 일부만을 소비하고 전부를 소비하지는 않기 때문에 그녀의 *MPC*는 0과 1 사이의 값이 된다. 예를 들어, *MPC*가 0.4, 즉 그녀가 현재소득 증가분의 0.4 또는 40%를 소비한다고 가정하자. 그러면 프루던스가 6,000달러의 보너스를 받을 때 그녀는 0.4 × 6,000달러 = 2,400달러만큼 현재소비를 증가시킨다. 소비되지 않는 소득 부분은 저축되기 때문에 그녀의 저축도 6,000달러 − 2,400달러 = 3,600달러만큼 증가한다.

또한 한계소비성향은 현재소득이 감소할 경우에도 적용된다. 예를 들어, 프루던스가 경리 일에서 일시적으로 해고당해 올해의 소득이 8,000달러만큼 감소한다면, 그녀는 소비와 저축 모두를 감소시킨다. 그녀의 한계소비성향이 여전히 0.4라고 가정하면, 그녀는 0.4 × 8,000달러 = 3,200달러의 소비를 감소시킨다. 따라서 그녀의 저축은 8,000달러 − 3,200달러 = 4,800달러만큼 줄어들게 된다.

총소득과 총소비는 수백만의 개인과 가계의 의사결정을 반영하므로, 우리는 프루던스의 사례를 살펴봄으로써 얻은 교훈을 거시경제수준에도 똑같이 적용할 수 있다. 프루던스의 소득 증가가 그녀로 하여금 더 많이 소비하도록 유도한 것과 마찬가지로, 우리는 총생산(소득) Y의 증가가 총량적인 바람직한 소비 C^d의 증가를 유도할 것으로 기대할 수 있다. 그러나 한계소비성향이 1보다 작기 때문에 C^d의 증가는 Y의 증가보다 작은 값이다. 증가된 Y의 전부가 지출되지 않기 때문에 Y가 상승하면 바람직한 국민저축 S^d도 역시 상승한다.

기대 미래소득의 변화 효과

현재소비에 대한 의사결정은 단지 현재소득만이 아니라 미래에 획득할 것으로 기대되는 소득에도 의존한다. 예를 들어, 현재는 비취업 중이지만 3개월 후에 높은 임금을 받는 일을 시작하기로 계약한 사람은 취업예정이 없는 다른 비취업자에 비해 아마도 현재 더 많이 소비한다.

기대 미래소득의 변화에 따른 효과를 설명하기 위해 프루던스는 올해 6,000달러의 보너스를 받은 것이 아니라 내년에 (세후) 6,000달러의 보너스를 받게 된다는 사실을 알고 있다고 가정하자. 보너스 지급 약속은 법적으로 구속력이 있으며, 프루던스는 내년에 추가적인 소득을 받을 것이라는 점에는 전혀 의심의 여지가 없다. 이상의 정보가 그녀의 올해 소비와 저축에 어떤 영향을 미칠 것인가?

현재소득은 변하지 않았기 때문에 그녀는 자신의 소비를 증가시키는 보너스를 실제로 받을 때까지 현재소비와 저축을 변화시키지 않을 수 있다. 그러나 그녀의 의사결정이 소비 안정화 동기에 의해 좌우된다면, 그녀는 보너스를 미래소비와 함께 현재소비의 증가에 사용할 것을 선호한다. 현재소득에는 아무런 변화가 없다는 사실에도 불구하고, 그녀는 현재저축을 감소시킴으로써 현재소비를 증가시킬 수 있다[심지어 축적한 자산을 이용하거나 대출을 통해 현재소득을 초과하는 현재소비를 갖도록 '돈을 차입'하거나 혹은 음(−)의 현재저축을 할 수 있다]. 예를 들어, 프루던스가 올해 1,000달러를 추가적으로 소비하기로 결심했다고 가정하자. 그녀의 현재소득은 변하지 않았기 때문에 현재소비 1,000달러의 증가는 현재저축 1,000달러 감소와 동일하다.

현재저축 1,000달러의 감소는 내년에 프루던스의 가용 재원을 저축이 변하지 않은 상태와 비교해 1,000달러 × $(1 + r)$만큼 감소시킨다. 예를 들어, 실질이자율이 0.05일 때 현재저축 1,000달러 감소는 내년에 프루던스의 가용 재원을 1,000달러 × 1.05 = 1,050달러만큼 떨어뜨린다. 이상을 종합하면 내년의 가용 재원은 보너스로 인해 6,000달러 증가하겠지만, 현재저축의 감소로 인해 1,050달러만큼 감소하게 되므로 재원의 순증가는 6,000달러 − 1,050달러 = 4,950달러가 된다. 이와 같은 재원의 순증가는 내년 혹은 그다음 해의 소비를 증가시키

응용 APPLICATION

싱가포르 총소비의 특이점

총소비지출은 경기순환 변동과 경제성장을 결정하는 데 중요할 역할을 하는 총수요함수의 주요한 구성요소이다. 총소비지출은 거시경제학에서 가장 광범위하게 연구되고 있는 분야 중 하나이며, 많은 실증연구에서는 소비지출이 장기간 동안 상당히 안정적인 경향을 지닌다고 밝혔다. 이와 같은 현상을 설명하는 하나의 예가 이 책에 나타나 있다. 즉, 오늘날 소비의 결정은 단순히 현재소득에만 의존하지 않으며 기대 미래소득에 의해서도 영향을 받는다. 이는 한 개인의 장기적인 소득이 심각하게 변동하지 않는다면, 소비지출은 시간이 흐름에 따라 상당히 안정적이어야 한다는 사실을 의미한다. 제2차 세계대전 이후 몇몇 국가의 데이터는 이상의 사실을 확인시켜준다(표 4.1 참조).

아비신귀와 코이(Abeysinghe and Choy, 2004)의 흥미로운 논문에 의하면, 싱가포르의 장기적인 총소비 형태는 이상의 일반적인 관습과는 다를 수 있음을 발견했다. 싱가포르는 전 세계 모든 국가와 막대한 양의 무역을 통해 관계를 맺는 개방소국경제다. 이와 같은 독립성으로 인해 싱가포르 경제는 눈부시게 성장했으며, 2008년 1인당 국민총소득 기준으로 세계에서 34번째 부유한 국가가 됐다.[2] 그러나 위의 연구자들은 싱가포르의 평균소비성향(APC)이 1960년 0.8에서 2000년 0.41로 계속 떨어졌음을 발견했다. 다른 모든 조건이 동일하다면, 우리는 국가가 발전할수록 소비비율이 그림 4.1과 같이 지속적으로 감소하지 않는 대신 증가하거나 적어도 안정적으로 유지돼야 한다고 생각할 수 있다. 싱가포르의 경우는 홍콩이나 대만과 같은 다른 개방소국경제와도 극명한 대조를 나타낸다.

아비신귀와 코이(Abeysinghe and Choy, 2004)는 계량경제학 모형을 사용해 싱가포르의 이상 현상은 주택이나 자동차 구매를 충당하기 위한 중앙적립연금(CPF : Central

표 4.1 몇몇 국가의 평균소비성향(실질소비/GDP 비율)

	1960	1970	1980	1990	2000
싱가포르	0.80	0.61	0.52	0.46	0.41
미국	0.68	0.69	0.66	0.68	0.68
영국	0.73	0.69	0.72	0.75	0.77
일본	0.60	0.53	0.61	0.58	0.61
대만	0.64	0.62	0.57	0.61	0.60
홍콩	0.69	0.65	0.64	0.65	0.64
스위스	0.57	0.55	0.60	0.57	0.58

출처 : 싱가포르—아비신귀와 코이(Abeysinghe and Choy, 2004)의 계산; 대만, 2000년—통계국; 기타 국가—펜월드테이블(Penn World Table) 6.1

2. 출처 : World Development Indicators database, World Bank, 2009년 10월 7일.

Provident Fund)으로부터의 대출과 예금인출 상승으로 설명할 수 있다고 밝혔다. 이와 같은 국민들의 과도한 구매는 그들의 부의 축적에 영향을 미칠 뿐만 아니라 오랜 시간에 걸쳐 그들의 가처분소득이나 소비 능력을 제한한다. 싱가포르에서 CPF는 노년을 대비하기 위한 의무적인 사회보장 예금제도다. 이와 같은 예금제도하에서 피고용자와 고용자는 예금을 인출할 수 있는 은퇴시점까지 그들 급여의 일정 부분을 납부해야 한다. 그러나 납부자들은 그들이 납부한 기금의 일부를 주택구입에 사용할 수 있다. 주택가격 상승은 주택담보대출 비용을 동시에 상승시키기 때문에 현재 혹은 잠재적인 주택소유자들의 경제사정을 악화시키는 당연한 결과를 초래했다. 즉, CPF 예금계좌를 감소시키는 요인들은 동시에 소비를 축소시켰다.

비록 가구의 금융부(financial wealth) 상승은 부의 효과로 인해 소비에 양의 효과를 미칠 것 같지만, 주택자산을 청산하기 위한 방안들은 제한돼 있다. 따라서 아비신귀와 코이(Abeysinghe and Choy)는 주택가격이 지속적으로 상승할 때 가족구성원들 중 다음 세대의 소비 행태는 그들의 소득에 상응해 상승할 수 없다고 판단했다. 특히 주택자산의 가치 상승은 할부금 상승과 주택담보대출금 증가의 형태로 가구의 금융부채 상승을 동시에 수반한다.

싱가포르에서 자동차 가격이 평균소비성향(APC)에 미치는 영향은 독특하다. 국토면적이 약 646km^{2}이고 인구는 5백만 명인 이 도시국가에서 자동차 소유는 많은 돈이 필요한 경제활동이다. 홍미로운 자동차 소유주들은 그들의 차를 도로에서 사용하기 위해 매달 차량할당제(Vehicle Quota System) 경매에 등록하고 면허를 위한 입찰에 응해야 한다. 할당제도가 도입된 1990년 이후 할당프리미엄은 뚜렷한 변동을 보여 왔다.

그림 4.1

싱가포르의 평균소비성향 (APC)(1960~2008)

APC는 실질 GDP 대비 실질 민간소비지출 비율로 측정된다.

출처 : 싱가포르 통계국 (Department of Statistics)

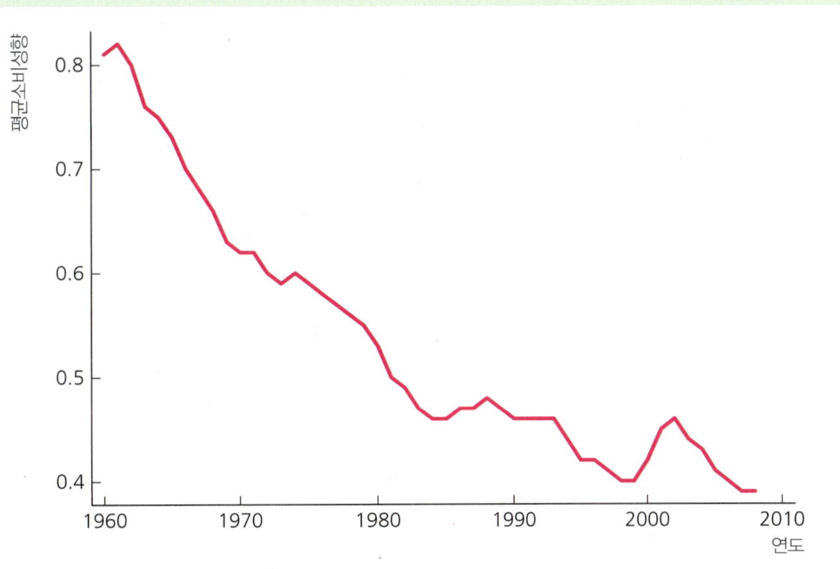

비록 회사들이 보너스를 지급하는 달과 같이 다소의 계절적인 패턴이 관찰되기도 했지만(Hon and Yong, 2004), 어떤 달의 할당프리미엄은 급격히 그리고 예측 불가능하게 변동했다. 따라서 이와 같은 할당제도하에서 자동차 소유주들은 자동차 가격 이상의 더 높은 차량프리미엄을 지불해야 하며, 이는 자동차 소유주들에게 상당한 재정적인 부담을 가중시킨다.

평균소비성향(APC)[3]이 감소한다는 사실은 정책적 근심을 유발한다. 왜냐하면 대부분 국가에서 총소비지출은 최종 총수요를 안정화시키는 요소이기 때문이다. 따라서 아비신귀와 코이(Abeysinghe and Choy, 2004)는 "투자나 수출과 같은 총수요의 변동요소가 증가할수록 주기적인 경기변동이 두드러지고, 그 결과 GDP 성장 변동폭의 증가를 초래했다."고 지적했다. 더욱이 개방소국경제인 싱가포르는 외부의 수요충격에 민감할 뿐만 아니라 소비지출이 GDP의 50%도 되지 않기 때문에 소비지출은 경기안정화 장치로서 역할을 수행하지 못한다. 결과적으로 싱가포르의 거시경제는 시간이 흐름에 따라 큰 폭의 주기적인 경기변동을 경험한다.

참고문헌

Abeysinghe, T., and Choy, K. M. (2004), The Aggregate Consumption Puzzle in Singapore, *Journal of Asian Economics*, 15, 563-578.

Hon, M., and Yong, S. K. (2004), The Price of Owning a Car: An Analysis of Auction Quota Premium in Singapore, *Applied Economics*, 36, 739-751.

3. 이 논문에서는 싱가포르 APC를 계산하는 방법에 다소의 반대 의견을 제시했다. 싱가포르는 개방소국경제이기 때문에 많은 외국 노동자들이 국내에서 일하고 있다. 이는 APC를 내국인 APC와 외국인 APC로 분리해 측정해야 함을 의미한다. 그러나 자국민 인구와 외국인 인구에 기초해 분리된 총소비지출에 대한 자료는 공개되지 않는다. 단지 내국인 인구에 의한 GDP 자료만이 이용 가능하다.

는 데 사용할 수 있다. 사실상 프루던스는 기대 미래소득의 증가를 현재 및 미래 소비의 증가를 위해 사용한다.

이상의 논의를 요약하면, 한 개인의 기대 미래소득의 증가가 그 사람으로 하여금 현재소비의 증가와 현재저축의 감소를 유도할 것 같다. 이상의 결론은 거시경제수준에서도 동일하게 적용된다. 만일 사람들이 총생산 및 총소득 Y가 미래에 더 높아질 것으로 예상한다면, 현재의 바람직한 소비 C^d는 증가해야 하며 현재의 바람직한 국민저축 S^d는 감소해야 한다.

경제학자는 기대 미래소득을 직접적으로 측정하지 못한다. 그럼에도 불구하고 그들은 소비와 저축의 행위를 예측할 때 어떻게 기대 미래소득 변수를 고려할 수 있을까? 한 가지 접근방법은 소비자 설문조사를 통해 소비자들의 기대에 관해 물어보는 것이다. 소비자의 답변은 거시경제에 있어 발전 정도를 평가하는 데 유용할 수 있다.

부의 변화 효과

소비와 저축에 영향을 미치는 또 다른 요인은 부(wealth)다. 2장에서 가계나 국가 전체와 같은 어떤 존재의 부는 자신의 자산에서 부채를 뺀 값과 동일하다는 내용을 공부했나.

소비와 저축이 부의 증가에 대해 어떻게 반응하는지 알아보기 위해, 프루던스가 다락방을 청소하다가 어떤 제약회사의 주식 50주에 대한 주권(stock certificate)을 발견했다고 가정하자. 그녀가 태어났을 때 할머니가 그녀를 위해 구입했던 주식이지만, 그녀는 이를 모르고 있었다. 그녀는 곧장 주식 중개인에게 전화해 그 주식이 현재 6,000달러의 가치가 있음을 알게 된다. 이와 같은 기대하지 않은 프루던스 부의 6,000달러 증가는, 앞서 살펴본 현재소득의 6,000달러 증가와 같이 그녀의 가용 재원에 동일한 영향을 미친다. 즉, 그녀는 현재소득이 증가하는 경우와 마찬가지로 6,000달러보다 적은 금액만큼 현재소비를 증가시키기 위해 부의 증가를 사용하며, 따라서 그녀가 추가로 얻은 6,000달러의 일부는 미래소비를 증가시키는 데 사용하려 한다. 주권의 발견이 현재소득에는 영향을 미치지 않기 때문에, 그녀의 현재소비의 증가는 똑같은 크기의 현재저축의 감소를 의미한다. 이와 같은 방법으로 부의 증가는 현재소비를 증가시키고 현재저축을 감소시킨다. 동일한 맥락에서 추론하면, 부의 감소는 현재소비를 감소시키고 현재저축을 증가시킨다는 결론에 도달한다.

주식시장에서 주가의 등락은 부의 변화를 야기하는 중요한 원인이며, 주식시장에서의 변화가 소비에 미치는 영향은 183쪽 "응용 : 주가의 폭등과 폭락에 따른 거시경제적 결과"에서 살펴본다.

실질이자율의 변화 효과

우리는 이미 실질이자율이 미래소비로 나타낸 현재소비의 가격이라는 사실을 살펴봤다. 앞서 현재소득, 기대 미래소득 및 부의 변화에 따른 효과를 검토할 때 실질이자율은 일정하게 유지됐다. 이제 실질이자율의 변화가 현재소비와 저축에 미치는 영향을 검토하기 위해 실질이자율의 변화를 허용한다.

실질이자율의 증가에 반응해 프루던스의 소비와 저축은 어떻게 변동하는가? 이러한 증가에 대한 그녀의 반응은 두 가지 상반된 경향을 반영한다. 한편으로 올해의 실질 1달러 저축은 내년에 실질 $1 + r$달러로 증가하기 때문에 실질이자율의 증가는 현재저축의 각 달러가 미래소비 증가의 형태로 더 높은 보수를 갖게 된다는 사실을 의미한다. 이와 같은 현재저축에 대한 보수의 증가는 저축을 증가시키는 경향을 갖는다.

다른 한편으로 더 높은 실질이자율은 프루던스가 더 적은 금액의 현재저축으로 어떤 미래저축의 목표를 달성할 수 있음을 의미한다. 예를 들어, 그녀가 내년에 새로운 랩톱 컴퓨터를 사기 위해 1,400달러를 모으려 한다고 상정하자. 실질이자율의 증가는 현재저축 금액이 내년에는 더 큰 금액으로 증가한다는 사실을 의미하므로, 그녀가 1,400달러의 목표를 달성하기 위해 올해 저축해야 하는 금액은 1,400달러보다 적어진다. 그녀는 1,400달러보다 적은 금액을 저축해 목표를 달성할 수 있기 때문에 현재소비를 증가시키고 이로 인한 저축은 감소시킨다.

이상에서 설명된 두 가지 상반된 효과는 실질이자율 증가에 따른 대체효과와 소득효과로 알려져 있다. **저축에 대한 실질이자율의 대체효과**(substitution effect)는 현재소비의 가격인 $1 + r$이 증가함에 따라 현재소비는 감소하고 미래소비는 증가하려는 경향을 반영한다. 현재소비의 가격상승에 반응해 소비자는 상대적으로 더 비싸진 현재소비를 줄여 상대적으로 덜 비싸진 미래소비로 대체한다. 현재소비의 감소는 현재저축의 증가를 의미한다. 따라서 대체효과는 실질이자율의 상승에 반응한 현재저축의 증가를 의미한다.

저축에 대한 실질이자율의 소득효과(income effect)는 더 높은 실질이자율이 소비자를 더 부유하게 혹은 더 가난하게 만드는 결과로 인한 현재소비의 변화를 반영한다. 예를 들어, 저축예금을 갖고 있으며 어떤 자금도 차입하지 않았다면 프루던스는 이자지급의 수령인이 된다. 따라서 실질이자율의 증가는 이자소득을 증가시키기 때문에 그녀는 이익을 얻게 된다. 즉, 그녀는 이자율 증가로 인해, 이자율이 변하기 전과 동일한 수준의 현재 및 미래소비를 충당하고도 추가적으로 지출할 수 있는 재원을 갖게 된다. 이와 같은 추가적인 재원은 사실상 부의 증가와 동일하므로 그녀는 현재 및 미래소비 모두 증가시킨다. 따라서 이자지급의 수령인인 저축자에게 있어서 실질이자율의 증가에 따른 소득효과는 현재소비를 증가시키고 현재저축을 감소시킨다. 그러므로 저축자에게 실질이자율의 증가에 따른 소득효과와 대체효과는 반대방향으로 작용한다. 즉, 소득효과는 저축을 감소시키고 대체효과는 저축을 증가시킨다.

실질이자율의 증가에 따른 소득효과는 차입자와 같이 이자를 지불하는 사람에 대해서는 다르게 나타난다. 실질이자율의 증가는 차입자가 지불해야 하는 이자의 금액을 증가시키기 때문에 차입자로 하여금 실질이자율의 증가 이전과 동일한 현재 및 미래소비수준을 감당하지 못하게 만든다. 차입자는 실질이자율의 증가로 말미암아 부의 손실에 따른 고통을 겪으며, 이러한 부의 하락에 반응해 현재소비와 미래소비를 감소시킨다. 현재소비의 감소는 현재저축의 증가를 의미한다(즉, 차입이 감소한다). 따라서 차입자에 대해서 실질이자율의 증가에 따른 소득효과는 저축을 증가시킨다. 그러므로 차입자의 경우 실질이자율의 증가에 따른 대체효과와 소득효과는 모두 저축을 증가시키는 결과를 초래한다.

실질이자율의 증가에 따른 효과를 요약하면 다음과 같다. 이자를 지급받는 저축자 입장에서 실질이자율의 증가는 대체효과를 통해 저축을 증가시키지만, 소득효과를 통해 저축을 감소시키려는 경향이 있다. 추가적인 정보가 없다면 이상의 두 가지 상반된 효과 중에서 어떤 효과가 크다고 말할 수 없다. 이자를 지불하는 차입자 입장에서 대체효과와 소득효과는 둘 다 저축을 증가시키는 역할을 한다. 결과적으로 차입자의 저축은 분명히 증가한다.

실질이자율의 증가가 국민저축에는 어떤 영향을 미치는가? 국가경제는 차입자와 저축자로 구성되어 있으며, 또한 원칙적으로 실질이자율의 증가에 반응해 저축자가 저축을 증가 또는 감소시킬 수 있기 때문에, 경제이론은 이 질문에 대한 답을 제공하지 못한다. 경제이론은 실질이자율의 증가에 반응해 국민저축이 증가하는지 혹은 감소하는지 여부를 제시할 수 없으므로, 우리는 실제 데이터를 이용해 이상의 관계를 검토하는 실증연구에 의지해야만 한다. 불행하게도 많은 연구로부터 얻어진 실증적 증거의 해석은 계속적으로 논쟁거리만 낳고 있다. 가장 널리 인정되는 결론은 실질이자율의 증가가 현재소비를 감소시키고 저축을 증가시키는 것 같지만, 이 효과 역시 그다지 강하지 않은 것 같다.

조세와 저축에 대한 실질수익 저축자가 얻게 되는 실질수익을 논의할 때, 지금까지 이자소득(그리고 저축에 대한 기타 수익들)이 과세대상이라는 실질적이고 중요한 고려사항을 언급하지 않았다. 이자소득의 일부는 반드시 세금으로 지출되기 때문에 저축자가 얻게 되는 실질수익은 명목이자율과 기대 인플레이션의 차이보다 적어진다.

세금의 효과를 인식하고 있는 저축자들이 받게 되는 수익을 측정하는 유용한 방법은 세후 기대 실질이자율이다. 이 개념을 정의하기 위해, 명목이자율을 i로 나타내고 이자소득에 과세되는 세율을 t로 설정한다. 미국은 물론 대부분 국가에서 이자소득은 통상적인 소득과 같이 과세되므로 t는 소득세율이다. 저축자의 총이자소득은 $(1 - t)$ 부분이므로 세금을 지불한 이후 저축자들이 받는 세후 명목이자율은 $(1 - t)i$이다. 따라서 **세후 기대 실질이자율**(expected after-tax real interest rate) r_{a-t}는 세후 명목이자율에서 기대 인플레이션 π^e을 뺀 값이다.

표 4.1 세후 이자율 계산법

i = 명목이자율 = 연간 5% π^e = 기대 인플레이션율 = 연간 2%
예 1 t = 이자소득에 대한 세율 = 30% 세후 명목이자율 = $(1-t)\,i = (1-0.30)5\% = 3.5\%$ 세후 기대 실질이자율 = $(1-t)\,i - \pi^e = (1-0.30)5\% - 2\% = 1.5\%$ 예 2 t = 이자소득에 대한 세율 = 20% 세후 명목이자율 = $(1-t)\,i = (1-0.20)5\% = 4\%$ 세후 기대 실질이자율 = $(1-t)\,i - \pi^e = (1-0.20)5\% - 2\% = 2\%$

$$r_{\mathrm{a-t}} = (1 - t)i - \pi^e \tag{4.2}$$

세후 기대 실질이자율은 세금을 지불한 이후 저축에 따른 구매력 증가의 정도를 나타내기 때문에 소비자가 소비와 저축에 대한 의사결정을 행할 때 고려하는 적절한 이자율이다.

표 4.1은 세후 명목이자율과 세후 기대 실질이자율을 계산하는 방법을 보여준다. 주어진 명목이자율과 기대 인플레이션수준에서 이자소득에 대한 세율의 감소는 저축자가 받는 세후 명목 및 실질수익률을 증가시킨다. 따라서 이자에 과세되는 세율을 감소시킴으로써 정부는 저축자가 얻는 실질수익률을 증가시킬 뿐만 아니라 (아마도) 경제 전체의 저축률을 높일 수 있다.

저축의 장려는 저축자로 하여금 세금으로부터 이자소득의 일부를 피난시켜 좀 더 높은 세후 수익률을 얻게 하는 개인퇴직연금계정(IRAs)과 같은 세금회피의 동기부여가 된다. 불행하게도 저축에 대한 좀 더 높은 실질이자율의 효과에 대해 경제학자들의 의견은 일치하지 않으며 개인퇴직연금계정 및 이와 유사한 저축에 대한 세제상의 우대조치(tax break)의 유효성 역시 논쟁 중에 있다.

재정정책

정부의 조세정책이 어떻게 저축자가 얻는 실질수익(아마도 저축률)에 영향을 미치는지 설명했다. 그러나 정부지출과 조세를 결정하는 정부의 재정정책이 저축률에 영향을 미치도록 인위적으로 유도하지 않은 경우에도, 이상의 정책들은 그 경제에서 발생하는 소비와 저축의 양에 대해 중요한 시사점을 갖는다. 비록 재정정책과 소비자 행동 사이의 관련성을 이해하기 위해서는 다소 어려운 경제적 논리가 요구되지만, 이러한 관련성은 매우 중요하기 때문에 여기서 소개한다.

이후 특히 15장에서 이상의 주제 중 몇 가지 사항을 좀 더 상세히 논의한다.

가능하고 직접적인 재정정책의 효과를 논의하기 위해, 경제의 총생산 Y는 주어진 값으로 간주한다. 즉, 우리는 재정정책의 변화가 재화와 서비스의 총공급에 영향을 미칠 수 있다는 가능성을 무시한다. 경제가 완전고용상태에 있다면(이는 이 책 2부 전체에서의 가정임) 그리고 재정정책의 변화가 자본스톡이나 고용에 유의한 영향을 미치지 않는다면, 이상의 가정은 유효하다. 고정된 생산량의 가정을 완화해 재정정책이 어떻게 생산량을 변화시킬 수 있는지에 대한 고전파와 케인즈파의 견해는 이후에 논의된다.

일반적으로 재정정책은 가계의 현재소득과 기대 미래소득에 주로 영향을 미쳐 바람직한 소비 C^d에 영향을 미친다. 좀 더 구체적으로 표현하면, 현재의 조세가 상승하거나 미래에 조세가 상승할 것이라고 사람들로 하여금 예상하게 유도하는 것과 같은 민간부문에 대한 조세부담을 증가시키는 재정정책의 변화는 사람들로 하여금 덜 소비하게 만든다.

주어진 생산량수준 Y에서 정부의 재정정책은 두 가지 기본적인 방법으로 바람직한 국민저축 S^d 혹은 $Y - C^d - G$에 영향을 미친다. 첫째, 이미 언급한 것처럼 재정정책은 바람직한 소비에 영향을 미칠 수 있다. 어떤 생산량 Y와 정부구매 G 수준에서 바람직한 소비 C^d를 1달러 감소시키는 재정정책의 변화는 동시에 바람직한 국민저축 S^d를 1달러 상승시킨다. 둘째, 어떤 생산량과 바람직한 소비수준에서 정부구매의 증가는 직접적으로 바람직한 국민저축을 감소시키는데, 이는 바람직한 국민저축의 정의인 $S^d = Y - C^d - G$에서 명확히 알 수 있다.

이상의 일반적인 사항들을 설명하기 위해 두 가지 특정 재정정책의 변화, 즉 정부구매의 증가와 조세감면이 바람직한 소비와 바람직한 국민저축에 미치는 영향을 살펴본다.

정부구매 정부가 국방지출을 증가시켜 현재의 정부구매 G가 100억 달러 증가한 경우를 상정하자. 또한 이러한 G의 증가는 일시적이며 미래의 정부구매는 변동하지 않는다고 가정하자(이 장의 끝에 있는 분석문제 5번은 정부구매가 영구적으로 증가하는 경우를 살펴본다). 고정된 생산량 Y수준에서 이상과 같은 재정정책의 변화는 그 경제의 바람직한 소비와 바람직한 국민저축에 어떤 영향을 미치는가?

먼저 정부구매의 증가가 소비에 미치는 영향을 파악하는 것부터 시작하자. 이미 언급한 바와 같이 정부구매의 변화는 민간부문의 조세부담에 영향을 미치기 때문에 소비에 영향을 미친다. 예를 들어, 정부가 현재의 조세를 100억 달러 상

최신자료 및 연구와의 접속 IN TOUCH WITH DATA AND RESEARCH

이자율

이론적 논의에서는 마치 하나의 이자율만이 존재하는 것처럼 '유일한' 이자율로 언급했지만, 실제로는 차입자의 특성이나 차입조건에 따라 상이하고 다양한 이자율이 존재한다. 여기서는 2009년 7월 20일 연방준비은행이 발표한 통계 H.15에 나타난 몇 가지 이자율을 살펴보자.

	2009년 7월	2008년 7월
프라임이자율	3.25%	5.00%
연방기금	0.15	1.98
3개월 만기 단기재정국채	0.19	1.48
6개월 만기 단기재정국채	0.28	1.93
10년 만기 중기재정국채	3.61	4.09
30년 만기 장기재정국채	4.47	4.64
지방채	4.69	4.77

프라임이자율(prime rate)은 은행들이 그들의 최우량 고객에게 대부할 때 부과하는 기본적인 이자율이다. 연방기금이자율(Federal funds rate)은 은행들이 하루 동안 다른 은행에 대부할 때 적용하는 이자율이다. 단기재정국채(Treasury bills), 중기재정국채(Treasury notes) 및 장기재정국채(Treasury bonds)는 미국 정부의 부채며, 지방채(municipal bonds)는 주정부와 지역자치단체의 부채다. 프라임이자율을 제외한 이상의 이자율들은 금융시장의 환경이 변동함에 따라 계속적으로 달라진다. 프라임이자율은 주요 은행들에 의해 설정된 평균 대출이자율이며, 자주 변경되지 않는다.

이와 같이 다양한 형태의 대부에 부과되는 이자율이 동일해야 될 필요는 없다. 이자율이 이처럼 다양한 이유 중 하나로는 미상환 또는 채무불이행의 위험이 상이하다는 점을 들 수 있다. 연방정부의 부채는 채무불이행의 위험에서 자유롭다고 여겨지지만, 기업이나 은행 혹은 지방자치단체는 차입한 금액을 갚지 않을 가능성이 언제든지 존재한다. 대부자는 위험한 차입자에게 추가적인 이자를 부과해 채무불이행의 위험에 대해 보상받으려 한다. 따라서 프라임이자율, 연방기금이자율 및 지방채이자율은 채무불이행이 없는 경우의 이자율에 비해 높게 설정한다.

승시켜 국방지출에 추가적인 100억 달러를 충당한다고 가정하자. 주어진 (세전) 총생산 Y에서 조세의 증가는 소비자들의 (세후) 현재소득이 100억 달러 하락함을 의미한다. 우리는 비록 현재소득의 하락보다는 적다고 할지라도 (소비자가) 소비를 감소시킴으로써 현재소득의 하락에 반응한다는 사실을 알고 있다.[4] 따라

4. 현재소득에 대한 한계소비성향이 1보다 작은 양수임을 기억하기 바란다.

이자율에 영향을 주는 두 번째 요인은 금액이 차입되는 기간이다. 채권의 기간(즉, 만기)과 그것이 지불하는 이자율 사이의 관계를 수익률곡선(yield curve)이라 한다. 첨부된 그림은 2009년 7월의 수익률곡선과 1년 전의 수익률곡선을 보여준다. 만기가 긴 채권은 만기가 짧은 채권에 비해 대체로 높은 이자율을 지불하기 때문에 수익률곡선은 일반적으로 우상향한다. 7장의 "만기" 절에서 이자율이 채권의 만기와 어떻게 관련되는지 논의한다.

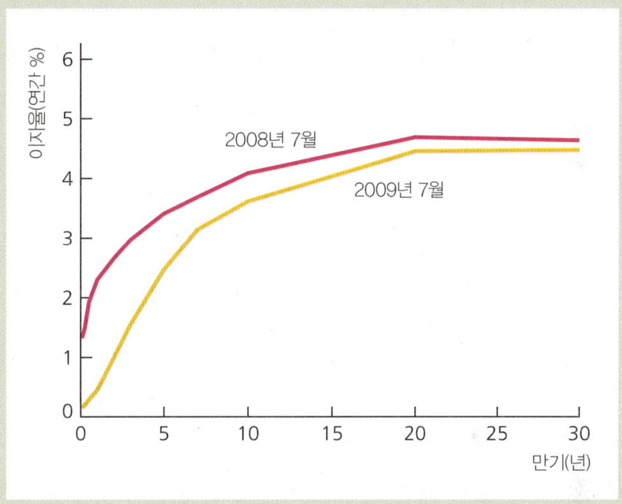

이자율에 영향을 주는 마지막 요인은 과세상의 지위다. 지방채에 대한 이자는 비과세대상이기 때문에 대부자는 이러한 대부를 행할 때 과세대상일 경우에 비해 더 낮은 이자율을 기꺼이 받아들이려 한다.

비록 여러 이자율수준이 매우 다르다고 할지라도 이자율은 대부분 기간에서 동시에 상승하고 하락한다. 다양한 만기의 단기재정국채, 중기재정국채, 장기재정국채 및 지방채를 포함해 여기서 논의한 모든 이자율은 2008년 7월과 2009년 7월 사이에 상승했다. 일반적으로 이자율은 함께 움직이는 경향이 있으므로, 경제분석에서는 통상적으로 마치 하나의 이자율만이 존재하는 것처럼 '유일한' 이자율로 언급한다.

서 100억 달러의 조세 증가에 반응해 소비자가 예컨대 60억 달러의 현재소비를 감소시킨다고 가정하자.

정부가 정부구매를 증가시킬 때 현재의 조세를 상승시키지 않는다면 소비에는 어떤 변화가 생겨날까? 이 경우의 분석은 좀 더 미묘하다. 정부가 현재의 조세를 상승시키지 않는다면, 추가적인 지출을 충당하기 위해 100억 달러를 차입해야만 한다. 정부는 미래의 어떤 시점에 차입한 100억 달러와 이자를 합한 금액을 상환해야 할 것이며, 이는 미래의 조세가 상승해야 한다는 사실을 의미한다. 만약 납세자들이 오늘의 정부구매 증가가 미래의 더 높은 조세를 의미한다는 사실을 이해할 만큼 충분히 현명하다면 가계의 기대 (세후) 미래소득은 감소할 것이며, 이는 다시 그들의 바람직한 소비를 감소시킬 것이다. 일부 소비자가 미래의 조세상승을 예상하지 못한다면 현재소비의 감소는 더 적을 수 있지만, 우리는 설명의 편의를 위해 납세자들이 60억 달러의 현재소비를 감소한다고 생각할 수 있다.

바람직한 국민저축에는 어떤 영향을 미치는가? 정부구매의 증가는 G를 증가시켜 직접적으로 G뿐만 아니라 간접적으로 바람직한 소비 C^d를 감소시킴으로써 바람직한 국민저축 $Y - C^d - G$에 영향을 미친다. 우리의 예에서 정부구매의 증가는 60억 달러의 바람직한 소비를 감소시키고, 이는 그 자체 60억 달러의 국민저축을 증가시킨다. 그러나 이상의 효과는 생산량 Y수준이 일정한 상태에서 G의 100억 달러 증가에 의해서 압도되므로, 전반적으로 바람직한 국민저축 $Y - C^d - G$는 40억 달러 감소한다.[5] 좀 더 일반적인 형태로 표현하면, 바람직한 소비의 하락은 초기의 정부구매 증가보다 적을 것으로 예상되기 때문에 정부구매의 일시적인 증가는 바람직한 국민저축을 감소시킨다.

요약하면, 주어진 현재의 생산량 Y수준에서 정부구매의 일시적인 증가가 바람직한 소비와 바람직한 국민저축 모두 감소시킨다고 결론 내릴 수 있다.

조세 이제 정부구매 G는 일정하게 유지되지만 정부가 현재의 조세 T를 100억 달러 감소시킨다고 가정하자. 또한 가능한 한 단순화하기 위해 조세감면은 모든 납세자가 동일한 양을 감면받는 정액(lump sum) 조세로 상정한다(한 국가의 1억 명 납세자가 각기 100달러의 조세를 감면받는다고 생각해 보라). 정부구매 G와 생산량 Y가 일정하게 유지되는 상태에서 바람직한 소비 C^d가 변화할 경우에만 바람직한 국민저축 $Y - C^d - G$가 변동한다. 따라서 이상의 문제는 "바람직한 소비가 현재의 조세감면에 어떻게 반응할 것인가?"와 동일하다.

다시 말해, 주요 논점은 조세감면이 사람들의 현재소득과 기대 미래소득에 미치는 영향을 파악하는 것으로 요약된다. 현재 100억 달러의 조세감면은 (세후) 현재소득을 직접적으로 100억 달러 증가시키며, 이로 인해 조세감면은 바람직한 소비를 (100억 달러보다 다소 적은 금액을) 증가시킨다. 그러나 현재의 100억

5. 소비자가 미래의 조세 증가에 대한 전망을 간과해 현재소비를 감소시키지 않는 경우에도 국민저축은 심지어 40억 달러 이상 감소한다는 점에 유의하기 바란다.

달러 조세감면은 사람들로 하여금 미래에 더 낮은 세후 소득을 예상하게끔 유도한다. 그 이유는 정부가 지출의 크기를 변화시키지 않았기 때문에 현재 100억 달러의 조세감면을 위해서는 100억 달러의 차입을 반드시 증가시켜야 하기 때문이다. 추가적인 100억 달러의 정부부채는 미래에 이자와 함께 상환돼야 하므로 미래의 조세가 상승할 것이며, 이는 다시 미래 가계의 가처분소득이 더 낮아짐을 의미한다. 그 밖의 모든 조건이 동일하다면, 기대 미래소득의 감소는 사람들로 하여금 바람직한 소비에 대한 증가된 현재소득의 양(+)의 효과를 상쇄시킴으로써 오늘 덜 소비하도록 유도한다. 따라서 원칙적으로 현재소득을 증가시키지만 기대 미래소득을 감소시키는 현재의 조세감면은 현재의 바람직한 소비를 증가 혹은 감소시킬 수 있다.

흥미롭게도 일부 경제학자는 바람직한 소비에 대한 증가된 현재소득의 양(+)의 효과와 감소된 미래소득의 음(−)의 효과가 정확히 상쇄되기 때문에 현재의 조세감면이 바람직한 소비에 미치는 전체적인 효과는 정확히 영이라고 주장한다. 조세감면이 바람직한 소비에 아무런 영향을 미치지 않을 뿐만 아니라 바람직한 국민저축에도 영향을 미치지 않는다는 생각[6]을 **리카도의 대등 정리**(Ricardian equivalence proposition)라고 한다.[7]

리카도의 대등 개념은 다음과 같이 간략하게 설명할 수 있다(좀 더 상세한 논의는 15장 참조). 장기에 있어 모든 정부구매는 조세에 의해 지불돼야 한다. 따라서 정부의 현재 및 계획된 구매가 변동하지 않는다면, 현재의 조세감면이 조세 징수의 시기에는 영향을 미칠 수 있지만 (리카도의 대등 정리를 지지하는 사람들이 강조하는 것처럼) 소비자들이 감내해야 하는 궁극적인 조세부담에는 영향을 미치지 않는다. 정부구매는 어떤 변화가 없는 상태에서 현재의 조세감면은 사실상 소비자에게 더 나은 복지를 제공해 주지 못하므로(오늘의 조세감소는 미래의 조세 증가에 의해 균형을 이룬다), 소비자는 바람직한 소비를 변화시켜 조세감면에 반응할 어떠한 이유도 생겨나지 않는다.

리카도의 대등 정리의 논리가 견고하다고 할지라도, 실질적으로 유효한지에

---

6. 민간의 가처분소득이 100억 달러 상승하는 이상의 예에서, 만약 바람직한 소비가 변하지 않을 경우 바람직한 민간저축은 100억 달러 상승한다. 그러나 조세감면으로 인해 정부적자가 100억 달러 상승하므로 정부저축은 100억 달러 하락한다. 그러므로 민간저축과 정부저축을 합한 바람직한 국민저축은 변동하지 않는다.

7. 이러한 주장은 19세기 경제학자 데이비드 리카도(David Ricardo)에 의해 최초로 제기됐다. 그러나 그는 이러한 주장이 실질세계에 적용 가능한지에 관해서는 다소 유보할 수 있다고 표현했다. 여기서 '대등'이라는 단어는 만약 리카도의 대등이 사실이라면, 조세와 정부차입이 경제에 대등한 효과를 갖는다는 생각을 언급한다.

요약표 5 바람직한 국민저축의 결정요인

해당 요인의 증가	해당 요인의 증가가 바람직한 국민저축에 미치는 영향	이유
현재의 생산량, Y	상승	추가적인 소득의 일부가 미래소비를 위해 저축됨.
기대 미래생산량	하락	미래소득에 대한 기대는 현재의 바람직한 소비를 상승시키고 현재의 바람직한 저축을 감소시킴.
부	하락	추가적인 부의 일부가 소비되고, 이는 주어진 소득수준에서 저축을 감소시킴.
기대 실질이자율, r	아마도 상승	수익이 늘어나면 더 많은 저축을 유인함. 좀 더 적은 저축으로도 어떤 특정한 저축 목표를 달성할 수 있다는 사실을 아마도 더 중요시 여기기 때문임.
정부구매, G	하락	정부구매의 증가는 직접적으로 바람직한 국민저축을 줄임.
조세, T	불변 혹은 상승	소비자들이 미래의 조세감면을 고려한다면 저축은 변하지 않음. 소비자가 미래의 조세감면을 고려하지 않는다면 저축은 상승하고, 따라서 현재소비는 감소함.

대해서는 의문을 갖는 경제학자가 많다. 이와 같은 회의론자들의 대부분은 조세감면으로 소비자가 소비를 증가시키지 않을 것으로 리카도의 대등 정리는 예견하지만, 현실에서는 현재의 조세가 낮을수록 바람직한 소비의 증가를 쉽게 야기하며 바람직한 국민저축이 감소할 것이라고 주장한다. 조세감면 이후에 소비가 상승할 수 있는 이유로는 많은(아마도 대부분의) 소비자가 오늘 증가된 정부차입이 미래에 더 높은 조세로 이어지기 쉽다는 사실을 이해하지 못한다는 점을 들 수 있다. 따라서 소비자는 바람직한 소비를 증가시킴으로써 현재소득의 어떤 다른 증가의 경우와 마찬가지로 현재의 조세감면에 단순히 반응한다.

조세감면이 소비와 저축에 미치는 영향은 다음과 같이 요약할 수 있다. 리카도의 대등 정리에 의하면, 현재의 혹은 계획된 정부구매에는 변화가 없는 상태에서 발생하는 조세감면은 바람직한 소비와 바람직한 국민저축을 변화시키지 않는다. 그러나 리카도의 대등 정리는 소비자가 그들의 지출계획에 있어 발생 가능한 미래의 조세 증가를 고려하지 않는다면 적용되지 않는다. 즉, 미래의 조세 증가를 고려하지 않는 경우에 조세감면은 바람직한 소비를 증가시키고 바람직한 국민저축을 감소시킨다.

요약표 5에는 소비와 저축에 영향을 미치는 요인들이 정리돼 있다.

응용 APPLICATION

소비자는 세금환급에 어떻게 반응하는가?

2007년 12월 시작된 경기불황 기간인 2008년에 정부는 경기부양을 목적으로 소비자에게 세금환급을 실시했다. 그러나 리카도 대등이 성립할 경우 이상의 세금환급은 소비자지출이나 경제 전체를 부양하는 데 효과적으로 작용하지 않는다.

소비자지출이 세금환급에 반응해 그만큼 상승하지 않았다는 다소의 증거들은 2001년 경기불황 때 소비자에게 줬던 세금환급에 관한 미시간대학교의 매슈 샤피로(Matthew D. Shapiro)와 조엘 슬렘로드(Joel Slemrod)의 연구에서 찾을 수 있다.[8] 그들은 4분의 1보다 적은 수의 가구만이 2001년 받은 조세환급의 대부분을 사용했다는 사실을 발견했다. 이와 같은 발견은 세금환급이 정부가 조세감면을 법률로 통과시켰을 때 희망했던 만큼 경제를 부양시키지 않았음을 말해 준다.

최근 들어 2001년 세금환급의 효과에 대한 새로운 증거들은 시카고 연방준비은행의 슈밋 아가왈(Sumit Agarwal), 네바다대학교의 천린 리우(Chunlin Liu) 및 펜실베이니아대학교의 니콜라스 소울레스(Nicholas Souleles)에 의해 전개됐다.[9] 그들은 대부분 소비자들이 적어도 세금환급을 받았을 당시에는 환급받은 대부분의 금액을 저축했다는 증거를 발견했는데, 이는 샤피로와 슬렘로드의 연구결과와 일치한다. 그러나 그들은 대형 신용카드 발급사로부터 확보한 약 75,000가구의 신용카드 구매와 잔고의 새로운 데이터 세트를 이용해 환급이 행해진 한 달 이후 일반적인 가구들은 구매를 증가시켰으며 신용카드 부채가 점점 늘어났음을 알 수 있었다.

아가왈, 리우 및 소울레스는 우선 가구가 세금환급을 받은 이후 신용카드 지출 행태가 어떻게 변동하는지 연구했다. 이후 그들은 신용카드 구매가 계속해서 상승했는지 검토했다. 마지막으로 그들은 가구가 가진 신용카드 부채 총액의 변화를 살펴볼 수 있었다. 세금환급액은 수표형태로 납세자들의 사회보장번호에 따라 3개월 동안 우편으로 발송됐기 때문에 아가왈, 리우 및 소울레스는 각각의 가구들이 언제 환급금을 받았는지 정확히 계산할 수 있었다. 이와 같은 정보는 그들로 하여금 지급, 구매 및 신용카드 부채의 반응을 결정할 수 있게 했다.

2001년 세금환급의 가장 분명한 효과는 사람들이 신용카드 발급사에 지불하는 금액을 증가시키도록 자극했다는 데 있다. 처음에는 많은 사람들이 신용카드로 부가적인 지불을 행했다고 할지라도, 그들은 세금환급에 반응해 구매행위를 동시에 변화시켰다. 세금환급이 결정된 초기에는 가구들이 신용카드 구매를 증가시키지 않았다. 그러나

8. "Did the 2001 Tax Rebate Stimulate Spending? Evidence from Taxpayer Surveys," in James Poterba, ed., *Tax Policy and the Economy* 17 (Cambridge, MA: MIT Press, 2003), pp. 83-109.

9. "The Reaction of Consumer Spending and Debt to Tax Rebates-Evidence from Consumer Credit Data," *Journal of Political Economy*, December 2007, pp. 986-1019.

세금환급이 행해진 몇 달 이후에는 가구의 구매가 늘어나기 시작했으며, 9개월 이후에는 세금환급으로 말미암아 신용카드로 평균 60달러를 추가로 소비했다.

세금환급 초기에는 환급액은 늘었지만 구매는 변하지 않았기 때문에 평균 신용카드 부채의 총액은 감소했다. 시간이 지남에 따라 가구들이 구매를 시작하게 됐으며, 이로 인해 신용카드 부채의 총액이 상승하기 시작했다. 세금환급을 받은 9개월이 지난 이후 가구들은 평균 약 25달러의 신용카드 부채를 추가적으로 부담하게 됐는데, 이는 평균 부채수준인 약 2,000달러에 비해 소액 상승이며 통계적으로 유의미하지 않은 금액이다.

이상의 주요 결과는 다양하고 많은 가구들의 평균값이기 때문에 상이한 가구가 세금환급에 어떻게 반응하는지 살펴보기 위해 일부 가구를 분리해 살펴보는 것도 의미가 있다. 특히 부록 4.A에서는 차입제약(즉, 사람들이 원하는 만큼 차입할 수 없는)의 구속력이 소비행위에 어떻게 영향을 미칠 수 있는지 논의한다. 구체적으로 차입제약의 구속으로(아마도 은행에 의해 부가된 신용카드 제한의 결과로) 말미암아 더 이상 차입할 수 없는 사람들이 그러한 제약을 안 받는 사람들보다 세금환급으로 인해 더 많이 소비한 것 같다. 아마도 (일반적으로 현재소득보다 미래소득이 더 많은) 청년들과 낮은 신용카드 한도를 가진 사람들이 차입제약의 구속력에 직면할 것 같다.

청년들이 다른 연령계층에 비해 세금환급에 더 큰 반응을 보였는지 살펴보기 위해 아가왈, 리우 및 소울레스는 그들이 사용한 데이터를 청년층(35세 미만), 중년층 및 노년층(60세 이상)의 세 연령계층으로 분리했다. 그들은 세금환급을 받은 9개월 이후 청년층은 다른 연령계층에 비해 상당히 높은 수준인 약 200달러의 구매를 증가시켰음을 확인했다. 또한 부채는 청년 가구에서 약 130달러가 상승했지만, 이는 노년계층 가구에 비해 훨씬 적은 상승이다.

아가왈, 리우 및 소울레스는 가구들의 신용카드 한도에 기초해 유사한 분리를 시도했다. 즉, 그들은 7,500달러 미만의 신용한도를 가진 사람을 낮은 신용한도로, 그리고 10,500달러 초과의 신용한도를 가진 사람을 높은 신용한도로 분리했다. 이와 같은 분석결과, 높은 신용한도를 가진 사람들이 다른 그룹의 사람들에 비해 그들의 잔고를 늘리고 덜 소비했으며 신용카드 부채를 줄인 것으로 나타났다. 따라서 높은 신용한도를 가진, 즉 차입제약의 구속력이 약할 것으로 예상되는 사람들이 리카도 대등 이론이 제시한 방법과 유사하게 세금환급에 반응하는 것으로 보인다. 그러나 차입제약의 구속력이 있는 사람들은 그렇지 않은 것으로 나타났다. 우리는 2008년 세금환급에 대해 유사한 반응이 나타날 것으로 예상할 수 있지만, 이를 정확히 파악하기 위해서는 새로운 데이터가 이용 가능할 때까지 기다려야 한다.

4.2 투자

이제 지출의 두 번째 주요한 요소인 기업에 의한 투자지출을 살펴보자. 소비와 저축에 대한 의사결정과 마찬가지로 얼마만큼의 양을 투자할지에 관한 의사결정은 경제의 미래에 대한 기대에 주로 의존한다. 또한 투자는 저축 및 소비의 경우와 마찬가지로 현재와 미래 사이에 존재하는 상충의 사고를 공유한다. 자본투자를 행함으로써 기업은 생산능력을 향상시키고 미래에 이익을 창출하기 위해 현재의 재원을 충당한다(그렇지 않다면, 현재의 재원은 주주들에게 증가된 배당금을 지불하는 데 쓰일 수 있다).

2장에서 투자는 주거와 비주거 빌딩, 장비, 생산에 사용되는 소프트웨어 및 재고스톡의 증가 등을 포함한 자본재의 구입 혹은 건설로 언급했다. 거시경제적 관점에서 투자행위를 연구하는 중요한 두 가지 이유는 다음과 같다. 첫째, 총지출의 다른 구성요소에 비해 투자지출은 불황기에는 감소하고 호황기에는 상승하는, 즉 경기변동에 대해 급격하게 변동한다. 비록 투자가 GDP의 단지 약 6분의 1에 불과하지만, 전형적인 불황기에 나타나는 총지출 감소의 2분의 1 혹은 그 이상이 투자지출의 감소다. 따라서 투자행위에 관한 설명은 3부에서 상세히 고찰할 경기변동을 이해하기 위해 중요하다.

투자행위를 연구하는 두 번째 이유는 투자가 경제의 장기적인 생산능력 결정에 중대한 역할을 한다는 데 있다. 투자는 새로운 자본재를 창출하기 때문에 투자율이 높다는 것은 자본재가 빠른 속도로 증가함을 의미한다. 3장에서 논의한 것처럼, 자본은 생산을 위한 가장 중요한 두 가지 생산요소 중 하나다(다른 하나는 노동이다). 다른 모든 조건이 동일하다면, 많은 자본을 획득하지 못한 경제에 비해 급속히 투자함으로써 많은 자본스톡을 확보한 경제에서 생산량수준이 높게 나타난다.

바람직한 자본스톡

투자량을 결정하는 요인들을 이해하기 위해서는 기업이 그들이 원하는 자본량을 어떻게 결정하는지 반드시 고려해야 한다. 우리가 가정한 것처럼 기업들이 이윤극대화를 추구한다면, 기업의 **바람직한 자본스톡**(desired capital stock)은 기업으로 하여금 기대이윤을 가장 크게 획득할 수 있게 하는 자본량이다. 경영자는 추가적인 자본(예를 들어, 새로운 기계)을 사용함에 따른 비용과 이익을 비교함으로써 이윤을 극대화하는 자본스톡수준을 결정한다. 만약 이익이 비용을 능가한다면, 자본스톡의 확장은 이윤을 상승시킨다. 그러나 비용이 이익을 능가한다면 기업은 계획된 자본스톡을 증가시키지 않아야 하며, 심지어 자본스톡의 감소를 희망할 수도 있다. 여러분이 이상의 짧은 서술로부터 추측할 수 있듯이, 기업이 얼마만큼의 자본량을 사용할지에 대한 의사결정의 기초를 이루는 경제적 논리는 3장에서 논의했던 기업이 얼마만큼의 노동자수를 고용할지에 대한 의사결정의 논리와 유사하다.

기업이 추가적인 자본 1단위를 소유하는 데 따른 이익은 자본의 한계생산물(marginal product of capital) *MPK*다. 3장에서와 같이 *MPK*는 생산을 위해 필요한 기업의 노동력과 기타 생산요소들이 일정하게 유지된 상태에서 기업이 자본 1단위를 추가함으로써 얻을 수 있는 생산량의 증가다. 새로운 자본을 획득하고 설치하는 데에는 시차가 발생하기 때문에 자본의 기대 미래 한계생산물 MPK^f는 오늘 자본 1단위의 투자를 증가시킴으로써 얻는 이익이다. 이와 같은 기대 미래이익은 자본의 추가적인 단위를 사용하는 데 따른 기대비용 혹은 자본의 사용자비용(user cost of capital)과 반드시 비교돼야 한다.

자본의 사용자비용 구체적으로 자본의 사용자비용을 논의하기 위해 전문 쿠키를 생산하는 기업인 킬리(Kyle) 베이커리 회사의 경우를 고려하자. 베이커리의 소유자이자 경영자인 킬리는 미래에 더 많은 쿠키를 생산할 수 있게 하는 새로운 태양에너지 오븐에 투자할지를 고려하고 있다. 그가 그러한 오븐을 구입하기로 결정한다면, 그는 그 오븐의 크기도 반드시 결정해야 한다. 킬리는 이상의 사항을 결정함에 있어 다음과 같은 정보를 갖고 있다.

1. 새로운 오븐의 가격은 크기에 상관없이 입방피트당 100달러[실질(기준연도) 달러로 측정]다.
2. 새로운 오븐은 태양에너지를 사용하기 때문에 그 오븐을 사용함에 있어 에너지비용은 발생하지 않는다. 또한 그 오븐은 유지관리비용을 필요로 하지 않는다.[10] 그러나 그 오븐은 매년 효율성이 떨어진다. 즉, 그 오븐이 생산하는 쿠키의 수가 매년 10%씩 줄어든다. 이와 같은 감가상각으로 말미암아 오븐의 실질가치는 매년 10%씩 하락한다. 예를 들어, 1년을 사용한 후 그 오븐의 실질가치는 입방피트당 90달러다.
3. 일반적인 연 8%의 기대 실질이자율로 킬리는 (은행에서) 차입할 수 있으며 (1년 만기 국채를 구입함으로써 정부에) 대출할 수 있다.

10. 이상의 가정들은 우리의 예를 단순화시킨다. 만약 원료나 유지관리비용과 같은 운영비용이 존재한다면, 그 오븐을 사용하는 데 따른 이익을 계산할 때 자본의 기대 미래 한계생산물에서 그러한 운영비용을 공제해야 한다.

우리는 자본의 사용자비용을 계산하기 위해 다음과 같은 기호(수치는 킬리의 베이커리 예에 의거함)를 사용한다.

p_K = 자본재의 실질가격(입방피트당 100달러)
d = 자본의 감가상각률(매년 10%)
r = 기대 실질이자율(매년 8%)

자본의 사용자비용(user cost of capital)은 특정 기간 동안 자본 1단위 사용에 대한 기대 실질비용이다. 킬리의 베이커리 예에서 우리는 새로운 오븐을 구입해 1년 동안 사용한 후 그 오븐을 매각할 경우 생겨나는 기대비용을 고려한다. 그 오븐을 사용하는 데 따른 비용은 두 가지 구성요소, 즉 감가상각과 이자로 이뤄진다.

일반적으로 자본의 사용에 대한 감가상각비용은 자본이 마모됨에 따라 상실되는 가치다. 감가상각으로 말미암아 킬리가 입방피트당 100달러를 지불한 오븐은 1년 후 입방피트당 단지 90달러의 가치를 지니게 된다. 킬리가 1년 동안 입은 입방피트당 10달러의 손실은 그 오븐의 사용에 대한 감가상각비용이다. 비록 킬리가 그 오븐을 1년이 끝나는 시점에 매각하지 않는다고 할지라도, 그는 이상의 손실을 입게 된다. 왜냐하면 1년이 끝나는 시점에 그 자산(즉, 오븐)의 경제적 가치는 10% 줄어들기 때문이다.

자본의 사용에 대한 이자비용은 자본의 가격과 기대 실질이자율을 곱한 값과 같다. 기대 실질이자율이 8%이므로 킬리가 1년 동안 그 오븐을 사용함으로써 발생하는 이자비용은 입방피트당 100달러의 8% 혹은 입방피트당 8달러다. 이자비용이 왜 자본의 사용에 따른 비용인지 살펴보기 위해, 우리는 우선 킬리가 그 오븐을 구매하는 데 필요한 자금을 차입해야 한다고 생각하자. 이 경우 입방피트당 8달러의 이자비용은 킬리가 차입의 대가로 지불해야 하는 이자며, 이는 명백히 그 오븐을 사용하는 데 따른 총비용의 일부다. 이를 다른 방법으로도 설명할 수 있다. 만약 킬리가 그 오븐을 구매하기 위해 기업의 이윤을 사용한다면, 그는 그러한 자금을 사용해 국채와 같이 이자가 생겨나는 자산을 구입할 수 있는 기회를 포기해야 한다. 킬리가 그 오븐에 투입한 모든 100달러에 대해 그는 100달러의 국채 구입을 통해 획득할 수 있었던 8달러의 이자를 희생해야 한다. 이와 같이 상실된 이자는 킬리가 오븐을 사용하는 데 따른 비용이다. 따라서 자본의 구입이 차입한 자금으로 조달되거나 혹은 기업이 자체적으로 보유한 이윤에 의해서 조달되는지에 관계없이 이자비용은 자본의 사용에 대한 진정한 경제적 비용의 일부다.

자본의 사용자비용은 감가상각비용과 이자비용의 합이다. 이자비용이 rp_K이고 감가상각비용이 dp_K이면 자본의 사용자비용 uc는 다음과 같다.

$$uc = rp_K + dp_K = (r + d)p_K \tag{4.3}$$

킬리 베이커리 경우에 있어,

$$\begin{aligned} uc &= (\text{매년 } 0.08 \times \text{입방피트당 } 100\text{달러}) \\ &\quad + (\text{매년 } 0.10 \times \text{입방피트당 } 100\text{달러}) \\ &= \text{매년 입방피트당 } 18\text{달러} \end{aligned}$$

따라서 킬리의 자본의 사용자비용은 매년 입방피트당 18달러다.

바람직한 자본스톡의 결정 이제 우리는 어떤 기업의 이윤극대화 자본스톡 혹은 바람직한 자본스톡을 구할 수 있다. 한 기업의 바람직한 자본스톡은 자본의 기대 미래 한계생산물과 자본의 사용자비용이 동일한 수준에서 결정되는 자본스톡이다.

그림 4.2는 킬리 베이커리에 대한 바람직한 자본스톡의 결정을 보여준다. 오븐의 생산능력을 입방피트로 나타낸 자본스톡 K는 수평축을 따라 나타난다. 한편 MPK^f와 자본의 사용자비용은 수직축을 따라 측정된다.

기울기가 하향하는 곡선은 다양한 크기의 자본스톡 K에 대한 MPK^f의 값을 나타낸다. 각각의 K 수준에서 MPK^f는 오븐의 생산능력이 추가적인 입방피트만큼 확장될 경우 매년 생산되는 추가적인 쿠키의 기대 실질가치와 동일하다. MPK^f 곡선의 기울기가 하향하는 이유는 자본스톡이 증가됨에 따라 자본의 한계생산성이 감소하기 때문이다(3장에서 자본의 한계생산성 체감에 대한 논리적 근거를 살펴봤다). 사용자비용(이 예에서 매년 입방피트당 18달러임)은 자본량의 크기에 의존하지 않기 때문에 수평선으로 나타난다.

킬리 베이커리의 기대이윤을 극대화하는 자본량은 그림 4.2에서 A점으로 나타낸 5,000입방피트다. A점에서는 추가적인 자본 1단위로 인한 기대수익 MPK^f가 사용자비용 uc와 동일하다. 어떤 오븐의 생산능력이 5,000입방피트보다 작을 경우, 킬리 베이커리는 오븐의 생산능력을 확대시킴으로써 기대이윤을 증가시킬 수 있다. 예를 들어, 그림 4.2는 4,000입방피트의 계획된 생산능력에서 추가적인 입방피트의 MPK^f는 매년 20달러 가치의 쿠키며, 이는 생산능력의 추가적인 입방피트를 사용하는 데 따른 기대비용인 매년 18달러보다 크다는 것을 보여준다. 계획된 생산능력이 4,000입방피트에서 출발해 만약 킬리가 생산능력의 추가적인 입방피트를 확장한다면, 그는 미래의 생산량에서 매년 추가적인 20달러의 가치를 얻게 되겠지만 기대 미래비용은 단지 매년 18달러만 발생한다.

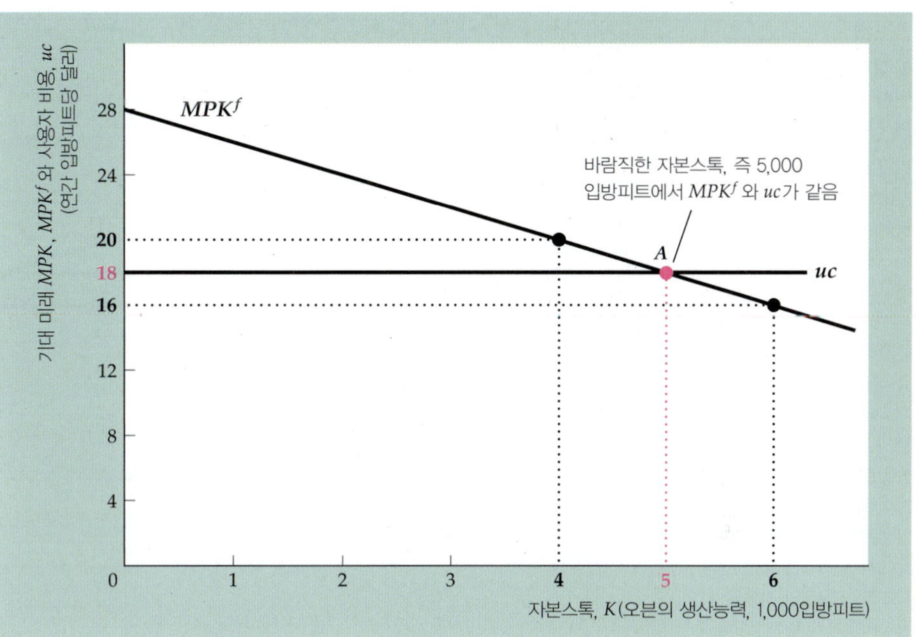

그림 4.2

바람직한 자본스톡의 결정

바람직한 자본스톡(이번 예에서 오븐의 생산능력이 5,000입방피트)은 이윤을 극대화하는 자본스톡이다. 자본스톡이 5,000입방피트일 때 자본의 기대 미래 한계생산물 MPK^f가 자본의 사용자비용 uc와 일치한다. 자본스톡이 4,000입방피트인 경우에서처럼 MPK^f가 uc보다 크다면, 추가적인 자본으로 인한 이익이 비용을 능가하므로 기업은 자본스톡을 반드시 증가시켜야 한다. 자본스톡이 6,000입방피트인 경우에서처럼 MPK^f가 uc보다 작다면, 추가적인 자본의 비용이 이익을 능가하므로 기업은 자본스톡을 반드시 감소시켜야 한다.

따라서 4,000입방피트 이상으로 확장한다면 킬리에게 이익이 된다. 마찬가지 방법으로 그림 4.2는 오븐의 생산능력이 5,000입방피트 이상인 경우 자본의 기대 미래 한계생산물 MPK^f가 사용자비용 uc보다 작다는 것을 보여준다. 이 경우 킬리 베이커리는 자본스톡을 감소시킴으로써 기대이윤을 증가시킬 수 있다. 오로지 $MPK^f = uc$를 만족하는 자본스톡수준에서 기대이윤이 극대화된다.

이미 언급했듯이 바람직한 자본스톡의 결정은 3장에서 서술한 기업의 노동수요의 결정과 유사하다. 기업의 이윤을 극대화하는 고용수준은 노동의 한계생산성이 임금과 일치하는 수준에서 달성된다. 유사한 방법으로 기업의 이윤을 극대화하는 자본수준은 자본의 기대 미래 한계생산물이 자본의 '임금'(한 기간 동안 자본을 사용하는 데 따른 비용)처럼 생각할 수 있는 사용자비용과 일치하는 수준이다.

바람직한 자본스톡의 변화

MPK^f 곡선을 이동시키거나 자본의 사용자비용을 변화시키는 어떤 요인은 기업의 바람직한 자본스톡을 변화시킨다. 킬리 베이커리의 사례에서 실질이자율이 매년 8%에서 매년 6%로 떨어졌다고 가정하자. 실질이자율 r은 매년 0.06이고 감가상각률 d와 자본재의 가격 p_K는 각각 매년 0.10과 입방피트당 100달러로 유지된다면 실질이자율의 감소는 자본의 사용자비용을 감소시킨다. 즉, 자본의 사용자비용 $(r + d)p_K$가 매년 입방피트당 18달러에서 매년 입방피트당 $(0.06 + 0.10)100$달러 혹은 16달러로 감소한다.

그림 4.3

실질이자율의 하락으로 인한 바람직한 자본스톡의 상승

킬리 베이커리의 예에서 실질이자율이 8%에서 6%로 하락하면, 오븐의 생산능력에 대한 사용자비용 uc를 매년 입방피트당 18달러에서 16달러로 감소시키며, 사용자비용선은 uc^1에서 uc^2로 아래쪽으로 이동한다. 이때 바람직한 자본스톡은 오븐의 생산능력을 5,000입방피트(A점)에서 6,000입방피트(C점)로 상승시킬 때 달성된다. 즉, 6,000입방피트에서 MPK^f가 매년 입방피트당 16달러인 자본의 사용자비용과 다시 일치한다.

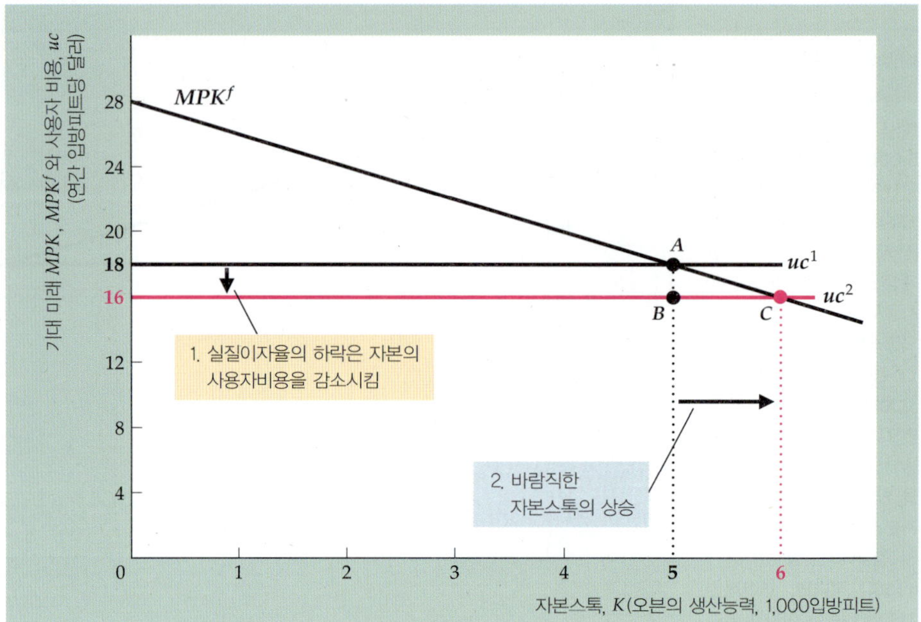

이와 같은 사용자비용의 하락은 그림 4.3에서와 같이 사용자비용선을 uc^1에서 uc^2로 아래쪽으로 이동시킨다. 사용자비용의 이동 이후 원래의 5,000입방피트의 바람직한 자본스톡(A점) 혹은 매년 입방피트당 18달러의 MPK^f는 이제 매년 입당피트당 16달러(B점)인 자본의 사용자비용을 초과한다. 킬리 베이커리는 계획된 오븐의 생산능력을 MPK^f와 매년 입방피트당 16달러인 자본의 사용자비용이 일치하는(C점) 6,000입방피트까지 상승시킴으로써 이윤을 증가시킬 수 있다. 이상의 예는 기대 실질이자율의 감소 혹은 자본의 사용자비용을 떨어뜨리는 어떤 변화는 바람직한 자본스톡을 증가시킨다는 사실을 제시한다.

또한 MPK^f 곡선에 영향을 미치는 기술 변화도 바람직한 자본스톡에 영향을 미친다. 킬리가 제빵시간이 덜 요구되는, 즉 매일 12.5%만큼 많은 쿠키를 구울 수 있는 새로운 형태의 쿠키 반죽기계를 발명했다고 가정하자. 이와 같은 기술진보는 각 자본스톡의 가치에서 오븐에 대한 MPK^f 곡선을 12.5%만큼 위쪽으로 이동시킨다. 그림 4.4는 MPK^f 곡선이 MPK^f_1에서 MPK^f_2로 이동하는 이상의 효과를 보여준다. 만약 사용자비용이 매년 입방피트당 18달러에 머물러 있다면, 기술진보는 킬리의 바람직한 자본스톡을 5,000입방피트에서 6,000입방피트로 상승시킨다. 6,000입방피트(D점)에서 MPK^f는 자본의 사용자비용과 다시 일치한다. 일반적으로 자본의 사용자비용이 일정하게 유지되는 상태에서 자본의 기대 미래 한계생산물이 증가하면, 모든 자본수준에서 바람직한 자본스톡이 상승한다.

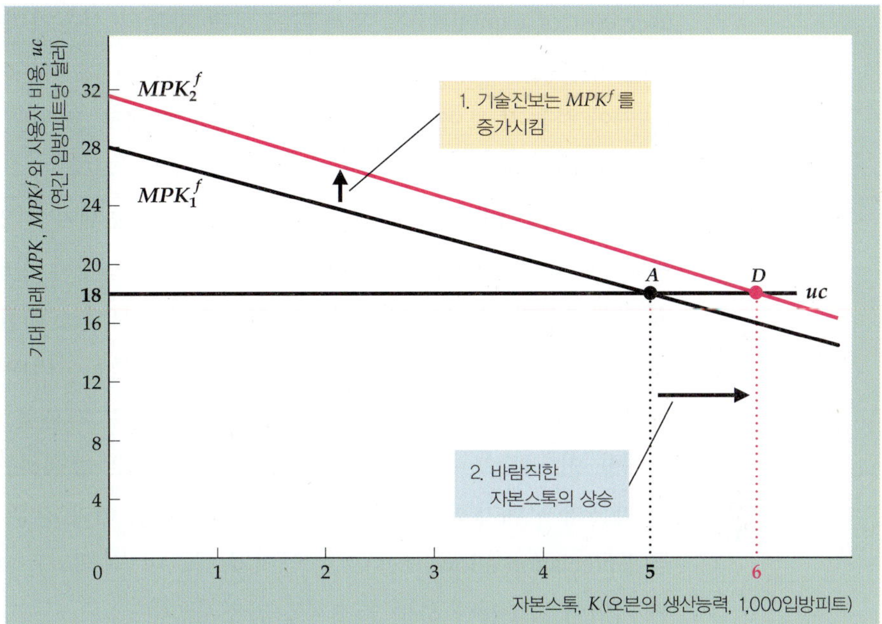

그림 4.4

기대 미래 MPK 증가로 인한 바람직한 자본스톡의 상승

기술진보는 자본의 기대 미래 한계생산물 MPK^f를 증가시킨다. 즉, MPK^f 곡선을 MPK_1^f에서 MPK_2^f로 위쪽으로 이동시킨다. 바람직한 자본스톡은 오븐의 생산능력을 5,000입방피트(A점)에서 6,000입방피트(D점)로 증가시킨다. 6,000입방피트에서 MPK^f는 매년 입방피트당 18달러인 자본의 사용자비용 uc와 일치한다.

조세와 바람직한 자본스톡 지금까지는 투자에 대한 의사결정에 있어 조세의 역할을 간과했다. 그러나 킬리는 조세를 지불한 이후 보유할 수 있는 기업의 이윤을 극대화하는 데 관심을 갖는다. 따라서 추가적인 자본 1단위의 유용성을 평가함에 있어 조세를 반드시 고려해야 한다.

킬리 베이커리는 수입의 20%를 조세로 지불한다고 가정하자. 이 경우 그 기업의 미래수입을 이를테면 20달러 증가시키는 추가적인 오븐의 생산능력은 킬리의 세후 수입을 오로지 16달러만 상승시키고 나머지 4달러는 정부에 귀속된다. 이와 같은 추가적인 생산능력의 확장 여부를 결정하기 위해 킬리는 매년 입방피트당 20달러의 세전 MPK^f가 아닌 매년 입방피트당 16달러의 세후 MPK^f와 사용자비용을 반드시 비교해야 한다. 만약 τ를 기업의 수입에 대한 세율이라 하면, 세후 미래 자본의 한계생산성은 $(1-\tau)MPK^f$가 된다. 바람직한 자본스톡은 다음과 같이 세후 미래의 한계생산성과 사용자비용이 일치하는 수준에서 결정된다.

$$(1-\tau)MPK^f = uc$$

위 식의 양변을 $1-\tau$로 나누면, 다음의 식을 얻을 수 있다.

$$MPK^f = \frac{uc}{1-\tau} = \frac{(r+d)p_K}{1-\tau} \tag{4.4}$$

식 (4.4)에서 $uc/(1-\tau)$ 항은 **조세로 조정된 자본의 사용자비용**(tax-adjusted user cost of capital)이다. 조세로 조정된 자본의 사용자비용은 기업이 또 다른 자본 1단위를 기꺼이 확장하기 위해서는 세전 미래 자본의 한계생산성이 얼마나 커야 하는지 보여준다. 세율 τ의 증가는 조세로 조정된 자본의 사용자비용을 상승시키고, 따라서 바람직한 자본스톡을 감소시킨다.

조세로 조정된 사용자비용을 유도하기 위해 조세가 기업의 수입에 비례해서 부과된다고 가정한다. 그러나 미국이나 기타 국가에서 실제적인 법인세 체계는 훨씬 복잡하다. 일반적으로 기업은 그들의 수입보다는 이윤에 대해서 조세를 지불한다. 또한 과세대상으로 고려되는 이윤의 부분은 기업이 얼마만큼의 양을 투자할지에 의존한다. 예를 들어, 한 기업이 다소의 자본을 구매할 때 그 자본을 구매한 연도와 그 이후의 연도 동안 그 자본으로 발생하는 과세대상 이윤에서 그 자본의 구매가격은 공제 부분으로 허용된다. 이와 같은 공제는 감가상각 충당금(depreciation allowances)으로 알려져 있으며, 과세되는 이윤의 양을 줄임으로써 기업이 지불해야 하는 총조세를 감소시킨다.

미국에서 여러 번 사용됐던 또 다른 중요한 조세공제는 투자세액공제(investment tax credit)다. 투자세액공제는 기업으로 하여금 그들의 조세청구서에서 직접적으로 새로운 자본의 구매가격의 백분율(%)만큼 차감할 수 있게 허용한다. 예를 들어, 투자세액공제가 10%이면, 15,000달러의 장비를 구매한 기업은 그 장비를 구매한 연도에 1,500달러(15,000달러의 10%)의 조세를 줄일 수 있다.

경제학자들은 **유효세율**(effective tax rate)이라는 자본에 대한 조세부담의 단일 측정치를 이용해 투자에 영향을 미치는 많은 세법상의 규정을 요약한다. 본질적으로 이러한 생각은 다음의 질문으로 나타낼 수 있다. 기업의 수익에 대한 어떤 세율 τ가 세법상의 실제 규정들의 영향과 같이 바람직한 자본스톡에 동일한 영향을 미칠 수 있을까? 이상의 물음에 답하는 가상적인 세율이 유효세율이다. 예를 들어, 유효세율을 상승시키는 세법의 변화는 기업의 수입에 대한 조세의 증가와 조세로 조정된 자본의 사용자비용의 상승과 동일하다. 따라서 다른 모든 조건이 동일하다면, 유효세율의 증가는 바람직한 자본스톡을 떨어뜨린다.

표 4.2는 2007년 경제협력개발기구(OECD) 국가의 유효자본세율을 보여준다. 유효자본세율은 벨기에의 −3.4%에서 대한민국의 37.1%까지 분포되어 있다. 또한 표 4.2는 이 국가들에 있어 GDP 대비 총투자의 비율도 보여준다. 유효자본세율의 증가가 조세로 조정된 자본의 사용자비용을 증가시키기 때문에 다른 모든 조건이 동일하다면, 유효자본세율이 높은 국가에서 낮은 투자율이 나타날 것으로 예상된다. 그러나 표 4.2에서 나타낸 여러 국가들은 다른 조건들이 동일하지 않으며, 사실상 이들 국가에서 유효세율과 투자 간의 통계적인 관계도

표 4.2 2007년 유효자본세율

	ETR	I/GDP		ETR	I/GDP
오스트레일리아	29.3	27.7	대한민국	37.1	28.8
오스트리아	26.4	22.2	룩셈부르크	19.1	19.6
벨기에	−3.4	21.7	멕시코	15.4	20.8
캐나다	31.9	22.6	네덜란드	16.6	20.0
체코 공화국	17.0	24.3	뉴질랜드	20.1	22.9
덴마크	18.6	22.2	노르웨이	24.5	21.3
핀란드	20.1	20.3	폴란드	14.0	21.7
프랑스	35.9	21.5	포르투갈	19.0	21.8
독일	35.1	18.7	슬로바키아 공화국	12.6	26.1
그리스	11.9	22.5	스페인	28.7	31.0
헝가리	13.5	21.0	스웨덴	21.1	19.0
아이슬란드	12.8	27.5	스위스	17.2	22.0
아일랜드	13.2	26.3	터키	9.2	21.5
이탈리아	33.4	21.1	영국	30.3	17.8
일본	35.0	23.2	미국	36.0	18.4

주 : ETR은 2007년의 유효자본세율(%)이고, I/GDP는 2007년 GDP 대비 총자본형성 비율(%)이다.
출처 : ETR–Duanjie Chen and Jack Mintz, *Still a Wallflower: The 2008 Report on Canada's International Tax Competitiveness* (Toronto: C. D. Howe Institute, 2008) : 3쪽 표 1; I/GDP—Organization for Economic Cooperation and Development, OECD Factbook 2009, www.oecd.org.

거의 존재하지 않았다. 다음의 "응용"에서 조세가 투자에 미치는 영향을 측정하는 효과적인 접근방법을 설명한다.

바람직한 자본스톡에서 투자까지

이제 어떤 기업의 바람직한 자본스톡과 그 기업이 투자하는 양 간의 관계를 살펴보자. 일반적으로 (어떤 기업의 혹은 어떤 국가의) 자본스톡은 시간이 흐름에 따라 두 가지 상반된 경로를 통해 변동한다. 첫째, 새로운 자본재의 구입이나 건설은 자본스톡을 증가시킨다. 매년 발생하는 새로운 자본재의 총구입이나 건설을 지금까지 '투자'로 명명했지만 정확한 명칭은 **총투자**(gross investment)다. 둘째, 자본스톡은 감가상각되거나 마모되는데, 이는 자본스톡을 감소시킨다.

자본스톡이 1년 동안 증가 혹은 감소했는지 여부는 그해의 총투자와 감가상각의 상대적 크기에 의존한다. 즉, 총투자가 감가상각을 초과하는 경우에 자본스톡이 증가한다. 그해의 자본스톡 변화(혹은 같은 의미로 총투자와 감가상각의 차이)는 **순투자**(net investment)다.

응용 APPLICATION

조세가 투자에 미치는 영향 측정

유효세율이 투자 행위에 유의한 영향을 미치는가? 세율과 투자 사이의 실증적 관계를 결정하기란 다음의 두 가지 문제점으로 인해 쉽지 않은 일이다. 첫째, 자본의 기대 미래 한계생산물 및 실질이자율과 같이 바람직한 자본스톡에 영향을 미치는 조세 외의 기타 요인들이 항상 변동하기 때문에 조세 변화의 '순수한' 효과를 분리시키기 어렵다. 둘째, 세법의 변화는 무작위로 발생하지 않으며 경제상황에 대한 정부의 평가를 반영하는 형태로 변동한다. 예를 들어, 의회가 투자지출이 현저하게 낮아질 것으로 예상돼 지출을 증대시키려 할 때에는 투자에 대한 과세를 감소시키기 쉬울 것이다. 그러나 의회가 그렇게 행한다면, 자본에 대한 낮은 과세가 낮은 투자 기간과 함께 존재하는 경향이 나타날 수 있다. 이때 계량경제학자는 조세감면이 투자지출을 증가시키지 않고 오히려 감소시켰다고 잘못 결론 내릴 수 있다. 예를 들어, 자본에 대한 세율을 효과적으로 감소시켜 기업의 투자를 증가시키기 위해 의회는 자본의 감가상각을 실제 감가상각에 비해 조세 목적으로 빠르게 허용하는 경기부양계획을 2002년 초에 통과시켰다. 그러나 조세감면에도 불구하고 국내민간총투자(gross private domestic investment)는 2000년 GDP의 18%로 이미 하락했고, 2001년에는 16%로 그리고 2002년에는 15%로 떨어졌다. 최근 자격이 되는 생애 첫 주택 구입자들에게 8,000달러의 세금을 환급하는 법안이 2009년 초 의회를 통과했다. 이는 이상의 공제를 받는 사람들에게 조세로 조정된 주택의 사용자비용을 감소시켜 주택투자를 부양하기 위해 계획됐다. 그러나 주택투자는 2007년 1/4분기 GDP의 5.0%, 2008년 1/4분기 GDP의 3.7% 그리고 2009년 1/4분기에는 GDP의 2.7%로 감소했으며, 이에 따라 2009년 주택투자는 낮은 수준에 머물 것으로 예측된다.

이상의 두 가지 문제점을 해결하기 위해 시도됐던 흥미로운 연구는 컬럼비아대학교의 제이슨 커민스(Jason Cummins) 교수와 글렌 허바드(R. Glenn Hubbard) 교수 그리고 연방준비제도이사회의 케빈 하셋(Kevin Hassett)에 의해 공동으로 수행됐다.[11] 조세를 제외한 그 밖의 요인들이 항상 변동한다는 문제점을 살펴보기 위해 커민스, 허바드 및 하셋은 13번의 주요한 조세개정이 있었던 기간에 초점을 두었다. 이때 고려된 기간

기호를 사용해 이상의 개념들을 표현하면 다음과 같다.

$I_t = t$년 동안의 총투자

$K_t = t$년 출발시점의 자본스톡

$K_{t+1} = t+1$년 출발시점(혹은 같은 의미로 t년 끝나는 시점)의 자본스톡

은 1962년 케네디 대통령이 발의한 투자세액공제를 시작으로 레이건 대통령 시절에 통과한 1986년 주요한 조세개정을 끝으로 한다. 이 저자들의 생각은 세법이 단기간 상당히 변화했던 경우들을 살펴봄으로써 뒤이은 투자 변화의 대부분이 다른 요인들보다 조세변화의 결과라고 그들이 합리적으로 가정할 수 있다는 점에 근거한다. 조세감면은 총투자가 낮은 수준에서 발생한다는 두 번째 문제점을 검토하기 위해 커민스 등은 총투자의 행위를 조사하지 않고, 대신 각 조세개정에 대한 수많은 개별 기업의 투자반응을 비교했다. 세법은 자본의 형태에 따라 다르게 취급할 뿐만 아니라(예를 들어, 기계와 공장은 다르게 과세됨) 기업마다 다른 조합의 자본을 사용하기 때문에 이상의 저자들은 각 조세개정 이후 여러 기업이 어떻게 그들의 투자를 변화시켰는지 관측하는 것이 조세 변화의 효과에 대한 정보를 제공할 수 있을 것으로 확신했다. 예를 들어, 조세개정이 공장에 대한 조세보다는 기계에 대한 조세를 감면시킨다면, 또한 조세가 투자의 중요한 결정요인이면, 기계에 투자를 집중한 기업이 주로 공장에 투자한 기업에 비해 조세의 변화에 상대적으로 더 민감하게 반응해야 한다.

커민스, 허바드 및 하셋은 조세의 변화가 투자에 미치는 영향이 이전의 연구에서 보고된 것보다 훨씬 강하다는 사실을 발견했다. 그 이유는 아마도 이전 연구에서는 우리가 확인한 이상의 두 가지 문제점을 효과적으로 다루지 않았기 때문이다. 이상의 커민스, 허바드 및 하셋은 실증적인 탄력도가 약 −0.66임을 발견했다. 즉, 그들의 추정치에 의하면 자본의 사용자비용을 10%만큼 감소시키는 조세의 변화는 상당한 양인 약 6.6%만큼의 총투자를 상승시킨다. 이전 연구의 대부분은 이상의 탄력도가 약 −0.25 정도라고 제시했다. 따라서 최근 연구는 유효세율이 투자에 상당한 영향을 미칠 수 있다고 제시한다.

11. "A Reconsideration of Investment Behavior Using Tax Reforms as Natural Experiments," *Brookings Papers on Economic Activity*, 1994:2, pp. 1–59. 조세와 투자에 관한 연구의 요약은 Kevin Hassett and R. Glenn Hubbard, "Tax Policy and Investment," in A. J. Auerbach, ed., *Fiscal Policy: Lessons from Economic Research*, Cambridge: MIT Press, 1997 참조.

순투자, 즉 t 기간 동안 자본스톡의 변화는 $K_{t+1} - K_t$와 동일하다. 또한 t년 동안의 감가상각의 양은 dK_t이며, 여기서 d는 매년 감가상각되는 자본의 비율을 나타낸다. 순투자와 총투자의 관계는 다음과 같다.

$$순투자 = 총투자 - 감가상각 \tag{4.5}$$

그림 4.5

총투자와 순투자 (1929~2008)

1929년 이후 미국에서의 총투자와 순투자가 GDP 대비 백분율(%)로 나타나 있다. 대공황과 제2차 세계대전의 일부 연도 동안 순투자는 음(−)의 값인데, 이는 자본스톡이 감소했음을 의미한다.

출처 : GDP, 국내민간총투자, 국내민간순투자—BEA 웹사이트, 표 1.1.5, 5.1, 5.2.5

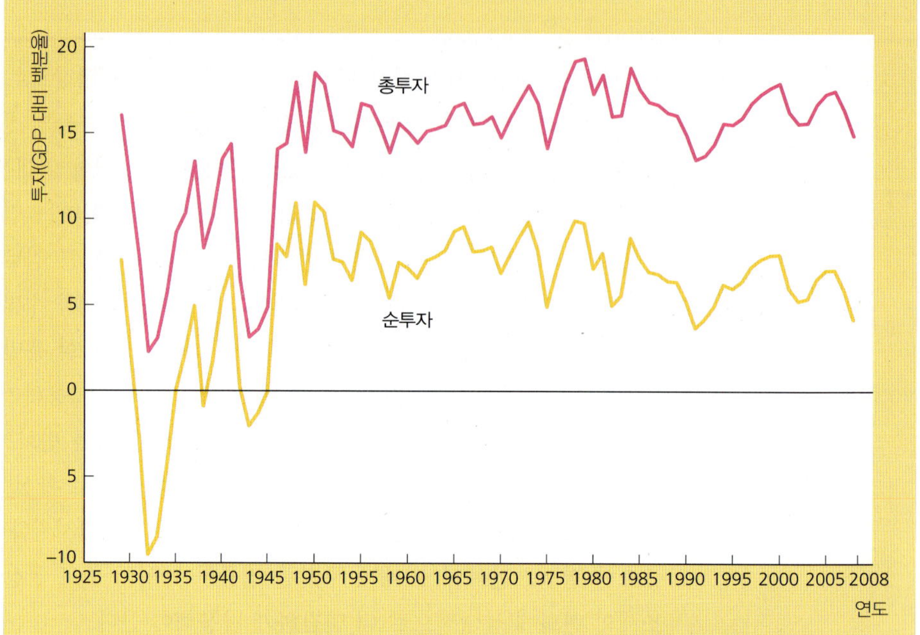

$$K_{t+1} - K_t = I_t - dK_t$$

모든 연도는 아니지만 대부분의 연도에 있어 총투자는 감가상각보다 크기 때문에 순투자는 양(+)의 값이며 자본스톡은 증가한다. 그림 4.5는 1929년 이후 미국의 GDP 대비 총투자와 순투자의 백분율(%) 변동을 보여준다. 여기서 총투자와 순투자의 차이는 감가상각이다. 총투자와 순투자 모두 때때로 크게 진동했으며, 1930년대 대공황과 제2차 세계대전(1941~1945) 동안의 몇몇 연도에서 음(−)의 순투자율이 발생했다.

우리는 식 (4.5)를 사용해 바람직한 자본스톡과 투자 간의 관계를 설명할 수 있다. 우선 식 (4.5)를 다시 고쳐 쓰면

$$I_t = K_{t+1} - K_t + dK_t$$

인데, 이는 총투자가 순투자와 감가상각의 합과 동일하다는 사실을 나타낸다.[12]

이제 기업은 t년이 시작하는 시점에 자본의 기대 미래 한계생산물과 자본의 사용자비용에 관한 가용 정보를 이용해 t년이 끝나는 시점(t + 1년이 시작하는

---

12. 이 식에서는 암시적으로 자본의 상대가격이 일정하며 1과 같다고 가정하고 있다. 좀 더 일반적으로 표현하면 자본의 가격은 1이 아닐 수 있으며, 이 경우 방정식은 다음과 같다.

$$I_t = p_K(K_{t+1} - K_t + dK_t)$$

시점)에 그 기업이 희망하는 바람직한 자본스톡 K^*를 결정한다고 상정하자. 또한 당분간 자본은 쉽게 획득할 수 있기 때문에 기업은 t년이 끝나는 시점에 실질적인 자본스톡 K_{t+1}을 바람직한 자본스톡 K^*와 부합시킬 수 있다고 가정하자. 앞의 방정식에서 K_{t+1} 대신 K^*를 대체하면 다음과 같다.

$$I_t = K^* - K_t + dK_t \tag{4.6}$$

식 (4.6)은 1년 동안 기업들의 총투자 I_t가 두 부분, 즉 (1) 그해 동안 바람직한 자본스톡의 순증가 $K^* - K_t$와 (2) 마모되거나 감가상각된 자본을 대체하는 데 필요한 투자 dK_t로 구성된다는 사실을 보여준다. 1년 동안 발생하는 감가상각의 양은 감가상각률과 초기의 자본스톡에 의해 결정된다. 그러나 그해 동안 바람직한 자본스톡의 순증가는 바람직한 자본스톡에 영향을 미치는 조세, 이자율, 기대 미래 자본의 한계생산물 등의 요인에 의존한다. 다시 말해, 식 (4.6)은 바람직한 자본스톡 K^*의 변화를 유도하는 어떤 요인은 총투자 I_t에 동일한 변화를 초래한다는 사실을 보여준다.

시차와 투자 기업은 매년 실질적인 자본스톡이 바람직한 수준과 부합하도록 충분히 빨리 자본을 획득할 수 있다는 이상의 가정은 모든 경우에 있어 비현실적이다. 장비 대부분은 쉽게 이용 가능하지만, 마천루나 원자력 발전소는 건설하는 데 수년이 소요된다. 따라서 현실적으로 한 기업이 바람직한 자본스톡을 1백만 달러 증가시켜도 그해 동안 총투자의 1백만 달러 증가로 연결되지 않을 수 있다. 오히려 추가적인 투자는 계획 및 지속적인 건설과 같은 형태로 여러 해 동안 분산된다. 이와 같은 제한에도 불구하고 기업의 바람직한 자본스톡을 증가시키는 요인들은 현재의 투자율을 증가시키는 경향이 있다. 요약표 6은 투자에 영향을 미치는 요인을 정리해 보여준다. "최신자료 및 연구와의 접속 : 투자와 주식시장"에서는 주가와 관련시킨 투자에 대한 대안적 접근을 논의한다.

요약표 6 바람직한 투자의 결정요인

해당 요인의 증가	해당 요인의 증가가 바람직한 투자에 미치는 영향	이유
실질이자율, r	하락	바람직한 자본스톡을 감소시키는 사용자비용이 증가함.
유효세율, τ	하락	바람직한 자본스톡을 감소시키는 조세로 조정된 사용자비용이 증가함.
기대 미래 *MPK*	상승	바람직한 자본스톡이 증가함.

최신자료 및 연구와의 접속 IN TOUCH WITH DATA AND RESEARCH

투자와 주식시장

주식시장에서의 변동은 중요한 거시경제적 결과를 갖는다. 주가의 변동은 가계가 얼마만큼 소비하고 저축할 것인가에 대한 변화를 유도할 수 있다(183쪽 "응용 : 주가의 폭등과 폭락에 따른 거시경제적 결과" 참조). 마찬가지로 경제이론은 주식시장에서의 등락이 기업으로 하여금 동일한 방향으로 자본투자율의 변화를 유도할 수 있다고 제시한다. 주가와 기업의 물적자본에 대한 투자 간의 관계는 예일대학교 재직 당시 노벨 경제학상을 수상했던 고(故) 제임스 토빈(James Tobin) 교수가 발전시킨 '투자의 q 이론'으로 포착된다.

토빈 교수는 특정 형태의 자본에서 투자율은 자본의 대체비용 대비 자본의 시장가치 비율을 검토함으로써 예측할 수 있다고 주장했다. 종종 '토빈의 q'로 불리는 이 비율이 1보다 클 때 자본의 가치가 그것을 획득하기 위한 비용보다 크기 때문에 추가적인 자본의 획득은 이익이 된다. 마찬가지로 토빈의 q가 1보다 작을 때 자본의 가치가 그것을 획득하기 위한 비용보다 적으며, 따라서 추가적인 자본의 투자는 이익이 되지 않는다.

기업의 가치 대부분은 그들이 소유한 자본에서 유래하기 때문에 기업 자본스톡의 시장가치에 대한 측정치로는 기업의 주식시장가치가 사용된다. V가 기업의 주식시장가치, K가 기업이 소유한 자본량, p_K가 새로운 자본재의 가치라면 개별 기업에 대한 토빈의 q는 다음과 같다.

$$\text{토빈의 } q = \frac{V}{p_K K}$$

여기서 $p_K K$는 기업 자본스톡의 대체비용이다. 자본의 대체비용이 크게 변동하지 않는다면, 주식시장에서의 호황(V의 증가)은 대부분 기업들에 대한 토빈의 q를 상승시켜 투자율의 증가로 이어진다. 본질적으로 주식시장이 고공 행진할 때 기업은 그 규모를 확장하는 것이 이익이 됨을 발견한다.

그림 4.6은 분기별 토빈의 q와 실질 민간비주거용 투자를 보여준다. 두 변수는 밀접하게 관계돼 있는데, 이는 이론과 일치하는 결과다. 토빈의 q와 투자는 1990년대에 동반 상승했으나, 2000년과 2008년에는 급격히 떨어졌다. 그러나 1987년 주식시장의 붕괴와 2000년대 중반과 같은 몇몇 기간에서는 토빈의 q와 투자 간의 관련성이 크게 나타나지 않았다. 그림에서 알 수 있듯이 토빈의 q는 1987년 주가 하락 이후 상당히 심각하게 감소했으며, 그 이후 오랜 기간 회복되지 않았다. 그러나 투자지출은 수년 동안 꽤 빠른 속도의 증가가 계속 유지됐다.

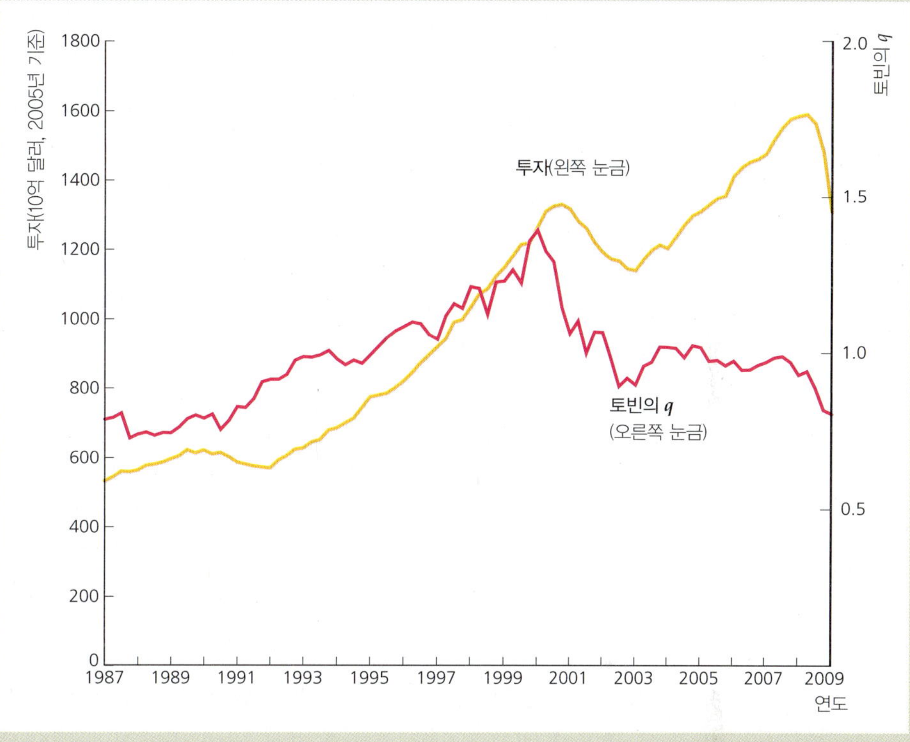

그림 4.6

투자와 토빈의 q (1987~2009)

그래프는 1987~2009년 1/4분기의 투자로 명명된 실질 민간비주거용 고정투자(왼쪽 축)와 토빈의 q의 값(오른쪽 축)을 나타낸다. 우리는 투자와 토빈의 q가 일반적으로 동시에 증가하거나 감소했음을 알 수 있다.

출처 : 투자—세인트루이스 연방준비은행 웹사이트, research.stlouisfed.org/fred2/series/PNFIC1; 토빈의 q—연방준비은행의 기금계정 운영(Federal Reserve Flow of Funds Accounts), 표 B.102의 비농업, 비금융 기업의 자산대비 시장가치와 부채의 합.

비록 외관상 상이하게 보일지라도, 투자의 q 이론은 이 장에서 논의한 투자이론과 상당히 유사하다. 이 장에서 전개한 이론에서 우리는 바람직한 자본스톡에 영향을 미치는 세 가지 중요한 요인, 즉 기대 미래 자본의 한계생산물 MPK^f, 실질이자율 r 및 새로운 자본의 구매가격 p_k를 확인했다. 이와 같은 각 요인은 토빈의 q에도 영향을 미친다. (1) 자본의 기대 한계생산물의 증가는 기업의 기대 미래수입을 증가시키는 경향이 있으며, 이는 기업의 주식시장가치를 상승시켜 q를 증가시킨다. (2) 실질이자율의 감소는 금융투자자로 하여금 낮은 이자가 발생하는 채권이나 은행예금 대신 주식구매로 대체하게 함으로써 주가(따라서 q)를 상승시킨다. (3) 자본의 구매가격 하락은 q 비율의 분모를 감소시키므로 q를 증가시킨다. 이상의 세 가지 형태의 변화는 모두 토빈의 q를 증가시키기 때문에, 이 장의 분석에서 예측했듯이 그러한 요인은 바람직한 자본스톡과 투자를 함께 증가시킨다.

재고 및 주택 투자

지금까지의 논의에서는 기업고정투자(business fixed investment)로 불리는 투자 혹은 건축물(예를 들어, 공장과 사무실 빌딩), 장비(예를 들어, 드릴프레스와 제트 여객기) 및 소프트웨어에 대한 기업의 투자를 강조했다. 그러나 투자지출에는 두 가지 다른 구성요소, 즉 재고투자(inventory investment)와 주택투자(residential investment)가 존재한다. 2장에서 논의한 것처럼 재고투자는 판매되지 않은 재화, 중간재화 혹은 생산원료에 대한 기업의 재고 증가와 동일하다. 주택투자는 단일가구주택, 분양 아파트 혹은 공동주택 아파트와 같은 주택 건설이다.

다행스럽게도 기업고정투자를 검토하는 데 사용한 미래의 한계생산성과 자본의 사용자비용 개념을 재고투자와 주택투자에도 동일하게 적용할 수 있다. 예를 들어, 새 자동차 판매업자가 자신의 부지에 일반적으로 보유하는 자동차 대수를 100대에서 150대로 증가시킬지 여부를 결정하는 상황을 고려하자. 즉, 그녀는 자동차 50대에 대한 재고투자의 여부를 결정하려 한다. 전시할 수 있는 자동차를 더 많이 보유하는 데 따른 이익은 잠재적인 자동차 구매자에게 선택할 수 있는 모델을 더 많이 제공하고 배달에 따른 시간을 절약할 수 있으므로, 자동차 판매자가 더 많은 자동차를 판매할 수 있다는 사실을 들 수 있다. 실질치로 측정되며 동일한 수의 판매원으로 자동차 판매업자가 벌 것으로 기대되는 판매수수료의 증가가 재고투자의 증가에 따른 기대 미래의 한계생산성이다. 더 많은 자동차를 보유하는 데 따른 비용은 (1) 부지에 놓아둔 자동차의 감가상각과 (2) 더 많은 재고투자를 조달하기 위해 차입한 금액에 대해 자동차 판매업자가 반드시 지불해야 하는 이자로 구성된다. 자동차 판매업자는 자신의 재고를 증가시킴으로써 판매수수료 증가에 의한 기대이익이 적어도 자동차를 50대 추가하는 데 따른 이자와 감가상각의 비용을 초과할 경우 재고투자를 결정한다. 이와 같은 원리는 기업고정투자에 적용했던 것과 동일하다.

또한 우리는 이상과 동일한 접근방법을 사용해 주택투자를 분석할 수 있다. 예를 들어, 공동주택 아파트의 기대 미래 한계생산물은 거주자로부터 획득할 수 있는 지대에서 조세와 운영비용을 차감한 실질가치다. 1년 동안의 공동주택 아파트에 대한 자본의 사용자비용은 그 아파트의 감가상각 혹은 마모와 균열에 따른 가치의 상실과 이자비용(예를 들어, 주택담보대출 상환금에 반영되는 이자비용)의 합이다. 다른 자본의 형태와 마찬가지로 공동주택 아파트의 기대 미래 한계생산물이 적어도 그 사용자비용을 초과할 경우에만 공동주택 아파트의 건설은 이익이 된다.

4.3 재화시장의 균형

3장에서 한 경제가 공급하는 재화와 서비스의 양이 생산성수준(예를 들어, 사용되는 기술에 의해 결정되는 것과 같음)과 사용할 수 있는 자본이나 노동과 같은 투입요소들의 양에 의존한다는 사실을 살펴봤다. 4장에서는 재화와 서비스의 수요, 특히 가계에 의한 소비재 수요 및 기업에 의한 투자재 수요에 영향을 미치는 요인들을 논의했다. 그러나 소비자와 투자자가 구입을 희망하는 재화와 서비스의 양이 생산자가 기꺼이 공급하려는 양과 어떻게 같아질 수 있을까? 이상의 질문을 달리 표현하면, 어떤 경제적 동력이 재화시장을 수요량과 공급량이 일치하는 균형으로 유도하는가? 이 절에서는 실질이자율의 조정을 통해 재화의 수요량과 공급량이 균형으로 유도되므로, 실질이자율은 주요한 경제변수라는 사실을 제시한다. 따라서 우리는 이상의 분석을 통해 이자율 결정요인에 대한 설명을 제공한다는 장점을 갖는다. 또 다른 장점은 재화시장의 균형에 관한 분석을 3장의 노동시장 균형에 관한 분석에 추가함으로써, 거시경제의 완전한 모형을 수립하는 방향으로 또 하나의 큰 발걸음을 내디딜 수 있다는 데 있다.

재화시장의 균형은 재화의 총공급량이 재화의 총수요량과 동일할 때 달성된다(간결하게 표현하기 위해 '재화와 서비스' 대신 '재화'로만 언급한다. 그러나 이 표현은 서비스를 항상 포함한다). 이상의 조건을 대수적으로 표현하면 다음과 같다.

$$Y = C^d + I^d + G \tag{4.7}$$

식 (4.7)의 왼쪽 항은 기업에 의해 공급되는 재화의 양 Y인데, 이는 3장에서 논의한 여러 요인들에 의해 결정된다. 식 (4.7)의 오른쪽 항은 재화에 대한 총수요다. 해외부문이 존재하지 않으며 순수출이 영이라고 여전히 가정하면, 재화의 수요량은 가계에 의한 바람직한 소비 C^d, 기업에 의한 바람직한 투자 I^d 및 정부구매 G의 합과 같다.[13] 식 (4.7)은 재화시장의 균형조건(goods market equilibrium condition)으로 명명된다.

재화시장의 균형조건은 폐쇄경제의 소득지출 항등식 $Y = C + I + G$[이 항등식은 $NX = 0$인 식 (2.3)임]와 하나의 중요한 방법에서 차이가 있다. 소득지출 항등식은 정의에 의해 항상 만족되는 실제적인 소득(생산량)과 실제적인 지출 사이의 관계다. 이에 반해 재화시장의 균형조건은 항상 만족되지 않아도 무방하다. 예를 들어, 기업은 소비자가 구매를 희망하는 것보다 빨리 생산량을 생산할

13. 우리는 G가 정부에 의한 바람직한 수준과 항상 일치한다고 가정한다. 따라서 우리는 바람직한 G와 실제적인 G를 구별하지 않는다.

수 있으며, 이로 인해 바람직하지 않은 재고가 기업의 창고에 쌓이게 된다고 하자. 이와 같은 상황에서 소비지출 항등식은 여전히 만족되지만(기업의 바람직하지 않은 재고 증가는 총지출의 일부로 계산되기 때문이다. 2장 참조), 생산이 바람직한 지출(desired spending, 이는 재고의 바람직하지 않은 증가를 포함하지 않음)을 초과하므로 재화시장의 균형은 달성되지 않는다. 비록 재화시장의 균형조건은 원칙적으로 항상 유지되지는 않지만, 상당히 빨리 재화시장을 균형으로 유도하는 강한 동력이 작용한다.

사실상 동일하지만 재화시장의 균형조건을 나타내는 다른 방법은 바람직한 저축과 바람직한 투자 간의 관계를 강조한다. 이와 같은 대안적 형태의 재화시장의 균형조건을 획득하기 위해 우선 식 (4.7)의 양변에서 $C^d + G$를 빼면 다음과 같다.

$$Y - C^d - G = I^d$$

위 식의 왼쪽 항 $Y - C^d - G$는 바람직한 국민저축 S^d이다[식 (4.1) 참조]. 따라서 재화시장의 균형조건은 다음과 같이 된다.

$$S^d = I^d \tag{4.8}$$

즉, 재화시장의 균형조건을 나타내는 대안적 방법에 의하면, 재화시장의 균형은 바람직한 국민저축과 바람직한 투자가 일치할 때 달성된다.

저축과 투자는 이 책에서 제시하는 많은 논의의 중심에 있을 뿐만 아니라 '바람직한 저축 = 바람직한 투자' 형태의 재화시장의 균형조건은 종종 편리하게 사용되므로 우리는 대부분의 분석에서 식 (4.8)을 활용한다. 그러나 식 (4.8)은 재화의 공급과 재화의 수요가 일치하는 조건인 식 (4.7)과 동일하다는 사실을 다시 한 번 강조한다.

저축-투자 그래프

재화시장이 균형에 도달하기 위해서는 재화의 총공급과 재화의 총수요는 반드시 일치해야 한다. 혹은 동일한 의미로, 바람직한 국민저축과 바람직한 투자는 반드시 일치해야 한다. 이 절에서는 재화시장을 균형에 도달할 수 있도록 만드는 실질이자율의 조정을 설명한다.[14]

재화시장의 균형의 결정은 저축-투자 그래프(그림 4.7)로 나타낼 수 있다. 실질이자율은 수직축에 측정되며, 국민저축과 투자는 수평축에 측정된다. 저축곡

14. 좀 더 엄밀하게 표현하면, 우리는 단순히 실질이자율이 아닌 기대 실질이자율을 언급해야만 한다. 기대 인플레이션과 실제 인플레이션이 동일한 경우에는 이상의 두 이자율이 같아진다.

그림 4.7

재화시장의 균형

재화시장의 균형은 바람직한 국민저축과 바람직한 투자가 일치할 때 달성된다. 그림에서 균형은 실질이자율이 6%이고 바람직한 국민저축과 바람직한 투자가 1,000일 때 달성된다. 예컨대 실질이자율이 3%이면, 바람직한 투자(1,500)는 바람직한 국민저축(850)과 동일하지 않으므로 재화시장의 균형은 달성되지 않는다. 자금을 차입하려는 사람들 간의 경쟁은 실질이자율이 6%에 도달할 때까지 상승을 유도할 것이다.

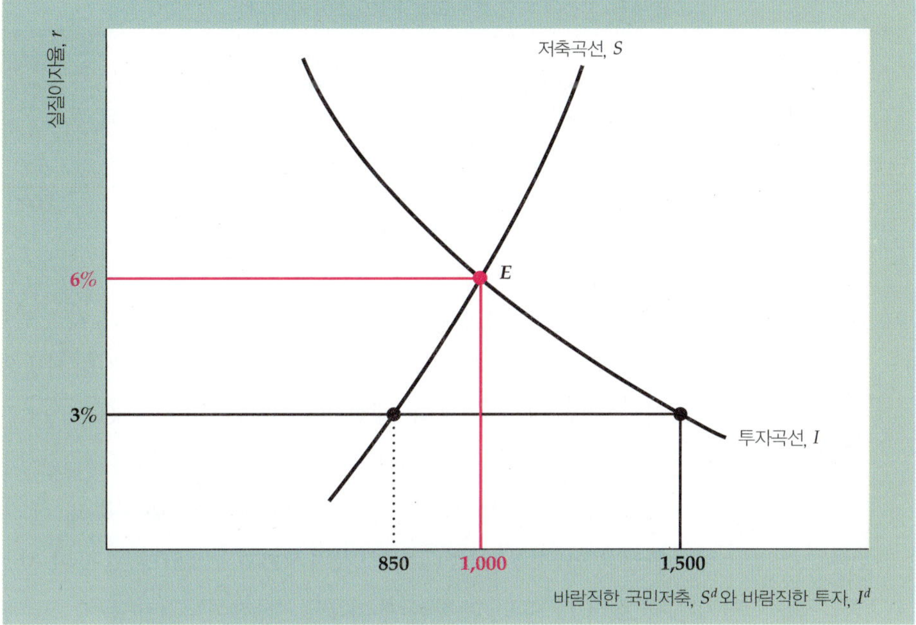

선 S는 바람직한 국민저축과 실질이자율 간의 관계를 나타낸다. 저축곡선이 위로 향하는(즉, 양의) 기울기를 갖는 이유는 높은 실질이자율이 바람직한 국민저축을 상승시킨다는 실증적 관측(4.1절 참조)을 반영하기 때문이다. 투자곡선 I는 바람직한 투자와 실질이자율 간의 관계를 나타낸다. 실질이자율이 높을수록 자본의 사용자비용을 증가시켜 바람직한 투자를 감소시키기 때문에 투자곡선은 아래로 향하는(즉, 음의) 기울기를 갖는다.

재화시장의 균형은 식 (4.8)과 같이 바람직한 국민저축이 바람직한 투자와 일치하는 E점에서 생겨난다. E점에 상응하는 실질이자율(이 예에서는 6%)이 재화시장을 청산하는 유일한 실질이자율이다. 실질이자율이 6%일 때 바람직한 국민저축과 바람직한 투자는 모두 1,000으로 일치한다.

어떻게 재화시장은 실질이자율이 6%인 균형점 E로 나아갈까? 실질이자율이 6%가 아닌 3%인 경우를 상정하자. 그림 4.7에서와 같이 실질이자율이 3%일 때에는 기업이 희망하는 투자의 양(1,500)이 바람직한 국민저축(850)을 초과한다. 투자자가 차입하려는 양이 저축자가 대출하려는 양보다 많은 상태에서 저축의 '가격'(대출자가 받는 실질이자율)은 상승한다. 따라서 저축자에 대한 수익은 실질이자율이 6%에 도달해 바람직한 국민저축이 바람직한 투자와 일치할 때까지 상승하게 된다. 마찬가지 방법으로 만약 실질이자율이 6%를 초과한다면, 저축자가 대출하려는 양이 투자자가 차입하려는 양을 초과하므로 저축자에게 지불하는 실질수익은 줄어들게 된다. 따라서 저축에 대한 초과공급 혹은 초과수요에

표 4.3 재화에 대한 총수요의 구성요소(숫자의 예)

실질 이자율 r	생산량 Y	바람직한 소비 C^d	바람직한 투자 I^d	정부구매 G	바람직한 국민저축 $S^d = Y - C^d - G$	재화에 대한 총수요 $C^d + I^d + G$
3%	4,500	2,150	1,500	1,500	850	5,150
6%	4,500	2,000	1,000	1,500	1,000	4,500

반응한 실질이자율의 조정이 재화시장을 균형으로 유도한다.

비록 그림 4.7은 저축과 투자의 일치에 의한 재화시장의 균형을 나타내지만, 이는 재화의 공급 Y와 재화의 수요 $C^d + I^d + G$[식 (4.7)]가 일치하는 형태로 재화시장의 균형을 나타내는 방법과 동등하다. 표 4.3은 이상의 내용을 그림 4.7에 나타낸 값들과 일관성을 유지한 숫자의 예를 통해 예시하고 있다. 여기서 생산량 Y와 정부구매 G는 각각 4,500과 1,500의 고정된 값으로 가정한다. 바람직한 소비 C^d와 바람직한 투자 I^d는 실질이자율수준에 의존한다. 바람직한 소비가 실질이자율수준에 의존하는 이유는 실질이자율이 높을수록 바람직한 저축이 상승하며, 이에 따라 필연적으로 바람직한 소비가 감소하기 때문이다. 또한 실질이자율의 증가는 자본의 사용자비용을 상승시켜 바람직한 투자를 감소시키기 때문에 바람직한 투자는 실질이자율수준에 의존한다.

표 4.3의 예에서 실질이자율이 6%일 때 바람직한 소비 $C^d = 2{,}000$이다. 따라서 바람직한 국민저축 $S^d = Y - C^d - G = 4{,}500 - 2{,}000 - 1{,}500 = 1{,}000$이 된다. 또한 실질이자율이 6%일 때 바람직한 투자 $I^d = 1{,}000$이다. 바람직한 국민저축과 바람직한 투자는 $r = 6\%$일 때 일치하므로, 그림 4.7에서와 같이 균형 실질이자율은 6%다.

더욱이 실질이자율이 6%의 균형 값에 있을 때 재화의 총공급 $Y = 4{,}500$은 재화의 총수요 $C^d + I^d + G = 2{,}000 + 1{,}000 + 1{,}500 = 4{,}500$과 동일하다. 따라서 두 가지 형태[식 (4.7)과 (4.8)]의 재화시장 균형조건은 모두 실질이자율이 6%일 때 만족된다.

또한 표 4.3은 실질이자율의 조정이 어떻게 재화시장을 균형으로 유도하는지 보여준다. 초기의 실질이자율이 3%라고 가정하자. 실질이자율이 6%일 때에 비해 3%일 때 재화에 대한 민간부문 수요의 두 구성요소(C^d와 I^d)는 높은 수준이다. 그 이유는 실질이자율이 상대적으로 낮은 수준일 때 소비자는 더 적게 저축하고 기업은 더 많이 투자하기 때문이다. 따라서 실질이자율이 3% 수준에서 재화의 수요($C^d + I^d + G = 2{,}150 + 1{,}500 + 1{,}500 = 5{,}150$)는 재화의 공급($Y = 4{,}500$)을 초과한다. 동등한 표현으로 표 4.3은 실질이자율이 3% 수준에서 바람직한

그림 4.8

바람직한 저축의 감소

현재의 일시적인 정부구매의 증가와 같이 바람직한 국민저축을 감소시키는 경제에서의 변화는 저축곡선을 S^1에서 S^2로 왼쪽으로 이동시킨다. 재화시장의 균형점은 E점에서 F점으로 이동한다. 바람직한 저축의 감소는 실질이자율을 6%에서 7%로 상승시키고 저축과 투자를 1,000에서 850으로 떨어뜨린다.

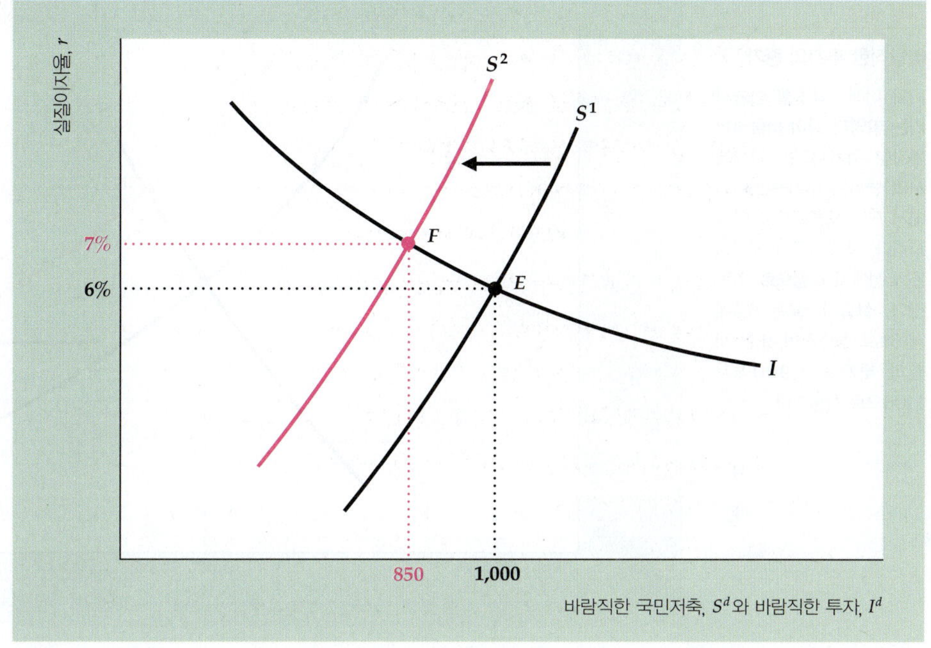

투자(I^d = 1,500)가 바람직한 저축(S^d = 850)을 초과함을 보여준다. 그림 4.7에 나타나 있듯이, 실질이자율이 6%로 증가해 바람직한 투자는 감소하고 바람직한 국민저축은 증가함으로써 재화시장에서의 불균형은 제거된다. 달리 설명하면, 실질이자율의 증가가 소비수요와 투자수요를 모두 감소시켜 재화의 공급 대비 재화에 대한 수요의 초과분을 제거한다.

저축곡선의 이동 모든 실질이자율수준에서 바람직한 국민저축을 상승시키는 경제에서의 변화는 저축곡선을 오른쪽으로 이동시키며, 반대로 바람직한 국민저축을 감소시키는 변화는 저축곡선을 왼쪽으로 이동시킨다(바람직한 국민저축에 영향을 미치는 요인은 요약표 5에 열거돼 있다).

저축곡선의 이동은 다른 실질이자율과 다른 저축 및 투자의 양을 결정하는 새로운 재화시장의 균형을 유도한다. 그림 4.8은 예컨대 현재의 일시적인 정부구매의 증가로 인해 바람직한 국민저축이 감소하는 효과를 보여준다. 초기의 균형점은 E점이며, 이 점에서 (그림 4.7에서와 같이) 실질이자율은 6%이고 바람직한 국민저축과 바람직한 투자는 모두 1,000으로 동일하다. 현재의 정부구매가 증가하면, 이로 인한 바람직한 국민저축의 감소가 저축곡선을 S^1에서 S^2로 왼쪽으로 이동시킨다. 새로운 재화시장의 균형점인 F점에서 실질이자율은 7%인데, 이는 초기의 실질이자율 6%에서 투자자에 의한 자금의 수요가 저축의 공급을 초과한다는 사실을 반영한다.

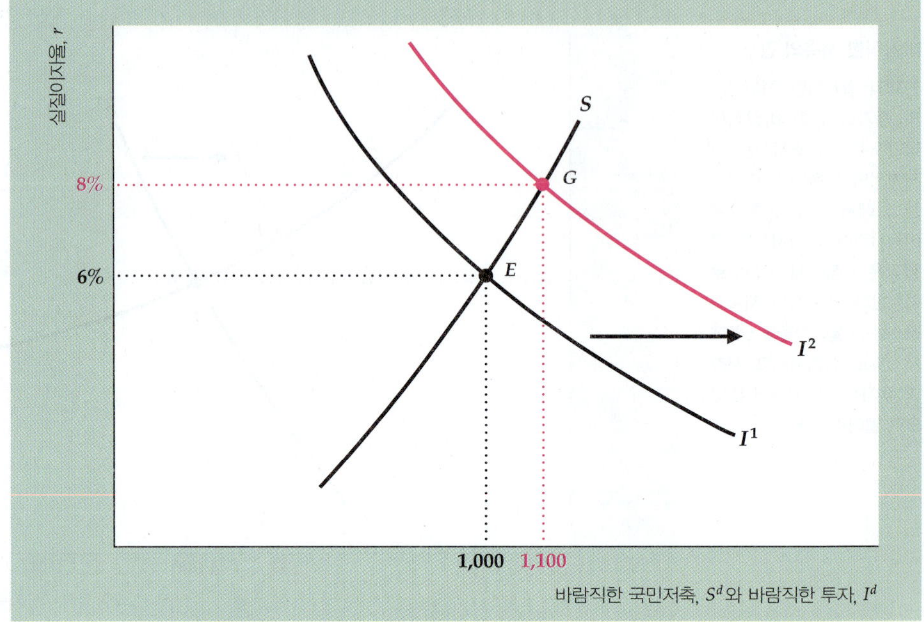

그림 4.9

바람직한 투자의 증가

기대 미래 MPK를 상승시키는 발명과 같이 바람직한 투자를 증가시키는 경제에서의 변화는 투자곡선을 I^1에서 I^2로 오른쪽으로 이동시킨다. 재화시장의 균형점은 E점에서 G점으로 이동한다. 실질이자율은 6%에서 8%로 상승하며, 또한 저축과 투자도 1,000에서 1,100으로 상승한다.

또한 그림 4.8은 정부구매의 증가에 반응해 국민저축과 투자 모두 1,000에서 850으로 하락한다는 것을 보여준다. 초기의 바람직한 저축의 감소(실질이자율의 증가는 저축의 감소를 단지 부분적으로 상쇄함)로 인해 저축은 하락한다. 또한 높은 실질이자율은 기업이 직면하는 자본의 사용자비용을 상승시키기 때문에 투자도 감소한다. 이와 같이 정부구매의 증가가 투자의 하락을 유도할 때 경제학자는 이를 '투자가 **구축됐다**(crowded out)' 라고 말한다. 정부가 사용하는 더 많은 실질 재원을 만약 정부가 사용하지 않았다면, 그중 일부는 투자로 흡수될 수 있기 때문에 정부구매의 증가로 인해 투자의 구축이 발생한다.

투자곡선의 이동 저축곡선과 마찬가지로 투자곡선도 이동할 수 있다. 모든 실질이자율수준에서 바람직한 투자를 상승시키는 경제에서의 변화는 투자곡선을 오른쪽으로 이동시키며, 반대로 바람직한 투자를 감소시키는 변화는 투자곡선을 왼쪽으로 이동시킨다(바람직한 투자에 영향을 미치는 요인은 요약표 6을 참조하라).

바람직한 투자의 증가가 재화시장의 균형에 미치는 영향은 그림 4.9에 나타나 있다. 이와 같이 바람직한 투자를 증가시키는 예로 자본의 기대 미래 한계생산물을 상승시키는 발명을 들 수 있다. 바람직한 투자의 증가는 투자곡선을 I^1에서 I^2로 오른쪽으로 이동시키며, 재화시장의 균형점은 E점에서 G점으로 이동하게 된다. 투자 자금에 대한 수요의 증가가 실질이자율의 상승을 유도하기 때

응용 APPLICATION

주가의 폭등과 폭락에 따른 거시경제적 결과

1987년 10월 19일 주가는 지금까지 경험하지 않았던 하루 동안의 가장 큰 하락폭을 기록했다. S&P(Standard and Poor) 500종 주가지수는 동년 8월에 기록한 시장의 정점에서 16% 하락한 이후 그날 하루 동안 20% 떨어졌다. 약 1조 달러의 금융자산이 그날 하루의 주가 하락으로 사라졌다.

미국 주가는 1990년대, 특히 1990년대 후반부 동안 고공행진을 계속했다. 그러나 21세기 첫해 초반에 급속히 폭락했다. 이후 몇 년 동안 주가의 하락은 계속됐으며, 주주들은 1년 GDP의 절반 정도 금액인 약 5조 달러의 부를 상실했다. 2003~2007년 주가의 상승 이후 2008년 금융위기 동안 주가는 실질가치의 48%를 상실하며 폭락했다. 2009년 1/4분기의 실질 주가는 1995년 이후 가장 낮은 수준이었다.

이와 같은 주가의 폭등과 폭락이 거시경제에 어떤 영향을 미치는가? 우리는 주가의 두 가지 중요한 거시경제적 경로, 즉 소비에 대한 부의 효과와 토빈의 q를 통해 자본투자에 미치는 효과를 이미 강조했다. 이와 같은 각 효과가 1987년 주식시장의 붕괴, 1990년대 주식가치의 증가, 2000년대 초반 주식시장 자산의 큰 폭의 하락 및 2008년 금융위기 이후 어떻게 작용했는지 살펴보자.

소비에 대한 부의 효과는 주식이 가계의 금융자산의 구성요소이기 때문에 발생한다. 주식시장의 폭등은 가계를 금융상 부유하게 만들기 때문에 그들은 더 많이 소비하는 행태로 반응하게 된다. 마찬가지로 주식시장에서의 폭락은 가계의 부를 하락시키므로 소비를 감소시킨다. 소비와 주가가 어떻게 관련되는지 살펴보기 위해 그림 4.10은 GDP 대비 소비지출 비율과 함께 인플레이션으로 조정된 S&P 500종 주가지수의 가치를 나타낸다.

소비와 1987년의 붕괴

1987년 주식시장의 붕괴 이후 소비자의 소비가 감소할 것으로 예상됐지만, 소비의 감소는 부의 감소분인 1조 달러보다 훨씬 적게 나타났다. 왜냐하면 소비자가 현재소비뿐만 아니라 계획된 미래의 소비를 감소시킴으로써 그들의 손실에 따른 효과를 오랜 기간 동안 분산시켰기 때문이다. 소비자가 그들의 부의 변화를 25년 동안 분산한다면, 우리는 현재의 소비지출이 약 400억 달러 감소할 것으로 추측할 수 있다(실질이자율은 거의 0이라고 가정한다). 그러나 소비자가 주식시장의 붕괴로 인해 경기후퇴가 유도될 수 있다는 사실을 우려한다면, 그들은 소비를 더욱더 줄일 수 있다. 이와 같은 시나리오는 소비가 400억 달러 이상 감소할 수 있음을 제시한다. 그러나 소비의 실제 감소분을 추정했던 경제학자들은 400억 달러보다 적게 하락했다고 주장한다.[15] 소비의 감소

15. C. Alan Garner, "Has the Stock Market Crash Reduced Consumer Spending?" *Economic Review*, Federal Reserve Bank of Kansas City, April 1988, pp. 3-6; David Runkle, "Why No Crunch from the Crash?" *Quarterly Review*, Federal Reserve Bank of Minneapolis, Winter 1988, pp. 2-7 참조.

가 경제이론에서 제시한 것보다 적게 나타나는 이유는 무엇인가? 그 이유로는 붕괴 직전에 발생했던 주가의 상승을 들 수 있다. 즉, 주가는 붕괴 이전 8개월 동안 39% 상승했었다. 주가의 증가가 매우 급속도로 발생했기 때문에 1987년 8월까지 주주들은 높은 부의 수준을 반영하는 형태로 그들의 소비를 완전히 조정하지 않았다고 볼 수 있다. 따라서 시장이 하락할 때 소비는 부가 감소하는 양만큼 하락할 필요는 없었다.[16]

소비와 1990년대 주식시장 부의 상승

1990년대 미국의 주식시장은 대단한 성장을 향유했다. S&P 500종 주가지수는 그 10년이 끝나는 시점에 실질치로 3배 이상 증가했다. 우리가 제시한 이론에 의하면, 우리는 이상과 같은 주식시장 부의 이익은 소비지출의 증가와 함께 나타난다고 예측할 수 있다.

그러나 부의 증가가 소비를 증가시킨다는 우리의 이론과는 반대로 1990년대 소비는 주가와 밀접하게 관련된 것으로는 보이지 않는다. 노스웨스턴대학교 조너선 파커(Jonathan Parker) 교수의 연구에서 GDP 대비 소비 비율은 1979년을 시작시점으로 장기적으로 증가하고 있다고 주장했다.[17] 그는 1980년대와 1990년대 GDP 대비 소비 비율의 증가에서 5분의 1 미만만이 주식시장의 폭등과 연관된 부의 증가에 기인했다고 결론 내렸다. 또한 그림 4.10에서 확인할 수 있듯이 1995~1998년에 주가가 두드러지게 상승했지만, 동 기간 동안 여전히 GDP 대비 소비는 하락했다.

소비와 2000년대 초반 주가의 하락

2000년 초반 주식시장의 정점 이후 주가가 3년 동안 하락해 약 5조 달러의 부가 사라졌다. 우리의 이론에 의하면 소비자는 그들의 소비지출을 감소시키는 반응을 보여야 한다. 그러나 그림 4.10은 동 기간 동안 GDP 대비 소비지출이 현저하게 증가했음을 보여준다. 즉, GDP 대비 소비지출이 1999년 67%에서 2002년 70%로 상승했다. 주가의 하락 이후 소비가 떨어지지 않는 이유는 다음과 같이 설명할 수 있다. (1) 사람들의 부의 감소는 그들의 일생 동안을 통해 분산되므로 소비에 대한 크고 급격한 영향은 생겨나지 않는다. (2) 주가의 하락과 동시에 주택가격이 상승했으므로 주식시장에서 부를 상실한 많은 사람들이 부동산에서 부를 되찾을 수 있었다. (3) 사람들은 1990년대 후반 생겨난 그들의 이익을 2000년대 초반에 상실한 '문서상의 이윤'으로 간주했으므로, 이익이나 손실 모두 소비에 영향을 미치지 않았다.

---

16. "Consumption, Aggregate Wealth, and Expected Stock Returns," *Journal of Finance*, June 2001, pp. 815-849에서 마틴 레타우(Martin Lettau)와 시드니 루드빅선(Sydney Ludvigson)은 붕괴 이전에 총소비는 주식시장 부에 비해 현저히 낮았다고 지적했다. 그들의 분석은 이러한 행위가 주식시장이 하락할 것이라는 소비자의 기대를 반영했다고 제시한다.
17. "Spendthrift in America? On Two Decades of Decline in the U.S. Saving Rate," in B. Bernanke and J. Rotemberg, eds., *NBER Macroeconomics Annual, 1999*, Cambridge: MIT Press, 1999.

그림 4.10

미국의 실질 주가 및 GDP 대비 소비 비율(1987~2009)

그래프는 미국 회사들의 다양한 횡단면을 포함하는 실질(인플레이션으로 조정된) S&P 500종 주가지수의 가치와 1987~2009년 1/4분기의 GDP 대비 소비지출 비율을 보여준다. 두 변수는 일정 시점에서는 동일 방향으로 움직였으며, 일부 시점에서는 반대로 움직였다.

출처 : S&P 500종 주가지수–야후금융 웹사이트, finance.yahoo.com; 실질 S&P 500종 주가지수–S&P 500종 주가지수를 GDP 디플레이터로 나누어 계산했음; GDP 디플레이터, 소비지출 및 GDP–세인트루이스 연방준비은행 웹사이트, research.stlouisfed.org/fred2.

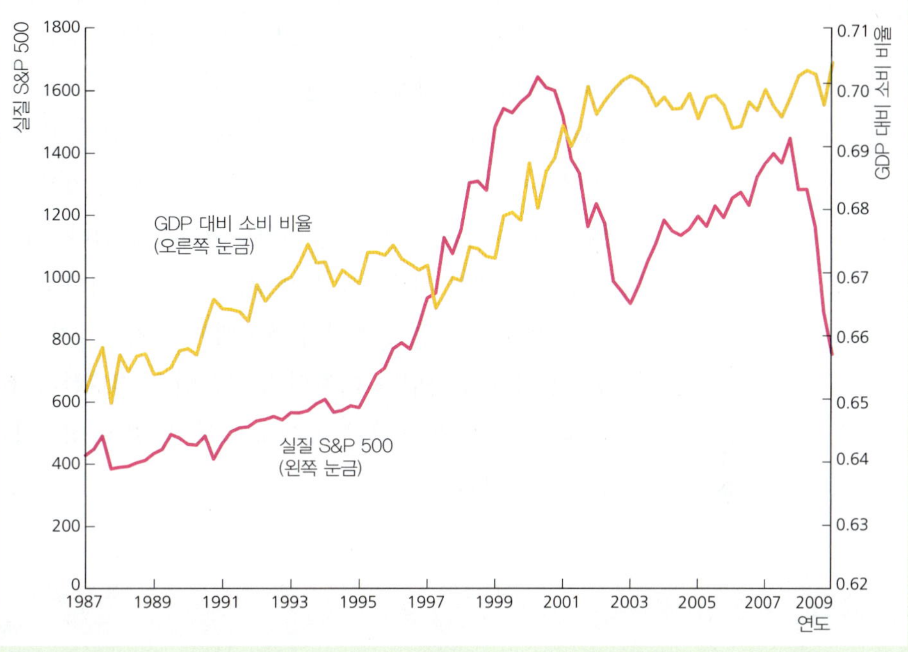

투자와 2000년대 주식시장의 하락

그림 4.10에서와 같이 2000년과 2008년 주식시장은 급격히 하락했다. "최신자료 및 연구와의 접속 : 투자와 주식시장"의 그림 4.6에서 알 수 있듯이 큰 폭의 주식시장 하락은 기업들의 자본의 대체비용 대비 시장가치 비율, 즉 토빈의 q의 급격한 감소를 이끌었다. 또한 그림 4.6은 주식시장과 토빈의 q가 떨어지기 시작한 2000년과 2008년 이후 곧장 실질 투자의 급격한 하락을 보여준다. 투자의 감소가 주식시장의 하락에 비해 조금 늦게 발생한 이유는 투자결정 과정, 자본형성 계획 및 계획의 실행에 따른 시차가 존재하기 때문이다. 그러나 이상의 시차에도 불구하고 주식시장의 큰 폭 하락에 따른 투자의 감소는 꽤나 분명해 보인다.

2008년 금융위기

2008년 금융위기 동안 주가는 빠르게 급락했다. 2008년 8월부터 2009년 2월까지의 6개월 동안 미국의 명목 주가는 43%나 하락했는데, 이는 주가가 가장 빠르게 하락한 기록 중 하나다. 투자자들은 과도한 위험, 특히 부동산 시장의 위험을 감수하고 있는 금융부문의 붕괴로 말미암아 불황이 닥쳐올 것을 두려워했다. 2007년 12월에 시작된 불황은 시간이 지날수록 점점 더 심각해졌으며, 실업률은 급격히 증가했다. 2008년 금융위기는 2000년대 초반의 경우와는 달리 주택가격이 하락했으며, 주택가격과 주가의 동시 하락으로 인해 가계의 순부(net wealth)는 2007년 말 62조 6천억 달러에서 2009년 3월 말 50조 4천억 달러로 거의 20% 하락했다. 그러나 그림 4.10에서와 같이 2008년 GDP 대비 소비 비율은 단지 약 1%포인트 감소했으나 2009년 초반 다시 상승했다.

문에 실질이자율은 6%에서 8%로 상승한다. 또한 저축과 투자도 1,000에서 1,100으로 증가한다. 이때 저축의 증가는 실질이자율의 상승으로 저축자가 더 많이 저축하려는 성향을 반영한다.

3장과 4장에서는 노동 및 재화시장의 수요-공급 분석을 제시했으며, 고용·실질임금·생산량·저축·투자·실질이자율을 포함한 다양한 거시경제적 변수의 행위를 이해하는 데 필요한 분석도구를 전개했다. 이상의 개념과 함께 7장의 자산시장 연구에서 전개되는 몇몇 개념들은 이 책의 나머지 부분에서 제시되는 경제적 분석의 기초를 형성한다. 5장에서는 지금까지 살펴본 개념을 사용해 무역흐름 및 국제적 차입과 대출의 결정요인을 검토한다. 6장에서는 이상의 개념을 사용해 어떤 국가가 다른 국가에 비해 더 빨리 성장하는 이유와 같은 본질적인 질문을 다룬다.

요약 SUMMARY

1. 저축은 소득에서 소비를 뺀 값과 동일하기 때문에 얼마만큼 소비할지 혹은 얼마만큼 저축할지에 관한 가계의 의사결정은 사실상 동일한 의사결정이다. 개인과 가계는 현재소비와 함께 미래소비를 소중히 여기기 때문에 저축한다. 즉, 동일한 소득의 크기로 현재저축의 증가는 현재소비를 감소시키지만, 개인 혹은 가계가 미래에 소비할 수 있는 양을 증가시킨다.

2. 개인이나 가계에 있어 현재소득의 증가는 바람직한 소비와 바람직한 저축을 상승시킨다. 유사한 방법으로 국가 전체수준에서 현재 생산량의 증가는 바람직한 소비와 바람직한 국민저축을 상승시킨다. 가계 및 국가수준 모두에서 기대 미래소득 혹은 부의 증가는 바람직한 소비를 상승시킨다. 그러나 이상의 변화는 현재소득이나 생산량에 영향을 미치지 않으면서 바람직한 소비를 상승시키므로 바람직한 저축의 감소를 유도한다.

3. 실질이자율의 증가는 저축에 대해 두 가지 잠재적으로 상쇄하는 효과가 있다. 첫째, 실질이자율이 높을수록 미래소비에 대한 현재소비의 가격이 증가한다(현재소비 1단위는 상실된 미래소비 $1 + r$단위의 비용이 든다). 증가된 현재소비의 상대가격에 반응해 사람들은 오늘 더 많이 저축함으로써 현재소비를 미래소비로 대체한다. 현재소비의 상대가격 증가에 반응해 저축을 증가시키려는 경향을 실질이자율이 저축에 미치는 대체효과라고 한다. 둘째, 실질이자율이 높을수록 차입자는 그들이 지급해야 하는 이자의 양이 증가하므로 부가 감소하는 반면, 저축자는 그들이 받는 이자지급이 증가하므로 부가 증가한다. 실질이자율의 증가는 저축자를 더욱 부유하게 만들기 때문에 그들로 하여금 더 많이 소비하게 하고 저축을 감소시키도록 유도한다. 그러나 실질이자율의 증가는 차입자를 더욱 가난하게 만들기 때문에 그들로 하여금 소비의 감소와 저축의 증가를 유도한다. 실질이자율의 증가가 소비자를 더욱 부유하게 혹은 더욱 가난하게 만들기 때문에 생겨나는 소비의 변화를 실질이자율이 저축에 미치는 소득효과라고 한다.

저축자의 경우 실질이자율 증가의 대체효과(저

축을 상승시키려는 경향)와 소득효과(저축을 감소시키려는 경향)는 반대방향으로 작용하므로 전반적인 효과는 불명확하다. 차입자의 경우 높은 실질이자율의 대체효과와 소득효과는 모두 저축을 증가시키는 작용을 한다. 종합적인 실증적 연구결과는 실질이자율의 증가가 바람직한 국민저축을 증가시키고 바람직한 소비를 감소시키지만, 그 크기는 그다지 크지 않은 것으로 제시한다.

저축에 대한 의사결정과 관련된 실질이자율은 세후 기대 실질이자율이며, 이는 저축자가 받는 이자의 일부분을 조세로 지불한 이후 그들이 획득할 것으로 기대되는 실질수익이다.

4. 총생산량이 일정하게 유지되는 상황에서 정부구매의 일시적인 증가는 바람직한 소비를 감소시킨다. 그 이유는 높은 수준의 정부구매가 소비자를 더 가난하게 만드는 현재 혹은 미래의 조세 증가를 의미하기 때문이다. 그러나 바람직한 소비의 감소가 정부구매의 증가에 비해 작을 것이며, 이로 인해 바람직한 국민저축 $Y - C^d - G$는 정부구매의 일시적인 증가의 결과로 감소한다.

5. 리카도의 대등 정리에 의하면, 현재의 정액조세 감면은 바람직한 소비와 바람직한 국민저축에 아무런 영향이 미치지 않아야 한다. 그 이유는 현재의 혹은 계획된 정부구매가 변동하지 않는다면, 현재소득을 증가시키는 조세감면은 기대 미래소득을 감소시키는 조세 증가에 의해 반드시 상쇄되기 때문이다. 그러나 소비자가 기대된 미래의 조세 변화를 고려하지 않는다면 리카도의 대등 정리는 성립하지 않을 것이며, 조세감면은 바람직한 소비를 상승시키고 바람직한 국민저축을 감소시키기 쉬울 것이다.

6. 바람직한 자본스톡은 기대이윤을 극대화하는 자본수준이다. 바람직한 자본스톡수준에서 자본의 기대 미래 한계생산물은 자본의 사용자비용과 동일하다. 자본의 사용자비용은 일정 기간 동안 자본 1단위를 사용하는 데 따른 기대 실질비용이며, 이는 감가상각비용(자본의 마모에 따른 가치의 상실)과 이자비용(이자율과 자본재 가격의 곱)의 합으로 이뤄진다.

7. 자본의 사용자비용을 감소시키거나 자본의 기대 미래 한계생산물을 증가시키는 어떤 변화는 바람직한 자본스톡을 증가시킨다. 또한 유효세율로 측정되는 자본에 대한 과세의 감소는 바람직한 자본스톡을 증가시킨다.

8. 총투자는 새로운 자본재에 대한 지출이다. 총투자에서 감가상각(마모되거나 균열이 생긴 자본)을 뺀 값은 순투자 혹은 자본스톡의 변화와 동일하다. 기업은 자본스톡이 자신들의 바람직한 수준에 도달할 때까지 투자한다. 즉, 바람직한 자본스톡이 증가하면 기업은 더 많이 투자한다.

9. 재화시장의 균형은 총공급의 양과 총수요의 양이 동일할 때 달성된다. 여기서 총수요는 (폐쇄경제에서) 바람직한 소비, 바람직한 투자 및 재화와 서비스에 대한 정부구매의 합이다. 달리 표현하면, 재화시장의 균형은 바람직한 국민저축이 바람직한 투자와 동일할 때 달성된다. 어떤 주어진 생산량수준에서 재화시장은 실질이자율의 조정을 통해 균형에 도달한다.

10. 어떤 고정된 생산량의 공급 Y에서 재화시장 균형의 결정은 저축-투자 그래프를 이용해 그림으로 나타낼 수 있다. 저축곡선은 위로 향하는(즉, 양의) 기울기를 갖는데, 이는 실질이자율이 높을수록 바람직한 저축이 상승한다는 실증적 증거에 기초한다. 투자곡선은 아래로 향하는(즉, 음의) 기울기를 갖는다. 왜냐하면 높은 실질이자율은 자본의 사용자비용을 상승시키며, 이는 기업의 바람직한 자본스톡과 더 나아가 그들이 행하는 투자의 양을 감소시키기 때문이다. 바람직한 저축 혹은 투자에 영향을 미치는 변수들의 변화는 저축 혹은 투자곡선을 이동시키므로 재화시장을 청산하는 실질이자율이 변동한다.

주요 그래프 3

저축-투자 그래프

외국과 무역을 하지 않는 경제에서 재화시장의 균형은 바람직한 국민저축과 바람직한 투자가 동일할 때 달성된다. 다시 말해, 재화시장의 균형은 재화의 총공급량과 재화의 총수요량이 동일할 때 달성된다.

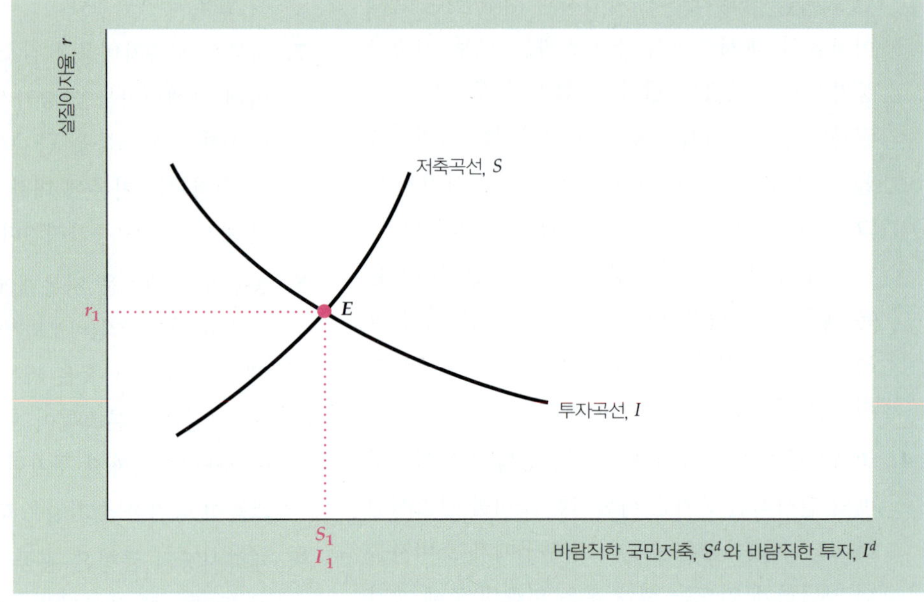

그래프의 성질

- 실질이자율 r은 수직축에 위치한다. 바람직한 국민저축 S^d와 바람직한 투자 I^d는 수평축에 위치한다.
- 저축곡선 S는 각 실질이자율수준에서 바람직한 국민저축의 수준을 나타낸다. 저축곡선은 위로 향하는(즉, 양의) 기울기를 갖는다. 왜냐하면 실질이자율이 높을수록 저축에 대한 보상이 증가하므로 가계로 하여금 더 많은 저축을 유도하기 때문이다(실증적으로 이상의 효과는 높은 실질이자율이 어떤 특정 목표를 달성하는 데 필요한 저축의 양을 감소시킴에 따라 저축의 양이 줄어드는 경향을 능가한다). 바람직한 국민저축은 $S^d = Y - C^d - G$로 정의되며, 여기서 Y는 생산량, C^d는 바람직한 소비, G는 정부구매다.
- 투자곡선 I는 각 실질이자율수준에서 기업들이 희망하는 새로운 자본재의 투자량을 나타낸다. 투자곡선은 아래로 향하는(즉, 음의) 기울기를 갖는다. 왜냐하면 실질이자율이 높을수록 자본의 사용자비용이 상승하므로 기업들이 사용하려는 자본의 양이 줄어들기 때문이다.

분석

- 재화시장의 균형이 달성되기 위해서는 바람직한 저축이 바람직한 투자와 동일해야 한다. 즉, $S^d = I^d$가 성립해야 한다.
- 재화시장의 균형은 저축곡선과 투자곡선이 교차하는 그래프의 E점에서 발생한다. 이러한 E점에서 바람직한 저축과 바람직한 투자는 각기 S_1과 I_1이며, $S_1 = I_1$이 성립한다. E점에서의 실질이자율 r_1이 재화시장을 청산하는 실질이자율이다.
- 재화시장의 균형조건을 표현하는 또 다른 방법은 다음과 같다. 즉, 재화시장의 균형은 재화의 공급량 Y가 가계의 C^d, 기업의 I^d 및 정부의 G에 의한 재화의 수요량과 동일할 때 달성된다. 혹은 $Y = C^d + I^d + G$로 표현할 수 있다. 또한 $S^d = Y - C^d - G$로 나타낼 수 있으므로, 이러한 재화시장의 균형조건은 $S^d = I^d$와 동일하다.

곡선의 이동요인

- 주어진 실질이자율수준에서 바람직한 국민저축을 상승시키는 어떤 요인은 저축곡선을 오른쪽으로 이동시킨다. 마찬가지로 바람직한 국민저축을 감소시키는 어떤 요인은 저축곡선을 왼쪽으로 이동시킨다. 바람직한 국민저축에 영향을 미치는 요인의 목록은 요약표 5에 나타나 있다. 동일한 방법으로, 주어진 실질이자율수준에서 바람직한 투자를 변화시키는 요인은 투자곡선을 이동시킨다. 바람직한 투자에 영향을 미치는 요인은 요약표 6에 나타나 있다. 저축곡선 혹은 투자곡선의 이동은 재화시장의 균형점을 변화시키므로 국민저축, 투자 및 실질이자율도 변동한다.

핵심용어 KEY TERMS

리카도의 대등 정리
바람직한 자본스톡
세후 기대 실질이자율
소비 안정화 동기
순투자
유효세율
자본의 사용자비용
저축에 대한 실질이자율의 대체효과
저축에 대한 실질이자율의 소득효과
조세로 조정된 자본의 사용자비용
총투자
한계소비성향

주요 방정식 KEY EQUATIONS

$$S^d = Y - C^d - G \tag{4.1}$$

바람직한 국민저축 S^d는 소비가 바람직한 수준을 달성할 때 발생하는 국민저축의 수준이다. 식 (4.1)은 국민저축의 정의에서 실제소비 C 대신 바람직한 소비 C^d를 대체함으로써 획득할 수 있다.

$$r_{a-t} = (1 - t)i - \pi^e \tag{4.2}$$

세후 기대 실질이자율 r_{a-t}는 세후 명목이자율 $(1 - t)i$에서 기대 인플레이션율 π^e를 뺀 값이다. 세후 기대 실질이자율은 저축자가 이자소득의 일정 부분 t를 세금으로 반드시 지불한 이후 생겨나는 실질 수익이다.

$$uc = rp_K + dp_K = (r + d)p_K \tag{4.3}$$

자본의 사용자비용 uc는 이자비용 rp_K와 감가상각비용 dp_K를 합한 값이다. 여기서 d는 감가상각률을, p_K는 새로운 자본재의 가격을 나타낸다.

$$MPK^f = \frac{uc}{1 - \tau} = \frac{(r + d)p_K}{1 - \tau} \tag{4.4}$$

바람직한 자본스톡 혹은 기업의 기대이윤을 극대화하는 자본스톡은 자본의 기대 미래 한계생산물 MPK^f가 조세로 조정된 자본의 사용자비용 $uc/(1 - \tau)$와 동일한 수준의 자본스톡이다. 여기서 τ는 기업의 수입에 대한 세율(즉, 유효세율)이다.

$$Y = C^d + I^d + G \tag{4.7}$$

폐쇄경제에서 재화시장의 균형조건은 재화시장의 균형이, 재화의 총공급량 Y가 재화의 총수요량 $C^d + I^d + G$와 동일할 때 달성된다는 것을 나타낸다.

$$S^d = I^d \tag{4.8}$$

재화시장의 균형조건을 나타내는 또 다른 방법은 바람직한 국민저축 S^d가 바람직한 투자 I^d와 반드시 동일해야 한다는 것이다. 이러한 방정식은 식 (4.7)과 동등하다.

복습문제 REVIEW QUESTIONS

1. 주어진 소득수준에서 소비와 저축은 어떻게 관련되는가? 저축을 위한 기본적인 동기는 무엇인가?
2. 현재소득, 기대 미래소득 및 부가 바람직한 소비와 바람직한 저축에 어떤 영향을 미치는가?
3. 기대 실질이자율의 증가가 바람직한 저축에 미치는 영향이 잠재적으로 불명확한 이유를 설명하기 위해 소득효과와 대체효과의 개념을 사용하라.
4. 세후 기대 실질이자율을 정의하라. 만약 이자소득에 대한 세율이 감소한다면 세후 기대 실질이자율에는 어떤 변화가 생겨나는가?
5. 일정한 생산량수준에서 이를테면 전쟁수행을 위해 일시적인 정부구매의 증가가 바람직한 소비와 바람직한 국민저축에 어떤 영향을 미치는가? 정액조세 증가가 바람직한 국민저축에 어떤 영향을 미치는가? 왜 정액조세 증가의 효과는 논쟁의 여지가 있는가?
6. 자본의 사용자비용을 구성하는 두 가지 요소는 무엇인가? 각 요소가 왜 자본재 사용에 따른 비용인지 설명하라.
7. 바람직한 자본스톡이란 무엇인가? 자본의 기대 미래 한계생산물, 자본의 사용자비용 및 유효세율은 바람직한 자본스톡에 어떤 영향을 미치는가?
8. 총투자와 순투자의 차이는 무엇인가? 순투자가 음수일 때 총투자는 양수가 가능한가?
9. 재화시장의 균형을 나타내는 두 가지 동등한 방법을 제시하라. 그래프를 이용해 재화시장의 균형이 어떻게 달성되는지 보여라.
10. 저축-투자 그래프에서 저축곡선의 기울기는 아래로 향하며 투자곡선의 기울기는 위로 향하는 이유를 설명하라. 저축곡선과 투자곡선을 오른쪽으로 이동시키는 변화의 예를 각각 두 가지씩 제시하라.

계산문제 NUMERICAL PROBLEMS

1. 한 소비자가 올해와 내년의 저축 계획을 설정하고 있다. 그녀는 자신의 세후 실질소득이 두 연도 모두 50,000달러라는 사실을 알고 있다. 그녀가 올해 소득 중 저축하는 부분에 대해 올해와 내년 사이에 10%의 실질이자율이 생겨난다. 현재 그 소비자는 부를 갖고 있지 않으며(은행에 돈이나 기타 금융자산을 갖고 있지 않으며 부채도 없음), 미래에 관한 불확실성은 존재하지 않는다.

   그 소비자는 올해 다음의 사항을 허락하는 양만큼 저축을 희망한다. 즉, (1) 내년에 실질치로 12,600달러에 달하는 대학등록금을 지불해야 하고, (2) 내년 소비의 부분에는 대학등록금을 포함하지 않으면서 올해와 내년에 똑같은 양의 소비를 향유하며, (3) 내년이 끝나는 시점에 자산 및 부채를 갖지 않는다.

   a. 그 소비자는 올해 얼마만큼의 양을 저축해야 하는가? 그녀는 얼마만큼의 양을 소비해야 하는가?

   다음의 각 사항이 변함에 따라 그 소비자가 저축하고 소비해야 하는 양은 어떤 영향을 받는가? (다른 변수들은 원래의 값을 유지한 상태에서 한 번의 물음에 한 가지 사항만을 고려한다.)

   b. 그녀의 현재소득이 50,000달러에서 54,200달러로 상승함.

c. 그녀가 내년에 받을 것으로 기대되는 소득이 50,000달러에서 54,200달러로 상승함.

d. 올해 그녀는 1,050달러의 상속을 받음(소득이 아닌 부의 증가임).

e. 내년 기대되는 등록금이 12,600달러에서 14,700달러로 상승함.

f. 실질이자율이 10%에서 25%로 상승함.

2. 훌라후프 제조기계는 1대당 100달러다. 하이호 훌라후프 회사(HHHHC : Hi-Ho Hula Hoop Company)는 이러한 기계를 몇 대 구입할지 고려하고 있다. HHHHC는 각 자본스톡의 수준에서 매년 다음과 같이 훌라후프를 생산할 것으로 기대한다.

제조기계의 수	매년 생산되는 훌라후프의 수
0	0
1	100
2	150
3	180
4	195
5	205
6	210

훌라후프의 실질가치는 개당 1달러다. HHHHC는 제조기계 비용을 제외하고 다른 비용이 소요되지 않는다.

a. 각 자본수준에 대한 자본의 기대 미래 한계생산물(달러의 형태)을 구하라. 예를 들어, 세 번째 제조기계에 대한 MPK^f는 세 번째 제조기계가 첨가됐을 때 획득되는 추가적인 생산량의 실질가치다.

b. 실질이자율이 매년 12%이고 자본의 감가상각률이 매년 20%일 경우 자본의 사용자비용(매년 제조기계당 달러로 표시)을 구하라. HHHHC는 몇 개의 제조기계를 구입해야 하는가?

c. 실질이자율이 매년 8%일 경우 (b)문항을 다시 풀어라.

d. HHHHC의 판매수입에 40% 조세를 상정할 경우 (b)문항을 다시 풀어라.

e. 기술혁신으로 인해 1대의 제조기계로 생산할 수 있는 훌라후프의 수가 2배로 증가됐다. 실질이자율이 매년 12%와 8%일 때 HHHHC는 몇 대의 제조기계를 구입해야 하는가? 조세는 존재하지 않으며 매년 감가상각률은 여전히 20%라고 가정한다.

3. 여러분은 직장 때문에 새로운 도시로 이사해야 한다고 가정하자. 이사하기 전에 여러분은 주택을 구입할지 혹은 임대할지 결정해야 한다. 적절한 주택의 가격은 300,000달러며, 계약금을 지불하기에 충분한 금액이 저축되어 있다. (명목)저당권 이자율은 매년 10%이며, 또한 여러분은 저축에 대해 매년 10%의 이자를 획득할 수 있다. 저당권 이자지급은 소득에서 공제되지만, 저축에 대한 이자수입은 과세대상이며 여러분은 30%의 과세계층에 속한다. 이자의 지급과 수령 및 조세의 납부는 해당 연도의 마지막 날에 이뤄진다. 기대 인플레이션은 매년 5%다. 그 주택의 유지비용(마모된 지붕의 교체, 페인팅 등)은 주택가치의 6%다. 이와 같은 비용 역시 해당 연도의 마지막 날에 전액 지불한다고 가정한다. 만약 보수관리가 완료된다면 그 주택은 완전한 실질가치를 유지한다. 이상의 사항을 제외하고는 다른 관련된 비용이나 손실은 존재하지 않는다.

a. 그 주택의 저당권에 대한 세후 기대 실질이자율은 얼마인가?

b. 그 주택의 사용자비용은 얼마인가?

c. 여러분이 오로지 생활비용의 극소화를 추구한다면, 주택을 구입하는 것과 유사한 양질의 주택을 임대하는 것을 무차별하게 만드는 (매년) 임대료수준은 얼마인가? 임대료도 해당 연도의 마지막 날에 지불한다.

4. 미싱 링크 체인링크 펜스 회사(Missing Link

Chain-Link Fence Company)가 공장에 몇 대의 체인링크 제조기계를 구입할 것인가를 결정하려 한다. 만약 우리가 어떤 특정 길이의 체인링크 펜스가 1단위의 생산량과 동일하다고 정의하면, 새로운 제조기계의 가격은 생산량의 60단위로 설정할 수 있다. 또한 1년 사용한 기계의 가격은 생산량의 51단위다. 이러한 상대가격이 미래에도 동일할 것으로 기대된다. 생산량의 단위로 측정되는 제조기계들의 기대 미래 한계생산물은 $165 - 2K$이며, 여기서 K는 사용되는 기계의 수다. 어떤 종류의 조세도 존재하지 않으며, 실질이자율은 매년 10%이다.

a. 자본의 사용자비용은 얼마인가? 여러분은 답을 어떤 단위로 측정했는지 명시하라.

b. 미싱 링크가 이윤을 극대화하는 기계의 수를 결정하라.

c. 미싱 링크가 총수입의 40%를 조세로 반드시 지불해야 한다고 가정하자. 그 회사의 최적 기계 대수는 몇 대인가?

d. (c)문항에서 서술한 수입에 대한 40%의 조세와 함께 그 기업은 어떤 새로운 기계 구입비용의 20%만큼 조세 지불을 감면해 주는 20% 투자세액공제를 받을 수 있다고 가정하자. 이때 미싱 링크의 바람직한 자본스톡은 얼마인가? (힌트 : 투자세액공제는 기업에 대해 자본의 가격을 효과적으로 감소시킨다.)

5. 한 경제의 완전고용생산량은 9,000이며 정부구매는 2,000이다. 바람직한 소비와 바람직한 투자는 다음과 같다.

실질이자율(%)	바람직한 소비	바람직한 투자
2	6,100	1,500
3	6,000	1,400
4	5,900	1,300
5	5,800	1,200
6	5,700	1,100

a. 왜 바람직한 소비와 바람직한 투자는 실질이자율이 상승함에 따라 하락하는가?

b. 각 실질이자율 값에 대한 바람직한 국민저축을 구하라.

c. 재화시장이 균형상태라면 실질이자율, 바람직한 국민저축 및 바람직한 투자의 값들은 얼마인가? 재화시장의 균형조건을 나타내는 두 가지 형태, 즉 식 (4.7)과 (4.8)이 균형에서 만족함을 보여라. 생산량은 완전고용수준에서 고정된다고 가정한다.

d. 정부구매가 1,600으로 하락할 경우 (c)문항을 다시 풀어라. 각 실질이자율에서 사람들이 소비하려는 양은 변하지 않았다고 가정한다.

6. 한 경제의 완전고용생산량은 6,000이다. 정부구매 G는 1,200이다. 바람직한 소비 및 바람직한 투자는 다음과 같다.

$$C^d = 3{,}600 - 2{,}000r + 0.10Y$$
$$I^d = 1{,}200 - 4{,}000r$$

여기서 Y는 생산량, r은 실질이자율이다.

a. 바람직한 국민저축 S^d를 r과 Y로 나타내는 방정식을 구하라.

b. 재화시장의 균형조건을 나타내는 두 가지 형태, 즉 식 (4.7)과 (4.8)을 이용해, 재화시장을 청산하는 실질이자율을 구하라. 생산량은 완전고용생산량과 동일하다고 가정한다.

c. 정부구매가 1,440으로 상승한다. 이러한 증가로 바람직한 국민저축을 나타내는 방정식은 어떻게 변하는가? 그러한 변화를 그림으로 보여라. 시장을 청산하는 실질이자율에는 어떤 변화가 생기는가?

7. 경제 전체적인 자본의 기대 미래 한계생산물은 $MPK^f = 20 - 0.02K$(여기서 K는 미래의 자본스톡)라고 가정하자. 자본의 감가상각률 d는 매 기간 20%이다. 현재의 자본스톡은 900단위의 자본이다. 자본 1단위의 가격은 1단위의 생산량이다. 기업은 자신들의 생산량의 50%를 조세로 지

불한다. 이 경제의 소비함수는 $C = 100 + 0.5Y - 200r$이며, 여기서 C는 소비, Y는 생산량, r은 실질이자율이다. 정부구매는 200이며, 완전고용생산량은 1,000이다.

a. 실질이자율이 매 기간 10%라고 가정하자. 조세로 조정된 자본의 사용자비용, 바람직한 미래의 자본스톡 및 바람직한 투자수준의 값은 얼마인가?

b. 이제 재화시장의 균형에 의해 결정되는 실질이자율을 고려하자. 문제의 이 부분은 여러분을 이러한 이자율로 안내할 것이다.

i. 조세로 조정된 자본의 사용자비용을 실질이자율 r의 함수로 나타내라. 또한 바람직한 미래의 자본스톡과 바람직한 투자를 r의 함수로 나타내라.

ii. 소비함수 및 정부구매와 함께 (i)에서 유도한 투자함수를 이용해 재화시장을 청산하는 실질이자율을 계산하라. 재화시장을 청산하는 소비, 저축 및 투자의 값은 얼마인가? 이러한 균형에서 조세로 조정된 자본의 사용자비용과 바람직한 자본스톡은 얼마인가?

8. [부록 4.A] 한 소비자의 초기의 실질부는 20, 현재의 실질소득은 90, 미래의 실질소득은 110이다. 실질이자율은 매 기간 10%이다.

a. 이 소비자의 $PVLR$을 구하라.

b. 이 소비자의 예산선을 나타내는 방정식을 구하고(주어진 숫자의 값을 사용), 그 예산선을 그림으로 그려라.

이 소비자의 목적은 완전한 소비의 안정화에 있다고 가정하자. 즉, 그는 현재 및 미래 기간에 동일한 소비수준을 희망한다.

c. 그는 현재기간에 얼마만큼의 양을 저축하고 소비할 것인가?

d. 현재소득이 11 증가하면, 그의 현재저축과 소비에 어떤 영향을 미치는가?

e. 미래소득이 11 증가하면, 그의 현재저축과 소비에 어떤 영향을 미치는가?

f. 그의 초기의 부가 11 증가하면, 그의 현재저축과 소비에 어떤 영향을 미치는가?

9. [부록 4.A] 한 소비자가 학습기간, 노동기간, 은퇴기간이라는 세 기간 동안 생존한다. 그녀의 학습기간의 소득은 200, 노동기간의 소득은 800, 은퇴기간의 소득은 200이다. 이 소비자의 초기자산은 300이다. 실질이자율은 0이다. 이 소비자는 그녀의 생애 동안 완전한 소비의 안정화를 희망한다.

a. 차입제약이 존재하지 않는다는 가정하에 매 기간의 소비와 저축을 구하라. 그 소비자가 차입이 불가능한 차입제약에 직면한다면 어떤 변화가 생겨나는가?

b. 그 소비자의 초기의 부가 300이 아닌 0이라고 가정하자. (a)문항을 다시 풀어라. 차입제약이 존재한다는 것은 그 소비자의 일생 동안인 모든 세 기간에서의 소비수준이 차입제약이 적용되지 않았을 경우에 비해 낮다는 것을 의미하는가?

분석문제 *ANALYTICAL PROBLEMS*

1. 저축-투자 그래프를 이용해 다음의 사항이 국민저축, 투자 및 실질이자율에 미치는 영향을 분석하라. 여러분의 근거를 설명하라.

a. 소비자들이 훨씬 미래지향적으로 되어 더 많이 저축할 것을 결심한다.

b. 정부가 전쟁에서 귀환하는 퇴역군인에게 일회성의 많은 보너스를 지급한다고 발표한다. 그 보너스는 향후 5년 동안 일반 국민에게 부

과되는 추가 조세로 충당될 것이다.

c. 정부가 투자세액공제를 도입한다(다른 종류의 조세로 상쇄되므로 총세금징수는 변함없이 유지된다).

d. 이용 가능한 상당히 많은 석유매장물이 발견됐다. 이는 석유굴착장치와 수송관로에 대한 기대 미래 한계생산물을 증가시킨다. 이는 또한 기대 미래소득의 증가를 유도한다.

2. 한 국가가 전쟁으로 상당한 양의 자본스톡을 상실했다.

a. 이상의 사건이 그 국가의 현재의 고용, 생산량 및 실질임금에 어떤 영향을 미치는가?

b. 자본의 상실이 바람직한 투자에 어떤 영향을 미칠 것인가?

c. 전쟁으로 인한 상실이 바람직한 국민저축에 미치는 영향은 불명확하다. 바람직한 저축이 상승할 수 있는 한 가지 이유와 그것이 하락할 수 있는 한 가지 이유를 제시하라.

d. 바람직한 저축은 변하지 않는다고 가정한다. 자본의 상실이 그 국가의 실질이자율과 투자량에는 어떤 영향을 미치는가?

3. a. 석유가격의 일시적인 증가(일시적인 해로운 공급 충격)가 현재의 생산량, 고용, 실질임금, 국민저축, 투자 및 실질이자율에 미치는 영향을 분석하라. 공급 충격이 일시적으로 발생하기 때문에 여러분은 기대 미래 *MPK*와 가계의 기대 미래소득은 변하지 않는다고 가정해야 한다. 생산량과 고용은 (변할 수 있는) 완전고용수준에 머물러 있다고 계속해서 가정한다.

b. 석유가격의 영구적인 증가(영구적인 해로운 공급 충격)가 현재의 생산량, 고용, 실질임금, 국민저축, 투자 및 실질이자율에 미치는 영향을 분석하라. 이 경우 일시적인 공급 충격의 경우와는 달리 실질이자율은 변할 필요가 없음을 보여라. (힌트 : 일시적인 공급 충격의 경우와 마찬가지로 영구적인 해로운 공급 충격은 현재의 자본 및 노동생산성을 감소시킨다. 또한 영구적인 공급 충격은 기대 미래 *MPK*와 가계의 기대 미래소득을 감소시킨다.)

4. 경제학자는 이를테면 군사적 목적과 같은 정부구매의 일시적인 증가는 민간투자를 구축할 것이라고 종종 주장한다. 저축-투자 그래프를 사용해 곡선(들)이 이동하는 이유를 설명하면서 이상의 점을 보여라. 국방지출의 일시적인 증가가 조세에 의해 혹은 차입에 의해 조달되는지의 여부는 문제가 되는가? 혹은 정부구매의 일시적인 증가가 군사적 목적이 아닌 기반시설(도로, 하수도, 다리)을 위해 이뤄진다고 가정하자. 기반시설에 대한 정부지출은 민간투자의 생산성을 개선하므로 각 자본스톡수준에서 기대 미래 *MPK*를 증가시킨다. 저축-투자 그래프를 이용해 정부의 기반시설에 대한 투자가 현재소비, 국민저축, 투자 및 실질이자율에 미치는 영향을 분석하라. 이러한 형태의 정부투자는 민간기업의 투자를 구축하는가? 만약 그렇지 않다면 그리고 만약 존재한다면, 어떤 종류의 지출이 구축할 수 있는가? 현재의 생산성 혹은 생산량에는 변화가 없다고 가정한다. 또한 단순화를 위해 가계들은 그들의 미래소득이 변하지 않을 것으로 예상한다고 가정한다.

5. "동일한 양의 정부구매의 영구적인 증가가 일시적인 증가에 비해 더 큰 효과를 갖는다." 이러한 주장을 평가하는 데 저축-투자 그래프를 이용하라. 특히 고정된 생산량수준에서 소비, 투자 및 실질이자율에 미치는 영향을 중심으로 평가하라 (힌트 : 정부구매의 영구적인 증가는 현재 및 미래 조세의 더 큰 증가를 의미한다).

6. [부록 4.A] 한 소비자가 차입자인 예산선과 무차별곡선을 그려라. 차입과 대출이 없는 점과 최적 소비점을 반드시 나타내라. 그다음에 실질이자율의 증가가 예산선과 소비자의 최적 소비에 미치는 영향을 보여라. 중간의 예산선을 사용해 소

득효과와 대체효과를 보여라. 이 효과들이 동일한 방향 혹은 반대방향으로 작용하는가? 여러분의 답을 설명하라.

7. [부록 4.A] 소비자가 대출할 때(예를 들어, 은행에 예금함으로써 대출함) 받는 이자보다 차입하기 위해 일반적으로 더 높은 실질이자율을 지불한다. 예금으로 획득하는 실질이자율 r_1이 차입에 대해 지불하는 실질이자율 r_b에 비해 낮다는 가정하에서 소비자의 예산선을 그려라. r_1의 증가, r_b의 증가 혹은 소비자의 초기 부의 증가가 예산선에 미치는 영향을 보여라. r_1과 r_b의 증가가 현재 및 미래소비를 변화시키지 않음을 보여라(힌트 : 소비자가 초기에 차입과 대출이 없는 점을 선택하도록 소비자의 무차별곡선을 그려라).

실제 거시경제 데이터를 이용한 문제 *WORKING WITH MACROECONOMIC DATA*

이 연습문제에서 사용하는 데이터를 구하려면 research.stlouisfed.org/fred2에 있는 세인트루이스 연방준비은행의 FRED 데이터베이스를 찾아라.

1. 1965년 이후의 데이터를 이용해 소비자심리지수를 그래프로 그려라. 여러분은 1969~1970년, 1973~1975년, 1980년, 1981~1982년, 1990~1991년, 2001년 그리고 2007년 12월 시작된 경기후퇴를 구분할 수 있는가?

1965년 이후 분기별 데이터를 이용해 소비자심리지수를 실질소비지출의 증가율 및 내구재에 대한 실질소비지출의 증가율과 관련시키는 산포도(scatter plot)를 그려라. 일반적으로 말해 소비자가 더 낙관적일 때 소비는 더 빨리 증가하는가? 경기후퇴 기간에 실질소비의 증가율과 내구재에 대한 실질소비의 증가율을 비교하라.

2. S&P 500종 주식시장 지수는 주식시장에서 거래되는 일련의 큰 주식들의 총달러 가치를 측정한다. 그러한 일련의 주식이 나타내는 부의 실질가치를 측정하는 S&P 지수의 실질가치는 그 지수를 CPI와 같은 물가수준의 측정치로 나누어 구할 수 있다[S&P 500종 지수의 월별 데이터는 finance.yahoo.com 웹사이트의 증권 종목코드(ticker symbol)에서 얻을 수 있다 : ^GSPC].

1961년 이후의 월별 데이터를 이용해 S&P 500종 주식시장 지수의 실질가치를 그래프로 그려라. 1970년대의 가치와 나머지 기간의 가치를 비교함으로써 여러분은 어떤 두드러진 차이를 발견할 수 있는가? 이론에 의하면 1960년대와 1980년대에 비해 1970년대 주식시장에서 나타난 부의 반응이 그 기간 동안의 국민저축에 어떤 영향을 미쳐야 하는가? 1961년부터 현재까지 국민저축의 그래프(www.bea.gov의 NIPA 표 5.1)를 살펴보자. 그러한 예측이 확실히 나타난다고 말할 수 있는가? 논의하라.

3. 이 문제는 여러분이 1961년부터 현재까지의 연도별 데이터를 이용해 세후 실현된 실질이자율(기대 실질이자율과는 상반됨)을 계산하기 위한 것이다. 세후 실현된 실질이자율에 대한 공식은 $(1-t)i-\pi$이며, 여기서 i는 명목이자율, t는 세율, π는 인플레이션율이다.

3개월 만기 재정국채 이자율의 매년 평균을 명목이자율 i로 사용하고, 1년의 인플레이션 π는 12월에서 12월까지의 CPI 인플레이션율로 측정한다. 세율 t는 매년의 4/4분기 명목 GDP 대비 총(연방, 주 및 지방을 합함)정부수취비율로 구할 수 있다. 어떤 기간의 재정상태가 저축자 혹은 차입자에게 유리한가?

4. 1947년에서 현재까지 분기별 데이터를 이용해 GDP 대비 주택고정투자 비율을 그래프로 그려라.

a. GDP 대비 주택고정투자의 그래프를 민간인 실업률의 그래프와 비교하라. 경기후퇴 기간 동안 주택투자에는 어떤 변화가 발생하는가? 이러한 점에서 주택투자는 다른 유형의 투자와 유사한가 혹은 상이한가?

b. 제2차 세계대전 이후 20년 동안 인구가 급증했으며, 가계의 형성은 '베이비붐(출생률의 급상승)' 으로 알려졌다. 베이비붐에 뒤이어 인구 증가가 둔화되는 출생률의 급감이 나타났다. 이러한 인구 변동의 추세가 여러분의 그래프에 나타난 GDP 대비 주택투자의 형태와 어떻게 관련될 수 있는가?

5. 이 장에서 이자율들은 공동으로 움직이는 경향이 있다고 주장한다. 1975년 이후의 월별 데이터를 이용해 3개월 만기 재정국채에 대한 이자율, 높은 등급 회사채의 수익률, 지방채의 수익률, FHA 저당권에 대한 이자율, 은행에 의해 부가되는 프라임이자율, 10년 만기 재정국채에 대한 수익률을 그래프로 그려라. 어떤 이자율이 가장 높은 혹은 가장 낮은 경향이 있는가? 이를 설명하라. 어떤 이자율들이 공동으로 움직이는 경향이 있는가? 이를 설명하라.

6. 1948년 이후 실질 부동산 장비와 소프트웨어 투자 및 부동산 건물투자를 그래프로 그려라. 두 가지 형태의 투자에 대한 상대적 중요성이 지난 30년 혹은 그 이상 동안 어떻게 변동했는가? 여러분은 이러한 변화에 대한 설명을 생각할 수 있는가? (힌트 : 지난 30년 동안 소개된 가장 중요한 새로운 기술은 무엇인가?)

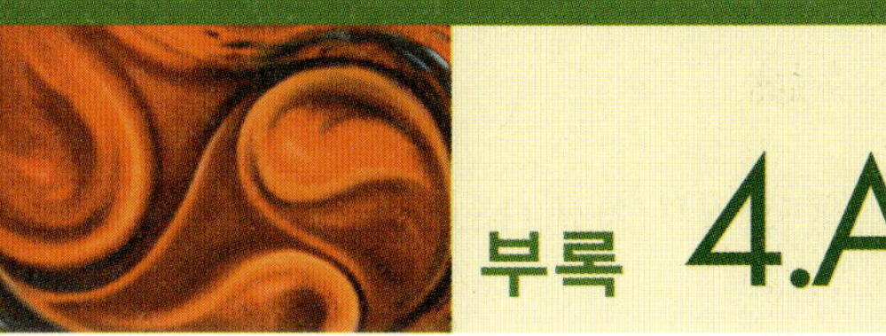

부록 4.A

소비와 저축의 정형적인 모형

이 부록에서는 얼마만큼 소비하고 저축할 것인가에 관한 결정을 좀 더 정형적으로 분석한다. 이를 위해 4장에서 소개했던 프루던스라는 소비자의 결정에 초점을 둔다. 분석의 단순화를 위해 다음과 같은 세 가지 가정을 전제한다.

1. 프루던스는 일생의 계획을 단지 두 기간, 즉 현재기간 및 미래기간으로 구성한다. 예를 들어 프루던스가 일하는 시기를 현재기간으로, 은퇴한 시기를 미래기간으로 나타낸다.

2. 프루던스는 주어진 현재소득, 미래소득 및 부를 갖는다.

3. 프루던스는 주어진 실질이자율수준에서 차입과 저축의 정도를 결정한다.

소비자가 얼마만큼 할당할 수 있는가? 예산제약

얼마만큼 소비하고 저축할 것인가에 관한 프루던스의 결정을 분석하기 위해서는 먼저 그녀에게 가용한 선택을 검토해야 한다. 특정한 숫자로 분석하기 위해 프루던스는 실질치로 측정된 고정된 세후 현재소득 42,000을 받으며,[18] 실질미래소득 33,000을 받을 것으로 예상되는 경우를 상정하자. 또한 그녀는 현재기간에 실질부 18,000을 예금계좌로 갖고 있으며, 매 기간 10%의 실질이자율로 차입하거나 대출할 수 있다.

프루던스의 상황을 나타내는 데 사용되는 기호의 목록은 다음과 같다.

y = 프루던스의 실질현재소득(42,000)

y^f = 프루던스의 실질미래소득(33,000)[19]

---

18. 프루던스의 소득에 대한 측정단위는 기준연도 달러다.

19. 저축으로 생겨나는 이자는 미래소득 y^f에 포함시키지 않는다. 미래소득 y^f는 노동소득과 사회보장지출과 같은 이전지출만을 포함한다.

a = 프루던스의 현재기간 시작시점의 실질부(자산)(18,000)
r = 실질이자율(10%)
c = 프루던스의 실질현재소비(아직 결정되지 않았음)
c^f = 프루던스의 실질미래소비(아직 결정되지 않았음)

일반적으로 프루던스가 선택하는 현재소비 c의 양이 그녀가 할당할 수 있는 미래소비 c^f의 양을 결정한다. 이러한 관계를 살펴보기 위해, 프루던스가 현재기간에 갖고 있는 자금은 그녀의 소득 y와 초기 부 a라는 점을 주목하기 바란다. 만약 그녀의 현재소비가 c이면 현재기간이 끝나는 시점에 그녀는 남은 $y + a - c$를 갖게 된다.

프루던스는 이렇게 남은 현재의 재원 $y + a - c$를 은행에 저축해 이자를 얻을 수 있다. 그녀가 예금으로 얻을 수 있는 실질이자율이 r이면, 미래기간에 은행계좌의 실질가치(원금과 이자의 합)는 $(y + a - c)(1 + r)$이 될 것이다. 프루던스는 미래기간에 은행계좌의 실질가치와 함께 y^f의 소득을 받게 되므로, 그녀가 가용한 미래기간의 총재원은 $(y + a - c)(1 + r) + y^f$와 동일하다. 프루던스는 자신의 삶에 있어 미래기간이 최종기간이기 때문에 그녀는 남겨진 재원을 모두 소비한다.[20] 따라서 프루던스의 미래소비 c^f는 다음과 같다.

$$c^f = (y + a - c)(1 + r) + y^f \tag{4.A.1}$$

식 (4.A.1)을 예산제약(budget constraint)이라 한다. 이 식은 프루던스가 초기의 부, 현재소득 및 미래소득에 기초해, 현재소비 c의 각 수준에 대해 미래소비 c^f가 얼마만큼 할당되는지 보여준다.[21] 식 (4.A.1)의 예산제약은 예산선(budget line)의 형태로 그림으로 표현된다. 즉, 예산선은 프루던스가 자신의 초기 부와 현재 및 미래소득 그리고 실질이자율에 기초해, 그녀가 할당할 수 있는 현재소비와 미래소비의 조합을 보여준다. 그림 4.A.1은 현재소비 c를 수평축으로, 미래소비 c^f를 수직축으로 하여 프루던스의 예산선을 나타낸다.

예산선의 기울기는 아래쪽으로 향하는데(즉, 음의 기울기), 이는 현재 및 미래소비의 상충을 반영한다. 만약 프루던스가 현재소비를 1단위 증가시키면 그녀

---

20. 여기서 프루던스는 누구에게도 유산을 남겨 주기를 희망하지 않는다고 가정한다. 이후 저축결정에 있어 유산의 효과를 간략히 검토할 것이다.

21. 식 (4.A.1)을 유도함에 있어 프루던스의 현재소비가 현재의 총재원보다 적으며, 일부 남겨진 재원은 은행에 예금한다고 가정했다. 그러나 프루던스의 현재소비가 현재의 총재원을 초과해 은행에서 차입해야만 하는 경우에도 식 (4.A.1)의 예산제약은 여전히 유효하다. 물론 이 경우에는 y^f가 $[c - (y + a)] \times (1 + r)$을 초과해 $c^f > 0$인 경우에만 유효하다는 점에 주의하기 바란다.

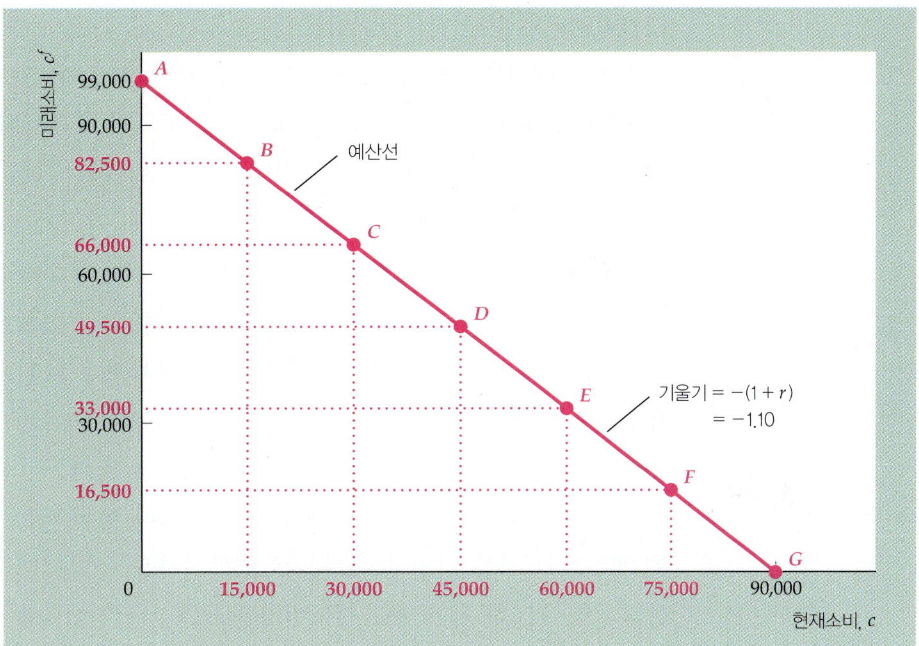

그림 4.A.1

예산선

예산선은 프루던스가 할당할 수 있는 현재소비 c와 미래소비 c^f의 조합을 보여준다. 예산선의 기울기는 $-(1+r) = -1.10$이다. 수평축 절편은 $c = 90,000$이며, 이 값은 식 (4.A.2)에서 정의한 $PVLR$과 동일하다. 또한 수직축 절편은 $c^f = 99,000$이다. 그림에 표기된 모든 점(또한 예산선상의 모든 점)에서의 현재 및 미래소비의 조합들이 식 (4.A.2)에서 정의한 $PVLR$과 동일한 방정식 $c + c^f/(1+r) = 90,000$을 만족한다는 것을 쉽게 확인할 수 있을 것이다.

의 저축은 1단위 감소한다. 저축은 r률의 이자를 창출하기 때문에 현재저축의 1단위 감소는 프루던스의 미래재원(따라서 그녀의 미래소비)을 $1 + r$단위 감소시킨다. 즉, 현재소비의 1단위 증가가 미래소비를 $1 + r$단위 감소시키기 때문에 예산선의 기울기는 $-(1 + r)$이다. 앞선 숫자의 예에서 실질이자율은 10%이므로, 그림 4.A.1에서 예산선의 기울기는 −1.10이 된다.

현재가치 현재가치(present value)란 개념을 이용해 프루던스의 예산제약을 쉽게 나타낼 수 있다. 현재가치는 미래에 지급받기로 한 금액을 현재의 화폐가치 혹은 재화로 환산한 금액이다. 이러한 개념을 설명하기 위해 여러분이 1년 후 13,200달러를 지급해야만 하는 경우를 상정하자. 미래에 지급하도록 정해진 금액을 위해 현재 얼마만큼의 돈을 남겨 놓아야 하는가? 이 물음에 대한 답을 현재가치라고 한다.

미래에 지급해야 하는 금액의 현재가치는 이자율수준에 의존한다. 현재의 명목이자율 i가 연 10%이면, 1년 후 지급해야 하는 13,200달러의 현재가치는 12,000달러다. 왜냐하면 연 이자율 10%에서 오늘 12,000달러를 은행에 예금하면 1년 후에 1,200달러(12,000달러 × 10%)의 이자를 받을 수 있으며, 이러한 이자와 원금 12,000달러를 합하면 13,200달러가 되기 때문이다. 그러므로 연 이자율이 10%일 때 1년 후 13,200달러를 갖는다는 것은 현재 12,000달러를 갖는다는 것과 경제적으로 동일하다. 다시 말해, 1년 후 13,200달러의 현재가치는

12,000달러와 같다.

좀 더 일반적인 형태로 표현하면, 연 명목이자율이 i일 때 오늘 은행에 예금된 1달러는 1년 후 $1 + i$달러의 가치가 있다. 1년 후 13,200달러를 얻기 위해서는 오늘 은행에 $13{,}200/(1 + i)$달러를 예금해야 한다. 따라서 1년 후 지급되는 13,200달러의 현재가치는 $13{,}200/(1 + i)$달러다. 이미 살펴본 것처럼 연 이자율 $i = 10\%$일 때 1년 후 13,200달러의 현재가치는 $13{,}200/1.10 = 12{,}000$달러다. 만약 연 이자율 $i = 20\%$이면 1년 후 13,200달러의 현재가치는 $13{,}200/1.20 = 11{,}000$달러다. 따라서 이자율이 증가하면 미래에 지급되는 금액의 현재가치가 감소한다. 마찬가지로, 이자율이 감소하면 미래에 지급되는 금액의 현재가치가 증가한다.

상기 예에서와 같이 미래에 지급되는 금액이 명목치로 측정된다면, 현재가치를 계산하기 위한 적절한 이자율은 명목이자율 i이다. 미래에 지급되는 금액을 실질치로 측정할 경우에도 명목이자율 i 대신 실질이자율 r을 사용한다는 점을 제외하고는 정확히 동일한 방법으로 현재가치를 계산할 수 있다. 프루던스의 소비-저축 결정을 분석함에 있어 모든 변수를 실질치로 측정했으므로, 프루던스의 미래소득 및 미래소비의 현재가치는 실질이자율 r을 사용해 계산한다.

현재가치 및 예산제약 일생재원의 현재가치(present value of lifetime resources) $PVLR$은 소비자의 초기의 부와 현재 및 미래의 기대소득의 합계에 대한 현재가치로 정의된다. 두 기간의 경우 일생재원의 현재가치는 다음과 같다.

$$PVLR = a + y + y^f/(1 + r) \tag{4.A.2}$$

즉, 일생재원의 현재가치는 현재의 부 a, 현재소득 y,[22] 미래소득의 현재가치 $y^f/(1 + r)$의 합과 같다. 앞선 예에서 프루던스의 $PVLR = 42{,}000 + (33{,}000/1.10) + 18{,}000 = 90{,}000$과 같다.

이제 식 (4.A.1)의 양변을 $(1 + r)$로 나누고 난 뒤 양변에 c를 더하면 다음과 같다.

$$\begin{gathered} c + c^f/(1 + r) = a + y + y^f/(1 + r) \\ PVLC = PVLR \end{gathered} \tag{4.A.3}$$

식 (4.A.3)의 왼쪽 항 $c + c^f/(1 + r)$은 일생소비의 현재가치(present value of lifetime consumption) $PVLC$를 나타낸다. 식 (4.A.3)의 예산제약은 일생소비의 현재가치($PVLC$)가 일생재원의 현재가치($PVLR$)와 동일함을 보여준다.

22. 현재소득의 현재가치는 현재소득이라는 점을 주목하라.

그림 4.A.1 및 사실상 모든 예산선의 그래프에서 *PVLR*은 예산선의 수평축 절편에 나타낸 현재소비 c의 가치와 동일하다. 왜냐하면 수평축 절편은 미래소비 c^f가 0인 예산선의 점이기 때문이다. 식 (4.A.3)에서 미래소비 c^f를 0으로 설정하면 식 (4.A.3)의 왼쪽 항은 현재소비 c가 되므로, 현재소비는 오른쪽 항 *PVLR*과 반드시 일치해야 한다. 따라서 예산선의 수평축 절편에서는 $c = PVLR$이 된다.

소비자는 무엇을 원하는가? 소비자 선호

예산제약, 즉 그래프로 나타낸 예산선은 프루던스가 선택할 수 있는 현재 및 미래소비의 조합들을 나타낸다. 많은 가능한 소비조합 중에서 프루던스가 선택하는 조합을 결정하기 위해서는 현재 및 미래소비에 대한 그녀의 선호를 파악해야 한다.

경제학자는 한 개인의 경제적 만족도 혹은 후생수준을 나타내는 데 효용(utility)이라는 용어를 사용한다. 현재 및 미래소비에 관한 선호는 소비자가 현재 및 미래소비의 조합에서 획득하는 효용의 크기라고 요약할 수 있다. 현재 및 미래소비에 대한 프루던스의 선호는 무차별곡선(indifference curve)을 사용해 그래프로 나타낼 수 있으며, 이러한 무차별곡선은 동일한 효용수준을 창출하는 현재소비 및 미래소비의 조합들을 나타낸다. 프루던스는 무차별곡선상의 모든 소비조합에 대해 동일한 효용을 갖기 때문에 무차별곡선상의 어떤 조합을 실질적으로 선택할 것인지는 고려하지 않는다(즉, 무차별하다). 그림 4.A.2는 프루던스의 두 가지 무차별곡선을 보여준다. 소비조합점 X, Y, Z는 동일한 무차별곡선 IC^1상에 위치하기 때문에 프루던스는 X, Y, Z에서 동일한 효용수준을 갖는다.

무차별곡선은 세 가지 중요한 특성이 있으며, 각 특성은 경제적으로 설명이 가능할 뿐만 아니라 그림 4.A.2에 나타나 있다.

1. 무차별곡선은 우하향한다. 이 특성을 이해하기 위해 프루던스가 $c = 45{,}000$이며 $c^f = 45{,}000$인 Y점의 소비조합을 선택했다고 가정하자.[23] 이제 프루던스가 현재소비를 $c = 39{,}000$으로 감소해야 하는 경우를 생각해 보자. 만약 그녀가 미래소비를 45,000으로 유지하면서 현재소비를 감소시키면 효용의 감소를 경험하게 될 것이다. 그러나 프루던스는 미래소비를 증가시켜 현재소비의

23. Y점은 그림 4.A.1에 나타낸 프루던스의 예산선 아래에 놓여 있다. 이는 프루던스가 이러한 조합을 선택할 수 있을 뿐만 아니라 미래기간이 끝나는 시점에 그녀는 남겨진 재원을 갖는다는 것을 의미한다. 그녀가 상속을 위해 재원을 남겨 놓기를 희망하지 않는다면, 그녀는 그림 4.A.1에서 보여주는 재원에 대한 그러한 조합을 실질적으로 선택하지는 않을 것이다.

그림 4.A.2

무차별곡선

무차별곡선상의 모든 점은 동일한 효용수준을 창출하는 소비조합을 나타낸다. 소비자에게 현재소비의 감소는 반드시 미래소비의 적절한 증가로 보상돼야 하기 때문에 무차별곡선은 우하향한다. IC^2상의 점들로 나타낸 모든 소비조합은 IC^1상의 점들로 나타낸 모든 소비조합보다 선호된다. 무차별곡선은 소비 안정화 동기를 반영하기 위해 원점에 대해 볼록하다. 프루던스는 X점과 Z점에서의 조합들의 평균인 W점에서의 소비조합을 선호하는데, 그 이유는 W점이 높은 수준의 소비 안정화 경향을 나타내기 때문이다. 따라서 W점을 포함한 무차별곡선(IC^2)이 X, Y, Z점들을 포함한 무차별곡선(IC^1)보다 위에 그리고 오른쪽에 위치한다.

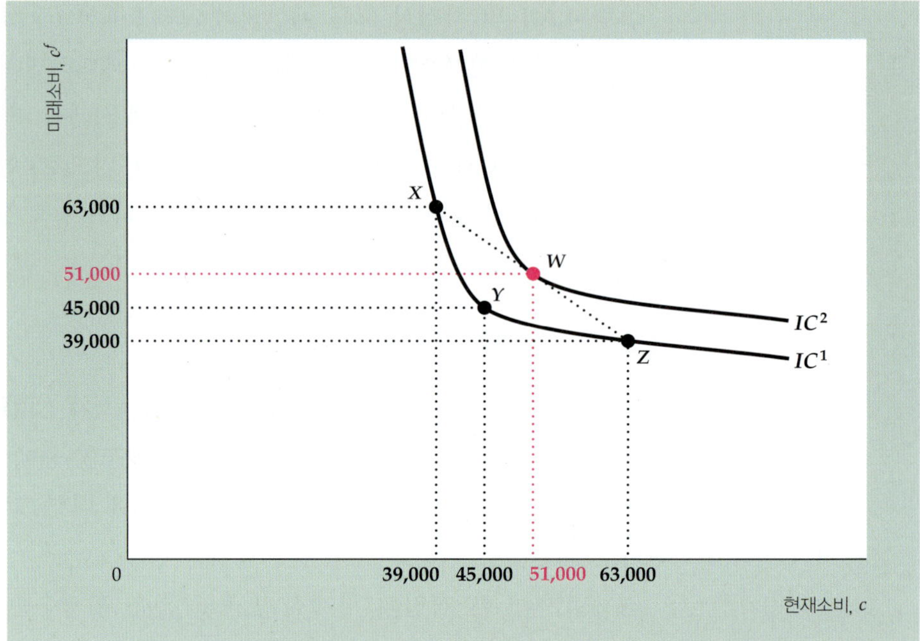

이러한 감소를 보상받을 수 있다. 만약 그녀가 현재소비를 $c = 39{,}000$으로 감소시키면서 미래소비를 $c^f = 63{,}000$으로 증가시킨다면, 즉 그녀의 소비조합이 X점으로 이동할 때 그녀의 효용수준은 변하지 않고 동일하다고 가정하자. 이 경우 그녀는 소비조합점 X와 Y에 대해 무차별하며, X점과 Y점은 반드시 동일한 무차별곡선상에 위치해야 한다. 일반적으로 프루던스가 동일한 효용수준을 유지하기 위해서는 현재소비수준의 어떤 변화는 반드시 반대방향의 미래소비수준의 변화를 동반해야만 한다. 따라서 효용수준이 동일한 소비조합들을 나타내는 무차별곡선은 반드시 우하향한다.

2. 위로 그리고 오른쪽으로 멀리 떨어진 무차별곡선이 더 높은 효용수준을 나타낸다. 예를 들어, 그림 4.A.2에서 Y점보다 위에 그리고 오른쪽에 위치한 W점을 고려하자. 현재소비와 미래소비 모두는 Y점에서보다 W점에서 높은 수준이다. 프루던스는 현재 및 미래소비로부터 효용을 얻기 때문에 W점이 Y점에 비해 높은 효용수준을 제공한다. 즉, 프루던스는 Y점에 비해 W점을 선호한다. 또한 무차별곡선 IC^1상의 모든 점은 Y점과 동일한 효용수준이므로 프루던스는 무차별곡선 IC^1상의 모든 점보다 W점을 선호한다. 더욱이 무차별곡선 IC^2상의 모든 점은 W점과 동일한 효용수준을 나타내기 때문에 프루던스는 IC^1상의 모든 점에 비해 IC^2상의 모든 점을 선호한다. 일반적으로 어떤 두 개의 무차별곡선에 대해 소비자는 상대적으로 위로 그리고 오른쪽으로 멀리 떨어

진 무차별곡선상의 소비조합을 선호한다.

3. 무차별곡선은 원점에 대해 볼록하다. 이와 같은 무차별곡선의 특징적인 형태는 4장에서 논의한 소비 안정화 동기를 반영한다. 소비 안정화 동기하에서 소비자는 한 기간에 많은 양을 소비하고 다른 기간에 적은 양을 소비하는 것보다 시간의 흐름에 따라 소비의 안정적인 경향을 상대적으로 선호한다. 이와 같은 무차별곡선의 형태와 소비 안정화 동기 간의 관계는 그림 4.A.2에서의 세 가지 소비조합, 즉 X점(c = 39,000, c^f = 63,000), W점(c = 51,000, c^f = 51,000), Z점(c = 63,000, c^f = 39,000)을 이용해 설명할 수 있다. 양 기간에 동일한 소비를 행하는 W점이 완전한 소비 안정화와 부합한다는 사실을 알 수 있다. 이와 대조적으로 X점과 Z점은 첫 번째 기간과 두 번째 기간의 소비에 있어 큰 변화를 가진 소비조합을 나타낸다. 또한 W점의 소비조합은 X점과 Z점의 소비조합들의 평균이라는 점에 주목하기 바란다. 즉, W점에서의 현재소비 51,000은 X점과 Z점에서의 현재소비 39,000과 63,000의 평균이다. 마찬가지로 W점에서의 미래소비 51,000은 X점과 Z점에서의 미래소비 63,000과 39,000의 평균이다.

비록 W점이 본질적으로 X점과 Z점의 평균일 뿐만 아니라 프루던스가 X점과 Z점에 대해 무차별하지만, 그녀는 W점이 훨씬 소비의 안정화(혹은 훨씬 평탄한 소비)를 나타내기 때문에 X점과 Z점에 비해 W점을 선호한다. 그림에서와 같이 그녀가 X점과 Z점에 비해 W점을 선호한다는 것은 W점의 위치가 (X점과 Z점을 통과하는) 무차별곡선 IC^1에 비해 위에 그리고 오른쪽에 있다는 것으로 제시된다. 우리는 W점이 X점과 Z점을 연결하는 직선 위에 놓여 있다는 사실을 확인할 수 있다. W점이 IC^1에 비해 위에 그리고 오른쪽에 위치할 수 있는 유일한 방법은 그림 4.A.2에 그려진 것처럼 IC^1이 원점에 대해 볼록한 형태를 취할 경우다. 그러므로 무차별곡선의 볼록한 형태는 소비 안정화 동기를 반영한다.

소비의 최적수준

프루던스의 예산선(그녀의 가용한 소비조합을 나타냄)과 무차별곡선(그녀의 현재 및 미래소비에 대한 선호를 나타냄)을 결합하면, 그녀를 가장 행복하게 만드는 현재소비 및 저축수준을 결정할 수 있다. 프루던스의 현재소비 및 저축의 가용한 최고(혹은 최적)수준은 예산선과 무차별곡선이 교차하는 점에서 달성되며, 이는 그림 4.A.3의 D점과 같다.

프루던스의 가장 높고 가능한 만족 혹은 효용수준이 D점에서 달성되는 이유

그림 4.A.3

최적 소비조합

현재 및 미래소비의 최적(가장 높은 효용) 조합은 예산선과 무차별곡선이 만나는 점(D점)에서 달성된다. B점 및 E점과 같은 예산선상의 다른 모든 점은 무차별곡선 IC^*보다 아래 그리고 왼쪽에 위치한 무차별곡선상에 위치하고 있으므로 IC^*상에 있는 D점에서의 소비조합보다 낮은 효용수준을 창출한다. 프루던스는 T점에서의 소비조합을 D점에서의 소비조합보다 선호하지만, T점은 예산선 밖에 위치하기 때문에 그녀는 T점으로 나타낸 소비조합을 선택할 수 없다.

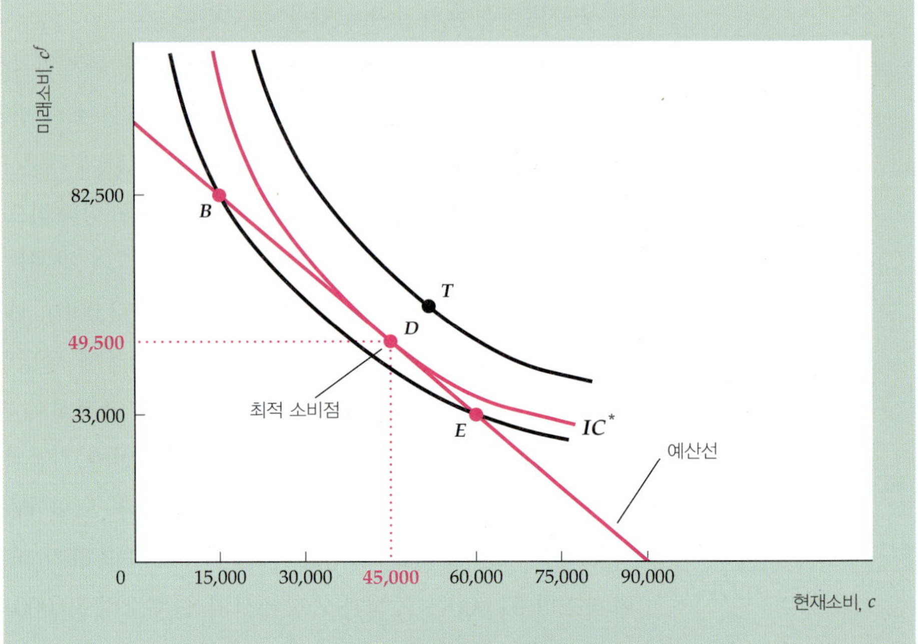

를 살펴보기 위해, 우선 D점이 무차별곡선 IC^*상에 있으며 IC^*상의 모든 소비조합이 D점과 동일한 효용수준을 나타낸다는 점을 인식해야 한다. 프루던스의 예산선상에서 D점을 제외한 모든 점(예를 들어, B나 E와 같은 점)은 IC^*보다 아래 그리고 왼쪽에 위치한 무차별곡선상에 있다. 따라서 D점을 제외한 다른 모든 점에서의 소비조합은 D점에서의 소비조합보다 낮은 효용수준을 나타낸다. 한편 프루던스는 그림 4.A.3에서 D점으로 나타낸 소비조합에 비해 T점에서의 소비조합을 선호한다. 왜냐하면 T점은 IC^*보다 위에 그리고 오른쪽에 위치한 무차별곡선상에 놓여 있기 때문이다. 그러나 T점은 예산선 밖에 위치하므로 프루던스는 T점으로 나타낸 소비조합을 선택할 수 없다. 즉, 프루던스의 예산제약하에서 그녀의 가장 좋은 소비조합은 D점이 된다.

우리는 프루던스가 자신의 예산선과 무차별곡선이 교차하는 D점에서 효용을 극대화하는 소비 및 저축을 결정한다고 결론 내릴 수 있다. 즉, 그녀의 현재소비 및 미래소비의 최적수준은 각각 45,000과 49,500이 된다. 프루던스가 현재소비를 선택하면 현재소득에서 현재소비를 뺀 값과 동일한 현재저축 s는 자동적으로 결정된다.

$$s = y - c = 42{,}000 - 45{,}000 = -3{,}000$$

따라서 프루던스는 3,000만큼의 음의 저축(그녀의 초기 자산의 감소)을 선택한다.

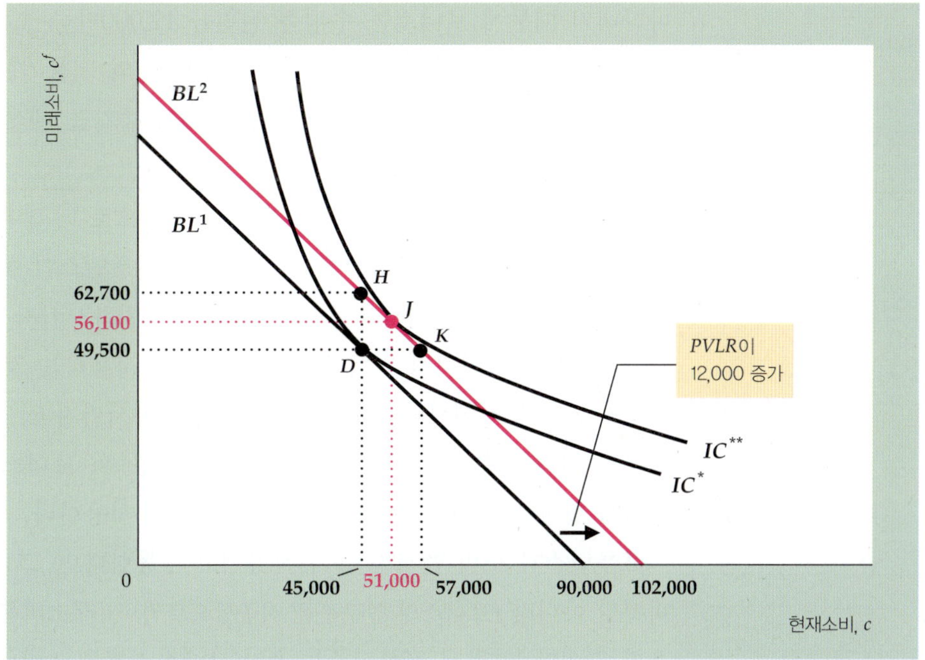

그림 4.A.4

소득 혹은 부의 증가

프루던스의 *PVLR*을 12,000만큼 상승시키는 현재소득, 미래소득 그리고/혹은 초기의 부의 증가는 예산선을 BL^1에서 BL^2로 12,000만큼 오른쪽으로 평행이동시킨다. 프루던스의 원래 소비계획이 *D*점이라면, 모든 증가분을 현재소비의 증가에는 사용하지 않고 미래소비의 증가만을 위해 사용함으로써 *H*점으로 이동할 수 있다. 혹은 모든 증가분을 미래소비의 증가에는 사용하지 않고 현재소비의 증가만을 위해 사용함으로써 *K*점으로 이동할 수 있다. 그러나 프루던스가 소비 안정화 동기를 가지고 행동한다면, 현재 및 미래소비 모두가 *D*점보다 높은 수준인 *J*점으로 이동할 것이다. 이때 새로운 예산선 BL^2와 무차별곡선 IC^{**}가 교차하는 *J*점에서 최적수준이 달성된다.

소득과 부의 변화가 소비 및 저축에 미치는 영향

이 부록에서 전개한 정형적인 모형은 유용한 통찰력을 제공한다. 즉, 현재소득, 기대 미래소득 및 부의 변화가 소비에 미치는 영향은 그러한 변화가 소비자의 일생재원의 현재가치(*PVLR*)에 어떻게 영향을 미치는지에 의존한다.

현재소득의 증가 프루던스가 노동에 대한 12,000의 보너스를 받아 실질 현재소득이 42,000에서 54,000으로 상승한 경우를 고려하자. 그녀의 초기 자산(18,000), 미래소득(33,000) 및 실질이자율(10%)은 변동하지 않고 유지된다. 따라서 현재소득 12,000의 증가는 프루던스의 일생재원의 현재가치(*PVLR*)가 동일하게 증가함을 의미한다. 원래의 소비-저축 계획을 고집하지 않는다면 프루던스는 그러한 계획을 증가된 현재소득의 견지에서 어떻게 수정할 수 있을까?

이상의 물음에 대한 답은 그림 4.A.4의 그래프를 이용해 찾을 수 있다. 그림 4.A.4에서 BL^1은 프루던스의 원래 예산선이며, $c = 45{,}000$과 $c^f = 49{,}500$인 *D*점은 프루던스의 원래의, 즉 보너스 이전의 소비계획을 나타낸다. 프루던스의 보너스는 현재 및 미래에 더 많은 소비를 가능하게 하므로 그녀의 소득증가는 예산선을 밖으로 이동시킨다. 예산선이 어떻게 이동하는지를 정확히 이해하려면, 프루던스의 현재소득이 12,000 증가한다는 것은 그녀의 *PVLR*도 12,000 증가한다는 것을 의미함을 인식해야 한다. 예산선의 수평축 절편은 $c = PVLR$을 나타내기 때문에 보너스는 수평축 절편을 12,000만큼 오른쪽으로 이동시킨다. 실질이자율 r이 변하지 않았기 때문에 예산선의 기울기 $-(1+r)=-1.10$은 그대로 유지된다. 따라서 현재소득 12,000의 증가는 예산선을 BL^1에서 BL^2로 오른쪽으로 평행이동시킨다.

프루던스가 보너스를 받은 이후 이러한 이동으로 더 많은 현재 및 미래소비를 향유할 수 있음을 그래프로 나타낼 수 있다. 프루던스의 첫 번째 전략은 새로운 예산선 BL^2상의 K점에서와 같이 미래소비는 변화시키지 않으면서 현재소비를 12,000만큼 증가시키기 위해 보너스의 전부를 사용하는 것이다. 또 다른 전략으로 BL^2상의 H점에서와 같이 현재소비는 변화시키지 않고 유지하면서 보너스 전부를 저축할 수 있다. 이후 프루던스는 보너스와 보너스로 생겨나는 1,200의 이자를 합한 13,200을 미래소비의 증가를 위해 사용한다.

프루던스가 소비 안정화 동기를 가지고 행동한다면, 그녀는 보너스를 현재소비뿐만 아니라 (보너스의 일부분을 저축함으로써) 미래소비를 증가시키기 위해 사용할 것이다. 따라서 프루던스는 K점(보너스 전부를 소비)과 H점(보너스 전부를 저축) 사이에 존재하는 BL^2상의 점을 선택한다. 그녀의 무차별곡선들이 그림 4.A.4와 같다면 새로운 균형점은 새로운 예산선 BL^2와 무차별곡선 IC^{**}가 교차하는 J점으로 이동한다. J점에서 현재소비 c는 51,000, 미래소비 c^f는 56,100 및 저축 s는 $54{,}000-51{,}000=3{,}000$이다.[24] 현재 및 미래소비는 D점($c=45{,}000$ 및 $c^f=49{,}500$)에 비해 J점에서 높은 수준이다. 또한 J점에서 프루던스의 현재저축 3,000은 D점(3,000의 음의 저축)에서의 저축보다 높은 수준인데, 이는 현재소비 6,000의 증가가 현재소득 12,000의 증가보다 적다는 사실에 기인한다. 이상의 예는 현재소득의 증가로 인해 현재소비와 현재저축이 함께 상승한다는 것을 보여준다.

미래소득의 증가 프루던스가 현재기간에 12,000의 보너스를 받지 않으며, 따라서 그녀의 현재소득 y는 원래 수준인 42,000에 머물러 있다고 상정하자. 대신 프루던스는 회사의 연금계획이 개선됨에 따라 미래소득이 13,200만큼 증가한다는 것을 알고 있다. 즉, y^f는 33,000에서 46,200으로 상승한다. 이러한 미래소득의 증가가 프루던스의 현재소비와 저축에는 어떤 영향을 미칠 것인가?

실질이자율 10%에서 연금계획의 개선은 프루던스의 미래소득의 현재가치를 13,200/1.10 혹은 12,000만큼 증가시킨다. 바로 앞에서 논의한 현재기간의 보너

---

24. 역자 주 : 프루던스의 원래 현재소득 42,000에서 보너스 12,000을 합하면 총현재소득은 54,000이 되며, 51,000은 그림 4.A.4에 나타난 현재소비다.

스의 경우와 마찬가지로, 연금계획의 개선은 프루던스의 *PVLR*을 12,000만큼 상승시키고 이러한 양만큼 예산선을 오른쪽으로 평행이동시킨다. 그러므로 현재 및 미래소비에 대한 영향은 현재소득이 12,000 증가했을 경우와 정확히 동일하다(이 경우에도 그림 4.A.4가 동일하게 적용된다).

비록 현재가치가 동일한 현재소득 및 기대 미래소득의 증가가 현재 및 계획된 미래소비에 동일한 영향을 미친다고 할지라도 이러한 변화가 현재저축에 미치는 영향은 상이하다. 이미 우리는 현재소득의 증가가 현재저축을 상승시킨다는 사실을 제시했다. 이와는 반대로 미래소득의 증가는 현재소득에는 영향을 미치지 않으면서 현재소비를 상승(예에서 6,000만큼)시키기 때문에 미래소득의 증가는 저축을 감소시킨다(−3,000에서 −9,000으로 6,000만큼). 즉, 프루던스는 미래에 자신의 소득이 더 증가한다는 것을 인식하므로 오늘 저축할 필요가 줄어들게 된다.

부의 증가 부의 변화도 소비와 저축에 영향을 미친다. 현재 및 미래소득의 경우에서와 같이 부의 변화가 소비에 미치는 영향은 *PVLR*의 변화 정도에 전적으로 의존한다. 예를 들어, 프루던스가 자신의 다락방에서 12,000 가치의 저축예금통장을 발견한다면, 그녀의 *PVLR*은 12,000만큼 증가한다. 이러한 상황을 그림을 이용해 설명하기 위해 그림 4.A.4를 다시 사용할 수 있다. 프루던스의 부의 증가는 그녀의 *PVLR*을 12,000만큼 상승시키므로 예산선은 BL^1에서 BL^2로 12,000만큼 오른쪽으로 이동한다. 이전의 경우와 마찬가지로 그녀의 최적소비의 선택은 *D*점(그녀가 통장을 발견하기 이전)에서 *J*점(그녀의 부가 증가한 이후)으로 이동한다. 부의 증가로 인해 현재소득(42,000)의 변화 없이 현재소비가 상승(*D*점의 45,000에서 *J*점의 51,000으로)하기 때문에 현재저축은 결과적으로 감소(*D*점의 −3,000에서 *J*점의 −9,000으로)한다. 프루던스가 부유해짐에 따라 현재소득의 많은 부분을 미래를 위해 저축할 필요가 줄어든다(실질적으로 그녀는 음의 저축을 증가시킨다).

이상의 분석은 현재소득, 미래소득 및 초기의 부의 변화가 모두 *PVLR*을 변화시키는 양만큼 예산선의 평행이동을 유도한다는 것을 보여준다. 경제학자는 예산선의 평행이동을 야기하는 변화의 효과를 설명하기 위해 **소득효과(income effect)**라는 용어를 사용한다.

항상소득이론 우리가 사용한 모형에서 소득의 일시적인 증가는 미래소득 y^f가 일정하게 유지되면서 현재소득 y에서의 상승을 나타낸다. 소득의 영구적인 증가는 현재소득 y뿐만 아니라 미래소득 y^f도 상승시킨다. 그러므로 일시적인 소득의 1단위 증가보다 영구적인 소득의 1단위 증가가 *PVLR*를 더 크게 증가시킨다. 소득의 변화는 오로지 *PVLR*의 변화를 유도한다는 점에서 소비에 영향을 미치기 때문에 지금까지의 이론에 의하면 일시적인 소득의 1단위 증가보다 영구적인 소득의 1단위 증가가 현재 및 미래소비를 더 많이 상승시킨다고 예측할 수 있다.

노벨 경제학상 수상자인 밀턴 프리드먼(Milton Friedman) 교수가 1950년대 발전시킨 소비와 저축에 관한 **항상소득이론**(permanent income theory)에서 이상과 같은 영구적 및 일시적 소득 변화에 따른 효과의 차이를 강조한다. 프리드먼 교수는 지금까지 제시한 모형[25]의 다기간 형태에서 소득은 오로지 *PVLR*을 통해 소비에 영향을 미친다고 지적했다. 따라서 영구적인 소득의 변화는 장기간 동안 지속되기 때문에 일시적인 소득의 변화에 비해 소비에 훨씬 큰 영향을 미친다. 결과적으로 소득의 일시적인 증가는 대부분 저축되며, 소득의 영구적인 증가는 대부분은 소비된다.[26]

다기간의 소비와 저축 : 일생주기모형 두 기간 모형은 저축의 상당 부분이 은퇴한 이후를 준비하기 위한 것이라고 제시한다. 그러나 이러한 모형은 소비자의 일생소득과 소비경향의 다른 중요한 측면을 반영하지 못한다. 예를 들어, 소득은 개인의 직장생활의 대부분 동안에 대체로 상승할 뿐만 아니라 사람들은 은퇴만이 아닌 다양한 이유로 저축한다. 노벨 경제학상 수상자인 프랑코 모딜리아니(Franco Modigliani)와 동료들이 1950년대에 발견한 저축과 소비의 **일생주기모형**(life-cycle model)은 모형을 두 기간에서 다기간으로 확장했으며, 개인의 일생 동안의 소득, 소비 및 저축 경향에 초점을 둔다.

일생주기모형의 핵심은 그림 4.A.5에 나타나 있다. 그림 4.A.5(a)에는 전형적인 소비자의 연령에 따른 소득과 소비의 경향이 그려져 있다. 여기서 소비자의 연령은 20세(경제적으로 독립하는 대략적인 연령)에서 80세(죽음을 맞이하는 대략적인 연령)까지를 고려한다. 그림 4.A.5(a)에서는 소득과 소비의 두 가지 관점이 중요하다.

---

25. 역자 주 : 지금까지는 두 기간 모형을 설정했다.

26. 또한 프리드먼 교수는 이러한 이론에 대한 최초의 실증적 증거를 다소 제시했다. 예를 들어, 그는 농가의 소비가 평균적으로 비농가의 소비에 비해 소득의 변화에 덜 반응한다는 사실을 발견했다. 이러한 현상에 대해 프리드먼 교수는 다음과 같이 설명했다. 즉, 농가소득은 상당히 가변적인 날씨나 곡물가격에 크게 의존하기 때문에 농가소득의 변화는 비농가소득의 변화에 비해 일시적으로 생겨날 가능성이 증가한다. 따라서 현재의 농가소득의 변화가 *PVLR*에 적은 영향을 미치게 되며, 이로 인해 현재소비에 대한 영향도 적어진다.

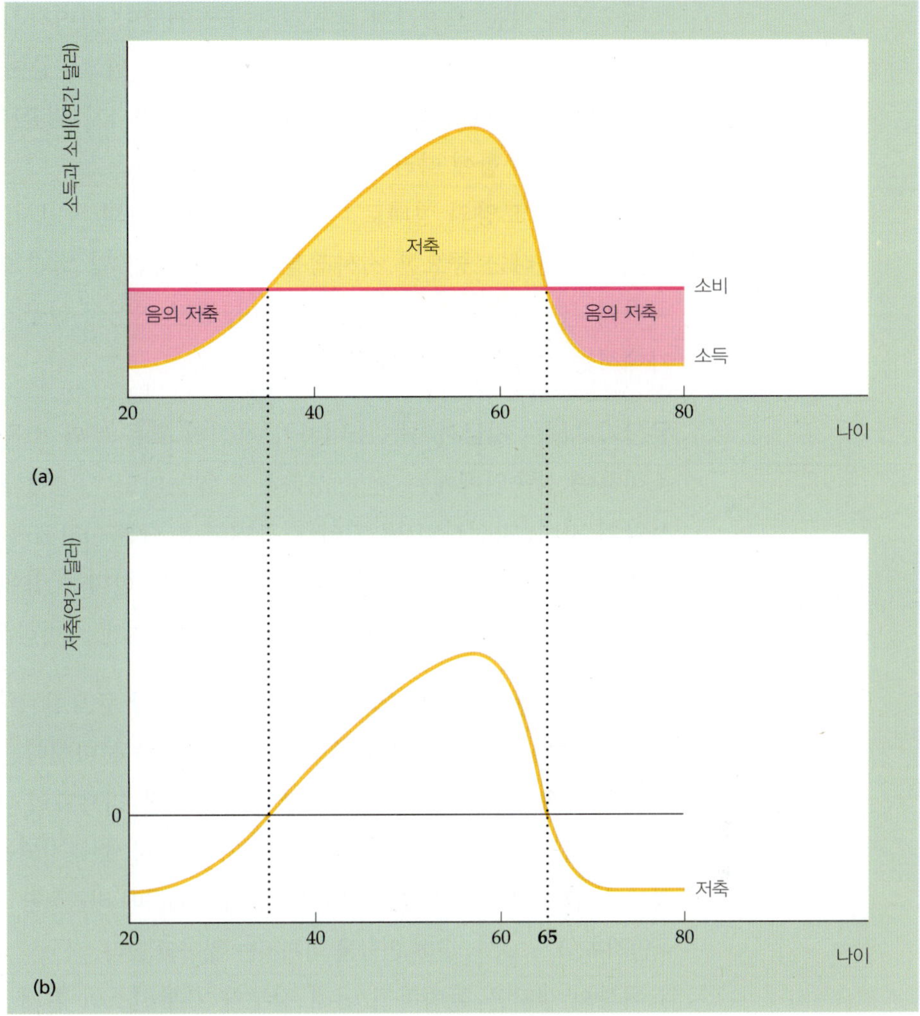

그림 4.A.5

일생주기 소비, 소득 및 저축

(a) 나이에 따른 소득과 소비가 그려져 있다. 일반적으로 대부분의 사람은 노동기간에 소득이 점진적으로 상승해 은퇴하기 직전 최고수준에 도달한다. 소비의 안정화 경향에 대한 욕구는 일생주기 동안 소득에 비해 소비가 덜 변한다는 것을 의미한다. 여기서 소비는 일정하다고 가정한다.

(b) 저축은 소득과 소비의 차이이므로 저축의 경향은 혹 모양으로 나타난다. 개인의 노동기간의 초창기에는 소비가 소득보다 크므로 저축은 음의 값이다. 중간 기간에서의 저축은 양의 값인데, 이러한 소득에서 소비를 초과하는 부분은 삶의 초창기에 빚진 부채를 갚거나 은퇴 이후에 사용된다. 사람들이 은퇴 기간에는 음의 저축을 한다.

첫째, 평균적인 노동자는 50~60세 사이에 일반적으로 생겨나는 임금의 최고 수준에 도달할 때까지 실질소득의 꾸준한 상승을 경험한다. 은퇴한 이후 소득(이전의 저축으로 생겨나는 이자는 제외)은 급격히 하락한다.

둘째, 일생 동안 소비의 경향은 시간의 흐름에 따른 소득의 경향보다 훨씬 평탄하며, 이는 앞에서 논의한 소비 안정화 동기와 일치한다. 비록 그림 4.A.5(a)에서 소비가 완전히 평평하게 나타나 있지만 실제로 소비는 연령에 따라 다소 변화한다. 예를 들어, 자녀의 양육비용이 많이 소요되는 기간에는 소비가 많을 것이다. 일생주기모형을 사용해 소비와 저축을 검토하면 일생 동안의 소득과 소비의 다양한 경향을 수용할 수 있도록 쉽게 변경할 수 있다는 장점이 있다.

그림 4.A.5(b)에 나타낸 일생 동안의 저축 경향은 그림 4.A.5(a)의 소득 및 소비곡선 간의 차이이다. 이러한 전반적인 혹 모양의 형태는 실증적으로 확인됐다.

소득수준이 낮은 초창기의 노동기간에는 저축이 미미하거나 심지어 음의 수준이다. 노동자의 연령이 50~60세일 때 소득은 최고수준이 되며 최고수준의 저축이 발생한다. 마지막으로 은퇴 이후에는 소비자가 생활비를 충족하기 위해 축적한 부를 감축함에 따라 음의 저축이 발생한다.

저축이 혹 모양의 형태로 나타나므로 한 국가의 국민저축률은 인구의 연령분포에 의존한다는 중요한 시사점을 갖는다. 청년 및 노년 인구가 현저하게 많은 국가에서는 저축률수준이 낮을 것이며, 중간 연령의 인구가 상대적으로 많은 국가에서는 저축률수준이 높을 것이다.

유산과 저축 지금까지는 소비자가 자신의 모든 부와 소득을 자신의 일생 동안 소비하며 상속인에게는 전혀 상속하지 않는다고 가정했다. 현실적으로는 많은 사람이 자녀, 자선사업 및 기타 기관에(혹은 다른 사람에게) 유산 혹은 상속재산을 남겨 놓는다. 소비자가 유산을 남겨 놓으려 한다는 점에서 소비자는 모든 재원을 그들의 일생 동안 소비하는 경우에 비해 적게 소비하고 많이 저축한다.

리카도의 대등 지금까지의 모형 분석에서 가장 중요한 결론 중 하나는 소득 혹은 부의 변화가 오로지 소비자의 *PVLR*에 영향을 미친다는 점에서 바람직한 소비에 영향을 미친다는 것이다. 4장에서 논의한 리카도의 대등을 지지하는 사람들의 요점은 현재 및 미래의 정부구매가 일정하게 유지되는 경우 현재의 조세 변화가 소비자의 *PVLR*에 영향을 미치지 못하기 때문에 바람직한 소비, C^d 혹은 바람직한 국민저축, $Y - C^d - G$에 영향을 미치지는 않아야 한다.

이상의 생각을 설명하기 위해 정부가 프루던스의 현재 조세를 300만큼 감면한다고 가정하자. 이러한 조세감면은 프루던스의 현재소득을 300만큼 증가시키며, (다른 모든 조건이 동일하다면) 그녀로 하여금 더 많은 소비를 유도할 수 있다. 그러나 정부수입이 300만큼 감소했지만 정부지출은 변하지 않았기 때문에 정부가 (납세자당) 300만큼 공공으로부터 현재의 차입을 반드시 증가시켜야 한다. 더욱이 정부는 그러한 차입에 대한 이자도 지불해야 한다. 예를 들어, 정부가 부채에 대해 지불해야 할 실질이자율이 10%라고 하면, 미래기간에 정부의 미결제 부채는 330으로 조세감면이 없었을 경우에 비해 증가한다.

납세자로서 프루던스는 결국 정부부채에 대한 책임이 있다. 정부가 자신들의 차입과 쌓인 이자를 미래기간에 지불하기로 결정한 경우를 가정하자(15장에서는 정부의 부채를 프루던스의 후손들이 지불하도록 남겨 놓을 경우 어떤 일이 발생하는지 논의한다). 정부가 부채 및 이자를 지불하기 위해서는 미래기간에 330만큼 조세를 상승시켜야 하므로, 프루던스의 기대 미래소득은 330만큼 줄어든다. 종합적으로 정부의 조세계획은 프루던스의 현재소득을 300만큼 상승시켰지만, 미래소득은 330만큼 감소시켰다. 실질이자율 10%에서 미래소득 변화의 현재가치는 −300이며, 이는 300만큼인 현재소득의 증가를 상쇄한다. 그러므로 프루던스의 *PVLR*은 조세감면으로 변하지 않으며, (리카도의 대등 정리가 의미하는 바와 같이) 그녀는 현재소비를 변화시키지 않는다.

과잉민감성 및 차입제약 다양한 연구에서 소비는 현재소득, 기대 미래소득 및 부에 의해 영향을 받으며, 항상소득의 변화가 임시소득의 변화에 비해 소비에 더 큰 영향을 미친다는 것을 확인했다. 물론 이러한 점들은 이미 제시한 모형이 의미하는 결과다. 그럼에도 불구하고 다소의 연구에서 현재소득의 변화에 대한 소비의 반응이 현재소득의 변화가 *PVLR*에 미치는 영향에 기초해 예상된 경우보다 클 수 있음을 보였다. 현재소득에 반응하는 소비가 모형에서 예측한 것보다 훨씬 강력할 수 있다는 이상의 경향을 현재소득에 대한 소비의 과잉민감성(excess sensitivity)이라 한다.

과잉민감성에 대한 설명 중 하나는 사람들이 모형에서의 가정에 비해 훨씬 근시안적이므로 모형에서의 예측에 비해 현재소득 증가의 더 많은 부분을 소비한다는 점을 들 수 있다. 모형의 성질과 밀접한 또 다른 설명은 사람들이 차입할 수 있는 금액이 제한된다는 데 있다. 어떤 사람이 미래소득을 조건으로 차입할 수 있는 금액에 대해 대출자가 현실적으로 부가하는 제약을 차입제약(borrowing constraint)이라 한다.

차입제약이 소비-저축 결정에 미치는 영향은 소비자가 차입제약이 존재하지 않을 경우에 차입을 원하는지에 의존한다. 차입이 가능할지라도 소비자가 차입을 원하지 않는다면 차입제약에 의해 제한되지 않는다고 말한다. 이에 반해 소비자가 차입하기를 원하지만 차입을 못 할 경우에는 차입제약에 의해 제한된다고 말한다. 차입제약에 의해 제한되는 소비자는 차입제약이 존재하지 않을 경우의 바람직한 소비조합에 가능한 한 근접하기 위해 가용한 모든 현재소득과 부를 현재소비에 사용한다. 즉, 그러한 소비자는 현재소득의 증가한 총액을 모두 소비하게 된다. 따라서 현재소득의 증가가 현재소비에 미치는 영향은 차입제약이 존재하지 않는 간단한 모형을 통해 예측한 경우보다 차입제약에 의해 제한되는 소비자에게서 크게 나타난다. 이상을 거시경제적 표현으로 나타내면, 상당히 많은 수의 소비자가 차입제약에 의해 제한될 경우 총소득의 증가에 대한 총소비의 반응이 차입제약이 존재하지 않는 간단한 이론에 의한 것보다 크게 나타난다는 것을 의미한다. 다시 말해, 차입제약이 존재한다면 소비는 현재소득에 대해 과도

그림 4.A.6

실질이자율의 증가가 예산선에 미치는 영향

그림은 10%에서 76%로 실질이자율 r의 증가가 프루던스의 예산선에 미치는 영향을 보여준다. 예산선의 기울기는 $-(1+r)$이며 초기의 실질이자율은 10%이기 때문에 프루던스의 초기의 예산선 BL^1의 기울기는 −1.10이다. 또한 초기의 예산선 BL^1은 차입과 대출이 없는 E점을 통과한다. 이러한 E점은 프루던스가 모든 현재소득과 부를 현재소비에 사용함으로써 얻는 소비조합을 나타낸다. E점은 실질이자율이 상승할 때도 여전히 통용되기 때문에 그 점은 새로운 예산선 BL^2상에도 위치한다. 그러나 BL^2의 기울기는 76%로의 실질이자율 상승을 반영해 −1.76이다. 따라서 높은 실질이자율이 예산선을 차입과 대출이 없는 점을 중심으로 시계방향으로 회전시킨다.

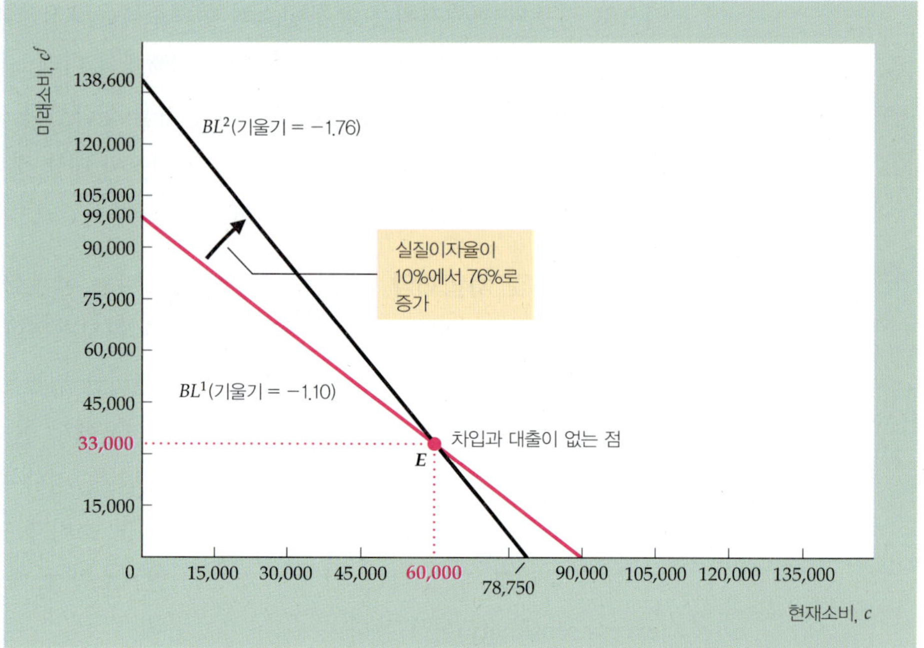

하게 민감할 수 있다.[27]

실질이자율과 소비-저축의 결정

실질이자율의 변화가 소비와 저축에 미치는 영향을 알아보기 위해 두 기간 모형과 프루던스의 입장으로 다시 돌아가자. 프루던스는 42,000의 초기의 실질 현재소득 y, 33,000의 미래소득 y^f, 18,000의 초기의 부 a, 그리고 10%의 실질이자율에 직면하고 있음을 기억하기 바란다. 그녀의 예산선은 그림 4.A.6에 BL^1으로 나타나 있으며, 이는 그림 4.A.1에 나타낸 것과 동일하다. 이제 실질이자율이 다소의 이유로 말미암아 10%에서 76%로 급등할 때 어떤 일이 발생하는지 살펴보자.[28]

27. 얼마나 많은 수의 소비자가 차입에 제약되는지 셀 수 있는 직접적인 방법은 없지만, 몇몇 연구에서 소비와 현재소득 간에 관측되는 관계를 설명하기 위해 차입제약에 제한되는 미국 소비자가 특정 연도 동안 20~50% 정도라고 추정했다. 예를 들어, 다음을 참조하라. John Y. Campbell and N. Gregory Mankiw, "Consumption, Income, and Interest Rates: Reinterpreting the Time Series Evidence," in O. Blanchard and S. Fischer, eds., *NBER Macroeconomics Annual*, Cambridge, Mass.: MIT Press, 1989; Robert E. Hall and Frederic S. Mishkin, "The Sensitivity of Consumption to Transitory Income: Estimates from Panel Data on Households," *Econometrica*, March 1982, pp. 461–481.

28. 76%의 실질이자율은 비현실적일 수 있지만, 이렇게 큰 변화를 가정함으로써 그 효과를 더욱 분명히 할 수 있다.

실질이자율과 예산선 실질이자율이 상승할 때 프루던스의 예산선이 어떻게 영향을 받는지 살펴보기 위해, 우선 예산선 BL^1상의 E점을 고려하자. 여기서 E점은 현재소비가 현재소득과 초기의 부를 합한 값과 동일할($c = y + a = 60{,}000$) 뿐만 아니라 미래소비가 미래소득과 동일한($c^f = y^f = 33{,}000$) 예산선상의 유일한 점이라는 관점에서 특별하다. 만약 이러한 소비조합을 선택한다면 프루던스는 차입할 필요가 없으며(그녀의 현재소득 및 초기의 부가 현재소비를 충당하는 데 틀림없이 충분하다), 현재재원의 일부를 은행에 (대출하는) 예금으로 남겨 놓을 필요도 없게 된다. 따라서 E점은 차입과 대출이 없는 점이다. E점은 차입과 대출을 포함하지 않기 때문에 E점에서의 소비조합은 실질이자율과 상관없이 프루던스에게 가용하다. 따라서 실질이자율이 변화할 때 차입과 대출이 없는 점은 여전히 예산선상에 위치하게 된다.

또한 예산선의 기울기가 $-(1 + r)$임을 기억하기 바란다. 실질이자율 r이 10%에서 76%로 급등할 때 예산선의 기울기는 -1.10에서 -1.76으로 변동한다. 즉, 새로운 예산선은 원래의 예산선에 비해 가파르게 나타난다. 새로운 예산선이 더 가파르지만 여전히 차입과 대출이 없는 E점을 통과하기 때문에 새로운 예산선은 E점을 중심으로 시계방향으로 회전한다.

대체효과 4장에서 논의했듯이, 미래소비 측면에서 측정한 현재소비의 가격은 $1 + r$이다. 프루던스가 오늘 소비를 1단위 증가시키면(따라서 저축이 1단위 감소하면) 미래소비가 $1 + r$단위 감소할 것이기 때문이다. 실질이자율이 증가할수록 현재소비는 미래소비에 비해 더욱 비싸진다. 이러한 현재소비의 상대가격 증가에 반응해 프루던스는 현재소비를 줄이고 저축을 증가시킴으로써 현재소비의 일부를 미래소비로 대체한다. 이러한 저축의 증가는 4장에서 소개한 실질이자율이 저축에 미치는 대체효과를 반영한다.

대체효과는 그림 4.A.7의 그래프를 이용해 설명할 수 있다. 초기의 실질이자율은 10%이며 예산선은 BL^1이다. 우선 BL^1과 무차별곡선 IC^1이 차입과 대출이 없는 E점에서 교차하도록 프루던스의 선호가 형성된다고 가정하자.[29] 즉, 실질이자율 10%에서 프루던스는 E점의 소비조합을 선택한다.

실질이자율이 10%에서 76%로 상승하면 예산선은 BL^2로 시계방향으로 회전한다. 프루던스의 초기 소비점(즉, 차입과 대출이 없는 E점)도 새로운 예산선 BL^2상에 위치하기 때문에 그녀는 실질이자율이 상승한 이후에도 E점에 머물러 현

29. 그림 4.A.7에 나타난 프루던스의 무차별곡선이 그림 4.A.4의 무차별곡선과 다르다는 것을 확인하기 바란다.

그림 4.A.7

실질이자율 증가의 대체효과

우리는 실질이자율이 10%일 때 프루던스의 선호는 초기의 예산선 BL^1상에서 차입과 대출이 없는 E점에서의 소비조합을 선택한다고 가정한다. E점은 무차별곡선 IC^1상에 위치한다. 76%로의 실질이자율 증가는 그림 4.A.6과 같이 예산선을 BL^1에서 BL^2로 시계방향으로 회전시킨다. 새로운 예산선 BL^2를 따라 현재소비를 미래소비로 대체함으로써 프루던스는 IC^1보다 위에 그리고 오른쪽에 위치한 점들에 도달할 수 있다. 이러한 점들은 E점에서의 소비조합보다 높은 수준의 효용을 창출하는 소비조합들이다. 프루던스의 최대효용은 새로운 예산선 BL^2와 무차별곡선 IC^2가 교차하는 V점으로 이동함으로써 달성된다. E점에서 V점으로 이동함에 따라 (9,000만큼) 현재소비의 감소와 이로 인한 동등한 저축의 상승은 실질이자율 증가에 따른 대체효과를 반영한다.

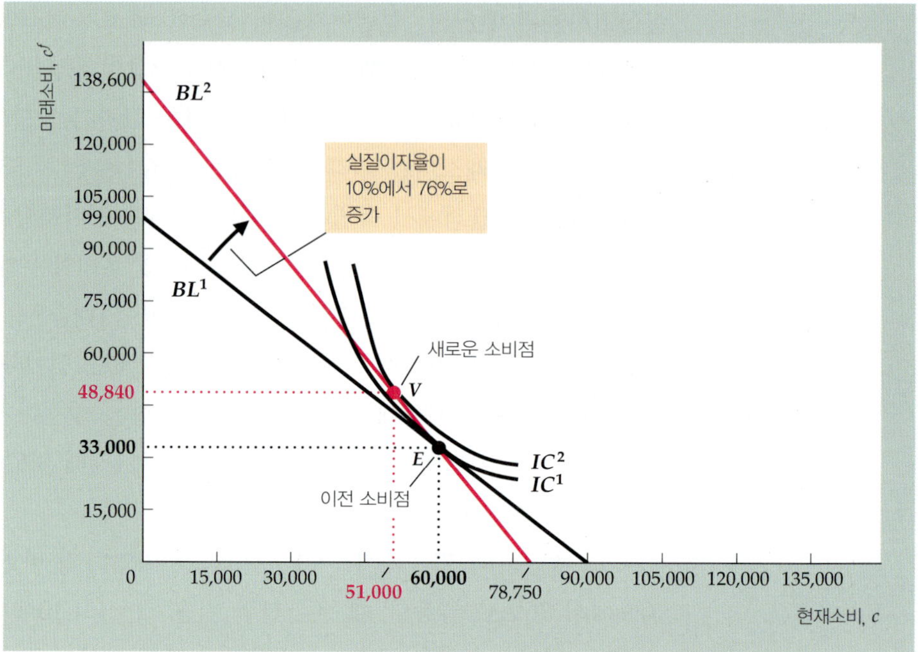

재 및 미래소비의 동일한 조합을 향유하는 선택을 할 수 있다. 그러나 E점 바로 위에 그리고 왼쪽에 위치한 BL^2상의 점들은 IC^1에 비해 위에 그리고 오른쪽에 위치한다. 이러한 점들도 프루던스가 가용한 소비조합이며, E점에서의 소비조합에 비해 높은 수준의 효용을 창출한다. 프루던스는 무차별곡선 IC^2와 BL^2가 교차하는 BL^2상의 V점에서 최대 효용수준을 달성할 수 있다. 현재소비의 상대가격 증가에 반응해 프루던스는 현재소비를 60,000에서 51,000으로 감소시키며, 최대 효용수준은 BL^2상의 E점에서 V점으로 이동한다. E점과 V점 사이의 그녀의 현재소비 9,000의 감소는 저축이 9,000 증가하는 것과 동일하다. E점과 V점 사이의 저축의 증가는 실질이자율 상승이 저축에 미치는 대체효과를 반영한다.

소득효과 초기에 프루던스의 현재소비가 그녀의 현재재원(현재소득과 초기의 부의 합)과 동일하다면, 즉 그녀가 대출자나 차입자가 아니라면 실질이자율의 변화는 그림 4.A.7에서와 같이 그녀의 저축에 대해 오로지 대체효과만을 갖는다. 그러나 초기에 프루던스의 현재소비가 현재재원과 동일하지 않다면 실질이자율의 증가는 소득효과도 함께 갖는다. 4장에서 논의했듯이, 초기에 프루던스가 저축자(혹은 대출자)이면, 즉 그녀의 현재소비가 현재재원(현재소득과 초기의 부의 합)보다 적다면 실질이자율의 증가는 그녀가 받는 미래의 이자지급을 상승시켜 그녀의 재정상태가 개선된다. 이와 같은 미래 이자소득의 상승에 반응해 프루던

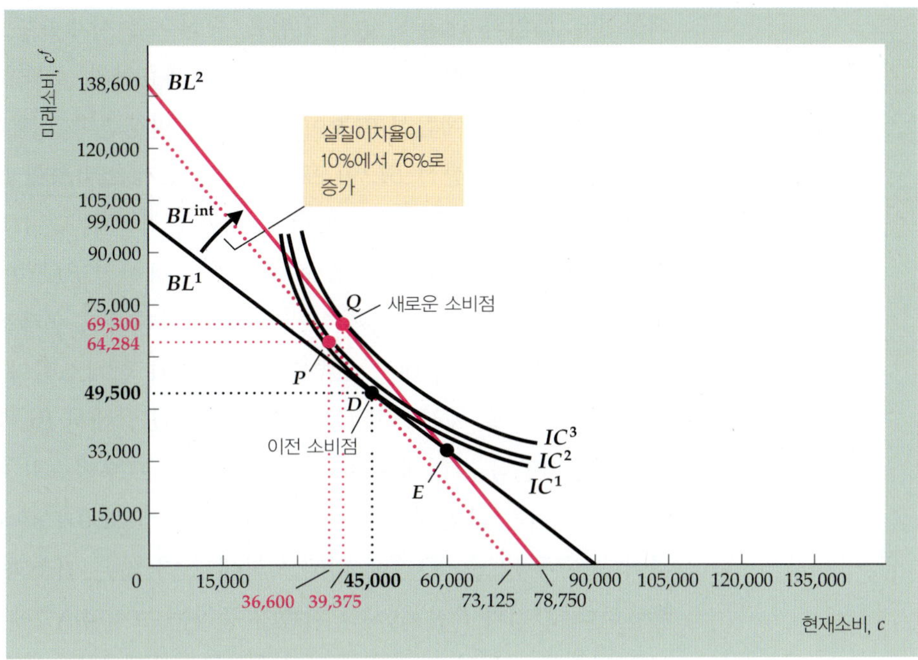

그림 4.A.8

실질이자율의 증가에 따른 소득효과와 대체효과

우리는 초기에 프루던스가 원래 예산선 BL^1상의 D점에서 소비한다고 가정한다. 실질이자율이 10%에서 76%로 증가하면 예산선은 BL^1에서 새로운 예산선 BL^2로 시계방향으로 회전하게 된다. 예산선의 전반적인 이동을 두 부분으로 나눌 수 있다. 즉, (1) 원래의 소비점인 D점을 중심으로 회전해 중간의 예산선 BL^{int}를 생성하며, (2) BL^{int}로부터 최종적인 예산선 BL^2로 평행이동한다. 대체효과는 초기의 소비점인 D점에서 BL^{int}상의 P점으로의 이동으로 측정된다. 또한 소득효과는 P점에서 BL^2상의 Q점으로의 이동으로 측정된다. 그림에서는 대체효과가 소득효과보다 크기 때문에 전반적인 효과는 현재소비가 감소하고 저축이 증가한다.

스는 현재소비를 증가시키고 현재저축을 감소시킨다. 한편 초기에 프루던스가 차입자, 즉 현재소비가 현재재원을 초과한다면 실질이자율의 증가는 그녀가 미래에 지불해야 하는 이자를 증가시킨다. 미래의 이자지급이 증가한다는 것은 프루던스의 전반적인 재정상태를 악화시키며, 이로 인해 그녀의 현재소비는 감소하게 된다. 따라서 차입자의 경우 실질이자율의 증가에 따른 소득효과는 현재소비의 감소와 저축의 증가를 유도한다.

대체효과와 소득효과를 동시에 고려 그림 4.A.8은 초기의 프루던스가 대출자라는 가정과 대체효과와 소득효과를 동시에 고려해 실질이자율의 증가가 프루던스의 저축에 미치는 종합적인 영향을 설명한다. 앞에서와 마찬가지로 실질이자율이 10%일 때 프루던스의 초기 예산선은 BL^1이다. 이제 프루던스의 선호가 BL^1과 무차별곡선 IC^1이 교차하는 D점에서 결정된다고 가정하자. 따라서 실질이자율 10%에서 프루던스는 45,000의 현재소비와 49,500의 미래소비를 계획한다. 프루던스의 현재재원은 60,000(현재소득 42,000과 초기의 자산 18,000의 합)이므로, 그녀가 45,000의 현재소비를 향유한다면 15,000의 재원을 대출할 수 있을 것이다. 프루던스가 선택한 D점은 차입과 대출이 없는 E점의 왼쪽에 위치하므로(D점에서는 E점에 비해 현재소비가 낮은 수준이다), 그녀가 대출자라는 사실을 알 수 있다.

실질이자율이 10%에서 76%로 증가하면, 앞에서와 마찬가지로 프루던스의 예산선은 차입과 대출이 없는 E점을 중심으로 시계방향으로 회전해 BL^2에서 멈추게 된다. 실질이자율 증가에 따른 대체효과와 소득효과를 분리하기 위해 BL^1에서 BL^2로의 예산선 이동이 두 단계로 발생한다고 생각해 보자.

첫째, 초기의 예산선 BL^1이 프루던스의 초기 소비조합 D점을 중심으로 새로운 예산선 BL^2와 평행할 때까지(즉, 이때의 기울기는 −1.76이다) 시계방향으로 회전한다고 상상해 보자. 이로 인한 중간의 예산선 BL^{int}는 점선으로 나타나 있다. 둘째, BL^{int}가 BL^2로 오른쪽으로 평행이동한다고 생각하자.

실질이자율 증가에 대한 프루던스의 저축과 현재소비의 반응도 두 단계로 나눌 수 있다. 첫째, 예산선이 D점을 중심으로 BL^1에서 BL^{int}로의 이동에 대한 프루던스의 반응을 고려해 보자. 이러한 변화가 프루던스의 예산선에서 유일한 것이라면, 그녀는 D점에서 BL^{int}상의 P점($c = 36{,}600$과 $c^f = 64{,}284$)으로 이동할 것이다. 프루던스는 D점에 비해 P점에서 더 많은 저축과 더 적은 현재소비를 향유한다. D점과 P점 사이의 저축의 증가는 그림 4.A.7에서 프루던스가 E점에서 V점으로 이동한 경우와 유사한데, 이는 실질이자율의 증가가 프루던스의 저축에 미치는 대체효과를 측정한다.

둘째, BL^{int}에서 BL^2로의 평행이동 효과를 고려하자. 새로운 예산선 BL^2는 무차별곡선 IC^3와 Q점에서 교차하므로 프루던스는 Q점에서의 소비조합을 선택할 것이다. P점에 비해 Q점에서 현재 및 미래소비는 높은 수준이지만 저축은 감소한다. P점과 Q점 사이의 현재소비의 증가와 저축의 감소는 실질이자율의 증가에 따른 소득효과를 반영한다. 따라서 이전의 논의에서와 같이 소득효과는 어떤 변수의 변화가 예산선의 평행이동을 유발할 때 발생한다.

실질이자율 상승으로 인한 프루던스의 소비 및 저축의 총변화는 D점과 Q점 사이의 저축의 변화로 그림 4.A.8에 그려져 있다. 이러한 변화는 D점에서 P점으로 이동함으로써 저축의 증가로 측정되는 대체효과와 P점에서 Q점으로 이동함으로써 저축의 감소로 측정되는 소득효과의 합이다. 그림 4.A.8에서 최종적인 Q점을 초기의 D점과 비교하면 현재소비는 줄어들고 저축은 늘어난다. 그러나 우리는 최종적인 Q점이 초기의 D점에 비해 저축이 줄어들게 나타나도록 곡선들을 그릴 수도 있다. 따라서 대출자의 경우 실질이자율의 증가에 반응한 소득효과와 대체효과는 반대방향으로 작용하기 때문에 프루던스의 저축이 상승할지 혹은 감소할지를 이론적으로 예측하기란 어려운 일이다.

4장에서 논의했듯이, 차입자의 경우 소득효과와 대체효과는 동일한 방향으로 작용한다(4장의 끝에 있는 분석문제 6번이 여러분에게 이러한 결과에 대한 설명을 묻고 있다). 높은 실질이자율은 저축에 대한 차입자의 보상을 증가시키므로(동일한 표현으로, 높은 실질이자율은 현재소비의 상대가격을 증가시키므로), 차입자는 더 많이 저축하려는 경향이 있다(즉, 대체효과). 또한 차입자는 이자를 받기보다 지급해야 하므로 높은 실질이자율은 차입자를 더욱 가난하게 만들기 때문에 소비의 감소와 저축의 증가를 유도한다.

이상의 논의를 요약하면 다음과 같다. 두 기간 모형에서 실질이자율의 증가는 차입자의 저축이 증가함을 의미한다. 그렇지만 실질이자율의 증가가 대출자의 저축에 미치는 영향에 대한 경제이론은 소득효과와 대체효과의 상충으로 말미암아 불명확하다. 4장에서 논의했듯이, 실증적 연구는 실질이자율의 증가가 바람직한 국민저축을 증가시키는 경향이 있지만 이러한 효과가 대단히 강력하지는 않다.

CHAPTER 5

개방경제에서 저축과 투자

현대경제는 사실상 예외 없이 개방경제다. 이는 현대경제가 재화와 서비스의 국제무역 및 국제 차입과 대출에 참여하고 있음을 의미한다. 경제적 개방은 일반 사람들에게 상당한 이익을 가져다준다. 예를 들어, 미국은 개방경제이기 때문에 미국 소비자는 세계 곳곳의 생산품(일본산 MP3 플레이어, 이탈리아산 신발, 아일랜드산 양모 등)을 향유할 수 있으며, 미국의 기업은 자신들의 생산품(컴퓨터, 쇠고기, 금융서비스 등)을 판매하기 위한 새로운 해외시장을 개척할 수 있다. 이와 유사한 방식으로 금융시장의 국제화는 미국의 저축자들이 국내자산은 물론 독일의 국채나 대만 회사의 주식을 구매할 수 있는 기회를 갖게 되며, 미국 기업은 투자계획에 필요한 자금을 뉴욕뿐만 아니라 런던이나 도쿄에서 차입할 수 있음을 의미한다.

경제적 개방이 창출하는 경제적 다양성 및 기회 이상으로 경제적 개방은 또 다른 중요한 시사점을 갖는다. 외국과의 무역이나 국제 차입과 대출이 없는 폐쇄경제에서는 매 기간 한 국가의 지출이 그 국가의 생산과 동일해야 한다는 조건이 요구되지만, 개방경제에서는 매 기간 한 국가의 지출이 그 국가의 생산과 동일할 필요는 없다. 특히 한 국가가 수출보다 수입을 많이 함으로써 또한 이러한 차이를 지불하기 위해 해외에서 차입함으로써, 개방경제의 거주자들은 일시적으로 그들이 생산하는 것보다 더 많이 소비할 수 있다.

생산하는 양 이상을 소비할 수 있게 만드는 개방경제의 역량은 기회와 동시에 잠재적인 문제점을 갖는다. 예를 들어, 미국은 해외에서 차입함으로써(또한 미국 소유의 자산을 외국 투자자에게 매각함으로써) 1980년대, 1990년대 및 2000년대 초기에 수출 대비 수입의 과도한 초과분에 대한 자금을 조달할 수 있었다. 결과적으로 미국은 해외에서 차입할 수 없었다면 가질 수 없었던 수준보다 높은 소비, 투자 및 정부구매의 수준을 향유했다. 그러나 이는 동시에 미래의 미국 경제에 부담이 될 수 있는 외채(foreign debt)를 발생시켰다.

왜 국가들은 종종 수출 대비 수입의 초과분을 지불하기 위해 외국에서 차입해야 하며, 반대로 다른 시기에는 그들의 수입 이상을 수출해 그 차액을 다른 국가들에 대출하는가? 왜 각 국가는 매년 회계장부를 정확히 청산해 수출과 동일한 양을 수입하지 않는가? 이 장에서 설명하는 한 국가의 무역위치(trade position)의 근본적인 결정요소들은 그 국가의 저축과 투자에 대한 의사결정이다. 따라서 이 장에서 소개하는 무역수지(trade balance)와 국제대출에 관한 논점이 언뜻 보기에는 4장에서 다루었던 주제와 관련이 없는 것처럼 느껴질 수 있지만, 사실상 이상의 두 가지 형태의 논점은 밀접하게 관련돼 있다.

바람직한 국민저축과 바람직한 투자가 국제무역과 국제대출의 형태를 결정하는 데 어떻게 도움이 되는지 살펴보기 위해, 우리는 저축-투자 그래프를 이용해 설명한 재화시장의 균형 개념에 해외부문을 포함해 확장한다. 우리는 폐쇄경제의 상황과는 달리 개방경제는 바람직한 국민저축과 바람직한 투자가 반드시 동일하지 않아도 된다는 점을 보일 것이다. 오히려 한 국가의 바람직한 국민저축이 그 국가의 바람직한 투자를 초과할 때 그 국가는 국제자본시장에서 대출자가 되며, 경상계정흑자(current account surplus)를 갖게 된다. 마찬가지로 한 국가의 바람직한 국민저축이 그 국가의 바람직한 투자보다 적을 때 그 국가는 국제적 차용자가 될 것이며, 경상계정적자(current account deficit) 상태에 놓이게 된다.

이 장에서는 저축과 투자를 강조함으로써 이 책의 이러한 부분과 관련된 중요한 주제를 전개한다. 그러나 저축과 투자의 역할에 초점을 두기 위해 국제무역과 국제대출에 영향을 미치는 몇몇 다른 요인들은 무시한다. 이러한 다른 요인들 중 가장 중요한 요인은 환율, 즉 국내통화가 외국통화로 교환될 수 있는 비율이다. 개방경제에서의 환율과 그 역할에 대해서는 13장에서 상세히 논의한다.

5.1 국제수지계정

국제무역과 국제대출에 영향을 미치는 요인을 검토하려면, 우선 국제수지계정의 기본사항에 대한 이해가 필요하다. **국제수지계정**(balance of payments accounts)은 2장에서 논의한 국민소득계정의 일부분이며, 한 국가의 국제교역에 대한 기록이다("최신자료 및 연구와의 접속 : 국제수지계정"은 국제수지계정의 작성방법과 이들 데이터의 출처에 대한 정보를 포함한다). 여러분은 이 절을 읽으면서 2008년 미국의 국제수지 데이터를 제시한 표 5.1을 참조해야 한다(표 5.1에서 숫자들 일부는 양수이고, 일부는 음수라는 사실에 주목하기 바란다). 또한 국제적인 거래가 양의 부호로 기입되는 경우와 음의 부호로 기입되는 경우를 분류하기 위해 다음의 원리를 기억해야 한다. 즉, 자금이 미국으로 들어오는 흐름을 수반하는 모든 거래는 대변항목(credit item)이며 양의 부호로 기입된다. 반면 자금이 미국 밖으로 나가는 흐름을 수반하는 모든 거래는 차변항목(debit item)이며 음의 부호로 기입된다. 우리는 이상의 원리를 국제수지계정의 다양한 구성요소를 논의하면서 설명한다.

경상계정

경상계정(current account)은 국가 간 일방적 이전지출과 함께 경상적으로 생산된 재화와 서비스에 대한 한 국가의 무역을 측정한다. 우리는 편의를 위해 경상계정을 세 개의 분리된 구성요소, 즉 (1) 재화와 서비스의 순수출, (2) 해외순소득, (3) 순 일방적 이전지출로 나눈다.

재화와 서비스의 순수출 2장에서 지출에 의한 접근방법을 사용해 GDP를 측정할 때, 지출의 구성요소인 순수출(NX), 즉 수출에서 수입을 뺀 값의 개념을 논의했다. 여기서 우리는 순수출이 종종 두 개의 범주, 즉 재화와 서비스로 나뉜다는 점을 지적하고자 한다.

국제적으로 교역되는 재화의 예로는 미국산 대두, 프랑스산 향수, 브라질산 커피, 일본산 자동차 등이 있다. 예를 들어, 한 미국인이 일본산 자동차를 구입할 때 그 거래가 미국의 입장에서는 재화의 수입으로(그 자동차 구입에 대해 지불해야 하는 자금이 미국으로부터 유출되므로 미국의 입장에서는 차변항목), 일본의 입장에서는 재화의 수출로 기록된다(그 자동차 구입에 대해 지불해야 하는 자금이 일본으로 유입되므로 일본의 입장에서는 대변항목).

국제적으로 교역되는 서비스는 관광, 보험, 교육, 금융서비스 등을 포함한다. 243쪽 "응용 : 글로벌화가 미국 경제에 미친 영향"은 비즈니스 서비스에서 무역을 논의한다. 예를 들어, 한 미국인 가족이 멕시코에서 1주일의 휴가를 보낼 때 숙박, 음식, 관광 등에 대한 그 가족의 지출은 미국의 경상계정에서 관광여행서비스의 수입이다(자금이 미국 밖으로 흘러나가기 때문에 미국의 입장에서는 차변항목). 그 가족의 지출이 멕시코의 입장에서는 관광여행서비스의 수출이 된다(멕시코의 경상계정에서 대변항목). 마찬가지로 한 외국학생이 미국에 있는 대학에 다닐 때 그 학생의 공납금지급은 미국의 입장에서는 서비스의 수출이지만, 그 학생의 본국의 입장에서는 서비스의 수입이다.

표 5.1 2008년 미국의 국제수지계정(10억 달러)

경상계정				
재화와 서비스의 순수출(NX)			−681.1	
재화와 서비스의 수출		1835.8		
재화	1291.4			
서비스	544.4			
재화와 서비스의 수입		−2516.9		
재화	−2112.2			
서비스	−404.7			
해외순소득(NFP)			127.6	
해외로부터 수취한 소득		755.5		
다른 국가의 거주자에게 소득지출		−627.9		
순 일방적 이전지출			−119.7	
경상수지(CA)				−673.3
자본 및 금융계정				
자본계정				
순자본계정거래			−2.6	
금융계정				
순자본흐름			546.6	
해외의 미국 소유 자산의 증가 (자본유출)		−52.5		
미국의 공식지불준비자산	−4.8			
해외의 다른 미국 소유의 자산	−47.6			
미국에서 외국 소유 자산의 증가 (자본유입)		599.0		
해외의 공식지불준비자산	421.4			
다른 외국 소유의 자산	177.6			
자본 및 금융수지(KFA)				544.0
오락 및 누락				129.3
메모				
재화와 서비스 수지(무역수지)				−681.1
재화, 서비스 및 소득 수지				−553.5
공식적 결제 잔고 = 국제수지 = 미국의 공식지불준비자산 증가 − 해외의 공식지불준비자산 증가 = 4.8 − 421.4				−416.6

주 : 반올림으로 인해 숫자의 합계가 총계와 다를 수 있음.

출처 : "U.S. International Transactions: Fourth Quarter of 2008 and Year 2008"의 12쪽 표 A, 26쪽 표 F와 G, *Survey of Current Business*, 2009년 4월.

최신자료 및 연구와의 접속 *IN TOUCH WITH DATA AND RESEARCH*

국제수지계정

국제수지표를 구성하는 미국의 국제교역에 대한 데이터는 상무성의 경제분석국(BEA)이 분기별로 작성한다. BEA는 분기별 데이터를 해당 분기가 끝난 시점에서 약 2달 반 이후 일반 국민에게 공개하고, 상세한 숫자는 *Survey of Current Business* 1월, 4월, 7월, 10월 호에 수록한다. 최근 몇 년의 국제수지 데이터는 좀 더 완전한 정보를 반영하기 위해 매년 6월에 개정되며, 이렇게 개정된 사항들은 *Survey of Current Business* 7월호로 발간된다. 표 5.1과 매우 유사한 요약 데이터는 세인트루이스 연방준비은행의 FRED 데이터베이스와 매년 2월에 발간되는 *Economic Report of the President* 등을 포함한 다양한 출판물에서도 나타난다. 또한 국제수지 데이터는 BEA의 웹사이트(www.bea.gov)에서 "International(국제적)"의 제목하에 있는 "Balance of Payments(국제수지)"를 클릭함으로써 얻을 수 있다.

국제수지계정에 관한 완전한 정보는 분기별로만 이용할 수 있지만, 그 계정의 일부 구성요소는 월별로도 공개된다. 가장 잘 알려진 예는 재화와 서비스의 수출에서 재화와 서비스의 수입을 뺀 값과 동일한 무역수지다. 미국 센서스국이 이러한 무역수지 데이터를 최초로 작성하는데(이후 BEA로 데이터를 넘겨줌), 이는 미국에 들어오고 나가는 재화와 서비스의 흐름에 대한 감시를 책임지는 정부기관인 미국 관세청이 제공하는 정보에 주로 기초하고 있다. 최근 들어 통계국은 미국의 주요 무역 상대국의 정보수집기관과 무역 흐름에 관한 정보를 교환하기 위해 협상하고 있다. 무역 정보의 교환을 통한 이점은 예컨대 캐나다가 미국으로부터 받는 수입의 추정치가 미국이 캐나다로 수송한 수출의 추정치와 유사한지 여부를 통계국이 찾아낼 수 있게 허용한다는 점이다. 물론 기본적으로 두 수치는 반드시 동일해야 한다.

좀 더 상세한 정보는 경제분석국, *The Balance of Payments of the United States: Concepts, Data Sources, and Estimating Procedures*, Washington, D.C.: U.S. Government Printing Office, 1990을 참조하라. www.bea.gov/scb/pdf/internat/bpa/meth/bopmp.pdf에서 찾아볼 수 있다.

해외순소득 해외순소득(net income from abroad)은 해외로부터 수취한 소득에서 다른 국가들의 거주자들에게 지급한 소득을 뺀 값과 같다. 이는 2장에서 논의했던 해외순수취요소소득(net factor payments from abroad) *NFP*와 거의 동일하다.[1]

1. 해외순수취요소소득은 국민소득 및 생산계정(NIPA)에서, 해외순소득은 국제수지계정(BPA)에서 제시됐다. 경제분석국은 NIPA와 BPA 계정의 미미한 차이를 설명하기 위해 "조정표(reconciliation table)"를 발간한다(*Survey of Current Business*의 부록에 있는 BEA Current and Historical Data에 나타나 있다).

여기서는 *NFP*와 해외순소득 간의 차이를 무시할 것이며, 이 두 가지를 동등한 개념으로 다룬다.

한 국가로 유입되는 소득수취는 경상계정에서 대변항목이며, 해외에서 일하는 해외 거주자로부터 받는 임금과 해외의 자산으로 취득하는 투자소득의 합으로 구성된다. 해외의 자산으로 취득하는 투자소득은 한 국가의 거주자들이 소유한 다른 국가의 자산(예를 들어, 채권, 주식 및 특허권)으로 취득하는 이자지급, 배당금, 특허권 사용료 및 기타 수익을 포함한다. 예를 들어, 미국의 저축자가 소유하는 프랑스 국채로부터 취득할 수 있는 이자 혹은 미국 회사가 해외의 자회사로부터 받는 이윤을 해외소득수취로 간주한다.

한 국가 밖으로 유출되는 소득지급은 경상계정에서 차변항목이며, 국내에서 노동하는 체류 외국인에게 지불하는 임금과 그 국가 자산의 외국소유자에 대한 지급의 합으로 구성된다. 예를 들어, 일시적으로 미국에 거주하는 스웨덴 기술자에게 미국 회사가 지급하는 임금 혹은 미국 자동차회사의 주식을 소유한 멕시코인에게 미국 자동차 회사가 지급하는 배당금은 모두 다른 국가의 거주자에 대한 소득지급이다.

순 일방적 이전지출 **일방적 이전지출**(unilateral transfers)은 재화, 서비스 혹은 자산의 구매와 상관없이 한 국가에서 다른 국가로의 지급이다. 일방적 이전지출의 예로는 공식적인 해외원조(한 정부가 다른 정부에게 지급) 혹은 한 국가의 거주자가 다른 국가에서 생활하는 가족 구성원에게 주는 금전적인 선물을 들 수 있다. 미국이 다른 국가로 이전지출을 행할 때 자금이 미국 밖으로 유출되기 때문에 이러한 이전지출의 금액은 차변항목이다. 한 국가의 순 일방적 이전지출은 그 국가가 받는 일방적 이전지출에서 그 국가 밖으로 유출되는 일방적 이전지출을 뺀 값과 동일하다. 표 5.1에서 순 일방적 이전지출은 음의 값인데, 이는 미국이 다른 국가들에 대해 순 증여자(net donor)라는 사실을 의미한다.

경상수지 경상계정에서 모든 대변항목의 합에서 모든 차변항목의 합을 빼면 **경상수지**(current account balance)라는 숫자를 구할 수 있다. 경상수지가 양수면, 즉 대변항목의 값이 차변항목의 값을 초과하면 그 국가는 경상수지흑자를 갖는다. 반대로 경상수지가 음수면, 즉 차변항목의 값이 대변항목의 값을 초과하면 그 국가는 경상수지적자의 상태다. 표 5.1에서와 같이 2008년 미국은 6,733억 달러의 경상수지적자를 기록했는데, 이는 재화와 서비스의 순수출($NX = -6{,}811$억 달러), 해외순소득($NFP = 1{,}276$억 달러) 및 순 일방적 이전지출(−1,197억 달러)의 합과 동일하다.

자본 및 금융계정

실물 혹은 금융자산을 포함하는 국제교역은 **자본 및 금융계정**(capital and financial account)에 기록되며, 이는 자본계정과 금융계정으로 구성된다. **자본계정**(capital account)은 채무탕감이나 이민자들의 이전지출(이민자들이 한 국가로 전입 혹은 다른 국가로 전출할 때 그들이 가져가는 자산)과 같은 국가 간 자산의 일방적 이전지출을 포함한다. **자본수지**(capital account balance)는 한 국가로의 일방적 이전지출된 자산의 순흐름을 측정한다. 표 5.1에서 확인할 수 있듯이, 2008년 미국에서 자본수지의 달러 가치는 약 −26억 달러였다.

한 국가에서 유입되고 유출되는 자산의 흐름을 포함하는 대부분의 거래는 **금융계정**(financial account)에 기록된다(1999년 7월 이전에는 이 계정이 자본계정으로 명명됐다. 따라서 여러분이 1999년 이전에 발간된 출처의 데이터를 이용할 경우에는 '자본계정' 이란 용어가 현재의 금융계정으로 알려진 측정치를 언급한다는 사실을 유의해야 한다). 본국이 자산을 다른 국가에 매각하면, 이러한 거래는 본국에 **자본유입**(financial inflow)으로, 그리고 본국의 금융계정에는 대변항목으로 기록된다. 예를 들어, 미국의 호텔이 이탈리아 투자자에게 팔렸다면 이 거래는 미국으로의 자본유입으로 간주한다. 또한 호텔을 구입하기 위해 지불한 자금이 미국으로 유입되기 때문에 미국의 금융계정에는 대변항목이 된다. 마찬가지로 예컨대 미국 거주자가 스위스 은행계좌를 개설하는 것과 같이 본국이 해외의 자산을 매입하면, 이 거래는 본국(이 예에서 미국)으로부터의 **자본유출**(financial outflow)을 포함한다. 또한 이는 자금이 본국 밖으로 유출되기 때문에 본국의 금융계정에는 차변항목으로 기록된다.

금융수지(financial account balance)는 자본유입(대변항목)의 값에서 자본유출(차변항목)의 값을 뺀 값과 동일하다. 한 국가의 거주자가 외국인으로부터 매입하는 자산에 비해 외국인에게 더 많은 자산을 매각한다면, 금융수지는 양수이고 금융계정흑자를 창출한다. 마찬가지로 본국의 거주자가 외국인에게 매각하는 자산에 비해 외국인으로부터 더 많은 자산을 매입한다면, 금융수지는 음수이고 금융계정적자가 생겨난다. 표 5.1은 2008년 외국인이 보유한 미국의 자산이 5,990억 달러만큼 증가한 반면, 미국 거주자가 보유한 외국 자산(일방적 이전지출된 자산은 무시함)은 525억 달러만큼 증가했음을 보여준다. 따라서 2008년 미국은 5,466억 달러(5,990억 달러에서 525억 달러를 뺀 값, 반올림으로 인해 약간의 숫자에 차이가 있음)의 금융계정흑자를 기록했다. **자본 및 금융수지**(capital and financial account balance)는 자본수지와 금융수지를 합한 값이다. 미국의 자본수지는 너무 작기 때문에 자본과 금융수지는 금융수지와 거의 동일하다.

공식적 결제 잔고 표 5.1에서 금융계정 거래의 한 부분, 즉 공식지불준비자산의 거래는 따로 분리되어 있다. 이러한 거래들은 국가의 통화공급을 결정하는 공식적인 기관인 중앙은행(예를 들어, 미국의 연방준비은행)에 의해 수행된다는 점에서 기타 금융계정 거래와는 차이가 있다. 중앙은행이 소유한 **공식지불준비자산**(official reserve assets)은 국내의 통화 혹은 유가증권과는 달리 국제적 지급을 행하는 데 사용할 수 있는 자산이다. 역사적으로 금이 주요한 공식지불준비자산이었다. 그러나 오늘날 중앙은행의 공식지불준비로는 주요 산업화된 경제의 정부발행증권, 외국은행의 예금 및 국제통화기금(IMF)이 발행하는 특별 자산 등을 포함한다.

중앙은행은 지불준비자산을 공개시장에서 매입하거나 매각함으로써 그들이 보유하고 있는 공식지불준비자산의 양을 변동시킬 수 있다. 예를 들어, 연방준비은행은 달러를 사용해 금을 구입함으로써 그들의 지불준비자산을 증가시킬 수 있다. 표 5.1에 의하면("미국의 공식지불준비자산" 선을 참조), 2008년 미국의 중앙은행은 48억 달러의 공식지불준비자산을 매입했다.[2] 2008년 외국의 중앙은행은 달러화로 표시한 지불준비자산의 보유량을 4,214억 달러 증가시켰다("해외의 공식지불준비자산" 선을 참조). **국제수지**(balance of payments)라고도 불리는 **공식적 결제 잔고**(official settlements balance)는 한 국가의 공식지불준비자산의 (국내에서 해외를 뺀) 순 증가다. 1년 동안 지불준비자산의 순보유량이 증가한 국가에서는 국제수지흑자가 발생하고, 지불준비자산의 순보유량이 감소한 국가에서는 국제수지적자가 발생한다. 미국의 경우 2008년 공식적 결제 잔고는 −4,166억 달러였다(이는 미국의 지불준비자산 48억 달러 증가에서 달러화로 표시한 해외의 지불준비자산 4,214억 달러 증가를 뺀 값과 동일하다). 따라서 2008년 미국은 4,166억 달러의 국제수지적자를 기록했다.

이 장에서 논의하는 논점들에 있어 경상수지와 자본과 금융수지는 국제수지에 비해 훨씬 큰 역할을 수행한다. 환율의 결정을 논의하는 13장에서 국제수지의 거시경제적 중요성을 설명한다.

경상계정과 자본 및 금융계정 간의 관계

국제수지계정의 논리는 경상계정과 자본과 금융계정 간의 밀접한 관계를 의미한다. 측정상의 문제로 발생하는 오류들을 제외하면, 매 기간 경상수지와 자본 및 금융수지의 합은 반드시 0이 되어야 한다. 즉,

2. 금융계정에서 음수는 자본유출 혹은 자산의 구입을 의미한다는 사실을 기억하기 바란다.

$$CA = \text{경상수지}$$
$$KFA = \text{자본과 금융수지}$$

일 때 다음이 성립한다.

$$CA + KFA = 0 \tag{5.1}$$

식 (5.1)이 성립하는 이유는 모든 국제교역은 국가 간 재화, 서비스 또는 자산의 교환을 포함하기 때문이다. 이러한 교환의 두 상대는 경상수지와 자본과 금융수지의 합($CA + KFA$)에 대해 항상 상쇄하는 효과를 갖고 있다. 따라서 경상수지와 자본과 금융수지의 합은 반드시 0이 된다.

표 5.2는 이상의 내용을 명확히 이해하는 데 도움을 준다. 한 미국인이 75달러를 지불하고 수입한 영국산 스웨터를 구매한다고 가정하자. 미국의 입장에서 이러한 거래는 재화의 수입이므로 미국의 경상수지는 75달러 감소한다. 그러나 스웨터를 판매한 영국의 수출업자는 이제 75달러를 소유한다. 그는 이 75달러로 무엇을 할 것인가? 몇 가지 가능성을 생각할 수 있는데, 이 모든 가능성은 경상수지와 자본과 금융수지의 합에 대해서 스웨터 구매의 효과를 상쇄시킬 것이다.

그 영국인은 예컨대 컴퓨터 게임과 같은 미국의 생산품을 구매하는 데 75달러를 사용할 수 있다. 이러한 구매는 미국의 입장에서 75달러의 수출이다. 이상과 같은 미국의 수출과 원래의 스웨터 수입을 함께 고려하면 미국의 경상수지 CA에는 순변화가 생겨나지 않는다. 미국의 자본과 금융수지 KFA는 어떤 자산도 거래되지 않았기 때문에 변동하지 않았다. 따라서 CA와 KFA의 합은 변함없이 유지된다.

두 번째 가능성으로 그 영국인은 예컨대 미국 회사가 발행한 채권과 같은 미국의 자산을 매입하는 데 75달러를 사용할 수 있다. 이러한 채권의 매입은 미국으로의 자본유입이다. 미국의 자본과 금융계정에서 75달러의 증가는 원래의 스웨터 수입으로 야기된 미국의 경상계정에서 75달러의 감소를 상쇄한다. 다시 한 번 강조하면, 경상수지와 자본과 금융수지의 합, $CA + KFA$는 거래들의 조합으로 말미암아 영향을 받지 않는다.

마지막으로 그 영국인은 자국 은행에서 자신이 소유한 달러를 영국의 파운드로 교환하기로 결정할 수 있다. 만약 그 은행이 이러한 달러를 미국의 수출품이나 자산을 매입하려는 또 다른 영국인에게 판매한다면 혹은 그 은행 자체가 미국 자산을 매입한다면 앞의 두 가지 경우 중 하나의 경우가 반복된다. 혹은 그 은행이 이상의 달러를 파운드로 교환하기 위해 연방준비은행에 매각할 수 있다. 그러나 75달러 가치의 영국 파운드를 양도함에 있어 연방준비은행은 자본유입

표 5.2 경상수지와 자본 및 금융수지의 합이 0인 이유 : 예(미국의 국제수지 데이터)

사례 I : 미국이 영국으로부터 75달러의 스웨터를 수입함.	
영국은 미국으로부터 75달러의 컴퓨터 게임을 수입함.	
경상계정	
수출	+$75
수입	−$75
경상수지, *CA*	0
자본 및 금융계정	
거래가 없음	
자본과 금융수지, *KFA*	0
경상수지와 자본과 금융수지의 합, *CA*+*KFA*	0
사례 II : 미국이 영국으로부터 75달러의 스웨터를 수입함.	
영국은 미국으로부터 75달러의 채권을 매입함.	
경상계정	
수입	−$75
경상수지, *CA*	−$75
자본 및 금융계정	
자본유입	−$75
자본 및 금융수지, *KFA*	+$75
경상수지와 자본과 금융수지의 합, *CA*+*KFA*	0
사례 III : 미국이 영국으로부터 75달러의 스웨터를 수입함.	
연방준비은행이 영국 파운드의 75달러를 영국은행에 매각함.	
경상계정	
수입	−$75
경상수지, *CA*	− $75
자본 및 금융계정	
자본유입(미국의 공식지불준비자산의 감소)	+$75
자본 및 금융수지, *KFA*	+$75
경상수지와 자본 및 금융수지의 합, *CA*+*KFA*	0

으로 간주되는 공식지불준비자산의 보유량을 75달러만큼 감소시켜야 한다. 이전의 경우와 마찬가지로 자본과 금융수지는 75달러만큼 상승하는데, 이는 스웨터 수입으로 야기되는 경상수지의 하락을 상쇄한다.[3]

이상의 사례는 왜 그리고 관념적으로 경상수지와 자본 및 금융수지의 합이 항상 그리고 반드시 0이 돼야 하는지 보여준다. 그러나 실질적으로 국제교역을 측

3. 이 경우 국제수지는 75달러만큼 떨어지는데, 이는 연방준비은행이 공식지불준비를 상실한다는 사실을 반영한다. 우리는 그 영국인이 미국 통화인 75달러를 단지 보유하고 있을 가능성은 고려하지 않았다. 달러는 미국의(특히 연방준비은행의) 채무이기 때문에 그 영국인이 달러를 획득한다는 것은 미국의 자본과 금융계정에서 대변항목이 되며, 이는 스웨터 수입이 미국의 경상계정에 미치는 효과를 상쇄한다.

최신자료 및 연구와의 접속 *IN TOUCH WITH DATA AND RESEARCH*

화성이 경상계정흑자를 가질 수 있는가?

어떤 개별 국가의 수출과 수입은 동일해야 할 필요가 없다. 그러나 모든 수출이 다른 누군가에게는 수입이기 때문에 세계 전체적으로 수출과 수입은 반드시 동일해야 하고 경상수지흑자도 반드시 0이 돼야 한다.

혹은 이상의 결과가 반드시 나타나야 하는가? 모든 국가에 대한 공식적인 경상계정 값을 합산하면, 그 결과는 세계에 대해 경상수지적자로 나타난다. 예를 들어, 국제통화기금(IMF)의 2009년 추정치에 의하면, 선진경제가 공동으로 3,713억 달러의 경상계정 적자를, 그리고 신흥시장국가와 개발도상국은 2,624억 달러의 흑자를 기록했다. 따라서 이상의 두 값을 합하면 세계 전체적으로 경상계정적자는 1,089억 달러다. 지구가 순수입자며, 화성이 경상계정흑자를 가질 수 있는가?

지구 밖에서 무역은 발생하지 않을 것 같으므로, 지구의 경상계정적자에 대한 설명은 반드시 통계 및 측정상의 문제점에 놓여 있다. IMF는 이상의 중요한 문제점이 해외에 보유한 자산에서 생겨나는 소득을 잘못 보고하는 데 있다고 결론 내렸다. 예를 들어, 한 미국인이 외국의 은행계좌를 통해 획득하는 이자는 원칙적으로 미국의 경상계정에 대변항목으로, 그리고 외국의 경상계정에 차변항목으로 간주돼야 한다. 그러나 그 미국인이 이상의 이자소득을 미국 정부에 보고하지 않는다면, 이상의 이자는 외국의 경상계정에 차변항목으로만 나타날 것이므로 측정이 가능한 지구 전체의 경상계정 적자를 초래한다. 이자율이 높은 기간 동안 세계의 경상계정적자가 일반적으로 크다는 사실은 이상의 설명에 대한 다소의 증거로 제시된다.

출처 : IMF, *Report on the World Current Account Discrepancy*, September 1987; IMF, *World Economic Outlook*, April 2009, 208쪽 통계 데이터 부록 표 A10, www.imf.org에서 이용 가능함.

정할 때 생겨나는 문제점들로 인해 이상의 관계가 정확하게 유지되지 않고 있다. 경상수지와 자본 및 금융수지를 합이 0인 이론적인 값에 도달하기 위해 이상의 합에 더해져야 하는 금액을 **통계적 오차**(statistical discrepancy)라고 한다. 표 5.1에서와 같이 2008년 통계적 오차는 1,293억 달러였다. “최신자료 및 연구와의 접속 : 화성이 경상계정흑자를 가질 수 있는가?”는 국제수지계정에서 통계적 오차로 인해 생겨나는 수수께끼를 설명한다.

순해외자산과 국제수지계정

2장에서는 한 국가의 순해외자산을 그 국가의 거주자가 보유하고 있는 해외자산(예를 들어, 해외 주식, 채권, 부동산)에서 그 국가의 해외부채(외국인이 소유한 국내의 물적자산과 금융자산)를 뺀 값으로 정의했다. 순해외자산은 토지나 자본스톡과 같은 국내의 물적자산과 함께한 국가의 국부를 구성하는 일부분이다. 한 국가의 순해외자산의 총가치는 다음의 두 가지 방법으로 인해 변동할 수 있다. (1) 미국인이 보유하고 있는 외국회사 주식의 가치가 증가하거나 외국인이 소유하고 있는 미국의 농지 가치가 감소함에 따라 현재의 해외자산과 해외부채의 가치가 변동할 수 있다. (2) 한 국가가 새로운 해외자산을 취득하거나 혹은 새로운 해외부채가 생겨날 수 있다.

한 국가가 취득할 수 있는 새로운 해외자산의 양을 결정하는 요인은 무엇인가? 매 기간 한 국가가 취득하는 새로운 해외자산의 순금액은 경상계정흑자와 일치한다. 예를 들어, 한 국가의 재화와 서비스의 수출이 수입에 비해 100억 달러 더 많다고 가정하면 100억 달러의 경상계정흑자가 생겨난다(해외순수취요소소득 *NFP*와 순 일방적 이전지출은 모두 0이라고 가정한다). 이때 그 국가는 이러한 100억 달러를 해외자산을 취득하거나 해외부채를 줄이기 위해 반드시 사용한다. 이 경우 우리는 그 국가가 100억 달러의 순해외대출을 갖는다고 말한다.

마찬가지로 한 국가가 100억 달러의 경상계정적자를 갖는다면, 그 국가는 외국인에게 자산을 매각하거나 외국인으로부터 차입함으로써 이러한 적자를 반드시 보충해야 한다. 이상의 두 가지 행위는 모두 그 국가의 순해외자산을 100억 달러만큼 감소시킨다. 우리는 이 상황을 그 국가가 100억 달러의 순해외차입을 행했다고 말한다.

한 국가가 외국인으로부터 차입하는 한 가지 중요한 방법은 외국기업이 자본재를 구입하거나 건축할 때 발생한다. 이는 **외국인 직접투자**(foreign direct investment)로 알려져 있다. 예를 들어, 일본의 혼다 자동차회사(Honda Motor Company)가 오하이오 주에 새로운 자동차 생산시설을 건설한다면, 이 회사는 외국인 직접투자에 종사한다. 그 시설은 미국에 건설되지만 일본인 자금에 의해 조달됐기 때문에 미국에서는 외국인 소유의 자산 증가와 함께 자본 및 금융수지의 증가로 이어진다. 외국인 직접투자는 외국인이 미국 회사나 투자자들이 매각하는 유가증권을 획득하는 포트폴리오 투자와는 상이하다. 포트폴리오 투자의 예는 한 프랑스 투자자가 제너럴 모터스사(General Motors Corporation) 주식의 지분을 구입할 때 발생한다. 또한 이상의 거래는 미국에서 외국인 소유의 자산 증가를 나타내므로 자본 및 금융수지를 증가시킨다.

식 (5.1)은 경상계정과 해외자산의 수취 간의 관련성을 강조한다. $CA + KFA = 0$이기 때문에, 한 국가가 경상계정흑자 상태면 그 국가는 동일한 자본 및 금융계정적자를 반드시 기록해야 한다. 결국 자본과 금융계정적자는 그 국가의 순

최신자료 및 연구와의 접속 *IN TOUCH WITH DATA AND RESEARCH*

외채가 얼마나 심각한가?

외채는 많은 개발도상국들이 맞서야 하는 고질적인 문제가 되어 왔다. 이것은 그들에게 마치 가장 무서운 악몽과도 같이 여겨졌다. 대부분 개발도상국들은 세계은행(World Bank), 국제통화기금(IMF), 외국 정부 및 상업은행 등의 국제적인 대출기관에 빚진 외채의 상환이 매우 어렵다는 사실을 알고 있다. 몇몇 국가들은 증가하는 외채를 감당할 수 없어 IMF나 World Bank가 제안하는 구속력 있는 조건을 받아들일 수밖에 없었다. 구조조정계획(SAPs : Structural Adjustment Programs)으로 불리는 프로그램은 1980년대와 1990년대 동안 IMF와 World Bank에서 대출을 받는 조건으로 많은 개발도상국들에게 적용됐다. 이와 같은 SAPs는 채무 국가의 경제를 자유화시키고, 후하게 지급되던 공적 보조금을 감축시키며, 부풀려 있는 관료주의를 축소시키고, 공기업을 민영화시키는 데 그 목적이 있다. 이상의 모든 조치들로 인해 채무국가들의 외채 상환능력은 증대되지만, 생활수준이 하락하는 가난한 사람들의 희생이 생겨났다. 심지어 SAPs는 외채 상환능력 증대에 매우 큰 영향을 미치지도 못했다. 예를 들어, 이 국가들의 채무금은 몇몇 그들의 정부가 채무불이행이라는 선택밖에 할 수 없을 정도로 급격히 증가했다. 최근 역사에서 가장 큰 규모의 미상환은 2001년 아르헨티나에 의해 발생했다.

그러나 여러분은 미국이 세계에서 가장 심하게 빚진 국가라는 사실을 알고 있는가? 미국의 공공부채는 2008년 9월 글로벌 금융위기 이전 9조 6천억 달러에서 2009년 10월 말 11조 8천억 달러 이상으로 증가했다.[4] 대부분 산업화된 국가들은 채권국가가 된 이후 엄청난 채무금의 동일한 문제를 안고 있다.

그러나 산업화된 국가들의 채무금이 얼마나 심각한 수준이며, 이를 개발도상국들의 채무금과 비교할 수 있는가? 이 질문에 답하기 위해 우리는 두 가지 관점을 살펴봐야 한다. 먼저 가장 중요한 요인으로 부채의 규모는 두 가지 중요한 수치, 즉 GDP와 수출 대비 백분율로 계산돼야 한다. 이 비율은 한 국가의 외채 상환능력을 가늠하는 쉬운 기준이 된다. GDP 대비 백분율을 사용하면, 심각한 부채국의 전형적 예인 이집트의 경우 외채 상환능력은 상당히 향상된다. 왜냐하면 미국의 GDP 대비 외채 비율은 90% 이상이지만, 이집트의 GDP 대비 외채 비율은 단지 19.8%에 불과하기 때문이다.[5] 이상의 상황으로 미국보다 이집트가 더 안정적인 경제구조를 가지고 있다고 말할 수 있

---

4. 수치는 미국 재무부 웹사이트 http://www.treasurydirect.gov/NP/BPDLogin?application=np에서 추출했다.

5. 수치의 계산은 다음 출처의 자료를 이용했다. 트레저리다이렉트(Treasury Direct, 미국 재무부 유가증권 사이트). "Historical Debt Outstanding—Annual 2000-2009." http://www.treasurydirect.gov/govt/reports/pd/histdebt/histdebt_histo5.htm. 이집트 중앙은행. "External Debt" *Monthly Statistical Bulletin*. http://www.cbe.org.eg/Public/All%20Monthly%20Statistical%20Bulletin%20PDF/Monthly%20Statistical%20Bulletin%20Nov%20.2009/50%2034%20-%20External%20Debt.pdf

는가? 그 대답은 당연히 그렇지 않으며, 부채를 사용하는 방법이 반드시 고려돼야 한다. 즉, 대출금이 훈련과 교육을 통해 인적 자원을 향상시키고, 생산성을 증대시키기 위한 사회기반시설 개선에 쓰인다면, 부채의 사용이 전적으로 타당하다고 말할 수 있다. 그러나 대출금이 가난한 사람들의 불만을 들어주기 위한 정치적 목적으로만 사용되는 것은 어떤 비용을 치를지라도 없애야 한다.

요약표 7 한 국가의 국제무역과 대출의 동등한 측정

100억 달러의 경상계정흑자
100억 달러의 자본과 금융계정적자
100억 달러의 해외자산의 순수취
100억 달러의 순해외대출
100억 달러의 순수출(해외순수취요소소득 *NFP*와 순 일방적 이전지출은 0으로 가정)

해외자산 보유량이 증가한다는 사실을 의미한다. 마찬가지로 경상계정적자는 자본 및 금융계정흑자와 그 국가의 순해외자산 보유량이 감소한다는 사실을 의미한다. 요약표 7은 한 국가의 경상계정 상태와 해외자산의 취득을 설명하는 몇 가지 동등한 방법을 제시한다.

5.2 개방경제에서 재화시장의 균형

이제 국제무역과 차입을 결정하는 경제적 원동력을 검토할 수 있게 됐다. 이 장의 나머지 부분에서는 한 국가의 경상수지와 해외대출이 그 국가의 국내지출과 생산에 대한 의사결정과 밀접하게 관련된다는 사실을 설명한다. 이와 같은 관련성을 이해하기 위해 우선 재화시장의 균형조건을 개방경제의 형태로 발전시켜야 한다.

4장에서는 폐쇄경제에 대한 재화시장의 균형조건을 유도했다. 즉, 4장에서는 재화시장의 균형조건은 바람직한 국민저축이 바람직한 투자와 동일하거나 혹은 동등한 표현으로 재화의 총공급이 재화의 총수요와 동일하다는 형태로 나타낼 수 있음을 보였다. 이와 같은 동일한 두 조건을 다소 변형함으로써 개방경제에서 재화시장의 균형을 나타낼 수 있다.

먼저 바람직한 국민저축이 바람직한 투자와 동일하다는 조건의 개방경제 형태를 살펴보자. 2장에서는 다음과 같은 국민소득계정 항등식[식 (2.9)]을 유도했다.

$$S = I + CA = I + (NX + NFP) \tag{5.2}$$

식 (5.2)는 저축용도 항등식(uses-of-saving identity)의 변형이다. 이는 국민저축 S가 두 가지 용도를 갖고 있음을 나타낸다. 즉, S의 용도는 (1) 투자 I의 자금을 공급함으로써 한 국가의 자본스톡을 증가시키기 위해, 혹은 (2) 외국인에게 대출함으로써 한 국가의 순해외자산스톡을 증가시키기 위해서다(경상수지 CA는 한 국가가 순해외대출을 위해 가용한 자금의 양과 동일하다는 점을 기억하라). 또한 식 (5.2)는 (순 일방적 이전지출이 없다고 가정한다면) 경상계정 CA는 순수출 NX와 해외순수취요소소득 NFP의 합이라는 사실을 반영한다.

식 (5.2)는 항등식이기 때문에 이 식은 (정의에 의해) 항상 성립해야 한다. 어떤 경제가 재화시장의 균형에 도달하려면, 실질수준의 국민저축과 투자는 각각의 바람직한 수준에서 반드시 일치해야 한다. 만약 실질수준과 바람직한 수준이 일치한다면, 식 (5.2)는 다음과 같이 된다.

$$S^d = I^d + CA = I^d + (NX + NFP) \tag{5.3}$$

여기서 S^d와 I^d는 각각 바람직한 국민저축과 바람직한 투자를 나타낸다. 식 (5.3)은 개방경제에 대한 재화시장의 균형조건이며, 여기서 경상수지 CA는 외국인에 대한 순대출 혹은 자본유출과 동일하다.[6] 따라서 식 (5.3)은 개방경제에서 재화시장의 균형은 국민저축의 바람직한 양, S^d가 국내투자의 바람직한 양, I^d와 해외대출의 양, CA의 합과 반드시 동일해야 한다는 사실을 나타낸다. 폐쇄경제의 균형조건은 식 (5.3)에서 $CA = 0$인 특별한 경우다.

일반적으로 NFP의 대부분은 과거의 투자에 의해서 결정되며, 현재의 거시경제적 발전에 의해서는 그다지 영향을 받지 않는다. 단순화를 위해 NFP가 0이라고 가정하면, 경상계정은 순수출과 동일하며 재화시장의 균형조건을 나타내는 식 (5.3)은 다음과 같이 나타난다.

$$S^d = I^d + NX \tag{5.4}$$

식 (5.4)는 우리가 앞으로 사용할 재화시장의 균형조건을 나타내는 형태다. NFP가 0이라는 가정하에서 우리는 NX를 순수출 또는 경상수지로 호환성 있게 언급할 수 있다.

폐쇄경제와 마찬가지로 재화에 대한 총공급과 총수요의 견지에서 개방경제에 대한 재화시장의 균형조건을 나타낼 수도 있다. 순수출 NX가 재화에 대한 총수

---

6. 이 절과 이 책의 나머지 부분에서는 자본의 일방적 이전지출을 무시하며, 따라서 자본수지는 0이 된다. 그러므로 금융수지는 경상수지와 크기는 동일하고 부호만 반대다.

요의 일부분인 개방경제에서 재화시장의 균형을 나타내는 대체조건은 다음과 같다.

$$Y = C^d + I^d + G + NX \tag{5.5}$$

여기서 Y는 생산량, C^d는 바람직한 소비지출, G는 정부구매를 나타낸다. 재화시장의 균형조건을 나타내는 이상의 방법은 식 (5.4)의 조건과 동등하다.[7]

우리는 식 (5.5)를 다음과 같이 다시 나타낼 수 있다.

$$NX = Y - (C^d + I^d + G) \tag{5.6}$$

식 (5.6)은 재화시장의 균형에서 한 국가가 해외로 보내는 순수출의 양이 그 국가의 총생산량(국내총생산) Y에서 국내거주자의 바람직한 총지출 $C^d + I^d + G$를 뺀 값과 동일함을 나타낸다. 국내거주자에 의한 총지출을 **총흡수**(absorption)라고 한다. 따라서 식 (5.6)의 의미는 다음과 같이 요약된다. 즉, 생산량이 총흡수를 초과하는 경제는 재화를 해외로 보내는($NX > 0$) 경상계정흑자를 기록하며, 생산하는 양보다 더 많이 흡수하는 경제는 경상계정적자상태의 순수입국($NX < 0$)이 된다.

5.3 개방소국경제에서 저축과 투자

저축과 투자와 국제무역과 대출 사이의 관련성을 검토하기 위해, 우리는 먼저 개방소국경제의 경우를 제시한다. **개방소국경제**(small open economy)는 규모가 너무 작아서 세계실질이자율수준에 영향은 미칠 수 없는 경제다. **세계실질이자율**(world real interest rate)이란 개인, 기업 및 정부가 다른 국가와 차입과 대출을 행하는 시장, 즉 국제자본시장에서 통용되는 실질이자율이다. 개방소국경제에서 저축과 투자의 변화가 세계실질이자율에 미치는 영향은 무시할 정도이므로, 우리의 분석에서는 단순화를 위해 이러한 이자율은 고정된 값으로 가정한다. 이 장의 뒷부분에서는 미국 경제와 같이 세계실질이자율에 영향을 미칠 정도로 충분히 큰 개방경제의 경우를 고려한다.

폐쇄경제에서와 같이 저축-투자 그래프를 이용해 개방소국경제에서 재화시장의 균형을 설명할 수 있다. 우리는 경제의 거주자들이 당분간 국제자본시장에서 고정된 값으로 가정한 (기대) 세계실질이자율 r^w 수준에서 차용과 대출이 이

7. 식 (5.5)가 식 (5.4)와 동등한지 살펴보기 위해, 식 (5.5)의 양변에 $C^d + G$를 빼면 $Y - C^d - G = I^d + NX$를 획득할 수 있다. 이 식의 왼쪽 항은 바람직한 국민저축, S^d와 같기 때문에 이 식은 식 (5.4)와 동일하다.

그림 5.1

다른 국가로 대출하는 개방소국경제

이 그래프는 개방소국경제에 대한 저축-투자 그래프를 보여준다. 이 국가는 6%의 고정된 세계실질이자율에 직면한다. 이러한 실질이자율수준에서 국민저축은 50억 달러(B점)고 투자는 10억 달러(A점)다. 투자에 사용하지 않는 국민저축의 일부는 다른 국가로 대출된다. 따라서 해외대출은 40억 달러(A점과 B점의 거리)다.

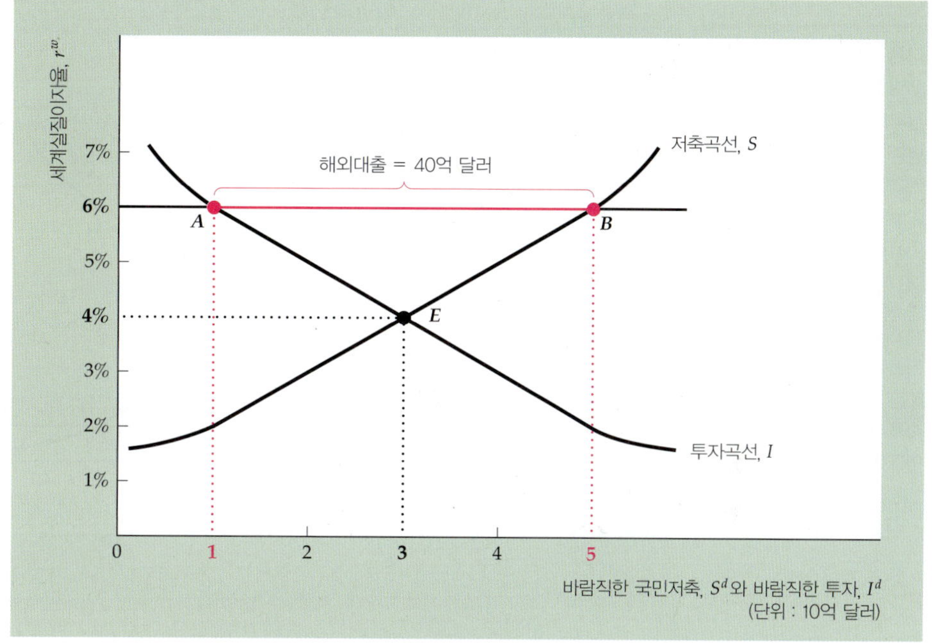

뤄진다는 새롭고 중요한 가정을 설정한다. 세계실질이자율이 r^w이면 국내실질이자율도 반드시 r^w여야 한다. 왜냐하면 국제자본시장에 접근할 수 있는 국내의 그 어떤 차입자도 차입함에 있어 r^w보다 높은 수준을 지불하지 않을 것이며, 국제자본시장에 접근할 수 있는 국내의 그 어떤 저축자도 대출함에 있어 r^w보다 낮은 수준을 받아들이지 않을 것이기 때문이다.[8]

그림 5.1은 개방소국경제의 저축 및 투자곡선을 보여준다. 폐쇄경제에서 재화시장의 균형은 곡선들이 교차하는 E점에서 달성된다. 따라서 폐쇄경제에서 균형 실질이자율은 (매년) 4%이며, 국민저축과 투자는 (매년) 30억 달러다. 그러나 개방경제에서는 바람직한 국민저축이 바람직한 투자와 동일할 필요는 없다. 개방소국경제가 4%보다 높은 고정된 세계실질이자율 r^w에 직면한다면, 바람직한 국민저축은 바람직한 투자보다 클 것이다. 예를 들어, r^w가 6%일 때 바람직한 국민저축은 50억 달러고 바람직한 투자는 10억 달러이므로, 바람직한 국민저축이 바람직한 투자를 40억 달러만큼 초과한다.

바람직한 국민저축이 바람직한 투자를 40억 달러 초과할 때 그 경제는 균형상태에 도달할 수 있을까? 폐쇄경제는 이상의 상태에서 균형이 불가능하다. 즉,

8. 단순화를 위해, 국내실질이자율과 세계실질이자율의 차이를 유도할 수 있는 위험의 상이함이나 조세 등의 요인을 무시한다. 또한 국제 차입과 대출에 대한 법률적 장벽이 존재하지 않는다고 가정한다[법률적 장벽이 존재한다면, 그러한 장벽을 자본통제(capital control)라고 한다].

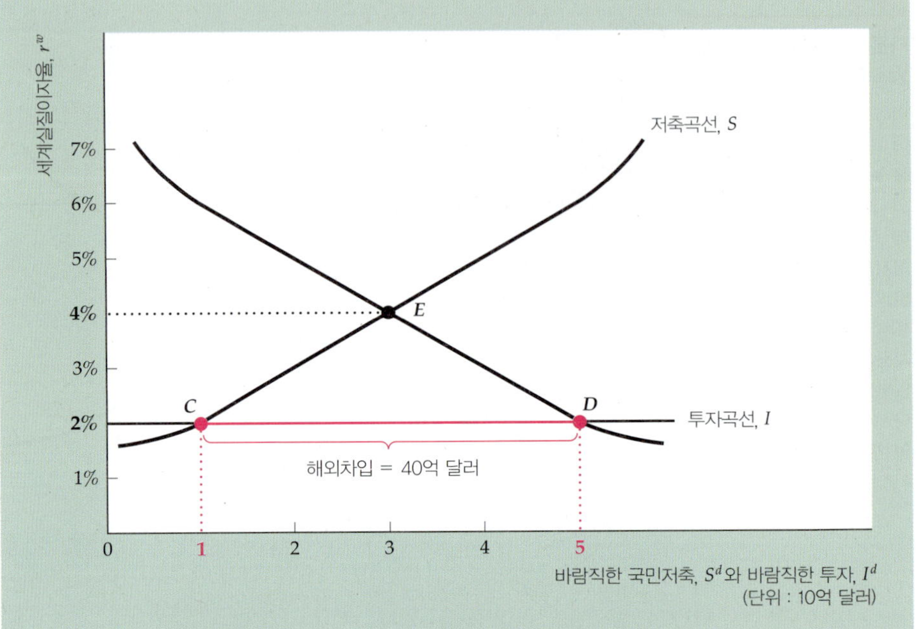

그림 5.2

다른 국가에서 차입하는 개방소국경제

그림 5.1에 나타난 것과 동일한 개방소국경제가 이제 2%의 고정된 세계실질이자율에 직면한다. 이러한 실질이자율에서 국민저축은 10억 달러(*C*점)고 투자는 50억 달러(*D*점)다. 40억 달러의 해외차용(*C*점과 *D*점의 거리)은 투자자가 차용을 원하는 양과 국내저축자가 대출을 원하는 양 사이의 차이를 채워 준다.

폐쇄경제에서는 저축의 초과분을 사용할 방법이 없으므로 실질이자율은 바람직한 저축과 바람직한 투자가 균형을 맞추기 위해 떨어진다. 그러나 개방경제에서는 해외자산을 매입하기 위해 저축의 40억 달러 초과분을 사용할 수 있다. 이러한 자본유출이 국민저축의 초과분을 모두 사용하기 때문에 불균형은 존재하지 않는다. 대신 재화시장은 50억 달러의 바람직한 국민저축, 10억 달러의 바람직한 투자 및 40억 달러의 순해외대출[식 (5.4)를 참조해 순수출 *NX*가 순해외대출과 동일하다는 점을 기억하기 바란다] 상태의 균형에 있게 된다.

이상의 경우와는 달리 세계실질이자율 r^w가 6% 대신 2%라고 가정하자. 그림 5.2에서와 같이 이 경우에는 바람직한 국민저축이 10억 달러고 바람직한 투자는 50억 달러이므로, 바람직한 투자가 바람직한 국민저축을 40억 달러만큼 초과한다. 이제 투자를 희망하는 기업은 국제자본시장에서 40억 달러를 차입해야 한다. 이 경우 역시 재화시장은 균형상태인가? 이는 균형이라고 볼 수 있다. 왜냐하면 또 다시 바람직한 국민저축(10억 달러)이 바람직한 투자(50억 달러)와 순해외대출(−40억 달러)을 합한 값과 같아지기 때문이다. 사실상 개방소국경제는 세계실질이자율의 어떤 값에 대해서도 재화시장의 균형을 달성할 수 있다. 여기서 요구되는 사실은 순해외대출이 그 국가의 바람직한 국민저축과 바람직한 투자의 차이와 동일해야 한다는 점이다.

그림 5.1과 5.2에서 설명된 예에 비해 보다 상세한 형태는 표 5.3에 나타나 있

표 5.3 개방소국경제에서 재화시장의 균형 : 예(단위 : 10억 달러)

주어진 값			
국내총생산, Y	20		
정부구매, G	4		
실질이자율이 바람직한 소비와 투자에 미치는 영향			
	(1)	(2)	(3)
(1) 세계실질이자율, r^w(%)	2	4	6
(2) 바람직한 소비, C^d	15	13	11
(3) 바람직한 투자, I^d	5	3	1
결과			
(4) 바람직한 총흡수, $C^d + I^d + G$	24	20	16
(5) 바람직한 국민저축, $S^d = Y - C^d - G$	1	3	5
(6) 순수출, $NX = Y -$ 바람직한 총흡수	−4	0	4
(7) 바람직한 해외대출, $S^d - I^d$	−4	0	4

주 : *NFP*와 순 일방적 이전지출은 0으로 가정한다.

다. 표 5.3의 제일 윗부분에서처럼, 개방소국경제의 국내총생산 Y는 200억 달러의 완전고용수준에서 고정되어 있으며 정부구매 G는 40억 달러 수준에서 고정된다고 가정한다. 가운데 부분은 세계실질이자율 r^w의 세 가지 가능한 값과 이러한 각 실질이자율수준에서 바람직한 소비와 바람직한 투자수준에 대한 가정을 나타낸다. 여러분은 세계실질이자율의 값이 높을수록 바람직한 소비수준이 낮을(사람들이 더 많은 저축을 선택하기 때문) 뿐만 아니라 낮은 수준의 바람직한 투자를 의미한다는 것을 주목하기 바란다. 마지막 부분은 위의 두 부분(제일 윗부분과 가운데 부분)에서 가정한 값에 의해 결정되는 다양한 경제적 수량의 값을 보여준다.

이상의 예에서 균형은 세계실질이자율 r^w의 값에 의존한다. 그림 5.1에서처럼 $r^w = 6\%$라고 가정하자. 표 5.3의 (3)열에 의하면, $r^w = 6\%$일 때 바람직한 소비 C^d는 110억 달러(2행)고 바람직한 투자 I^d는 10억 달러(3행)다. C^d가 110억 달러인 상태에서 바람직한 국민저축 $Y - C^d - G$는 50억 달러(5행)다. 바람직한 순해외대출 $S^d - I^d$는 그림 5.1에서 설명한 결과와 동일한 40억 달러(7행)다.

그림 5.2에서처럼 $r^w = 2\%$이면, 표 5.3의 (1)열에서 바람직한 국민저축은 10억 달러(5행)고 바람직한 투자는 50억 달러(3행)임을 보여준다. 따라서 바람직한 해외대출 $S^d - I^d$는 -40억 달러(7행), 즉 해외차입이 총 40억 달러다. 또다시 이상의 결과는 그림 5.2에서 설명한 내용과 동일하다.

표 5.3과 같은 숫자의 예를 이용한 설명은 우리가 지금까지 바람직한 국민저

축과 바람직한 투자의 형태로만 설명한 재화시장의 균형을 생산량과 총흡수의 형태로 설명하는 재화시장의 균형에 적용할 수 있다는 장점을 갖는다. 다시 $r^w = 6\%$라고 가정해 110억 달러의 바람직한 소비 C^d와 10억 달러의 바람직한 투자 I^d를 설정하자. 정부구매 G는 40억 달러로 고정되어 있다. 따라서 r^w가 6%일 때 바람직한 총흡수(국내거주자에 의한 바람직한 지출) $C^d + I^d + G$는 총 160억 달러다(4행 3열).

재화시장의 균형에서 한 국가의 순수출(해외로 보내는 재화와 서비스의 순량)은 국내총생산 Y에서 바람직한 총흡수[식 (5.6)]를 뺀 값과 동일하다. r^w가 6%일 때 Y는 200억 달러고 바람직한 총흡수는 160억 달러므로 순수출 NX는 40억 달러다. 그림 5.1에서와 같이 40억 달러의 순수출은 그 국가가 해외에 40억 달러를 대출한다는 사실을 의미한다. 세계실질이자율이 2%로 떨어지면, 바람직한 총흡수는 (사람들이 더 많은 소비와 투자를 희망하기 때문에) 160억 달러에서 240억 달러로 상승한다(4열 1행). 이 경우 총흡수(240억 달러)는 국내의 생산(200억 달러)을 초과하기 때문에 그 국가는 재화와 서비스를 해외로부터 수입해야 한다($NX = -40$억 달러). 그림 5.2에서처럼 40억 달러의 바람직한 순수입은 40억 달러의 순해외차입을 의미한다.

개방소국경제에서 경제적 충격의 효과

우리는 저축-투자 그래프를 개방소국경제에서 다양한 형태의 경제적 교란의 영향을 결정하는 데 사용할 수 있다. 간단히 말해 주어진 세계실질이자율수준에서 바람직한 투자에 비해 바람직한 국민저축을 증가시키는 어떤 변화가 발생하면, 해외순수취요소소득과 순 일방적 이전지출이 영이라는 우리의 가정하에서 동등한 의미인 순해외대출, 경상수지 및 순수출을 증가시킨다. 바람직한 투자에 비해 바람직한 국민저축의 하락은 이상의 양들을 감소시킨다. 이하에서는 여러 국가에서 빈번히 발생하는 두 가지 예를 살펴보자.

예 1 : 일시적인 해로운 공급 충격 어떤 개방소국경제가 일시적으로 생산량을 감소시키는 심각한 가뭄(해로운 공급 충격)으로 손실을 입었다고 가정하자. 이러한 가뭄이 그 국가의 저축, 투자 및 경상계정에 미치는 영향은 그림 5.3에 나타나 있다. 초기의 저축곡선과 투자곡선은 각각 S^1과 I^1이다. 세계실질이자율 r^w 수준에서 초기의 순해외대출(동일한 의미로 표현하면 순수출 또는 경상수지)은 AB의 거리다.

일시적인 가뭄은 소득의 일시적 감소를 초래한다. 현재소득의 하락은 사람들로 하여금 어떤 보편적인 실질이자율수준에서 저축의 감소를 유도하므로 저축

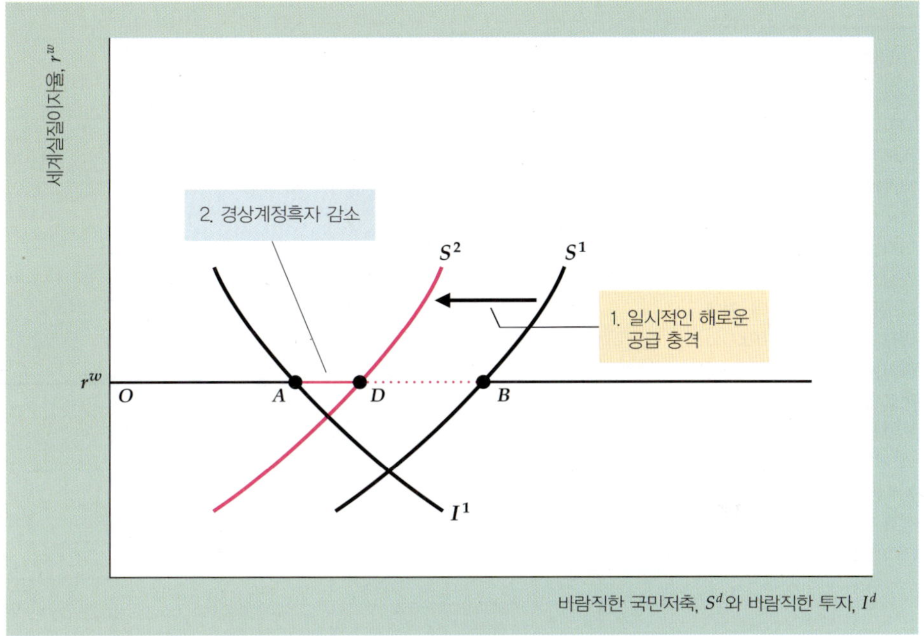

그림 5.3

개방소국경제에서 일시적인 해로운 공급 충격

개방소국경제에서 곡선 S^1은 초기의 저축곡선이고 곡선 I^1은 초기의 투자곡선이다. 고정된 세계실질이자율 r^w 수준에서 국민저축은 OB의 거리와 동일하고 투자는 OA의 거리와 동일하다. 경상계정흑자(동등한 표현으로, 순해외대출)는 국민저축과 투자 간의 차이며, AB의 거리로 나타나 있다. 일시적인 해로운 공급 충격은 현재의 생산량을 하락시키고 소비자들로 하여금 어떠한 실질이자율수준에서도 덜 저축하도록 유도한다. 이로 인해 저축곡선은 S^1에서 S^2로 왼쪽으로 이동한다. 국민저축은 OD의 거리로 줄어들며, 경상계정흑자는 AD의 거리로 감소한다.

곡선은 S^1에서 S^2로 왼쪽으로 이동한다. 우리가 가정한 것처럼 공급 충격이 일시적이라면, 자본의 기대 미래 한계생산물은 변동하지 않는다. 결과적으로 어떤 실질이자율수준에서도 바람직한 투자는 변동하지 않기 때문에 투자곡선은 이동하지 않는다. 또한 세계실질이자율수준도 주어진 값에서 변동하지 않는다.

새로운 균형에서 순해외대출과 경상계정은 AD의 거리로 줄어든다. 그 국가는 덜 저축하기 때문에 경상계정은 줄어들고, 따라서 이전처럼 해외에 많이 대출할 수 없게 된다.

이 예에서는 어떤 국가가 가뭄으로 인해 감소된 경상계정흑자상태에서 시작했다고 가정했다. 그러나 그 국가가 경상계정적자로 시작했다면, 그 가뭄은 적자를 더 크게 만들었을 것이다. 두 가지 경우 모두 가뭄은 (대수적인 관념에서) 순해외대출과 경상수지를 감소시킨다.

예 2 : 자본의 기대 미래 한계생산물의 증가 기술혁신으로 현재 자본투자의 기대 미래 한계생산물 MPK^f가 증가한다고 가정하자. 개방소국경제에 미친 영향은 그림 5.4에 나타나 있다. 또 다시 초기의 국민저축과 투자곡선은 각각 S^1과 I^1이며, 따라서 초기의 경상계정흑자는 AB의 거리와 동일하다.

MPK^f의 증가는 국내기업이 보유하려는 자본스톡을 상승시키기 때문에 모든 실질이자율수준에서 바람직한 투자가 상승한다. 따라서 투자곡선은 I^1에서 I^2로 오른쪽으로 이동한다. 경상계정과 순해외대출은 FB의 거리로 줄어든다. 왜 경

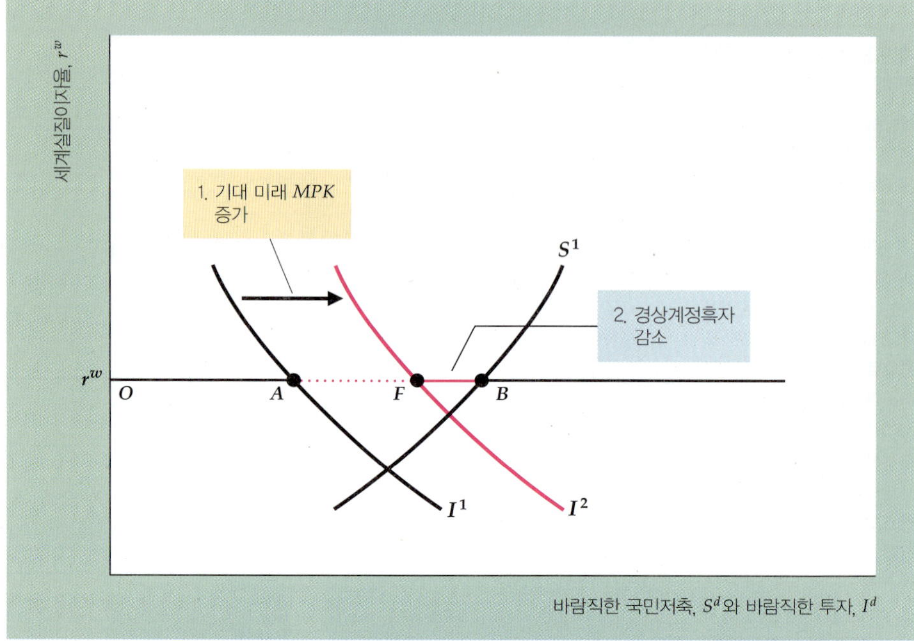

그림 5.4

개방소국경제에서 기대 미래 MPK 증가

그림 5.3에서와 같이 개방소국경제에서 초기의 국민저축과 투자곡선은 각기 S^1과 I^1이다. 고정된 세계실질이자율 r^w 수준에서 초기의 경상계정흑자는 AB의 거리와 동일하다. 자본의 기대 미래 한계생산물(MPK^f)의 증가는 투자곡선을 I^1에서 I^2로 오른쪽으로 이동시켜, 투자를 OA의 거리에서 OF의 거리로 증가시킨다. 국민저축에서 투자를 뺀 경상계정흑자는 AB의 거리에서 FB의 거리로 감소한다.

상계정이 하락하는가? 그 이유는 본국에서 자본을 형성할 때 더 많은 이윤을 창출하므로 그 국가의 생산량에서 더 많은 부분이 국내투자로 흡수되고, 이로 인해 해외로 보낼 수 있는 양이 줄어들기 때문이다.[9]

5.4 개방대국경제에서 저축과 투자

고정된 실질이자율을 직면하는 개방소국경제 모형이 세계의 많은 국가를 연구하는 데 적절하다고 할지라도, 세계의 발전된 주요 경제를 분석하기 위한 모형으로는 적절하지 않다. 개방소국경제 모형의 문제점으로 지적할 수 있는 사항은 세계실질이자율이 고정되어 있다는 점이다. 그러나 주요 경제의 저축과 투자 형태에서 중요한 변화는 세계실질이자율에 영향을 미칠 수 있을 뿐만 아니라 실제로도 미치고 있다. 다행스럽게도 우리는 개방소국경제의 분석을 **개방대국경제**(large open economy), 즉 세계실질이자율에 영향을 미칠 수 있는 충분히 큰 경제의 경우에 쉽게 적용할 수 있다.

9. 우리가 지금까지 간과한 가능성이 있다. 즉, 기술혁신은 저축자로 하여금 더 높은 미래소득을 예상하게 하므로 모든 세계실질이자율수준에서 현재저축의 감소를 유도한다. 저축곡선이 왼쪽으로 이동하면 경상수지는 더욱더 감소한다. 이러한 효과는 투자곡선의 오른쪽 이동이 그 국가의 경상계정에 미치는 영향을 강화시킬 것이다. 따라서 우리는 논리의 단순화를 위해 바람직한 저축에서 생겨날 수 있는 이상의 잠재적인 변화를 무시한다.

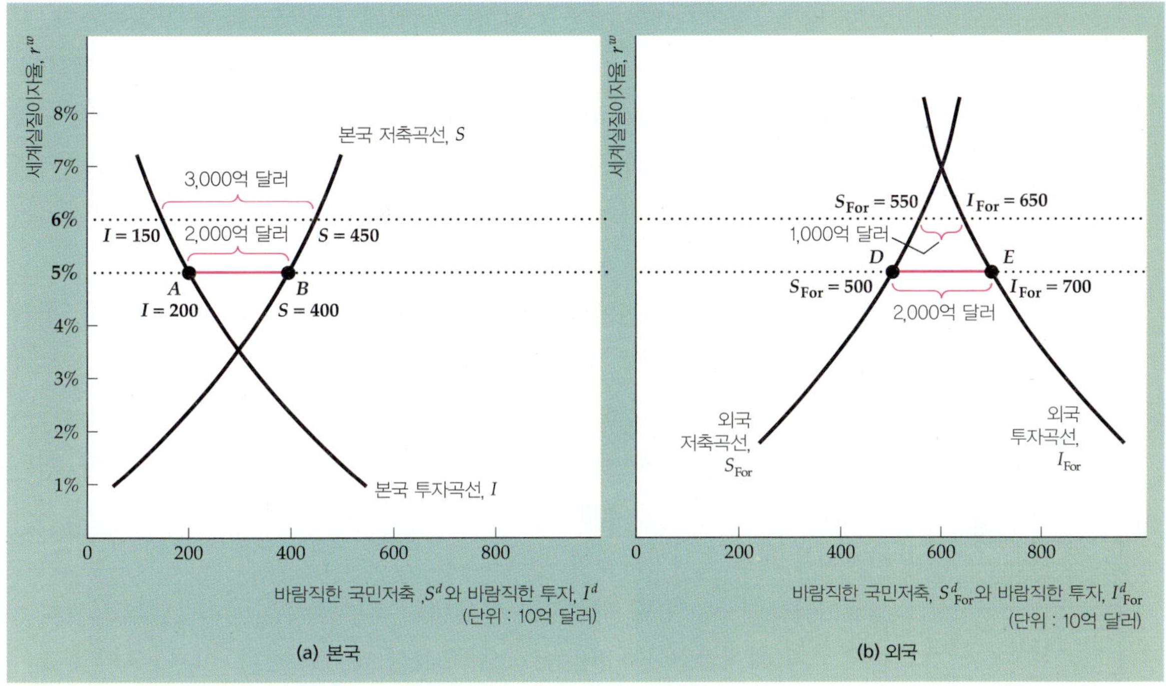

그림 5.5

두 개방대국경제를 이용한 세계실질이자율의 결정

균형 세계실질이자율은 한 국가에 의한 바람직한 국제대출과 다른 국가에 의한 바람직한 국제차입을 동일하게 만드는 실질이자율이다. 그림에서 세계실질이자율이 5%일 때, 본국에 의한 바람직한 국제대출은 2,000억 달러(4,000억 달러의 바람직한 국민저축에서 2,000억 달러의 바람직한 투자를 뺀 값 혹은 AB의 거리)다. 이는 외국의 바람직한 국제차입인 2,000억 달러(7,000억 달러의 바람직한 투자에서 5,000억 달러의 바람직한 국민저축을 뺀 값 혹은 DE의 거리)와 동일하다. 따라서 균형 세계실질이자율은 5%이다. 동등한 표현으로, 이자율이 5%일 때 본국의 경상계정흑자는 외국의 경상계정적자(둘 다 2,000억 달러)와 동일하다.

논의의 전개에 앞서 세계는 오로지 (1) 본국 혹은 국내경제와 (2) 외국경제(세계의 다른 모든 경제의 합을 나타냄)라는 두 개의 큰 경제로 구성된다고 생각하자. 그림 5.5는 이 경우에 적용되는 저축-투자 그래프를 보여준다. 그림 5.5(a)에는 본국경제의 저축곡선 S와 투자곡선 I가 나타나 있다. 그림 5.5(b)는 외국경제의 저축곡선 S_{For}와 투자곡선 I_{For}를 나타낸다. 이러한 저축과 투자곡선들은 개방소국경제의 곡선들과 정확히 동일하다.

개방소국경제 모형에서 가정한 것처럼, 세계실질이자율이 주어진 값으로 간주하지 않는 대신 개방대국경제 모형 내에서 세계실질이자율이 결정된다. 무엇이 세계실질이자율의 값을 결정하는가? 폐쇄경제에서 실질이자율은 저축자가 대출하려는 금액과 투자자가 차입하려는 금액이 반드시 일치하는 조건에서 설정된다는 사실을 기억하기 바란다. 이와 유사하게 두 개방대국경제의 경우에 있어 세계실질이자율은 한 국가에 의한 바람직한 국제대출이 다른 국가에 의한 바람직한 국제차입과 일치하는 조건에 의해 설정된다.

균형 세계실질이자율의 결정을 설명하기 위해 그림 5.5로 다시 돌아가자. 임의적으로 세계실질이자율 r^w가 6%라고 가정하자. 이 이자율이 재화시장의 균형을 초래하는가? 그림 5.5(a)는 실질이자율 6%에서 본국의 바람직한 국민저축은 4,500억 달러고 바람직한 투자는 1,500억 달러임을 보여준다. 바람직한 국민저축이 바람직한 투자를 3,000억 달러만큼 초과하므로, 본국이 외국에 대출하려는 금액은 3,000억 달러가 된다.

외국이 차입을 희망하는 금액을 파악하기 위해 그림 5.5(b)를 살펴보자. 실질이자율이 6%일 때 외국의 바람직한 국민저축은 5,500억 달러고 바람직한 투자는 6,500억 달러다. 따라서 실질이자율이 6%일 때 외국은 국제자본시장에서 1,000억 달러(6,500억 달러에서 5,500억 달러를 뺀 값)만큼 차입을 희망한다. 이러한 금액은 본국이 대출을 희망하는 3,000억 달러보다 적기 때문에 6%는 국제자본시장에서 균형 실질이자율이 아니다.

실질이자율이 6%일 때 바람직한 국제대출이 바람직한 국제차입을 초과하기 때문에 균형 세계실질이자율은 반드시 6%보다 낮아야 한다. 이제 5%의 실질이자율을 시도해 보자. 그림 5.5(a)는 이러한 이자율(즉, 5%)에서 본국의 바람직한 국민저축은 4,000억 달러고 바람직한 투자는 2,000억 달러임을 보여준다. 따라서 본국은 외국에 2,000억 달러의 대출을 희망한다. 그림 5.5(b)에 의하면, 실질이자율이 5%일 때 외국의 바람직한 국민저축은 5,000억 달러고 바람직한 투자는 7,000억 달러다. 따라서 외국의 바람직한 국제차입은 2,000억 달러가 된다. 실질이자율 5%에서 바람직한 국제차입과 바람직한 국제대출은 동일하므로(모두 2,000억 달러임), 이 예에서 균형 세계실질이자율은 5%다.

그래프로 나타내면 r^w가 5%일 때 본국의 바람직한 대출은 그림 5.5(a)에서 *AB*의 거리고, 외국의 바람직한 차입은 그림 5.5(b)에서 *DE*의 거리다. *AB*의 거리와 *DE*의 거리는 같기 때문에 세계실질이자율이 5%일 때 바람직한 국제대출과 국제차입은 동일하다.

우리는 국제균형을 바람직한 국제대출과 국제차입의 견지에서 정의했다. 이와 마찬가지로, 우리는 균형을 국제적 재화와 서비스의 흐름의 형태로 정의할 수 있다. 대출 국가가 대출을 희망하는 금액[그림 5.5(a)의 *AB* 거리]은 그 국가의 경상계정흑자와 일치한다. 차입 국가가 차입을 희망하는 금액[그림 5.5(b)의 *DE* 거리]은 그 국가의 경상계정적자와 일치한다. 따라서 바람직한 국제대출이 바람직한 국제차입과 반드시 동일해야 한다는 것은 대출 국가(경상계정흑자)로부터 재화와 서비스의 바람직한 순유출이 차입 국가(경상계정적자)로의 재화와 서비스의 바람직한 순유입과 반드시 동일해야 한다는 것과 같은 의미다.

응용 APPLICATION

글로벌화가 미국 경제에 미친 영향

5.1절 "국제수지계정"에서 어떻게 국가 간 국제수지계정이 국제무역과 투자의 기록을 유지하는지 설명했다. 이러한 계정은 재화와 서비스의 무역량이 증가함에 따라, 또한 한 국가의 사람들이 다른 국가에 투자를 증가시킴에 따라 세계의 경제가 점진적으로 서로 의존하게 됐음을 나타낸다. 이와 같은 세계화가 중대한 결론 없이 진행된 것은 아니다. 또한 미국이 무역과 국제투자를 제한함으로써 세계화의 정도를 제어할 필요가 있다고 주장하는 사람들도 있다. 이와 같은 제안들을 평가하기 위해서는 세계화가 다른 국가들과 미국 간의 무역에 어떻게 영향을 미쳤는지, 서비스에서 무역은 어떻게 변동했는지, 그리고 국제투자가 어떻게 변경됐는지 등을 포함해 세계화에 관한 몇 가지 사실을 검토할 필요가 있다.

우선 다른 국가들과 미국 간의 무역이 시간의 흐름에 따라 어떻게 변동했는지 살펴보자. GDP 대비 재화와 서비스 수출의 백분율(%)을 살펴보면, 경제에서 수출이 차지하는 상대적 중요성을 알 수 있다. 수입의 경우도 마찬가지다. 그림 5.6은 1929년부터 2008년까지 수출과 수입의 통계를 나타낸다. 제2차 세계대전 이후 GDP 대비 수출과 수입은 1980년대 중반까지 점진적으로 상승하다가 1980년대 중반 이후 둘 다 매우 급격히 증가하기 시작했다. 1980년대 중반부터 2006년까지는 수출에 비해 수입이 대체로 크게 나타났으며, 무역수지적자가 GDP의 약 5.5% 수준으로 상승했다. 2007년 시작된 경기불황은 GDP 대비 수입의 감소를 유도했으며, 이로 인해 무역수지적자는 3%를 조금 상회하는 수준으로 줄어들었다.

재화와 서비스에 대한 무역의 증가와 함께 투자자들 역시 지난 30년 동안 외국에 그들의 투자를 증가시켰다. 미국 투자자에 의한 해외자산의 소유권이 급격히 증가했으며, 외국 투자자에 의한 미국 자산의 소유권은 훨씬 더 급격하게 증가했다. 이로 인해 미국은 30여 년 전 국제적 순채권국(해외자산의 미국인 소유권이 미국 자산의 외국인 소유권보다 많음)에서 오늘날 국제적 순채무국(해외자산의 미국인 소유권이 미국 자산의 외국인 소유권보다 적음)으로 전락했다.

미국 경제와 기타 경제 간의 상호의존성이 증가함에 따라 다소의 비용과 불만이 생겨났다. 개방도의 증가는 특정 상품이 다른 국가의 노동자에 의해 생산되기 때문에 미국 경제의 어떤 부문에서 일자리가 없어진다는 것을 의미한다. 노동자는 종종 자신의 직장을 해외 노동자에게 빼앗겼다고 불평한다. 또한 어떤 회사가 미국 내의 시설을 허물고 동일한 일을 수행하는 시설을 외국에 개설한 사례들은 미국의 기업 관련 언론에서 폭넓게 보도됐다. 외국 역시 개방화를 통해 다소의 비용을 치러야 했다. 2008년 4/4분기에 미국의 GDP는 금융위기와 경기불황으로 인해 약 6% 감소했다. 그러나 미국에 많은 상품을 수출하는 아시아 국가들은 미국에서 그들의 상품에 대한 수요가 급격

그림 5.6

GDP 대비 재화와 서비스의 수출과 수입 비율(1929~2008)

그래프는 1929~2008년 미국의 재화와 서비스의 수출과 수입에 대한 연간 수치들을 나타낸다.

출처 : 수출과 수입—경제분석국; 재화와 서비스의 무역—research.stlouisfed.org/fred2/series/EXPGSCA와 IMPGSCA에서 이용 가능함; GDP—경제분석국, 국민소득 및 생산계정, research.stlouisfed.org/fred2/series/GDPCA에서 이용 가능함.

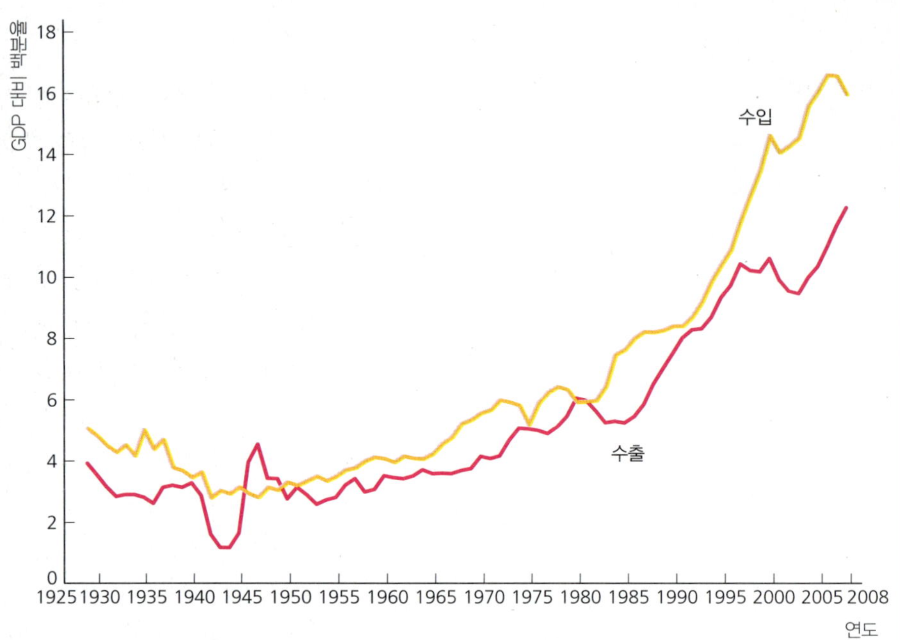

히 감소함에 따라 GDP가 12% 혹은 그 이상이 감소하는 어려움을 겪어야만 했다.

국제무역이 일자리를 파괴한다고 결론 내리는 사람도 있다. 그러나 국제무역은 일자리를 창조하기도 한다. 미국 연방준비제도이사회 의장인 벤 버냉키(Ben Bernanke)는 무역이 기업으로 하여금 생산을 위한 저렴하고 양질의 생산요소를 획득할 수 있게 하고, 소비자에게 싼 가격으로 좀 더 다양한 재화와 서비스를 제공하는 것을 포함하면서 "직접적으로 무역은 미국의 재화와 서비스에 대한 잠재적인 시장의 확대를 통해 미국에서 일자리를 창출한다. … 또한 무역은 다양한 방법을 통해 간접적으로 일자리를 창출한다."라고 지적했다.[10] 또한 버냉키는 사람들이 때때로 무역의 증가를 두려워하는 이유를 인식했다. "… 무역과 관련된 이유로 직장을 잃은 사람들이 무역에 의해 창출된 새로운 직장을 얻는 사람들과 같을 필요는 없다. 구조적 변화를 유도하는 다른 요인들과 마찬가지로, 무역은 산업, 기술수준, 지역 간 여러 직업의 혼합에 현저한 영향을 미칠 수 있다." 그러나 버냉키는 무역으로 인한 실직의 수가 매년 다른 이유들로 인한 실직의 수에 비해 대단히 작기 때문에 무역이 실직의 주요한 요인이 될 수 없다고 지적했다.

10. Ben S. Bernanke, "Trade and Jobs," Distinguished Speaker Series, Fuqua School of Business, Duke University, March 30, 2004. 이러한 의견은 버냉키가 의장이 되기 이전인 연방준비제도이사회 이사 시절에 밝힌 것이다.

최근 미국 기업은 비즈니스 서비스 산업에 해외 노동자를 고용한다. 예를 들어, 컴퓨터와 관련된 소비자 서비스의 전화상담센터는 인도와 같은 국가에서 형성됐다. 그 이유는 이러한 국가들이 영어를 유창하게 구사하고 교육을 받은 노동자들을 보유하고 있을 뿐만 아니라 부분적으로 기술발전이 국제전화요금 비용을 감소시켰기 때문이다. 이로 인해 미국에 있는 소비자가 다른 국가에 있는 기술자에게 전화할 수 있게 됐다. 서비스 산업에서 이러한 무역의 형태는 이미 널리 보급돼 있으며, 일부 비판자는 '해외로 직장을 이동하는' 미국 기업을 반대했다.

그러나 미국 경제가 다른 국가에 비즈니스 서비스를 제공함에 있어 세계의 선도자지만, 그 반대의 경우는 그렇지 않다. 몇몇 미국 정치가들은 미국 회사가 전화상담센터를 해외에 설립하는 것을 금지하는 법안을 제안했으나, 이러한 제안은 미국이 다른 국가에게 그러한 서비스를 제공함에 있어 세계의 선도자라는 사실을 무시한 것처럼 느껴진다. 미국은 비즈니스 서비스에서 수출이 수입을 크게 초과한다. 따라서 미국이 비즈니스 서비스의 모든 수입을 중지한다면, 다른 국가도 동일한 행동을 할 것이므로 미국의 순수출은 감소하고 미국 경제는 타격을 입게 될 것이다. 또한 이는 단기적인 실직의 견지에서도 전혀 도움이 되지 않는다.

응용 APPLICATION

미국 경상계정적자의 최근 경향

5.1절 "국제수지계정"에서 논의한 것처럼 미국은 매우 많은 경상계정적자를 갖고 있다. 그러나 2007년과 2008년 미국의 경상계정적자는 수입상품 수요를 감소시킨 경기불황 덕분으로 줄어들기 시작했다.

그림 5.7은 1960년 이후 경상수지가 어떻게 변동했는지 보여준다. 즉, 그림에서 1960년대 경상수지는 대체로 양의 값이었으며 1970년대에는 0 주위에서 들쑥날쑥한 모습을 보이다가, 1980년대 중반에는 GDP의 약 −3.5%로 급격히 하락했다. 1980년대 하반기에 경상수지가 개선됐으며, 1991년에는 다시 양의 값이 됐다. 1991년부터 2005년까지 경상수지는 눈에 띄게 악화됐으며, 2005년 말에는 −6.6%까지 떨어졌다. 2006년의 주택경기 하락과 2007년에 시작된 경기불황으로 인해 미국 소비자들은 이전에 비해 수입되는 재화와 서비스의 구매를 줄임으로써 미국의 경상수지는 2008년 중반 GDP의 약 −5%까지 개선됐다. 2008년 후반 금융위기가 닥쳤을 때 미국의 수입은 급격히 감소했으며, 2009년 1/4분기 경상수지는 GDP의 약 −3%로 향상됐다.

경제학자들은 1991년부터 2005년까지 경상수지가 지속적으로 하락한 이유를 제시하려 노력했다. 그들은 네 가지 설명, 즉 (1) 외국인의 수요 하락, (2) 국제적 투자의 기

그림 5.7

GDP 대비 경상수지 백분율(1960~2009)

그래프는 1960년 1/4분기에서 2009년 1/4분기까지 분기별 GDP 대비 경상수지의 비율을 나타낸다.

출처 : 경상수지—경제분석국, research.stlouisfed.org/fred2/series/BOPBCA에서 온라인으로 이용 가능함; GDP—경제분석국, research.stlouisfed.org/fred2/series/GDP에서 이용 가능함.

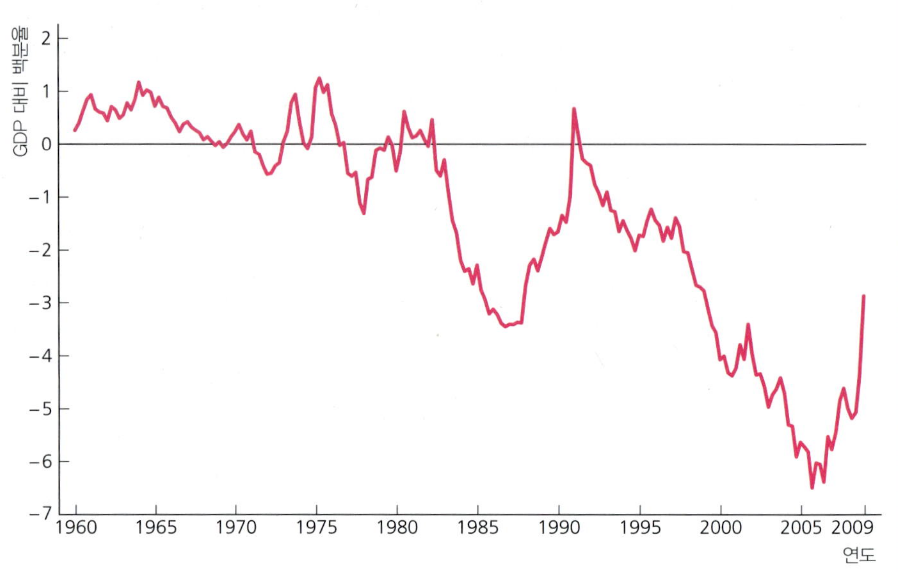

회 개선, (3) 석유가격의 상승, (4) 개발도상국의 저축 증가를 제시했다.[11]

경상계정적자 증가에 대한 첫 번째 설명은 외국인, 특히 일본과 유럽에 있는 외국인에 의한 수요의 둔화였다. 이들 지역에서 경제성장은 감소했으며, 그 국가들의 경상계정흑자는 계속 유지되고 있다. 일본과 독일은 젊은 노동자 대비 나이 든 노동자의 비율이 상승함에 따라 국가의 저축률도 증가했다. 결과적으로 그 국가들은 적게 소비하고(따라서 미국 상품을 덜 수입하고) 많이 저축할 뿐만 아니라 증가된 저축분이 종종 미국에 투자되고 있다.

1991년부터 2005년까지 미국 경상계정적자 증가에 대한 두 번째 설명은 국제 투자에 대한 기회의 증가와 관련된다. 미국의 투자자는 포트폴리오를 국제적으로 분산하려 시도했으며, 외국 투자자는 미국에 점점 더 많은 투자를 추구해 왔다. 1990년대 하반기에는 외국인이 미국 투자에 대한 수익의 상승을 인식함에 따라 미국에 더 많이 투자했다. 그 결과 미국에서는 자본 및 금융수지흑자와 경상계정적자가 나타났다. 미국 주식에 대한 수익의 증가가 미국 가계의 부를 증가시켰으며, 이는 낮은 개인저축률과 높은 소비지출을 유도했다. 그림 5.8은 현재 미국이 1년 GDP의 약 24%에 달하는 순국제투자유입이 있음을 보여준다.

최근 경상계정적자를 심화시키는 세 번째 이유는 석유가격의 상승이다. 1998년에서

11. 경상계정적자를 설명하는 이상의 이유들에 대한 연구의 유용한 요약은 Roger W. Ferguson, Jr. "U.S. Current Account Deficit: Causes and Consequences." Remarks to the Economics Club of the University of North Carolina at Chapel Hill, April 20, 2005를 참조하라. www.federalreserve.gov/boarddocs/speeches/2005에서 이용 가능함.

그림 5.8

미국 GDP 대비 자산의 순국제 소유권(1982~2008)

그래프는 1982~2008년 미국의 GDP에서 차지하는 자산의 순국제 소유권 비율에 대한 연간 수치들을 보여준다.

출처 : 순국제투자대조표—경제분석국, 연말 미국의 국제투자대조표, www.bea.gov/international/xls/intinv08_t2.xls에서 온라인으로 이용 가능함; GDP—경제분석국, research.stlouisfed.org/fred2/series/GDP에서 이용 가능함.

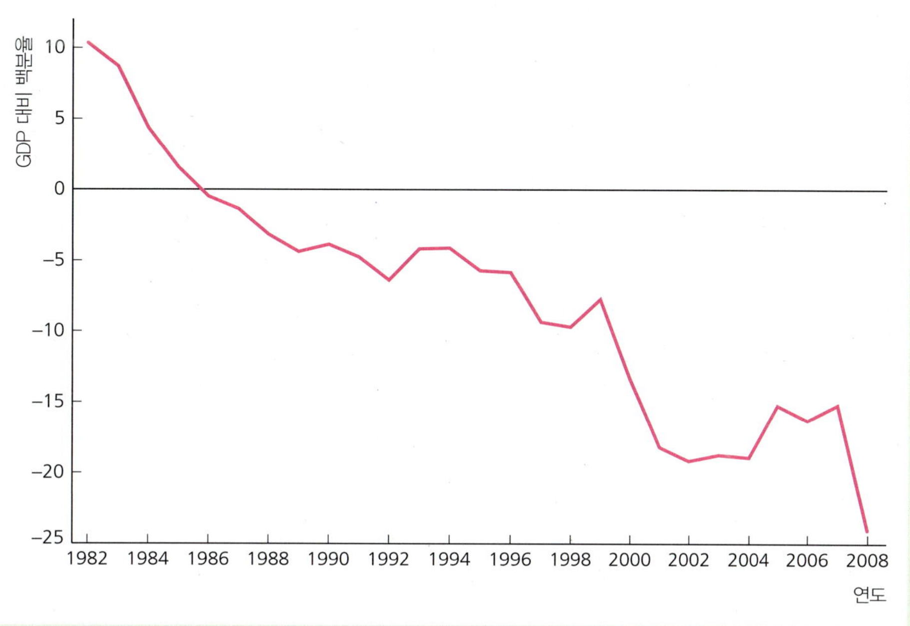

그림 5.9

미국 GDP 대비 석유 순수출의 비율(1978~2008)

그래프는 1978~2008년 미국의 석유 및 석유 관련 생산품의 순수출을 GDP 대비 백분율(%)로 나타낸 연간 수치들을 보여준다.

출처 : 석유 순수출—경제분석국, 미국 국제교역계정, 표 2b, 재화의 순무역, www.bea.gov에서 이용 가능함; GDP—경제분석국, research.stlouisfed.org/fred2/series/GDP에서 이용 가능함.

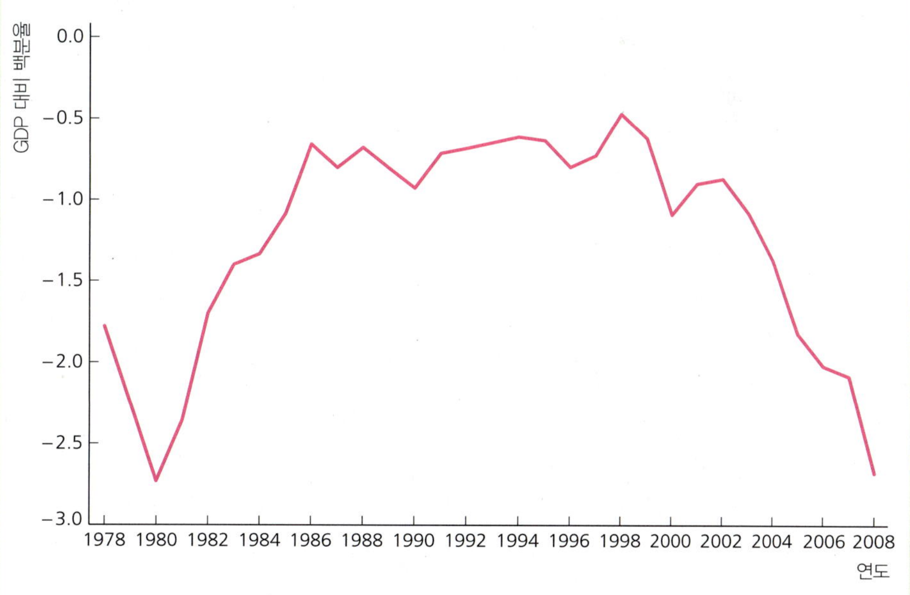

2008년까지 원유의 배럴당 평균가격은 3배나 상승했으며, 미국은 수출하는 양보다 훨씬 많은 양의 석유를 수입한다. 그 결과 그림 5.9에서와 같이 미국의 석유 순수출 액수는 급격히 감소됐는데, 이로 인해 미국의 경상계정적자는 2000년대 초반 GDP의 1% 수준에서 2008년 2.5% 수준으로 증가됐다.

1998년부터 2005년까지 경상계정적자가 증가한 마지막 이유는 개발도상국에서 나타난 저축 행태의 변화다.[12] 지난 수십 년 동안 개발도상국은 외국에서 차입했지만, 이제 그들은 외국, 특히 미국으로 대출하고 있다. 부분적으로 이러한 행태의 변화는 1994년 멕시코가 겪었던 그리고 1997~1998년 동아시아 국가들이 경험한 금융위기(financial crisis)의 결과로 생겨났다. 과거의 금융위기는 이들 국가들이 상당한 금액을 외국에서 차입했다는 사실로 인해 더욱 악화됐었다. 그와 같은 위기가 다시 발생하는 것을 방지하기 위해 이상의 국가에서는 저축을 증가시켰으며 외환보유고를 늘려 비축했다. 또한 이들 국가는 순차입국이 아닌 외국에 대한 순대출국이 됐다.

경상계정적자 증가의 원인이 될 수도 있고 그렇지 않을 수도 있는 한 가지 요인은 미국정부의 재정적자(budget deficit) 증가다. 252쪽 "응용 : 쌍둥이 적자"에서 논의하는 것처럼 2000년대 초반에는 경상계정적자와 정부의 재정적자가 모두 급격히 증가했다. 그러나 1990년대 후반에는 이 두 변수가 반대방향으로 움직였다. 또한 독일이나 일본과 같은 국가들은 미국의 재정적자에 비해 훨씬 많은 재정적자를 기록했지만(GDP 대비 비율로 볼 때), 많은 경상계정흑자를 유지했다. 그러므로 미국 정부의 많은 재정적자가 많은 경상계정적자의 한 원인일 수 있지만, 이러한 논점에 대한 증거는 일률적이지 않다.

---

12. 이러한 견해의 분석에 대해서는 Ben S. Bernanke, "The Global Saving Glut and the U.S. Current Account Deficit." Sandridge Lecture, Virginia Association of Economists, Richmond, Virginia, March 10, 2005를 참조하라. www.federalreserve.gov/boarddocs/speeches/2005에서 이용 가능함.

요약하면, 개방대국경제에서 균형 세계실질이자율은 한 국가에 의한 바람직한 국제대출이 다른 국가의 바람직한 국제차입과 일치하는 상태의 이자율이다. 다시 말해, 균형 세계실질이자율은 대출 국가의 경상계정흑자와 차입 국가의 경상계정적자를 동일하게 만드는 실질이자율이다.

개방소국경제의 상태와는 달리 개방대국경제에서 세계실질이자율은 고정되지 않으며, 양국 중 한 국가에서 바람직한 국민저축 혹은 바람직한 투자에 변화가 생기면 세계실질이자율은 변동한다. 일반적으로 초기의 세계실질이자율수준에서 바람직한 국제차입에 비해 바람직한 국제대출을 증가시키는 어떤 요인은 세계실질이자율을 떨어뜨리는 요인이 된다. 마찬가지로 초기의 세계실질이자율수준에서 바람직한 국제차입에 비해 바람직한 국제대출을 감소시키는 변화는 세계실질이자율을 상승시키는 요인이 된다.

5.5 재정정책과 경상계정

1980년대와 1990년대에 미국은 종종 많은 정부의 재정적자와 경상계정적자를 기록했다. 이 두 현상은 관련이 있을까? 많은 경제학자와 논평자는 사실상 재정적자가 경상계정적자의 주요 원인이라고 제시하면서 두 현상은 관련이 있다고 주장한다. 이러한 관점을 지지하는 사람들은 정부의 재정적자와 경상계정적자가 상호 밀접하게 관련된다는 생각을 전달하기 위해 '쌍둥이 적자(twin deficits)'라는 어구를 종종 사용한다. 그러나 모든 경제학자가 이상의 설명에 동의하는 것은 아니며, 일부는 이 두 가지 적자가 크게 관련되지 않는다고 주장한다. 이 절에서는 이상의 논의에 대한 이론적 접근을 간단히 언급하고 난 뒤 실증적 증거를 살펴본다.

결정적 요인 : 국민저축의 반응

정부의 재정적자와 경상계정적자 간의 관련성 여부에 관한 이론적 접근은 다음의 명제를 중심 논제로 삼고 있다. 즉, **재정적자의 증가가 바람직한 국민저축을 감소시키는 경우에만 정부의 재정적자 증가는 경상계정적자를 상승시킨다.**

우선 이상의 두 가지 적자의 관련성에 있어 국민저축이 결정적인 역할을 하는 이유를 살펴보자. 그림 5.10은 개방소국경제의 경우를 보여준다. 세계실질이자율은 r^w 수준에서 고정된다. 초기의 저축곡선과 투자곡선을 S^1과 I로 나타냄으로써 세계실질이자율 r^w 수준에서, 한 국가가 AB의 거리로 나타난 경상계정흑자상태에 있다. 이제 정부의 재정적자가 상승한다고 가정하자. 단순화를 위해 이 절에서는 재정정책의 변화가 투자의 조세상 특례에 영향을 미치지 않기 때문에 투자곡선은 이동하지 않는다고 가정한다. 따라서 그림 5.10과 같이 재정적자가 바람직한 국민저축에 영향을 미치는 경우에만 정부의 적자 증가가 경상수지를 변화시킨다.

쌍둥이 적자를 지지하는 사람들의 통상적인 주장은 정부의 재정적자 증가가 바람직한 국민저축을 감소시킨다는 점에 기초한다. 만약 그렇다면, 정부의 적자 증가는 바람직한 국민저축의 곡선을 S^1에서 S^2로 왼쪽으로 이동시킨다. 이 국가는 이제 AC의 거리만큼의 경상계정흑자를 여전히 갖고 있지만, 원래의 흑자인 AB의 거리에 비해 줄어든다.

우리는 개방소국경제에서 정부의 재정적자 증가가 바람직한 국민저축을 감소시키는 것과 동일한 금액만큼 경상수지를 감소시킨다고 결론 내릴 수 있다. 저축이 감소함으로써 재정적자 증가는 국내거주자가 세계실질이자율 수준에서 해

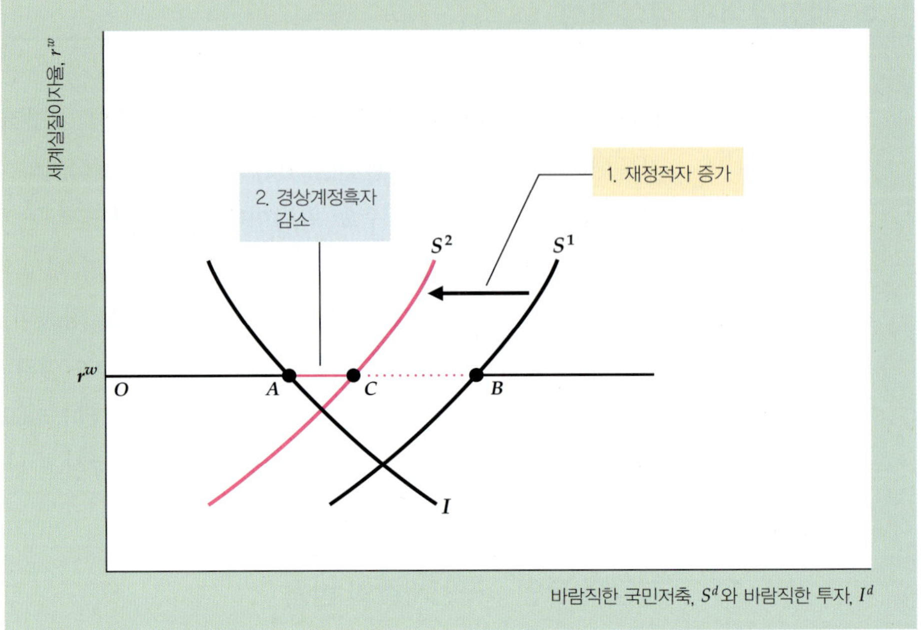

그림 5.10

개방소국경제에서 정부의 재정적자와 경상계정

정부의 재정적자 증가는 국민저축을 감소시키는 경우에만 경상계정에 영향을 미친다. 초기의 저축곡선은 S^1이고 경상계정흑자는 AB의 거리다. 정부의 재정적자 증가가 국민저축을 감소시키면 저축곡선은 S^1에서 S^2로 왼쪽으로 이동한다. 자본에 대한 유효세율에 변화가 없는 상태에서 투자곡선 I는 이동하지 않는다. 따라서 재정적자의 증가는 경상계정흑자를 AB의 거리에서 AC의 거리로 감소시킨다. 반대로 재정적자 증가가 국민저축에 영향을 미치지 않는다면 경상계정 역시 영향을 받지 않으며 경상계정흑자는 여전히 AB의 거리와 동일하다.

외로 대출을 희망하는 금액을 감소시키기 때문에 자본유출을 떨어뜨린다. 다르게 표현하면, 국민저축의 감소는 국내생산의 상당 부분이 본국에서 지출됐음을 의미한다. 적은 생산량을 해외로 보내는 상태에서 그 국가의 경상수지는 떨어지게 된다. 개방대국경제에서도 유사한 결과가 나타난다(여러분은 이 장의 끝에 있는 분석문제 4번에서 이 경우를 검토할 수 있다).

정부의 재정적자와 국민저축

이제 재정적자와 저축 간의 관련성으로 돌아가 두 가지 경우, 즉 정부구매의 증가로 생겨나는 재정적자의 경우와 조세감면으로 상승하는 재정적자의 경우를 고려하자.

정부구매 증가로 생겨나는 재정적자 정부의 재정적자 원인이 예컨대 군비 증강으로 인한 정부구매의 일시적인 증가라고 가정하자. 이 경우에는 논쟁의 여지가 없다. 생산량 Y가 완전고용수준에서 일정하게 유지되는 상태에서 정부구매 G의 증가는 직접적으로 바람직한 국민저축 $S^d = Y - C^d - G$를 감소시킨다는 사실을 기억하기 바란다(이는 4장에서 논의됐다).[13, 14] 경제학자는 정부구매의 증

13. 또한 정부구매의 증가는 미래에 조세가 상승할 수 있음을 의미하기 때문에 소비자의 기대 미래소득이 감소할 것이며 바람직한 소비 C^d는 떨어질 것이다. 그러나 G의 증가는 일시적이기 때문에 미래의 조세 증가가 너무 클 필요는 없을 것이며, C^d의 이러한 하락은 G의 증가가 바람직한 국민저축

가로 인한 재정적자가 바람직한 국민저축을 감소시킨다는 사실에 동의하기 때문에 정부구매의 증가로 나타나는 재정적자가 그 국가의 경상수지를 감소시킨다는 사실에도 동의한다.

조세감면의 결과로 나타나는 재정적자 이제 현재 및 계획된 미래의 정부구매가 변동하지 않는 상태에서 정부의 재정적자가 현재의 조세감면의 결과로 나타난다고 가정하자. 정부구매 G가 변동하지 않고 생산량 Y가 완전고용수준에서 일정하게 유지되는 상태에서, 조세감면이 바람직한 소비 C^d를 상승시키는 경우에만 조세감면은 바람직한 국민저축 $S^d = Y - C^d - G$의 하락을 유도한다.

조세감면이 사람들로 하여금 더 많이 소비하도록 유도할 것인가? 4장에서 논의했듯이 리카도의 대등 정리를 믿는 사람들은 정액조세의 변동(현재 및 미래의 정부구매는 일정하게 유지되는 상태에서)은 바람직한 소비 혹은 바람직한 국민저축에 영향을 미치지 않는다고 주장한다. 이들 경제학자들은 오늘의 조세감면이 정부로 하여금 현재의 구매를 지불하기 위해 더 많이 차입하게 한다고 지적한다. 이와 같은 추가적인 차입과 이자를 합한 금액을 미래에 다시 상환할 때 미래의 조세는 상승하게 된다. 따라서 조세감면이 소비자의 현재 세후 소득을 상승시킨다고 할지라도, 이는 미래의 조세 증가의 필요성을 창출하며 소비자가 미래에 받을 것으로 기대하는 세후 소득을 떨어뜨린다. 이상의 주장을 종합하면, 조세감면이 소비자에게 이득을 제공하지 못하기 때문에 그들의 바람직한 소비는 증가하지 않는다.

리카도의 대등 정리가 사실이라면, 조세감면의 결과로 나타나는 재정적자는 바람직한 국민저축에 영향을 미치지 않기 때문에 경상계정에 아무런 효과도 갖지 않는다. 그러나 4장에서 언급했듯이 리카도의 대등 논리에도 불구하고, 다수의 경제학자들은 실제적으로 많은 소비자가 현재의 조세감면에 대해 더 많이 소비하는 형태로 반응한다고 주장한다. 예를 들어, 소비자는 오늘의 높은 수준의 재정적자가 아마 내일의 높은 수준의 조세로 이어질 수 있다는 사실을 단순히 이해하지 못할 수도 있다. 어떤 이유에서든 소비자가 조세감면에 대해 더 많이 소비하는 것으로 반응한다면, 조세감면의 결과로 나타나는 재정적자는 국민저축의 감소와 함께 경상수지도 감소시킬 수 있다.

에 미치는 영향을 완전히 상쇄하지 못한다.

14. 일반적으로 개방경제에서 $S^d = Y + NFP - C^d - G$이지만, 우리는 $NFP = 0$으로 가정했으므로 $S^d = Y - C^d - G$로 나타난다.

응용 *APPLICATION*

쌍둥이 적자

1960~2008년 기간에 미국 정부의 재정과 미국의 경상계정 간의 관계는 그림 5.11에 나타나 있다. 이 그림은 연방, 주 및 지방정부를 합한 경우와 함께 연방정부 단독에 대한 GDP 대비 정부구매와 순정부소득(조세에서 이전지출과 이자를 뺀 값)의 백분율(%)을 보여준다. 투자를 넘어선 국민저축의 초과분과 같은 경상수지에 관한 우리의 논의는 연방정부와 함께 주와 지방정부를 포함한 가장 폭넓은 수준의 정부에 초점을 두게 한다. 또한 그림 5.11에는 연방정부의 재정적자와 재정흑자가 종종 공공의 관심을 집중시키기 때문에 연방정부 단독의 구매와 순소득에 대한 데이터가 제시되어 있다. 아울러 그림 5.11에서와 같이 연방, 주 및 지방 정부를 합한 구매와 순소득에 있어 움직임의 대부분은 연방정부 재정의 상응한 구성요소들의 움직임을 반영한다.

순소득을 넘어선 정부구매의 초과분은 정부의 재정적자로, 분홍색으로 나타나 있다.[15] 경상수지의 음의 값들은 경상수지적자를 표시하며, 이 역시 분홍색으로 나타나 있다. 1960년대 후반 연방정부가 완만한 재정적자상태였음에도 불구하고 1960년대에 미국의 연방, 주 및 지방정부를 합한 정부부문은 재정흑자를 유지했다. 동시에 경상계정은 완만한 흑자를 나타냈다. 정부의 재정 및 경상계정은 둘 다 1980~1990년대에 가장 많은 적자가 발생했다. 1979년과 1983년 사이에 미국의 연방, 주 및 지방정부를 합한 정부부문의 재정적자는 GDP의 0.1% 미만에서 거의 GDP의 5%까지 증가했는데, 이는 동 기간 동안 연방정부의 재정적자가 GDP의 약 0.5%에서 GDP의 약 5%까지 증가한 사실과 부합한다. 이러한 정부의 재정적자 증가는 순정부소득의 감소와[이 관점에서 특히 중요한 것은 1981년의 경제활성화세법(Economic Recovery Tax Act)에 뒤이어 실행된 조세감면이었다], 국방지출의 증가를 반영한다. 1981년에는 흑자였던 경상계정이 1984년에는 GDP의 2.5%의 적자로 떨어졌다. 정부의 재정적자와 경상계정적자는 모두 1980년대와 1990년대 전반기에 계속해서 큰 수준에 머물러 있었다.[16]

1980년대와 1990년대 상반기 미국 정부의 재정적자와 경상계정적자 간의 외형상 밀접한 관련성은 재정적자가 경상계정적자의 원인이 된다는 쌍둥이 적자의 견해를 지지하는 증거를 나타낸다. 재정적자의 상승은 정부구매의 증가보다 조세감면(혹은 순정부소득을 감소시키는 이전지출과 이자지급의 증가)을 주로 반영하기 때문에 이상의 두 가지 적자의 행태는 조세감면이 저축이나 경상계정에 아무런 영향을 미치지 않아야 한다고 언급한 리카도의 대등 정리를 부정하는 것 같다.

15. 정부구매는 현재의 지출에서 이전지출과 이자를 뺀 값이다. 따라서 정부의 투자는 정부구매에 포함되지 않는다. 재정적자는 현재의 적자다. 이와 같은 개념에 대한 상세한 논의는 15장을 참조하라.

16. 1991년 동안 경상계정적자는 GDP의 0.1% 미만이었다. 이러한 개선은 주로 페르시아만 걸프 전쟁의 비용 부담을 돕기 위해 동맹국들이 미국에 1회의 일방적인 이전지출을 행한 결과다.

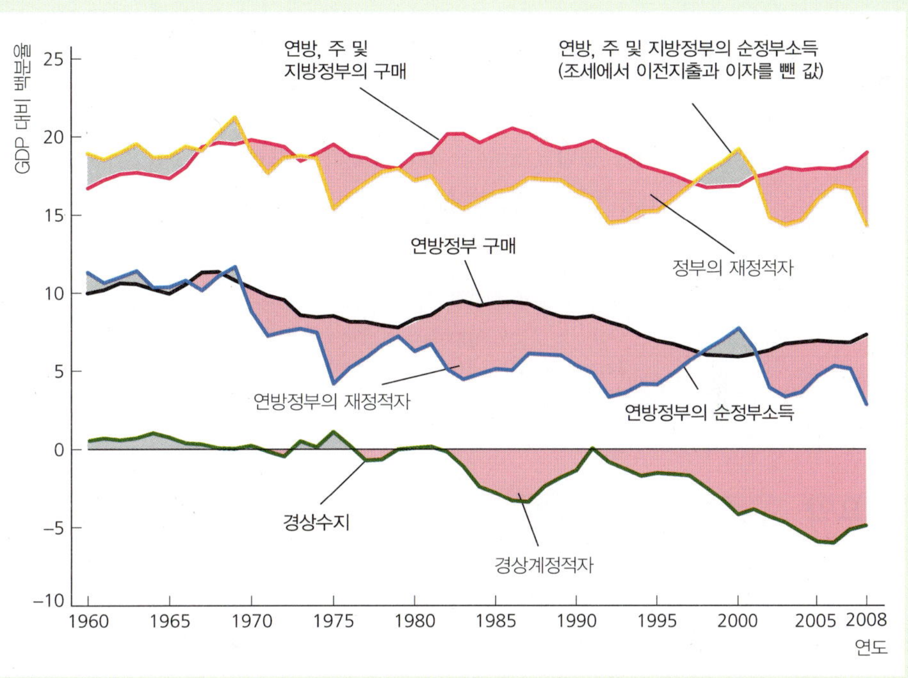

그림 5.11

미국 정부의 재정적자와 경상계정(1960~ 2008)

그림은 1960~2008년 미국의 정부구매, 순정부소득(조세에서 이전지출과 이자를 뺀 값) 및 경상수지를 보여준다. 모든 데이터는 GDP 대비 백분율(%) 값으로 측정됐다. 정부의 재정적자(분홍색)는 순정부소득을 넘어선 정부구매의 초과분이다. 1980년대와 1990년대 초반에 정부의 재정적자와 경상계정적자의 동시 출현이 쌍둥이 적자 현상이다.

출처 : 총정부 및 연방정부 수취, 현재의 지출, 이자 및 이전지출—BEA 웹사이트, www.bea.gov, NIPA 표 3.1과 3.2; GDP—BEA 웹사이트, NIPA 표 1.1.5. 경상수지—BEA 웹사이트, 국제교역계정 표 1.

1980년대와 1990년대 상반기 동안 미국의 경험이 정부의 재정과 경상계정 간의 관련성을 확인시키는 것 같지만, 다른 기간의 경험을 통한 증거들은 쌍둥이 적자의 견해를 덜 지지한다. 예를 들어, 미국은 대략 제1차 세계대전과 제2차 세계대전 기간에 많은 정부의 재정적자와 많은 경상계정흑자를 동시에 기록했다(그림 1.5와 1.6을 비교하라). 쌍둥이 적자의 견해를 적용할 수 없는 또 다른 상황은 1975년에 발생했다. 일회용 연방정부 세금환급은 정부의 많은 재정적자(연방, 주 및 지방정부를 합한 정부에 대해서는 GDP의 4.0%, 연방정부에 대해서는 GDP의 4.2%)에 기여했지만, 그림 5.11에서와 같이 1975년 미국의 경상수지는 눈에 띄게 상승했다. 1990년대 후반에 연방정부의 재정과 연방, 주 및 지방정부를 합한 정부의 재정은 모두 흑자였지만, 미국의 경상수지는 민간저축의 감소와 동시에 GDP 대비 투자 비율이 상승했기 때문에 매우 심한 적자상태에 머물러 있었다. 2008년 말과 2009년 초에는 경기를 부양하기 위해 정부지출이 증가함에 따라 재정적자는 상당히 늘어났다. 그러나 소비자들이 수입되는 재화와 서비스의 구매를 삭감함에 따라 경상수지적자는 현저히 감소했다.

정부의 재정적자와 경상계정적자 간의 관련성에 대한 다른 국가들의 증거 역시 일률적이지 않다. 예를 들어, 독일의 재정적자와 경상계정적자는 모두 통독 이후 1990년대 초반에 증가했다. 이러한 형태는 쌍둥이 적자의 견해와 일치한다. 그러나 1980년대 중반 동안 캐나다와 이탈리아는 모두 심각한 경상계정의 문제들을 경험하지 않은 상태에서 미국의 재정적자보다도 훨씬 심한 정부의 재정적자[GDP 대비 백분율(%)의 값]를 겪었다. 정부의 재정적자와 경상계정 간의 관계에 대한 경제학자들 간의 상당한 의견 차이는 명확한 증거의 부족으로 인해 오랜 기간 지속되고 있다.[17] 우리가 확실히 말할 수 있는 사항은 [저축용도 항등식, 식 (2.11)이 의미하기 때문에] 정부의 재정적자의 증가가 동일한 금액의 민간저축의 증가에 의해 상쇄되지 않는다면, 그 결과는 반드시 국내투자의 감소, 경상계정적자의 증가 혹은 두 가지 현상이 동시에 생겨난다는 것이다.

17. 쌍둥이 적자에 관한 최근 연구는 다음을 참조하라. Michele Cavallo, "Understanding the Twin Deficits: New Approaches, New Results," Federal Reserve Bank of San Francisco, *Economic Letter*, No. 2005-16, July 22, 2005.

요약 SUMMARY

1. 국제수지계정은 경상계정과 자본 및 금융계정으로 구성된다. 경상계정은 현재 생산된 재화와 서비스의 무역, 해외소득 및 국가 간 이전지출을 기록한다. 자본계정 및 금융계정으로 구성된 자본과 금융계정은 현재의 실물 및 금융자산의 무역을 기록한다. 미국에서 일방적 자산의 이전지출을 기록하는 자본계정은 대단히 미미하다.
2. 경상계정에서 재화와 서비스의 수출, 해외로부터의 소득수취 및 해외로부터 받는 일방적 이전지출은 대변(양의 부호) 항목으로 간주된다. 경상계정에서 재화와 서비스의 수입, 자산을 소유하거나 본국에서 일하는 외국인들에 대한 소득지불 및 해외로 보내는 일방적 이전지출은 차변(음의 부호) 항목이다. 경상수지 *CA*는 경상계정의 대변 항목들에서 차변 항목들을 뺀 값과 동일하다. 순수취요소소득과 순 일방적 이전지출을 무시한다면, 경상수지는 순수출 *NX*와 같아진다. 자본 및 금융수지 *KFA*는 외국인에게 판매된 자산(자본유입)의 값에서 외국인으로부터 구입한 자산(자본유출)의 값과 자산의 순 일방적 이전지출의 합을 뺀 값이다.
3. 측정오차를 제외하면 매 기간 경상수지 *CA*와 자본 및 금융수지 *KFA*의 합은 반드시 0이어야 한다. 그 이유는 모든 국제교역은 재화, 서비스 또는 자산의 교환을 포함하기 때문이다. 즉, 이러한 교환의 두 상대는 경상수지와 자본 및 금융수지의 합에 대해 항상 상쇄하는 효과를 갖고 있다.
4. 개방경제에서 재화시장의 균형은 바람직한 국민저축의 양이 바람직한 국내투자의 양과 그 국가가 해외로 대출하는 양의 합과 동일할 때 달성된다. 다시 말해, 순수출은 그 국가의 생산량(국내총생산)에서 국내거주자에 의한 바람직한 총지출(총흡수)을 뺀 값과 반드시 일치해야 한다.
5. 개방소국경제는 국제자본시장에서 고정된 실질이자율에 직면한다. 개방소국경제에서 재화시장의 균형이 달성되려면 보편적인 세계실질이자율 수준에서 국민저축과 투자가 바람직한 수준에서

일치해야 한다. 해외대출, 순수출, 경상계정 모두는 투자를 넘어선 국민저축의 초과분과 일치한다. 세계실질이자율수준에서 바람직한 국민저축을 증가시키거나 바람직한 투자를 감소시키는 어떤 요인은 개방소국경제의 해외대출(혹은 동등한 의미로, 그 경제의 경상수지)을 증가시킨다.

6. 개방대국경제의 저축 및 투자 수준은 세계실질이자율에 영향을 미친다. 두 개의 큰 개방대국경제 모형에서 국제자본시장에서의 균형 실질이자율은 한 국가에 의한 바람직한 국제대출과 다른 국가에 의한 바람직한 국제차입을 일치시키는 이자율이다. 다시 말해, 균형 실질이자율에서 대출하는 국가의 경상계정흑자가 차입하는 국가의 경상계정적자와 동일하다. 양 대국에 대한 초기의 이자율에서 바람직한 국민저축을 증가시키거나 바람직한 투자를 감소시키는 어떤 요인은 수요에 비해 국제대출의 공급을 증가시킬 것이므로 세계실질이자율의 하락을 유도한다.

7. 쌍둥이 적자 가설에 의하면, 1980년대와 1990년대 상반기의 미국 정부의 많은 재정적자가 동 기간 미국 경상계정적자의 매우 가파른 증가를 유도하는 한 원인이었다. 재정적자가 경상계정적자를 유도하는지는 의견이 일치되지 않은 주제다. 이론적으로 우리가 투자의 조세상 특례가 변동하지 않는다고 가정하면, 정부의 재정적자 증가가 국민저축을 감소시키는 경우에만 경상계정적자를 상승시킨다. 경제학자는 정부구매의 일시적인 증가에 의해 야기되는 재정적자의 증가가 국민저축을 감소시킬 것이라는 점에 일반적으로 동의한다. 그러나 조세감면에 의해 야기되는 재정적자의 증가가 국민저축을 감소시키는지 여부에 대해서는 여전히 논쟁거리로 남아 있다.

핵심용어 KEY TERMS

개방대국경제
개방소국경제
경상계정
경상수지
공식적 결제 잔고
공식지불준비자산
국제수지
국제수지계정
금융계정
금융수지
세계실질이자율
외국인 직접투자
일방적 이전지출
자본계정
자본 및 금융계정
자본 및 금융수지
자본수지
자본유입
자본유출
총흡수
통계적 오차

주요 그래프 4

개방소국경제에서 국민저축과 투자

저축-투자 그래프의 개방경제 형태는 세계실질이자율을 주어진 값으로 간주하는 개방소국경제에서 국민저축, 투자 및 경상수지가 어떻게 결정되는지 보여준다.

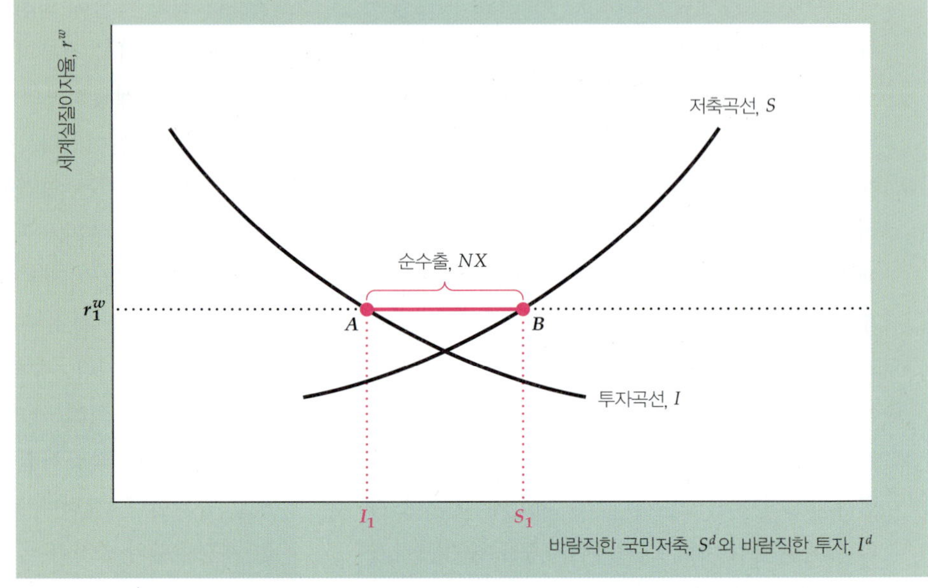

그래프의 성질

- 세계실질이자율은 수직축을 따라 측정되고, 개방소국경제의 바람직한 국민저축 S^d와 바람직한 투자 I^d는 수평축을 따라 측정된다.
- 세계실질이자율 r^w는 고정된 값이므로 수평선으로 나타나 있다.
- 저축곡선 S와 투자곡선 I는 폐쇄경제의 저축-투자 그래프(4장의 주요 그래프 3)의 경우와 동일하다.

분석

- 개방소국경제에서 재화시장의 균형은 바람직한 국민저축이 바람직한 투자와 순수출의 합과 동일할 때 달성된다[식 (5.4)]. 그래프에서 세계실질이자율이 r_1^w일 때 바람직한 국민저축은 S_1이고 바람직한 투자는 I_1이다. 그 국가의 순수출 NX와 경상수지 CA 혹은 $S_1 - I_1$은 AB의 거리다. 다시 말해, 바람직한 투자 대비 바람직한 국민저축의 초과분인 AB의 거리는 그 개방소국경제가 외국으로 대출하는 혹은 자본과 금융계정적자, $-KFA$의 금액이다.

곡선의 이동요인

- 세계실질이자율 값이 고정된 개방소국경제에서 바람직한 국민저축을 증가시키는 어떤 요인은 저축곡선을 오른쪽으로 이동시킨다. 저축곡선을 오른쪽으로 이동시키는 요인으로는(4.1절의 요약표 5 참조) 현재의 생산량 Y의 증가, 기대 미래 생산량의 감소, 부의 감소, 만약 리카도의 대등이 성립하지 않으며 조세가 저축에 영향을 미친다면 현재의 정부구매 G의 감소 및 현재의 조세 T의 증가 등이 있다.
- 보편적인 실질이자율에서 바람직한 투자를 증가시키는 어떤 요인은 투자곡선을 오른쪽으로 이동시킨다. 투자곡선을 오른쪽으로 이동시키는 요인으로는(4.2절의 요약표 6 참조) 자본의 기대 미래 한계생산성 MPK^f의 증가와 유효자본세율의 감소 등이 있다.
- 바람직한 국민저축의 증가는 저축곡선을 오른쪽으로 이동시켜 순수출과 경상수지 CA를 상승시

킨다. 다시 말해, 바람직한 국민저축의 증가는 그 국가의 자본과 금융계정적자, $-KFA$와 동일한 순해외대출을 상승시킨다. 마찬가지로 바람직한 투자의 증가는 투자곡선을 오른쪽으로 이동시켜 순수출, 경상수지, 순해외대출 및 자본과 금융계정적자를 떨어뜨린다.

- 세계실질이자율 r^w의 증가는 그래프에서 수평선을 위로 상승시킨다. 세계실질이자율의 증가는 국민저축을 증가시키고 투자를 감소시키기 때문에 세계실질이자율의 증가는 순해외대출, 순수출, 경상계정흑자 및 자본과 금융계정적자를 상승시킨다.

주요 그래프 5

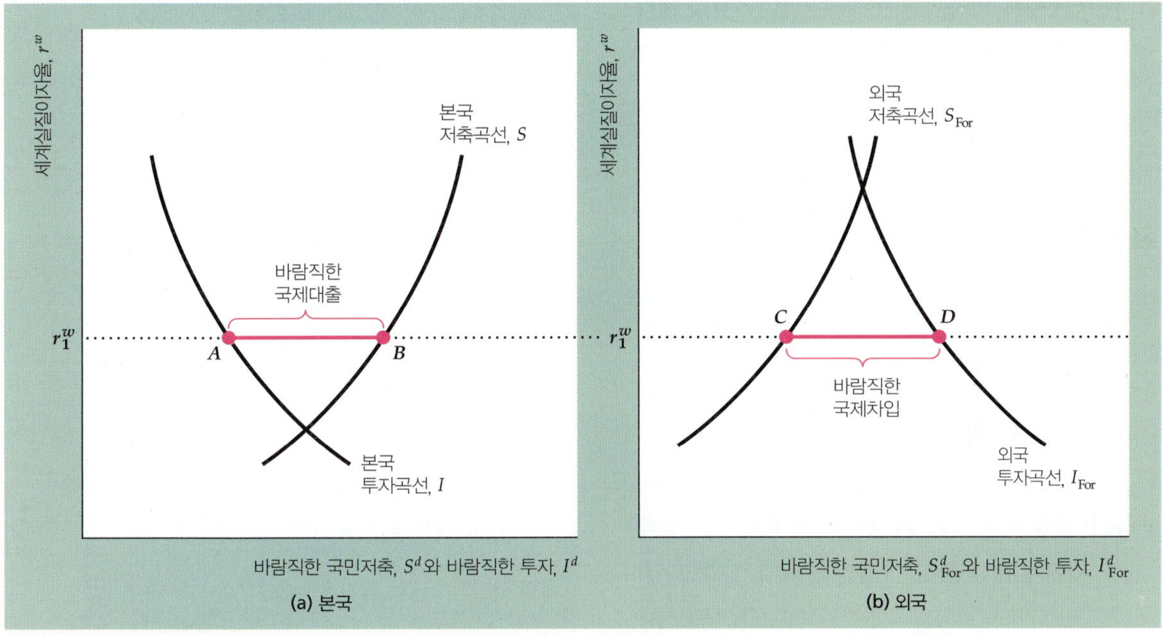

개방대국경제에서 국민저축과 투자

이 그래프는 세계실질이자율에 영향을 미칠 정도로 충분히 큰 경제인 개방대국경제에서 국민저축, 투자 및 경상수지의 결정을 보여준다.

그래프의 성질

- 그림은 본국과 외국(세계의 나머지를 나타냄)에 대한 두 개의 저축-투자 그래프로 구성된다.
- 수직축에 측정된 세계실질이자율 r^w는 국제자본시장에서 양국이 직면하는 실질이자율이다.
- 본국의 저축 및 투자곡선(S와 I)과 외국의 저축 및 투자곡선(S_{For}와 I_{For})은 이전에 제시한(188쪽 주요 그래프 3과 주요 그래프 4) 저축 및 투자곡선과 동일하다.

분석

- 이 경우는 세계실질이자율 r^w가 주어진 값이 아니라 모형 내에서 결정된다는 점에서 개방소국경제의 경우(주요 그래프 4)와 상이하다.
- 개방대국경제에서 재화시장의 균형은 한 국가의 바람직한 국제대출이 다른 국가의 바람직한 국제차입과 동일할 때 달성된다. 다시 말해, 한 국가의 국제대출은 그 국가의 경상수지와 동일하기 때문에 재화시장의 균형은 한 국가의 경상계정흑자가

다른 국가의 경상계정적자와 동일할 때 달성된다.

- 세계실질이자율의 조정을 통해 재화시장의 균형이 달성된다. 그래프의 r_1^w 수준에서 본국의 바람직한 국제대출(그 국가의 바람직한 국민저축에서 바람직한 투자를 뺀 값 혹은 *AB*의 거리)이 외국의 바람직한 국제차입(그 국가의 바람직한 투자에서 바람직한 국민저축을 뺀 값 혹은 *CD*의 거리)과 동일하기 때문에 r_1^w은 균형 세계실질이자율이다.

곡선의 이동요인

- 두 국가에서 저축곡선과 투자곡선은 주요 그래프 3(4장)과 주요 그래프 4에서와 같은 동일한 요인들에 의해 이동된다.
- 어느 한 국가에서 바람직한 국민저축 혹은 바람직한 투자가 변동하면 세계실질이자율은 변동한다. 초기의 세계실질이자율수준에서 바람직한 국제차입에 비해 바람직한 국제대출을 증가시키는 어떤 변화는 국제자본시장에서 균형을 회복하기 위해 세계실질이자율의 하락을 유도한다. 바람직한 국제차입에 비해 바람직한 국제대출을 증가시키는 변화는 어느 한 국가에서 바람직한 국민저축의 증가 혹은 바람직한 투자의 감소를 포함한다. 마찬가지로 어느 한 국가에서 바람직한 국민저축의 감소 혹은 바람직한 투자의 증가는 바람직한 국제차입에 비해 바람직한 국제대출을 감소시키고 세계실질이자율을 상승시킨다.

주요 방정식 *KEY EQUATIONS*

$$CA + KFA = 0 \tag{5.1}$$

측정상의 문제점을 제외하면 경상수지 *CA*와 자본과 금융수지 *KFA*의 합은 항상 0이 된다. 그 이유는 모든 국제교역은 재화, 서비스 또는 자산의 교환을 포함하기 때문이다. 즉, 이상의 교환하는 두 상대는 $CA + KFA$에 대해 항상 상쇄하는 효과를 갖고 있다.

$$S^d = I^d + NX \tag{5.4}$$

개방경제에서 재화시장의 균형조건을 유지하기 위해서는 바람직한 국민저축 S^d는 바람직한 투자 I^d와 외국에 대출한 금액의 합과 반드시 일치해야 한다. 외국에 대출하는 금액과 경상수지는 동일하며, 또한 경상수지는 (순요소수취와 순 일방적 이전지출을 0이라고 가정하면) 순수출 *NX*와 동일하다.

$$NX = Y - (C^d + I^d + G) \tag{5.6}$$

재화시장의 균형조건을 나타내는 또 다른 방법으로, 상기 방정식은 순수출이 그 국가의 생산량 *Y*에서 바람직한 총흡수 $C^d + I^d + G$를 뺀 값과 반드시 동일해야 한다는 사실을 나타낸다.

복습문제 *REVIEW QUESTIONS*

1. 한 국가의 경상계정에 나타나는 대변 항목과 차변 항목의 종류들을 열거하라. 경상수지란 무엇인가? 경상수지와 순수출 사이에는 어떤 관계가 성립하는가?

2. 국제교역이 경상계정에 기록되는지 혹은 자본 및 금융계정에 기록되는지 여부를 결정하는 중요한 차이점은 무엇인가?

3. 미국의 출판업자가 200달러 가치의 책들을 브라질의 거주자에게 판매한다. 자동적으로 이 항목은 미국의 경상계정에서 대변 항목이다. 미국의

경상수지와 자본과 금융수지의 합이 계속해서 0이 되게끔 보장하는 다소의 상쇄하는 거래들을 서술하라.

4. 한 국가의 경상수지와 자본과 금융수지는 그 국가의 순해외자산에 어떤 영향을 미치는가? A국가의 1인당 순해외자산이 B국가의 경우에 비해 크다면, A국가가 B국가에 비해 반드시 나은 상태인가?

5. 개방소국경제에서 (a) 국민저축은 투자와 반드시 동일하지 않아도 되며, (b) 생산량은 총흡수와 반드시 동일하지 않아도 되는 이유를 설명하라.

6. 일반적으로 바람직한 저축과 바람직한 투자에서 어떤 종류의 변화들이 개방소국경제의 경상수지 적자를 크게 유도하는가? 바람직한 저축과 바람직한 투자에서 이상의 변화를 유도하는 요인들은 무엇인가?

7. 두 개방대국경제로 구성된 세계에서 세계실질이자율을 결정하는 요인은 무엇인가? 세계실질이자율이 균형 값에 있을 때 두 국가의 경상계정 사이에는 어떤 관계가 성립하는가?

8. 개방대국경제에서 바람직한 국민저축의 증가는 어떻게 세계실질이자율에 영향을 미치는가? 바람직한 투자의 증가는 어떻게 세계실질이자율에 영향을 미치는가? 개방대국경제에서 바람직한 저축 혹은 투자의 변화는 세계실질이자율에 영향을 미치지만, 개방소국경제에서 바람직한 저축 혹은 투자의 변화는 세계실질이자율에 영향을 미치지 않는 이유는 무엇인가?

9. 개방소국경제에서 정부의 재정적자 증가가 어떤 경우 경상수지에 영향을 미치는가? 경상수지가 변동하는 경우들에 있어 변화의 크기는 어느 정도인가?

10. 쌍둥이 적자란 무엇인가? 이들 사이의 관련성은 어떤가?

계산문제 NUMERICAL PROBLEMS

1. 다음은 국제수지 데이터다(양과 음의 부호는 생략).

재화의 수출, 100
재화의 수입, 125
서비스의 수출, 90
서비스의 수입, 80
해외로부터의 소득수취, 110
외국인에게 소득지급, 150
본국의 외국 자산 소유권의 증가, 160
외국의 본국 자산 소유권의 증가, 200
본국 지불준비자산의 증가, 30
외국 지불준비자산의 증가, 35

일방적 이전지출은 0으로 가정하고, 순수출, 경상수지, 자본 및 금융수지, 공식적 결제 잔고 및 통계적 오차를 구하라. (주 : 본국 지불준비자산의 30 증가는 본국의 외국 자산 소유권의 160 증가에 포함돼 있다. 그리고 외국 지불준비자산의 35 증가는 외국의 본국 자산 소유권의 200 증가에 포함돼 있다.)

2. 개방소국경제에서 생산량(국내총생산)은 250억 달러, 정부구매는 60억 달러 및 해외순수취요소소득은 0이다. 바람직한 소비와 바람직한 투자는 다음과 같은 방식으로 세계실질이자율과 관련돼 있다.

세계실질이자율	바람직한 소비	바람직한 투자
5%	120억 달러	30억 달러
4%	130억 달러	40억 달러
3%	140억 달러	50억 달러
2%	150억 달러	60억 달러

각 세계실질이자율 값에 대한 국민저축, 해외대

출 및 총흡수를 구하라. 생산량과 총흡수 사이의 차이인 순수출을 계산하라. 순수출과 해외대출 사이에는 어떤 관계가 성립하는가?

3. 개방소국경제에서,

바람직한 국민저축, S^d = 100억 달러 + (1,000억 달러)r^w
바람직한 투자, I^d = 150억 달러 − (1,000억 달러)r^w
생산량, Y = 500억 달러
정부구매, G = 100억 달러
세계실질이자율, $r^w = 0.03$

a. 이 경제의 국민저축, 투자, 경상계정흑자, 순수출, 바람직한 소비 및 총흡수를 구하라.

b. 미래의 생산성을 증가시키는 기술혁신으로 말미암아 그 국가의 바람직한 투자가 각 세계실질이자율수준에서 20억 달러만큼 상승한다. 이와 같은 새로운 정보를 바탕으로 (a)문항을 다시 풀어라.

4. 본국 경제와 외국 경제의 두 개방대국경제를 고려하자. 본국에서는 다음의 관계식들이 성립한다.

바람직한 소비, $C^d = 320 + 0.4(Y - T) - 200r^w$
바람직한 투자, $I^d = 150 - 200r^w$
생산량, $Y = 1{,}000$
조세, $T = 200$
정부구매, $G = 275$

외국에서는 다음의 관계식이 성립한다.

바람직한 소비, $C^d_{For} = 480 + 0.4(Y_{For} - T_{For}) - 300r^w$
바람직한 투자, $I^d_{For} = 225 - 300r^w$
생산량, $Y_{For} = 1{,}500$
조세, $T_{For} = 300$
정부구매, $G_{For} = 300$

a. 국제자본시장에서 균형이자율은 얼마인가? 각 국가에서 소비, 국민저축, 투자 및 경상수지의 균형 값은 얼마인가?

b. 본국의 정부구매가 50만큼 증가해 325가 됐다고 가정하자. 이러한 정부구매의 증가에 따른 적자를 보존하기 위해 조세도 역시 50만큼 증가한다. 국제자본시장에서 새로운 균형이자율은 얼마인가? 각 국가에서 소비, 국민저축, 투자 및 경상수지의 새로운 균형 값은 얼마인가?

5. 세계가 본국(H)과 외국(F)으로 명시된 단지 두 개의 국가로 구성된다고 하자. 각 국가에서 생산량은 완전고용수준과 동일하다. 여러분은 각 국가에 대해 다음과 같은 정보를 갖고 있다.

본국	소비	$C_H = 100 + 0.5Y_H - 500r^w$
	투자	$I_H = 300 - 500r^w$
	정부구매	$G_H = 155$
	완전고용생산량	$\bar{Y}_H = 1{,}000$
외국	소비	$C_F = 225 + 0.7Y_F - 600r^w$
	투자	$I_F = 250 - 200r^w$
	정부구매	$G_F = 190$
	완전고용생산량	$\bar{Y}_F = 1{,}200$

a. 본국과 외국에서의 국민저축을 세계실질이자율 r^w의 함수로 나타내라.

b. 세계실질이자율의 균형 값은 얼마인가?

c. 각 국가의 소비, 국민저축, 투자, 경상수지 및 총흡수의 균형 값은 얼마인가?

6. 어느 작은 섬나라에는 파괴할 수 없는 코코넛 나무들이 있다. 이러한 나무들은 영원히 생명을 유지하며 새로운 나무가 이식되지도 않는다. 매년 그 나무들에서 떨어지는 100만 달러 가치의 코코넛이 그 지역에서 소비되거나 다른 국가로 수출될 수 있다. 지난 수년 동안 이 섬나라는 경상계정흑자와 해외채권을 획득함으로써 자본 및 금융계정적자상태이다. 이 섬나라는 현재 50만 달러의 해외채권을 소유하고 있다. 이러한 채권에 대한 이자율은 매년 5%이다. 이 섬나라의 거주자들은 매년 102만 5천 달러를 소비한다. 이 국가의 투자, 국민저축, 경상수지, 자본과 금융수지, 순수출, GDP 및 GNP의 값은 얼마인가?

분석문제 ANALYTICAL PROBLEMS

1. 다음의 거래들이 각각 미국의 국제수지계정에 어떻게 기입될 수 있는지 설명하라. 단지 서술된 거래에 대해서만 논의하라. 즉, 상쇄하는 거래들의 가능한 경우는 고려하지 않는다.

a. 미국정부가 외국정부에 F-16 전투기를 판매한다.

b. 런던은행이 스위스은행에 엔을 판매하고 대신 달러를 구입한다.

c. 연방준비은행이 스위스은행에 엔을 판매하고 대신 달러를 구입한다.

d. 뉴욕은행이 브라질에 대출한 금액에 대한 이자를 받는다.

e. 미국의 수집가가 이집트에 거주한 수집가로부터 몇 점의 고대 공예품을 구입한다.

f. 미국의 석유회사가 멕시코만에 있는 석유 장비를 지키기 위해 캐나다 보험회사의 보험을 구입한다.

g. 미국회사가 영국은행으로부터 차입한다.

2. 자동적으로 미국의 경상수지 *CA*와 미국의 자본 및 금융수지 *KFA*의 합을 변동시키는 분석문제 1번에서 서술한 각 거래에 대해 $CA + KFA$가 변동하지 않고 유지되게끔 상쇄하는 거래의 예를 제시하라.

3. 어떤 대국이 국내거주자에게 해외차입과 대출을 금지하는 자본통제(capital control)를 설정한다. 이와 같은 조치가 그 국가의 경상수지, 국민저축 및 투자 그리고 국내실질이자율과 세계실질이자율에 미치는 영향을 분석하라. 자본통제가 부과되기 이전에 그 대국은 자본과 금융계정흑자 상태였다고 가정한다.

4. 본문에서는 본국 정부의 재정적자 증가가 바람직한 국민저축에 영향을 미치는 경우에만 경상계정적자를 상승시킨다는 사실을 개방소국경제에 대해서만 보였다. 이상의 결과가 개방대국경제에 대해서도 사실일 수 있음을 보여라. 이때 본국에서 정부의 재정적자 증가가 바람직한 국민저축에 영향을 미친다고 가정한다. 재정적자의 증가는 외국의 경상계정, 양국의 투자 및 세계실질이자율에 어떤 영향을 미치는가?

5. 다음의 각 사항이 개방대국경제의 국민저축, 투자, 경상수지 및 실질이자율에 어떤 방법으로 영향을 미치는가?

a. 저축에 대한 국내의 성향이 증가함(이는 주어진 실질이자율수준에서 바람직한 국민저축을 상승시킴).

b. 저축에 대한 외국인들의 성향이 증가함.

c. 외국의 정부구매가 증가함.

d. 외국의 조세가 증가함(리카도의 대등이 성립하는 경우와 성립하지 않는 경우 모두 고려하라).

6. 외국 경제에만 강타한 일시적인 해로운 공급 충격이 개방대국경제에 미치는 영향을 분석하라. 또한 이상의 사항이 본국의 국민저축, 투자 및 경상수지 그리고 세계실질이자율에 미치는 영향을 논의하라. 해로운 공급 충격이 세계적이라면 여러분의 답은 어떻게 달라지는가?

7. 개방소국경제의 수석경제고문이 다음을 공식적으로 발표했다. "좋은 소식과 나쁜 소식이 있다. 좋은 소식은 향후 생산량을 증가시킬 일시적인 이로운 생산성 충격이 현재 발생한 점이며, 나쁜 소식은 생산량과 소득의 증가가 국내소비자로 하여금 수입재를 더 많이 구입하게 하여 우리의 경상수지가 떨어질 것이라는 점이다." 이로운 생산성 충격이 실제로 발생한 것으로 간주하고 이상의 의견을 분석하라.

8. 세계는 단지 두 개의 큰 국가, 즉 이스트랜드와 웨스트랜드로 구성되어 있다. 웨스트랜드는 경

상계정적자가 많은 상태며, 이스트랜드에 대해 경상계정적자를 감소하기 위한 도움을 종종 호소한다. 현재 이스트랜드의 정부는 100억 달러의 재화와 서비스를 구매하는데, 이러한 재화와 서비스는 모두 이스트랜드에서 생산된 것이다. 이스트랜드의 재무장관은 정부가 이러한 재화의 절반을 웨스트랜드로부터 구입할 것을 제안한다. 구체적으로 이스트랜드 정부는 계속해서 100억 달러의 재화를 구입하지만, 50억 달러의 재화는 이스트랜드로부터 구입하고 나머지 50억 달러의 재화는 웨스트랜드로부터 구입한다. 이스트랜드의 재무장관은 다음의 근거를 제시한다. "양국이 동일한 재화를 생산하기 때문에 우리가 구입하는 재화가 어떤 국가에서 생산됐는지는 사실상 문제가 되지 않는다. 더욱이 이러한 구입 정책의 변화는 웨스트랜드의 많은 경상계정적자를 감소하는 데 도움이 될 것이다." 이러한 구입 정책의 변화가 각국의 경상수지와 세계 실질이자율에 어떤 영향을 미치는가? (힌트 : 이스트랜드의 정부가 구입 정책을 변화시킨 이후 각국의 민간부문에 의한 순수출에는 어떤 변화가 발생하는가?)

실제 거시경제 데이터를 이용한 문제 *WORKING WITH MACROECONOMIC DATA*

이 연습문제에서 사용하는 데이터를 구하려면 research.stlouisfed.org/fred2에 있는 세인트루이스 연방준비은행의 FRED 데이터베이스를 찾아라.

1. 국제무역에 대한 한 국가의 '개방도'를 나타내는 데 가장 널리 사용하는 측정치는 그 국가의 수출과 수입의 합을 그 국가의 GDP로 나누어 계산한 지수다. 1947년 이후 분기별 데이터를 이용해 미국의 개방도 지수를 계산하고 그래프로 그려라. 제2차 세계대전 이후의 경향은 어떻게 나타나는가? 여러분은 이상의 경향을 설명하는 데 도움을 줄 수 있는 어떤 요인들을 생각할 수 있는가? [힌트 : 데이터에 유의하기 바란다. 즉, 일부 데이터베이스에서는 수입을 음의 부호로 나타내는데, 이를 수출과 합해 순수출을 구하게 된다. 여러분의 데이터가 이 경우에 해당하면, 음수의 수입과 수출을 합하기 이전에 수입의 절댓값을 취하라. 왜냐하면 우리의 관심사는 무역수지(balance of trade)가 아니라 총무역량이기 때문이다.]

2. 1961년 이후 분기별 데이터를 이용해 동일한 그림 위에 생산량과 총흡수(둘 다 실질치로)를 그려라. 또 다른 그림에 동 기간의 실질투자, 국민저축 및 경상수지를 그려라(생산량 및/혹은 소득의 측정치로는 순수취요소소득을 포함하는 실질 GNP를 사용하라). 두 그림 사이에는 어떤 관련성이 나타나는가?

3. 1960년 이후 분기별 데이터를 이용해 다음의 네 가지 시리즈[GDP 대비 백분율(%)로 나타냄], 즉 재화(상품이라고도 함)의 수출, 서비스의 수출, 재화의 수입 및 서비스의 수입을 그래프로 그려라. 여러분은 미국의 재화와 서비스의 수출과 수입에 있어 어떤 경향을 발견할 수 있는가? GDP 대비 백분율로 계산할 때 주의해야 할 사항은 수출과 수입의 분기별 데이터가 종종 연도별 데이터로 나타나지 않는 반면, GDP 데이터는 연도별 데이터로 나타난다는 점이다. 여러분이 갖고 있는 데이터가 이 경우에 해당하면, GDP와 대비할 수 있는 적절한 비율을 얻기 위해 여러분의 수입과 수출 데이터에 4를 곱하라.

6

장기적인 경제성장

국민의 생활수준을 향상시키기 위한 국가의 능력은 장기적인 경제성장률에 전적으로 의존한다. 조그만 경제성장률의 차이도 오랜 기간 지속될 경우 1인당 평균소득은 큰 차이로 이어진다.

예를 들어, 오스트레일리아와 일본의 역사적 경험을 비교해 보자. 표 6.1의 국가별 성장 데이터에서와 같이 1870년 오스트레일리아의 1인당 실질 GDP는 일본의 경우보다 4배 이상의 높은 수준이었다. 그러나 1870년 이후 오스트레일리아의 경제는 이상의 위치를 계속 유지하지 못했다. 1870년 이후 136년 동안 오스트레일리아인의 1인당 실질 GDP는 매년 1.5%씩 성장해, 2006년 오스트레일리아인의 평균 실질소득은 1870년과 비교해 7배 이상 증가했다. 그러나 동 기간 일본인의 1인당 실질 GDP는 매년 2.5%씩 성장했으며, 2006년 1인당 실질 GDP는 1870년에 비해 30배 이상 증가한 수준에 도달했다.

일본의 매년 2.5% 성장률이 오스트레일리아의 매년 1.5% 성장률에 비해 매우 높은 수준으로 보이지는 않는다. 그럼에도 불구하고 1990년에 이르러 1세기 전 오스트레일리아에 비해 훨씬 가난했던 일본은 태평양의 이웃국가인 오스트레일리아를 1인당 GDP에서 10% 차이로 능가했다. 그러나 1990년대 일본의 성장은 정체됐으며 1998년 오스트레일리아가 일본을 다시 앞서게 됐다. 유사한 형태의 다른 비교는 표 6.1에서 쉽게 찾을 수 있다. 예를 들어, 영국과 캐나다 혹은 영국과 스웨덴의 장기적인 성장을 비교해 보자. 여기서 한 가지 주목할 사항은 비교적 천천히 성장한 국가들도 지난 120~130년 동안 1인당 생산량수준이 급속히 증가했다는 점이다.

표 6.1에서는 오랜 기간을 비교했지만, 경제성장률의 변화는 10년 혹은 20년

표 6.1 주요 8개국의 경제성장(1870~2006)

	1인당 실질 GDP				
국가	1870	1913	1950	2006	연평균 성장률 1870~2006
오스트레일리아	3,273	5,157	7,412	24,343	1.5%
캐나다	1,695	4,447	7,291	24,951	2.0
프랑스	1,876	3,485	5,186	21,809	1.8
독일	1,839	3,648	3,881	19,993	1.8
일본	737	1,387	1,921	22,462	2.5
스웨덴	1,662	3,096	6,739	24,204	2.0
영국	3,190	4,921	6,939	23,013	1.5
미국	2,445	5,301	9,561	31,049	1.9

주 : 숫자는 국가 간 화폐의 구매력 차이를 조정한 1990년 물가수준의 미국달러로 표시함.

출처 : 자료는 메디슨(Angus Maddison), *Statistics on World Population, GDP, and Per Capita GDP, 1-2006 AD*(2009년 3월, 표 안의 숫자는 메디슨이 저작권을 가짐)에 기초하며, www.ggdc.net/maddison에서 이용 가능함.

기간에 대해서도 중요한 효과를 나타낸다. 예를 들어, 1973년 이후 미국을 비롯한 산업화된 국가들은 지속적인 경제성장률의 하락을 경험했다. 1947~1973년에 미국의 총실질 GDP(1인당 실질 GDP가 아님)는 매년 4.0%씩 성장했지만, 1973~2008년에 미국의 총실질 GDP는 매년 2.9%씩 성장했다. 이와 같은 성장률 둔화가 갖는 중요성을 평가하기 위해 1947~1973년의 성장 추세가 이후에도 유지됐다고 상상해 보자. 즉, 미국의 실질 GDP가 매년 2.9% 대신 4.0%씩 계속적인 성장을 달성했다고 가정하자. 그러면 2008년 미국의 실질 GDP는 실제값보다 45% 이상 향상되며, 2008년 물가수준을 기준으로 미국은 약 6조 6천억 달러 혹은 1인당 21,700달러의 보너스를 갖게 됐을 것이다.

경제가 성장하는 이유를 완전하게 이해하는 사람은 존재하지 않으며, 어느 누구도 급속한 성장을 유도하는 신비로운 처방을 갖고 있지도 않다. 그러한 처방이 있었다면 가난한 국가는 존재하지 않을 것이다. 그럼에도 불구하고 경제학자는 성장 과정에 관한 유용한 통찰력을 획득했다. 이 장에서는 오랜 기간 경제성장률을 결정하는 원동력을 살펴보며, 정부가 경제성장률에 영향을 미치기 위해 사용하는 여러 정책의 유용성을 검토한다. 이와 같은 분석에서 저축과 투자의 결정은 또다시 중요한 역할을 한다. 생산성의 변화와 함께 한 국가가 저축하고 투자하는 비율(즉, 자본재의 축적비율)은 국민의 생활수준을 결정하는 중요한 요소다.

6.1 경제성장의 원인

한 경제의 재화 및 서비스의 생산량은 자본, 노동과 같은 가용한 생산요소의 양과 그러한 생산요소의 생산성에 의존한다. 이와 같은 생산요소와 생산량 간의 관계는 3장에서 소개한 생산함수로 나타낸다.

$$Y = AF(K, N) \tag{6.1}$$

식 (6.1)은 총생산량 Y가 경제의 자본 K와 노동 L의 사용 및 생산성 A의 함수라는 사실을 나타낸다.

만약 생산요소와 생산성이 일정하다면, 생산함수는 생산량 역시 일정해야 함을 보여준다. 이 경우 경제성장은 전혀 발생하지 않는다. 생산량이 증가하려면 반드시 생산요소 투입량의 증가, 생산성의 향상 혹은 양자가 동시에 발생해야 한다. 생산량 증가율과 생산요소 및 생산성 증가율 간의 관계는 다음과 같다.

$$\frac{\Delta Y}{Y} = \frac{\Delta A}{A} + a_K \frac{\Delta K}{K} + a_N \frac{\Delta N}{N} \tag{6.2}$$

여기서

$\frac{\Delta Y}{Y}$ = 생산량 증가율

$\frac{\Delta A}{A}$ = 생산성 증가율

$\frac{\Delta K}{K}$ = 자본투입의 증가율

$\frac{\Delta N}{N}$ = 노동투입의 증가율

a_K = 생산의 자본탄력도

a_N = 생산의 노동탄력도

식 (6.2)에서 생산의 자본탄력도(a_K)는 자본량이 1% 증가함에 따라 발생하는 생산량의 백분율(%) 증가를, 그리고 생산의 노동탄력도(a_N)는 노동량이 1% 증가함에 따라 발생하는 생산량의 백분율(%) 증가를 의미한다. 탄력도 a_K와 a_N은 0과 1 사이의 숫자로서 역사적 데이터를 이용해 추정한다.[1]

식 (6.2)는 **성장회계방정식**(growth accounting equation)으로 불리며, 생산함수

---

1. 식 (6.2)와 같은 탄력도와 증가율 공식에 관한 상세한 논의는 부록 A.3절과 A.7절을 참조하라.

식 (6.1)의 증가율 형태다. 다음의 예는 성장회계방정식을 이해하는 데 도움이 된다.

새로운 발명으로 인해 기업이 동일한 자본과 노동의 양으로 10% 더 많은 생산량을 생산한다고 가정하자. 생산함수 식 (6.1)에서 자본과 노동의 생산요소는 일정하고 생산성(A)이 10% 증가하면 생산량(Y)은 10% 상승한다. 마찬가지로 성장회계방정식 (6.2)에서 자본과 노동의 증가율은 0이고 생산성 증가율($\Delta A/A$)이 10%이면 생산량 증가율($\Delta Y/Y$)은 10%가 된다. 그러므로 생산함수와 성장회계방정식은 동일한 결과를 나타낸다.

이제 노동의 투입량과 생산성의 변화 없이 기업이 투자를 증가시켜 경제의 자본량이 10% 증가($\Delta K/K = 10\%$)한 경우를 상정해 보자. 이 경우 생산량에는 어떤 변화가 생겨날까? 생산함수는 자본량의 증가가 생산량의 증가로 이어진다는 사실을 나타낸다. 그러나 자본의 한계생산성 체감(3장 참조)으로 말미암아 추가적으로 사용한 자본은 이전에 사용한 자본에 비해 덜 생산적이므로 생산량의 증가는 10% 미만이 된다. 즉, 자본의 한계생산성 체감으로 인해 성장회계방정식에는 자본 증가율($\Delta K/K$)과 1보다 작은 요소가 곱해져 있다. 미국의 경우 이러한 요소, 즉 생산의 자본탄력도(a_K)의 값은 약 0.3이다. 따라서 성장회계방정식 식 (6.2)는 노동과 생산성이 일정한 상황에서 자본량이 10% 증가하면, 미국의 생산량이 약 3%(즉, $0.3 \times 10\%$) 증가함을 의미한다.

또한 미국의 경우 생산의 노동탄력도(a_N)는 약 0.7이다. 따라서 식 (6.2)에 의하면 자본과 생산성이 일정한 상황에서 노동량이 10% 증가하면($\Delta N/N = 10\%$), 미국의 생산량이 약 7%(즉, $0.7 \times 10\%$) 상승한다.[2]

성장회계

식 (6.2)에 의하면 생산량 증가($\Delta Y/Y$)는 다음의 세 부분으로 나뉜다.

1. 생산성 증가($\Delta A/A$)에 기인
2. 자본투입량의 증가($a_K \Delta K/K$)에 기인
3. 노동투입량의 증가($a_N \Delta N/N$)에 기인

성장회계(growth accounting)는 생산량 증가를 유도하는 상기 세 가지 원인의 상대적 중요성을 실증적으로 측정한다. 전형적인 성장회계분석은 다음의 4단계

2. 3장에서 미국 경제의 생산함수 $Y = AK^{0.3}N^{0.7}$을 살펴봤다. 이와 같은 형태의 생산함수를 콥-더글러스(Cobb-Douglas) 생산함수라고 명명한다. 또한 자본량 K의 지수 0.3은 생산의 자본탄력도와 동일하며 노동투입량 N의 지수 0.7은 생산의 노동탄력도와 동일하다. 부록 A.7절을 참조하라.

표 6.2 성장회계의 단계 : 숫자의 예

1단계 : 연구대상 기간의 생산량 증가, 자본 증가 및 노동 증가의 자료를 확보하라.

예 : 생산량 증가 = $\frac{\Delta Y}{Y}$ = 40%

자본 증가 = $\frac{\Delta K}{K}$ = 20%

노동 증가 = $\frac{\Delta N}{N}$ = 30%

2단계 : 역사적인 데이터를 이용해 자본 및 노동의 생산탄력도 a_K와 a_N의 추정치를 구하라.

예 : $a_K = 0.3$, $a_N = 0.7$

3단계 : 성장에 대한 자본과 노동의 기여분을 찾아라.

예 : 생산량 증가에 대한 자본 증가의 기여분 = $a_K\frac{\Delta K}{K} = 0.3 \times 20\% = 6\%$

생산량 증가에 대한 노동 증가의 기여분 = $a_N\frac{\Delta N}{N} = 0.7 \times 30\% = 21\%$

4단계 : 자본과 노동의 증가로 설명되지 않는 생산량의 증가 부분, 즉 잔차항으로 생산성 증가를 구하라.

예 : 생산성 증가 = $\frac{\Delta A}{A} = \frac{\Delta Y}{Y} - a_K\frac{\Delta K}{K} - a_N\frac{\Delta N}{N}$

$= 40\% - 6\% - 21\% = 13\%$

로 이뤄진다(요약과 숫자 예는 표 6.2를 참조하라).

- 1단계 : 특정 기간의 생산량 증가율($\Delta Y/Y$), 자본 증가율($\Delta K/K$) 및 노동 증가율($\Delta N/N$)의 데이터를 확보하라. 자본 증가율과 노동 증가율을 계산함에 있어 좀 더 세련된 분석은 생산요소의 양뿐만 아니라 질의 변화를 감안한다. 예를 들어, 질의 변화로 조정한 N의 데이터를 획득하기 위해 비숙련노동자의 한 시간 노동보다 숙련노동자의 한 시간 노동을 더 많은 노동으로 계산한다. 마찬가지로 질의 변화로 조정한 K의 데이터를 획득하기 위해 분당 50개 볼트를 가동하는 기계가 분당 30개 볼트를 가동하는 기계보다 더 많은 자본이 존재하는 것으로 간주한다.
- 2단계 : 역사적인 데이터를 이용해 탄력도 a_K와 a_N의 값을 추정하라. 미국의 a_K와 a_N의 추정치는 각각 0.3과 0.7임을 기억하라.
- 3단계 : 경제성장에 대한 자본의 기여분 $a_K\Delta K/K$와 경제성장에 대한 노동의 기여분 $a_N\Delta N/N$을 계산하라.
- 4단계 : 경제성장의 원인이 자본 증가 혹은 노동 증가가 아닐 경우 총요소생산성(total factor productivity) A의 증가에 기인한다. 생산성 변화율($\Delta A/A$)은 다음의 공식을 이용해 계산한다.

$$\frac{\Delta A}{A} = \frac{\Delta Y}{Y} - a_K \frac{\Delta K}{K} - a_N \frac{\Delta N}{N}$$

위의 식은 성장회계방정식 식 (6.2)에서 $\Delta A/A$를 왼쪽 항으로 나타낸 것이다. 따라서 성장회계방정식은 생산성의 변화를 투입량의 변화로는 설명되지 않는 부분인 잔차항(residual)으로 다룬다.[3]

성장회계와 생산성 둔화 성장회계를 이용해 미국 경제성장의 원인을 어떻게 파악할 수 있을까? 브루킹스연구소(Brookings Institution)의 에드워드 데니슨(Edward Denison)의 연구는 성장회계 체계를 사용한 연구 중 가장 널리 알려져 있다. 표 6.3은 1929~1982년의 데이터를 사용한 데니슨의 연구결과 요약과 함께 노동통계국이 제공한 1982~2008년의 최근 데이터를 보여준다.

(4)열의 마지막 칸은 1929~1982년의 평균생산량이 매년 2.92%씩 증가했음을 보여준다. 데니슨의 측정에 의하면(4열), 매년 1.34%의 생산량 증가는 노동 증가에 기인한다. 노동 증가는 인구의 증가, 경제활동인구 비율의 증가, 노동자의 기술을 향상시키는 높은 교육수준에 의해 주로 이뤄진다(이러한 경향은 1인당 노동시간의 감소로 인해 어느 정도 상쇄된다). 데니슨에 의하면 자본량의 증가는 매년 0.56%의 생산량 증가를 유도한다. 따라서 자본 및 노동의 증가를 동시에 고려한 생산량 증가율은 매년 1.90%가 된다.

총생산량 증가율(2.92%)과 자본 및 노동의 증가에 따른 생산량 증가율(1.90%)의 차이는 1.02%다. 성장회계 방법에서는 이러한 매년 1.02%의 증가를 생산성 향상에 기인한 것으로 간주한다. 따라서 데니슨의 연구결과는 1929년 이후 미국의 성장에 있어 생산요소 투입량의 증가와 함께 생산요소들을 사용함에 있어 효율성의 개선이 중요한 역할을 담당했음을 보여준다.

표 6.3의 (1)~(3)열은 짧은 세 기간에 대한 데이터를 나타낸다. 우리는 기간의 세분화를 통해 두드러진 결론을 강조할 수 있다. 즉, 1973~1982년은 음(−)의 생산성 향상[(3)열의 네 번째 칸]을 기록했다. 다시 말해, 데니슨은 자본과 노동의 조합으로 생산한 1982년 생산량이 1973년 생산량보다 더 적은 것으로 추정했다

3. 생산성 증가를 계산하기 위한 성장회계 방법은 3.1절에서 생산성 증가를 찾는 데 사용한 방법론과 유사하다. 즉, 3.1절에서 노동과 자본의 증가에 의해 설명되지 않는 생산량 증가 부분을 생산성 증가로 간주했다. 그러나 성장회계는 증가율 형태의 생산함수인 성장회계방정식을 이용하는 반면, 3장에서는 생산함수를 그대로 사용했다는 점에서 차이가 있다. 또한 성장회계는 3장에서의 분석과는 달리 질의 변화를 반영한 노동과 자본의 조정된 데이터를 이용해 분석한다.

표 6.3 미국 경제성장의 원인(매년 %)

	(1) 1929~1948	(2) 1948~1973	(3) 1973~1982	(4) 1929~1982	(5) 1982~2008
성장의 원인					
노동 증가	1.42	1.40	1.13	1.34	0.89
자본 증가	0.11	0.77	0.69	0.56	0.84
총생산요소 증가	1.53	2.17	1.82	1.90	1.73
생산성 증가	1.01	1.53	−0.27	1.02	1.01
총생산량 증가	2.54	3.70	1.55	2.92	2.76

출처 : 세로 행 (1)~(4)는 Edward F. Denison, *Trends in American Economic Growth, 1929-1982*, Washington, D.C. : The Brookings Institution, 1985, Table 8.1, p. 111. 세로 행 (5)는 노동통계국(Bureau of Labor Statistics)의 웹사이트, 다요소생산성 경향(Multifactor Productivity Trends)의 표 1에서 가져왔으며, www.bls.gov/news.release/prod3.t01.htm에서 이용 가능함.

(이와 같은 생산성 하락을 설명하는 다양한 가설은 "응용 : 1973년 이후 생산성 증가의 둔화"를 참조하라). (2)열과 (3)열을 비교하면 미국의 1948~1973년과 1973~1982년의 생산성 증가가 1.80%포인트[1.53 − (−0.27)] 감소했는데, 이는 동 기간 동안의 전반적인 생산량 증가의 감소분 2.15%포인트(3.70 − 1.55)의 대부분을 설명한다.

데니슨의 연구에서 밝힌 1973년 이후 미국 및 기타 산업화된 국가에서 생산성 증가의 둔화는 다른 연구에서도 확인됐다. 이러한 둔화는 많은 관심을 불러일으켰다. 왜냐하면 생산성 증가율의 지속적인 감소는 미래의 실질임금과 생활수준에 음의 영향을 미치기 때문이다. 또한 미래의 사회보장급여는 부분적으로 미래 노동자의 임금소득에 대한 조세로 충당되므로, 장기적인 생산성 둔화는 미래의 사회보장제도를 위협하게 된다. 그렇다면 생산성 둔화는 계속될 것인가? 이 물음에 대한 답을 찾기 위해, 표 6.3의 마지막 열에 보다 최근의 26년 데이터를 첨가시켜 데니슨의 계산을 확장시켰다. 1982~2008년의 생산성은 연평균 1.01%씩 증가했다. 생산성 증가율이 양의 값으로 복귀한 것은 바람직한 발전이지만, 1.01%의 증가율은 1973년 둔화 이전의 25년 기간(1948~1973)에 비해 약 3분의 2 수준에 불과하다. 그러나 1990년대 후반기부터 생산성 증가는 증대됐다. 1995~2008년의 생산성 증가율은 매년 1.38%로 증가했으며, 이는 1948~1973년의 생산성 증가율보다 단지 0.15%포인트 낮은 수준이다. 이 점에 대해 보다 상세히 알고자 한다면, 272쪽 "응용 : 최근 미국 생산성 증가의 급상승"을 참조하라.

응용 APPLICATION

1973년 이후 생산성 증가의 둔화

우리는 표 6.3을 통해 1973년 이후 미국의 생산성이 1973년 이전 4반세기에 비해 훨씬 느리게 증가했음을 살펴봤다. 심지어 1973~1982년의 생산성 증가는 음의 값을 기록했다. 과연 무엇이 생산성 성과를 그토록 급격히 악화시켰는가? 이하에서는 이상의 물음에 대해 측정상의 문제, 법률 및 인간의 환경 악화, 고유가의 영향 및 정보기술의 혁명과 같은 가능한 몇 가지 대안적 설명을 제시한다.

측정

일부 경제학자는 흥미롭게도 생산성 둔화는 순수한 경제적 문제가 아니라고 주장한다. 즉, 그들은 생산성 둔화가 측정상의 문제로 말미암아 하락의 정도가 과대평가된 환상이라고 반박한다.

공식적인 생산량 통계가 질의 변화를 충분히 포함하는지 여부는 생산성 측정에 있어 가장 중요한 문제다. 개인용 컴퓨터를 생산하는 기업이 작년과 동일한 자본량과 노동량을 사용해 올해에도 작년과 동일한 양의 컴퓨터를 생산한 경우를 고려해 보자. 그러나 올해 생산된 컴퓨터는 작년에 생산된 제품에 비해 더 빠르고 메모리가 크기 때문에 훨씬 양질의 제품이다. 즉, 이 기업의 올해 생산품이 작년의 생산품에 비해 더 큰 경제적 가치를 지니고 있다. 따라서 이 기업이 작년과 동일한 양의 컴퓨터를 생산했지만, 이 기업의 자본과 노동의 진정한 생산성은 1년 동안 증가했다고 볼 수 있다. 그러나 통계학자가 기업의 생산품으로 생산된 컴퓨터의 개수만을 산정하고 질의 변화를 조정하는 데 실패한다면, 이러한 생산성 향상을 간과하게 된다. 물가수준을 작성할 경우에도 유사한 문제가 발생하는데, 이는 2장의 "최신자료 및 연구와의 접속 : CPI 인플레이션과 근원 인플레이션"을 참조할 수 있다.

일반적으로 공식적인 생산량의 측정치는 질의 향상을 고려한다. 예를 들어, 느린 컴퓨터에 비해 빠른 컴퓨터는 생산량에 더 많이 기여한 것으로 간주한다. 그러나 질적 변화를 측정하기란 어려울 뿐만 아니라 질적 향상 정도가 데이터에 완전히 포함되지 않기 때문에 생산성 증가는 과소평가된다. 그러나 한 연구결과에 의하면, 이상과 같은 측정상의 문제가 1973년 이후 나타난 생산성 둔화의 3분의 1 이상은 설명할 수 없다고 주장한다.[4] 그러므로 생산성 둔화의 대부분은 단순히 측정상의 문제는 아니다.

법률 및 인간의 환경

데니슨의 성장회계 연구는 생산성 증가의 하락을 발표함과 동시에 이상의 하락에 대한 몇 가지 이유를 제공했다. 1973~1982년의 음의 생산성 증가에 대한 데니슨의 설

4. Martin N. Baily and Robert J. Gordon, "The Productivity Slowdown, Measurement Issues, and the Explosion of Computer Power," *Brookings Papers on Economic Activity*, 1988:2, pp. 347-420.

명 중 하나는 법률 및 인간의 환경 변화와 관련된 다양한 요인들을 들 수 있다. 예를 들어, 1973년 이후 깨끗한 환경, 노동자의 안전 및 건강이 강조되기 시작했다. 자본과 노동이 이상의 목적을 달성하기 위해 어느 정도 사용된다면 생산량과 생산성의 측정치는 감소하게 될 것이다.[5]

석유가격의 설명

생산성 둔화에 관한 보편적 설명으로는 1973년 석유수출국기구(OPEC)의 이른바 원유수송선 출항금지(oil embargo)에 따른 석유가격의 대폭적인 상승을 들 수 있다. 이는 기업이 높은 에너지 가격에 대응해 에너지를 적게 사용함으로써 같은 양의 자본과 노동으로 생산할 수 있는 생산량이 줄어들어 결국 생산성 하락으로 이어진다는 생각에 기초한다. 이상의 설명이 설득력을 갖는 이유는 급격한 생산성 하락이 1973년경에 시작됐는데, 이는 시기적으로 맞아떨어질 뿐만 아니라 다른 설명과는 달리 석유가격의 상승가설은 미국은 물론 주요 산업화된 모든 국가에서 생산성이 둔화된 이유로 적절하기 때문이다. 그러나 석유가격가설을 지지하는 사람들은 1980년대 석유가격의 실질치가 하락했음에도 불구하고 생산성 증가가 회복되지 않은 이유를 설명해야 하는 문제점을 안고 있다.

새로운 산업혁명의 시작

펜실베이니아대학교의 제레미 그린우드(Jeremy Greenwood) 교수와 터키 중앙은행의 메메트 요루코글루(Mehmet Yorukoglu)가 공저한 간단한 제목의 논문인 "1974" 에서는 1973년 이후의 생산성 둔화가 정보통신(IT) 혁명의 도래에 기인한다고 주장했다.[6] 새로운 정보통신의 발전과 상업적 활용을 위해서는 새로운 기술을 개발한 사람 및 그 기술을 이용하는 숙련노동자에게 상당한 학습기간을 필요로 한다. 이러한 학습과정 동안 기술을 개발한 사람들과 노동자들이 새로운 기술을 더 강력한 기술로 발전시키고 효과적으로 작용할 수 있는 방법을 모색하면서 생산성은 일시적으로 침체된다. 그린우드와 요루코글루는 일련의 새로운 기술이 소개될 때 생산성이 침체될 수 있다는 그들의 견해를 뒷받침하기 위해 산업혁명 초기인 18세기 말 영국의 생산성이 감소한 데이터를 제시했다. 미국의 경우 신흥국으로 산업화가 시작된 1830년대 생산성이 하락했다.

5. 물론 오염을 줄이고 노동자의 안전을 증진시킴으로써 야기되는 생산성 측정치의 감소는 이러한 목표 추구를 반대하기 위한 논리는 아니다. 제안된 환경규제를 평가하기 위한 적절한 기준은 깨끗한 공기와 수질에 대해 규제함으로써 얻는 사회적 이익과 그 규제를 부가하는 데 따른 비용의 상대적 크기일 것이다. 생산품을 측정할 때 환경의 질의 포함 여부에 관한 문제의 논의는 2장의 "최신자료 및 연구와의 접속 : 천연자원, 환경 및 국민소득계정"을 참조하라.

6. Jeremy Greenwood and Mehmet Yorukoglu, "1974," *Carnegie-Rochester Conference Series on Public Policy*, June 1997, pp. 49–95.

1973년 이후 생산성 둔화에 대한 이 견해는 미래에 대한 낙관적인 전망을 제공한다. 그린우드와 요루코글루는 18세기 말 산업혁명을 검토하면서 이러한 혁명적인 사고가 20~30년간의 학습과정을 거친 이후 대단한 생산성 상승을 낳게 됐다고 주장했다. 만약 1970년대 생산성 둔화가 IT 혁명에 기인하다면, 우리는 머지않은 미래에 생산성 증가의 상승을 기대할 수 있다. 이 견해를 지지하는 사람들은 1990년대 향상된 생산성 증가가 IT 혁명을 반영했다고 주장한다. 또한 뉴욕연방준비은행 바트 홉인(Bart Hobijn)과 뉴욕대학교 보얀 요반아빅(Boyan Jovanovic) 교수가 공동으로 이상의 가설을 지지하는 연구결과를 발표했다.[7] 즉, 그들은 IT 혁명이 1970년대 주식시장에서 거래했던 기업들의 희생으로 그 당시 아직 설립되지 않은 기업들에게 이익을 주는 결과를 초래했기 때문에 1970년대 주식시장이 폭락했다고 주장했다. 이러한 새로운 기업이 설립되고 발전해 1980년대와 1990년대 주식시장에서 거래함에 따라 주식시장은 호황을 맞게 됐다.

물론 생산성의 예상된 증가가 실현될 수 있는지, 그리고 1990년대 주식시장의 상승이 21세기에도 지속될 것인지에 대한 답은 오직 시간만이 알려 줄 것이다.

결론

1973년 이후 생산성 증가의 둔화를 설명함에 있어 나타난 문제점은 적절한 설명의 부족이 아니라 너무 많은 설명이 존재한다는 데 있다. 우리는 둔화가 하나의 원인으로 나타난 것이 아니라 여러 원인이 복합적으로 작용했을 가능성을 잊지 말아야 한다. 만약 둔화에 대한 다양한 설명이 동시에 존재한다면, 생산성을 상향 조정하기 위한 유일한 정책실행은 불행하게도 존재하지 않는다. 그러나 다행스럽게도 1990년대 중반 이후 생산성 증가는 상당히 개선됐다. 이는 다음의 "응용 : 최근 미국 생산성 증가의 급상승"에서 논의된다.

7. Bart Hobijn and Boyan Jovanovic, "The Information Technology Revolution and the Stock Market: Preliminary Evidence," *American Economic Review*, December 2001, pp. 1203-1220.

응용 *APPLICATION*

최근 미국 생산성 증가의 급상승

생산성 증가를 논의한 표 6.3은 생산성 증가가 1973~1982년에 정체됐지만, 1982년 이후 빠른 속도로 회복했음을 보여준다. 1990년대 말 노동생산성은 지난 20여 년에 비해 훨씬 빠르게 증가했다. 지난 몇 년 동안 노동생산성(비농업기업 부문에서 시간당 생산량)과 총요소생산성[식 (6.1)에서 A]이 지속적으로 증가했으며, 경제학자는 이러한 증가에 대한 새로운 설명을 개발했다.

그림 6.1

생산성 수준 (1948~2008)

그래프는 1948~2008년의 노동생산성(비농업기업 부문에서 시간당 생산량)과 총요소생산성[식 (6.1)에서 변수 A]의 연도별 값을 나타낸다.

출처 : 노동생산성—노동통계국, 비농업기업 부문 : 모든 사람의 시간당 생산량, research.stlouisfed.org/fred2/series/OPHNFB에서 이용 가능함. 총요소생산성—노동통계국, 다요소생산성 경향(Multifactor Productivity Trends)의 표 XG, ftp://ftp.bls.gov/pub/special.requests/opt/mp/prod3.mfptablehis.zip에서 이용 가능함.

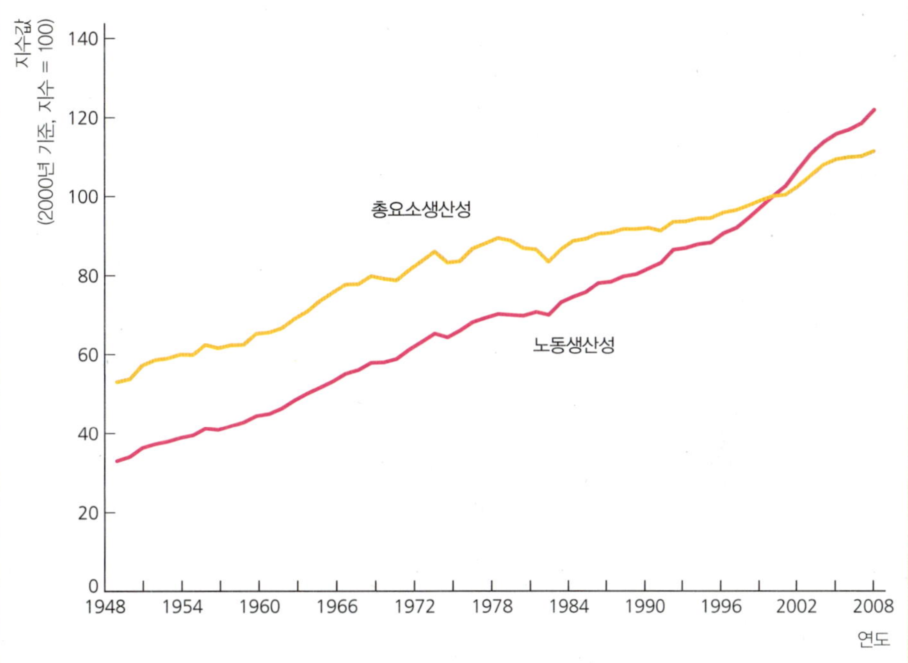

그림 6.1에 나타낸 생산성수준을 검토하면, 우리는 노동생산성과 총요소생산성이 1982년 상승하기 시작해 지난 26년간 상당히 안정적으로 증가했음을 알 수 있다. 또한 노동생산성이 총요소생산성보다 다소 빠르게 증가했다. (두 변수의 2000년 값을 100으로 지수화했음을 주목하라. 따라서 이러한 지수의 수준은 그 자체로 내재적 의미를 지니지 않는다.)

그림 6.2는 생산성 측정치들의 증가율을 나타내며, 1995년 이후 노동생산성 증가와 총요소생산성 증가의 격차가 증가하고 있음을 보여준다. 총요소생산성 증가율과 평균 노동생산성 증가율 간의 관계를 이해하기 위해 식 (6.2)를 다시 살펴보자.

$$\frac{\Delta Y}{Y} = \frac{\Delta A}{A} + a_K \frac{\Delta K}{K} + a_N \frac{\Delta N}{N}$$

실증적인 데이터에 의하면 자본의 생산탄력도 a_K와 노동의 생산탄력도 a_N을 합한 값은 1이 되므로 $a_N = 1 - a_K$가 성립한다. 식 (6.2)에서 a_N을 $1 - a_K$로 대체하면 다음과 같다.

$$\frac{\Delta Y}{Y} = \frac{\Delta A}{A} + a_K \frac{\Delta K}{K} + (1 - a_K) \frac{\Delta N}{N}$$

마지막으로 위 식의 양변에 노동 증가율 $\frac{\Delta N}{N}$을 빼면 다음과 같다.

그림 6.2

생산성 증가율 (1949~2008)

그래프는 1949~2008년의 노동생산성 증가율과 총요소생산성 증가율의 연도별 값을 나타낸다.

출처 : 노동생산성—노동통계국, 비농업기업 부문 : 모든 사람의 시간당 생산량, research.stlouisfed.org/fred2/series/OPHNFB에서 이용 가능함. 총요소생산성—노동통계국, 다요소생산성 경향(Multifactor Productivity Trends)의 표 XG, ftp://ftp.bls.gov/pub/special.requests/opt/mp/prod3.mfptablehis.zip에서 이용 가능함.

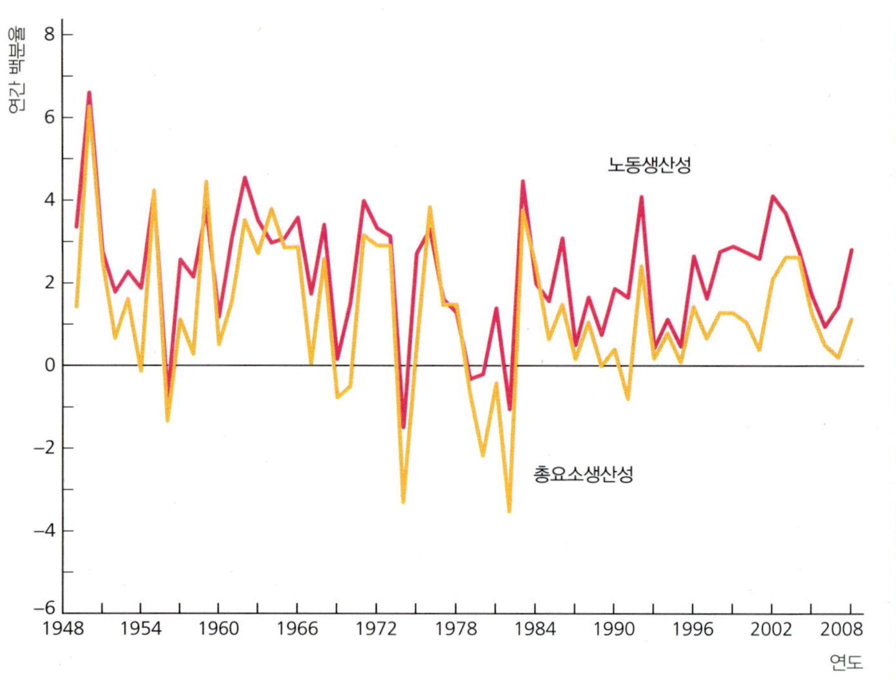

$$\frac{\Delta Y}{Y} - \frac{\Delta N}{N} = \frac{\Delta A}{A} + a_K \tag{6.3}$$

식 (6.3)의 왼쪽 항 $\frac{\Delta Y}{Y} - \frac{\Delta N}{N}$은 $\frac{Y}{N}$의 증가율, 즉 평균노동생산성의 증가율이다. 또한 노동 1단위당 자본의 양 $\frac{K}{N}$는 $\frac{\Delta K}{K} - \frac{\Delta N}{N}$율로 증가한다. 따라서 식 (6.3)은 평균노동생산성 증가율이 총요소생산성 증가율$\left(\frac{\Delta K}{K}\right)$과 노동 1단위당 자본의 증가율에 a_K를 곱한 값의 합과 동일함을 나타낸다. 그림 6.2에서와 같이 노동 1단위당 자본은 일반적으로 증가하기$\left(\text{즉, } \frac{\Delta K}{K} - \frac{\Delta N}{N} > 0\right)$ 때문에 평균노동생산성 증가율이 총요소생산성 증가율보다 크게 나타난다. 또한 그림 6.2는 1995년 이후 총요소생산성 증가율에 비해 평균노동생산성 증가율의 초과부분이 다른 기간보다 크게 나타남을 보여준다. 이는 1995년 이후 노동 1단위당 자본의 높은 증가율과 일치한다.

1990년대 후반 5년 동안 노동생산성 증가율의 향상은 대부분 정보통신기술(ICT) 혁명에 기인한다. 그러나 경제학자들의 최근 연구에서는 향상된 ICT 성장이 미국의 노동생산성 증가의 중요한 요인이라는 견해에 대해 의심하기 시작했다. 경제학자들이 이 문제를 보다 면밀하게 검토하게 된 이유는 많은 국가에서 ICT에 집중적으로 투자

했지만 미국에서와 같은 노동생산성 증가가 일어나지 않았기 때문이다.

왜 미국은 ICT를 통해 노동생산성의 현저한 증가를 이뤄낸 반면, 유럽 국가는 그렇지 못했는가? 이 물음에 대해 경제학자들은 다음과 같은 가능한 몇 가지 이유를 제시했다.[8] 유럽의 기업은 미국 기업에 비해 상당한 수준의 정부규제를 받고 있으며, 이로 인해 새로운 기술을 상대적으로 천천히 받아들인다. 유럽의 국영기업은 경쟁에 대한 압력이 부족하기 때문에 종종 혁신을 받아들이지 않는다. 또한 유럽에서는 정부규제로 인해 소비자에게 효과적으로 상품을 제공하는 미국의 '빅 박스(big box)'[9]와 같은 소매유통업체의 출현을 막고 있다. 유럽에서는 새로운 기술을 사용하는 데 필요한 기술을 가진 노동자가 부족하기 때문에 새로운 기술에 대한 적응이 더욱 어렵다. 이에 반해 미국에서는 혁신을 촉진하는 융통성 있는 자본시장과 연구중심 대학이 새로운 기술을 받아들이는 데 크게 기여했다.

생산성을 연구하는 경제학자들이 직면한 또 하나의 어려운 문제는, ICT 투자가 생산성 향상을 유도한다고 할지라도 그 시기의 애매함에 있다. 즉, ICT 투자와 생산성 향상 사이에는 장기의 시차가 존재한다. 1980년대 미국 기업이 컴퓨터에 집중적으로 투자했지만, 1980년대 생산성 증가는 1995년 이후의 상승만큼 크게 이뤄지지 않았다. 또한 2000년 이후 ICT 투자는 급격히 감소했음에도 불구하고 생산성 증가는 여전히 유지됐다. 이미 "응용 : 1973년 이후 생산성 증가의 둔화"에서 논의했듯이, ICT 투자와 생산성 향상 간에 존재하는 시기의 연결성이 약한 이유는 ICT의 사용이 기업의 연구개발 지출, 조직개편 및 노동자의 교육 등과 같이 단순히 컴퓨터 구입 이상의 투자를 요구하기 때문이다. 경제학자들이 무형의 자본투자라고 부르는 이상의 활동에는 시간이 요구되며, 이에 따라 기업의 생산량이 일시적으로 감소할 수 있다. 그러므로 무형의 자본투자가 ICT 투자와 생산성 증가 사이에 존재하는 시차를 설명한다.

최근의 생산성 증가가 미국 역사에서 유일한가? 그렇지는 않다. 경제학자는 유사한 과거의 세 기간(남북전쟁 이후의 1873~1890년, 제1차 세계대전 이후의 1917~1927년, 제2차 세계대전 이후의 1948~1973년)을 제시했다.[10] 이와 같은 세 기간 동안 생산성 향상은 미국의 생활수준을 크게 향상시켰다. 새로운 기술은 1800년대 후반의 증기력 · 철도수송 · 전신을 이용한 통신, 제1차 세계대전 이후 공장에서의 동력의 전기화(electrifi-

---

8. 이 연구분야에 대한 읽기 쉬운 요약은 Ben S. Bernanke, "Productivity"를 참조하라. 또한 2005년 2월 24일 리틀록(Little Rock) 소재 아칸소대학교에서 행한 국제경제학에 대한 Peter C. McColough 원탁 시리즈(Roundtable Series on International Economics)를 참조할 수 있다. 이 데이터는 www.federalreserve.gov/boarddocs/speeches/2005에서 이용 가능하다.

9. 역자 주 : '큰 상자 모양의 체인 상점'이라는 뜻으로, 보통 빅박스 리테일러(Big Box Retailer), 슈퍼스토어(Superstore), 카테고리 킬러(Category Killer)라고도 하는 대형 소매유통업체.

10. 상세한 내용은 다음을 참조하라. Roger W. Ferguson, Jr., and William L. Wascher, "Lessons from Past Productivity Booms," *Journal of Economic Perspectives* 18 (Spring 2004), pp. 3-28.

cation), 제2차 세계대전 이후의 트랜지스터 등이다. 이러한 세 기간의 특징으로는 새로운 기술뿐만 아니라 기업의 설립방법의 변화 및 노동자에 대한 투자(교육과 훈련)를 들 수 있다.

이상의 역사를 통해 얻을 수 있는 교훈은 다음과 같다. 즉, 1995년 이후 생산성 향상은 단지 새로운 기술발전에 의해 나타난 것이 아니며, 새로운 기술이 제공하는 이점을 활용하기 위한 무형의 자본투자와 조직개편을 통해 새로운 기술을 받아들이고 사용한 미국 기업의 능력에 기인한다.

6.2 성장 동력 : 솔로우 모형

비록 성장회계가 경제성장의 원인에 대한 유용한 정보를 제공하지만, 성장회계가 한 국가의 성장능력을 완전히 설명하지는 못한다. 성장회계는 한 국가의 생산요소 증가율을 주어진 값으로 간주하므로 실질적으로 나타나는 자본과 노동의 증가율을 설명하지 못하는 한계가 있다. 특히 자본량의 증가는 가계와 기업에 의한 수많은 저축과 투자의 결정으로 나타나는 결과다. 따라서 성장회계 방법은 자본량의 증가를 주어진 것으로 상정함으로써 성장과 관련된 중요한 부분을 간과한다.

이 절에서는 시간의 흐름에 따른 경제성장의 동력 혹은 성장의 추이가 어떻게 전개되는지 좀 더 자세히 살펴본다. 이를 위해 3장에서 행한 고정된 자본량의 가정을 완화해 경제의 자본량을 증가시킬 수 있는 요인들을 알아본다. 앞으로 살펴볼 분석은 노벨 경제학상 수상자인 매사추세츠공과대학교의 로버트 솔로우(Robert Solow) 교수가 1950년대 말에 발전시킨 유명한 경제성장 모형에 기초하고 있다.[11] 솔로우 모형은 향후 경제성장에 관한 두드러진 연구의 기본체계를 제공했다. 또한 솔로우 모형은 자본축적과 경제성장이 어떻게 관련되는지 명백하게 설명할 뿐만 아니라 성장에 관한 다음의 기본적인 두 가지 물음을 설명하는 데 유용하다.

1. 한 국가의 장기적인 생활수준과 저축률, 인구 증가율, 기술진보율 등의 기본 요인들 간에는 어떤 관계가 존재하는가?

2. 시간의 흐름에 따라 한 국가의 경제성장률은 어떻게 진행되는가? 즉, 경제성

11. 원 논문은 다음과 같다. Robert M. Solow, "A Contribution to the Theory of Economic Growth," *Quarterly Journal of Economics*, February 1956, pp. 65-94.

장이 안정적일 수 있는가? 아니면 경제성장이 가속화될 것인가 혹은 멈춰 버릴 것인가?

솔로우 모형의 설정

솔로우 모형은 시간의 흐름에 따라 변화하고 발전하는 경제를 검토한다. 자본의 변화 및 노동력 증가에 따른 효과를 분석하기 위해, 인구는 증가하며 특정 시점의 노동가능인구 비율은 고정됐다고 가정한다. 이때 t년의

$$N_t = \text{가용 노동자수}$$

와 같이 정의된다. 또한 인구 및 노동력이 고정된 n율로 증가한다고 가정하자. 따라서 $n = 0.05$이면, 특정 연도의 노동자수가 전년도에 비해 5% 많다.

매 t년도가 시작할 때 경제에는 가용한 자본량 K_t가 있다(이러한 자본량이 어떻게 결정되는지는 이후에 서술한다). 매 t년 동안 경제의 총생산량 Y_t를 생산하기 위해 자본 K_t와 노동 N_t를 사용한다. 매년 생산된 생산량의 일부는 새로운 자본으로 투자되거나 낡은 자본을 대체한다. 또한 정부구매는 존재하지 않으며 폐쇄경제를 가정한다.[12] 따라서 생산량 중 투자되지 않은 부분은 소비된다. 만약

$$Y_t = t\text{년에 생산된 생산량}$$
$$I_t = t\text{년의 총투자}$$
$$C_t = t\text{년의 소비}$$

이면 매년도의 소비, 생산량 및 투자 사이의 관계는 다음과 같다.

$$C_t = Y_t - I_t \tag{6.4}$$

식 (6.4)는 경제의 생산량 중 투자되지 않은 부분은 소비된다는 사실을 나타낸다.

이 경제에서는 인구와 노동력이 증가하기 때문에 노동자 1인당 생산량, 소비 및 자본량으로 표시하는 것이 편리하다. 따라서 다음의 표기법을 사용한다.

$$y_t = \frac{Y_t}{N_t} = t\text{년의 노동자 1인당 생산량}$$

$$c_t = \frac{C_t}{N_t} = t\text{년의 노동자 1인당 소비}$$

$$k_t = \frac{K_t}{N_t} = t\text{년의 노동자 1인당 자본량}$$

12. 이 장 마지막에 있는 분석문제 3번에는 정부구매를 포함한 모형이 나타나 있다.

노동자 1인당 자본량 k_t는 **자본-노동 비율**(capital-labor ratio)이라고도 한다. 이 모형의 중요한 목표는 노동자 1인당 생산량, 노동자 1인당 소비 및 자본-노동 비율이 시간의 흐름에 따라 어떻게 변화하는지 이해함에 있다.[13]

노동자 1인당 생산함수 일반적으로 일정량의 생산요소를 사용해 생산할 수 있는 생산량의 크기는 생산함수에 의해 결정된다. 지금까지 생산함수는 총생산량 Y와 자본 K 및 노동 L의 총생산요소의 양 사이의 관계로 기술했다. 그러나 우리는 생산함수를 다음과 같이 노동자 1인당의 형태로 나타낼 수 있다.

$$y_t = f(k_t) \tag{6.5}$$

식 (6.5)에 의하면 매 t년도의 노동자 1인당 생산량 y_t는 가용 노동자 1인당 자본량 k_t의 크기에 의존한다.[14] 여기서 대문자 F 대신 소문자 f로 생산함수를 표기했는데, 이는 생산량과 자본을 노동자 1인당의 형태로 측정했음을 강조하기 위해서다. 당분간 생산성의 증가는 없다고 가정하고 성장과정에서 자본량의 역할을 집중 분석한다. 즉, 식 (6.5)의 생산함수에서 생산성을 나타내는 항목은 없으며,[15] 생산성 증가는 이후의 모형에서 다시 고려한다.

그림 6.3은 노동자 1인당 생산함수를 나타낸다. 수평축에는 자본-노동 비율(노동자 1인당 자본량) k_t를, 수직축에는 노동자 1인당 생산량 y_t를 측정한다. 노동자 1인당 자본량이 증가할수록 각 노동자가 더 많은 생산량을 생산할 수 있기 때문에 생산함수의 기울기는 우상향하는 형태를 취한다. 일반적인 생산함수와 같이 노동자 1인당 생산함수는 활모양으로 굽은 형태인데, 이는 자본의 한계생산성 체감을 반영한다. 따라서 자본-노동 비율이 이미 큰 경우에는 자본-노동 비율의 증가가 노동자 1인당 생산량 증가에 상대적으로 작은 영향을 미친다.

균제상태 솔로우 모형의 가장 두드러진 결론은 생산성이 증가하지 않는 경제가 장기적인 균제상태에 도달한다는 점이다. **균제상태**(steady state)란 경제의 노동자 1인당 생산량, 노동자 1인당 소비 및 노동자 1인당 자본량이 일정한 상태

13. 분석의 편의를 위해 전체 인구의 1인당 생산량과 소비 대신 노동자 1인당 생산량과 소비를 논의한다. 노동력이 인구의 고정된 일부분이며 모두 고용된다고 가정하면, 노동자 1인당 생산량 및 소비의 증가율에 대한 논의는 전체 인구의 1인당 생산량 및 소비의 증가율에 대한 논의와 동일하다.

14. 생산함수를 식 (6.5)의 형태로 나타내기 위해서는 규모에 대한 보수불변(constant returns to scale)의 가정이 요구된다. 여기서 규모에 대한 보수불변이란 자본과 노동의 두 생산요소를 동일 비율로 증가시키면 총생산량도 동일 비율로 증가함을 의미한다. 예를 들어, 규모에 대한 보수불변의 가정하에서 자본과 노동의 두 생산요소가 10%씩 증가하면 생산량도 10% 늘어난다. 식 (6.2)의 성장회계 방정식 형태에서 규모에 대한 보수불변은 $a_K + a_N = 1$을 필요로 한다. 이 장 마지막에 있는 분석문제 6번을 참조하라.

15. 좀 더 정확하게 표현하면, 총요소생산성을 나타내는 항목 A를 1로 설정한다.

그림 6.3

노동자 1인당 생산함수

노동자 1인당 생산함수 $y_t = f(k_t)$는 노동자 1인당 생산량 y_t와 자본-노동 비율 k_t의 관계를 보여준다. 예를 들어, 자본-노동 비율이 k_1이면 노동자 1인당 생산량은 y_1이 된다. 자본-노동 비율이 증가할수록 노동자 1인당 생산량이 증가하기 때문에 노동자 1인당 생산함수는 우상향의 기울기를 갖는다. 생산함수의 활모양으로 굽은 형태는 자본의 한계생산성 체감을 반영한다.

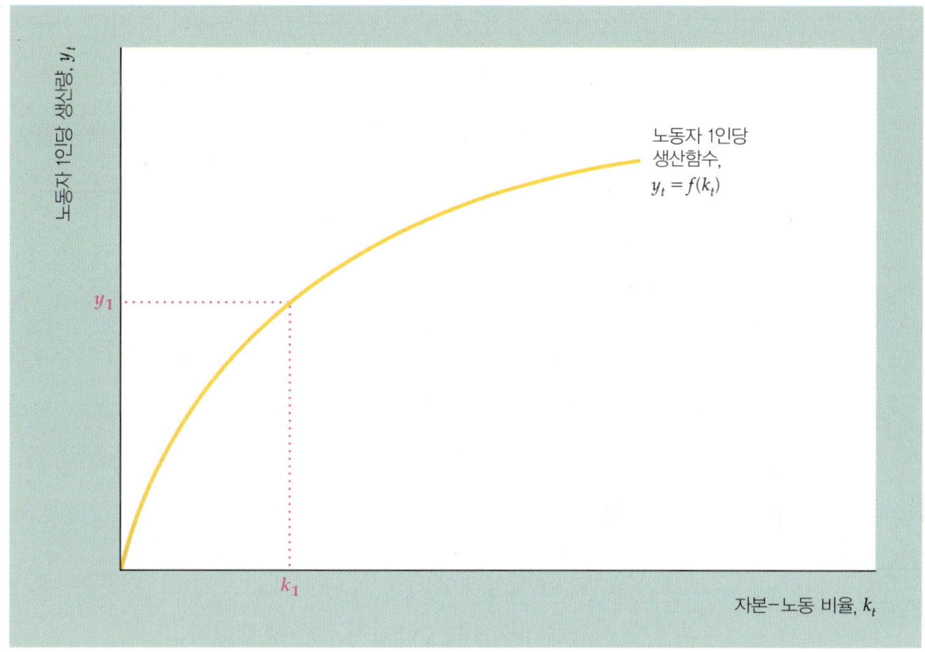

를 일컫는다. 즉, 균제상태에서는 시간이 흘러가도 y_t, c_t, k_t가 변동하지 않고 일정하다.[16] 솔로우 모형이 어떻게 작용하는지 설명하기 위해 우선 균제상태의 특성을 검토하고 난 뒤 경제가 어떻게 균제상태에 도달하는지 논의한다.

우선 균제상태에서 투자가 어떻게 형성되는지 살펴보자. 일반적으로 t년의 총투자 I_t는 (1) 낡거나 감가상각된 자본을 대체하거나, (2) 자본량 크기의 확대와 같은 두 가지 목적으로 이뤄진다. 매년 마모되는 자본의 부분, 즉 자본의 감가상각률(depreciation rate)을 d로 나타내면 t년의 총 감가상각된 양은 dK_t이다. 자본량을 증가시키는 양은 순투자다. 그렇다면 균제상태에서 순투자는 어떻게 될까? 균제상태에서 노동자 1인당 자본 K_t/N_t는 일정하기 때문에 총자본량은 노동력 증가율 n과 동일한 비율로 증가한다. 따라서 균제상태에서 순투자는 nK_t가 된다.[17] 그러므로 균제상태의 총투자는 균제상태의 순투자 nK_t와 감가상각 dK_t의 합으로 나타난다.

$$I_t = (n + d)K_t \text{ (균제상태에서)} \tag{6.6}$$

16. 여러분은 노동자 1인당 생산량, 노동자 1인당 소비 및 노동자 1인당 자본이 일정하다면 총생산량, 총소비, 총자본은 모두 노동력 증가율인 n율로 증가한다는 사실에 주목하기 바란다.

17. 대수적으로 t년의 순투자는 $K_{t+1} - K_t$이다. 총자본이 n율로 증가한다면 $K_{t+1} = (1 + n)K_t$가 된다. K_{t+1}을 순투자의 정의에 대입하면, 균제상태에서 순투자 $= (1 + n)K_t - K_t = nK_t$가 됨을 쉽게 발견할 수 있다.

식 (6.6)을 식 (6.4)에 대입하면 균제상태의 소비(생산량에서 투자를 뺀 값)를 구할 수 있다.

$$C_t = Y_t - (n + d)K_t \text{ (균제상태에서)} \tag{6.7}$$

식 (6.7)은 노동자 1인당 형태가 아닌 경제 전체의 소비, 생산량 및 자본의 값을 측정한다. 노동자 1인당의 형태로 전환하기 위해 식 (6.7)의 양변을 노동자의 수 N_t로 나누어 보자. 이때 우리는 $c_t = C_t/N_t$, $y_t = Y_t/N_t$, $k_t = K_t/N_t$임을 기억해야 한다. 다음으로 식 (6.5)의 1인당 생산함수 y_t를 $f(k_t)$로 대체하면 다음 식과 같다.

$$c = f(k) - (n + d)k \text{ (균제상태에서)} \tag{6.8}$$

식 (6.8)은 균제상태에서 노동자 1인당 소비 c와 자본-노동 비율 k의 관계를 보여준다. 균제상태에서는 노동자 1인당 소비와 자본-노동 비율이 일정하기 때문에 시간을 나타내는 하첨자 t는 생략했다.

식 (6.8)은 균제상태의 자본-노동 비율 k의 증가가 노동자 1인당 균제상태의 소비 c에 두 가지 상반되는 효과가 존재함을 보여준다. 첫째, 균제상태의 자본-노동 비율의 증가는 노동자가 생산할 수 있는 생산량 $f(k)$를 증가시킨다. 둘째, 균제상태의 자본-노동 비율의 증가는 투자에 사용되는 노동자 1인당 생산량 $(n + d)k$를 상승시킨다. 즉, 더 많은 상품이 투자에 사용될수록 소비할 수 있는 상품은 줄어들게 된다.

그림 6.4는 이상의 두 가지 효과가 상충됨을 보여준다. 그림 6.4(a)의 수평축에는 균제상태의 자본-노동 비율 k의 다양하고 가능한 값을 나타낸다. 곡선은 그림 6.3에서와 같은 노동자 1인당 생산함수 $y = f(k)$이다. 직선은 노동자 1인당 균제상태의 투자 $(n + d)k$를 의미한다. 식 (6.8)에 의하면 노동자 1인당 균제상태의 소비 c는 곡선의 높이 $f(k)$에서 직선의 높이 $(n + d)k$를 뺀 값과 동일하다. 따라서 노동자 1인당 소비는 음영 부분의 높이로 측정한다.

균제상태에서 노동자 1인당 소비와 자본-노동 비율 간의 관계는 그림 6.4(b)에 좀 더 명시적으로 나타나 있다. 그림 6.4(a)에서 균제상태의 자본-노동 비율 k의 각 값에 대한 균제상태의 소비 c는 생산함수와 투자의 차이다. 그림 6.4(b)에서 k가 k_G보다 작은 값일 경우, 우리는 균제상태의 자본-노동 비율이 증가하면 노동자 1인당 균제상태의 소비도 증가함을 인식할 필요가 있다. 그림 6.4에서 노동자 1인당 균제상태의 소비를 극대화하는 자본-노동 비율의 수준은 k_G이다. 이 수준을 **황금률 자본-노동 비율**(Golden Rule capital-labor ratio)이라 하며,

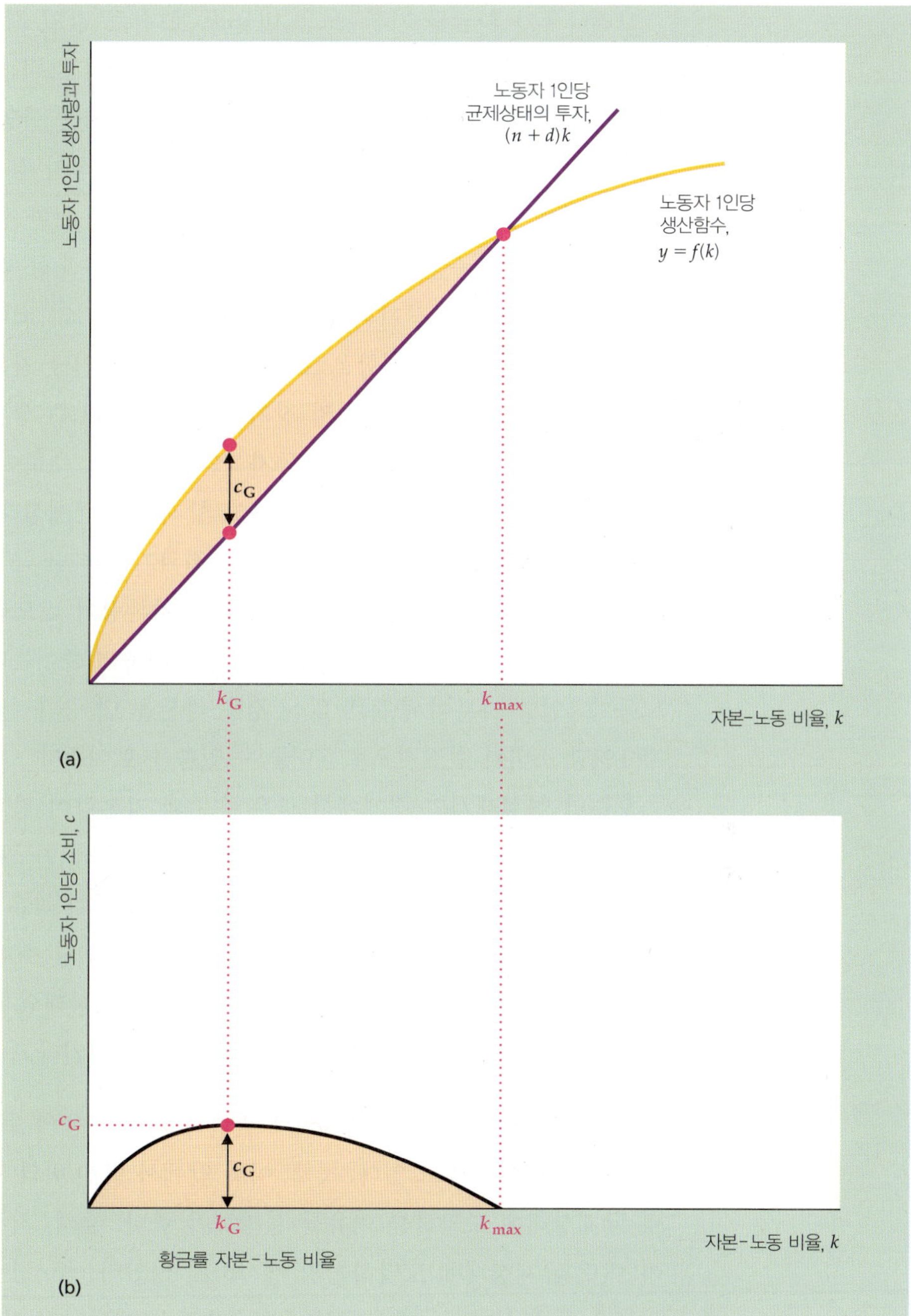

그림 6.4

균제상태에서 노동자 1인당 소비와 자본-노동 비율의 관계

(a) 자본-노동 비율 k의 각 값에 대한 노동자 1인당 균제상태의 생산량 y는 노동자 1인당 생산함수 $f(k)$에 의해 주어진다. 노동자 1인당 균제상태의 투자 $(n+d)k$는 $(n+d)$의 기울기를 가진 직선이다. 노동자 1인당 균제상태의 소비 c는 노동자 1인당 생산량과 노동자 1인당 투자의 차이(음영 처리된 부분)다. 예를 들어, 자본-노동 비율이 k_G이면 노동자 1인당 균제상태의 소비는 c_G이다. (b) 균제상태의 자본-노동 비율 k의 각 값에 대한 노동자 1인당 균제상태의 소비 c는 노동자 1인당 생산량과 노동자 1인당 투자의 차이로 (a)에서 유도된다. 따라서 (b)의 음영 처리된 부분은 (a)의 음영 처리된 부분과 부합한다. 자본-노동 비율이 작은 값에서 시작할 경우 자본-노동 비율의 증가는 노동자 1인당 균제상태의 소비를 상승시킴을 유념하라. 그러나 자본-노동 비율이 황금률 수준 k_G보다 큰 값에서 시작할 경우 자본-노동 비율의 증가는 노동자 1인당 소비를 실질적으로 감소시킨다. 자본-노동 비율이 k_{max}이면 모든 생산량은 투자를 위해 사용되므로 노동자 1인당 균제상태의 소비는 영이다.

이렇게 명명한 이유는 이 수준에서 미래세대의 경제적 후생수준이 극대화되기 때문이다.[18]

18. 미분법에 익숙한 독자는 식 (6.8)을 사용해 황금률 자본-노동 비율에서 자본의 한계생산물이 $n+d$와 동일함을 도출할 수 있을 것이다.

그러나 k가 황금률 자본-노동 비율 k_G보다 큰 값일 경우 규제상태의 자본-노동 비율을 증가시키면 노동자 1인당 규제상태의 소비는 감소한다. 왜냐하면 높은 수준의 노동자 1인당 자본을 유지하기 위해서는 상당히 많은 양의 투자가 필요하기 때문이다. 그림 6.4에서 $k = k_{max}$인 극단적인 경우에는 모든 생산량이 자본량을 대체하고 확장하는 데 사용되므로 소비를 위한 생산량은 0이 된다.

정책입안자는 종종 저축과 투자를 자극해 자본-노동 비율의 증가를 목표로 하는 정책을 사용해 장기적인 생활수준을 향상시키려 노력한다. 그림 6.4는 이러한 전략에 한계가 존재함을 보여준다. 노동자 1인당 자본량이 적은 국가에서는 자본-노동 비율을 증가시켜 장기적인 (규제상태의) 생활수준을 상당히 향상시킬 수 있다. 그러나 우리는 노동자 1인당 자본의 수준이 이미 높은 국가에서는 자본-노동 비율을 더 증가시킨다고 할지라도 규제상태의 소비를 크게 증가시킬 수 없음을 발견할 수 있다. 이상의 결과가 나타난 근본적인 이유는 자본의 한계생산성 체감에 있다. 다시 말해, 이미 자본량이 많으면 많을수록 자본량을 더욱 증가시킴으로써 얻을 수 있는 이익은 더욱더 줄어든다. 사실상 그림 6.4는 노동자 1인당 자본이 충분히 많을 경우 자본을 더 증가시키면 규제상태의 노동자 1인당 소비가 실질적으로 줄어들 수 있음을 보여준다.

오늘날 현실세계의 경제에서 높은 수준의 자본량이 장기적으로 소비의 감소를 유도하는가? 산업화된 선진 7개 국가의 실증적 연구를 살펴보면, 그 답은 "아니다"라고 결론 내릴 수 있다. 심지어 저축수준이 높은 일본에서도 노동자 1인당 자본의 더 많은 증가가 규제상태의 노동자 1인당 소비를 높은 수준으로 유도했다.[19] 그러므로 향후 우리의 분석에서는 규제상태의 자본-노동 비율의 증가가 노동자 1인당 규제상태의 소비를 항상 증가시킨다고 가정한다.

규제상태 도달 이상의 규제상태에 관한 논의는 다음의 두 가지 결론에 대한 명확한 설명을 남겨놓고 있다. 첫째, 이미 앞에서 밝힌 바와 같이 경제가 종국적으로 규제상태에 도달하는 이유를 설명해야 한다. 둘째, 지금까지의 논의는 경제가 어떤 규제상태에 도달하는지 제시하지 않았다. 즉, 경제가 종국적으로 달성하는 노동자 1인당 규제상태의 소비수준과 규제상태의 자본-노동 비율을 파악해야 한다.

이상의 결론을 명확히 설명하려면 저축률에 관한 정보가 필요하다. 논의를 가

19. Andrew B. Abel, N. Gregory Mankiw, Lawrence H. Summers, and Richard J. Zeckhauser, "Assessing Dynamic Efficiency: Theory and Evidence," *Review of Economic Studies*, January 1989, pp. 1-20 참조.

능한 한 단순화하기 위해 경제 전체의 저축은 경상소득(current income)에 비례한다고 가정한다.

$$S_t = sY_t \tag{6.9}$$

여기서 S_t는 t년의 국민저축이며,[20] s는 저축률로서 일정하다고 가정한다. 경상소득이 1달러 증가하면 저축은 1달러 이하로 증가하므로(4장 참조), 저축률 s는 0에서 1 사이의 숫자다. 식 (6.9)는 이전 장들에서 논의한 저축 결정에 영향을 미치는 경상소득 이외의 다른 요인(예를 들어, 실질이자율)은 무시한다. 설령 저축결정에 영향을 미치는 다른 요인을 포함시켜도 기본적인 결론은 변하지 않기 때문에 우리는 논의의 단순화를 위해 다른 요인을 포함시키지 않았다.

매년 국민저축 S_t는 투자 I_t와 동일하므로 다음과 같이 나타낼 수 있다.

$$sY_t = (n + d)K_t \text{(균제상태에서)} \tag{6.10}$$

식 (6.10)의 왼쪽 항은 저축(식 (6.9) 참조)을, 오른쪽 항은 균제상태의 투자[식 (6.6) 참조]를 나타낸다.

식 (6.10)은 균제상태를 유지하기 위한 총생산량 Y_t와 총자본량 K_t 간의 관계를 나타낸다. 노동자 1인당 균제상태의 자본을 결정하기 위해 식 (6.10)의 양변을 N_t로 나누어 보자. 그리고 생산함수[식 (6.5)] y_t를 $f(k_t)$로 대체하면 다음과 같다.

$$sf(k) = (n + d)k \text{(균제상태에서)} \tag{6.11}$$

식 (6.11)은 노동자 1인당 저축 $sf(k)$가 노동자 1인당 균제상태의 투자 $(n + d)k$와 동일함을 보여준다. 균제상태에서는 자본-노동 비율 k가 일정하므로 위의 식 (6.11)에는 하첨자 t를 생략했다.

이제 우리는 식 (6.11)을 이용해 그림 6.5에서와 같이 경제가 도달하는 균제상태의 자본-노동 비율을 결정할 수 있다. 이때 자본-노동 비율은 수평축에, 노동자 1인당 저축 및 투자는 수직축에 나타낸다.

활모양으로 굽은 형태의 곡선은 노동자 1인당 저축의 양 $sf(k)$가 자본-노동 비율과 어떻게 관련되는지 보여준다. 즉, 노동자 1인당 저축곡선은 우상향하는 기울기를 갖는다. 왜냐하면 자본-노동 비율이 증가할수록 노동자 1인당 생산량이 증가하며, 이는 노동자 1인당 저축의 증가를 의미하기 때문이다. 또한 노동자 1인당 저축곡선의 일반적 형태는 노동자 1인당 생산함수와 동일하다. 왜냐하면 노동자 1인당 저축은 생산함수 $f(k)$에 고정된 저축률 s를 곱한 값이기 때문이다.

20. 우리의 모형에서는 정부부문을 고려하지 않았기 때문에 국민저축과 민간저축은 동일하다.

그림 6.5

균제상태에서 자본-노동 비율의 결정

균제상태의 자본-노동 비율 k^*는 노동자 1인당 저축 $sf(k)$가 노동자 1인당 균제상태의 투자 $(n + d)k$와 동일하다는 조건에 의해 결정된다. 균제상태의 자본-노동 비율 k^*는 저축곡선과 투자선이 교차하는 A점과 부합한다. 어떤 점에서 출발해도 종국적으로 자본-노동 비율은 k^*에 도달한다. 자본-노동 비율이 k^*보다 작다면(예를 들어, k_1), 노동자 1인당 저축 $sf(k_1)$이 k_1 수준에서 자본을 유지하는 데 필요한 노동자 1인당 투자 $(n + d)k_1$을 초과한다. 이러한 여분의 저축이 자본으로 전환됨에 따라 화살표와 같이 자본-노동 비율은 증가한다. 마찬가지로 자본-노동 비율이 k^*보다 크다면(예를 들어, k_2), 낮은 수준의 저축으로 자본-노동 비율을 유지할 수 없으므로 자본-노동 비율은 시간의 흐름에 따라 감소하게 된다.

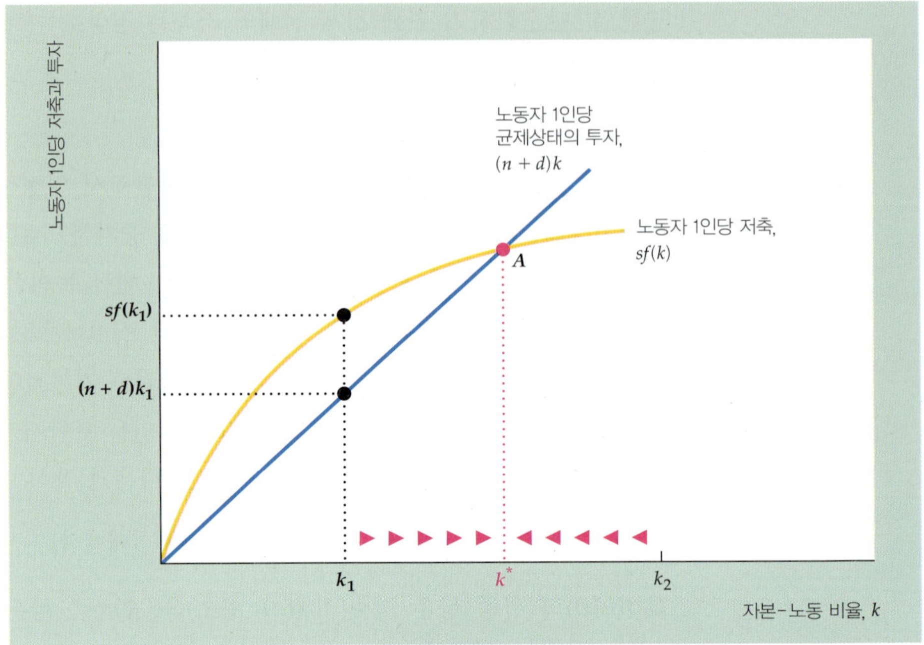

그림 6.5에서 직선은 노동자 1인당 균제상태의 투자 $(n + d)k$를 나타낸다. 이러한 균제상태의 투자선(investment line)은 우상향하는 기울기를 갖는다. 즉, 자본-노동 비율이 높을수록 노동자 1인당 투자는 증가한다. 높은 자본-노동 비율에 상응한 높은 수준의 자본을 유지하기 위해서는 감가상각된 자본을 대체하고 새로운 노동자에게 필요한 자본을 갖추기 위해 더 많은 노동자 1인당 투자가 요구된다.

식 (6.11)에 의하면, 균제상태의 자본-노동 비율에서는 노동자 1인당 저축과 노동자 1인당 균제상태의 투자가 반드시 동일해야 한다. 그림 6.5에서 이상의 조건을 만족하는 자본-노동 비율의 유일한 수준은 저축곡선과 균제상태의 투자선이 교차하는 k의 값, 즉 k^*이다. k^*를 제외한 다른 어떤 k점에서도 저축과 균제상태의 투자는 일치하지 않는다. 그러므로 이 경제에서 유일하게 가능한 균제상태의 자본-노동 비율은 k^*이다.[21]

우리는 유일한 균제상태의 자본-노동 비율 k^*를 이용해 노동자 1인당 균제상태의 생산량과 소비를 구할 수 있다. 균제상태의 자본-노동 비율이 k^*이면, 식 (6.5)의 노동자 1인당 생산함수를 다음과 같은 노동자 1인당 균제상태의 생산량으로 나타낼 수 있다.

21. 실질적으로 자본량, 생산량 및 소비가 영원히 0인 $k = 0$인 점에서도 균제상태다. 그러나 경제가 양(+)의 자본량을 가지고 출발하는 한 자본이 0인 균제상태에는 결코 도달할 수 없다.

$$y^* = f(k^*)$$

식 (6.8)에 의하면 노동자 1인당 균제상태의 소비 c^*는 노동자 1인당 균제상태의 생산량 $f(k^*)$에서 노동자 1인당 균제상태의 투자 $(n + d)k^*$를 뺀 값과 같다.

$$c^* = f(k^*) - (n + d)k^*$$

실증적으로 관측되는 현실적인 경우 균제상태의 자본-노동 비율 k^*가 증가할수록 노동자 1인당 균제상태의 소비수준 c^*가 증가한다는 사실을 기억하기 바란다.

지금까지 균제상태에서는 국민저축과 균제상태의 투자가 일치한다는 조건을 이용해 균제상태의 자본-노동 비율 k^*를 구했다. 노동자 1인당 자본이 k^*일 때 사람들이 저축하는 양과 k^*수준에서 노동자 1인당 자본을 유지하기 위해 필요한 투자량이 일치한다. 그러므로 경제의 자본-노동 비율이 k^*에 도달하면 그 경제는 그 수준에서 영원히 머물게 된다.

그러나 자본-노동 비율이 k^*가 아닌 다른 값에서 출발할 경우에도 자본-노동 비율이 k^*에 항상 도달할 수 있는 이유가 존재하는가? 결론부터 말하자면, 그 이유는 이하의 설명과 같이 존재한다. 예를 들어, 그림 6.5에서 자본-노동 비율이 k^*보다 작은 k_1인 경우를 상정해 보자. 노동자 1인당 자본이 k_1일 때 노동자 1인당 저축의 양 $sf(k_1)$이 자본-노동 비율을 일정하게 유지하는 데 필요한 투자량 $(n + d)k_1$을 초과한다. 이러한 여분의 저축이 새로운 자본을 형성하기 위해 투자된다면 자본-노동 비율은 증가한다. 즉, 수평축의 화살표와 같이 자본-노동 비율이 k_1에서 k^*로 증가한다.

초기의 노동자 1인당 자본이 k^*보다 클 경우에도(예를 들어, 그림 6.5에서 $k = k_2$인 경우), 경제가 균제상태로 수렴하는 이유에 대한 설명은 매우 유사하다. 자본-노동 비율이 k^*를 초과한다면, 이미 형성된 저축의 양이 자본-노동 비율을 일정하게 유지하는 데 필요한 투자량보다 작다(그림 6.5에서 $k = k_2$일 때 저축곡선은 균제상태의 투자선 밑에 놓여 있다). 그러므로 화살표와 같이 시간의 흐름에 따라 자본-노동 비율은 k_2에서 k^*로 감소한다. 또한 노동자 1인당 생산량 역시 균제상태의 값에 도달할 때까지 감소한다.

그러므로 우리는 생산성 증가가 없다고 가정한 경제는 반드시 균제상태로 나아간다고 요약할 수 있다. 이와 같은 균제상태에서 자본-노동 비율, 노동자 1인당 생산량 및 노동자 1인당 소비는 시간의 흐름에 따라 일정하게 된다(그러나 총자본, 총생산량 및 총소비는 노동력 증가율인 n율로 증가한다). 이상의 결론은 생활수준이 종국에는 더 이상 개선될 수 없음을 의미하기 때문에 우리로 하여금 다

요약표 8 장기적인 생활수준의 근본적인 결정요인

해당 요인의 증가	해당 요인의 증가가 장기적인 생산량, 소비 및 노동자 1인당 자본에 미치는 영향	이유
저축률, s	증가	높은 저축으로 더 많은 투자와 더 많은 자본량이 가능함.
인구 증가율, n	감소	높은 인구 증가율로 더 많은 생산량이 새로운 노동자에게 필요한 자본으로 사용돼야 하므로, 소비와 노동자 1인당 자본을 증가시키기 위해 가용한 생산량이 줄어듦.
생산성	증가	높은 생산성은 직접적으로 생산량을 증가시킴. 또한 높은 생산성은 소득을 상승시켜 저축과 자본량을 증가시킴.

소 비관적인 느낌을 갖게 한다. 그러나 생산성이 계속해서 증가한다면 이상의 결론에서 벗어날 수 있다.

장기적인 생활수준의 근본적인 결정요인

한 경제에서 평균적인 사람의 부유함 정도를 결정하는 장기적인 요인은 무엇인가? 만약 장기적인 복지수준이 노동자 1인당 균제상태의 소비수준으로 측정된다면, 이상의 물음에 대한 답은 솔로우 모형에서 찾을 수 있다. 이하에서는 장기적인 생활수준에 영향을 미치는 세 가지 요인, 즉 저축률, 인구 증가 및 생산성 증가(요약표 8 참조)를 논의한다.

저축률 솔로우 모형에 의하면 그림 6.6에서와 같이 높은 저축률은 장기적으로 높은 생활수준을 의미한다. 경제의 초기 저축률이 s_1이며, 이에 따른 노동자 1인당 저축이 $s_1f(k)$라고 가정하자. 또한 저축률이 s_1인 저축곡선은 '초기의 노동자 1인당 저축'으로 명명돼 있다. 초기 균제상태의 자본-노동 비율 k_1^*은 초기의 저축곡선과 투자선이 교차하는(A점) 자본-노동 비율이다.

이제 정부가 저축에 대한 유인을 강화하는 정책을 도입함으로써 그 국가의 저축률이 s_1에서 s_2로 상승한 경우를 생각해 보자. 저축률의 증가는 자본-노동 비율의 모든 수준에서 저축을 증가시킨다. 그림으로 나타내면 저축곡선이 $s_1f(k)$에서 $s_2f(k)$로 위쪽으로 이동한다. 새로운 균제상태의 자본-노동 비율 k_2^*는 새로운 저축곡선과 투자선의 교차점(B점)에 상응한다. k_2^*가 k_1^*보다 큰 이유는 저축률의 증가가 균제상태의 자본-노동 비율을 증가시키기 때문이다. 이 경제는 수평축에 나타낸 화살표 방향과 같이 점진적으로 높은 균제상태의 자본-노동 비율로 이동한다. 새로운 균제상태에서는 이전의 균제상태에 비해 높은 수준의 노동자 1인당 생산량과 노동자 1인당 소비가 달성된다.

그림 6.6

저축률의 증가가 균제상태의 자본-노동 비율에 미치는 영향

저축률이 s_1에서 s_2로 증가하면 저축곡선이 $s_1f(k)$에서 $s_2f(k)$로 상승한다. 노동자 1인당 저축과 노동자 1인당 균제상태의 투자가 동일한 점이 A점에서 B점으로 이동하며, 이에 상응하는 자본-노동 비율이 k_1^*에서 k_2^*로 증가한다. 그러므로 저축률의 증가는 균제상태의 자본-노동 비율을 상승시킨다.

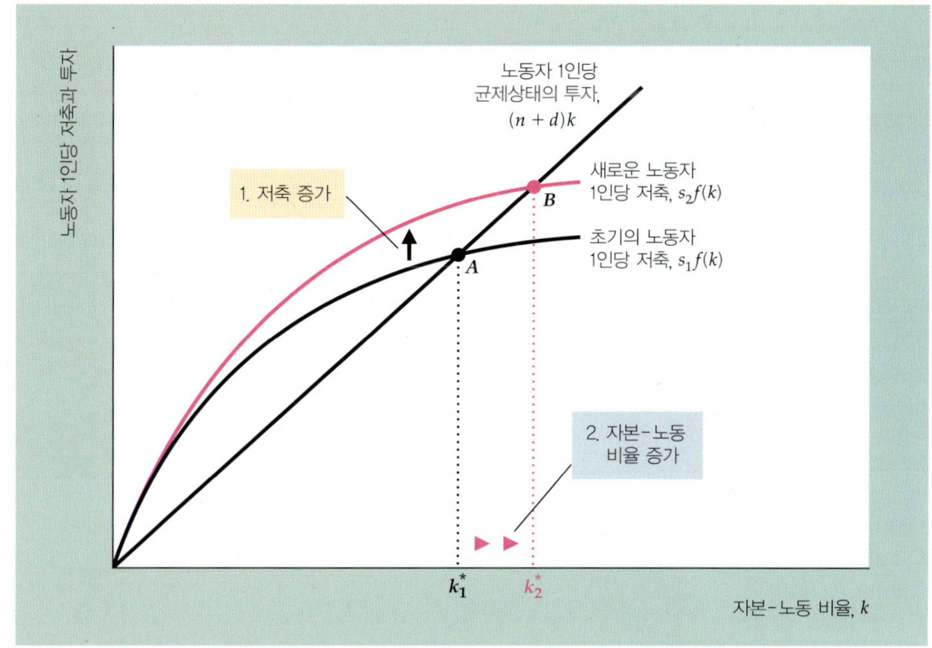

저축률의 증가가 장기적으로 높은 수준의 노동자 1인당 생산량, 소비 및 자본을 유도하기 때문에 가능한 한 높은 저축률의 유지가 정책목표일 수 있다. 그러나 이 결론이 반드시 옳은 것은 아니다. 비록 높은 수준의 저축률이 장기적으로 노동자 1인당 소비를 증가시키지만, 저축률의 증가는 현재소비의 감소를 통해 가능하다. 이러한 현재소비의 감소는 초기의 생산량수준에서 저축과 투자의 증가로 인해 현재소비를 위해 가용한 생산량이 줄어들기 때문에 생겨난다. 따라서 높은 수준의 미래소비는 낮은 수준의 현재소비라는 희생을 요구한다. 저축률에 대한 사회적 선택은 반드시 현재 및 미래소비 사이의 상충관계를 고려해야 한다. 왜냐하면 소비의 감소로 인한 현재의 희생이 일정한 수준을 넘어서면 저축률의 증가를 통해 얻는 장기적인 이익을 능가할 수 있기 때문이다.

인구 증가 많은 개발도상국은 높은 인구 증가율을 중요한 문제로 인식하며, 인구 증가율 감소를 주요한 정책목표로 삼고 있다. 인구 증가와 노동자 1인당 생산량, 소비 및 자본으로 측정한 한 국가의 발전 정도 사이에는 어떤 관계가 형성되는가?

이상의 물음에 대한 솔로우 모형에서의 답은 그림 6.7에서 보여준다. 초기 균제상태의 자본-노동 비율 k_1^*은 균제상태의 투자선과 저축곡선이 만나는 A점에 상응한다. 이제 인구 증가율(이는 노동력 증가율과 동일함)이 초기의 n_1에서 n_2 수준으로 증가하는 경우를 고려해 보자. 이때 어떤 변화가 생겨날까?

그림 6.7

높은 인구 증가율이 균제상태의 자본-노동 비율에 미치는 영향

인구 증가율이 n_1에서 n_2로 증가하면 노동자 1인당 균제상태의 투자는 $(n_1 + d)k$에서 $(n_2 + d)k$로 증가한다. 균제상태의 투자선이 왼쪽 상방으로 회전하며, 그 기울기가 $n_1 + d$에서 $n_2 + d$로 상승한다. 노동자 1인당 저축과 노동자 1인당 균제상태의 투자가 동일한 점은 A점에서 B점으로 이동한다. 이에 상응한 자본-노동 비율은 k_1^*에서 k_2^*로 하락한다. 그러므로 인구 증가율이 높을수록 균제상태의 자본-노동 비율은 감소한다.

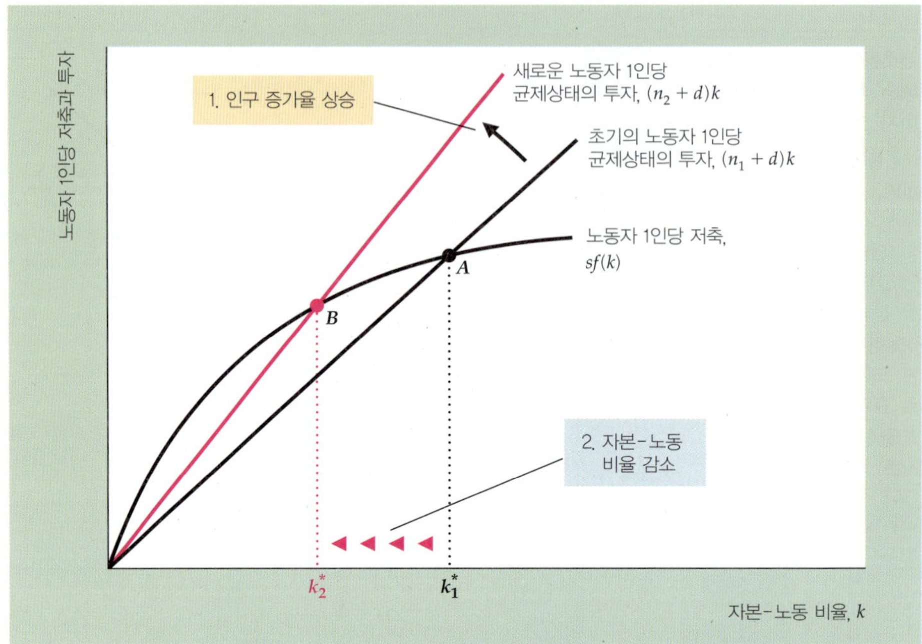

인구 증가율의 상승은 노동자가 이전보다 더 빠른 속도로 노동력에 편입됨을 의미한다. 이와 같은 새로운 노동자도 반드시 자본을 구비해야 한다. 따라서 자본-노동 비율을 동일하게 유지하려면 현재의 노동력 수에 대한 투자량은 반드시 증가해야 한다. 대수적으로 n의 상승은 노동자 1인당 균제상태의 투자를 $(n_1 + d)k$에서 $(n_2 + d)k$로 증가시킨다. 이와 같은 인구 증가율의 상승이 균제상태의 투자선을 왼쪽 상방으로 회전시키며, 그 기울기는 $n_1 + d$에서 $n_2 + d$로 증가한다.

균제상태의 투자선이 회전한 이후 새로운 균제상태는 B점에서 달성된다. 새로운 균제상태의 자본-노동 비율은 k_2^*이며, 이는 원래의 자본-노동 비율 k_1^*보다 낮은 수준이다. 새로운 균제상태에서 자본-노동 비율이 감소했기 때문에 새로운 노동자 1인당 균제상태의 생산량 및 소비도 함께 하락한다.

그러므로 솔로우 모형에 의하면 인구 증가가 높을수록 생활수준은 떨어진다. 노동력이 급격히 증가할 때 생겨나는 기본적인 문제는 현재 생산량의 많은 부분이 새로운 노동자가 사용하기 위한 자본을 제공하는 데 충당돼야 한다는 점이다. 이상의 결론은 인구 증가를 억제하는 정책이 생활수준을 향상시킬 수 있음을 시사한다.

인구 증가의 억제를 정책목표로 설정해야 한다는 이상의 결론에는 다소의 반대 의견이 존재한다. 첫째, 비록 인구 증가율 n의 감소가 노동자 1인당 소비를 상

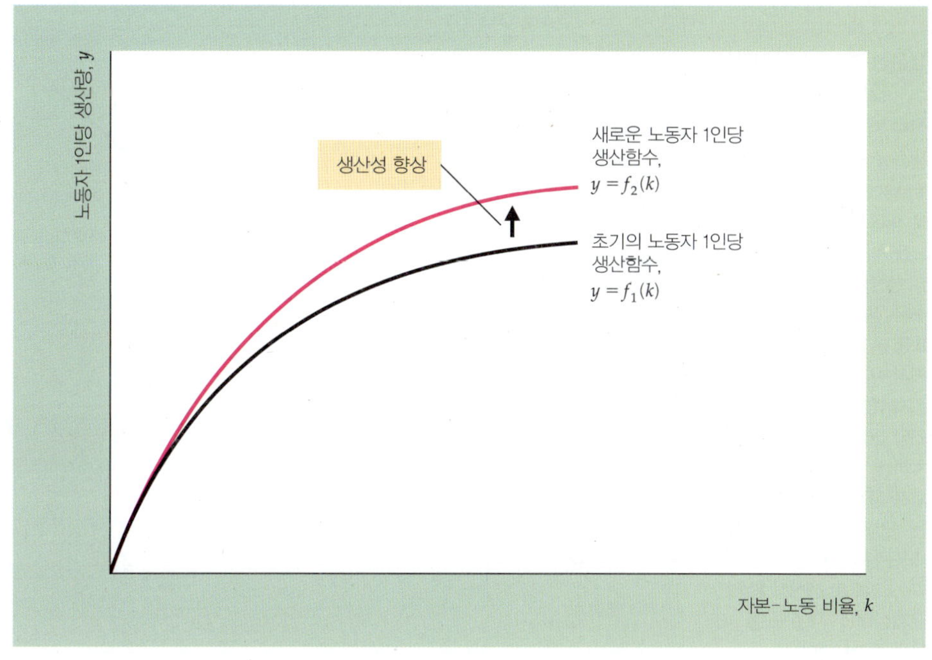

그림 6.8

생산성 향상

생산성 향상은 노동자 1인당 생산함수를 원래의 생산함수 $y = f_1(k)$에서 새로운 생산함수 $y = f_2(k)$로 위쪽으로 이동시킨다. 생산성이 향상된 이후에는 모든 자본-노동 비율 k에서 노동자 1인당 생산량 y를 더 많이 생산한다.

승시키지만, 동시에 균제상태에서 n율로 증가하는 총생산량 및 총소비 증가율을 감소시킨다. 즉, 사람의 수가 적을수록 각각의 사람은 더 많이 가질 수 있지만 동시에 총생산능력은 줄어들게 된다. 국가는 다소의 (군사적, 정치적) 이유로 말미암아 1인당 생산량과 함께 총생산량에도 관심을 기울인다. 예를 들어, 일부 서유럽 국가는 다음 세기에 그들의 인구가 실질적으로 줄어들 것이라는 예측에 대해 걱정하고 있다. 왜냐하면 그 국가들은 인구의 감소로 그들 스스로 방어할 수 있는 능력이나 세계의 중요한 사건에 대한 영향력이 아마도 줄어들 것으로 예상하기 때문이다.

둘째, 솔로우 모형은 전체 인구 대비 근로 인구층의 비율이 고정됐다고 가정했다. 그러나 인구 증가율이 급격히 변화한다면 이상의 가정은 더 이상 성립하지 않는다. 예를 들어, 미국에서 출산율의 감소는 21세기 초 은퇴한 인구층 대비 근로 인구층의 비율이 아주 낮아진다는 사실을 의미한다. 이와 같은 변화는 사회보장기금과 건강보험 등의 분야에 문제를 야기한다.

생산성 증가 기본적인 솔로우 모형의 중요한 특징은 궁극적으로 경제가 1인당 생산량이 일정한 균제상태에 도달한다는 점이다. 그러나 이 장의 도입부에서 일본의 1인당 생산량이 1870년 이후 어떻게 30배 이상 성장했는지 기술했다. 솔로우 모형은 그러한 지속적인 성장을 어떻게 설명할 수 있는가? 그 답은 지금까지의 분석에서는 다루지 않은 성장의 원인, 즉 생산성 증가에 있다.

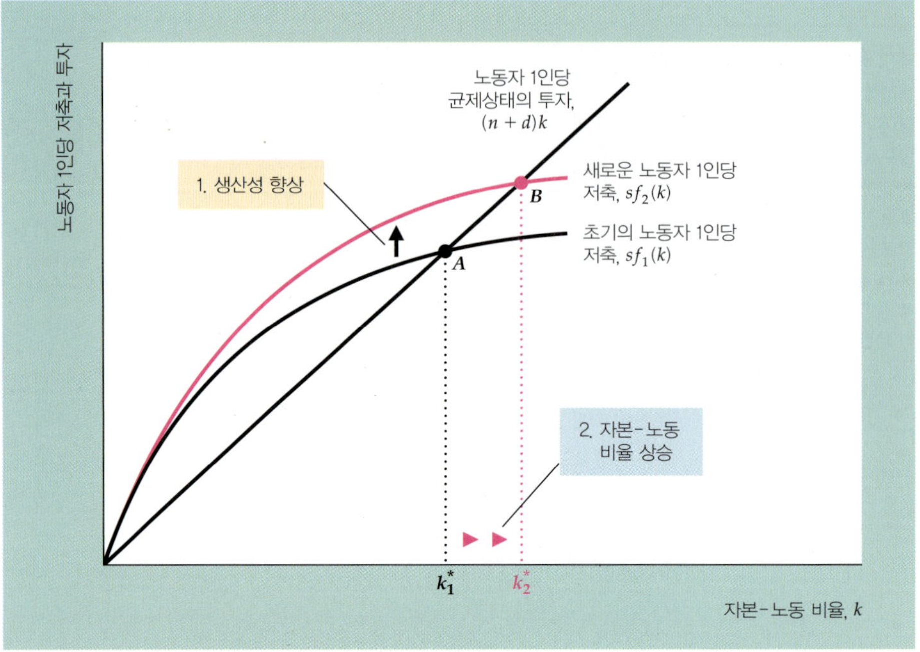

그림 6.9

생산성 향상이 균제상태의 자본-노동 비율에 미치는 영향

생산성 향상은 생산함수를 $f_1(k)$에서 $f_2(k)$로 위쪽으로 이동시키며, 모든 자본-노동 비율에서 노동자 1인당 생산량을 증가시킨다. 저축은 생산량에 비례하므로 노동자 1인당 저축도 $sf_1(k)$에서 $sf_2(k)$로 상승한다. 노동자 1인당 저축과 노동자 1인당 균제상태의 투자가 일치하는 점은 A점에서 B점으로 이동하며, 이에 상응하는 균제상태의 자본-노동 비율은 k_1^*에서 k_2^*로 증가한다. 그러므로 생산성 향상은 균제상태의 자본-노동 비율을 증가시킨다.

그림 6.8과 6.9는 생산성 향상의 효과(이를테면, 새로운 기술의 결과)를 보여준다. 즉, 생산성 향상은 노동자 1인당 생산함수를 위쪽으로 이동시킨다. 왜냐하면 일반화된 자본-노동 비율에서 생산성이 향상될 때 각 노동자는 더 많은 생산량을 생산할 수 있기 때문이다. 그림 6.8은 원래의 생산함수 $y = f_1(k)$의 '새롭고 향상된' 생산함수 $y = f_2(k)$로의 이동을 보여준다. 생산성 향상은 3장에서 설명한 이로운 공급충격과 부합한다.

그림 6.9는 솔로우 모형에서 생산성 향상의 효과를 나타낸다. 이전의 경우와 마찬가지로 원래의 균제상태는 저축곡선과 균제상태의 투자선이 교차하는 A점에서 결정되며, 이에 상응하는 균제상태의 자본-노동 비율은 k_1^*가 된다. 생산성 향상은 모든 자본-노동 비율의 수준에서 노동자 1인당 생산량을 증가시킨다. 노동자 1인당 저축은 노동자 1인당 생산량에 고정된 일부분 s를 곱한 값이므로 노동자 1인당 저축도 모든 자본-노동 비율에서 상승한다. 그림으로 나타내면 저축곡선이 $sf_1(k)$에서 $sf_2(k)$로 위쪽으로 이동하며, 이때 B점에서 균제상태의 투자선과 교차한다. 새로운 균제상태의 자본-노동 비율은 k_2^*가 되며, 이는 원래의 자본-노동 비율인 k_1^*보다 높은 수준이다.

종합적으로 살펴보면, 생산성 향상은 두 가지 이유로 말미암아 노동자 1인당 균제상태의 생산량과 소비를 증가시킨다. 첫째, 생산성 향상은 모든 자본-노동 비율에서 생산할 수 있는 양을 직접적으로 증가시킨다. 둘째, 그림 6.9에서와 같이 생산성 향상은 저축의 공급을 증가시켜 장기적인 자본-노동 비율의 상승을 유도한다. 그러므로 생산성 향상은 생활수준에 이중으로 유리한 영향을 미친다.

1회의 저축률 증가나 인구 증가율 감소의 경우와 마찬가지로 1회의 생산성 향상은 경제를 한 균제상태에서 높은 수준의 다른 균제상태로 이동시킨다. 경제가 새로운 균제상태에 도달하면 노동자 1인당 소비는 다시 일정한 수준이 된다. 그렇다면 노동자 1인당 소비를 계속적으로 증가시킬 수 있는 방법은 존재하는가?

현실적으로 높은 저축률을 더 증가시키거나(저축률은 100%를 초과할 수 없다!) 낮은 인구 증가율을 더 감소시키기에는 한계가 존재한다. 따라서 높은 저축률이나 낮은 인구 증가는 높은 생활수준을 계속적으로 향상시키는 원인이 될 수 없다. 그러나 산업혁명 이후 사람들이 더욱 많이 생산함으로써 이전에 찾아볼 수 없었던 현저한 정교함을 보였다. 솔로우 모형에 의하면, 장기적인 생산성의 계속적인 증가만이 영원히 더 나은 생활수준에 대한 희망을 갖게 한다. 그러므로 우리는 장기적으로 생활수준의 향상을 얼마나 빨리 이룰 수 있는지 결정하는 가장 중요한 원인은 생산성 증가율이라고 결론 내릴 수 있다.

응용 APPLICATION

중국의 성장

최근 중국은 성장률의 급속한 상승을 경험했다. 중국은 그 규모(13억의 인구)로 말미암아 향후 세계경제에서 대단한 지위를 확보할 수 있다. 비록 중국이 지난 20~30년 동안 급속히 성장했지만, 중국의 1인당 GDP는 대단히 낮은 수준에서 출발했기 때문에 선진경제의 1인당 GDP를 따라잡기에는 오랜 시간이 요구된다.

표 6.4는 중국의 1인당 GDP가 다른 국가들에 비해 상당히 낮은 수준임을 보여준다.

표 6.4 중국, 미국, 일본의 경제성장

국가	1인당 실질 GDP 수준 1870	1913	1950	2006	연평균 경제성장률 1870~2006
중국	530	552	448	6,048	1.8%
일본	737	1,387	1,921	22,462	2.5
미국	2,445	5,301	9,561	31,049	1.9

주 : 숫자는 다양한 국가별 통화의 구매력 차이를 조정한 1990년 물가수준의 미국 달러임.

출처 : Angus Maddison, *Statistics on World Population, GDP, and Per Capita GDP, 1-2006 AD*(2009년 3월, 표 안의 숫자는 메디슨이 저작권을 가짐), www.ggdc.net/maddison에서 이용 가능함.

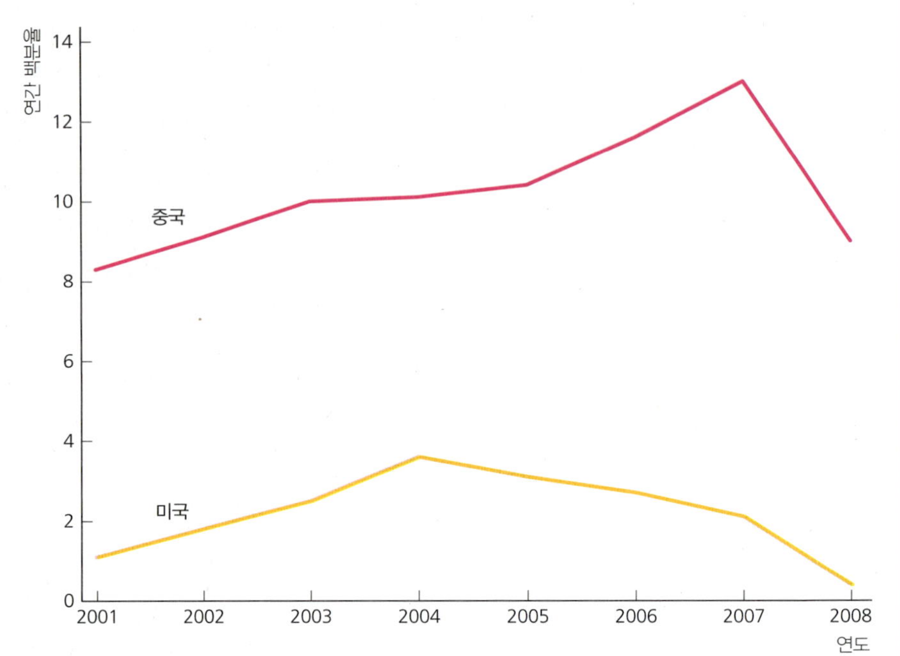

그림 6.10

중국과 미국의 실질 GDP 성장(2001~2008)

그래프는 2001~2008년의 중국과 미국의 연간 실질 GDP 성장률을 나타낸다.

출처 : 국제통화기금(International Monetary Fund), World Economic Outlook, www.imf.org/external/pubs/ft/weo/2009/01/pdf/tables.pdf에서 이용 가능함.

비록 1870년 중국과 일본의 1인당 실질 GDP에는 큰 차이가 없었음에도 불구하고 최근인 1998년 중국의 1인당 실질 GDP는 일본의 약 16%에 불과하다. 심지어 1950년 중국의 1인당 실질 GDP는 80년 전인 1870년보다도 낮은 수준이었다.

최근 수년간 중국의 실질 GDP는 꽤 빠르게 성장했다. 그림 6.10은 중국의 GDP 성장률을 미국의 GDP 성장률과 비교해 보여준다. 지난 8년 동안 중국의 연평균 GDP

내생적 성장이론

전통적 솔로우 경제성장 모형은 상당히 유용한 것으로 알려져 있지만, 경제성장 모형으로는 적어도 한 가지 심각한 약점이 있다. 솔로우 모형에 의하면, 생산성 증가가 장기적인 1인당 생산량 성장의 유일한 원인이기 때문에 장기적인 경제성장을 완전하게 설명하기 위해서는 생산성 증가에 관한 설명이 요구된다. 그러나 솔로우 모형은 생산성 증가율이 어떻게 결정되는지에 대한 설명 없이 단순히 주어진 값으로 간주했다. 즉, 솔로우 모형은 1인당 생산량의 장기적인 성장률을 결정하는 가장 중요한 작용을 설명하지 않고 가정한다.

이상과 같은 솔로우 모형의 약점을 극복하기 위한 새로운 성장이론인 **내생적 성장이론**(endogenous growth theory)은 생산성 증가(따라서 생산량 증가율)를 내

성장률은 10.2%인 반면, 미국의 연평균 GDP 성장률은 단지 2.2%를 기록했다. 이와 같은 중국의 높은 성장률을 분석한 사람들은 상당한 자본투자의 증가, 계획경제에서 시장경제로 전환함에 따라 부분적으로 생겨나는 급속한 생산성의 향상 및 다른 국가와 무역의 증가를 고성장의 원인으로 제시했다.[22]

중국은 정부중심의 계획입안자가 기업을 경영했던 1979년 이전의 경제적 실패로 인해 사회간접자본, 주거시설스톡(housing stock) 및 생산시설의 재건설이 필요했다. 이로 인해 중국의 GDP 대비 투자 비율은 미국을 포함한 대부분의 국가에 비해 상당히 높게 나타났다. 소비지출은 다른 국가의 소비에 비해 상대적으로 낮은 수준이므로 중국의 저축률은 높은 수준이다. 즉, 중국의 국민저축은 상당한 양의 투자지출을 충분히 충당하며, 경상계정흑자를 계속적으로 기록하게 한다[개방경제의 재화시장 균형조건식 (5.3) 참조].

중국의 인구가 미국의 인구보다 4배 많다는 점을 고려할 때 중국의 노동자가 낮은 임금을 받으며 자본집약적 산업보다 노동집약적 산업에 국제적으로 경쟁한다는 사실은 그다지 놀라운 일이 아니다. 그러나 중국이 계속적으로 성장할 뿐만 아니라 자본량의 증가와 함께 생산성 향상이 계속된다면, 종국적으로 중국은 높은 임금과 향상된 생활수준을 경험하게 될 것이다. 가까운 미래에 중국이 직면할 주요 문제로는 부실한 금융체계, 소득불평등의 심화, 시골 노동자의 높은 실업 등을 들 수 있다.

22. 중국 경제의 성장을 이해하기 쉽게 요약한 논문은 다음과 같다. Mathew Shane and Fred Gale, "China: A Study of Dynamic Growth," U.S. Department of Agriculture, Economic Research Service, WRS-04-08, October 2004; www.ers.usda.gov에서 이용 가능하다.

생적으로 혹은 모형 내에서 설명하기 위해 발전했다.[23] 이하에서 살펴보겠지만, 내생적 성장이론의 중요한 시사점은 한 국가의 장기적인 성장률이 (솔로우 모형에서 의미하는 바와 같은) 외생적인 생산성 증가와 함께 저축률과 투자에도 의존한다.

이하에서는 노동자의 수가 일정하다는 간단한 내생적 성장모형을 제시한다. 노동자의 수가 일정하다는 조건은 노동자 1인당 생산량 증가율이 단순히 생산

23. 초창기 내생적 성장이론을 제시한 중요한 두 논문은 다음과 같다. Paul Romer, "Increasing Returns and Long-Run Growth," *Journal of Political Economy*, October 1986, pp. 1002-1037. Robert E. Lucas, Jr., "On the Mechanics of Economic Development," *Journal of Monetary Economics*, July 1988, pp. 3-42. 내생적 성장이론의 다소 서술적인 기술은 다음의 논문을 참조하라. Paul Romer, "The Origins of Endogenous Growth," *Journal of Economic Perspectives*, Winter 1994, pp. 3-22.

량 증가율과 동일함을 의미한다. 간단한 내생적 성장이론은 다음의 총생산함수에 기초한다.

$$Y = AK \tag{6.12}$$

여기서 Y는 총생산량, K는 총자본량을 나타낸다. 식 (6.12)에서 모수(parameter) A는 양의 상수다. 식 (6.12)의 생산함수에 의하면, 생산에 얼마나 많은 단위의 자본이 사용되는지에 관계없이 자본 1단위가 추가적으로 투입되면 생산량은 A단위만큼 증가한다. 따라서 자본의 한계생산물은 자본량 K의 크기에 관계없이 A로 동일하며, 이는 식 (6.12)의 생산함수에는 자본의 한계생산성 체감이 성립하지 않음을 의미한다. 한계생산성이 체감하지 않고 일정하다는 가정은 솔로우 성장모형과 중요한 차이점이다.

내생적 성장이론을 주장하는 경제학자는 경제 전체적으로 자본의 한계생산성이 체감하지 않을 수 있는 다양한 이유를 제공했다. 다양한 설명 중 하나는 **인적자본**(human capital)의 역할을 강조한다. 여기서 인적자본이란 개개인의 지식, 기술 및 훈련에 대한 경제학자의 표현이다. 한 경제가 자본을 축적하고 부유해짐에 따라 더 많은 자원을 영양의 개선, 학교교육, 건강관리, 직업훈련 등의 '인간에 대한 투자'에 사용한다. 인간에 대한 투자는 국가의 인적자본을 증가시켜 생산성 증가에 기여한다. 인적자본의 양이 고정된 상태에서 물적자본(physical capital)의 양이 증가하면, 물적자본의 각 단위는 사실상 더 적은 인적자본의 양과 작용하기 때문에 물적자본의 한계생산성은 체감한다. 내생적 성장이론은 경제의 물적자본의 양이 증가함에 따라 인적자본의 양도 동일한 비율로 증가하는 경향이 있다고 주장한다. 따라서 물적자본의 양이 증가할 때 사실상 물적자본의 각 단위는 동일한 인적자본의 양과 작용하므로 자본의 한계생산성이 감소해야 할 이유가 존재하지 않는다.

자본의 한계생산성이 일정하다는 주장에 대한 두 번째 합리화는 성장하는 경제에 있어 기업들이 연구개발(R&D) 활동을 수행하려는 유인을 갖는다는 관측에 기초하고 있다. R&D 활동은 새로운 생산품과 생산기술을 포함한 상업적으로 매우 유용한 지식의 양을 증가시킨다. 이와 같은 R&D에 초점을 둔 설명에 의하면 자본과 생산량의 증가는 기술적인 노하우(know-how)의 증가를 유도하며, 이러한 생산성의 이익이 자본의 한계생산성이 감소하려는 경향을 상쇄한다.

식 (6.12) 형태의 생산함수가 전체적인 경제를 합당하게 설명하는지 검토하기 위해 인적자본의 증가나 R&D 등의 요인을 고려하면서 이러한 방정식의 시사점을 살펴보자. 솔로우 모형에서와 같이 국민저축 S는 총생산량 AK의 일정 부분

s, 즉 $S = sAK$를 가정한다. 폐쇄경제에서 투자는 저축과 반드시 동일해야 한다. 여러분은 총투자는 순투자(자본량의 순증가)와 감가상각의 합과 같다는 점을 기억하기 바란다. 즉, $I = \Delta K + dK$이다. 따라서 투자와 저축이 동일하다고 설정하면 다음의 식과 같다.

$$\Delta K + dK = sAK \tag{6.13}$$

식 (6.13)의 양변을 K로 나누고 양변에 d를 빼면 다음과 같은 자본량의 증가율을 나타내는 방정식을 구할 수 있다.

$$\frac{\Delta K}{K} = sA - d \tag{6.14}$$

생산량은 자본량에 비례하기 때문에 생산량 증가율 $\Delta Y/Y$는 자본량 증가율 $\Delta K/K$와 동일하다. 그러므로 식 (6.14)는 다음과 같은 식 (6.15)를 의미한다.

$$\frac{\Delta Y}{Y} = sA - d \tag{6.15}$$

식 (6.15)는 내생적 성장모형에서 생산량 증가율이 저축률 s에 의존함을 보여준다. 노동자의 수는 시간의 흐름에 관계없이 일정하다고 가정했으므로 노동자 1인당 생산량 증가율은 식 (6.15)의 생산량 증가율과 동일하며, 이들은 저축률 s에 의존한다. 저축률이 장기적인 생산량 증가율에 영향을 미친다는 결과는 저축률이 장기적인 성장률에 영향을 미치지 않는다는 솔로우 모형의 결과와 뚜렷한 대조를 나타낸다. 내생적 성장의 구조에서는 높은 저축률과 자본형성이 인적자본 및 R&D에 더 많은 투자를 자극하기 때문에 저축은 장기적인 성장에 영향을 미친다. 이로 인한 생산성의 증가가 장기적인 성장을 촉진한다. 결론적으로 내생적 성장모형은 솔로우 모형과 비교해 장기적인 경제성장의 원인으로 저축, 인적자본의 축적 및 R&D에 더 큰 중요성을 부여한다.

내생적 성장이론이 여전히 발전단계에 머물러 있긴 하지만, 이러한 접근은 적어도 두 가지 측면에서 더욱 발전할 것으로 기대된다. 첫째, 내생적 성장이론은 경제의 생산성 증가율을 가정하지 않고 설명하려 시도한다. 둘째, 내생적 성장이론은 장기적인 생산량 증가율이 정부정책에 의해 영향을 받는 국가 전체의 저축률과 같은 요인에 어떻게 의존하는지 보여준다. 이 분야를 연구하는 많은 경제학자들은 내생적 성장이론이 생산성 증가를 유도하는 창조적 과정에 대해 더 발전된 통찰력을 제시하며, 동시에 세계의 가난한 국가들의 생활수준을 상당히 향상시키기 위해 적용할 교훈을 제공할 것으로 낙관한다.

6.3 장기적인 생활수준 향상을 위한 정부정책

정치 지도자들은 제1의 정책목표로 장기적인 성장률 제고와 높은 생활수준을 종종 언급한다. 이하에서는 한 국가의 장기적인 생활수준을 향상시키는 데 유용한 정부정책을 좀 더 자세히 살펴보자.

저축률에 영향을 미치는 정책

솔로우 모형은 장기적인 생활수준을 결정하는 주요 요인으로 국민 저축률을 제시한다. 그러나 이상의 결론은 정책입안자가 반드시 저축률을 높여야 한다는 것을 의미하지는 않는다. 왜냐하면 단기적으로 저축의 증가는 소비의 감소를 의미하기 때문이다. 자유로운 시장의 '보이지 않는 손'이 잘 작용한다면, 개인이 저축을 많이 함으로써 잃는 손실(현재소비의 감소)과 저축을 많이 함으로써 얻는 이익(미래 생활수준의 향상)을 고려해 최적 균형을 달성하는 형태로 저축률을 자유롭게 선택할 것이다.

저축의 결정이 사적 개인과 자유로운 시장에 의해 이뤄질 때 최적이라는 주장에도 불구하고, 일부 사람들은 미국인의 저축이 너무 낮은 수준이므로 저축률 증가를 정책목표로 삼아야 한다고 주장한다. 이와 같은 주장에 대한 합리성으로는 현재의 세법이 저축에 대한 수익의 일부분을 세금으로 상실하게 하는 저축에 불리한 차별을 들 수 있다. 따라서 일부 사람들은 이상의 왜곡을 상쇄하기 위해서라도 저축에 유리한 정책이 필요하다고 주장한다. 또한 미국인이 저축결정에 있어 너무 근시안적이기 때문에 더 많이 저축하도록 고무시켜야 한다는 견해도 있다.

저축을 증가시키기 위해서는 어떤 정책이 사용될 수 있을까? 만약 저축이 실질이자율에 매우 민감하다면, 저축한 사람이 받는 실질수익을 증가시키는 세제상의 우대조치는 효과적일 수 있다. 예를 들어, 가계의 소득에 과세하기보다는 가계의 소비에 과세함으로써 저축을 통한 소득에는 면세해야 한다고 주장하는 경제학자도 있다. 그러나 4장에서 언급했듯이 저축한 사람의 실질기대수익이 상승할 때 저축이 증가하는 것처럼 보이긴 하지만, 대부분 연구에서 이상의 관계는 상당히 미약하다고 제시했다.

훨씬 직접적인 방법은 정부가 적자의 감소 혹은 흑자의 증가를 통한 정부저축의 양을 증대시킴으로써 국민저축률을 증가시키는 방법이다. 5장의 쌍둥이 적자 논쟁에 관한 분석에서 정부구매를 감소시켜 적자를 줄이면 국민저축의 증대를 유도할 수 있다고 지적했다. 또한 많은 경제학자들은 적자의 감소 혹은 흑자의 증가를 위한 조세의 증가는 사람들로 하여금 덜 소비하도록 유도함으로써 국민저축을 증대시킬 수 있다고 주장한다. 그러나 리카도의 대등을 믿는 사람들은 현재 혹은 계획된 정부구매를 변화시키지 않으면서 조세를 증가시키면, 소비 혹은 국민저축은 영향을 받지 않는다고 생각한다.

생산성 증가율을 상승시키는 정책

솔로우 모형에 의하면 장기적인 생활수준에 영향을 미치는 요인들 중 생산성 증가율이 가장 중요하다. 왜냐하면 솔로우 모형에서는 계속된 생산성 증가만이 노동자 1인당 생산량과 소비의 지속적인 증가를 유도하기 때문이다. 다양한 방법의 정부정책이 생산성 증가를 유도할 수 있다.[24]

사회간접자본의 개선 다소의 연구결과는 한 국가의 생산성과 사회간접자본의 질 간에는 유의한 관계가 존재한다고 제시한다.[25] 여기서 사회간접자본은 고속도로, 다리, 공익설비(수도 · 전기 · 가스), 댐, 공항 및 그 밖의 공공이 소유한 자본을 일컫는다. 예를 들어, 미국의 주 간(interstate) 고속도로 체계의 건설은 재화의 수송비용을 상당히 절감시키며 관광업과 다른 산업을 자극한다. 지난 4반세기 동안 미국 정부의 사회간접자본 투자율은 감소했으며, 이로 인해 공공자본의 양과 질이 하락했다.[26] 일부 경제학자는 이상의 경향을 반전시켜 높은 생산성을 달성할 수 있도록 도와야 한다고 주장한다. 그러나 모든 사람이 사회간접자본에 더 많은 투자가 필요하다는 데 동의하는 것은 아니다. 이상의 투자를 비판하는 일부 사람들은 생산성 증가와 사회간접자본 간의 관계가 분명하지 않다고 지적한다. 만약 부유한 국가일수록 교량이나 병원을 쉽게 건설한다면, 사회간접자본이 생산성 증가에 기여하기보다는 아마도 높은 생산성 증가가 더 많은 사회간접자본을 유도한다고 볼 수 있다. 또 다른 사람들은 정부의 사회간접자본에 대한 투자가 경제적 효율성의 증진보다 정치적 고려(예를 들어, 권력이 있는 국회의원 지역에 유리하게 투자함)에 얽혀 있다는 점을 우려한다.

인적자본의 양성 최근 연구결과들은 생산성 증가와 인적자본 사이에 강한 상

24. 내생적 성장이론에 의하면 저축률의 증가는 생산성 증가율을 향상시키며, 이는 노동자 1인당 생산량 및 소비의 증가율 상승으로 이어진다. 따라서 여기서 논의하는 정책 외에도 정부는 저축률 증가를 시도함으로써 생산성 증가를 향상시킬 수 있다.

25. 예를 들어, 다음의 논문을 참조하라. John G. Fernald, "Roads to Prosperity: Assessing the Link Between Public Capital and Productivity," *American Economic Review* 89 (June 1999), pp. 619–638.

26. 이 부분에 대한 데이터와 논의는 다음의 논문을 참조하라. 국회예산국(Congressional Budget Office), "Trends in Public Spending on Transportation and Water Infrastructure, 1956 to 2004," August 2007, www.cbo.gov/ftpdocs/85xx/doc8517/08-08-Infrastructure.pdf에서 이용 가능하다.

관성이 있다고 지적한다. 정부는 교육정책, 노동자 훈련 혹은 재배치 과정, 건강 프로그램 및 기타 방법을 통해 인적자본의 발전에 영향을 미친다. 특정 프로그램의 이익이 비용을 초과하는지 알기 위해서는 면밀히 검토돼야 하지만, 어떤 프로그램의 경우 생산성을 증가시키기 위한 방법으로 인적자본의 축적에 더 큰 목표를 부여한다.

지금까지 언급하지 않은 매우 중요한 형태의 인적자본은 기업가의 능력이다. 성공적인 새로운 기업을 설립하거나 새로운 상품을 시장에 내놓는 능력을 가진 사람들이 경제성장에 결정적 역할을 수행한다. 따라서 정부가 기업가 활동에 불필요한 장벽(예를 들어, 과도한 관료적 형식)을 제거하고, 기업가의 능력을 가진 사람들이 그들의 능력을 생산적으로 사용할 수 있도록 더 큰 유인을 제공한다면 생산성 증가는 상승한다.[27]

연구개발의 촉진 또한 정부는 과학 및 기술 진보율에 영향을 미쳐 생산성 증가를 유도할 수 있다. 미국 정부는 기초과학 연구[예를 들어, 국립과학재단(National Science Foundation)을 통해]에 직접적인 지원을 한다. 대부분의 경제학자는 이러한 정책에 동의한다. 왜냐하면 인적자본의 발전과 같은 과학적 진보의 이익은 경제 전체가 혜택을 받기 때문이다. 그러므로 기초과학 연구는 개별 기업의 입장에서는 이익이 되지 않는다고 할지라도 사회 전체적인 관점에서는 훌륭한 투자가 된다. 다소의 경제학자들은 심지어 훨씬 응용적이며 상업화가 목적인 연구마저도 정부의 원조를 받을 충분한 가치가 있다고 주장한다.

27. 기업가 활동에 관한 논의와 그 활동이 어떻게 생산성에 영향을 미치는지는 다음의 논문을 참조할 수 있다. Douglas Holtz-Eakin and Chihwa Kao, "Entrepreneurship and Economic Growth: the Proof Is in the Productivity," Center for Policy Research working paper 50, Syracuse University, February 2003.

요약 SUMMARY

1. 경제성장은 시간의 흐름에 따라 생활수준을 개선하는 주요한 원인이다. 조그만 경제성장률의 차이도 오랜 기간 지속될 경우 국가의 생활수준에 매우 큰 영향을 미친다.

2. 성장회계는 총생산량 증가를 자본투입요소의 증가, 노동투입요소의 증가 및 생산성 증가에 따른 그 기여분을 나누는 방법이다. 이와 같은 세 가지 요인 모두는 미국의 장기적인 경제성장에 기여했다. 그러나 1973년 이후 (다른 국가에서와 같이) 미국의 생산량 증가의 둔화는 생산성 증가의 급격한 하락을 반영한다. 이러한 둔화의 일부분은 측정상의 문제로 야기되는 환상일 수 있다.

생산성 증가의 둔화에 대한 또 다른 설명으로는 법률 및 인간의 환경(예를 들어, 노동자 안전의 증가), 석유가격의 상승 및 새로운 정보기술 채택에 따른 비용 등을 포함한다.

3. 솔로우 경제성장 모형은 시간의 흐름에 따른 성장, 저축 및 자본축적 간의 상호작용을 검토한다. 생산성 증가가 없다면, 솔로우 모형은 경제가 노동자 1인당 생산량, 소비 및 자본이 일정한 균제상태에 도달한다고 예측한다.

4. 솔로우 모형에 의하면 저축률의 증가, 인구 증가율의 감소 및 생산성의 증가가 노동자 1인당 생산량, 소비 및 자본을 장기적으로 높은 수준으로 유도한다.

5. 내생적 성장이론은 경제 전체의 생산성 증가율을 가정하지 않고 설명하려 시도한다. 이러한 접근의 한 분야는 기술의 습득이나 노동자의 훈련을 포함한 인적자본의 축적을 강조한다. 또 다른 분야는 기업의 연구개발 활동에 초점을 둔다. 내생적 성장이론가는 자본과 생산량의 증가가 인적자본의 축적과 혁신을 유발하기 때문에 경제 전체적으로 자본의 한계생산성이 체감하지 않는다고 주장한다. 이 이론의 시사점은 저축률이 장기적인 경제성장률에 영향을 미친다는 데 있다.

6. 장기적인 생활수준을 향상시키기 위한 정부정책은 저축률을 높이거나 생산성을 증가시키기 위한 방법들로 구성된다. 생산성을 증가시킬 수 있는 방법으로는 공공자본(사회간접자본)에 투자, 인적자본의 형성, 연구개발의 촉진 등을 들 수 있다.

핵심용어 KEY TERMS

균제상태
내생적 성장이론
성장회계
성장회계방정식
인적자본
자본-노동 비율
황금률 자본-노동 비율

주요 방정식 KEY EQUATIONS

$$\frac{\Delta Y}{Y} = \frac{\Delta A}{A} + a_K \frac{\Delta K}{K} + a_N \frac{\Delta N}{N} \tag{6.2}$$

성장회계방정식은 생산량 증가율 $\Delta Y/Y$가 생산성 증가율 $\Delta A/A$, 자본투입 증가율 $\Delta K/K$ 및 노동투입 증가율 $\Delta N/N$에 의존한다는 것을 제시한다. 생산의 자본탄력도 a_K는 자본량이 1% 증가함에 따라 발생하는 생산량의 백분율(%) 증가를 나타낸다. 생산의 노동탄력도 a_N은 노동량이 1% 증가함에 따라 발생하는 생산량의 백분율 증가를 의미한다.

$$y_t = f(k_t) \tag{6.5}$$

매 t년도의 노동자 1인당 생산함수는 노동자 1인당 생산량 y_t와 노동자 1인당 자본(혹은 자본-노동 비율) k_t 사이의 관계를 나타낸다.

$$c = f(k) - (n + d)k \tag{6.8}$$

노동자 1인당 균제상태의 소비 c는 노동자 1인당 균제상태의 생산량 $f(k)$에서 노동자 1인당 균제상태의 투자 $(n + d)k$를 뺀 값과 같다. 노동자 1인당 균제상태의 생산량은 노동자 1인당 생산 $f(k)$에 의해 결정되는데, 여기서 k는 균제상태의 자본-노동 비율이다. 노동자 1인당 균제상태의 투자는 두 부분, 즉 새로운 노동자에게 노동자 1인당 자본량을 갖추게 하는 nk와 낡거나 감가상각된 자본을 대체하는 dk로 나뉜다.

$$sf(k) = (n + d)k \tag{6.11}$$

균제상태는 노동자 1인당 저축 $sf(k)$와 노동자 1인당 균제상태의 투자 $(n + d)k$가 동일하다는 조건에서 달성된다. 노동자 1인당 저축은 저축률 s와 노동자 1인당 생산량 $f(k)$를 곱한 값과 같다.

$$Y = AK \tag{6.12}$$

내생적 성장이론은 자본의 한계생산성이 체감한다는 가정을 자본의 한계생산성이 자본량 수준에 관계없이 독립적이라는 가정으로 대체한다. 식 (6.12)의 생산함수에서는 총생산량 Y가 총자본량 K와 관련되며, 자본의 한계생산성은 일정한 모수 A와 동일하다.

$$\frac{\Delta Y}{Y} = sA - d \tag{6.15}$$

내생적 성장모형에서 생산량 증가율 $\Delta Y/Y$는 저축률 s에 의해 내생적으로 결정된다. 즉, 저축률의 증가가 생산량 증가율을 상승시킨다.

복습문제 REVIEW QUESTIONS

1. 성장회계 방식에 의하면 경제성장의 세 가지 원인은 무엇인가? 어떤 기본적인 경제적 관계로부터 성장회계 방식을 유도했는가?

2. 성장회계에 의해 확인된 성장의 세 가지 원인 중 1973년 이후 미국 경제성장 둔화의 가장 주요한 원인은 무엇인가? 이러한 성장 원인의 하락에 대해 어떤 설명들이 제시됐는가?

3. 기술이 1990년대 미국 경제성장을 어떻게 상승시켰는가?

4. 균제상태의 의미를 설명하라. 솔로우 모형의 균제상태에서는 어떤 변수들이 일정한가?

5. 만약 생산성 증가가 없다면, 솔로우 경제성장 모형에서 노동자 1인당 생산량, 노동자 1인당 소비 및 노동자 1인당 자본은 장기적으로 어떻게 되는가?

6. 균제상태의 자본-노동 비율이 높을수록 장기적으로 노동자는 더 많은 소비를 향유할 수 있다. 참 혹은 거짓을 밝히고, 그 이유를 설명하라.

7. 솔로우 모형에 의하면 다음의 사항이 장기적인 생활수준에 어떤 영향을 미치는가?

a. 저축률의 증가

b. 인구 증가율의 상승

c. 1회의 생산성 향상

8. 내생적 성장이론이 제공하는 생산성 증가에 대한 두 가지 설명은 무엇인가? 내생적 성장모형의 생산함수는 솔로우 모형의 생산함수와 어떻게 다른가?

9. 정부가 경제성장을 촉진하기 위해 어떤 정책들을 사용할 수 있는가? 여러분이 상정한 정책이 어떻게 작용하는지 간단히 설명하라. 또한 그 정책의 비용 혹은 단점을 제시하라. 내생적 성장이론이 성장지향적인 다양한 정책(예를 들어, 저축률의 증가)의 유용성에 관한 사고의 전환을 어떻게 가능하게 했는가?

계산문제 NUMERICAL PROBLEMS

1. 토끼와 거북의 두 경제는 1950년 1인당 실질 GDP가 5,000달러에서 출발했다. 이후 토끼의 1인당 실질 GDP는 매년 3%씩, 거북의 1인당 실질 GDP는 매년 1%씩 성장했다. 2020년 두 경제의 1인당 실질 GDP는 얼마인가? 먼저 답을 추측하라. 그런 다음, 답을 계산하라.

2. 지난 20년 동안 경제의 총생산량은 1,000에서 1,300으로 증가했고, 자본량은 2,500에서 3,250으로 상승했으며, 노동력은 500에서 575로 늘어났다. 모든 측정치는 실질치다. 경제성장에 대한 자본, 노동 및 생산성 증가의 기여도를 계산하라.

a. $a_K = 0.3$, $a_N = 0.7$을 가정

b. $a_K = 0.5$, $a_N = 0.5$를 가정

3. 어떤 경제의 4년 동안의 자본투입량 K와 노동투입량 N은 다음과 같다.

연도	K	N
1	200	1,000
2	250	1,000
3	250	1,250
4	300	1,200

이 경제의 생산함수는 $Y = K^{0.3}N^{0.7}$(Y는 총생산량)이다.

a. 매년의 총생산량, 자본–노동 비율 및 노동자 1인당 생산량을 구하라. 첫 번째 연도와 세 번째 연도의 값을 비교하고, 두 번째 연도와 네 번째 연도의 값을 비교하라. 이상의 생산함수를 노동자 1인당 형태로 나타낼 수 있는가? 만약 그렇다면 노동자 1인당 형태의 생산함수를 대수적으로 보여라.

b. 이제 생산함수가 $Y = K^{0.3}N^{0.8}$이라고 가정하고 (a)문항을 다시 풀어라.

4. 표 6.1의 데이터를 이용해 1950~2006년에 각 국가의 연평균 1인당 GDP 성장률을 계산하라. [주 : 연간 성장률 z는 방정식 $(1 + z)^{56} = \text{GDP}_{2006}/\text{GDP}_{1950}$을 만족한다. 이러한 방정식을 z에 대해 풀기 위해 방정식의 양변에 로그를 취하라.] 여러분은 제2차 세계대전으로 상당한 피해를 경험한 독일과 일본의 성장률이 1950년 이후 가장 높았다는 사실을 발견할 수 있을 것이다. 솔로우 모형의 분석에 기초해 이상의 기간 동안 독일과 일본의 급속한 성장에 대한 이유를 제시하라.

5. 한 경제의 노동자 1인당 생산함수는 다음과 같다.

$$y_t = 3k_t^{0.5}$$

여기서 y_t는 노동자 1인당 생산량이며, k_t는 자본–노동 비율이다. 감가상각률은 0.1이며, 인구 증가율은 0.05라고 하자. 저축은 다음과 같다.

$$S_t = 0.3Y_t$$

여기서 S_t는 총국민저축이고, Y_t는 총생산량이다.

a. 균제상태의 자본–노동 비율, 노동자 1인당 생산량 및 노동자 1인당 소비를 구하라. 나머지 문제는 장기적인 생활수준의 근본적인 세 가지 결정요인의 변화에 따른 효과를 살펴본다.

b. 저축률이 0.3 대신 0.4일 경우 (a)문항을 다시 풀어라.

c. 인구 증가율이 0.08(저축률 = 0.3)일 경우 (a)문항을 다시 풀어라.

d. 생산함수가 다음과 같은 경우 (a)문항을 다시 풀어라.

$$y_t = 4k_t^{0.5}$$

이때 저축률과 인구 증가율은 원래의 값을 가정한다.

6. 인구가 매년 1%율로 증가하는 폐쇄경제를 고려하자. 노동자 1인당 생산함수는 $y = 6\sqrt{k}$이며, 여기서 y는 노동자 1인당 생산량, k는 노동자 1인당 자본이다. 자본의 감가상각률은 매년

14%다.

a. 가계는 소득의 90%를 소비하고 나머지 10%를 저축한다. 또한 정부부문은 존재하지 않는다. 이때 균제상태의 노동자 1인당 자본, 노동자 1인당 생산량, 노동자 1인당 소비 및 노동자 1인당 투자의 값을 구하라.

b. 국가가 균제상태의 노동자 1인당 생산량의 값을 증가시키려는 경우를 상정하자. 균제상태의 1인당 생산량의 값을 2배로 만드는 데 필요한 균제상태의 자본–노동 비율의 값은 얼마인가? 균제상태의 노동자 1인당 생산량 수준을 (a)의 경우보다 2배 높이기 위해 가계는 얼마만큼의 소득을 저축해야 하는가?

7. 인구와 노동력이 매년 $n = 1\%$율로 증가하는 폐쇄경제를 고려하자. 소비는 $C = 0.5(1 - t)Y$이며, 여기서 t는 소득에 대한 세율을, Y는 총생산량을 나타낸다. 노동자 1인당 생산함수는 $y = 8\sqrt{k}$이며, 여기서 y는 노동자 1인당 생산량, k는 자본–노동 비율이다. 매년 자본의 감가상각률 $d = 9\%$다. 당분간 정부구매는 없으며 소득에 대한 세율 $t = 0$으로 가정한다.

a. 노동자 1인당 국민저축을 식으로 나타내라. 또한 노동자 1인당 균제상태의 투자수준을 자본–노동 비율 k의 함수로 나타내라. 균제상태의 자본–노동 비율, 노동자 1인당 생산량, 노동자 1인당 소비 및 노동자 1인당 투자의 값을 구하라.

b. 정부가 매년 상품을 구입하고, 그 대가는 소득에 대한 조세를 사용해 지불한다고 가정하자. 정부는 매년 균형재정을 운영하며, 소득에 대한 세율 $t = 0.5$이다. (a)문항을 다시 풀고, 두 결과를 비교하라.

분석문제 ANALYTICAL PROBLEMS

1. 솔로우 모형에 의하면 다음의 각 사항이 장기적인(즉, 균제상태의) 노동자 1인당 소비에 어떤 영향을 미치는지 설명하라.

a. 국가의 자본량 일부가 전쟁으로 파괴됨.

b. (전반적인 인구 증가율을 상승시키는) 이주율이 영구적으로 증가함.

c. 에너지 가격이 영구적으로 증가함.

d. 저축률이 일시적으로 상승함.

e. (인구 증가율의 변화 없이) 인구에서 차지하는 노동력의 비율이 영구적으로 증가함.

2. 한 경제가 생산성의 변화 없이 균제상태에 머물러 있다. 또한 산성비의 증가로 인해 자본의 감가상각률이 영구적으로 증가한다.

a. 솔로우 모형에 의하면 이상의 변화가 균제상태의 노동자 1인당 자본, 노동자 1인당 생산량, 노동자 1인당 소비 및 장기적인 총자본량 증가율에 어떤 영향을 미치는가?

b. 내생적 성장모형에서 자본의 감가상각률 증가가 생산량, 자본 및 소비의 증가율에 어떤 영향을 미치는가?

3. 이 문제는 솔로우 모형에 정부부문을 포함한다. 정부가 매년 노동자 1인당 g만큼 상품을 구매한다고 가정하자. 이때 t년의 노동자가 N_t이면, 총정부구매는 gN_t가 된다. 정부는 t년의 조세수입 T_t를 총정부구매와 같게 함으로써 균형재정을 운영한다. 총국민저축 S_t는 다음과 같다.

$$S_t = s(Y_t - T_t)$$

여기서 Y_t는 총생산량이고, s는 저축률이다.

a. 노동자 1인당 정부구매의 초기 수준에 대한 균제상태를 그림으로 보여라.

b. 정부가 노동자 1인당 구매를 영구적으로 증가

시킨다고 가정하자. 이 경우 노동자 1인당 자본, 노동자 1인당 생산량 및 노동자 1인당 소비의 균제상태수준에 미치는 영향을 설명하라. 이상의 물음에 대한 여러분의 답은 정부구매의 최적수준이 0이 돼야 함을 의미하는가?

4. 솔로우 형태의 경제에서 총국민저축 S_t는 다음과 같다.

$$S_t = sY_t - hK_t$$

상기 식에서 첨가된 항 $-hK_t$는 부(자본량으로 측정)가 많을수록 저축이 감소할 수 있다는 생각을 반영한다(부유한 사람은 미래를 위해 저축할 필요가 줄어든다). 균제상태의 노동자 1인당 자본, 생산량 및 소비의 값을 구하라. h의 증가는 균제상태에 어떤 영향을 미치는가?

5. 한 국가가 다른 국가에 비해 자본–노동 비율이 훨씬 높다는 점을 제외하고는 모든 면에서 동일한 두 국가가 있다. 솔로우 모형에 의하면 어떤 국가의 총생산량이 더 빨리 증가하는가? 여러분의 답은 한 국가 혹은 다른 국가가 균제상태에 놓여 있는지 여부에 따라 영향을 받는가? 두 국가 간에 무역이 이뤄진다면 여러분의 답에는 어떤 변화가 있을 수 있는가?

6. 총자본과 총노동이 동일한 백분율의 양만큼 증가해 노동자 1인당 자본량 k는 변동하지 않는 경우를 고려하자. 생산함수를 노동자 1인당 형태 $y = f(k)$로 나타내기 위해서는 자본과 노동의 증가가 노동자 1인당 생산량의 크기를 변화시키지 않아야 한다. 성장회계방정식을 이용해 자본과 노동의 동일한 백분율의 증가가 단지 $a_K + a_N = 1$인 경우에만 노동자 1인당 생산량을 변화시키지 않음을 보여라.

7. 한 경제의 1인당 생산함수는 $y = Ak^a h^{1-a}$와 같다. 여기서 A와 a는 고정된 모수, y는 노동자 1인당 생산량, k는 자본–노동 비율, h는 평균 노동자의 기술과 훈련의 측정치인 노동자 1인당 인적자본을 나타낸다. 생산함수는 주어진 자본–노동 비율에서 평균적인 인적자본이 증가하면 노동자 1인당 생산량이 상승함을 의미한다.

이 경제의 저축률은 s이며, 모든 저축은 d율로 감가상각되는 물적자본을 형성하기 위해 사용된다. 또한 노동자는 자본을 사용하는 직무에서 기술을 획득한다. 즉, 노동자가 일을 위해 더 많은 자본이 필요할수록 더 높은 기술을 획득한다. 이와 같은 생각은 노동자 1인당 인적자본이 항상 노동자 1인당 물적자본의 크기에 비례, 혹은 $h = Bk$(B는 고정된 모수)와 같이 가정함으로써 구체화된다.

이 경제의 장기적인 물적자본, 인적자본 및 생산량 증가율을 구하라.

실제 거시경제 데이터를 이용한 문제 WORKING WITH MACROECONOMIC DATA

이 연습문제에서 사용하는 데이터를 구하려면 research.stlouisfed.org/fred2에 있는 세인트루이스 연방준비은행의 FRED 데이터베이스를 찾아라.

1. 이 문제는 여러분 스스로 성장회계를 연습하기 위한 것이다. 1948년 이후 데이터를 이용해 매년 실질 GDP, 자본량(BEA 웹사이트 www.bea.gov의 고정자산 부분, 표 6.1의 민간 고정자산) 및 민간인 고용 증가율을 표로 만들어라. $a_K = 0.3$과 $a_N = 0.7$을 가정해 매년 생산성 증가율을 구하라.

a. 1948년 이후의 전반적인 경제성장에 대한 자본 증가, 노동 증가 및 생산성 증가의 기여도를 그림으로 그려 보자. 이와 같은 변수들의 움직임을 1973년을 기준으로 그 이전 기간과

그 이후 기간을 비교하라.

b. 1973년 이후 생산성 증가의 움직임을 그림 3.12에 나타낸 에너지의 상대가격 그래프와 비교하라. 여러분은 높은 에너지 가격이 생산성 둔화의 원인으로 어느 정도 작용했다고 생각하는가?

2. 1948년 이후 미국의 자본-노동 비율(자본의 측정치는 BEA 웹사이트 www.bea.gov의 고정자산 부분, 표 6.1 민간 고정자산을, 그리고 노동의 측정치는 민간인 고용을 사용)을 그림으로 그려 보자. 여러분은 전후 기간 동안 균제상태가 수렴한다는 증거를 발견할 수 있는가? 이제 동 기간의 노동자 1인당 생산량과 노동자 1인당 실질소비를 그림으로 그려 보자. 솔로우 모형에 의하면, 이상의 두 변수가 위쪽으로 향하는 경향에 대한 두 가지 기본적인 설명은 무엇인가? 자본-노동 비율의 증가가 멈출 경우에도 노동자 1인당 생산량과 노동자 1인당 소비가 지속적으로 증가할 수 있는가?

3. 솔로우 모형에서 국가 간 초기의 자본-노동 비율에 차이가 존재한다면, 즉 부유한 국가는 자본-노동 비율이 높고 가난한 국가는 자본-노동 비율이 낮다면 1인당 실질 GDP가 낮은 국가의 소득이 1인당 실질 GDP가 높은 국가에 비해 빠르게 성장해야 한다(이와 같은 솔로우 모형의 예측은 모든 국가의 저축률, 인구 증가율 및 생산함수가 동일하다는 가정에 기초한다). 여러분은 이상의 생각을 pwt.econ.upenn.edu의 펜월드테이블(Penn World Tables)에서 제공한 데이터를 이용해 검정할 수 있다. 10개 국가로 구성된 한 그룹을 선정해 1950년과 같은 오래전 특정 연도의 초기 1인당 실질 GDP 수준을 검토하라. 그리고 초기연도 이후의 1인당 실질 GDP의 평균성장률을 계산하라. 여러분의 결과에 의하면, 초기 1인당 실질 GDP 수준이 낮은 국가가 초기 1인당 실질 GDP 수준이 높은 국가에 비해 정말로 빠르게 성장했는가?

7

자산시장, 화폐, 물가

3장과 4장에서는 우리의 거시경제 모형의 세 개 시장 중 두 시장, 즉 노동시장과 재화시장에 대해 논의했다. 7장에서는 세 번째 시장인 자산시장을 살펴보겠다. 우리가 지칭하는 자산시장(asset market)은 사람들이 실물자산이나 금융자산, 즉 금, 주택, 주식, 채권 같은 자산을 사고파는 시장을 의미한다.

자산 중에서도 모두가 오랫동안 거시경제적으로 특별히 중요한 의미를 지닌다고 믿어 온 것은 통화(화폐)다. 통화는 거래의 지급에 쓰일 수 있는 현금이나 당좌 계정 등을 일컫는 경제학자의 용어다. 통화가 중요하다고 여겨지는 한 이유는 대부분의 가격이 달러, 엔, 유로 같은 통화단위로 표시되기 때문이다. 가격이 통화단위로 표시되기 때문에 경제에서 통화가 하는 역할을 이해하는 것은 인플레이션이나 그 원인과 같은 물가수준에 관련된 문제들을 연구하는 데 있어 기초가 된다 하겠다. 또한 많은 경제학자는 한 경제 내의 통화수량의 규모는 산출량이나 고용 같은 실질변수에 영향을 미치는 것으로 믿고 있다. 만일 통화가 그러한 작용을 한다면 통화정책을 사용해 안정적인 산출량 성장을 촉진하거나 실업에 적극 대처하는 일이 가능할지도 모른다. 이 점은 앞으로 제3부에서 더 논의할 것이다.

통화가 그토록 중요한 자산이기 때문에 자산시장에 대한 논의에서는 통화가 초점이다. 이 장의 서두에서는 통화가 무엇인지 그리고 왜 사람들이 그것을 보유하려고 선호하는지 설명하겠다. 우선 한 사람이 얼마만큼의 통화를 소지할 것인지 그의 의사를 결정하는 것(즉, 그의 통화수요)은, 그가 사용할 수 있는 부를 여러 종류의 자산에 어떻게 분배할 것인지에 대한 광범위한 의사결정의 한 부분이라는 점을 설명하려 한다. 그런 다음 통화수요와 통화공급(중앙은행에 의해 결정된다)을 한데 모아 자산시장의 균형을 분석하겠다. 이 자산시장의 균형분석을 통해 한 국민경제의 물가수준과 통화(화폐)수량의 규모가 밀접한 관련이 있다는 점이 명백히 드러날 것이다. 그러므로 높은 인플레이션, 즉 물가의 급속한 상승은 통화공급이 급속히 증가할 때 일어나기 쉽다.

7.1 통화란 무엇인가?

경제학에서 사용하는 통화(화폐)라는 용어의 의미는 일상적으로 쓰이는 돈의 의미와는 다르다. 사람들은 보통 소득(income)이나 부(wealth)를 의미하면서 돈이라 하는데, 즉 그 직책은 돈을 많이 받는다거나 그 집에는 돈이 많다 할 때 쓰이는 것처럼 말이다. 그러나 경제학에서 **통화**(money)는 지불수단으로서 광범위하게 사용되고 받아들여지는 자산을 특정해 지칭하는 용어다. 역사적으로 볼 때 통화의 형태는 구슬이나 조개껍데기에서 금 · 은으로 그리고 심지어 담배에 이르기까지("최신자료 및 연구와의 접속 : 포로수용소의 통화" 참조) 변천해 왔다. 현대 경제에서 가장 친숙한 통화 형태는 동전과 지폐, 즉 현금통화다. 그다음으로 일반적인 통화 형태로는 수표발급가능예금, 즉 지급을 위한 수표를 발급할 수 있는 은행계좌다.

통화(화폐)의 기능

아주 오랜 옛날부터 거의 모든 사회에서(가장 원시적인 사회에서부터 여러 가지 다른 형태의 정치적 · 경제적 제도를 갖고 있는 세련된 사회에 이르기까지, 그들 모두가) 통화(화폐)를 사용했다. 통화는 한 국민경제에서 세 가지 유용한 기능을 수행한다. 통화는 교환의 매개체며, 계산의 단위고, 가치의 저장수단이다.

교환의 매개체 통화가 없는 경제에서 거래는 물물교환의 형태, 즉 어떤 물품을 다른 물품으로 직접 교환하는 방식을 취한다. 오늘날에도 물물교환 집단이 존재하는데, 이 단체의 회원 간에는 물품이나 서비스를 서로 바꾸는 방식으로 거래한다. 그러나 일반적으로 물물교환은 비효율적인 거래방식이다. 어떤 사람에게 내가 원하는 물품이 있고 그가 내가 가진 물건과 자신의 것을 바꾸기를 원하는 그런 사람을 찾기는 매우 어려울뿐더러 시간 소모적인 일이기 때문이다. 물물교환 경제하에서 이 책의 저자 한 명이 레스토랑에서 식사를 한 끼 먹기 원한다면 그는 우선 한 경제학자의 강의와 그날의 특별요리를 바꾸고자 하는 레스토랑 주인을 찾아내야만 하는데, 그것은 쉽지 않은 일일 것이다.

통화(화폐)는 완전한 교환상대를 굳이 찾아 나설 필요가 없게 만든다. 통화를

최신자료 및 연구와의 접속 *IN TOUCH WITH DATA AND RESEARCH*

포로수용소의 통화

제2차 세계대전 말기에 독일군의 포로였다가 석방된 연합군 병사 중 래드포드(R. A. Radford)라는 젊은 사람이 있었다. 래드포드는 경제학을 배운 적이 있었는데 고국에 돌아오자마자 "포로수용소의 경제적 조직(The Economic Organi-zation of a POW Camp)"[1]이라는 논문을 발표했다. 이 논문은 경제학 문헌 중에서는 이제 한 작은 고전이 됐는데, 여러 포로수용소의 병사들이 하루하루의 삶을 어떻게 살았는지에 대해서 어찌나 잘 묘사했던지 황홀하다고 할 정도다. 이 논문은 포로수용소에서 자발적으로 자라난 원시적인 '경제조직'에 특별히 초점을 맞춰 설명하고 있다.

포로수용소 안에서는 경제행위의 범위가 아주 심한 제약을 받는다고 보일 수 있고, 어느 정도까지는 실제로 그러하다. 수용소 안에서는 상품 생산은 전혀 없고 단지 세탁이나 의복수선, 초상화 그리기 정도의 서비스 활동이 있는 정도였다. 그러나 포로들은 수용소 경내를 자유롭게 돌아다닐 수 있었고, 적십자, 독일군, 기타 기관으로부터 제공된 물건들을 아주 활발하게 서로 교환했다. 포로 상호 간에 교환된 물품에는 깡통에 든 연유, 잼, 버터, 비스킷, 초콜릿, 설탕, 옷가지, 화장실용품도 있었다. 한 수용소에서는 각국에서 온 병사들이 때로는 5천 명까지 수용되기도 했고 이들은 자주 교체되는 경우가 많았는데, 전적으로 포로들이 자체적으로 운영하는 물품교환소가 활발한 활동을 했다.

가장 핵심적인 실제 문제는 거래를 조직하는 방법이었다. 처음에는 수용소경제에서 물물교환 방식을 사용했는데 너무 느리고 비효율적이라는 것이 드러났다. 그런 후 포로들은 담배를 화폐로 사용하자는 생각을 떠올리게 됐다. 곧바로 모든 물품의 가격을 담배의 단위로 매기게 되었고, 담배는 어떤 물품이나 서비스에 대한 지급수단으로 인정받았다. 담배를 피우지 않는 포로도 담배를 지급의 대가로 기꺼이 받아들였는데, 담배를 가지고 그들이 원하는 다른 것을 구할 수 있었기 때문이었다. 담배를 통화로 사용함으로써 이제는 거래를 성사시키는 일이 매우 단순화됐으며 수용소 경제는 훨씬 원만하게 운영될 수 있었다.

다른 물자 대신에 왜 담배가 통화로 사용됐을까? 담배는 좋은 통화가 갖춰야 할 여러 가지 요건을 충족시킬 수 있었기 때문이다. 즉, 담배는 구매자와 판매자 양자가 그 가치를 다 같이 확신할 수 있는 매우 표준화된 상품이다. 담배 개비를 낱개로 풀어 놓으면 그 하나하나의 가치는 환전에 전혀 문제가 없을 정도로 충분히 낮다. 또한 휴대가 가능하고 이 사람에서 저 사람으로 쉽게 전달될 수 있으며 쉽게 변질되지도 않는다.

한 가지 단점은 담배가 상품화폐(commodity money, 또 다른 용도가 있는 화폐 형태)이기 때문에 자원비용(resource cost)을 수반한다는 점이다. 즉, 담배가 통화로 사용되는 동안에는 그와 동시에 흡연에 사용될 수 없다. 금 · 은을 통화로 사용하는 전통적인 방

---

1. *Economica*, 1945년 11월호, pp. 189~201.

식도 이와 마찬가지 이유로 해서 높은 비용이 드는 방식이다. 이 금속을 다른 용도로부터 전용해 통화로 쓰기 때문이다.

담배를 통화로 쓰는 사례는 포로수용소에만 국한된 것은 아니다. 동유럽에서 공산주의가 몰락하기 직전, 루마니아와 기타 국가에서 가치가 거의 없는 공식화폐 대신에 담배가 통화 역할을 했다는 보도가 있다.

사용하는 경제에서는 경제학 교수가 지식에 굶주린 레스토랑 주인을 찾아 나설 필요가 없다. 그 대신 그 교수는 먼저 학생들에게 돈을 받고 그의 강의를 교환한 다음 그 돈을 요리를 구입하는 데 사용하면 된다. 통화가 **교환의 매개체**(medium of exchange)로서 기능할 때, 즉 거래를 성사시키는 도구로 쓰일 때 통화는 사람들이 좀 더 적은 노력과 시간으로도 거래할 수 있게 해 준다. 통화라는 교환수단을 가지면 사람들이 각자 가장 잘 숙련된 경제활동 분야에 전념해 특화할 수 있게 해 준다. 통화가 있는 경제에서는 특화된 생산자들은 그들이 필요로 하는 것과 자기가 생산한 상품이나 서비스를 교환하는 데 아무런 문제가 없다. 그러나 물물교환 경제에서는 교환의 어려움 때문에 사람들은 각자의 식량, 의복, 거처의 대부분을 직접 생산할 수밖에 없다. 그러므로 물물교환 경제에서 특화의 기회는 크게 줄어든다.

계산단위 **계산단위**(unit of account)로서의 통화는 경제적 가치를 측정하는 기본단위다. 예를 들어, 미국에서는 가격, 임금, 자산가치, 채무가 모두 달러로 표시된다. 단 한 개의 균일한 가치척도를 사용하는 것은 매우 편리하다. 예를 들어, 미국에서 모든 상품의 가격을 달러로 표시하는 것은 어떤 상품은 엔(yen)으로, 어떤 것은 금으로, 어떤 것은 GM사의 주식으로 표시하는 것보다 상품 간의 비교를 단순화해 준다.

교환 매개체로서의 통화의 기능과 계산단위로서의 기능은 상호 밀접하게 연관되어 있다. 모든 상품과 서비스는 가장 빈번하게 먼저 통화와 교환되기 때문에(교환의 매개체 기능), 경제적 가치를 통화단위로 표시하는 것(계산단위의 기능)은 자연스러운 것이다. 통화라는 계산단위가 없었더라면 경제가치를 예컨대 밀의 몇 부셸(bushel)로 표시해야만 할 것이다. 그러나 교환의 매개체와 계산단위가 언제나 일치하는 것은 아니다. 예를 들어, 물가상승률이 높고 빈번하게 물가가 급등하는 나라에서 변동이 심한 통화의 가치는 계산단위로서는 열악한 것이 되고 만다. 가격이 수시로 변경돼야 하기 때문이다. 그러한 경우 거래는 그 나라의 통화로 계속 이뤄진다 해도 경제적 가치는 좀 더 안정된 계산단위, 즉 금이나 달러단위로 표시되는 것이 보통이다.

가치저장 수단 **가치저장 수단**(store of value)으로서의 통화는 부를 보유하는 한 방식이다. 아주 극단적인 예를 들면, 어떤 구두쇠가 평생 모은 저축을 침대 매트리스 아래에 현금으로 숨겨 두는 경우다. 또한 임금으로 받은 현금을 수령한 지 15분 후에 소비하는 경우에도 그 15분이라는 짧은 시간 동안 통화를 가치저장 수단으로 사용한 것이다.

대개 통화만이 교환의 매개체나 계산단위의 기능을 수행한다. 그러나 어떠한 자산(주식, 채권, 부동산 등)이라도 가치저장 수단이 될 수 있다. 이 다른 유형의 자산들은 보통 그 자산의 소유자에게 통화보다 높은 수익을 가져다주는데도, 왜 사람들은 통화를 가치저장 수단으로 사용하는가? 교환의 매개체로서 통화가 유용하기 때문에 비록 수익률이 상대적으로 낮더라도 통화를 보유할 만한 가치가 있다는 것이 그 대답이다.

통화의 측정 : 통화집계량 통화는 광범위하게 사용되고 지급 수단으로 받아들여지는 자산으로 정의할 수 있다. 이 정의에 따르면 통화로 합산돼야 할 자산과 그렇게 하면 안 되는 자산을 엄격하고도 확실하게 구분하는 선이 있을 것 같이 보인다. 그런데 실제로는 통화자산과 비통화자산을 구분하는 것이 그리 분명한 것은 아니다.

예를 들어, 1970년대 후반에 처음 일반에게 알려진 통화시장 상호기금(MMMF : money market mutual fund)을 살펴보자. MMMF는 일반인에게 주식을 팔아 얻은 수익금을 정부공채나 회사채에 단기 투자하는 조직이다. 이와 동시에 이 기관에서는 주주들이 각자의 지분계정에서 수표 몇 장 정도는 발급할 수 있도록(약간의 수수료는 받을 것이지만) 허용한다. 그런데 MMMF의 지분은 돈을 지급하는 데 사용될 수 있다 하더라도 지급 목적에는 현금이나 정식 수표발급예금계정만큼 편리하지는 않다. MMMF 지분이 통화로 합산돼야 하는가? 이 질문에 대해 확실한 답은 없다.

각 자산은 그들이 지니고 있는 통화성(moneyness)이 조금씩 다르기 때문에 한 국민경제 내에 존재하는 통화의 규모(통화량 : money stock으로 자주 지칭됨)를 측정하는 어떠한 단일의 측정치라 하더라도 완전히 만족스러울 수 없다. 이러한 이유 때문에 거의 모든 나라에서 경제학자나 정책 입안자는 통화량 측정에 여러 가지 다른 측정기준을 사용한다. 이 공식적인 통화량 측정기준들을 **통화집계량**(monetary aggregates)이라 한다. 여러 가지 다양한 통화집계량 지표는 통화의

표 7.1 미국의 통화집계량(2009년 6월)

M1	1655.0
현금통화	852.4
여행자수표	5.2
요구불예금	441.7
기타 수표발급가능예금	355.6
M2	8363.6
M1	1655.0
저축성예금(MMDA 포함)	4477.7
소액정기예금	1272.0
MMMF(비기관 민간인)	958.9

주 : 반올림 때문에 합계와 차이가 있을 수 있음.

출처 : *Federal Reserve Statistical Release H.6*, August 6, 2009. 이 데이터는 계절조정을 하지 않은 것이다.

개념을 얼마나 좁게 정의하는지 그 정도에 따라 차이가 있다. 미국에서 사용하는 두 통화집계량으로는 M1과 M2가 있다. 이 두 지표의 개념 요약과 데이터는 표 7.1에서 보는 것과 같다. 이 통화집계량 데이터를 어디에서 찾아볼 것인지에 대한 정보는 "최신자료 및 연구와의 접속 : 통화집계량"에서 제시했다.

통화집계량 M1 공식적인 통화집계량 중 가장 좁은 범위로 정의되는 **M1**은 주로 현금통화와 수표발급 계정의 잔액으로 구성되어 있다. 좀 더 정확하게 말하면 M1은 현금통화[미국 밖에서 유통되고 있는 미국통화도 포함된다. "최신자료 및 연구와의 접속 : 달러화화(dollarization)가 미국과 다른 나라에 미친 영향"을 참조하라]와 일반 민간인이 소지하고 있는 여행자수표, 요구불예금(예금이자를 지급하지 않는 당좌계정) 그리고 기타 수표발급가능예금을 포함한다. '기타 수표발급가능예금'이라는 범주는 주로 이자가 지급되는 수표발급가능예금으로 구성되어 있다. M1은 아마 통화에 대한 이론적 정의에 가장 가까운 상대역일 것이다. 왜냐하면 M1을 구성하는 각 통화 수단들이 지불 수단으로서 활발하게 그리고 널리 받아들여지고 있기 때문이다.

통화집계량 M2 앞에서 살펴본 M1에다 통화성이 약간 떨어지는 다른 자산을 합한 것이 **M2**이다. M2에 추가되는 자산을 보면, 저축성예금, 소액(10만 달러 이하)정기예금, 비기관 민간인이 보유하는 통화시장 상호기금(MMMF), 통화시장 예치계정(MMDA : money market deposit accounts) 등이 있다. 이미 언급했듯이 MMMF는 투자자가 예탁한 기금을 단기 증권에 투자하고 시장이자율 정도

최신자료 및 연구와의 접속 *IN TOUCH WITH DATA AND RESEARCH*

통화집계량

M1과 M2 같은 공식 통화집계량은 워싱턴에 있는 미연방준비은행 이사회가 작성해 공표한다. 1971년까지는 M1에 대한 통계만 발표됐는데 추후 M2와 M3을 도입했다. 그 이후에도 금융제도의 변화를 반영하기 위해 통화집계량에 대한 정의는 여러 차례 변경됐다. 2006년 미연방준비은행 이사회는 M3 발표를 폐지했다.

연방준비은행은 각 은행, 재무성, 통화시장상호기금, 외국의 각 중앙은행, 기타 기관으로부터 제공되는 데이터를 사용해 주별, 월별 통화집계량 추정치를 발표한다. 연방준비은행은 미국 동부시간으로 목요일 오후 4시 30분에 지난주 월요일을 마지막 날로 하는 한 주간에 대한 M1, M2 수치를 발표한다. 이러한 발표 내용은 경제 관련 언론매체에 정기적으로 보도된다(예를 들어, 「월스트리트 저널」 금요일자에 실리는 칼럼 "연방준비은행 데이터"를 참조하라). 과거의 데이터는 연방준비은행이 발간하는 「Federal Reserve Bulletin」, 세인트루이스 연방준비은행의 데이터베이스(research.stlouisfed.org/fred2), 「Economic Report of the President」, 그리고 연방준비제도의 웹사이트(www.federalreserve.gov/releases/H6)에서 찾아볼 수 있다. 통화 관련 데이터는 연방준비은행으로부터 새로운 자료를 받거나 또는 통화집계량에 관한 정의의 변경을 반영해 자주 수정된다.

이처럼 통화집계량을 일반에게 공표함으로써 국민과 국회로 하여금 연방준비은행이 통화공급량을 어떻게 조절하고 있는지 잘 알 수 있게 하고 있다.

를 지급하며, 예탁자가 수표를 발급할 수 있게 허용해 준다. MMDA도 MMMF와 거의 유사한데 단지 이 계정은 은행이나 저축기관, 대부기관 등에서 제공된다. 표 7.1에서는 「Federal Reserve Bulletin」에서 발표하는 방식에 따라 MMDA가 저축예금에 합산됐다.

통화공급

통화공급(money supply)이란 한 국민경제 내에서 사용할 수 있는 통화의 총량이다.[2] 현대경제에서 통화공급량은 중앙은행(미국은 연방준비은행)에서 결정한다.

중앙은행이 통화공급량을 조절하는 방식을 자세히 살피는 것은 이 단계에서는 너무 깊이 들어가는 것이므로 그 설명은 14장으로 미루기로 한다. 그러나 기본개념은 확실히 해야 하기 때문에, 유일한 통화 형태가 현금통화밖에 없다는 단순한 가상적 상황을 상정해 보자. 이 경우 통화공급량을 늘리려면 중앙은행은

2. 통화공급량(money supply)과 통화 재고량(money stock)은 같은 의미로 쓰인다.

최신자료 및 연구와의 접속 *IN TOUCH WITH DATA AND RESEARCH*

달러화화가 미국과 다른 나라에 미친 영향

독자 여러분은 미국 화폐의 절반 이상이 미국 영토 밖에 있는 다른 사람들에 의해 소지되고 있다는 것을 알고 있는가? 이 사실이 의미하는 바는 미국 통화량(M)의 4분의 1 이상을 외국인이 소지하고 있다는 점이고, 또 이 부분이 미국 통화집계량을 결정하는 가장 중요한 요인이 되었다. 그런데 왜 외국인들은 미국의 달러를 소지하려 하는가? 첫째로는 여러 개발도상국가들의 정치적, 군사적 불안정성 때문에 그들의 국내 상품 및 서비스를 교환하기 위해 어쩔 수 없이 달러화를 소지해야 한다는 점이다. 둘째로는 달러는 국제적 거래를 청산하는 수단으로서 가장 일반적으로 사용되는 통화라는 점이다.

이러한 개념이 '달러화화(dollarization)'라고 알려져 있다. 그러나 달러화화에는 두 가지 다른 유형이 있다. 첫 번째 유형은 공식적 또는 완전한 달러화화로서 그 나라의 사법당국에서 시행하는 법률에 따라 달러화가 유일한 법적 통화로 통용되는 경우이다. 파나마, 엘살바도르, 에콰도르 같은 나라가 그 예인데 그 나라에서 원래 사용하던 자국 통화를 폐기하고 미 달러화로 완전히 대체한 경우가 이에 해당된다. 이와 같은 통화의 대체에 관련된 실험은 파나마와 에콰도르에서는 성공적이어서 과거 자국 통화 가치가 외환시세의 변동에 쉽게 노출되어 나타나는 위험을 방어할 수 있게 되었던 반면, 엘살바도르의 은행 조직은 미국에서 일어나는 각종 경제적 충격에 아직도 매우 취약한 모습을 보이고 있다. 두 번째 유형의 달러화화는 부분적인 형태로서 미국의 달러화가 자국 통화와 함께 통용되는 방식이다. 부분적 달러화화는 공식적인 경우도 있고 그렇지 않은 경우도 있는데, 정부가 법적으로 달러화의 국내 통용을 허용하지 않으면서도 사람들이 각종 거래나 계약을 할 때, 은행계좌에서 달러화를 비롯한 외국화폐를 비공식적으로 사용하는 경우이다. 이 경우 달러화화는 공식적인 정책에 의해 시행되는 것은 아니므로 국내통화는 여전히 주된 법적 통화로 취급된다. 대부분의 개발도상국들이 채택하는 달러화화는 이 형태인데 그러나 그 통용 범위는 상당히 다르게 나타난다. 이 두 번째 형태의 달러화화가 가장 심한 정도로 진행된 나라는 국내 정치상황이 매우 불안정하거나 내전에 시달리는 레바논, 짐바브웨, 르완다 같은 나라이다. 이들

통용되는 현금통화량을 늘려야만 한다. 어떻게 그렇게 할 수 있는가?

한 가지 방법은(실제에서 일어나는 것과 가장 가까운 방법) 중앙은행이 새로 발행한 새 화폐를 사용해 금융자산, 예를 들어, 정부채권을 일반인으로부터 매입하는 것이다. 이러한 교환거래를 통해 일반인의 통화 보유량은 증가하고, 따라서 순환되는 통화량도 증가한다. 중앙은행이 통화를 가지고 일반인으로부터 정부채권을 매입해 그 결과 통화공급량을 늘리는 것을 공개시장매입(open-market

국가에서는 달러화화가 약 70% 수준에 이르고 있으며 저축자들은 그들의 예금을 자국 통화보다는 달러화로 예치하기를 선호한다. 더욱이 짐바브웨에서는 정부가 몇몇 선택된 생산업체들에게는 그들의 생산물 판매대금을 달러화로 받는 것을 합법적으로 인정해 주고 있다. 이 때문에 비공식부문에 속한 다른 생산업체들로 하여금 판매 대금을 달러로 받도록 유도하고 있다.

완전한 달러화화가 이루어진 나라의 경우 중앙은행의 역할은 단지 일반은행을 감독하는 기능만 할 뿐 통화정책을 수행하는 본래의 기능으로부터는 멀어지게 된다. 예컨대, 에콰도르 경제는 최근의 국제금융위기를 겪으면서 엄청나게 심한 시달림을 받았지만, 자체적인 통화정책 수행능력이 없어졌으므로 자국의 경제가 와해되는 상황에서 스스로 빠져나올 정책도구를 갖지 못했다. 한편 환율의 극심한 불안정으로 경제운용이 어려운 나라에서는 완전한 달러화화를 선언하는 것이 마지막으로 의지할 수 있는 정책방안이라 할 수 있다.

부분적 달러화화가 이루어지고 있는 경제에서 가장 이익을 많이 누리는 사람들은 저축자들인데 그들의 예금이 평가절하에 의해 구매력이 감소되는 것을 방어할 수 있기 때문이다. 또한 달러화화로 많은 이익을 거두어 가고 있는 나라들은 걸프협력국가들(Gulf Cooperation Nations)로서 그들의 경제가 외국투자에 크게 의존하고 있기 때문이다. 더욱이 이들 국가들은 외국 노동자들에 대한 의존도가 높아(예컨대 아랍에미리트연합의 인구 중 75%가 외국 국적 소지자다), 달러화화로 인해 이들 외국 노동자들이 미국 달러로 저축할 수 있고, 더 중요한 것은 본국에 달러로 송금할 수 있다는 점이다.

미국으로서는, 이처럼 상당규모의 자국통화가 영토 밖에 존재함으로써 통화량에 대한 조정능력이 크게 떨어질 수밖에 없다. 그러나 미국에 주는 가장 큰 이익은 현금통화가 연방준비은행의 부채라는 성격으로부터 나온다. 이 현금통화는 연준이 빌려 쓰는 돈이지만, 대부자, 즉 달러화의 소지자들에게 이자를 주지 않아도 된다는 이점이 있다. 다른 말로 하면 수십 수백억에 이르는 이 미국의 달러화가 미국에게는 이자 없이 빌려 쓰는 융자금이라 할 수 있다.

purchase)을 시행했다고 말한다.

통화공급량을 줄이려면 중앙은행은 이 거래를 반대로 하여 중앙은행 보유 공채를 일반인에게 팔고 그 대가로 현금통화를 회수한다. 중앙은행이 통화를 순환과정에서 제거하면 통화공급량은 줄어든다. 중앙은행이 보유 중인 공채를 일반인에게 매각해 통화공급을 줄일 때 이 거래는 공개시장매각(open-market sale)이라 한다. 공개시장매입과 공개시장매각을 합쳐 **공개시장조작**(open-market operation)

이라 한다.

공채를 일반인으로부터 사들이는 것 외에도 중앙은행은 신규발행 공채를 정부로부터 직접 매입해 통화공급을 늘릴 수 있다. 예를 들어, 어느 나라의 재무성이 새 전투기 구입을 위해 10억 달러가 필요한 경우, 재무성은 10억 달러짜리 차용금 증서(정부채권)를 중앙은행에 주고 새로 주조한 현금 10억 달러를 받아올 수 있다. 그다음 재무성은 현금 10억 달러를 전투기 제작회사에 지급하면 된다. 재무성이 이 현금통화를 전달한 뒤에 유통 중인 화폐, 즉 통화공급량은 10억 달러만큼 증가한다. 결과적으로 보면 통화공급을 늘리는 이 두 번째 방법은 정부가 현금화폐를 찍어서 정부지출을 조달하는 것과 마찬가지다.[3] 이러한 관행은 빈곤국가, 전쟁이나 자연재해로 어려움을 겪고 있는 나라에서 흔히 사용하는 방법인데, 이 나라에서는 정부지출이 세금으로 징수할 수 있는 금액을 훨씬 초과하는 경우가 대부분이다.[4]

이 장의 나머지 부분에서는 국민경제 내에 M달러만큼의 통화공급량이 있고 이는 중앙은행에 의해 결정된다고 가정한다. M달러는 M1이 될 수도 M2가 될 수도 있고 또 다른 통화집계량 기준을 의미할 수도 있다. 이론모형을 발전시키려는 목적에는 M이 어떠한 통화량 기준을 의미하든 상관이 없는 것이다.

7.2 자산구성과 자산수요

우리의 다음 목표는 사람들이 어떻게 자신이 보유할 현금액 규모를 결정하는지 이해하는 것이다. 먼저 사람들이 그들의 부를, 여러 종류의 자산에 각기 얼마씩 배분하는지에 관한 좀 더 광범위한 문제부터 시작하기로 한다. 사실 현금은 여러 종류의 자산 중 하나에 불과하다.

소비자나 기업, 연금기금, 대학 그리고 기타 부를 소유하는 어떠한 주체도 그들이 소유하는 부를 여러 종류의 자산별로 얼마씩 배분해 보유할 것인지 결정해야 한다. 어떤 부의 소유자가 선택하는 자산보유 배분의 묶음을 포트폴리오(portfolio)라고 한다. 어떤 자산을 각기 얼마만큼씩 보유할 것인지를 결정하는 것을 **포트폴리오 배분결정**(portfolio allocation decision)이라 한다.

3. 2장에서 조세로 충당할 수 없는 정부지출은 민간부문으로부터 차입해 조달해야 한다고 언급한 바 있다. 그런데 정부가 화폐를 찍어 경비지출에 충당할 수 있는데도 민간차입이 필요하다는 것이 사실인가? 그렇다. 국민소득회계에서 연방준비은행은 민간부문의 일부로 간주된다. 따라서 재무성이 연방준비은행에 국채를 팔아 현금을 조달하는 것은 기술적으로 보면 여전히 민간부문으로부터 차입하는 것이 된다.

4. 통화 발행을 통해 정부지출을 조달하는 문제는 15장에서 더 자세히 논의할 것이다.

포트폴리오 배분결정은 아주 복잡할 수도 있다. 많은 사람이 부의 소유자에게 금융자문을 제공하는 일을 생업으로 하고 있고, 경제학의 주요 분과인 금융경제학도 주로 포트폴리오 배분결정 연구를 중심으로 하고 있다. 그러나 근본적으로는 자산의 네 가지 특성, 즉 기대수익률, 위험도, 유동성, 만기가 포트폴리오 배분결정에서 중요하게 된다.

기대수익

어떤 자산의 수익률은 시간단위당 그 자산가치의 증식률이다. 예를 들어, 어느 은행계좌의 수익률은 그 계정에 지급되는 이자율이다. 주식 한 주의 수익률은 주식에 대한 배당금과 주식가격의 상승분을 합친 것이다. 분명히 고수익률은 보유 자산의 바람직한 특성이다. 즉, 다른 모든 조건이 같을 때 어떤 부의 소유자가 가진 포트폴리오가 더 높은 수익을 가져다줄수록, 오늘 어떤 일정 금액을 저축했을 때 미래에 더 많은 소비를 향유할 수 있을 것이다.

물론 어떤 자산의 수익률을 사전에 모두 다 알 수 있는 것은 아니다. 예를 들어, 주식가격은 수시로 오르고 내릴 수 있다. 따라서 자산 소유자는 자신의 포트폴리오 배분을 **기대수익**(expected returns)이나 최선의 추정치에 기초해 결정해야 한다. 여타의 모든 조건이 같을 때 한 자산의 기대수익(세금이나 중개수수료 같은 요금을 뺀 후의)이 높을수록 그 자산을 더 보유하는 것이 바람직하고, 따라서 자산의 소유자는 그 자산을 더욱 많이 보유하려고 할 것이다.[5]

위험

어떤 자산이 앞으로 벌어들일 수익에 대한 불확실성은 한 자산의 두 번째 중요한 특성, 즉 위험과 관련이 있다. 어떤 자산 또는 자산의 포트폴리오가 실제 받는 수익이 기대수익과 크게 달라질 가능성이 많다면 그 자산은 **위험**(risk)이 높은 것이다. 위험 자산의 예를 들어 보면, 이제 갓 창업한 인터넷 회사의 주식으로서 만일 실패하면 가치가 전혀 없고 기업이 성공하면 주식가치가 10분의 1 정도 오를 것으로 예상되는 경우다. 사람들은 대개 위험을 싫어하기 때문에 어떤 자산의 기대수익이 정부채권과 같은 비교적 안전한 자산보다 높아야만 그 자산을 보유한다.

5. 여러 자산 간에 예상된 수익을 비교하기 위해 수익을 실질치 혹은 명목치로 표현할 수도 있다. 어떤 기대 물가상승률이 일정하게 주어져 있을 때 자산 A의 명목수익이 자산 B의 명목수익보다 1% 높다면, 자산 A의 기대 실질수익(그것이 명목수익에서 기대 물가상승률을 뺀 크기)은 역시 자산 B의 기대 실질수익보다 1% 높을 것이다.

유동성

위험과 수익률 외에 세 번째 특성인 유동성도 자산의 가치에 영향을 미친다. 어떤 자산의 **유동성**(liquidity)은 그것을 가지고 얼마나 쉽고 빠르게 다른 자산이나 상품이나 서비스로 교환할 수 있는지를 보는 기준이다. 통화는 지불과정에서 직접 받아들여지기 때문에 매우 유동성이 높은 자산이다. 비유동적인 자산의 예로서는 독자들의 자가용 자동차를 들 수 있다. 중고차를 가지고 다른 상품이나 서비스로 교환하려면 시간과 노력이 필요하다. 중고차를 사려는 사람을 찾아내야 하고 소유권 이전을 위한 법적 절차도 밟아야 한다. 유동적인 통화와 비유동적인 자동차 사이에 주식이나 채권같이 중간 정도의 유동성을 가진 자산이 여러 종류 존재한다. 예를 들어, 주식 한 구좌는 식료품가게에서 현금처럼 직접 지불할 수는 없지만 얼마 동안의 지체 후에 주식을 현금화하고 중개인 수수료를 지급하면 곧바로 식료품대금을 지급할 수 있다.

유동성은 거래를 좀 더 적은 비용으로, 좀 더 편리하게 해 주는 것 외에도 부의 소유자에게 (자산운용에 있어—역자 주) 신축성을 제공해 준다. 자금이 긴급히 필요해진다든지 예상치 못한 좋은 금융투자의 기회가 생기는 경우, 유동자산은 쉽게 처분할 수가 있다. 그러므로 여타의 조건이 같을 때 어떤 자산의 유동성이 높을수록 부의 소유자에게는 그 자산이 더욱 매력적이다.

만기

자산의 특성 중 네 번째이자 마지막으로 중요한 것은 그 자산의 만기다. **만기**(time to maturity)란 어떤 자산의 약정된 기한이 도래해 투자자가 원금을 돌려받는 데까지 소요되는 시간을 의미한다. 만기를 고려하는 것이 중요한 경우는 모든 종류의 채권에 대해 해당된다고 볼 수 있다. 투자자는 만기가 언제 도래하는지, 즉 하루 만에, 한 주 후에, 1개월, 1년 후 혹은 40년 후에 도래하는지에 따라서 채권을 구입하기 때문이다.

어느 부부가 채권을 사서 2년 동안 계속 투자해 두기를 원한다고 가정하자. 그들은 다음 두 가지 계획 중 하나를 택할 수 있다. 계획 A는 단순히 만기 2년짜리 채권을 오늘 구입하는 것이다. 계획 B는 오늘 1년짜리 채권을 사서 1년 후 만기가 도래했을 때 그 돈을 찾아 바로 그날 향후 1년짜리 채권을 또 사는 방법이다. 계획 A와 계획 B 간에 있을 어느 정도 위험상의 차이는 잠시 무시할 때, 이 부부는 향후 2년간 수익이 더 많을 것으로 예상되는 계획을 선택할 것이다. 예를 들어, 오늘 만기 2년짜리 채권의 연간 이자율이 7%이고, 만기 1년짜리 채권의 이자율은 5%이며, 이 부부가 예상하는 1년 후 만기 1년짜리 채권의 기대

이자율이 연간 6%라면, 계획 A(만기 2년짜리 채권을 구입하는 것)의 연간 수익률은 7%이고, 계획 B의 연간 수익률은 5.5%다. 계획 B의 연간 기대수익률이 5.5%인 것은 오늘부터 1년 동안은 5%이고 1년 후 오늘부터 향후 1년간은 6%로 예상되므로 이를 평균하면 연평균 이자율 5.5%가 된다. 그렇다면 이 부부는 계획 A를 선택할 것이다. 즉, 만기 2년짜리 채권을 오늘 구입할 것이다.

이처럼 투자자가 어느 것이 더 많은 수익을 가져다주는지 채권의 만기가 서로 다른 투자방법을 비교한다고 보는 견해는 이자율의 **기간구조에 대한 기대이론**(expectations theory of the term structure)의 바탕이 되고 있다. '기간구조'란 말은, 만기 외에는 모든 특성이 똑같은 채권들이 수익률에서는 차이를 보인다는 사실을 가리키고 있다. 기대이론에 의하면, 계획 A와 B는 똑같은 2년 동안 만기가 서로 다른 채권을 보유하는 것으로 차이가 있지만 균형상태에서는 똑같은 기대수익률을 내야 하는 것으로 되어 있다. 즉, 만기 2년짜리 채권의 이자율은 만기 1년짜리 채권을 연속해서 두 번 보유하는 것의 평균이자율과 같아야 하고, 그 결과 투자자는 두 가지 투자방법 중 어느 것을 더 선호하지 않는다는 주장이다. 좀 더 일반적으로 말하면, 만기 N년의 채권에 대한 기대수익률은 개시연도 1년간의 기대수익률과 후속되는 $N-1$개 연도의 기대수익률 평균치와 같아야 한다는 것이다.

이자율 기간구조에 대한 기대이론은 유용한 출발점이 되기는 하더라도, 만기가 장기인 채권이 단기에 만기가 도래하는 채권보다 평균적으로 보아 이자율이 높은 이유를 잘 설명하지 못한다(이자율의 기간구조를 설명하고 있는 수익곡선을 참조하라). 미래에 단기이자율이 현재의 단기이자율보다 높게 올라갈 것으로 예상된다면, 장기이자율이 단기이자율을 상회할 것이라고 기대이론에서는 예측한다. 그러나 미래에 단기이자율이 현재의 단기이자율 이하로 내려갈 것으로 예상된다면, 장기이자율은 단기이자율을 밑돌 것이라고 기대이론에서는 예측한다. 그런데 보통은 장기이자율이 단기이자율보다 높게 나타나는 그 이유를 알기 위해서는 만기가 좀 더 장기인 채권이 만기가 짧은 채권에 비해 위험이 더 크다는 점을 고려해야 한다. 장기채권 가격은 이자율 변동에 대해 단기채권보다 훨씬 민감하게 반응하기 때문이다. 투자자는 위험을 싫어하므로 장기채권을 보유하는 데 대한 보상을 받아야만 한다. 결과적으로 **기간부가율**(term premium)인데, 장기채권의 이자율은 기대이론이 예측하는 것보다는 약간 높은 수준으로 형성된다.

이처럼 기대이론에 위험부가율을 결합하면 만기에 따라 이자율이 어떻게 달라지는가에 대한 좀 더 완전한 이론을 가질 수 있다. 예를 들어, 만기 1년의 채권 이자율이 연간 5%이고, 1년 후 오늘 향후 1년 만기 채권의 연간 이자율이 6%

로 예상되는 한편, 만기 2년짜리 기간부가율이 연간 0.75%라고 가정하자. 그렇다면 균형상태에서 만기 2년짜리 채권의 이자율은, 연속해서 구입하는 만기 1년짜리 채권의 평균이자율 5.5%[= (5% + 6%)/2]에 기간부가율(0.75%)을 더한 6.25%가 돼야 한다.

자산의 종류와 특성

사람들이 보유하는 자산의 형태는 무엇무엇이며, 그들의 특성은 어떻게 다른가? 세상에는 수많은 종류의 자산이 있지만 그들 중 대중들이 많이 보유하는 자산, 즉 화폐(통화), 채권, 주식, 주택, 내구소비재 등에 대해서만 살펴보기로 한다.

앞의 7.1절에서 통화의 다양한 유형에 대해 이미 살펴보았다. 통화는 그 다양한 형태에도 불구하고 타 자산에 비해 공통적으로 예상수익률이 낮다. 통화(화폐)는 보통의 경우 위험이 거의 없다. 물론 인플레이션율이 예상보다 높으면 통화를 보유함으로써 얻을 수 있는 실질수익이 예상보다 낮을 수는 있다. 그러나 통화는 다른 자산에 비해 유동성이 높다. 참으로 유동성이야말로 우리가 통화(화폐)라고 부르는 자산을 정의해 주는 특성이다. 이 유동성으로 인해 통화의 만기는 매우 짧다. 그러나 M2에 포함되는 어떤 통화성자산, 즉 단기간의 정기예금 등은 만기가 약간 길다고 할 수 있고 따라서 유동성은 다소 떨어진다고 볼 수 있다.

채권은 때로는 고정소득증권(fixed-income securities)이라 칭하기도 하는데 증권에는 채권 소지자에게 일정 시점에서 일정한 금액을 지급하기로 약속하는 내용이 기재되어 있기 때문이다. 사람들은 미국 정부가 발행한 증권을 선호하는데 미정부채권은 상환불능이 되는 경우가 거의 없기 때문이다. 회사가 발행하는 채권도 정부발행 채권과 비슷하기는 하지만 발행 회사가 파산하여 채권소지자에게 이자나 원금까지도 상환하지 못하는 경우가 있다. 따라서 채권은 통화보다 더 높은 수익을 제시하지만, 그 수익은 통화보다는 더 위험한 것이다. 대부분의 채권, 특히 미정부발행 채권은 매우 유동성이 높은데, 그에 따라 채권투자자들은 그들이 소지하는 채권을 쉽게, 그리고 낮은 거래비용으로 매각할 수 있다. 그러나 어떤 회사채는 유동성이 낮은 경우도 있는데 경제상황이 좋지 않은 시기에는 높은 비용을 들이지 않고는 쉽게 현금화하기가 어려울 경우도 있다. 채권의 만기는 매우 다양하여 3개월짜리부터 30년에 이르는 것도 있다.

주식은 기업의 소유권을 대표하는 증서이다. 대부분의 주식은 주식보유자(주주)에게 정기적으로 배당금을 지급하지만, 배당금지급이 언제나 보장되어 있는 것은 아니다. 경기가 저조하고 회사의 경영실적이 좋지 않을 때 회사가 당분간 배당금지급을 완전히 정지하는 경우도 있다. 주식의 가격은 매일 오르고 내리기를 반복한다. 따라서 주식보유자의 총수익은 배당금에, 주식가격의 상승에 따른 자본이익에서 주식가격 하락에 의한 자본손실을 뺀 순 자본이익을 합친 것이다. 배당금은 물론 주식가격이 예상치 못하게 변동할 수 있으므로 주식을 보유하는 것에는 상당한 위험이 따른다. 규모가 큰 기업의 주식은 유동성이 큰 시장에서 매매될 수 있지만, 주식을 사고파는 대금을 정산하여 지금을 받으려면 며칠간 기다리는 시간은 필요하다. 대부분의 주식은 만기가 없고 따라서 주식의 만기는 무한대이다.

대부분의 대기업 주식은 뉴욕증권시장(New York Stock Exchange) 같은 조직화된 증권거래소에서 쉽게 사고팔 수 있는 여러 주주들에 의해 보유되고 있지만, 많은 소규모 기업의 주식은 한 사람 또는 소수인에 의해 직접 보유되는 경우도 많다. 이들 소규모 기업들은 대부분 주인이 직접 소유권을 가지고 있고 주식회사로 전환하지 않았기 때문에 주식시장에서 거래가 가능한 주식을 발행하지는 않는다. 이들 회사에는 주식시장에서 거래할 주식이 없으므로 회사의 소유주가 그 소유권을 신속하게 매각할 수 없고, 따라서 이 경우 기업 소유권은 매우 유동성이 낮다고 하겠다. 그러므로 매각가능한 주식이 없기 때문에 이들 기업의 기업소유권가치를 정확히 측정하기는 매우 어렵다. 이러한 소기업의 소유자에 대한 수익은 기업이 벌어들인 이윤과 장래 어느 시기에 그 기업을 매각할 수 있는 기회를 합친 것으로 볼 수 있다.

주택은 대부분의 주택 보유자들에게 있어 그들 최대의 자산인 경우가 많다. 주택 보유에 따른 수익은 두 가지 형태로 나타나는데, (1) 가구원의 주거 편익에서 유지비용과 재산세를 차감한 순수익과, (2) 주택과 대지의 가치가 시간의 경과에 따라 변동되는 부분으로 구분해 볼 수 있다. 2000년대 들어 한때는 많은 사람들이 주택에 투자하는 것은 전혀 위험하지 않다고 생각했었다. 따라서 미국이나 여러 다른 나라에서 수백만 채의 주택이 건설되었고, 또 주택 구입자들은 누구나 주택담보대출을 아주 쉽게 받을 수 있었다. 그렇지만 주택투자의 위험은 투자자들이 생각했던 것보다 훨씬 높은 것으로 나타났으며 예상치 못한 주택가격의 하락은 곧바로 금융위기로 번지게 되었다. 이에 관해서는 뒤의 "최신자료 및 연구와의 접속 : 2007년에 시작된 주택(금융)위기"에 상세하게 논의하였다. 주택은 다른 자산에 비해 매우 유동성이 낮아서, 주택 소유자들이 그들의 집을 팔려면 많은 시간이 필요하고 특히 불경기에는 몇 개월 또는 몇 년이 걸리기도 한다. 그렇지만 금융제도상 주택순가치융자(home equity loans)나 주택가치에 관련된 신용대출을 손쉽게 이용할 수 있기 때문에 그들 주택의 가치에 대한 일정 부분에 대해 자금을 곧바로 빌릴 수 있다. 물론 주택이라는 자산에 대해서는

표 7.2 가계의 자산보유현황(2006년, 2009년)

	금액(조 달러)		총자산에 대한 비율(%)	
	2006-IV	2009-I	2006-IV	2009-I
부동산	24.3	19.9	31.6	30.5
내구소비재	4.3	4.6	5.6	7.0
현금 · 요구불예금	0.2	0.2	0.3	0.4
저축성예금 · 기타 예치금	6.5	7.6	8.5	11.7
채권	4.2	5.2	5.5	8.0
주식	13.9	8.4	18.1	12.9
개인기업에 대한 소유주투자	8.7	7.3	11.3	11.1
연금기금	12.7	9.9	16.5	15.2
기타 자산	2.0	2.2	2.6	3.3
총자산	76.7	65.2	100.0	100.0

주 : 반올림에 의해 각 항의 수치와 총계가 맞지 않을 수 있음.

출처 : *Federal Reserve Flow of Funds Accounts of the United States*, Statistical Release Z.1, June 11, 2009.

만기가 없다. 왜냐하면 금융증서가 아니기 때문이다.

각 가정에서는 자동차나 가구와 같은 내구소비재를 자산으로 보유하고 있다. 이들 내구소비재들은 주택과 마찬가지로 일정 기간에 걸쳐 서비스(수송 서비스와 같은)를 제공하지만 유지비용을 들여야 하고, 또 시간이 흐르면 가치가 떨어질 수도 있다. 내구소비재의 가치에도 위험이 존재하는데 그들을 팔기에 비용이 들거나 아주 어려운 경우가 많다. 왜냐하면 중고 내구소비재의 시장은 주식이나 채권시장처럼 잘 발달되어 있지 못하기 때문이다. 내구소비재는 주택과 마찬가지로 유동성이 별로 없고 만기 또한 없다.

각 가계는 위에 말한 각종 자산들의 보유비율을 어떻게 해서 그들에게 이상적인 형태가 되게 할 것인지를 결정해야 한다. 비교적 부유한 가정에서는 전체 재산에서 금융자산(주식 · 채권 등)이 차지하는 비율이 비교적 가난한 가정에 비해 일반적으로 높게 나타난다. 또한 많은 가정에서는 은퇴 후의 생활을 위해 각종 연금기금에 돈을 넣어 두기도 하는데, 연금기금에서는 주식, 채권, 일종의 현금자산(화폐시장 상호기금 : MMMF) 같은 것들을 보유 · 운용한다. 물론 시장의 상황이 바뀌면 각 가정의 자산구성비율은 달라진다. 예를 들면 2007년에 시작된 주택위기와 2008년의 금융위기로 인해 주택과 보유주식의 가치가 급격히 감소하였는데 이는 표 7.2에서 보는 바와 같다. 이 표에서는 가계에서 보유하는 각 자산별 금액을 2006년 말과 2009년 1/4분기를 대비하여 보여주고 있다. 이 표에서 유의할 점은 가계가 보유하는 현금통화와 수표발급예금(요구불예금—역자 주)은 표 7.1에서 제시된 M1 계정의 보유분에 비해 훨씬 적은 금액으로 나타났다는 점이다. 이러한 현상은 현금통화의 상당 부분이 외국에서 보유하고 있고("최신자료 및 연구와의 접속 : 달러화가 미국과 다른 나라에 미친 영향"을 참조), 기업에서 상당한 규모의 현금과 요구불예금을 가지고 있었기 때문이다. 표 7.2는 또한 가계가 보유하는 각 자산이 총자산에서 차지하는 비율도 같이 보여주고 있는데, 2006년과 2009년 사이에 각 자산의 보유비율이 어떻게 변화했는지 짐작해 볼 수 있을 것이다.

2006년 말 기준으로 미국의 가계부문의 총보유자산은 76조 달러였는데 그중 부동산은 약 24조 달러, 주식은 13.9조 달러, 약 13조 달러는 연금기금 자산이었다. 주택가격과 주식가격의 급속한 하락과 비공개 법인에 대한 소유권투자의 감소로 인해 미국 가계부문의 총부는 약 10조 달러 정도 감소하였다. 2006년 말부터 2009년 초까지의 기간 중 이들 가계부문의 보유 부동산의 가치는 18% 하락하였고 연금자산가치는 22%, 보유주식가치는 무려 40%나 하락하였다. 이 기간 동안 가계부문은 그들의 자산보유비율(포트폴리오)을 재조정하였는데, 전체 자산 중 현금(정기 : 저축성예금)과 채권(특히 상환불능위험이 없는 정부채권)의 보유비율을 높였다.

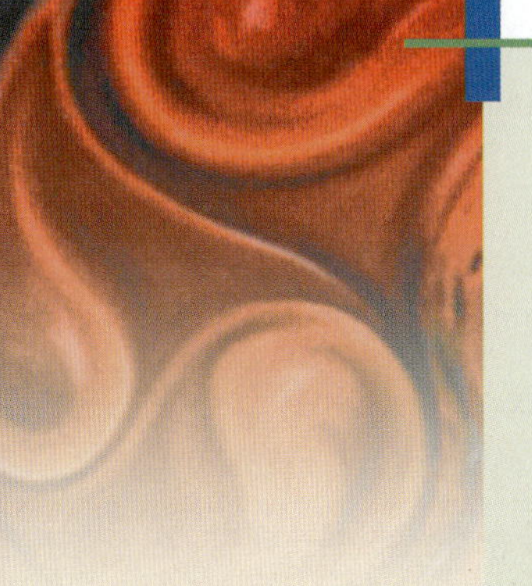

최신자료 및 연구와의 접속 *IN TOUCH WITH DATA AND RESEARCH*

2007년에 시작된 주택(금융)위기

미국의 가정들은 1990년대 후반부터 2000년대 초반에 이르는 기간 동안 그들의 주택에서 엄청난 액수의 부를 획득하였다. 주택시장은 계속 호황을 누렸고 2007년에 이르러서는 자가 주택 소유 비율이 기록적 수준인 68.6%에 다다를 정도로 증가하였다. 그러나 사람들이 점점 더 주택이야말로 '놓칠 수 없는' 투자기회라 생각하고 또한 주택가격도 회오리바람처럼 계속 치솟아오르게 되자, 주택저당금융기관과 주택소유자들은 심각한 잘못을 저지르기 시작하였는데, 이것이 대형 금융위기로 번지게 되었던 것이다.

2000년대 초 주택가격이 오르고 또 오르기를 계속하면서 사람들은 이제 주택을 새로 구입하기가 불가능하다는 것을 깨닫게 되었는데, 이는 그들의 소득에 비해 주택구입 할부금이 너무 높아 도저히 감당할 수 없게 되었기 때문이다. 특히 주택금융기관의 주택저당대출 심사기준에는 융자 신청자의 월 소득이 상당한 금액 이상이 되어야 한다는 규정이 있었는데, 주택저당대출 월부금이 월 소득의 특정 비율을 초과하지 못하게 하려는 장치를 해 두려는 목적에서 정해진 것이었다. 그러나 주택가격이 계속해서 오르자 주택금융기관에서는 이러한 심사기준에 미달하는 사람들에게도 주택담보대출을 해 주기 시작하였다. 이들이 소위 '비우량 차입자(subprime borrower)'로 알려진 사람들이다. 이 비우량 주택저당시장(subprime mortgage market)은 빠르게 성장하였다.

이 비우량 차입자들에게 대출된 융자금에는 추가적인 위험과 잠재적 비용이 예상되기 때문에 취급금융기관에게 이를 보상해 주기 위해 비우량 주택 저당융자금의 이자율은 보통 또는 우량 주택 저당융자에 대한 이자율보다 높게 책정되었다. 더욱이 비우량 주택 금융취급기관에서는 차입자의 월 소득 금액 증명서류 제출을 면제해 주는 경우가 많았는데, 이 때문에 비우량 차입자들이 융자금 상환을 하지 못할 위험에 스스로 노출되는 경향이 더욱 심하게 되었다. 더욱이 어떤 주택 저당융자는 매우 창조적인 특징을 보이도록 고안된 것도 있었는데, 차입자들이 적어도 얼마 동안은 월부금을 납부할 수 있도록 짜여진 것으로서, 예컨대 비우량 융자의 이자율을 조정가능하게 해 놓고 초기의 이자는 매우 낮게 그리고 2~3년 후에는 소위 저당권 재조정(mortgage reset)을 통해 이자율을 인상해 가는 방식이 대부분이었다.

그런데 왜 주택금융기관에서는 이 위험한 융자를 비우량 차입자에게 제공하려 하였고 또 왜 이들 비우량 차입자들은 이처럼 위험한 부채를 떠안으려 하였는가? 그 답은 그들 모두 집값이 예견 가능한 미래에 계속 크게 올라갈 것으로 예상했기 때문이라고 할 수 있다. 집값이 계속 크게 올라가는 한, 차입자들은 장래 융자 월부금 납부에 어려움이 있을 경우, 이익을 남기고 집을 팔아 융자금을 갚을 수도 있고, 아니면 집의 담보가치가 상승할 만큼 더 융자를 받아 월부금 상환에 돌릴 수 있다고 생각했었다. 즉 차입자나 대부자나 모두 위험으로부터 격리되어 있다고 생각했던 것이다.

비우량 주택저당융자에 관련된 문제점은 차입자와 대부자들이 주택가격의 대폭적인 상승이 지속되는 한 상환불능위험으로부터 격리되어 있다는 바로 그 사실이다. 2005년 주택저당대출금리가 미국 전역에서 상승하면서 주택가격의 상승속도가 떨어지기 시작하였다. 2006년에는 비우량 주택저당융자금의 미상환 건수가 늘어나기 시작하였는데, 이는 비우량 차입자들이 급속히 상승하는 주택가격으로 월부금 체납액을 채워 넣을 수 있을 것으로 예상했으나, 그들이 예상한 만큼 집값이 오르지 못했다는 것을 뒤늦게 알았기 때문이었다. 더욱이, 주택저당권 재조정으로 새로 인상된 금리를 적용하게 되면서 더욱 많은 차입자들이 월부금 납부가 불가능하게 되면서 상환불능 상태에 이르게 되었다. 상환불능 융자 건수가 증가하게 되자 금융기관에서는 대출 심사기준을 더욱 엄격하게 강화하였고 2007년 중반에 이르러 비우량 주택담보대출은 거의 중단되는 지경에 이르고 말았다. 그런데 이제는 그 때문에 주택 구입 수요마저 줄어들었고, 주택 가격 상승폭은 더욱 줄어들고 말았다. 2007년에는 미국의 일부 지역에서 급격한 집값 하락이 나타나게 되었다. 이는 그림 7.1에서 보는 바와 같다.

집값의 계속적인 하락은 미시적 수준에서나 거시적 수준에서 모두 여러 가지 문제를 야기하였다. 비우량 주택저당융자금(subprime mortgage)으로 주택을 구입한 수천, 수만의 소유자들은 대출 할부금을 납부하지 못하자 담보물의 취려권 상실(foreclosure)로 인해 그들이 살던 집을 잃게 되었다. 또한 주택 소유자들 중에는 자기들의 집값이 저당융자금 상환액 이하로 떨어진 상황, 즉 '잠수(underwater)' 상태에 놓여 있는 것을 발견

그림 7.1

전년 동기 대비 주택가격 상승률(1976~2009)

이 그림에서는 전년 동기 대비 주택가격 상승률을 전미 지역평균치로 나타내었는데, 1976년 1/4분기부터 2009년 1/4분기까지 자료를 그린 것이다. 1976~2009년 전 기간의 연평균 주택가격상승률은 5.4%인데, 2004년 초부터 2006년 초까지의 상승률은 10%를 초과하였고, 2007년에는 상승률이 둔화되었고 2008년에는 주택가격 자체가 떨어지면서 주택저당시장에 위기를 초래하였다.

출처 : 연방주택금융공사, www.fhfa.gov.

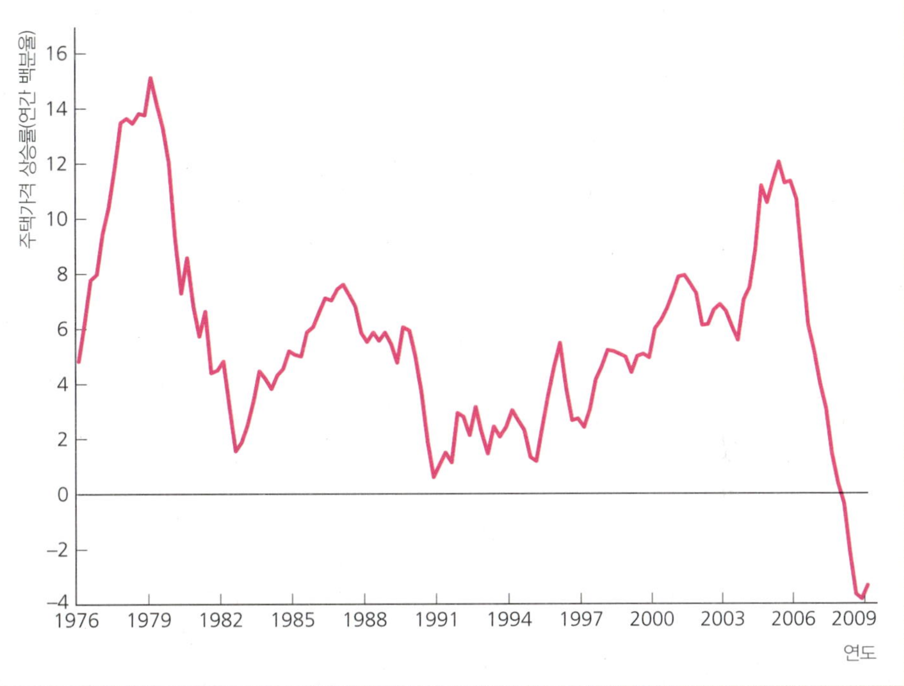

하였고, 이들은 대출 할부금 납부를 중지하고 대출을 해 준 금융기관이 그 주택의 담보권을 행사하여 경매에 부칠 때, 그 집(원래 자신의 집)을 다시 사려는 충동을 받기도 하였다. 금융기관들은 그러한 거래에서 수십 수백억 달러의 손실을 입게 되었는데, 대출 할부금은 더 이상 상환되지 않고 담보물 처분액은 대출원금도 건질 수 없게 낮은 금액이었기 때문이었다. 이제는 집값이 떨어졌기 때문에 소유자가 누구더라도 은행이 소유자가 되는 경우가 대부분인데, 대출금 잔액보다 훨씬 적은 금액으로 그 집을 팔아야 하게끔 되었다.

그러나 주택저당 금융시장에서 일어난 이 문제가 정작 많은 사람을 놀라게 한 것은 그 파장이 훨씬 광범하게 느껴졌다는 점이다. 대부분의 은행들은 담보가 설정된 그들의 주택저당권을 주택저당 유동화증권(MBS : mortgage-backed securities)으로 금융시장에서 이미 매각하였고, 이 MBS를 매입한 투자자들이 엄청난 손실을 입게 된 사실이 뒤늦게 밝혀졌다. 일단 그러한 손실이 현실로 나타나자 투자자들은 모두 일시에 그 투자로부터 탈출하려 하였고, MBS의 가격 또한 아주 낮은 수준으로 하락하였다. 이러한 상황이 2008년 금융위기로 번지게 되었는데, 이때가 되어서야 투자자들은 수많은 금융기관들이 주택저당 관련 증권을 통해 수십 수백억 달러의 손실을 입었다는 것을 알게 되었다. 공황상태는 계속되어 주식가격은 급격하게 떨어졌으며, 정부와 연방준비은행은 수많은 금융회사들을 퇴출시켰다. 이에 관해서는 14장의 "최신자료 및 연구와의 접속 : 2008년 금융위기"에서 더 자세히 살펴보기로 하자.

자산수요

거의 대부분의 경우 자산의 바람직한 네 가지 특성, 즉 높은 기대수익, 안전성(낮은 위험도), 유동성, 만기 사이에는 상반관계가 있다. 예를 들어, 당좌계정처럼 안전하고 유동적인 자산은 기대수익률이 낮을 가능성이 많다. 포트폴리오 배분 결정의 핵심은 어떤 자산이 기대수익, 안전성, 유동성, 만기를 전체적으로 놓고 볼 때 자산 소유자가 가장 선호하는 조합을 이루는지 보고 결정하는 것이다. 각 자산의 개별적 위험 외에도 투자자는 자산의 **분산**(diversification)도 고려해야 한다. 자산의 분산이라 함은, 한 사람의 전체 투자를 다른 여러 형태의 자산에 골고루 펼쳐 놓는 것이 전체 위험을 줄일 수 있다는 것인데, 그 이유는 어떤 자산이 수익률이 낮을 때 또 다른 자산은 수익률이 높을 수 있기 때문이다.

어떤 부의 소유자가 그의 포트폴리오에 포함시키고자 하는 각 자산의 수량을 그 개별 자산에 대한 수요라고 한다. 모든 부는 어떠한 형태든지 자산으로 보유해야 하기 때문에 부의 소유자가 가진 자산의 합계는 그 개인이 소유하는 부의 총량과 같아야 한다. 예를 들어, 어떤 사람이 1만 달러의 부를 소유하고 있고 그가 주식 5천 달러, 단기채권 3천 달러, 장기채권 1천 달러, 현금 1천 달러를 보유하기로 결정했다고 가정하자. 그의 네 가지 종류의 자산에 대한 수요량은 총부 1만 달러와 같아야 한다.

7.3 통화수요

통화수요(demand for money)는 사람들이 그들의 포트폴리오 중 소지하기로 선택한 현금이나 수표발급예금 같은 통화자산의 수량을 말한다. 그러므로 통화를 얼마만큼 수요할 것인지 선택하는 것은 좀 더 넓은 포트폴리오 결정의 한 부분이라 할 것이다. 일반적으로 통화수요는 여타 자산에 대한 수요와 마찬가지로 기대수익, 위험, 통화의 유동성과 기타 자산의 유동성에 따라 달라질 것이다.

실제에서는 통화의 두 가지 특성이 각별한 중요성을 갖는다. 첫째, 통화는 가장 유동적인 자산이다. 유동성은 통화 보유의 가장 주요한 이점이다.[6] 둘째, 통화는 수익이 매우 낮다(사실 현금통화는 명목수익이 0이다). 이처럼 다른 자산에 비해 통화 보유에 따른 낮은 수익은 통화 보유의 주비용이다. 사람들의 통화수요는 그들이 낮은 수익과 대비한 유동성에 대한 필요성을 어떻게 선택하는가에

6. 통화는 또한 위험도가 낮다. 그러나 다른 여러 자산(단기국채 등)도 통화보다 더 위험하지 않으면서 보다 높은 수익을 가져온다.

따라 결정된다.

이 절에서는 주요 거시경제변수가 통화수요에 어떻게 영향을 미치는지 살펴보려 한다. 우리가 주로 고려하는 것은 총량적이고, 집계량으로 본 통화수요이지만 각 개별 주체의 통화수요에 대해서도 논점은 그대로 적용될 수 있다. 이러한 관계를 예상할 수 있는 것은 통화수요 집계량은 개별 통화수요의 합계이기 때문이다.

통화수요에 가장 큰 영향을 미치는 거시경제변수는 물가수준, 실질소득, 그리고 이자율이다. 물가가 오르거나 소득이 증가하면 사람들의 유동성 수요는 증가하며, 따라서 통화수요도 증가한다. 이자율은 기대수익률을 통해 통화수요에 영향을 미친다. 통화에 대한 이자율이 높을수록 사람들은 더 많은 통화를 수요하게 될 것이다. 그러나 통화를 대체하는 다른 자산에 지급되는 이자율이 더 높으면 높을수록 사람들은 통화에서 여타의 자산으로 전환해 보유하려 할 것이다.

물가수준

일반 물가수준이 높을수록 사람들이 거래를 하는 데 더욱 많은 돈이 필요하고, 따라서 사람들은 더욱 많은 돈을 보유하기를 원할 것이다. 예를 들어, 60년 전 미국의 물가수준은 오늘날에 비해 약 10분의 1 정도였다. 여러분의 할아버지가 말씀하시는 것처럼 괜찮은 호텔 레스토랑의 식사 한 끼 값이 1달러면 충분했다. 거래 목적에 돈이 비교적 적게 필요했으므로 여러분의 할아버지가 현금이나 수표발급 구좌예금 형태(그의 정상적인 통화수요)로 갖고 있던 통화는 오늘날 여러분이 보유하는 금액보다 훨씬 적었을 것이다. 결론은 이렇다. 즉, 물가수준이 더 오르면 유동성에 대한 수요를 높여 명목통화수요를 증가시킨다. 사실 오늘날의 물가수준은 1940년대 수준보다 10배 이상 높기 때문에 똑같은 거래를 할 때 과거 그때에 비해 10배 이상 더 많은 돈이 필요하다. 그러므로 여타 조건이 동일하다면 통화에 대한 명목수요는 물가수준에 비례한다.

실질소득

개인이나 기업이 거래를 많이 하면 할수록 그들은 더 많은 유동성을 필요로 하고, 따라서 그들의 통화수요는 더욱 커진다. 거래의 크기를 결정하는 주요 요인은 실질소득이다. 예를 들어, 대형이고 매출액이 큰 슈퍼마켓은 구멍가게에 비해 다수의 고객 및 납품업자와 거래해야 하고 더 많은 수의 종업원에게 급여를 지급해야 한다. 마찬가지로 고소득자는 소득이 낮은 사람에 비해 지출 규모가 크고, 더 자주 상품을 구매한다. 실질소득이 더 높다는 것은 더 많은 거래와 더 큰 유동성 수요를 의미하기 때문에 실질소득이 증가할 때 통화수요 금액은 증가해야 한다.

물가수준의 변화에 대한 통화수요의 반응과는 달리, 실질소득의 변화에 대한 통화수요의 증가는 꼭 비례할 필요는 없다. 실제로 실질소득이 1% 증가하더라도 통화수요 증가는 1%가 안 된다. 통화수요 증가율이 소득 증가율에 미치지 못하는 것은 고소득 개인이나 기업이 그들의 돈을 좀 더 효율적으로 사용하는 것이 그 이유 중 하나다. 예를 들어, 어떤 고소득자가 당장 현금거래에 필요하지 않은 돈은 수익률이 좀 더 높은 비통화자산에 자동적으로 투자되는 현금관리 구좌에 가입할 수도 있다. 그러한 구좌는 예치금액이나 수수료 납부액에 하한선이 있기 때문에 소득이 낮은 사람에게는 쓸모가 없을지도 모른다.

통화수요 증가율이 소득 증가율보다 낮은 또 다른 이유는 대부분의 국가에서 국민소득이 증가하면서 금융산업이 발전하고 금융기법도 세련되기 때문이다. 빈곤국가에서는 사람들이 저축의 대부분을 통화 형태로 보유한다. 그보다 나은 방법이 달리 없기 때문이다. 그런데 부유한 나라에서는 통화에 대신할 매력적인 저축보유 수단이 많이 있어 굳이 현금을 많이 보유할 필요가 없다. 나라가 부유해질수록 신용카드 같은 현금대용 수단이 더욱 보편화되면서 전체 통화수요는 실질소득보다 느리게 증가한다.

이자율

포트폴리오 배분이론에서는 위험과 유동성이 일정한 크기로 고정되어 있을 때 통화수요는 통화와 기타 비통화자산의 기대수익률에 의해 좌우되는 것으로 말하고 있다. 통화의 기대수익률이 상승하면 통화수요가 증가하고, 여타 자산의 기대수익률이 상승하면 부의 소유자로 하여금 통화자산을 좀 더 수익률이 높은 타 자산으로 전환하도록 유도함으로써 통화수요를 줄이도록 한다.

예를 들어, 독자가 가진 부 1만 달러 중 국채 8천 달러는 연 8%의 이자수익, 2천 달러는 연 3%의 이자를 지급하는 당좌예금으로 갖고 있다고 가정하자. 이자수익률이 낮은 당좌예금은 유동성 편의 때문에 갖고 있다. 그런데 국채이자율이 10%로 상승하고 당좌예금은 3% 그대로 있다면, 당좌예금 잔고에서 1천 달러를 빼서 국채로 돌리려 할 것이다. 이러한 보유자산의 전환과정에서 통화 보유량(즉, 통화수요)은 2천 달러에서 1천 달러로 줄어든다. 결과적으로 유동성 일부를 채권에서 나오는 고수익과 교환한 셈이다.

이와 마찬가지로 통화성 예금에 대한 이자율이 상승하면 부의 소유자는 통화를 더 보유하는 쪽을 선택할 것이다. 예를 들어, 국채이자율은 8% 그대로고 당좌예금에 3% 대신 5% 이자를 지급하기 시작했다면 보유 국채 중 1천 달러어치를 매각해 국채 보유액은 7천 달러로 줄이는 동시에 당좌예금 잔고를 3천 달러로 늘이게 될 것이다. 통화 보유를 위해 감수해야 했던 수익성의 희생 정도가 종전보다 적어졌으므로 당좌예금 잔고를 늘려 유동성 증가에 따른 신축성과 기타 혜택을 누릴 수 있다. 그러므로 통화에 대한 이자율이 높아짐으로써 통화수요가 증가한 것이다.

본래 통화 외의 각 자산에 대한 이자율은 통화수요에 영향을 미치는 것이 원칙이다. 그러나 이미 언급했듯이("최신자료 및 연구와의 접속 : 이자율" 참조), 우리 경제에 존재하는 여러 가지 이자율은 일반적으로 함께 움직이는 경향이 있다. 그러므로 거시경제분석을 목적으로 하여 비통화자산에 대한 명목수익률을 측정하는 명목이자율이 i, 단 하나만 존재한다고 가정하는 것이 좀 더 간편할 뿐만 아니라 크게 잘못된 방향으로 유도하는 것은 아니다. 명목이자율 i에서 기대 물가상승률 π^e를 빼면 실질이자율 r이 나오는데, 이는 이미 4장에서 논의한 것처럼 저축과 투자 결정을 내리는 데 적합한 변수다.

통화에 있어서도 실제로는 여러 종류의 이자율이 지급된다. 예를 들어, 현금통화에는 이자율이 0이지만, 당좌예금은 종류에 따라 다른 이자율이 지급된다. 다시 한 번 단순화를 위해 통화에 대해서 단 하나의 명목이자율 i^m만 존재한다고 가정하자. 주요 결론은 비통화자산에 대한 이자율 i가 오르면 통화수요량이 줄어들고, 통화에 대한 이자율 i^m이 오르면 통화수요량은 증가한다.

통화수요함수

물가수준, 실질소득, 이자율이 통화수요에 미치는 영향은 다음과 같은 함수식으로 나타낼 수 있다. 즉,

$$M^d = P \times L(Y, i) \tag{7.1}$$

여기서

M^d = 명목통화수요집계량

P = 물가수준

Y = 실질소득 또는 실질생산량

i = 통화 외의 비통화자산에 지급되는 명목이자율

L = 통화수요와 실질소득 및 명목이자율을 연결하는 함수관계

식 (7.1)에서는 명목통화수요 M^d는 물가수준 P의 변화에 비례해 변화하는 관계가 성립한다. 그러므로 물가수준 P가 2배로 오르면(그리고 실질임금과 이자율

은 변하지 않았다면) 명목통화수요 M^d는 2배로 증가하는데, 이는 종전과 같은 실질거래량을 거래하는 데 돈이 2배로 필요하게 됐다는 것을 반영한다고 하겠다. 식 (7.1)은 또한 물가수준 P가 주어진다면, 통화수요는 (함수 L을 통해) 실질소득 Y와 비통화자산의 이자율 i에 의해 좌우된다. 실질소득 Y의 증가는 유동성에 대한 수요를 증가시킨다. 그리고 비통화자산에 대한 명목이자율의 상승은 비통화자산을 좀 더 매력적인 투자 기회로 만들고 그에 따라 통화수요를 감축시킨다.

식 (7.1)에 통화에 대한 이자율 i^m을 포함시킬 수 있었는데, 그 이유는 통화에 대한 이자율이 오르면 사람들은 통화자산 보유량을 늘리려 할 것이며 따라서 통화수요를 늘릴 것이기 때문이다. 그러나 역사적으로 볼 때 통화자산에 대한 이자율은 비통화자산의 이자율에 비해 훨씬 적은 변화를 보였는데(예를 들어, 통화와 당좌예금 중 상당 부분에 대해 지급된 이자율은 항상 0이었다), 식 (7.1)에 대한 수많은 통계적 연구에서 거의 모두 무시되어 왔다. 그래서 단순화를 위해 식에서 i^m을 명시적으로 포함시키지는 않았다.

똑같은 통화수요함수를 표시할 때 명목이자율 i를 기대 실질이자율과 기대 물가상승률로 나타내는 방법도 있다. 식 (2.13)에서 실질이자율 r은 명목이자율 i에서 기대 물가상승률 π^e을 뺀 것으로 표기했음을 상기해 보자. 그러므로 명목이자율 i는 $r + \pi^e$와 같다. 식 (7.1)에서 i 대신 $r + \pi^e$를 대입하면 다음과 같다.

$$M^d = P \times L(Y, r + \pi^e) \tag{7.2}$$

식 (7.2)에서는 기대 물가상승률 π^e가 일정하게 주어졌을 때 실질이자율의 상승은 명목이자율의 상승을 초래해 통화수요를 감퇴시킨다. 마찬가지로 어떠한 실질이자율이 주어졌을 때 기대 물가상승률이 상승하면 명목이자율은 상승해 통화수요를 감퇴시킨다.

명목통화수요 M^d는 통화수요를 달러(또는 엔이나 유로)로 표시한다. 그러나 때로는 통화수요를 실질치로 측정하는 것이 더욱 편리할 때가 있다. 식 (7.2)의 양변을 물가수준 P로 나누면 다음과 같다.

$$\frac{M^d}{P} = L(Y, r + \pi^e) \tag{7.3}$$

식 (7.3)의 좌변 M^d/P는 실질통화수요 또는 가끔은 **실질잔고**(real balance)에 대한 수요라고 칭한다. 실질화폐수요는 그것으로 구입할 수 있는 상품수량으로 통화수요 금액을 표시한 것이다. 식 (7.3)은 실질통화수요 M^d/P는 실질소득(또는 산출량) Y 그리고 명목이자율(실질이자율 r과 기대 물가상승률 π^e를 합친 것)에 따라 좌우되는 관계를 나타내고 있다. 식 (7.3)에서 실질통화수요와 실질산출량 및 이자율을 연결하는 함수 L을 **통화수요함수**(money demand function)라 한다.

통화수요에 영향을 미치는 기타 요인

통화수요함수식 (7.3)에는 통화수요량을 결정하는 주요한 거시변수가 다 들어 있지만 기타 요인에 대해서도 언급이 있어야 하겠다. 이미 앞에서 언급한 적이 있는 통화에 대한 명목이자율 외에도 통화수요에 영향을 미치는 요인에는 부, 위험, 기타 자산의 유동성, 그리고 지급기법이 포함된다. 요약표 9에는 통화수요에 영향을 미치는 변수들을 망라했다.

부 부가 증가하면 추가된 부의 일부를 통화로 보유할 수 있는데 그에 따라 전체 통화수요는 증가한다. 그러나 소득수준이나 거래 규모가 그대로 있다면 좀 더 높은 수익을 내는 다른 자산 대신 꼭 통화 형태로 늘어난 부를 보유할 만한 유인요소는 없다. 그러므로 부의 증가가 통화수요에 미치는 영향은 아주 적을 것이다.

위험 통화에 대해서는 으레 고정된 명목이자율(현금에는 0%)이 지급되므로 통

요약표 9 통화수요를 결정하는 거시경제변수

해당 변수의 증가	통화수요의 변화	이유
물가수준, P	같은 비율로 증가	물가가 2배로 증가하면 거래에 필요한 현금이 2배 필요하다.
실질소득, Y	조금 적은 비율로 증가	소득 증가는 곧 거래가 늘어나는 것을 의미하고, 따라서 유동성 수요가 증가한다.
실질이자율, r	감소	실질이자율이 오르면 다른 자산의 수익이 증가하므로 통화 보유를 줄여 다른 자산으로 전환한다.
기대 물가상승률, π^e	감소	기대 물가상승률이 오르면 여타 자산의 수익성이 증가해 통화로부터 타 자산으로 전환한다.
통화에 대한 명목이자율, i^m	증가	통화수익률이 증가하므로 사람들이 통화를 더 많이 보유하기 원한다.
부	증가	증가한 부의 일부가 통화 형태로 보유될 것이다.
위험	다른 자산의 위험이 증가하면 증가	타 자산의 위험이 증가하면 통화의 매력이 감소한다.
	통화의 위험이 증가하면 감소	통화의 위험이 증가하면 통화의 매력이 감소한다.
타 자산의 유동성	감소	타 자산의 유동성 증가는 해당 자산을 더욱 매력적으로 만든다.
지급기술의 효율성	감소	사람들이 더 적은 양의 통화로 운영할 수 있다.

화 보유 그 자체는 위험하지 않다. 그러나 주식, 부동산 같은 자산의 위험이 증가하면 사람들은 통화처럼 좀 더 안전한 자산을 수요할 것이다. 그러므로 국민경제 내의 위험 증가는 통화수요를 증가시킬 것이다.[7]

그러나 통화라고 해서 언제나 위험이 낮다고 할 수는 없다. 불규칙한 모습을 보이는 인플레이션하에서 통화의 명목수익률이 고정되어 있다 하더라도, 통화의 실질수익률(명목수익률에서 물가상승률을 차감한 것)은 매우 불확실해질 것이고 그에 따라 통화가 위험 자산이 될 수도 있다. 그렇게 되면 사람들은 보유 통화를 줄여 금, 소비재 상품, 부동산 같은 인플레이션 회피 수단(inflation hedge)으로 전환하려 할 것이므로 통화수요는 감소할 것이다.

타 자산의 유동성 타 자산을 현금으로 전환하기가 빠르면 빠를수록, 그리고 좀 더 쉬울수록 통화를 보유할 필요성은 더욱 줄어든다. 최근 금융시장에서의 규제완화, 경쟁도 증가, 금융기법의 혁신 등이 복합적인 효력을 보임으로써 타 자산의 유동성이 증가했다. 예를 들어, 주택의 증권화를 통한 대출제도를 통해 이제는 각 가정에서도 자기 주택 가치만큼의 한도에서 수표를 발급할 수 있게 됐다. 앞에서 이미 개인별 현금관리 구좌에 대해 언급한 적이 있는데, 이 구좌를 통해 사람들은 주식 같은 고수익 자산과 좀 더 유동적인 형태의 자산 간의 전환이 훨씬 쉬워졌다. 타 자산이 좀 더 유동적으로 됨으로써 통화수요는 감소했다.

지급기법 통화수요는 거래대금을 지급하고 수령하는 기법에 의해서도 영향을 받는다. 예를 들어, 신용카드 사용을 도입해 사람들은 적어도 수표로 카드사용액을 결제해야 하는 결제일까지는 현금 없이 거래를 할 수 있게 됐다. 자동현금지급기(ATM : automatic teller machine) 또한 현금 수요를 감소시켜 왔다. 왜냐하면 사람들은 이제 현금이 필요할 때는 언제나 신속히 현금을 손에 넣을 수 있다는 것을 잘 알기 때문이다. 2000년대 중반 수표의 청산결제는 '수표 21법' 때문에 매우 효율적으로 변모되었는데, 이는 수표의 영상에 대해서도 전자결제가 가능하도록 법에서 허용하고 있기 때문이다. 앞으로도 지급기법의 혁신이 더욱 진행될 것이므로 사람들은 더욱더 적은 현금으로도 거래할 수 있게 될 것이다.[8]

---

7. 이러한 효과에 대해 1980년대 초기에 일어난 실증적 사례는 다음을 참조하라. James M. McGibany and Farrokh Nourzad, "Interest Rate Volatility and the Demand for Money," *Quarterly Review of Economics and Business*, Autumn 1986, pp. 73-83.

8. 2003년 미국 내 전자식 지급결제 방법에 의한 금액이 수표에 의한 지급결제 총액을 역사상 처음으로 초과하였다. 지급방법의 변화속도는 더욱 빨라져서 불과 3년 후에는 전자식 지급방법으로 결제한 금액은 수표에 의한 지급방법으로 결제한 금액의 2배가 되었다. 이에 대한 자세한 내용은, Geoffrey R. Gerdes, "Recent Payment Trends in the United States," *Federal Reserve Bulletin*, Oct. 2008, pp. A75-A106.

궁극적으로는 우리 모두 '현금 없는 사회'에서 살게 될 것이라고 예언하는 전문가도 있는데, 그때는 거의 모든 거래에 따른 지급행위는 즉각적으로 접근할 수 있는 전산화된 계좌를 통해 이뤄질 수 있어 통화수요는 거의 0에 접근하는 수준까지 줄어들 것이라 한다.

통화수요의 탄성치 포트폴리오 배분이론을 통해 경제학자는 총체적 통화수요에 영향을 미치는 요인을 밝혀낼 수 있게 됐다. 그러나 경제예측이나 계량분석 등의 여러 가지 목적을 위해, 경제학자는 통화수요에 영향을 미치는 요인뿐만 아니라 여러 가지 효과가 각기 얼마나 강력한지도 알아야 한다. 지난 30여 년 동안 경제학자들은 통화수요함수에 대해 수백 번의 통계 연구를 수행한 바 있다. 이 연구의 결과는 대개 탄성치로 표현됐는데, 통화수요의 탄성치는 통화수요에 영향을 미치는 요인들의 변화로 인해 야기되는 통화수요의 변화 정도를 측정하는 지표다. 특히 **통화수요의 소득 탄성치**(income elasticity of money demand)는 실질소득 1% 증가로 인해 늘어나는 통화수요의 크기를 백분율로 나타낸 수치다. 그러므로 예를 들어, 통화수요의 소득 탄성치가 3분의 2라면 실질소득이 3% 증가할 때 통화 수요는 2%(2/3 × 3% = 2%) 늘어날 것이다. 마찬가지로 **통화수요의 이자율 탄성치**(interest elasticity of money demand)는 이자율 1%의 상승으로 야기되는 통화수요의 변화량을 백분율로 나타낸 수치다.

통화수요의 이자율 탄성치를 가지고 분석할 때 빠질 수도 있는 함정을 사전에 피하기 위해 약간의 주의가 필요하다. 설명을 위해 연간 이자율이 5%에서 6%로 상승했다고 가정하자. 이러한 상황에 대해 이자율이 1% 올랐다고 말하고 싶겠지만 그것은 틀린 말이다. 사실 그것은 이자율이 20% 오른 것이다. 6%는 5%보다 20% 큰 숫자이기 때문이다.[9] 만일 통화수요의 이자율 탄성치가 예를 들어, −0.1이라면 이자율이 5%에서 6%로 상승하면 통화수요는 2%(−0.1 × 20% = −2%)만큼 감소할 것이다. 여기서 유의해 둬야 할 것은, 통화수요의 이자율 탄성치가 예에서와 같이 음수일 때 이자율이 상승하면 통화수요는 줄어든다는 점이다.

그러면 통화수요의 소득 탄성치와 이자율 탄성치는 실제로 얼마나 될까? 통화수요에 대해 나온 여러 통계적 연구결과를 보면 그 수치가 다양하게 나오지만, 어떤 공통적인 결과가 나온 것을 알 수 있다. 첫째, 통화수요의 소득 탄성치는 양수라는 데 광범위한 합의가 이뤄져 있다. 통화량(M1) 수요에 대한 소득 탄성치 연구의 고전이며 후대 연구의 기본틀을 마련했다고 할 수 있는 프린스턴대

9. 5%에서 6%로 변화한 상황은 "1%포인트 상승했다" 혹은 "20% 상승했다"라고 말할 수 있다.

학교 교수 스티븐 골드펠드(Stephen Goldfeld)는 그의 1973년 논문에서 그 탄성치의 크기는 약 3분의 2라고 했다.[10] 통화수요의 소득 탄성치가 양수라는 것은 소득이 증가하면 통화수요가 증가한다는 것을 의미하는데, 이것은 우리의 이론적 예측과 같다. 통화수요의 소득 탄성치가 1보다 작은 양수라는 발견은, 비록 어떤 사람의 연구에서 그 탄성치가 1.0만큼 크다고 주장된 적은 있지만, 많은 다른 연구결과와 비슷하다 하겠다. 이처럼 통화수요의 소득 탄성치가 1.0보다 작은 양수라는 것은 통화수요는 소득 증가보다는 작은 비율로 증가한다는 것을 의미한다. 이 장의 앞부분에서 한 개인이나 국가의 소득이 증가할 때 통화수요가 소득보다 천천히 증가하는 이유에 대해 이미 논의했다.

둘째, 통화수요의 이자율 탄성치에 대해 대부분의 연구에서는 그 크기가 아주 작은 음수라는 결과를 내놓고 있다. 예를 들어, 골드펠드는 그의 실증연구에서 통화수요의 이자율 탄성치가 약 −0.1이나 −0.2 정도 된다고 했다. 통화수요의 이자율 탄성치가 음수라는 것은 비통화자산의 이자율이 오르면 사람들은 그들의 통화 보유량을 줄인다는 것을 의미하는데, 이 역시 앞에서 설명한 우리의 이론에서 예측된 결과와 부합한다.

마지막으로 골드펠드와 또 다른 사람들의 연구에서 실증적으로 확인된 것처럼 명목통화수요는 물가수준의 변화와 같은 비율로 변화한다. 이 역시 식 (7.3)에서 보인 것처럼 우리의 이론이 예측한 것과 일치한다.

통화의 유통속도와 통화수량이론

통화수요에 연관된 개념으로서, 그리고 때로는 통화정책에 관련된 논의에서도 사용되는 용어가 유통속도다. 이는 통화재고가 매 기간 얼마나 자주 '순환하는' 지를 측정하는 지표다. 좀 더 자세하게 말하면 통화의 **유통속도**(velocity)는 명목 GDP(물가수준 P와 실질산출량 Y를 곱한 것)를 명목 통화재고로 나눈 수치다. V가 통화의 유통속도라면 다음과 같이 정의할 수 있다.

$$V = \frac{\text{명목 GDP}}{\text{명목 통화재고}} = \frac{PY}{M} \tag{7.4}$$

거래 규모가 GDP와 정비례한다고 가정할 때, 유통속도가 증가하는 것은 일정한 통화재고가 매 기간 더 많은 규모의 거래에 사용된다는 것을 의미한다. 그림

10. 스티븐 골드펠드는 그의 논문 "The Demand for Money Revisited," *Brookings Papers on Economic Activity*, 1973:4, pp. 577-638에서 통화수요의 탄성치는 장기와 단기가 다르게 나온다고 했다. 여기서 우리가 제시하는 수치는 장기 탄성치다.

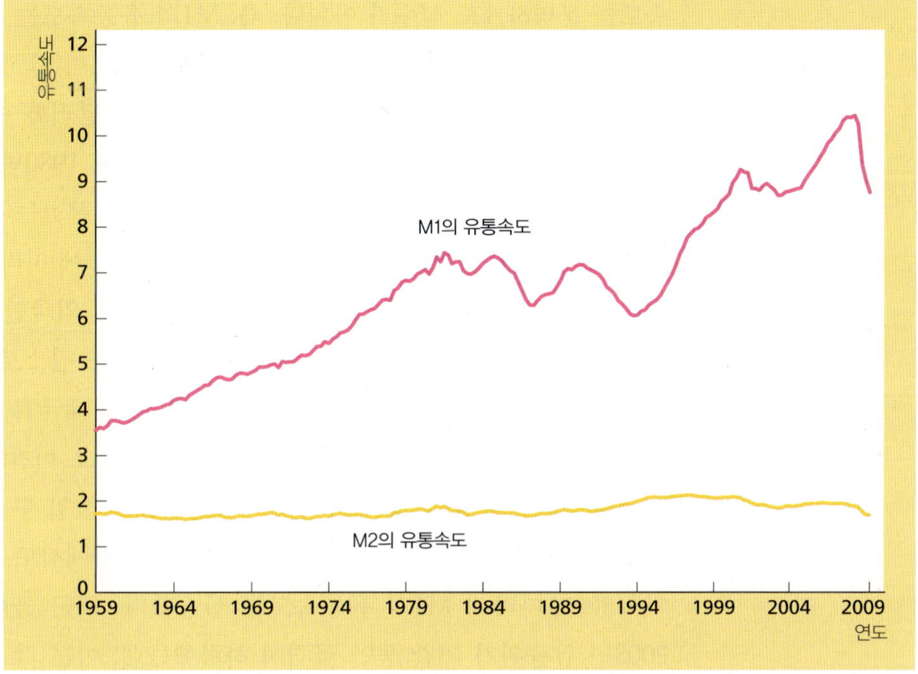

그림 7.2

M1, M2의 유통속도 (1959~2009)

M1 유통속도는 명목 GDP를 M1으로 나눈 값이며, M2 유통속도는 명목 GDP를 M2로 나눈 값이다. M1 유통속도는 1981년까지 꾸준히 증가하다가 1980년대 초반 떨어지기 시작했으며 그 후 불규칙적으로 변동해 왔다. M2 유통속도는 분명한 추이를 보이지 않았으며 M1 유통속도보다 안정적이었다. 그러나 어떤 짧은 기간 동안에는 예측할 수 없는 변동을 보이기도 했다.

출처 : 세인트루이스 연방준비은행의 FRED 데이터베이스, research.stlouisfed.org/fred2, series M1SL, M2SL, GDP.

7.2에서는 1959년부터 2009년 2/4분기까지 미국의 통화량 M1, M2의 유통속도를 보여주고 있다.

유통속도의 개념은 통화수요에 관한 가장 오래된 이론, 즉 통화수량이론에서 유래했다.[11] **통화수량이론**(quantity theory of money)은 식 (7.5)와 같이 실질통화수요량은 실질소득에 정비례한다고 단언하는 이론이다.

$$\frac{M^d}{P} = kY \tag{7.5}$$

여기서 M^d/P는 실질통화수요, Y는 실질소득, k는 상수다. 식 (7.5)에서 실질통화수요함수 $L(Y, r + \pi^e)$는 단순한 kY 형태로 표현됐다. 통화수요를 이러한 방식으로 표현하는 것은 통화의 유통속도는 $1/k$로 상수며, 소득이나 이자율에 따라 좌우되지 않는다는 강한 가정에 입각하고 있다.[12]

그런데 유통속도는 실제로 상수인가? 그림 7.2에 나타나 있듯이 M1의 유통

11. 통화수량이론은 19세기 후반과 20세기 초반 여러 고전파 경제학자에 의해 발전됐는데, 가장 두드러진 업적을 낸 사람은 어빙 피셔(Irving Fisher)다. 그 이론에 관련된 유명한 말이 피셔의 저서 『The Purchasing Power of Money』(New York: Macmillan, 1911)에 실려 있다.

12. 수량설에 입각해 유통속도를 도출하려면 명목화폐수요, M^d가 실제 화폐재고, M과 같다고 가정해야 한다. 이 가정은 이 장의 뒷부분에서 타당성을 제시할 것이다. 이 가정하에서 $V = 1/k$이라는 것을 증명해야 수량설이 성립한다.

속도는 분명하게도 상수가 아니다. 즉, M1의 유통속도는 1981년경까지 지속적으로 증가하다가 1980년대 초에 급격히 하락했으며 그 후로는 극심한 변동을 보여 왔다. 1980년대 초부터 금융혁신과 외국의 달러화 수요증가로 인해 여러 차례 통화유통속도의 불규칙한 변화가 있어 왔다. 1980년대 초 이자를 지급하는 수표 발급 예금구좌가 신상품으로 나와 인기를 끌었는데 그 때문에 M1에 대한 수요는 GDP가 어느 수준에 있든지 증가했고 그에 따라 M1 통화유통속도를 떨어트렸다. 1990년대 초 소비에트연방의 붕괴는 외국인들의 달러수요증가를 초래했고, 따라서 M1 수요증가와 더불어 유통속도 감소로 이어졌다. 1990년대 중반 은행들은 거래대금지급용 계정에 남아 있는 예금액을 줄이도록(즉 수표발급계정에 입금된 자금을 하루 만에 저축성예금계정으로 이전하는 방식으로) 고안된 예금계정을 개발했고, 그 결과 필요지불준비금을 줄일 수 있게 되었다. 이와 같은 요구불예금잔액의 감소는 어느 수준의 GDP하에서도 M1을 줄이는 효과를 가져왔고, 따라서 M1의 유통속도는 상승했다. 최근 들어 M1의 유통속도는 2008년 금융위기 기간 동안 급격히 하락했는데, 이는 각 가계의 현금보유금액이 증가했기 때문이며, 또한 2007년 12월에 시작된 경기침체시기에 GDP가 감소했기 때문이다.

M2 유통속도는 그림 7.2에서 볼 수 있듯이 거의 상수에 가깝다고 하겠다. 상승 또는 하강 추세 그 어느 것도 나타나지 않았으며 M1 유통속도에서와 같은 불안정도 보이지 않았다. 그러나 M2 유통속도는 단기에는 약간 예측이 불가능할 정도의 급변현상을 보임으로써 대부분의 경제학자는 M2 유통속도를 상수로 취급하려 하지 않고 있다. 1990년대 전 기간 동안 사람들은 저축을 할 때 종전과는 다르게, 보다 다양한 형태의 금융자산에 투자하기 시작했는데, 즉 은행계정에 예치된 자금(M2에 포함된)을 빼서 주식과 채권(M2에 포함되지 않는)에 투자하는 방식으로 전환하였다. 그 결과 GDP의 어느 수준에서도 M2에 대한 수요는 줄어들었고 그 대신 M2의 유통속도는 상승하였다. 또한, 1990년대 후반부터 2000년대 중반까지의 기간 중 주택시장이 호황을 누리던 때에는 주택저당에 의한 재금융으로부터 나온 자금은 잠정적으로 M2에 머물러 있었고 이에 따라 M2의 증가, M2 유통속도의 하락으로 이어졌다.

그림 7.3에서는 M1과 M2가 1960년부터 2009년 기간 동안 어떻게 변화되어 왔는지를 보여주고 있다. 즉, 유통속도의 불안정성은 통화집계량(M1, M2)의 증가율과 밀접하게 관련되어 있는 것이다. 물론 이들 집계량의 증가율은 통화수요뿐만 아니라 통화공급도 반영하는 것이다. 그러나 1990년대 초 M1의 수요증가와 같은 특수한 경우도 있었는데 이는 외국의 미국 달러화에 대한 수요가 급격

그림 7.3

M1, M2의 증가율 (1960~2009)

그림에 표시된 M1, M2의 증가율은 각각 전년 동기 대비 증가율을 %로 나타낸 것이며, 분기별 데이터를 사용하였다. M1과 M2의 증가율은 심한 변동양상을 보이고 있는데 이는 금융혁신과 외국의 미 달러화 수요 때문이다.

출처 : 세인트루이스 연방준비은행의 FRED 데이터, research.stlouisfed.org/fred2, series MISL and M2SL.

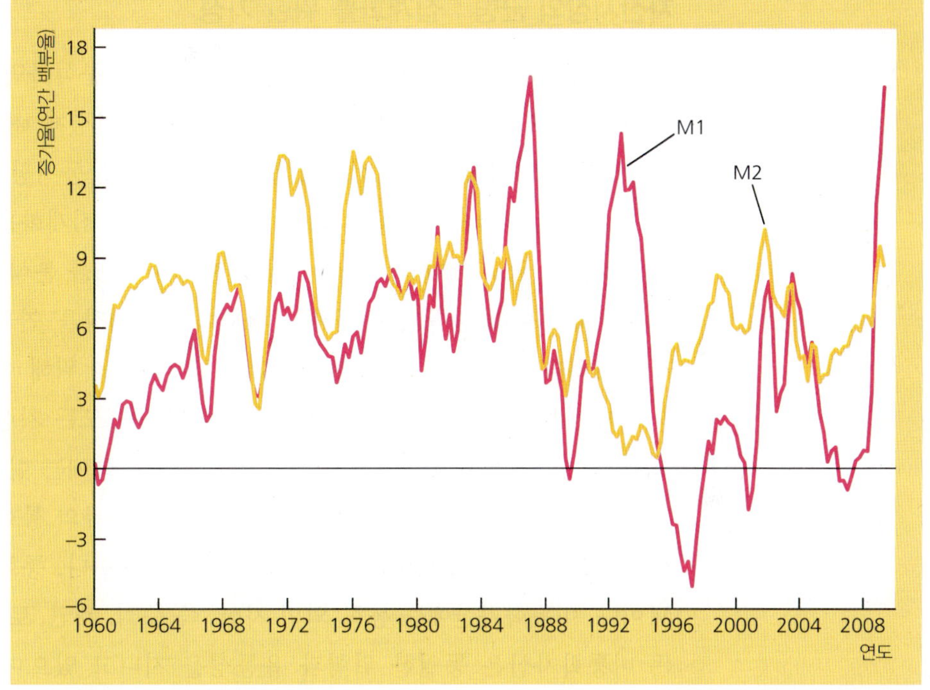

히 증가해서 일어난 경우도 있다.

7.4 자산시장의 균형

자산시장은 사실 실물자산과 금융자산이 상호 거래되는 시장들의 한 묶음이라는 점을 상기하자. 어느 자산(예를 들어, 국공채)에 대한 수요는 부의 소유자가 그들의 포트폴리오 안에 포함시키고자 하는 자산의 수량을 의미한다. 각 자산에 대한 수요는 다른 자산과 비교해 기대수익, 위험, 유동성, 만기에 따라 결정된다. 각 자산의 공급량은 해당 자산의 이용가능 수량이다. 어느 특정 시점에서 각 개별 자산의 공급량은 대부분 고정되어 있다. 비록 시간이 경과하면서 공급량이 변하기는 해도 말이다(정부가 국공채를 더 발행할 수 있고, 기업이 신주를 발행한다든지, 금채광량을 증가시키든지 등).

자산시장은 부의 소유자가 각 자산에 대해 수요하는 양과 해당 자산의 (고정된)공급량이 일치할 때 균형이 이뤄진다. 이 절에서 통화의 역할에 초점을 맞추면서 자산시장의 균형 문제를 검토하기로 한다. 그다음 자산시장의 균형이 물가수준과 어떻게 연관되는지를 살펴볼 것이다.

자산시장의 균형 : 집계화를 위한 가정

3장에서 노동시장을, 그리고 4장에서 재화시장을 분석하면서 문제를 다루기 쉽게 하기 위해 주로 집계량으로 분석했다. 즉, 국민경제 내의 수많은 종류의 노동시장과 재화시장을 개별적으로 분석하지 않고 노동시장 전체, 재화시장 전체의 수요, 공급에 대해 연구했다. 이러한 방법으로 집계화를 함으로써 세부사항 때문에 길을 잃고 헤매는 일 없이 경제 전체의 행태를 분석할 수가 있는 것이다.

자산에도 여러 종류가 존재하기 때문에 자산시장을 연구하기 위해서 집계화가 필요하다. 그러므로 경제학자가 거시경제분석을 위해 항상 그러하듯 자산시장에 대해서 집계화 가정을 채택하기로 한다. 즉, 모든 자산은 통화자산과 비통화자산의 두 부류로 나뉠 수 있다고 가정하자. 통화에는 현금이나 당좌계정처럼 지급에 사용될 수 있는 자산이 포함된다. 모든 종류의 통화자산은 위험과 유동성이 같고 동일한 명목이자 i^m을 받는다고 가정한다. 통화의 고정된 공급량은 M이다. 비통화자산에는 통화 외의 자산, 즉 주식, 채권, 토지 등이 포함된다. 모든 비통화자산은 동일한 위험과 유동성을 지니고 있으며 똑같은 명목이자율 $i = r + \pi^e$가 지급된다고 가정한다(여기서 r은 기대 실질이자율, π^e는 기대 물가상승률이다). 비통화자산의 고정된 공급량은 NM이다.

이처럼 모든 자산을 두 개의 부류로 합칠 수 있다고 가정하면 자산들 간의 여러 가지 흥미 있는 차이점을 그냥 지나칠 수밖에 없기는 하지만, 분석을 단순화하고 그럼으로써 매우 유용한 결과를 얻어낸다는 것이 입증되어 왔다. 이러한 단순화 가정으로부터 얻어지는 즉각적인 이점은 다음과 같다. 즉, 자산에 단 두 가지 유형만 있다고 가정함으로써, **자산시장의 균형은 통화공급과 통화수요가 같아야 한다는 조건 하나로 귀착된다.**

이 요점을 좀 더 분명히 하기 위해 에드(Ed)라는 사람의 포트폴리오 배분결정을 살펴보기로 하자. 에드는 일정량의 고정된 부를 통화자산과 비통화자산에 배분한다고 하자. 에드가 보유하고자 하는 통화자산의 금액을 m^d라 하고, 비통화자산 수요금액을 nm^d라 할 때, 에드가 보유하기를 희망하는 통화자산 수요금액과 비통화자산 수요금액의 합계는 총부와 같아야 한다. 즉,

$$m^d + nm^d = \text{에드의 총명목부}$$

의 관계가 성립해야 한다. 이 방정식은 국민경제 내의 모든 부 소유자에게 성립해야 한다.

이제 국민경제 내의 모든 부 소유자에 대해 이 방정식을 합산한다고 가정하자. 그렇게 했을 때 개인의 통화수요 m^d를 전부 합하면 전체 통화수요 M^d와 같

다. 마찬가지로 각 개인의 비통화자산 수요 nm^d를 전부 합하면 전체 비통화자산 수요 NM^d와 같다. 마지막으로 각 개별 부 소유자의 명목부를 합치면 국민경제 내의 총명목부가 된다. 즉,

$$M^d + NM^d = \text{총명목부} \tag{7.6}$$

식 (7.6)은 국민경제 내의 전체 통화수요와 전체 비통화자산 수요를 합친 것은 국민경제 내의 전체 명목부와 그 크기가 같아야만 한다는 것을 나타내고 있다.

다음 통화의 총공급과 비통화자산의 총공급을 총부와 연결해 보자. 통화자산과 비통화자산은 전체 경제 내에 존재하는 자산의 전부이기 때문에 총명목부는 전체 통화공급 M과 비통화자산의 공급 NM을 합친 것과 같아야 한다. 즉,

$$M + NM = \text{총명목부} \tag{7.7}$$

마지막으로 식 (7.6)에서 식 (7.7)을 빼면 다음 식을 얻는다.

$$(M^d - M) + (NM^d - NM) = 0 \tag{7.8}$$

여기서 $M^d - M$ 항은 통화의 초과수요(excess demand for money), 즉 통화수요가 통화공급을 초과하는 금액을 나타낸다. 마찬가지로 $NM^d - NM$ 항은 비통화자산의 초과수요(excess demand for nonmonetary assets)다.

이제 전체 통화수요 M^d가 전체 통화공급 M과 같으며, 따라서 통화의 초과수요 $M^d - M$이 0이라고 가정하자. 식 (7.8)에서는 만일 $M^d - M$이 0이라면, $NM^d - NM$은 0이어야 한다는 것이 성립한다. 즉, 통화공급이 통화수요와 같으면, 비통화자산의 공급과 수요도 같아야만 한다. 모든 종류의 자산의 수요 공급이 같다면, 정의에 따라 자산시장은 균형상태에 놓여 있다.

모든 자산이 통화자산과 비통화자산 두 가지 묶음으로 나뉠 수 있다는 단순화 가정을 취한다면, 통화공급과 수요가 같을 때 자산시장은 균형에 도달한다. 이 결과는 매우 편리하다. 전체 자산시장의 균형을 연구하면서 통화의 수요 공급만 따지고 다른 비통화자산은 무시해도 되기 때문이다. 통화공급과 수요가 같은 한 전체 자산시장은 균형상태에 이를 것이다.

자산시장의 균형조건

자산시장의 균형은 공급된 통화량이 통화수요와 같을 때 이뤄진다. 이 조건은 통화의 수요 공급이 명목치든 실질치든 관계없이 성립한다. 이 조건을 실질치로 표시해 살펴보자. 즉,

$$\frac{M}{P} = L(Y, r + \pi^e) \tag{7.9}$$

식 (7.9)의 좌변은 명목통화공급 M을 물가수준 P로 나눈 것으로 실질통화공급을 나타낸다. 이 식의 우변은 식 (7.3)의 실질화폐수요 M^d/P와 같다. 실질통화공급이 실질화폐수요와 같다는 것을 말해 주는 식 (7.9)를 자산시장의 균형조건이라고 한다.

자산시장의 균형조건에는 다섯 개의 변수가 들어 있는데 명목통화공급 M, 물가수준 P, 실질소득 Y, 실질이자율 r, 기대 인플레이션율 π^e이다. 이 중 명목통화공급 M은 공개시장조작을 통해 중앙은행이 결정한다. 기대 물가상승률 π^e는 당분간 고정치라고 가정한다(이 장의 뒷부분에서 기대 물가상승률의 결정 문제를 다룰 것이다). 이렇게 되면 자산시장 균형조건에는 아직까지 우리가 명확하게 규정하지 않은 세 변수, 즉 산출량 Y, 실질이자율 r, 물가수준 P가 남는다.

그런데 여기서는 경제가 완전고용수준에 도달해 있다는 것, 즉 모든 시장이 균형상태에 놓여 있다고 이미 가정했다. 고전파나 케인즈파 경제학자는 모두 완전고용 가정이 경제의 장기적 형태를 분석하는 데는 합리적이라는 데 의견을 같이하고 있다. 우리가 계속해서 완전고용상태를 가정한다면,[13] 산출량과 실질이자율 결정이 어떻게 이뤄지는지에 대해 분석한 앞선 장들의 결과를 그대로 사용할 수 있다. 3장에서의 결과를 상기해 보자. 즉, 노동시장이 완전고용수준에서 균형상태를 유지하고 있다면 산출량은 완전고용산출량 $\bar{Y}$와 같다고 했다. 4장에서는 산출량이 어떤 수준에 있더라도 폐쇄경제하의 실질이자율은 바람직한 총저축이 바람직한 총투자와 일치해야 한다(재화시장의 균형조건)는 점을 증명했다.

자산시장의 균형조건에서 규정하지 않고 남았던 세 변수 중 산출량과 실질이자율이 각기 노동시장과 재화시장에서 결정되므로, 물가수준 P 하나만 남는다. 물가수준은 사실 자산시장의 균형에 의해 결정된다는 것을 보이기 위해 식 (7.9)의 양변에 P를 곱하고 또 양변을 실질통화수요 $L(Y, r + \pi^e)$로 나누면 다음 식을 얻는다.

$$P = \frac{M}{L(Y, r + \pi^e)} \tag{7.10}$$

식 (7.10)에 따르면, 국민경제의 일반 물가수준 P는 명목화폐공급량 M과 실질화폐수요 $L(Y, r + \pi^e)$의 비율과 같다. 실질산출량 Y, 실질이자율 r, 기대 물가상승률 π^e의 값이 주어진다면, 실질화폐수요 $L(Y, r + \pi^e)$는 사실상 고정된

13. 3부에서 단기 경제변동을 다룰 때 이 가정을 완화한다.

값으로 주어진다. 그러므로 식 (7.10)은 일반 물가수준은 명목통화공급에 정비례한다는 것을 말해 준다. 예를 들어, 명목통화공급 M을 2배로 늘리면 다른 요인이 일정한 경우 물가수준이 2배가 될 것이다. 한 국민경제 내에서 물가수준과 통화공급 간에 밀접한 연계관계가 존재한다는 것은 거시경제 행태에서 가장 오래된 그리고 가장 신뢰할 만한 결론 중 하나로서, 몇천 년은 아니더라도 적어도 몇백 년 동안 인지되어 왔던 일이다. 이어지는 7.5절에서 이 연계관계에 대한 실증적 근거를 논의하려고 한다.

그러면 어떠한 힘이 작용해 물가수준을 식 (7.10)과 같은 균형치에 도달하게 하는가? 물가수준이 균형치로 어떻게 조정되어 가는지를 완벽하게 설명하려면 자산시장과 함께 재화시장을 분석해야 한다. 이는 9장에서 국민경제의 세 주요 시장을 좀 더 상세히 논의할 때까지 잠시 미뤄 두기로 하자. 다만 여기서 간단히 9장 논의를 소개하면, 통화공급이 증가하면 사람들이 상품과 서비스 구입에 사용하는 명목지출이 증가하고, 산출량에 대한 이 명목수요의 증가가 물가수준의 상승으로 이어진다는 것이 요점이다. 사람들이 증가한 명목통화량을 각자의 포트폴리오에 적절한 양만큼 더 보유하는 것에 만족할 때까지, 즉 식 (7.10)에서와 같은 자산시장의 균형조건을 만족시킬 때까지 일반 물가수준은 계속 상승할 것이다.

7.5 통화량 증가와 인플레이션

7.4절에서는 노동시장, 재화시장, 자산시장이 모두 균형상태에 있을 때 물가수준 P는 명목화폐공급 M에 정비례한다는 점을 입증했다. 그러나 물가수준 그 자체는 정부 정책입안자나 일반인으로부터 물가상승률, 즉 물가수준의 퍼센트 증가율에 비해 관심을 별로 끌지 못하고 있다. 이 절에서는 앞에서 행한 물가수준에 대한 분석을 좀 더 확대해 인플레이션이 어떻게 결정되는지를 설명할 것이다. 결론을 미리 말하면 인플레이션율, 즉 물가수준의 상승비율은 명목화폐공급의 증가율과 밀접하게 관련되어 있다.

인플레이션율에 관한 방정식을 얻기 위해 식 (7.10)의 좌변 증가율을 우변 증가율과 같다고 놓아 보면 다음 식을 얻을 수 있다.

$$\frac{\Delta P}{P} = \frac{\Delta M}{M} - \frac{\Delta L(Y, r + \pi^e)}{L(Y, r + \pi^e)} \tag{7.11}$$

여기서 기호 Δ는 해당 변수의 1년간의 변화분을 가리킨다. 식 (7.11)의 좌변

$\Delta P/P$는 물가수준의 증가율로서 인플레이션율 π와 같다. 식 (7.11)의 우변은 식 (7.10)의 비율을 분자 M의 증가율에서 분모 $L(Y, r + \pi^e)$의 증가율을 뺀 것으로 표현하고 있다(성장률 계산에 관한 유용한 공식을 부록 A.7절에 제시해 놓았다). 식 (7.11)은 만일 자산시장이 균형상태에 놓여 있다면, 인플레이션율은 명목화폐공급 증가율에서 실질통화수요의 증가율을 뺀 수치와 같다.

식 (7.11)은 인플레이션율은 명목통화공급 증가율과 밀접하게 연관되어 있음을 분명하게 보여주고 있다. 그러나 식 (7.11)을 인플레이션의 향후 진로를 예측하는 데 사용하려면 실질통화수요가 얼마나 빠르게 증가하는지도 알아야만 한다. 통화수요함수식 (7.3)은 실질통화수요에 중대한 영향을 끼치는 두 거시경제 변수, 소득(또는 생산) Y와 명목이자율 $r + \pi^e$에 초점을 두고 있다. 이 절의 뒷부분에서 통화 증가율이 일정한 장기균형상태에서 명목이자율은 일정할 것이라는 것을 보여줄 것이다. 그러므로 여기서는 소득의 성장을 실질통화수요의 증가 원인으로 간주하려고 한다.

앞에서는 통화수요의 소득 탄성치는 실질소득의 1% 증가로 인해 유발되는 통화수요의 퍼센트 변화분이라고 정의한 바 있다. 만일 $\Delta Y/Y$가 1년간의 실질소득 퍼센트 변화분이라 하고, 또한 η_Y가 통화수요의 소득 탄성치라 한다면, 통화수요에 영향을 미치는 다른 요인을 일정하게 놓았을 때 $\eta_Y \Delta Y/Y$는 결과적으로 나타나는 실질통화수요의 증가분이라 할 수 있다. $\Delta P/P$ 대신 π를, 실질통화수요 증가율 대신 $\eta_Y \Delta Y/Y$를 식 (7.11)에 대입하면 다음 식이 나온다.

$$\pi = \frac{\Delta M}{M} - \eta_Y \frac{\Delta Y}{Y} \tag{7.12}$$

식 (7.12)는 인플레이션율을 단순하게 나타낸 유용한 방정식이다. 식 (7.12)에 따르면, 인플레이션율은 명목통화공급 증가율에서 실질생산량의 증가에 의해 유발되는 실질통화수요 증가율의 근사치를 뺀 값이다. 예를 들어, 명목통화공급의 연평균 증가율이 10%이고 실질소득의 연평균 증가율은 3%, 통화수요의 소득 탄성치는 3분의 2라고 가정하자. 식 (7.12)로 보아 인플레이션율의 예측치는 10% − (2/3)(3%), 즉 연평균 8%로 나온다.

기대 인플레이션율과 명목이자율

앞에서 자산시장의 균형을 검토하면서 기대 인플레이션율이 고정되어 있다고 가정했었다. 실질이자율 r이 주어졌을 때(재화시장의 균형조건에서 r이 결정된다) 기대 인플레이션율 π^e가 고정되어 있다면, 명목이자율도 $r + \pi^e$에서 고정되어

응용 APPLICATION

전환기에 놓여 있는 유럽 국가의 통화 증가와 인플레이션

동유럽 국가에서의 공산당의 몰락과 소비에트 연방의 해체는 경제적, 정치적, 사회적 혼란으로 이어졌다. 이 국가들은 모두 정도의 차이는 있지만 경제체제를 더욱 시장경제에 가깝도록 개혁을 도입했으며, 대다수의 국가(특히 소련의 해체로 인해 새로 형성된 국가)에서는 새로운 통화를 도입했다. 그러나 러시아 국가들은 계속해서 여러 가지 심각한 경제문제에 시달려야 했는데 아주 높은 인플레이션율도 그중 하나였다. 높은 인플레이션율의 주원인은 이 국가들 자체에서 발생하는 급속한 통화 증가율이었다.

일반적으로 명목통화 증가와 실질통화수요 증가(예를 들어, 실질소득 증가에 의해 유발되는) 둘 다 인플레이션율에 영향을 미친다[식 (7.12) 참조]. 그러나 높은 인플레이션이 일어나고 있는 나라에서는 이 두 요인 중 명목통화공급 증가가 훨씬 더 중요한 원인으로 작용한다. 설명을 위해 다음을 가정해 보자. 어느 한 나라의 통화수요의 소득 탄성치가 3분의 2이고 실질생산이 연평균 15%라는 놀라운 속도로 증가하고 있다고 하자. 그렇다면 식 (7.12)에서 보면 그 나라는 실질통화수요가 연평균 10%(2/3 × 15%)씩 증가한다. 두 번째 국가도 그 탄성치가 3분의 2이지만 소득은 매년 15%씩 감소하는 고통을 당하고 있다고 한다면 실질 통화수요 증가율은 연평균 −10%이다. 이처럼 아주 극단적으로 차이가 나는 소득 증가율을 가지고서도 실질통화수요 증가율의 차이는 연평균 20%에 지나지 않는다.

실질통화수요 증가율에 있어서는 국가 간의 차이가 별로 크지 않은 반면, 명목통화공급률은 국가 간의 차이가 연평균 수백 퍼센트까지 차이가 나는 경우도 있다. 따라서 국가 간 인플레이션율에 있어 현저한 차이가 나타나는 것은 거의 언제나 통화공급 증가율의 차이에서 비롯된 결과다.

통화공급 증가율과 인플레이션율 간의 연계관계는 그림 7.4에서 설명되고 있는데, 국제통화기금(IMF)에서 '전환기 국가'로 지정된 유럽 국가에 대해 1995~2001년 동안의 상기 두 비율을 좌표로 나타내 주고 있다. 이들 대부분이 당시 공산주의로부터 자유시장 자본주의로 옮겨 가는 과도기에 놓여 있었다. 그 기간 중 연평균 인플레이션율이 80%가 넘는 나라들, 즉 벨로루시, 터키, 불가리아도 연평균 통화 증가율이 80%를 상회했다. 이 세 나라 간에 인플레이션율을 비교해 보거나, 또는 이 세 나라와 인플레이션율이 비교적 낮은 나머지 16개국을 비교해 보거나 간에 인플레이션율에 있어서의 큰 차이는 통화 증가율에 있어서의 큰 차이와 상호 연관되어 있음을 분명히 알 수 있다.

급속한 통화량 증가가 인플레이션을 유발한다면 왜 정부에서는 자국 통화공급을 그토록 빨리 증가시키는 것일까? 앞에서 이미 언급했듯이, 화폐를 찍어 내는 것(즉, 중앙은행으로부터 차입하는 것)이 정부지출을 조달할 수 있는 유일한 방법임을 정부가 알기 때문이다. 이러한 상황은 주로 가난한 나라에서, 그리고 전쟁이나 자연재해 또는 주요

그림 7.4

통화 증가와 인플레이션의 관계

1995년부터 2001년에 이르는 기간 동안 데이터가 완전하게 이용될 수 있는 전환기의 유럽 국가에 대해 명목통화공급 증가율과 인플레이션율을 좌표에 표시해 봤다. 이 국가에서는 통화 증가율과 인플레이션율 사이에 매우 강한 연관관계가 있었는데, 연간 통화 증가율이 80%가 넘는 국가에서는 물가상승률도 80%가 넘었었다.

출처 : 통화 증가율과 소비자 물가상승률은 IMF의 「국제금융통계치」 2003년 2월호에서 인용했음. 그림에서는 완전한 데이터가 있는 전환기 유럽 국가들을 나타냈음.

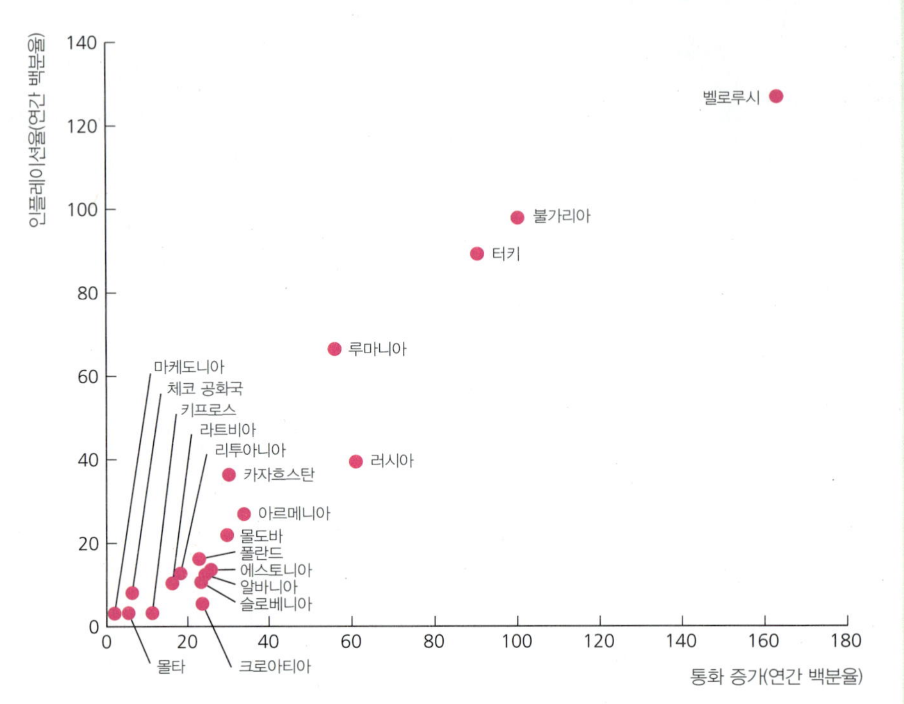

한 정치적, 경제적 전환(전환기의 동유럽 국가처럼)에 연관된 경제적 혼란을 겪고 있는 나라에서 일어나기 쉽다. 그러나 불행하게도 정부지출을 조달하려고 거의 피할 수 없이 택한 이 방법의 결과는 가속화되는 인플레이션인 것이다.

있다고 할 수 있다. 이제 기대 인플레이션율과 명목이자율을 결정하는 요인을 간단히 살펴봄으로써 이 장을 마치고자 한다.

부의 소유자와 또 다른 사람들은 미래에 인플레이션율이 어떻게 된다고 예상해야 하는가? 인플레이션을 명목통화공급과 실질소득에 연결하는 식 (7.12)는 이미 우리가 분명히 밝힌 것처럼, 인플레이션을 예측하는 데 쓸모가 있다. 통화공급 증가 예상치(예를 들어, 중앙은행에서 공표한 계획에 의거한), 실질소득 증가율, 통화수요의 소득 탄성치의 추정치가 주어지면, 식 (7.12)는 기대 인플레이션율을 계산하는 데 이용할 수 있다. 어떤 나라에서 사람들은 모두 정부가 대규모의 군사비를 지출해야 하고 이를 모두 통화발행으로 충당할 수밖에 없기 때문에 향후 2년간 이 나라의 통화공급량이 훨씬 급속히 증가할 것이라 예상한다고 가정하자. 이 경우 식 (7.12)는 사람들이 미래의 인플레이션율이 더 높아진다고 예상해야 당연하다는 것을 가리킨다.

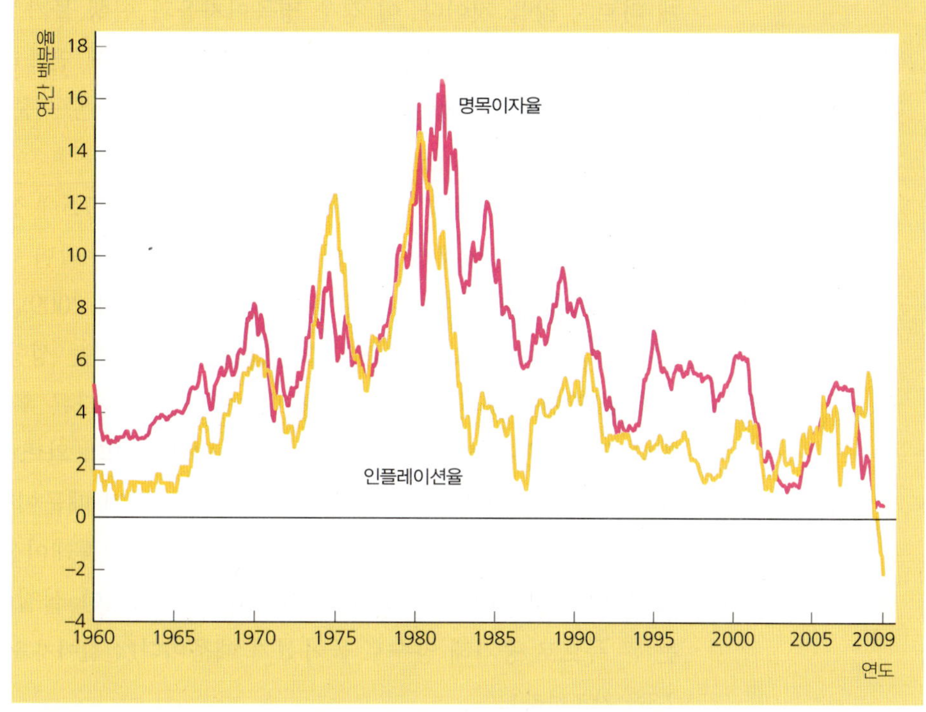

그림 7.5

미국의 인플레이션과 명목이자율(1960~2009)

그림에서는 1년 만기 재무성 증권 이자율과 소비자 물가 지수로 환산한 12개월 인플레이션율을 나타내고 있다. 명목이자율은 인플레이션과 같이 움직이는 경향이 있는데 1980년대 초반처럼 이 두 변수가 서로 벌어지는 기간도 있었다.

출처 : 세인트루이스 연방준비은행의 FRED 데이터베이스, research.stlouisfed.org/fred2, series GS1(이자율), CPIAUCNS(CPI).

인플레이션 예측 방정식인 식 (7.12)는 명목통화공급 증가율과 실질소득이 추정대상 기간 동안 일정한 경우 적용하기가 쉽다. 이 경우 명목통화 공급량 예상 증가율과 실질소득 예상 증가율은 각기 현재의 증가율과 같고, 따라서 [식 (7.12)로부터] 기대 인플레이션율은 현재의 인플레이션율과 같다(통화수요의 소득 탄성치가 변하지 않는다고 가정한다). 사람들이 예상하기에 가까운 장래에 통화량 증가율이나 소득 증가율이 크게 변하지 않는다고 예상하는 한, 실제로는 현행 인플레이션율을 기대 인플레이션율의 근사치로 사용하는 경우가 많다.

일반 대중의 기대 인플레이션율은 설문조사나 그와 유사한 방법을 통하지 않고는 직접 관찰할 수 없다. 그러나 기대 인플레이션에 의해 강하게 영향을 받는 경제변수로서 관찰이 가능한 것이 명목이자율이다. 바람직한 저축과 바람직한 투자가 같아야 한다는 재화시장의 균형조건으로부터 결정되는 실질이자율 r이 주어지면, 명목이자율 $r + \pi^e$는 기대 인플레이션율 π^e가 변하는 크기만큼 그대로 변화한다. 그러므로 사람들로 하여금 장래에 인플레이션이 가속화될 것이라고 두려워하게 하는 정책 활동은, 다른 조건이 그대로라면 명목이자율을 상승하게 할 것이다.

그러나 이미 언급한 것처럼, 통화공급 증가율이나 실질소득 증가율이 크게 변화할 것으로 모두 예상하지 않는다면 기대 물가상승률은 현행 물가상승률과 크게 다르지 않을 것이다. 이 경우 명목이자율과 현행 물가상승률은 같이 움직여야 한다. 예를 들어, 현행 인플레이션이 높다면 기대 인플레이션이 높을 가능성이 많고, 높은 인플레이션은 또한 명목이자율을 높은 수준으로 올라가게 할 것이다. 단, 여타 조건이 동일하다면 말이다.

명목이자율과 인플레이션의 역사적 관계가 그림 7.5에 설명되어 있는데, 그림에서는 1년 만기 재무성 증권의 명목이자율에 대한 월별 데이터와 소비자 물가지수로 측정한 12개월간 물가상승률이 1960년부터 2009년까지 표시되어 있다. 명목이자율과 인플레이션율은 그동안 같이 움직이는 성향을 보였는데 1960년대와 1970년대에 상승했고 1980년대 초 정상에 다다른 후 급격히 하락했다. 그러나 물가상승률의 움직임이 명목이자율의 움직임과 완벽하게 일치하지는 않았다. 실질이자율이 이 기간 동안 일정하지가 않았기 때문이다. 특히 1970년대 후반과 1980년대 초반에 명목이자율의 상승폭이 인플레이션율의 상승폭에 비해 훨씬 컸었는데 이는 1970년대의 0 이하 수준이었던 실질이자율이 1980년대에는 큰 폭으로 증가해 양수로 돌아섰기 때문이다(실질이자율에 대한 그래프는 그림 2.3을 참조하라).

응용 APPLICATION

인플레이션 예상의 측정

자산시장의 균형은 사람들의 인플레이션율에 대한 예상에 의해 좌우된다. 그런데 사람들은 인플레이션 예상을 어떻게 형성하는가? 경제예측을 전문으로 하는 경제학자의 조사결과를 보고 예상할 수도 있을 것이다.[14] 만일 실제로 그러하다면 미시간대학교 소비자 조사(University of Michigan Survey of Consumers)나 예측전문가 서베이(Survey of Professional Forecasters)와 같은 조사를 통해 사람들의 장기적 인플레이션 예상에 관한 정보를 수집할 수 있을 것이다. 그러나 사람들이 인플레이션율 결정요인을 이해함에 있어 확실한 이해관계가 있지 않다면 조사로부터 얻어진 정보는 신뢰할 수 없는 것일 수도 있다. 반면 채권을 구입 보유 중인 사람들은 인플레이션에 관심이 많을 것이다. 이자율이 조금만 변해도 투자금에 대한 실질수익이 달라지기 때문이다. 그러므로 금융시장으로부터 얻은 데이터는 투자자의 인플레이션 예상을 가시화해 줄 수도 있다.[15]

미국 정부는 명목국채를 발행해 일반 대중으로부터 차입을 하고 있는데 (1997년부터

14. 다음 문헌을 참조하라. Christopher D. Carroll, "Macroeconomic Expectations of Households and Professional Forecasters," *Quarterly Journal of Economics* 118 (February 2003), pp. 269-298.

15. 이어지는 분석은 다음 논문에 기초를 두고 있다. Ben S. Bernanke, "What Policymakers Can Learn from Asset Prices." Remarks before the Investment Analysts Society of Chicago, April 15, 2004.

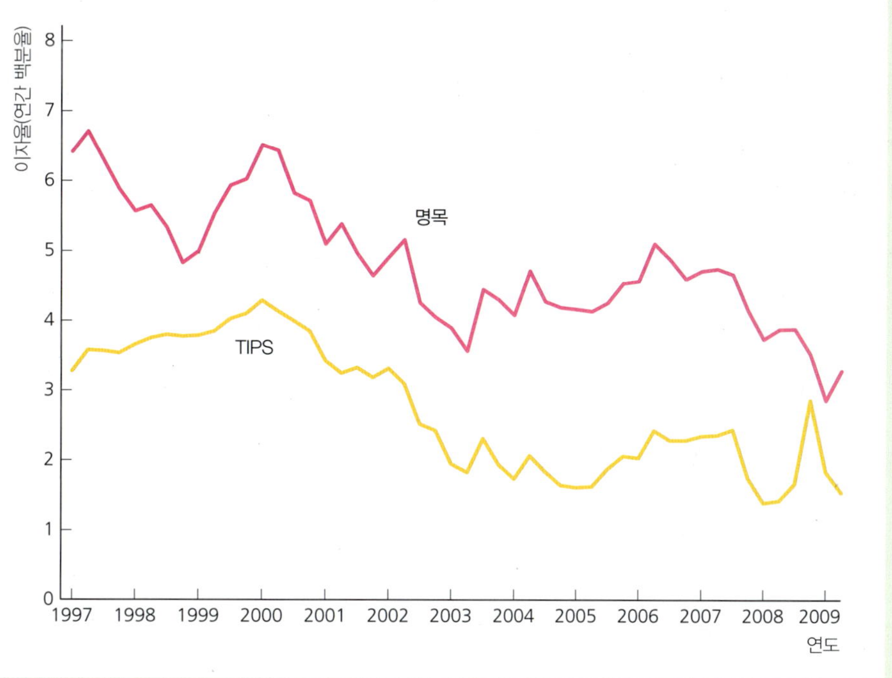

그림 7.6

10년 만기 명목국채와 TIPS 증권의 이자율 (1997 ~2009)

그림에서는 10년 만기 미국 재무성 명목국채의 명목이자율 분기별 데이터와 물가연동 재무성 증권(TIPS)의 10년 만기분 실질이자율을 보여주고 있다. 대상 기간은 1997년 1분기부터 2009년 2분기까지다.

출처 : 명목이자율—Federal Reserve Board of Governors, research.stlouisfed.org/fred2/series/GS10; TIPS 이자율—최근 10년간 TIPS 증권 수익률은 저자들이 작성한 것임. 수익률 자료는 research.stlouisfed.org/fred2/series/TP10J07 to TP10J19.

는) 인플레이션 연동 재무성 증권(TIPS : Treasury Inflation-Protected Securities)을 발행해 왔다. 명목채권(nominal bonds)에는 만기가 도래하기까지 일정의 명목이자율을 지급하는데, 명목채권의 실질이자율은 채권 만료 이전까지 기간 동안의 인플레이션율에 의해 좌우된다. 명목채권의 기대 실질이자율은[식 (2.13)을 상기해 보자] $r = i - \pi^e$ 인데, 여기서 i는 명목이자율, π^e는 채권 존속기간 중의 인플레이션율이다. TIPS 증권은 채권의 수명기간 동안 발생하는 물가상승률에 관계없이 만기 도래 시까지 일정한 실질이자율을 지급한다. TIPS 채권은 지급하는 이자와 채권의 원금상환액을 조정함으로써 채권의 실질이자율과 인플레이션율을 격리시킨다.

그림 7.6은 명목채권에 대한 명목이자율과 TIPS 채권에 대한 실질이자율을 비교해 보여주고 있다. 10년 만기 TIPS 채권은 실질이자율이 1997년 초 3.3%에서 2000년 초반 4.3%로 상승하는 추세를 나타내었다. 2000년을 기점으로 실질이자율은 대체적으로 저하하는 경향을 보인다. 2005년 초에는 1.6%까지 떨어졌다. 2005년 중반부터 2007년 중반까지 실질이자율은 약간 상승하였다. 그 후 실질이자율은 2007년에 시작된 불경기 기간 동안 하락하였다. 다만 2008년 후반 금융위기 시 잠깐 동안 예외적으로 상승한 적은 있다.

명목국채와 TIPS 증권의 위험성과 유동성이 같다면, 자산시장의 균형조건으로 볼 때 명목국채의 기대 실질이자율 $i - \pi^e$가 TIPS 증권의 실질이자율 r_{TIPS}와 같을 것이다. 따라서 $i - \pi^e$를 r_{TIPS}와 같게 놓으면 $\pi^e = i - r_{TIPS}$가 성립한다. 그러므로 명목이

그림 7.7

기대 인플레이션의 다른 측정방법(1997~2009)

그림에서는 기대 인플레이션에 대한 두 가지 측정치의 분기별 데이터를 도시하고 있다. 하나는 이자율 차분으로서 10년짜리 미국 재무성 명목 국채 명목이자율에서 인플레이션 연동 재무성 증권(TIPS) 10년 만기분의 실질이자율을 뺀 것으로 아래쪽 곡선이다. 또 하나는 1997년 1분기~2009년 2분기 중 예측전문가에 대한 조사에서 나온 향후 10년에 대한 인플레이션 예상치다.

출처 : 이자율 차분—그림 7.6에서 계산; 예측전문가 서베이—필라델피아 연방준비은행, www.philadelphiafed.org에서 이용 가능함.

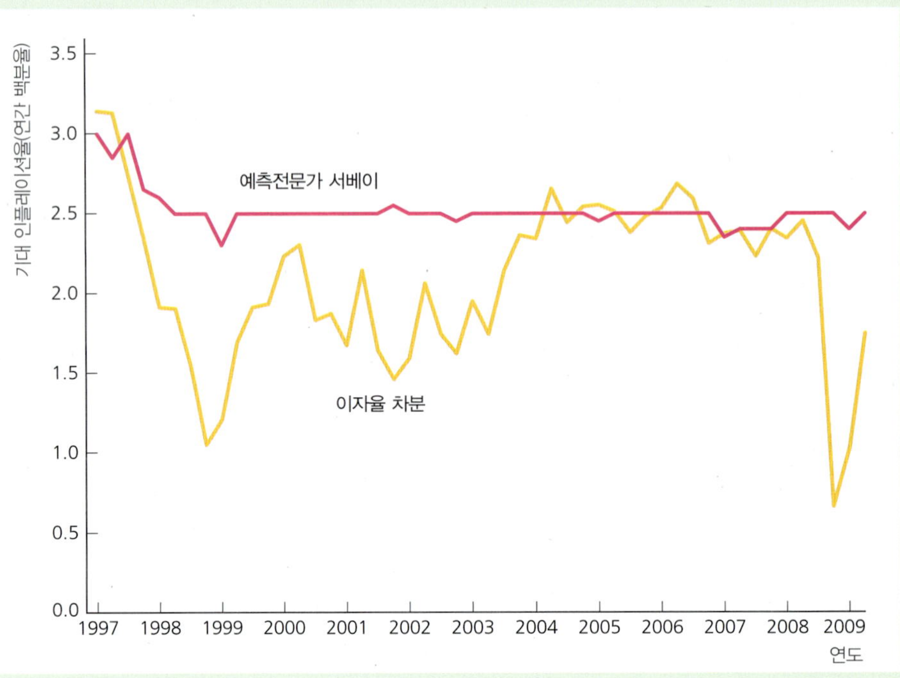

자율과 TIPS 이율의 차이, 즉 $i - r_{TIPS}$[이를 이자율 차분(interest rate differential)이라 하자]는 기대 인플레이션율에 대한 개략적인 측정이 될 수 있다. 그러나 TIPS 증권에서는 투자자가 예상치 못한 물가상승률 변동으로부터 당할 수 있는 위험이 미리 제거된 것이므로 위 두 가지 이자율 간의 차분은 기대 인플레이션에 관련되어 있다고 하기보다는 인플레이션 위험에 연관되어 있다고 볼 수 있다. 즉, 명목국채를 구입하는 투자자는 TIPS 증권을 구입했을 때보다 예상치 못한 인플레이션 변동으로부터 더 큰 위험에 직면할 수 있다는 것을 미리 알고서 그리한 것이기 때문에 명목국채 보유자가 그 위험을 감수하는 데 대한 보상으로서 명목국채의 이자율이 더 높을 것이다. 그 반면 TIPS 증권에 대한 시장은 유동성이 떨어진다(즉, 이 증권은 판매자나 구매자가 비교적 적다). 그 결과 TIPS 증권에 대한 이자율은 좀 더 유동적인 시장에서 매매됐을 경우 받을 수 있는 이자율에 비해 낮게 형성된다. 이처럼 두 가지 서로 상충되는 효과를 가지고 판단한다고 했을 때 그림 7.6에 그려진 이자율 차분이 향후 10년간에 대한 기대 인플레이션율을 과대 표현하는 것인지 과소 표현하는 것인지 분명하지가 않다. 그러나 이 두 효과는 그 크기가 작을 가능성이 많고, 또 서로 반대방향으로 작용해 상쇄될 수 있기 때문에 그들의 순효과는 매우 작을 가능성이 높다. 그러므로 이자율 차분을 사람들의 기대 인플레이션율로 사용하려고 한다.

그림 7.7은 장기에 걸친 이자율 간의 차분(그림 7.6에 그려진 두 곡선 간의 격차)을 그린 것인데, 사람들의 기대 인플레이션율은 1997년과 1998년에 떨어졌다가 1999년에 상승했고 2000년에는 약간 떨어졌다가 2001년과 2002년에는 대체로 일정 수준에 머

물렀으며, 2003년에는 상승, 2004년과 2008년 초반에는 안정세를 보이다가 2008년에 시작된 금융위기기간 중에는 급격히 하락했다.[16] 이와 같은 변동이 심한 양태는 그림 7.7에 같이 그려진 곡선, 즉 예측전문가 서베이에서 얻어진 기대 인플레이션율의 조사 측정치가 보이는 안정적 모습과는 대조적이다. 기대 인플레이션율의 조사 측정치는 1997년 3%에서 1998년 2.5%로 떨어졌는데 그 이후로는 계속 2.5%에 머물러 있었다. 예측전문가는 향후 10년간의 기대 인플레이션율에 대해 그들의 견해를 별로 크게 바꾸지 않았던 것으로 보인다. 그러나 시장 참여자는 기대 인플레이션율에 대해 훨씬 변동이 심할 것으로 보는 견해를 견지했던 것으로 보인다. 그리고 또 이 기간 동안 TIPS 시장에서의 인플레이션 위험이나 유동성의 정도가 상당히 큰 폭으로 변동했던 것도 사실이다.

16. 어떤 관측자들은 2008년 후반에 일어난 금리차분의 하락은 연방정부가 발행하는 통상적인 공채에 비해 TIPS의 유동성이 떨어진 결과라고 설명한다. TIPS의 유동성이 떨어진다는 것은 TIPS가 통상적인 정부 채권보다 수익성이 더 높은 것으로 예상한다는 것을 의미하는 것이므로 TIPS와 통상적인 공채와의 금리차분이 줄어드는 것은 당연하다는 것이다.

요약 *SUMMARY*

1. 화폐(통화)는 현금이나 당좌예금처럼 지불수단으로서 널리 사용되고 받아들여지는 자산의 묶음을 지칭한다.
2. 통화공급은 중앙은행(미국에서는 연방준비은행)에 의해 결정된다. 중앙은행의 공식적인 통화 측정단위를 통화집계량이라 한다. M1은 주로 현금통화와 수표발급계정의 예금으로 구성되며, M2는 좀 더 광범위한 통화수단을 포함한다.
3. 포트폴리오 배분결정은 부의 소유자가 각 자산을 얼마만큼씩 보유할 것인지를 결정할 때 내려진다. 보유하고 싶어 하는 바람직한 네 가지 특성은 기대 수익, 위험, 유동성, 그리고 만기다.
4. 통화(화폐)수요는 사람들이 그들의 포트폴리오 중 보유하기로 선택하는 통화의 총량이다. 통화수요에 영향을 미치는 주요 거시경제변수는 물가수준, 실질소득, 이자율이다. 명목화폐수요는 물가수준에 정비례한다. 실질소득이 더 많아지면 거래횟수를 증가시키고 따라서 실질통화수요를 증가시킨다. 통화자산과 대체관계에 있는 비통화자산의 이자율이 오르면 비통화자산이 통화자산보다 더 매력적인 부의 보유 수단이 되기 때문에 실질통화수요는 감소한다. 통화수요함수는 실질통화수요와 이 거시경제변수들과의 관계를 측정하는 역할을 한다.
5. 통화의 유통속도는 명목 GDP와 명목통화재고량의 비율을 말한다. 통화수량이론은 통화의 유통속도가 일정하고 그 결과 통화수요는 소득에 정비례한다는 경제학이 태동하던 초창기의 이론이다. 역사적으로 볼 때 M2 유통속도는 비록 일정 상수는 아니었지만 M1에 비해 안정적인 값을 유지해 왔다.
6. 자산이 통화자산과 비통화자산, 두 그룹으로 나

될 수 있다는 단순화 가정하에서 통화공급량과 통화수요량이 같으면 자산시장은 균형에 도달한다. 모든 시장이 균형상태에 있다면(경제가 완전고용상태에 있다면) 산출량수준은 노동시장의 균형조건에 의해 결정되고, 실질이자율은 재화시장의 균형조건에 의해, 물가수준은 자산시장의 균형조건에 의해 결정된다. 균형 물가수준은 명목통화공급량에 정비례한다.

7. 물가상승률(인플레이션율)은 명목통화공급 증가율에서 실질통화수요 증가율을 뺀 수치다. 실질통화수요 증가율은 또한 실질소득 증가율에 주로 의존한다. 기대 인플레이션율은 명목통화공급의 예상증가율과 실질소득의 증가율에 의존한다. 실질이자율이 주어졌을 때 명목이자율은 기대 인플레이션의 변화 하나하나에 그대로 반응한다.

핵심용어 KEY TERMS

가치저장 수단
계산단위
공개시장조작
교환의 매개체
기간구조에 대한 기대이론
기대수익
만기
분산
실질잔고
위험
위험부가율
유동성
유통속도
통화(화폐)
통화공급
통화수량이론
통화수요
통화수요의 소득 탄성치
통화수요의 이자율 탄성치
통화수요함수
통화집계량
포트폴리오 배분결정
M1
M2

주요 방정식 KEY EQUATIONS

$$\frac{M^d}{P} = L(Y, r + \pi^e) \tag{7.3}$$

통화수요함수에 따르면, 실질통화수요량 M^d/P는 산출량과 비통화자산의 명목이자율에 의존한다. 산출량 Y의 증가는 사람들이 행하는 거래 횟수를 증가시킴으로써 통화수요를 증가시킨다. 비통화자산에 대한 명목이자율 i(실질이자율 r과 기대 인플레이션 π^e를 합친 크기)가 상승하면 비통화자산의 매력을 높여 통화수요를 감소시킨다.

$$V = \frac{\text{명목 GDP}}{\text{명목 통화재고량}} = \frac{PY}{M} \tag{7.4}$$

유통속도 V는 명목 GDP(혹은 $P \times Y$)를 명목통화재고량 M으로 나눈 것이다. 통화수량이론에서는 유통속도가 일정하다고 가정된다.

$$\frac{M}{P} = L(Y, r + \pi^e) \tag{7.9}$$

자산시장의 균형조건은 실질통화공급 M/P과 실질통화수요 $L(Y, r + \pi^e)$가 같아야 한다.

$$\pi = \frac{\Delta M}{M} - \eta_Y \frac{\Delta Y}{Y} \tag{7.12}$$

인플레이션율 π는 명목통화공급량 증가율 $\Delta M/M$에서 실질통화수요량 증가율을 뺀 크기와 같다. 명목이자율이 일정하게 유지되는 장기균형하에서는 실질통화수요량 증가율은 통화수요의 소득 탄성치 η_Y에 실질소득(또는 산출량)의 증가율 $\Delta Y/Y$를 곱한 것과 같다.

복습문제 REVIEW QUESTIONS

1. 통화를 정의해 보라. 경제학자가 사용하는 의미와 일상적으로 쓰이는 의미가 어떻게 다른가?

2. 통화의 세 가지 기능은 무엇인가? 각 기능은 국민경제가 좀 더 원만하게 운영되도록 하는 데 어떻게 기여하고 있는가?

3. 한 나라의 통화공급은 누가 결정하는가? 모든 통화가 현금 형태로만 되어 있는 국민경제에서 통화공급이 어떻게 확장되고 축소될 수 있는지 설명하라.

4. 자산 보유자에게 가장 중요한 자산의 특성 네 가지는 무엇인가? 각 특성에 있어 통화와 여타 자산은 어떻게 비교되는가?

5. 이자율의 기간구조에 대한 기대이론은 무엇을 의미하는지 설명해 보라. 우리가 현실에서 관찰할 수 있는 이자에 관한 데이터를 설명하는 데 왜 기대이론이 충분하지 않은가? 좀 더 정확한 이론을 구성하기 위해 기대이론에 무엇을 더 보충해야 하는가?

6. 통화수요 집계량에 영향을 미치는 거시경제변수를 열거하고 논의해 보라.

7. 통화의 유통속도를 정의하라. 통화수량이론에서 유통속도의 역할에 대해 논의해 보라.

8. 자산시장의 균형조건에서 실질통화공급량이 실질통화수요량과 같아야 한다고 되어 있는데 그 이유는 무엇인가? 다른 자산에 대한 시장을 무시해도 상관없기 위해서 필요한 집계를 위한 가정은 무엇인가?

9. 물가수준과 명목통화공급량 사이에는 어떠한 관계가 있는가? 인플레이션과 명목통화공급 증가율 사이에는 어떤 관계가 있는가?

10. 일반 대중의 기대 인플레이션율을 높일 수 있는 한 요인을 예시해 보라. 여타 조건이 일정하다면 기대 인플레이션율의 상승이 이자율에 어떠한 영향을 미칠 것인가?

계산문제 NUMERICAL PROBLEMS

1. 오늘 현재 1년 만기 채권의 이자율은 연 6%이고, 1년 후 오늘 1년 만기 채권의 이자율이 연 4%가 될 것으로 예상되고 있다고 가정하자. 그리고 2년 후 오늘 1년 만기 채권 이자율이 연 3%가 될 것으로 예상된다고 하자. 2년 만기 채권의 위험부가율은 연간 0.5%이고 3년 만기 채권의 위험부가율은 연간 1.0%다. 균형상태에서 2년 만기 채권의 오늘 현재 이자율은 얼마인가? 3년 만기 채권은? 수익곡선의 모양은 어떠한가?

2. 통화에 이자가 지급되지 않는 국민경제에서 통화수요함수가 다음과 같다.

$$\frac{M^d}{P} = 500 + 0.2Y - 1{,}000i$$

a. $P = 100$, $Y = 1{,}000$, $i = 0.10$이라 가정하자. 실질화폐수요량, 명목화폐수요량, 통화유통속도를 구하라.

b. 가격이 $P = 100$에서 $P = 200$으로 상승했다. 실질화폐수요량, 명목화폐수요량, 유통속도를 구하라.

c. (a)에서 주어진 변수들의 값을 가지고 출발해 (통화수요함수가 그대로 성립한다고 할 때) 실질소득의 증가, 명목이자율의 상승, 물가수준의 상승이 유통속도에 어떠한 영향을 미치는지 수치의 예를 들어 설명해 보라.

3. 마이더스 씨는 총부가 10만 달러인데 이를 모두 통화(당좌예금)와 정부채권에 투자했다. 마이더

스 씨는 그의 중개인에게 채권에 우선 5만 달러를 투자하고 채권이자율이 당좌예금 이자율을 1%포인트 상회할 때마다 5천 달러씩 추가로 투자하라고 지시했다.

a. 마이더스 씨의 통화수요를 채권이자율과 당좌예금이자율의 함수로 표현하는 대수공식을 써 보라.

b. 마이더스 씨의 채권수요를 나타내는 대수공식을 써 보라. 그의 통화수요와 채권수요의 합계는 무엇인가?

c. 국민경제 내의 모든 부 소유자가 마이더스 씨와 똑같다고 가정하자. 모든 사람 개개인에게 채권 8만 달러, 당좌예금 2만 달러로 고정해 공급했다. 당좌예금에는 이자를 지급하지 않는다. 자산시장의 균형상태에서 채권이자율은 얼마인가?

4. 통화수량이론이 타당하고 유통속도는 5에 고정되어 있다고 가정하자. 총산출량은 완전고용수준 10,000에서 불변이며 물가수준은 2이다.

a. 실질통화수요량과 명목통화수요량을 구하라.

b. 위의 국민경제에서 정부가 명목통화공급량을 5,000 수준에서 고정시켰다. 산출량은 완전고용수준에서 불변이지만 가격은 신축적이라면 새로운 물가수준은 얼마인가? 명목통화공급량이 6,000으로 증가했다면 물가수준은 얼마로 변하는가?

5. 명목통화공급량이 일정 수준에서 그대로 유지되고 실질산출량은 $Y = 100$에서 일정하면, 실질이자율은 $r = 0.10$에서 그대로 유지되는 국민경제를 상정하자. 통화수요의 소득 탄성치가 0.5이고 통화수요의 이자율 탄성치는 −0.1이라고 가정하자.

a. 이자율 $r = 0.10$ 그대로고 산출량이 $Y = 106$으로 증가하면 균형 물가수준은 당초 수준에서 몇 % 달라지는가? [힌트 : 식 (7.11)을 사용하라.]

b. 실질이자율이 $r = 0.11$로 상승하면($Y = 100$은 그대로다), 균형 물가수준은 당초 수준에서 몇 % 달라지는가?

c. 실질이자율이 $r = 0.11$로 상승했다. 균형 물가수준이 당초 수준을 그대로 유지하기 위해서 실질산출량은 얼마가 돼야 하는가?

6. Y는 실질산출량, r은 실질이자율, π^e는 기대 인플레이션율이라고 할 때 실질통화수요함수가 다음 식으로 주어졌다고 가정한다.

$$L(Y, r + \pi^e) = \frac{0.01Y}{r + \pi^e}$$

실질산출량은 $Y = 150$에서 불변이고 재화시장에서 실질이자율은 연이율 $r = 0.05$에서 불변이라고 가정한다.

a. 명목통화공급량이 1년에 10%씩 증가하는데 이러한 증가율이 영구적으로 계속될 것이 예상된다고 가정한다. 현재 명목통화공급량은 $M = 300$이다. 실질통화공급량과 경상 물가수준은 얼마인가? (힌트 : 통화수요함수에 들어가는 기대 인플레이션율의 값은 얼마인가?)

b. 명목통화공급량이 $M = 300$이라고 가정한다. 중앙은행의 발표에 의하면 지금부터 매년 5%씩 통화량 공급을 증가시킬 것이라고 한다. 모든 사람이 이 발표를 믿고, 모든 시장이 균형상태에 있다면, 실질통화공급량과 경상 물가수준은 얼마인가? 통화공급 증가율이 떨어짐으로써 실질 통화공급량과 경상 물가수준에 어떠한 영향이 미쳤는지 설명하라.

7. 통화수요의 소득 탄성치는 3분의 2이고 이자율 탄성치는 −0.1이다. 실질소득이 다음 해 4.5% 증가할 것이고 실질이자율은 그대로 유지될 것이 예상된다. 최근 몇 년간 인플레이션율은 0이었다.

a. 중앙은행이 앞으로 몇 년간 0의 인플레이션을 유지하기 원한다면 명목통화공급량을 몇 %로

선정해야 하는가?

b. 다음 해에도 중앙은행이 인플레이션율 0 유지 정책을 추구한다면 통화유통속도는 얼마만큼 변할 것인가?

분석문제 *ANALYTICAL PROBLEMS*

1. 여타 조건이 일정할 때 다음 각 항의 상황은 M1 수요에 어떠한 영향을 미칠 것인가? M2 수요에 미치는 영향은? 설명하라.

a. MMMF와 MMDA 계정에서 1개월에 최대한 발급할 수 있는 수표매수가 3매에서 30매로 상향조정됐다.

b. 주택소유자가 그들의 주택가격에 해당하는 금액만큼 수표를 발급할 수 있는 주택증권화 대출제도가 도입됐다.

c. 주식시장의 폭락사태가 일어날 것이며 추가적인 급락장세가 이어질 것이라는 우려가 널리 퍼져 있다.

d. 은행들은 당좌대월 보호조치를 도입했다. 수표 지급을 위해 필요한 경우 저축예금계좌에서 당좌예금계좌로 자금이 자동이체될 수 있게 했다.

e. 엄격한 마약 단속으로 불법적인 마약거래가 현저히 감소됐다(마약은 거의 현금으로 거래된다).

2. 그림 7.2는 1980년대 이전 M1 유통속도가 점차 증가한 것을 나타내 주고 있다. 이러한 상승추세의 이유를 설명해 보라.

3. 래드포드(307~308쪽)에 의해 기술된 포로수용소가 정기적으로 적십자나 기타 기관으로부터 담배를 대량으로 수령했다.

a. 이러한 담배 공급이 포로수용소의 물가수준(담배로 환산한 상품의 가격)에 어떻게 영향을 미쳤는가?

b. [심화문제] 포로수용소의 포로들은 담배 공급이 언제 오는지 사전에 알고 있을 때도 있었다. 예정된 보급일자 직전에 수용소 내 담배통화에 대한 수요와 물가수준에 어떠한 일이 일어났겠는가?

4. 가격과 임금이 신속히 조정됐기 때문에 노동시장, 재화시장, 자산시장이 언제나 균형을 유지한다고 가정한다. 아래의 사건이 일어났을 때 산출량, 실질이자율, 경상 물가수준에 어떠한 영향을 미칠 것인가?

a. 정부구매의 일시적 증가

b. 기대 인플레이션의 감소

c. 노동공급의 일시적 증가

d. 통화에 지급되는 이자율의 상승

실제 거시경제 데이터를 이용한 문제 *WORKING WITH MACROECONOMIC DATA*

이 연습문제에서 사용하는 데이터를 구하려면 research.stlouisfed.org/fred2에 있는 세인트루이스 연방준비은행의 FRED 데이터베이스를 찾아라.

1. 연방준비은행 발표자료 H.15(www.federalreserve.gov/releases/h15)에서 나온 데이터를 사용해 만기가 각기 다른 채권의 이자율 좌표를 표시하고 경상수익곡선을 그려 보라(7.2절의 "만기" 항목을 참조하라). 이 연구를 위해 설계된 연방준비은행의 '영구 만기(constant maturity)' 이자율 표를 사용하라. 그다음 1년 전에 발표된 H.15 자료를 보고 그 기간 그 일자에 대해 수익곡선을 함께 그

려 보라. 과거 기간 동안 이자율 기간구조에는 무슨 일이 일어났는가? 이러한 변화를 야기한 경제적 사건은 무엇이었는가?

2. 1959년 이후 연간 데이터를 사용해 소비자 물가 상승률, M1 증가율, M2 증가율을 그래프로 그려라(전년 12월부터 당년 12월까지의 증가율을 구하라). 1961년부터 시작해 3년 평균물가상승률, 3년 평균 M1 증가율과 M2 증가율을 그래프로 그려라. (예를 들어, 1978년의 3년 평균 인플레이션율은 1976년, 1977년, 1978년의 평균 물가상승률이다. 1978년의 통화 증가율도 1976년, 1977년, 1978년의 평균 통화 증가율이다.)

인플레이션은 M1 공급 증가, M2 공급 증가 중 어느 것과 더 밀접하게 관련되어 있는가? 인플레이션과 통화공급 증가와의 관계는 단기(연간 데이터)에 더 강한가 아니면 장기(3년 평균 데이터)에 더 강하게 나타나는가? 지난 10년간 인플레이션과 통화공급 증가와의 연계관계에 어떠한 일이 일어났는가?

3. 1961년 이후의 데이터를 사용해 3개월 만기 재무성 증권의 이자율, 10년 만기 국채 이자율, CPI 물가상승률을 한 그래프에 그려 보라. 측정 단위가 한 그래프에 그릴 수 있는 같은 단위로 비교될 수 있는지 확인하라.

a. 일반적으로 볼 때 이자율의 변화가 인플레이션의 변화와 어떻게 연관되어 있는가? 그 이유는 무엇인가?

b. 현재의 물가변동에 대해 3개월 만기 채권의 이자율이 더 민감한가, 10년 만기 채권의 이자율이 더 민감한가? 경제적 설명을 제시하라.

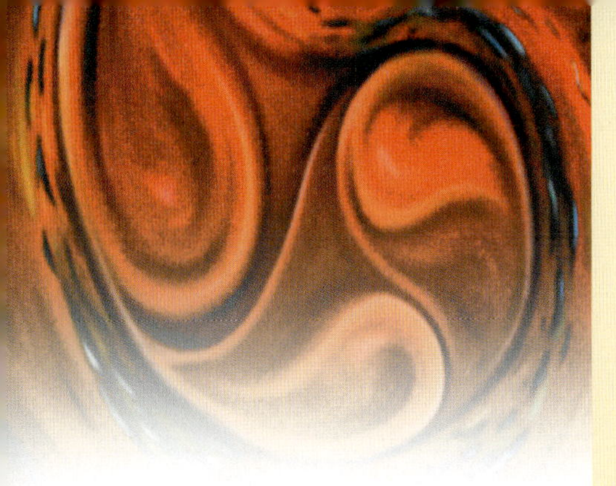

PART 3 경기순환과 거시경제 정책

8

경기순환

산업혁명 이래, 미국과 많은 다른 나라 경제는 놀랄 만큼 성장해 왔다. 이러한 성장으로 인해 경제구조는 변화했고 생활수준은 크게 향상됐다. 그러나 번영한 국가조차도, 경제적 확장 다음에는 주기적으로 생산 및 소득 감소와 실업 증가 등의 현상을 어김없이 겪게 됐다. 때로는 (다행히 매우 잦은 것은 아니지만) 이러한 침체는 심각하면서 장기적으로 지속되기도 했다. 그러나 그것이 짧든 혹은 장기적이었든 간에, 경제활동의 침체가 지나고 나면 거의 반드시 경제성장의 기간이 다시 찾아오곤 했다.

이와 같이 경제적 확장에 이은 일시적 침체, 그리고 회복되는 일련의 반복 과정을 경기순환(business cycles)이라고 한다. 경기순환은 거시경제학의 핵심 관심사다. 전반적 경제활동의 상승과 하락으로 나타나는 경기순환 파동은 경제 전체를 통하여 감지되기 때문이다. 경제가 강하게 성장할 때, 한 나라의 대부분의 산업과 노동자와 자본가는 번영을 공유한다. 경제가 약화될 때, 많은 경제부문에서 판매와 생산의 하락을 경험하게 되며, 노동자는 일자리를 잃거나 어쩔 수 없이 시간제근무로 전환되기도 한다. 경기순환의 영향은 너무도 광범위하고, 또 경제침체는 큰 어려움을 발생시키기 때문에, 경제학자는 경기순환의 원인과 그 대응책을 찾기 위해 노력해 왔다. 이 책 3부의 주된 관심은 다음 두 가지 질문에 담겨 있다. (1) 무엇이 경기순환을 일으키는가? (2) 정책 입안자는 순환적 파동에 어떻게 대응해야 하는가?

두 질문에 대한 해답은 아직도 많은 논쟁 상태로 남겨져 있다. 이러한 논쟁의 많은 부분이, 1장에서 소개됐던 거시경제학의 고전파와 케인즈파의 접근법과 연관되어 있다. 간단히 말해서, 고전파 경제학자는 경기순환이란 생산 혹은 지출 교란요인에 대한 경제의 자연스런 반응을 나타낸 것으로 보고 있다. 따라서 고전파 경제학자는 정부가 이러한 파동에 특별히 대응할 필요가 없다고 본다. 반대로, 케인즈파의 경제학자는 임금과 물가가 신축적이지 않기 때문에, 생산 혹은 지출 교란요인으로 인해 경제가 바람직한 산출과 고용 수준에서 장기간 벗어날 수 있다고 주장한다. 케인즈파 견해에 따르면, 정부는 경기순환의 파동을 완화하기 위하여 개입해야 한다.

고전파와 케인즈파의 논쟁 및 그러한 논쟁이 경제 분석과 거시경제 정책에 대해 가지는 함축성은 9~11장에서 논의될 것이다. 8장에서는 그러한 논쟁의 원천적 배경이 되는 경기순환의 기본 특성을 먼저 설명하고자 한다. 미국의 간략한 경기순환 역사와 개념에서 시작한 다음, 경기순환의 특징 혹은 '경기순환의 사실들(business cycle facts)'에 대해 좀 더 상세하게 논의하고자 한다. 8장의 결론 부분에서는 경기순환 분석에 대한 대안적 접근법을 간략히 살펴볼 것이다.

8.1 경기순환이란 무엇인가?

산업화가 시작된 이래 많은 나라에서 전반적 경제활동의 상승과 하락을 경험해 왔으며, 경제학자는 여러 나라에 있어서 이러한 파동을 측정하고 연구해 왔다. 마르크스(Marx)와 엥겔스(Engels)는 1848년 그들의 공산당 선언(Communist Manifesto)에서 경기순환에 대한 초기 용어로서 이를 '자본주의 위기(commercial crises)'라고 했다. 미국에서는 1920년 설립된 민간 비영리 경제학자 조직인 국립경제조사국(NBER : National Bureau of Economic Research)이 경기순환 연구를 선도했다. NBER은 미국과 여러 나라에 있어서 경기순환의 상세 역사인 **경기순환 연표**(business cycle chronology)를 개발했고, 이를 지속적으로 업데이트하고 있다. 또한 NBER은 많은 경기순환 연구를 후원해 왔다. 그 중에서 획기적 저술은 1946년 아서 번스(Arthur Burns, 1970년부터 1978년까지 연방준비제도 의장으로 봉직했음)와 NBER의 설립자인 웨슬리 미첼(Wesley Mitchell)이 공동 집필한 『경기순환의 측정(Measuring Business Cycles)』이었다. 이것은 경기순환에 대한 실증적 사실을 입증하고 분석한 최초의 저술이었다. 이 책은 다음과 같은 정의로 시작한다.

> 경기순환은 그 나라의 경제가 주로 영리 기업으로 구성된 국가의 총체적 경제활동에서 발견되는 유형적 파동이다. 하나의 순환은 많은 경제활동에서 거의 동시에 일어나는 확장과, 그에 뒤이어 비슷하게 나타나는 일반적 침체와 수축, 그리고 다음 순환의 확장 국면으로 수렴해 가는 회복 등으로 구성된다. 이러한 일련의 변화는 반복적이나 주기적이지 않다. 경기순환의 지속 기간은

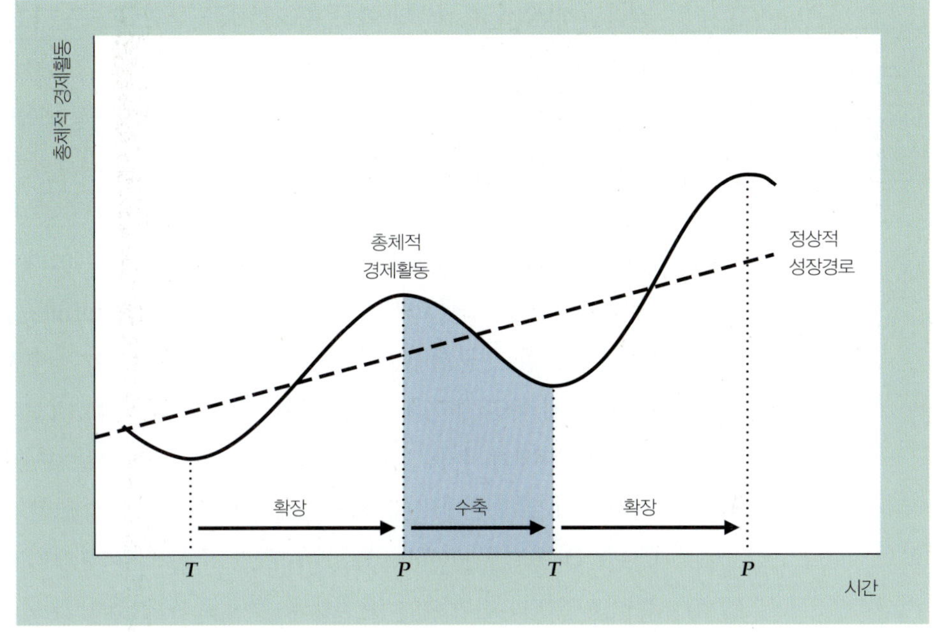

그림 8.1

경기순환

실선은 전형적인 경기순환에서 총체적 경제활동의 행태를 그린 것이다. 점선은 경제의 정상적 성장경로를 보여준다. 수축기에는 총체적 경제활동이 저점(T)에 도달할 때까지 하락한다. 저점에 이어 경제활동이 상승하는 확장기가 정상(P)에 도달할 때까지 지속된다. 하나의 완전한 순환은 정상에서 정상까지 혹은 저점에서 저점까지로 측정된다.

1년보다 조금 긴 것부터 10년 혹은 12년에 이르기까지 다양하다.[1]

위의 정의에서 강조해야 할 다섯 가지 요점을 분류할 수 있다.

1. 총체적 경제활동 : 경기순환은 실질 GDP와 같이 하나의 특정한 경제변수의 변동이라기보다는, '총체적 경제활동(aggregate economic activity)'의 파동으로 폭넓게 정의된다. 비록 실질 GDP가 총체적 경제활동을 가장 밀접하게 측정하는 유일한 변수라 하더라도, 번스와 미첼은 고용이나 금융시장 변수 등의 활동지표를 함께 주시하는 것이 중요하다고 생각했다.
2. 확장과 수축 : 전형적인 경기순환의 모습을 나타낸 그림 8.1을 보면, 번스와 미첼이 말한 확장과 수축의 개념을 이해하는 데 도움이 될 것이다. 점선은 6장에서 언급한 생산요소에 의해 결정되는, 총체적 경제활동의 평균적 혹은 정상적 성장경로를 나타낸다. 실선은 실제 경제활동의 상승과 하락을 보여준다. 총체적 경제활동이 하락하는 시기는 **수축**(contraction) 혹은 **침체**(recession)다. 침체가 특별히 심각하다면, 이는 **불황**(depression)이 된다. 수축의 최저점인 **저점**(trough, T)에 이른 후, 총체적 경제활동은 다시 상승하기 시작한다. 총체적 경제활동이 상승하는 시기는 **확장**(expansion) 혹은 **호황**(boom)이다. 확장의 최

1. Burns and Mitchell, *Measuring Business Cycles*, New York: National Bureau of Economic Research, 1946, p. 1.

고점인 **정상**(peak, P)에 이른 후, 총체적 경제활동은 다시 하락하기 시작한다. 회복에 이은 하락의 전체적인 과정, 즉 정상에서 정상까지 혹은 저점에서 저점까지로 측정된 일련의 과정을 **경기순환**(business cycle)이라고 한다.

그림 8.1은 경기순환이란 경제가 정상적 성장경로에서 단순히 일시적으로 벗어난 것이라는 점을 암시하고 있다. 그러나 경기순환 과정에서 발생하는 산출량 손실과 이득의 일부는 항구적인 것이 될 수도 있다.

경기순환에서 정상과 저점은 통틀어서 **전환점**(turning point)으로 알려져 있다. 경기순환 연구의 하나의 목표는 언제 전환점이 발생하느냐를 식별하는 것이다. 총체적 경제활동은 어떤 하나의 변수에 의해 직접적으로 측정되지 않기 때문에, 경제학자가 정상과 저점의 도달 시점을 알 수 있는 단순한 공식이란 존재하지 않는다.[2] 현실적으로는 NBER의 경기순환기일위원회(Business Cycle Dating Committee)를 구성하는 소규모의 경제학자들이 전환점 날짜를 정하고 있다. 전환점이 발생했을 것으로 위원들이 믿을 때에만 위원회를 연다. 다양한 경제통계를 검토한 후 위원회는 정상 혹은 저점이 발생했는지를 결정하며, 만약 발생했다면 그것은 해당월로 표시된다. 그러나 위원회의 발표는 정상 혹은 저점이 발생한 후 한참 시간이 지나서 이뤄지기 때문에, 그 판단은 현재 정책 입안의 지침이 되기보다는 경기순환의 역사적 분석에 더 유용한 것이다.

3. 동조성 : 경기순환은 단지 몇 개 부문이나 몇 개의 경제변수에만 나타나는 것이 아니다. 오히려 확장과 수축은 많은 경제활동에서 거의 동시에 발생한다. 따라서 어떤 산업은 다른 산업보다 경기순환에 더 민감할 수도 있지만, 거의 모든 산업에 있어서 산출량과 고용은 침체기에는 감소하고 확장기에는 증가하는 경향이 있다. 물가, 생산성, 투자, 정부지출 등 많은 기타 경제변수도 경기순환의 과정에서 규칙적이고 예측 가능한 행태를 보이게 된다. 경기순환에서 많은 경제변수가 예측 가능한 방향으로 함께 움직이는 경향을 **동조성**(comovement)이라고 한다.

4. 반복성과 비주기성(recurrent but not periodic) : 경기순환은 주기적이지 않다. 그것은 규칙적이고 예측 가능한 간격으로 발생하지 않으며, 미리 정해지거나 고정된 기간 동안 지속하는 것이 아니기 때문이다[386쪽 "최신자료 및 연구와

---

2. 언론에서 사용되는 상투적인 정의, 예컨대 실질 GDP가 연속 2분기 마이너스 성장을 하면 침체기가 도래했다는 것과 같은 견해는 경제학자들이 널리 수용하는 것이 아니다. 경제학자들이 이런 정의를 좋아하지 않는 이유는, 실질 GDP는 경제활동을 나타내는 많은 가능한 지표 중 하나에 불과하기 때문이다.

의 접속 : 계절순환과 경기순환"에서 계절 순환(seasonal cycle) 혹은 계절적 경제변동을 논하는데, 이는 경기순환과 달리 주기적이다]. 경기순환이 주기적이지는 않지만, 그것은 반복적이다. 즉 선진국 경제에서는 수축, 저점, 확장, 정점으로 이어지는 표준적 패턴이 계속 반복된다.

5. 지속성 : 하나의 완전한 경기순환의 지속기간은 약 1년에서부터 10년 이상에 이르기까지 매우 다양할 수 있으며, 그것은 예측하기가 매우 어렵다. 그러나 일단 침체가 시작되면, 경제는 대략 1년 혹은 그 이상의 기간 동안 수축 국면에 머무는 경향이 있다. 그와 비슷하게 확장도 일단 시작되면 보통 일정 기간 동안 지속된다. 경제활동의 하락은 더 큰 하락을 가져오고, 경제활동의 성장은 더 큰 성장을 가져오는 이러한 경향을 **지속성**(persistence)이라고 한다. 경제활동의 움직임은 어느 정도 지속성을 갖기 때문에, 경제예측은 항상 경제활동의 방향 변화를 나타내는 전환점에 대한 전망 위에서 이뤄진다.

8.2 미국의 경기순환 : 역사적 기록

미국 경기순환 역사의 개관은 표 8.1에 요약된 것처럼 NBER 월간 경기순환 연표[3]를 통해 볼 수 있다. 이 표는 1854년 이래 미국이 경험하였던 32개의 완전한 경기순환의 저점과 정상을 보여주고 있다. 또한 각 수축과 확장이 지속되었던 월수도 보여주고 있다.

제1차 세계대전 이전

남북전쟁(1861~1865)과 제1차 세계대전(1917~1918) 사이의 시기는 미국에서 급속한 경제성장이 이루어진 시기 중 하나였다. 그럼에도 불구하고 표 8.1에서 보는 것처럼 경기침체는 그 당시 심각한 문제였다. 사실 기록상으로 가장 긴 수축은 1873년 10월과 1879년 3월 사이의 65개월 경기침체다. 이 경기침체는 범위 면에서 세계적인 것이었으며 경제사학자가 1870년대의 불황으로 부르는 것이다. 전체적으로 볼 때 1854년부터 1914년까지 미국 경제는 338개월의 수축기를 겪었으며, 그와 거의 비슷한 382개월의 확장기를 누렸다. 반면 1945년 제2차 세계대전 종전에서부터 2007년 12월 사이, 확장기는 642개월이며 이는 수축기

---

3. NBER 연표에 대한 상세한 논의는 다음 문헌을 참조한다. Geoffrey H. Moore and Victor Zarnowitz, "The NBER's Business Cycle Chronologies," in Robert J. Gordon, ed., *The American Business Cycle: Continuity and Change*, Chicago: University of Chicago Press, 1986. NBER 연표는 NBER 웹사이트 www.nber.org에서도 볼 수 있다.

표 8.1 NBER 경기순환 전환점과 1854년 이후 경기순환 지속기간

저점	확장 (저점에서부터 정점까지의 월수)	정상	수축 (정점에서부터 다음 저점까지의 월수)
1854년 12월	30	1857년 6월	18
1858년 12월	22	1860년 10월	8
1861년 6월	46(남북전쟁)	1865년 4월	32
1867년 12월	18	1869년 6월	18
1870년 12월	34	1873년 10월	65
1879년 3월	36	1882년 3월	38
1885년 5월	22	1887년 3월	13
1888년 4월	27	1890년 7월	10
1891년 5월	20	1893년 1월	17
1894년 6월	18	1895년 12월	18
1897년 6월	24	1899년 6월	18
1900년 12월	21	1902년 9월	23
1904년 8월	33	1907년 5월	13
1908년 6월	19	1910년 1월	24
1912년 1월	12	1913년 1월	23
1914년 12월	44(제1차 세계대전)	1918년 8월	7
1919년 3월	10	1920년 1월	18
1921년 7월	22	1923년 5월	14
1924년 7월	27	1926년 10월	13
1927년 11월	21	1929년 8월	43(대공황)
1933년 3월	50	1937년 5월	13(대공황)
1938년 6월	80(제2차 세계대전)	1945년 2월	8
1945년 10월	37	1948년 11월	11
1949년 10월	45(한국전쟁)	1953년 7월	10
1954년 5월	39	1957년 8월	8
1958년 4월	24	1960년 4월	10
1961년 2월	106(베트남전쟁)	1969년 12월	11
1970년 11월	36	1973년 11월	16
1975년 3월	58	1980년 1월	6
1980년 7월	12	1981년 7월	16
1982년 11월	92	1990년 7월	8
1991년 3월	120	2001년 3월	8
2001년 11월	73	2007년 12월	

출처 : NBER 웹사이트 www.nber.org/cycles.html.

104개월의 6배가 넘는 수치이다.

대공황과 제2차 세계대전

미국 역사상 최악의 경제침체는 1930년대의 대공황이다. 1920년대의 번영기 후 총체적 경제활동은 1929년 8월 정상에 도달했고, 2개월 후인 1929년 10월 증권시장이 붕괴됐다. 1929년 정상과 1933년 저점 사이에, 실질 GDP는 거의 30% 하락했다. 같은 기간 동안 실업률은 약 3%에서 거의 25%로 치솟았으며, 다만 시간제로라도 일할 수 있는 직장을 가진 사람은 행운으로 생각할 정도였다. 대공황이 얼마나 심각했던가를 평가하기 위해서는, 제2차 세계대전 이후 최악이었던 두 번의 경기침체, 즉 1973~1975년 및 1981~1982년 침체와 비교해 볼 필요가 있다. 대공황기에 실질 GDP가 30% 감소하고 실업률이 25%나 되는 것에 비해, 1973~1975년 침체에서는 실질 GDP가 3.4% 감소하고 실업률이 약 4%에서 약 9%로 상승했다. 1981~1982년 침체에서는 실질 GDP가 2.8% 감소했고 실업률은 약 7%에서 약 11%로 상승하는 데 그쳤다.

어느 부문도 대공황을 피해 갈 수는 없었지만, 어떤 부문은 특히 심각한 타격을 받기도 했다. 금융부문에서 주식 가격은 증권시장 붕괴 이후 계속 폭락했다. 예금주는 은행에서 돈을 인출해 갔고, 은행에서 돈을 빌린 사람은 대출금을 갚을 수 없게 되자 파산으로 내몰리게 됐다. 그 결과 수천 개의 은행이 문을 닫거나 다른 은행에 강제 합병됐다. 농업부문에서는 낮은 곡물가격 때문에 농민이 파산했으며, 중서부의 가뭄이 장기화되면서 수천 세대의 농가가 노숙자로 전락했다. 산업 및 주택 부문 투자는 극도로 낮은 수준까지 감소했다. 각국이 경쟁적으로 수입 장벽을 설치하는 '무역전쟁'으로 인해 국제무역은 사실상 중단됐다.

대부분의 사람은 대공황이 하나의 경기순환인 것으로 생각하지만, 표 8.1에서 보는 것처럼 대공황은 기술적으로 두 개의 경기순환으로 구성된다. 첫째 순환의 수축 국면은 1929년 8월부터 1933년 3월까지 43개월 동안 지속되었는데, 이는 미국 역사에서 가장 급격한 경제침체였다. 1933년 3월 프랭클린 루스벨트(Franklin Roosevelt)가 대통령에 당선되고 뉴딜 정책(the New Deal)이 시행된 후 강한 경기 확장이 시작됐고, 이는 1933년 3월부터 1937년 5월까지 50개월 동안 지속됐다. 1937년 무렵 실업률은 14%라는 높은 수준에 머물러 있었지만, 실질 GDP는 1929년 수준을 거의 회복했다. 실질 GDP의 회복에도 불구하고 1937년 실업률이 높은 수준에 머문 것은, 1929년 이후 경제활동인구가 증가했고 생산성 향상으로 인해 산출량 증가보다 고용 증가 속도가 더 느렸기 때문이었다.

대공황의 두 번째 순환은 1937년 5월에 시작되어 1년 이상 수축 국면이 지속됐다. 1938년 6월 다시 시작된 회복 국면에도 불구하고, 실업률은 1939년 여전히 17% 이상에 머물러 있었다.

대공황은 제2차 세계대전의 시작과 함께 극적으로 끝나게 되었다. 일본의 진주만 습격으로 1941년 12월 미국이 참전하기 이전에, 이미 미국 경제는 군수물자 생산 증가로 상승 국면을 타고 있었다. 진주만 충격 이후 미국은 전면전 준비에 들어갔다. 총기류, 전투기, 군함 등 끝없이 증가하는 군수물자 수요에 자극받아 생산은 증가했고, 실질 GDP는 1939년과 1944년 사이 거의 2배로 성장했다. 실업은 급격히 감소했고, 실업률은 1943~1945년 사이 평균 2% 이하를 유지했으며 1944년에는 1.2%로 최저점을 기록했다.

제2차 세계대전 이후 미국의 경기순환

제2차 세계대전이 1945년 끝나면서, 경제학자와 정책 입안자는 경제가 다시 불황으로 빠져들지 않을까 우려했다. 이러한 우려에 대한 표현으로 의회는 1946년 고용법(Employment Act)을 통과시켰다. 이는 정부가 경기침체와 불황에 맞서 싸우도록 요구하면서 일종의 자유재량권을 허용한 것이었다. 그러나 염려처럼 새로운 불황에 빠지는 대신, 미국 경제는 강하게 성장하기 시작했다.

전후 초기에는 단지 상대적으로 완만하고 기간이 짧은 경기침체가 종종 경제 확장을 방해했을 뿐이었다. 1945년부터 1970년 사이에 발생했던 다섯 번의 수축 국면 중 어떤 것도 1년 이상 지속된 것이 없었다. 반면 NBER 연표에 나와 있는 과거 22번의 순환적 수축 국면 중에서 18번의 수축이 1년 혹은 그 이상 지속됐었다. 1945년부터 1970년 사이 실질 GDP가 가장 크게 하락한 것은 1957~1958년 침체기의 3.3%였으며, 이 기간 동안 실업률은 8.1%를 넘지 않았다. 한편 경기확장과 전쟁 간에 양의 상관관계가 존재했다. 1949~1953년 확장 국면은 한국전쟁과 거의 일치하며, 1961~1969년 강한 확장 국면의 후반부는 베트남전쟁을 위한 군사력 증강과 함께 발생했다.

1945년부터 1970년 사이 어떤 심각한 경기침체도 발생하지 않았기 때문에, 일부 경제학자는 경기순환이 '길들여졌거나' 아니면 '죽은' 것이라고 말하기도 했다. 이러한 견해는 1961~1969년 사이 106개월 동안 지속된 확장기에 특히 인기가 있었다. 이 확장기는 베트남전쟁으로 인한 군비지출 증가와 케네디(Kennedy) 및 존슨(Johnson) 대통령 정부의 거시경제 정책에 힘입은 바가 컸다. 어떤 이들은 정책 입안자는 이제 경기침체에 대한 염려를 그만두고, 1960년대 동안 점차 상승한 인플레이션에 관심을 집중시켜야 한다고 주장했다. 불행히도 경기순환이 사망했다는 보고는 조급한 결론으로 판명됐다. 1973년 가을 석유수출국기구(OPEC : Organization of Petroleum Exporting Countries)가 원유 가격을 4배나 올린 직후, 미국과 많은 나라의 경제는 심각한 침체로 빠져들었다. 1973~1975년의 침체에서 미국의 실질 GDP는 3.4% 감소했고 실업률은 9%에 이르렀다. 그럼에도 불구하고 이것은 불황이 아닌, 심각한 하강 국면으로 기록됐다.

또 하나의 교란 요인은 인플레이션이었다. 과거 대부분의 침체에서 인플레이션은 하락했으나, 이번에는 유례없이 두 자릿수까지 치솟았다. 경제가 1973~1975년 침체에서 회복된 이후에도, 인플레이션은 1970년대 내내 계속적인 문제로 남게 됐다. 경기순환이 없어지지 않았다는 더 큰 증거는 1981~1982년의 급속한 침체를 통해 드러났다. 이 수축 국면은 1973~1975년과 같이 16개월 동안 지속됐으며 실업률은 11%로 전후 최고수준을 기록했다. 많은 경제학자는 연방준비은행이 인플레이션 방지를 위해 고의로 이번의 침체를 만들어 냈다고 주장하고 있는데, 이는 11장에서 다시 논의될 것이다. 인플레이션은 약 11%에서 연간 4% 이하로 극적으로 하락했다. 이 침체에 뒤이은 회복 국면 또한 강력하였다.

장기 호황

1981~1982년 침체에 이은 확장 국면은, 경제가 다시 침체로 들어서는 1990년 7월까지 거의 8년 동안이나 지속됐다. 이 수축 국면은 상대적으로 짧아서 1991년 3월 저점에 도달했으며(정상 이후 8개월간 지속됨), 수축의 정도도 경미했다(실업률도 1992년 중반 7.7%로 최고점을 찍었으나 불황기로서는 특별히 높은 것은 아니었다). 더욱이 1990~1991 침체 이후, 초기에 약간의 부진이 있었으나 또 다른 장기 호황이 찾아왔다. 이것은 120개월 동안 지속되었으며, 미국 역사에서 가장 긴 기록이 되었다. 1980년대와 1990년대의 확장 국면을 함께 고려할 때, 미국 경제는 18년이 넘는 기간 동안 단지 한 번의 상대적으로 작은 침체를 겪었을 뿐이다. 어떤 사람은 이 긴 번영기를 '장기 호황(long boom)'이라고 불렀다. 장기 호황은 2001년 3월 경기순환의 정상에서 끝났으며, 그 이후 미국 경제는 완만한 침체와 다소 부진한 성장을 겪었다. 6년 동안의 완만한 성장이 끝난 후 미국 경제는 2007년 12월부터 침체가 시작됐고, 2008년 가을 금융위기로 인해 상황은 더욱 악화됐다. 경기침체는 여전히 현재진행형이므로 대공황 이후 가장 긴 침체기가 이어지고 있다.

미국의 경기순환은 심각하지 않게 되었는가?

최근까지 거시경제학자는 긴 역사 동안 경기순환의 심각성이 일반적으로 완화되어 왔다고 믿었다. 제2차 세계대전 이후 미국에서 어떠한 경기침체도 대공황의 심각성을 능가할 수 없다는 것은 명백하다. 비록 대공황은 예외로 하더라도, 경제학자는 일반적으로 1929년 이전의 경기 하강은 1945년 이후의 그것보다 더 길고 심각했었다고 믿어 왔다. 예를 들어, NBER 경기순환 연표(표 8.1)에 따르면, 1929년 이전 평균 수축 기간은 거의 21개월 지속됐고 평균 확장 기간은 25개월을 약간 웃도는 기간 동안 지속됐다. 1945년 이후 수축 기간은 평균 11개월로 단축됐고, 확장 기간은 1990년대 장기 확장기를 제외하더라도 평균 50개월로 장기화됐다. 실질 GDP 성장과 실업률 같은 경제적 파동을 측정하는 표준 지표도, 1929년 이전에 비하여 1945년 이후 상대적으로 훨씬 낮은 변동성을 보여주고 있다.

제2차 세계대전 이후 경제정책의 주요 목표 중 하나는 경기침체의 크기와 빈도를 줄이는 것이었다. 만약 일반적으로 수용되는 견해와 달리 2차 대전 이후 경기순환이 완화되지 않았다면, 이러한 목표를 달성하고자 한 경제정책 입안자들의 능력을 심각하게 의심하지 않을 수 없게 된다. 이러한 이유 때문에, 경기순환은 시간이 지남에 따라 완화되어 왔는가의 문제는 경제사학자에게만 관심사가 되는 것처럼 보일 수도 있지만, 이 문제는 현실적으로도 매우 중요하다.

따라서 오바마 대통령의 경제자문회 의장인 크리스티나 로머(Christina Romer) 교수는 1980년대에 경기순환은 시간이 지남에 따라 완화되어 왔다는 주장을 부정하는 일련의 논문을 발표함으로써 열띤 논쟁을 점화시켰다.[4] 로머 교수는 1929년 이전의 데이터가 신빙성이 낮고 모호하다는 데 주된 관심을 가졌다. 오늘날과 달리 산업화 초기에는 정부가 GDP와 같은 경제변수에 대해 믿을 만한 데이터를 수집하지 않았다. 그 대신 경제사학자가 그가 얻을 수 있는 단편적 정보를 사용하여 이러한 변수들의 역사적 측정치를 추정해야만 했었다.

로머 교수는 역사적 데이터를 추정하는 데 사용된 방법들이 초기 순환 파동의 크기를 전형적으로 과장했다고 주장했다. 예를 들면 1929년 이전 광범위하게 수용된 GNP[5] 추정치는 변동성이 높은 상품 생산부문의 추정치만을 근거로

---

4. 이 논문들은 다음의 저널에 포함되어 있다. "Is the Stabilization of the Postwar Economy a Figment of the Data?" *American Economic Review*, June 1986, pp. 314–334; "The Prewar Business Cycle Reconsidered: New Estimates of Gross National Product, 1869–1908," *Journal of Political Economy*, February 1989, pp. 1–37; and "The Cyclical Behavior of Individual Production Series, 1889-1984," *Quarterly Journal of Economics*, February 1991, pp. 1–31.

5. 2장에서 논의했듯이, 1991년까지 미국의 국민소득과 생산계정은 GDP가 아닌 GNP에 초점을 맞추고 있었다. 결과적으로 경기순환 행태에 대한 연구도 GDP가 아닌 GNP에 종종 초점을 맞춰 왔다.

한 것이었으며, 변동성이 낮은 도소매, 운송, 서비스 부문을 무시했다. 그 결과 GNP의 변동성은 과장됐다. 만약 이것이 올바르게 측정되었다면, GNP는 공식 통계에서 나타난 것보다 훨씬 적게 변동했을 것이다. 로머 교수의 주장은 또 다른 연구에 불을 붙였으며, 그럼에도 불구하고 1929년 이후 변동성이 정말로 낮아졌는지에 대해서는 어느 누구도 결정적으로 증명하지는 못했다. 그러나 이 논쟁을 통해 역사적 데이터를 면밀하게 재점검하도록 하는 유익한 계기가 마련됐다.

새로운 연구에 의하면 경제적 변동성은 1980년대 중반에 하락하여 그 이후 낮은 수준을 유지하고 있는 것으로 나타나고 있다. 제2차 세계대전 이후에는 데이터의 질이 문제가 되지 않기 때문에, 과거 40년에 비해 1980년대 중반 변동성이 상대적으로 낮아졌다는 것은 아마도 경제적 변동성의 진정한 변화를 반영하는 것으로 봐야 한다. 이것은 경제 데이터가 생성된 방법의 변화와는 별개다.

인플레이션, 주택 투자, 내구재 생산, 구조물 생산 등 다른 경제변수도 지난 40년간 변동에 비해 최근 20년 동안의 변동성이 더 작은 것으로 나타나고 있다. 하버드대학교의 제임스 스톡(James Stock)과 프린스턴대학교의 마크 왓슨(Mark Watson)의 연구[6]에 의하면, 한 변수의 표준편차로 측정되는 변동성은 그들이 조사한 21개 변수에서 20% 내지 40% 감소한 것으로 나타나고 있다. 여기에 포함된 변수로서 실질 GDP는 33%, 고용은 27%, 인플레이션은 50% 변동성이 감소하였다. 거시경제변수의 변동성 감소가 매우 광범위하게 나타났기 때문에, 경제학자는 이를 '대완화(大緩和)'[7]라고 불렀다.[8]

대완화의 의미를 이해하기 위해, 1960년 이후 실질 GDP 성장률을 보기로 하자. 그림 8.2는 분기 실질 GDP 성장률을 보여주고 있다(연간으로 계절 조정된 것임). 성장률은 1960년부터 1984년 무렵까지 매 분기 상당히 크게 변하고 있다. 그러나 1984년 이후 성장률은 매우 안정되게 나타난다.

분기 실질 GDP 성장률의 표준편차 그래프를 보면 대완화를 이해하는 데 더욱 도움이 된다. 한 변수의 표준편차는 곧 변동성의 기준이다. 변동성은 시간이 지남에 따라 변하기 때문에, 그림 8.3은 7년 동안의 표준편차를 계산해서 보여준다. 그래프 위의 각 점은 앞선 7년 동안 GDP 성장률의 표준편차를 나타낸다.

---

6. "Has the Business Cycle Changed and Why?" *NBER Macroeconomics Annual 2002*(Cambridge, MA: MIT Press, 2002), pp. 159-218.

7. 역자 주 : 대공황(Great Depression)과 빗대어 이를 'Great Moderation'으로 명명한 것이다.

8. Ben S. Bernanke, "The Great Moderation." 동부경제학회 학술대회 강연, 2004년 2월 20일. www.federalreserve.gov/boarddocs/speeches/2004/20040220/default.htm에서도 찾을 수 있다.

그림 8.2

GDP 성장률 (1960~2009)

그래프는 1960년 1분기부터 2009년 2분기까지 계절 조정된 분기 GDP 성장률을 연간으로 보여준다. 성장률은 1984년 이후보다 그 이전에 변동성이 높다.

출처 : 세인트루이스 연방준비은행의 FRED 데이터베이스의 실질 GDP 데이터를 저자가 직접 계산. research.stlouisfed.org/fred2/GDPCI.

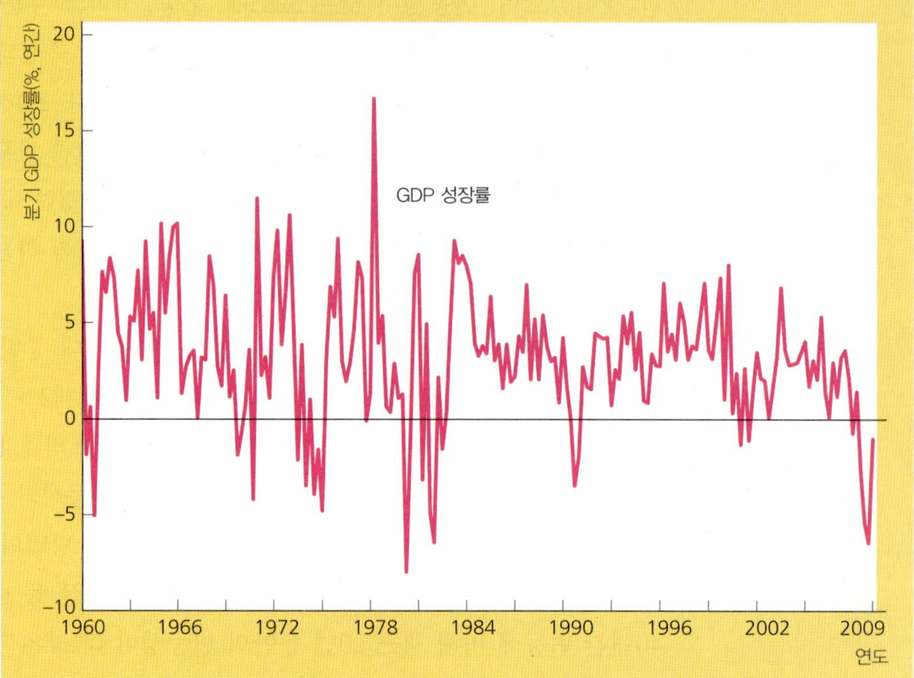

그래프에서 1984년 무렵 7년 표준편차가 급격히 하락한 것을 볼 수 있다. 2009년 표준편차가 약간 상승하였는데, 이를 보고 대완화가 끝난 것으로 생각할 수도 있다. 그러나 이를 확증하기 위해서는 더 많은 시간이 필요하다.

다소 놀라운 것이지만, 변동성의 감소는 점진적 하락에 의한 것이 아니라 갑작스러운 단 한 차례의 감소에서 비롯된 것으로 보였다. 이러한 단절은, 일부 변수에 대해서는 훨씬 이후에 발생했지만, 많은 경제변수에 있어서 1984년경 나타난 것으로 보인다.

그렇다면 경제의 변동성을 감소시킨 원인은 무엇인가? 스톡과 왓슨에 의하면 산출량 변동성은 통화정책의 개선에 의해 20% 내지 30% 감소되었으며, 생산성 충격의 감소에 의해 15%, 식료품 및 상품가격 충격 감소에 의해 15%가 설명될 수 있다고 한다. 나머지 부분은 경제에 미치는 충격을 줄여주는 행운과 같은 어떤 알려지지 않은 요인들에 의존한다고 봐야 할 것이다.[9]

---

9. 스톡과 왓슨의 논문 발표 이후 많은 추가 연구가 수행되었으나 그 결과는 서로 확실치 않은 것이었다. 예를 들어, 다음 논문은 행운이 가장 큰 역할을 했다고 주장한다. Shaghil Ahmed, Andrew Levin, and Beth Ann Wilson["Recent Improvements in U.S. Macroeconomic Stability: Good Policy, Good Practices, or Good Luck?" *Review of Economics and Statistics*, vol. 86 (2004), pp. 824-832]. 반면 다음 논문은 통화정책이 더 큰 역할을 했다고 주장한다. Peter M. Summers["What Caused the Great Moderation? Some Cross-Country Evidence," Federal Reserve Bank of Kansas City, *Economic Review*(Third Quarter 2005), pp. 5-32].

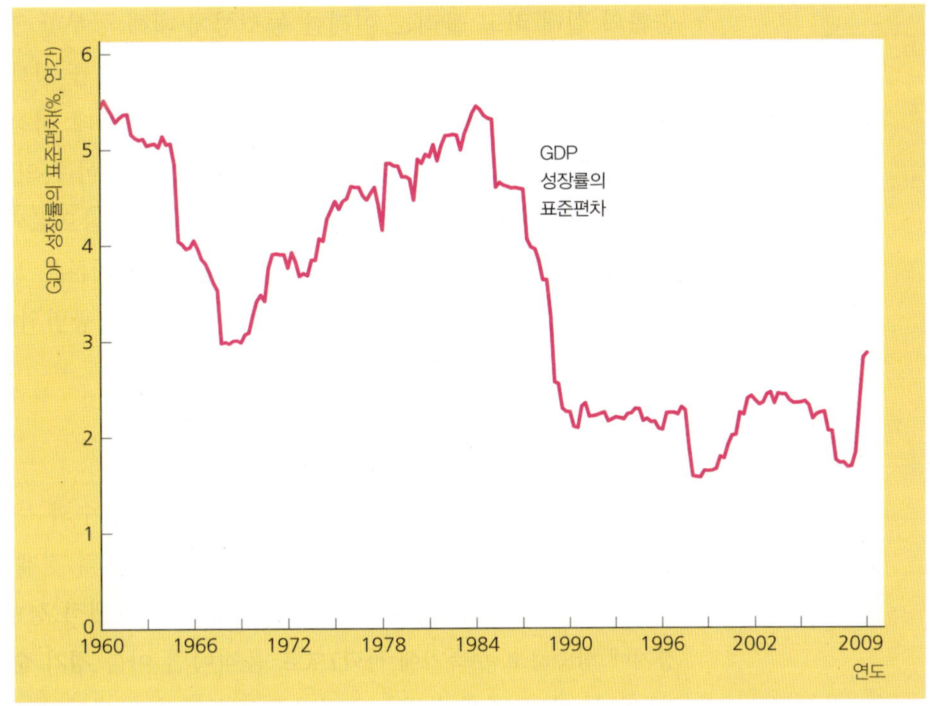

그림 8.3

GDP 성장률의 표준편차 (1960~2009)

그래프는 1960년부터 2009년까지 분기 GDP 성장률의 표준편차(7년 기간평균)를 연간으로 보여준다. 7년 표준편차는 1984년 무렵 크게 하락했으나, 2007년 시작된 침체기 동안 다시 상승했다.

출처 : 세인트루이스 연방준비은행의 FRED 데이터베이스의 실질 GDP 데이터를 저자가 직접 계산. research.stlouisfed.org/fred2/GDPC1.

8.3 경기순환의 실태

비록 완전히 동일한 경기순환은 존재하지 않지만, 모든 혹은 대부분의 순환은 일정한 공통점을 갖는다. 경기순환 이론의 선구자이자 노벨 경제학상 수상자이며 시카고대학교 교수인 로버트 루커스(Robert E. Lucas, Jr.)가 강조한 것이 바로 이 점이다.

> 비록 그것을 예상할 수 있는 절대적 이론적 근거는 없지만, 경제변수 사이 동조성의 질적인 행태를 살펴볼 때 경기순환은 모두 비슷하다는 결론에 도달할 수 있다. 이론적으로 치우친 경제학자에게 이러한 결론은 매력적이고 도전적임에 틀림없다. 왜냐하면 그것은 경기순환에 대한 통일된 설명의 가능성을 제시하기 때문이며, 이는 특정한 국가나 기간에만 해당되는 정치적 혹은 제도적 특성 대신 시장경제를 지배하는 일반적 법칙에 기반을 두기 때문이다.[10]

루커스 교수는 경기순환은 모두 비슷하다는, 좀 더 정확히 말해서 많은 공통적 특성을 갖고 있다고 설명한다. 이는 경기순환상에서 경제변수 사이의 동조성을 면밀히 검토한 결과이다. 이 절에서는 제2차 세계대전 이후 미국에서 '경기

10. Robert E. Lucas, Jr., "Understanding Business Cycles," in K. Brunner and A. H. Meltzer, eds., *Carnegie-Rochester Conference Series on Public Policy*, vol. 5, Autumn 1977, p. 10.

순환의 실태'라고 불리는 이러한 동조성에 대해 공부할 것이다. 이러한 경기순환 실태를 알면, 경제 데이터를 해석하고 경제 상태를 평가하는 데 유익하다. 또한 이것은 경기순환에 대한 경제이론을 개발하는 데 지침과 원리를 제공해 준다. 즉 10장과 11장에서 경기순환의 대안적 이론들이 논의될 때, 그 이론이 경기순환의 실태를 얼마나 잘 설명하는가를 주로 검토함으로써 그 이론들을 평가할 수 있을 것이다. 성공적 이론이 되려면 경기순환 이론은 산출량과 고용 같은 몇 개 변수의 순환적 행태만을 설명하는 것이 아니라, 광범위한 핵심 경제변수들의 행태를 모두 설명할 수 있어야 한다.

경제변수의 순환적 행태 : 방향과 시점

경기순환의 실태를 논의함에 있어서, 거시경제 변수의 두 가지 순환적 특성이 중요하다고 본다. 첫째는 이 거시경제 변수가 총체적 경제활동의 방향과 비교할 때 어느 방향으로 움직이는가이다. 경제변수가 총체적 경제활동과 같은 방향(확장기에 상승하고 수축기에 하락)으로 움직이면 이를 **경기 순응적**(procyclical)이라고 한다. 반면 경제변수가 총체적 경제활동과 반대방향(수축기에 상승하고 확장기에 하락)으로 움직이면 이를 **경기 역행적**(countercyclical)이라고 한다. 경기순환에서 뚜렷한 패턴을 나타내지 않는 변수는 **비경기적**(acyclical)이라고 한다.

두 번째 특징은 경기순환의 전환점(정상과 저점)과 비교할 때, 거시변수의 전환점의 시점이 어디에 있느냐다. 어떤 경제변수가 총체적 경제활동보다 앞서 움직이는 경향이 있다면 이를 **선행변수**(leading variable)라고 한다. 다시 말해서, 선행변수의 정상과 저점은 경기순환의 정상과 저점보다 앞에 나타난다. **동행변수**(coincident variable)는 정상과 저점이 경기순환의 그것과 거의 동시에 나타나는 변수이다. 마지막으로 어떤 경제변수의 정상과 저점이 경기순환의 그것보다 뒤에 나타나는 경향이 있다면 이는 **후행변수**(lagging variable)이다.

어떤 경제변수가 일관성 있게 경기순환을 선행한다면, 그것은 경제의 앞날을 예측하는 도구로 사용될 수 있을 것이다. 어떤 분석가는 증권시장의 하강 국면을 경기침체를 예측하는 데 사용해 왔는데, 그러한 지표가 항상 옳은 것은 아니다. 폴 새뮤얼슨(Paul Samuelson)은 다음과 같이 지적한 바 있다. "월가의 지수(Wall Street indexes)[11]는 최근 다섯 번의 침체 가운데서 아홉 번을 예측하였다."[12]

---

11. 역자 주 : 월가의 지수란 결국 증권시장의 주가지수를 말한다. 주가지수는 선행변수의 하나로서 경기예측에 많이 사용되지만, 이와 같이 정확하지 않을 수 있음을 지적한 말이다.

12. 1966년 9월 19일 「뉴스위크」 칼럼. John Bartlett, *Bartlett's Familiar Quotations*, Boston: Little Brown, 2002에서 인용됐다.

최신자료 및 연구와의 접속 *IN TOUCH WITH DATA AND RESEARCH*

동행지수 및 선행지수

8장에서는 경제가 확장과 수축을 반복할 때 많은 경제변수가 어떤 행태를 보이는가에 대해 논의하고 있다. 이때 정책 입안자와 경제 분석가는 여러 가지 다른 경제 데이터를 어떻게 분류할 것이며, 또 경제가 어떤 상태에 놓여 있는가를 식별해야 하는 어려움에 직면하게 된다. 경제가 언제 방향을 바꿀 것인가를 미리 예측하는 것은 더욱 어려운 일이다. 이러한 어려움을 덜기 위해, 경제학자는 동행지수 및 선행지수를 개발했다. 지수는 많은 다양한 경제변수 데이터를 결합한 하나의 숫자다. 동행지수(coincident index)는 정점과 저점이 총체적 경제활동의 그것과 거의 동시에 발생하는 지수이며, 경제가 현재 확장기인지 혹은 침체기인지를 평가하는 데 유용하다. 선행지수(leading index)는 정점과 저점이 총체적 경제활동의 그것보다 먼저 나타나는 지수이며, 경기순환의 전환점을 예측하는 데 유용할 수 있다.

최초의 지수는 1930년대 국가경제조사국(NBER)에서 경기순환에 대한 중요한 저술을 발표한 웨슬리 미첼(Wesley Mitchell)과 아서 번스(Arthur Burns)에 의해 개발됐다.[13] 오늘날 이러한 원본 지수(약간의 수정과 업데이트 포함)는 컨퍼런스 보드에서 만들고 있으며, 다른 지수는 여러 경제학자에 의해 개발되고 있다. 여기에서는 최근에 개발된 두 가지, 동행지수와 컨퍼런스 보드의 **선행 경제지표 지수**(index of leading economic indicators)에 대해 논의할 것이다.

시카고 연준의 National Activity Index(CFNAI)는 2001년 시카고 연방준비은행의 경제학자 요나 피셔(Jonas Fisher)에 의해 개발됐다. 이 동행지수는 생산과 소득, 노동시장, 소비와 주거, 제조업과 도소매, 재고와 주문 등 5개 부문 85개의 월간 경제변수에 근거를 두고 있다. 지수는 매기 평균값이 0이 되도록 만들어져 있다. 그림 8.4는 1967년 이후 CFNAI 값을 보여주고 있는데, 이는 현재와 전기 두 달 동안의 평균값을 나타낸다. 그래프에서 음영 부분은 침체기를 나타내며, NBER에 의해 정해진 침체 기간과 같다. 그래프에서 보는 것처럼 CFNAI는 침체기에 음수가 되며, 심각한 침체기(1973~1975년, 1981~1982년 및 2007년 12월 시작된 침체)에는 완만한 침체기(1990~1991년 및 2001년)보다 훨씬 크게 떨어진다.[14]

최근에 개발된 또 다른 동행지수는 ADS(Aruoba-Diebold-Scotti) 경기상황지수(Business Conditions Index)다. 이것은 CFNAI만큼 많은 변수를 사용하지는 않지만, 일

---

13. *Statistical Indicators of Cyclical Revivals*(New York: National Bureau of Economic Research, 1938).

14. CFNAI에 대한 더 상세한 내용은 다음 논문을 참조. Charles L. Evans, Chin Te Liu, and Genevieve Pham-Kanter, "The 2001 Recession and the Chicago Fed National Activity Index: Identifying Business Cycle Turning Points," Federal Reserve Bank of Chicago *Economic Perspectives*, Third Quarter 2002, pp. 26–43; 혹은 시카고 연준의 다음 웹사이트를 참조. www.chicagofed.org/economic_research_and_data/cfnai.cfm.

그림 8.4

시카고 연준 National Activity Index(1967~2009)

그래프는 현재와 전기 2달 동안의 평균값인 CFNAI의 월별 데이터를 보여준다. 수직선 *P*와 *T*는 경기순환의 정점과 저점을 가리킨다. 음영 부분은 침체기를 나타낸다. 지수는 침체기에 민감하여, 심각한 침체기에는 완만한 침체기보다 훨씬 크게 떨어진다.

출처 : 시카고 연준 웹사이트 www.chicagofed.org/economic_research_and_data/cfnai.cfm.

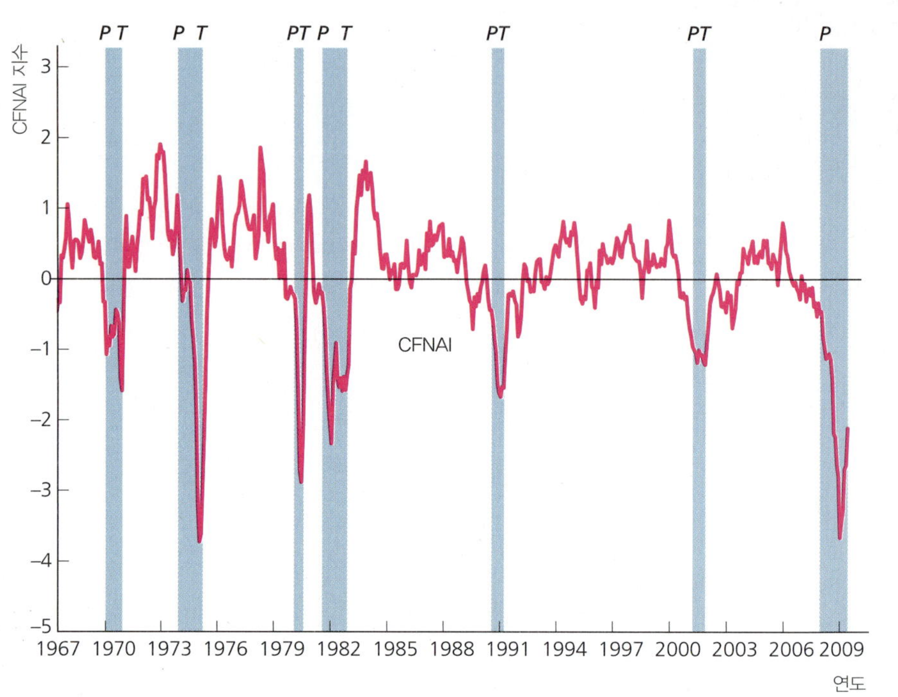

부 분기 데이터(실질 GDP), 일부 월간 데이터(급여 고용자, 산업생산, 이전지출을 뺀 개인소득, 제조업과 도소매 매출) 및 일부 주간 데이터(최초의 실업보험 수급 신청) 등 다른 시계열 변수를 사용한다. CFNAI와 마찬가지로 ADS 지수도 매기 평균값이 0이 되도록 만들어졌다. 이 모델은 메릴랜드대학교의 보라간 아루오바(Boragan Aruoba), 펜실베이니아대학교의 프란시스 다이볼드(Francis X. Diebold), 연준 이사회의 치아라 스코티(Chiara Scotti)에 의해 고안됐다. 이들은 일상적인 경제상태 측정에 사용될 수 있는 지수를 추구했다. 이들은 매주 한두 번 시계열을 업데이트해 준 필라델피아 연준과 협력하여 지수를 고안했다. 그림 8.5는 현재와 전기 두 달 동안의 평균값인 ADS 지수값을 보여준다.[15]

두 개의 지수를 비교할 때, 아주 다른 데이터 집합을 사용했음에도 불구하고 매우 큰 유사성이 있음을 발견할 수 있다. 물론 두 지수 모두 총체적 경제활동의 기초 상태를 측정하기 위해 고안된 것이기 때문에, 양자가 비슷하다고 해서 놀랄 만한 일은 아니다. ADS 지수의 장점은, 그것이 주 1회 이상 업데이트되기 때문에 매우 자주 이용할 수 있다는 것이다. 그러나 CFNAI는 2001년 개발된 이후 신뢰할 만한 오랜 역사를

15. ADS 지수의 상세한 내용은 다음 논문을 참조. S. Boragan Aruoba, Francis X. Diebold, and Chiara Scotti, "Real-Time Measurement of Business Conditions," *Journal of Business and Economic Statistics*, October 2009, pp. 417-427; ADS 데이터는 필라델피아 연준 웹사이트에서 구할 수 있음. www.philadelphiafed.org/research-and-data/real-time-center/business-conditions-index.

그림 8.5

ADS 경기상황지수 (1967~2009)

그래프는 현재와 전기 두 달 동안의 평균값인 ADS의 월별 데이터를 보여준다. CFNAI와 마찬가지로, 지수는 침체기에 민감하여 심각한 침체기에는 완만한 침체기보다 훨씬 크게 떨어진다.

출처 : 필라델피아 연준 웹사이트로부터 필자가 직접 계산. www.philadelphiafed.org/research-and-data/real-time-center/business-conditions-index.

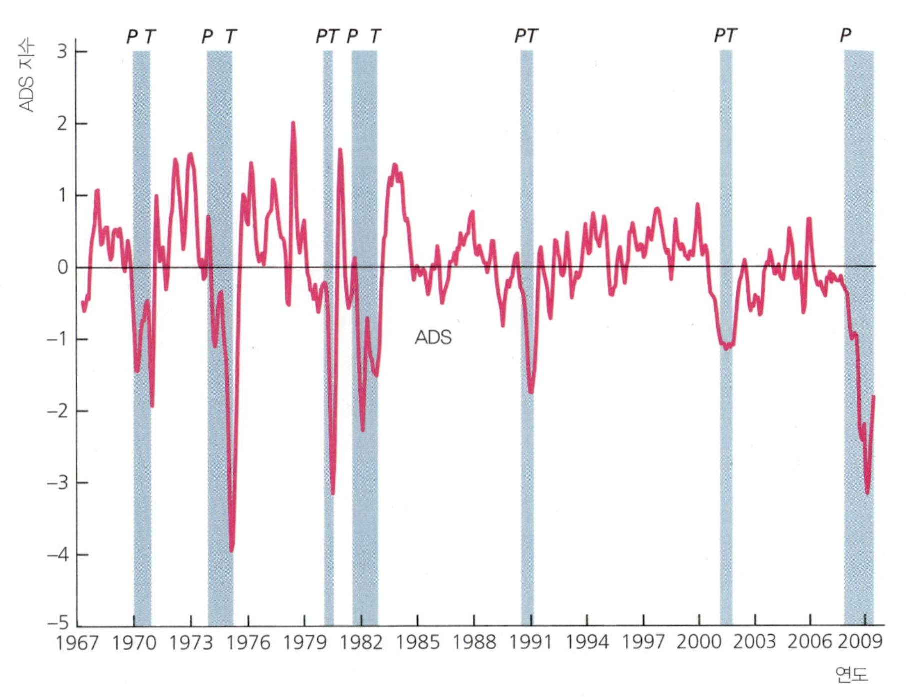

갖고 있다. 반면 ADS 지수는 2009년 만들어져서 아직 검증기간이 충분치 않다.

현재 경제상태를 측정하기 위해 고안된 CFNAI 및 ADS 지수와 달리, 선행지표 동향지수(composite index of leading economic indicators)는 총체적 경제활동의 전환점을 예측하는 데 도움이 되도록 고안됐다. 그러나 예측 도구로서의 성과는 반반이다. 보통 동향지수가 2개월 내지 3개월 연속적으로 하락하면 침체가 다가온 것으로 경고한다. 그러나 실시간 예측력은 다음의 문제 때문에 그리 좋은 결과를 가져오지 못했다.

1. 더 완전한 데이터를 사용할 수 있게 됐을 때, 지수 구성 데이터가 자주 수정됐다. 이러한 수정은 지수 값을 변화시키고, 다가올 침체의 신호를 반대로 바꿀 수도 있다.
2. 지수는 잘못된 신호를 보내기 쉬우며, 침체를 예측했으나 실제로 그것이 나타나지 않는 경우도 있다.
3. 지수는 침체가 언제 올 것인지 혹은 그것이 얼마나 심각할 것인지에 대한 정보를 전혀 제공하지 못한다.
4. 시간이 지남에 따라 경제구조가 변하면 어떤 변수는 더 좋은 예측 지표가 되는 반면, 다른 것은 더 나쁜 지표로 변할 수 있다. 이러한 이유 때문에, 지표 구성 목록이 변함에 따라 지수도 주기적으로 수정되어야 한다.

프란시스 다이볼드(Francis Diebold)와 글렌 뤼드부슈(Glenn Rudebusch)의 연구에 의하면 이러한 수정 폭이 상당히 컸다고 한다.[16] 지수를 계산하는 기관(상무부 혹은 컨퍼런스 보드)은 가끔 시기별 지수 구성과 함께 지수 값을 공개하며, 매 침체기 직전에 지수가 어떻게 하락하는가를 보여준다. 그러나 지수는 각 침체기에 사용된 것이 아니고 몇 년이 지난 후 만들어진 것이기 때문에, 지수 구성은 착각을 일으킬 수 있다고 다이볼드와 뤼드부슈는 지적하고 있다. 그들은 실시간으로 지수를 사용하더라도 산업생산에 대한 예측을 개선하지 못한다고 결론짓고 있다.

예를 들어, 지금 선행지표 동향지수가 어떻게 변하는가를 살펴보고 있는데, 3개월 연속 지수가 하락하면 앞으로 6개월 혹은 1년 안에 침체가 온다는 경험법칙을 사용한다고 하자. 1969년 12월에 지수가 연속 2개월 하락했으며 1970년 1월에도 지수가 3개월째 하락했다고 하자. 그때 NBER은 침체기가 1969년 12월에 시작됐다고 선언했으며, 따라서 지수는 우리에게 미리 경고를 보내지 못했다. 더 나쁜 경우는, 1973~1974년에 지수를 따라가 보면 1974년 9월까지는 모든 것이 잘되어 가고 있다는 생각을 하게 된다. 그러나 그때는 지수가 2개월 연속 하락하였으며, 1974년 10월에는 3개월째 하락하고 있는 중이었다. 그제야 NBER은 1973년 11월에 사실상 경기침체가 시작됐다고 선언했으며, 따라서 지수는 침체를 예측하는 데 거의 1년이 늦은 셈이었다.

침체의 시작을 알리는 데 너무 빗나갔기 때문에, 지수를 고안한 사람들은 당연히 이를 개선하고 싶을 것이다. 이들은 통계를 보다 정교하게 처리하고, 다른 가중치를 주기도 하며, 지수를 구성하는 변수들을 바꿀 수 있다. 그래서 새로 수정된 지수가 사용가능하게 되면, 이것이 침체의 시작을 알려줄 것으로 기대할 것이다. 예를 들어, 1979

16. "Forecasting Output with the Composite Leading Index: A Real-Time Analysis." *Journal of the American Statistical Association*(September 1991), pp. 603-610.

어떤 변수의 경기순환 시점이 여러 번의 경기순환 과정을 통해 그래프로부터 명백하게 나타나는 경우가 있는 반면, 경기순환 시점을 결정하기 위해 정교한 통계적 기술을 요하는 경우도 있다. 컨퍼런스 보드(The Conference Board)는 수십 개 경제변수의 경기순환 시점을 분석해 왔으며 이는 편리하게 이용되고 있다. 이러한 정보는 이 변수의 가장 최근 데이터와 함께 월간 「Business Cycle Indicators」에 실린다. 8장의 내용은 대부분 컨퍼런스 보드의 시점 분류에 의존하고 있다.

이제 몇 가지 핵심 거시경제 변수의 순환적 행태를 분석해 보기로 한다. 이들 중 일부는 이미 그림 1.1~1.4에서 역사적 행태를 보여줬다. 이 그림은 분석 기간이 매우 길고 연간 데이터를 기초로 하고 있었다. 그러나 분기 혹은 월간 데이터를 이용하면 단기 순환 행태를 좀 더 잘 관찰할 수 있을 것이다. 변수의 방향년 4월에 발표된 수정 지수는 1969년 12월에 시작된 침체보다 8개월 선행했고, 1973년 11월에 시작된 침체보다 6개월 선행한 것으로 나타났다. 그러나 당연한 것이지만, 정작 침체가 시작되기 전 그것이 유용하게 사용되어야 할 때, 예측 전문가는 그 지수를 사용할 수 없었다.

공식적인 선행지표 동향지수의 문제점 때문에, 제임스 스톡(James Stock)과 마크 왓슨(Mark Watson)[17]은 예측력을 개선할 수 있는 지수 개발에 착수했다. 그들은 몇 가지 실험적 선행지수를 고안했으며, 이 지수가 경기순환의 전환점을 예측하는 데 더 나은 것으로 증명되기를 원했다. 그러나 가장 최근에 있었던 두 번의 경기침체는 과거 침체와 너무 다른 것이어서, 실험적 선행지수는 1990년과 2001년 모두 신뢰할 만한 확률로 침체를 예측하지 못했다. 스톡과 왓슨의 실험적 지수는 1990년 초에, 향후 6개월 이내 침체가 나타날 확률이 10%를 초과하지 않을 것으로 예측했다. 또한 2000년 후반과 2001년 초에도, 이 지수는 10% 이상 상승하지 않았다. 따라서 스톡과 왓슨의 접근방법은 희망적인 것으로 보였지만, 실제로는 침체를 예측하는 데 아무런 개선을 가져오지 못했다.

선행지표가 경기침체를 예측하지 못한다는 것은, 침체는 석유파동이나 최근의 금융시스템 붕괴와 같이 대규모의 예측할 수 없는 충격 때문에 종종 발생하는 비정상적인 것이라는 의미가 될 수 있다. 만약 그렇다면, 완전한 선행지수를 찾고자 하는 것은 절망적일 수 있다.

17. "New Indexes of Coincident and Leading Economic Indicators," in Olivier J. Blanchard and Stanley Fisher, eds., *NBER Macroeconomics Annual, 1989*(Cambridge, MA: MIT Press, 1989), pp. 351-394.

과 시점은 요약표 10에 수록되어 있다.

생산

생산수준은 총체적 경제활동의 기본적 지표이기 때문에, 생산의 정상과 저점은 총체적 경제활동의 정상 및 저점과 거의 동시에 나타나는 경향이 있다. 따라서 생산은 동행변수이며 경기 순응적이다. 그림 8.6은 1947년 이후 미국 산업생산지수의 행태를 보여준다. 이 지수는 제조업, 광업 및 전기와 가스 생산 등을 포함하는 광범위한 측정치다. 그림 8.4~8.14의 수직선 P와 T는 NBER이 정한 경기순환의 정상과 저점 시기를 가리킨다(표 8.1 참조). 산업생산의 전환점은 경기순환의 전환점과 거의 일치하고 있다.

거의 모든 형태의 생산이 확장기에는 증가하고 수축기에는 감소하겠지만, 어

그림 8.6

산업생산지수의 순환적 행태(1947~2009)

제조업, 광업, 전기 · 가스 생산 등 광범위한 측정치인 산업생산지수는 경기 순응적이며 동행변수다.

출처 : Federal Reserve Bank of St. Louis FRED database at research.stlouisfed.org/fred2/series/INDPRO.

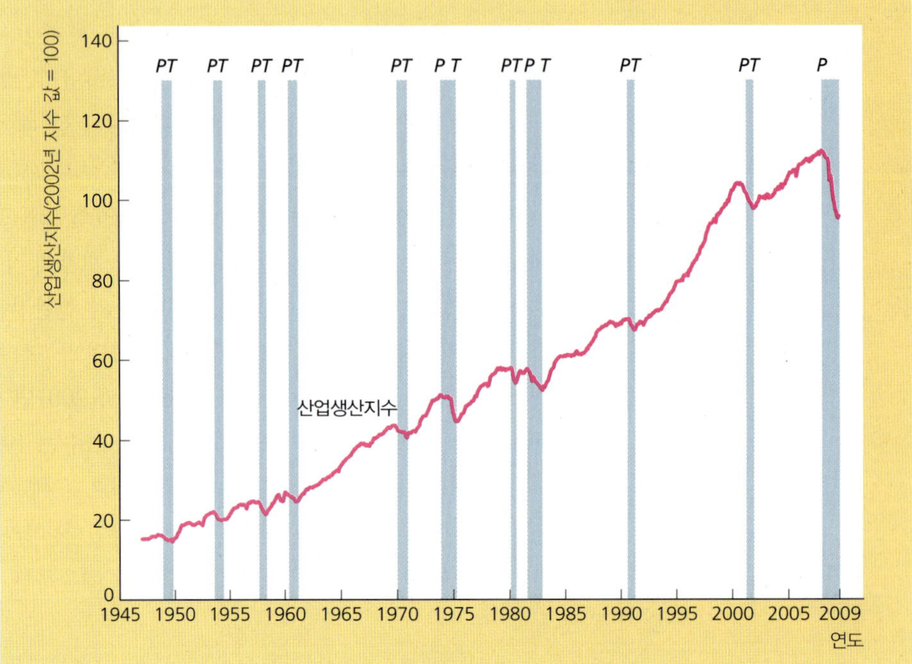

떤 부문에 있어서 생산의 순환적 민감성은 다른 부문보다 더 클 수 있다. 상대적으로 볼 때, 주택, 내구 소비재(냉장고, 자동차, 세탁기 등) 및 자본재(기계기구, 컴퓨터, 공장 등)를 생산하는 산업은 경기순환에 강하게 반응한다. 즉 확장기에는 평균보다 생산 증가율이 훨씬 높아지고 수축기에는 훨씬 낮아진다. 반면 비내구재(식품, 종이 등)와 서비스(교육, 보험 등)를 생산하는 산업은 경기순환에 덜 민감하다.

지출

생산의 유형처럼 지출의 구성요소에 있어서 내구성은 경기순환의 민감도를 결정하는 열쇠다. 그림 8.7은 비내구재 소비, 서비스 소비, 내구재에 대한 소비지출 및 투자의 행태를 보여준다. 투자는 주로 내구재에 대한 지출로 구성되며 매우 경기 순응적이다. 반대로 비내구재 소비와 서비스 소비는 둘 다 훨씬 더 매끄러운 모양을 나타내고 있다. 내구재에 대한 소비지출은 비내구재 소비 및 서비스 소비보다 훨씬 더 경기 순응적이지만, 투자지출보다 경기 순응적이지는 않다. 시점에 대해 보면 고정투자의 개별 구성요소별로 각기 순환적 시점이 차이가 있지만, 소비와 투자는 일반적으로 경기 동행변수이다.[18]

재고투자 혹은 기업재고 변화(그래프에 나타나지는 않음)는 그 자신만의 독특한 규칙을 따르는 지출의 구성요소인데, 이는 종종 경기순환의 정상 및 저점과

18. 요약표 10을 보면 주택투자는 선행변수다.

요약표 10 핵심 거시경제 변수의 순환적 행태(경기순환의 실태)

변수	방향	시점
생산		
산업생산	경기 순응적	동행변수
내구재 산업은 비내구재 및 서비스 산업보다 더 변동성이 크다.		
지출		
소비	경기 순응적	동행변수
기업 고정투자	경기 순응적	동행변수
주택투자	경기 순응적	선행변수
재고투자	경기 순응적	선행변수
정부구입	경기 순응적	—[a]
투자는 소비보다 더 변동성이 크다.		
노동시장 변수		
고용	경기 순응적	동행변수
실업	경기 역행적	분류되지 않음[b]
평균노동생산성	경기 순응적	선행변수[a]
실질임금	경기 순응적	—[a]
통화 공급과 인플레이션		
통화 공급	경기 순응적	선행변수
인플레이션	경기 순응적	후행변수
금융변수		
주가	경기 순응적	선행변수
명목이자율	경기 순응적	후행변수
실질이자율	비경기적	—[a]

[a] 시점이 컨퍼런스 보드에 의해 정해져 있지 않음.
[b] 컨퍼런스 보드에 의해 "분류되지 않음"으로 표시됨.

출처 : *Business Cycle Indicators*, September 2008. 산업생산 : 시리즈 47(산업생산); 소비 : 시리즈 57(제조 및 도소매, 불변가격); 기업 고정투자 : 시리즈 86(민간총비주택고정투자); 주택투자 : 시리즈 28(신축민간주택); 재고투자 : 시리즈 30(기업재고 변동, 불변가격); 고용: 시리즈 41(비농림 피고용자); 실업: 시리즈 43(민간실업률); 통화 공급 : 시리즈 106(M2, 불변가격); 인플레이션 : 시리즈 120(소비자 물가지수, 6개월 이동평균); 주가 : 시리즈 19(주가지수, 500대 보통주); 명목이자율 : 시리즈 119(연방기금금리), 시리즈 114(새로 발행된 91일 재무성증권 할인율), 시리즈 109(은행이 부과하는 평균우대금리).

무관하게 큰 파동을 보이기도 한다. 그러나 일반적으로 재고투자는 선행변수로서 경기 순응적이다. 재고 상품이 내구적일 필요는 없지만, 재고투자 또한 매우 변동성이 크다. 평균적으로 볼 때 재고투자는 총지출에서 작은 부분을 차지하지만(대략 1%), 재고투자의 급격한 감소는 어떤 침체기에는 총지출 감소의 큰 부분을 차지할 수도 있다. 이러한 현상은 1973~1975년과 1981~1982년 및 2001년에 매우 뚜렷이 나타난 적이 있다.

정부의 재화와 서비스 구입은 일반적으로 경기 순응적이다. 제2차 세계대전,

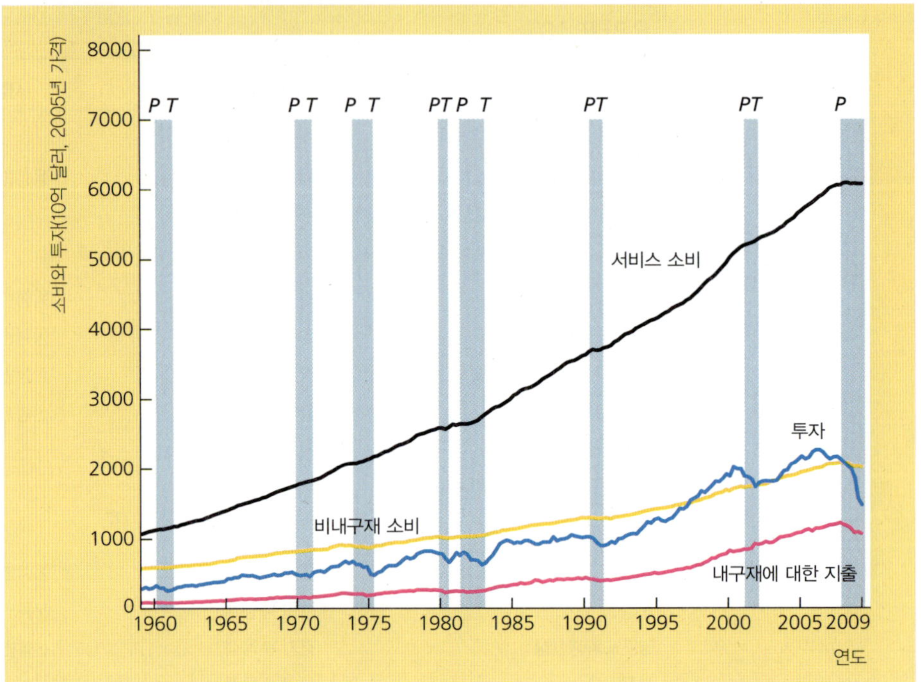

그림 8.7

소비와 투자의 순환적 행태(1959~2009)

소비와 투자는 모두 경기 순응적이다. 그러나 투자는 소비보다 경기순환에 대해 더 민감하다. 이는 내구재가 소비지출의 구성보다 투자 지출에서 큰 부분을 차지한다는 사실을 반영한다. 마찬가지로, 내구 소비재에 대한 지출은 비내구재 소비 및 서비스 소비보다 경기순환에 더 민감하게 나타난다.

출처 : Federal Reserve Bank of St. Louis FRED database at research.stlouisfed.org/fred2/series/PCDGCC96(durable goods), PCNDGC96 (nondurable goods), PCESVC96(services), and GPDIC1(investment).

한국전쟁 및 베트남전쟁 때와 같이 급속한 군비 확충은 일반적으로 경제 확장과 연관되어 있다.

고용과 실업

경기순환은 노동시장에서 강하게 느껴진다. 침체기에는 고용 증가가 둔화되거나 감소하며, 많은 노동자가 일자리를 잃고 구직은 더욱 어렵게 된다.

그림 8.8은 1955년 이후 미국의 민간 피고용자 수를 보여주고 있다. 호황에는 침체기보다 더 많은 사람이 직장을 얻기 때문에 고용은 명백히 경기 순응적이며, 또한 경기 동행변수다.

그림 8.9는 민간의 실업률을 보여주는데, 이는 노동력(경제활동인구, 즉 노동이 가능하면서 일할 의사가 있는 사람의 수) 중에서 실업자의 비율을 나타낸다. 실업률은 매우 경기 역행적이어서, 수축기에는 급격히 상승하고 확장기에는 보다 완만하게 하락한다. 컨퍼런스 보드에서 실업의 시점을 연구했음에도 불구하고, 요약표 10에서 보는 것처럼 실업률의 시점은 '분류되지 않음'으로 표시되어 있다. 이는 실업률 데이터에 명백한 패턴이 나타나지 않기 때문이다. 그림 8.8과 그림 8.9는 최근 침체 패턴에 우려할 만한 변화가 있음을 보여준다. 즉 1990~1991년과 2001년 침체에서 고용 증가는 정체되었으며, 실업률은 침체기의 저점이 지났음에도 불구하고 한동안 상승하는 경향이 있었다. 이로 인해 이상의 침체기

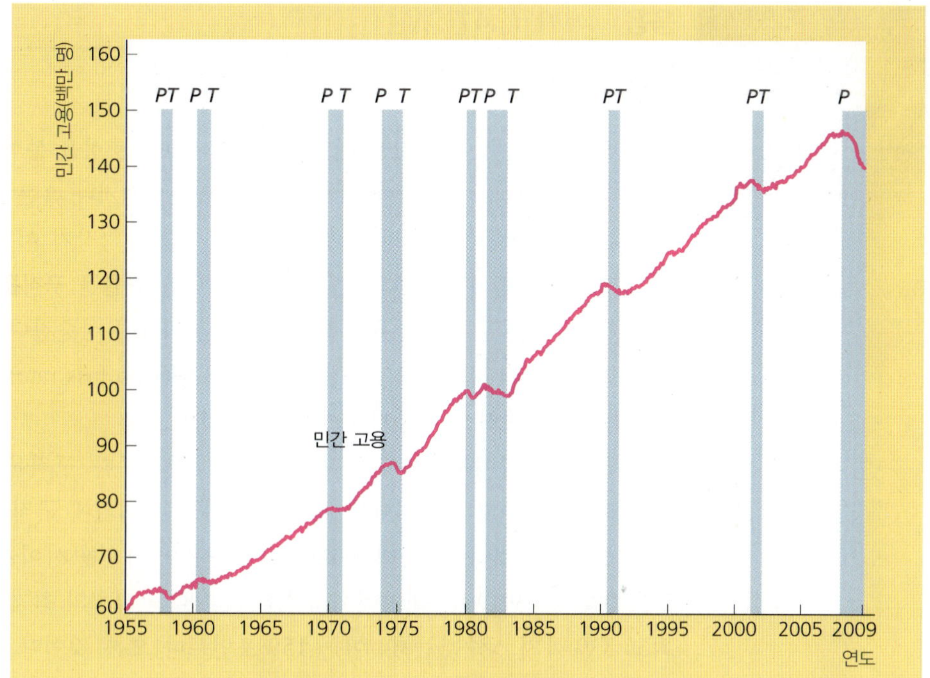

그림 8.8

민간 고용의 순환적 행태 (1955~2009)

민간 고용은 경기 순응적이며 경기순환과 동행한다.

출처 : Federal Reserve Bank of St. Louis FRED database at research.stlouisfed.org/fred2/series/CE16OV.

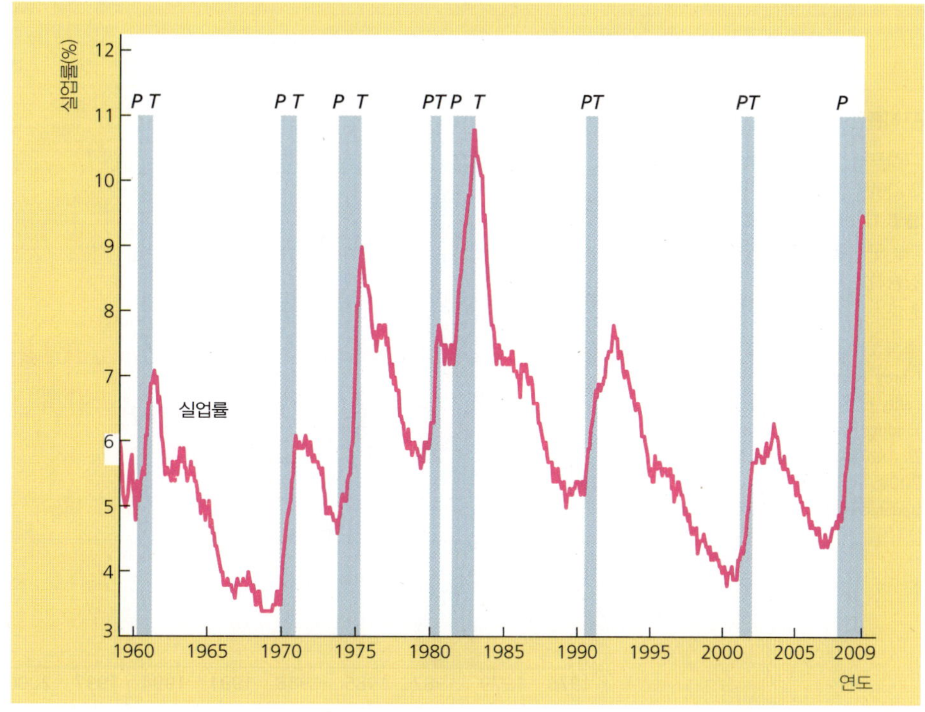

그림 8.9

실업률의 순환적 행태 (1959~2009)

실업률은 경기 역행적이며 경기순환에 매우 민감하다. 경기순환에 비해 실업률의 시점 패턴은 분류되지 않는다. 이것은 실업률이 선행, 동행, 혹은 후행하는 경향을 명백히 나타내지 않는다는 뜻이다.

출처 : Federal Reserve Bank of St. Louis FRED database at research.stlouisfed.org/fred2/series/UNRATE.

이후 회복기를 '고용 없는 회복'이라고 한다. 다행히 경기회복이 힘을 얻으면서 최종적으로는 고용 증가 및 실업률 하락을 가져왔다.

응용 APPLICATION

구직률과 실직률

고용의 순환적 변동을 생각할 때, 보통 경제의 고용 총량을 분석 대상으로 한다. 3장에서 논의한 것처럼, 어떤 달에 어떤 사람이 직장을 얻거나 혹은 잃을 확률이 존재한다. 이 확률은 시간에 따라 변하며, 경제가 침체기 혹은 확장기 여부에 따라 달라진다. 현재 실업자인 어떤 사람이 다음 달에 직장을 얻을 확률을 **구직률**(job finding rate)이라고 하는데, 이것은 침체기에는 하락하고 확장기에는 상승한다. 한편 현재 직장을 가진 어떤 사람이 다음 달에 실직할 확률을 **실직률**(job loss rate)이라고 하는데, 이것은 침체기에는 상승하고 확장기에는 하락한다.[19]

그림 8.10은 경기순환에서 구직률의 변화를 보여준다. 구직률은 일반적으로 경제 확장기에는 상승하고 침체기에는 하락한다. 다만 침체기에 구직률의 하락 속도는 확장기의 상승 속도보다 조금 더 빠르다. 구직률은 경기순환 사이클에 따라 상당히 큰 폭으로 변한다. 1980년대 확장기에 구직률은 1982년 11월의 최저 18%에서 1989년 후반 최고 33%까지 상승했는데, 이는 15%포인트나 오른 것이다. 1990년대 확장기에는 1991년 후반 최저 21%에서 2000년 4월 최고 35%로 14%포인트나 올랐다. 2001년과 같은 침체기에는 구직률이 급격히 하락했으며, 1990~1991년 및 2001년 침체기에는

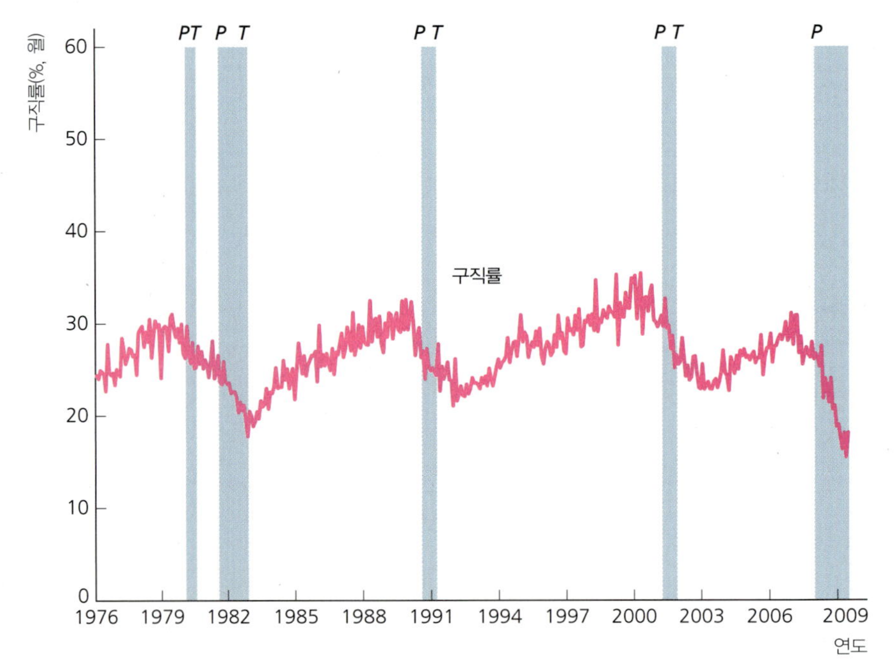

그림 8.10

구직률(1976~2009)

그래프는 1976년 1월부터 2009년 6월까지 구직률의 월별 데이터를 보여주고 있다. 구직률은 확장기에는 상승하고 침체기에는 하락한다.

출처 : Shigeru Fujita and Garey Ramey, "The Cyclicality of Separation and Job Finding Rates," *International Economic Review*, May 2009, pp. 415-430; data updated by Shigeru Fujita.

19. 이러한 논의는 다음 연구에 바탕을 두고 있다. Shigeru Fujita and Garey Ramey, "The Cyclicality of Separation and Job Finding Rates," *International Economic Review* 50 (2009), pp. 415-430.

그림 8.11

실직률(1976~2009)

그래프는 1976년 1월부터 2009년 6월까지 실직률의 월별 데이터를 보여준다. 실직률은 확장기에는 하락하고 침체기에는 상승한다.

출처 : Shigeru Fujita and Garey Ramey, "The Cyclicality of Separation and Job Finding Rates," *International Economic Review*, May 2009, pp. 415-430; data updated by Shigeru Fujita.

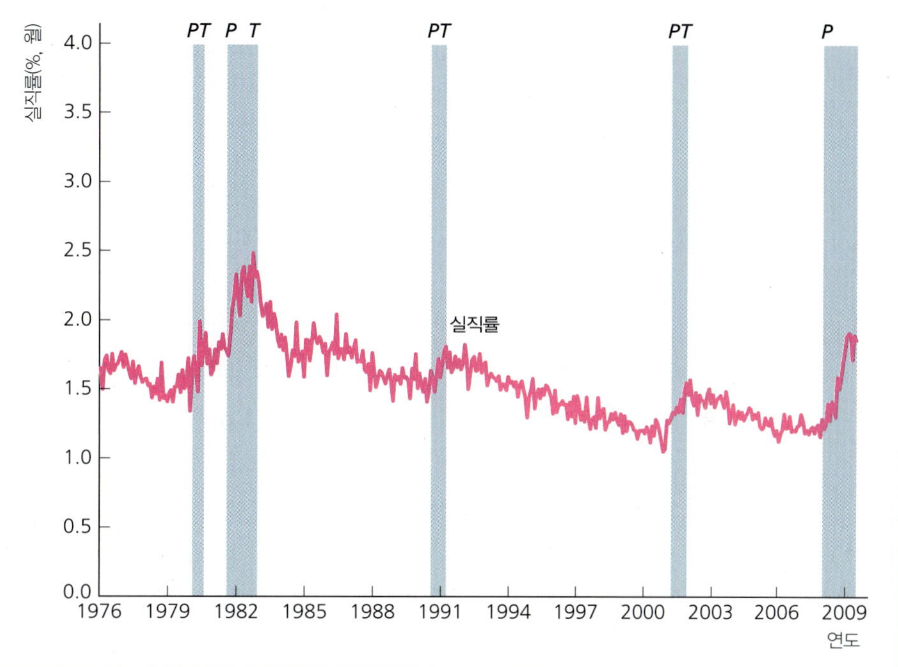

침체가 끝난 후에도 구직률이 한동안 계속 하락했다. 2007년 12월 시작된 침체기는 특별히 심각한 모습을 보여주고 있는데, 1976년 이 통계를 사용한 이래 구직률이 가장 낮은 수준까지 하락하고 있다.

그림 8.11은 현재 고용되어 있는 사람이 다음 달에 실직할 확률을 나타내는 실직률을 보여준다.[20] 먼저 주목할 것은 실직률은 구직률에 비해 매우 낮다는 것이다(그림 8.10과 8.11의 스케일이 다르므로, 두 그래프의 수직축에 표시된 %를 확인하기 바란다). 실직률은 1976년부터 2009년 사이 평균 1.5% 정도다. 실직률은 1980년대와 1990년대에 오랫동안 꾸준히 하락하는 모습을 보여주었으나, 2000년대에는 그만큼 하락하지 않았으며, 2007년 시작된 침체기에는 급격히 상승하고 있다. 실직률이 최근 급격히 상승했으나, 피고용자가 다음 달에 직장을 잃을 확률은 여전히 2% 이하에 머물고 있다.

경기순환 사이클에서 실직률은 일반적으로 확장기에는 하락하고 침체기에는 상승한다. 구직률과 비교할 때, 실직률의 변동은 매우 작은 편이다. 일견해서 볼 때, 구직률은 침체기에 상당히 큰 폭으로 떨어지고 반면 실직률은 크게 변하지 않기 때문에, 경제 전체의 실업률 변화는 구직률 변화에 크게 의존한다고 생각하기 쉽다.

20. 어떤 달에 실직한 사람은 다음 달에 실업 상태에 있을 수도 있고 노동력에서 빠져나갈 수도 있다. 여기에서 '실직'이란 단어는 어떤 달에 고용되어 있던 상태에서 다음 달에 실업 상태로 이동한 것만 가리킨다.

표 8.2 확장기와 침체기의 실직과 구직

	2007년 6월(확장)	2008년 10월(침체)
취업자 수	1억 4,700만 명	1억 4,550만 명
실직률	1.2%	1.6%
새로 실직한 사람의 수	180만 명	230만 명
실업자 수	730만 명	950만 명
구직률	25.5%	20.7%
새로 취업한 사람의 수	190만 명	200만 명
실업자의 순 변화	−10만 명	30만 명

이 문제를 분석하기 위해, 확장기와 침체기의 구직률과 실직률을 조사한 표 8.2의 데이터를 이용하기로 한다. 먼저 2007년 6월의 고용 상태 변화를 보기로 하자. 이때는 2007년 12월 끝난 확장기의 종료 시점과 가까운 때다. 표 8.2의 첫째 행에서 보는 것처럼, 2007년 6월 실직률은 1.2%였고 취업자 수는 1억 4,700만 명이었다. 따라서 새롭게 실직한 사람의 수는 180만(0.012 × 1억 4,700만) 명이다. 마찬가지로 같은 달에 새로 고용된 사람의 수를 계산할 수 있다. 구직률은 25.5%이고 실업자는 730만 명이므로, 새롭게 직장을 얻은 사람은 190만(0.255 × 730만) 명이 된다. 180만 명의 노동자가 직장을 잃고 190만 명이 새로 취직하였으므로 2007년 6월 실업자 수는 10만 명 감소했다.[21]

침체기에는 실직률의 상승과 함께 구직률이 하락하므로 취업자의 수는 줄어들고 실업자 수는 늘어나게 된다. 예를 들어, 금융위기의 한가운데에 해당하는 2008년 10월의 고용 변화를 보기로 하자. 표 8.2의 둘째 행에서 보는 것처럼, 실직률은 1.6%이고 취업자 수는 1억 4,550만 명이었다. 따라서 그 달에 실직한 사람의 수는 230만(0.016 × 1억 4,550만) 명이다. 마찬가지로 그 달에 새로 취업한 사람의 수를 계산할 수 있다. 구직률은 20.7%이고 실업자 수는 950만 명이므로 새로 취업한 사람의 수는 200만(0.207 × 950만) 명이다. 230만 명의 노동자가 일자리를 잃고 200만 명이 새로 직장을 얻었으므로 실업자 수는 30만 명이 증가했다.

이 계산에서 보는 것처럼, 취업자 수가 실업자 수보다 훨씬 크다는 점에 주목해야 한다. 따라서 침체기에 실직률 상승보다 구직률 하락이 훨씬 크지만, 실직률이 훨씬 큰 숫자인 취업자 수와 곱해지는 것이다. 예를 들어, 2008년 10월, 취업자 대 실업자의 비율은 15 대 1이었다. 따라서 실직률이 조금만 변하더라도, 구직률이 크게 변하는 것보다 실업자 수에 더 큰 변화를 가져올 수 있다. 2008년 10월과 2007년 6월을 비교할 때, 실직률이 조금 상승했음에도 불구하고 새로 실직한 사람의 수는 50만 명이 증가했다. 반면 새로 취업한 사람의 수는 10만 명 증가에 그쳤다.[22]

21. 단순화를 위해 경제활동인구 안으로 들어오거나 거기에서 빠진 사람은 계산에서 무시하였다.

22. 2007년 6월에 비해 2008년 10월의 구직률이 더 낮기는 했지만, 실업자의 수가 2007년 6월보다 2008년 10월에 더 많았기 때문에 새로운 취업자 수가 2007년 6월보다 2008년 10월에 더 많았던 것이다.

요약하면, 경기순환의 과정에서 실직과 취업 변화에 대한 흥미로운 패턴을 발견할 수 있다. 가장 놀라운 발견은 침체기에 실직률이 상승하는 것보다 구직률이 훨씬 크게 하락한다는 것이다. 그러나 실직률이 더 많은 사람과 연관되어 있기 때문에, 비록 구직률 하락도 일정한 역할을 하지만, 실직이 침체기의 실업률 상승에 주된 요인이 되고 있다.

평균노동생산성과 실질임금

두 개의 중요한 노동시장 변수는 평균노동생산성과 실질임금이다. 1장에서 본 것처럼, 평균노동생산성이란 노동 투입 단위당 산출량이다. 그림 8.12는 미국 경제(농업부문 제외)의 평균노동생산성을 보여주고 있는데, 이것은 총실질산출량을 총노동시간으로 나눈 것이다. 평균노동생산성은 경기 순응적으로 보인다. 즉, 호황기에는 단위 노동시간당 산출량이 침체기보다 증가한다.[23] 컨퍼런스 보드에서 이 변수의 시점을 정해 놓지는 않았지만, 연구결과 평균노동생산성은 경기순환을 선행하는 것으로 생각된다.[24]

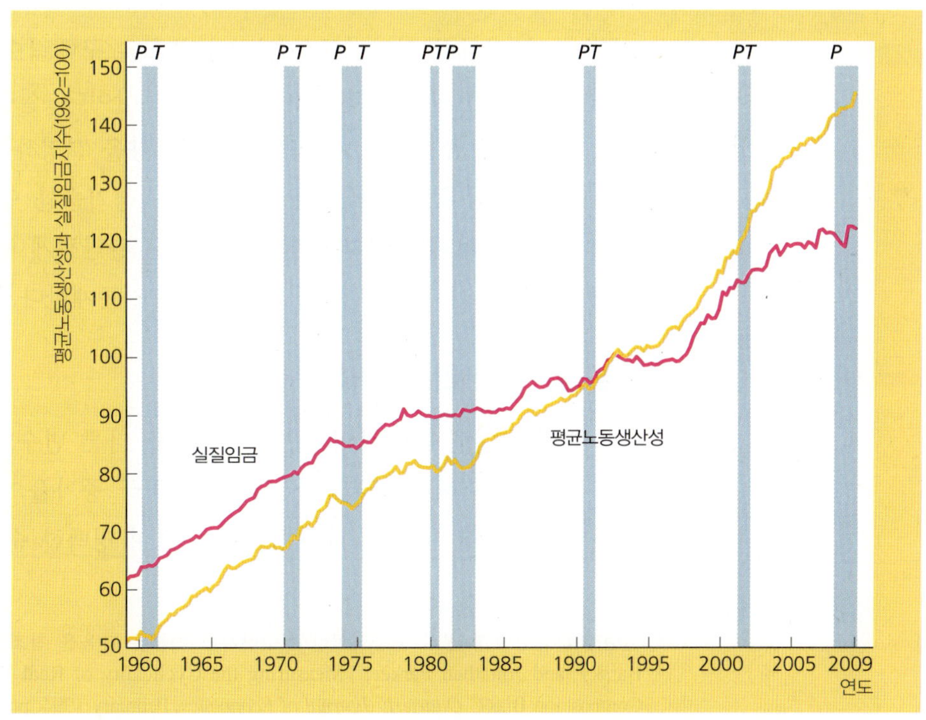

그림 8.12

평균노동생산성과 실질임금의 순환적 행태(1959~2009)

비농업부문 피고용자 시간당 실질산출량으로 측정된 평균노동생산성은 경기 순응적이며 선행변수다. 경제 전체의 평균 실질임금은 완만하게 경기 순응적이다.

출처 : Federal Reserve Bank of St. Louis FRED database at research.stlouisfed.org/fred2 series OPHNFB(productivity) and COMPRNFB(real wage).

---

23. 3장의 "응용 : 미국 경제의 생산함수와 생산성 향상"에 따르면, 총요소생산성(total factor productivity) *A* 또한 경기 순응적 경향을 가진다.

24. 다음을 참조. Robert J. Gordon, "The 'End of Expansion' Phenomenon in Short-Run Productivity Behavior," *Brookings Papers on Economic Activity*, 1979:2, pp. 447-461.

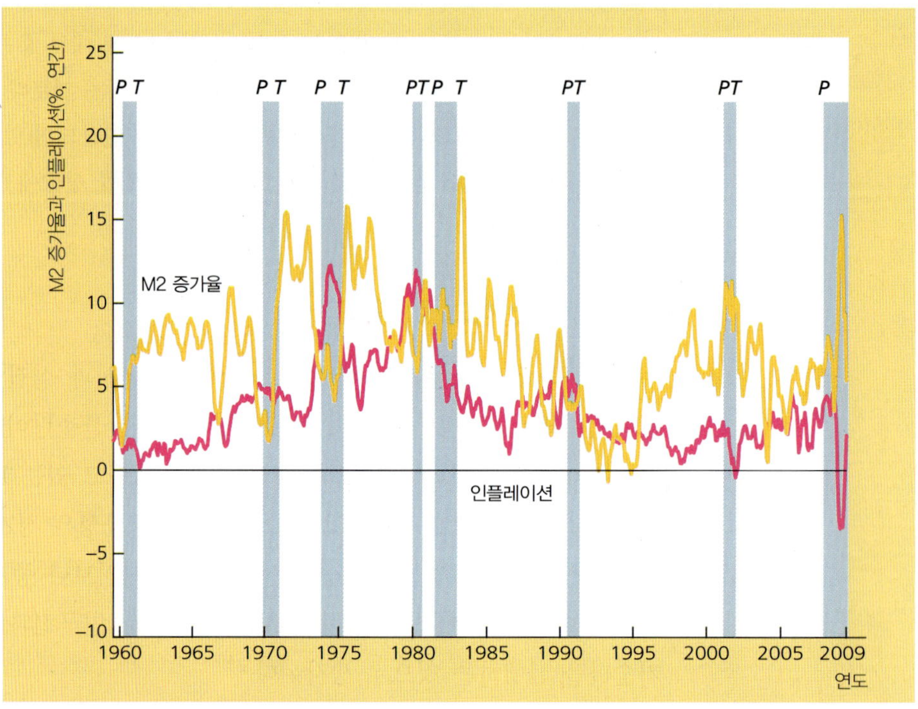

그림 8.13

명목통화량 증가율과 인플레이션의 순환적 행태(1959~2009)

M2(연간 증가율로 표시됨)의 월별 증가율의 6개월 이동 평균으로 측정된 명목 통화 증가율은 변동성이 크다. 그러나 그래프를 보면 통화 증가율은 순환의 정상 무렵 혹은 직전에 종종 하락한다. 통계적 및 역사적 연구에 따르면 일반적으로 통화 증가율은 경기 순응적이고 선행변수다. CPI(연간 증가율로 표시됨)의 월별 증가율의 6개월 이동 평균으로 측정된 인플레이션은 경기 순응적이며 경기순환을 후행한다.

출처 : Federal Reserve Bank of St. Louis FRED database at research.stlouisfed.org/fred2 series M2SL and CPIAUCSL

3장에서 본 것처럼 실질임금은 실질가치 혹은 구매력으로 측정된, 노동자가 수령하는 단위시간(한 시간 혹은 1주일 등)당 보상이다. 실질임금은 노동자에 의해 공급되는 노동 공급량과 기업의 노동 수요량을 결정하는 주요 요인 중 하나이기 때문에, 그림 8.12에 나타난 실질임금은 경기순환 연구에서 특히 중요한 변수이다. 대부분의 증거에 따르면 실질임금은 완만하게 경기 순응적이라는 결론에 도달하지만, 이 점에 대해 다소간의 논쟁도 존재한다.[25]

통화량 증가율과 인플레이션

순환적 행태에 대해 다소간의 논쟁이 있는 또 다른 변수가 통화 공급이다. 그림 8.13은 1959년 이후 M2로 측정된 통화 공급 증가율의 행태를 보여준다.[26] 명목 통화 증가율은 매우 크게 변동하고 있으며 명백한 순환적 패턴을 항상 보

25. 실질임금이 강하게 경기 순응적이라고 주장하는 논문은 다음을 참조한다. Gary Solon, Robert Barsky, and Jonathan Parker, "Measuring the Cyclicality of Real Wages: How Important Is Composition Bias?" *Quarterly Journal of Economics*, February 1994, pp. 1–25. 그러나 위의 결과에 반론을 제기하는 논문은 다음을 참조. Paul J. Devereux, "The Cyclicality of Real Wages Within Employer-Employee Matches," *Industrial and Labor Relations Review*, July 2001, pp. 835–850.

26. M2의 정의에 대해서는 표 7.1을 참조한다. 통화 증가율의 높은 월별 변동성을 줄이기 위해 그림 8.13은 통화 증가율의 6개월 이동평균을 사용하고 있다. 즉 표에 나타난 매월 통화 증가율은 해당 월의 통화 증가율과 그 앞 5개월의 통화 증가율을 평균한 것이다.

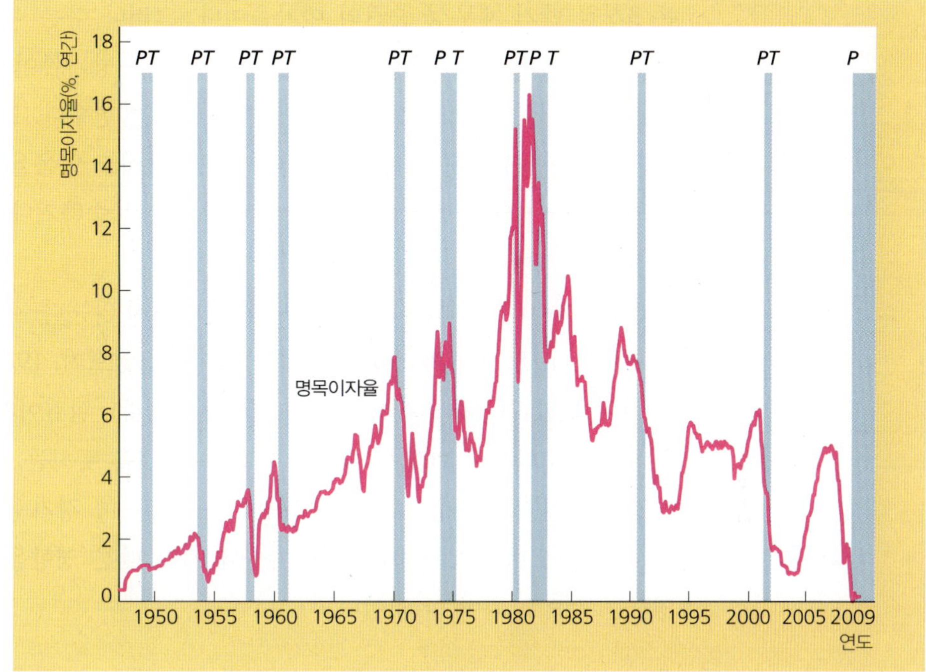

그림 8.14

명목이자율의 순환적 행태(1947~2009)

3개월 만기 재무성 증권의 금리로 측정된 명목 이자율은 경기 순응적이며 후행변수다.

출처 : Federal Reserve Bank of St. Louis FRED database at research.stlouisfed.org/fred2/series/TB3MS.

여주지는 않는다. 그러나 그림 8.13에서 통화 증가율은 침체의 시작 무렵 혹은 직전에 급격히 떨어지는 모습을 가끔 보여준다. 더욱이 많은 통계적 및 역사적 연구[데이터를 1867년까지 거슬러 올라가서 연구한 밀턴 프리드먼(Milton Friedman)과 안나 슈워츠(Anna J. Schwartz)[27]의 고전적 업적을 포함해서]를 보면 통화 증가율은 경기 순응적이며 경기를 선행하고 있다.

역시 그림 8.13에 나타나고 있지만, 인플레이션의 순환적 행태는 더욱 명백한 모습을 보여준다. 인플레이션은 경기 순응적이나 약간 후행변수다. 인플레이션은 전형적으로 경기 확장기에 상승하며 경기순환의 정상보다 약간 후에 고점에 도달한다. 또한 경기순환의 저점이 지난 후에도 일정 기간까지 하락한다. 인플레이션은 예외적으로 1990년대 장기 호황 기간에는 많이 오르지 않았다.

금융 변수

금융 변수는 경기순환에 민감한 또 다른 그룹의 경제변수다. 예를 들면 주가는 일반적으로 경기 순응적(경제가 좋을 때 주가 상승)이며 선행변수(주가는 보통 침체에 앞서 먼저 하락)다.

명목이자율은 경기 순응적이며 후행변수다. 그림 8.14에 표시된 명목이자율

27. *A Monetary History of the United States, 1867-1960*, Princeton, N.J.: Princeton University Press for NBER, 1963. 이 연구는 10장에서 더 논의될 것이다.

은 3개월 만기 재무성 증권의 이자율이다. 그러나 다른 이자율, 예컨대 우대이자율(은행이 최고의 고객에게 적용하는 금리) 및 연방기금이자율(은행 간 하루짜리 대출에 적용되는 이자율)도 경기 순응적이며 후행변수다. 또한 명목이자율은 인플레이션과 일반적으로 같은 순환적 패턴을 보이고 있음을 주목할 필요가 있다. 명목이자율이 왜 인플레이션과 같은 방향으로 상승하거나 하락하는지는 7장에서 이미 논의했다.

실질이자율은 명백한 순환적 패턴을 나타내지 않는다. 예를 들어, 실질이자율은 1973~1975년 침체기에는 사실상 마이너스였으며, 1981~1982년 침체기에는 매우 높았다(연간 실질이자율은 그림 2.3에 있다). 실질이자율의 비경기성은 그것이 경기순환에서 반드시 중요하지 않다는 것을 뜻하는 것은 아니다. 그 대신 안정된 순환적 패턴을 보여주지 않는다는 것은, 매 경기순환이 각기 다른 원인을 갖고 있으며 이로 인해 실질이자율에 각자 다른 영향을 미쳤다는 사실을 반영하는 것으로 봐야 할 것이다.

경기순환의 국제적 측면

지금까지는 미국의 경기순환에 초점을 맞춰 왔다. 그러나 경기순환은 결코 미국에만 고유한 것이 아니며, 모든 산업화된 시장경제에서 규칙적으로 관찰되어 온 것이다. 대체로 이러한 나라의 핵심 경제변수의 순환적 행태는 미국과 유사하게

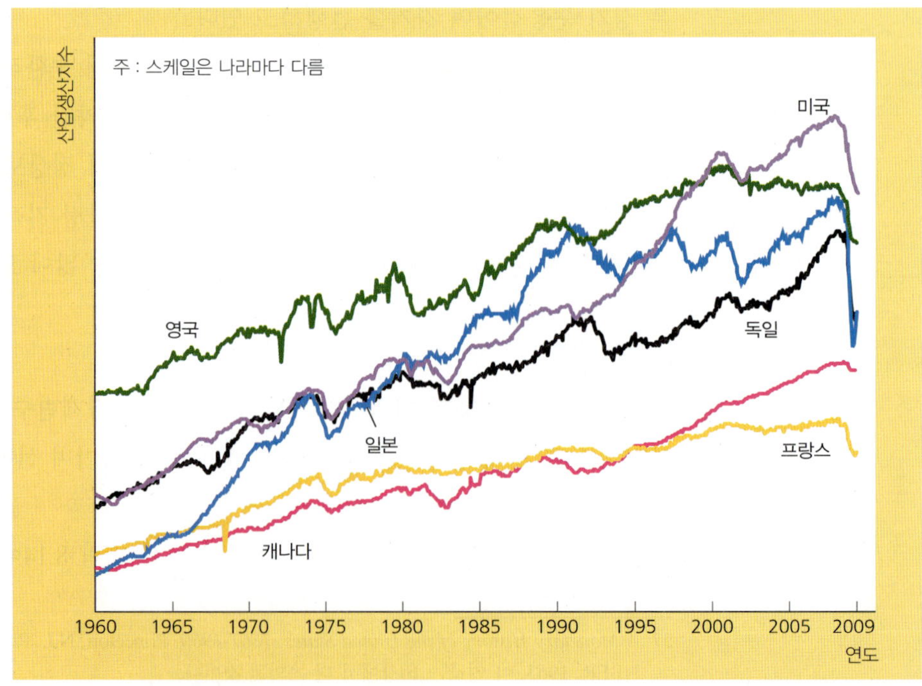

그림 8.15

6개 주요 선진국의 산업생산지수(1960~2009)

경기순환의 세계적 영향은 6개국 산업생산지수 행태의 유사성을 통해 반영되고 있다. 그러나 개별 국가는 다른 나라와 공유하지 않는 고유의 파동도 보여준다.

출처 : *International Financial Statistics*, August 2009, from International Monetary Fund(보기에 명료하도록 스케일을 조정했음).

주 : 산업생산지수의 스케일은 국가마다 다르다. 예를 들면, 그림에서 영국의 총산업생산이 일본의 총산업생산보다 높다는 것을 보여주는 것은 아니다.

나타나고 있다.

경기순환은 또 다른 의미에서 국제적 현상이다. 주요 선진국 경제는 거의 동시에 침체와 확장을 종종 겪는데, 이것은 그들이 공통의 순환을 공유한다는 뜻이다. 그림 8.15는 6개 주요 선진국의 1960년 이후 산업생산지수를 보여줌으로써 이러한 공통 순환을 나타낸다. 특히 1975년, 1982년, 1991년, 2001년, 2008년에 있었던 세계적 침체의 결과를 주목할 필요가 있다. 그림 8.15는 또한 다른 나라와 공유하지 않는 많은 작은 파동을 각 경제가 경험하고 있음을 보여준다.

8.4 경기순환 분석 : 개관

이 장에서 설명된 경기순환의 사실들은 매우 유용한 것이다. 예를 들어, 핵심 거시경제 변수의 전형적 순환 패턴을 잘 알면, 선행지표를 논의할 때 보았던 것처럼 경제예측에 도움이 될 수 있다. 경기순환의 사실을 안다는 것은, 기업가의 투자 결정 및 고용 의사결정에 중요한 것이며, 위험과 수익의 바람직한 조합을 가능케 하는 분산투자를 추구하는 금융투자자에게도 중요한 것이다. 그러나 거시경제학자는 경기순환 중에 일어나는 사실뿐만 아니라, 그것이 왜 발생하는가에도 관심을 갖고 있다. 경기순환을 이해하고자 하는 욕구는 단순히 지적 호기심만이 아니다. 예를 들어, 9~11장에서 보여주겠지만, 거시경제학자가 정책 입안자에게 침체기에 어떻게 대응할 것인가를 충고할 때, 침체를 일으킨 원인이 무엇이라고 생각하는가에 따라 충고의 내용은 달라진다. 따라서 경기순환의 사실들을 토대로 하여, 3부의 나머지 부분에서는 경기순환의 파동에 대한 또 다른 주요한 설명을 서술하고자 한다. 나아가서 이러한 설명을 토대로 정책적 제언을 제시하고자 한다.

일반적으로 경기순환이론은 두 가지 주요 구성요소를 갖고 있다. 첫째는 경제에 영향을 미치는 주요 요인들의 유형에 대한 설명이다. 예를 들면 전쟁, 새로운 발명, 흉년, 정부 정책의 변화 등과 같은 것이다. 경제학자는 전형적으로 예측할 수 없는 이러한 힘을 종종 경제적 **충격**이라고 한다. 경기순환이론의 또 다른 구성요소는, 경제가 다양한 충격에 어떻게 반응하는가를 설명하는 **모형**이다. 경제를 유지보수가 잘 되지 않은 고속도로를 달리는 자동차에 비유해 보자. 도로에 파인 구멍과 튀어나온 것들을 충격 요인이라고 생각할 수 있다. 모형이란 자동차의 각 부품(타이어 및 충격 흡수장치)이 승객에 대한 충격 효과를 완화하거나 증폭하기 위해 어떻게 반응하는가를 설명해 주는 것이다.

최신자료 및 연구와의 접속 *IN TOUCH WITH DATA AND RESEARCH*

계절순환과 경기순환

대부분 국가의 GDP는 연중 여러 계절에 걸쳐 같은 비율로 일정하게 성장하지 않는다는 사실을 아는가? 정부통계기관에서 발표하는 거시경제 데이터는 일반적으로 계절조정된 것이기 때문에, 대부분은 이러한 사실을 잘 모를 수 있다. 다시 말해서, 늘 일어나는 계절 변동은 데이터에서 제외되어 있다. 이러한 논리의 근거는, 계절 변동을 제거함으로써 데이터 사용자가 더 중요한 장기적 경제 변화와 경기순환 변동에 집중할 수 있기 때문이다. 그러나 계절 변동 수치는 거시경제의 공식 발표 데이터에는 보이지 않지만, 이를 간과하면 심각한 파급효과를 초래할 수 있다. 왜냐하면 어떤 계절의 저성장으로 인해 어떤 사람은 상당한 기간 동안 실직할 수 있기 때문이다. 이러한 변동은 수개월 동안 지속될 수 있기 때문에, 계절적 경기둔화로 인해 정책 입안자의 개입을 불러올 수도 있다.

계절적 실업의 고전적 사례는, 관광업이 GDP에서 큰 비중을 차지하는 북아프리카의 이집트나 튀니지에서 볼 수 있다. 이집트는 세계 고대 유적의 거의 60%를 차지하는 국가로서, 더운 여름에는 관광객 방문이 현저히 줄어들기 때문에 계절적 경기둔화를 겪고 있다. 반대로 튀니지는 지중해의 해변 관광에 크게 의존하기 때문에, 추운 계절이 되면 경기가 위축된다. 두 나라 모두 심각한 경기둔화가 지나야 경제 호황이 찾아온다. 이집트의 경우 GDP 성장의 70% 이상을 이러한 계절순환의 절정기에 의존한다.

경기순환에 영향을 미치는 주요 변수가 계절순환의 특징도 결정한다는 전제하에 지난 몇십 년간 경제학자는 계절 변동에 대한 연구를 시도해 왔다. 따라서 경기순환에 대한 해석보다 계절순환의 정형화된 변수를 설명하는 것이 더 쉽게 되었다. 이러한 연구 과제에 대한 관심을 일으킨 계기가 된 논문[28]에서, 바스키(Barsky)와 미론(Miron)은 미국 경제의 계절순환은 크리스마스 시즌의 높은 소비와 여름철의 낮은 노동생산성과 같은 많은 요인에 의존한다고 결론지었다. 재미있는 것은 중동(the Middle East)에서 계절순환은 종교적 기념행사와 성스러운 라마단 기간의 높은 소비에 크게 의존하는데, 같은 기간 동안 노동생산성도 크게 하락한다는 것이다. 특히 외국인 노동에 크게 의존하는 걸프협력위원회(GCC : Gulf Cooperation Council) 국가에서는, 국외 노동자들이 타는 듯 더운 여름의 열기를 피해 본국으로 연례 휴가를 떠나는 계절에 산출량이 감소한다.

계절순환은 그 자체로서 전반적 경기순환에 영향을 미칠 수 있음을 명심해야 한다. 이러한 요인이 반드시 고려되어야 하며, 그러면 정부지출은 경기 순응적이 된다. 10장에서 논의하는 것처럼, 고전파 경제학자는 경제가 경제 환경 변화에 자연스레 반응할 때 경기순환이 가장 잘 표현될 수 있으며, 거시경제 정책으로 이러한 변화를 제거해서는 안 된다는 점을 분명히 하고 있다.

---

28. Barsky, R. B., and Miron, J. A., The Seasonal Cycle and the Business Cycle, *Journal of Political Economy*, June 1989, vol. 97, no. 3, pp. 503-535.

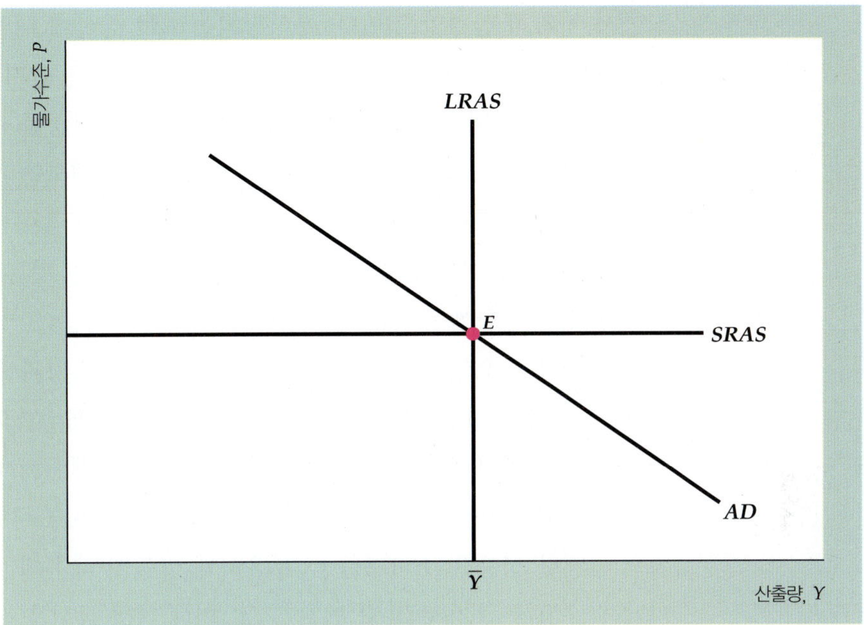

그림 8.16

총수요-총공급 모형

총수요(*AD*) 곡선은 기울기가 우하향하며 이는 물가수준 *P*가 상승할 때 재화와 서비스에 대한 총수요량 *Y*는 감소함을 뜻한다. 단기 총공급 곡선 *SRAS*는 수평인데, 이는 단기에 물가가 고정되어 있으며 기업은 수요량이 정해지는 대로 생산한다는 가정에 바탕을 두고 있다. 기업이 정상적 산출수준에서 생산하는 장기에는 장기 총공급 곡선 *LRAS*가 완전고용 산출량 수준 $\overline{Y}$에서 수직이 된다. 경제의 단기 균형은 *AD* 곡선과 *SRAS* 곡선이 교차하는 점에서 달성되며, 장기 균형은 *AD* 곡선과 *LRAS* 곡선이 교차하는 점에서 달성된다. 이 그림에서 경제는 점 *E*에서 단기 균형과 장기 균형이 모두 달성되고 있다.

이 책에서 설명하는 두 가지 주요 경기순환이론은 고전파 이론과 케인즈파 이론이다. 다행히 이 두 가지 이론을 설명하고 논의하기 위해 두 개의 완전히 다른 모형을 개발할 필요는 없다. 그 대신 두 이론 모두 **총수요와 총공급 모형**(aggregate demand-aggregate supply model) 혹은 *AD-AS* **모형**의 일반적 틀 안에서 고려될 수 있다. 경기순환 분석에 대한 고전파 접근법과 케인즈파 접근법의 주요 차이점을 보기 위해, 8장의 나머지 부분에서 *AD-AS* 모형을 개관하고 경기순환을 분석하는 데 그것을 어떻게 이용하는가를 살펴볼 것이다.

총수요와 총공급 : 개요 소개

우리는 *AD-AS* 모형 및 *IS-LM* 모형과 *AD-AS* 모형을 구성하는 핵심 분석도구를 9~11장에서 살펴볼 것이다. 여기서는 *AD-AS* 모형의 기본 구성요소를 소개하면서 간략히 설명하고자 한다. *AD-AS* 모형은 그림 8.16에서 보는 것처럼 (1) 총수요 곡선, (2) 단기 총공급 곡선, (3) 장기 총공급 곡선 등 세 개의 요소로 나눠진다. 각 그래프는 수직축의 일반물가수준 *P*와 수평축의 산출량 *Y*의 관계를 나타낸다.

총수요(*AD*) **곡선**은 어떤 주어진 물가수준에서, 가계와 기업 및 정부가 수요하는 재화와 서비스의 총수요량을 나타낸다. 그림 8.16에서 총수요 곡선은 우하향하는 기울기를 가지는데, 이것은 일반물가수준이 높아질 때 사람들은 재화와 서비스 수요량을 줄인다는 것을 뜻한다. 이러한 우하향하는 기울기에 대해서는 9

장에서 정확히 설명할 것이다. 우하향하는 *AD* 곡선에 대한 직관적 설명(가격이 높아지면 사람들은 적은 양의 상품을 살 수밖에 없다)은 옳지 않다. 직관적 설명이 갖는 문제점은, 비록 일반물가수준의 상승은 대부분 상품 가격의 상승을 반영하지만, 한편으로 그것은 그러한 상품을 생산하고 판매하는 사람들의 소득이 증가한다는 것을 함축하기 때문이다. 따라서 물가수준이 높아지면 사람들이 구매할 수 있는 재화와 서비스의 수량이 감소한다고 말하는 것은 옳지 않다. 물가뿐만 아니라 소득도 함께 증가하기 때문이다.

다른 경제적 요인이 불변일 때, *AD* 곡선은 총수요량과 물가수준의 관계를 나타낸다. 그러나 어떤 주어진 물가수준에서 재화와 서비스의 총수요량을 증가시키는 변화가 발생하면 *AD* 곡선은 우측으로 이동한다(재화와 서비스의 총수요량을 감소시키는 어떤 변화가 발생하면 *AD* 곡선은 좌측으로 이동한다). 예를 들어, 주가의 급격한 상승은 소비자를 더 부유하게 만들기 때문에 재화와 서비스에 대한 가계의 수요를 증가시킬 수 있고, 그로 인해 *AD* 곡선을 우측으로 이동시킬 수 있다. 비슷한 예로서, 더 효율적인 자본재 개발은 새로운 자본재에 대한 기업의 수요를 증가시킬 수 있고, 그 결과 *AD* 곡선을 우측으로 이동시킬 수 있다. 정부정책도 *AD* 곡선에 영향을 미칠 수 있다. 예를 들어, 정부가 군사장비에 대한 지출을 줄이면 재화와 서비스에 대한 총수요량이 감소하여 *AD* 곡선은 좌측으로 이동하게 된다.

총공급 곡선은 생산자가 어떤 특정한 물가수준에서 기꺼이 공급하고자 하는 산출량을 나타낸다. 그림 8.16에는 두 개의 총공급 곡선이 그려져 있는데, 하나는 단기에 성립하는 것이고 다른 하나는 장기에 성립하는 것이다. 그림 8.16의 단기 총공급 곡선[short-run aggregate supply (SRAS) curve]은 수평선이다. 수평적 *SRAS* 곡선은, 단기에 물가수준은 고정되어 있으며 기업은 그 물가수준에서 어떠한 산출량도 기꺼이 공급하고자 한다는 뜻을 담고 있다. 만약 단기가 하루 정도의 아주 짧은 기간이라면 이 가정은 현실성이 있다. 예를 들어, 아이스크림 가게는 아침에 아이스크림 가격을 붙여 놓고, 그 가격에 수요되는 만큼의 아이스크림을 (아이스크림 생산능력이 다할 때까지) 판매할 것이다. 하루 동안 가게 주인은 아이스크림 수요량이 유별나게 높지 않는 한 아이스크림 가격을 올리지 않을 것이다. 마찬가지로 아이스크림 수요량이 현저하게 낮지 않은 한 가게 주인은 아이스크림 가격을 내리지 않을 것이다. 생산자가 일정한 기간 동안 가격을 고정시켜 놓고 그 가격에 형성되는 수요량만큼 공급하고자 하는 경향이 수평적 *SRAS* 곡선에 반영되어 있다.

그러나 아이스크림 수요량이 날마다 높은 수준을 유지해서, 가게 주인이 최대한 노력을 기울여 수요량을 충족시킬 충분한 아이스크림을 생산해야 하는 상황을 가정해 보자. 이러한 경우 가게 주인은 가격을 올려 아이스크림 수요량을 좀 더 관리 가능한 수준으로 감소시킬 수 있을 것이다. 가게 주인은 수요량이 정상적 생산 능력을 초과하는 한 아이스크림 가격을 계속 올리고자 할 것이다. 장기적으로 아이스크림 가격은 수요량과 정상적 산출량 수준이 일치하는 어딘가에서 결정될 것이다. 이와 비슷하게 모든 기업은 장기적으로 정상적 산출량 수준을 생산하는 데 필요한 수준만큼 가격을 조정할 것이다. 3장에서 논의한 것처럼 경제 전체로서 정상적 생산 수준을 완전고용 산출량 수준이라 부르며 $\bar{Y}$로 표시한다. 그러면 장기적으로 가격이 완전 신축적일 때, 총공급 산출량은 단순히 완전고용 산출량 수준 $\bar{Y}$와 같게 될 것이다. 따라서 **장기 총공급 곡선**(*LRAS*)은 그림 8.16에서 보는 것처럼 수직이 되며 그 점에서 공급 산출량 Y는 $\bar{Y}$와 같아진다.

그림 8.16은 단기와 장기에 동시적으로 균형을 이루고 있는 경제를 보여주고 있다. 단기 균형은 *AD* 곡선과 *SRAS* 곡선이 교차하는 *E*점에서 달성된다. 장기 균형은 *AD* 곡선과 *LRAS* 곡선의 교차점으로 역시 *E*점에서 달성된다. 그러나 경제에서 어떤 변화가 발생하면 단기 균형은 장기 균형과 달라질 수 있다.

총수요 충격 경기순환이론은 경제의 충격요인을 설명할 수 있어야 한다. *AD-AS* 분석방법은 최초 영향에 따라 충격요인을 총수요 혹은 총공급 측면으로 나누어 식별한다. **총수요 충격**(**aggregate demand shock**)은 *AD* 곡선을 이동시키는 변화이다. 예를 들어, 총수요를 감소시키는 충격요인으로, 소비자가 미래에 대해 더욱 비관적으로 생각하게 되어 현재 소비지출을 줄이면 이는 *AD* 곡선을 왼쪽으로 이동시키게 된다.

총수요 충격의 영향을 분석하기 위해, 먼저 최초에 경제는 그림 8.17의 *E*점에서 단기 및 장기 균형이 동시에 달성되어 있다고 하자. 소비자가 비관적이 됨에 따라 총수요 곡선이 AD^1에서 AD^2로 하방 이동하였다고 가정하자. 이러한 경우 새로운 단기 균형은 *F*점(AD^2와 *SRAS*의 교차점)이 되며, 물가수준은 P_1에서 불변이지만 산출량은 Y_2로 떨어진다. 즉 가계 소비수요의 감소가 침체를 초래하여 산출량이 정상수준 이하로 하락하였다. 그러나 경제가 *F*점에서 영구히 머물지는 않을 것이다. 기업이 그들의 정상적 생산능력 이하에서 계속 생산하는 데 만족하지 않을 것이기 때문이다. 결국 기업은 가격을 조정함으로써(이 경우 가격을 내림으로써) 감소한 수요에 대응할 것이다. 그러면 경제는 AD^2와 *LRAS*가 교차하는 *H*점에서 새로운 장기 균형에 도달하게 된다. *H*점에서 산출량은 원래의 수준인 $\bar{Y}$로 되돌아오지만, 물가수준은 P_2로 하락하였다.

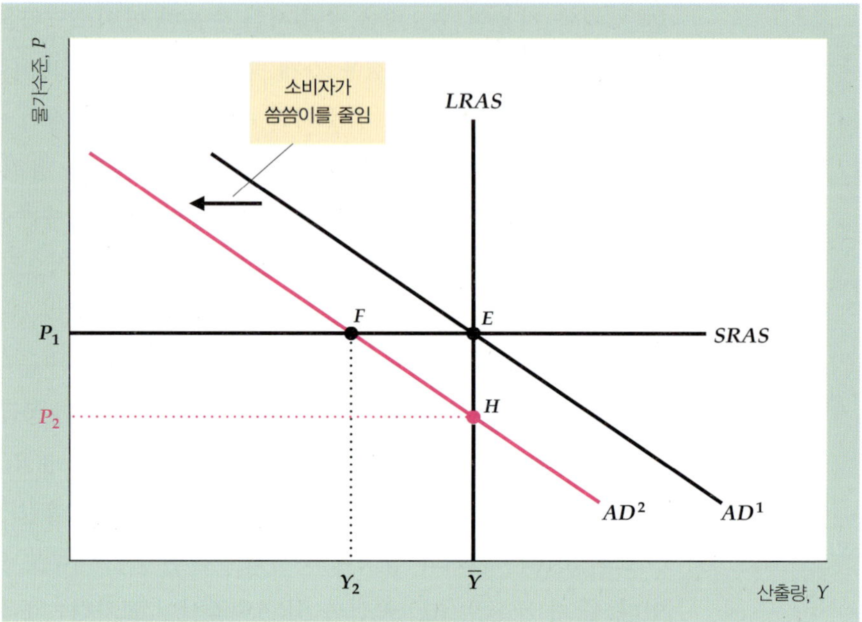

그림 8.17

총수요 악화 충격

총수요를 악화시키는 충격은 주어진 물가수준에서 재화와 서비스의 총수요량을 감소시킨다. 예를 들어, 소비자가 더욱 비관적이 되어 지출을 감소시키는 것을 들 수 있다. 이러한 충격은 총수요 곡선이 AD^1에서 AD^2로 좌측 이동하는 것으로 설명된다. 단기에 경제는 F점으로 이동한다. 이 단기 균형에서 물가는 불변이지만 산출량은 Y_2로 감소한다. 결국 물가 조정으로 경제는 장기 균형점인 H점으로 이동하며, 산출량은 완전고용 수준인 $\overline{Y}$로 회복되고 물가수준은 P_2로 하락한다. 극단적 고전파 모형에서는 경제가 거의 즉각적으로 H점으로 이동하며, 그 결과 총수요 감소 충격은 단기 및 장기에서 본질적으로 산출량에 영향을 미치지 못한다. 케인즈파는 조정 과정에 긴 시간이 걸리기 때문에, 총수요 악화 충격으로 산출량 감소가 지속될 수 있다고 주장한다.

이상의 분석에 의하면 AD 곡선을 하방 이동시키는 총수요 악화 충격으로 인해 산출량은 단기에 감소하지만 장기에는 불변이라는 것이다. 그러면 경제가 장기 균형에 도달하는 데 시간이 얼마나 걸리는 것일까? 이 질문은 경제 분석에서 매우 중요한 것이며, 고전파와 케인즈파가 서로 매우 다른 해답을 내놓고 있는 분야다. 각자의 해답을 보면 고전파와 케인즈파가 경기침체에 대응하는 정부정책의 적절한 역할에 대해 왜 서로 다른 견해를 갖고 있는가를 이해하는 데 도움이 될 수 있다.

고전파 견해에 따르면, 가격이 수요량과 공급량의 불균형을 매우 신속하게 조정함으로써 경제는 장기 균형으로 재빨리(몇 개월 혹은 그 이하) 복귀할 것이라고 한다. 따라서 AD 곡선의 하방 이동으로 인해 발생된 경기침체는 상당히 빨리 끝날 것이며, 그 결과 물가수준은 하락하고 경제는 원래의 산출량 수준 $\overline{Y}$에 도달하게 된다. 가장 극단적인 고전파 모형에 의하면 경제는 즉각적으로 장기 균형에 복귀하는 것으로 가정된다. 이는 본질적으로 단기 총공급 곡선은 중요하지 않으며 경제는 항상 장기 총공급($LRAS$) 곡선 위에서 움직인다는 것을 뜻한다. 균형으로의 조정은 재빨리 일어나기 때문에, 고전파 경제학자는 정부가 경기침체와 맞서 싸우려고 적극적으로 개입하는 것은 별로 바람직하지 않다고 주장한다. 이러한 결론은 1장에서 설명한 '보이지 않는 손'의 주장과 일치한다. 이에 따르면 자유로운 시장과 물가의 신축성만 보장되면 좋은 경제적 결과를 달성하는 데 충분하다는 것이다.

그림 8.18

총공급 악화 충격

가뭄과 같은 총공급 악화 충격은 완전고용 산출량 수준을 $\bar{Y}_1$에서 $\bar{Y}_2$로 감소시킨다. 마찬가지로 이 충격은 장기 총공급 곡선을 $LRAS^1$에서 $LRAS^2$로 좌측 이동시킨다. 공급 악화 충격의 결과 장기 균형은 E점에서 F점으로 이동하였다. 새로운 장기 균형에서 산출량은 $\bar{Y}_1$에서 $\bar{Y}_2$로 감소하였으며 물가수준은 P_1에서 P_2로 상승하였다.

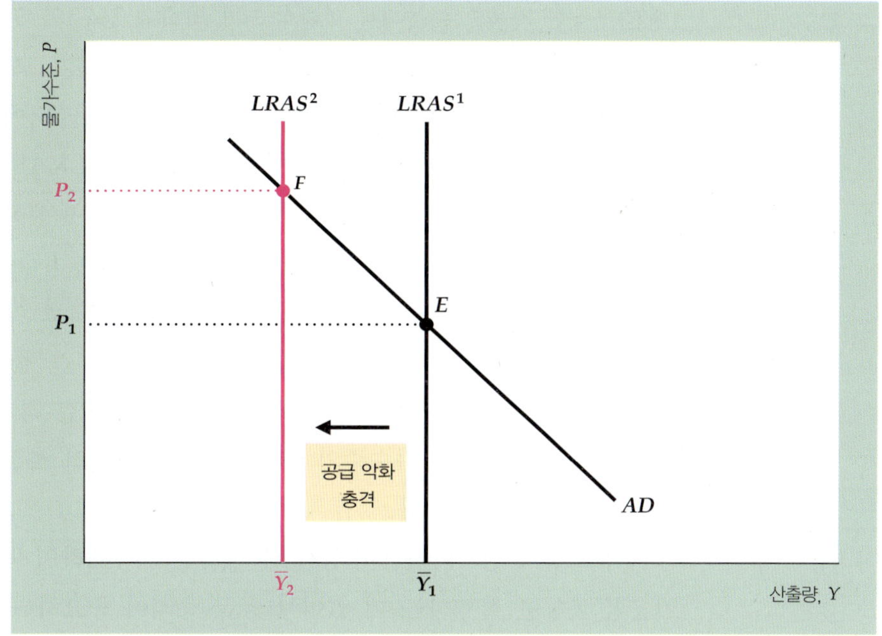

고전파 견해와는 달리, 케인즈파 경제학자는 물가(노동의 가격인 임금을 포함하여)가 충격에 반응하여 반드시 신속하게 조정되지 못한다고 주장한다. 따라서 경제가 장기 균형으로 회복하는 속도가 느려서, 몇 개월이 아니라 아마도 수년이 걸릴 수 있다고 주장한다. 다시 말해서, 비록 케인즈파는 고전파와 마찬가지로 경제의 산출량 수준이 결국은 침체 수준(그림 8.17의 Y_2)에서 완전고용 수준 $\bar{Y}$로 되돌아간다는 데에는 동의하지만, 그 과정에 시간이 많이 걸릴 것으로 믿고 있다. 케인즈파는 시장경제의 자기교정능력에 대한 신뢰가 부족하기 때문에, 경기침체와 싸우는 정부의 역할이 중요하다고 보는 경향이 있다. 예를 들어, 케인즈 자신도 원래 정부가 지출을 늘림으로써 경기침체와 맞서 싸울 수 있다고 주장하였다. 그림 8.17에서 보면 정부지출의 증가는 AD 곡선을 AD^2로부터 AD^1로 상방 이동시켜, 원칙적인 면에서 경제를 완전고용 수준으로 회복시킬 수 있다.

총공급 충격 고전파 경제학자는 총수요 충격은 산출량에 지속적 파동을 일으키지 않는다고 믿기 때문에, 일반적으로 산출량과 고용을 변화시키는 주요 요인은 총공급 충격이라고 본다. **총공급 충격**(aggregate supply shock)은 장기 총공급 곡선을 이동시키는 변화이다. $LRAS$ 곡선의 위치는 단지 완전고용 산출량 수준 $\bar{Y}$에 의존하므로, 총공급 충격 또한 $\bar{Y}$를 변화시키는 요인들, 예컨대 생산성이나 노동공급의 변화 등으로 인식될 수 있다.

그림 8.18은 총공급 악화 충격, 즉 완전고용 산출량 수준을 감소시키는 충격

(예컨대 심한 가뭄으로 농작물 작황이 크게 악화된 경우)의 영향을 보여준다. 경제는 지금 장기 총공급 곡선 *LRAS*와 총수요 곡선 *AD*가 교차하는 *E*점에서 장기 균형을 이루고 있다고 하자. 이때 완전고용 산출량을 $\overline{Y}_1$에서 $\overline{Y}_2$로 감소시키는 총공급 악화 충격이 발생하여, 장기 총공급 곡선을 $LRAS^1$에서 $LRAS^2$로 이동시켰다고 생각해 보자. 새로운 장기 균형은 *F*점에서 발생하며, 산출량 수준은 *E*점에서보다 낮아졌다. 고전파 견해에 따르면 경제는 *E*점에서 *F*점으로 재빨리 이동하여 *F*점에 머물게 된다. 경제가 *E*점에서 *F*점으로 이동했다는 것은, 산출량이 감소하고 경기침체가 되었다는 것과 같다. 새로운 물가수준 P_2는 원래 물가수준 P_1보다 상승하였다. 따라서 총공급 악화 충격은 경기침체와 함께 물가를 상승시킨다. 이러한 물가수준의 함축성과 경기순환의 사실들과의 관계는 10장에서 다시 논의될 것이다.

비록 고전파 경제학자들이 공급 충격을 먼저 강조하였지만, 케인즈파 또한 경기순환 파동을 설명하는 데 있어서 공급 충격이 중요하다는 것을 인식하고 있다. 케인즈파는 총공급 악화 충격이 장기적으로 산출량을 감소시키고 물가수준을 상승시킬 것이라는 데 동의하고 있다. 경제가 공급 충격으로 인해 단기 균형에서 장기 균형으로 이동해 가는 과정에 대한 케인즈파의 견해는 11장에서 논의될 것이다.

요약 *SUMMARY*

1. 경기순환은 총체적 경제활동이 상승하는 기간(확장 혹은 호황)에 이어 경제활동이 하락하는 기간(수축 혹은 침체)으로 구성된다. 수축의 바닥은 저점이라고 하며 확장의 고점은 정상이라고 한다. 경기순환은 산업화의 초기부터 시장경제에서 관찰되어 왔다.

2. 여러 경제변수가 경기순환 과정에서 규칙적이고 예측 가능한 방향으로 함께 움직이는 경향을 동조성이라고 한다. 핵심 거시경제 변수들의 전형적 순환 패턴을 '경기순환의 실태'라고 한다.

3. 경기순환을 구성하는 총체적 경제활동의 파동은 반복적이며, 산업화된 시장경제에서 지속적으로 관찰되어 왔다. 그러나 그것은 규칙적이고 예측 가능한 기간 동안 발생하지 않기 때문에 주기적이지는 않다. 경기순환 파동은 또한 일단 침체 혹은 확장이 시작되면 상당 기간 동안 계속된다는 의미에서 지속적이다.

4. 많은 경제학자는 1929년 이전의 미국 경제가 제2차 세계대전 이후보다 침체기가 더 길었고 순환적 변동성도 더 높았다고 믿고 있다. 그러나 통계 문제로 인해 1929년 이전 미국 경제가 얼마나 더 변동성이 높았는지는 정확히 측정할 수 없다. 1929년에 발생해 제2차 세계대전의 시작 무렵까지 계속된 대공황은 미국 역사에서 가장 심각한 경기침체로 기록됐다. 제2차 세계대전 이후 경기순환의 완화로 인해 사람들은 경기순환이 '사라졌다' 고 다소 성급하게 선언했다. 그러나 미국 경제는 1973~1975년 및 1981~1982년 심각한

침체를 겪었다. 1982년부터 20세기 말까지 미국 경제는 '장기 호황'을 누렸으며, 그 사이 1990~1991년 짧은 침체를 한 번 겪었을 뿐이었다.

5. 경기순환과 비교해서 각 변수의 방향은 경기 순응적, 경기 역행적, 비경기적으로 나눠진다. 경기 순응적 변수는 총체적 경제활동과 같은 방향으로 움직이며 호황기에는 상승하고 침체기에는 하락한다. 경기 역행적 변수는 총체적 경제활동과 반대방향으로 움직이며 호황기에 하락하고 침체기에 상승한다. 비경기적 변수는 명백한 순환 패턴을 갖지 않는다.

6. 경기순환과 비교해서 각 변수의 시점은 동행변수, 선행변수, 후행변수로 나눠진다. 동행변수의 정상과 저점은 총체적 경제활동의 그것과 거의 동시에 발생한다. 선행변수의 정상과 저점은 총체적 경제활동의 그것보다 앞에 오며, 후행변수의 정상과 저점은 총체적 경제활동의 그것보다 뒤에 온다.

7. 주요 거시경제 변수의 순환 방향과 시점(경기순환의 실태)은 요약표 10에 정리되어 있다. 간략히 말해서 생산, 소비, 투자 등은 경기 순응적이며 동행변수다. 투자는 경기순환에서 소비보다 훨씬 변동성이 크다. 고용은 경기 순응적이지만 실업률은 경기 역행적이다. 대부분 연구에 따르면 실질임금은 완만하게 경기 순응적이지만, 평균노동생산성과 실질임금은 경기 순응적이라고 볼 수 있다. 통화량과 주가는 경기 순응적이며 선행변수다. 인플레이션과 명목이자율은 경기 순응적이며 후행변수다. 실질이자율은 비경기적이다.

8. 경기순환이론은 (1) 경제에 영향을 미치는 충격요인에 대한 설명 및 (2) 총수요-총공급(*AD-AS*) 모형처럼 경제가 이러한 충격에 대해 어떻게 반응하는가를 분석할 수 있는 모형, 이 두 가지로 구성된다. *AD-AS* 모형에서 총수요 곡선에 대한 충격은 단기에 산출량을 변동시키지만, 산출량은 장기적으로 완전고용 수준인 $\bar{Y}$로 되돌아간다. 총공급 곡선에 대한 충격은 단기와 장기에서 모두 산출량에 영향을 미칠 수 있다.

9. 고전파 경제학자는 물가가 신축적으로 조정되기 때문에 경제는 장기 균형으로 신속하게 복귀한다고 주장한다. 이러한 견해에 의하면 총수요 충격은 산출량과 같은 실질변수에 아주 단기적인 영향만 주게 된다. 그 대신 고전파 경제학자는 총공급 충격이 경기순환의 근본 원인이라고 강조한다. 고전파는 정부가 경기침체에 대응할 필요가 없다고 보고 있다. 케인즈파 경제학자는 반대로 경제가 장기 균형을 회복하는 데 긴 시간이 걸린다고 믿고 있다. 그러므로 이들은 총수요 충격이 상당히 긴 시간 동안 산출량에 영향을 미친다고 결론짓고 있다. 더욱이 케인즈파는 정부정책이 경제를 완전고용 수준으로 되돌리는 데 촉진제 역할을 할 수 있다고 믿고 있다.

핵심용어 *KEY TERMS*

경기 순응적	불황	전환점
경기순환	비경기적	정상
경기순환 연표	선행변수	지속성
경기 역행적	선행지표 지수	침체
구직률	수축	호황
동조성	실직률	확장
동행변수	저점	후행변수

복습문제 REVIEW QUESTIONS

1. 경기순환의 국면과 전환점을 보여주는 그림을 그려 보라. 이 그림을 이용해서 반복성과 지속성을 설명하라.
2. 동조성이란 무엇인가? 동조성은 이 장에서 설명된 경기순환의 사실들과 어떤 연관성을 갖고 있는가?
3. 미국의 경기순환이 시간이 지남에 따라 덜 심각해졌다는 견해에 대해서 어떤 증거가 있는가? 경기순환이 시간이 지남에 따라 완화되었는지 그렇지 않은지의 문제는 왜 중요한가?
4. 총체적 경제활동이 상승하거나 하락할 때 어떤 변수가 움직이는 방향을 설명하는 데 어떤 용어가 사용되는가? 경제변수의 순환적 변동의 시점을 설명하는 데에는 어떤 용어가 사용되는가?
5. 경제가 침체로 빠져드는 것을 알고 있다면, 다음 몇 분기 동안 생산에는 어떤 일이 일어날 것으로 예상되는가? 투자는? 평균노동생산성은? 실질임금은? 실업률은?
6. 어떤 경제변수가 경기순환을 선행한다는 사실은 거시경제 예측에 어떻게 활용되는가?
7. 경기순환이론의 두 구성요소는 무엇인가?
8. 경제가 장기 균형에 도달하는 데 얼마나 시간이 걸리는가에 대한 신념에서 케인즈파와 고전파는 어떤 차이점이 있는가? 이러한 신념의 차이는 경기대응 정책의 유용성에 대한 케인즈파와 고전파의 견해에 대해 어떤 함축성을 갖는가? 경기침체를 초래하는 충격의 유형에 대해서는 어떤 함축성을 갖는가?

분석문제 ANALYTICAL PROBLEMS

1. 그림 8.1은 경기순환의 정상과 저점이 총체적 경제활동 수준의 정상과 저점으로 식별되고 있음을 보여주며, 이것은 현재의 NBER 방법론과 일치한다. 그러나 1927년 이전 경기순환에 대해서, NBER은 경기순환의 정점과 저점을 추세를 제거한 총체적 경제활동(총체적 경제활동에서 그림 8.1의 '정상적 성장경로'를 뺀 것)의 정점과 저점을 가지고 식별하였다. 후자의 방법을 사용하면 현재의 방법론을 사용할 때보다 정상은 일찍 발생하고 저점은 늦게 발생하게 됨을 보여라. 현재의 방법론과 비교해서 후자의 방법론은 수축과 확장 기간을 증가시키는가 아니면 감소시키는가? 이러한 측정방법의 변화는, 제1차 세계대전 이전과 비교하여 제2차 세계대전 이후에 나타난 확장과 수축의 평균 측정기간의 차이를 어떻게 설명할 수 있는가?[29]
2. 신규 주택 구입뿐만 아니라 자동차와 가구 등 내구재에 대한 소비지출은 대부분의 침체기 동안 비내구재와 서비스에 대한 지출보다 더 많이 감소한다. 왜 그렇다고 생각하는가?
3. 산출량, 총노동시간, 평균노동생산성은 모두 경

29. 이 문제에 대한 심층 논의를 위해서는 다음 자료를 참조한다. Christina D. Romer, "Remeasuring Business Cycles," *Journal of Economic History*, September 1994, pp. 573–609. Randall E. Parker and Philip Rothman, "Further Evidence on the Stabilization of Postwar Economic Fluctuations," *Journal of Macroeconomics*, Spring 1996, pp. 289–298. 로머 교수는 경기순환 시점 판단 방법론의 변화가 초래하는 잠재적 중요성을 맨 처음 강조한 사람이다.

기 순응적이다.

a. 산출량 혹은 총노동시간 중 어느 변수가 확장기에 더 높은 비율로 상승하고 침체기에 더 큰 비율로 하락하는가? (힌트 : 평균노동생산성 = 산출량/총노동시간. 따라서 평균노동생산성 변화율은 산출량 변화율 마이너스 총노동시간 변화율이다.)

b. 평균노동생산성의 경기 순응적 행태는 3장에서 논의된 '오쿤의 법칙'과 어떤 연관성이 있는가?

4. 1973~1975년 기간 동안 미국은 물가수준의 급격한 상승과 동시에 깊은 침체를 경험했다. 이 침체가 공급 충격 혹은 수요 충격의 결과임을 결론지을 수 있는가? *AD-AS* 모형을 이용하여 설명하라.

5. '너무 빠른' 경제성장은 인플레이션과 연결된다는 주장이 종종 제기되어 왔다. 이 주장이 왜 사실인가를 보여주기 위하여 *AD-AS* 분석을 사용해 보라. 언제 이러한 주장이 제기되며, 어떤 형태의 충격이 묵시적으로 가정되어 있는가?

실제 거시경제 데이터를 이용한 문제 *WORKING WITH MACROECONOMIC DATA*

이 연습문제에서 사용하는 데이터를 구하려면 research.stlouisfed.org/fred2에 있는 세인트루이스 연방준비은행의 FRED 데이터베이스를 찾아라.

1. 어떤 변수의 하락이 더 큰 하락을 불러오고 상승이 더 큰 상승을 가져온다면, 그 경제변수는 지속적이라고 한다. 이 문제는 학생들이 민간 실업률의 지속성을 공부할 것을 요청한다.

1961년 이후 데이터를 이용하여, 실업률(분기의 마지막 달)이 전 분기보다 적어도 0.2%포인트 이상 변화한(상승하거나 하락한 경우 모두 포함) 모든 분기를 모두 구별하라(주 : 월별 변수인 실업률로부터 분기 평균을 계산하기 위해 이 책의 웹사이트 www.pearsonhighered.com/abel/에서 데이터 변환기를 사용할 수 있다). 연속된 분기에서 (1) 같은 방향으로 더 변화한 경우, (2) 반대 방향으로 변화한 경우, (3) 변화가 없는 경우는 얼마나 발생하고 있는가? 계산 결과를 토대로 실업률은 지속적인 변수라고 말할 수 있는가?

2. 다음 변수는 경기순환에 대해 각각 어떻게 반응하는가? 결과를 그래프로 그려서 보여주고 경제적으로 설명하라.

a. 실질 수입(imports)

b. 연방정부 수입(receipts)

c. 주택발주 건수

d. 생산능력 활용 비율, 제조업

e. 평균 주당 노동시간, 제조업

3. 사람들은 주식시장이 경기침체를 예고할 수 있다고 주장해 왔다. 1961년 이후 분기별 데이터를 사용하여 주식시장 지수의 실질 가치(분기 마지막 달의 S&P 500 지수를 GDP 디플레이터로 나눈 값)를 그려 보라(주 : S&P 500 지수 데이터는 finance.yahoo.com에서 찾을 수 있다). 경기순환의 정점과 저점을 그려 보라. 주식시장은 좋은 경제 예측 지표라고 생각되는가?

4. 미국, 캐나다, 독일의 실질 GDP를 그래프로 그려 보라(데이터는 www.oecd.org 웹사이트의 통계 및 국민계정에서 찾을 수 있다). 미국과 캐나다의 경기순환은 밀접한 관련성이 있는가? 미국과 독일의 경기순환은?

5. FRED 데이터베이스에서 계절 조정된 형태와 계절 조정되지 않은 형태 모두가 가능한 변수를 찾아보라. 두 형태의 시계열을 그래프로 그리고 계절적 변동이 얼마나 큰지 설명해 보라.

9

IS-LM/AD-AS : 거시경제 분석을 위한 일반 모형

8장의 주요 목표는 경기순환의 사실들을 보여줌으로써 경기순환을 서술하는 것이었다. 9장과 다음 두 장에서는 경기순환 및 정책 입안자가 이에 어떻게 대응해야 하는가를 설명하고자 한다. 이를 위해 먼저 순환적 파동과 정책 변화의 효과를 분석할 수 있는 거시경제 모형을 수립해야 한다. 3장에서 노동시장, 4장에서 상품시장, 7장에서 자산시장을 살펴보았듯이, 완결된 거시경제 모형을 구성하는 세 개의 시장을 이미 분석하였다. 이제 이러한 세 개 구성요소를 결합하여 이들을 동시에 분석할 수 있는 하나의 모형으로 만들고자 한다. 다시 말해서 9장에서는 전반부의 분석을 통합해 이 책의 후반부에서 사용할 이론적 구조를 제공하고자 한다.

이 장에서 수립될 기본적 거시경제 모형은 *IS-LM* 모형이다. 뒤에서 자세히 논의하겠지만, 이 이름은 두 개의 기본적 균형 조건에서 연유한다[즉 I는 투자(investment), S는 저축(saving), L은 화폐수요(money demanded), M은 화폐공급(money supplied)을 뜻한다]. *IS-LM* 모형은 노벨 경제학상 수상자인 힉스(John Hicks) 경[1]이 1937년 개발한 것으로서, 이것은 1936년 출판된 케인즈의 유명한 저서 『일반이론(The General Theory of Employment, Interest, and Money)』의 내용을 그래프로 설명하고자 고안한 것이다. 임금과 물가는 시장을 청산하기 위해 빠르게 조정되지 않는다는 케인즈의 믿음을 반영하여(1.3절 참조), 최초의 *IS-LM* 모형에서 힉스 경은 물가수준이 적어도 일시적으로는 고정되어 있다고 가정했다. 힉스 경의 분석 이후 몇 세대의 경제학자들이 *IS-LM* 모형을 개량하기 위해 연구했으며, 이는 순환적 파동과 거시경제 정책 및 경제예측 분석에 광범위하게 응용되어 왔다.

1. 힉스 경은 다음 논문에서 *IS-LM* 모형의 개요를 설명했다. "Mr. Keynes and the Classics: A Suggested Interpretation," *Econometrica*, April 1937, pp. 137–159.

그것이 시작된 유래 때문에, *IS-LM* 모형은 경기순환 분석에 대한 케인즈파의 접근방법으로 보통 인식되고 있다. 임금과 물가가 시장청산을 위해 빠르게 움직인다고 믿는 고전파 경제학자는, 물가수준이 고정되어 있다는 가정 때문에 힉스 경의 *IS-LM* 모형을 부정한다고 생각하기 쉽다. 그러나 전통적 *IS-LM* 모형은 임금과 물가의 신속한 조정을 허용할 수 있도록 쉽게 바뀔 수 있다. 이와 같이 *IS-LM* 모형은 케인즈파가 처음 개발한 것이지만, 고전파의 경기순환 분석을 설명하고 논의하는 데에도 사용될 수 있다. 또한 *IS-LM* 모형은 8.4절에서 미리 본 *AD-AS* 모형과도 같다. *AD-AS* 모형이 어떻게 *IS-LM* 모형에서 도출되는가를 이 장에서 보게 될 것이며, *AD-AS* 모형이 고전파와 케인즈파의 관점에서 모두 사용될 수 있다는 것도 보게 될 것이다.

고전파와 케인즈파의 공통적 분석 도구로 *IS-LM* 모형 및 *AD-AS* 모형을 이용하면 몇 가지 실용적 장점을 얻을 수 있다. 첫째, 두 개의 다른 모형을 따로 공부할 필요가 없다. 둘째, 하나의 단일한 분석 도구를 사용한다는 것은, 두 학파가 어떻게 다른가를 명백히 보여주는 한편, 고전파와 케인즈파의 접근방법에 광범위한 공통점이 있다는 것을 강조하는 것이다. 더욱이 *IS-LM* 모형에 대한 해석과 개념 및 용어가 경제 분석과 거시경제 정책 입안에 매우 자주 응용되기 때문에, 이러한 분석 도구를 공부하면 현실적 경제 논쟁을 이해하는 데 도움이 될 수 있고, 나아가서 이러한 논쟁에 보다 깊이 참여할 수 있게 될 것이다.

9장에서 *IS-LM* 모형을 설명할 때 주로 그래프를 이용하게 될 것이다. *IS-LM* 모형에 대한 수리적 접근 방법은 부록 9.B를 참고하기 바란다. 그래프 분석에서 *IS-LM* 곡선의 기울기가 왜 마이너스 혹은 플러스인지, 혹은 왜 *IS-LM* 곡선이 우측 혹은 좌측으로 이동하는지 이해하기 어려울 때, 부록의 수리적 분석이 유용하게 활용될 수 있을 것이다.

가능한 한 문제를 단순하게 하기 위하여 9장에서는 폐쇄경제(closed economy)를 가정한다. 13장에서 *IS-LM* 분석이 해외 부문을 포함하여 어떻게 확장될 수 있는지를 보기로 한다.

9.1 완전고용(*FE*)선 : 노동시장의 균형

앞의 여러 장에서 우리는 노동시장, 상품시장, 자산시장 등 경제를 구성하는 세 개의 주요 시장에 대해 논의했다. 또한 이러한 시장을 상호 연결하는 고리를 구별하여 공부하였으나, 여기에서는 이러한 시장들이 완결된 거시경제 분석 체계 안에서 어떻게 서로 연결되고 상호작용하는지를 좀 더 정확하게 살펴보고자 한다.

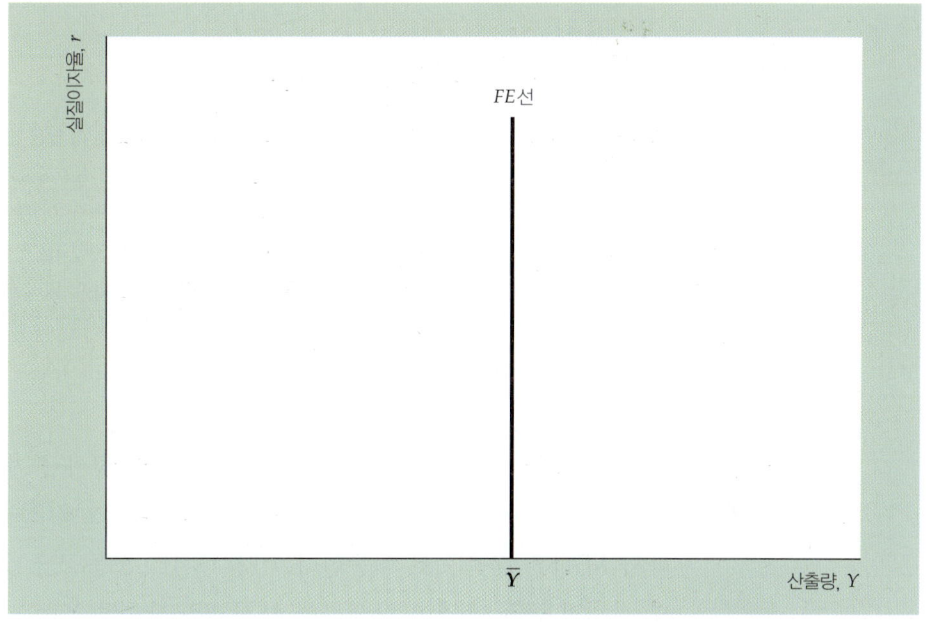

그림 9.1

완전고용선

완전고용(*FE*)선은 노동시장의 균형을 나타낸다. 노동시장이 균형일 때, 고용은 완전고용수준 $\bar{N}$와 같게 되며, 산출량은 실질이자율의 값과 관계없이 완전고용 산출량 $\bar{Y}$와 같게 된다. 따라서 FE선은 $Y = \bar{Y}$에서 수직이다.

먼저 노동시장으로 돌아가서 3장에서 언급했던 완전고용수준과 완전고용 산출량의 개념부터 복습해 보기로 하자. 완전고용수준(full-employment level of employment) $\bar{N}$는 임금과 물가가 완전히 조정된 후 도달된 균형고용수준이며, 따라서 노동의 공급은 노동 수요와 일치한다. 완전고용 산출량(full-employment output) $\bar{Y}$는, 현재의 자본 스톡 수준과 생산함수하에서 노동이 완전고용된 수준에서 생산된 산출량이다. 수학적으로 표시하면 완전고용 산출량 $\bar{Y}$는 $AF(K, \bar{N})$와 같다. 여기에서 K는 자본스톡, A는 생산성, F는 생산함수를 나타낸다[식 (3.4) 참조].

수직축은 실질이자율이고 수평축은 산출량인 그림이 여기에서 궁극적으로 얻고자 하는 것이다. 이 그림에서 노동시장의 균형은 **완전고용선**(full-employment line), 즉 그림 9.1의 FE선으로 나타난다. FE선은 $Y = \bar{Y}$에서 수직이다. 노동시장이 균형상태일 때, 산출량은 이자율과 관계없이 완전고용수준과 같게 되기 때문이다.[2]

*FE*선을 이동시키는 요인

완전고용 산출량은 완전고용량과 현재의 자본량 및 생산성에 의해 결정된다. 따라서 완전고용 산출량 $\bar{Y}$에 영향을 미치는 어떤 변화가 생기면 FE선은 이동하

2. 실질이자율은 투자 및 미래에 기업이 보유할 자본량에 영향을 미친다. 그러나 그것은 현재의 자본스톡에 영향을 미치지 않으며, 따라서 현재의 완전고용 산출량에 영향을 주지 않는다.

요약표 11 완전고용(*FE*)선을 이동시키는 요인

요인	이동 방향	이유
우호적 공급 충격	우측	1. 동일한 자본과 노동으로 더 많은 산출량을 생산할 수 있다. 2. 노동생산성이 증가하면, 노동수요가 증가하고 고용도 증가한다. 완전고용 산출량은 위의 두 이유로 증가한다.
노동공급 증가	우측	균형 고용량이 증가하고 완전고용 산출량을 증가시킨다.
자본스톡 증가	우측	동일한 노동으로 산출량이 더 많이 생산될 수 있다. 또한 자본스톡 증가는 노동생산성을 증가시킬 수 있으며, 이로 인해 노동수요와 균형 고용량이 증가한다.

게 될 것이다. 노동공급이 증가하여 균형 고용량 $\bar{N}$가 증가할 때, 자본스톡이 증가할 때, 혹은 우호적 공급 충격이 발생할 때, 완전고용 산출량 $\bar{Y}$는 증가하고 따라서 *FE*선은 우측으로 이동한다. 마찬가지로 노동공급 혹은 자본스톡의 감소 및 부정적 공급 충격이 발생하면 완전고용 산출량 $\bar{Y}$는 감소하고 *FE*선은 좌측으로 이동한다. 요약표 11은 *FE*선을 이동시키는 요인의 목록을 보여주고 있다.

9.2 *IS* 곡선 : 상품시장의 균형

세 개의 시장 중에서 두 번째로 검토해야 할 것은 상품시장이다. 4장에서 살펴본 것처럼 상품시장은 바람직한 투자와 바람직한 국민저축이 일치할 때, 같은 말이지만 생산된 상품의 총공급이 상품의 총수요와 같을 때 균형을 이룬다. 상품시장에서는 실질이자율의 조정에 의해 균형이 달성된다.

수직축이 실질이자율이고 수평축이 실질 산출량인 그림에서 상품시장의 균형은 ***IS* 곡선**(*IS* curve)으로 설명된다. 어떤 주어진 산출량 혹은 소득 수준 Y에 대해, *IS* 곡선은 상품시장의 균형을 가져오는 실질이자율 r을 보여준다. *IS* 곡선의 이름은 곡선 위의 모든 점에서 바람직한 투자 I^d와 바람직한 국민저축 S^d가 일치하기 때문에 만들어진 것이다.

그림 9.2는 *IS* 곡선이 4장에서 소개된 저축-투자 그래프로부터 도출되는 과정을 보여준다(4장의 주요 그래프 3 참조). 그림 9.2(a)는 임의로 선택된 두 개의 산출량 수준 4,000 및 5,000에 대해 그려진 저축-투자 그래프를 보여준다. 저축 곡선이 각 산출량 수준에 따라 그려져 있으며, 산출량 값은 괄호 안에 표시되어 있다. 저축 곡선은 우상향하는 기울기로 그려져 있는데, 이것은 실질이자율이 상승하면 가계의 바람직한 저축 수준이 증가하는 것으로 보고 있기 때문이다. 현재의 산출량, 즉 소득의 상승은 주어진 실질이자율 수준에서 바람직한 저축을

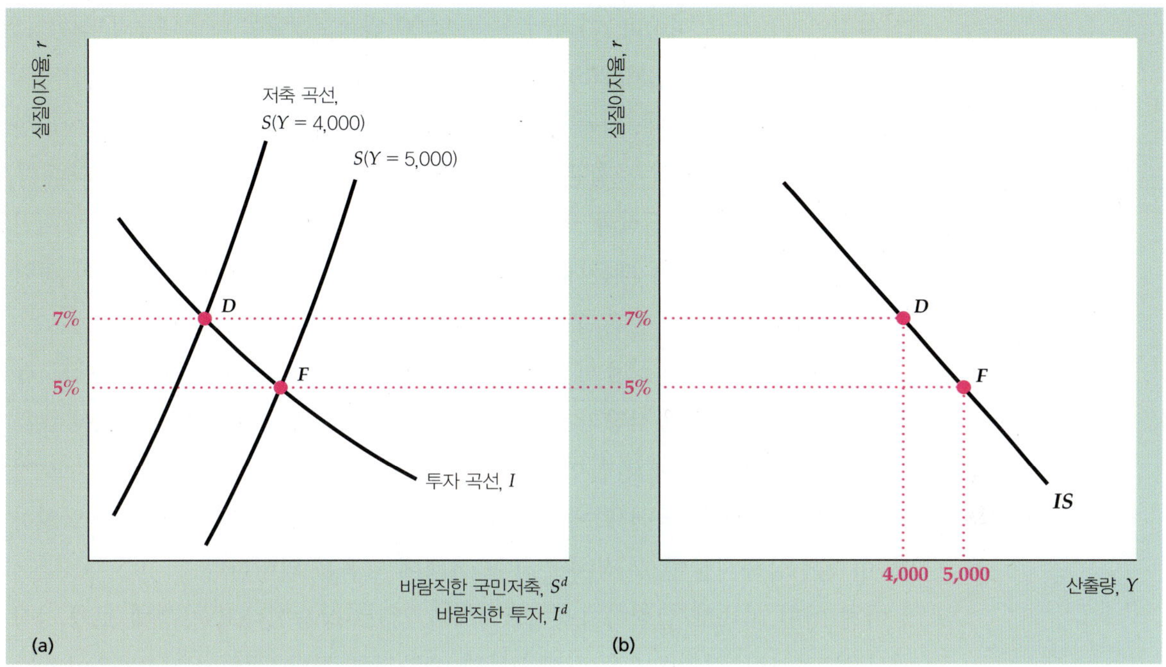

그림 9.2

***IS* 곡선의 도출**

(a) 상품시장의 균형을 두 개의 다른 산출량 수준, 즉 4,000과 5,000 수준에서 보여준다(각 저축 곡선과 일치하는 산출량은 괄호 안에 표시되어 있다). 산출량, 곧 소득 수준이 높을수록 바람직한 국민저축은 증가하며 저축 곡선을 우측으로 이동시킨다. 산출량이 4,000일 때, 실질이자율 7%(*D*점)에서 상품시장은 청산된다. 산출량이 5,000일 때, 시장청산 실질이자율은 5%(*F*점)다. (b) 각 산출량 수준에서 *IS* 곡선은 상품시장을 청산하는 실질이자율 수준을 보여준다. 따라서 *IS* 곡선 위의 모든 점은 상품시장의 균형점과 일치한다. 그림 (a)와 같이, 산출량이 4,000일 때 상품시장을 청산하는 실질이자율은 7%(*D*점)다. 산출량이 5,000일 때 시장청산 실질이자율은 5%(*F*점)다. 산출량이 높을수록 저축을 증가시키고 시장청산 실질이자율은 더 낮아지기 때문에 *IS* 곡선은 우하향하는 기울기를 갖는다.

더욱 증가시키기 때문에, $Y = 5,000$ 수준의 저축(S) 곡선은 $Y = 4,000$ 수준의 저축 곡선보다 우측에 위치하게 된다.

그림 9.2(a)에는 투자 곡선도 그려져 있다. 4장에서 투자 곡선은 기울기가 우하향하는 것으로 소개되어 있다. 투자 곡선의 기울기가 우하향하는 것은, 실질이자율이 상승하면 자본의 사용자 비용이 상승하고 따라서 바람직한 자본스톡 및 바람직한 투자가 감소하기 때문이다. 바람직한 투자는 현재 산출량 수준에 영향을 받지 않으므로, 투자 곡선은 $Y = 4,000$ 혹은 $Y = 5,000$이더라도 동일하다.

각 산출량 수준은 서로 다른 시장청산 실질이자율을 함축하고 있다. 산출량이 4,000일 때, 상품시장 균형은 *D*점에서 달성되며 시장청산 실질이자율은 7%다. 산출량이 5,000일 때, 상품시장 균형은 *F*점에서 달성되며 이때 시장청산 실질이자율은 5%가 된다.

그림 9.2(b)는 수직축은 실질이자율이고 수평축은 산출량으로 표시된 경제의 *IS* 곡선을 보여준다. 주어진 산출량 수준에서 *IS* 곡선은 상품시장을 청산케 하

는 실질이자율을 보여준다. 따라서 $Y = 4{,}000$ 및 $r = 7\%$를 나타내는 D점은 IS 곡선 위에 위치한다[그림 9.2(b)의 D점은 그림 9.2(a)의 D점과 일치한다]. 마찬가지로 산출량이 5,000일 때, 상품시장을 청산케 하는 실질이자율은 5%다. 이러한 산출량과 실질이자율의 조합은 그림 9.2(b)의 IS 곡선에서 F점으로 나타나며, 이것은 그림 9.2(a)의 F점과 일치한다. 일반적으로 산출량의 증가는 바람직한 국민저축을 증가시키기 때문에, 상품시장 청산을 위해서는 실질이자율이 하락해야 하고 따라서 IS 곡선은 우하향하는 기울기를 갖게 된다.

IS 곡선의 기울기는 상품시장 균형 조건을 다른 각도에서 바라볼 때에도 설명이 가능하다. 즉 상품시장의 균형은 상품의 총수요가 생산된 상품의 총공급과 일치할 때 달성된다. 예를 들어, 경제가 최초에 그림 9.2(b)의 F점에 있다고 가정해 보자. F점은 IS 곡선 위에 있기 때문에 총공급과 총수요는 F점에서 일치하며, 이것은 상품시장이 그 점에서 균형 상태에 있음을 의미한다.[3]

이제 어떤 이유로 실질이자율이 5%에서 7%로 상승했다고 가정해 보자. 4장에서 본 것처럼, 실질이자율이 상승하면 바람직한 소비 C^d와(실질이자율이 상승할 때 사람들은 더 많이 저축하고자 하기 때문이다) 바람직한 투자 I^d가 모두 감소하며, 그 결과 상품의 총수요가 감소한다. 만약 산출량이 원래의 수준 5,000에 머물러 있으면, 실질이자율 상승으로 공급량이 수요량을 초과하는 결과가 발생한다. 상품시장이 더 높은 실질이자율에서 균형에 도달하려면 공급량이 감소해야 한다. 그림 9.2(b)의 D점에서 산출량은 감소하여(5,000에서 4,000으로) 공급량과 수요량은 일치하며 상품시장은 다시 균형으로 복귀한다.[4] 다시 말해서 높은 실질이자율은 상품시장 균형에서 낮은 산출량과 연결되어 있으므로, IS 곡선은 우하향하는 기울기를 갖게 된다.

IS 곡선을 이동시키는 요인

주어진 산출량 수준에서, IS 곡선은 상품시장을 청산하는 데 필요한 실질이자율 수준을 나타낸다. 산출량이 일정하다고 가정할 때, 상품시장을 청산시키는 실질이자율 값에 영향을 미칠 수 있는 어떤 경제적 교란 혹은 정책 변화가 있으면 IS

---

3. F점에서 바람직한 국민저축이 바람직한 투자와 일치한다, 즉 $S^d = I^d$임을 보여주었다. 바람직한 국민저축의 개념에 따라 $S^d = Y - C^d - G$이므로, 이를 방정식에 대입하면 바람직한 국민저축은 바람직한 투자와 같다는 방정식은 $Y = C^d + I^d + G$가 된다.

4. 산출량 Y의 감소가 공급량을 감소시키는 것이 명백하지만, 그것은 또한 수요량도 감소시킨다. 그 이유는 산출량의 감소는 동시에 소득의 감소이기 때문이며, 이는 바람직한 소비를 감소시킨다. 그러나 산출량 1달러 감소는 공급량 1달러를 감소시키지만, 바람직한 소비는 1달러보다 적은 C^d만큼 감소하게 된다(한계소비성향은 4장에서 본 것처럼 1보다 작다). 따라서 산출량 Y의 감소는 수요량보다 공급량을 더 많이 감소시키므로 여전히 초과공급이 존재하게 된다.

요약표 12 *IS 곡선을 이동시키는 요인*

요인	이동 방향	이유
기대 미래 산출량 증가	상방 및 우측	바람직한 저축이 감소(바람직한 소비가 증가)하여 상품시장을 청산하는 실질이자율을 상승시킨다.
부(wealth)의 증가	상방 및 우측	바람직한 저축이 감소(바람직한 소비가 증가)하여 상품시장을 청산하는 실질이자율을 상승시킨다.
정부구입(G) 증가	상방 및 우측	바람직한 저축이 감소(바람직한 소비가 증가)하여 상품시장을 청산하는 실질이자율을 상승시킨다.
조세(T) 증가	불변 혹은 하방 및 좌측	만약 소비자가 현재의 조세증가를 상쇄하는 미래조세감면을 고려하여 소비를 변화시키지 않으면 불변(리카도의 등가 정리). 만약 소비자가 미래조세감면을 고려하지 않고 소비를 감소시키면 바람직한 국민저축이 증가하고 상품시장을 청산하는 실질이자율이 하락하므로 하방 및 좌측 이동
기대 미래 한계자본생산물(MPK^f) 증가	상방 및 우측	바람직한 투자가 증가하여 상품시장을 청산하는 실질이자율을 상승시킨다.
유효자본세율 인상	하방 및 좌측	바람직한 투자가 감소하여 상품시장을 청산하는 실질이자율을 하락시킨다.

곡선은 이동한다. 좀 더 구체적으로 말해서 산출량이 일정할 때, 바람직한 투자에 비해 바람직한 국민저축을 상대적으로 감소시키는 모든 변화는 상품시장을 청산시키는 실질이자율을 높이게 되고, 따라서 *IS* 곡선을 상방 혹은 우측으로 이동시킨다. 마찬가지로 산출량이 일정할 때, 바람직한 투자에 비해 바람직한 국민저축을 상대적으로 증가시키는 변화가 발생하면 상품시장을 청산하는 실질이자율 수준이 하락하게 되고, *IS* 곡선은 하방 혹은 좌측으로 이동하게 된다. *IS* 곡선을 이동시키는 요인들은 요약표 12에 정리되어 있다.

IS 곡선의 이동을 일반적으로 설명하기 위해 현재 정부구입의 변화를 가정해 보자. 정부구입의 일시적 증가가 *IS* 곡선에 미치는 영향은 그림 9.3에 나타나 있다. 그림 9.3(a)는 저축-투자 그래프를 보여주는데, 최초의 저축 곡선은 S^1이고 최초의 투자 곡선은 I로 표시되어 있다. S^1 곡선은 산출량, 즉 소득이 $Y = 4{,}500$으로 고정되어 있을 때의 저축을 나타낸다. 그림 9.3(b)는 최초의 *IS* 곡선을 IS^1로 나타낸다. 산출량이 $Y = 4{,}500$일 때 최초의 상품시장 균형은 그림 (a)와 (b)에서 E점으로 나타난다. E점에서 최초의 시장청산 실질이자율은 6%다.

이제 정부가 현재의 상품구입 G를 증가시킨다고 가정해 보자. 주어진 실질이자율 수준에서 정부구입의 증가는 바람직한 투자에 영향을 주지 않으며, 따라서 투자 곡선은 이동하지 않는다. 그러나 4장에서 논의된 것처럼 정부구입의 일시적 증가는 바람직한 국민저축 $Y - C^d - G$를 감소시키며(158쪽 요약표 5 참조), 저축 곡선은 그림 9.3(a)의 S^1에서 S^2로 좌측 이동한다. 바람직한 국민저축이 감

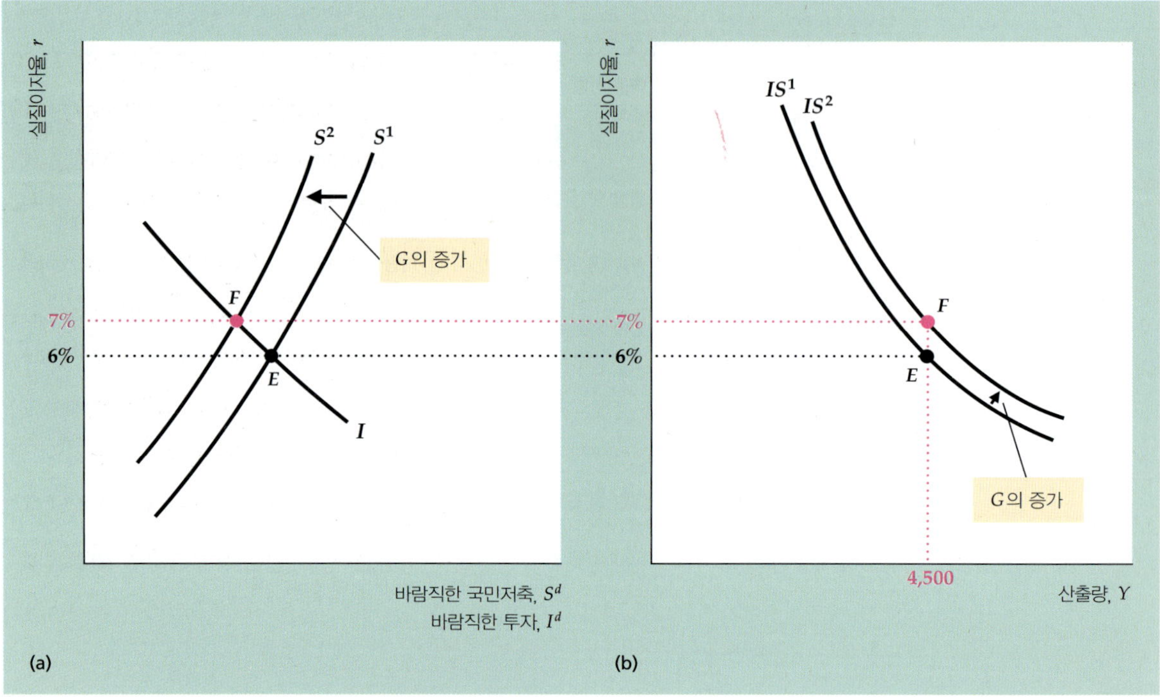

그림 9.3

정부구입의 일시적 증가가 *IS* 곡선에 미치는 영향

(a) 저축-투자 그래프는 산출량이 4,500일 때 정부구입의 일시적 증가의 영향을 보여준다. 정부지출의 증가는 바람직한 국민저축을 감소시키며 저축 곡선을 S^1에서 S^2로 좌측 이동시킨다. 상품시장의 균형점은 *E*점에서 *F*점으로 이동하며 실질이자율은 6%에서 7%로 상승한다.
(b) *G*의 증가는 주어진 산출량 수준에서 상품시장을 청산하는 실질이자율을 상승시킨다. 따라서 *IS* 곡선은 IS^1에서 IS^2로 상방 및 우측 이동한다. 이 예에서 산출량이 4,500으로 일정할 때, 정부구입의 증가는 상품시장을 청산하는 실질이자율은 6%(*E*점)에서 7%(*F*점)로 상승시킨다.

소한 결과로서, 산출량이 4,500일 때 상품시장을 청산시키는 실질이자율은 6%에서 7%로 상승한다[그림 9.3(a)의 *F*점].

IS 곡선에 대한 영향은 그림 9.3(b)에 나타난다. 산출량이 4,500으로 일정할 때 상품시장을 청산하는 실질이자율은 6%에서 7%로 상승하며, 이것은 *E*점에서 *F*점으로의 이동을 나타낸다. 새로운 *IS* 곡선 IS^2는 *F*점을 통과하며 최초의 *IS* 곡선 IS^1보다 상방 및 우측에 위치한다. 따라서 정부구입의 일시적 증가는 *IS* 곡선을 상방 및 우측으로 이동시킨다.

지금까지 *IS* 곡선의 이동에 관한 논의는, 바람직한 국민저축이 바람직한 투자와 일치해야 한다는 상품시장 균형조건에 초점을 맞추었다. 그러나 *IS* 곡선을 이동시키는 요인들은 다른 각도에서 보는(결과는 같지만) 상품시장 균형조건으로도 설명될 수 있다. 즉 총수요와 총공급이 일치하는 균형조건으로 설명될 수 있다. 특히 주어진 산출량 수준에서 총수요를 증가시키는 모든 변화는 *IS* 곡선을 상방 및 우측으로 이동시킨다.

최초의 산출량 수준에서, 총수요의 증가로 인해 수요량이 공급량을 초과하기 때문에 이러한 법칙이 성립한다. 상품시장 균형은 동일한 산출량 수준에서 실질이자율 상승, 즉 바람직한 소비 C^d와 바람직한 투자 I^d의 감소를 통해 회복될 수도 있다. 주어진 산출량 수준에서 총수요의 증가는 상품시장을 청산하는 실질이자율을 상승시키기 때문에, 총수요의 증가는 *IS* 곡선을 상방 및 우측으로 이동시킨다고 결론지을 수 있다.

IS 곡선의 이동에 대한 다른 각도의 사고방식을 설명하기 위해 다시 정부구입의 일시적 증가를 예로 들기로 한다. 정부구입의 증가는 직접적으로 총수요 $C^d + I^d + G$를 증가시켜, 최초의 산출량 수준에서 상품시장의 초과수요를 가져온다. C^d와 I^d를 감소시키는 실질이자율 상승에 의해, 상품시장의 초과수요가 제거될 수 있으며 최초의 산출량 수준에서 상품시장 균형이 회복될 수 있다. 정부구입이 증가할 때 상품시장 균형을 위해 더 높은 실질이자율이 요구되기 때문에, G의 증가는 *IS* 곡선을 상방 및 우측으로 이동시킨다.

9.3 *LM* 곡선 : 자산시장 균형

거시경제 모형에서 세 번째 그리고 마지막 시장이 7장에서 설명했던 자산시장(asset market)이다. 돈을 가진 사람이 분산투자를 위해 필요로 하는 자산의 수요와 한 경제의 자산 공급이 일치할 때, 자산시장의 균형이 달성된다. 현실적으로 그것이 실물자산(주택, 소비내구재, 사무실 빌딩 등)이든 혹은 금융자산(국채, 수익증권 등)이든, 많은 종류의 자산이 존재한다. 그러나 여기서는 모든 자산을 두 가지 종류의 범주, 즉 화폐자산과 비화폐자산으로 구분해 왔음을 상기할 필요가 있다. 명목 화폐공급은 M이며 화폐자산에는 고정된 명목이자율 i^m이 지급되는 것으로 가정하였다. 마찬가지로 명목 비화폐자산의 공급은 NM이며, 여기에 지불되는 명목이자율은 i, 기대 실질이자율은 r로 표시하였다(기대 인플레이션은 π^e로 표시).

이러한 총량변수에 대한 가정과 함께, 자산시장의 균형조건은 화폐공급과 화폐수요가 같아야 함을 요구하고 있다는 것을 보여주고 있다. 이 절에서는 자산시장의 균형은 *LM* 곡선을 통해 설명될 수 있음을 보여주고자 한다. 그러나 자산시장이 어떻게 균형에 도달하는가를 논의하기 위해서는(7장에서 이 문제가 충분히 논의되지 못함), 먼저 금융시장 거래자 사이에 매일 사용되는 중요한 관계식이 먼저 정의돼야 한다. 즉 비화폐자산의 가격과 해당 자산의 이자율 사이의 관계가 먼저 정의돼야 한다.

이자율과 비화폐자산의 가격

비화폐자산, 예컨대 국채의 가격은 매입자가 그것에 대해 지불해야 하는 것이다. 그러한 가격은 그 자산이 지불하는 이자율(때로는 수익률이라고 부른다)과 밀접하게 연관되어 있다. 이러한 관계를 예를 들어 설명하기 위해, 만기가 1년인 채권을 생각해 보기로 하자. 만기에 그 채권을 보유한 사람은 그것을 상환받아 10,000달러를 받는 것으로 가정한다. 또한 만기가 도래하기 전에는 이자를 지불하지 않는 것으로 가정한다.[5] 이 채권을 현재 9,615달러에 구입할 수 있다고 가정해 보자. 그러면 1년 후 이 채권의 가치는 385달러(10,000달러 − 9,615달러) 증가하는 것이며, 수익률로는 현재가격 9,615달러 기준 약 4%가 된다. 그러므로 채권의 명목이자율 혹은 수익률은 연 4%다.

이제 만기 1년 후 10,000달러인 채권의 현재가격이 어떤 이유로 인해 9,524달러로 떨어졌다고 가정하자. 그러면 1년 후 채권 가치의 증가액은 476달러(10,000달러 − 9,524달러)가 되며, 수익률은 구입가격 9,524달러 대비 약 5%가 된다. 그러므로 채권의 현재가격이 9,524달러로 떨어질 때, 채권의 명목이자율은 연 5%로 상승한다. 이를 일반화해서 말한다면, 채권 혹은 다른 비화폐자산의 상환 만기가 예정되어 있을 때, 그 자산의 가격이 높으면 높을수록 그 자산이 지불하는 이자율은 더 낮아진다. 즉, 어제 거래에서 채권시장이 강세(채권가격 상승)를 보였다고 언론에서 보도했다면, 그것은 명목이자율이 떨어졌다고 말하는 것과 같다.

지금까지 비화폐자산의 가격과 명목이자율이 왜 음의 관계를 갖는가에 대해 간략히 설명했다. 이제 기대 인플레이션 π^e가 일정하다면, 명목이자율의 변동은 실질이자율의 변동과 같다고 볼 수 있으며, 따라서 비화폐자산의 가격과 실질이자율 사이에도 음의 관계가 성립한다. 이러한 관계가 바로 *LM* 곡선을 도출하고 자산시장이 어떻게 균형을 이루는가를 설명하는 열쇠이다.

화폐수요와 화폐공급의 균형

자산시장의 균형을 나타내는 *LM* 곡선을 도출하기 위해, 화폐수요가 현재의 화폐공급과 일치할 때에만 자산시장 균형이 달성된다는 것을 상기할 필요가 있다. 화폐공급과 화폐수요의 균형은 그림 9.4(a)의 화폐공급-화폐수요 그래프를 이용해서 설명할 수 있다. 수직축은 실질이자율이며 수평축은 실질 화폐공급 혹은 실질 화폐수요로 표시된다.[6] *LM*선은 실질 화폐공급, M/P을 나타낸다. 명목 화폐

5. 만기 이전에 이자를 전혀 지불하지 않는 채권을 할인 채권(discount bond)이라고 한다.

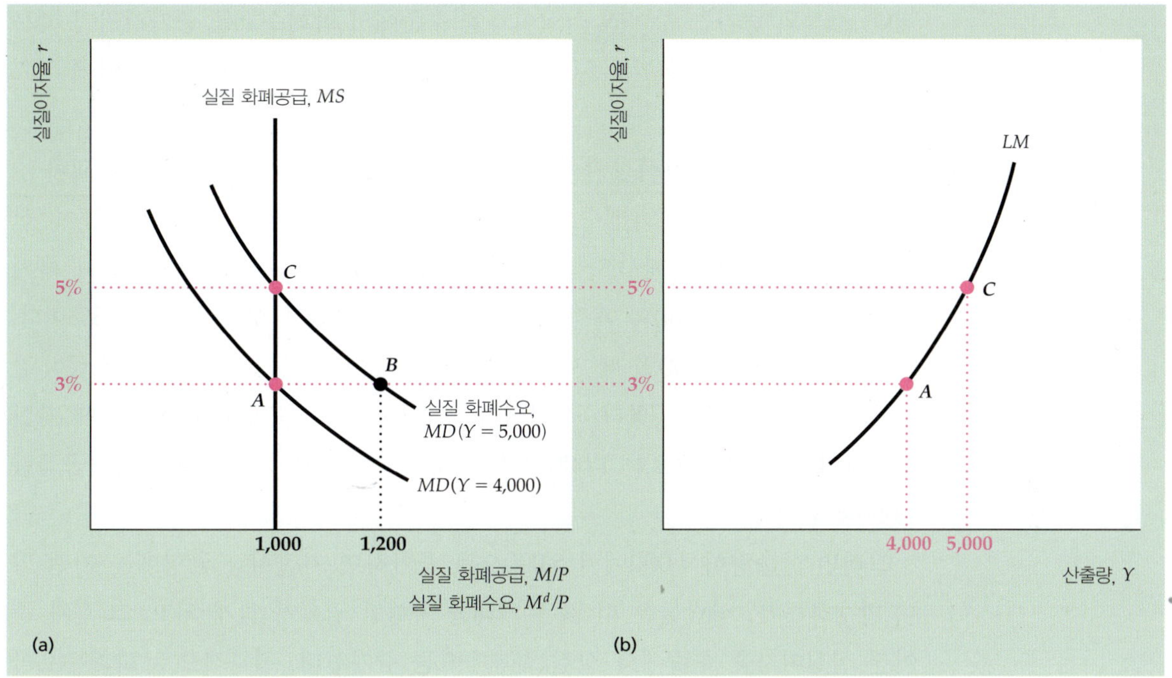

그림 9.4

***LM* 곡선의 도출**

(a) 실질 화폐수요곡선과 실질 화폐공급곡선을 보여준다. 실질 화폐공급은 1,000에 고정되어 있다. 산출량이 4,000이면 실질 화폐수요는 $MD(Y = 4,000)$이며 자산시장을 청산시키는 실질이자율은 3%(*A* 점)다. 산출량이 5,000이면 같은 실질이자율 수준에서 화폐수요가 증가하므로, 실질 화폐수요곡선은 상방으로 이동하며 $MD(Y = 5,000)$로 표시된다. 이 경우 자산시장을 청산하는 실질이자율은 5%(*C* 점)다.

(b) 각 균형점에 상응하는 *LM* 곡선을 보여준다. 각 산출량 수준에서 *LM* 곡선은 자산시장을 청산하는 실질이자율을 보여준다. 따라서 산출량이 4,000일 때, *LM* 곡선은 자산시장을 청산하는 실질이자율이 3%(*A* 점)임을 보여준다. 산출량이 5,000일 때, *LM* 곡선은 시장청산 실질이자율이 5%(*C* 점)임을 보여준다. 산출량이 클수록 화폐수요가 증가하기 때문에, 자산시장을 청산하는 실질이자율이 상승하게 되며 그 결과 *LM* 곡선은 우상향하는 기울기를 갖는다.

공급 M은 중앙은행에 의해 정해진다. 따라서 물가수준 P가 일정하다면 실질 화폐공급, M/P은 고정된 값이며 MS선은 수직선으로 표시된다. 예를 들어, $M = 2,000$이고 $P = 2$라면 MS선은 $M/P = 1,000$에서 수직이 된다.

각각 다른 소득수준에서의 실질 화폐수요가 두 개의 MD 그래프로 그림 9.4(a)에 그려져 있다. 7장에서 공부한 것처럼, 실질이자율이 높아지면 비화폐자산의 매력이 상대적으로 증가하고 자산보유자는 화폐수요를 줄이려 한다는 것을 상기할 필요가 있다. 따라서 화폐수요곡선은 우하향하는 모양을 가진다. 화폐수요곡선 $MD(Y = 4,000)$은 산출량이 4,000일 때의 실질 화폐수요를 나타낸다. 마찬가지로 $MD(Y = 5,000)$은 산출량이 5,000일 때 실질 화폐수요를 나타

6. 자산시장 균형은 실질 화폐공급과 실질 화폐수요의 일치 혹은 명목 화폐공급과 명목 화폐수요의 일치 중 어느 것으로도 설명될 수 있다. 7장에서는 균형조건을 실질치로 설명했다.

낸다. 소득의 증가는 주어진 실질이자율 수준에서 화폐수요를 증가시키기 때문에, 화폐수요곡선 $MD(Y = 5{,}000)$은 $MD(Y = 4{,}000)$에 비해 오른쪽 위에 위치하게 된다.

그래프로 보면 자산시장의 균형은 화폐공급곡선과 화폐수요곡선의 교차점, 즉 실질 화폐공급량과 화폐수요량이 같아지는 곳에서 성립한다. 예를 들어, 산출량이 4,000일 때 화폐수요곡선은 $MD(Y = 4{,}000)$이고 화폐수요곡선과 화폐공급곡선은 그림 9.4(a)의 A점에서 교차한다. A점에서 실질이자율은 3%이다. 따라서 산출량이 4,000일 때 자산시장을 청산하는(화폐공급량과 화폐수요량이 같아지는) 실질이자율은 3%다. 실질이자율이 3%이고 산출량이 4,000일 때 자산보유자의 실질 화폐수요는 1,000이며, 이것은 중앙은행에 의한 화폐 실질공급량 1,000과 같다.

그러면 산출량이 4,000에서 5,000으로 증가하면 자산시장 균형에는 어떤 일이 발생하는가? 사람들은 더 많은 거래를 수행할 필요가 있게 되고, 그 결과 주어진 실질이자율 수준에서 실질 화폐수요는 증가한다. 결과적으로 화폐수요곡선은 $MD(Y = 5{,}000)$으로 우측 이동한다. 실질이자율이 3%에 머물러 있게 되면 실질 화폐수요량은 1,200이 되고, 이것은 실질 화폐공급량 1,000보다 많다. 화폐의 수요 및 공급 균형을 회복하고 자산시장을 균형으로 되돌려 놓기 위해서는, 실질이자율이 5%로 상승해야만 한다. 실질이자율이 5%일 때 실질 화폐수요량은 1,000으로 감소하고, 이것은 고정된 실질 화폐공급과 다시 같아진다[그림 9.4(a)의 C점].

실질이자율 상승은 어떻게 화폐의 초과수요를 제거하며, 또한 무엇이 실질이자율을 상승하게 만드는가? 비화폐자산의 가격과 이자율은 음의 관계임을 상기하기 바란다. 처음 실질이자율 3%에서 산출량이 4,000에서 5,000으로 증가하면 사람들의 화폐수요는 증가한다[MD 곡선이 그림 9.4(a)에서 우측으로 이동한다]. 더 많은 화폐를 수요하고자 하는 욕구를 만족시키기 위해, 사람들은 그들의 비화폐자산 일부를 팔아 화폐로 가지고자 할 것이다. 그러나 사람들이 너도 나도 비화폐자산의 일부를 매도하려고 하면 이러한 자산의 가격은 떨어질 것이고, 이것이 실질이자율을 상승시키게 될 것이다. 따라서 실질이자율이 상승하는 것은 사람들이 그들의 비화폐자산을 팔아 화폐보유를 증가시키려고 했기 때문이다.

그러나 한 경제의 실질 화폐공급은 일정하게 고정되어 있기 때문에, 전체적으로 사람들은 보유 화폐량을 증가시킬 수는 없다. 사람들이 비화폐자산을 팔고 화폐보유를 증가시키려고 하는 한, 실질이자율은 계속 상승할 것이다. 그러나 비화폐자산에 의해 지불되는 실질이자율이 상승하면, 그러한 비화폐자산이 화폐에 비해 더욱 매력적이 되고 이는 실질 화폐수요량을 점차 감소시키게 된다[이것은 그림 9.4(a)의 *B*점에서 *C*점으로의 이동을 말하며, $MD(Y = 5,000)$ 그래프를 따라서 움직이는 것을 말한다]. 실질이자율은 실질 화폐수요량이 고정된 실질 화폐공급량과 다시 같아질 때까지 상승하여 자산시장의 균형을 회복시킨다. 새로운 자산시장 균형은 *C*점이며, 실질이자율은 3%에서 5%로 상승했다.

앞의 예는, 산출량이 증가해 실질 화폐수요를 증가시킬 때, 자산시장 균형을 유지하기 위해 실질이자율 상승이 필요하다는 것을 보여준다. 일반적으로 자산시장을 청산하는 산출량과 실질이자율의 관계는 *LM* 곡선으로 표현된다. 주어진 산출량 수준에서 ***LM* 곡선**(*LM* curve)은 자산시장을 균형시키는(화폐공급량과 화폐수요량이 일치하는) 실질이자율을 보여준다. *LM*이라는 말은, 실질 화폐수요함수 *L*에 의해 결정되는 실질 화폐수요량이 실질 화폐공급, M/P과 일치해야 한다는 자산시장 균형조건에서 유래된 것이다.

수치로 예를 든 것과 같은 *LM* 곡선은 그림 9.4(b)에 나타나 있다. 수직축은 실질이자율이며 수평축은 산출량이다. *A*점과 *C*점은 *LM* 곡선 위에 있다. *A*점은 그림 9.4(a)의 화폐공급-화폐수요 그림에 있는 *A*점과 일치하며, 산출량은 4,000이고 실질이자율은 3%다. *A*점은 *LM* 곡선 위에 있기 때문에, 산출량이 4,000일 때 자산시장을 청산하는 실질이자율은 3%다. 마찬가지로 *C*점은 *LM* 곡선 위에 있기 때문에, 산출량이 5,000일 때 화폐공급과 화폐수요를 일치시키는 실질이자율은 5%다. 이러한 산출량-실질이자율 조합은 그림 9.4(a)의 *C*점에서의 자산시장 균형과 일치한다.

그림 9.4(b)는 *LM* 곡선은 항상 왼쪽에서부터 오른쪽으로 우상향하는 기울기를 갖는다는 것을 보여준다. 그것은 산출량 증가는 화폐수요를 증가시키고, 나아가서 자산시장을 청산하는 데 필요한 비화폐자산에 대한 실질이자율을 상승시키기 때문에 그러하다.

LM 곡선을 이동시키는 요인

LM 곡선을 도출하는 과정에서 지금까지 산출량만 변하고 다른 요인, 예컨대 가격수준은 일정한 것으로 가정하였는데, 이 요인들도 자산시장을 청산하는 실질이자율에 영향을 미칠 수 있다. 즉 이러한 다른 요인 중 어느 것이 변하면 *LM* 곡선을 이동시킬 수 있다. 특히 산출량이 일정할 때 실질 화폐수요에 비해 상대적으로 실질 화폐공급을 감소시키는 어떤 변화가 생기면, 이것은 자산시장을 청산하는 실질이자율을 상승시키고 *LM* 곡선을 왼쪽 혹은 상방으로 이동시키게 된다. 마찬가지로 산출량이 일정할 때 실질 화폐수요에 비해 상대적으로 실질 화폐공급을 증가시

요약표 13 *LM* 곡선을 이동시키는 요인

요인	이동 방향	이유
명목 화폐공급 증가	하방 및 우측	실질 화폐공급을 증가시키고 자산시장을 청산하는 실질이자율 하락(화폐공급과 화폐수요를 일치시킴)
물가수준의 상승	상방 및 좌측	실질 화폐공급 감소, 자산시장을 청산하는 실질이자율 상승
기대인플레이션 상승	하방 및 우측	화폐수요 감소, 자산시장을 청산하는 실질이자율 하락
명목이자율 상승	상방 및 좌측	화폐수요 증가, 자산시장을 청산하는 실질이자율 상승

그 외에도 산출량이 일정할 때 실질 화폐수요를 증가시키는 어떤 요인이 있다면, 이것은 자산시장을 청산하는 실질이자율을 상승시키고 *LM* 곡선을 상방 및 좌측으로 이동시킨다. 실질 화폐수요를 증가시키는 기타 요인은 다음과 같다(요약표 9 참조).

- 부(富)의 증가
- 화폐보유의 위험에 비해 상대적으로 다른 자산 보유의 위험 증가
- 다른 대체 자산의 유동성 하락
- 지불시스템의 효율성 하락

키는 어떤 변화가 발생하면, 이것은 자산시장을 청산하는 실질이자율을 하락시키고 *LM* 곡선을 우측 혹은 하방으로 이동시킨다. 여기서는 일반적으로 실질 화폐공급 및 화폐수요의 변화가 어떻게 *LM* 곡선에 영향을 미치는가를 논의하기로 한다. 요약표 13은 *LM* 곡선을 이동시키는 요인을 설명하고 있다.

실질 화폐공급의 변화 실질 화폐공급(M/P)의 증가는 자산시장을 청산하는 실질이자율을 하락시키고 *LM* 곡선을 하방 및 우측으로 이동시킬 것이다. 그림 9.5는 이러한 경우를 보여주며, 앞에서 든 수치 예를 확장해 설명하고 있다.

그림 9.5(a)는 화폐공급-화폐수요 그래프를 보여준다. 최초에 실질 화폐공급(M/P)이 1,000이고 산출량은 4,000이며, 따라서 화폐수요곡선은 $MD(Y = 4{,}000)$이라고 가정한다. 그러면 자산시장 균형은 *A*점이 되며 시장청산 실질이자율은 3%가 된다. 실질 화폐공급이 1,000일 때 해당하는 *LM* 곡선은 그림 9.5(b)에서 $LM(M/P = 1{,}000)$으로 표시되고 있다. 이 *LM* 곡선 위의 *A*점에서는, 그림 9.5(a)의 화폐공급-화폐수요 그래프의 *A*점과 마찬가지로 산출량은 4,000이고 실질이자율은 3%다. *A*점은 최초의 *LM* 곡선 위에 위치하기 때문에, 산출량이 4,000이고 화폐공급이 1,000일 때 자산시장을 청산하는 실질이자율은 3%가 된다.

이제 산출량은 4,000으로 일정할 때, 실질 화폐공급이 1,000에서 1,200으로 증가했다고 가정해 보자. 이러한 실질 화폐공급 증가는 수직의 화폐공급곡선을 그림 9.5(a)의 MS^1에서 MS^2로 우측 이동시킨다. 자산시장 균형은 이제 *D*점이 되며, 여기에서 산출량이 4,000으로 일정할 때 자산시장을 청산하는 실질이자율

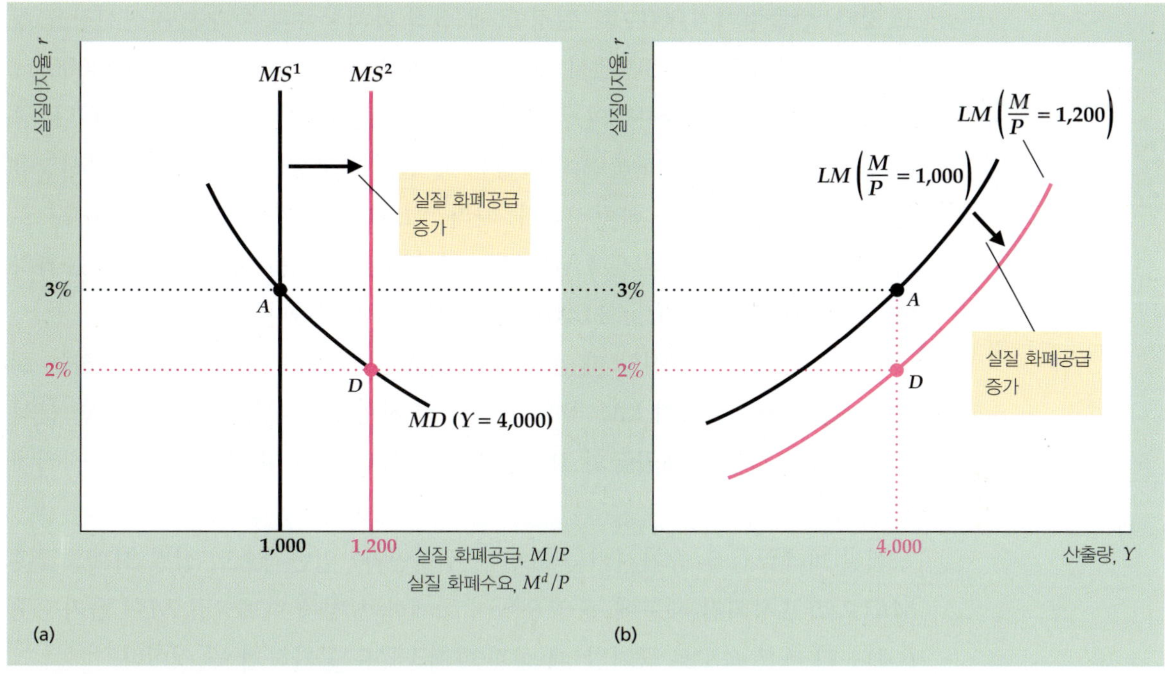

그림 9.5

실질 화폐공급 증가는 *LM* 곡선을 하방 및 우측 이동시킨다

(a) 실질 화폐공급 증가는 화폐공급곡선을 MS^1에서 MS^2로 우측 이동시킨다. 산출량이 일정할 때 자산시장을 청산하는 실질이자율은 하락한다. 예컨대 만약 산출량이 4,000으로 고정되어 있고 화폐수요곡선이 $MD(Y = 4{,}000)$이면, 자산시장을 청산하는 실질이자율은 3%(*A*점)에서 2%(*D*점)로 하락한다.
(b) 실질 화폐공급의 증가가 *LM* 곡선에 미치는 영향을 보여준다. 주어진 산출량 수준에서 실질 화폐공급의 증가는 자산시장을 청산하는 실질이자율을 하락시킨다. 예를 들어, 산출량이 4,000일 때 실질 화폐공급의 증가는 자산시장을 청산하는 실질이자율을 3%(*A*점)에서 2%(*D*점)로 하락시킨다. 따라서 *LM* 곡선은 $LM(M/P = 1{,}000)$에서 $LM(M/P = 1{,}200)$으로 하방 및 우측 이동한다.

은 2%로 하락한다.

자산시장을 청산하는 실질이자율이 하락한 이유는 무엇인가? 최초의 실질이자율 3%에서는 화폐의 초과공급이 존재하게 된다. 다시 말해서 자산 보유자는 그들의 자산선택에서 원하는 것보다 더 많은 화폐를 갖게 되며, 결과적으로 그들이 원하는 것보다 더 낮은 비율의 비화폐자산을 갖게 됨을 의미한다. 자산선택의 이러한 불균형을 해소하기 위해 자산 보유자는 화폐의 일부를 비화폐자산을 구입하는 데 사용하고자 할 것이다. 그러나 자산 보유자가 모두 비화폐자산을 구입하려고 하므로, 비화폐자산의 가격은 상승하게 되고 따라서 실질이자율은 하락하게 된다. 실질이자율이 떨어지면 비화폐자산은 화폐에 비해 더 이상 매력적이지 않게 된다. 실질이자율은 그림 9.5(a)의 *D*점까지, 즉 2%에 이를 때까지 계속 하락하며, 거기에서 화폐의 초과공급과 비화폐자산의 초과수요는 소멸되고 자산시장은 다시 균형을 이루게 된다.

실질 화폐공급의 증가가 *LM* 곡선에 미치는 영향은 그림 9.5(b)에서 설명되고 있다. 산출량이 4,000으로 일정할 때 실질 화폐공급의 증가는 자산시장을 청산하는 실질이자율을 3%에서 2%로 하락시킨다. 따라서 이제 $Y = 4{,}000$ 및 $r = 2\%$인 D점이 자산시장의 균형이 되며, A점은 더 이상 균형점이 아니다. 좀 더 일반적으로 말해서 산출량이 일정할 때 실질 화폐공급의 증가는 자산시장을 청산하는 실질이자율을 하락시킨다. 따라서 LM 곡선 자체가 하방 및 우측으로 이동한다. 새로운 LM 곡선 $LM(M/P = 1{,}200)$은 새로운 균형인 D점을 통과하며, 그 이전의 $LM(M/P = 1{,}000)$보다 아래쪽에 위치한다.

따라서 산출량이 일정할 때 실질 화폐공급의 증가는 자산시장을 청산하는 실질이자율을 하락시키며 LM 곡선을 우측 및 하방으로 이동시킨다. 비슷한 분석 방법에 따라 실질 화폐공급의 감소는 LM 곡선을 좌측 및 상방으로 이동시키게 될 것이다.

실질 화폐공급을 증가시키는 요인은 무엇인가? 일반적으로 실질 화폐공급은 M/P으로 표시되기 때문에, 중앙은행이 통제하는 명목 화폐공급 M이 물가수준 P보다 더 빠른 속도로 증가할 때 실질 화폐공급은 증가하게 될 것이다.

실질 화폐수요의 변화 산출량 및 실질이자율을 제외하고, 실질 화폐수요에 영향을 미치는 어떤 다른 변수가 변하면 LM 곡선도 역시 이동하게 될 것이다. 좀 더 일반적으로 말해서 산출량이 일정할 때, 실질 화폐수요의 증가는 자산시장을 청산하는 실질이자율을 상승시키고 따라서 LM 곡선을 상방 및 좌측으로 이동시킬 것이다. 비슷한 분석에 따라, 산출량이 일정할 때 실질 화폐수요가 감소하면 LM 곡선은 하방 및 우측으로 이동하게 될 것이다.

그림 9.5에서 보여준 화폐공급의 변화와 비슷하게, 그림 9.6은 화폐수요의 증가를 그래프 분석을 통해 보여준다. 전과 마찬가지로 화폐공급-화폐수요 그래프는 그림 9.6(a)에 그려져 있다. 산출량은 4,000으로 일정하며 실질 화폐공급도 1,000으로 고정되어 있다. 최초의 화폐수요곡선은 MD^1이다. 최초의 자산시장 균형은 A점이며 거기에서 화폐수요곡선 MD^1과 화폐공급곡선 MS가 교차하고 있다. 최초의 균형 A점에서 자산시장을 청산하는 실질이자율은 3%이다.

이제 산출량이 일정할 때 실질 화폐수요를 증가시키는 어떤 변화가 일어났다고 가정하자. 예를 들어, 은행이 화폐에 대해 지불하는 이자(i^m)를 올리기로 결정하였다면, 사람들은 동일한 산출량 수준과 실질이자율하에서 더 많은 화폐를 보유하고자 할 것이다. 그래프로 볼 때 화폐수요의 증가는 화폐수요곡선을 그림 9.6(a)의 MD^1에서 MD^2로 우측 이동시킨다. 최초의 실질이자율 3%에서 실질 화폐수요량은 1,300이 되며 이것은 실제의 화폐공급 1,000을 초과한다. 따라서

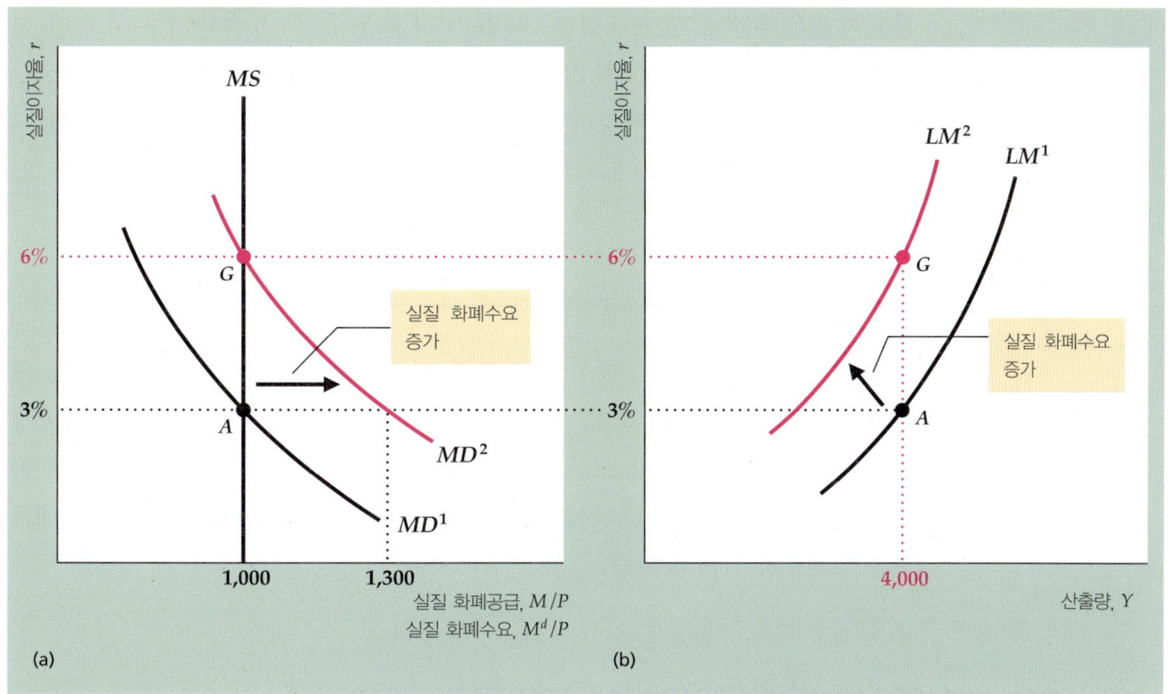

그림 9.6

실질 화폐수요의 증가는 *LM* 곡선을 상방 및 좌측으로 이동시킨다

(a) 산출량 4,000, 실질 화폐공급은 1,000으로 고정되어 있을 때, 화폐에 지불되는 이자율 상승은 화폐수요를 증가시킨다. 화폐수요곡선은 MD^1에서 MD^2로 우측 이동하며 자산시장을 청산하는 실질이자율은 3%(*A*점)에서 6%(*G*점)로 상승한다.

(b) 실질 화폐수요의 증가가 *LM* 곡선에 미치는 영향을 보여준다. 산출량이 4,000일 때 실질 화폐수요의 증가는 자산시장을 청산하는 실질이자율을 3%(*A*점)에서 6%(*G*점)로 상승시킨다. 좀 더 일반적으로 말하면 주어진 산출량 수준에서 실질 화폐수요의 증가는 자산시장을 청산하는 실질이자율을 상승시킨다. 따라서 *LM* 곡선은 LM^1에서 LM^2로 상방 및 좌측 이동한다.

3%는 더 이상 자산시장을 청산하는 실질이자율이 될 수 없다.

화폐수요가 증가한 이후 자산시장을 청산하는 실질이자율은 어떻게 변할 것인가? 자산 보유자가 더 많은 화폐를 갖고자 한다면, 그들은 비화폐자산을 팔아 화폐로 바꾸려고 할 것이다. 비화폐자산 매도가 늘어나면 비화폐자산의 가격이 하락하게 되고 따라서 실질이자율이 상승하게 될 것이다. 실질이자율이 상승하면 화폐보유의 매력이 상대적으로 감소하게 되므로, 실질이자율은 사람들이 실제적인 화폐공급(1,000)을 보유하는 것에 만족하는 선까지 상승할 것이다. 실질이자율은 최초의 3%(*A*점)에서 *G*점의 6%까지 상승한다.

그림 9.6(b)는 화폐수요의 증가가 *LM* 곡선에 미치는 영향을 보여준다. *A*점을 통과하는 최초의 *LM* 곡선 LM^1은 산출량이 4,000일 때 자산시장을 청산하는 실질이자율이 3%임을 보여준다[그림 9.6(b)의 *A*점은 그림 9.6(a)의 *A*점과 같다]. 산출량이 4,000으로 고정되어 있을 때, 화폐수요가 증가함에 따라 시장청산 실

질이자율은 6%로 상승하였다. 따라서 새로운 *LM* 곡선은 $Y = 4{,}000$ 및 $r = 6\%$인 *G*점[그림 9.6(a)의 *G*점과 같다]을 통과해야 한다. 자산시장을 청산하는 실질이자율이 이제 전보다 더 높아졌기 때문에, 새로운 *LM* 곡선 LM^2는 LM^1보다 상방에 위치한다.

9.4 *IS-LM* 완결 모형의 일반균형

다음 단계는 노동시장, 상품시장, 자산시장을 결합하여 경제 전체의 균형을 검토하는 것이다. 경제의 모든 시장이 동시에 균형을 이루는 상태를 **일반균형**(general equilibrium)이라고 한다. 그림 9.7은 *IS-LM* 완결 모형을 나타내고 있으며, 경제 전체의 일반균형이 어떻게 달성되는가를 설명하고 있다. 여기에는 다음 그래프가 그려져 있다.

- 노동시장의 균형을 보여주는 완전고용(*FE*)선
- 상품시장의 균형을 나타내는 *IS* 곡선
- 자산시장의 균형을 나타내는 *LM* 곡선

세 개의 그래프는 *E*점에서 만나고 있는데, 이는 그 점에서 세 개의 시장이 모두 균형을 이루고 있음을 나타낸다. 그러므로 *E*점은 세 개의 그래프 위에 동시에 위치한 유일한 점이기 때문에 일반균형을 나타내며, 이 경제의 유일한 일반균형이다.

*E*점이 일반균형이라는 것은 명백하지만, 어떤 힘에 의해 경제가 그 점에 위치하게 되었는지는 분명하지 않다. 다시 말해서 예컨대 *IS* 곡선과 *FE*선이 어딘가에서 교차하게 되었다 하더라도, 왜 *LM* 곡선이 바로 그 점을 관통해서 지나가야 하는지에 대해서는 설명하지 않았다. 9.5절에서 경제를 일반균형으로 이끄는 경제적 힘에 대해 논의할 것이다. 거기에서 다음 두 가지 사실을 보여주게 될 것이다. (1) 경제의 일반균형은 항상 *IS* 곡선과 *FE*선이 만나는 점에서 달성된다. (2) 물가수준의 조정에 의해 *LM* 곡선은 일반균형점(*IS* 곡선과 *FE*선의 교차점으로 정의되는)을 통과하는 위치까지 이동하게 된다. 이러한 조정과정을 상세하게 논의하기 전에, *IS-LM* 완결 모형을 어떻게 사용하는지 예를 들어 보기로 한다.

IS-LM 분석체계 응용 : 일시적 공급충격

경기순환 분석과 관련된 경제적 충격은 부정적 공급충격이다. 특히 생산함수에서 생산성 모수 *A*가 일시적으로 떨어졌다고 가정해 보자(기상 악화 혹은 원유가

그림 9.7

***IS-LM* 모형의 일반균형**

경제는 모든 시장의 수요와 공급이 일치할 때 일반균형을 이룬다. 일반균형점 E는 *IS* 곡선, *LM* 곡선, *FE*선이 동시에 만나는 곳에 위치한다. 따라서 E점에서, 그리고 오직 E점에서만 상품시장, 자산시장, 노동시장은 동시에 균형을 이룬다.

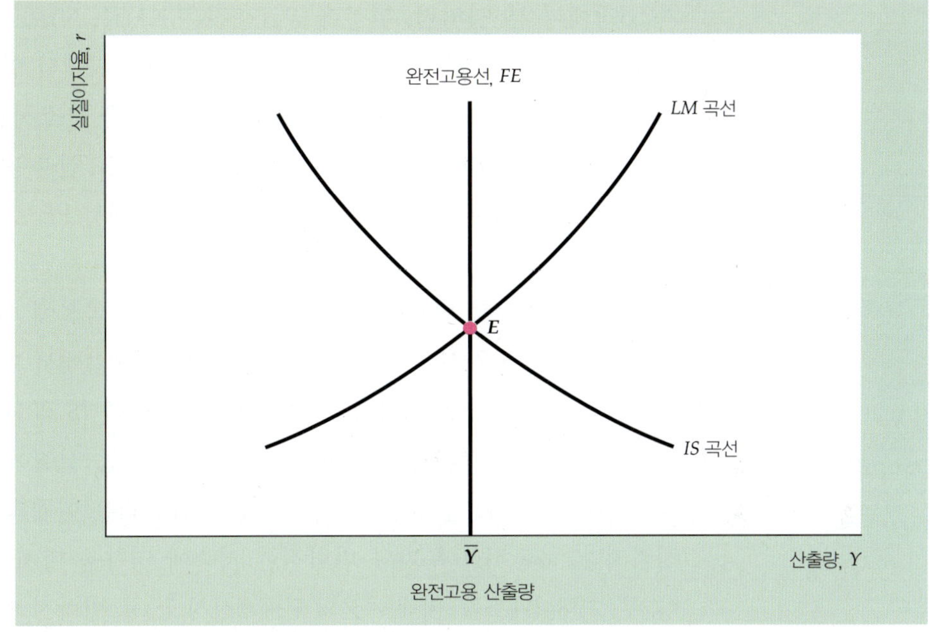

격의 일시적 상승 등이 원인 제공을 했다고 하자).[7] *IS-LM* 모형을 이용하면 이러한 충격이 경제의 일반균형에 미치는 영향을 분석할 수 있으며, 나아가 실질임금, 고용, 산출량, 실질이자율, 물가수준, 소비, 투자 등 거시경제변수의 일반균형 값에 미치는 영향도 분석할 수 있다.

먼저 경제가 최초에 그림 9.8(a)의 E점에서 일반균형을 이루고 있으며, 거기에서 최초의 *FE*선 FE^1, *IS* 곡선, *LM* 곡선 LM^1이 교차한다고 가정하자. 일시적 공급충격이 일반균형에 미치는 영향을 분석하기 위해서는, 먼저 생산성 A의 일시적 하락이 *FE*선과 *IS* 및 *LM* 곡선의 위치에 어떤 영향을 주는지 알아야 한다.

*FE*선은 노동시장의 균형을 나타낸다. 따라서 공급충격이 *FE*선에 미치는 영향을 찾기 위해서는, 먼저 공급충격이 노동의 수요와 공급에 어떤 영향을 미치는지 살펴봐야 한다. 3장에서 본 것처럼, 부정적 공급충격이 발생하면 노동의 한계생산물이 감소하고 따라서 노동 수요곡선을 하방으로 끌어내린다(그림 3.11 참조). 공급충격이 일시적이기 때문에, 이것이 노동자의 부 혹은 기대 미래 임금에는 영향을 주지 않으며 따라서 노동공급에는 영향을 미치지 않는 것으로 가정한다. 노동의 수요가 감소한 결과 균형 실질임금 및 균형 고용량은 감소한다.

*FE*선은 완전고용 산출량 $\bar{Y}$가 변하는 크기만큼 이동한다. $\bar{Y}$는 언제 변하는

7. 생산함수 식 (3.1)은 $Y = AF(K, N)$이고 A가 하락하면 주어진 자본 K 및 노동 N을 가지고 생산할 수 있는 생산량이 감소한다.

가? 3장에서 본 것처럼, 부정적 공급충격은 $AF(K, \bar{N})$으로 표시되는 완전고용 산출량 $\bar{Y}$를 두 가지 이유로 감소시킨다. (1) 바로 위에서 언급한 것처럼, 공급충격은 균형 고용수준 $\bar{N}$을 감소시킴으로써 산출량을 감소시킨다. (2) 생산성 A의 하락으로 인해, 어떠한 노동과 자본의 결합하에서도 산출량은 감소한다. $\bar{Y}$의 감소는 그림 9.8(b)에서 *FE*선의 좌측 이동, 즉 FE^1에서 FE^2로 이동하는 것으로 설명된다.

이제 일시적으로 발생한 부정적 공급충격이 *IS* 곡선에 미치는 영향을 생각해 보기로 하자. *IS* 곡선은 저축-투자 그래프(그림 9.2)에서 현재의 산출량 수준을 변화시킴으로써 도출되었음을 기억하기 바란다. 즉 *IS* 곡선은 각 산출량 수준에 대해 바람직한 저축과 바람직한 투자를 일치시키는 실질이자율을 찾아 그 궤적을 연결한 것이다. 일시적으로 부정적인 공급충격은 현재의 산출량 수준을 감소시키지만, 바람직한 투자와 바람직한 저축에 영향을 미치는 다른 요소(예를 들어, 부, 기대미래소득, 미래 자본의 한계생산성 등)를 변화시키지는 않는다. 그러므로 일시적 공급충격은 *IS* 곡선을 도출할 때 사용하던 것과 같은 방식으로 현재의 산출량에 변화를 준다. 결국 일시적으로 부정적인 공급충격은 *IS* 곡선이 불변인 상태에서 *IS* 곡선을 따라서 이동하게 되며, *IS* 곡선을 이동시키지 않는다.[8]

마지막으로 *LM* 곡선에 대해 생각해 보자. 일시적 공급충격은 화폐의 수요와 공급에 직접적 영향이 없으며, 따라서 *LM* 곡선을 이동시키지 않는다.

이제 경제의 새로운 일반균형을 찾아보기로 하자. 그림 9.8(b)에서 FE^2, *IS* 및 LM^1이 동시에 교차하는 점은 없다. 앞에서 언급했고 9.5절에서 보여주는 것처럼, *FE*선과 *IS* 곡선 및 *LM* 곡선이 어느 한 점에서 교차하지 않으면 *FE*선과 *IS* 곡선이 교차하는 점을 통과할 때까지 *LM* 곡선이 이동하도록 되어 있다. *LM* 곡선의 이러한 이동은 물가수준의 변화에 의한 것이며, 이것은 실질 화폐공급, M/P을 변화시키고 자산시장의 균형에도 영향을 미치게 된다. 그림 9.8(b)에서 보는 것처럼, F점에서 일반균형이 다시 이루어지려면 *LM* 곡선은 LM^1에서 LM^2로 좌측 및 상방 이동해야 한다. 그렇게 되기 위해서는 실질 화폐공급, M/P이 하락해야 하며(요약표 13 참조) 따라서 물가수준 P는 상승해야 한다. 비록 아직까지 경제적 설명을 하지 않았지만, 부정적 공급충격으로 인해 물가수준이 상승한다는 것을 추론하기는 그리 어렵지 않을 것이다.

물가수준과 구별하여, 일시적 공급충격은 인플레이션율에는 어떤 영향을 미칠까? 인플레이션율은 물가수준의 상승률이기 때문에, 물가가 새로운 더 높은

8. 이 장의 끝에 있는 분석문제 2번에서 영구적으로 부정적인 공급충격의 영향을 분석하게 되며, 그러한 경우 *IS* 곡선을 이동시키는 요인이 존재하게 된다.

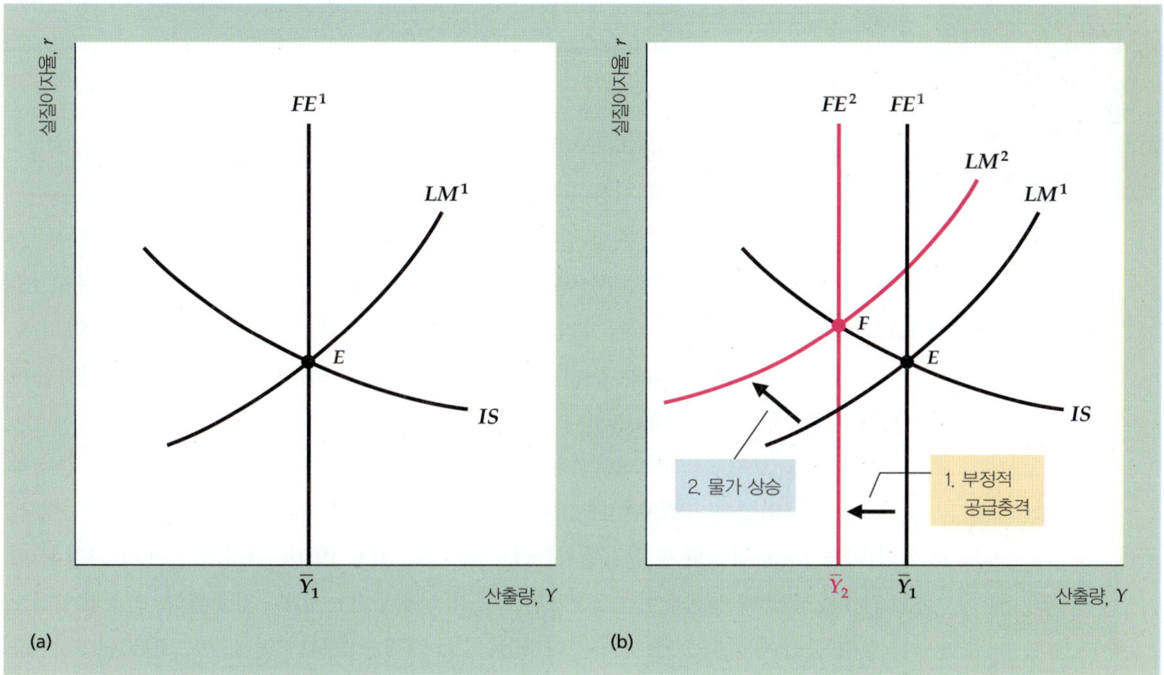

그림 9.8

일시적으로 부정적인 공급충격의 영향

(a) 최초에 경제는 *E*점에서 일반균형 상태에 있다. 산출량은 완전고용수준 $\overline{Y}_1$이다.
(b) 일시적으로 부정적인 공급충격은 완전고용 산출량을 $\overline{Y}_1$에서 $\overline{Y}_2$로 감소시키며 *FE*선을 FE^1에서 FE^2로 좌측 이동시킨다. 새로운 일반균형은 *F*점에서 달성되며, 그 점에서 FE^2는 불변의 *IS* 곡선과 교차한다. 물가수준의 상승으로 *LM* 곡선은 LM^1에서 LM^2로 좌측 및 상방 이동하며, *F*점에서 만나게 된다. 최초의 일반균형점 *E*에 비해 새로운 일반균형점 *F*에서, 산출량은 감소하고 실질이자율과 물가수준은 상승했다.

수준으로 오르는 기간에는 인플레이션이 발생하게 된다. 그러나 물가수준이 더 높은 수준에서 안정이 되고 더 이상 오르지 않으면 인플레이션은 진정된다. 따라서 일시적 공급충격은 영구적이 아닌, 일시적인 인플레이션율의 상승을 초래한다.

현재까지 분석 결과를 정리하면 다음과 같다.

1. 3장에서 이미 본 것처럼, 일시적으로 부정적인 공급충격은 실질임금과 고용의 균형 값을 하락시킨다.
2. 그림 9.8(b)에서 새로운 일반균형점 *F*를 그 이전의 일반균형점 *E*와 비교할 때, 공급충격은 산출량을 감소시키고 실질이자율을 상승시킨다.
3. 공급충격은 물가수준을 상승시키고 일시적으로 인플레이션을 발생시킨다.
4. 새로운 일반균형에서 실질이자율이 높아지고 산출량이 감소했기 때문에, 소비는 공급충격 이전보다 낮아져야 한다. 실질이자율이 높아졌으므로 투자도 공급충격 이전보다 낮아져야 한다.

응용 APPLICATION

다시 찾아온 석유파동

3장에서 석유가격의 상승은 부정적 공급충격의 사례임을 지적했고, 실제로 1973~1974년 및 1979~1980년 기간 동안 미국 경제에 미친 영향을 살펴봤다(3장의 "응용 : 석유파동 기간 중 산출량, 고용 및 실질임금" 참조). 부정적 공급충격은 산출량, 고용 및 실질임금을 감소시킨다는 이론적 예측은 위의 두 기간 중 사실로 확인됐다. 이 장의 *IS-LM* 완결 모형을 이용한 지금까지의 분석도 앞의 논의와 일치한다. 그러나 이 장의 분석은 석유파동 이후 소비와 투자가 감소하고 인플레이션이 상승하며, 실질이자율도 상승한다는 예측을 추가하고 있다.

그림 8.7을 보면 이러한 석유파동 직후 소비는 약간 감소하고 투자는 급격히 감소하는 것으로 나타난다. 1973년 4분기에 시작된 침체부터 1974년 4분기에 이르기까지, 실질소비는 1.8% 감소했고 실질투자는 11.1% 감소했다. 1980년 1분기 침체가 시작된 이후 단 1분기 만에 실질소비는 2.3% 감소했고 실질투자는 9.0% 감소했다. 인플레이션도 이 장의 분석에서 예측된 것처럼 나타났는데, 1973~1974년 및 1979~1980년 기간 중 일시적으로 상승했을 뿐이다(그림 8.13 참조).

이 장의 분석에 의하면 석유파동 충격으로 인해 실질이자율도 상승할 것으로 예측된다. 그러나 이 결과는 석유파동 충격이 일시적일 것으로 기대된다는 가정에 다소간 의존하고 있다. 이 장의 끝에 있는 분석문제 2번에서, 부정적 공급충격이 영구적인 것으로 예상된다면 실질이자율은 부정적 공급충격이 일시적인 것으로 기대될 때보다 더 적게 상승한다는 것을 보게 될 것이다(실질이자율이 상승하지 않을 수도 있다). 그러나 두 번에 걸친 석유파동 충격의 존속기간에 대한 사람들의 기대형성을 현실적으로 알 수는 없다. 그러므로 그러한 석유파동 충격이 실질이자율에 미친 영향이 어떤 것이었는지 확실하게 말할 수는 없을 것이다. 사실 1979~1980년 석유파동 기간에는 실질이자율이 상승했고, 1973~1974년 파동 기간에는 상승하지 않았다(그림 2.3 참조). 이러한 데이터만을 근거로 할 때, 사람들은 1973~1974년 석유파동은 영구적인 것으로, 1979~1980년 석유파동은 일시적인 것으로 예상했다고 볼 수 있다. 흥미로운 것은 이러한 예상이 본질적으로 옳은 것이었다는 점이다. 그림 3.12는 1979~1980년 기간 석유가격 상승은 짧은 기간에 하락 반전되었으며, 1973~1974년 기간 중 석유가격 상승은 그렇지 않았음을 보여준다.

"응용 : 다시 찾아온 석유파동"에서 이상의 분석이 역사적 행태를 얼마나 잘 설명하는지 검토하게 될 것이다. *IS-LM* 모형과 같은 경제 모형은 경제 예측에도 심도 있게 사용되고 있음을 주목할 필요가 있다("최신자료 및 연구와의 접속 : 경제정책 분석을 위한 계량경제 모형과 거시경제 예측" 참조).

최신자료 및 연구와의 접속 *IN TOUCH WITH DATA AND RESEARCH*

경제정책 분석을 위한 계량경제 모형과 거시경제 예측

이 장에서 소개된 *IS-LM* 모형은 비교적 단순한 거시경제 모형의 일례이다. 실제로는 훨씬 복잡한 경제모형(모두는 아니지만 그중에 많은 모형이 *IS-LM* 분석체계에 기반을 두고 있다)이 응용 거시경제 연구와 분석에 사용되고 있다.

거시경제 모형을 일상적으로 사용함으로써 경제학자는 경제 과정을 예측하는데 도움을 받고 있다. 일반적으로 경제예측 수치를 얻기 위해 거시경제 모형을 사용하는 데에는 3단계가 있다. 먼저 모형의 모수 값(예를 들어, 화폐수요의 소득탄력성 등)을 얻어야 한다. 계량경제 모형에서 이러한 값은 자료의 통계분석을 통해 추정된다. 둘째, 관련되는 외생변수의 추정 값이 현실성 있게 잘 설정되어야 한다. 외생변수는 그 값이 모형 안에서 결정되는 것이 아니다. 외생(exogenous)변수의 예로는 정책변수(예를 들어, 정부지출, 화폐공급 등), 석유가격, 생산성 변화 등이 있다. 셋째, 모형의 모수와 외생변수의 예상 경로를 바탕으로, 모형 내에서 결정되는 변수(예를 들어, 산출량, 고용, 이자율 등)의 예측치를 얻기 위해 보통 컴퓨터를 이용해 모형을 풀 수 있다. 모형 안에서 결정되는 변수를 내생(endogenous)변수라고 한다.

이 장에서 소개된 *IS-LM* 모형과 같은 비교적 단순한 모형도 실제 예측을 위해 사용될 수 있지만, 아마도 그 결과는 그리 좋지 않을 것이다. 현실경제는 복잡하기 때문에 실제 예측에 사용되는 거시경제 모형은 여기서 설명된 *IS-LM* 모형보다 훨씬 자세하고 세련되어야 할 것이다. 예를 들어, 연방준비제도이사회(FRB)는 오랫동안 그러한 모형을 활용해 경제를 분석하고 통화정책에 사용할 예측치를 개발해 왔다.

1996년 FRB는 정책분석과 예측을 위한 새로운 모형을 만들었다. FRB/US 모형으로 알려진 이 모형은 그 후 계속적으로 업그레이드되어 왔다. FRB/US 모형은 과거 MPS 모형에 바탕을 둔 것인데, 이것은 이론적으로 *IS-LM* 모형과 가깝게 개발된 것이지만 많은 산업과 경제부문을 나타내는 수백 개의 방정식으로 구성되어 있다. 새로운 FRB/US 모형은 많은 점에서 과거 MPS 모형과 다르다. 그것은 인플레이션과 다른 변수의 미래 값에 대한 사람들의 예상을 다루는 데 있어서 훨씬 더 나은 능력을 보여주고 있으며, 경제충격에 대한 사람들과 기업의 반응을 모형에 넣어 설명하는 데 많은 개선이 있었고, 모형을 추정하는 데 더욱 새로운 통계적 기법을 사용하고 있다.

FRB의 자문 경제학자는 이제 이 모형을 정책 분석을 위한 도구로 매우 자주 사용하고 있다. 이들은 통화정책 시나리오의 대안을 분석하는 데 있어서 이 모델로부터 결론을 도출하고 있다. 예컨대 이자율을 6%로 낮은 수준에서 고정시켰을 때의 시나리오에 비해, 연방기금이자율을 8%로 올리면 향후 2년 이내에 어떤 경제적 문제가 생길 것인가 등을 비교분석해 볼 수 있다. 이러한 분석을 통해 정책분석가들은 정책이 경제에 어떤 영향을 미치는가, 그리고 정책 선택이 가져올 결과가 무엇인가에 대한 아이디어를 얻을 수 있다.

이 모형은 *IS-LM* 모형의 경우와 마찬가지로 가계, 기업, 금융시장이라는 경제의 주요 3대 부문을 포함하고 있다. 가계는 3.3절에서 논의한 것처럼 노동을 공급하며, 4.1절과 부록 4.A에서 본 것처럼 얼마나 소비하고 저축할 것인가를 결정한다. 기업은 4.2절에서 논의한 것처럼 적정한 투자수준을 선택함으로써 이윤을 극대화하고자 하며, 3.2절에서 본 것처럼 노동을 수요한다. 7장에서 논의한 것처럼, 가계와 기업의 금융자산에 대한 수요 및 공급은 금융시장의 균형을 결정한다. 이 모형은 일반균형과 같은 개념으로 문제를 풀게 된다. 즉 노동시장에 대해서는 3.4절에서, 상품시장에 대해서는 4.3절에서, 자산시장에 대해서는 7.4절에서 본 것과 같다. 전체적 경제성장은 6장에서 논의된 원리에 따르게 된다. 이 모형의 여타 가정은 새로운 케인즈파 이론(new Keynesian theory)에 바탕을 두고 있으며, 이에 대해서는 11장에서 논의할 것이다.

이 모형이 매우 상세한 것이지만, 어느 거시경제 모형도 어느 정도 인간의 판단 없이는 정확한 예측을 제시할 수 없다. 따라서 연방은행이 내부적으로 정부간행물에 사용할 예측치를 만들어 내기 위해서는, FRB 자문위원이 FRB/US 모형 예측치를 분석하고 이를 통화정책 입안자에게 제시하기 이전에 가끔 수정하기도 한다. 경제 각 부문의 전문가인 자문 경제학자의 판단은 정부간행물(Greenbook) 예측치의 중요한 투입요소이다. 정부간행물 예측치가 민간부문 예측치보다 우수한 것으로 드러나기 때문에, 결과적으로 예측치를 만들어내는 이러한 방법은 나름대로 효과가 있다고 판단된다.[9]

9. Christina Romer and David Romer, "Federal Reserve Information and the Behavior of Interest Rates," *American Economic Review*(June 2000), pp. 429-457 및 Christopher Sims, "The Role of Models and Probabilities in the Monetary Policy Process," *Brookings Papers on Economic Activity*(2:2002), pp. 1-62 참조.

9.5 가격조정과 일반균형의 달성

이제 어떤 경제적 힘이 물가를 변화시켜 *LM* 곡선을 *IS* 곡선과 *FE*선이 만나는 점을 통과하도록 이동시키는지 살펴보기로 하자. 경제를 다시 일반균형으로 회복시키는 가격조정의 역할을 논의함에 있어서 경기순환 분석에 대한 두 주류 접근방법인 고전파와 케인즈파의 기본적인 차이를 다시 보게 될 것이다.

조정과정을 설명하기 위해, 만약 명목 화폐공급이 증가하면 경제에 어떤 일이 발생하는가를 고려할 수 있는 완결 *IS-LM* 모형을 사용하기로 한다. 이러한 분석을 통해 통화정책(화폐공급의 조절)을 논의할 수 있으며, 통화정책의 효과에 대한 현재 진행 중인 몇몇 논쟁을 소개할 수 있을 것이다.

통화팽창의 효과

중앙은행이 명목 화폐공급 M을 10% 증가시키기로 결정했다고 가정해 보자. 지금 물가수준 P는 일정한 것으로 가정하고 있기 때문에, 실질 화폐공급 M/P도 역시 10% 증가할 것이다. 이러한 통화팽창은 경제에 어떤 영향을 미칠 것인가? 그림 9.9의 완결 *IS-LM* 모형을 통해 이 질문에 대한 답을 얻을 수 있을 것이다.

그림 9.9

통화팽창의 효과

(a) 경제는 E점에서 일반균형을 이루고 있다. 산출량은 완전고용 수준으로 1,000이며 실질이자율은 5%이고 물가수준은 100이다.
(b) 물가수준이 일정할 때 명목 화폐공급 M이 10% 증가하면 실질 화폐공급 M/P도 10% 증가하며, LM 곡선은 LM^1에서 LM^2로 하방 및 우측 이동한다. IS 곡선과 새로운 LM 곡선 LM^2가 만나는 F점에서 실질이자율은 3%이며, 이로 인해 상품에 대한 총수요가 증가한다. 만약 기업이 총수요 증가에 부응하여 산출량을 추가적으로 증가시키면, 산출량은 1,200으로 증가한다(완전고용 산출량 1,000보다 많다).
(c) F점에서 총수요가 완전고용 산출량을 초과하기 때문에 기업은 가격을 올린다. 물가수준이 10% 상승하면, 즉 100에서 110으로 오르면, 실질 화폐공급은 원래의 수준으로 되돌아가게 되고 LM 곡선도 원래의 위치인 LM^1로 다시 이동한다. 이것은 경제를 E점으로 복귀시키며, 그 점에서 산출량은 다시 완전고용수준인 1,000이 된다. 그러나 물가수준은 100에서 110으로 10% 상승했다.

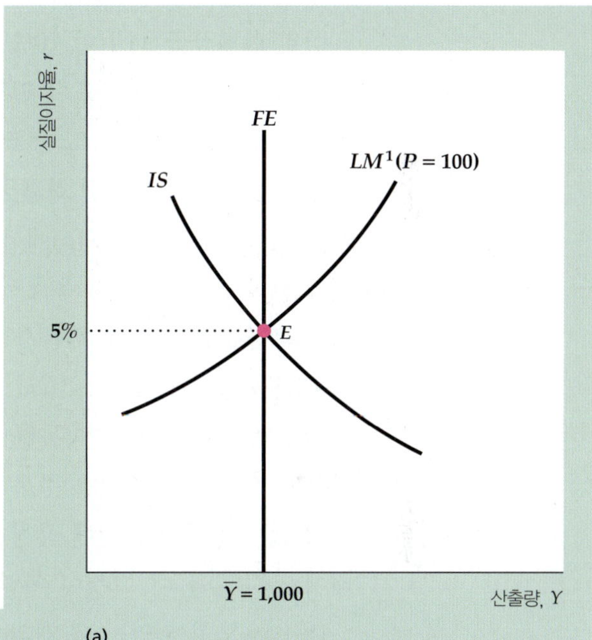

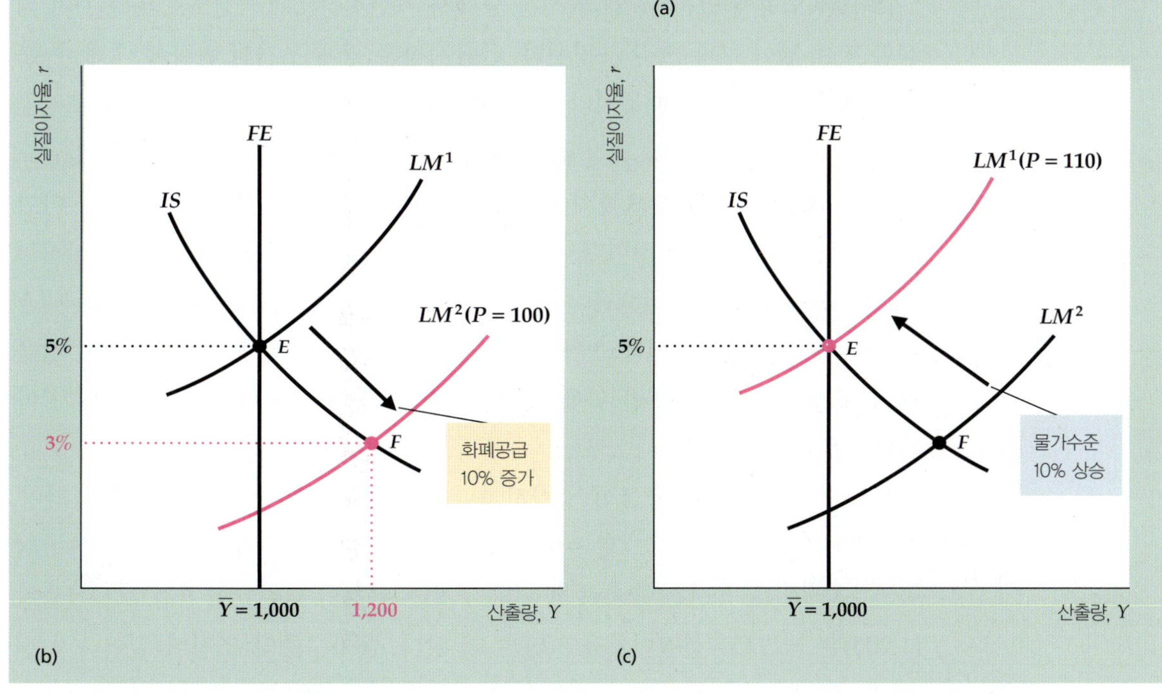

그림 9.9의 세 부분은 이러한 분석과 관련된 연속적 변화를 보여주고 있다. 단순화를 위해 경제는 최초에 일반균형 상태에 있으며 그림 9.9(a)에서 *IS* 곡선, *FE*선, 그리고 *LM* 곡선인 LM^1 모두가 일반균형인 *E*점을 통과하는 것으로 가정한다. *E*점에서 산출량은 완전고용 값인 1,000이며 실질이자율은 5%다. *IS* 곡선과 *LM* 곡선은 모두 *E*점을 통과하고 있으므로, 5%는 상품시장과 자산시장 모두에서 시장청산 실질이자율임을 알 수 있다. 당분간 물가수준 *P*는 최초 수준인 100으로 고정되어 있다.

실질 화폐공급 *M*/*P*이 10% 증가해도 *IS* 곡선과 *FE*선을 이동시키지는 않는다. 산출량과 실질이자율이 일정할 때, *M*/*P*의 변화는 바람직한 국민저축과 바람직한 투자, 노동수요, 노동공급, 생산성에 영향을 미치지 않기 때문이다. 그러나 그림 9.5를 보면 실질 화폐공급의 증가는 *LM* 곡선을 하방 및 우측으로 이동시키며, 이것은 그림 9.9(b)에서 *LM* 곡선이 LM^1에서 LM^2로 이동하는 것과 같다. *LM* 곡선은 하방 및 우측으로 이동하는데, 그 이유는 주어진 산출량 수준에서 화폐공급의 증가는 자산시장을 청산하는 데 필요한 실질이자율을 하락시키기 때문이다.

LM 곡선이 LM^2로 이동한 후에는, 그림 9.9(b)에서 세 개의 그래프가 모두 만나는 점이 없다는 것을 주목하기 바란다. 다시 말해서 상품시장, 노동시장, 자산시장은 더 이상 동시에 균형을 이루지 못하고 있다. 이제 경제가 일반균형 상태에 있지 않을 때, 그것이 어떻게 반응하느냐에 대한 어떤 가정을 해야만 한다.

IS-*LM* 모형에 있는 세 개의 시장 중에서 자산시장(*LM* 곡선으로 나타남)이 의심할 필요 없이 가장 빨리 조정된다. 금융시장은 경제 조건의 변화에 대해 수 분 내에 반응할 수 있기 때문이다. 노동시장(*FE*선)은 아마도 가장 천천히 조정될 것이다. 이유는 노동자와 직장을 연결시키는 과정에 시간이 많이 걸리고 임금도 정기적으로 재협상이 필요하기 때문이다. 상품시장(*IS* 곡선)의 조정속도는 아마도 중간쯤 어딘가가 될 것이다. 경제가 일반균형 상태에 있지 않을 때, 자산시장과 상품시장이 동시에 균형을 이루고 있으면 산출량과 실질이자율은 *IS* 곡선과 *LM* 곡선의 교차점에서 정해진다고 가정한다. 즉 경제가 일반균형 상태에 있지 않을 때, *IS*-*LM* 교차점은 *FE*선 위에 있지 않으며 따라서 노동시장은 균형상태가 아니다.

그러므로 명목 화폐공급이 증가하자마자 경제는 일반균형을 벗어나게 되며, 산출량과 실질이자율은 그림 9.9(b)의 *F*점에서 결정되고 거기에서 새로운 *LM* 곡선 LM^2와 *IS* 곡선은 교차하게 된다. *F*점은 원래의 일반균형 *E*점보다 산출량(1,200)은 더 크고 실질이자율(3%)은 더 낮다. 물가수준의 조정이 일어나기 전경제가 잠시 머물고 있는 *F*점을 단기균형(short-run equilibrium)점이라고 부르기로 한다(*F*점을 단기균형점이라고 부르기는 하지만, 단지 상품시장과 자산시장만 균형을 이루고 있을 뿐 노동시장은 그렇지 않다는 것을 상기할 필요가 있다).

화폐공급의 증가가 경제를 *F*점으로 이동시키는 이유를 경제적 용어로 어떻게 설명할 수 있을까? 일련의 변화는 다음과 같이 설명될 수 있다. 화폐공급의 증가 이후, 최초의 산출량과 실질이자율하에서 자산 소유자는 자산선택에서 그들이 원하는 것보다 더 많은 화폐를 보유하게 됐다. 그들은 자산선택을 균형으로 되돌리기 위해 초과 보유한 화폐를 사용해 비화폐자산을 구입하고자 시도할 것이다. 그러나 자산 보유자가 비화폐자산 구입을 위해 경쟁하게 되면서 비화폐자산의 가격을 밀어 올리게 되고 결과적으로 실질이자율이 하락하게 된다. 따라서 화폐공급이 증가한 후, 자산 보유자가 화폐와 비화폐자산의 바람직한 결합을 달성하고자 시도함에 따라 이자율은 하락하게 된다.

그러나 실질이자율의 하락이 이러한 변화의 끝은 아니다. 실질이자율이 더 낮아지면 가계의 소비수요 C^d와 기업의 투자수요 I^d가 증가하기 때문에 상품에 대한 총수요가 증가한다. 여기에서 다시 기본적인 가정을 확인하면, 수요자가 상품에 대한 지출을 증가시킬 때 기업은 증가한 수요에 부응하여 적어도 일시적이나마 생산을 증가시키고자 한다는 점이다. 그러므로 실질이자율의 하락이 상품에 대한 총수요를 증가시킨 이후, 기업은 생산을 증가시킴으로써 단기균형점 *F*에서 산출량이 더 높아진다고 가정한다.

요약하면 물가수준이 일정할 때 명목 화폐공급이 증가하면 경제는 그림 9.9(b)의 단기균형점 *F*로 옮겨 가게 되고, 거기에서 원래의 일반균형 *E*점보다 실질이자율은 더 낮아지고 산출량은 더 증가한다. 지금까지 두 개의 가정을 하였다. (1) 경제가 일반균형 상태에 있지 않을 때 단기균형은 *IS* 곡선과 *LM* 곡선의 교차점에서 이루어진다. (2) 상품에 대한 총수요가 증가하면 기업은 확장된 수요에 부응하여 적어도 일시적이나마 산출량을 추가로 기꺼이 더 생산하고자 한다.

물가수준의 조정 지금까지는 물가수준 *P*를 단순히 고정된 것으로 취급했다. 현실적으로 물가는 수요와 공급 조건에 반응하여 변한다. 물가수준 *P*는 상품의 가격을 나타내며, 이 사례에서 물가가 어떻게 조정될 수 있는가를 생각하기 위해 통화공급의 증가가 상품시장에 미치는 영향을 재고해 보기로 한다.

그림 9.9(b)의 단기균형점 *F*는 *IS* 곡선 위에 있다. 이것은 상품시장이 *F*점에서 균형 상태에 있으며 상품의 총수요량과 총공급량이 일치하고 있다는 것을 의미한다. 기업은 수요가 얼마가 증가하더라도 기꺼이 산출량을 증가시킬 것이라

는 가정을 상기하기 바란다. 그러한 의미에서 상품의 총공급량과 총수요량은 일치한다. 그러나 또 다른 의미에서 상품시장은 *F*점에서 균형 상태에 있지 않다. *F*점에서 상품의 총수요를 만족시키기 위해, 기업은 완전고용 산출량 수준 $\overline{Y}$보다 더 많이 생산해야 한다는 데 문제가 있다. 완전고용 산출량 $\overline{Y}$는 기업 이윤을 극대화시키는 산출량 수준이다. 왜냐하면 바로 그 산출량 수준이 이윤을 극대화하는 고용수준과 일치하기 때문이다(3장 참조). 그러므로 더 높은 수준의 총수요를 만족시키기 위해, 기업은 그들이 생산하고 싶은 것보다 더 많이 생산하고 있는 것이다. 이러한 의미에서 *F*점에서 기업의 상품 생산은 이윤을 극대화하는 산출량 수준이 아니며, 따라서 상품시장은 진정한 의미에서 균형 상태에 있지 않다.

*F*점에서 상품의 총수요는 기업의 바람직한 산출량 수준 $\overline{Y}$를 초과하고 있으므로, 기업의 가격 인상을 예상할 수 있으며 이것은 물가수준 *P*를 밀어 올리게 될 것이다. 명목 화폐공급은 중앙은행에 의해 정해져 있으므로, 물가수준 *P*가 상승하면 실질 화폐공급 *M*/*P*이 감소하게 되고 *LM* 곡선을 상방 및 좌측으로 이동시킨다. 현실적으로 상품의 총수요가 기업이 공급하려는 산출량을 초과하고 있는 한, 물가는 계속 상승할 것이다. 따라서 *LM* 곡선은 계속 상방 및 좌측으로 이동하여, 마침내 상품의 총수요는 완전고용 산출량과 같게 될 것이다. *LM* 곡선이 원래의 위치, 즉 그림 9.9(c)의 LM^1로 되돌아왔을 때, 총수요는 완전고용 산출량과 같게 되며 그 점에서 *LM* 곡선은 최초의 일반균형 *E*점을 통과하게 된다. *E*점에서 세 개의 시장은 모두 다시 균형을 회복하게 되며, 산출량은 완전고용 수준을 유지하게 된다.

그림 9.9(c)를 최초의 상태 그림 9.9(a)와 비교해 보면, 물가의 조정이 완료된 후 결국 명목 화폐공급 10% 증가는 산출량과 실질이자율에 아무런 영향이 없음을 알 수 있다. 경제가 최초의 산출량 수준으로 되돌아갔기 때문에, 고용도 원래의 수준에서 변하지 않았다. 그러나 명목 화폐공급이 10% 증가한 결과로서, 물가수준은 10% 더 높아졌다($P = 110$). 물가수준이 정확하게 10% 상승했다는 것을 어떻게 알 수 있을까? *LM* 곡선이 원래의 위치로 되돌아가려면, 물가수준은 실질 화폐공급 *M*/*P*을 원래의 값으로 되돌려 놓을 만큼 상승해야만 한다. 명목 화폐공급 *M*이 10% 증가했기 때문에, *M*/*P*을 원래의 값으로 되돌려 놓으려면 물가수준 *P*가 똑같이 10% 상승해야만 한다. 그러므로 명목 화폐공급의 변화는 물가수준을 비례적으로 변화시킨다. 이것은 모든 시장이 균형 상태에 있다고 가정했던 7장[식 (7.10) 참조]에서 얻은 결과와 동일한 것이다.

한 가지 주목할 점은, 일반균형에서 물가수준이 10% 상승했으나 실질 경제변수는 불변이기 때문에 모든 명목 경제변수 또한 10% 상승해야만 한다는 것이다. 특히 물가수준이 10% 오른 후 실질임금이 원래의 수준을 유지하려면 명목임금이 10% 상승해야만 한다. 따라서 경제가 일반균형으로 복귀할 때 상품의 가격뿐만 아니라 명목임금(노동의 가격) 또한 조정되어야 한다.

통화의 추세적 증가와 인플레이션 그림 9.9에서는 명목 화폐공급이 일회적으로 10% 증가하면, 그것이 물가수준을 일회적으로 10% 상승시킨다는 것을 분석하였다. 현실적으로 대부분의 국가에서 화폐공급과 물가수준은 지속적으로 증가한다. 이상의 분석체계를 활용하면 이러한 상황을 손쉽게 다룰 수 있다. 예컨대 어떤 나라에서 명목 화폐공급 M과 물가수준 P가 매년 7% 지속적으로 증가하고 있으며, 따라서 실질 화폐공급 M/P은 일정하게 유지되고 있다고 하자. *LM* 곡선의 위치는 실질 화폐공급에 의존하므로, 명목 화폐공급과 물가수준이 오르더라도 이러한 상황에서 *LM* 곡선은 이동하지 않을 것이다.

이제 한 해에 이 나라의 명목 화폐공급이 추가적으로 3% 더 증가하여 합계 10% 증가한 반면 물가는 여전히 7% 올랐다고 가정해 보자. 그러면 실질 화폐공급은 3%(10% − 7%) 증가하고 *LM* 곡선은 하방 및 우측 이동한다. 마찬가지로 한 해에 명목 화폐공급이 4%만 증가하고 인플레이션은 여전히 7%라고 하면, 실질 화폐공급이 3% 감소(4% − 7% = −3%)한 셈이 되므로 *LM* 곡선은 상방 및 좌측 이동할 것이다.

이 사례는 화폐와 인플레이션의 예상증가율 혹은 추세적 증가율(이 예에서 7%)과 비교되는 M 혹은 P의 변화율이 *LM* 곡선을 이동시킨다는 것을 보여준다. 따라서 화폐공급의 증가 효과를 분석할 때, 화폐공급의 추세적 증가율과 상대적으로 비교되는 화폐공급 증가율(예컨대 한 해에 7%에서 10%로 증가하는 것)을 염두에 두어야만 한다. 화폐공급의 감소에 대해서도 추세 증가율 대비 감소한 부분(7%에서 4%로 감소한 것)만 고려해야 한다. 마찬가지로 일반균형 회복을 위한 물가수준의 하락 등을 언급할 때도, 물가가 문자 그대로 떨어지는 것을 반드시 의미하는 것이 아니며 다만 그 추세적 증가율보다 덜 오른다는 뜻임을 이해해야 한다.

IS-LM 모형에 대한 고전파 대 케인즈파의 해석

화폐공급의 변화가 어떤 영향을 가져오는가에 대한 그래프 분석을 통해, 거시경제학에서 고전파와 케인즈파 접근법 사이에 중심적 논점이 되고 있는 두 가지 문제를 정리해 볼 수 있다. (1) 경제는 얼마나 빨리 일반균형에 도달하는가? (2) 통화정책은 경제에 어떤 영향을 미치는가? 첫째 질문에 대해서는 *AD-AS* 모형을 이용하여 8.4절에서 살펴봤다. 이제 *IS-LM* 모형을 이용하여 두 질문을 검토해 보기로 한다.

가격조정과 자기교정 경제 통화팽창의 효과에 대한 분석에서 경제는 물가수준의 조정에 의해 일반균형을 달성한다는 것을 봤다. 그래프 분석으로 볼 때 만약 *IS* 곡선과 *LM* 곡선의 교차점이 *FE*선의 우측에 있으면, 그리하여 그림 9.9(b)와 같이 상품의 총수요량이 완전고용 산출량을 초과하면 물가는 상승할 것이다. 물가수준의 상승은 *LM* 곡선을 상방 및 좌측 이동시키고 상품의 수요량을 감소시켜, 마침내 세 그래프가 모두 그림 9.9(c)의 일반균형점에서 다시 교차하게 된다. 마찬가지로 만약 *IS-LM* 곡선의 교차점이 완전고용선의 왼쪽에 있다면, 그리하여 상품에 대한 바람직한 지출이 기업의 이윤극대화 산출량 수준보다 낮다면 기업은 가격을 내릴 것이다. 물가수준의 하락은 실질 화폐공급을 증가시키고 *LM* 곡선을 하방 및 우측 이동시킬 것이며, 마침내 세 그래프 모두 다시금 교차하게 되고 경제는 일반균형으로 되돌아갈 것이다.

어떤 종류의 경제적 교란이 있은 후, 물가수준의 조정에 의해 경제는 궁극적으로 일반균형으로 회복된다는 생각에는 의견불일치가 별로 없는 것 같다. 그러나 8.4절에서 논의한 것처럼, 이러한 과정이 일어나는 속도 문제는 거시경제학에서 커다란 논쟁거리다. 가격이 신축적이라는 고전파 가정하에서는 조정과정은 빠르게 나타난다. 가격이 신축적일 때 경제는 효율적으로 자기교정(self-correcting)이 되고, 충격에 의해 일반균형에서 벗어나더라도 곧 자동적으로 완전고용으로 되돌아간다.[10] 기업이 수요 증가에 대해 일시적으로 생산을 증가시키는(앞에서 그렇게 가정하였음) 대신 가격 인상으로 반응하면, 조정과정은 거의 즉각적인 것이 된다.

그러나 그와 반대 입장인 케인즈파의 견해에 따르면, 가격(및 노동의 가격인 임금)의 느린 조정으로 인해 일반균형이 회복되는 데에는 매우 긴 시간이 소요되며 경우에 따라서는 수년이 걸릴 수도 있다는 것이다. 케인즈파의 주장에 따르면 경제가 일반균형을 벗어나 있을 때, 산출량은 *IS*와 *LM* 곡선의 교차점으로 표현되는 총수요 수준에 의해 결정된다. 이때 경제는 *FE*선 위에 있지 않으므로 노동시장은 불균형 상태에 놓이게 된다. 가격의 느린 조정과 그로 인한 노동시장의 불균형 가정은 *IS-LM* 모형에 대한 케인즈파의 해석을 고전파와 구별 짓는 것이다.

---

10. 신축적 물가하에서 자유시장경제가 자동적으로 자기교정적이라는 전제는, 1장에서 논의한 애덤 스미스의 '보이지 않는 손'의 사상과 일치하는 것이다.

화폐의 중립성 경제가 얼마나 빨리 일반균형에 도달하는가의 문제는, 명목 화폐공급의 변화가 경제에 어떤 영향을 미치는가의 문제와 밀접하게 연관되어 있다. 경제가 일반균형으로 회복되었을 때, 명목 화폐공급의 증가는 산출량, 고용, 실질이자율과 같은 실질변수에는 아무 영향을 주지 않았고 다만 물가수준만 상승했다는 것을 이미 본 바 있다. 명목 화폐공급의 변화가 물가수준만 비례적으로 변화시키고 실질변수에는 아무런 영향을 미치지 않으면, 이것을 **화폐의 중립성**(monetary neutrality) 혹은 단순히 화폐가 중립적이라고 경제학자는 말한다. 완전한 가격조정이 이루어진 후에 화폐는 *IS-LM* 모형에서 중립적임을 이 분석에서 보여준다.

화폐의 중립성이 현실적으로 타당한가에 대해서는 고전파와 케인즈파 사이에 많은 논쟁이 있어 왔다. 여기에서 기본적 이슈는 다시금 가격조정의 속도다. 고전파의 견해로 볼 때 통화팽창은 빠르게 가격으로 이전되며, 실질변수에 대해서는 기껏해야 일시적인 영향만 미친다는 것이다. 다시 말해서 경제는 그림 9.9(a)의 상황에서 그림 9.9(c)의 상태로 재빨리 이동하며, 그림 9.9(b)의 상황에는 거의 머물지 않는다는 것이다. 케인즈파도 가격이 완전히 조정된 후에는 화폐가 중립적이라는 데 동의하고 있다. 그러나 가격조정이 느리기 때문에 경제는 불균형 상태에서 장시간 머물게 된다고 믿는다. 이 불균형 기간 동안 화폐공급의 증가는 산출량과 고용을 증가시키고 실질이자율을 하락시킨다는 것이다[그림 9.9(b)와 그림 9.9(a)를 비교해 본다].

요약하면 케인즈파는 화폐의 중립성이 장기적으로 (가격이 조정된 후) 성립하지만 단기적으로 성립하지 않는다고 믿는다. 고전파는 상대적으로 단기에서도 화폐는 중립적이라는 견해를 적극 수용하고 있다. 10장과 11장에서 고전파와 케인즈파의 경기순환 모형을 더욱 상세하게 발전시킬 때, 다시 화폐의 중립성 문제를 논의할 것이다.

9.6 총수요와 총공급

이 장에서 소개된 *IS-LM* 모형은 경제의 일반균형을 나타내는 완결 모형이다. 이 절에서는 *IS-LM* 모형을 이용하여 8장에서 이미 살펴보았던 총수요-총공급(*AD-AS*) 모형으로 확장하고자 한다. *AD-AS* 모형은 *IS-LM* 모형과 달라 보이지만, 사실 두 모형은 같은 것이다. 이들은 경제 행태와 가격조정에 대한 동일한 가정에 바탕을 두고 있으며, 여러 가지 종류의 충격이 경제에 미치는 효과를 분석하는 데 있어서 같은 답을 내놓고 있기 때문이다. 그렇다면 왜 귀찮게 두 모형을 모두 설명하려고 하는가? 그 이유는 설명하고자 하는 이슈에 따라, 경제를 설명하는 한 가지 방법이 다른 방법보다 더 편리할 수 있기 때문이다. *IS-LM* 모형은 실질이자율과 산출량을 연결시키고 있으며, *AD-AS* 모형은 물가수준과 산출량을 연결시키고 있다. 따라서 *IS-LM* 모형은 여러 가지 충격이 실질이자율, 나아가서 실질이자율에 의존하는 저축과 투자 등의 변수에 미치는 영향을 검토할 때 더 유용하다. 예를 들어, 13장에서 개방경제하의 국제적 차입과 대출을 논의할 때, 실질이자율의 역할이 중요하므로 여기에서는 *IS-LM* 접근법이 유용하다. 그러나 물가수준 혹은 인플레이션과 연관된 이슈에 대해서는 *AD-AS* 모형을 이용하는 것이 더 편리하다. 예를 들면, 인플레이션과 실업의 관계를 설명하는 12장에서는 *AD-AS* 모형에 의존하게 된다. *IS-LM* 체계를 이용하느냐 혹은 *AD-AS* 모형을 이용하느냐의 선택은 편의성에 달린 것이며, 두 모형은 동일한 기본적 거시경제이론을 설명하고 있다는 것을 항상 유념할 필요가 있다.

총수요 곡선

총수요 곡선(aggregate demand curve)은 상품의 총수요량 $C^d + I^d + G$와 물가수준 P의 관계를 보여준다. 총수요 곡선은 단일 상품(예를 들어, 사과)의 수요곡선이 그러하듯이 음의 기울기를 갖는다. 그러나 표면적으로는 *AD* 곡선과 단일 상품의 수요곡선이 유사해 보이지만, 두 종류의 수요곡선 사이에는 중요한 차이점이 있다. 사과의 수요곡선은 사과의 수요량과, 다른 상품의 가격과 상대적으로 비교되는 사과의 가격을 연결 짓고 있다. 반면 *AD* 곡선은 상품의 총수요량과 일반적 물가수준을 연결 짓고 있다. 만약 모든 상품의 가격이 10% 상승하면, 상품의 모든 상대가격은 불변임에도 불구하고 물가수준 P 또한 10% 상승한다. 그럼에도 불구하고 물가수준의 상승은 상품의 총수요량을 감소시킨다.

물가수준 P가 상승하면 총수요량이 감소하는 이유는 그림 9.10에 설명되어 있다. 물가수준이 주어졌을 때 가계, 기업, 정부가 수요하는 총산출량은 *IS* 곡선과 *LM* 곡선이 교차하는 점에서 정해진다. 명목 화폐공급은 M이고 최초의 물가수준은 P_1이라고 가정하자. 그러면 실질 화폐공급은 M/P_1, 최초의 *LM* 곡선은 그림 9.10(a)의 LM^1이 된다. *IS* 곡선과 LM^1은 E점에서 만나며, 그 점에서 가계와 기업, 정부가 구매하고자 하는 총산출량은 Y_1이다. 따라서 물가수준이 P_1일 때, 총수요량은 Y_1이라고 결론지을 수 있다.

이제 물가수준이 P_2로 상승했다고 가정하자. 명목 화폐공급이 M이므로, 이러한 물가수준 상승은 실질 화폐공급을 M/P_1에서 M/P_2로 감소시킨다. 실질 화폐공급의 감소는 *LM* 곡선을 상방 및 좌측으로 이동시켜 LM^2가 된다. *IS* 곡선과

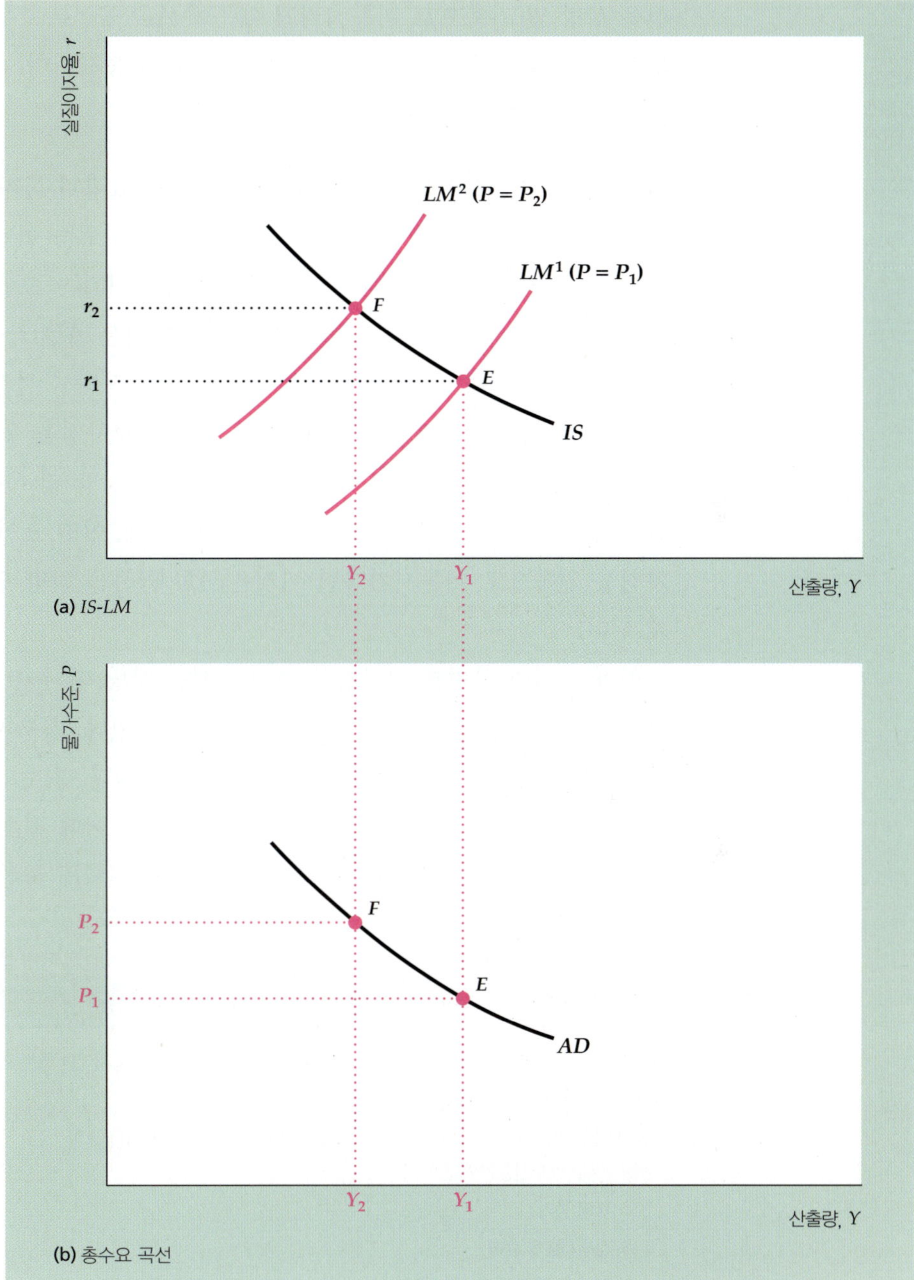

그림 9.10

총수요 곡선의 도출

물가수준이 주어졌을 때, 총수요량은 IS와 LM 곡선이 교차하는 점에서 결정된다. 물가수준이 P_1이고 최초의 LM 곡선이 LM^1이면, 최초의 총수요량은 Y_1이 되며 이것은 (a)와 (b)의 E점과 일치한다. 총수요 곡선을 도출하기 위해 물가수준이 변할 때 총수요량이 어떻게 변하는지를 분석하기로 한다.
(a) 물가수준이 P_1에서 P_2로 상승하면 실질 화폐공급이 감소하여 LM 곡선은 LM^1에서 LM^2로 상방 및 좌측 이동한다. 그러므로 IS와 LM 곡선의 교차점으로 나타나는 총수요량은 Y_1에서 Y_2로 감소한다.
(b) 물가수준이 P_1에서 P_2로 상승하면 총수요량은 Y_1에서 Y_2로 감소한다. 따라서 총수요 곡선은 우하향하는 기울기를 갖는다.

LM^2는 F점에서 교차하며, 그 점에서 총수요량은 Y_2다. 따라서 물가수준이 P_1에서 P_2로 상승하면 총수요량은 Y_1에서 Y_2로 감소한다.

물가수준과 총수요량의 이러한 음의 관계는 그림 9.10(b)의 우하향하는 AD 곡선으로 나타난다. 그림 9.10(b)의 E점과 F점은 그림 9.10(a)의 E점 및 F점과 각각 일치한다. 물가수준의 상승은 실질 화폐공급을 감소시키고 이것은 LM 곡선을 상방 및 좌측으로 이동시키기 때문에 *AD* 곡선은 우하향하는 기울기를 갖는다. 실질 화폐공급의 감소는 실질이자율을 상승시키며, 이것은 가계와 기업의 상품 수요를 감소시킨다.

AD 곡선을 이동시키는 요인 *AD* 곡선은 총수요량과 물가수준을 연결 짓고 있다. 물가수준이 일정할 때, 총수요의 변동을 가져오는 어떤 요인이 변하면 *AD* 곡선은 이동하게 될 것이다. 즉 총수요를 증가시키는 요인은 *AD* 곡선을 상방 및 우측 이동시키며, 총수요를 감소시키는 요인은 *AD* 곡선을 하방 및 좌측 이동시킨다. 총수요는 *IS* 곡선과 *LM* 곡선의 교차점에서 결정된다. 그러므로 물가수준이 일정할 때, 어떤 요인이 *IS-LM* 곡선의 교차점을 우측으로 이동시켰다면 이는 총수요를 증가시키고 따라서 *AD* 곡선을 상방 및 우측으로 이동시킨다고 말할 수 있다. 마찬가지로 물가수준이 일정할 때, 어떤 요인이 *IS-LM* 곡선의 교차점을 왼쪽으로 이동시켰다면 이것은 *AD* 곡선을 하방 및 좌측으로 이동시키게 된다.

앞에서 이미 살펴본 것이지만, *AD* 곡선을 상방 및 우측으로 이동시키는 요인으로서 정부지출의 일시적 증가를 예로 들 수 있다. 정부지출이 *AD* 곡선에 미치는 영향은 그림 9.11을 이용하여 설명할 수 있다. 최초의 *IS* 곡선 IS^1은 그림 9.11(a)의 *E*점에서 *LM* 곡선과 교차하고 있으며 이때 최초의 총수요는 Y_1이다. 이미 알고 있는 것처럼, 정부지출의 일시적 증가는 *IS* 곡선을 상방 및 우측으로

요약표 14 *AD* 곡선을 이동시키는 요인

물가수준이 일정할 때, 어떤 요인이 *IS-LM*의 교차점을 우측으로 이동시키면 총수요가 증가하고 *AD* 곡선은 상방 및 우측 이동한다.

IS 곡선을 상방 및 우측 이동시켜 *AD* 곡선을 상방 및 우측 이동시키는 요인
- 기대 미래 산출량의 증가
- 부의 증가
- 정부지출의 증가
- 조세 감면(리카도 등가 정리가 성립하지 않는 것으로 가정하며, 이 경우 소비자는 바람직한 소비를 증가시킴)
- 기대 미래 *MPK*(자본의 한계생산성) 증가
- 자본에 대한 유효세율 인하

LM 곡선을 하방 및 우측 이동시켜 *AD* 곡선을 상방 및 우측 이동시키는 요인
- 명목 화폐공급의 증가
- 기대 인플레이션 상승
- 명목이자율 하락
- 실질 화폐수요를 감소시키는 제반 요인

그림 9.11

정부지출의 증가가 총수요 곡선에 미치는 영향

(a) 정부지출의 증가는 *IS* 곡선을 IS^1에서 IS^2로 상방 및 우측 이동시킨다. 물가수준 P_1에서, *IS-LM* 곡선의 교차점이 *E*점에서 *F*점으로 이동함에 따라 총수요는 Y_1에서 Y_2로 증가한다.

(b) 총수요는 어떤 물가수준에서도 증가하므로 *AD* 곡선은 상방 및 우측으로 이동한다. (b)의 *E*점과 *F*점은 (a)의 *E*점 및 *F*점과 각각 일치한다.

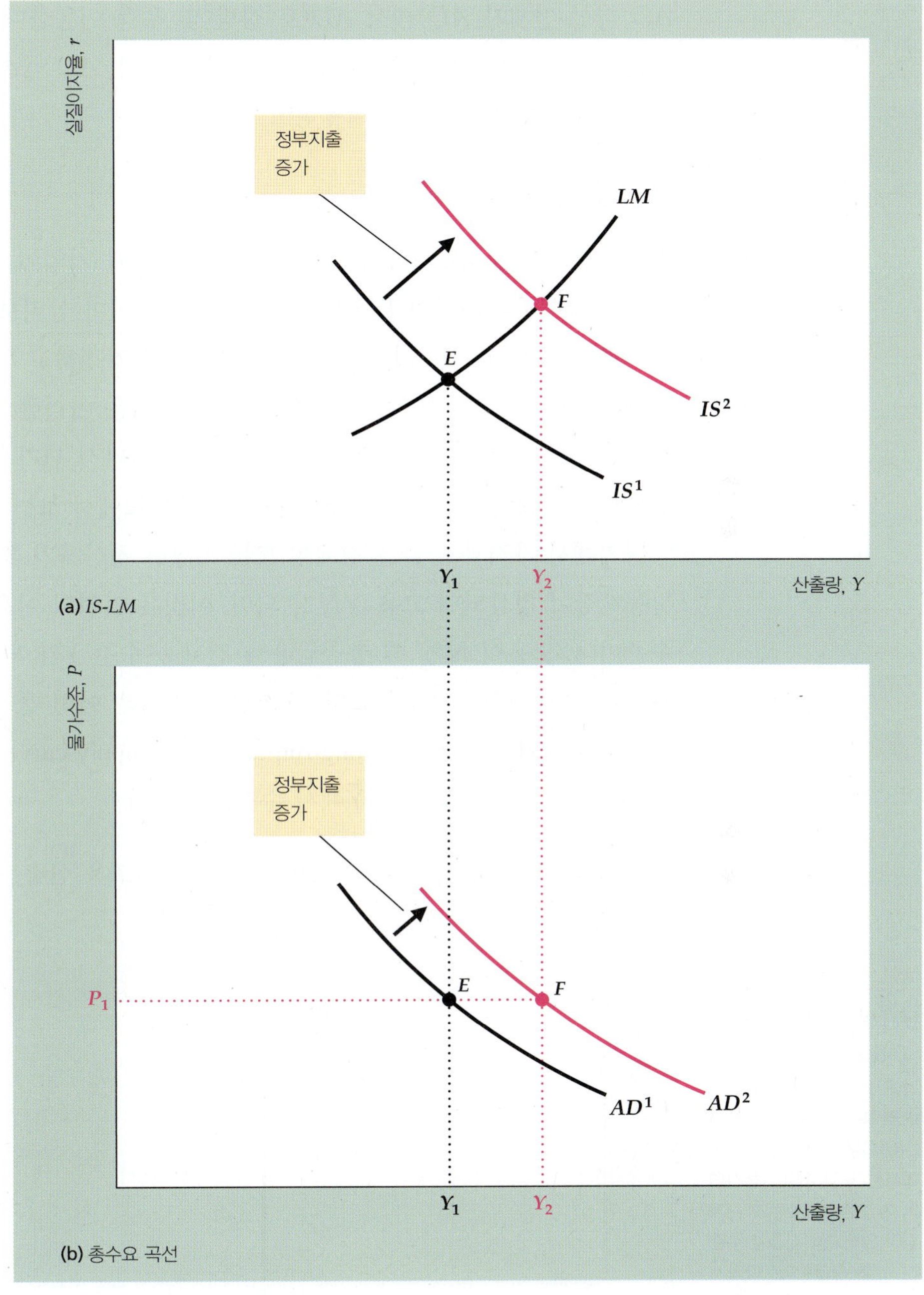

이동시켜 IS^2가 된다. 물가수준이 최초의 값 P_1에서 일정하면, *IS-LM* 곡선의 교차점은 *F*점으로 이동하며 총수요는 Y_1에서 Y_2로 증가한다.

정부지출의 증가로 인해 이동한 *AD* 곡선은 그림 9.11(b)에서 설명되고 있다. 물가수준 P_1에서 총수요의 증가는 *E*점에서 *F*점으로 이동한 것으로 나타나고 있다. 정부지출의 증가는 어떤 물가수준에서도 총수요를 증가시키기 때문에,

AD 곡선 전체가 AD^1에서 AD^2로 상방 및 우측 이동한다. *AD* 곡선을 이동시키는 다른 요인은 요약표 14에 수록되어 있으며, *AD* 곡선을 대수적으로 도출하는 방법은 부록 9.B에서 설명하고 있다.

총공급 곡선

총공급 곡선(aggregate supply curve)은 물가수준과 기업이 공급하는 총산출량의 관계를 보여준다. 8장과 *IS-LM* 모형 분석에서 이미 살펴보았던 것처럼, 기업은 장기와 단기에서 서로 다르게 행동하는 것으로 가정하고 있다는 점을 상기하기 바란다. 단기에서 가격은 고정되어 있으며 기업은 이러한 고정된 물가수준에서 총수요량을 공급하는 것으로 가정하고 있다. 따라서 **단기 총공급 곡선**(short-run aggregate supply curve) 혹은 *SRAS*는 그림 9.12에서 보는 것처럼 수평선이다.

장기에서 가격과 임금은 경제의 모든 시장을 청산하기 위하여 조정된다. 특히 노동시장이 청산되면 고용은 $\bar{N}$가 되며, 이것은 기업의 이윤을 극대화하는 고용수준이다. 고용이 $\bar{N}$일 때 총공급은 완전고용 수준 $\bar{Y}$가 되며, 이것은 물가수준과 상관없이 $AF(K, \bar{N})$와 같다. 장기에서 기업은 어떤 물가수준에서도 $\bar{Y}$를 공급하므로 **장기 총공급 곡선**(long-run aggregate supply curve) 혹은 *LRAS*는 그림 9.12에서 보는 것처럼 $Y = \bar{Y}$에서 수직선이 된다.

AS 곡선을 이동시키는 요인 어떤 요인이 완전고용 산출량 수준인 $\bar{Y}$를 증가시

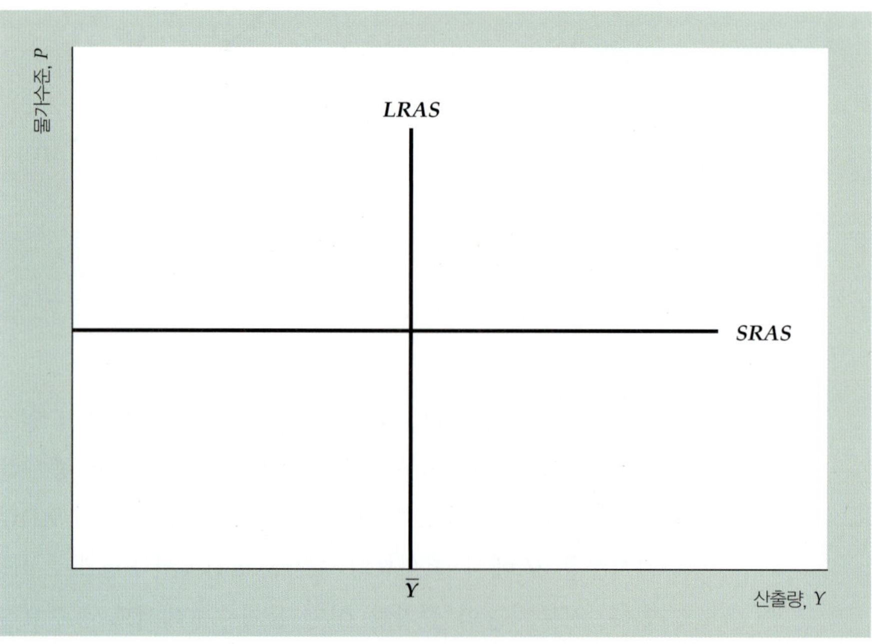

그림 9.12

단기 및 장기 총공급 곡선

단기에서 기업은 고정된 가격에서 총수요량을 공급하므로 단기 총공급 곡선(*SRAS*)은 수평선이다. 장기에서는 노동시장이 청산되어 기업은 물가수준과 관계없이 완전고용 산출량 수준인 $\bar{Y}$를 공급한다. 따라서 장기 총공급 곡선(*LRAS*)은 $Y = \bar{Y}$에서 수직선이다.

키면 이것은 장기 총공급 곡선(*LRAS*)을 우측으로 이동시키며, $\bar{Y}$를 감소시키면 *LRAS*를 좌측 이동시키게 된다. 따라서 *IS-LM* 분석에서 *FE*선을 우측으로 이동시키는 요인은 *LRAS* 곡선도 우측으로 이동시킨다. 예를 들어, 노동력의 증가는 완전고용 수준과 산출량을 증가시키므로 *LRAS* 곡선을 우측으로 이동시킨다.

단기 총공급 곡선은 기업이 단기에서 가격을 변동시킬 때마다 이동한다. 예컨대 생산비가 증가하면 기업은 단기에 가격을 올리게 되고 이것은 *SRAS* 곡선을 상방으로 이동시킨다. 반면 단기에 기업으로 하여금 가격을 인하하도록 하는 요인은 *SRAS* 곡선을 하방으로 이동시킬 것이다.

AD-AS 모형의 균형

8.4절에서 *AD-AS* 모형을 미리 살펴보았을 때, 단기 균형(가격이 고정되었을 때의 균형)과 장기 균형(가격이 완전히 조정되었을 때의 균형)의 차이를 이미 소개했다. 단기 균형은 그림 9.13의 *E*점에서처럼, *AD* 곡선과 *SRAS* 곡선의 교차점으로 설명된다. 장기 균형은 *AD* 곡선과 *LRAS* 곡선의 교차점으로 나타나며 역시 그림 9.13의 *E*점과 같다. 따라서 *E*점은 경제의 단기 및 장기 균형을 모두 나타낸다. 경제가 장기 균형에 있을 때 산출량은 완전고용 수준인 $\bar{Y}$와 같다. 장기에서 모든 시장은 청산되기 때문에 장기 균형은 일반균형과 같다.

경제가 일반균형 혹은 장기 균형에 도달할 때 *AD*, *SRAS*, *LRAS*, 세 개의 그래프가 모두 그림 9.13에서처럼 공통점에서 교차한다. 이러한 조건은 우연의 일

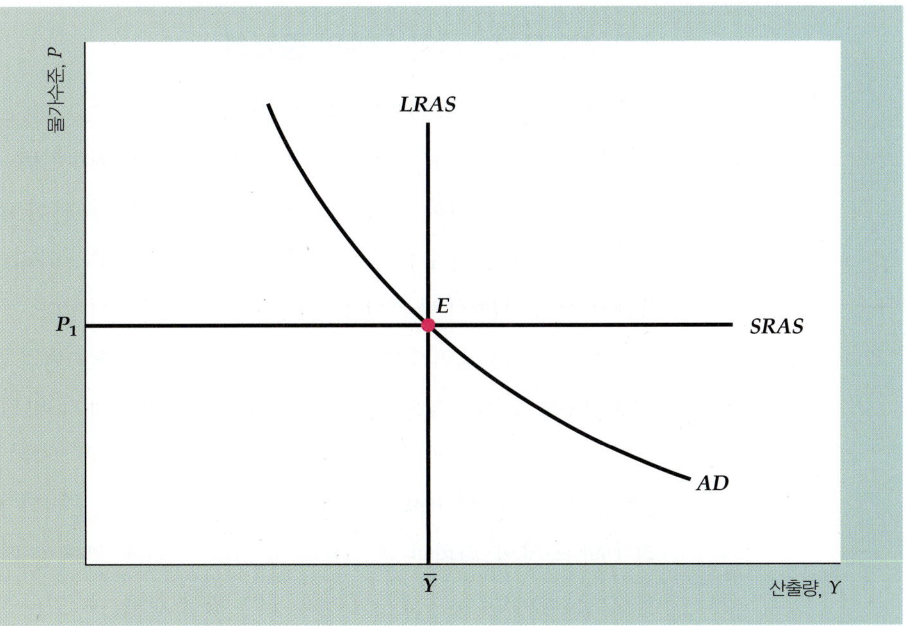

그림 9.13

***AD-AS* 모형의 균형**

단기 균형은 *AD* 곡선과 *SRAS* 곡선의 교차점인 *E*점으로 나타난다. 단기 균형에서 가격은 고정되어 있으며 기업은 그 가격에서 수요량만큼 생산한다. 장기 균형은 가격이 완전히 조정된 후에 달성되며, 역시 *AD* 곡선과 *LRAS* 곡선의 교차점인 *E*점으로 나타난다. 장기 균형에서 모든 시장은 청산되기 때문에, 장기 균형은 일반균형과 같다.

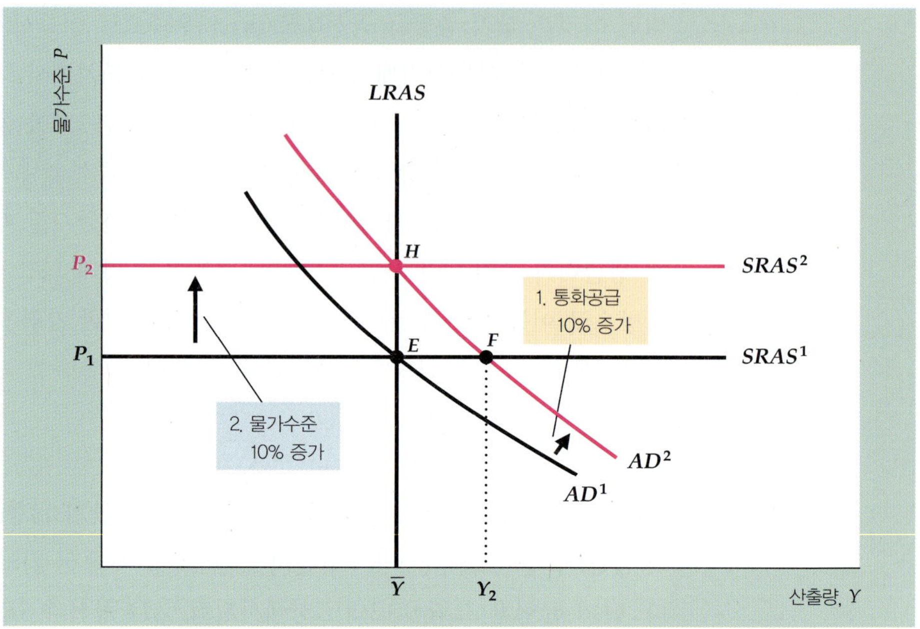

그림 9.14

***AD-AS* 분석틀에서 화폐 중립성**

일반균형점 E에서 출발하여, 명목 화폐공급이 10% 증가하면 AD 곡선은 AD^1에서 AD^2로 우상방 이동한다. 새로운 AD 곡선 위의 점은 각 산출량 수준에서 물가수준이 10% 더 높다. 왜냐하면 실질통화량과 총수요량을 불변으로 유지하려면 물가수준이 10% 상승해야 하기 때문이다. 새로운 단기 균형점 F에서 물가수준은 불변이며, 산출량은 완전고용수준보다 더 높다. 새로운 장기 균형점 H에서 산출량은 $\bar{Y}$에서 불변이며 물가수준 P_2는 최초의 물가수준 P_1보다 10% 더 높다. 따라서 화폐는 장기에서 중립적이다.

치가 아니다. 강한 경제적 힘에 의해 *IS* 곡선, *LM* 곡선, *FE*선 등 세 곡선 모두가 마침내 공통의 교차점에 도달하게 된다. 사실 *AD* 곡선, *SRAS* 곡선, *LRAS* 곡선을 공통의 교차점으로 이끄는 힘은 *IS* 곡선, *LM* 곡선, *FE*선을 공통의 교차점으로 이끄는 힘과 같은 것이다. 예를 들어, 화폐공급의 증가가 경제에 미치는 영향을 분석하기 위해 *AD-AS* 분석체계를 사용하고 있는데, 앞에서는 이것을 *IS-LM* 모형을 이용하여 분석했다.

AD-AS 모형에서의 화폐의 중립성

경제가 최초에 그림 9.14의 E점에서 균형을 이루고 있으며 거기에서 산출량은 $\bar{Y}$이고 물가수준은 P_1이라고 하자. 이때 화폐공급이 10% 증가했다고 가정해 보자. *IS-LM* 모형에서 화폐공급이 증가하면 *LM* 곡선이 하방 및 우측으로 이동하고, 주어진 물가수준에서 총수요를 증가시킨다. 따라서 화폐공급의 증가는 *AD* 곡선을 AD^1에서 AD^2로 상방 및 우측 이동시킨다.

더욱이 화폐공급이 10% 증가할 때, 새로운 *AD* 곡선 위의 점들은 각 수요량 수준에서 물가수준이 10% 상승한 것이다. 왜 그런지 확인하기 위해 E점과 H점을 비교해 보자. H점은 AD^2 위에 있고 E점은 AD^1 위에 있기 때문에, 명목 화폐공급 M은 E점보다 H점에서 10% 더 높다. 그러나 총수요는 E점과 H점에서 $\bar{Y}$로 같다. 오직 *LM* 곡선의 위치와 총수요를 결정하는 실질 화폐공급 M/P이 E점과 H점에서 같을 때에만 총수요는 E점과 H점에서 같을 수 있다. 명목 화폐공급이 H점에서 10% 더 높기 때문에, 실질 화폐공급이 두 점에서 같기 위해서는 물가수준이 E점보다 H점에서 10% 더 높아야 한다. 그러므로 P_2는 P_1보다 10% 더 높다. 사실 모든 산출량 수준에 대해 물가수준은 AD^1 위에서보다 AD^2 위에서 10% 더 높다.

단기에서 물가수준은 고정되어 있으므로 명목 화폐공급이 증가하면 총수요곡선이 AD^1에서 AD^2로 이동한다. 따라서 단기 균형은 E점에서 F점으로 이동한다. 이것은 그림 9.9(b)의 *IS-LM* 모형에서 균형이 E점으로부터 F점으로 이동하는 것과 같다. 그러므로 명목 화폐공급이 증가하면 단기적으로 산출량은 $\bar{Y}$에서 Y_2로 증가하며 경제는 호황을 이루게 된다.

그러나 경제가 F점에서 무한정 머물지는 않을 것이다. 산출량 Y_2는 이윤극대화 산출량 수준인 $\bar{Y}$보다 높기 때문에, 기업은 결국 가격을 올리게 될 것이다. 가격 상승은 단기 총공급 곡선을 $SRAS^1$로부터 상방 이동시킨다. 총수요가 이윤극대화 산출량 수준인 $\bar{Y}$로 하락할 때까지 기업은 가격을 올릴 것이다. 새로운 장기 균형은 H점으로 나타나며 그곳에서 *AD* 곡선, *LRAS* 곡선 및 새로운 단기 총공급 곡선인 $SRAS^2$ 모두가 동시에 교차하게 된다. 새로운 장기 균형에서 물가수준은 명목 화폐공급이 증가한 것과 같이 10% 상승하였다. 장기 균형인 H점에서 산출량은 E점과 같다. 따라서 화폐는 장기적으로 중립적이라는 결론을 얻을 수 있으며, 이것은 *IS-LM* 모형을 이용하여 분석했을 때와 같다.

이상의 분석은 화폐공급이 증가했을 때 단기 및 장기에서 그 영향이 어떻게 다른가를 잘 부각시키고 있지만, 경제가 장기 균형에 도달하는 데 시간이 얼마나 걸릴 것인가라는 중요한 문제를 여전히 남겨두고 있다. 8장과 9장에서 강조해 온 것처럼, 고전파와 케인즈파는 이 문제에 대해 서로 매우 다른 답을 제시하고 있다. 고전파 경제학자는 경제가 장기 균형에 매우 빠르게 도달할 것이라고 주장한다. 사실 극단적인 고전파의 견해에 따르면, 경제는 거의 즉각적으로 장기 균형에 도달하므로 중요한 것은 장기 총공급 곡선(*LRAS*) 하나뿐이며, 단기 총공급 곡선은 무관하다는 것이다. 그러나 케인즈파는 경제가 장기 균형에 도달하는 데 몇 년이 걸릴 수도 있으며, 따라서 도중에 산출량이 완전고용 수준과 달라질 수 있다고 주장한다. 이러한 주장에 대해 10장에서 고전파 모형을, 11장에서는 케인즈파 모형을 상세하게 다룰 것이다.

요약 SUMMARY

1. *IS-LM* 모형은 세 개의 주요 시장, 즉 노동시장, 상품시장, 자산시장을 동시에 설명하며 수직축에는 실질이자율, 수평축에는 산출량을 표시한다. *IS-LM* 모형이 최초에 케인즈파에 의해 발전되기는 했지만, 이것은 고전파와 케인즈파의 경제 분석에 공통으로 사용될 수 있다.
2. *IS-LM* 모형에서 노동시장의 균형은 완전고용선, 즉 *FE*선으로 나타나며, 이것은 완전고용 산출량에서 수직선이다. 어떤 요인이 완전고용 산출량을 증가시키면 *FE*선은 우측으로 이동하며, 어떤 요인이 완전고용 산출량을 감소시키면 *FE*선은 왼쪽으로 이동한다.
3. 모든 산출량 수준에서 *IS* 곡선은 상품시장을 청산하는 실질이자율의 값을 보여준다. 산출량이 클수록 바람직한 저축이 늘어나고, 따라서 상품시장을 청산하는 실질이자율은 더 낮아져야 하기 때문에 *IS* 곡선은 우하향하는 기울기를 갖는다. 산출량이 일정할 때 바람직한 투자에 비해 바람직한 국민저축을 상대적으로 감소시키는 모든 변화는, 상품시장을 청산하는 실질이자율을 상승시키고 *IS* 곡선을 상방 및 우측으로 이동하게 한다. 같은 뜻이지만, 산출량이 일정할 때 상품에 대한 총수요를 증가시키는 모든 변화는 상품시장을 청산하는 실질이자율을 상승시키고 *IS* 곡선을 상방 및 우측으로 이동시킨다.
4. 주어진 산출량 수준에서 *LM* 곡선은 화폐의 공급과 수요를 같게 하고, 따라서 자산시장을 청산하는 실질이자율을 보여준다. 산출량이 증가하면 화폐수요가 증가하고, 이것은 자산시장 청산을 위해 더 높은 실질이자율이 필요하다는 것을 뜻하기 때문에 *LM* 곡선은 우상향하는 기울기를 갖는다. 산출량이 고정되어 있을 때 화폐수요에 비해 화폐공급을 상대적으로 감소시키는 모든 변화는, 자산시장을 청산하는 실질이자율을 상승시키고 *LM* 곡선을 상방 및 좌측으로 이동시킨다.
5. 거시경제의 일반균형은 모든 시장이 균형 상태에 있을 때 달성된다. 그래프로 볼 때 일반균형은 *IS* 곡선, *LM* 곡선, *FE*선이 동시에 만나는 점이다. 물가수준의 조정에 의해 경제는 일반균형을 달성한다. 특히 물가수준의 변화는 실질 화폐공급을 변화시키고, 이것은 *LM* 곡선을 이동시켜 *IS* 곡선과 *FE*선이 교차하는 점을 통과하도록 만든다.
6. 일시적으로 부정적인 공급 충격은 실질임금, 고용, 산출량, 소비, 투자의 일반균형 수준을 하락시키며, 실질이자율과 물가의 일반균형 수준을 상승시킨다.
7. 화폐공급의 변화가 물가수준의 비례적 변화만 가져오고 실질변수에는 영향을 미치지 않으면, 화폐는 중립적이라고 한다. *IS-LM* 모형에서 물가 조정에 의해 경제가 원래의 일반균형으로 되돌아오면 화폐는 중립적이다.
8. 총수요–총공급(*AD-AS*) 모형은 *IS-LM* 모형에 바탕을 두고 있으며 사실상 둘은 같은 것이다. 그러나 두 모형은 각기 다른 거시경제 변수의 행태에 초점을 맞추고 있다. *IS-LM* 모형은 실질이자율과 산출량의 관계를 연구하는 데 가장 유용하다. 반면 *AD-AS* 모형은 물가수준과 산출량의 관계에 초점을 맞추고 있다.
9. 총수요(*AD*) 곡선은 총수요(*IS*와 *LM* 곡선의 교차점에서 결정되는 산출량 수준)를 물가수준과 연결짓고 있다. 물가수준의 상승은 실질 화폐공급을 감소시키고 *LM* 곡선을 상방 및 좌측 이동시키며, 그 결과 총수요를 감소시킨다. 물가수준이 상승하면 총수요를 감소시키기 때문에, 총수요

곡선은 우하향하는 기울기를 갖는다. 주어진 물가수준에서 총수요를 증가시키는 요인(정부지출 혹은 화폐공급의 증가)이 발생하면 *AD* 곡선은 상방 및 우측으로 이동한다.

10. 총공급 곡선은 총공급과 물가수준을 연결 짓고 있다. 단기에 물가수준은 고정되어 있으며 기업은 수요량이 얼마더라도 그에 따라 공급한다. 따라서 단기 총공급 곡선(*SRAS*)은 수평이다. 장기에서는 물가와 임금이 완전히 조정되고 모든 시장이 균형상태에 있으므로, 기업은 이윤극대화 산출량 수준을 생산한다. 따라서 장기에서 총산출량 Y는 완전고용 수준 $\bar{Y}$와 같다. 장기에서 기업은 물가수준과 상관없이 $\bar{Y}$를 공급하므로 장기 총공급 곡선(*LRAS*)은 $Y = \bar{Y}$에서 수직이다.

11. 고전파 경제학자는 가격과 임금이 수요 및 공급 변화에 반응하여 재빨리 조정된다고 주장한다. 이러한 주장이 함축하는 것은, 외부 충격이나 정책 변화가 발생한 후 경제는 *IS-LM-FE*선의 교차점(같은 뜻이지만 *AD* 곡선과 *LRAS*의 교차점)으로 나타나는 일반균형으로 재빨리 되돌아간다는 것이다. 이와는 대조적으로, 케인즈파 경제학자는 가격과 임금이 서서히 조정되기 때문에, 경제는 장기간 동안 일반균형(장기 균형)을 벗어날 수 있다고 주장한다. 그러나 케인즈파는, 궁극적으로 가격과 임금은 완전히 조정되며 그 결과 경제는 일반균형에 도달하게 된다는 점에 있어서 고전파와 의견을 같이한다.

12. 고전파와 케인즈파는 장기적으로 경제가 일반균형에 도달한 후 화폐는 중립적임에 동의한다. 고전파는 장기 균형이 재빨리 달성된다고 믿기 때문에, 화폐가 중립적이지 않다는 단기 균형은 본질적으로 타당하지 않다고 간주한다. 경제가 일반균형에 도달하는 데 몇 년이 걸릴 수도 있다고 믿는 케인즈파는, 화폐가 중립적이지 않은 단기에 대해서 훨씬 큰 중요성을 부여하고 있다.

핵심용어 *KEY TERMS*

단기 총공급 곡선	장기 총공급 곡선	화폐의 중립성
완전고용선	총공급 곡선	*IS* 곡선
일반균형	총수요 곡선	*LM* 곡선

주요 그래프 6

IS-LM 모형

IS-LM 모형은 상품시장, 자산시장, 노동시장의 일반균형을 보여준다. 이 모형은 경제적 충격이 산출량, 실질이자율, 물가수준 및 다른 거시경제 변수에 미치는 영향을 분석하는 데 사용될 수 있다.

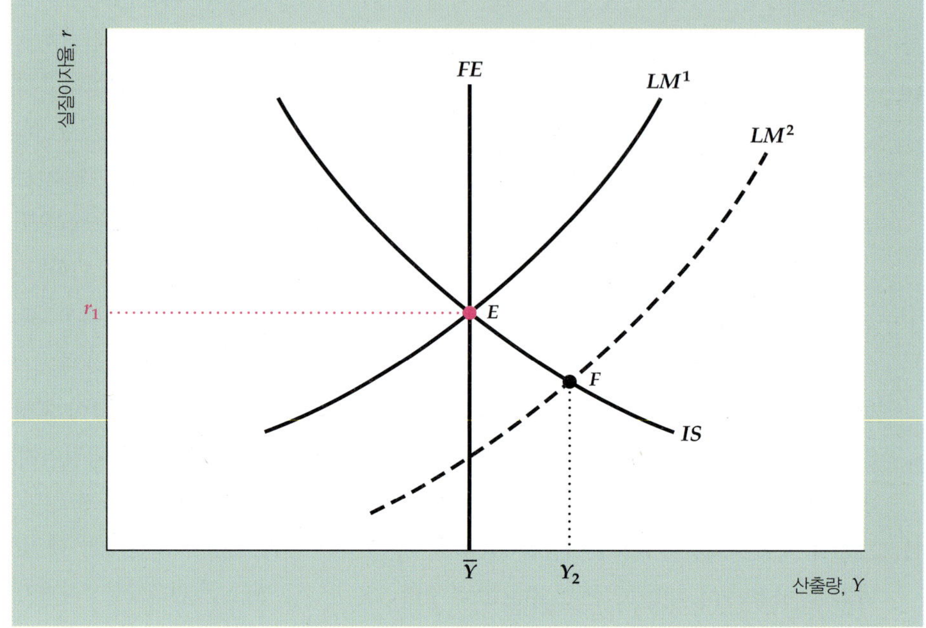

그래프의 성질

- 수직축은 실질이자율 r, 수평축은 산출량 Y이다.
- 완전고용선 *FE*는 완전고용 산출량에서 수직이다. 완전고용 산출량 $\bar{Y}$는 가격과 임금이 완전히 조정되었을 때(고용이 완전고용 수준 $\bar{N}$에 있을 때) 기업이 공급하는 산출량 수준이다. 완전고용 산출량은 식 $\bar{Y} = AF(K, \bar{N})$에 의해 결정된다.
- *IS* 곡선은 모든 주어진 산출량 수준에서 상품시장을 청산하는, 다시 말해서 바람직한 국민저축과 바람직한 투자를 같게 하는 실질이자율을 보여준다. 산출량이 높아지면 바람직한 저축이 높아지고 따라서 상품시장을 청산하는 실질이자율이 하락하기 때문에, *IS* 곡선은 우하향하는 기울기를 갖는다. 같은 말이지만 *IS* 곡선은 상품의 총공급과 총수요를 균등화하는($Y = C^d + I^d + G$) 산출량과 실질이자율의 조합을 보여준다.
- 물가수준과 산출량이 주어졌을 때 *LM* 곡선은 자산시장을 청산하는, 즉 실질 화폐공급 M/P과 실질 화폐수요 $L(Y, r + \pi^e)$를 균등화하는 실질이자율을 보여준다. 소득 증가는 실질 화폐수요를 증가시키기 때문에, 이것은 자산시장을 청산하는 실질이자율을 상승시키며 그 결과 *LM* 곡선은 우상향하는 기울기를 갖는다.

곡선을 이동시키는 요인

- 어떤 요인에 의해 완전고용 산출량이 증가하면 *FE*선은 우측으로 이동한다(요약표 11 참조).
- 산출량이 일정할 때 바람직한 투자에 비해 바람직한 국민저축을 상대적으로 감소시키는 모든 변화는, 상품시장을 청산하는 실질이자율을 상승시키고 *IS* 곡선을 상방 및 우측으로 이동하게 한다. 같은 뜻이지만, 산출량이 일정할 때 어떤 주어진 소득 수준에서 상품에 대한 총수요를 증가시키는 모든 변화는, 상품시장을 청산하는 실질이자율을 상승시키고 *IS* 곡선을 상방 및 우측으로 이동시킨다(요약표 12 참조).

- 산출량이 고정되어 있을 때 화폐수요에 비해 화폐공급을 상대적으로 감소시키는 모든 변화는, 자산시장을 청산하는 실질이자율을 상승시키고 *LM* 곡선을 상방 및 좌측으로 이동시킨다(요약표 13 참조).

분석

- *LM* 곡선이 LM^1일 때 경제는 세 개의 곡선이 모두 만나는 *E*점에서 일반균형을 이루고 있다. *E*점에서는 노동시장(*FE*선), 상품시장(*IS* 곡선), 자산시장(*LM* 곡선)이 모두 균형 상태다. *E*점에서 산출량은 완전고용 산출량 $\bar{Y}$이며 실질이자율 r_1은 상품시장과 자산시장을 모두 청산한다.
- 만약 *LM* 곡선이 LM^2로 이동하면, *FE*선과 *IS* 및 *LM* 곡선은 모두 교차하지 않으며 경제는 일반균형을 이탈하게 된다. 경제가 일반균형을 이탈하였을 때, 단기 균형은 *IS* 곡선과 *LM* 곡선이 교차하는 *F*점에서 달성된다고 가정한다. 그러나 이 점에서 상품시장과 자산시장은 균형 상태에 있지만 노동시장은 불균형 상태에 있다. 기업이 증가한 총수요에 부응하여 적어도 일시적으로라도 *F*점에서 산출량을 생산하는 것으로 가정하면, 단기 균형에서의 산출량은 Y_2가 된다.
- 단기 균형 *F*점에서 산출량 Y_2는 기업의 이윤극대화 산출량 수준 $\bar{Y}$보다 크다. *F*점에서 총수요는 기업이 원하는 생산량보다 크기 때문에 기업은 가격을 인상한다. 물가수준이 상승하면 실질 화폐공급이 감소하고 *LM* 곡선은 상방 및 좌측 이동하며, 마침내 LM^1으로 되돌아오면 *E*점에서 다시 일반균형이 달성된다. *E*점에서 산출량은 다시 완전고용 산출량 $\bar{Y}$와 같아진다. 마찬가지로 단기 균형이 *FE*선의 왼쪽에서 이루어지면, 물가수준이 하락함으로써 *LM* 곡선을 하방 및 우측으로 밀어내리게 되고 다시 *E*점에서 일반균형을 회복하게 된다.
- 고전파 경제학자에 따르면 가격조정 과정은 경제를 재빨리 *E*점의 일반균형으로 회복시키며, 완전고용에서 벗어난 *F*점에서 소비하는 시간은 매우 짧다고 한다. 케인즈파는 가격과 임금이 천천히 조정되기 때문에, 경제는 단기 균형 *F*점에서 상당기간 동안 머물면서 산출량은 $\bar{Y}$와 다를 수 있다고 주장한다.

주요 그래프 7

총수요–총공급 모형

AD-AS 모형은 물가수준과 산출량의 결정을 보여준다. 단기에서 가격이 조정되기 전에는 *AD* 곡선과 *SRAS* 곡선의 교차점에서 균형이 달성된다. 장기에서는 *AD* 곡선과 *LRAS* 곡선의 교차점에서 균형이 달성된다.

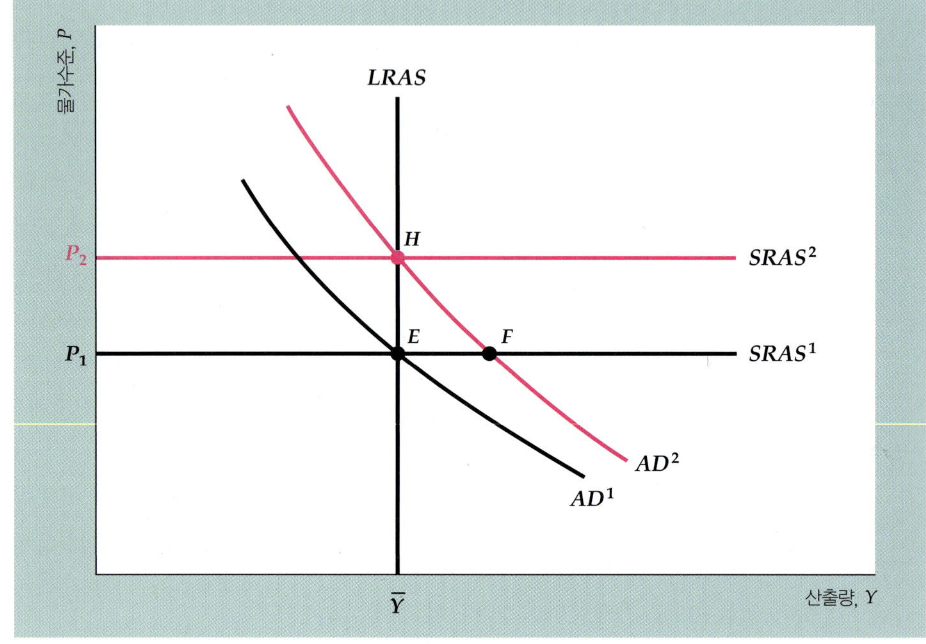

그래프의 성질

- 수직축은 물가수준 P, 수평축은 산출량 Y이다.
- 총수요(AD) 곡선은 각 물가수준에서의 총수요량을 보여준다. 총수요는 IS-LM 곡선의 교차점에서 결정된다(그림 9.10 참조). 물가수준 P가 상승하면 실질 화폐공급을 감소시키고 LM 곡선을 상방 및 좌측으로 이동시키며 총수요를 감소시키게 된다. 따라서 AD 곡선은 우하향하는 기울기를 갖는다.
- 총공급 곡선은 물가수준과 단기 및 장기 총공급량의 관계를 보여준다. 단기에서 물가수준은 고정되어 있으며 기업은 수요가 어떤 산출량 수준이라 하더라도 그에 맞추어 공급한다. 따라서 단기 총공급($SRAS$) 곡선은 수평이다. 장기에서 기업은 이윤을 극대화하는 산출량을 생산하며, 완전고용 산출량 $\bar{Y}$가 바로 거기에 해당된다. 장기 총산출량은 물가수준과 관계없이 $\bar{Y}$와 같기 때문에, 장기 총공급($LRAS$) 곡선은 $Y = \bar{Y}$에서 수직이다.

곡선을 이동시키는 요인

- 총수요는 IS 곡선과 LM 곡선의 교차점에 의해 결정된다. 물가수준이 일정할 때 어떤 요인이 IS-LM 교차점을 우측으로 이동시켰다면 이는 총수요를 증가시키고 따라서 AD 곡선을 상방 및 우측 이동시킨다. AD 곡선을 이동시키는 요인은 요약표 14에 정리되어 있다.
- 생산비의 상승과 같이 단기에서 기업으로 하여금 가격을 인상토록 하는 요인이 발생하면 이는 단기 총공급($SRAS$) 곡선을 상방으로 이동시킨다. 완전고용 산출량 수준인 $\bar{Y}$를 증가시키는 어떤 요인이 발생하면 장기 총공급($LRAS$) 곡선은 우측으로 이동한다. $\bar{Y}$를 증가시키는 요인에는 우호적인 공급 충격과 노동력의 증가 등이 포함된다.

분석

- 경제의 단기 균형은 *E*점에서와 같이 *AD* 곡선과 *SRAS* 곡선의 교차점으로 나타난다. 장기 균형은 *AD* 곡선과 *LRAS* 곡선의 교차점으로 나타나는데, 그림에서는 역시 *E*점에 해당된다. 장기에서 산출량은 완전고용 산출량 수준 $\bar{Y}$이다.
- 경제에 영향을 미치는 충격 혹은 정책 변화의 결과로서, 단기 균형은 일시적으로 장기 균형과 다를 수 있다. 예를 들어, 명목 화폐공급의 증가는 총수요 곡선을 AD^1에서 AD^2로 상방 및 우측 이동시킨다. 새로운 단기 균형은 *F*점으로 나타나며, 여기에서 산출량은 완전고용 수준 $\bar{Y}$보다 더 크다. *F*점에서 기업은 이윤극대화 수준보다 더 많은 산출량을 생산하므로, 가격을 올리기 시작한다. 새로운 장기 균형 *H*점에서, 산출량은 원래의 완전고용 수준으로 되돌아오고 물가수준은 최초의 값 P_1보다 더 높다. 새로운 물가수준은 P_2이기 때문에, 단기 총공급 곡선은 $SRAS^2$로 이동하며 $P = P_2$에서 수평선이 된다.

복습문제 REVIEW QUESTIONS

1. 무엇이 *FE*선의 위치를 결정하는가? *FE*선을 우측으로 이동시키는 두 가지 사례를 제시하라.

2. *IS* 곡선은 어떤 관계를 설명하고 있는가? *IS* 곡선을 그래프로 도출하고, 왜 우하향하는 기울기를 갖는지 설명하라. *IS* 곡선을 하방 및 좌측으로 이동시키는 두 가지 사례를 제시하라.

3. *LM* 곡선은 어떤 관계를 설명하고 있는가? *LM* 곡선을 그래프로 도출하고, 왜 우상향하는 기울기를 갖는지 설명하라. *LM* 곡선을 하방 및 우측으로 이동시키는 두 가지 사례를 제시하라.

4. 산출량이 일정할 때 만약 실질 화폐공급이 실질 화폐수요를 초과하면, 자산시장을 청산하는 실질이자율은 어떻게 변하는가? 실질이자율의 조정을 설명함에 있어서 비화폐자산의 가격과 이자율 사이의 관계를 이용하라.

5. 일반균형의 개념을 정의하고 *IS-LM* 모형에서 일반균형점을 나타내라. 경제가 일반균형 상태에 있지 않으면 무엇이 산출량과 이자율을 결정하는가? 어떤 경제적 힘에 의해 경제는 일반균형으로 되돌아가는가?

6. 화폐의 중립성 개념을 정의하라. 가격이 완전히 조정된 후, *IS-LM* 모형에서 화폐가 중립적임을 보여라. 단기에 화폐가 중립적인가 아닌가에 대한 고전파와 케인즈파의 견해는 어떠한가? 장기에는?

7. 총수요(*AD*) 곡선과 관련된 두 변수는 무엇인가? 왜 *AD* 곡선은 우하향하는 기울기를 갖는가? *AD* 곡선을 상방 및 우측으로 이동시키는 두 개의 사례를 제시하고, 왜 그렇게 되는지 그 이유를 설명하라.

8. 단기 총공급(*SRAS*) 곡선과 장기 총공급(*LRAS*) 곡선을 각각 설명하라. 왜 이들 중 하나는 수평이고 다른 하나는 수직인가?

9. *AD-AS* 모형을 이용하여 화폐의 중립성을 단기 및 장기 상황에서 각각 분석하라.

계산문제 NUMERICAL PROBLEMS

1. 바람직한 소비와 투자는 다음과 같다.

$$C^d = 4{,}000 - 4{,}000r + 0.20Y$$
$$I^d = 2{,}400 - 4{,}000r$$

여기에서 Y는 산출량, r은 실질이자율이다. 정부구입 G는 2,000이다.

a. 바람직한 국민저축 S^d를 r 및 Y와 연결 짓는 방정식을 구하라.

b. $Y = 10{,}000$일 때 상품시장을 청산하는 실질이자율 값은 얼마인가? 상품시장 균형 조건을 나타내는 두 가지 형태를 모두 사용하라. $Y = 10{,}200$일 때 상품시장을 청산하는 실질이자율의 값은 얼마인가? IS 곡선을 그래프로 그려라.

c. 정부구입이 2,400으로 증가했다. 이러한 증가는 (a)의 국민저축 방정식을 어떻게 변화시키는가? $Y = 10{,}000$일 때 상품시장을 청산하는 실질이자율 값은 얼마인가? 상품시장 균형 조건을 나타내는 두 가지 형태를 모두 사용하라. G의 증가로 인해 IS 곡선은 어떤 영향을 받는가?

2. 특정한 경제에서 실질 화폐수요함수가 다음과 같다고 하자.

$$\frac{M^d}{P} = 3{,}000 + 0.1Y - 10{,}000i$$

$M = 6{,}000$, $P = 2.0$, $\pi^e = 0.02$라고 가정한다.

a. $Y = 8{,}000$일 때 자산시장을 청산하는 실질이자율 r은 얼마인가? $Y = 9{,}000$일 때는? LM 곡선을 그래프로 그려라.

b. $M = 6{,}600$일 때 (a)문제를 다시 풀어라. 이 경우 LM 곡선은 (a)에서 도출한 LM 곡선과 비교할 때 어떠한가?

c. $M = 6{,}000$으로 다시 돌아가고 $\pi^e = 0.03$이 되었을 때 (a)문제를 다시 풀어라. 이때의 LM 곡선을 (a)의 LM 곡선과 비교하라.

3. 어느 경제의 완전고용 산출량이 1,000이다. 바람직한 소비와 바람직한 투자 및 조세함수는 다음과 같다.

$$C^d = 200 + 0.8(Y - T) - 500r$$
$$I^d = 200 - 500r$$

정부구입은 196이다.

$$T = 20 + 0.25Y$$

화폐수요는 다음과 같다.

$$\frac{M^d}{P} = 0.5Y - 250(r + \pi^e)$$

여기에서 기대인플레이션 $\pi^e = 0.10$, 명목 화폐공급 $M = 9{,}890$이다.

a. 실질이자율, 물가수준, 소비 및 투자의 일반균형 값은 얼마인가?

b. 정부구입이 $G = 216$으로 증가했다고 하자. 실질이자율, 물가수준, 소비 및 투자의 새로운 일반균형 값은 얼마인가?

4. 한 경제의 생산함수가 다음과 같다고 하자.

$$Y = A(5N - 0.0025N^2)$$

여기에서 A는 생산성이다. 이 생산함수에서 노동의 한계생산물은 다음과 같다.

$$MPN = 5A - 0.005AN$$

$A = 2$라고 가정하자. 노동공급 곡선은 다음과 같다.

$$NS = 55 + 10(1 - t)w$$

여기에서 NS는 노동공급량, w는 실질임금, t는 임금소득에 대한 세율로서 0.5이다.

바람직한 소비와 투자는 다음과 같다.

$$C^d = 300 + 0.8(Y - T) - 200r$$
$$I^d = 258.5 - 250r$$

조세와 정부구입은 다음과 같다.

$$T = 20 + 0.5Y$$
$$G = 50$$

화폐수요는 다음과 같다.

$$\frac{M^d}{P} = 0.5Y - 250(r + \pi^e)$$

기대인플레이션 $\pi^e = 0.02$이고 명목 화폐공급 $M = 9{,}150$이다.

a. 실질임금, 고용, 산출량의 일반균형 값은 얼마인가?

b. 주어진 산출량 수준에서, 상품시장을 청산하는 실질이자율 값을 나타내는 방정식을 구하라. 이 방정식은 *IS* 곡선이라고 한다(힌트 : 상품시장 균형조건을 찾아서 r을 Y와 다른 변수들로 표현한다). 실질이자율, 소비, 투자의 일반균형 값은 얼마인가?

c. 주어진 산출량 수준에서, 자산시장을 청산하는 실질이자율 값을 나타내는 방정식을 구하라. 이 방정식은 *LM* 곡선이라고 한다[힌트 : (b)에서처럼 자산시장 균형조건을 찾아서 r을 Y와 다른 변수들로 표현한다]. 물가수준의 일반균형 값은 얼마인가?

d. 정부구입이 72.5로 증가했다고 하자. 실질임금, 고용, 산출량, 실질이자율, 소비, 투자 및 물가수준의 일반균형 값은 얼마인가?

5. 다음과 같은 경제를 생각해 보자.

바람직한 소비 $C^d = 1{,}275 + 0.5(Y - T) - 200r$

바람직한 투자 $I^d = 900 - 200r$

실질 화폐수요 $L = 0.5Y - 200i$

완전고용 산출량 $\bar{Y} = 4{,}600$

기대인플레이션 $\pi^e = 0$

a. $T = G = 450$이고 $M = 9{,}000$이라고 하자. *IS* 곡선을 나타내는 방정식을 구하라(힌트 : 바람직한 국민저축과 바람직한 투자를 같게 한 다음, r과 Y의 관계를 풀면 된다). *LM* 곡선을 나타내는 방정식을 구하라(힌트 : 실질 화폐공급과 실질 화폐수요를 같게 한 다음, 역시 r과 Y의 관계를 풀면 된다). 마지막으로 총수요 곡선의 방정식을 구하라(힌트 : Y와 P의 관계를 찾기 위해 *IS-LM* 곡선을 이용하라). 산출량, 소비, 투자, 실질이자율 및 물가수준의 일반균형 값은 얼마인가?

b. $T = G = 450$이고 $M = 4{,}500$이라고 하자. 이제 총수요 곡선의 방정식은 어떻게 되는가? 산출량, 소비, 투자, 실질이자율 및 물가수준의 일반균형 값은 얼마인가? 완전고용 산출량 $\bar{Y}$는 고정되어 있다고 가정한다.

c. $T = G = 330$이고 $M = 9{,}000$일 때 (b)문제를 다시 풀어라.

6. [부록 9.B] 계산문제 4에서 서술된 경제에 대해 일반균형 값을 찾기 위해 부록 9.B의 공식을 이용하도록 한다. $G = 50$으로 가정한다.

a. 부록 9.B에서 정의된 모수 $A, f_1, f_2, n_0, n_w, c_0, c_Y, c_r, t_0, t, i_0, i_r, l_0, l_Y, l_r$의 수치값을 찾기 위해 계산문제 4의 데이터를 이용하라.

b. 이러한 행태 모수의 값을 부록 9.B의 해당 방정식에 대입하고 실질임금, 고용, 산출량, 실질이자율 및 물가수준의 일반균형 값을 계산하라.

c. 정부구입 G가 72.5로 증가했다고 가정하고 (b)를 다시 풀어라.

분석문제 ANALYTICAL PROBLEMS

1. *IS-LM* 모형을 이용하여 아래의 변화가 실질임금, 고용, 산출량, 실질이자율, 소비, 투자 및 물가수준의 일반균형 값에 미치는 효과를 설명하라.

a. 자본에 대한 유효세율 인하로 바람직한 투자 증가

b. 기대인플레이션 상승

c. 노동 연령 이민자 증가로 노동력 증가(인구 증가의 여타 효과는 무시함)

d. 자동화기기 사용의 증가로 화폐수요 감소

2. *IS-LM* 모형을 이용하여 석유가격의 영구적 상승(영구적으로 부정적 공급 충격)이 현재의 산출량, 고용, 실질임금, 국민저축, 소비, 투자, 실질이자율 및 물가수준의 일반균형 값에 미치는 영향을 분석하라. 영구적 공급 충격은 자본과 노동의 현재 생산성을 낮추는 것 외에도, 기대 미래 *MPK* 및 가계의 기대 미래소득도 감소시키는 것으로 가정한다(노동공급의 우측 이동이 노동수요의 좌측 이동보다 더 적다고 가정한다). 이때 실질이자율이 오른다고 하더라도, 현재 산출량에 동일한 영향을 미치는 일시적 공급 충격의 경우보다 더 적게 오르는 것을 보여라.

3. 단기에 물가수준이 고정되어 있어서 어떤 충격 이후 경제가 즉각 일반균형에 도달하지 못한다고 가정한다. 아래의 각 변화는 단기적으로 실질이자율과 산출량에 어떤 영향을 미치는가? 경제가 불균형 상태에 있다고 말할 때, 단지 노동시장만 균형을 이탈한 것으로 가정한다. 또한 단기적으로 기업은 총수요에 맞추어 산출량을 기꺼이 생산하고자 하는 것으로 가정한다.

a. 기대인플레이션 하락

b. 각 소득수준과 실질이자율 수준에서 바람직한 소비를 증가시키는 소비자 낙관의 증가

c. 정부구입의 일시적 증가

d. 정부구입이 불변일 때 정액세 증가(리카도 등가 정리가 성립할 때와 그렇지 않은 경우를 모두 고려할 것)

e. 기대 미래 *MPK*를 상승시키는 과학의 발전

4. [부록 9.B] 바람직한 투자가 현재의 산출량 수준과 실질이자율 모두에 의존하는 어떤 거시경제 모형을 가정해 보자. 바람직한 투자가 산출량에 의존할 수 있는 가능한 이유는, 현재의 생산과 매출이 높을 때 기업은 미래에도 강한 수요가 지속될 것으로 기대할 수 있고, 이것이 기업으로 하여금 설비 확장을 유도할 수 있기 때문이다.

대수적으로 바람직한 투자와 현재의 산출량 간의 연결은 식 (9.B.10)을 다음과 같이 대체함으로써 얻을 수 있다.

$$I^d = i_0 - i_r r + i_Y Y$$

여기에서 i_Y는 양수다. 이 방정식을 바람직한 투자 방정식으로 이용하여 고용, 실질임금, 산출량, 실질이자율 및 물가수준의 일반균형 값을 대수적으로 나타내라.

5. [부록 9.B] 화폐에 대한 명목이자율 i^m이 상승하면 화폐에 대한 수요가 증가하는 것을 7장에서 공부했다. 이 효과를 찾기 위해 식 (9.B.17)을 다음과 같이 대체하기로 하자.

$$\frac{M^d}{P} = \ell_0 + \ell_Y Y - \ell_r(r + \pi^e - i^m)$$

이렇게 수정하면 부록 9.B에서 논의된 변수들, 즉 고용, 실질임금, 산출량, 실질이자율 및 물가수준의 일반균형 값의 해는 어떻게 변하는가?

부록 9.A

IS-LM/AD-AS 모형 계산문제 풀이 연습

이 장에 나오는 계산문제 수식 풀이에 도움을 주기 위해, 여기에 *IS-LM* 모형 풀이를 사례로 계산문제 풀이 연습을 제시하고자 한다.

다음 방정식으로 설명되는 경제를 생각하기로 하자.

$$C^d = 300 + 0.75(Y - T) - 300r$$
$$T = 100 + 0.2Y$$
$$I^d = 200 - 200r$$
$$L = 0.5Y - 500i$$
$$\bar{Y} = 2{,}500,\ G = 600,\ M = 133{,}200,\ \pi^e = 0.05,\ P_{sr} = 120$$

Y, P, r, C, I, i의 단기 및 장기 균형 값을 찾으라.

이 문제를 풀기 위해서는 다음의 단계를 따르면 된다.

1단계 : 상품시장 균형조건, $Y = C^d + I^d + G$를 이용하여 *IS* 곡선의 방정식을 찾는다. 위에 있는 T의 방정식을 C^d의 방정식에 대입한다. 그 결과 나온 방정식과 I^d 방정식 및 G의 값을 $Y = C^d + I^d + G$에 대입하면 다음 결과를 얻는다. $Y = \{300 + 0.75[Y - (100 + 0.2Y)] - 300\text{r}\} + [200 - 200r] + 600$. 이 방정식을 Y로 표현되는 r의 방정식으로 다시 정리한다. $Y = [300 + 0.75Y - 75 - 0.15Y - 300r] + [200 - 200r] + 600$, 그러면 $0.4Y = [300 - 75 + 200 + 600] - (300 + 200)r$, 그러면 $500r = 1{,}025 - 0.4Y$. 따라서 $r = 1{,}025/500 - (0.4/500)Y$, 그러면 $r = 2.05 - 0.0008Y$. 이것이 *IS* 곡선이다.

2단계 : 자산시장 균형 조건을 이용하여 *LM* 곡선의 방정식을 찾는다.

a. 먼저 물가수준의 값이 아직 정해지지 않은 *LM* 곡선의 방정식을 찾는다. 자산시장 균형 조건은 실질 화폐공급과 실질 화폐수요가 같을 때 성립한다. 실질

화폐수요는 $L = 0.5Y - 500i = 0.5Y - 500(r + \pi^e) = 0.5Y - 500(r + 0.05)$이다. 실질 화폐공급은 $M/P = 133{,}200/P$이다. 자산시장 균형에서 $133{,}200/P = 0.5Y - 500(r + 0.05)$, 그러면 $500r = 0.5Y - 25 - 133{,}200/P$. 그러므로 $r = (0.5/500)Y - (25/500) - (133{,}200/500)/P = 0.001Y - 0.05 - 266.4/P$. 이것이 아직 P의 값이 정해지지 않은 LM 곡선의 방정식이다.

b. 다음으로 $P = P_{sr}$일 때 LM 곡선의 방정식을 찾는다. LM 곡선에 $P = P_{sr} = 120$을 대입하면 다음을 얻는다. $r = 0.001Y - 0.05 - 266.4/120$, 그러면 $r = 0.001Y - 0.05 - 2.22$. 그러므로 $r = 0.001Y - 2.27$. 이것이 $P = P_{sr}$일 때 LM 곡선의 방정식이다.

3단계 : 단기 균형을 찾는다.

a. Y와 r의 단기 균형 값을 얻기 위해 IS와 LM 곡선의 교차점을 찾는다. IS 곡선과 LM 곡선의 방정식은 이미 찾았고, 각 방정식의 좌변은 단지 r이다. IS 곡선의 우변과 LM 곡선의 우변을 서로 같게 놓으면 다음을 얻는다. $2.05 - 0.0008Y = 0.001Y - 2.27$, 그러면 $4.32 = 0.0018Y$. 그러므로 $Y = 4.32/0.0018 = 2{,}400$. 이제 Y의 값을 IS 곡선 혹은 LM 곡선에 사용하면 된다. IS 곡선에서 $r = 2.05 - 0.0008Y = 2.05 - (0.0008 \times 2{,}400) = 2.05 - 1.92 = 0.13$. LM 곡선에서 $r = 0.001Y - 2.27 = (0.001 \times 2{,}400) - 2.27 = 2.40 - 2.27 = 0.13$.

b. Y와 r의 이러한 균형 값을 다른 방정식에 대입하여 T, C, I, i의 균형 값을 찾는다.

$$T = 100 + 0.2Y = 100 + (0.2 \times 2{,}400), \text{ 따라서 } T = 580$$
$$C = 300 + 0.75(Y - T) - 300r = 300 + [0.75(2{,}400 - 580)] - (300 \times 0.13)$$
$$= 300 + 1{,}365 - 39 = 1{,}626$$
$$I = 200 - 200r = 200 - (200 \times 0.13) = 200 - 26 = 174$$

(확인 : $C + I + G = 1{,}626 + 174 + 600 = 2{,}400$)

$$i = r + \pi^e = 0.13 + 0.05 = 0.18$$

4단계 : 장기 균형을 찾는다.

a. 장기 균형에서는 $Y = \overline{Y}$라는 사실을 이용한다. 균형 실질이자율을 찾기 위해 IS 곡선에 균형 산출량을 대입한다. IS 곡선은 $r = 2.05 - 0.0008Y$이므로 $\overline{Y} = 2{,}500$을 사용하면 다음을 얻는다. $r = 2.05 - (0.0008 \times 2{,}500) = 2.05 - 2.00 = 0.05$.

b. Y와 r의 균형 값을 다른 방정식에 대입하여 T, C, I, i의 균형 값을 찾는다.

$$T = 100 + 0.2Y = 100 + (0.2 \times 2{,}500), \text{ 따라서 } T = 600$$

$$C = 300 + 0.75(Y - T) - 300r = 300 + [0.75(2{,}500 - 600)] - (300 \times 0.05)$$
$$= 300 + 1{,}425 - 15 = 1{,}710$$
$$I = 200 - 200r = 200 - (200 \times 0.05) = 200 - 10 = 190$$

(확인 : $C + I + G = 1{,}710 + 190 + 600 = 2{,}500$)

$$i = r + \pi^e = 0.05 + 0.05 = 0.10$$

c. Y와 i의 균형 값을 화폐수요 방정식에 대입하면 실질 화폐수요 L의 값을 얻는다. 그런 다음 실질 화폐공급 M/P와 실질 화폐수요 L을 같게 하는 물가수준 P의 값을 찾는다. 화폐수요 곡선은 $L = 0.5Y - 500i = (0.5 \times 2{,}500) - (500 \times 0.10) = 1{,}250 - 50 = 1{,}200$. 실질 화폐공급을 실질 화폐수요와 같게 하면 다음과 같다. $133{,}200/P = 1{,}200$, 그러면 $P = 133{,}200/1{,}200 = 111$.

5단계 : *IS*와 *LM* 곡선을 이용하여 *AD* 곡선의 방정식을 찾는다. P의 값이 아직 정해지지 않은 *LM* 곡선의 형태를 이용한다.

*IS*와 *LM* 곡선은 이미 도출되었으며 r은 좌변에만 나타나므로, 두 방정식의 우변을 같게 하면 다음을 얻는다. $2.05 - 0.0008Y = 0.001Y - 0.05 - 266.4/P$, 그러면 $0.0018Y = 2.10 + 266.4/P$. 이 방정식을 0.0018로 나누어 주면 $Y = 2.10/0.0018 + (266.4/0.0018)/P$, 그러면 $Y = 1{,}166(2/3) + 148{,}000/P$. 이것이 *AD* 곡선이다.

6단계 : *AD* 곡선과 단기 및 장기 총공급 곡선의 사용 방법을 보여주기로 한다. 단기에서 *SRAS* 곡선은 $P = P_{sr} = 120$으로 수평선이다. 단기 균형은 *AD* 곡선과 *SRAS* 곡선의 교차점에서 성립한다. $P = 120$을 *AD* 곡선에 대입하면 다음을 얻는다. $Y = 1{,}166(2/3) + 148{,}000/120 = 1{,}166(2/3) + 1{,}233(1/3)$. 그러므로 $Y = 2{,}400$이며 이것은 3단계에서 얻은 결과와 같다. 장기에서 산출량은 완전고용 수준과 같다. 그러므로 *LRAS* 곡선은 $Y = \bar{Y} = 2{,}500$이며 수직선이다. 장기 균형은 *AD* 곡선과 *LRAS* 곡선의 교차점에서 달성된다. $Y = \bar{Y} = 2{,}500$을 *AD* 곡선에 대입하면 다음을 얻는다. $2{,}500 = Y = 1{,}166(2/3) + 148{,}000/P$, 그러면 $1{,}333(1/3) = 148{,}000/P$, 즉 $P = 148{,}000/1{,}333(1/3) = 111$. 결과는 4단계에서 얻은 것과 같다.

부록 9.B

IS-LM/AD-AS 모형에 대한 수학적 설명

여기에서는 *IS-LM*과 *AD-AS* 모형의 수학적 해석을 보여주고자 한다. 노동시장, 상품시장, 자산시장 각각에 대해 먼저 각 시장의 수요와 공급을 나타내는 방정식을 설명하고, 각 시장의 균형을 찾고자 한다. 각 시장을 분리하여 고려한 후, *IS-LM* 완결모형의 일반균형을 풀고자 한다. 총수요 곡선 도출을 위해 *IS-LM* 모형을 이용하며, 그런 다음 단기 및 장기 균형을 도출하기 위해 단기 및 장기 총공급 곡선을 도입하기로 한다.

노동시장

노동에 대한 수요는 생산함수에 의해 결정되는 노동의 한계생산물에 기초를 두고 있다. 3장[식 (3.1)]에서 본 것처럼, 생산함수는 $Y = AF(K, N)$으로 표현되며 여기에서 Y는 산출량, K는 자본스톡, N은 노동 투입, 그리고 A는 생산성을 나타낸다. 자본스톡 K를 일정하다고 할 때, 생산함수는 산출량 Y를 노동 투입 N과 생산성 A로 나타낼 수 있다. 자주 쓰이는 유용한 생산함수 형태는 다음과 같다.

$$Y = A\left(f_1N - \frac{1}{2}f_2N^2\right) \tag{9.B.1}$$

여기에서 f_1과 f_2는 양수이다.

노동의 한계생산물 *MPN*은 생산함수의 기울기다. 식 (9.B.1)에서 모든 고용수준 N에 대해 생산함수의 기울기는 $A(f_1 - f_2N)$이므로,[11] 노동의 한계생산물은 다음과 같다.

$$MPN = A(f_1 - f_2N) \tag{9.B.2}$$

11. 미적분을 배운 학생은 식 (9.B.1)을 N에 대해 미분함으로써 생산함수의 기울기를 도출할 수 있을 것이다.

기업은 노동의 한계생산물이 실질임금과 같아지는 점까지 노동을 고용한다. 따라서 실질임금 w와 노동수요 ND의 관계는 다음과 같다.

$$w = A(f_1 - f_2 ND) \tag{9.B.3}$$

노동의 공급은 현재의 세후 실질임금의 증가함수다. 임금소득에 대한 세율을 $t(0 \leq t < 1)$라고 하면 세후 실질임금은 $(1 - t)w$가 되고, 단순한 형태의 노동공급곡선은 다음과 같이 표현될 수 있다.

$$NS = n_0 + n_w(1 - t)w \tag{9.B.4}$$

여기에서 NS는 노동 공급량이며 n_w는 양수다. 세후 실질임금 이외에 노동공급에 영향을 주는 요소들, 예컨대 부(wealth)와 노동연령 인구 등은 식 (9.B.4)의 상수항 n_0에 포함되어 있다고 보면 된다.

노동시장의 균형 균형에서 노동에 대한 수요 ND와 노동 공급 NS가 같아지며, 거기에서 완전고용 수준 $\bar{N}$로 공통 값을 갖는다. 식 (9.B.3)과 (9.B.4)의 ND 및 NS를 $\bar{N}$로 대체하면, 두 변수 $\bar{N}$와 w로 표현되는 두 개의 선형방정식을 얻는다. 이 방정식들을 $\bar{N}$와 w에 대해 풀면 다음과 같다.[12]

$$w = A\left[\frac{f_1 - f_2 n_0}{1 + (1 - t)Af_2 n_w}\right] \tag{9.B.5}$$

그리고

$$\bar{N} = \frac{n_0 + (1 - t)Af_1 n_w}{1 + (1 - t)Af_2 n_w} \tag{9.B.6}$$

식 (9.B.6)의 완전고용 수준 $\bar{N}$를 이용하여 이를 생산함수 (9.B.1)에 대입하면 완전고용 산출량 $\bar{Y}$를 얻는다.

$$\bar{Y} = A\left[f_1\bar{N} - \frac{1}{2}f_2\bar{N}^2\right], \ FE\text{선} \tag{9.B.7}$$

식 (9.B.7)에서 완전고용 산출량의 값은 FE선의 수평축 절편이 된다.

이제 이 방정식을 이용하여 생산성 및 노동공급의 변화가 노동시장에 미치는 영향을 분석할 수 있다. 먼저 생산성 A의 증가를 생각해 보자. 식 (9.B.5)는 A의 증가는 균형 실질임금의 상승(A의 증가는 $A/[1 + (1 - t)Af_2nw]$의 비율을 상승시킨다)을 가져온다는 것을 보여준다. 비록 식 (9.B.6)에서 직접 분명하지는 않지

12. 상수항 f_1, f_2, n_0에 대해 $f_1 - f_2 n_0 > 0$이라고 가정한다. 이 가정이 있어야 노동의 한계생산성과 실질임금이 양수임이 보장된다.

만, A의 증가는 또한 $\bar{N}$를 증가시킨다.[13] 왜 그런지를 확인하기 위해, 먼저 A의 증가는 노동 공급곡선인 방정식 (9.B.4)에는 영향을 주지 않음을 주목하기 바란다. 둘째, A의 증가는 실질임금을 상승시킨다. 그러므로 A의 증가는 균형 노동공급, 따라서 완전고용 수준 $\bar{N}$를 증가시킨다는 함축성을 갖는다. A의 증가는 $\bar{N}$를 증가시키기 때문에, 이것은 또한 식 (9.B.7)에서 보는 것처럼 완전고용 산출량 $\bar{Y}$를 증가시키며, FE선을 우측으로 이동시킨다.

이제 각 세후 실질임금 수준에서 노동공급의 증가를 생각해 보기로 하자. 이것은 수학적으로 식 (9.B.4)에서 n_0가 증가하는 것을 의미한다. 식 (9.B.5)와 (9.B.6)을 보면 n_0의 증가는 균형 실질임금을 하락시키고 고용량 $\bar{N}$를 증가시킴을 알 수 있다. 노동공급의 증가는 $\bar{N}$를 증가시키기 때문에, 이것은 완전고용 산출량 $\bar{Y}$도 증가시키며, FE선을 우측으로 이동시킨다.

상품시장

상품시장의 균형을 찾기 위해, 바람직한 소비와 바람직한 투자를 설명하는 방정식에서 출발하기로 한다. 바람직한 소비는 다음과 같다.

$$C^d = c_0 + c_Y(Y - T) - c_r r \tag{9.B.8}$$

여기에서 $Y - T$는 가처분소득(소득 Y에서 조세 T를 뺀 것), r은 실질이자율, 그리고 c_0, c_Y, c_r은 모두 양수이다. 식 (9.B.8)에서 c_Y는 4장에서 정의되었던 한계소비성향을 나타낸다. 사람들은 가처분소득 증가분의 일부만 소비하기 때문에 나머지는 저축이 되며, $0 < c_Y < 1$로 가정하는 것은 합리적이다. 식 (9.B.8)에 따르면, 가처분소득의 증가는 바람직한 소비를 증가시키며, 실질이자율의 상승은 바람직한 소비를 감소시킨다(이 경우 바람직한 저축은 증가). 바람직한 소비에 영향을 미치는 다른 요소, 예컨대 부(wealth)와 기대미래소득 등은 상수항 c_0에 포함된 것으로 본다.[14]

13. 미적분을 배운 학생은 식 (9.B.6)에서 $\bar{N}$를 A에 대해 미분할 수 있을 것이고, $f_1 - f_2 n_0 > 0$의 조건이 성립할 때에만 미분의 부호가 양수임을 알 수 있을 것이다. 바로 앞의 각주에서 $f_1 - f_2 n_0 > 0$으로 가정했기 때문에, A의 증가는 $\bar{N}$를 증가시킨다.

14. 조세 T의 증가는 식 (9.B.8)에서 바람직한 소비를 감소시키므로, 이러한 바람직한 소비 방정식은 첫눈에도 4장에서 논의했던 리카도 등가 정리와 불일치하는 것으로 보인다. 그러나 리카도 등가 정리의 기본 아이디어는, 소비자들이 현재 조세 T의 증가는 미래에 낮은 조세를 수반할 것으로 예상한다는 것이다. 이러한 기대 미래조세의 감소는 바람직한 소비를 증가시킨다고 볼 수 있으며, 이것은 식 (9.B.8)에서 c_0의 증가로 포착될 수 있을 것이다. 리카도 등가 정리에 따르면, 현재 및 계획된 정부지출의 변화 없이 T만 증가할 때, c_0의 증가는 $c_Y(Y - T)$의 감소를 정확히 상쇄할 것이고, 따라서 바람직한 소비는 불변이라는 것이다.

식 (9.B.8)에서 조세는 다음과 같다.

$$T = t_0 + tY \qquad (9.B.9)$$

여기에서 t는 소득세율(임금에 부과되는 세율과 같다)이고 t_0는 정액세이다. 앞에서 언급한 것처럼 $0 \leq t < 1$이므로 소득 Y의 증가는 총조세 T를 증가시키며, 또한 가처분소득 $Y - T$도 증가시킨다.

바람직한 투자는 다음과 같다.

$$I^d = i_0 - i_r r \qquad (9.B.10)$$

여기에서 i_0와 i_r은 양수다. 식 (9.B.10)에 따르면 실질이자율이 상승할 때 바람직한 투자는 감소한다. 바람직한 투자에 영향을 미치는 다른 요소, 예컨대 자본의 기대 미래 한계생산물은 상수항 i_0에 포함된 것으로 본다.

상품시장의 균형 폐쇄경제에서 상품시장의 균형조건은 식 (4.7)과 같으며, 반복하면 다음과 같다.

$$Y = C^d + I^d + G \qquad (9.B.11)$$

식 (9.B.11)은 상품시장 균형조건 $S^d = I^d$와 같은 것이며, 이것은 여기에서도 유용하게 잘 사용될 수 있을 것이다.

바람직한 소비[식 (9.B.8), 조세는 식 (9.B.9)로 주어짐]와 바람직한 투자[식 (9.B.10)] 방정식을 상품시장 균형조건[식 (9.B.11)]에 대입하면 다음을 얻는다.

$$Y = c_0 + c_Y(Y - t_0 - tY) - c_r r + i_0 - i_r r + G \qquad (9.B.12)$$

Y를 포함한 항을 모두 좌변으로 이항하여 정리하면 다음과 같다.

$$[1 - (1 - t)c_Y]Y = c_0 + i_0 + G - c_Y t_0 - (c_r + i_r)r \qquad (9.B.13)$$

식 (9.B.13)은 산출량 Y를 상품시장을 청산하는 실질이자율 r과 연결 짓고 있다. Y와 r의 이러한 관계는 *IS* 곡선을 나타낸다. *IS* 곡선은 그래프를 그릴 때 수직축이 r, 수평축이 Y이므로, 식 (9.B.13)을 다시 정리하여 좌변에 r, 우변에 Y를 표시하기로 한다. 식 (9.B.13)을 r에 대해 푼 결과는 다음과 같다.

$$r = \alpha_{IS} - \beta_{IS} Y, \quad IS \text{ 곡선} \qquad (9.B.14)$$

식 (9.B.14)에서 α_{IS}와 β_{IS}는 양수이며 다음과 같이 정의된다.

$$\alpha_{IS} = \frac{c_0 + i_0 + G - c_Y t_0}{c_r + i_r} \qquad (9.B.15)$$

그리고

$$\beta_{IS} = \frac{1-(1-t)c_Y}{c_r + i_r} \tag{9.B.16}$$

식 (9.B.14)는 *IS* 곡선의 그래프를 나타낸다. 식 (9.B.14)에서 Y의 계수 $-\beta_{IS}$는 *IS* 곡선의 기울기다. 이 기울기는 음수이므로 *IS* 곡선은 우하향하는 기울기를 갖는다. 식 (9.B.14)에서, 식 (9.B.15)로 정의되는 상수항 α_{IS}가 변하면 *IS* 곡선은 이동한다. α_{IS}를 증가시키는 것은 *IS* 곡선을 상방 및 우측 이동시킨다. 여기에는 (1) 바람직한 소비를 증가시키는 소비자 낙관의 증가로서 c_0의 증가, (2) 바람직한 투자를 증가시키는 자본의 기대 미래 한계생산물 MPK^f의 증가로서 i_0의 증가, (3) 정부구입 G의 증가 등이 포함된다. 마찬가지로 α_{IS}를 감소시키는 것들은 *IS* 곡선을 하방 및 좌측 이동시킨다.

자산시장

일반적으로 실질 화폐수요는 실질소득 Y와 비화폐자산에 대한 명목이자율 i(기대 실질이자율 r과 기대인플레이션 π^e를 합한 것)에 의존한다. 실질 화폐수요 함수는 다음과 같다고 가정한다.

$$\frac{M^d}{P} = \ell_0 + \ell_Y Y - \ell_r(r + \pi^e) \tag{9.B.17}$$

여기에서 M^d는 명목 화폐수요, P는 물가수준, ℓ_Y 및 ℓ_r은 양수이다. 상수항 ℓ_0는 화폐수요에 영향을 미치는 산출량과 이자율 이외의 요인(예컨대 대체자산의 유동성 등)을 포함하고 있다. 실질 화폐공급은 중앙은행에 의해 정해진 명목 화폐공급 M을 물가수준 P로 나눈 것과 같다.

자산시장의 균형 7장에서 본 것처럼, 자산은 화폐자산과 비화폐자산 두 종류만 있는 것으로 가정하며, 자산시장은 실질 화폐수요와 실질 화폐공급이 같을 때 균형을 이룬다. 화폐수요함수인 식 (9.B.17)을 이용하여, 다음의 자산시장 균형 조건을 얻는다.

$$\frac{M}{P} = \ell_0 + \ell_Y Y - \ell_r(r + \pi^e) \tag{9.B.18}$$

명목 화폐공급 M, 물가수준 P, 기대인플레이션 π^e의 고정된 값에 대해, 식 (9.B.18)은 산출량 Y를 자산시장을 청산하는 실질이자율 r과 연결 짓는다. 따라서 식 (9.B.18)은 *LM* 곡선을 나타낸다. 그래프로 해석하기 쉽도록 식 (9.B.18)을 바꾸어, 좌변에 r만 있는 방정식으로 다시 나타내면 다음과 같다.

$$r = \alpha_{LM} - \left(\frac{1}{\ell_r}\right)\left(\frac{M}{P}\right) + \beta_{LM}Y, \quad LM \text{ 곡선} \tag{9.B.19}$$

여기에서

$$\alpha_{LM} = \left(\frac{\ell_0}{\ell_r}\right) - \pi^e \tag{9.B.20}$$

그리고

$$\beta_{LM} = \left(\frac{\ell_Y}{\ell_r}\right) \tag{9.B.21}$$

식 (9.B.19)의 그래프가 *LM* 곡선이다. 식 (9.B.19)에서 *Y*의 계수 β_{LM}이 *LM* 곡선의 기울기다. 이 계수 값이 양이므로 *LM* 곡선은 우상향하는 기울기를 갖는다. 식 (9.B.19)의 절편 $\alpha_{LM} - (1/\ell_r)(M/P)$을 변하게 하는 것이 있으면, 이것은 *LM* 곡선을 이동시킨다. 실질 화폐공급 *M/P*의 증가는 이 절편을 감소시키고 따라서 *LM* 곡선을 하방 및 우측 이동시킨다. 기대인플레이션 π^e의 상승은 α_{LM}을 감소시키고 따라서 *LM* 곡선을 하방 및 우측 이동시킨다. 예컨대 대체자산의 유동성 하락으로 인해 실질 화폐수요가 증가했다면 ℓ_0가 증가하고, 이것은 α_{LM}을 증가시켜 *LM* 곡선을 상방 및 좌측으로 이동시킨다.

IS-LM 모형의 일반균형

수요 및 공급 관계와 각 시장의 균형조건으로부터, 중요한 거시경제 변수의 일반균형 값을 계산할 수 있다. 노동시장에서 실질임금, 고용 및 산출량의 일반균형 수준은 이미 도출한 바 있다. 즉 실질임금은 식 (9.B.5), 고용은 식 (9.B.6)에서 주어진 완전고용 수준 $\bar{N}$, 그리고 일반균형에서 산출량은 식 (9.B.7)에서 주어진 것처럼 $\bar{Y}$이다.

상품시장으로 돌아와서, 식 (9.B.14)의 *Y*를 $\bar{Y}$로 대체하면 다음과 같은 일반균형 실질이자율을 얻는다.

$$r = \alpha_{IS} - \beta_{IS}\bar{Y} \tag{9.B.22}$$

산출량 *Y*와 실질이자율 *r*[식 (9.B.22)로 결정됨]을 알고 있으므로, 이제 식 (9.B.9), (9.B.8), (9.B.10)을 이용하여 조세 *T*, 소비 *C*, 투자 *I*의 일반균형 값을 각각 찾을 수 있다.

마지막으로 중요한 거시경제 변수인 물가수준 *P*의 균형 값이 이제 정해져야 한다. 균형 물가수준을 찾기 위해 자산시장 균형조건인 식 (9.B.18)을 이용한다. 식 (9.B.18)에서 *Y* 대신 완전고용 산출량 $\bar{Y}$를 대입하고, 식 (9.B.22)를 이용하여 실질이자율 r의 균형 값을 대입한다. 식 (9.B.18)을 물가수준에 대해 풀면 다음과 같다.

$$P = \frac{M}{\ell_0 + \ell_Y \bar{Y} - \ell_r(\alpha_{IS} - \beta_{IS}\bar{Y} + \pi^e)} \qquad (9.B.23)$$

식 (9.B.23)은 균형 물가수준 P가 명목 화폐공급 M과 비례관계임을 확인시켜 주고 있다.

이 방정식을 이용하면 부정적인 공급 충격이 일반균형에 미치는 영향을 분석할 수 있다. 이미 앞에서 생산성 모수 A의 증가는 균형 실질임금, 완전고용 수준 및 완전고용 산출량을 증가시킨다는 것을 보여줬다. 따라서 부정적인 생산성 충격(A의 감소)은 실질임금, 고용, 산출량의 일반균형 수준을 감소시킬 것이다. 부정적 공급 충격은 $\bar{Y}$를 감소시키기 때문에, 이것은 균형 실질이자율을 반드시 상승시킨다는 것을 식 (9.B.22)가 보여준다. 낮아진 산출량과 높아진 실질이자율은 소비와 투자를 모두 감소시킨다는 것을 함축하고 있다[식 (9.B.8)과 (9.B.10)]. 마지막으로 부정적 공급 충격에 초래된 $\bar{Y}$의 감소는 식 (9.B.23)의 우변 분모를 감소시키기 때문에, 물가수준 P는 반드시 상승하게 된다. 이러한 모든 결과는 그래프 분석에서 본 것과 같다.

AD-AS 모형

지금까지 *IS-LM* 모형을 수학적으로 도출하고 설명했다. 이제 이 장에서 설명했던 *AD-AS* 모형을 수학적으로 도출하고자 한다. 총수요(*AD*) 곡선, 단기 총공급(*SRAS*) 곡선 및 장기 총공급(*LRAS*) 곡선을 먼저 수학적으로 설명한 다음, 단기 및 장기 균형을 풀고자 한다.

총수요 곡선

모든 물가수준 P에서 총수요는 *IS-LM* 곡선의 교차점과 일치하는 산출량이다. *IS-LM* 곡선의 교차점에서 Y의 값을 찾기 위해, 식 (9.B.14)와 (9.B.19)의 우변을 같게 놓고 Y에 대해 풀면 다음과 같다.

$$Y = \frac{\alpha_{IS} - \alpha_{LM} + (1/\ell_r)(M/P)}{\beta_{IS} + \beta_{LM}} \qquad (9.B.24)$$

식 (9.B.24)가 총수요 곡선이다. 명목 화폐공급이 일정할 때, 식 (9.B.24)는 상품의 총수요 Y가 물가수준 P의 감소함수임을 보여주고 있으며, 따라서 *AD* 곡선은 우하향하는 기울기를 갖는다. 식 (9.B.24)의 우변 분자는 *IS* 곡선의 절편에서 *LM* 곡선의 절편을 뺀 것임을 주목하기 바란다. 따라서 물가수준이 일정할 때, 어떤 요인이 *IS* 곡선을 상방 및 우측(예컨대 정부구입의 증가)으로 이동시키거나, *LM* 곡선을 하방 및 우측(예컨대 명목 화폐공급의 증가)으로 이동시키면, 이것은 총수요를 증가시키고 *AD* 곡선을 상방 및 우측으로 이동시킨다.

총공급 곡선

단기에서 기업은 물가수준이 P_{sr}로 고정되어 있을 때 총수요량을 공급한다. 따라서 단기 총공급(*SRAS*) 곡선은 다음과 같은 수평선이다.

$$P = P_{sr}, \quad SRAS \tag{9.B.25}$$

장기 총공급(*LRAS*) 곡선은 완전고용 산출량 수준 $\bar{Y}$에서 수직선이므로 다음과 같이 나타난다.

$$Y = \bar{Y}, \quad LRAS \tag{9.B.26}$$

단기 및 장기 균형

경제의 단기 균형은 총수요(*AD*) 곡선과 단기 총공급(*SRAS*) 곡선의 교차점으로 나타난다. 단기 균형에서 산출량은 단순히 *SRAS* 곡선의 식 (9.B.25)를 *AD* 곡선 식 (9.B.24)에 대입함으로써 다음과 같이 얻을 수 있다.

$$Y = \frac{\alpha_{IS} - \alpha_{LM} + (1/\ell_r)(M/P_{sr})}{\beta_{IS} + \beta_{LM}} \tag{9.B.27}$$

노동시장, 상품시장, 자산시장이 모두 균형에 도달했을 때 달성되는 경제의 장기 균형은 총수요 곡선과 장기 총공급 곡선의 교차점으로 나타난다. 따라서 *LRAS* 곡선인 식 (9.B.26)으로부터, 장기에서는 $Y = \bar{Y}$이다. *AD* 곡선의 식 (9.B.24)의 우변과 *LRAS* 곡선의 식 (9.B.26)의 우변을 같게 놓으면 장기 균형에서 물가수준을 찾을 수 있다. P에 대해 풀면 다음을 얻는다.

$$P = \frac{M}{\ell_r[\alpha_{LM} - \alpha_{IS} + (\beta_{IS} + \beta_{LM})\bar{Y}]} \tag{9.B.28}$$

식 (9.B.28)의 장기 균형 물가수준은 식 (9.B.23)에서 *IS-LM-FE*선이 모두 교차할 때의 값과 같다. 식 (9.B.20)과 식 (9.B.21)의 α_{LM} 및 β_{LM}의 값을 식 (9.B.28)에 각각 대입해 보면, 두 방정식에서 물가수준의 값이 같다는 것을 증명할 수 있을 것이다.

10

고전파 경기순환 분석 : 시장청산 거시경제학

경제학자는 8장에서 간략히 소개된 경기순환의 기본적 사실에 대해 일반적으로 동의한다. 그들은 경제성장이 반드시 평탄한 것은 아니며, 산출량이 감소하고 실업이 증가하는 침체기간이 가끔씩 있다는 것을 알고 있다. 그들은 침체기가 지나면 전형적으로 경제가 정상보다 더욱 강하게 성장하는 회복기가 뒤따라온다는 것을 알고 있다. 또한 그들은 생산성, 이자율, 인플레이션 등 다른 거시경제변수가 침체기 동안 어떤 행태를 보이는지에 대해 많은 것을 알고 있다.

경제의 침체와 호황은 두 가지 기본적인 의문을 제기한다는 것을 상기하기 바란다. (1) 이러한 경기순환에 내재하는 경제적 원인은 무엇인가? (2) 정부 정책입안자는 경기순환에 대해 어떤 일을 해야 하는가? 불행하게도 경제학자는 경기순환의 기본적 사실에 비해, 이러한 두 질문의 해답에 대해 상호 동의하는 것이 별로 없는 것 같다.

침체의 원인과 처방에 대한 주된 의견 불일치는 고전파와 케인즈파라는 거시경제학자의 두 개의 광범위한 그룹 사이에서 생겨나고 있다. 1장에서 처음 논의되었고 그 후 8장과 9장에서 다시 논의된 것처럼, 고전파와 케인즈파는 많은 점에서 상호 의견일치가 있음에도 불구하고, 경제적 충격 이후 일반균형을 회복하기 위해 가격과 임금이 얼마나 빨리 조정되는가에 대한 견해에서 주된 차이점을 보이고 있다. 고전파 거시경제학자는 수요와 공급을 일치시키기 위해 모든 시장에서 가격과 임금이 재빨리 조정되는 것으로 가정하고 있다. 결과적으로 시장경제는 대개 '자기교정'을 하며, 경제적 충격 혹은 공공정책 변화에 의해 일반균형에서 이탈되었을 때, 본래의 균형으로 되돌아오려는 강력한 성향을 갖고 있다고 주장한다. 케인즈파도 가격과 임금이 시장청산에 필요한 만큼 궁극적으로는 변할 것이라는 데 의례적으로 동의하고 있다. 그러나 그들은 단기에서 가격과 임금의 조정이 불완전하기 쉽다고 믿고 있다. 즉 단기에서 수요와 공급은 일치하지 않을 수 있으며, 경제는 일반균형을 이탈한 채로 머물 수도 있다. 이러한 견해 차이가 단순히 이론적인 것으로 보일 수도 있지만, 이것은 현실적 함축성을 갖고 있다. 케인즈파는 경제가 신속하게 그 스스로의 힘으로 균형에 도달하는 능력에 대해 회의적이기 때문에, 그들은 고전파보다 정부 정책(침체기에는 산출량과 고용을 증가시키고, 호황에는 적정한 경제성장을 유지하도록 하는)을 훨씬 더 선호하는 경향을 갖고 있다.

이 장과 11장에서는 고전파와 케인즈파의 경기순환이론을 소개 및 비교하고, 두 그룹의 정책 제시를 살펴보고자 한다. 편의상 이 장에서 먼저 고전파의 견해를 다루고자 한다. 고전파와 케인즈파의 분석은 *IS-LM/AD-AS* 모형이라는 공통의 분석도구를 이용해 편리하게 설명할 수 있다. 이 장에서는 고전파를 다루기 위해 *IS-LM/AD-AS* 모형을 시장청산 형태로 해석하며, 가격과 임금이 신속하게 조정되는 것으로 가정한다. 가격과 임금이 신속하게 조정된다는 것은 경제가 항상 일반균형 상태에 있거나 일반균형에 매우 근접해 있다는 것을 뜻하며, 그러므로 산출량과 고용 등의 변수는 항상 일반균형 수준에 근접해 있게 된다.

경기순환이론의 주요 쟁점을 비교함에 있어서 각 이론이 경기순환의 객관적 실태를 얼마나 잘 설명하고 있는가에 특별히 관심을 가져야 한다. 고전파 이론은 경기순환의 가장 중요한 실태와 많은 부분에서 일치하고 있다. 그러나 고전파 이론과 일치하지 않는 하나의 경기순환 실태는, 통화량의 변화가 경기순환을 선행하고 있다는 관찰 결과다. 가격과 임금이 시장청산을 위해 신속하게 조정된다는 고전파의 가정은, 경제가 장기 균형에 신속하게 도달한다는 함축성을 갖고 있다. 화폐는 중립적이며, 이것은 통화량의 변화가 산출량과 다른 실질변수에 영향을 주지 않는다는 것을 의미한다. 그러나 대부분의 경제학자는 통화량이 경기순환에 선행한다는 사실을 화폐가 모든 상황에서 중립적이지 않다는 증거로 해석하고 있다. 만약 화폐가 중립적이지 않다면, 화폐의 비중립성을 설명하기 위해 기본적인 고전파 모형을 수정하거나, 아니면 고전파 모형을 포기하고 비중립성과 일치하는 다른 이론(예를 들어, 케인즈파 모형)을 선택해야 할 것이다. 10.3절에서 화폐의 비중립성을 허용하는 고전파 확장 모형을 다룰 것이다. 그런 다음 이러한 확장된 고전파 접근법이 거시경제 정책에서 어떤 의미를 갖는지 검토할 것이다.

10.1 경기순환-고전파 모형

그동안 경기순환 분석에서 두 가지 기본적인 의문이 제기되어 왔었다. 즉 경기순환의 원인은 무엇인가? 그리고 경기순환에 대해 어떤 정책이 있을 수 있으며, 또 있어야 하는가? 먼저 경기순환을 일으키는 원인에서 시작하여, 이러한 질문에 대한 고전파의 답변을 검토하기로 한다.

실질 경기순환이론

8.4절에서 완결된 경기순환이론은 반드시 두 가지 구성요소를 갖고 있어야 한다는 점을 지적했다. 첫째는 경제에 가장 크게 영향을 미치는 것으로 생각되는 충격 혹은 교란요인의 형태를 설명할 수 있어야 한다. 여러 가지 경기순환이론에서 강조되는 경제적 교란요인의 사례는 공급충격, 통화정책 혹은 재정정책의 변화, 소비지출의 변화 등이다. 둘째 구성요소로서 산출량, 고용, 물가와 같은 핵심 거시경제 변수가 경제적 충격에 어떻게 반응하는가를 설명하는 모형이 있어야 한다. 고전파가 선호하는 모형은 시장청산 형태의 *IS-LM* 모형 혹은 그와 비슷한 분석도구다. 그러나 경기순환 파동을 일으키는 요인 중에서 어떤 충격이 주도적인 역할을 하는가의 문제가 여전히 남아 있다.

고전파 거시경제학자 중에서 노벨경제학상 수상자인 애리조나주립대학교와 미니애폴리스 연준의 에드워드 프레스콧(Edward Prescott) 교수와 캘리포니아대학교(샌터바버러)의 핀 쉬들란(Finn Kydland) 교수가 이끄는 영향력 있는 그룹에 의해, 경기순환 파동을 일으키는 충격의 근원을 강력하게 지지하는 이론이 개발됐다. 이 이론은 **실질 경기순환이론**(real business cycle theory, RBC 이론)이라고 하는데, 경제에 대한 실질충격이 경기순환을 일으키는 주된 원인이라고 주장한다.[1] **실질충격**(real shock)이란 경제의 실물 측면에서 발생한 교란요인이다. 예를 들어, 생산함수, 노동력의 규모, 실질 정부지출, 소비자의 지출 및 저축 의사결정에 영향을 미치는 충격을 말한다. 경제학자는 실질충격을 **명목충격**(nominal shock), 예를 들어, 화폐 공급 및 화폐 수요 등에 대한 충격과 대조되는 개념으로 사용한다. *IS-LM* 모형으로 보면 실질충격은 *IS* 곡선 혹은 *FE*선에 직접 영향을 미치는 것이고, 반면 명목충격은 *LM* 곡선에만 직접적인 영향을 주는 것이다.

1. 실질 경기순환에 대한 더욱 상세한 소개는 다음을 참고하기 바란다. Charles Plosser, "Understanding Real Business Cycles," *Journal of Economic Perspectives*, Summer 1989, pp. 51–78, and Robert G. King and Sergio Rebelo, "Resuscitating Real Business Cycles," in J. Taylor and M. Woodford, eds., *Handbook of Macroeconomics*, Elsevier, 1999.

많은 형태의 실질충격이 경기순환에 영향을 줄 수 있지만, RBC 경제학자는 생산함수 충격에 가장 큰 역할을 부여하고 있다. 생산함수 충격이란 그동안 공급 충격으로 불러 왔던 것이며, RBC 경제학자는 이것을 통상 **생산성 충격**(productivity shock)이라고 부른다. 생산성 충격에는 새로운 상품 및 생산 방법의 개발, 새로운 경영기법의 도입, 자본과 노동의 질적 변화, 원자재와 에너지의 이용가능성의 변화, 비정상적으로 좋은 기후와 비정상적으로 나쁜 기후, 생산에 영향을 미치는 정부규제의 변화, 기타 생산성에 영향을 주는 요인 등이 포함된다. RBC 경제학자에 따르면 대부분의 경제 호황은 우호적인 생산성 충격의 결과이며, 대부분의 침체는 부정적인 생산성 충격에 기인하고 있다고 한다.

부정적 생산성 충격으로 인한 경기침체 부정적 생산성 충격이 경기침체를 초래한다는(마찬가지로 우호적 생산성 충격이 경제 호황을 초래한다는) RBC 경제학자의 생각은 과연 옳은 것일까? 일시적으로 부정적인 생산성 충격이 경제에 미치는 이론적 효과에 대해서는 이미 3장, 8장, 9장에서 검토하였다.[2] 석유가격의 상승과 같은 부정적인 생산성 충격(혹은 공급충격)이 발생하면 노동의 한계생산물(*MPN*)이 감소하여 모든 실질임금 수준에서 노동의 수요를 감소시킨다는 것을 3장에서 보여줬다. 결과적으로 균형 실질임금과 균형 고용수준은 모두 하락한다(그림 3.11 참조). 균형 산출량 수준(완전고용 산출량 수준 $\bar{Y}$) 또한 두 가지 이유로 하락한다. 첫째는 균형 고용수준이 감소했기 때문이고, 둘째는 부정적인 생산성 충격이 주어진 노동과 자본으로 생산할 수 있는 산출량을 감소시키기 때문이다.

그다음에 일시적으로 부정적인 생산성충 격이 일반균형에 미치는 효과를 분석하기 위해 완결 *IS-LM* 모형을 사용했다. 여기에서 부정적인 생산성 충격은 실질임금, 고용 및 산출량의 일반균형 수준을 감소시킨다는 최초의 결론이 타당함을 확인했다. 또한 부정적 생산성 충격은 실질이자율을 높이고 소비와 투자를 억제하며, 물가수준을 상승시킨다는 것을 보여줬다.

그러므로 대체적으로 볼 때 부정적 생산성 충격에 대한 최초의 분석 결과는, 그러한 충격이 산출량의 감소를 가져오기 때문에 경기침체를 일으킨다는 RBC 경제학자의 주장을 지지하고 있다. 마찬가지로 우호적인 생산성 충격은 산출량의 증가(경제 호황)를 가져온다는 것을 보여준다. RBC 접근방법에서 산출량은 침체기에 감소하고 호황기에 증가한다는 것을 주목하기 바란다. 산출량의 일반균형(혹은 완전고용) 수준이 변화했기 때문이며, 또한 신속한 가격조정으로 실제

---

2. RBC 경제학자는 일시적인 것뿐만 아니라 영구적인 생산성 충격에 대해서도 분석하고 있다. 그러나 일시적인 충격에 대한 분석이 다소 쉽기 때문에, 여기에서는 일시적 충격에 초점을 맞추기로 한다.

산출량은 항상 완전고용 산출량과 일치하는 것이 보장되기 때문이다. 고전파 경제학자와 마찬가지로 RBC 경제학자는, 침체와 호황은 불균형의 기간이며 그 기간에는 실제의 산출량이 장기간 동안 일반균형 수준보다 낮거나 높을 수 있다는 케인즈파의 견해(11장에서 논의될 것임)를 부정한다.

실질 경기순환이론과 경기순환의 실태 RBC 이론(*IS-LM* 모형의 시장청산 혹은 고전파적 해석을 경제적 교란요인 중에서 생산성 충격이 지배적이라는 가정과 결합한 이론)이 상대적으로 단순하기는 하지만, 많은 기본적인 경기순환의 실태와 일치하고 있다. 첫째, 경제가 끊임없이 생산성 충격에 시달리고 있다는 가정하에서, RBC 접근법은 실제 반복적으로 일어나고 있는 총산출량의 파동을 예측하고 있다. 둘째, RBC 이론은 고용이 경기 순응적으로(산출량과 같은 방향으로) 변동하는 것을 정확하게 예측하고 있다. 셋째, RBC 이론은 실질임금이 침체기보다 호황기에 더 높을 것으로(경기 순응적인 실질임금) 예측하고 있으며, 이것은 실제 데이터와 일치한다.

RBC 이론이 설명하는 네 번째의 경기순환 사실은 평균노동생산성이 경기 순응적이라는 것이다. 즉 노동자 1인당 산출량은 침체기보다 호황기에 더 높게 나타난다. 이 사실은 호황기가 노동생산성을 높이는 경향이 있는 우호적인 생산성 충격의 기간이며, 반면 침체기는 부정적 생산성 충격의 결과로서 이는 생산성을 하락시키는 경향이 있다는 RBC 경제학자의 가정과 일치한다. 생산성 충격이 없다면(같은 말이지만 생산함수가 시간에 대해 안정적인 것으로 가정한다면), 평균노동생산성은 경기 순응적이지 않을 것이라고 RBC 경제학자는 지적하고 있다. 생산성 충격이 없다면, 노동의 한계생산물 체감의 법칙 때문에 호황기에 일어나는 고용 확대는 평균노동생산성을 하락시키게 될 것이다. 마찬가지로 생산성 충격이 없다면, 침체기는 실제 관찰되는 것처럼 낮은 생산성이 아니라 상대적으로 노동생산성이 높은 기간이 될 것이다. 그러므로 RBC 경제학자는 평균노동생산성의 경기 순응적 속성을 그들의 접근법을 지지하는 강력한 증거로 간주한다.

단순한 RBC 이론과 일치하지 않는 것으로 보이는 하나의 경기순환 실태는, 인플레이션이 침체기 동안 혹은 침체기 직후에 둔화되는 경향이 있다는 것이다. RBC 이론에 의하면 부정적 생산성 충격이 발생할 때, 경제침체와 동시에 일반적 물가수준이 상승하는 것으로 예측되고 있다. 그러므로 RBC 접근법에 따르면 침체기는 인플레이션 기간이 돼야 하는데, 이것은 경기순환의 실태와 모순되는 것이다.

이에 대해 일부 RBC 경제학자는 인플레이션이 경기 순응적이라는 전통적 견해를 문제 삼고 있다. 예를 들어, 1954~1989년 기간 동안의 연구에서 RBC 지지자인 핀 쉬들란 교수와 에드워드 프레스콧 교수는,[3] 인플레이션의 경기 순응적 속성이 인플레이션과 산출량의 추세를 계산하는 데 사용된 통계적 방법에 따라 다소 민감하다는 것을 보여줬다. 쉬들란과 프레스콧 교수는, 이러한 추세를 계산하는 다른 방법을 사용하면 총산출량이 장기 추세선보다 위에 있을 때 물가수준은 장기 추세선보다 아래에 위치하는 경향이 있다는 증거를 발견했다. 이러한 결과는 물가의 순환적 행태에 대한 RBC 예측과 더욱 가깝게 일치한다. 쉬들란과 프레스콧 교수는 인플레이션의 경기 순응적 속성에 대한 표준적 견해는 양차 세계대전(1918~1941) 사이의 경제적 경험에 대부분 기반을 두고 있다고 말한다. 이때는 경제구조가 달랐으며 최근 경제가 겪은 것과 다른 형태의 충격이 주류를 이루었다고 보고 있다. 예를 들면 많은 경제학자는 세계 대공황(양차 대전 사이에 발생한 가장 중요한 거시경제 사건)이 일련의 대규모 부정적인 총수요 충격의 결과라고 믿고 있다. 그림 8.11에서 봤던 것처럼, 부정적 총수요 충격은 *AD* 곡선을 하방 및 좌측으로 이동시킴으로써 먼저 산출량을 감소시키고 다음으로 물가를 하락시킨다. 이러한 패턴은 인플레이션이 경기 순응적이며 후행(lagging)한다는 전통적 경기순환의 사실과 일치한다. 그러나 쉬들란과 프레스콧 교수는 제2차 세계대전 이후 대규모의 부정적 공급충격이 물가수준을 상승시키고 반면 산출량을 감소시켰다고 주장한다. 1973~1974년 및 1979~1980년 석유파동에 이어 뒤따라온 침체기 동안 인플레이션이 치솟았다는 것은 특히 주목할 일이다. 그러나 물가의 순환적 행태에 대한 이슈는 여전히 논쟁거리로 남아 있다고 봐야 할 것이다.

생산성 충격은 침체의 유일한 원인인가? 많은 종류의 실질충격이 경제를 괴롭힌다는 것을 RBC 경제학자가 비록 원칙적으로 인정한다고 하더라도, 실제로는 생산성 충격이 침체의 지배적이고 사실상 유일한 원인이라는 가정에 그들 연구의 대부분이 의존하고 있다. 고전파와 케인즈파를 포함하여 많은 경제학자가 이러한 가정은 비현실적이라고 비판해 왔다. 예를 들어, 어떤 경제학자는 제2차 세계대전 이후 각 경제침체의 원인이라고 RBC 경제학자가 믿어 왔던 특정한 생산성 충격을 분석하면서 그들의 이론을 반박했다. 비판자의 주장에 따르면, 1973년, 1979년, 1990년의 석유파동과 1990년대 후반의 기술 혁명을 제외하고, 경제 전체에 영향을 미친 생산성 충격의 역사적 사례를 사실상 찾을 수 없다고 한다.

그러한 주장에 대한 RBC 응답 중에서 흥미로운 것은, 원칙적으로 경제 전체

---

3. "Business Cycles: Real Facts and a Monetary Myth," *Quarterly Review*, Federal Reserve Bank of Minneapolis, Spring 1990, pp. 3-18.

응용 APPLICATION

경기순환 계측하기

물가수준의 행태에 대한 논쟁을 논외로 하면, RBC 이론은 고용, 생산성, 실질임금의 경기 순응적 행태를 포함하여 경기순환의 실태를 상당 부분 설명할 수 있다. 그러나 실질 경기순환 경제학자는, 적절한 경기순환이론이 질적인 측면뿐만 아니라 양적인 측면도 설명할 수 있어야 한다고 주장한다. 다시 말해서 경기순환 중에 주요 거시경제 변수가 어떻게 움직이느냐를 일반적으로 예측하는 것 외에, 경제 파동의 크기와 변수 사이의 상관관계 강도를 수치적으로도 예측할 수 있어야 한다는 것이다.

이 이론의 수량적 함축성을 검토하기 위해, RBC 경제학자는 눈금 맞추기(cali-bration)라고 불리는 방법을 개발했다. 이 방법은 더 일반적인 이론에 대해 상세한 수치 사례를 가지고 작업을 하는 것이다. 그런 다음 모형과 현실이 광범위하게 일치하는지를 확인하기 위해, 계산 결과를 거시경제 데이터와 비교하는 것이다.

눈금 맞추기의 첫째 단계는 일반적 함수 대신 특정한 함수 형태로 경제 모형(예를 들어, *IS-LM* 모형의 고전파적 해석)을 설정하는 것이다. 예를 들면 생산함수를 일반적 형태로 나타내면 다음과 같다.

$$Y = AF(K, N)$$

그러나 눈금 맞추기를 하려면 다음과 같은 특정한 방정식 형태의 생산함수를 사용한다.[4]

$$Y = AK^{a}N^{1-a}$$

여기에서 a는 1과 0 사이의 숫자다. 마찬가지로 소비자와 노동자의 행태를 설명하기 위해 특정한 함수가 사용된다.

다음으로 선택된 특정한 함수에 구체적인 수치를 넣어 표현함으로써 더욱 특정한 함수로 만들 수 있다. 예를 들어, $a = 0.3$을 대입하면 생산함수는 다음과 같게 된다.

$$Y = AK^{0.3}N^{0.7}$$

같은 방법으로 소비자와 노동자의 행태를 설명하는 방정식에 특정한 숫자를 부여할 수 있다. 그러면 이러한 수치는 어디에서 구할 수 있는가? 일반적으로 이것들은 거시경제 데이터를 가지고 추정하는 것은 아니고, 다양한 출처를 바탕으로 하여 얻을 수 있다. 예를 들면 모형의 함수에 부여된 수치는 생산함수 혹은 개인과 가계의 저축 행태에 대한 기존 연구로부터 얻을 수 있다.

셋째 단계는 컴퓨터에 의해 수행돼야 하는 단계로서, 특정한 수치가 부여된 모형이

4. 이 생산함수는 콥-더글라스 생산함수다(3장 참조). 앞에서 지적한 것처럼 이것은 상대적으로 단순하지만, 미국의 데이터와 상당히 잘 맞는다.

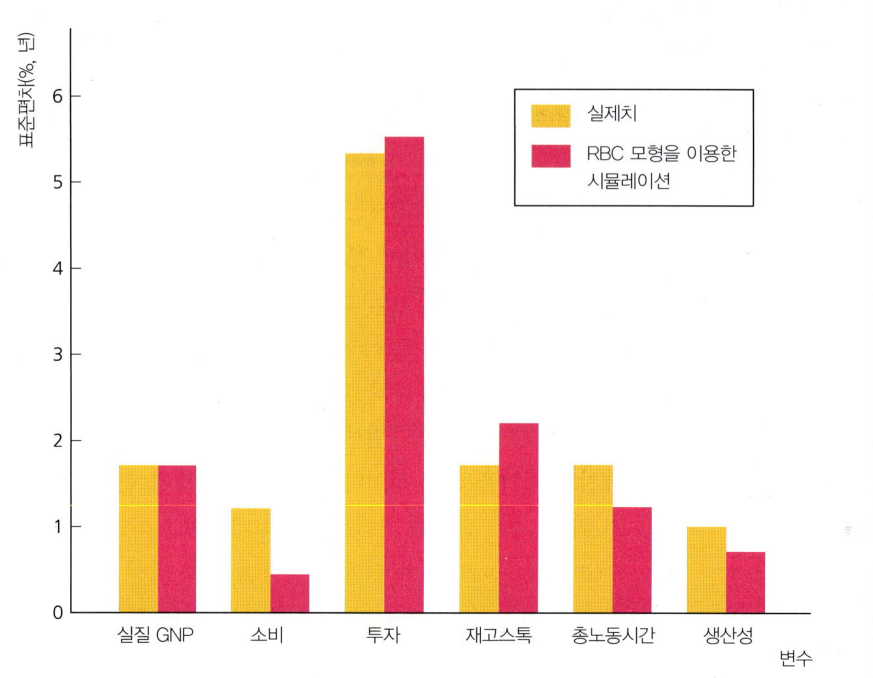

그림 10.1

주요 거시경제 변수의 변동성 : 실제치 및 시뮬레이션

그림은 제2차 세계대전 이후 미국 데이터로 관찰된 주요 거시경제 변수의 실제 변동성과 프레스콧 교수가 교정한 RBC 모형의 컴퓨터 시뮬레이션에 의해 예측된 동일한 변수의 변동성을 비교하고 있다. 프레스콧 교수는 GNP의 시뮬레이션 변동성이 실제로 관찰된 GNP의 변동성과 정확하게 같도록 그의 시뮬레이션에서 임의의 생산성 충격의 크기를 조정했다. 이러한 임의의 생산성 충격에 대해, 나머지 다섯 개 거시경제 변수의 시뮬레이션 변동성은 (아마도 소비의 경우를 제외하고) 실제로 관찰된 변동성과 상당히 잘 일치하고 있다.

임의의 충격, 예를 들어, 생산성 충격을 받았을 때 어떤 움직임을 보이는가를 찾는 것이다. 충격은 임의의 수치 발생기를 통해 컴퓨터에 생성되며, 충격의 크기와 지속성은 (특정한 방정식에 부여된 수치와는 달리) 현실의 거시경제 데이터에 적합하도록 선택된다. 이러한 충격에 대해 컴퓨터는 여러 기간 동안 모형의 행태를 추적하며 산출량, 고용, 소비, 투자 등 주요 거시경제 변수가 어떤 행태를 나타냈는지 보고한다. 이러한 시뮬레이션으로부터 얻은 결과는 모형이 현실과 얼마나 잘 맞는지를 판단하기 위해 실제 경제의 행태와 비교된다.

프레스콧 교수는[5] 초기에 영향력 있는 눈금 맞추기 연습을 실행한 바 있다. 그는 여기에서 설명된 RBC 모형과 비슷한 모형을 사용했다. 주요 차이점이 있다면 이 장의 RBC 모형은 기본적으로 2기간(two-period) 모형(현재와 미래)인 데 비해, 그의 모형은 다기간(multi-period)을 허용하고 있다는 것이다. 그림 10.1과 10.2는 그의 컴퓨터 시뮬레이션 결과를 보여주고 있다.

그림 10.1은 현실에서 실제로 관찰된(제2차 세계대전 이후 미국 데이터에서 계산된) 여섯 개 거시경제 변수의 변동성을, 프레스콧 교수가 교정한 RBC 모형에 의해 예측된 변동성과 비교하고 있다.[6] 프레스콧 교수는 그의 모형의 GNP 변동성이 미국 GNP의

5. "Theory Ahead of Business Cycle Measurement," *Carnegie-Rochester Conference Series on Public Policy*, Volume 25, Autumn 1986. 다음 저널에 재발행됐다. *Quarterly Review*, Federal Reserve Bank of Minneapolis, Fall 1986, pp. 9–22.

그림 10.2

주요 거시경제 변수의 GNP와의 상관계수 : 실제치 및 시뮬레이션

어떤 변수가 경기순환 중 GNP와 얼마나 밀접한 관계를 갖고 움직이는가는 그 변수와 GNP와의 상관계수로 측정되며, 상관계수가 클수록 관계가 더 밀접하다는 의미를 갖는다. 그림은 제2차 세계대전 이후 미국 경제에서 실제로 관찰된 주요 거시경제 변수의 GNP와의 상관계수를, 프레스콧 교수가 교정한 RBC 모형의 컴퓨터 시뮬레이션에 의해 예측된 상관계수와 비교하고 있다. GNP와의 예측 상관계수가 너무 높은 생산성을 제외하고, 거시경제 변수의 GNP와의 시뮬레이션 상관계수는 실제의 상관계수와 매우 유사하게 나타나고 있다.

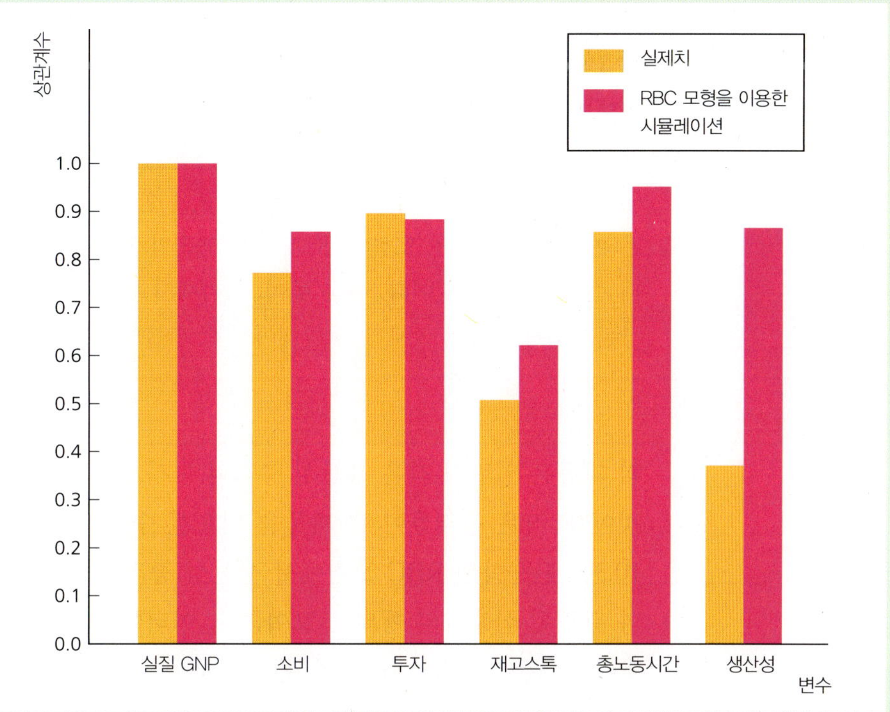

실제 변동성과 같도록 그의 시뮬레이션에서 임의의 생산성 충격의 크기를 조정했다.[7] 실제로 그림 10.1을 보면 GNP의 실제 변동성과 시뮬레이션 변동성이 같다. 그러나 나머지 다섯 개 변수에 대해서는 시뮬레이션을 실제 변동성과 맞추기 위한 어떠한 조작도 행하지 않았다. 그럼에도 불구하고 다섯 개 변수의 시뮬레이션과 실제 변동성이 대부분의 경우 매우 근접해 있다는 것을 주목할 필요가 있다.

그림 10.2는 실제 경제를 또 다른 관점에서 프레스콧 교수가 교정한 모형과 비교하고 있다. 즉 주요 거시경제 변수가 경기순환 중 GNP와 얼마나 밀접한 관계를 갖고 움직이는가를 보여준다. 변수가 서로 얼마나 밀접한 관계를 갖고 움직이는가를 판단하는 통계적 측정치를 **상관계수**(correlation)라고 한다. 만약 어떤 변수의 GNP와의 상관계수가 양수라면, 그 변수는 경기순환 중 GNP와 같은 방향으로 움직이는 경향을 갖는다(즉 그 변수는 경기 순응적이다). 만약 GNP와의 상관계수가 1이라면, 그 변수의 움직임은 GNP의 움직임과 완전하게 일치한다(따라서 GNP는 그 자신과의 상관계수가 1이다). 반면에 GNP와의 상관계수가 0이라면, 그 변수는 GNP와 아무 관계가 없다는 것을 뜻한다. GNP와의 상관계수가 1과 0 사이에 있다면, 그것은 GNP와 중간 정도의

6. 여기에서 사용된 변동성의 척도는 표준편차(standard deviation)다. 표준편차가 높을수록 측정된 변수의 변동성은 높아진다.

7. 프레스콧 교수의 연구 당시에는 미국의 국민소득과 생산 계정이 GDP가 아닌 GNP를 중심으로 편제되고 있었다. 따라서 그 역시 GNP에 초점을 맞추고 있다.

강도로 연관되어 있음을 뜻한다. 그림 10.2는 프레스콧 교수의 모형이 주요 변수와 GNP의 상관관계 강도를 일반적으로 잘 설명하고 있음을 보여준다. 한 가지 차이점이 있다면 프레스콧 교수의 모형에 의해 예측된 생산성과 GNP의 상관계수가 실제 상관계수보다 지나치게 높다는 점이다.

상대적으로 단순하게 교정된 RBC 모형이 실제 데이터와 상당히 잘 일치한다는 점은 매우 인상적이다. 또한 눈금 맞추기 연습의 결과는 이 모형을 향후 더 발전시키는 데 큰 도움이 될 것이다. 예를 들어, 여기에서 논의된 RBC 모형은 생산성과 GNP의 상관계수에 있어서 실제 및 시뮬레이션 값의 불일치를 개선하기 위해 수정되어 왔다.

의 파동은 일련의 작은 생산성 충격의 누적 효과에 의해서도 발생할 수 있다는 것이다. 작은 충격들이 큰 파동을 일으킬 수 있다는 점을 설명하기 위해, 그림 10.3은 단순화된 RBC 모형에서 생산성 충격의 컴퓨터 시뮬레이션 결과 및 그와 관련된 산출량의 행태를 보여준다. 이러한 단순한 RBC 모형에서 월별(이번 달에서 다음 달까지) 산출량의 변화는 두 부분으로 나누어진다. 즉 (1) 정상적 기술진보 혹은 인구와 고용의 정상적 증가로부터 발생하는 고정된 부분과 (2) 이번 달에 생산성에 가해진 임의의 충격을 반영하는 예측할 수 없는 부분이다.[8] 컴퓨터에 의해 임의로 생성된 생산성 충격은 그림 10.3의 아랫부분에 그려져 있고, 그와 연관된 산출량의 행태는 그 위에 그려져 있다. 비록 개별 충격 하나하나가 큰 것이 하나도 없지만, 충격의 누적 효과는 경기순환과 유사하게 큰 산출량 파동을 만들고 있다. 그러므로 비록 특정한 큰 충격을 식별하는 것이 어려울 수 있지만, 경기순환은 생산성 충격의 결과일 수 있다.

솔로우 잔차는 기술 충격을 나타내는가? 생산성 충격이 RBC 모형에서 경기순환 파동의 주된 원인이기 때문에, RBC 경제학자는 이러한 충격의 크기를 측정하고자 시도했다. 생산성 충격의 가장 흔한 척도는 **솔로우 잔차**(Solow residual)로 알려져 있는데, 이것은 총요소생산성 A를 실증적으로 계측한 것이다. 솔로우 잔차라는 이름은 현대 성장이론의 창시자인 로버트 솔로우(Robert Solow)[9]의 이름에서 따온 것이며, 그는 1950년대에 이러한 척도를 사용했다.

8. 특정한 모형은 다음과 같다. $Y_t = Y_{t-1} + 0.01 + e_t$. 여기에서 Y_t는 t월의 산출량이고 Y_{t-1}은 전월의 산출량, e_t는 t월의 임의적 생산성 충격이다. 생산성 충격은 -1.0과 1.0 사이에서 임의로 선택된 숫자다. 비슷한 사례는 본장의 끝에 있는 계산문제 6번에도 나와 있다.

9. "Technical Change and the Aggregate Production Function," *Review of Economics and Statistics*, 1957, pp. 312-320. 6장에서 이미 성장이론에 대한 솔로우의 공헌을 설명했다.

그림 10.3

작은 충격과 큰 순환

컴퓨터에 의해 생성된 임의의 생산성 충격(그림의 아랫부분)과 총산출량(그림의 중간부분)의 관계를 찾기 위해 단순한 RBC 모형의 컴퓨터 시뮬레이션이 사용됐다. 비록 모든 생산성 충격이 작은 것이지만, 시뮬레이션은 총산출량의 큰 순환적 파동을 만들어낸다. 따라서 큰 순환적 파동을 일으키는 데 큰 생산성 충격이 반드시 필요한 것은 아니다.

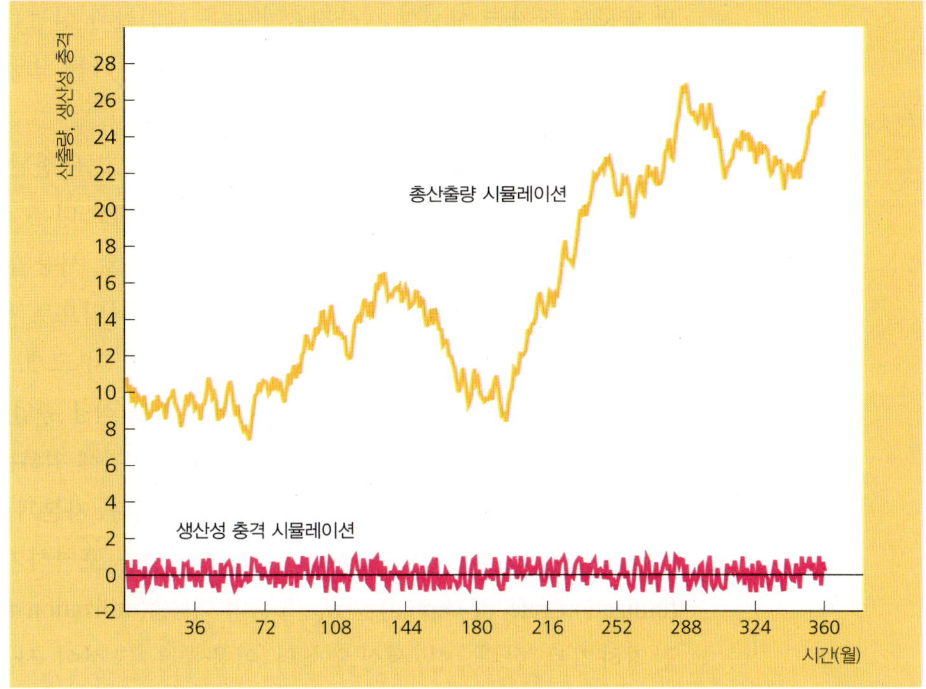

3장에서 본 것처럼, 총요소생산성 A를 측정하기 위해서는 산출량 Y, 자본 K와 노동 N의 투입에 대한 데이터가 있어야 한다. 또한 생산함수에 대해 특정한 방정식 형태를 사용할 필요가 있다. 그러면 솔로우 잔차는 다음과 같이 얻을 수 있다.

$$\text{솔로우 잔차} = \frac{Y}{K^a N^{1-a}} = A \tag{10.1}$$

솔로우 잔차는 그것이 측정된 자본 및 노동 투입에 의해 직접적으로 설명될 수 없는 산출량의 일부이기 때문에 그냥 '잔차'라고 한다.

식 (10.1)을 이용해 솔로우 잔차를 실제 미국 데이터를 가지고 계산해 보면, 그것은 경제 확장기에 상승하고 침체기에 하락함으로써 강한 경기 순응성을 갖는 것으로 드러난다. 이러한 경기 순응적 행태는 총산출량의 순환적 파동은 대부분 생산성 충격에 기인한다는 RBC 이론의 가정과 일치한다.

그러나 어떤 경제학자는 솔로우 잔차가 초기 RBC 지지자들이 말한 것처럼 단지 기술의 척도로만 해석돼야 하는지에 대해 의문을 제기해 왔다. 만약 솔로우 잔차의 변화가 경제에서 사용되는 기술 변화만을 반영한다면, 그 값은 과학 및 기술 진보(적어도 단기적으로)에 직접적으로 영향을 미치지 않는 정부지출 혹은 통화정책 같은 요인들과 연관성이 없어야 한다. 그러나 통계적 연구에 따르면 솔로우 잔차는 사실상 정부지출과 같은 요인들과 상관관계를 갖고 있는 것으로 드러나고 있다. 이것은 솔로우 잔차의 변화가 다른 요인들의 충격을 함께 반영할 수 있음을 의미한다.[10]

생산에 사용된 실제 기술은 불변임에도 불구하고 측정된 생산성이 왜 변할 수 있는가를 이해하기 위해서는, 자본과 노동이 때때로 다른 시기보다 더욱 집중적으로 사용될 수 있으며, 생산요소를 더 집중적으로 사용할 때 산출량이 높아진다는 사실을 인식할 필요가 있다. 예를 들어, 풀타임으로 사용된 인쇄기는 하프타임으로 사용된 동종의 다른 인쇄기보다 생산에 더 크게 기여한다. 마찬가지로 빠르게 일하는(예를 들어, 바쁜 점심시간에 일하는 식당 종업원) 노동자는 같은 숫자의 천천히 일하는(같은 식당에서 오후 한산한 시간에 일하는 종업원) 노동자보다 더 많은 산출량을 생산하고 매출에 기여할 것이다. 자본과 노동이 서로 다른 시기에 다소간 집중적으로 사용될 수 있다는 것을 포착하기 위해, 자본의 이용률(utilization rate of capital)을 u_K, 노동의 이용률(utilization rate of labor)을 u_N로 정의하기로 한다. 한 생산요소의 이용률은 그것이 사용되고 있는 집중도(intensity)를 나타낸다. 예를 들어, 풀타임으로 돌아가는 인쇄기의 경우 자본 이용률은 하프타임으로 사용되는 인쇄기보다 2배 이상 높을 수 있다. 마찬가지로 식당의 노동 이용률은 점심시간이 더 높다. 생산에서 실제로 사용되는 자본스톡을 자본 서비스(capital services)라고 한다면 이것은 자본의 이용률 곱하기 자본스톡, 즉 u_KK와 같다. 자본 서비스의 개념은 자본이 사용되고 있는 집중도를 가지고 조정한 것이기 때문에, 자본 서비스는 생산에 대한 자본스톡의 기여도를 측정함에 있어서 자본량 그 자체보다 더 정확한 척도이다. 마찬가지로 노동 서비스(labor services)는 노동의 이용률 곱하기 기업에 의해 고용된 노동자 수(혹은 시간), 즉 u_NN으로 정의될 수 있다. 그러므로 같은 수의 노동자들이 천천히 일할 때보다 빨리 일하고 있을 때(즉 노동의 이용률이 더 높을 때), 고용주가 얻는 노동 서비스는 더 높게 된다.

자본 서비스와 노동 서비스를 산출량 생산에 대입하면 다음과 같은 생산함수를 얻을 수 있다.

$$Y = AF(u_KK, u_NN) = A(u_KK)^a(u_NN)^{1-a} \tag{10.2}$$

여기에서 자본스톡 K는 자본 서비스 u_KK로, 노동 N은 노동 서비스 u_NN으로

---

10. 기술 변화는 연구개발(R&D)에 대한 정부지출의 변화와 큰 상관관계를 가질 수도 있다. 그러나 솔로우 잔차는 비 R&D 정부지출과도 높은 상관관계를 갖고 있으며, 발명에 대한 지출효과로 설명되기에는 그 시차가 너무 짧다.

대체됐다. 이제 식 (10.2)의 생산함수를 식 (10.1)의 Y에 대입하면, 자본과 노동의 이용률을 결합한 솔로우 잔차를 다음과 같이 표시할 수 있게 된다.

$$\text{솔로우 잔차} = \frac{A(u_K K)^a (u_N N)^{1-a}}{K^a N^{1-a}} = A u_K{}^a u_N{}^{1-a} \qquad (10.3)$$

식 (10.3)은 솔로우 잔차가 전통적으로 측정된 것처럼, 모수 A(기술과 아마도 생산성에 영향을 주는 다른 요인도 반영하고 있다)뿐만 아니라 자본과 노동의 이용률 u_K와 u_N을 포함하고 있음을 보여주고 있다. 그러므로 비록 기술이 변하지 않는다 하더라도, 만약 자본과 노동의 이용률이 경기 순응적이라면 계산된 솔로우 잔차도 경기 순응적으로 나타날 수 있다.

자본과 노동의 이용률이 경기 순응적이라는(따라서 자본과 노동은 경제 침체기보다 호황기에 더 집중적으로 사용된다) 증거는 있다. 예를 들어, 듀크대학교의 크레이그 번사이드(Craig Burnside) 교수, 노스웨스턴대학교의 마틴 아이헨바움(Martin Eichenbaum) 및 세르히오 레벨로(Sergio Rebelo)[11] 교수 등은 생산자가 사용한 전기량 데이터를 이용해 자본 이용률의 순환적 행태에 대한 연구를 수행했다. 그들이 전기량 데이터를 사용한 이유는, 자본 이용률의 상승이 하루 중 자본 가동 시간의 증가에 의한 것이든 아니면 자본을 가동하는 속도의 증가에 의한 것이든 간에, 자본 이용률이 높아지면 추가적으로 전기가 더 필요하기 때문이다. 이 연구에 의하면 자본 단위당 사용된 전기량은 경제 상승기에 증가한 것으로 나타났으며, 이것은 저자들로 하여금 자본 이용률이 강하게 경기 순응적이라는 결론에 도달하도록 했다. 또한 이 연구는 식 (10.2)의 A항과 유사한 기술척도가, 솔로우 잔차보다 훨씬 낮은 경기 순응성을 나타내고 있음을 보여줬다.

노동 이용률의 순환적 행태를 측정하는 것은 더 어렵다. 그러나 많은 연구에 의해 노동의 이용률 또한 경기 순응적이라는 증거가 제시되어 왔다. 예를 들어, 하버드대학교의 존 페이(Jon Fay)와 제임스 메도프(James Medoff)[12] 교수는 대규모 제조업체를 대상으로 각 기업이 경험한 가장 최근의 하강국면에서 고용과 생산에 대해 질문하는 설문조사를 실시했다. 페이와 메도프 교수가 발견한 것은 하강국면에서 조사대상 각 기업은 평균적으로 생산을 31% 줄였고 생산직 근로자 총노동시간을 정상수준보다 23% 낮추었다는 것이다. 현장 관리자들의 추정에 의하면 생산을 추가로 낮추지 않으면서도 총노동시간을 정상수준 대비 6%

11. "Capital Utilization and Returns to Scale," in B. Bernanke and J. Rotemberg, eds., *NBER Macroeconomics Annual*, 1995.

12. "Labor and Output Over the Business Cycle," *American Economic Review*, September 1985, pp. 638-655.

추가로 더 줄일 수 있었다고 한다. 정상 노동시간의 6% 중에서 약 절반(정상 노동시간의 3%)은 장비의 유지 및 점검, 도색, 청소, 산출량 재처리, 교육훈련 등을 포함한 각종 유용한 작업에 전형적으로 할당됐다. 정상 노동시간의 나머지 3%는 일부러 만들어 주는 일거리(make-work) 및 다른 비생산적 활동에 배정됐다. 이러한 수치는 기업이 침체기에는 노동을 집중적으로 활용하지 못한다는 것을 말해주고 있다.

확장기보다 침체기에 노동자를 더 집중적으로 사용하지 못하는 경향을 **노동 사장**(labor hoarding)이라고 불러 왔다. 노동자를 해고하고 채용하는 비용 때문에, 기업이 침체기에 그렇지 않았으면 일시 해고하였을 일부 노동자를 계속 고용하고 있을 때 노동 사장이 발생한다. 기업은 노동자를 일시 해고한 다음 그들을 다시 고용하는 비용 혹은 경제가 회복될 때 새로운 노동자를 고용하고 훈련하는 비용을 회피하기 위해, 이러한 노동자를 종업원으로 계속 보유한다. 사장된 노동력은 침체기에 할 일이 많지 않으므로 열심히 일할 필요가 없으며, 또한 기업 산출량의 일부로 측정되지 않는 장비 보수와 같은 잡무에 투입된다. 경제가 되살아날 때 사장된 노동력은 정상적인 방법으로 본래의 업무에 복귀하게 된다. 같은 방식으로 비유하건대 오후 한산한 시간 동안 식당 종업원의 생산성이 낮다고 해서, 바쁜 점심시간과 저녁시간 사이에 종업원을 집에 돌려보낸들 식당 주인에게 득이 될 것이 없는 것과 같은 이치다. 침체기(식당의 경우 오후 한산한 시간)의 이러한 낮은 생산성은 사용하는 기술의 변화를 반영하는 것이 아니며, 단지 기업의 자본과 노동의 이용률의 변화를 반영할 뿐이다. 그러므로 솔로우 잔차(같은 뜻이지만 총요소생산성 A)의 순환적 변화를 단지 기술 변화를 반영하는 것으로 해석하는 데 주의를 기울이지 않으면 안 된다.

비록 기술 변화 혹은 자본과 노동의 이용률 변화가 총체적 순환 파동을 일으키는 원인이기는 하지만, 역사적으로 보면 생산성 충격 이외의 다른 충격 요인들도 경제에 영향을 미쳐 왔다. 예를 들어, 전쟁과 그에 따른 군사력 증강은 명백한 하나의 사례가 될 수 있다. 그러므로 많은 고전파 경제학자는 고전파 경기순환이론을 생산성 충격과 경제에 영향을 미치는 다른 형태의 충격을 모두 포괄하는 것으로 보다 넓게 정의하는 데 찬성한다. 그들이 사용하는 모형은 '실질' 생산성 충격 이외의 충격도 허용하기 때문에, 고전파 모형은 RBC 모형이라고 하지 않으며 그 대신 동태적 확률 일반균형(DSGE : dynamic, stochastic, general equilibrium) 모형이라고 한다. 왜냐하면 이 모형은 시간 경과에 따른 행태를 다루며(동태적), 경제에 대한 충격을 허용하고, 일반균형의 개념을 기본 바탕으로 하기 때문이다.

생산성 충격 이외의 충격이 거시경제에 미치는 영향은 고전적 *IS-LM* 모형으로 분석할 수 있다. 이제 재정정책 충격의 영향을 분석하기 위해 *IS-LM* 모형을 활용하기로 한다.

고전파 모형에서의 재정정책 충격

고전파 모형에서 경기순환의 원인이 될 수 있는 또 다른 형태의 충격은 실질 정부구입의 증가 혹은 감소와 같은 재정정책의 변화다.[13] 정부구입 충격의 사례는 군비 증강과 대규모 도로공사의 시작 혹은 기타 공공사업 등을 포함한다. 정부구입은 경기 순응적이기 때문에(특히 국민 산출량은 전쟁 중이거나 군비 지출이 높은 시기에는 정상보다 높은 경향이 있다), 정부구입 충격이 총산출량과 고용에 어떤 영향을 주는가에 대해 분석해 볼 필요가 있다.

예를 들어, 한 나라가 전쟁 중이어서 정부가 더 많은 재화를 구입할 때 어떤 일이 발생하는지를 생각해 보기로 하자. 다시 말해서 정부구입이 일시적으로 증가하는 경우를 생각해 보기로 하자(이 장의 끝에 있는 분석문제 2번에서는 정부구입이 영구적으로 증가할 때 어떤 일이 발생하는가에 대해 묻고 있다).

그림 10.4는 고전적 *IS-LM* 모형에서 정부구입 증가의 효과를 보여준다. 재정정책이 변하기 이전에 경제의 일반균형은 그림 (a)와 (b)의 *E*점으로 나타난다. 정부구입이 증가한 후 어떤 일이 발생하는가를 추적하기 위해, 먼저 그림 10.4(a)의 노동시장에서 시작하기로 한다. 재정정책의 변화는 생산함수 혹은 노동의 한계생산물(*MPN* 곡선)에는 영향을 미치지 않기 때문에 노동 수요곡선은 이동하지 않는다.

그러나 고전파 경제학자의 주장에 따르면, 정부구입의 증가는 노동자의 부를 감소시킴으로써 노동공급에 영향을 미칠 것이라고 한다. 정부가 국민 산출량 중에서 군사 목적으로 쓰는 부분을 증가시키면 민간 소비와 투자를 위해 사용할 수 있는 산출량이 감소하기 때문에, 사람들은 부의 감소를 느끼게 된다고 한다. 정부가 증가한 군비지출을 현재 세금을 올림으로써 충당하고자 한다면, 정부구입 증가의 민간 부에 대한 부정적 충격은 더욱 명백해진다.[14] 그러나 정부가 비록 추가적 군비지출을 위해 현재 조세를 올리지 않고 필요한 자금을 차입한다고

13. 재정정책 변화의 또 다른 중요한 사례는 조세구조의 변화이다. 고전파 경제학자는 조세변화의 가장 큰 영향은 사람들의 노동, 저축, 투자 욕구에 영향을 미쳐 결국 완전고용 산출량에도 영향을 주는 것이라고 주장한다. 그러나 대부분의 고전파 경제학자는 리카도의 등가 정리를 수용하기 때문에, 정부구입의 변화를 수반하지 않는 정액 조세의 변화는 경제에 큰 영향을 주지 않을 것으로 예상하고 있다.

14. 단순화를 위해 조세 증가는 정액세에 의한 것으로 가정한다. 정액세가 아닌 조세 증가, 예를 들어, 자본에 대한 유효 세율을 변화시키는 조세 증가는 매우 복잡한 영향을 가져온다.

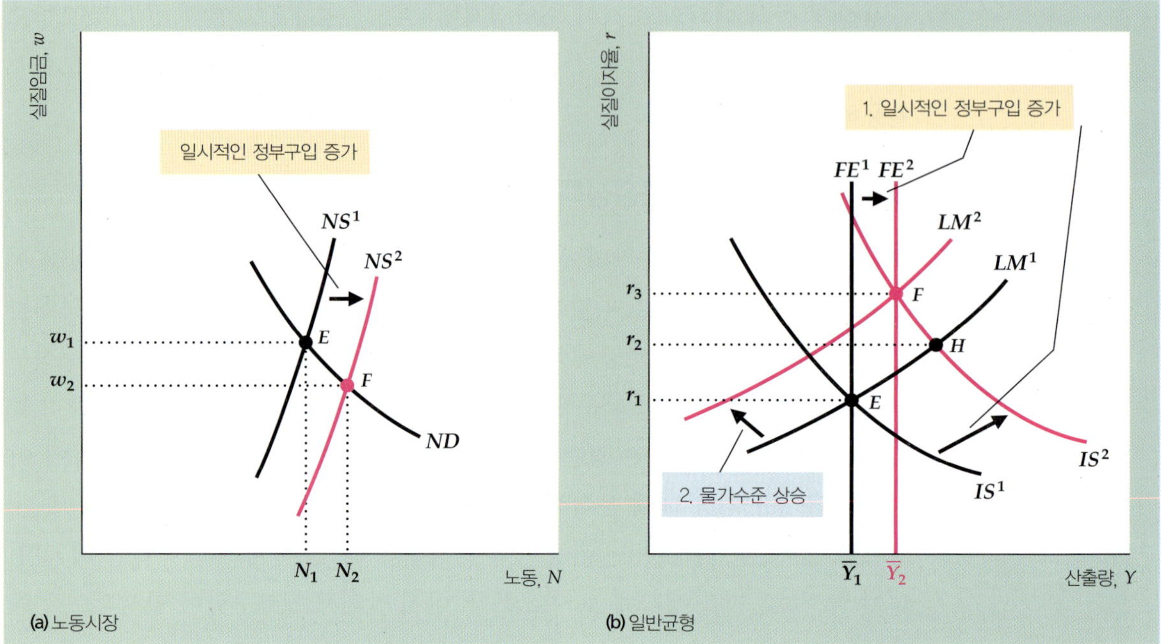

그림 10.4

일시적 정부구입 증가의 영향

최초의 균형은 (a)와 (b)에서 E점이다.

(a) 정부구입의 일시적 증가는 노동자의 현재 혹은 미래조세를 증가시킨다. 노동자는 더 가난해졌다고 느끼기 때문에 노동공급을 증가시키고, 노동공급 곡선은 NS^1에서 NS^2로 우측 이동한다. 노동공급 곡선의 이동은 F점에 나타나는 것처럼 실질임금을 하락시키고 고용을 증가시킨다.

(b) 고용의 증가는 완전고용 산출량을 증가시키고 FE선을 FE^1에서 FE^2로 우측 이동시킨다. 정부구입의 증가는 또한 바람직한 국민저축을 감소시켜 IS 곡선을 IS^1에서 IS^2로 상방 및 우측 이동시킨다. IS^2와 LM^1의 교차점이 FE^2선의 우측에 있기 때문에, 총수요량이 완전고용 산출량 $\bar{Y}^2$보다 높다. 따라서 물가수준이 상승한다. 물가수준이 상승하면 실질 화폐공급이 감소하여 LM 곡선을 LM^1에서 LM^2로 상방 및 좌측 이동시킨다. 그리하여 마침내 새로운 일반균형은 F점에서 달성된다. 정부구입 증가의 효과는 산출량, 실질이자율 및 물가수준을 상승시키는 것이다.

하더라도, 이러한 추가 정부 차입에 대한 원금과 이자를 갚기 위해 미래 조세가 여전히 증가할 수밖에 없다. 그러므로 현재 조세가 증가하든 증가하지 않든 간에, 산출량이 항상 완전고용 수준에 머문다는 고전파 가정하에서는 정부의 군비 지출 증가는 결과적으로 사람들을 더 가난하게 만들게 된다.

가난해진 사람은 더 많은 여가를 즐길 수 없기 때문에, 부의 감소는 노동공급을 증가시킨다는 것을 3장에서 보여줬다. 그러므로 고전파 분석에 따르면 정부구입의 증가는 (사람들을 재정적으로 궁핍하게 만들기 때문에) 총노동공급의 증가를 가져와야 한다.[15] 정부구입의 증가는 노동공급 곡선을 그림 10.4(a)의 NS^1로

15. 이론적으로 볼 때 정부구입 증가가 노동공급에 미치는 영향은 군비지출처럼 민간자원을 빼앗기만 하고 민간부문에 대해 아무런 직접적 보상을 하지 않는 경우에 가장 크게 나타날 것이다. 그러나 궁극적으로 민간 소비지출을 대신하는 정부구입(예를 들어, 의료 서비스, 도로 및 운동장 건설 등)은 원칙적으로 사람들의 경제적 복지에 부정적 충격을 더 적게 줄 것이고, 따라서 노동공급 증가 영향도 더 적을 것이다.

부터 NS^2로 우측 이동시킨다. 노동공급 곡선의 이동에 따라 노동시장 균형은 E점에서 F점으로 이동하며, 고용은 증가하고 실질임금은 하락한다.[16]

고전적 *IS-LM* 분석체계 안에서 정부구입 증가의 효과는 그림 10.4(b)에서 설명되고 있다. 먼저 균형 고용량이 증가하면 완전고용 산출량 $\bar{Y}$도 증가한다는 것을 유념하기 바란다. 따라서 *FE*선은 FE^1에서 FE^2로 우측 이동한다.

*FE*선이 우측으로 이동하는 것 외에도, 재정정책 변화는 *IS* 곡선을 이동시킨다. 주어진 산출량 수준에서 정부구입의 일시적 증가는 바람직한 국민저축을 감소시키고, 상품시장을 청산하는 실질이자율을 상승시킨다는 것을 기억하기 바란다. 따라서 *IS* 곡선은 IS^1에서 IS^2로 상방 및 우측 이동한다(요약표 12 참조). *LM* 곡선은 재정정책 변화에 의해 직접 영향을 받지는 않는다.

새로운 *IS* 곡선 IS^2와 원래의 *LM* 곡선 LM^1, 그리고 새로운 *FE*선 FE^2는 공통의 교차점을 갖지 않는다. 일반균형을 다시 회복하기 위해 물가의 조정이 있어야 하며, 그로 인해 *LM* 곡선이 IS^2와 FE^2가 교차하는 F점과 만날 때까지 이동하게 된다. 물가는 상승할 것인가 혹은 하락할 것인가? 이 질문에 대한 답은 다소 확실치 않다. 왜냐하면 재정정책 변화는 상품의 총수요도 증가시키고(바람직한 저축을 감소시킴으로써 *IS* 곡선을 상방 및 우측으로 이동시켰음) 또한 완전고용 산출량도 증가시켰기(노동공급을 증가시킴으로써 *FE*선을 우측으로 이동시켰음) 때문이다. 정부구입의 증가가 노동공급과 완전고용 산출량에 미치는 영향이 그리 크지 않다고 가정하면(이는 아마도 합리적인 가정일 것임), 재정정책 변화 이후 총수요가 완전고용 산출량을 초과할 가능성이 높다. 그림 10.4(b)에서 총수요(IS^2와 LM^1이 교차하는 H점)는 완전고용 산출량 $\bar{Y}^2$를 초과하고 있다. 따라서 물가수준은 상승해야 하며, *LM* 곡선을 상방 및 좌측으로 이동시켜 경제를 F점의 일반균형으로 되돌아가게 한다. F점에서 산출량과 실질이자율은 원래의 균형점 E보다 더 높다.

그러므로 정부구입의 증가는 산출량, 고용, 실질이자율 및 물가수준을 상승시킨다. 고용의 증가는 노동수요의 증가에 기인하는 것이 아니라 노동공급이 증가한 결과이므로, 정부구입이 증가할 때 실질임금은 하락한다. 노동의 한계생산성 체감의 법칙으로 인해, 정부구입이 증가할 때 고용 증가는 노동의 평균생산성도 하락시킨다는 것을 함축하고 있다.

재정 충격이 경기순환에서 일정한 역할을 한다는 것은 합리적인 것으로 보이기 때문에, 그것을 모형에 포함시키는 것은 타당해 보인다. 나아가서 재정 충격

---

16. 이러한 노동공급 효과는 4장에서(그림 4.9 참조) 정부구입 증가의 효과를 논의할 때 생략되었음을 밝혀둔다.

을 생산성 충격과 함께 RBC 모형에 포함시키면 모형과 데이터의 일치를 개선하는 추가적 이득을 얻을 수 있다. 앞에서 지적한 것처럼 정부구입은 경기 순응적이며 이것은 기존의 분석과 일치한다. 생산성 충격을 포함하고 있는 모형에 재정 충격을 추가함으로써 얻을 수 있는 또 다른 이득은, 그것이 노동생산성의 행태에 대한 모형의 설명력을 높여 준다는 점이다.

단지 생산성 충격만을 가진 RBC 모형의 약점을 보기 위해 그림 10.2로 되돌아가 보기로 하자. RBC 모형은 평균노동생산성과 GNP가 높은 상관관계를 갖는 것으로 예측하고 있다. 사실 RBC 모형은 실제의 상관계수보다 두 변수의 상관관계를 2배 이상 높게 예측하고 있다. 그러나 방금 본 것처럼, 정부구입 충격을 포함하는 고전파 경기순환 모형은 노동생산성과 GNP 사이에 음의 상관관계가 있는 것으로 예측하고 있다. 즉 정부구입이 증가할 때 산출량은 증가했지만 평균생산성은 하락했기 때문이다. 생산성 충격과 정부구입 충격을 모두 포함하는 고전파 경기순환 모형은, 다른 측면에서 모형의 적합성을 떨어뜨리지 않으면서도 실증적으로 관찰된 생산성과 GNP의 상관관계를 더 잘 설명할 수 있다.[17] 그러므로 실질 경기순환이론에 재정 충격을 추가하는 것은 실제 경제 행태에 대한 모형의 설명력을 개선하는 것으로 보인다.

재정정책을 경기 조절용으로 사용해야 하는가? 이상의 분석을 보면 정부구입의 변화는 경제에 실질적인 영향을 미칠 수 있다. 그 영향이 매우 복잡하고 그것이 조세의 성질, 과세되는 소득 및 수입의 형태 등에 따라 달라질 수 있지만, 세법의 변화 또한 고전파 모형에서 경제에 실질적인 영향을 미칠 수 있다. 따라서 잠재적으로 재정정책은 경기순환 파동을 상쇄하고 산출량과 고용을 안정시키는 데 활용될 수 있다. 예를 들어, 정부는 침체기에 그 지출을 증가시킬 수 있다. 이러한 의견은 본장의 서론에서 소개된 두 개의 의문 중 두 번째 질문을 이끌어낸다. 정책입안자는 경기순환 파동을 조절하기 위해 재정정책을 사용해야 하는가?

고전파 경제학자는 경기순환 파동을 조절하기 위한 개입주의 시도에 대해 일반적으로 반대한다. 자유로운 시장은 정부 간섭이 없어야 효율적인 성과를 낼 수 있다는 애덤 스미스의 보이지 않는 손의 작용을 믿기 때문이다. 고전파의 견해에 따르면, 가격과 임금의 조정으로 경제는 상당히 빨리 일반균형을 회복하기 때문에, 경제적 교란에 대한 거시경제의 반응을 정부가 개선할 수 있는 여지를 거의 남겨놓지 않는다. 그러므로 비록 원칙적으로 재정정책이 침체기에 대응하

17. 다음 문헌을 참조하라. Lawrence Christiano and Martin Eichenbaum, "Current Real-Business-Cycle Theories and Aggregate Labor-Market Fluctuations," *American Economic Review*, June 1992, pp. 430-450. 이 논문의 분석은 기술적으로 복잡하지만 고전파 경기순환 분석의 특색을 가지고 있다.

여 사용되거나 산출량 파동을 낮출 수는 있지만, 고전파 경제학자는 이러한 접근에 대해 찬성하지 않는다. 그 대신 고전파는 경제 교란에 대한 조정에 간섭하지 않는 것이 더 낫다고 주장한다.

개입주의 경기조절 정책의 가치에 대한 이러한 회의론이 있다고 해서, 고전파 경제학자가 경제침체를 심각한 문제로 간주하지 않는다는 뜻은 아니다. 예를 들어, 부정적 생산성 충격으로 경제침체가 발생한다면 실질임금과 고용, 산출량은 모두 감소할 것이고 많은 사람이 경제적 어려움을 겪게 될 것이다. 그러나 예를 들어, 정부구입을 증가시킴으로써 경제침체를 메우는 것이 모두에게 도움이 될 것인가? 고전파 분석에서 정부구입의 증가는 노동자를 더 가난하게 만들었기 때문에(더 높은 현재 혹은 미래조세의 결과임) 노동공급이 증가했고, 노동공급이 증가함으로써 산출량이 증가했다. 따라서 경제가 항상 일반균형 상태에 있는 고전파 가정하에서는, 산출량과 고용을 증가시킬 목적으로 정부구입을 증가시키는 것은 사람들을 부유하게 만드는 것이 아니라 오히려 더 가난하게 만들게 된다. 고전파 경제학자는 다만 증가한 정부 프로그램의 혜택(예를 들어, 국가안보 혹은 공공서비스의 개선)이 납세자가 지불하는 비용을 초과할 때에만 정부구입 증가의 타당성이 있다고 결론짓는다. 고전파는 경제가 지금 침체에 있든 그렇지 않든 간에, 이 기준(편익이 비용을 초과해야 한다는 기준)을 유용한 정부지출의 기준으로 삼고 있다.

지금까지 재정정책은 고용과 산출량의 균형 수준에 영향을 미치기 때문에, 정부는 재정정책을 이용해 목표로 하는 고용과 산출량 수준을 달성할 수 있다고 가정했다. 사실 입법 과정으로 인해 재정정책의 변화가 제안된 시점과 그것이 실행된 시점 사이에 긴 시차(lags)가 생길 수 있다. 새로운 정책의 고안과 정책 변화에 대한 경제의 반응 사이에도 추가적인 시차가 발생한다. 이러한 시차 때문에, 현재 고려되고 있는 재정정책 변화는 장차 몇 분기 이후의 경제가 어떤 상태인가를 감안하여 시행돼야 한다. 불행하게도 미래의 경제를 예측하는 것은 기껏해야 부정확한 기술에 지나지 않는다. 예측의 문제 외에도, 정책입안자는 바람직한 산출량 및 고용 효과를 얻기 위해 정책을 어떻게 그리고 얼마만큼 변경해야 할 것인가에 대한 불확실성에 직면하게 된다. 재정정책을 침체에 맞서 사용하지 않는 또 다른 이유로서, 고전파 경제학자는 이러한 현실적 난점을 들고 있다.

고전파 모형에서의 실업

고전파 모형의 주요 약점은 경기하강기에 왜 실업이 발생하는가를 설명하지 않고 있다는 것이다. 사실 단순한 고전파 모형 혹은 노동시장의 수요-공급 모형에서 실업은 말 그대로 0이다. 시장청산 임금에서 일하고자 하는 사람은 모두 일자리를 찾을 수 있기 때문이다. 물론 현실적으로 실업은 결코 0이 아니다. 나아가서 침체기에 생기는 급격한 실업 증가야말로 정책입안자와 국민들을 경제 침체에 대해 가장 염려하게 만드는 주요 원인이다.

고전파 경제학자는 이 문제를 매우 잘 알고 있으며, 실업을 잘 설명하기 위해 고전파 경기순환 모형을 더욱 세련되게 개발해 왔다. 노동시장에 대한 단순한 수요-공급 모형에서 가장 먼저 수정해야 할 것은, 모든 노동자와 일자리는 동일하다는 모형의 암묵적 가정을 없애는 것이다. 동일성 가정보다 현실세계에서 노동자는 서로 다른 능력과 기술, 관심 등을 갖고 있으며, 직장도 서로 다른 기술조건, 작업 환경, 위치 및 다른 특성을 수반한다. 노동자와 직장 모두 많은 측면에서 서로 다르기 때문에, 노동자와 직장을 연결하는 것은 즉각적으로 비용 없이 이루어지는 것이 아니며 그 대신 많은 시간과 비용이 소모되는 일이다. 일자리를 잃었거나 방금 노동시장에 진입한 사람은 새로운 일자리를 찾기 위해 시간과 노력을 소모해야 한다는 사실을 보면, 왜 항상 어느 정도의 실업자가 존재할 수밖에 없는가를 이해하게 될 것이다.

일부 고전파 경제학자에 따르면, 노동자 간의 차별성과 직장 간의 차별성은 왜 실업률이 항상 0보다 큰가를 설명해줄 뿐만 아니라 실업률이 침체기에 왜 그렇게 급격하게 상승하는가를 설명해줄 수 있다고 한다. 그들은 경제침체를 일으키는 생산성 충격과 다른 거시경제 교란요인이 종종 노동자와 기업 간 불일치도(degree of mismatch)를 증가시킨다고 주장한다.[18] 따라서 중요한 부정적 생산성 충격이 발생하면 한 국가 내에 있는 다양한 산업과 지역에 각각 다른 영향을 미칠 수 있으며, 어떤 부문에서는 직장이 없어지고 그 대신 다른 부문에서는 새로운 기회가 출현하게 될 것이다. 예를 들어, 석유파동이 발생하면 에너지 집약 산업에서는 직장이 줄어들 것이고, 그 대신 에너지 공급 혹은 에너지 절약 산업에서는 새로운 기회가 창출될 것이다.

그러한 충격에 따라 노동수요가 감소한 산업과 지역의 노동자는 다른 곳에서 직장을 찾고자 할 것이고, 이것은 실업의 마찰적 요인을 상승시킨다. 이러한 노동자 중 일부는 자기의 기술이 산업(현재 노동수요가 증가하는 산업)의 요구조건과 맞지 않는다는 것을 알게 될 것이다. 이 노동자는 장기적으로 실직될 수 있으며 그 결과 구조적 실업이 늘어나게 된다.[19] 직장을 찾는 실업 노동자는 많고 반

18. 이러한 의견은 다음 논문에서 제시됐다. David Lilien, "Sectoral Shifts and Cyclical Unemployment," *Journal of Political Economy*, August 1982, pp. 777-793.

19. 마찰적 실업과 구조적 실업의 정의 및 논란에 대해서는 3장을 참조한다.

면 새로운 직장을 만드는 데에는 시간이 걸리기 때문에, 새로운 직장을 찾아 고용되는 데 필요한 시간은 더 길어지게 된다. 이러한 모든 이유로 인해, 부정적 생산성 충격은 산출량과 고용을 감소시킬 뿐만 아니라 실업을 함께 증가시키기도 한다. 이렇게 침체기에 예상되는 마찰적 및 구조적 실업의 증가는 다름 아닌 자연실업률(마찰적 및 구조적 실업률의 합계)의 증가와 같다는 점에 주목할 필요가 있다.

노동자-직장 불일치와 실업의 증거는 무엇인가? 시카고대학교의 스티븐 데이비스(Steven Davis) 교수와 메릴랜드대학교의 존 할티왕거(John Haltiwanger)[20] 교수는 미국 제조업에서 직업창출 및 직업소멸의 과정을 매우 상세하게 연구해 왔다. 16만 개의 제조 공장 데이터를 이용해 분석한 결과를 보면, 1973~1986년 기간 동안 매년 평균 기존의 총 제조업 일자리 중에서 약 11%가 공장 폐쇄와 생산 감축 등으로 인해 사라졌다고 한다. 반면 매년 평균적으로 이렇게 없어진 일자리의 약 81%만 제조업 부문의 다른 곳에서 새로 창출된 일자리를 찾았다고 한다(따라서 전체적으로 제조업 부문의 고용은 해당기간 중 위축됐다). 그러므로 그들은 직장과 노동자의 대규모 교체가 경제 내에서 발생하고 있음을 확인해 줬다. 또한 이러한 교체의 많은 부분이, 흔히 생각하는 것처럼 어떤 산업의 완전한 쇠퇴와 다른 산업의 성장으로 인한 것이 아니라 동일한 산업 내에서 낡은 공장을 폐쇄하고 새로운 공장을 여는 과정에서 발생했다고 한다. 따라서 실업의 원인으로서, 산업 내 노동자의 재배치는 산업 간 노동자의 이동만큼이나 중요한 것으로 보인다.

그림 10.5는 1977~2005년 기간 동안 미국 비농업 민간 기업에서 직업창출 및 직업소멸 비율을 보여준다.[21] 1981~1982년, 1990~1991년 및 2001년과 같은 침체기에는 새로 창출된 것보다 훨씬 많은 직업이 사라졌음을 볼 수 있다. 그러나 침체기임에도 불구하고 상당한 수의 새로운 직업이 창출되었으며, 이것은 노동자들의 기업 간 및 산업 간 이동을 반영하고 있다.

노동자와 직장 간 불일치가 증가했다고 해서, 이것이 침체기 동안 발생한 실업의 증가를 모두 설명해줄 수 없다는 것은 명백해 보인다. 실업 증가의 많은

---

20. "Gross Job Creation, Gross Job Destruction, and Employment Reallocation," *Quarterly Journal of Economics*, August 1992, pp. 819-864.

21. 그림 10.5의 데이터는 인구조사국에서 발표한 것이며, 각주 20번에 인용한 논문에서 개발된 방법론에 기초하고 있다. 직업창출과 소멸 데이터는 기업으로부터 수집된 데이터에 기초하고 있다. 직업창출은 설비확장으로 인해 생긴 새로운 직업의 순계이며, 직업소멸은 설비감축으로 인해 줄어든 직업의 순계다. 비교컨대 구직률과 실직률을 보여주는 그림 8.10과 8.11은 개인으로부터 얻은 데이터에 기초하고 있으며, 어떤 노동자가 어떤 달에 직장을 찾거나 잃을 확률을 보여준다. 따라서 직업창출과 구직 사이에는 상당한 차이가 있을 수 있으며, 직업소멸과 실직 사이도 마찬가지다.

그림 10.5

미국 민간 비농업 기업에서의 직업창출과 소멸 비율(1977~2005)

그래프는 1977~2005년 사이 미국 비농업 민간 기업에서의 직업창출과 직업소멸 비율을 보여준다. 직업창출은 해당 기간 중 시설확장 기업에서 창출된 새로운 일자리수를 기존 일자리수의 비율로 표시한 것이다. 직업소멸은 해당 기간 중 공장 폐쇄 혹은 생산 감축의 결과로 소멸된 일자리수를 기존 일자리수의 비율로 표시한 것이다.

출처 : Data from U.S. Census Bureau, Business Dynamic Statistics, www.ces.census.gov/index.php/bds/bds_home.

부분은 일시적 해고의 형태를 띤다. 즉 일시적으로 해고된 많은 노동자는 새로운 직업을 찾기보다, 그들의 본래 기업에서 다시 불러줄 때까지 단순히 기다리는 것이다. 더욱이 침체기가 노동시장의 불일치가 증가하는 시기라면, 공석을 알리는 포스터와 사람을 구하는 광고가 침체기 동안 더 증가할 것으로 기대할 수 있다(사실 침체기 동안 공석이나 새로운 직장은 감소한다).[22] 그러나 이러한 난점에도 불구하고, 위축 산업으로부터 성장부문으로 노동자의 동태적 재배치가 실업의 중요한 원인이라는 점에 대해서는 경제학자가 일반적으로 동의하고 있다.

실업을 허용함으로써 고전파 모형을 수정했다고 해서, 재정정책이 침체기에 맞서 적극적으로 사용되어서는 안 된다는 고전파의 견해가 변하지는 않는다. 총수요를 증가시킨다고 해서(예를 들어, 정부구입의 증가 등), 노동자와 직장 간에 미시경제 수준에서 존재하는 불일치 때문에 생겨나는 실업의 문제가 직접적으로 완화되지는 않는다고 고전파 경제학자는 지적하고 있다. 고전파 견해에 따르

22. 다음 문헌을 참조하라. Katharine Abraham and Lawrence Katz, "Cyclical Unemployment: Sectoral Shifts or Aggregate Disturbances?" *Journal of Political Economy*, June 1986, pp. 507–522.

면 더 나은 접근방법은 노동시장 조정 장벽을 제거하는 것이다. 예를 들어, 저급기술 노동자를 노동시장에서 내보내는 데 비용이 들게 만드는 법적으로 높은 최저임금제도나, 노동자를 추가로 고용하려는 기업에게 비용 부담을 증가시키는 짐스러운 규제 등을 철폐하는 것이 더 낫다는 것이다.

가계 생산

최근 연구자의 발견에 따르면, RBC 모형이 시장 생산이 아닌 가정에서 생산된 산출량을 나타내는 가계 생산(household production)을 명시적으로 설명한다면, 이 모형이 미국의 경기순환 데이터와 더 잘 맞을 수 있을 것이라고 한다. 가계 생산이란 요리, 육아, 바느질, 가정 정원에서 길러진 식품과 같은 상품과 서비스를 포함하는 것이다.

2장에서 설명된 미국 국민소득계정은 주로 기업의 산출량만 계산하며 가계 생산은 포함하지 않는다. 그러나 사람들은 명백하게 둘 사이를 대체적인 것으로 생각한다. 예를 들어, 직장을 다니는 좋은 시절이면, 집주인은 사람을 고용해서 잔디를 깎게 할 수 있다. 그러한 잔디 깎는 서비스는 시장에서 값이 지불되는 것이기 때문에 GDP 계산에 포함된다. 그러나 만약 시절이 나빠서 직장을 잃은 경우 본인이 직접 잔디를 깎을 수 있지만, 다른 사람을 시켰으면 산출량의 일부가 될 수 있음에도 불구하고 그러한 서비스는 GDP 계산에 포함되지 않는다.

가계 생산이 RBC 모형과 결합됐을 때, 펜실베이니아대학교의 제러미 그린우드(Jeremy Greenwood)와 위스콘신대학교의 랜들 라이트(Randall Wright), 애리조나주립대학교의 리처드 로저슨(Richard Rogerson) 교수가 보여준 것처럼[23] 모형과 데이터의 일치성이 개선되는 것으로 나타난다. 가계-생산 모형은 표준 RBC 모형보다 시장 산출량과 더 높은 표준편차를 보여주고 있으며, 미국 데이터와 더 밀접하게 일치하고 있다.

가계 생산 모형은 해외 경제, 특히 미국만큼 잘 발달하지 못한 국가의 경제에 대한 이해를 증진하는 데에도 사용될 수 있다. 저개발국가에서는 가정에서 재봉한 의류 및 텃밭에서 기른 식품 등 가정에서 생산된 산출량이 비교적 큰 비중을 차지한다. 일리노이대학교의 스티븐 파렌테(Stephen L. Parente) 교수와 로저슨, 라이트 교수의 후속 연구를 보면,[24] 가계 생산이 포함되었을 때 국가 간 소득 격

---

23. "Putting Home Economics into Macroeconomics," *Quarterly Review*, Federal Reserve Bank of Minneapolis, Summer 1993, pp. 2–11.

24. "Household Production and Development," *Economic Review*, Federal Reserve Bank of Cleveland, Third Quarter 1999, pp. 21–35.

차는 GDP 데이터가 보여주는 것보다 크지 않다고 한다. 그러므로 가계 생산을 모형에 포함시키는 것은 각국 사람의 복지 격차를 이해하는 데 중요하다.

10.2 고전파 모형에서의 화폐

지금까지 생산성 충격과 정부구입의 변화와 같은 경제에 대한 실질충격에 집중해 왔다. 그러나 많은 경제학자는 화폐공급과 화폐수요에 대한 충격과 같은 명목충격도 경기순환에 영향을 미친다고 믿고 있다. 이 장의 나머지 부분에서는 경기순환에 대한 고전파 접근방법에서 화폐의 역할과 통화정책에 대해 논의하기로 한다.

통화정책과 경제

통화정책은 얼마나 많은 화폐를 경제에 공급할 것인가에 대한 중앙은행의 의사결정을 지칭한다(7장 참조). 중앙은행(미국의 경우 연방준비은행)은 국채를 민간에 팔고 화폐를 거둬들이거나(화폐공급의 감소) 혹은 새로 발행된 화폐로 민간이 보유하고 있는 국채를 사들이는(화폐공급 증가) 방법, 즉 공개시장정책을 통해 화폐공급량을 조절할 수 있다.

9장에서 이미 *IS-LM* 모형을 이용하거나(그림 9.9) *AD-AS* 모형을 이용해서(그림 9.14) 화폐공급 변화의 영향을 분석해 봤다. 두 모형 모두에서, 가격이 완전히 조정된 이후에는 화폐공급의 변화가 중립적임이 밝혀졌다. 즉 명목 화폐공급 M의 변화는 물가수준 P를 비례적으로 변화시킬 뿐이며, 화폐공급의 변화는 산출량, 고용, 실질이자율과 같은 실질 변수에는 아무런 영향을 미치지 않는다. 앞의 분석에서는, 가격이 완전히 조정되기 전인 단기에서 화폐공급의 변화가 산출량과 같은 실질 변수에 영향을 미칠 가능성을 열어 두었다. 그러나 고전파 경제학자는 가격의 조정과정이 빠르다고 믿기 때문에, 물가수준이 고정되어 있는 시간(따라서 화폐가 중립적이지 않은 시간)이 너무나 짧아서 아무런 의미를 둘 필요가 없다고 본다. 즉 실제적인 목적으로 볼 때, 화폐는 어떤 의미 있는 모든 시간대에서 중립적이라고 본다.

화폐의 비중립성과 역 인과관계

화폐가 중립적이라는 예측은 고전파 모형에서 주목을 끄는 결과지만, 그것은 화폐가 선행적인 경기 순응적 변수라는 경기순환의 사실과 일치하지 않는 것으로 보인다. 만약 화폐공급의 팽창이 아무런 효과가 없다면, 왜 화폐공급의 팽창 이후 전형적으로 경제활동이 활발하게 증가하는가? 마찬가지로 왜 화폐공급의 감소 이후 경제가 종종 침체하는가?

일부 고전파 경제학자는 이러한 의문에 대답하면서 다음과 같은 사실을 지적했다. 즉 화폐공급의 증가가 산출량 확장에 선행하는 경향이 있지만, 이러한 사실이 화폐공급의 증가 때문에 경제 확장이 발생했다는 것을 반드시 증명하는 것은 아니다. 결국 겨울이 오기 전에 사람이 집에 방풍창을 설치한다고 해서, 겨울이 방풍창 설치 때문에 오는 것을 의미하지 않는 것과 같다. 오히려 사람들은 겨울이 올 것을 알기 때문에 집에 방풍창을 설치하는 것이다.

특히 RBC 경제학자를 포함하여 많은 고전파 경제학자는, 통화 증가와 경제 확장의 관계는 방풍창 설치와 겨울의 시작과의 관계와 같다고 주장하며, 이것을 그들은 **역 인과관계**(reverse causation)라고 부른다. 구체적으로 말해서 역 인과관계는 미래의 산출량 증가가 예상되면 현재의 화폐공급 증가를 유발하고, 마찬가지로 미래에 예상되는 산출량 감소가 현재의 화폐공급 감소를 유발한다는 것을 뜻하며 그 반대의 관계가 아니라는 것이다. 역 인과관계는 고전파 모형이 정확하고 화폐공급의 변화는 중립적이며 아무런 실질적 효과를 갖지 않음에도 불구하고, 어떻게 화폐가 선행적인 경기 순응적 변수가 될 수 있는지를 설명해 준다.[25]

역 인과관계는 여러 가지 경로 중 하나에서 일어날 수 있다. 하나의 가능성은 (이 장의 끝에 있는 분석문제 4번에서 훨씬 상세하게 풀어볼 수 있다) 화폐수요가 미래의 기대 산출량 및 현재의 산출량 모두에 의존한다는 데 기반을 두고 있다. 예를 들어, 기업 관리자가 향후 몇 분기 이내에 기업 활동이 최고조에 달할 것으로 기대하고 있다고 하자. 이러한 예상되는 산출량 증가에 대비하기 위해, 기업은 현재의 거래(예를 들어, 원자재 구입, 노동자 고용 등)를 증가시킬 필요가 있을 것이고 따라서 현재의 화폐수요가 더 커질 것이다. 많은 기업이 그렇게 한다면, 총화폐수요는 실제 산출량 증가보다 미리 증가할 것이다.

이제 연방준비은행이 이러한 화폐수요 증가를 관찰하고 있다고 하자. 연방준비은행이 아무 조치도 취하지 않은 채 화폐공급을 불변으로 두면, 화폐수요 증가는 균형 물가수준을 떨어뜨리게 될 것이다. 연방준비은행의 목표 중 하나는 물가안정이기 때문에 이러한 결과는 바람직하지 않을 것이다. 물가안정을 유지하기 위해 연방준비은행은 추가적인 화폐를 경제에 충분히 공급함으로써 높은 화폐수요에 대처해야 한다. 연방준비은행이 그렇게 한다면, 화폐공급은 산출량

25. Robert King and Charles Plosser, "Money, Credit, and Prices in a Real Business Cycle," *American Economic Review*, June 1984, pp. 363-380. 앞의 논문은 역 인과관계를 설명하면서 그것을 지지하는 증거를 제시하고 있다.

증가에 앞서 미리 증가할 것이며 비록 화폐가 중립적이라 하더라도 이것은 경기 순환 사실과 일치하게 된다.

의심할 바 없이 역 인과관계는 적어도 화폐가 산출량을 선행하는 경향의 일부를 설명해 주고 있다. 그러나 이러한 설명이 화폐공급의 변화가 때로는 산출량 변화를 유발하고 따라서 화폐가 비중립적일 가능성을 배제하는 것은 아니다. 즉 화폐의 비중립성과 역 인과관계를 결합하면 화폐의 경기 순응적 행태를 설명할 수 있게 된다.

화폐의 비중립성과 추가 근거

역 인과관계 때문에 화폐의 선행적 및 경기 순응적 행태 하나만 가지고 화폐가 비중립적이라는 것을 확정할 수는 없다. 화폐가 중립적인가 아닌가의 이슈를 확정하기 위해서는 추가적인 근거가 필요하다. 하나의 유용한 근거는 통화정책에 대한 역사적 분석이다. 이에 대한 고전적 연구는 밀턴 프리드먼(Milton Friedman)과 안나 슈워츠(Anna J. Schwartz)의 『1867~1960년 미국의 화폐 역사(A Monetary History of the United States, 1867~1960)』이다.[26] 연방준비제도 정책 자료와 학술지 및 정책입안자의 교신 등 다양한 근거를 사용하여, 프리드먼과 슈워츠는 화폐공급의 변동 원인 및 화폐와 다른 경제변수와의 상호관계를 주의 깊게 설명하고 분석했다. 그들의 결론은 다음과 같다(해당 문헌 676쪽).

상세하게 분석된 최근 세기를 통하여 다음 사실을 발견했다.

1. 통화량 행태의 변화는 (명목)소득과 물가 등과 같은 경제활동의 변화와 밀접하게 연관되어 있다.
2. 화폐적 변화와 경제 변화의 상호관계는 매우 안정적이었다.
3. 화폐적 변화는 종종 독립적으로 발생했다. 그것은 단순히 경제활동의 변화를 반영하는 것이 아니었다.

처음 두 개의 결론은 화폐가 경기 순응적이라는 기본적 경기순환 사실을 다시 말해주는 것이다. 셋째 결론은 역 인과관계가 화폐와 실질소득 및 산출량 간의 관계를 모두 설명하지는 못한다는 것을 말해주고 있다. 프리드먼과 슈워츠는 화폐공급의 변화가 (그들의 주장에 따르면) 거시경제 상황에 대한 반응이 아니라, 오히려 금의 발견(금본위제도하에서 화폐공급에 영향을 준다), 통화제도의 변화, 혹은 연방준비제도 리더십의 변화 등 다른 요인에서 비롯된 역사적 사건이라는 데 초점을 맞추어 왔다. 대부분의 경우에 화폐공급의 독립적 변화는 실질 산출

26. Princeton, N.J.: Princeton University Press for NBER, 1963.

량에도 같은 방향의 변화를 초래했다. 이러한 증거는 화폐가 중립적이지 않다는 것을 말해준다.

더욱 최근에 버클리대학교의 크리스티나 로머(Christina Romer)와 데이비드 로머(David Romer) 교수는[27] 프리드먼-슈워츠의 분석을 살펴보고 업데이트를 했다. 비록 그들이 프리드먼과 슈워츠의 해석 중 일부에 대해서는 반박을 했지만, 화폐가 중립적이지 않다는 결론에 대해서는 일반적으로 동의했다. 특히 그들은 1960년대 이후 화폐가 비중립적이었던 사건이 여섯 번 더 추가적으로 일어났다고 주장했다. 아마도 가장 유명한 사건은 당시 연방준비제도이사회 폴 볼커(Paul Volcker) 의장이 화폐공급 과정이 변할 것이며 인플레이션에 맞서 화폐공급을 감축할 것이라고 선언했던 1979년에 발생했다. 볼커 의장이 통화정책을 바꾼 이후 1980년에는 미세한 침체가 발생했으나 1981~1982년에는 심각한 경기하강이 나타났다. 연방준비제도가 1982년에 반인플레이션(anti-inflationary) 통화정책을 완화한 다음에야 경기회복이 시작될 수 있었다.

프리드먼-슈워츠의 증거와 1979~1982년 볼커 정책과 같은 사건(동시에 영국에서의 비슷한 경험) 때문에, 대부분의 경제학자는 이제 화폐가 중립적이지 않다는 것을 믿고 있다. 고전파 모형의 예측과는 반대로 만약 그러한 증거를 받아들인다면, 우리는 두 가지 선택에 직면하게 된다. 즉 거시경제 분석을 위한 다른 분석체계를 채택하거나, 아니면 고전파 모형을 수정해야 한다. 10.3절에서는 두 번째 접근방법을 취하여 화폐의 비중립성이 고전파 모형 안에서 어떻게 설명될 수 있는지를 살펴보고자 한다.

10.3 화폐의 비중립성과 오인이론

고전파 모형에 따르면 가격은 어떠한 현실적 기간에도 고정돼 있지 않으며, 따라서 9장에서 소개된 수평의 단기 총공급 곡선은 타당하지 않다. 유일하게 타당한 총공급 곡선은 수직인 장기 총공급 곡선이다. 그림 9.14에서 본 것처럼 화폐공급의 변화는 AD 곡선을 이동시킨다. 그러나 총공급 곡선이 수직이기 때문에 AD 이동의 효과는 단순히 물가를 변화시킬 뿐 산출량 수준을 변화시키지는 못한다. 따라서 화폐는 고전파 모형에서 중립적이다.

화폐가 비중립적이 되려면 타당한 총공급 곡선은 수직이 아니어야 한다. 이

27. "Does Monetary Policy Matter? A New Test in the Spirit of Friedman and Schwartz," in Olivier Blanchard and Stanley Fischer, eds., NBER *Macroeconomics Annual*, Cambridge, Mass.: M.I.T. Press, 1989.

절에서는 고전파 모형을 확장하여, 생산자가 일반 물가수준에 대한 불완전한 정보를 가짐으로써 때때로 일반 물가수준의 변화를 그가 생산하는 상품의 상대가격 변화로 오인한다는 가정을 도입하기로 한다. 생산자가 총물가수준을 오인할 수 있다는 가정을 오인이론이라고 한다면, 이 가정하에서 단기 총공급 곡선이 수직이 아님을 보여줄 수 있다. 그러나 9장에서 소개된 단기 총공급 곡선과는 달리, 오인이론에 바탕을 둔 단기 총공급 곡선은 물가가 천천히 조정된다는 가정을 필요로 하지 않는다. 가격이 즉각 조정된다고 하더라도, 단기 총공급 곡선은 우상향하는 기울기를 가지며 따라서 화폐는 단기에서 비중립적이다.

오인이론은 원래 노벨경제학상 수상자인 밀턴 프리드먼이 처음 제시한 것이며, 그 이후 역시 노벨경제학상 수상자인 시카고대학교의 로버트 루커스(Robert E. Lucas, Jr.) 교수에 의해 엄밀하게 정식화됐다.[28] **오인이론**(misperception theory)에 따르면 총물가수준 P가 예상 물가수준보다 높을 때, 총산출량은 완전고용 수준 $\bar{Y}$보다 높게 증가한다. 따라서 모든 예상 물가수준에 대해, 물가수준과 총공급을 연결해 주는 총공급 곡선은 우상향하는 기울기를 갖는다.

여러분이 경제학원론을 수강했다면, 공급곡선은 일반적으로 우상향하며 가격이 높을수록 생산량도 증가한다는 것을 배웠을 것이다. 그러나 개별 상품의 수요곡선이 총수요 곡선과 다른 것처럼, 개별 상품의 공급곡선도 총공급 곡선과 다르다. 일반적 공급곡선은 다른 상품의 가격과 비교한 해당 상품의 가격을 그 상품의 공급량과 연결해 준다. 그와는 대조적으로 총공급 곡선은 총산출량과 일반 물가수준을 연결해 준다. 개별 상품의 상대가격이 불변일 때에도 일반 물가수준의 변화는 발생할 수 있다.

오인이론과 왜 그것이 우상향하는 총공급 곡선을 함축하고 있는가를 이해하기 위해 특정 상품, 예를 들어, 빵을 생산하는 개별 생산자의 경우를 생각해 보기로 하자. 단순화를 위해 빵집은 한 사람이 소유 및 운영을 맡고 있다고 하자. 빵 제조업자는 그의 모든 노동력을 빵을 만드는 데 바치고 있으며 빵을 팔아서 얻는 수입이 그의 소득의 전부다. 따라서 빵 가격이 결과적으로 그의 명목임금이 되며, 일반 물가수준에 대한 빵의 상대가격이 그의 실질임금이 된다. 빵의 상대가격이 상승할 때, 빵 제조업자는 현재 실질임금 상승에 반응하여 더 많이 일하고 더 많은 빵을 생산한다. 마찬가지로 빵 가격이 다른 상품가격에 비해 떨어

28. 다음 문헌을 참조하라. Milton Friedman, "The Role of Monetary Policy," *American Economic Review*, March 1968, pp. 1-17. 프리드먼의 이론을 루커스가 공식화한 것은 다음 논문에 처음 제시됐다. "Expectations and the Neutrality of Money," *Journal of Economic Theory*, April 1972, pp. 103-124.

질 때, 빵 제조업자의 현재 실질임금은 하락하며 그는 빵 생산량을 줄인다.

그러나 개별적인 빵 제조업자가 빵의 상대가격이 변화했는지를 어떻게 알 수 있을까? 빵의 상대가격을 계산하기 위해, 빵 제조업자는 빵의 명목가격과 일반 물가수준을 알 필요가 있다. 빵 제조업자는 그가 매일 빵을 팔고 있고 그 가격을 직접 관찰하고 있으므로 빵의 명목가격은 알고 있다. 그러나 빵 제조업자는 그가 구매하고자 하는 많은 상품과 서비스의 가격을 빵 가격을 관찰하는 것보다 훨씬 드물게 관찰하기 때문에, 아마도 일반 물가수준에 대해서는 충분한 정보가 없을 수 있다. 따라서 빵의 상대가격을 계산할 때 빵 제조업자는 실제적으로 현재의 물가수준을 사용할 수 없다. 그가 실제의 물가수준을 추정하기 위해 취할 수 있는 최선의 방법은, 현재 물가수준에 대해 전기에 형성된 기대치를 이용하는 것이다.

빵 제조업자가 빵의 현재 시장가격을 관찰하기 이전에, 그는 전반적 인플레이션율을 5%로 예상했다고 하자. 다음에 그가 빵 가격이 5% 오른 것을 관찰했다면 그는 어떻게 반응할 것인가? 빵 제조업자는 다음과 같이 생각할 것이다. 전반적 인플레이션율이 5%일 것으로 기대했고, 이제 빵 가격도 5% 상승하였음을 알게 됐다. 빵 가격이 5% 상승한 것은 예상했던 것과 일치한다. 최선의 추정치는 모든 가격이 5% 상승하는 것이고, 따라서 빵의 상대가격은 불변이라고 생각한다. 생산량을 변화시킬 이유는 없다.

빵 제조업자의 논리는 총체적으로 모든 상품 공급자에게 동일하게 적용된다. 모든 공급자가 명목가격이 5% 상승할 것으로 예상했고, 실제로 모든 가격이 5% 상승했다고 가정해 보자. 그러면 모든 공급자는 그것의 상대가격이 변하지 않았으므로 산출량도 변하지 않을 것으로 추정한다. 그러므로 만약 예상 인플레이션이 5%일 때, 실제 가격이 5% 상승하면 총산출량에는 영향을 주지 않는다.

빵의 명목가격 변화가 빵 생산량에 영향을 주기 위해서는, 빵의 명목가격 상승이 일반 물가수준의 기대 상승률과 달라야 한다. 예를 들어, 빵 제조업자는 일반 물가수준이 5% 상승할 것으로 기대했지만, 빵 가격은 8% 상승하였음을 알고 있다고 하자. 그러면 빵 제조업자는 빵의 상대가격이 상승하였으므로 그가 받는 실질임금이 더 높아졌다고 추정한다. 상대가격 상승을 인지한 것에 대한 반응으로, 그는 빵 생산을 증가시킨다.

동일한 논리가 경제에 총체적으로 적용될 수 있다. 일반 물가수준이 5% 상승할 것으로 모든 사람이 예상하고 있는데, 실제로는 모든 상품가격이 8% 상승함으로써 물가수준이 8% 오른 경우를 생각해 보자. 이제 모든 생산자는 그들이 만드는 상품의 상대가격이 올랐다고 추정할 것이며, 따라서 모든 상품의 생산이

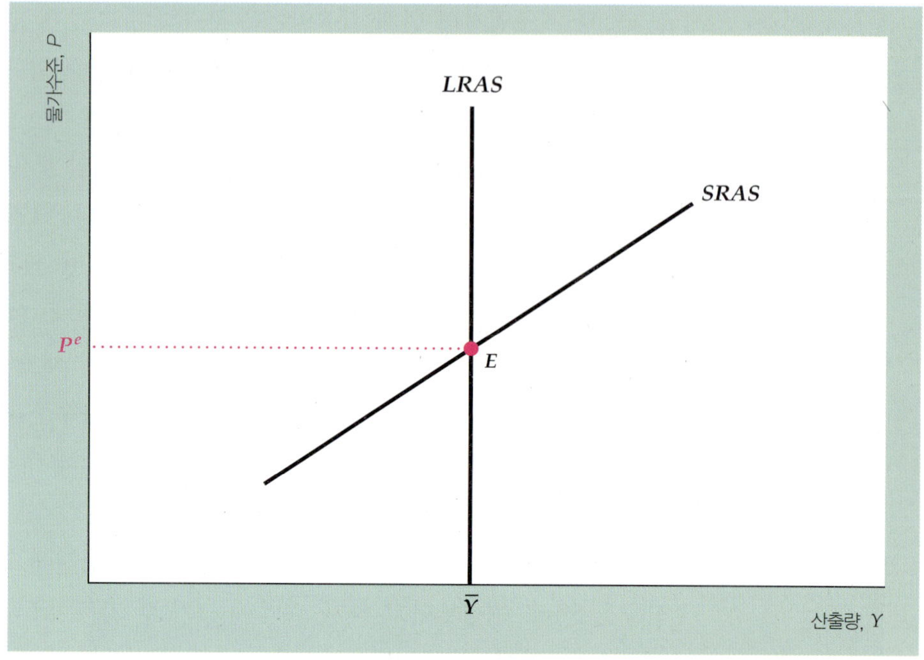

그림 10.6

오인이론과 총공급 곡선

오인이론은 예상 물가수준 P^e의 값이 주어져 있을 때 실제 물가수준 P의 상승이 생산자로 하여금 어리석게도 산출량을 증가시키도록 만든다는 이론이다. 산출량과 물가수준의 이러한 관계는 단기 총공급($SRAS$) 곡선으로 나타난다. $SRAS$ 곡선을 따라 물가수준이 예상 물가수준과 같을 때(E점에서 $P = P^e$) 산출량은 $\bar{Y}$와 같다. 물가수준이 예상 물가수준보다 높을 때($P > P^e$)에는 산출량이 $\bar{Y}$를 초과하며, 물가수준이 예상 물가수준보다 낮을 때($P < P^e$)에는 산출량이 $\bar{Y}$보다 적다. 장기에서 예상 물가수준은 실제 물가수준과 같으므로 산출량도 $\bar{Y}$와 같다. 그러므로 장기 총공급($LRAS$) 곡선은 $Y = \bar{Y}$에서 수직이다.

증가할 것이다. 따라서 물가수준이 예상 증가율보다 높게 나타나면 산출량은 증가하게 된다. 마찬가지로 모든 생산자가 5% 상승을 예상하고 있을 때 물가수준이 실제로 2%만 상승하면, 생산자는 그들 자신이 만든 상품의 상대가격이 하락했다고 생각할 것이고, 그 결과 모든 공급자는 산출량을 줄이게 된다.

그러므로 오인이론에 따르면, 생산자가 공급하려는 산출량은 예상되는 일반 물가수준과 비교한 실제의 일반 물가수준에 의존한다. 물가수준이 예상 물가수준을 초과할 때, 생산자는 어리석게도 그들 자신이 만든 상품의 상대가격이 올랐다고 생각하게 되고 따라서 산출량을 증가시킨다. 마찬가지로 물가수준이 예상 물가수준보다 낮을 때, 생산자는 그들 상품의 상대가격이 떨어졌다고 믿게 되고 그 결과 생산량을 줄인다. 산출량과 물가의 이러한 관계는 다음 방정식으로 표시된다.

$$Y = \bar{Y} + b(P - P^e) \tag{10.4}$$

여기에서 b는 양수이며 실제의 물가수준이 예상 물가수준을 초과할 때 산출량이 얼마나 강하게 반응하는가를 나타낸다. 식 (10.4)는 오인이론을 요약하고 있으며, 물가수준 P가 예상 물가수준 P^e를 초과할 때 산출량 Y가 완전고용 산출량 $\bar{Y}$를 초과할 수 있음을 보여준다.

오인이론으로부터 총공급 곡선을 구하기 위해 식 (10.4)를 그래프로 나타낸 것이 그림 10.6이다. 완전고용 산출량은 $\bar{Y}$, 예상 물가수준은 P^e로 주어져 있으며, 총공급 곡선은 우상향하는 기울기를 가지면서 총공급량 Y와 실제 물가수준 P의 관계를 보여준다. 물가수준의 상승분 ΔP는 총공급량을 $\Delta Y = b\Delta P$만큼 증가시키기 때문에, 총공급 곡선의 기울기는 $\Delta P/\Delta Y = 1/b$이다. 따라서 총공급 곡선은 b가 작으면 가파르고 b가 크면 상대적으로 완만하게 된다.

E점은 총공급 곡선의 위치를 정하는 데 도움을 준다. E점에서 물가수준 P는 예상 물가수준 P^e와 같다. 그러므로 식 (10.4)로부터 총산출량은 완전고용 산출량 $\bar{Y}$와 같다. 실제 물가수준이 예상 물가수준보다 높을 때($P > P^e$), 총공급 곡선은 총산출량이 $\bar{Y}$보다 크다는 것을 보여준다. 그러나 물가수준이 예상 물가수준보다 낮을 때($P < P^e$), 산출량은 $\bar{Y}$보다 적다.

그림 10.6의 총공급 곡선은 P^e가 불변인 단기에만 적용되기 때문에 단기 총공급(*SRAS*) 곡선이라고 한다. P^e가 상승하면 *SRAS* 곡선은 상방으로 이동한다. Y와 $\bar{Y}$의 값이 주어져 있을 때 식 (10.4)를 만족하기 위해서는 P의 값이 상승해야 하기 때문이다. P^e가 하락하면 *SRAS* 곡선은 아래쪽으로 이동한다. 장기적으로 사람들은 실제로 가격에 어떤 일이 발생하고 있는지를 알게 되며, 따라서 예상 물가수준은 실제 물가수준으로 조정된다($P = P^e$). 실제 물가수준이 예상 물가수준과 같을 때, 더 이상의 오인은 없게 되며 생산자는 완전고용 산출량 수준을 공급한다. 식 (10.4)로 볼 때 장기적으로 P가 P^e와 같게 되면 산출량 Y는 완전고용 산출량 $\bar{Y}$와 같게 된다. 그러면 장기에서 공급량은 물가수준에 의존하지 않는다. 따라서 8장과 9장에서 본 것처럼 장기 총공급(*LRAS*) 곡선은 산출량이 $\bar{Y}$인 점에서 수직이다.

통화정책과 오인이론

이제 오인이론에 바탕을 둔 고전파 모형을 확장하여 화폐의 중립성을 다시 검토해 보기로 하자. 이러한 분석방법은 화폐공급의 예상된 변화와 예상하지 못한 변화의 차이를 구분하는 데 중요한 시사점을 던져준다. 즉 명목 화폐공급의 예상하지 못한 변화는 실질적 효과를 가지며, 반면 예상된 변화는 중립적으로 실질적 효과를 갖지 못한다.

화폐공급의 예상치 못한 변화 경제가 최초에 그림 10.7의 E점에서 일반균형 상태에 있다고 가정하자. 여기에서 AD^1과 $SRAS^1$이 교차하고 있다. 이 점에서 산출량은 완전고용 산출량 $\bar{Y}$와 같고, 물가수준과 예상 물가수준은 모두 P_1이다. 화폐공급과 물가수준이 일정불변이라고 모든 사람이 예상하고 있을 때, 연방준비제도가 예상치 않게 그리고 사전 공표 없이 화폐공급을 10% 증가시켰다고 하

그림 10.7

화폐공급의 예상치 못한 변화

최초 균형인 E점에서 시작하여 화폐공급이 예상치 않게 10% 증가하면 AD 곡선은 AD^1에서 AD^2로 상방 및 우측 이동한다. 그러면 Y가 일정하게 주어졌을 때 AD^2 위의 물가수준은 AD^1 위의 물가수준보다 10% 더 높다. 단기 균형은 AD^2와 단기 총공급 곡선인 $SRAS^1$이 교차하는 F점에서 성립하며, 거기에서 물가와 산출량은 E점보다 더 높다. 그러므로 화폐공급의 예상치 못한 변화는 단기에서 중립적이지 않다. 장기에서 사람들은 진정한 물가수준을 알게 되므로, 균형은 AD^2와 장기 총공급 곡선 $LRAS$가 교차하는 H점으로 이동한다. 장기 균형인 H점에서 물가수준은 10% 상승했지만 산출량은 원래의 완전고용 수준 $\bar{Y}$로 되돌아갔다. 그러므로 화폐는 장기에서 중립적이다. 예상 물가수준은 P_1에서 P_3으로 상승하며 $SRAS$ 곡선도 H점을 통과할 때까지 상방으로 이동한다.

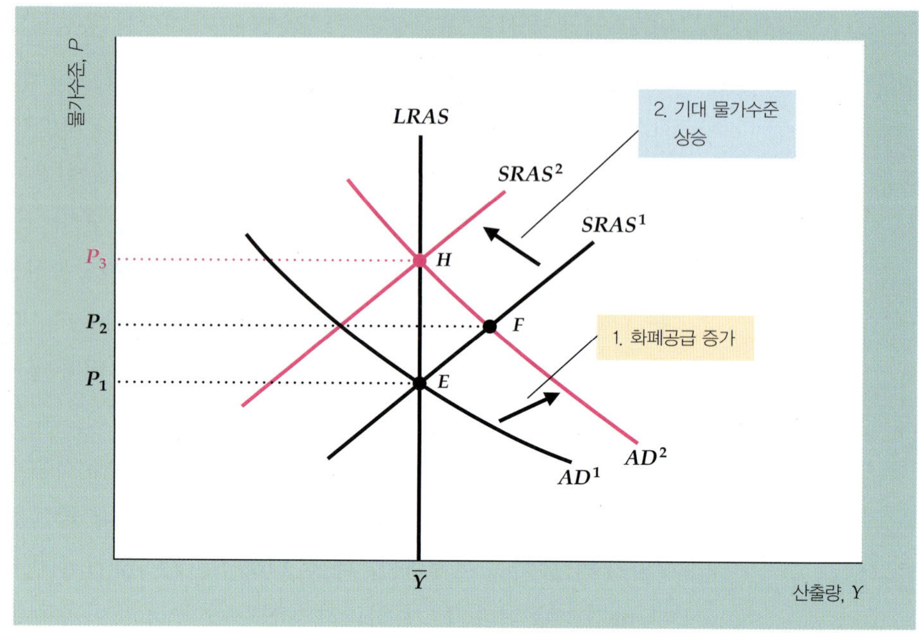

자. 화폐공급이 10% 증가하면 AD 곡선은 AD^1에서 AD^2로 상방 및 우측 이동한다. 그 결과 Y가 일정하게 주어졌을 때 AD^2 위의 물가수준은 AD^1 위의 물가수준보다 10% 더 높다. 예상 물가수준은 그대로 P_1이므로 $SRAS$ 곡선은 불변이며 여전히 E점을 지나고 있다.

총수요 증가는 물가수준을 새로운 균형 수준인 P_2까지 밀어 올리며, 거기에서 (F점)AD^2와 $SRAS^1$이 교차한다. 새로운 단기 균형인 F점에서 실제 물가수준은 예상 물가수준을 초과하며 산출량은 $\bar{Y}$보다 높다. 화폐공급이 증가함으로써 산출량을 증가시켰기 때문에, 이 분석에서 화폐는 중립적이지 않다.

화폐가 중립적이지 않은 이유는 생산자가 어리석게 행동하기 때문이다. 모든 생산자는 자기 상품의 높은 명목가격을 일반 물가수준의 상승으로 보지 않고 상대가격의 상승으로 오인하고 있다. 단기에서 비록 산출량이 증가함에도 불구하고, 생산자가 더 부유해지지는 않는다. 그들이 만약 진정한 상대가격을 알았더라면 생산 증가를 당장 그만두었을 것이다.

경제는 F점으로 나타나는 균형에서 장기간 머물 수 없다. F점에서 실제 물가수준 P_2는 예상 물가수준 P_1보다 높기 때문이다. 시간이 지남에 따라 사람들은 진정한 물가수준에 대한 정보를 수집하게 되고, 자기의 예상을 점차 조정하게 된다. 장기적으로 유지될 수 있는 유일한 균형은 사람들이 물가수준을 항구적으로 과소추정도 하지 않고 과대추정도 하지 않는 상태이다. 이렇게 할 때 예상 물가수준과 실제 물가수준은 같아진다. 그래프로 볼 때 사람들이 진정한 물가수준

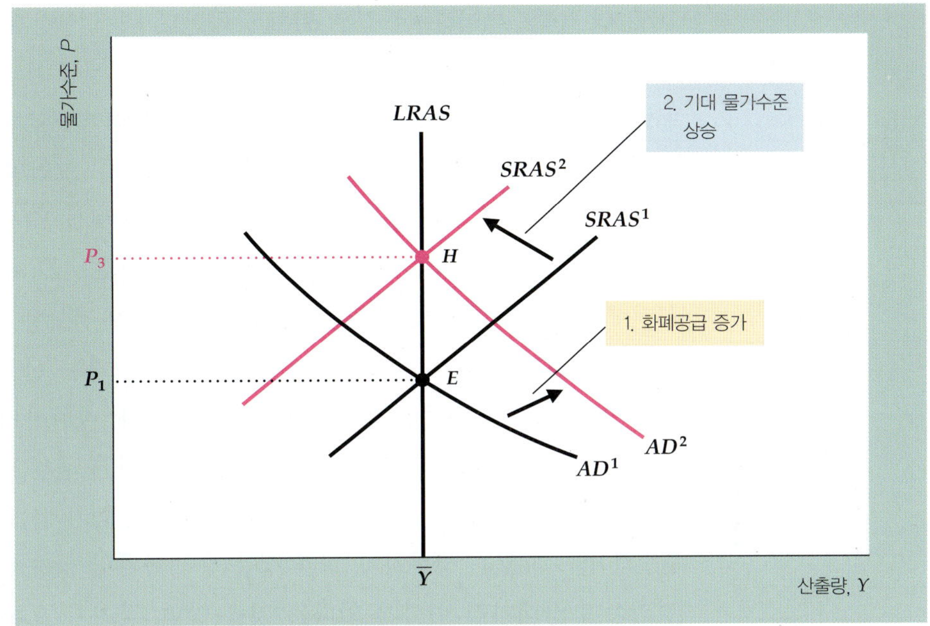

그림 10.8

예상된 화폐공급의 증가

연방준비제도가 화폐공급 10% 증가를 공표할 때 경제는 최초에 E점에서 균형을 이루고 있다. 화폐공급이 증가하면 AD 곡선은 AD^1에서 AD^2로 10% 상방 이동한다. 또한 화폐공급 증가는 사람들이 예상한 것이기 때문에, 예상 물가수준도 P_1에서 P_3으로 10% 상승한다. 따라서 단기 총공급 곡선은 $SRAS^1$에서 $SRAS^2$로 상방 이동한다. 새로운 단기 균형은 장기 균형과 마찬가지로 H점에서 성립한다. H점에서 산출량은 $\bar{Y}$로 불변이며 물가수준은 원래의 균형 E점보다 10% 더 높다. 따라서 예상된 화폐공급 증가는 장기에서뿐만 아니라 단기에서도 중립적이다.

을 알게 되면, 타당한 총공급 곡선은 장기 총공급($LRAS$) 곡선이며 이 곡선을 따라 P는 항상 P^e와 같게 된다. 그림 10.7에서 장기 균형은 AD^2와 $LRAS$가 교차하는 H점이다. H점에서 산출량은 완전고용 산출량 $\bar{Y}$와 같게 되며, 물가수준 P_3은 원래의 물가수준 P_1보다 10% 더 높다. 이제 모든 사람이 물가수준을 P_3으로 예상하기 때문에, 새로운 $SRAS$ 곡선인 $SRAS^2$에서는 $P^e = P_3$이 되고 이것은 H점을 통과한다.

그러므로 오인이론에 따르면, 예상치 못한 화폐공급의 증가는 단기에서 산출량을 증가시키며 중립적이 아니다. 그러나 예상치 못한 화폐공급의 증가는 사람들이 진정한 물가수준을 알고 난 후인 장기에서는 중립적이다.

화폐공급의 예상된 변화 오인이론에 바탕을 둔 고전파의 확장 모형에서, 예상된 화폐공급 증가의 효과는 예상치 못한 화폐공급 증가의 효과와는 다르게 나타난다. 그림 10.8은 예상된 화폐공급 증가의 효과를 보여준다. 그림 10.7과 마찬가지로 최초의 일반균형은 E점이며, 그 점에서 산출량은 완전고용 수준과 같고 실제 물가수준과 예상 물가수준도 모두 P_1로 같다. 연방준비제도는 화폐공급을 10% 증가시킬 예정이라고 발표하고, 사람들은 이 발표를 믿는다고 가정해 보자.

이미 살펴본 것처럼 화폐공급이 10% 증가하면 AD 곡선은 AD^1에서 AD^2로 이동하며, 각 산출량 수준에서 AD^2 위의 물가수준은 AD^1 위의 물가수준보다

10% 더 높다. 그러나 이 경우 *SRAS* 곡선도 역시 상방으로 이동한다. 이유는 사람들이 화폐공급의 증가를 알자마자 사람들의 예상 물가수준도 상승하기 때문이다. 사람들은 물가수준이 정확히 10% 상승할 것으로 예상하며, P^e 또한 P_1에서 P_3으로 10% 상승할 것으로 예상한다고 하자. 그러면 새로운 *SRAS* 곡선인 $SRAS^2$는 그림 10.8의 *H*점을 통과하며, 그 점에서 *Y*는 $\bar{Y}$와 같고 실제 물가수준과 예상 물가수준은 P_3로 같다. 새로운 균형도 AD^2와 $SRAS^2$가 교차하는 *H*점에서 성립한다. 새로운 균형에서 산출량은 완전고용 수준과 같고, 물가는 원래 수준보다 10% 더 높다. 예상된 화폐공급 증가는 산출량에는 영향을 미치지 않았으며, 물가수준만 비례적으로 상승시켰다. 마찬가지로 예상된 화폐공급 감소는 물가수준을 낮출 것이고 산출량과 같은 다른 실질 변수에는 영향을 미치지 않을 것이다. 그러므로 예상된 화폐공급 변화는 장기에서뿐만 아니라 단기에서도 중립적이다. 이유는 생산자가 그들 상품의 명목가격 상승이 화폐공급이 증가한 결과이며 상대가격 변화가 없다는 것을 알면, 물가가 오른다고 해서 생산량을 증가시키는 어리석음을 범하지 않을 것이기 때문이다.

합리적 기대와 통화정책의 역할

오인이론에 기초한 고전파의 확장 모형에서, 예상치 못한 화폐공급의 변화는 산출량에 영향을 미쳤으나 예상된 화폐공급의 변화는 중립적이었다. 따라서 연방준비제도가 산출량에 영향을 미칠 목적으로 통화정책을 사용하려고 한다면, 아마도 예상치 못한 화폐공급의 변화를 일으킬 가능성이 크다. 그래서 예를 들어, 경제가 침체되어 있을 때, 연방준비제도는 산출량을 증가시키기 위해 갑작스러운 통화량 증가를 시도할 수 있다. 반면 경제가 호황일 때 연방준비제도는 경기를 완화시키기 위해 갑작스러운 통화량 삭감을 시도할 수 있을 것이다.

이 전략에 있어서 심각한 문제는 금융시장에 민간 경제예측 전문가와 '연방준비제도 감시자(Fed watchers)'가 존재한다는 것이다. 이들은 화폐공급과 물가수준 등 거시경제 변수를 예측하는 데 많은 시간과 노력을 들이고 있으며, 그들의 예측 결과는 대부분 시장에 공표된다. 만약 연방준비제도가 침체기에는 화폐공급을 증가시키고 호황기에는 이를 삭감하는 패턴을 시작하면, 예측 전문가와 감시자들은 이 사실을 알고 재빨리 보도할 것이다. 결과적으로 연방준비제도의 화폐공급 조작은 더 이상 예상치 못한 것이 아니며, 화폐공급의 변화는 물가수준의 불안정성만 초래할 뿐 아무런 실질적 효과를 내지 못할 것이다. 좀 더 일반적으로, 오인이론에 따라 산출량의 행태에서 어떤 체계적인 변화를 달성하려면, 연방준비제도는 사람들을 체계적으로 어리석게 만드는 방식으로 통화정책을 수행해야 한다. 그러나 금융시장과 그 밖의 시장에서 사람들은 연방준비제도가 무엇을 하고 있는지를 파악하고자 노력하는 강한 동기를 갖고 있다. 따라서 대부분의 경제학자는 연방준비제도가 사람들을 체계적인 방식으로 놀라게 하려는 시도는 성공할 수 없다고 믿는다.

연방준비제도가 일반 대중을 체계적으로 놀라게 할 수 없다는 생각은 일반 대중이 합리적 기대를 갖는다는 더 큰 가설의 일부이다. **합리적 기대**(rational expectations) 가설은 일반 대중이 화폐공급, 물가수준, GDP를 포함한 다양한 경제변수를 예측할 때, 이용 가능한 경제 데이터를 합리적이고 명석하게 판단하여 활용할 수 있다고 본다.[29] (합리적 기대의 근거는 "최신자료 및 연구와의 접속 : 물가 예측은 합리적인가?"에서 논의될 것이다.) 만약 사람들이 합리적 기대를 한다면, 그들은 결국 연방준비제도의 일반적 행동 패턴을 알게 될 것이다. 만약 기대가 합리적이라면, 순수하게 임의적인 화폐공급의 변화만이 예상치 못한 것이 될 수 있고 따라서 비중립적이 될 수 있다. 그러나 연방준비제도는 사람들을 체계적으로 놀라게 할 수 없기 때문에, 통화정책을 산출량을 안정화하는 수단으로 사용할 수 없다. 따라서 오인이론과 합리적 기대를 결합한 가설에 따르면 경기순환을 조정하는 것이 바람직한 것이라 하더라도, 연방준비제도는 통화정책을 그런 목적을 위해 체계적으로 사용할 수 없다.

예상치 못한 화폐공급 변화 효과의 전파 오인이론에 의하면 개별 생산자가 물가수준에 대해 일시적으로 어리석은 판단을 하기 때문에, 예상치 못한 화폐공급 변화는 중립적이지 않다고 한다. 그러나 화폐공급 데이터는 주간(weekly) 단위로 이용이 가능하며 물가수준 데이터는 월별로 발표된다. 이러한 사실로 미루어 볼 때 화폐공급 혹은 물가수준에 대한 어떤 오인(따라서 화폐공급 변화의 실질적 효과)이 있다면, 이는 빠른 시일 내에 제거되는 것이 마땅할 것이다.

화폐공급의 변화가 어떻게 몇 주 이상 실질적 효과를 발휘할 수 있는가를 설명하는 데 있어서 고전파 경제학자는 **전파경로**(propagation mechanism)의 역할을 강조한다. 전파경로란 단기간 존속하는 충격이 경제에는 상대적으로 장기적인 영향을 미치게 되는 경제의 한 단면을 말한다.

전파경로의 중요한 사례는 재고의 행태다. 월별 정상 판매수준과 최종 생산물의 적정 재고량을 유지하려는 제조업을 생각해 보자. 예상치 못한 화폐공급 증

29. 합리적 기대는 존 뮤스(John Muth)가 1961년에 발표한 다음의 고전적 논문에서 처음 논의됐다. "Rational Expectations and the Theory of Price Movements," *Econometrica*, July 1961, pp. 315-335. 그러나 이러한 사상은 1970년대 초 새로운 고전파 '혁명'이 시작된 이후에야 비로소 거시경제학에 널리 이용됐다.

최신자료 및 연구와의 접속 IN TOUCH WITH DATA AND RESEARCH

물가 예측은 합리적인가?

대부분의 고전파 경제학자는 사람들이 경제변수에 대해 합리적 기대를 갖는다고 가정한다. 즉 사람들은 그들의 경제적 의사결정에 영향을 주는 변수를 예측할 때, 이용 가능한 정보를 현명하게 사용할 줄 안다고 한다. 합리적 기대 가정은 중요한 함축성을 갖고 있다. 예를 들어, 앞에서 이미 본 것처럼, 화폐적 비중립성이 물가수준에 대한 일시적 오인의 결과이고 사람들이 물가에 대해 합리적 기대를 형성한다면, 통화정책은 실물경제에 체계적인 영향을 미칠 수 없게 된다.

합리적 기대 가정은 고전파 경제학자뿐만 아니라 많은 케인즈파 경제학자를 포함하여 경제학자에게 매력적인 것이다. 왜냐하면 그것은 사람들이 자기의 경제적 이익을 현명하게 추구한다는 경제학자의 추정과 잘 맞기 때문이다. 사람들의 기대가 합리적이지 않다면, 개인이 결정한 경제 계획은 일반적으로 기대가 합리적이었을 때보다 좋지 못할 것이다. 그러나 명백한 것은 합리적 기대의 이론적 매력만으로는 충분치 않다. 즉 경제학자는 중요한 경제변수에 대해 사람들이 정말로 합리적 기대를 형성하는지 아닌지를 알고 싶어 한다.

합리적 기대는 미래 경제에 대한 사람들의 의견을 물어보는 설문조사 데이터를 가지고 검증해 볼 수 있다. 그러한 검증이 어떻게 수행되는지를 보여주기 위해, 1년 후 물가수준의 예측에 대해 묻는 설문조사 데이터를 갖고 있다고 하자. 그리고 이러한 설문조사는 7년 동안 매년 반복됐다고 하자. 이제 조사대상인 모든 개인에 대해 다음과 같이 정의할 수 있다.

$$P_t^e = (t-1)\text{년에 형성된 } t\text{년도 물가수준에 대한 개인의 예측치}$$

또한 P_t는 t년도의 실제 물가수준을 나타내는 것으로 한다. 그러면 개인의 t년도 예측오차는 실제 물가수준과 개인의 예측치의 차이와 같다.

$$P_t - P_t^e = \text{개인의 } t\text{년도 예측 오차}$$

만약 사람들이 합리적 기대를 갖는다면, 이 예측 오차는 예측할 수 없는 확률변수여

가로 인해 총수요와 물가가 예상수준보다 높게 증가했다고 하자. 단기간에 생산을 급격히 증가시키는 것은 비용이 많이 들기 때문에, 기업은 한편으로는 생산량을 늘리고 다른 한편으로는 재고의 일부를 판매함으로써 수요 증가에 대응할 것이다. 이렇게 함으로써 재고량은 적정 수준보다 감소하게 된다.

다음 달 모든 사람이 진정한 물가수준을 알게 되고 기업의 매출도 정상 수준

야 한다. 그러나 예측 오차가 일관성 있게 양수 혹은 음수로 나타나면(사람들이 물가수준을 체계적으로 과소 혹은 과대 예측하는 경향이 있다는 것을 뜻함), 기대는 합리적이지 않다. 만약 예측 오차가 체계적인 패턴을 갖는다면(예를 들어, 사람들이 가까운 과거에 가격이 상승하였으면 이를 근거로 물가수준을 과대 예측하는 경향이 있을 때), 마찬가지로 기대는 합리적이지 않다.

소비자, 언론인, 전문 경제학자, 그리고 다른 사람들의 물가수준 예측에 대한 초기 통계적 연구를 보면 합리적 기대 이론은 기각되는 경향이 있었다. 이러한 연구가 수행되었던 시기는 1970년대 후반과 1980년대 초반이었으며, 이때는 인플레이션이 전례 없이 높은 수준에 도달했던 시기였다. 이 시기의 인플레이션은 1973~1974년 및 1979년의 석유가격 상승과 팽창 통화정책에 부분적으로 기인하는 것이다. 이렇게 변동성이 높은 시기에 사람들이 물가 변화를 예측하는 것은 매우 어려웠을 것이라는 점은 아마도 놀랄 만한 일이 아닐 것이다.

물가수준 예측에 관한 더욱 최근의 연구를 보면 합리적 기대 이론에 더 우호적인 것으로 나타났다. 미니애폴리스 연방준비은행의 마이클 케인(Michael Keane)과 데이비드 렁클(David Runkle)은[30] 예측 전문가 집단 패널의 물가수준 예측에 대해 연구했다. 이 설문조사는 1968년 이후 미국 통계협회와 NBER에 의해 수행됐다. 그들은 예측 전문가가 합리적 기대를 형성한다는 가설을 기각할만한 증거를 발견하지 못했다. 또 다른 논문에서 리치먼드대학교의 딘 크라우셔(Dean Croushore)는[31] 경제학자와 예측 전문가 및 일반 대중을 대상으로 수행된 다양한 예측치를 분석했다. 소비자 조사에서 보도된 것처럼, 인플레이션이 급격히 상승하거나 하락할 때 기대 형성이 실제보다 약간의 시차를 두고 후행하는 경향이 나타났음에도 불구하고, 크라우셔는 이러한 그룹의 각 예측치가 합리적 기대와 대체로 일치한다는 것을 발견했다.

30. "Are Economic Forecasts Rational?" *Quarterly Review*, Federal Reserve Bank of Minneapolis, Spring 1989, pp. 26-33.

31. "Inflation Forecasts: How Good Are They?" *Business Review*, Federal Reserve Bank of Philadelphia, May/June 1996, pp. 15-25.

으로 되돌아갔다고 하자. 화폐 충격이 지나갔음에도 불구하고 기업은 한동안 정상 수준보다 높은 생산을 지속해야 한다. 높은 수준의 생산을 지속해야 하는 이유는, 정상적 수요를 충당하는 것 외에도 기업은 재고를 보충하고자 하기 때문이다. 이러한 재고 보충의 필요성이 단기간 존속하는 충격(이 경우 화폐 충격)이 경제에는 장기적인 영향을 미치는 전파경로의 사례를 보여주고 있다.

요약 SUMMARY

1. 고전파 경기순환 분석은 가격과 임금의 조정에 의해 경제는 재빨리 일반균형으로 되돌아온다는 가정과 함께, 고전적 *IS-LM* 모형을 사용하고 있다.

2. 실질 경기순환(RBC) 이론은 경기순환 파동의 원인으로 생산성 충격(생산함수에 대한 충격)을 강조하는 고전파의 한 갈래다. 고전적 *IS-LM* 모형에서 생산성의 일시적 하락은 실질임금, 고용 및 산출량을 감소시키고 실질이자율과 물가수준을 상승시킨다. RBC 이론은 고용, 실질임금, 노동생산성에서 관찰된 경기 순응적 행태를 설명할 수 있다. 그러나 물가가 경기 역행적이라는 RBC 이론의 예측은 일부분 맞지 않는 것으로 보인다.

3. 솔로우 잔차는 생산함수에서 총요소생산성 A의 실증적 척도다. 동일한 양의 노동서비스와 자본서비스(투입요소)로 생산할 수 있는 산출량을 증가시키는 기술진보가 있으면 솔로우 잔차는 증가한다. 솔로우 잔차는 또한 자본과 노동의 이용률이 변하면 함께 변한다. 한편으로 적어도 자본과 노동 이용률이 경기 순응적이기 때문에 솔로우 잔차도 경기 순응적이다. 노동 이용률의 경기 순응적 행태는 노동 사장을 반영하기도 하는데, 이것은 기업이 침체기에 노동자를 계속 고용하지만 이들을 집중적으로 활용하지 않거나 유지보수와 같이 측정된 산출량에 직접적으로 기여하지 않는 업무에 사용할 때 발생한다.

4. 고전파 경기순환 분석은 생산성 변화 외에도 재정정책 변화를 포함하는 다른 종류의 충격도 허용한다. 고전적 *IS-LM* 모형에 따르면 정부구입 증가는 고용, 산출량, 실질이자율 및 물가수준을 상승시킨다. 고전파 모형에 재정 충격과 생산성 충격을 모두 포함시키면 데이터 적합성을 높일 수 있다. 비록 재정정책이 고용과 산출량에 영향을 줄 수 있다고 하더라도, 고전파 경제학자는 그것이 경기순환을 조정하는 데 사용되어서는 안 된다고 주장한다. 보이지 않는 손이 정부 간섭 없이도 경제를 효율적인 결과로 이끌 수 있기 때문이다. 그 대신 정부지출에 대한 의사결정은 비용과 편익의 비교에 바탕을 두어야 한다.

5. 기본적인 고전파 모형(RBC 이론을 포함하여)에서 화폐는 중립적이며, 이것은 명목 화폐공급의 변화가 물가수준만 비례적으로 변동시킬 뿐 산출량, 고용, 실질이자율과 같은 실질변수에는 아무런 영향을 주지 않는다는 것을 의미한다.

6. 만약 역 인과관계가 존재하면, 즉 예상된 산출량 변화가 화폐공급 변화를 같은 방향으로 선행하면, 기본적 고전파 모형은 화폐가 경기 순응적 및 선행적 행태를 보이는 것을 설명할 수 있다. 예를 들어, 기업이 미래 산출량 증가를 예상하여 화폐수요를 증가시키면, 그리고 연방준비은행이 (물가안정을 유지하기 위해) 화폐수요 증가에 대응하여 화폐를 추가로 충분히 공급한다면, 통화량 증가는 산출량 증가를 선행한다. 비록 통화량 변화가 뒤이은 산출량 변화를 유발하지 않더라도 이 결과는 성립한다.

7. 통화정책을 역사적으로 검토해 보면 화폐가 중립적이지 않은 것으로 나타난다. 프리드먼과 슈워츠는 금의 발견 혹은 통화제도의 변화와 같은 독립적인 이유로 화폐공급이 변했을 때, 이러한 화폐공급 변화에 따라 산출량이 같은 방향으로 변화한 사례들을 제시하고 있다. 더욱 최근의 경험으로 연방준비제도 볼커 의장이 1979년 통화량 감축을 선언함으로써 심각한 경제 후퇴를 초래한 것도, 화폐가 중립적이지 않다는 견해에 대한 근거를 제공하고 있다.

8. 오인이론은 생산자가 현재 물가수준에 대해 부

정확한 정보를 갖고 있다는 데에 근거를 두고 있다. 오인이론에 따르면 실제 물가수준이 예상 물가수준과 같을 때에만 총공급은 완전고용 산출량 수준인 $\overline{Y}$와 같게 된다. 물가수준이 예상 수준보다 높을 때 생산자는 어리석게도 그들이 공급하는 상품의 상대가격이 올랐다고 생각하며, 따라서 $\overline{Y}$를 초과하는 산출량을 공급한다. 마찬가지로 물가수준이 예상보다 낮을 때, 공급량은 $\overline{Y}$보다 낮다.

9. 오인이론에 바탕을 둔 단기 총공급(*SRAS*) 곡선은 우상향하는 기울기를 가지며, 이것은 예상 물가수준이 일정할 때 산출량과 실제 물가수준의 관계를 설명해 준다. 장기적으로 물가수준은 예상 물가수준과 같게 되며, 공급량은 $\overline{Y}$와 같게 된다. 따라서 장기 총공급(*LRAS*) 곡선은 산출량이 $\overline{Y}$와 같은 점에서 수직선이다.

10. 오인이론에 바탕을 둔 우상향하는 기울기의 *SRAS* 곡선과 함께, 예상치 못한 화폐공급은 단기에서 산출량을 증가시키므로 화폐는 비중립적이다. 그러나 장기 총공급 곡선은 수직이기 때문에, 예상치 못한 화폐공급 증가는 장기에서 산출량에 영향을 주지 않는다. 따라서 화폐는 장기적으로 중립적이다. 예상된 화폐공급 증가는 물가 예상이 즉각 조정되게 함으로써 물가수준에 대한 오인이 성립하지 않게 된다. 따라서 예상된 화폐공급 증가는 단기와 장기에서 모두 중립적이다.

11. 오인이론에 바탕을 둔 고전파 확장 모형에 따르면, 오직 갑작스러운 화폐공급의 변화만이 산출량에 영향을 줄 수 있다. 만약 일반 대중이 화폐공급을 포함한 거시경제 변수에 대해 합리적 기대를 형성하면, 사람들이 연방준비제도의 행동 패턴을 알고 예상할 것이기 때문에 연방준비제도는 체계적으로 대중을 놀라게 할 수 없다. 그러므로 고전파 경제학자는 연방준비제도가 화폐공급 변화를 이용해 체계적으로 산출량에 영향을 미칠 수 없다고 주장한다.

주요 그래프 8

AD-AS 모형에 대한 오인이론 접근법

AD-AS 모형을 오인이론의 관점에서 해석하면, 생산자가 총물가수준을 오인하고 있는 고전파 모형에서 총수요와 총공급이 물가수준을 결정하기 위해 어떻게 상호작용하는지 알 수 있다.

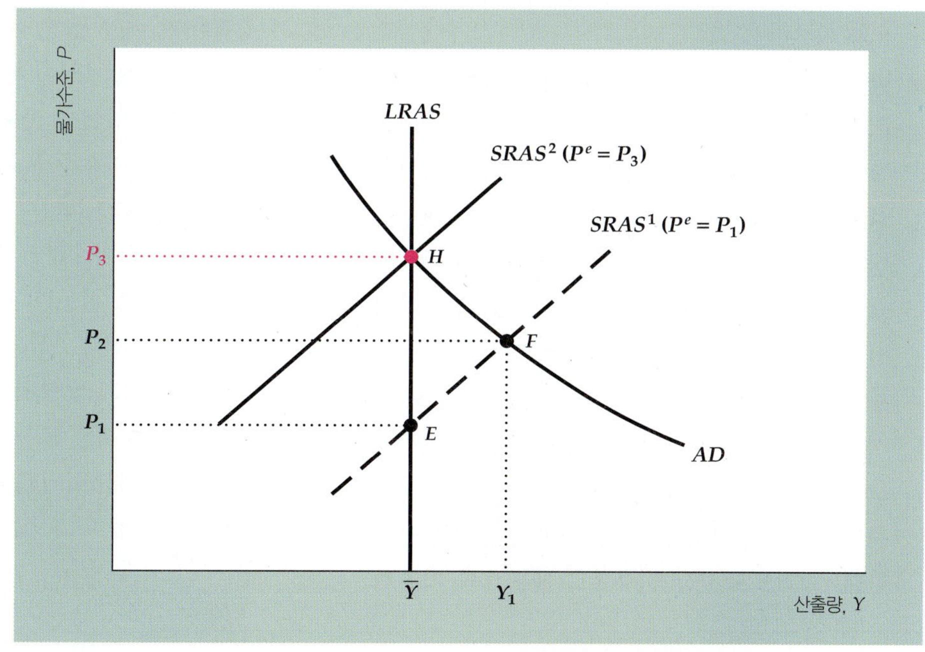

그래프의 성질

- 수직축은 물가수준 P이고 수평축은 산출량 Y이다.
- 총수요(AD) 곡선은 각 물가수준에서의 총수요량을 보여준다. 이것은 9장에 있는 주요 그래프 7의 AD 곡선과 같다. 총수요량은 IS와 LM 곡선의 교차점에서 결정된다(그림 9.10 참조). 물가수준 P가 상승하면 실질 화폐공급을 감소시켜 LM 곡선이 상방 및 좌측으로 이동하며 총수요량이 감소한다. 따라서 AD 곡선은 우하향하는 기울기를 갖는다.
- 오인이론은 생산자가 일반 물가수준에 대해 불완전한 정보를 갖고 있으며 따라서 그 생산품의 상대가격을 정확히 모른다는 가정에 기반을 두고 있다. 생산자가 물가수준을 오인할 때, 일반 물가수준이 예상 물가수준보다 높게 상승하면 생산자는 어리석게도 그들 상품의 상대가격이 올랐다고 생각하게 되고, 따라서 모든 생산자는 산출량을 증가시킨다. 단기 총공급($SRAS$) 곡선은 예상 물가수준이 일정할 때 각 물가수준에서의 총공급량을 보여주고 있다. 물가수준이 상승하면 생산자는 어리석게도 더 많은 산출량을 공급하기 때문에, 단기 총공급 곡선은 $SRAS^1$처럼 우상향하는 기울기를 갖는다.
- 단기 총공급 곡선 $SRAS^1$은 예상 물가수준 P^e가 P_1과 같도록 그려져 있다. 실제 물가수준이 예상 물가수준과 같을 때, 생산자의 오인이 없어지면 완전고용 산출량 수준인 $\bar{Y}$를 공급한다. 그러므로 실제 물가수준과 예상 물가수준이 같은(둘 다 P_1로 같다) E점에서 단기 총공급 곡선 $SRAS^1$은 생산자가 $\bar{Y}$를 공급하고 있음을 보여준다.
- 장기에서 생산자는 물가수준에 대해 알게 되고, 실제 물가수준과 예상 물가수준이 같아질 때까지 그들의 예상을 조정한다. 그러면 생산자는 물가수준과 상관없이 완전고용 산출량 수준인 $\bar{Y}$를 공급한다. 그러므로 9장의 주요 그래프 7의 기본적 AD-AS 모형과 마찬가지로 장기 총공급($LRAS$) 곡선은 $Y = \bar{Y}$에서 수직이다.

곡선을 이동시키는 요인

- 총수요량은 IS 곡선과 LM 곡선의 교차점에서 결정된다. 물가수준이 일정할 때 어떤 요인이 IS-LM 교차점을 우측으로 이동시키면 총수요량이 증가하고 따라서 AD 곡선은 상방 및 우측 이동한다. AD 곡선을 이동시키는 요인들은 9장의 요약표 14에 정리되어 있다.
- 어떤 요인이 완전고용 산출량 $\bar{Y}$를 증가시키면 단기 및 장기 총공급 곡선이 모두 우측으로 이동한다. 완전고용 산출량을 증가시키는 요인으로는 우호적 생산성 충격 혹은 노동공급 증가 등을 들 수 있다. 정부구입 증가는 노동자로 하여금 더 많은 노동을 공급하도록 유도하기 때문에, 고전파 모형에서 단기 및 장기 총공급 곡선을 우측으로 이동시킨다.
- 예상 물가수준이 상승하면 단기 총공급 곡선은 상방으로 이동한다.

분석

- 단기 균형은 AD 곡선과 $SRAS$ 곡선의 교차점에서 성립한다. 예를 들어, 예상 물가수준이 P_1이면 $SRAS$ 곡선은 $SRAS^1$이 되고 단기 균형은 F점에서 성립한다. F점에서 산출량 Y_1은 완전고용 수준보다 높고 물가수준 P_2는 예상 물가수준 P_1보다 높다. 생산자가 물가수준에 대한 정보를 얻음에 따라 예상 물가수준은 상향 수정되며, $SRAS$ 곡선은 위쪽으로 이동한다. 장기 균형은 장기 총공급($LRAS$) 곡선과 AD 곡선이 교차하는 H점에서 성립한다. 장기 균형에서 (1) 산출량은 $\bar{Y}$이고 (2) 물가수준은 예상 물가수준과 같다(둘 다 P_3이다). 장기에서 예상 물가수준이 P_3으로 올랐을 때, 단기 총공급 곡선 $SRAS^2$는 H점을 지난다.

핵심용어 KEY TERMS

노동 사장
명목충격
생산성 충격
솔로우 잔차
실질 경기순환이론
실질충격
역 인과관계
오인이론
전파경로
합리적 기대

주요 방정식 KEY EQUATIONS

$$Y = \bar{Y} + b(P - P^e) \quad (10.4)$$

오인이론에 바탕을 둔 단기 총공급 곡선은 물가수준 P가 예상 물가수준 P^e와 같을 때, 총산출량 Y가 완전고용 산출량 $\bar{Y}$와 같아진다는 것을 나타낸다. 물가수준이 예상 물가수준보다 높을 때($P > P^e$) 산출량은 $\bar{Y}$를 초과한다. 그러나 물가수준이 예상 수준보다 낮으면($P < P^e$) 산출량은 $\bar{Y}$보다 적다.

복습문제 REVIEW QUESTIONS

1. 고전파 *IS-LM* 모형의 주요 특징 중 케인즈파 *IS-LM* 모형과 구별되는 것은 무엇인가? 그러한 차이점이 현실적으로 중요한 이유는 무엇인가?
2. 어떤 경기순환이론에서 두 가지 주요 구성요소는 무엇인가? 실질 경기순환이론에 대해 이러한 두 가지 구성요소를 설명하라.
3. 실질충격과 명목충격을 정의하라. 경기순환 경제학자가 생각할 때 어떤 형태의 실질충격이 순환적 파동을 일으키는 가장 중요한 원인인가?
4. RBC 이론이 성공적으로 설명할 수 있는 주요 경기순환 사실은 어떤 것들이 있는가? 잘 설명하지 못하는 경기순환 사실은 어떤 것이 있는가?
5. 솔로우 잔차는 무엇이며 경기순환에서 어떤 행태를 보이는가? 솔로우 잔차를 변동시키는 요인은 무엇인가?
6. 고전파 이론에 따르면 정부구입의 증가는 노동시장에 어떤 영향을 미치는가? 산출량, 실질이자율, 물가수준에는 어떤 영향을 주는가? 고전파 경제학자에 따르면 재정정책은 경기순환을 조정하기 위해 사용돼야 하는가? 왜 그런가 혹은 왜 그렇지 않은가?
7. 화폐공급과 실질 경제활동 사이의 관계에서, 역 인과관계가 의미하는 것은 무엇인가? 역 인과관계가 어떻게 발생할 수 있는지 설명하라. 그것은 어떤 경기순환 사실을 설명하려고 하는가?
8. 오인이론에 따르면 물가수준의 상승은 생산자가 공급하는 산출량에 어떤 영향을 미치는가를 설명하라. 물가수준의 상승이 예상된 것이었는가 여부는 상관이 없는가?
9. 물가수준에 대한 오인이 없는 기본적 고전파 모형은 화폐의 중립성 혹은 비중립성에 대해 어떤 결론을 내리고 있는가? 이 결론은 오인이론에 바탕을 둔 고전파 확장 모형에서 어떤 방식으로 수정되고 있는가?

10. 합리적 기대를 정의하라. 고전파 모형에 따르면 합리적 기대는 경기순환을 조절하기 위해 통화정책을 사용하려는 중앙은행의 능력에 대해 어떤 함축성을 갖는가?

계산문제 NUMERICAL PROBLEMS

1. 어떤 경제에서 생산함수가 다음과 같다고 하자.

$$Y = A(100N - 0.5N^2)$$

여기에서 Y는 산출량, A는 생산성, N은 총노동시간이다. 이 생산함수와 관련된 노동의 한계생산물은 다음과 같다.

$$MPN = A(100 - N)$$

최초에 $A = 1.0$이었지만 우호적 생산성 충격에 의해 A는 1.1로 증가했다.

a. 노동의 공급은 다음과 같다.

$$NS = 45 + 0.1w$$

여기에서 w는 실질임금이다. 생산성 충격이 있기 전과 후에 균형 산출량 수준과 노동시간, 실질임금을 찾아라. MPN을 실질임금으로 바꾸면 MPN 곡선이 곧 노동의 수요곡선과 같음을 상기하기 바란다(3장 참조).

b. 노동의 공급이 다음과 같을 때 (a)를 다시 계산하라.

$$NS = 10 + 0.8w$$

c. 어떤 연구에 따르면 실질임금이 단지 약간만 경기 순응적이라고 한다. 일단 이러한 발견이 옳다고 가정하자. 눈금 맞추기 RBC 모형은 만약 노동공급이 실질임금에 대해 상대적으로 둔감할 때 이 사실과 잘 부합되는가, 아니면 그것이 상대적으로 민감할 때 잘 부합되는가? 답을 그래프로 그려 설명하고 (a)와 (b)의 답과 비교해 보라.

2. 어떤 경제가 다음과 같이 묘사된다고 하자.

바람직한 소비 $C^d = 600 + 0.5(Y - T) - 50r$

바람직한 투자 $I^d = 450 - 50r$

실질 화폐수요 $L = 0.5Y - 100i$

완전고용 산출량 $\bar{Y} = 2{,}210$

기대 인플레이션 $\pi^e = 0.05$

이 경제에서 정부는 항상 균형예산을 편성하고 있다. 즉 총조세 $T = G$이다.

a. $M = 4{,}320$, $G = 150$이라고 하자. 산출량, 실질이자율, 물가수준, 소비, 투자의 균형 값을 찾기 위해 고전파 *IS-LM* 모형을 이용하라(힌트 : 고전파 모형에서 산출량은 항상 완전고용 수준과 같다).

b. 화폐공급이 4,752로 증가했다. (a)를 다시 계산하라. 화폐는 중립적인가?

c. 화폐공급이 4,320으로 되돌아오고, 정부구입과 조세는 190으로 증가했다. (a)를 다시 계산하라. 단순화를 위해 $\bar{Y}$는 고정되어 있다고 가정한다(G의 영향을 받지 않는다). 이 경우 재정정책은 중립적인지 설명하라.

3. 다음과 같은 경제를 생각해 보자.

바람직한 소비 $C^d = 250 + 0.5(Y - T) - 500r$

바람직한 투자 $I^d = 250 - 500r$

실질 화폐수요 $L = 0.5Y - 500i$

완전고용 산출량 $\bar{Y} = 1{,}000$

기대 인플레이션 $\pi^e = 0$

a. $T = G = 200$이고 $M = 7{,}650$이라고 가정한다. *IS* 곡선을 나타내는 방정식을 찾아라. *LM*

곡선을 나타내는 방정식을 찾아라. 마지막으로 총수요 곡선의 방정식을 찾아라. 산출량, 소비, 투자, 실질이자율, 물가수준의 균형 값은 얼마인가? 물가수준에 대한 오인은 없다고 가정한다.

b. $T = G = 200$이고 $M = 9,000$이라고 가정한다. 이제 총수요 곡선의 방정식은 어떻게 되는가? 산출량, 소비, 투자, 실질이자율, 물가수준의 균형 값은 얼마인가? 완전고용 산출량 $\bar{Y}$는 고정되어 있다고 가정한다.

c. $T = G = 300$이고 $M = 7,650$일 때 (b)를 다시 계산하라.

4. 어떤 경제가 다음과 같은 AD 곡선과 AS 곡선을 갖고 있다고 하자.

AD 곡선 $Y = 300 + 30(M/P)$

AS 곡선 $Y = \bar{Y} + 10(P - P^e)$

여기에서 $\bar{Y} = 500$이고 $M = 400$이다.

a. $P^e = 60$이라고 가정하자. 물가수준 P와 산출량 Y의 균형 값은 얼마인가? (힌트 : 여기에서 P의 값은 10의 배수다.)

b. 예상치 못한 화폐공급 증가로 $M = 700$이 됐다. 이것은 예상치 못한 것이었기 때문에 P^e는 여전히 60으로 머물러 있다. 물가수준 P와 산출량 Y의 균형 값은 얼마인가?

c. 연방준비제도는 화폐공급이 $M = 700$으로 증가할 것이라고 공표했고 일반 대중은 이것을 믿고 있다. 이제 물가수준 P, 예상 물가수준 P^e, 산출량 Y의 균형 값은 얼마인가?

5. 어느 경제의 산출량이 다음의 생산함수로 주어졌다고 한다. $Y = AK^{0.3}N^{0.7}$. 여기에서 Y는 산출량, A는 생산성을 나타내며 자본스톡 K는 30으로 고정되어 있고 고용 N은 100으로 고정되어 있다고 한다. 산출량은 2009년에 100, 2010년에 105이다.

a. 2009년과 2010년에 솔로우 잔차를 찾아라. 두 기간 동안 그것의 증가율을 구하라.

b. 2009년과 2010년 사이 솔로우 잔차의 증가와 같은 기간 생산성의 증가(모수 A로 측정됨)는 어떤 관계가 있는가? 자본과 노동의 이용률은 불변이라고 가정한다.

c. 노동의 이용률이 2009년과 2010년 사이 3% 증가했다는 가정하에서 (b)를 다시 분석하라. 식 (10.2)를 따라 생산함수를 수정해야 할 것이다.

d. 노동과 자본의 이용률이 2009년과 2010년 사이 둘 다 3%씩 증가했다는 가정하에서 (b)를 다시 분석하라.

6. 다음 실험을 시도해 보라. 동전을 50번 손가락으로 튕겨서 그 결과를 순서대로 기록한다. 앞면은 작은 플러스 충격이며 산출량을 1단위 증가시킨다고 생각한다. 마찬가지로 뒷면은 작은 마이너스 충격이며 산출량을 1단위 감소시킨다고 생각한다. 산출량 Y의 최초 값이 50이라 하고, 동전을 튕길 때마다 플러스 및 마이너스 충격의 결과를 반영하여 산출량 수준을 그래프로 그린다. 예를 들어, 처음 네 번 튕긴 것이 앞면이 세 번, 뒷면이 한 번 나왔다면 산출량은 51, 52, 53, 52의 값을 갖는다. 50번 튕긴 후, 작은 충격이 산출량의 큰 순환을 만들어 냈는가?

7. 어떤 특정한 경제에서 노동력(피고용자 및 실업자의 합계)이 100만 명으로 고정되어 있다고 하자. 이 경제에서 월초에 고용되어 있던 노동자 중 1%가 직장을 잃고, 월초에 실업자였던 노동자 중 19%가 새로운 직장을 찾는다고 하자.

a. 1월 실업률은 5%다. 주어진 직장 상실 비율과 취업률하에서 2월의 실업률은 얼마인가? 3월은?

b. 4월에 부정적 생산성 충격 때문에 직장 상실 비율이 피고용자의 3%로 증가했다고 하자.

직장 상실 비율이 5월에 1%로 되돌아온 반면, 취업률은 내내 19%로 불변이었다. 4월과 5월, 6월, 그리고 7월의 실업률을 구하라.

8. [부록 10.B] 다음 경제를 생각해 보자.

IS 곡선	$r = 2.47 - 0.0004Y$
실질 화폐수요	$L = 0.5Y - 500(r + \pi^e)$
단기 총공급	$Y = \bar{Y} + 100(P - P^e)$

여기에서 r은 실질이자율, Y는 산출량, P는 물가수준이다. 기대 인플레이션 $\pi^e = 0$, 명목 화폐공급 $M = 88{,}950$, 완전고용 산출량 $\bar{Y} = 6{,}000$이라고 가정한다.

a. 부록 9.B와 부록 10.B의 기호를 그대로 사용한다. 모수 α_{IS}, β_{IS}, α_{LM}, β_{LM}, ℓ_r, b의 값은 얼마인가? (힌트 : *LM* 방정식의 계수를 얻기 위해 자산시장의 균형에 대해 풀어라.)

b. 총수요 곡선의 방정식은 어떻게 되는가?

c. 예상 물가수준 $P^e = 29.15$라고 가정하자. 물가수준 P와 산출량 Y의 단기 균형 값은 얼마인가?

d. 물가수준 P와 산출량 Y의 장기 균형 값은 얼마인가?

분석문제 ANALYTICAL PROBLEMS

1. 새로운 기술의 발견은 자본의 기대 미래 한계생산물을 증가시킨다.

a. 기대 미래 *MPK*의 증가가 현재의 산출량, 실질이자율, 고용, 실질임금, 소비, 투자, 그리고 물가수준에 미치는 영향을 파악하기 위해 고전파 *IS-LM* 모형을 이용하라. 기대 미래 실질임금과 미래소득은 새로운 기술의 영향을 받지 않는 것으로 가정한다. 또한 현재의 생산성도 영향을 받지 않는 것으로 가정한다.

b. 기대 미래 *MPK*의 증가가 오인이론에 바탕을 둔 *AD-AS* 그래프에서 현재의 산출량과 물가수준에 미치는 영향을 찾아라. 무슨 이유로 (a)와 차이가 나는가?

2. 매년 100(실질치임)만큼 항구적으로 늘어나는 정부구입의 효과를 분석하기 위해 고전파 *IS-LM* 모형을 이용하라. 정부구입 증가는 매년 100만큼 정액세의 항구적 증가를 통해 조달된다.

a. 먼저 재정 변화의 노동시장에 대한 영향을 찾아라. 100만큼 항구적으로 늘어나는 정부구입의 효과는 100만큼의 일시적 증가의 효과와 어떻게 비교되는가?

b. 조세 증가가 항구적이기 때문에, 어떤 일정한 산출량과 실질이자율 수준에서 소비자는 조세 증가 총액만큼 매기 소비를 줄인다고 가정한다. 이러한 가정하에서 정부구입의 항구적 증가는 바람직한 국민저축과 *IS* 곡선에 어떤 영향을 미치는가?

c. 항구적으로 늘어나는 정부구입과 조세가 금기의 산출량, 실질이자율, 물가수준에 미치는 영향을 찾기 위해 고전파 *IS-LM* 모형을 이용하라. 만약 소비자가 어떤 주어진 산출량과 실질이자율 수준에서 100보다 적게 현재의 소비를 줄인다면 어떻게 되는가?

3. 고전파 *IS-LM* 모형과 정부구입의 일시적 변화가 순환적 파동의 주요 원인이라는 가정을 함께 결합한 경기순환이론을 생각해 보자. 이 이론은 다음 각 변수의 관찰된 순환적 행태를 어떻게 잘 설명할 수 있는가? 그 이유를 제시하라.

a. 고용

b. 실질임금

c. 평균노동생산성

d. 투자

e. 물가수준

4. 이 문제는 교과서에서 설명된 역 인과관계의 사례를 더욱 자세하게 공부할 것을 요구한다. 미래에 생산을 증가시키려고 하는 기업은 현재의 거래를 증가시켜야 한다고 가정하자(예를 들어, 더 많은 원자재를 구입할 필요가 있다). 이러한 이유로 기대 미래 산출량이 증가할 때, 현재의 실질 화폐수요가 증가한다.

a. 실질 화폐수요는 기대 미래 산출량에 의존한다는 가정하에서 고전파 *IS-LM* 모형을 이용해 미래 산출량의 증가가 현재의 물가수준에 미치는 영향을 찾아라. 단순화를 위해 기대 미래 산출량의 증가가 노동시장 혹은 바람직한 저축과 투자에 미치는 영향은 아주 작으며 무시할 수 있다고 가정한다.

b. 연방준비제도는 현재의 물가수준을 안정화시키려고 한다고 가정한다. 연방준비제도는 기대 미래 산출량 증가에 대해 어떻게 대응할 것인가? 왜 연방준비제도의 대응이 역 인과관계의 사례가 되는지를 설명하라.

5. 정부지출과 조세가 없는 상태에서 출발하여, 정부가 해외원조 프로그램(국내적으로 생산된 상품을 해외에 보내는 것)을 도입하고, 현재 임금에 대한 10%의 조세를 일시적으로 부과하여 그것을 지불하려고 한다. 미래 임금은 과세되지 않는다.

임금 조세는 노동공급에 어떤 영향을 미치는가? 고전파 *IS-LM* 모형을 이용해 재정 변화가 산출량, 고용, 세전 실질임금, 실질이자율, 물가수준에 미치는 영향을 찾아라.

실제 거시경제 데이터를 이용한 문제 *WORKING WITH MACROECONOMIC DATA*

이 연습문제에서 사용하는 데이터를 구하려면 research.stlouisfed.org/fred2에 있는 세인트루이스 연방준비은행의 FRED 데이터베이스를 찾아라.

1. 실질 경기순환이론에 따르면, 생산성 충격이 경기순환의 중요한 원인이다. 콥-더글러스 생산함수[예를 들어, 식 (3.2)]와 1961년 이후 연간 자료를 이용해, 미국의 총요소생산성을 계산하고 그래프로 나타내라. *Y*는 실질 GDP, *K*는 표 3.1에 수록된 자본스톡, *N*은 민간 고용을 사용하라. 생산성의 급격한 상승과 하락을 기록한 기간을 찾아보라. 이러한 변화는 경기순환의 정점과 저점 날짜와 얼마나 잘 맞는가? (8장 참조)

2. 이 질문은 오인이론에서 말하고 있는 것처럼, 예상치 못한 통화량 감소가 이자율을 상승시키고 경기침체를 가져오는 경향이 있는지 공부하도록 하는 것이다.

a. 1960년부터 현재까지 분기 자료를 이용해, 매 분기의 예상치 못한 통화증가율을 전 분기에서 현재 분기까지의 M2 증가율(연간 증가율로 표시되어 있음) 마이너스 지나간 4분기 동안의 M2 평균증가율로 정의하라(지나간 4분기 동안의 M2 평균증가율은 예상 통화증가율의 단순 근사치다). 예상치 못한 통화증가율을 3개월 만기 재무성 증권의 명목금리와 함께 그래프로 그려라. 다른 그림에 예상치 못한 통화증가율과 3개월 만기 재무성 증권의 실질금리(명목금리 마이너스 인플레이션)를 그려라. 예상치 못한 M2의 변화는 이자율 변동과 이론적으로 예측된 방향대로 연관되어 있는가?

b. 다른 그림에 예상치 못한 통화증가율과 실업률을 그려라. 실업률 상승은 일반적으로 예상치 못한 통화증가율이 음수인 기간에 앞서 있

는가?

실업률 상승을 뒤따르는 예상치 못한 통화증가율은 어떤 모양인가? 왜 이런 일이 발생한다고 생각하는가? 예상치 못한 통화증가율의 이러한 척도가 실업률 증가에 반응하는 것을 보고, 이 척도가 예상치 못한 통화증가율의 구성요소를 제대로 포착하고 있는지 염려하게 되는 이유는 무엇인가?

3. 사람들의 인플레이션 예측은 합리적인가? 이 질문을 연구하기 위해, 필라델피아 연방준비은행의 웹사이트 www.philadelphiafed.org를 방문하라. 경제연구 웹 페이지로 가서 '예측 전문가 조사' 란의 CPI 인플레이션 예측 데이터를 찾아보라. 그다음 FRED로 가서 실제 CPI 데이터를 찾아라. 주어진 날짜에서 수평축에는 인플레이션 예측치를, 수직축에는 실제 인플레이션을 보여주는 점을 찍어라. 만약 예측이 합리적이라면, 데이터에서 어떤 패턴을 볼 수 있어야 하는가? 실제로 찍은 점에서 어떤 패턴이 관찰되고 있는가? 이 결과는 인플레이션에 대한 사람들의 예측이 합리적이라는 사실을 지지하고 있는가?

부록 10.A

오인이론에 기초한 고전파 *AD-AS* 모형 계산문제 풀이 연습

다음 방정식으로 설명되는 경제를 생각해 보자.

AD 곡선 $Y = 1{,}166(2/3) + 148{,}000/P$

SRAS 곡선 $Y = \bar{Y} + 10(P - P^e)$

$\bar{Y} = 2{,}500,\ P^e = 130$

AD 곡선은 부록 9.A의 5단계에서 도출된 *AD* 곡선과 같다. 따라서 부록 9.A의 소비함수, 조세, 투자, 화폐수요함수 및 화폐공급에서 출발하여 이 *AD* 곡선을 도출한 셈이다.

단기 균형은 *AD* 곡선과 *SRAS* 곡선의 교차점에서 결정된다. 즉 $1{,}166(2/3) + 148{,}000/P = Y = \bar{Y} + 10(P - P^e)$. $\bar{Y} = 2{,}500$, $P^e = 130$을 대입하면 $1{,}166(2/3) + 148{,}000/P = 2{,}500 + 10(P - 130)$, 즉 $1{,}166(2/3) + 148{,}000/P = 1{,}200 + 10P$가 된다. 그러므로 $10P + 33(1/3) - 148{,}000/P = 0$.

이제 이 방정식의 양변을 P로 곱하고 10으로 나누어 주면 다음의 2차 방정식을 얻는다. $P^2 + 3(1/3)P - 14{,}800 = 0$.

이 2차 방정식은 두 개의 해(근이라고도 함)를 갖는다. $P = 120$ 그리고 $P = -123(1/3)$. [힌트: 2차 방정식의 근의 공식[32]을 사용하거나 2차 방정식 인수분해를 하면 $(P - 120)(P + 123(1/3)) = 0$을 얻는다.] 양의 근 $P = 120$이 단기 균형의 물가수준이다. 단기 균형의 산출량은 $P = 120$을 *AD* 곡선이나 *SRAS* 곡선에 대입하면 얻을 수 있다. *AD* 곡선에서 $Y = 1{,}166(2/3) + 148{,}000/P = 1{,}166(2/3) +$

32. 일반적인 2차 방정식 $AX^2 + BX + C = 0$의 근은 다음과 같이 구해진다.

$$X = (-B \pm \sqrt{B^2 - 4AC})/2A$$

148,000/120 = 1,166(2/3) + 1,233(1/3), 그러므로 $Y = 2,400$. *SRAS* 곡선에서 $Y = \overline{Y} + 10(P - P^e) = 2,500 + 10(120 - 130) = 2,500 - 100$, 그러므로 $Y = 2,400$.

장기에서는 오인이 없으므로, 장기 균형은 부록 9.A에서 본 것처럼 $Y = 2,500$, $P = 111$이다.

부록 10.B

오인이론에 기초한 고전파의 *AD*-*AS* 모형에 대한 수학적 설명

부록 9.B에서는 *AD*-*AS* 모형을 개발하고 이에 대한 수학적 설명을 했으나, 여기에서는 오인이론에 바탕을 둔 고전파의 *AD*-*AS* 모형을 대수적으로 도출한다. 먼저 총수요(*AD*) 곡선과 총공급(*AS*) 곡선에 대한 대수적 해석을 보여주고, 다음으로 일반균형의 해를 구하기로 한다.

총수요 곡선

생산자들의 오인은 상품의 수요에는 영향을 주지 않기 때문에 총수요 곡선은 부록 9.B와 같다. 식 (9.B.24)로부터 총수요(*AD*) 곡선의 방정식은 다음과 같음을 상기하기 바란다.

$$Y = \frac{\alpha_{IS} - \alpha_{LM} + (1/\ell_r)(M/P)}{\beta_{IS} + \beta_{LM}} \qquad (10.B.1)$$

여기에서 *IS* 곡선의 계수인 α_{IS}와 β_{IS}는 식 (9.B.15) 및 (9.B.16)에서 각각 주어진 것이며, *LM* 곡선의 계수인 α_{LM}과 β_{LM}은 식 (9.B.20) 및 (9.B.21)에서 각각 주어진 것이고, ℓ_r은 화폐수요함수인 식 (9.B.17)에서 명목이자율의 계수다.

총공급 곡선

오인이론에 바탕을 둔 단기 총공급 곡선은 식 (10.4)에서 설명되었으나, 편의를 위해 여기에 다시 쓰면 다음과 같다.

$$Y = \overline{Y} + b(P - P^e) \qquad (10.B.2)$$

여기에서 b는 양수다.

일반균형

예상 물가수준 P^e가 주어지면, 물가수준의 단기 균형 값은 총수요 곡선[식 (10.B.1)]과 단기 총공급 곡선[식 (10.B.2)]의 교차점에서 결정된다. 식 (10.B.1)과 (10.B.2)의 우변을 같게 놓고, 다시 양변에 $P(\beta_{IS} + \beta_{LM})$을 곱한 다음 정리하면 물가수준에 대한 다음의 2차 방정식을 얻게 된다.

$$a_2P^2 + a_1P - a_0 = 0 \tag{10.B.3}$$

여기에서

$$\begin{aligned} a_2 &= (\beta_{IS} + \beta_{LM})b \\ a_1 &= (\beta_{IS} + \beta_{LM})(\overline{Y} - bP^e) - \alpha_{IS} + \alpha_{LM} \\ a_0 &= \frac{M}{\ell_r} \end{aligned}$$

계수 a_2와 a_0은 양수이며 계수 a_1은 양수, 음수, 혹은 0이 될 수도 있다. a_2와 a_0이 둘 다 양수이기 때문에 식 (10.B.3)의 해는 하나의 양수 값 P와 하나의 음수 값 P를 갖는다. 물가수준은 음수가 될 수 없으므로 이 방정식의 양의 해가 단기 균형 물가수준이 된다. 표준적인 2차 방정식 근의 공식을 이용하면 식 (10.B.3)의 양의 해는 다음과 같이 구해진다.

$$P = \frac{-a_1 + \sqrt{a_1^2 + 4a_2a_0}}{2a_2} \tag{10.B.4}$$

이제 식 (10.B.4)의 물가수준의 값을 총수요 곡선인 식 (10.B.1)이나 혹은 총공급 곡선인 식 (10.B.2)에 대입하면 단기 균형 산출량 수준을 얻을 수 있다.

명목 화폐공급 M의 증가는 상수항 a_0을 증가시키므로, 식 (10.B.4)에 따르면 그것은 균형 물가수준을 상승시킨다는 것을 주목하기 바란다. M의 증가는 총공급 곡선에는 영향을 주지 않지만 균형 물가수준을 상승시키기 때문에, 식 (10.B.2)는 그것이 산출량을 증가시킴을 보여준다.

이 부록에서는 단기 균형에 초점을 두었다. 장기에서 실제 물가수준은 예상 물가수준과 같게 되므로, 식 (10.B.2)에 따르면 산출량은 완전고용 산출량 $\overline{Y}$와 같게 된다. 장기에서 경제는 부록 9.B에서 설명한 일반균형에 도달한다.

CHAPTER 11

케인즈파 : 임금과 물가 경직성의 거시경제학

10장에서는 경기순환 분석에 대한 고전파 혹은 시장청산 접근방법을 설명했다. 고전파 접근법은 임금과 물가의 조정속도가 빠른 것으로 가정하고 있으며, 따라서 시장은 거의 항상 균형 상태에 있게 된다. 고전파 주장에 따르면 경기순환은 생산성 충격과 같은 교란요인에 대해 경제가 최선으로 반응하고 있는 것을 나타내고 있으며, 그러므로 정부가 경기순환을 조절할 수 있는 정당성이 거의 없다고 본다.

고전파와는 대조적으로, 케인즈파는 자유시장경제가 충격에 대해 재빨리 그리고 효율적으로 반응할 수 있는가에 대해 그리 낙관적이지 않다. 케인즈파의 중심 사상 중 하나는 임금과 가격이 '경직적(rigid)' 혹은 '완고(sticky)'하며 시장청산 수준으로 재빨리 조정되지 않는다는 것이다. 임금과 가격의 경직성은 경제가 상당 기간 동안 일반균형을 벗어나 머물 수 있다는 것을 의미한다. 따라서 깊은 침체는 외부 충격에 대한 자유로운 시장의 최적 반응이 아니다. 오히려 그것은 높은 실업이 노동수요에 비해 노동공급이 초과되고 있음을 반영하는 불균형 상태일 뿐이다. 케인즈파는 정부가 낮은 산출량과 높은 실업 기간을 제거하기 위해(혹은 적어도 최소화하기 위해) 행동에 나서야 한다고 믿는다.

임금과 가격 경직성은 케인즈파 이론과 정책 권고의 기초이기 때문에, 경직성에 잠재되어 있는 원인을 이해하는 것이 중요하다. 1970년대 초반 고전파가 케인즈파를 겨냥했던 비판은, 케인즈파가 단순히 임금과 물가가 경직적이라고 가정하고 있을 뿐 왜 이러한 경직성이 발생하는지 타당한 경제적 설명을 못하고 있다는 점이었다. 결국 고전파의 주장은 가격과 임금이 경제에 단순히 '주어진' 것이 아니라, 수많은 개인과 기업이 내린 의사결정의 결과라는 것이다. 만약 지나치게 높은 임금이 실업을 유발하고 있다면, 왜 실업자는 기업이 그들을 기꺼이 고용할 수 있는 더 낮은 임금에서 일하려고 하지 않는가? 만약 가격이 공급량과 수요량이 일치하는 수준이 아니라면, 왜 기업은 즉시 가격을 변화시키지 않는가? 결과적으로 케인즈파에 대한 고전파의 도전은, 임금과 가격의 경직성이 개인과 기업이 경제적으로 합리적이라는 사실과(즉 거의 모든 경제학에서 기본적인) 어떻게 일치할 수 있는가를 보여준 셈이 됐다(경제적으로 합리적이라는 것은 사람들이 경제적 의사결정을 할 때 그들 자신을 위해 할 수 있는 최선을 다한다는 뜻이다).

케인즈파는 이러한 도전을 받아들였고, 임금과 가격의 경직성을 경제적 합리성과 일치하도록 설명하는 데 진일보를 이뤘다. 이 장의 첫부분에서는 임금과 가격의 경직성에 대한 케인즈파의 몇 가지 주요한 설명을 논의한다. 그 다음 임금과 가격의 느린 조정이 *IS-LM* 모형과 어떻게 결합될 수 있는지, 그리하여 어떻게 고전파 모형이 케인즈파 모형으로 변환되는지를 보여줄 것이다. 이 모형을 이용하여 경기순환에 대한 두 가지 중심 질문(즉 무엇이 경기순환을 일으키는가, 그리고 정책입안자는 경기순환에 대해 무엇을 해야 하는가?)에 케인즈파가 어떻게 대답하는가를 살펴볼 것이다.

11.1 실질임금 경직성

케인즈파의 분석과 정책 처방은 임금과 가격이 시장 청산을 위해 신속히 움직이지 않는다는 가정에 매우 크게 의존하고 있기 때문에, 느린 혹은 불완전한 조정의 경제적 원인으로 어떤 것이 있을 수 있는지 먼저 좀 더 상세히 논의해 보기로 한다. 11.1절에서는 실질임금의 경직성에 초점을 맞추고, 11.2절에서는 가격의 완만한 조정을 살펴보기로 한다.

케인즈파가 임금 경직성을 그들의 분석에 도입한 주요 이유는, 실업에 대한 고전파의 설명이 불만족스러웠기 때문이다. 침체기에 발생하는 실업 증가를 포함하여, 고전파는 대부분의 실업이 노동자와 직장 간의 불일치(마찰적 혹은 구조적 실업) 때문에 발생한다고 믿고 있다. 케인즈파는 그러한 불일치가 실업의 주요 원인이라는 것을 부정하는 것은 아니지만, 그것이 모든 실업을 설명한다는 데에는 회의적이다.

케인즈파는 특히 침체기에 노동자와 직장 간의 불일치가 증가한다는 고전파의 생각을 받아들이기를 꺼린다. 불일치가 증가하여 침체기의 높은 실업이 발생했다면, 침체기는 특히 노동자가 직장을 적극 탐색하고 기업은 새로운 피고용자를 적극 찾는 기간이어야 한다고 케인즈파는 주장한다. 그러나 실제 조사 자료에 의하면 침체기에 실업자는 상대적으로 직장 탐색에 시간을 별로 쓰지 않고 있으며(많은 실업자는 그들의 옛 직장에서 다시 불러주기를 희망하면서 단순히 기다리고 있다), 기업의 구인 광고와 포스터는 증가하기보다 오히려 감소하는 것으로 나타난다. 침체기는 노동자-직장의 불일치가 증가하는 기간이라기보다, 일반적으로 경제 전체를 통하여 산출량과 노동에 대한 수요가 낮은 기간이라고 케인즈파는 믿는다.

실업의 존재를 설명하는 데 노동자-직장 불일치에만 유일하게 의존하지 않으면서, 케인즈파는 실질임금이 상대적으로 신속하게 조정되어 노동공급과 노동수요를 일치시킨다는 고전파의 가정을 기각해야 한다고 주장한다. 특히 만약 실질임금이 노동시장을 청산하는 수준보다 높을 때 실업(노동수요 대비 초과 노동공급)이 나타날 것이다. 케인즈파의 관점에서 볼 때 노동수요와 노동공급을 일치시키는 데 실질임금이 거의 움직이지 않는 것을 **실질임금 경직성**(real-wage rigidity)이라고 한다.

실질임금 경직성의 원인

경직적 실질임금이 실업의 원인이라면, 기업이 현재 지급하고 있는 실질임금이 노동수요와 노동공급을 일치시키는 시장청산 실질임금보다 더 높아야 한다. 그러나 만약 실질임금이 노동자를 끌어들이는 데 필요한 수준보다 더 높다면, 고전파 분석에서 제시된 것처럼 왜 기업은 현재의 임금을 단순히 낮춤으로써 노동비용을 절약하지 않는가?

노동의 초과공급이 존재하는데도 불구하고 왜 실질임금이 경직적일 수 있는가에 대해 다양한 설명이 제시되어 왔다. 하나의 가능성은 최저임금법과 노동조합 계약처럼 임금을 높게 유지시키는 법적 및 제도적 요인이 있다는 것이다. 그러나 대부분의 미국 노동자는 노동조합원도 아니고 최저임금 소득자도 아니다. 따라서 임금 삭감을 가로막는 이러한 종류의 장벽이 실질임금 경직성의 주된 원인이 될 수는 없다. 더욱이 미국의 최저임금은 명목 가치로 정해지기 때문에, 만약 그렇다면 최저임금을 받는 노동자는 실질임금이 아닌 명목임금 경직성을 가져야 할 것이다(높은 비율의 노동자가 노동조합에 가입해 있고, 실질임금이 그 협상 수준에 유지되도록 명목임금이 전형적으로 인플레이션에 조정되는 유럽과 다른 나라에서는, 노동조합 계약이 실질임금 경직성을 설명하는 데 도움이 될 수 있을 것이다).

왜 기업이 마땅히 지불해야 하는 수준보다 높은 실질임금을 지불하는가에 대한 또 다른 설명은, 이러한 정책이 기업의 **교체비용**(turnover costs) 혹은 새로운 노동자를 고용하고 교육하는 것과 관련된 비용을 줄일 수 있다는 것이다. 높은 임금을 지불함으로써 기업은 더 많은 현재 고용을 유지할 수 있으며, 대체 고용과 훈련비용을 절약할 수 있다. 마찬가지로 임금이 높다는 명성을 알림으로써, 기업은 새로 뽑을 자리에 대해 더 많은 그리고 더 좋은 지원자를 스스로 확보할 수 있다.

기업이 시장청산 수준보다 높은 실질임금을 지급하는 셋째 이유는, 좋은 보수를 받는 노동자는 열심히 그리고 효율적으로 일하고자 하는 높은 동기를 가질 수 있다는 것이다. 만약 고임금 노동자가 더 생산적이라면, 기업이 더 낮은 실질임금에 필요로 하는 노동자를 모두 끌어들일 수 있다고 하더라도, 높은 임금을 지불함으로써 기업은 더 이익을 얻을 수 있다. 노동자의 생산성은 그들이 받는 실질임금에 의존하며, 따라서 기업은 시장청산 수준보다 높은 임금을 지불할 수 있다는 것이 **효율성 임금 모형**(efficiency wage model)의 요점이다. 이러한 임금 결정 모형은 최근 케인즈파 분석에서 중요한 역할을 했으며 몇 가지 흥미 있는 요소를 갖고 있기 때문에, 이 절의 나머지 부분에서는 여기에 초점을 맞추기로 한다.

효율성 임금 모형

좋은 보수를 받는 노동자가 더 생산적이라면, 기업은 노동자를 끌어들이는 데 필요한 최저수준보다 높은 임금을 지불함으로써 이득을 얻을 수 있다. 그러나 왜 노동자의 생산성은 그들이 받는 실질임금에 의존하는가? 그 대답은 '당근'과 '채찍', 양 측면을 갖고 있다.

당근 혹은 양의 인센티브는, 좋은 대접을 받는다고 느끼는 노동자는 더 열심히 그리고 더 효율적으로 일할 것이라는 생각에 기반을 두고 있다. 버클리대학교의 노벨 경제학상 수상자인 조지 애컬로프(George Akerlof)[1] 교수는, 고용주가 자신을 공정하게 대하고 있다고 믿는 노동자는(즉 그들을 고용하는 데 필요한 것보다 더 높은 임금을 주고, 불황기에는 임금을 삭감하지 않는 것) 일을 더 잘함으로써 공정하게 고용주에게 보답할 것이라고 주장한다. 애컬로프 교수는 이 동기가 사람들이 선물을 교환할 때 갖는 것과 비슷하기 때문에, 이것을 선물교환 동기(gift exchange motive)라고 불렀다.

왜 기업이 필요 이상으로 더 높은 임금을 주는가에 대한 채찍 혹은 위협 측면은, 임금 결정의 '회피(shirking)' 모형[2]으로 불리는 경제 모형에서 분석돼 왔다.

---

1. George Akerlof, "Labor Contracts as Partial Gift Exchange," *Quarterly Journal of Economics*, November 1982, pp. 543-569.

2. Carl Shapiro and Joseph E. Stiglitz, "Equilibrium Unemployment as a Worker Discipline Device," *American Economic Review*, June 1984, pp. 433-444.

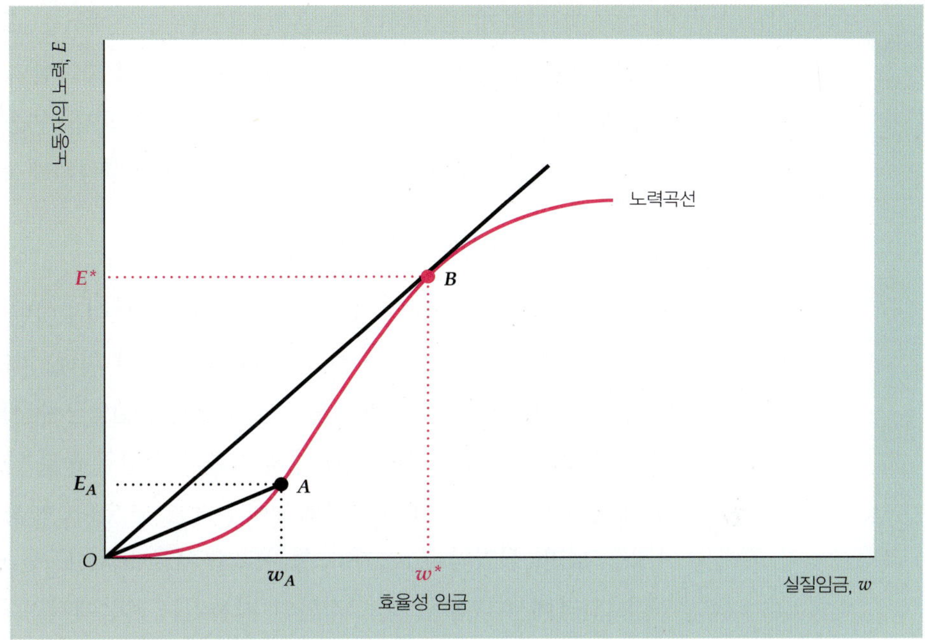

그림 11.1

효율성 임금의 결정

노력곡선은 노동자의 노력 E와 노동자가 받는 실질임금 w의 관계를 보여준다. 실질임금이 높을수록 더 많은 노력을 유발하지만, 어떤 높은 임금수준 이상에서는 더 이상 노력을 자극할 수 없기 때문에 노력곡선은 S자 모양이 된다. 원점에서 곡선 위의 어떤 점을 잇는 직선의 기울기는 실질임금 1달러당 노력의 양을 나타낸다. A점에서 실질임금 1달러당 노력은 E_A/w_A이다. 실질임금 1달러당 가장 높은 노력수준은 B점이며, 원점에서 나온 직선은 이 점에서 노력곡선과 접한다. B점에서의 실질임금이 효율성 임금 w^*이며, 이와 일치하는 노력 수준은 E^*이다.

회피 모형에 따르면, 노동자가 어떤 특정한 일을 하는 데 필요한 최저 금액만 받는다면, 그가 일을 잘하지 못했을 때 해고될 가능성에 대해 관심이 크지 않을 수 있다. 결국 노동자가 일하도록 유도하는 데 필요한 최저 금액만 지불하면, 노동자는 직장이 없을 때보다 직장에 대해 행복감을 크게 느끼지 못할 수 있다. 이러한 경우 노동자가 일을 천천히 하고 의무를 회피하려는 경향이 커질 수 있으며, 고용주는 회피의 비용을 부담하든지 아니면 업무를 감독하는 관리자가 일을 잘 채근하도록 더 많은 급여를 주든지 선택해야 한다. 그와는 대조적으로 높은 임금을 받는 노동자는 자기의 직장을 유지하는 데 더 큰 가치를 둘 것이며(그만큼 좋은 다른 직장을 찾기가 쉽지 않을 것이므로), 게으름으로 인해 해고당하지 않도록 더 열심히 일할 것이다.

선물교환 동기와 회피 모형은, 둘 다 직장에 대한 노동자의 노력은 그들이 받는 실질임금에 의존한다는 것을 뜻한다. 그래프로 볼 때 실질임금과 노력 수준의 관계는 그림 11.1의 **노력곡선**(effort curve)으로 나타나고 있다. 실질임금 w는 수평축을 따라 측정되고 있으며, 노력 수준 E는 수직축으로 측정되고 있다. 노력곡선은 O, A, B점을 지난다. 실질임금이 높을수록, 당근과 채찍 두 가지 이유로 노동자는 더 열심히 일할 것을 선택한다. 그러므로 노력곡선은 우상향하는 기울기를 가지며, S자 형태를 갖는 것으로 가정한다. 가장 낮은 실질임금 수준에서 노동자는 거의 어떤 노력도 하지 않으며, 노력은 실질임금이 증가함에 따라 아주 완만하게 증가한다. 높은 실질임금 수준에서는, 그래프의 가파르게 상승하는 부분에서 나타나는 것처럼 노력은 급격히 증가한다. 노동자가 아무리 동기부여를 받더라도 현실적으로 초과할 수 없는 최대 수준의 노력이 있기 때문에, 그래프는 실질임금이 아주 높은 수준에서는 평평하게 된다.

효율성 임금 모형에서의 임금 결정

노력곡선은 노력이 실질임금에 의존하는 것을 보여주지만, 그러면 무엇이 실질임금을 결정하는가? 가능한 한 많은 이윤을 얻기 위해, 기업은 노동자에게 지불하는 실질임금 1달러당 최대의 노력을 얻을 수 있는 실질임금 수준을 선택할 것이다. 실질임금 1달러당 노력의 양은 노력의 양 E를 실질임금 w로 나눈 것과 같다. E의 w에 대한 비율은 그림 11.1의 그래프에서 찾을 수 있다. 예를 들어, 노력곡선 위의 A점을 보면, 실질임금 w_A가 노동자로 하여금 노력 E_A를 공급하도록 유도하고 있다. 원점에서 A점을 잇는 직선의 기울기는 A점에서의 곡선의 높이 E_A를 수평거리 w_A로 나눈 것과 같다. 그러므로 원점에서 A점을 잇는 직선의 기울기는 A점에서의 실질임금 1달러당 노력의 양과 같다.

임금 1달러당 가장 높은 노력을 달성하는 실질임금은 B점에 있다. 원점에서 B점을 잇는 직선의 기울기는 B점에서의 실질임금 1달러당 노력의 양을 나타내는데, 노력곡선 위의 다른 어떤 점에서 원점을 잇는 직선의 기울기보다 더 크다. 일반적으로 실질임금 1달러당 노력을 극대화하는 실질임금을 찾기 위해, 원점으로부터 노력곡선에 접하는 선을 그린다. 그러면 접점에서의 실질임금이 실질임금 1달러당 노력을 극대화하는 바로 그것이 된다. 실질임금 1달러당 노력 혹은 효율성을 극대화하는 실질임금을 **효율성 임금**(efficiency wage)이라고 한다. 그림 11.1에서 효율성 임금은 w^*이며 그에 상응하는 노력 수준은 E^*이다.

효율성 임금이론은 실질임금 경직성을 설명하는 데 도움을 준다. 고용주는 지급되는 임금 1달러당 노력을 극대화하는 실질임금을 선택하기 때문에, 노력곡선이 변하지 않는 한 실질임금을 바꾸려고 하지 않을 것이다. 그러므로 효율성 임금이론에 따르면, 실질임금은 항구적으로 경직적이며 효율성 임금과 일치한다고 한다.

효율성 임금 모형에서 고용과 실업

효율성 임금이론에 따르면, 실질임금은 지급되는 임금 1달러당 노력을 극대화하는 수준에서 움직이지 않는다. 이제 노동시장에서 고용과 실업은 어떻게 결정되는지 생각해 보기로 하자.

효율성 임금이 있을 때 노동시장의 모양은 그림 11.2와 같다. 효율성 임금 w^*는 수평선으로 표시되고 있다. 효율성 임금은 오로지 노력곡선에 의해 결정되기 때문에, 노동시장 분석 목적을 위해 w^*를 고정된 것으로 간주할 수 있다. 마찬가지로 효율성 임금 w^*에 의해 유발된 노력수준 E^*도 현재 분석 단계에서 고정된 것으로 간주한다.

우상향하는 곡선은 표준적인 노동 공급곡선 NS이다. 고전파 모형과 마찬가지로, 이 곡선은 각 실질임금 수준에서 사람들이 기꺼이 공급하고자 하는 노동시간을 보여준다.[3]

우하향하는 곡선은 효율성 임금 모형에서 노동에 대한 수요곡선이다. 3장에서 공부한 것처럼, 기업의 노동 수요량은 노동의 한계생산물 MPN에 의존한다는 것을 상기하기 바란다. 특히 노동 수요곡선은 노동의 한계생산물 MPN과 노동 투입 N을 연결해 주는 MPN 곡선과 같다. MPN 곡선, 즉 노동의 수요곡선은 노동의 한계생산물 체감의 법칙 때문에 우하향하는 기울기를 갖는다.

고전파 모형에서 노동의 한계생산물은 오로지 생산함수와 자본스톡에만 의존한다. 효율성 임금 모형의 복잡성은, 추가되는 노동자(혹은 노동시간)가 생산하는 산출량은 노동자의 노력에도 의존한다는 데 있다. 다행히 앞에서 지적한 것처럼, 현재 분석 단계에서 효율성 임금 w^*와 그 임금에서 유발된 노력 수준 E^*는 고정되어 있다. 따라서 그림 11.2의 노동 수요곡선 ND^*는, 노동자의 노력이 E^*로 고정되어 있을 때 노동의 한계생산물을 반영한다. 고전파의 경우처럼 생산성의 향상 혹은 자본스톡의 증가는 노동 수요곡선 ND^*를 우측으로 이동시킨다. 또한 최적 노력수준 E^*를 증가시키는 방향으로 노력곡선이 변하면 MPN이 증가하게 되고, 이것은 노동 수요곡선 ND^*를 다시 우측으로 이동시킬 것이다.

이제 고용이 어떻게 결정되는가를 보기 위해 그림 11.2의 구성요소를 결합할 수 있다. 노동 수요곡선 ND^* 위의 A점은, 실질임금이 w^*에 고정되어 있을 때 기업이 고용하고자 하는 노동시간 $\bar{N}$를 나타낸다. 노동 공급곡선 위의 B점은 실질임금이 w^*에 고정되어 있을 때 노동자가 공급하고자 하는 노동시간 NS_1을 나타내며, 이것은 기업의 노동수요보다 많다. 효율성 임금에서 노동공급은 노동수요보다 크며,[4] 따라서 고용 수준은 기업의 노동 수요, 즉 $\bar{N}$와 같이 결정된다.

3. 단순화를 위해 사람들이 공급하고자 하는 노동시간은 그들이 직장에서 발휘해야 하는 노력과는 관계없는 것으로 가정한다.

4. 노동의 초과 공급이 있다는 결과는 효율성 임금 w^*가 노동시장을 청산하는 실질임금 w_E(그림 11.2)보다 높다는 가정을 필요로 한다. 여기에서는 효율성 임금이 항상 시장청산 임금보다 높다고 가정한다. 만약 그렇지 않다면, 기업은 노동자를 끌어들이기 위해 시장청산 임금을 지급해도 충분할 것이다.

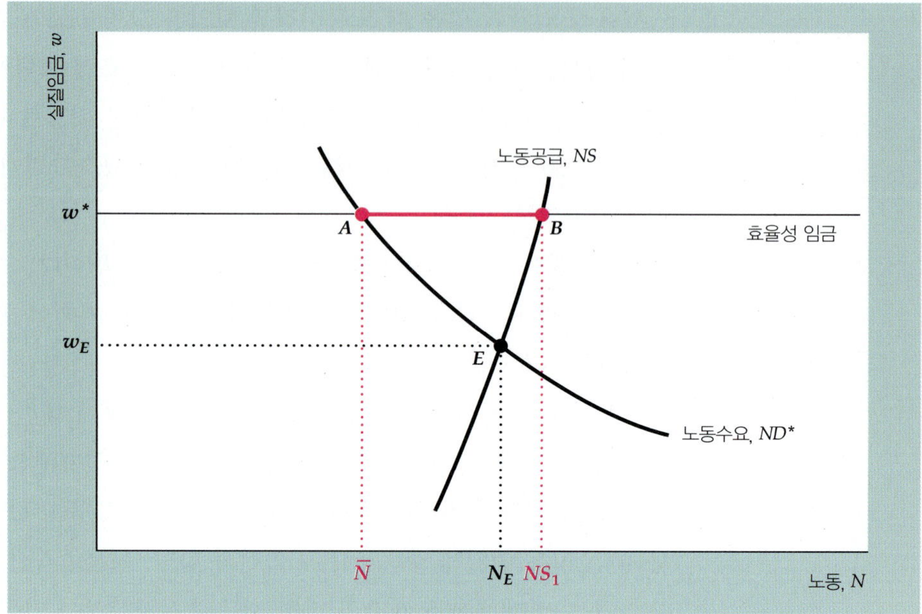

그림 11.2

효율성 임금 모형에서 노동의 초과공급

효율성 임금이 w^*일 때 기업의 노동수요는 $\bar{N}$이며 A점으로 설명된다. 그러나 w^*의 실질임금에서 노동자가 공급하고자 하는 노동은 NS_1이다. 노동의 초과공급은 AB 거리와 같다. 효율성 임금 w^*는 시장청산 임금 w_E보다 높다고 가정한다. 후자는 E점에서 노동수요와 노동공급이 같을 때의 임금이다.

수요 측에서 결정되는 고용수준을 $\bar{N}$로 이름 붙인 것은 그것이 이 모형에서 완전고용 수준을 나타내기 때문이다. 즉 $\bar{N}$는 임금과 가격이 완전히 조정된 후 달성된 고용 수준이다(효율성 임금 모형에서 $\bar{N}$의 값은 고전파 노동시장 모형의 완전고용 수준과 다르며, 후자는 그림 11.2의 N_E에 해당된다). 효율성 임금은 w^*에서 움직이지 않으므로, 외부 충격이 없으면 이 경제의 고용수준은 $\bar{N}$에 무한정 머물게 된다.

아마도 그림 11.2의 가장 흥미 있는 측면은 그것이 실업에 대한 새로운 설명을 제공하고 있다는 것이다. 즉 임금이 필요한 만큼 충분히 조정되고 경제가 기술적으로 완전고용에 있다 하더라도, 노동의 초과공급 $NS_1 - \bar{N}$는 여전히 존재한다는 것을 그림 11.2가 보여준다.[5]

고전파 노동시장 모형에서 그랬던 것처럼, 왜 실업자는 실질임금을 밀어 내림으로써 일자리를 얻으려고 하지 않는가? 고전파 모형과는 달리 효율성 임금의 노동시장에서는 고용주가 노동자를 고용하려고 하지 않기 때문에, 더 낮은 임금에서 일하려는 사람들이 실질임금을 밀어 내릴 수는 없다. 더 낮은 임금에서 일하려는 사람들은 높은 효율성 임금을 받는 노동자들보다 실질임금 1달러당 노력을 충분히 발휘하지 않는다는 것을 고용주는 알고 있다. 따라서 그림 11.2에 나타나는 노동의 초과공급은 무한정 지속될 것이다. 그러므로 효율성 임금 모형

5. 노동의 초과공급으로 표현되는 실업은 경제가 완전고용일 때도 지속되기 때문에, 그것은 구조적 실업의 일부로 생각된다.

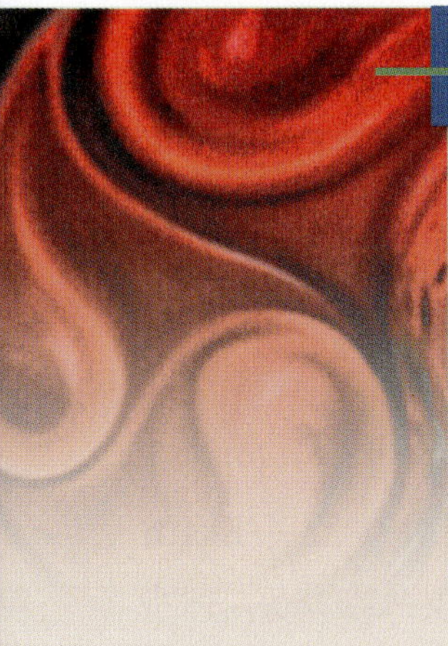

최신자료 및 연구와의 접속 *IN TOUCH WITH DATA AND RESEARCH*

헨리 포드의 효율성 임금

1908~1914년 동안 헨리 포드(Henry Ford)는 포드 자동차회사에 자동차를 생산하는 혁신적인 새로운 방법을 도입했다.[6] 포드의 기술혁신 이전에, 자동차 부품은 통일된 형식으로 생산되지 않았다. 그 대신 숙련된 기술자가 자동차를 하나하나 조립해야만 했으며, 그들은 크기나 모양이 1인치나 차이가 나는 부품조차도 끼워 맞출 수 있었다. 포드는 조립라인 생산 시스템을 도입했으며, 여기에서 표준화된 생산품인 모델 *T* 자동차가 정밀하고 호환성 있는 부품으로 생산됐다. 생산 과정은 수많은 소규모 단순 공정으로 나누어졌으며, 그 결과 단지 몇 가지 공정을 반복 수행하는 비숙련 노동자를 데리고 처음부터 끝까지 자동차를 만들었던 숙련 기술자는 더 이상 필요 없게 됐다.

포드사가 조립라인을 돌리는 빠른 속도와 작업의 반복성은 노동자들에게 힘든 것이었다. 어떤 노동자는 이렇게 말하기도 했다. "거의 86일이 넘는 동안 86번 나사만 끼우고 있노라면, 난 폰티액(Pontiac) 정신병원의 86번 정신병자가 된 것 같아."[7] 결과적으로 이직률이 높았고 노동자들은 평균적으로 겨우 몇 달만 일하다 떠나곤 했다. 결근도 하루에 거의 10% 정도로 높았고 사기도 낮았다. 노동자는 게으름을 피웠고 태업마저도 일어났다.

1914년 1월 포드는 특정한 기준을 만족하는 노동자에게 일당 5달러를 지급하겠다고 발표했으며, 그 기준 중 하나는 노동자가 최소한 6개월 이상 회사에 근무해야 한다는 것이었다. 일당 5달러는 당시 생산직 노동자 정상 임금의 2배가 넘는 것이었다. 포드의 발표 동기가 무엇인가에 대한 논쟁이 붙기는 했지만, 그 효과는 놀라웠다. 수천 명의 노동자가 취직할 희망을 안고 공장 밖에 줄을 섰다. 공장 안에서는 사직하는 사람의 수가 87% 감소했고, 결근은 75%나 줄었으며 생산성은 30% 이상 향상됐다. 임금을 올리고 모델 T 자동차의 값을 낮추었음에도 불구하고, 생산성 향상으로 포드사의 이윤은 증가했다.

포드사의 일당 5달러의 결과는, 효율성 개선과 이윤 증가 등을 포함하여 효율성 임금 모형으로 대략 예측될 수 있다. 다른 자동차회사들이 포드사의 기술 혁신을 채택했을 때, 포드사의 임금 정책도 함께 채택됐다. 1928년 노동조합이 자동차산업에서 중요한 역할을 하기 전까지, 자동차산업의 임금은 다른 제조업보다 거의 40% 이상 높았다.

6. Daniel M. G. Raff and Lawrence H. Summers, "Did Henry Ford Pay Efficiency Wages?" *Journal of Labor Economics*, October 1987, pp. S57-S86.

7. 다음 문헌에서 인용됐다. Stephen Meyer, *The Five-Dollar Day: Labor Management and Social Control in the Ford Motor Company, 1908~1921*, Albany: State University of New york Press, 1981.

은 비록 직업과 노동자 간 불일치가 없다고 하더라도, 실업은 존속될 것이라는 것을 함축하고 있다.

효율성 임금 모형은 실질임금과 실업에 대한 흥미 있는 이론이다. 그러나 그것이 현실적 행태를 설명하고 있는가? "최신자료 및 연구와의 접속 : 헨리 포드의 효율성 임금"은 노동시장 역사에서 유명한 사건을 효율성 임금이론으로 설명하고 있다. 이러한 일화 외에도 많은 기업과 산업의 임금 및 고용에 대한 연구는 효율성 임금 모형을 일정하게 지지하고 있다. 예를 들어, 펜실베이니아대학교의 피터 카펠리(Peter Cappelli)와 캔자스대학교의 케이스 쇼빈(Keith Chauvin) 교수는,[8] 효율성 임금이론의 한 측면과 일치하는 것으로 노동자에게 더 높은 임금을 주는 기업이 징계 사유로 해고된 노동자 수로 측정했을 때의 노동 회피를 적게 경험한 것을 발견했다. 또한 토론토대학교의 미셸 알렉소폴로스(Michelle Alexopoulos)와 존 코헨(Jon Cohen)은[9] 1970년대 스웨덴에서 임금이 삭감되었을 때, 노동자의 노력이 급격히 하락했다는 것을 보여줬다.

여기에서 설명된 효율성 임금 모형에 대한 비판은, 그것이 노력곡선의 변화가 없으면 실질임금을 말 그대로 고정된 것으로 예측한다는 것이다. 물론 실질임금은 시간에 따라(그리고 8장에서 본 것처럼 경기순환에 따라) 변화하기 때문에 이 결과는 매우 극단적이다. 그러나 기본모형은 노력곡선의 변화를 허용하고 효율성 임금의 변화를 가져올 수 있도록 확장될 수 있다. 예를 들어, 노동자는 호황기보다 직장 찾기가 더 어려운 침체기에 그들의 직장 상실을 더 염려한다고 가정하는 것이 합리적일 것이다. 이러한 가정하에서 어떤 특정한 수준의 노력을 얻는 데 필요한 실질임금은 침체기에 더 낮을 것이다. 그러므로 침체기에 지불되는 효율성 임금도 더 낮을 수 있다. 이러한 확장은 실질임금이 호황기보다 침체기에 더 낮다는(경기 순응적 실질임금) 경기순환의 사실과 효율성 임금 모형을 일치시키는 데 도움이 될 수 있다.

효율성 임금과 *FE*선

고전파 모형과 마찬가지로 케인즈파의 *IS-LM* 모형에서도 *FE*선은 완전고용 산출량 수준 $\bar{Y}$와 같은 점에서 수직이다. 고용주가 효율성 임금을 지급한다고 가정하면, 완전고용 산출량 $\bar{Y}$는 그림 11.2에서 본 것처럼 고용이 완전고용 수준 $\bar{N}$

8. "An Interplant Test of the Efficiency Wage Hypothesis," *Quarterly Journal of Economics*, August 1991, pp. 769-787.

9. "Centralized Wage Bargaining and Structural Change in Sweden," *European Review of Economic History*, December 2003, pp. 331-366.

일 때 생산되는 산출량이며 이때 노동자의 노력수준은 E^*이다.

고전파 모형과 같이 어떤 요인이 완전고용 산출량 $\bar{Y}$를 변화시키면 FE선은 이동한다. 고전파 모형은 FE선을 이동시키는 두 가지 요인을 강조했다. 즉 노동공급의 변화와 생산성의 변화다. 그러나 효율성 임금 모형에서 노동공급은 고용에 영향을 주지 않는다. 따라서 노동공급의 변화는 효율성 임금하의 케인즈파 모형에서 FE선에 영향을 미치지 않는다. 생산성 하락은 완전고용 산출량 $\bar{Y}$를 감소시키며, 두 가지 이유로 FE선을 왼쪽으로 이동시킨다. 첫째, 어떤 주어진 고용수준에서 노동의 한계생산물을 감소시킴으로써 생산성 하락은 어떤 고정된 실질임금에서 노동수요를 감소시킨다. 실질임금은 w^*에 고정되어 있으므로 완전고용수준 $\bar{N}$는 감소한다. 둘째, 생산성 하락은 어떤 특정한 양의 자본, 노동, 노력을 가지고 생산할 수 있는 산출량을 감소시킨다.

11.2 가격의 완고성

효율성 임금에 의해 만들어진 경직성은, 명목임금이 아닌 실질임금이 고정되어 있다는 점에서 실질 경직성이다. 케인즈파 이론은 또한 명목 경직성을 강조하는데, 이것은 가격 혹은 임금이 명목 가치로 고정되어 있을 때, 그리고 수요 혹은 공급 변화에 반응하여 쉽게 변하지 않을 때 발생한다. 케인즈파는 종종 명목가격의 경직성(가격이 경제 변화에 대해 매우 완만하게 조정되는 경향)을 **가격 완고성**(price stickiness)이라고 한다.

11.1절에서 케인즈파는 실업에 대한 고전파의 설명이 불만족스러웠기 때문에 실질임금 경직성을 도입했다고 설명했다. 마찬가지로 가격 완고성의 가정도, 기본적 고전파 모형에 또 다른 심각한 약점이 있음을 케인즈파가 믿고 있다는 것을 설명하고 있다. 이것은 바로 화폐가 중립적이라는 고전파의 예측이다.

오인이 없는 기본적 고전파 모형에서, 임금과 가격이 신속히 조정된다는 가정은 화폐가 중립적임을 함축하고 있다. 화폐가 중립적이라면 화폐공급의 증가 혹은 감소는 물가수준을 비례적으로 변동시킬 뿐이고, 산출량 및 고용, 실질이자율과 같은 실질변수에는 아무런 영향을 주지 못한다. 그러나 역사적 사건 분석을 포함한 실증적 연구를 보면, 대부분의 경제학자는 현실세계에서 화폐는 아마도 중립적이지 않다는 결론을 내릴 수밖에 없다.

화폐의 비중립성을 설명할 수 있는 하나의 접근방법은, 고전파 모형을 확장하여 노동자와 기업이 현재 물가수준에 대한 불완전한 정보를 갖는다고 가정하는 것이다(10장의 오인이론이 여기에 해당된다). 그러나 케인즈파는 화폐의 비중립성을 설명하는 다른 방법, 즉 물가는 신속하게 조정되지 않는다는 가격의 완고성을 선호한다. 만약 가격이 잘 움직이지 않는다면, 물가수준은 화폐공급 변화를 상쇄할 만큼 즉각 조정될 수 없으며 따라서 화폐는 중립적이지 않다. 그러므로 케인즈파의 입장에서 볼 때, 가격의 완고성은 그것이 화폐의 비중립성을 설명하고 있다는 점에서 중요하다.

이 절에서 명목가격 경직성에 초점을 두고 있지만, 케인즈파의 오랜 전통은 명목가격 경직성 대신 명목임금 경직성을 강조하고 있다. 부록 11.A에서는 명목임금 경직성 가정에 기반을 둔 케인즈파의 또 다른 모형에 대해 논의할 것이다. 이 모형도 가격 경직성, 특히 화폐가 비중립적이라는 가정을 갖는 케인즈파 모형과 비슷한 함축성을 갖는다.

가격 완고성의 원인 : 독점적 경쟁과 메뉴 비용

가격의 완고성으로 인해 화폐의 비중립성이 발생한다고 말하는 것은, 그것이 또 다른 의문을 일으키기 때문에 비중립성을 완전히 설명하는 것이 아니다. 왜 가격은 완고한가? 케인즈파는 두 가지 주요한 이유를 들어 가격 완고성의 존재를 설명하고 있다. (1) 대부분의 기업은 그들의 상품 가격을 시장에서 주어지는 대로 받아들이기보다, 그것을 적극적으로 설정하고 있다. (2) 기업이 가격을 변경할 때 메뉴 비용이라고 알려진 비용을 감수해야 한다.

독점적 경쟁 옥수수 시장이나 주식시장과 같이 매우 경쟁적이고 조직화된 시장에서 가격의 완고성을 거론하는 것은 그리 지각 있는 일이 아닐 것이다. 이러한 시장에서는 수요와 공급의 변화를 반영하여 가격이 신속하게 조정된다. 이러한 경쟁적이고 조직화된 시장에서 가격이 신축적인 주요한 이유는, 거래되는 상품이 표준화되어 있고(어떤 특정한 등급의 옥수수 한 부셸 혹은 IBM 주식 1주 등) 실제 혹은 잠재적 시장참가자의 수가 많기 때문이다. 이러한 두 가지 요인으로 인해, 수요와 공급의 변화에 대해 가격이 신속하게 반응할 수 있는 집중화된 시장(예를 들어, 뉴욕 증권시장)을 만드는 것이 효과적이다. 마찬가지로 이러한 두 가지 요인은 판매자와 구매자 간 첨예한 경쟁을 촉진하게 되며, 이것은 어떤 개인이 가격에 영향을 미칠 수 있는 가능성을 크게 감소시킨다.

옥수수 시장이나 주식시장 참여자의 대부분은 그들 자신을 가격 순응자로 생각한다. 가격 순응자(price taker)란 시장가격을 주어진 것으로 받아들이는 시장참여자이다. 예를 들어, 소규모 농장주는 옥수수의 시장가격이 자기의 통제 범위 밖에 있다는 것을 정확하게 인식하고 있다. 그와 대조적으로 가격 설정자(price setter)는 가격을 설정할 수 있는 어느 정도의 힘을 갖고 있다.

옥수수나 주식시장보다 시장참여자의 수가 적고 상품의 표준화가 낮은 시장은 가격 순응 행태보다 가격 설정 행태를 보일 가능성이 있다. 예를 들어, 중소도시의 영화 시장을 생각해 보기로 하자. 이 시장은 많은 다른 극장과 함께, 각자의 고객을 다른 극장 및 비디오 가게 등에서 끌어오기 위해 상당히 경쟁적일 수 있다. 영화 시장이 경쟁적이라 하더라도, 그것이 옥수수 시장과 같은 정도로 경쟁적이지는 않다. 농부가 자기 옥수수의 가격을 시장가격보다 부셸당 5센트 올리려고 했다면, 그는 옥수수를 하나도 팔지 못할 것이다. 그러나 어떤 극장이 티켓 가격을 경쟁 극장보다 5센트 올린다고 해서 자기 고객을 모두 잃지는 않는다. 극장의 생산물은 완전히 표준화된 것이 아니기 때문에(기타 극장과 다른 영화를 상영할 수 있고, 어떤 사람에게는 위치가 더 좋을 수 있으며, 매점에 다른 종류의 사탕과 아이스크림을 진열할 수 있고, 더 큰 스크린과 더 안락한 의자 등을 둘 수 있다), 극장은 어느 정도의 가격 설정 재량권을 갖고 있다. 그것은 가격 설정자이지 가격 순응자는 아니다.

일반적으로 모든 구매자와 판매자가 가격 순응자인 상황(예를 들어, 옥수수 시장)을 **완전경쟁**(perfect competition)이라고 한다. 그와 대조적으로, 어느 정도의 경쟁은 있으나 소수의 판매자와 상품의 불완전한 표준화로 인해 개별 생산자가 가격 설정자로 행동할 수 있는 상황을 **독점적 경쟁**(monopolistic competition)이라고 한다.

완전경쟁은 가격 결정을 고전파의 관점에서 보는 모형이며, 이미 언급한 것처럼 가격 경직성 혹은 완고성은 완전경쟁시장과는 절대로 조화될 수 없는 것이다. 케인즈파는 가격 경직성이 완전경쟁시장에서 발생하지 않는다는 것을 인정하고 있지만, 경제의 작은 부분만이 상대적으로 완전경쟁시장이라는 것을 지적하고 있다. 케인즈파는 독점적 경쟁시장에서 가격 경직성의 가능성이 매우 높다고 주장한다.

논점을 설명하기 위해 경쟁적 극장의 사례로 돌아가 보기로 하자. 영화 티켓 시장이 완전경쟁적이라면, 티켓 가격은 어떻게 결정되는가? 가상적으로 티켓 판매자와 구매자가 모두 모이는 어떤 중앙 광장이라도 있다고 하자. 시장 참가자는 '사자(bids, 사람들이 기꺼이 사려고 하는 가격)'와 '팔자(asks, 사람들이 기꺼이 팔고자 하는 가격)'를 외칠 것이다. 새로운 정보가 시장에 들어와 수요 및 공급을 변동시킬 때마다 가격은 끊임없이 출렁거릴 것이다. 예를 들어, 유명한 영화 평론가가 '톱 픽(two thumbs up)'으로 꼽은 영화는 티켓 가격이 즉각 치솟을 것이고, 베이비시터의 공급이 장차 부족해질 것이라는 뉴스가 나오면 모든 영화 티켓 가격이 하락할 것이다.

물론 이러한 방식으로 영화 티켓 가격이 정해지는 것은 아니다. 실제로 대부분 극장의 가격 책정은 다음 세 가지 특징을 가지며, 이것은 또한 대부분의 가격 설정 시장에서 공통적으로 나타난다.

1. 시장에서 완전히 결정되는 영화 가격을 수용하기보다는, 극장은 티켓 가격(혹은 티켓 스케줄)을 명목가치로 설정하며 일정 기간 동안 같은 명목가격을 유지한다.
2. 적어도 어떤 범주 안에서, 극장은 고정된 명목가격에 예상되는 수요를 맞추려고 한다. '수요를 맞춘다'는 뜻은, 극장은 고정된 가격에 사람들이 사려고 하는 만큼의 티켓을, 즉 모든 좌석이 가득 차는 점까지 팔려고 한다는 것이다.
3. 일반적으로 비용과 수요가 상당한 정도로 변할 때마다, 극장은 종종 가격을 재조정한다.

이러한 형태의 가격 책정은 이윤을 극대화할 수 있는가? 만약 비용이 명목가격 변화와 연관되어 있다면, 그리고 시장이 독점적 경쟁이라면 그것은 가능하다고 케인즈파 이론은 말해주고 있다.

메뉴 비용과 가격 설정 가격을 변경할 때 드는 비용의 고전적 사례는, 식당이 판매 가격의 변화를 보여주는 메뉴를 다시 인쇄해야 할 때 직면하는 비용이다. 따라서 가격을 변경하는 비용을 **메뉴 비용**(menu cost)이라고 한다. 메뉴 비용의 더 일반적 사례는(모든 종류의 기업에 적용될 수 있는 것으로) 상품에 표시를 다시 하는 비용, 가격 목록과 카탈로그를 다시 프린트하는 비용, 잠재적 고객에게 홍보하는 비용 등을 포함한다. 기업이 가격을 변경할 때 비용을 초래한다면 가격을 가급적 자주 변경하려고 하지 않을 것은 명백하며, 이것이 어느 정도의 가격 경직성을 만들어낸다.

가격 경직성에 대한 메뉴 비용 설명이 갖는 잠재적 문제점은, 이러한 비용이 다소 작아 보인다는 것이다. 그러면 어떻게 그것이 거시경제적 중요성을 가질 정도로 명목 경직성의 원인이 될 수 있을까?

먼저 첫째 관점은 독점적 경쟁 가정이 중요하다는 것이다. 완전경쟁시장 기업의 경우 '조금만 틀린' 가격도 심각한 결과를 초래할 수 있다. 농장주가 자기 옥수수에 부셸당 시장가격보다 5센트 높은 가격을 매기면, 그는 옥수수를 하나도 팔 수 없다. 그러므로 메뉴 비용이 존재하더라도 농장주가 자기의 생산물에 가격을 정확히 다시 매기는 것을 막을 수는 없다. 그러나 독점적 경쟁 기업의 산출량에 대한 수요는 가격 변화에 그렇게 예민하게 반응하지 않는다. 극장은 티켓 가격을 경쟁 극장보다 5센트 올린다고 해서 많은 고객을 잃지 않는다. 따라서 독점적 경쟁자의 가격이 어느 정도 일반적 범주 안에 있는 한, 가격을 정확하게 표시하지 않는 데서 오는 이윤 손실은 그리 크지 않다. 만약 이윤 손실이 가격을 변경하는 비용, 즉 메뉴 비용보다 적다면, 기업은 가격을 변경하지 않을 것이다.

시간이 지남에 따라 기업이 직면하는 생산함수와 수요곡선은 다양한 충격을 겪을 것이고, 그 결과 마침내 기업의 이윤극대화 가격은 현재 가격과 크게 달라질 수 있다. '잘못된' 가격 표시 때문에 상실되는 이윤이 가격 변경 비용을 명백히 초과하면, 기업은 명목가격을 변경할 것이다. 따라서 극장은 일반적 인플레이션과 다른 시장 상황을 반영하여, 주기적으로(기간을 정하여) 티켓 가격과 팝콘 가격을 올린다.

가격 완고성의 실증적 증거 실제 가격의 경직성 혹은 완고성의 정도를 분석한 몇몇 연구가 있다.

기업이 그들의 가격을 경직적인 것으로 인식하고 있는지 여부를 조사하기 위해, 프린스턴대학교의 앨런 블라인더(Alan Blinder)[10] 교수는 1990~1992년 동안 프린스턴대학교 대학원생의 도움을 받아 임의로 선택된 200개 기업의 관리자를 대상으로 가격 책정에 대해 면담했다. 표 11.1은 다양한 빈도로 가격 변경을 보고한 연구 대상 기업의 비율을 보여줌으로써, 가격 완고성의 증거를 요약해 주고 있다. 예를 들어, 표 11.1의 첫줄은 이러한 기업의 10.2%가 1년에 한 번 이하로 가격을 변경했음을 말해주고 있다. 면담한 관리자 중 거의 절반(49.5%)

표 11.1 면담 기업 중 가격조정의 빈도

가격변화 빈도(연간 횟수)	기업 비율(%)
1회 이하	10.2%
1	39.3
1.01~2	15.6
2.01~4	12.9
4.01~12	7.5
12.01~52	4.3
52회 이상	10.2

출처 : Alan S. Blinder, "On Sticky Prices: Academic Theories Meet the Real World," in N. G. Mankiw, ed., *Monetary Policy*, University of Chicago Press, 1994, Table 4.1

10. "On Sticky Prices : Academic Theories Meet the Real World," in N. G. Mankiw, ed., *Monetary Policy*, University of Chicago Press, 1994.

이 1년에 한 번 혹은 그 이하로 가격을 변경했다고 말하고 있다. 단지 22%의 기업만이 1년에 네 번 이상 가격을 변경했다.

가격 책정의 빈도 외에도, 블라인더 교수와 학생은 기업 관리자에게 왜 가격을 자주 바꾸지 않는가에 대해 질문했다. 많은 기업에 있어서 가격 변경의 직접 비용(메뉴 비용)이 중요한 역할을 한 것으로 나타났다. 그럼에도 불구하고 많은 관리자는, 그들 자신의 가격을 변경했을 때 경쟁기업이 반드시 뒤따라오지는 않을 것이라는 염려를 가격 완고성의 원인으로 강조했다. 관리자는 고객을 경쟁기업에 빼앗길 것을 우려해, 그들 시장에서 가격을 올리는 첫째 기업이 되는 것을 특히 싫어했다. 이러한 이유로 많은 기업은 산업 전체에서 비용 및 수요 변화로 인해 가격조정의 필요성이 명백해질 때까지 가격 변경을 연기한다고 했다.

가격 완고성에 대한 또 다른 연구에서, 시카고대학교의 아닐 카슈얍(Anil Kashyap)[11] 교수는 35년 동안의 12가지 개별 품목 가격(L. L. 빈, 오르비스, 여가 장비 회사의 카탈로그에 수록된 것)을 조사했다. 새 카탈로그에 변경된 가격을 수록하는 것은 사실상 비용이 들지 않지만, 카슈얍 교수는 많은 상품의 명목가격이 계속 발간되는 카탈로그 책자에서 고정되어 있음을 발견했다. 명목가격이 변경되었을 때, 카슈얍 교수는 가격이 크게 변경된 경우와 조금 변경된 경우를 모두 발견했다. 그는 작은 가격 변화와 장기간 가격 불변이 결합된 것을 메뉴 비용에 대한 증거로 해석했다. 만약 메뉴 비용 때문에 가격을 자주 변경하지 않는 것이라면, 가격은 그것이 어떤 범주를 상대적으로 멀리 벗어났을 때에만 변경되어야 하며 그 변경 폭은 커야 한다. 작은 가격 변화는 메뉴 비용의 이러한 함축성과 모순인 것으로 보인다. 메뉴 비용이 가격 책정의 첫째 이유는 아니지만, 카슈얍 교수의 연구는 블라인더 교수가 발견한 현실적인 가격 경직성을 뒷받침해 주고 있다.

그러나 더 큰 데이터 집단을 기반으로 한 최근 자료를 보면, 가격의 완고성이 앞의 연구에서 지적된 것처럼 지배적이지 않다고 한다. 2004년 논문에서 로체스터대학교의 마크 빌스(Mark Bils)와 스탠포드대학교의 피터 클레노우(Peter Klenow)[12] 교수는, 350개 상품을 대상으로 가격(소비자물가지수 계산에 사용하기 위해 노동통계국이 조사한 가격) 변경 사이의 평균 시간이 4.3개월에 불과하다는 것을 발견했다. 이것은 블라인더와 카슈얍 교수가 보고한 것보다 가격이 훨씬

11. "Sticky Prices : New Evidence From Retail Catalogs," *Quarterly Journal of Economics,* February 1995, pp. 245-274.

12. "Some Evidence on the Importance of Sticky Prices," *Journal of Political Economy*, October 2004, pp. 947-985.

자주 변경되고 있다는 것을 뜻한다. 남성 이발, 택시 요금, 신문과 같이 어떤 상품과 서비스의 가격은 거의 변하지 않으며 분명히 경직적이다. 그러나 식료품과 휘발유를 포함한 기타 상품과 서비스의 가격은 매우 자주 변한다.

그러므로 빌스와 클레노우 교수의 결과는 어떤 가격은 전혀 경직적이지 않다는 것을 뜻하며, 이러한 발견은 가격 완고성 관점에 의문을 던질 수 있다. 그러나 경제학자가 그들의 모형에서 가격 완고성의 가정을 계속 사용하는 하나의 이유는, 가격 변화의 많은 부분이 특정 산업의 수요 혹은 공급 변화에 의해 유발되기 때문이다. 예를 들어, 석유 공급에 관한 매일매일의 뉴스는 휘발유 가격을 변화시킨다. 그러나 가격 완고성에 대한 가정은 거시경제 모형에서 타당성을 갖는 것으로 본다. 왜냐하면 통화정책의 변화에 대해 가격이 어떻게 반응할 것인가, 그리고 일반균형의 회복을 위해 가격이 어떻게 변할 것인가 등이 관심의 대상이며 각 산업에서 공급과 수요 충격에 대해 가격이 어떻게 반응할 것인가가 아니기 때문이다. HEC-몬트리올의 진 보이빈(Jean Boivin), 컬럼비아대학교의 마르크 지아노니(Marc Giannoni) 및 INSEAD의 일리안 모호브(Ilian Mohov)는[13] 많은 상품의 가격이 통화정책에 매우 경직적으로 반응하며, 반면 다른 상품과 비교되는 상품의 상대가격에 영향을 주는 수요와 공급 충격에 대해서는 신속하게 반응한다는 것을 보여주고 있다. 따라서 비록 빌스와 클레노우의 증거에 직면해 있기는 하지만, 거시경제 모형에서 가격 완고성의 가정은 유용한 것이다.

고정된 명목가격에서의 수요 충족 가격이 경직적일 때, 기업은 가격을 변화시키기보다 생산량을 변화시킴으로써 수요 변화에 반응한다. 케인즈파에 따르면 기업은 왜 고정된 명목가격에서 기꺼이 수요를 충족시키려고 하는가? 이 질문에 대답하기 위해 독점적 경쟁의 가정에 다시 의존하기로 하자. 이미 언급한 것처럼 독점적 경쟁기업은 고객을 모두 잃을 위험 없이도 가격을 약간 올릴 수 있다. 독점적 경쟁기업의 이윤극대화 전략은 **한계비용**(marginal cost) 혹은 추가 산출량 단위를 생산하는 비용보다 가격을 높게 책정하는 것이다. 가격이 한계비용을 초과하는 부분은 **부가율**(markup)이다. 예를 들어, 어떤 기업이 한계비용보다 15% 높은 가격을 책정했다면 기업의 부가율은 15%다. 일반적으로 기업이 한계비용에 대해 η의 일정한 부가율을 매기면 가격은 다음과 같이 정해진다.

$$P = (1 + \eta)MC \tag{11.1}$$

13. "Sticky Prices and Monetary Policy : Evidence from Disaggregated U.S. Data," *American Economic Review*, March 2009, pp. 350-384.

여기에서 P는 기업이 부과한 명목가격이며 MC는 명목 한계비용이다.[14]

기업이 식 (11.1)을 따라 가격을 설정할 때, 얼마나 많은 양을 팔 수 있는지 알고 있을 것이다. 이제 기업의 입장에서, 기업이 그 가격에 팔 것으로 예상했던 것보다 놀랍게도 더욱 많은 양을 고객이 수요한다고 가정해 보자. 기업이 이 가격에서 수요를 충족시켜 주는 것이 과연 이익이 되는가?

답은 "그렇다"이다. 각 추가 단위에 대해 기업이 받는 가격은 추가 단위를 생산하는 비용(그것의 한계비용)보다 높기 때문에, 고정된 가격에 추가 단위를 판매하면 기업의 이윤은 증가한다. 따라서 한계비용이 상품의 고정된 가격보다 아래에 있는 한, 기업은 이 고정된 가격에 더 많은 상품을 기꺼이 공급하고자 한다. 더욱이 기업이 효율성 임금을 지급하고 있다면, 현재 노동의 초과공급이 존재하므로 기업은 쉽게 더 많은 노동자를 고용해서 수요를 충족시키는 데 필요한 상품을 더 생산할 수 있다.

고정된 명목가격에서 기업의 수요 충족의 거시 경제적 중요성은, 경제가 완전고용선 위가 아닌 점에서 산출량을 생산할 수 있다는 것이다. FE선은 모든 임금과 가격이 완전히 조정된 후 기업이 생산하는 산출량을 보여주고 있다. 그러나 명목가격 경직성하에서는 상품의 가격이 일반균형 값으로 신속하게 조정되지 않는다. 가격이 아직 완전히 조정되지 않은 기간 동안 산출량이 FE선 위에 꼭 있을 필요는 없다. 그 대신 한계비용이 고정된 가격보다 아래에 있는 한, 독점적 경쟁 기업은 수요량만큼 생산할 것이다.

유효 노동수요 기업이 특정한 가격에서 자기 상품에 대한 수요를 충족시킬 때, 기업은 계획했던 것과 다른 산출량을 생산할 수도 있고, 계획과 다른 고용량을 고용할 수도 있다. 기업이 수요를 충족시킬 때 실제로 얼마만큼의 노동을 고용할 것인가? 답은 그림 11.3의 **유효 노동수요 곡선**(effective labor demand curve) $ND^e(Y)$에서 구해진다. 어떤 산출량 Y에서 유효 노동수요 곡선은 그 산출량을 생산하는 데 얼마나 많은 노동이 필요한가를 나타낸다. 이때 생산성, 자본스톡, 노력은 일정한 것으로 가정한다.

이미 우리는 사용된 노동의 양과 산출량의 관계를 나타내는 생산함수 개념을 알고 있다. 사실 그림 11.3의 유효 노동수요 곡선은 단순히 산출량과 노동 투입

14. 기술적 노트 : 일정한 가격 탄력성을 가진 수요곡선과 고정된 임금에 직면하고 있는 독점적 경쟁기업의 입장에서 볼 때, 식 (11.1)의 고정된 부가율 법칙(markup rule)은 이윤을 극대화할 수 있다. 또한 이 경우 노동의 수요곡선은 노동의 한계생산물 곡선과 비례한다(똑같지는 않다). 특히 이윤극대화를 위해 기업은 MPN과 w^*를 같게 하는 것이 아니라, MPN과 $(1+\eta)w^*$를 같게 해야 한다. 여기에서 w^*는 효율성 임금이다. 이러한 조건은 이 장에서 설명되고 있는 어떠한 결론에도 영향을 미치지 않는다.

그림 11.3

유효 노동수요 곡선

기업이 자기 상품에 대한 수요를 충족시키고자 할 때, 기업은 단지 수요량을 생산하는 데 필요한 노동량만 고용한다. 더 많은 산출량을 생산하기 위해서는 더 많은 노동이 요구되기 때문에, 기업은 산출량에 대한 수요가 높아질 때 더 많은 노동을 고용해야 한다. 수요되는 산출량과 고용되는 노동량의 이러한 관계가 유효 노동수요 곡선이다. 유효 노동수요 곡선은 산출량과 노동을 연결하는 생산함수와 같다. 다만 노동이 수직축에 위치하고 산출량이 수평축에 위치하는 것만 다를 뿐이다.

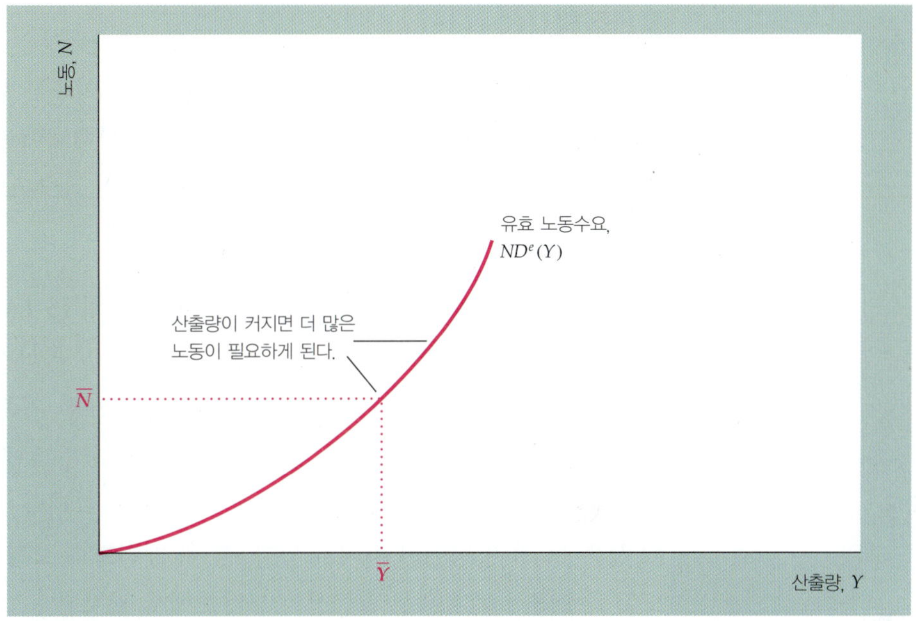

을 연결하는 생산함수에 불과하다. 다만 차이점이 있다면 산출량 Y를 수평축에, 그리고 노동 N을 수직축에 나타냈다는 것뿐이다(이러한 반대 축이 나중에 보면 더 편리하다). 기업은 더 많은 산출량을 생산하기 위해 더 많은 노동을 필요로 하기 때문에, 유효 노동수요 곡선은 왼쪽에서 오른쪽으로 우상향하는 기울기를 갖는다.

11.3절의 케인즈파 모형에서는 고용량을 결정하기 위해 유효 노동수요 곡선을 사용할 것이다. 경제가 *FE*선 위에 있지 않고 물가수준이 고정되어 있을 때, 유효 노동수요 곡선이 고용 수준을 알려준다. 그리고 임금과 가격이 완전히 조정된 후, 경제는 *FE*선으로 되돌아가고 고용 수준은 그림 11.2의 노동 수요곡선 ND^*에서 결정된다. 임금과 가격이 완전히 조정된 후 산출량이 완전고용 수준 $\bar{Y}$로 되돌아가면, 유효 노동수요 곡선은 그림 11.3에서 보는 것처럼 고용이 $\bar{N}$와 같음을 보여준다.

11.3 케인즈파 모형에서 통화 및 재정정책

이제 케인즈파의 완결 모형을 생각해 보자. 고전파 모형처럼, 케인즈파 모형도 *IS-LM* 혹은 *AD-AS* 모형으로 설명될 수 있다. 케인즈파 모형의 개요를 설명하기보다, 통화정책과 재정정책의 효과를 분석하는 작업으로 곧장 들어가기로 한다.

통화정책

케인즈파 모형에 명목가격 경직성을 도입한 주요 이유는 화폐의 비중립성을 설명하기 위한 것이다. 먼저 케인즈파의 *IS-LM* 분석체계에서 가격의 경직성과 화폐의 비중립성의 관계를 검토한 다음, 케인즈파의 *AD-AS* 모형으로 넘어가기로 한다.

케인즈파 *IS-LM* 모형에서의 통화정책 케인즈파의 *IS-LM* 모형은 9장과 10장에서 논의한 *IS-LM* 모형과 매우 비슷하다. 특히 *IS* 곡선과 *LM* 곡선은 기존의 분석에서 본 것과 같다. 케인즈파 모형에서 *FE*선 또한 기존에 사용되던 *FE*선과 비슷하다. 케인즈파의 *FE*선은 완전고용 산출량 수준 $\bar{Y}$에서 수직이며, 이것은 노동시장에서 결정되는 완전고용량에 의존한다. 그러나 케인즈파와 고전파의 *FE*선은 두 가지 점에서 차이가 있다. 첫째, 케인즈파 모형에서 완전고용수준은 노동 수요곡선과 효율성 임금선의 교차점에서 결정된다. 그러나 고전파 모형에서는 노동의 수요와 노동의 공급이 같아지는 점에서 완전고용수준이 결정된다. 둘째, 노동공급은 효율성 임금 모형에서 고용에 영향을 주지 않기 때문에, 노동공급의 변화는 케인즈파의 *FE*선에 영향을 미치지 않는다. 반면 고전파 모형에서는 노동공급의 변화가 *FE*선에 영향을 미친다.

가격 완고성 때문에, 케인즈파 모형에서 경제는 단기적으로 일반균형 상태에 있지 않다. 그러나 가격이 조정되는 장기에서, 경제는 고전파 모형처럼 *IS* 곡선, *LM* 곡선, *FE*선이 교차하는 일반균형에 도달한다.

케인즈파에 따르면, 가격 경직성이 일반균형의 회복을 방해하고 있을 때 단기적으로 경제에 무슨 일이 발생하는가? 케인즈파는 자산시장이 신속히 청산되며, 산출량 수준은 총수요에 의해 결정된다고 가정한다. 따라서 케인즈파에 의하면 경제는 항상 *IS* 곡선과 *LM* 곡선의 교차점에 위치한다. 그러나 독점적 경쟁기업은 고정된 가격수준에서 상품에 대한 수요를 기꺼이 충족시키려고 하기 때문에, 산출량은 완전고용 산출량과 다를 수 있으며 경제는 단기적으로 *FE*선 위에 있지 않을 수 있다. 경제가 *FE*선을 벗어나 있을 때, 기업은 수요를 충족시키는 데 필요한 산출량을 생산할 만큼의 노동만 이용한다. 효율성 임금이 시장청산 실질임금보다 높다는 가정하에서, 일하고자 하는 실업자는 항상 많이 있으므로 기업은 임금을 변경하지 않으면서도 수요 충족에 필요한 만큼 고용을 변화시킬 수 있다.

그림 11.4는 케인즈파의 *IS-LM* 모형에서 명목 화폐공급이 증가했을 때의 효과를 분석하고 있다. 먼저 경제가 일반균형인 *E*점에서 출발한다고 가정한다. 화폐공급의 증가는 *LM* 곡선을 LM^1에서 LM^2로 하방 및 우측 이동시킨다(그림

그림 11.4

화폐공급의 증가

(a) 최초의 일반균형인 E점에서 시작하면, 화폐공급의 증가는 LM 곡선을 LM^1에서 LM^2로 하방 및 우측 이동시킨다. IS 곡선과 FE선은 불변이다. 가격은 고정되어 있고 기업은 단기에서 산출량에 대한 수요를 충족시키기 때문에, 경제는 FE선의 우측인 F점으로 이동한다. 산출량은 Y_2로 증가하며 실질이자율은 하락한다.

(b) 기업이 더 많은 산출량을 생산하기 때문에, 유효노동수요 곡선에서 보는 것처럼 고용은 N_2로 증가한다. 장기에서 물가수준은 화폐공급과 같은 비율로 상승하며, 실질 화폐공급은 원래의 수준으로 되돌아간다. LM 곡선도 원래의 위치인 (a)의 LM^1로 되돌아간다. 경제는 (a)와 (b) 모두에서 E점으로 되돌아가므로, 화폐는 장기적으로 중립적이다.

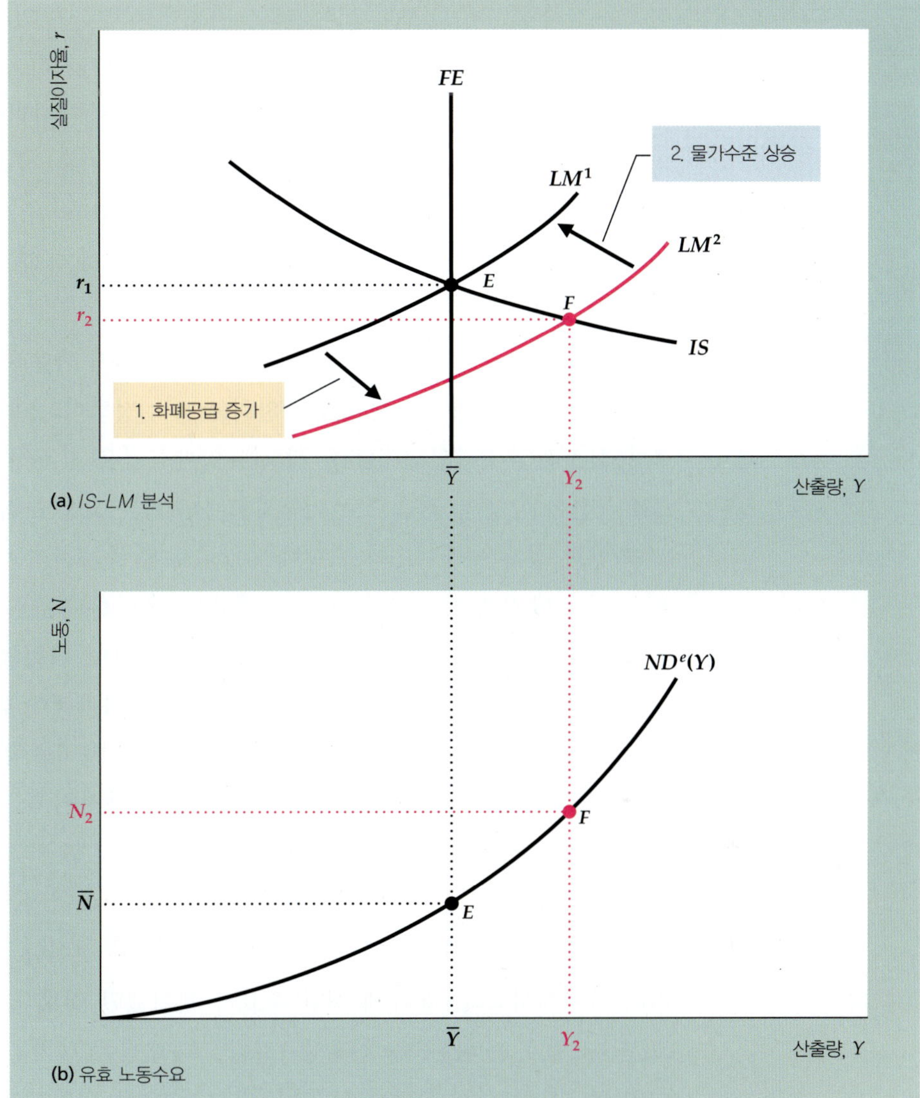

11.4a). 화폐공급의 증가는 상품시장 혹은 노동시장에 직접적으로 영향을 미치지 않기 때문에 IS 곡선과 FE선은 영향을 받지 않는다. 지금까지의 분석은 고전파의 그것과 비슷하다.

그러나 고전파 모형과는 달리, 케인즈파 모형은 가격이 일시적으로 고정되어 있다(예를 들어, 메뉴 비용 때문에)는 가정에 바탕을 두고 있으며, 따라서 E점의 일반균형은 즉각 회복되지는 않는다. 그 대신 경제의 단기균형(즉 고정된 물가수준에서 경제가 머물러 있는 점)은 IS 곡선과 LM^2가 만나는 F점에서 성립하며, 거기에서 산출량은 Y_2로 증가하고 실질이자율은 r_2로 하락한다.

IS-LM이 교차하는 F점은 FE선의 오른쪽에 있기 때문에, 총수요량 Y_2는 완

전고용 산출량 수준 $\bar{Y}$보다 크다. 메뉴 비용에 직면하고 있는 독점적 경쟁기업은 단기에서 가격을 올리지 않으며, 경쟁기업도 마찬가지다. 그 대신 기업은 더 높은 수준의 수요를 만족시키기 위해 생산을 Y_2로 증가시킨다. 생산 증가를 위해 기업은, 예를 들어, 노동자를 추가로 고용하거나 기존 직원의 근무시간을 늘림으로써 고용을 증가시킨다. 고용수준은 그림 11.4(b)의 유효 노동수요 곡선에서 정해진다. 단기에 산출량 수준이 $\bar{Y}$에서 Y_2로 증가하기 때문에, 고용수준은 $\bar{N}$에서 N_2로 증가한다.

LM 곡선을 하방 및 우측으로 이동시키는(따라서 산출량과 고용을 증가시키는) 통화정책을 팽창 통화정책 혹은 '완화(easy)' 정책이라고 한다. 마찬가지로 긴축 통화정책 혹은 '압박(tight)' 정책은 화폐공급을 감소시키는 것이며, 그 결과 *LM* 곡선이 상방 및 좌측으로 이동하고 산출량과 고용도 감소한다.

왜 완화 정책은 케인즈파 모형에서 산출량을 증가시키는가? 케인즈파 모형에서 가격은 단기에 고정되어 있으며, 따라서 명목 화폐공급 M의 증가는 실질 화폐공급 M/P을 증가시킨다. 부의 소유자가 기꺼이 비화폐자산을 적게 가지고 실질 화폐를 더 많이 보유하려면, 실질이자율이 하락해야 한다.[15] 결국 실질이자율이 낮아지면 소비지출(저축이 감소하므로)과 투자지출이 증가한다. 산출량에 대한 수요가 증가하면 기업은 생산과 고용을 증가시키고, 경제는 그림 11.4의 F점을 취하게 된다.

물가수준의 경직성은 항구적인 것이 아니다. 결국 기업은 그들의 가격을 살펴보고 재조정할 것이며, 경제는 장기균형에 도달할 것이다. 통화 팽창의 경우, 기업은 단기에서 그들 상품에 대한 수요가 계획했던 것보다 크다는 것을 알게 되고(총수요량 Y_2는 완전고용 산출량 $\bar{Y}$보다 크다), 결국 가격을 올릴 것이다. 물가수준의 상승으로 실질 화폐공급은 원래의 수준으로 되돌아가며, 이것은 *LM* 곡선을 LM^1로 돌아가게 하고 일반균형은 그림 11.4(a)의 E점으로 회복된다. 이러한 조정과정은 고전파 모형과 똑같지만, 다만 그 속도가 훨씬 느릴 뿐이다.

그러므로 케인즈파 모형은 화폐는 단기에서는 비중립적이지만, 장기에서는 중립적이라고 예측한다. 이러한 관점에서 케인즈파 모형의 예측은 오인이론에 바탕을 둔 고전파의 확장 모형과 같다. 케인즈파 모형에서 단기 가격 경직성은 경제가 일반균형에 도달하는 것을 방해하지만, 장기적으로 가격은 신축적이며 일반균형을 보장한다.

15. 9장에서 논의한 것처럼, 부의 소유자가 화폐를 비화폐자산으로 교환하는 과정에서 실질이자율은 하락한다. 비화폐자산을 더 구매하면 그 가격이 상승하고, 이것은 실질이자율이 하락하는 것과 같다.

케인즈파 *AD-AS* 모형에서의 통화정책 케인즈파의 *AD-AS* 모형을 이용하여 통화정책이 실질 산출량 및 물가수준에 미치는 영향을 분석할 수도 있다. 사실은 이미 그림 9.14에서 이러한 분석을 수행한 바 있다. 거기서는 *AD-AS* 모형을 이용하여 명목 화폐공급이 10% 증가했을 때의 효과를 검토했다. 그러한 분석이 특히 케인즈파의 것인지 아니면 고전파의 것인지 구별하지는 않았지만, 케인즈파의 해석으로 쉽게 받아들여질 수 있다.

어떤 분석이 케인즈파 혹은 고전파인가를 결정하는 중요한 특징은 가격의 조정속도다. 10장에서 강조한 것처럼 고전파 경제학자는 가격이 재빨리 조정됨으로써 경제는 신속하게 장기균형에 도달한다고 주장한다. 극단적인 고전파 모형에서 장기균형은 사실상 즉각적으로 달성되며, 단기 총공급(*SRAS*) 곡선은 아무 상관이 없다. 그러나 케인즈파 모형에서, 메뉴 비용에 직면하는 독점적 경쟁기업은 일시적으로 가격을 고정시키며 고정된 가격에서 수요량만큼만 생산한다. 이러한 행태는 그림 9.14의 $SRAS^1$과 같은 수평의 단기 총공급 곡선으로 설명된다. 만약 기업이 고정된 가격을 유지하고 상당한 기간 동안 단순히 산출량에 대한 수요만 충족시킨다면, 그래서 장기균형으로부터의 이탈이 수개월 혹은 아마도 수년 동안 지속된다면, 그림 9.14에서 보여준 분석은 케인즈파의 접근방법을 반영한다.

명시적인 케인즈파의 관점에서 그러한 분석을 간략히 다시 살펴보기로 하자. 그림 9.14는 최초에 단기 및 장기 균형(*E*점)을 이루고 있는 경제에서 명목 화폐공급이 10% 증가했을 때의 효과를 묘사하고 있다. 명목 화폐공급의 증가는 *AD* 곡선을 AD^1에서 AD^2로 상방 이동시킨다. 사실 9장에서 설명했던 것처럼, 명목 화폐공급이 10% 증가하면 각 산출량 수준에서 *AD* 곡선도 10% 상방 이동한다. *AD* 곡선의 이동으로 인한 최초의 효과는 경제가 단기 균형인 *F*점으로 이동하는 것이며, 그 점에서 산출량은 완전고용수준 $\bar{Y}$보다 높다. 메뉴 비용 때문에 기업은 수요 증가에 대해 즉각 가격을 올림으로써 반응하지 않고, 그 대신 더 높은 수요를 충족시키기 위해 생산을 증가시킨다. 그러므로 *F*점에서 기업은, 메뉴 비용이 없을 때 이윤을 극대화할 수 있는 양보다 더 많은 산출량을 생산하고 있다. 산출량이 일시적으로 완전고용수준보다 높기 때문에, 케인즈파 모형에서 화폐는 단기에 중립적이지 않다는 결론을 내릴 수 있다. 그러나 결국 기업은 가격을 올림으로써 총수요량을 이윤극대화 산출량 수준으로 되돌릴 것이다. 그림 9.14의 *H*점으로 설명되는 장기에서, 산출량은 완전고용수준 $\bar{Y}$와 같고 물가수준 P_2는 최초의 물가수준 P_1보다 10% 더 높다. 장기에서 화폐공급의 팽창은 물가수준과 같은 명목변수에만 영향을 미치며 산출량과 같은 실질변수에는 영향을 주지 않는다. 그러므로 고전파 모형과 마찬가지로 케인즈파 모형에서도 화폐는 장기적으로 중립적이라고 결론지을 수 있다.

재정정책

케인즈파 모형은 경제학자가 세계적 경제 붕괴를 설명하기 위해 애쓰면서, 경제를 정상 수준으로 되돌릴 수 있는 정책을 찾던 대공황 시절에 처음으로 발전됐다. 초기 케인즈파는 재정정책(정부지출과 조세에 대한 정부의 결정)이 산출량과 고용수준에 상당한 영향을 미칠 수 있다고 강조했다. 정부지출의 증가와 조세 감면이 산출량과 고용을 증가시키는 데 사용될 수 있다는 케인즈파의 결론을 살펴보기로 하자.

정부지출 증가의 효과 정부지출 증가가 경제에 어떤 영향을 미치는가에 대한 케인즈파의 분석이 그림 11.5에서 설명되고 있다. 먼저 경제는 완전고용에서 출발한다고 가정한다(경제가 침체에서 출발하면 어떻게 되는지는 뒤에서 논의할 것이다). 그림 (a)와 (b)에서 *E*점은 최초의 균형을 나타낸다. 정부지출의 일시적 증가는 주어진 실질이자율 수준에서 상품에 대한 수요를 증가시키고 바람직한 국민저축을 감소시킨다. 따라서 *IS* 곡선은 IS^1에서 IS^2로 상방 및 우측 이동한다(9장의 요약표 12 참조). 가격이 조정되기 전인 단기에서, 경제는 새로운 *IS* 곡선인 IS^2와 LM^1이 만나는 그림 11.5(a)의 *F*점으로 이동한다. *F*점에서 산출량과 실질이자율은 모두 증가했다. 기업은 고정된 가격수준에서 더 높은 수요를 충족시키고 있기 때문에, 고용 또한 증가하며 이것은 그림 11.5(b)의 유효 노동수요곡선을 따라 *E*점에서 *F*점으로 이동하는 것으로 나타난다. *IS* 곡선을 상방 및 우측으로 이동시키고 산출량과 고용을 증가시키는 이와 같은 재정정책 변화는 팽창적 정책 변화다. 마찬가지로 *IS* 곡선을 하방 및 좌측으로 이동시키고 산출량과 고용을 감소시키는 재정정책 변화(예를 들어, 정부지출의 감소)는 긴축적 변화다.

정부지출 혹은 다른 형태의 지출 증가의 효과를 논의할 때, 케인즈파는 종종 승수효과 개념을 사용한다. 어떤 특정한 형태의 지출과 관련된 **승수**(multiplier)란, 해당되는 지출 1단위 변화로부터 초래되는 총산출량의 단기적 변화를 나타낸다. 예를 들어, 그림 11.5에서 분석된 정부지출의 증가가 ΔG이고, 그로 인한 산출량의 단기 증가분이 그림 11.5의 *E*점과 *F*점 사이로 측정되는 ΔY라면, 정부지출 승수는 $\Delta Y/\Delta G$이다. 케인즈파는 보통 재정정책 승수가 1보다 크다고 주장한다. 따라서 만약 정부지출이 10억 달러 증가하면, 산출량은 10억 달러 이상 증가할 것이다. 정부지출 승수의 수학적 설명은 부록 11.C에서 다루었다.

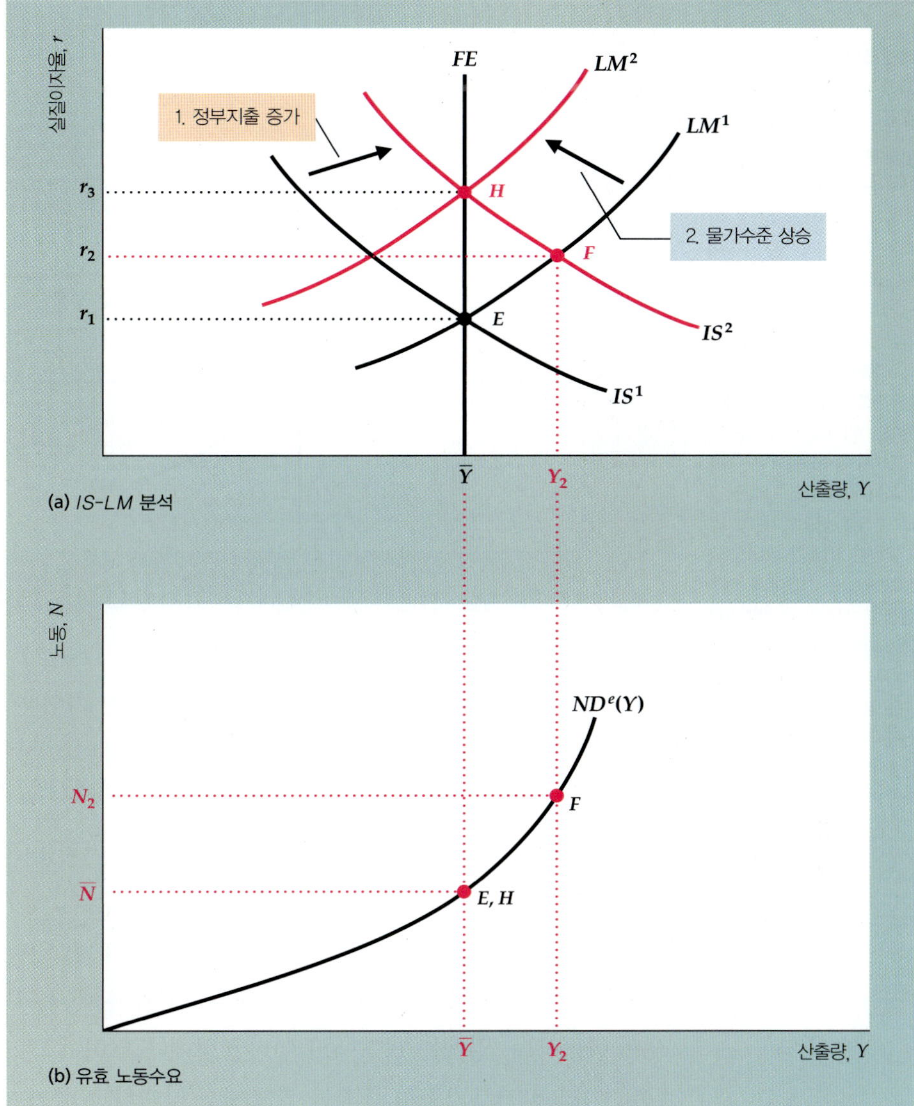

그림 11.5

정부지출의 증가

(a) 일반균형인 E점에서 시작하면, 정부지출의 증가는 바람직한 국민저축을 감소시켜 IS 곡선을 IS^1에서 IS^2로 상방 및 우측 이동시킨다. 단기균형은 F점이 되며, 산출량은 Y_2로 증가하고 실질이자율은 r_2로 상승한다.

(b) 기업은 수요 충족을 위해 생산을 증가시키므로, 유효 노동수요 곡선에서 보는 것처럼 고용은 $\bar{N}$에서 N_2로 증가한다. 그러나 경제는 F점에서 계속 머물지 않는다. 단기에 총수요량이 $\bar{Y}$를 초과하기 때문에, 물가수준은 상승하고 이에 따라 실질화폐공급이 감소함으로써 LM 곡선은 LM^1에서 LM^2로 상방 및 좌측 이동한다. 장기에서 균형은 H점이 되며 산출량은 $\bar{Y}$로, 고용은 $\bar{N}$로 되돌아온다. 그러나 실질이자율은 r_3으로 더 높아진다.

고전파의 *IS-LM* 모형에서도 정부지출의 증가는 산출량을 증가시키는 것으로 예측되고 있지만, 그 방법에 차이가 있다. 고전파 분석은 정부지출이 늘어나면 추가로 증가한 지출을 보전하기 위해 더 높은 현재 조세 혹은 미래 조세를 필요로 한다는 사실에 초점을 맞추고 있다. 조세 수준이 높아지면 납세자인 노동자가 결국 더 가난해지고, 이것은 그들로 하여금 노동을 더 많이 공급하도록 만든다. 고전파 모형에서 이러한 노동공급의 증가는 *FE*선을 우측으로 이동시키며 산출량을 증가시킨다. 그와는 대조적으로 케인즈파의 모형에서 *FE*선은 효율성 임금 때문에 노동공급에 의존하지 않으며, 따라서 정부지출 증가에 의해 영향을 받지 않는다. 그 대신 정부지출 증가는 총수요 증가를 통해(즉 *IS-LM* 교차점을

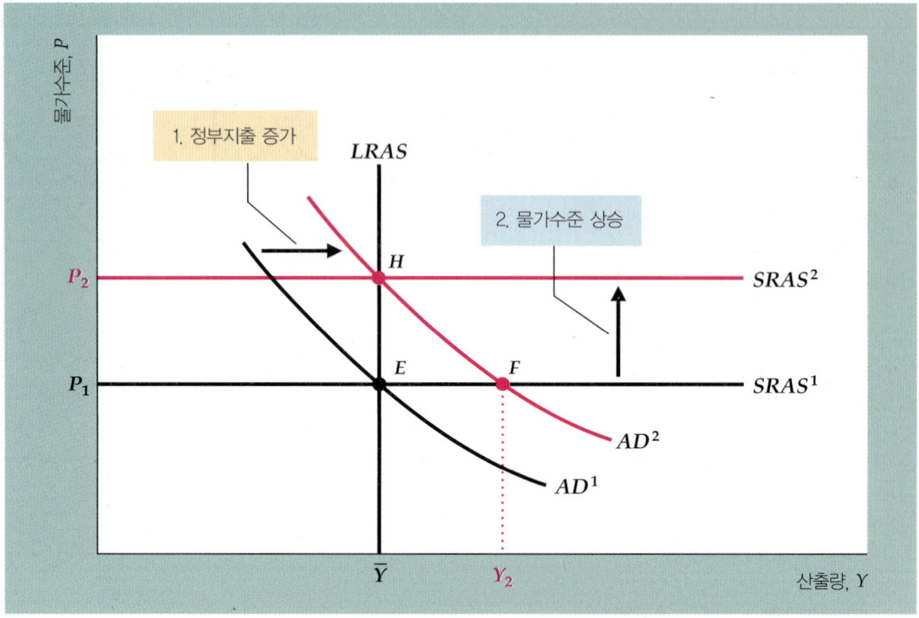

그림 11.6

케인즈파의 *AD-AS* 모형에서 정부지출 증가의 효과

정부지출 증가는 주어진 물가수준에서 총수요를 증가시킨다(그림 11.5 참조). 따라서 총수요 곡선은 AD^1에서 AD^2로 우측 이동한다. 단기에서 총수요 증가는 산출량을 Y_2(F점)로 증가시킨다. 그러나 가격은 단기에서 경직적이기 때문에, 물가수준에는 영향을 주지 않는다. F점에서 총수요량 Y_2는 $\overline{Y}$를 초과하기 때문에, 기업은 결국 가격을 올리게 된다. 장기균형은 AD^2가 $LRAS$ 곡선과 만나는 H점에서 이루어진다. H점에서 산출량은 $\overline{Y}$로 되돌아오고 물가수준은 P_1에서 P_2로 상승했다. 물가수준 상승은 단기 총공급 곡선을 $SRAS^1$에서 $SRAS^2$로 상방 이동시킨다.

우측으로 이동시킴으로써) 산출량에 영향을 미친다. 기업은 최초의 물가수준에서 추가로 증가한 수요를 만족시키기 때문에, 단기적으로 산출량은 완전고용 수준보다 높게 증가한다.

케인즈파 모형에서 정부지출 증가가 산출량에 미치는 영향은, 물가수준 조정에 필요한 기간 동안만 지속된다. 그러나 가격 조정이 매우 느려서 이러한 효과는 수년 동안 지속될 수 있다고 믿는 케인즈파가 많이 있다. 기업이 가격을 조정하는 장기에서, LM 곡선은 그림 11.5(a)에서와 같이 LM^1에서 LM^2로 상방 및 좌측 이동하며, 경제는 H점에서 일반균형에 도달하게 되고 산출량은 다시 $\overline{Y}$가 된다. 따라서 정부지출의 증가는 장기에서 산출량을 증가시키지 않는다.

정부지출 증가의 효과는 그림 11.6과 같이 케인즈파의 *AD-AS* 모형에서도 설명될 수 있다. 정부지출 증가는 IS 곡선을 상방 및 우측 이동시키며 주어진 물가수준에서 총수요량을 증가시킨다. 따라서 팽창적 재정정책의 결과로서, 총수요 곡선은 AD^1에서 AD^2로 우측 이동한다. 최초의 균형 E점에서 단기균형 F점으로 이동한 것에서 보듯이, 총수요의 증가는 산출량을 $\overline{Y}$보다 높게 증가시킨다. F점에서 총수요는 완전고용 산출량보다 크므로 기업은 결국 가격을 올리게 된다. 장기에서 경제는 H점의 완전고용 일반균형에 도달하게 되고, 산출량은 다시 $\overline{Y}$가 되며 대신 물가수준은 더 높아진다. 이러한 결과는 케인즈파의 *IS-LM* 분석체계를 이용해서 얻은 것과 동일하다.

조세 삭감의 효과 케인즈파는 정부지출 증가와 같이, 현재 조세의 정액 삭감은 팽창적 효과를 갖는다고 일반적으로 믿고 있다. 다시 말해서 조세 삭감은 *IS* 곡선을 상방 및 우측 이동시키고, 단기에서 산출량과 고용을 증가시킬 것으로 기대하고 있다. 마찬가지로 조세 증가는 *IS* 곡선을 하방 및 좌측 이동시킴으로써 긴축적 효과를 가질 것으로 기대하고 있다.

케인즈파에 의하면 조세 삭감은 왜 *IS* 곡선에 영향을 주는가? 만약 소비자가 조세 감면을 받으면, 그것의 일부를 소비 증가에 쓸 것이다. 산출량과 정부지출이 주어져 있을 때, 조세 삭감으로 인해 발생한 바람직한 소비의 증가는 바람직한 국민저축, 즉 $Y - C^d - G$를 감소시킬 것이다. 바람직한 저축의 감소는 상품시장을 청산하는 실질이자율을 상승시키고 *IS* 곡선을 상방으로 이동시킨다.[16]

케인즈파가 주장하는 것처럼 조세 삭감이 바람직한 소비를 증가시키고 *IS* 곡선을 상방 이동시킨다면, 경제에 대한 효과는 정부지출 증가의 효과와 비슷하게 된다(그림 11.5 및 11.6 참조). 단기에서 조세 삭감은 총수요를 증가시키고 따라서 최초의 물가수준에서 산출량과 고용을 증가시킨다. 장기에서 완전한 가격조정이 일어난 후, 경제는 완전고용수준으로 되돌아가며 실질이자율은 최초의 일반균형에서보다 더 높게 된다. 조세 삭감과 정부지출 증가의 유일한 차이점은, 조세 삭감은 완전고용 산출량 중에서 소비의 비중을 높이게 되고, 반면 정부지출 증가의 경우 정부지출의 비중이 높아지게 된다.

11.4 케인즈파의 경기순환이론과 거시경제 안정화

경기순환에서 거시경제 이론이 해답을 제시해야 할 두 가지 기본적 질문은 다음과 같다. (1) 무엇이 경제에서 반복적인 파동을 일으키는가? (2) 정책입안자는 경기순환에 대해 어떤 일을 해야 하는가? 이제 이러한 두 가지 질문에 대한 케인즈파의 대답을 살펴보기로 하자.

케인즈파의 경기순환이론

경기순환에 대한 설명은 거시경제 모형뿐만 아니라, 어떤 형태의 충격이 경제를 교란시키는가에 대한 가정을 필요로 한다. 예를 들어, RBC 경제학자는 *FE*선을 직접 이동시키는 생산성 충격이 거시경제 충격에서 가장 중요한 것이라고 믿고

16. 조세 삭감은 바람직한 소비를 증가시키고 바람직한 국민저축을 감소시킨다고 주장함으로써, 케인즈파는 리카도의 등가 정리를 부정한다(4장 참조). 리카도 등가 정리는 정액 조세 삭감이 소비와 국민저축에 영향을 주지 않는다고 주장한다. 이 정리는 15장에서 더 자세히 설명될 것이다.

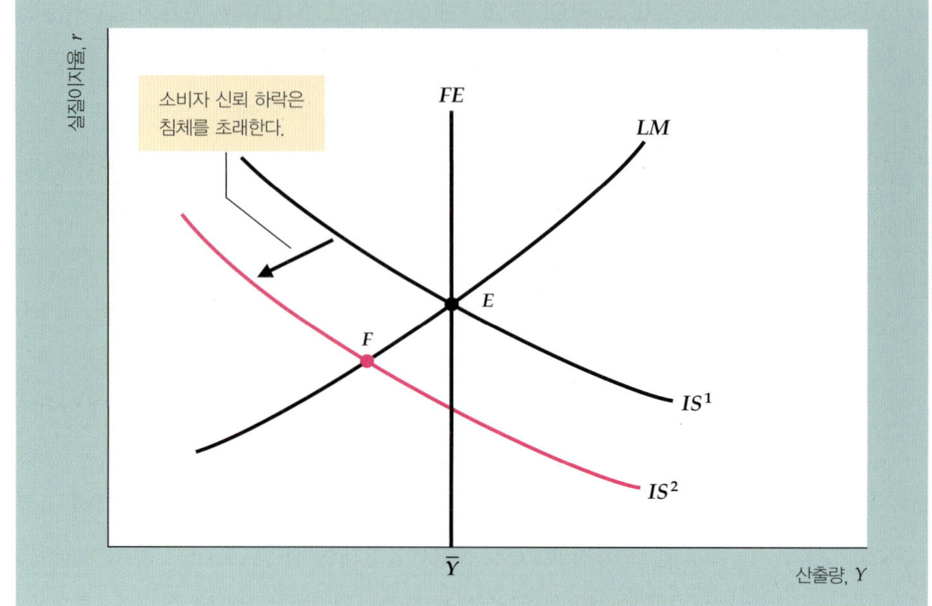

그림 11.7

총수요 충격으로 인한 경제침체

그림은 부정적 총수요 충격이 케인즈파 모형에서 어떻게 경제침체를 일으킬 수 있는가를 보여준다. 경제는 일반균형인 *E*점에서 출발한다. 경제의 미래에 대한 소비자 신뢰의 하락은 바람직한 소비를 감소시키고 바람직한 저축을 증가시킨다. 그 결과 *IS* 곡선은 IS^1에서 IS^2로 하방 이동한다. 경제는 *F*점에서 침체에 빠지며 산출량은 완전고용수준 $\bar{Y}$보다 아래가 된다.

있다.

RBC 경제학자와는 대조적으로, 대부분의 케인즈파는 총수요 충격이 경기순환 파동에서 주요한 원인이라고 믿는다. **총수요 충격**(aggregate demand shocks)이란 *IS* 곡선 혹은 *LM* 곡선을 이동시킴으로써 총수요에 영향을 미치는 충격을 말한다. *IS* 곡선에 영향을 미치는 총수요 충격의 사례는 재정정책의 변화, 자본의 기대 미래한계생산물[17] 변화로부터 유발된 바람직한 투자의 변화, 바람직한 저축에 영향을 미치는 미래 소비자 신뢰의 변화 등이 있다. *LM* 곡선에 영향을 주는 총수요 충격의 사례는 화폐수요의 변화 혹은 화폐공급의 변화 등이다. 케인즈파의 *IS-LM* 모형을, 대부분의 충격은 총수요 충격이라는 견해와 결합하면 케인즈파의 경기순환이론이 된다.

그림 11.7은 총수요 충격에 의해 초래된 침체 사례를 케인즈파 모형을 이용하여 설명하고 있다. 소비자가 경제의 장기 전망에 대해 비관적이 되면서 현재의 바람직한 소비를 줄이는 것으로 가정하자. 이것은 곧 현재의 바람직한 저축을 증가시키는 것과 같다. 주어진 소득수준에서 바람직한 저축의 증가는 상품시장을 청산하는 실질이자율을 하락시키며, 따라서 *IS* 곡선을 IS^1에서 IS^2로 하방 이동시킨다. 경제는 *F*점에서 침체에 빠지며, 가격은 완전고용을 회복하기 위해

17. 기대 미래 *MPK*의 변화는, 그것이 미래 생산함수의 변화와 관련되어 있기 때문에 기술 충격으로 해석될 수도 있다. 그러나 미래 *MPK*의 변화는 *IS* 곡선을 이동시키지만 현재의 *FE*선에는 영향을 주지 않기 때문에, 케인즈파는 그것을 총수요 충격으로 분류한다.

즉각 조정되지 않기 때문에, 산출량이 완전고용수준 이하인 상태에서 상당한 기간 동안 침체에 머물게 된다. 기업은 정상수준보다 낮은 수요에 직면하므로, 역시 고용을 삭감한다.

투자지출의 감소(예를 들어, 기업 투자자의 비관주의를 반영함) 혹은 정부지출의 삭감도 그림 11.7에서 분석된 소비지출의 감소와 같이, 비슷한 경제침체 효과를 초래할 것이다. 마찬가지로 *LM* 곡선의 상방 및 좌측 이동(화폐수요의 증가 혹은 화폐공급의 감소 때문) 또한 케인즈파 모형에서 침체를 초래할 것이다. 이 경우 화폐의 '부족(shortage)' 때문에 유발된 높은 실질이자율로 인해 소비지출과 투자가 감소한다. 그러므로 케인즈파는 경제침체가 상품에 대한 '불충분한 수요' 때문에 발생한다고 보며, 그와는 대조적으로 고전파는 침체가 '불충분한 공급' 때문이라고 본다.

실질 경기순환이론처럼, 케인즈파의 경기순환이론도 몇 가지 경기순환의 사실을 설명할 수 있다. (1) 간헐적인 총수요 충격에 따라, 케인즈파 이론도 산출량의 반복적 파동을 예측한다. (2) 케인즈파 이론은 고용이 산출량과 같은 방향으로 변동한다는 것을 정확히 함축하고 있다. (3) 케인즈파 이론은 화폐공급 충격이 비중립적이라고 예측하고 있기 때문에, 이것은 화폐가 경기 순응적이며 선행적이라는 경기순환 사실과 일치한다.

8장에서 이미 강조했던 경기순환 사실 중 하나는, 투자재와 기타 내구재에 대한 지출이 매우 경기 순응적이고 변동성이 높다는 것이다. 만약 내구재 수요에 대한 충격 그 자체가 경기순환의 주요 원인이면, 내구재 지출의 순환적 행태는 케인즈파의 이론에 의해 잘 설명될 수 있다. 예를 들어, 만약 투자자들이 미래 *MPK*에 대한 예상을 자주 재평가하면, 내구재 수요는 순환적 파동의 원인이 될 수 있다. 케인즈 자신은 그가 '동물적 충동(animal spirits)'이라고 칭했던 투자자의 낙관과 비관의 파동이, 순환적 파동의 중요한 원인이라고 생각했다. 투자재 혹은 소비 내구재에 대한 수요 증가는(산출량과 실질이자율이 고정되어 있을 때) 그것이 *IS* 곡선을 상방 및 우측 이동시키기 때문에 팽창적 효과를 초래한다. 경기순환이 *LM* 곡선의 파동에 의해 생겨날 때마다, 케인즈파 모형에서 투자는 경기 순응적이다. 예를 들어, *LM* 곡선을 하방 및 우측 이동시키는 화폐공급의 증가는 산출량도 증가시키고 투자도(실질이자율 하락을 통해) 증가시킨다.

케인즈파 이론과 일치하는 또 다른 중요한 경기순환 사실은, 인플레이션이 침체기 동안 혹은 침체기 직후 완화되는 경향이 있다는 것이다. 즉 인플레이션은 경기 순응적이며 후행한다는 사실이다. 그림 11.7이 보여주는 것처럼, 케인즈파의 견해에 따르면 침체기 동안 총수요량은 완전고용 산출량보다 낮다. 따라서 기업이 가격을 조정할 때, 판매 증대를 위해 가격을 인하할 가능성이 높다. 케인즈파 모형에 따르면 침체기 동안에는 수요 압력이 낮기 때문에, 경제가 취약할 때는 인플레이션이 진정되는 경향이 있다.

경기 순응적인 노동생산성과 노동 사장 비록 케인즈파 모형이 다수의 경기순환 사실과 일치하지만, 한 가지 사실(경기 순응적 노동생산성)에 있어서 문제점을 보여주고 있다. 경기 순응적인 노동생산성은 경기순환이 생산성 충격에 의해 유발된다는(즉 침체는 생산성이 비정상적으로 낮은 시기이며, 호황은 생산성이 이례적으로 높은 시기임) 실질 경기순환이론의 가정과 일치한다. 그러나 RBC 경제학자와는 달리, 케인즈파는 공급(생산성) 충격보다 수요 충격이 대부분의 순환적 파동을 유발한다고 생각한다.

공급 충격은 곧 생산함수의 이동이기 때문에, 공급 충격이 일반적으로 중요하지 않다는 케인즈파의 가정은 생산함수가 경기순환 중 매우 안정적이라고 말하는 것과 같다. 그러나 만약 생산함수가 안정적이라면, 노동의 한계생산물 체감의 법칙 때문에 호황기의 고용 증가로 인해 평균노동생산성은 하락해야만 한다. 따라서 케인즈파는 평균노동생산성이 경기 역행적이라고 예측하는데, 이것은 경기순환 사실과 모순된다.

평균노동생산성의 경기 순응적 행태를 설명하기 위해, 케인즈파는 모형을 수정하여 노동 사장(labor hoarding)을 포함시켰다. 10.1절에서 논의한 것처럼, 침체기에 기업이 노동자를 일시 해고하기보다 고용을 유지하고자 할 때 노동 사장은 발생한다. 기업이 침체기 동안 노동 사장을 허용하는 이유는, 노동자를 일시 해고한 후 다시 고용하거나 침체기가 끝난 후 새로운 노동자를 고용하고 훈련하는 비용을 회피하기 위한 것이다. 따라서 사장된 노동은 집중적으로 사용되지 않거나(예를 들어, 점원이 하루에 맞는 고객은 겨우 몇 명밖에 되지 않을 수 있다) 도색, 청소, 장비 유지, 혹은 훈련과 같은 활동에 배정될 것이다. 만약 침체기에 노동이 집중적으로 사용되지 않는다면, 혹은 노동자가 산출량에 직접 기여하지 않는 유지보수 같은 활동에 시간을 보내고 있다면, 생산함수가 안정적이더라도 노동생산성은 침체기에 하락할 수 있다. 그러므로 노동 사장은 경기침체와 팽창이 생산성 충격에 의해 유발된다는 가정을 하지 않으면서도, 평균노동생산성의 경기 순응적 행태를 설명하는 방법을 제공해 주고 있다.

거시경제 안정화

경기순환이 왜 일어나는가에 대한 케인즈파의 설명을 마치고, 정책입안자가 침체와 호황에 대해 어떻게 반응해야 하는가에 대한 케인즈파의 견해를 살펴보기

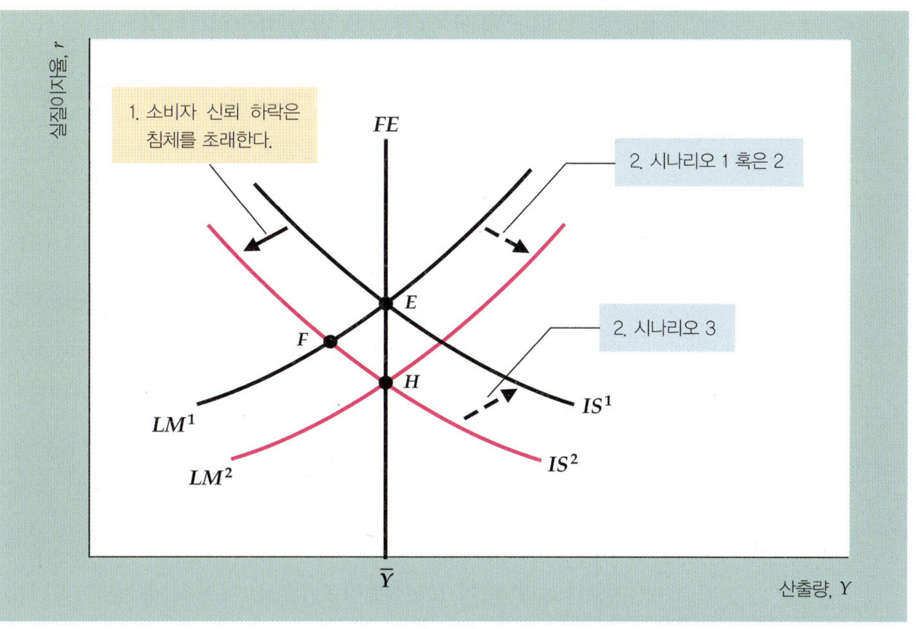

그림 11.8

케인즈파 모형에서 안정화 정책

E점에 있던 경제는 소비자 신뢰 및 지출 하락으로 인한 침체로 F점으로 밀려 내려가며, IS 곡선은 IS^1에서 IS^2로 하방 이동한다. 만약 정부가 아무런 행동을 취하지 않으면, 장기적으로 가격조정에 의해 LM 곡선이 LM^1에서 LM^2로 이동하고 일반균형은 H점에서 회복된다(시나리오 1).

또 다른 대안으로, 정부는 안정화 정책을 통해 침체를 상쇄시킬 수 있다. 예를 들어, 연방준비제도는 화폐공급을 증가시킬 수 있으며, 이것은 LM 곡선을 직접 LM^1에서 LM^2로 이동시킴으로써 빠르게 산출량을 회복할 수 있다(시나리오 2).

또 다른 가능성은 정부지출 증가와 같은 팽창 재정정책으로, 이것은 IS 곡선을 IS^2에서 IS^1로 복귀시킬 수 있다. 그러면 완전고용은 E점에서 다시 회복된다(시나리오 3).

아무것도 하지 않는 전략에 비해 팽창 통화정책 혹은 재정정책은 경제가 보다 빨리 회복되는 데 도움을 주지만, 장기적으로 더 높은 물가수준을 초래한다.

로 하자. 간단히 말해서 고전파와는 달리 케인즈파는, 산출량과 고용의 큰 파동을 제거함으로써 경제를 '안정'시키는 정책에 일반적으로 찬성한다. 케인즈파가 더 적극적인 정책수단을 지지하는 이유는, 경제가 일시적으로 일반균형을 벗어난(혹은 IS-LM-FE의 동시 교차점에 있지 않은) 기간으로서 경기순환의 팽창과 수축이 갖는 특성 때문이다. 케인즈파에 따르면 침체는 특히 바람직하지 않은 것이다. 왜냐하면 침체기에 고용은 노동자가 공급하고자 하는 노동량보다 훨씬 낮을 수 있고, 이것은 실업자들에게 곤궁함을 안겨주며 산출량은 너무 낮아진다. 그러므로 케인즈파는 만약 정부가 순환적 파동, 특히 침체를 방지하려고 노력하면, 평균적 경제 복지는 개선될 것이라고 주장한다.

통화정책과 재정정책에 대한 케인즈파의 분석은, 이러한 정책이 경기순환을 조절하는 데 사용될 수 있음을 말해주고 있다. 왜 그렇게 되는가를 이해하기 위해 그림 11.8을 보기로 하자. 최초에 일반균형인 E점에 있었던 경제가 침체로 인해 F점으로 밀려 내려갔다고 가정하자. 많은 종류의 충격이 이러한 침체를 유발할 수 있을 것이다. 그림 11.7에서는 미래에 대한 소비자 신뢰의 하락을 예로 들었었다. 소비자 신뢰의 하락은 현재의 바람직한 소비를 감소시키고 현재의 바람직한 저축을 증가시킴으로써, IS 곡선을 IS^1에서 IS^2로 하방 이동시킨다. 이러한 종류의 소비자 태도 변화는 1990~1991년 침체에 기여한 바 있다.

정책입안자들은 이러한 침체에 어떻게 반응하는 것이 좋을까? 여기에는 다음과 같은 세 가지 가능한 시나리오가 있다. (1) 통화정책 혹은 재정정책 변화 없음, (2) 화폐공급의 증가, (3) 정부지출의 증가.

- **시나리오 1 : 거시경제 정책 변화 없음** 하나의 정책 옵션은 아무것도 하지 않는 것이다. 정부의 간섭이 없으면 경제는 결국 스스로 교정될 수 있다. 그림 11.8의 *F*점에서 총수요는 완전고용 산출량수준 $\bar{Y}$보다 아래에 있다. 그러므로 시간이 지남에 따라 물가는 하락하기 시작할 것이고, 이것은 실질 화폐공급을 증가시켜 *LM* 곡선을 하방 및 우측으로 이동시킨다. 장기적으로 가격 하락은 *LM* 곡선을 LM^1에서 LM^2로 이동시키며 경제는 *H*점에서 일반균형을 회복한다. 그러나 이러한 전략의 불이익은, 아마도 상당히 긴 가격조정 과정 동안 산출량과 고용은 완전고용수준 이하에서 머물게 된다는 것이다.
- **시나리오 2 : 화폐공급의 증가** 경제가 가격조정을 통해 일반균형에 도달하는 것을 기다리는 대신, 연방준비제도가 화폐공급을 증가시키면 *LM* 곡선은 그림 11.8과 같이 LM^1에서 LM^2로 이동하게 된다. 만약 가격조정이 느리면, 이러한 팽창 정책은 아무것도 하지 않았을 때보다 경제를 일반균형인 *H*점으로 좀 더 빨리 이동시킬 것이다.
- **시나리오 3 : 정부지출의 증가** 정부지출을 증가시키는 또 다른 정책은 *IS* 곡선을 IS^2에서 IS^1로 상방 및 우측 이동시킬 것이다. 이 정책 또한 경제를 완전고용으로 이동시키지만, 이 경우 균형은 *H*점이 아닌 *E*점이 된다.

세 개의 시나리오 모두에서 경제는 결국 완전고용으로 되돌아간다. 그러나 완전고용 달성을 위해 통화정책 혹은 재정정책을 사용하면, 아무런 정책을 취하지 않는 시나리오와 두 가지 중요한 차이점을 나타내게 된다. 첫째, 정부가 침체를 끝내기 위해 통화 팽창 혹은 재정 확장을 사용하면 경제는 직접 완전고용으로 되돌아간다. 만약 정책 변화가 없다면 경제는 단기적으로 침체에 머물러 있게 되고, 가격이 충분히 조정되었을 때에만 완전고용으로 되돌아간다. 둘째, 정책 변화가 없으면(시나리오 1) 장기적으로 물가는 하락한다. 사실 화폐공급에 비해 물가수준이 하락하면 실질 화폐공급이 증가하게 되고, *LM* 곡선을 하방 및 우측 이동시켜 *H*점에서 완전고용을 회복하게 된다. 그와는 대조적으로 완전고용을 회복하기 위해 통화정책 혹은 재정정책이 사용되면(시나리오 2와 3), 팽창 정책이 총수요를 직접 완전고용수준으로 되돌려 놓기 때문에 물가수준의 하락은 일어나지 않는다. 따라서 케인즈파 분석에 의하면, 팽창적인 통화정책 혹은 재정정책을 사용하는 것은 경제를 보다 빨리 완전고용으로 되돌려 놓는 이득이 있지만, 아무런 정책을 취하지 않았을 때보다 높은 물가수준을 초래한다는 불이익이 따르게 된다.

통상적으로 재정정책이나 통화정책은 경제를 완전고용으로 되돌려 놓는 데 둘 다 사용될 수 있다. 그중 어느 정책이 사용되는가는 중요한 문제인가? 대답은 예이다. 두 정책의 결과 사이에는 적어도 하나의 기본적인 차이점이 있다. 통화정책과 재정정책은 지출의 구성(산출량이 소비, 투자 등으로 나누어지는 것)에 각각 다른 영향을 미친다. 그림 11.8에서 비록 서로 다른 일반균형인 *E*점과 *H*점에서 총산출량은 같지만, *E*점(정부지출 증가에 의해 달성됨)에서의 정부지출은 *H*점(화폐공급 증가에 의해 달성됨)보다 크다. 정부지출이 *E*점에서 더 높기 때문에, 지출의 나머지 구성요소(폐쇄경제에서 소비와 투자)는 *H*점보다 *E*점에서 더 낮아야 한다. 통화 팽창에 비해 정부지출의 증가는 실질 이자율을 상승(*H*점보다 *E*점에서 더 높음)시킴으로써 소비와 투자를 구축한다. 또한 정부지출 증가는 현재 혹은 미래 조세부담의 증가를 함축하므로, 통화 팽창과 비교할 때 상대적으로 소비를 감소시킨다.

거시경제 안정화의 난점 경기순환을 조절하거나 완화하기 위해 통화정책과 재정정책을 사용하는 것을 **거시경제 안정화**(macroeconomic stabilization)라고 한다. 경기순환을 조절하기 위해 거시경제 정책을 사용하는 것을 때로는 **총수요 관리**(aggregate demand management)라고도 한다. 이는 통화정책과 재정정책이 총수요 곡선을 이동시키기 때문이다. 거시경제 안정화는 1960년대 케인즈파 경제학의 전성기에 인기가 높았던 개념이며, 지금도 여전히 정책 논쟁에 영향을 미치고 있다. 경기순환을 조절하는 것이 바람직한 것인가에 대한 고전파와 케인즈파의 논쟁을 제쳐 두더라도, 실제로 거시경제 안정화는 불행하게도 단순한 케인즈파 이론이 제시하는 만큼 그리 성공적이지 못했다.

재정정책과 연관하여 앞에서 논의한 것처럼(10.1절), 경제를 안정화시키려는 시도는 약간의 기술적 문제에 부닥칠 수 있다. 첫째, 경제를 측정하고 분석하는 능력이 불완전하기 때문에, 어떤 시기에 경제가 완전고용으로부터 얼마나 멀리 이탈해 있는가를 계측하는 것이 어렵다. 둘째, 통화 팽창 혹은 재정 확장에 반응하여 산출량이 얼마나 증가할 것인가를 정확히 알기 어렵다. 이러한 불확실성 때문에, 완전고용 회복을 위해 통화 혹은 재정 변화가 얼마나 필요한지 결정하기가 어렵다. 마지막으로, 필요한 정책 변화의 크기를 안다고 하더라도 여전히 정보는 충분치 못하다. 거시경제 정책은 시행하는 데 시간이 걸리고 그것이 경제에 영향을 미치기까지는 더 많은 시간이 소요되기 때문에, 최적 정책을 시행하려면 6개월 혹은 1년 후 경제가 어디에 가 있을 것인지를 알아야 한다. 그러나 그러한 지식은 기껏해야 매우 부정확한 것일 뿐이다.

이러한 문제 때문에, 총수요 관리는 짙은 안개 속에서 움직이는 과녁을 맞추려고 애쓰는 것에 비유되어 왔다. 이러한 문제점도 대부분의 케인즈파로 하여금 안정화 정책을 포기하도록 설득하지 못했다. 그러나 많은 케인즈파는 정책입안자가 규모가 큰 경제침체에만 집중해야 한다는 데 동의하며, 산출량과 고용의 작은 변동까지 조정하기 위해 경제를 미세조정(fine-tune)하려고 해서는 안 된다고 주문하고 있다.

케인즈파 모형에서의 공급 충격

1970년대까지 케인즈파 경기순환이론은 거의 예외 없이 경기순환 파동의 원인으로 총수요 충격에만 초점을 맞추어 왔다. 그러나 총수요 충격은 인플레이션의 경기 순응적 움직임을 가져오기 때문에, 케인즈파 이론은 1973~1975년 석유파동에 뒤이어 미국 경제를 강타한 스태그플레이션(높은 인플레이션을 동반하는 경기침체)을 설명하는 데 실패했다.

이러한 경험으로 경제학자와 정책입안자는 기존 이론에 대해 많은 비판을 가하게 됐고, 따라서 케인즈파는 수요 충격과 공급 충격을 모두 수용하도록 이론을 재정립했다. 비록 케인즈파는 공급(생산성) 충격이 대부분 침체의 원인이라는 RBC 경제학자에게 흔쾌히 동의하지는 않지만, 공급 충격이 경제침체에서 주요한 역할을 한 사례(1970년대 석유파동이 대표적임)가 가끔 있었다는 사실은 인정한다(케인즈파와 고전파 간의 의견 일치 및 불일치에 대한 더 깊은 논의는 "최신 자료 및 연구와의 접속 : DSGE 모형과 고전파-케인즈파 논쟁" 참조).

그림 11.9는 일시적으로 석유가격이 급등한 경우 케인즈파의 분석을 보여준다(가뭄과 같은 다른 공급 충격에 대해서도 비슷한 분석이 적용될 수 있다). 3장에서 본 것처럼 기업이 에너지 사용을 줄임으로써 석유가격 상승에 반응하면, 같은 양의 노동과 자본으로 생산할 수 있는 산출량은 감소한다. 따라서 석유가격 상승은 부정적 공급 충격이 되며, 이것은 완전고용 산출량 수준을 감소시켜 *FE*선을 FE^1에서 FE^2로 좌측 이동시킨다. 고전파의 기본모형에서는 임금과 가격조정이 즉각적으로 일어날 것이고, 케인즈파 모형에서는 장기적으로 임금과 가격조정이 완결된 후, 산출량은 새로운 완전고용수준인 $\bar{Y}_2$로 감소한다. 따라서 장기적으로(임금과 가격이 완전히 조정된 후) 공급 충격에 대한 케인즈파와 고전파의 분석은 같다.

그러나 유가 충격의 단기효과에 대한 케인즈파의 분석은 고전파와 약간 다르다. 케인즈파 모형에서 유가 충격의 단기효과를 이해하기 위해서는, 먼저 석유가격 상승이 일반물가수준에 미치는 영향을 생각해야 한다. 메뉴 비용에 직면하고 있는 기업은, '올바른' 가격이 이미 설정된 가격과 단지 약간만 차이가 난다

그림 11.9

케인즈파 모형에서의 유가 충격

유가 상승은 완전고용 산출량을 $\bar{Y}_1$에서 $\bar{Y}_2$로 감소시키고 따라서 FE선을 좌측으로 이동시키는 부정적 공급 충격이다. 또한 유가 상승은 석유에 크게 의존하는 부문의 가격을 상승시키는 반면, 여타 부문의 가격은 단기적으로 고정되어 있다. 따라서 평균 물가수준이 상승하며, 이것은 실질 화폐공급을 감소시켜 LM 곡선을 LM^1에서 LM^2로 상방 및 좌측 이동시킨다. 단기적으로 경제는 F점까지 이동하며, 산출량은 새로운 완전고용수준 이하로 감소하고 실질이자율은 더 높게 상승한다. F점에서 총수요량은 완전고용 산출량 수준 $\bar{Y}_2$보다 낮기 때문에, 장기적으로 물가수준은 하락하여 최초의 물가 상승을 부분적으로 상쇄한다. 물가수준의 하락은 LM 곡선을 LM^2에서 LM^3으로 하방 및 우측 이동시키며, 경제는 완전고용 균형인 H점으로 이동한다.

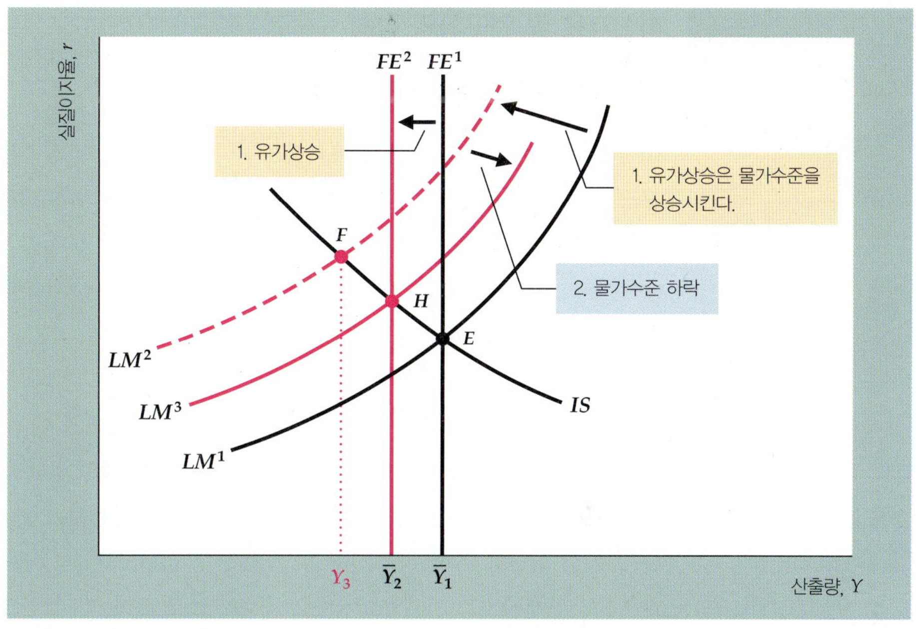

면 가격을 변경하지 않으려고 할 것이다. 그러나 '올바른' 가격이 이미 설정된 가격과 상당히 차이가 난다면, 그래서 설정된 가격을 그대로 유지할 경우 상당한 이윤 손실이 발생한다면 기업은 가격을 변경할 것이다. 석유가격이 크게 상승한 경우, 생산비가 석유가격에 영향을 많이 받는 기업(예를 들어, 정유회사, 가정용 난방유 공급업자, 항공회사 등)은 생산물의 '올바른' 가격이 이미 설정된 것보다 상당히 높은 것을 알게 될 것이다. 이러한 석유 의존적인 기업은 상품 가격을 재빨리 올리겠지만, 반면 다른 부문의 기업은 이미 설정된 가격을 단기적으로 유지할 것이다. 따라서 모든 가격이 균형 값으로 조정되지는 않는다는 의미에서 가격 경직성이 존재하지만, 평균 물가수준은 단기에 오르게 된다.

급격한 유가상승은 단기에 물가수준 P를 상승시키므로 실질 화폐공급 M/P도 감소한다. 실질 화폐공급의 감소는 그림 11.9에서 LM 곡선을 LM^1에서 LM^2로 상방 및 좌측 이동시킨다. 그림에서 보는 것처럼 이러한 결과가 논리적으로 꼭 필요한 것은 아니지만, LM 곡선과 IS 곡선의 교차점은 새로운 FE선의 왼쪽에 위치하게 된다. 단기균형은 LM^2와 IS 곡선이 만나는 F점에서 성립한다. F점은 FE선의 왼쪽에 있기 때문에 경제는 침체 상태이며, 산출량(Y_3)은 새로운 완전고용 산출량 $\bar{Y}_2$보다 아래에 있다. 단기적으로 경제는 산출량 감소와 인플레이션 폭발이라는 스태그플레이션을 경험하고 있다. 이러한 분석에 따르면 단기에서 산출량이 감소하는 것은 두 부분으로 나눠진다. (1) 완전고용 산출량이 $\bar{Y}_1$에서 $\bar{Y}_2$로 감소하는 것, (2) LM 곡선의 상방 및 좌측 이동으로 인해 산출량이

최신자료 및 연구와의 접속 IN TOUCH WITH DATA AND RESEARCH

DSGE 모형과 고전파-케인즈파 논쟁

10장과 11장에서 경기순환을 분석하고 안정화 정책을 결정하는 고전파와 케인즈파의 접근방법을 비교 및 대조해 봤다. 오랜 기간 동안 고전파와 케인즈파 경제학자는 매우 다른 형태의 모형을 이용하여 경기순환과 안정화 정책을 각각 연구해 왔으며, 서로 다른 실증적 방법을 이용하면서 데이터에 대해 논쟁해 왔다. 결과적으로 두 그룹 간의 대화 소통은 어려웠다.

그러나 지난 10여 년 동안 일부 고전파 경제학자는 그들의 모형에 케인즈파의 견해를 결합해 왔으며, 일부 케인즈파 경제학자도 그들의 모형에 고전파의 견해를 결합해 왔다. 최고수준의 박사과정에서 잘 훈련받은 많은 젊은 경제학자가 10장에서 간략히 논의했던 동태 확률 일반균형(DSGE : dynamic, stochastic, general equilibrium) 모형을 열심히 연구해 왔다. 대체적으로 말해서 그러한 모형은 1980년대와 1990년대 고전파 RBC 경제학자가 개발한 기법을 사용하고 있으며, 따라서 많은 케인즈파 경제학자가 고전파의 분석방법을 채택하고 있는 셈이다. 또한 고전파 경제학자조차도 사용하고 있는 많은 모형이, 가격 경직성(그러나 효율성 임금은 보통 도입하지 않고 있음) 및 기업 간 불완전 경쟁과 같은 케인즈파의 특징을 도입하고 있다. 결과적으로 고전파와 케인즈파 경제학자는 이제 같은 언어로 말하고 있으며 더욱 명확하게 소통할 수 있게 됐고, 거시경제학 연구는 더욱 순조롭게 진보하고 있다.

고전파와 케인즈파 경제학자 간에 기본적으로 차이가 나는 영역은, 모형이 미시경제적 기초를 얼마나 도입하고 있는가의 문제였다. 특히 1980년대 초반 합리적 기대이론이 전면에 나선 이후부터, 많은 고전파 경제학자는 좋은 모형은 미시경제적 기초를 도입함으로써 발전될 수 있다고 믿게 됐다. 미시경제적 기초란 가계가 후생극대화를 위해 어떻게 노동공급과 소비지출을 선택하는가를 보여주는 것이며, 기업이 이윤극대

새로운 완전고용수준 이하로 감소하는 것($\bar{Y}_2$와 Y_3의 차이).

그림 11.9에서 분석된 것과 같은 공급 충격은 케인즈파의 안정화 정책에 엄청난 어려움을 안겨준다. 첫째, 통화정책 혹은 재정정책은 FE선의 이동으로 초래된 산출량 감소부분에 대해 아무것도 할 수 없다. 경제를 새로운 완전고용 산출량수준 $\bar{Y}_2$ 이상으로 확장하려고 시도한다면, 그것은 단지 일시적으로 산출량을 증가시킬 수 있으나 인플레이션을 악화시킨다. 그와는 대조적으로 LM 곡선의 상방 및 좌측 이동으로 발생한 산출량 감소 부분($\bar{Y}_2$와 Y_3의 차이)은 완전고용수준 이하의 산출량을 나타내고 있으며, 원칙적으로는 팽창 통화정책 혹은 재정정책을 이용해 산출량을 $\bar{Y}_2$까지 증가시킬 수 있다. 그러나 정책 변화가 없는 것에

화를 위해 어떻게 노동수요와 투자지출을 선택하는가를 보여주는 것이다. 그러나 케인즈파 경제학자는 미시경제적 기초를 찾는 시도는 성과가 없는 것이라고 믿었으며, 그 대신 그들은 개별적 의사결정보다 총량적 수요곡선 및 공급곡선에 바탕을 둔 대규모 거시경제 모형에 초점을 맞추었다. 결과적으로 고전파 경제학자는 케인즈파 모형이 틀렸으며 가치 없는 것이라 여기게 됐고, 케인즈파도 고전파 모형에 대해 같은 생각을 하게 됐다. 무엇이 올바른 형태의 모형설정인가에 대해 수십 년 동안 싸운 후(일부 논쟁은 여전히 계속되고 있지만), 일부 경제학자는 두 접근방법을 화해시킬 수 있는 방법을 찾게 됐다.[18] 그 기본 아이디어는 경제행태를 설명하는 몇 개의 식으로 구성된 케인즈파 스타일의 모형이, 상세한 미시경제적 기초를 포함하고 있는 고전파 모형과 어떤 환경하에서 서로 일치하는가를 보여주는 것이었다. 그것이 양쪽의 모두를 설득하지는 못했지만, 이러한 연구는 고전파와 케인즈파의 접근법을 화해시키는 데 도움을 줬다.

그러나 지난 수십 년 동안 얻어진 소득에도 불구하고, 고전파와 케인즈파는 여전히 몇 가지 기본적 측면에서 차이가 있다. 케인즈파는 가격과 임금이 서서히 조정된다고 믿는 경향이 있으며, 반면 고전파는 그것이 신속하게 조정된다고 생각한다. 케인즈파는 정부 정책이 사람들의 복지를 개선할 수 있다는 데 더 많은 신뢰를 보이고 있으며, 반면 고전파는 그것과 정반대라고 종종 생각한다. 즉 많은 경우 정부 정책이 사람들의 복지를 감소시키고 있으며, 특히 정부가 경기순환을 안정화시키려고 할 때 더욱 그러하다고 본다. 그러나 적어도 이제 양측은 서로 대화를 나누고 있다.

18. 예를 들어, 다음 문헌을 참조하라. Michael Woodford, *Interest and Prices: Foundations of a Theory of Monetary Policy*(Princeton, N. J.: Princeton University Press, 2003).

비해 F점에서 팽창 정책을 사용하면, 정부는 이미 높은 인플레이션을 더욱 악화시키는 위험을 부담하게 된다. 그러므로 그림 11.9와 같은 스태그플레이션을 유발하는 충격에 직면할 때, 거시경제 정책은 산출량의 급격한 감소를 피할 수 없다. 또한 잠정적인 인플레이션 악화 없이는 새로운(더 낮은) 완전고용수준까지도 산출량을 회복시킬 수 없다.

요약 SUMMARY

1. 케인즈파는 노동자와 직업 간 불일치가 모든 실업을 설명할 수 있다는 데 회의적이다. 그들은 실질임금이 경직적이고 노동의 수요와 공급이 일치하는 수준보다 높기 때문에 일부 실업이 발생한다고 주장한다.

2. 실질임금 증가에 반응하여 노동자가 더 열심히 일한다고 가정하는 효율성 임금 모형은 실질임금 경직성을 설명하는 하나의 근거가 되고 있다. 기업은 임금 1달러당 노동자 노력을 최대한 이끌어낼 수 있는 효율성 임금을 지급함으로써 이윤극대화를 달성할 수 있다. 만약 노동자의 노력과 실질임금을 연결하는 노력곡선이 변하지 않는다면 효율성 임금, 즉 실제로 지불되는 실질임금은 경직적이 된다.

3. 효율성 임금 모형에서, 기업은 노동의 한계생산물이 효율성 임금과 같을 때 $\bar{N}$ 수준의 고용을 수요한다. 만약 효율성 임금이 노동시장을 청산하는 실질임금보다 높으면, 고용은 노동의 수요에 의해 결정된다. 효율성 임금에서 노동수요와 노동공급의 차이는 실업을 나타낸다.

4. 완전고용 산출량 $\bar{Y}$는 고용이 완전고용 수준 $\bar{N}$이고 노동자 노력이 효율성 임금에 의해 최대한 유발될 때 생산될 수 있는 산출량이다. 케인즈파의 *IS-LM* 모형에서 *FE*선은 완전고용 산출량 수준에서 수직이다. 케인즈파 모형에서 완전고용 산출량과 *FE*선은 생산성 충격에 의해 영향을 받지만, 노동공급 변화에 의해서는 영향을 받지 않는다. 왜냐하면 노동공급 변화는 효율성 임금 모형에서 고용에 영향을 미치지 않기 때문이다.

5. 케인즈파는 가격 완고성 때문에 화폐의 비중립성이 성립한다고 본다. 가격 완고성이란 어떤 기업이 비록 그들 상품의 수요 혹은 공급이 변하더라도 단기에 그들 상품의 가격을 변화시키지 않는 것을 의미한다. 가격 완고성은 가격과 임금이 완전히 신축적이라는 고전파 기본모형의 가정과 대립된다.

6. 가격 완고성은 메뉴 비용 혹은 가격 변경 비용에 직면한 독점적 경쟁기업의 이윤극대화 행동 때문에 발생할 수 있다. 그러한 기업은 가격 순응자라기보다 가격 설정자이며, 일단 가격을 한 번 설정하면 그렇게 고정된 가격에서 고객 수요를 충당한다. 이러한 기업은 일반적으로 비용 혹은 수요가 크게 변화할 때 가끔 가격을 재조정한다.

7. 가격 완고성을 가진 케인즈파 모형에서, 산출량은 단기적으로 *IS-LM* 곡선의 교차점에서 결정된다. 기업은 이미 결정된 가격에서 수요를 충족하고자 하기 때문에, 경제는 단기적으로 *FE*선을 벗어날 수 있다. 단기적으로 고용은 유효 노동수요 곡선에 의해 정해지며, 이것은 어떤 주어진 산출량을 생산하는 데 필요한 노동의 양을 보여준다. 장기에서 가격과 임금이 완전히 조정된 후, *LM* 곡선이 이동하여 완전고용하의 일반균형을 회복한다.

8. 케인즈파 모형에서 단기 및 장기 균형은 *AD-AS* 모형에서도 분석될 수 있다. 단기 균형은 우하향하는 총수요(*AD*) 곡선과 수평의 단기 총공급(*SRAS*) 곡선의 교차점으로 설명된다. 단기 균형에서 독점적 경쟁기업은 고정된 가격수준에서 수요량을 충당할 만큼의 산출량을 생산한다. 그러나 결국 가격은 조정되고, 경제는 *AD* 곡선과 수직의 장기 총공급(*LRAS*) 곡선의 교차점으로 설명되는 장기 균형에 도달한다. 장기 균형에서 산출량은 완전고용 수준 $\bar{Y}$와 같다.

9. 케인즈파 모형에서 화폐공급의 증가는 *LM* 곡선을 하방 및 우측 이동시키며, 단기적으로 산출량을 증가시키고 실질이자율을 하락시킨다. 따라

서 화폐는 단기에서 중립적이지 않다. 그러나 장기적으로 화폐는 중립적이다. 즉 통화 팽창은 물가수준을 비례적으로 상승시킬 뿐이며 아무런 실질적 영향을 미치지 못한다.

10. 케인즈파 모형에서 정부지출의 증가 혹은 감세는 *IS* 곡선을 상방 및 우측으로 이동시키며, 단기적으로 산출량과 실질이자율을 상승시킨다. 장기에서 산출량은 완전고용 수준으로 되돌아가지만 실질이자율은 더 상승한다. 재정정책은 소비, 투자, 정부지출 사이의 산출량 구성에 영향을 주기 때문에 장기적으로 중립적이지 않다.

11. 케인즈파는 대부분의 경기순환이 총수요 충격 때문에 발생한다고 생각한다. 이러한 충격은 *IS* 곡선(정부지출, 바람직한 소비, 바람직한 투자의 변화) 혹은 *LM* 곡선(화폐공급 혹은 화폐수요의 변화)에 영향을 준다. 전통적으로 총수요 충격의 중요성을 강조한 케인즈파의 경기순환이론은 고용, 통화량, 인플레이션, 투자 등의 경기 순응적 행태를 설명할 수 있다. 평균노동생산성의 경기순응적 행태를 설명하려면, 케인즈파 이론은 기업의 노동 사장(즉 불황기에 기업이 필요한 것보다 더 많은 노동을 고용한다는 것) 가정을 추가적으로 도입해야 한다.

12. 거시경제 안정화 혹은 총수요 관리는, 통화정책 혹은 재정정책을 이용하여 불황을 제거하고 경제를 완전고용 수준에서 유지하려는 것이다. 케인즈파 이론은 거시경제 안정화가 바람직한 동시에 가능한 것이라고 생각한다. 그러나 현실적으로 경제 상태의 측정과 예측이 어렵고, 어떤 특정한 시기에 얼마만큼의 화폐 및 재정 충격이 필요한가를 결정하는 것이 어렵다는 문제점이 남아 있다. 또한 케인즈파의 경기조절 정책은 정책 변화가 없을 때에 비해 높은 물가수준을 초래한다.

13. 1970년대 석유파동을 겪으면서 케인즈파 이론은 공급 충격을 허용하는 방향으로 수정됐다. 공급 충격은 스태그플레이션(인플레이션과 경기침체의 공존)을 초래하며 안정화 정책을 더욱 어렵게 만든다.

핵심용어 KEY TERMS

가격 완고성
거시경제 안정화
교체비용
노력곡선
독점적 경쟁
메뉴 비용
부가율
승수
실질임금 경직성
완전경쟁
유효 노동수요 곡선
총수요 관리
총수요 충격
한계비용
효율성 임금
효율성 임금 모형

복습문제 REVIEW QUESTIONS

1. 효율성 임금을 정의하라. 노동자 행동에 대한 어떤 가정이 효율성 임금이론의 바탕을 이루고 있는가? 노동의 초과공급이 존재함에도 불구하고 왜 실질임금이 경직적이라고 예측하고 있는가?

2. 효율성 임금이 있는 케인즈파 모형에서 완전고용 산출량 $\bar{Y}$는 어떻게 결정되는가? 이 모형에서 완전고용 산출량은 생산성 변화(공급 충격)에 의해 어떤 영향을 받는가? 노동공급의 변화에 의

해서는 어떤 영향을 받는가?

3. 가격 완고성이란 무엇인가? 케인즈파는 가격 완고성을 거시경제 분석에 도입하는 것이 왜 중요하다고 믿는가?

4. 메뉴 비용을 정의하라. 왜 작은 메뉴 비용이 독점적 경쟁시장에서는 가격 완고성을 가져오지만, 완전경쟁시장에서는 그렇지 아니한가? 실제 수요가 기업이 예상한 것보다 클 때, 왜 독점적 경쟁기업은 고정된 가격에서 수요를 충당하면서도 이윤을 얻을 수 있는가?

5. 케인즈파 모형은 (단기 및 장기에서) 화폐의 중립성에 대해 어떻게 예측하고 있는가? 화폐의 중립성에 대한 케인즈파의 예측을, 고전파의 기본 모형 및 오인이론하의 확장 모형과 비교하라.

6. 케인즈파 모형에서 정부지출의 증가는 산출량과 실질이자율에 단기적으로 어떤 영향을 미치는가? 장기적으로는? 정부지출의 증가는 장기적으로 산출량 구성을 어떻게 변화시키는가?

7. 경제가 침체에 빠져 있을 때, 정책입안자가 취할 수 있는 세 가지 대안을 설명하라. 각 전략의 이익과 불이익은 무엇인가? 고용, 물가수준, 산출량 구성에 미치는 영향을 명확히 설명하라. 침체에 대응하여 거시경제 안정화 정책을 사용할 때 실제적으로 어떤 어려움이 있는가?

8. 케인즈파 모형을 사용하여 고용, 통화량, 인플레이션 및 투자의 경기 순응적 행태를 설명하라.

9. 평균노동생산성의 순환적 행태에 대해 케인즈파 모형은 어떻게 예측하는가? 노동 사장 가정을 도입하면 케인즈파 모형의 예측은 경기순환 사실과 일치될 수 있는가?

10. 케인즈파에 따르면 부정적 공급 충격이 산출량을 감소시키는 두 가지 경로는 무엇인가? 공급 충격은 케인즈파의 안정화 정책에 어떤 문제를 초래하는가?

계산문제 NUMERICAL PROBLEMS

1. 어떤 기업이 실질임금과 노동자가 나타내는 노력 사이에 다음의 관계가 있음을 알고 있다고 하자.

실질임금	노력
8	7
10	10
12	15
14	17
16	19
18	20

이 기업에 있어서 노동의 한계생산물은 다음과 같다.

$$MPN = \frac{E(100 - N)}{15}$$

여기에서 E는 노력수준이며 N은 고용된 노동자수이다. 만약 이 기업이 표에 나타난 여섯 가지 임금수준 중 하나만 지급한다면, 어느 것을 선택해야 하는가? 이때 몇 명을 고용하게 되는가?

이 기업이 소재하고 있는 도시에 200명의 노동자가 있으며 모두 실질임금 8에서 일하고자 한다. 이 사실로 인해 앞 문제의 정답이 바뀌게 되는가? 만약 그렇다면 왜 그런가?

2. 어떤 경제가 다음 방정식으로 설명된다고 하자.

바람직한 소비	$C^d = 130 + 0.5(Y - T) - 500r$
바람직한 투자	$I^d = 100 - 500r$
정부지출	$G = 100$
조세	$T = 100$
실질 화폐수요	$L = 0.5Y - 1{,}000r$

화폐공급 $M = 1{,}320$

완전고용 산출량 $\bar{Y} = 500$

기대 인플레이션은 0으로 가정하며 따라서 화폐 수요는 직접적으로 실질이자율에 의존한다.

a. *IS* 곡선과 *LM* 곡선의 방정식을 구하라(이 방정식은 상품시장과 자산시장이 각각 균형 상태에 있을 때 r과 Y의 관계를 보여준다).

b. 산출량, 실질이자율, 물가수준, 소비 및 투자의 완전고용 값을 계산하라.

c. 미래 자본의 한계생산물에 대한 투자자의 낙관주의 때문에 투자함수가 다음과 같이 바뀌었다고 하자.

$$I^d = 200 - 500r$$

경제가 최초에 완전고용 상태에 있었다고 가정하면, 단기적으로 산출량, 실질이자율, 물가수준, 소비 및 투자의 새로운 균형 값은 얼마인가? 장기적으로는? 결과를 그래프로 그려라.

3. 다음과 같은 케인즈파의 폐쇄경제를 생각해 보자.

소비 $C = 388 + 0.4(Y - T) - 600r$

투자 $I = 352 - 400r$

정부구입 $G = 280$

조세 $T = 300$

완전고용 산출량 $\bar{Y} = 1{,}400$

명목 화폐공급 $M = 12{,}600$

실질 화폐수요 $L = 1{,}750 + 0.75Y - 8{,}750(r + \pi^e)$

기대인플레이션 $\pi^e = 0.02$

a. *IS* 곡선의 방정식은 어떻게 되는가?

b. 단기에 물가수준은 $P_{sr} = 7$로 고정되어 있다고 가정하자. 물가수준이 고정되어 있는 단기에 *LM* 곡선의 방정식은 어떻게 되는가?

c. 산출량, 실질이자율, 소비, 투자의 단기 균형 값은 얼마인가?

d. 산출량, 실질이자율, 소비, 투자, 물가수준의 장기 균형 값은 얼마인가?

e. 장기 균형에서 화폐유통속도의 값은 얼마인가?

f. 정부는 정부구입을 350으로 증가시켜 투자는 320, 물가수준은 6인 장기 균형을 달성하려고 한다고 하자. 조세 T와 화폐공급 M은 얼마가 되어야 이러한 장기 균형을 달성할 수 있는가? 해답 풀이에 다음 질문을 참고하라. (1) 투자가 320이 되려면 실질이자율은 얼마여야 하는가? (2) 투자가 320이고 정부구입이 350일 때 장기 균형에서 소비는 얼마인가? (3) 앞의 질문 (2)에서의 소비수준 및 장기 균형에서 $I = 320$, $G = 350$을 달성하기 위한 조세 T의 값은 얼마인가? (4) 투자 320, 정부구입 350인 장기 균형에서 물가수준이 6이 되려면 명목 화폐공급 M은 얼마여야 하는가? (주 : 기대인플레이션은 여전히 0.02이다.)

4. 어떤 경제가 다음 식으로 설명된다고 하자.

바람직한 소비 $C^d = 300 + 0.5(Y - T) - 300r$

바람직한 투자 $I^d = 100 - 100r$

정부지출 $G = 100$

조세 $T = 100$

실질 화폐수요 $L = 0.5Y - 200r$

화폐공급 $M = 6{,}300$

완전고용 산출량 $\bar{Y} = 700$

a. 총수요 곡선의 방정식을 찾아라. (힌트 : 상품시장과 자산시장 균형을 나타내는 방정식을 찾는다. 이 두 방정식을 이용하여 실질이자율을 제거한다. 어떤 주어진 물가수준에서, 총수요 곡선의 방정식은 상품시장과 자산시장의 균형을 동시에 만족시키는 산출량 수준을 보여준다.)

b. $P = 15$라고 가정하자. 산출량, 실질이자율,

소비 및 투자의 단기 균형 값은 얼마인가?

c. 산출량, 실질이자율, 소비, 투자 및 물가수준의 장기 균형 값은 얼마인가?

5. [부록 11.A] 모든 노동자가 명목임금으로 계약을 체결하고 고용주에게 고용량을 선택할 권리를 부여하는 경제를 생각해 보자. 생산함수는 다음과 같다.

$$Y = 20\sqrt{N}$$

이 생산함수의 노동의 한계생산물은 다음과 같다.

$$MPN = \frac{10}{\sqrt{N}}$$

명목임금은 $W = 20$으로 가정한다.

a. 실질임금과 기업의 노동수요를 연결하는 방정식을 찾아라(노동 수요곡선).

b. 명목임금이 20일 때, 물가수준과 기업의 노동수요는 어떤 관계인가?

c. 물가수준과 기업이 공급하는 산출량의 관계는 어떠한가? 이 관계를 그래프로 그려라.

이제 *IS*와 *LM* 곡선(상품시장과 자산시장의 균형조건)이 다음 방정식으로 주어진다고 하자.

IS 곡선 $Y = 120 - 500r$

LM 곡선 $M/P = 0.5Y - 500r$

d. 화폐공급 M은 300이다. *IS*와 *LM* 곡선을 이용하여 산출량 Y와 물가수준 P의 관계를 도출하라. 이 관계는 총수요 곡선의 방정식이다. 이것을 문제 (c)로부터 얻은 기업의 공급량과 물가수준의 관계(총공급 곡선)처럼 같은 그래프에 그려라.

e. 물가수준, 산출량, 고용, 실질임금, 실질이자율의 균형 값은 얼마인가?

f. 화폐공급 M이 135라고 하자. 물가수준, 산출량, 고용, 실질임금 및 실질이자율의 균형 값은 얼마인가?

6. [부록 11.C] 다음 경제를 생각해 보자.

바람직한 소비 $C^d = 325 + 0.5(Y - T) - 500r$

바람직한 투자 $I^d = 200 - 500r$

정부지출 $G = 150$

조세 $T = 150$

실질 화폐수요 $L = 0.5Y - 1{,}000r$

화폐공급 $M = 6{,}000$

완전고용 산출량 $\bar{Y} = 1{,}000$

a. 실질이자율, 물가수준, 소비 및 투자의 완전고용균형 값을 계산하라.

b. 이 경제에서 α_{IS}, β_{IS}, α_{LM}, β_{LM}, ℓ_r의 값은 얼마인가? (각 계수의 정의에 대해서는 부록 9.B로 돌아가서 보기 바란다.)

c. 물가수준이 $P_{sr} = 15$로 고정되어 있다고 하자. 산출량과 실질이자율의 단기 균형 값은 얼마인가?

d. 물가수준이 여전히 15로 고정되어 있을 때 정부지출이 $G = 150$에서 $G = 250$으로 증가했다고 하자. α_{IS}의 새로운 값은 얼마이며, 산출량의 단기 균형 값은 얼마인가?

e. 식 (11.C.5)를 이용하여 정부지출 승수의 값을 계산하라. 이 승수 값을 이용하여 정부지출이 $G = 150$에서 $G = 250$으로 증가했을 때 Y의 단기 균형 값의 변화를 계산하라. 이 해답은 문제 (d)의 답과 어떻게 비교되는가?

분석문제 ANALYTICAL PROBLEMS

1. 케인즈파의 *IS-LM* 모형에 따르면, 다음 각 항목의 변화가 산출량, 실질이자율, 고용 및 물가수준에 미치는 영향은 무엇인가? 단기와 장기를 구분하여 설명하라.

a. 투자에 대한 조세 유인 증가(투자에 대한 세금 우대는, 현재의 총조세수입이 불변이 되도록 정액세 증가에 의해 상쇄된다)

b. 저축에 대한 조세 유인 증가(문제 (a)처럼 정액세가 증가하여 현재의 총조세수입은 불변으로 유지된다)

c. 자본투자의 미래 수익성에 대한 투자자의 비관주의 증가

d. 소비자가 그들의 미래 소득이 증가할 것으로 예상함에 따라 소비자 신뢰의 제고

2. 케인즈파의 *IS-LM* 모형에 따르면, 다음 각 항목의 변화가 산출량, 실질이자율, 고용 및 물가수준에 미치는 영향은 무엇인가? 단기와 장기를 구분하여 설명하라.

a. 금융규제 완화로 은행이 요구불예금에 대해 더 높은 이자를 지불할 수 있게 됐다.

b. 다양한 신용카드의 도입은 사람들이 거래를 위해 필요로 하는 화폐 수요량을 크게 감소시켰다.

c. 심각한 물 부족으로 인해 농업 산출량이 크게 감소하고 식량 가격이 폭등했다.

d. 일시적으로 우호적인 공급 충격은 경제 전반에 영향을 미치지만, 어떤 개별 기업은 단기적으로 가격을 변화시킬 만큼 충분히 영향을 받지 않는다.

3. 연방준비제도는 경제 불황을 관측했을 때 화폐공급을 증가시키는 정책을 갖고 있다고 하자. 그러나 화폐공급의 증가로 총수요에 영향을 미치는 데 약 6개월이 필요하다고 가정하자. 또한 기업이 가격을 재점검하고 재설정하는 데에도 약 6개월의 기간이 필요하다. 연방준비제도의 정책은 산출량과 가격 안정성에 어떤 영향을 미치는가? (a) 연방준비제도가 불황을 예측하는 데 어떤 능력을 갖고 있다면, 혹은 (b) 가격조정에 6개월보다 더 긴 시간이 필요하다면 답은 변하는가?

4. 고전파 경제학자는 불황에 대응하여 재정정책을 사용하는 것은 노동자들의 후생을 개선하지 못한다고 주장한다. 그러나 케인즈파 모형이 옳다고 가정해 보자. 아무것도 하지 않는 정책과 비교하여, 정부지출 증가로 경제가 완전고용으로 회복되면 노동자들은 더 좋아지는가? 문제에 답하면서, 재정 확장이 실질임금, 고용, 소비, 현재 및 미래조세에 미치는 영향을 논하라. 정답은 (a) 정부지출 프로그램의 직접 편익 및 (b) 재정 충격이 없을 때의 가격조정 속도에 어떻게 의존하는가?

5. 어떤 노동경제학자는 노동시장을 두 부문으로 분할하여 생각하는 것이 유용하다고 주장한다. 즉 1차 부문은 '좋은' (고임금, 장기 고용) 직장으로 구성되어 있으며, 2차 부문은 '나쁜' (저임금, 단기 고용) 직장으로 되어 있다고 한다. 1차 부문은 노동의 한계생산물이 높고, (기업이 노동자 노력을 통제하는 데 비용이 들기 때문에) 효율성 임금을 지급하고 있다고 하자. 2차 부문은 노동의 한계생산물이 낮고 효율성 임금을 지급하지 않는다. 그 대신 2차 부문에서는 실질임금 조정에 의해 그 부문 안에서 노동의 수요와 공급이 일치한다. 노동자는 동질적이며, 모두가 1차 부문에서 일하는 것을 선호한다. 그러나 1차 부문에서 직장을 얻을 수 없는 노동자는 2차 부문에서 근무한다.

다음 각 항목의 변화가 두 부문의 실질임금, 고

용 및 산출량에 미치는 영향은 무엇인가?

a. 팽창 통화정책이 1차 부문의 산출량에 대한 수요를 증가시켰다.

b. 이민으로 인해 노동력이 증가했다.

c. 노력곡선이 변해서 1차 부문에서 달러당 최대의 노력을 이끌어내는 데 필요한 실질임금이 더 높아졌다. 더 높은 실질임금에서 나오는 노력은 노력곡선의 변화 이전과 마찬가지로 같다.

d. 1차 부문에서 일시적인 생산성 개선이 있었다.

e. 2차 부문에서 일시적인 생산성 개선이 있었다.

실제 거시경제 데이터를 이용한 문제 *WORKING WITH MACROECONOMIC DATA*

이 연습문제에서 사용하는 데이터를 구하려면 research.stlouisfed.org/fred2에 있는 세인트루이스 연방준비은행의 FRED 데이터베이스를 찾아라.

1. 케인즈파 이론은 팽창 재정정책(정부지출 증가 혹은 조세 삭감)이 실질이자율을 상승시킬 것으로 예측한다.

1960년대 이후 데이터를 이용하여 연방정부의 재정적자와 주정부의 재정적자 비율(GDP 대비)을 그래프로 그려라. 그리고 실질이자율(3개월 재무성 증권 이자율 마이너스 앞선 12개월에 걸친 CPI 인플레이션율)도 그래프로 그려라. 재정적자와 실질이자율 간의 어떤 관계를 발견할 수 있는가? 어떤 기간에 그러한 관계가 가장 명백해 보이는가? 3개월짜리 이자율 대신 10년 국채 이자율을 사용하면 어떤 변화가 생기는가?

2. 가격 완고성 때문에 케인즈파 모형에 의하면 통화량 증가율은 일정한 시차 후에 인플레이션을 상승시키며, 그때 기업은 가격을 조정하기 시작한다고 한다. 1960년 이후 데이터를 이용하여 인플레이션율과 M2 증가율을 그래프로 그려라. 1980년 이전에는 통화 증가율이 단지 일정한 시차 후에 인플레이션에 영향을 미쳤다는 것이 사실인가? 1980년 이후에는 어떤 일이 일어났는가?

케인즈파는 은행에 MMDA(money market deposit accounts) 같은 상품을 도입한 금융 혁신 때문에, 1980년대 초반 M2가 크게 증가했다고 주장한다. 만약 이러한 주장이 사실이라면, 1980년 이후 관찰된 인플레이션과 통화 증가율의 관계를 어떻게 설명할 수 있는가?

3. 10장에서 실제 거시경제 데이터를 이용한 문제 1번은 총요소생산성의 순환적 행태에 대해 묻고 있다. 만약 그 문제를 완성하지 못했다면, 지금 그 문제를 풀고 생산성 변화를 생산자 물가지수(연료 및 관련 상품, 동력 등의 산업)의 변화와 비교하라. 케인즈파의 해석은 고전파의 해석과 어떻게 다른가?

부록 11.A

노동계약과 명목임금 경직성

케인즈파 이론에서 화폐의 비중립성은 명목 경직성의 결과이다. 이 장에서는 명목가격 경직성을 강조해 왔다. 많은 케인즈파가 강조한 것처럼, 화폐의 비중립성을 설명할 수 있는 또 다른 명목 경직성은 명목임금 경직성이다. 명목임금 경직성은, 임금이 명목가치로 결정되는 기업과 노동조합 간의 장기 노동계약을 반영할 수 있다. *AD-AS* 분석체계로 볼 때 명목가격 경직성과 명목임금 경직성의 차이는, 명목가격 경직성은 수평의 단기 총공급 곡선을 함축하고 있는 것에 반하여, 명목임금 경직성은 우상향하는 기울기를 갖는 단기 총공급 곡선을 함축한다는 것이다. 그러나 이러한 차이는 케인즈파 모형으로부터 얻은 결과에 실질적인 영향을 미치지 않는다. 특히 명목임금 경직성을 가진 케인즈파 모형에서, 화폐는 여전히 단기적으로 비중립적이며 장기적으로는 중립적이다.

노동계약하에서 단기 총공급 곡선

미국에서 대부분의 노동계약은 3년 동안의 고용조건과 명목임금을 자세히 규정하고 있다. 비록 노동계약이 명목임금을 규정하지만, 보통 총고용량을 규정하지는 않는다. 그 대신 고용주는 몇 시간 일을 시킬 것인지와 노동자를 일시 해고할 것인지를 일방적으로 결정한다. 이러한 요소들은 단기 총공급 곡선이 우상향하는 기울기를 갖게 된다는 것을 함축한다.

물가수준이 상승할 때 어떤 일이 일어날 것인가를 생각해 보면, 노동계약이 명목임금을 미리 규정할 때 단기 총공급 곡선이 왜 우상향하는 기울기를 갖는지를 알 수 있다. 명목임금 W가 노동계약에 의해 미리 정해져 있으면, 물가수준 P의 상승은 실질임금 w 혹은 W/P를 하락시킨다. 실질임금 하락에 대한 반응으로, 기업은 더 많은 노동을 수요한다. 기업은 고용수준을 일방적으로 선택하기 때문에, 노동수요의 증가는 고용량의 증가를 가져오고 따라서 산출량이 증가한다. 그러므로 그림 11.A.1의 *SRAS* 곡선에서 보는 것처럼, 물가수준의 상승은 총공급량을 증가시킨다.

화폐의 비중립성

그림 11.A.1에서 보는 것처럼, 장기 노동계약을 가진 모형에서 화폐는 단기적으로 비중립적이다. 최초의 일반균형은 *E*점이며, 거기에서 최초의 총수요 곡선 AD^1은 단기 총공급 곡선 $SRAS^1$과 교차한다. 화폐공급이 10% 증가하면 *AD* 곡선은 AD^2로 상방 이동한다(모든 산출량 수준에서 물가수준은 AD^1에서보다 AD^2에서 10% 더 높다). 단기적으로 화폐공급의 증가는 물가수준을 P_2로 상승시키며 산출량은 *F*점에서 Y_2가 된다. *F*점에서 산출량은 완전고용 수준보다 높다. 왜냐하면 물가수준의 상승은 실질임금을 하락시켜, 기업이 더 많은 노동을 고용해서 더 많은 산출량을 생산하도록 하기 때문이다.

그러나 단기균형인 *F*점에서 노동자는 실질임금이 그들의 예상보다 낮기 때문에 불만스럽게 될 것이다. 시간이 지나면서 노동계약이 갱신되거나 혹은 재조정됨에 따라, 명목임금도 상승하여 물가상승을 상쇄하게 될 것이다. 어떤 주어진 물가수준에서 명목임금의 상승은 실질임금을 상승시킬 것이며 기업은 고용을 줄이고 산출량도 감소하게 된다. 그러므로 명목임금 상승은 단기 총공급 곡선을 $SRAS^1$에서 $SRAS^2$로 상방 이동시킨다. 결국 일반균형은 *H*점에서 다시 회복된다.

장기균형인 *H*점에서 물가수준은 P_3으로 상승하며 이것은 최초의 값인 P_1보다 10% 더 높다. *H*점에서 명목임금 *W*도 10% 상승했으며, 따라서 실질임금 W/P도 원래 수준으로 되돌아왔다. 실질임금이 원래의 수준으로 되돌아옴에 따라, 기업은 최초의 균형인 *E*점과 같은 양의 노동을 고용하고 같은 양의 산출량($\bar{Y}$)을 생산하게 된다. 그러므로 효율성 임금과 가격 경직성에 바탕을 둔 케인즈파 모형처럼, 명목임금 경직성을 가진 케인즈파 모형에서도 화폐는 장기적으로 중립적이지만 단기적으로는 중립적이지 않다.

노동계약으로부터 발생한 명목임금 경직성이 단기적으로 화폐의 비중립성을 설명해 줄 수 있지만, 어떤 경제학자는 이러한 설명에 반대한다. 한 가지 반대의 근거는, 미국 노동력의 6분의 1 이하만 노동조합에 가입해 있고 장기 노동계약을 맺고 있다는 점이다. 그러나 많은 비조합원들도 노동조합 계약에서 결정된 것과 비슷한 임금을 받고 있다. 예를 들어, 비록 대부분의 비조합원들이 공식적인 임금계약을 맺고 있지는 않지만, 그들도 고용주와 '묵시적 계약' 혹은 임금

그림 11.A.1

장기 노동계약하에서 화폐의 비중립성

단기적으로 명목임금을 고정시키는 노동계약이 있으면, 물가수준의 상승은 실질임금을 하락시켜 기업으로 하여금 더 많은 노동을 고용하게 하고 더 많은 산출량을 생산하게 한다. 따라서 단기 총공급 곡선 $SRAS^1$은 우상향하는 기울기를 갖는다. 명목임금이 경직적일 때 화폐는 중립적이지 않다. 최초의 균형 E점에서 화폐공급이 10% 증가하면 AD 곡선은 AD^1에서 AD^2로 상방 이동한다. F점에서 보는 것처럼 단기적으로 산출량과 물가수준은 상승한다. 시간이 지나면서 노동계약은 재협상이 되고 명목임금은 상승하여 물가수준 상승을 상쇄한다. 임금이 상승함에 따라 단기 총공급 곡선은 $SRAS^1$에서 $SRAS^2$로 상방 이동하고, 일반균형은 H점에서 다시 회복된다. H점에서 물가수준 P와 명목임금 W는 10% 상승했으며, 실질임금은 원래의 수준과 같게 되고 기업은 완전고용 산출량 수준인 $\bar{Y}$를 공급한다.

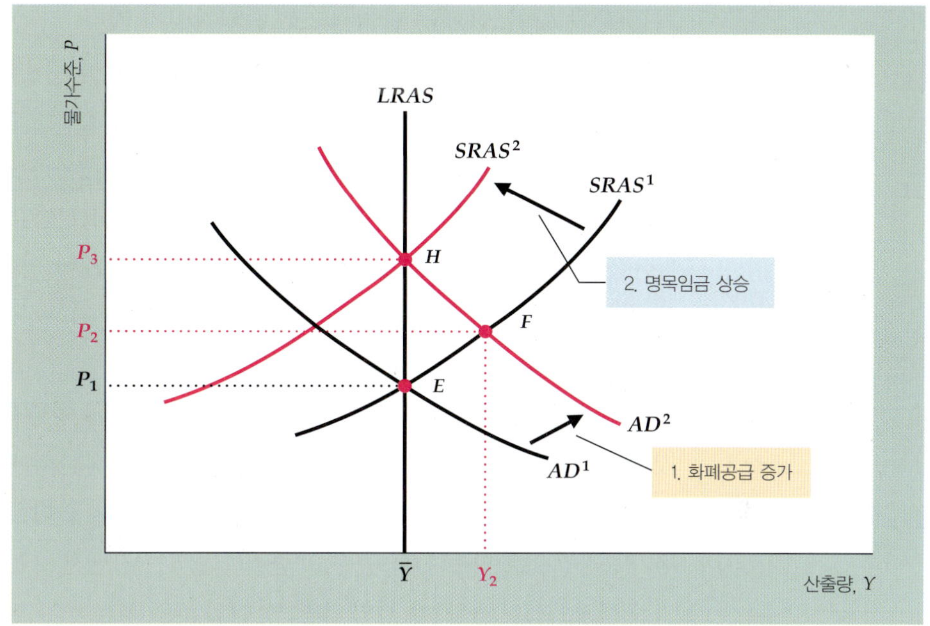

비교가 가능한 비공식적인 구두 계약을 맺을 수 있다.

두 번째 반대 근거는 많은 노동계약이 명목임금을 소비자 물가지수와 같은 전반적인 물가수준과 묶어 두는 이른바 생계비 조정(COLA : cost-of-living adjustments)을 포함하고 있다는 것이다. 완전한 지수 조정을 갖는 계약은 물가수준 상승과 같은 비율로 명목임금을 상승시킨다. 만약 임금이 물가수준과 완전하게 지수화되어 있으면, 단기 총공급 곡선은 수직이 되며 화폐는 중립적이 된다. 왜 그런지를 보기 위해, 물가수준이 6% 상승했다고 가정하자. 만약 노동계약이 완전하게 지수화되어 있으면, 명목임금도 6% 상승하게 되고 실질임금 W/P는 불변이 된다. 실질임금이 불변이기 때문에, 기업은 같은 고용수준을 선택하고 산출량은 물가수준과 독립적이 된다.

그러나 미국에서 대부분의 노동계약은 임금이 물가와 완전하게 지수화되어 있지는 않다. 최근 주요 민간기업과 단체계약을 맺고 있는 노동자들의 4분의 1 이하가 COLA 조항을 갖고 있다. 더욱이 COLA 조항을 가진 대부분의 계약이 완전한 지수화보다 부분적으로 지수화되어 있을 뿐이다. 예를 들어, 50%의 지수화를 요구하는 계약하에서는 명목임금이 전반적인 물가상승률의 50%만 오르게 된다. 따라서 만약 물가수준이 6% 상승하면 명목임금은 3%만 오르게 된다. 결과적으로 실질임금은 3% 하락한다(명목임금 W의 3% 상승, 마이너스 물가수준 P의 6% 상승). 실질임금이 하락하면 기업은 고용과 생산을 증가시키려고 할 것이다. 그러므로 부분적 지수화하에서 단기 총공급 곡선은 다시 우상향하는 기울기를 갖게 되며, 화폐는 단기적으로 중립적이지 않다.

마지막 세 번째 반대 근거는 이 이론이 실질임금을 경기 역행적으로 예측하고 있는 데 반하여, 실제로 경기순환 사실을 보면 실질임금이 경기 순응적이라는 사실이다. 예를 들어, 그림 11.A.1의 *F*점에서 산출량은 완전고용 수준보다 높지만 실질임금은 완전고용 수준보다 낮다(사실 낮은 실질임금이 기업으로 하여금 더 많은 산출량을 생산하게 한 것이다). 그러므로 이 이론에 의하면 호경기에 실질임금이 하락하게 되는데(즉 실질임금은 경기 역행적이 된다), 이것은 경기순환 사실과 불일치한다.

그러나 공급 충격과 총수요 충격 모두 실질임금에 영향을 미친다고 보아야 할 것이다. 실질 경기순환이론에서 본 것처럼, 만약 생산성 충격이 순환적 파동을 일으킨다면 실질임금은 강하게 경기 순응적이어야 한다. 공급 충격(실질임금을 경기 순응적으로 만든다)과 총수요 충격(그림 11.A.1에서 보는 것처럼 실질임금을 경기 역행적으로 만든다)이 결합되면, 실질임금은 평균하여 적어도 약하게 경기 순응적이 될 수 있다. 이러한 견해에 대한 일부 근거가 벤틀리대학의 스콧 섬너(Scott Sumner)와 버지니아군사대학의 스티븐 실버(Stephen Silver)의[19] 연구에서 제시됐다. 이 연구는 실질임금이 공급 충격이 지배적이었던 기간에는 경기 순응적이었고, 총수요 충격이 더 중요했던 시기에는 경기 역행적이었음을 보여준다.

19. "Real Wages, Employment and the Phillips Curve," *Journal of Political Economy*, June 1989, pp. 706–720.

부록 11.B

케인즈파 모형에서 승수 계산문제 풀이 연습

이것은 부록 9.A 모형을 푸는 계산문제 연습으로서, 정부지출 승수에 관한 문제로 응용될 수 있다. 해당 문제에서 경제는 다음 방정식으로 주어져 있다.

$$C^d = 300 + 0.75(Y - T) - 300r$$
$$T = 100 + 0.2Y$$
$$I^d = 200 - 200r$$
$$L = 0.5Y - 500i$$
$$\overline{Y} = 2{,}500,\ G = 600,\ M = 133{,}200,\ \pi^e = 0.05,\ P_{sr} = 120$$

부록 9.A에서 Y, P, r, T, C, I 및 i의 단기 및 장기 균형 값을 계산했다. 이제 정부지출이 600에서 690으로 증가할 때, 단기에서 정부지출 승수를 계산하고자 한다. (물론 장기에서 정부지출 승수는 0이다. 왜냐하면 산출량은 완전고용 수준이 되며, 케인즈파 모형에서 정부지출 증가는 완전고용 산출량 수준에 영향을 미치지 않기 때문이다.) 이를 위해 부록 9.A에서 도출한 단기 균형 값을 이용하며, 더 높은 정부지출 수준에서 산출량이 어떻게 영향을 받았는가를 보기 위해 계산 과정을 반복한다. 이를 통해 승수를 계산할 수 있는데, 이것은 산출량 변화를 정부지출 변화로 나눈 값이다.

부록 9.A에서 단기 균형 산출량은 $Y = 2{,}400$이었다. 정부지출이 증가하면 단기적으로 IS 곡선은 이동하지만, LM 곡선은 전과 같은 $r = 0.001Y - 2.27$이다.

먼저 상품시장 균형조건을 이용하여 IS 곡선의 방정식을 찾는다. 상품시장 균형조건은 $Y = C^d + I^d + G$이다. 위에 있는 T의 방정식을 C^d의 식에 대입한다. 그 결과 나온 방정식과 I^d 방정식 및 G의 값을 $Y = C^d + I^d + G$에 대입하면 다음 결과를 얻는다. $Y = \{300 + 0.75[Y - (100 + 0.2Y)] - 300r\} + [200 - 200r] + 690$. 이 방정식을 Y로 표현되는 r의 방정식으로 다시 정리한다. $Y = \{300 + 0.75Y - [(0.75 \times 100) + (0.75 \times 0.2Y)] - 300r\} + [200 - 200r]$

$+ 690$. 그러므로 $Y = [300 + 0.75Y - 75 - 0.15Y - 300r] + [200 - 200r] + 690$, 따라서 $0.4Y = [300 - 75 + 200 + 690] - (300 + 200)r$이 된다. 그러면 $500r = 1{,}115 - 0.4Y$. 따라서 $r = (1{,}115/500) - (0.4/500)Y$, 그러면 $r = 2.23 - 0.0008Y$. 이것이 *IS* 곡선이다.

다음으로 Y와 r의 단기 균형 값을 계산하기 위해 *IS* 곡선과 *LM* 곡선의 교차점을 찾는다. 우리는 이미 *IS*와 *LM* 곡선의 방정식을 갖고 있으며, 두 방정식의 좌변은 단순히 r이다. *IS* 곡선의 우변과 *LM* 곡선의 우변을 서로 같게 놓으면 다음을 얻는다. $2.23 - 0.0008Y = 0.001Y - 2.27$, 그러면 $4.5 = 0.0018Y$. 그러므로 $Y = 4.5/0.0018 = 2{,}500$.

승수는 산출량의 변화를 정부지출의 변화로 나눈 값이므로, $(2{,}500 - 2{,}400)/(690 - 600) = 10/9 = 1(1/9)$. 이 사례에서 정부지출이 90 증가하면 산출량은 100만큼 증가한다.

부록 11.C에 있는 식 (11.C.5)는 승수가 다음과 같음을 보여준다.

$$\Delta Y/\Delta G = 1/[(c_r + i_r)(\beta_{IS} + \beta_{LM})]$$

수치를 모두 채우면, $\Delta Y/\Delta G = 1/[(c_r + i_r)(\beta_{IS} + \beta_{LM})] = 1/[(300 + 200)(0.0008 + 0.001)] = 1/(500 \times 0.0018) = 1/0.9 = 1(1/9)$. 이것은 앞에서 도출한 것과 정확히 같다.

부록 11.C

케인즈파 모형에서 승수 계산 연습

11장에서 어떤 특정한 형태의 지출과 관련된 승수를 정의하였는데, 이것은 지출 1단위 변화로부터 발생된 총산출량의 단기적 변화를 보여준다. 여기서는 부록 9.B의 분석을 이용하여 정부지출 G와 관련된 승수를 도출한다. 진행은 3단계로 나눠진다. 먼저 G의 증가가 α_{IS}[식 (9.B.14)에서 *IS* 곡선의 절편]에 미치는 영향을 계산한다. 다음으로 식 (9.B.27)에서 본 것처럼, α_{IS}의 증가가 Y의 단기 균형 값에 주는 영향을 계산한다. 마지막으로, 이러한 두 효과를 결합하여 G의 증가가 산출량 Y에 미치는 영향을 계산한다.

G의 증가가 α_{IS}에 주는 영향을 계산하기 위해, α_{IS}를 정의한 식 (9.B.15)를 다시 쓰면 아래와 같다.

$$\alpha_{IS} = \frac{c_0 + i_0 + G - c_Y t_0}{c_r + i_r} \tag{11.C.1}$$

여기에서 c_0, i_0, c_Y, c_r, i_r 및 t_0는 바람직한 소비와 바람직한 투자를 결정하는 모수들이다(부록 9.B 참조). 만약 G가 ΔG만큼 증가하면 α_{IS}는 $\Delta G/(c_r + i_r)$만큼 증가하므로 다음 식을 얻는다.

$$\Delta\alpha_{IS} = \frac{\Delta G}{c_r + i_r} \tag{11.C.2}$$

다음으로, 식 (9.B.27)에서 본 것처럼 단기에서 $P = P_{sr}$일 때 산출량 수준은 아래와 같다.

$$Y = \frac{\alpha_{IS} - \alpha_{LM} + (1/\ell_r)(M/P_{sr})}{\beta_{IS} + \beta_{LM}} \tag{11.C.3}$$

식 (11.C.3)에서 보는 것처럼 만약 α_{IS}가 $\Delta\alpha_{IS}$만큼 증가하면 산출량 Y는

$\Delta\alpha_{IS}/(\beta_{IS} + \beta_{LM})$만큼 증가하므로 다음 식을 얻는다.

$$\Delta Y = \frac{\Delta\alpha_{IS}}{\beta_{IS} + \beta_{LM}} \tag{11.C.4}$$

마지막으로 식 (11.C.2)의 우변을 식 (11.C.4)의 우변에 있는 $\Delta\alpha_{IS}$에 대입하고, 양변을 ΔG로 나누어 주면 다음 식을 얻는다.

$$\frac{\Delta Y}{\Delta G} = \frac{1}{(c_r + i_r)(\beta_{IS} + \beta_{LM})} \tag{11.C.5}$$

식 (11.C.5)의 우변은, 정부지출 G의 1단위 증가로 발생하는 단기 균형 산출량 Y의 증가를 나타낸다. 다시 말해서 바로 정부지출 승수이다. 비슷한 과정으로 계산하면, 바람직한 소비 혹은 바람직한 투자의 변화(c_0와 i_0 항에 반영되어 있음)는 정부지출과 같은 승수를 갖는다는 것을 알 수 있다.

c_r, i_r, β_{IS} 및 β_{LM}는 모두 양수이기 때문에, 승수는 양수다. 그러나 이러한 모수들의 특정한 값에 따라 승수는 1보다 클 수도 있고 작을 수도 있다. 승수가 크게 나타나는 경우는 LM 곡선이 수평(즉 LM 곡선의 기울기인 $\beta_{LM} = 0$)일 때다. 만약 LM 곡선이 수평이면, 독립적 지출 증가로 유발된 IS 곡선의 이동은 산출량에 상대적으로 큰 영향을 미친다. 식 (9.B.16)에서 IS 곡선의 기울기는 $\beta_{IS} = [1 - (1 - t)c_Y]/(c_r + i_r)$이다. 이것을 대입하고 LM 곡선의 기울기를 $\beta_{LM} = 0$으로 놓으면, 다음의 단순한 형태의 승수를 얻는다.

$$\frac{\Delta Y}{\Delta G} = \frac{1}{1 - (1 - t)c_Y} \tag{11.C.6}$$

예를 들어, 한계소비성향 $c_Y = 0.8$, 세율 $t = 0.25$라고 가정하자. 그러면 식 (11.C.6)으로 정의된 승수는 $1/[(1 - (0.75)(0.8)] = 1/0.4 = 2.5$이다. 그와는 대조적으로 만약 LM 곡선이 매우 가파르면(즉 β_{LM}이 크면), 식 (11.C.5)에서 보는 것처럼 승수는 매우 작아질 것이다.

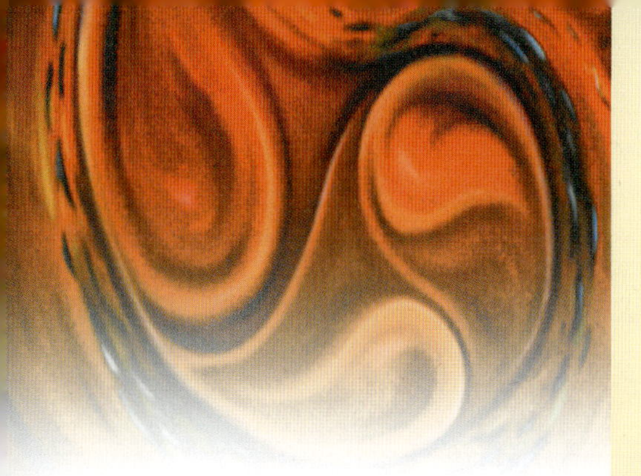

PART 4 거시경제 정책 : 제도와 환경

12 실업과 인플레이션

13 개방경제하에서의 환율과 경기변동 및 거시경제 정책

14 통화정책과 연방준비제도

15 정부지출과 재정

12

실업과 인플레이션

8~11장에서 경기순환과 거시경제 안정화, 그리고 고전파와 케인즈파의 경기순환분석 개념을 중점적으로 살펴봤다. 현대 거시경제학 이론이 이러한 개념들을 중점적으로 다루고는 있지만, 실제 정책수립 논쟁에서는 이론적인 용어보다 인플레이션과 실업률처럼 좀 더 일반적인 경제변수가 더 중요시된다. 12장에서는 경기순환이론과 정책논쟁 간의 관계를 살펴보기 위해 실업률과 인플레이션을 좀 더 자세하게 조사한다. 즉, 경기순환이론과 정책논쟁 간의 관련성을 좀 더 명확하게 하기 위해 실업률과 인플레이션을 면밀하게 살펴본다.

거시경제에서 '쌍둥이 악'으로 불리는 실업과 인플레이션은 정책입안자가 직면한 가장 어렵고 또한 정치적으로 민감한 경제적 문제다. 높은 실업률과 인플레이션은 그 효과가 직접적이고 가시적이기 때문에, 많은 국민이 관심을 갖고 직시하고 있다. 대부분의 국민들이 물가 상승에 영향을 받으며, 직업 안정성에 관심이 많기 때문이다.

장기적인 관점으로 볼 때 거시경제에서 실업과 인플레이션은 서로 연관되어 있다. 12장의 첫 절에서는 필립스곡선의 개념을 자세하게 알아보고 인플레이션과 실업의 관계를 과거 통계를 사용해 조사한다. 필립스곡선에 따르면 실업률이 높을 때 인플레이션이 낮아지고, 실업률이 낮을 때 인플레이션은 높아지는 현상이 나타난다. 이 필립스곡선은 과거 거시경제 변수들의 움직임과 정부의 거시경제 정책 사용에 관한 매우 중요한 질문을 가져다준다.

이를 위해 12장에서는 실업과 인플레이션을 구분하여 살펴본다. 또한 인플레이션과 실업이 사회에 부담시키는 비용과 이러한 문제를 다루기 위한 정책결정자의 선택을 살펴본다.

12장은 이 책 4부의 시작으로, 거시경제 정책의 목적을 자세하게 살펴보고,

이어서 인플레이션과 실업에 대해 논의한다. 13장에서는 개방경제하에서 무역과 금융에 연관된 거시경제 정책의 영향을 살펴볼 것이며, 14장에서는 금융기관과 통화정책을, 15장에서는 재정정책을 각각 살펴볼 것이다.

12.1 실업과 인플레이션 : 상충관계인가?

많은 신문의 사설이나 토론회 참석자들은 경제정책을 논할 때, 인플레이션과 실업이 '상충관계'에 있다고 설명한다. 인플레이션을 줄이려면 경제가 높은 실업을 감래해야 하며, 반대로 실업을 낮추려면 더 높은 인플레이션을 수용해야만 한다는 것이다. 이 절에서는 인플레이션과 실업의 상충관계와 이것이 거시경제 정책에 미치는 영향을 알아본다.

인플레이션과 실업의 상충관계는 필립스(A. W. Phillips)의 1958년 논문에서 시작됐다.[1] 필립스는 19세기 중반부터 20세기 중반까지의 영국 통계자료를 바탕으로 실업과 명목임금 상승률의 관계를 연구하였다. 이 과정에서 필립스는 명목임금 상승률이 높은 해에는 실업률이 낮고, 명목임금 상승률이 낮은 해에는 실업률이 높게 나타나는 특성을 발견했다. 필립스의 논문발표 이후 많은 경제학자는 실업과 인플레이션의 관계에 관심을 갖게 됐고, 실제로 1950년대 후반에서 1960년대까지 인플레이션과 실업에 관한 수많은 연구결과가 제시되었다. 이 연구 논문들은 대체로 이 두 변수 간에 음의 상관관계가 존재한다는 것을 보여주었고, 이러한 실업과 인플레이션 간의 경험적인 음의 관계는 **필립스곡선**(Phillips curve)으로 불리게 되었다.

필립스곡선은 그림 12.1과 같이 1960년대 미국에서 매우 잘 적용된다. 즉 1960년대 미국에서는 실업률이 하락한 반면, 인플레이션율은 꾸준히 상승하였기 때문이다. 그림 12.1과 같이 인플레이션은 세로축에, 실업률은 가로축에 나타낼 경우, 1961년에는 높은 실업률과 낮은 인플레이션율이 나타나며, 1969년에는 낮은 실업률과 높은 인플레이션율이 나타났다. 따라서 1960년대 미국의 인플레이션과 실업은 그림 12.1과 같이 우하향하는 전형적인 필립스곡선을 보였주었다. 이렇게 미국의 1960년대 경험이 필립스의 분석 결과와 일치하게 되면서 필립스의 논문은 세계적으로 유명하게 되었다.

한편 필립스곡선의 발견은 정책설정 과정에 대한 많은 논쟁을 초래했다. 초기의 필립스곡선은 정책결정자가 인플레이션과 실업의 '메뉴' 중에서 하나를 선택

1. "The Relation Between Unemployment and the Rate of Change of Money Wage Rates in the United Kingdom, 1861～1957", *Economica*, November 1958, pp. 283-299.

그림 12.1

필립스곡선과 1960년대 미국 경제

인플레이션과 실업률의 관계를 나타내는 필립스곡선은 1960년대 미국에서 잘 적용된다. 이 기간 동안 인플레이션이 높을 때 실업률이 낮고, 실업률이 높을 때 인플레이션이 낮게 나타난다. 정책결정자는 실업률을 낮추기 위해서 인플레이션을 허용하는 정책을 선택했다.

출처 : 세인트루이스 연방준비은행 FRED 데이터베이스, research.stlouisfed.org/fred2, series CPIAUCSL과 UNRATE.

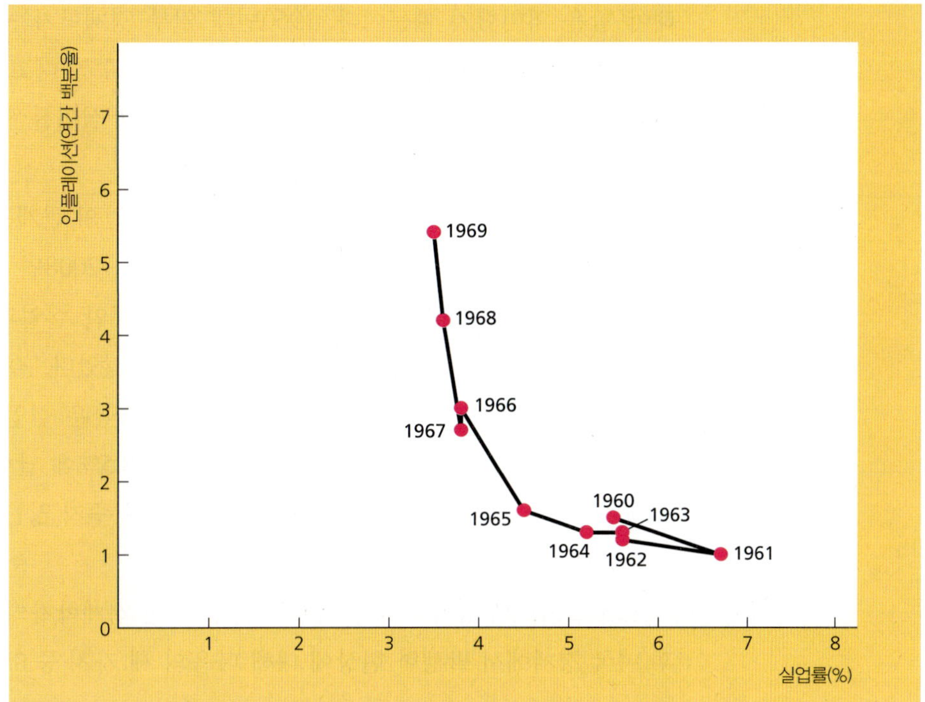

그림 12.2

미국의 인플레이션과 실업(1970~2008)

1970년부터 2008년까지 미국의 인플레이션과 실업을 나타냈다. 그림 12.1의 1960년대와는 달리 1970년 이후 인플레이션과 실업률의 관계는 안정적이지 않게 나타난다.

출처 : 세인트루이스 연방준비은행 FRED 데이터베이스, research.stlouisfed.org/fred2, series CPIAUCSL과 UNRATE.

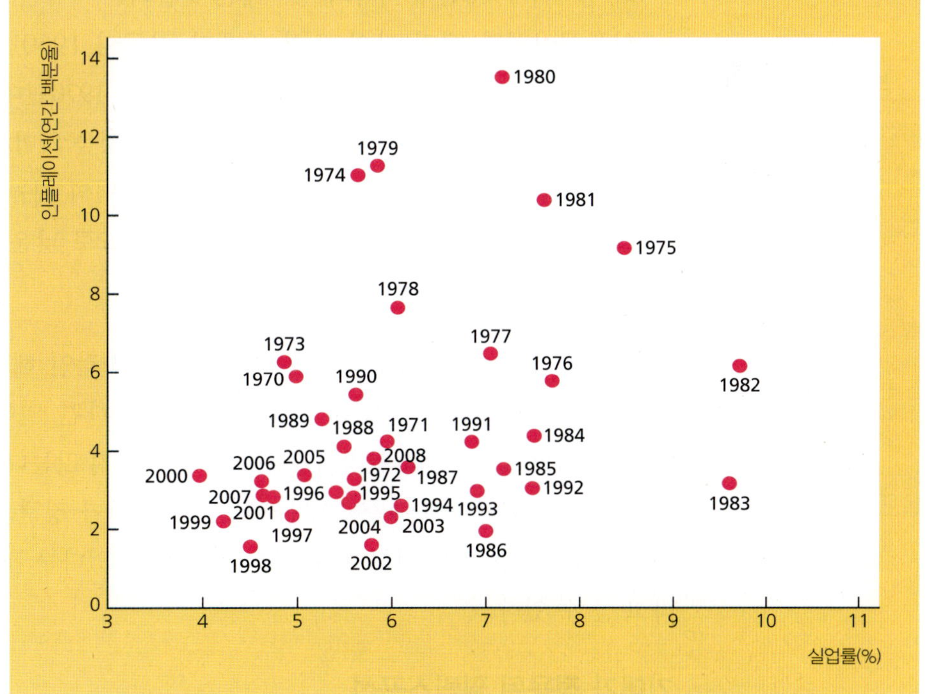

해야 함을 의미했기 때문이다. 1960년대 일부 경제학자는 일정 수준의 인플레이션을 유지할 경우 낮은 실업률을 계속 유지할 수 있다고 생각했다. 그리고 이러한 주장은 1960년대 인플레이션율이 상승하고 실업률이 하락하는 동안 실현되는 듯 보였다.

그러나 수십 년이 지난 후 인플레이션과 실업 간의 관계는 안정적으로 성립하지 않는다는 결과가 제시되기 시작하였다. 1970~2008년 인플레이션과 실업의 관계를 보여주는 그림 12.2에 따르면, 이 기간 동안 실업과 인플레이션의 관계는 1960년대와는 달리 안정적인 모습을 보이지 않았다. 필립스곡선이 예측하는 바에 따르면 1970년대 중반, 높은 인플레이션과 높은 실업은 동시에 나타날 수 없었기 때문이다. 예를 들어, 1975년 실업률은 8.5%에 달했고, 인플레이션율은 9.1%에 이르렀다. 즉, 이는 필립스곡선이 제시해 주지 않는 높은 실업과 인플레이션이기 때문이다.

초기 필립스의 통계분석과 이후 지속된 많은 경제학자의 연구는 1970년대 이후 미국 경제에서 발생한 현상에 대해 다음의 세 가지 중요한 질문을 제시한다.

- 초기 필립스곡선의 인플레이션과 실업 간의 관계는 역사적으로 1958년 이전의 영국과 1960년대 미국의 경우에만 관찰되는 이유는 무엇인가?
- 인플레이션과 실업 간의 음의 관계가 미국의 1960년대에는 존재하다가 1970년 이후에 사라진 이유는 무엇인가? 이는 1970년대 이후 미국의 인플레이션과 실업 간의 관계가 안정적이지 않다는 것을 의미하는가?
- 필립스곡선은 실제적으로 정책결정자에게 선택의 메뉴를 제공하는가? 예를 들어, 높은 인플레이션을 유지할 경우 영구적으로 낮은 실업률에 도달할 수 있는가?

이 장의 경제이론은 이러한 질문에 대한 합리적인 해답, 즉 필립스곡선이 1970년 이후 성립하지 않게 된 이유를 설명한다. 한편, 일부 경제학자들은 실업률과 인플레이션율 간의 안정적인 관계가 유지되지 않는다는 것을 아래 설명과 같이 이미 1960년대에 예측하였다. 이는 경제학자가 정책수립이나 일반 국민이 이해하지 못한 사실을 미리 이해하고 준비하고 있었다는 것을 보여주는 좋은 예라고 볼 수 있다.

기대가 적용된 필립스곡선

필립스곡선은 1960년대 실업과 인플레이션의 관계를 충분하게 묘사하는 것처럼 보였다. 그러나 1960년대 후반 노벨상 수상자인 시카고대학교의 밀턴 프리드먼(Milton Friedman)[2]과 컬럼비아대학교의 에드먼드 펠프스(Edmund Phelps)[3] 교수는 필립스곡선의 논리에 의문을 제기했다. 프리드먼과 펠프스는 순수 경제이론에 기초해, 인플레이션과 실업 간에는 안정된 음의 상관관계가 존재할 수 없다고 주장했다. 대신, 예상치 못한 인플레이션(실제 인플레이션과 기대 인플레이션의 차이)과 경기적 실업(실제 실업과 자연실업률의 차이) 간에는 음의 상관관계가 존재한다고 주장했다.[4] 이런 구별은 단지 기술적인 것처럼 보일지라도 이들은 실제 인플레이션율과 실업률의 관계를 정확하게 이해하고 있었다는 것을 보여준다.

이 분석의 중요성을 논의하기 전에 먼저 프리드먼과 펠프스가 어떻게 이러한 결론을 도출했는지 설명해 보자. 이때 본문의 분석에서는 오인이론이 포함된 확장된 고전파 모형을 적용한다(이 장 마지막의 분석문제 3번에서 케인즈파 모형을 이용한 분석을 수행한다). 프리드먼과 펠프스의 이론은 먼저 지속적으로 완전고용이 이뤄지고 인플레이션의 완전히 기대되는 경제, 즉 예상치 못한 인플레이션과 경기적 실업이 0인 상태에서 출발한다. 그리고 이때 총수요가 예상보다 크게 증가할 때 어떤 상황이 벌어지는지 고려한다. 이 경우 예상치 못한 인플레이션, 즉 예상했던 인플레이션보다 높은 인플레이션이 발생할 경우, 자연실업률보다 실제 실업률이 낮아지는 음의 경기적 실업이 발생한다. 즉, 예상치 못했던 인플레이션과 경기적 실업 간에 음의 상관관계가 존재하게 된다.

이를 좀 더 자세하게 살펴보면 다음과 같다. 먼저 첫 번째 단계에서 그림 12.3과 같이 확장된 고전파 모형을 사용하고 완전고용균형하에서 통화공급이 매년 10% 동일하게 증가하는 경우를 가정하자. 통화공급이 매년 10% 증가하면 총수요곡선 역시 AD^1에서 AD^2로 10%만큼 상향 이동한다. 이론을 좀 더 간단히 하기 위해서 완전고용산출량 $\bar{Y}$는 상수로 가정한다.

그림 12.3에서 단기 총공급곡선(*SRAS*)은 역시 매년 10% 좌측으로 이동한다. 즉, 통화공급의 증가가 완전하게 예측되어 오인이 없기 때문이다. 사람들은 매년 모든 물가수준이 10% 상승할 것이라 기대하고 경제는 완전고용산출량 수준 $\bar{Y}$에 머물게 된다. 예를 들어, 첫해의 기대가격수준이 100이라면 단기 총공급곡선은 $SRAS^1$이 된다. 균형점 E에서 물가는 100이고, 산출량은 $\bar{Y}$이다. 이듬해

2. "The Role of Monetary Policy," *American Economic Review*, March 1968, pp. 1–17.

3. "Money Wage Dynamics and Labor Market Equilibrium," in Edmund Phelps, ed., *Microeconomic Foundations of Employment and Inflation Theory*, New York: W. W. Norton, 1970, pp. 124–166.

4. 3장의 경기적 실업 정의를 참조하라. 자연실업률은 산출량이 완전고용수준일 때 존재하는 실업률이다. 또한 3장에서 자연실업률은 마찰적, 구조적 실업이기 때문에 0보다 크다고 정의했다.

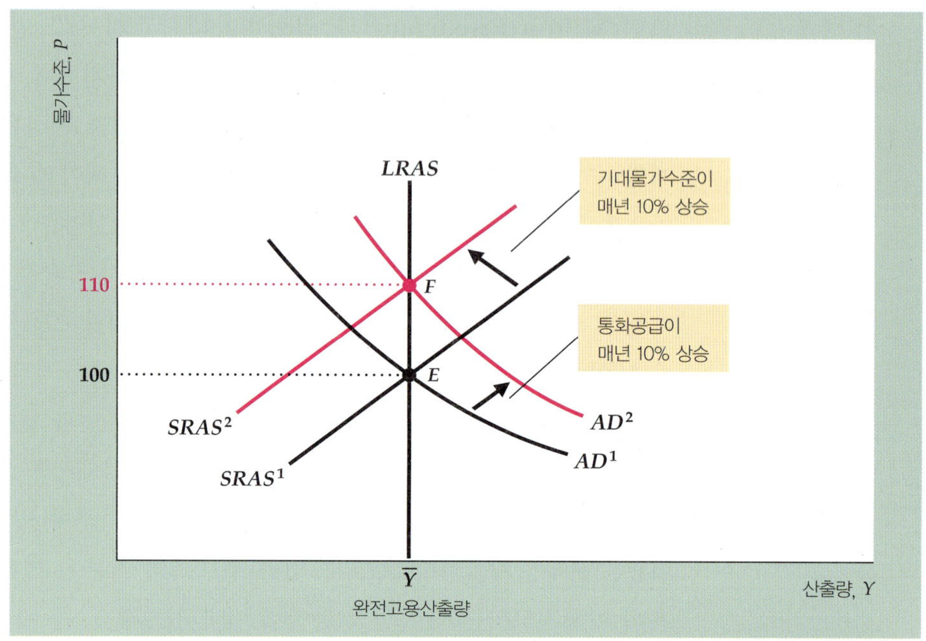

그림 12.3

확장된 고전파 모형에서의 인플레이션

매년 통화 증가율이 10%라면 *AD* 곡선은 첫해 AD^1에서 다음 해 AD^2로 이동한다. 그리고 이 경우 실제 인플레이션율과 기대 인플레이션은 각기 10%다. 기대물가는 매년 10% 상승하기 때문에 첫해 100에서 다음 해 110으로 상승한다. 따라서 *SRAS* 곡선은 첫해 $SRAS^1$에서 다음 해 $SRAS^2$로 이동한다. 결국 경제는 *AD* 곡선과 *SRAS*의 교차점에서 완전고용균형을 유지하며(*E*점 : 첫해 균형점, *F*점 : 다음 해 균형점), 산출량 $\bar{Y}$, 자연실업률 $\bar{u}$, 인플레이션 및 기대인플레이션 모두 연 1% 증가한다.

기대물가는 110이 되고, 단기 총공급곡선은 $SRAS^2$가 된다. 따라서 균형은 *F*점에서 이뤄지고, 산출량은 다시 $\bar{Y}$가 되며, 기대물가와 실제 물가는 같은 수준이 된다. 결론적으로 매년 *AD* 곡선과 *SRAS* 곡선이 10%만큼 상향 이동하면 실제 물가와 기대물가는 10%만큼 상승하며 완전고용수준에서의 산출량을 유지한다.

이 경제에서 실업률은 어떻게 될까? 산출량이 지속적으로 완전고용수준 $\bar{Y}$이기 때문에 실업률은 자연실업률 $\bar{u}$를 유지한다. 그리고 실업률이 자연실업률수준일 때, 경기적 실업은 0이 되므로 예상치 못한 인플레이션과 경기적 실업은 둘 다 0이 된다.

그렇다면 첫해 통화 증가율과 인플레이션율이 모두 10%였으나, 다음 해 실제 통화 증가율이 사람들이 기대하고 있는 10%보다 더 높은 15%인 경우를 가정해 보자. 이 경우 그림 12.4와 같이 첫해의 총수요곡선(AD^1)은 다음 해에 10% 증가를 가정한 $AD^{2,\text{old}}$보다 더 크게 우측으로 이동하며 $AD^{2,\text{new}}$까지 도달할 것이다. 한편, 다음 해 통화공급 상승이 예상되지 않았다면 사람들의 기대물가는 여전히 110이고, 단기 총공급곡선은 전과 같은 $SRAS^2$가 될 것이다. 따라서 다음 해의 단기 균형은 G점으로 $AD^{2,\text{new}}$와 $SRAS^2$가 교차하는 점이 된다. 이때 G점에서의 물가는 113이고, 다음 해 실제 인플레이션은 13%가 된다. 즉, 기대 인플레이션이 10%이고 3%의 예상치 못한 인플레이션이 발생해 다음 해 실제 인플레이션율은 13%가 된다. 더욱이 *G*점에서 산출량은 완전고용수준 $\bar{Y}$보다 위에 있으므로 실제 실업률은 자연실업률보다 낮다. 그리고 경기적 실업은 음의 값을 갖는다.

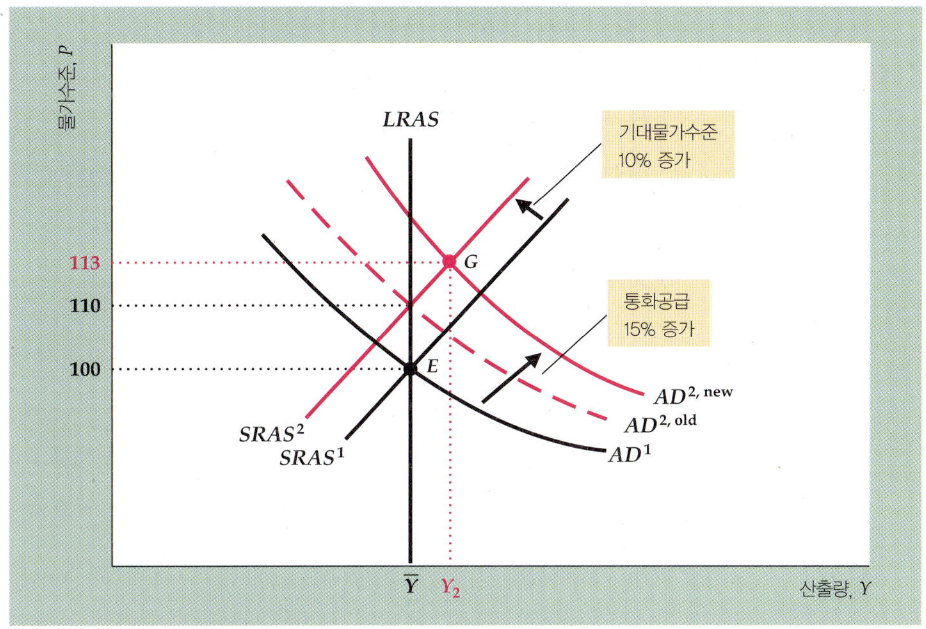

그림 12.4

확장된 고전파 모형에서 예상치 못한 인플레이션

매년 실제 통화 증가율과 예상 통화 증가율이 10%로 일정하게 지속적으로 증가한다면 기대물가는 10% 증가해 *SRAS* 곡선은 첫해 $SRAS^1$에서 이듬해 $SRAS^2$로 이동한다. 통화 증가율이 예상했던 10%보다 높은 15% 수준이 된다면 *AD* 곡선은 $AD^{2,\,old}$가 아닌 $AD^{2,\,new}$로 이동하게 된다. 결과적으로 예상 통화 증가율이 실제 통화 증가율보다 크면 이듬해 산출량은 $\overline{Y}$보다 크고, 물가는 *G*점의 113으로 상승한다. 실제 물가상승률 13%가 기대 물가상승률 10%보다 더 커지므로 이듬해 예상치 못한 인플레이션은 3%가 된다. 예상치 못한 인플레이션은 $\overline{Y}$보다 더 높은 산출량, 자연실업률 $\bar{u}$보다 낮은 실업률과 관련이 있다(음의 경기적 실업).

왜 다음 해의 산출량은 완전고용수준 $\overline{Y}$보다 높은 수준이 될까? 다음 해 인플레이션율은 13%로 통화 증가율인 15%보다 작다. 하지만 기대 인플레이션율 10%보다는 높은 수준이다. 즉 이때 물가는 통화량이 증가한 것보다 더 적게 증가하기 때문에, 실질통화공급 *M*/*P*은 증가하며 실질이자율은 낮아지고, 총수요량은 $\overline{Y}$보다 높아진다. 동시에 가격수준이 예상한 것보다 더 크기 때문에, 총생산량도 $\overline{Y}$보다 더 크게 공급된다. 생산자는 어리석게도 자기 제품의 상대가격이 상승했다고 착각하는 것이다.

그러나 생산자가 가격행동에 대해서 무한정 바보처럼 행동할 수는 없다. 즉, 생산자는 그림 12.3처럼 장기적으로 경제가 완전고용수준으로 돌아오고 실제 물가와 인플레이션율이 다시 기대 인플레이션율과 같아지는 것을 알게 된다. 그러나 조정기간 동안 실제 산출량은 완전고용산출량 $\overline{Y}$보다 높아지고, 실제 실업률은 자연실업률 $\bar{u}$보다 낮아지며, 실제 물가는 기대물가보다 높아진다. 즉, 오인이론에 따르면 가격이 경제주체가 예상한 것보다 높을 때 산출량은 $\overline{Y}$보다 높아지고, 인플레이션율도 기대한 것보다 높아진다.

이 경제에서 경제주체가 총수요 증가분과 인플레이션을 정확하게 예측한다면 그림 12.3처럼 예상치 못한 인플레이션은 0이 되고, 실제 실업률은 자연실업률과 같으며, 경기적 실업은 0이 된다. 그러나 총수요 증가분이 예상보다 크다면 그림 12.4처럼 예상치 못한 인플레이션이 발생하고 경기적 실업이 감소하게 된다. 이와 유사하게 총수요가 예상보다 작게 증가하면, *AD* 곡선이 예상보다 작게 왼쪽으로 이동하기 때문에 예상하지 않은 인플레이션은 음이 되고, 실제 인플레이션이 예상했던 인플레이션보다 작아지기 때문에, 실제 실업률은 자연실업률보다 커져 경기적 실업은 양이 된다.

결론적으로 예상치 못한 실업과 경기적 실업의 관계는 다음과 같이 표현된다.

$$\pi - \pi^e = -h(u - \bar{u})$$

여기서

$\pi - \pi^e$ = 예상치 못한 인플레이션(실제 인플레이션 π와 기대 인플레이션 π^e의 차이)

$u - \bar{u}$ = 경기적 실업(실제 실업률 u와 자연실업률 $\bar{u}$의 차이)

h = 예상치 못한 인플레이션과 경기적 실업률 간 관계의 기울기

위의 방정식은 경기적 실업률이 음의 값을 가질 때, 예상치 못한 인플레이션은 양의 값을 갖는 반면, 경기적 실업률이 양의 값을 가질 때 예상치 못한 인플레이션은 음의 값을 갖는다는 것을 수학식으로 표현한 것이다. 이때 경기적 실업률이 0이라면 예상치 못한 인플레이션도 0이 된다.[5] 양변에 π^e를 더해 준다면 위 식은 다음과 같이 표현된다.

$$\pi = \pi^e - h(u - \bar{u}) \tag{12.1}$$

식 (12.1)은 **기대가 적용된 필립스곡선**(expectations-augmented Phillips curve)이라 불린다. 기대가 적용된 필립스곡선에 따르면, 실제 실업률(u)이 자연실업률($\bar{u}$)보다 작다면 실제 인플레이션(π)은 기대 인플레이션(π^e)보다 높아진다(실제 실업률이 자연실업률을 초과한다면 실제 인플레이션은 기대 인플레이션보다 낮아진다).

필립스곡선의 이동

최초로 필립스가 발견한 필립스곡선에서 인플레이션과 실업률은 음의 관계를 갖는다. 반면, 프리드먼-펠프스의 분석에 따르면 필립스곡선은 기대 인플레이션율과 자연실업률에 기초해 설명된다. 따라서 이 중 어느 한 변수가 변한다면 필립스곡선은 이동하게 된다.

기대 인플레이션율의 변화 그림 12.5는 프리드먼-펠프스 이론에 의해 기대 인

5. 이 방정식은 또한 예상치 못한 인플레이션과 경기적 실업률 사이의 관계는 선형으로 표시한다. 하지만 이는 이론을 좀 더 간단하게 표현하기 위한 것이다. 즉, 두 변수 사이의 관계를 가장 쉽게 표현하는 방법은 선형방정식이기 때문이다.

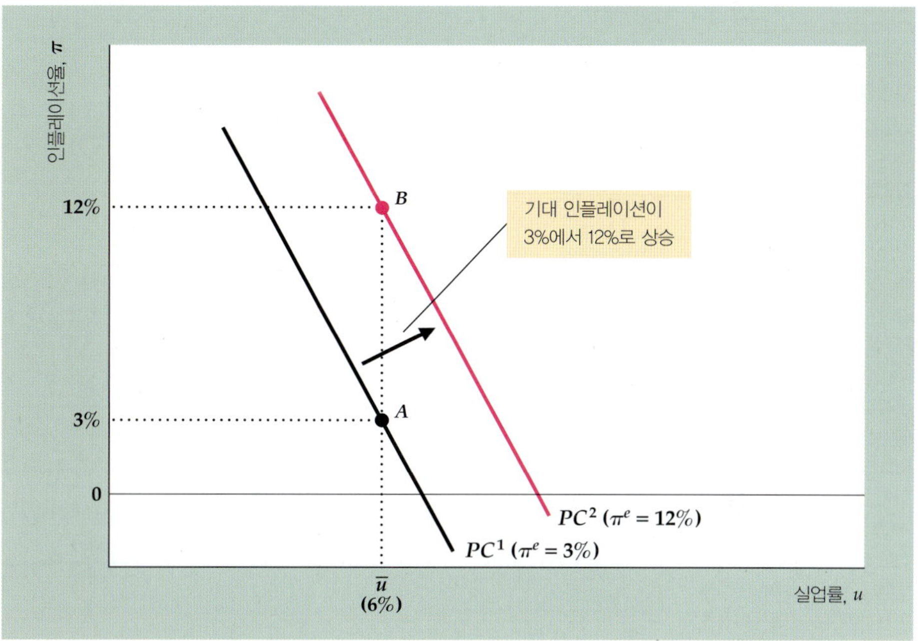

그림 12.5

필립스곡선의 이동 : 기대 인플레이션의 상승

프리드먼–펠프스 이론에 따르면 기대 인플레이션이 변하면 필립스곡선이 이동한다. 예를 들어, 기대 인플레이션이 3%일 때 필립스곡선은 PC^1이다. 즉, 식 (12.1)에서 실제 실업률이 자연실업률과 같아질 때 실제 인플레이션은 기대 인플레이션과 같아진다. PC^1의 A점에서 실업률은 자연실업률과 같고, 인플레이션은 3%가 된다. 따라서 기대 인플레이션율은 PC^1에서 3%가 된다. 이와 유사한 방법으로 PC^2의 B점에서 실업률은 자연실업률과 같고, 인플레이션은 12%이다. PC^2상에서 기대 인플레이션은 12%가 된다. 따라서 기대 인플레이션이 3%에서 12%로 상승하면 필립스곡선은 PC^1에서 PC^2로, 즉 우측으로 이동한다.

플레이션의 변화가 인플레이션과 실업률의 관계에 어떠한 영향을 미치는가를 보여준다. 곡선 PC^1은 기대 인플레이션율이 3%일 경우의 필립스곡선이다. 이를 식 (12.1)에 기초해 설명하면 실제 실업률과 자연실업률이 같아지면(예를 들어, 6%), 실제 인플레이션은 기대 인플레이션과 같아진다는 것을 의미한다. 그러므로 필립스곡선에서 기대 인플레이션을 결정하기 위해서 실제 실업률과 자연실업률이 같아지는 점에서의 인플레이션율을 알아야 한다. 예를 들어, 곡선 PC^1 위의 A점에서는 실제 실업률과 자연실업률이 같다. 그리고 실제 인플레이션과 기대 인플레이션은 모두 3%가 된다. 따라서 필립스곡선 PC^1은 기대 인플레이션이 3%에서 유지되는 동안 인플레이션과 실업의 관계를 나타내는 것이다.

이제 기대 인플레이션이 3%에서 12%로 상승했다고 가정해 보자. 이 경우 그림 12.5와 같이 기대 인플레이션이 9%포인트 상승하므로 필립스곡선은 위로 이동해 PC^2가 된다. 즉, PC^2 곡선상의 B점 위에서 실제 실업률과 자연실업률이 같아지고, 실제 인플레이션율과 기대 인플레이션율 역시 12%가 된다. 곡선 PC^2와 PC^1의 차이는 기대 인플레이션율의 상승이 인플레이션과 실업 간의 관계인 필립스곡선을 우상향으로 이동시켰기 때문에 발생한 것이다.

자연실업률의 변화 인플레이션과 실업 간의 관계인 필립스곡선은 그림 12.6에 나타낸 것처럼 자연실업률이 변화함에 따라 이동한다. 필립스곡선 PC^1은 자연실업률이 6%, 기대 인플레이션이 3%인 것을 반영한다. 이때 기대 인플레이션

그림 12.6

필립스곡선의 이동 : 자연실업률의 상승

프리드먼-펠프스 이론에 따르면, 자연실업률의 상승은 필립스곡선을 우상향으로 이동시킨다. PC^1의 A점에서 실제 인플레이션율과 기대 인플레이션율은 3%로 같아지고 자연실업률과 실제 실업률은 6%로 같아진다. 그림 12.5처럼 PC^1은 자연실업률이 6%, 기대 인플레이션이 3%인 필립스곡선이다. 기대 인플레이션이 변하지 않고, 자연실업률이 7%로 상승한다면 필립스곡선은 PC^3로 이동한다. PC^3 위의 C점에서 실제 인플레이션과 기대 인플레이션은 3%이고, 자연실업률은 실제 실업률 7%와 같다.

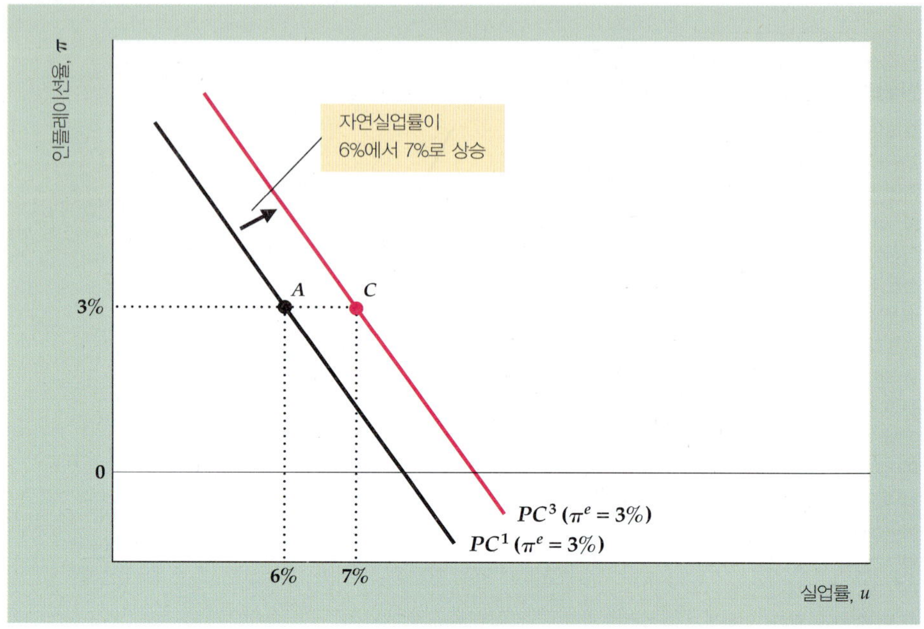

은 3%로 변하지 않았지만, 자연실업률이 7%로 변하는 경우를 가정해 보자. 그림 12.6처럼 자연실업률의 상승은 필립스곡선을 PC^1에서 PC^3로 이동시킨다.

그림 12.6의 필립스곡선 PC^3에서는 자연실업률이 7%일 경우 C점에 해당된다. 즉, C점에서 실제 인플레이션과 기대 인플레이션이 같아지기 때문이다. 이러한 예는 기대 인플레이션의 상승과 같이 자연실업률의 상승 역시 인플레이션과 실업 간의 관계인 필립스곡선을 우상향 이동시킬 수 있다는 것을 의미한다.

공급 충격과 필립스곡선 프리드먼-펠프스 이론은 기대 인플레이션 또는 자연실업률의 변화가 필립스곡선을 이동시킬 수 있다는 것을 의미한다. 한편 이 두 요인에 동시에 영향을 주는 경제적 충격의 가장 대표적인 예는 공급 충격이다. 예를 들어, 부정적 공급 충격은 인플레이션을 상승시켜 사람들이 더 높은 기대 인플레이션을 갖게 한다.[6] 부정적 공급 충격 효과의 근거는 고전파 모형과 케인즈파 모형에서 서로 다른 이유로 자연실업률을 상승시킨다.

고전파의 관점에서 부정적 공급 충격은 노동자와 일자리 간의 불일치정도를 확대시켜 자연실업률을 상승시킨다. 예를 들어, 석유 파동이 발생하면 중화학산업의 일자리가 줄어들지만 에너지 관련 기업의 고용은 증가한다.

케인즈파 모형에서는 완전고용 경제에서도 실질임금의 경직성으로 인해 실업

6. 공급 충격이 발생할 때, 실업률 상승효과를 상쇄하기 위해 중앙은행이 통화공급을 증가시킨다면 인플레이션은 더욱 커질 것이다.

이 상당수 존재한다. 특히 효율적 임금이 시장균형 실질임금보다 높아지면, 그림 11.2와 같이 노동공급량은 노동수요의 양을 초과하게 되므로 실업, 즉 영구적인 구조적 실업이 존재한다. 부정적 공급 충격은 노동공급에는 어떤 효과도 없지만[7] 노동수요와 노동의 한계생산성을 줄인다. 경직된 효율적 임금은 노동수요를 감소시켜, 완전고용 경제에서 실업의 양을 증가시킨다. 따라서 고전파 모형처럼 케인즈파 모형에서도 부정적 공급 충격은 자연실업률을 상승시킨다.

프리드먼-펠프스의 분석에 따르면 부정적 공급 충격은 기대 인플레이션과 자연실업률 모두를 상승시키기 때문에 필립스곡선을 우상향으로 이동시킨다. 이와 유사하게 긍정적 공급 충격은 필립스곡선을 좌하향으로 이동시킬 수 있게 된다. 결론적으로 공급 충격이 발생하는 기간 동안 필립스곡선은 매우 불안정해진다.

필립스곡선의 이동과 경제 현실 필립스곡선의 이동에 대한 분석(그림 12.5, 12.6)은 앞에서 언급했던 세 가지 기본 질문에 대한 답변을 준다. 첫 번째 질문 "초기 필립스곡선의 인플레이션과 실업 간의 관계가 역사적으로 1960년대 미국을 포함한 여러 경우에 관찰되는 이유는 무엇인가?"에 대해 프리드먼-펠프스의 분석은 인플레이션과 실업의 음의 상관관계가 기대 인플레이션과 자연실업률이 변하지 않는 경우 성립한다는 것을 보여준다. 다음 절의 그림 12.9에서 나타나듯이 1960년대 자연실업률의 변화는 상대적으로 느리고, 그 변화 규모 역시 매우 작았다. 또한 1960년대에는 수십 년 동안 낮고 안정된 인플레이션이 지속된 이후였기 때문에 기대 인플레이션 또한 거의 일정했다. 따라서 1960년대 미국의 물가와 실업률 데이터는 단 하나의 필립스곡선을 따라 놓여 있는 것처럼 보일 수 있는 것이다.

두 번째 질문 : "인플레이션과 실업 간의 음의 관계가 미국의 1960년대에 존재하다가 1970년 이후에 사라진 이유는 무엇인가? 이는 1970년 이후 미국의 인플레이션과 실업 간의 관계는 안정적이지 않다는 것을 의미하는가?" 그림 12.2와 같은 프리드먼-펠프스 분석에 따르면, 1970년 이후에는 기대 인플레이션율과 자연실업률이 과거 1960년대의 기대 인플레이션과 자연실업률과 상당히 달라졌으며, 이것이 필립스곡선의 관계에 있어 변화를 유발했다는 것이다.

1970년대 이후 필립스곡선 이동에 기여한 것은 1973~1974년과 1979~1980년 석유가격의 급격한 상승과 같은 부정적 공급 충격이었다. 이러한 부정적 공급 충격은 기대 인플레이션과 자연실업률 모두를 상승시키며 필립스곡선을 우

7. 이는 부정적 공급 충격이 일시적인 경우에 해당되는 명제다. 지속적인 부정적 공급 충격이 발생해 미래 임금이 하락할 것으로 예상된다면, 노동공급이 증가하고, 자연실업률은 더욱 상승할 것이다.

상향으로 이동시킨다.

이러한 직접적인 공급 충격 외에도 1970년 이후에는 기대 인플레이션과 자연실업률의 관계에 변화를 일으키는 많은 변화가 발생했다. 이 장의 뒷부분에서 언급하겠지만, 노동력 구성이나 기타 인구구조 변화에 따라 자연실업률이 상승하고 하락했던 것이다.

기대 인플레이션은 1970년 이후 더욱 크게 변화했는데 이는 실제 인플레이션이 그림 2.1의 1960~2008년 미국 인플레이션에서 볼 수 있듯이 크게 변했기 때문이다. 오랜 기간 동안 상대적으로 낮았던 인플레이션율이 이후 수년 동안 확장적 통화정책과 재정정책에 의해 1960년대부터 높아졌다.[8] 특히 1970년대는 석유 파동과 확장적 거시경제 정책의 결과로 인플레이션율이 크게 상승했다. 반면, 1979~1982년 연방준비제도가 인플레이션 억제정책을 실시함에 따라 비교적 낮은 수준의 인플레이션이 1980년대에 유지됐다. 이와 같은 실제 인플레이션의 흐름에 기초해 살펴보면, 기대 인플레이션율은 1970년대에는 높고 매우 크게 변화한 반면, 1980년대에는 낮아진 것을 알 수 있다. 결국 이러한 분석에 기초할 때, 인플레이션과 실업 간의 관계인 필립스곡선이 이 기간 동안에 안정적이지 않게 된 것이다.

그러나 1970~2008년 필립스곡선이 불안정한 것이 이 기간 동안 인플레이션과 실업 사이의 관계가 안정적이지 않다는 것을 나타내는 것은 아니다. 프리드먼-펠프스 분석에 따르면, 데이터에서 기대 인플레이션과 자연실업률이 변하더라도 예상치 못한 인플레이션과 경기적 실업 간의 관계는 음의 관계를 나타낸다. 1970~2008년의 예상치 못한 인플레이션과 경기적 실업의 수치는 그림 12.7에 나타나 있다. 이때 기대 인플레이션과 자연실업률은 직접 관찰할 수 없는 통계이므로 추정치를 사용한다. 즉, 기대 인플레이션율로는 필라델피아 연방준비은행 리빙스턴 서베이가 실시한 기대소비자 물가지수 인플레이션 예상치를 사용하고, 자연실업률은 그림 12.9의 자연실업률 추정치를 사용했다.

그림 12.7은 인플레이션과 실업의 관계인 전통적인 필립스곡선을 보여준다. 1970~2008년에 예상치 못한 인플레이션과 경기적 실업 간에는 분명히 음의 상관관계가 존재한다. 그리고 그림 12.7과 그림 12.2를 비교하면 알 수 있듯이 이는 프리드먼-펠프스 분석과 일치한다. 특히 1982~1983년을 주목해 보면 기대 인플레이션보다 실제 인플레이션이 더 낮고, 경기적 실업은 높게 나타난다. 이 두 해는 연방준비제도이사회 의장인 폴 볼커가 강력한 긴축 통화정책을 통해 인

8. 1960년대 동안 정부가 확장적 재정정책을 수행했던 가장 중요한 두 가지 원인은 베트남전쟁으로 인한 군사지출과 '위대한 사회(Great Society)' 정책하에 실시된 사회지출 증가다.

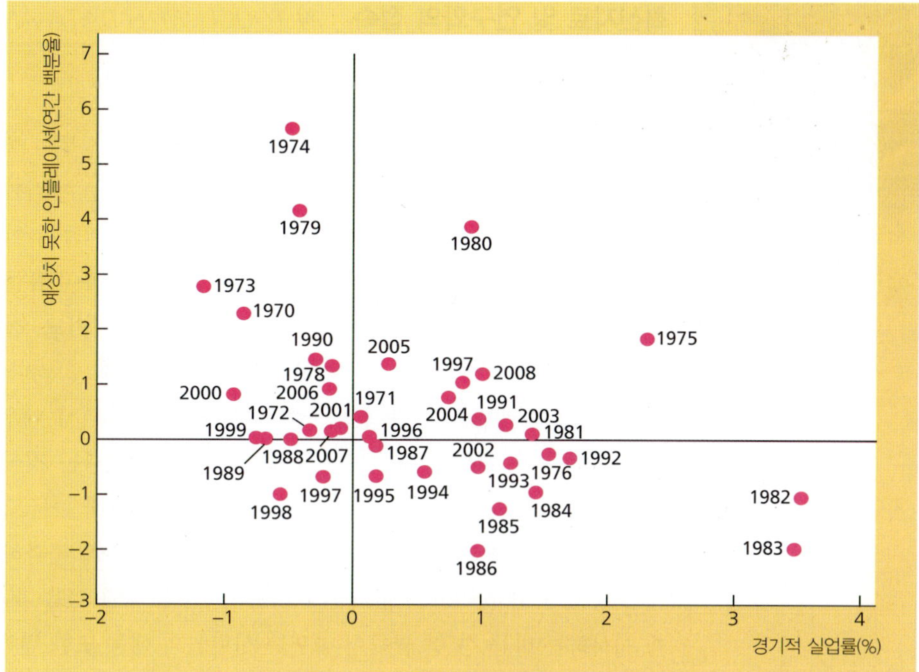

그림 12.7

기대가 적용된 필립스곡선(미국, 1970~2008)

기대가 적용된 필립스곡선은 예상치 못한 인플레이션과 경기적 실업 간의 음의 상관관계를 나타내는 함수다. 이 관계는 미국의 1970~2008년 데이터에서 뚜렷하게 나타난다. 이때 예상치 못한 인플레이션으로 실제 인플레이션율에서 리빙스턴 서베이의 소비자 물가지수 인플레이션 예측 조사치를 뺀 것과 같아진다. 또한 각 연도의 경기적 실업은 그림 12.9와 같이 자연실업률의 음의 값과 같다. 이 경우 기대 인플레이션이 높은 해에 경기적 실업은 낮은 것을 확인할 수 있다.

출처 : 세인트루이스 연방준비은행 FRED 데이터베이스, research.stlouisfed.org/fred2, series CPIAUCSL(인플레이션)과 UNRATE(실업률) ; 기대 인플레이션—필라델피아 연방준비은행 리빙스턴 서베이, www.philadelphiafed.org ; 자연실업률—의회예산처, www.cbo.gov/ftpdocs/100xx/doc10014/Mar09Web_Tbl_potential.xls.

플레이션을 억제하려고 노력한 기간이다.

거시경제 정책과 필립스곡선

앞서 필립스곡선이 어떠한 이유로 역사적 자료에서 관찰되는지 그리고 1970년 이후 왜 이동하는 것처럼 보이는지에 관한 두 가지 질문에 대해 설명했다. 이제 "필립스곡선은 실제적으로 정책결정자에게 선택의 메뉴를 제공하는가? 예를 들어, 높은 인플레이션을 유지할 경우 영구적으로 낮은 실업률에 도달할 수 있는가?"라는 세 번째 질문에 대한 답을 해야 한다.

기대가 적용된 필립스곡선에 따르면, 실업률은 예상치 못한 인플레이션이 발생했을 때만 자연실업률 이하로 하락한다. 따라서 위의 질문은 "거시경제 정책이 예상치 못한 인플레이션을 지속적으로 창출할 수 있는가?"라는 질문과 같다.

고전파 경제학자는 임금과 물가는 정부 정책의 변화에 따라 나타나는 새로운 경제정보에 신속하게 반응해 적용된다고 주장한다. 더욱이 사람들은 합리적 기대를 갖고 있고, 미래의 정책 변화에 영리하게 대응한다고 믿고 있다. 즉, 물가와 기대물가가 새로운 정보에 빠르게 반응하기 때문에 정부는 아주 짧은 기간을 제외하고는 기대 인플레이션보다 높은 실제 인플레이션을 유지해 실제 실업을 자연실업률 이하로 유지하기 어렵다고 주장한다. 고전파 이론에 따르면 총수요를 증가시키는 급진적인 팽창 통화정책은 근본적으로 실제 인플레이션과 기대

최신자료 및 연구와의 접속 IN TOUCH WITH DATA AND RESEARCH

루커스 비판

1960년대부터 이집트 투탕카멘 왕의 보물들은 이집트정부의 허가하에 세계 투어 전시를 시작하였다. 이때 이 귀중한 보물을 훔치려는 시도는 아직까지 나타나지 않은 것으로 알려져 있다. 그 이유는 아마도 수십 년간 보안 요원들이 이 유물들을 계속해서 지켜 왔기 때문이라고 할 수 있다. 예를 들어, 전시를 위하여 유물이 특정 박물관에 도착하면, 각 유물 상자들을 각각 바닥에 볼트로 고정을 시키고, 전류가 흐르는 기구로 강화됨과 동시에 적외선 감시시스템을 작동시키게 된다. 그러나 중요한 사실은 이러한 보안시스템의 개발과 더불어 도둑이 시도하는 방법 역시 매우 향상되었다는 사실이다. 그렇다면 이 유물을 훔치려는 도둑이 과거에 없었다는 것이 이렇게 강화된 보호대책에서 비롯된 것일까? 물론 아니다! 이는 그저 과거에 누구도 그것을 훔치지 못하였기 때문에 미래에 시도조차 없을 것이라 생각하는 것에 불과하다. 언젠가 보안시스템은 소용없게 될 것이고 누군가는 이 유물을 훔칠 수가 있을 것이다. 이 교훈이 우리에게 시사하는 바는 한 번 규칙이 바뀌면 사람들의 행동 또한 변해야 한다는 것이다.

이것은 경제학에서 특별한 진실이다. 시카고대학교의 로버트 루커스(Robert E. Lucas, Jr.)는 그의 논문 중 유명한 「루커스 비판」에서 역사적으로 거시경제 변수들은 새로운 정책이 소개될 때마다 변화한다고 주장하였다.[9] 이러한 루커스 비판은 필립스곡선에서 확실하게 찾을 수 있다. 역사적으로 높은 인플레이션은 낮은 실업률과 함께 나타난다는 것이 20세기 초반 통화정책의 기반에서 정립되어 있었다. 이러한 통화정책의 모든 대안에 따라 높은 인플레이션이 낮은 실업률을 이끌어낸다고 믿었다. 그러나 우리가 살펴본 것처럼, 정책결정자가 인플레이션을 상승시켰을 때 경제주체의 기대인플레이션 또한 상승하고 필립스곡선은 이동하게 된다. 그리고 기존에 존재했던 인플레이션과 실업 간의 관계가 성립하지 않게 된다.

사우디아라비아의 예를 들어 보면, 리얄(riyal)은 수십 년간 미국 달러에 페그되어 안정적인 가격을 유지하였다. 때문에 2004년 사우디아라비아 실업률은 13%나 치솟은 반면 물가는 안정적인 수준을 유지하였다. 그러나 국제 식량가격 상승으로 인플레이션이 11.1%로 올라가면서 이들 간의 관계는 부의 관계로 돌아서 버렸다. 두 자릿수의 실업률에도 불구하고 인플레이션은 여전히 높을 것이라고 사람들은 기대하였기 때문이다.

루커스 비판의 주된 메시지는 정책입안자들은 경제이론에만 의존해서는 안 된다는 것을 의미하는 것이며, 그 이유는 경제주체의 패턴이 변할 것이기 때문이다. 그래서 새로운 정책을 도입할 경우에는 경험적 분석과 경제이론이 동시에 사용되어야 한다.

---

9. "Econometric Policy Evaluation: A Critique," in K. Brunner and A.H. Meltzer, eds., *Carnegie-Rochester Conference Series on Public Policy*, vol. 1, 1976.

인플레이션을 동시에 상승시키기 때문에 실업률을 지속적으로 감소시킬 수 없다. 즉, 실업률에 영향을 주는 정책은 기대 인플레이션의 빠른 조정으로 인해 성공하기 힘들다는 것이다. 따라서 고전파 경제학자는 필립스곡선은 정책결정자가 선택할 수 있는 정책목록 간의 관계를 나타내지 않는다고 결론지었다 "최신 자료 및 연구와의 접속 : 루커스 비판"은 필립스곡선 이동의 정책결정자를 위한 일반적 교훈을 설명해 준다.

이와 대조적으로, 케인즈파는 정책결정자가 단기적으로, 예상치 못한 인플레이션을 만들어 실제 실업률을 자연실업률 이하로 인하시킬 수 있는 능력을 갖고 있다고 주장한다.[10] 이들은 경제주체가 합리적 기대를 갖긴 하지만 기대물가가 경직적인 물가에 기초해 형성되므로 실제 물가와 다를 수 있다는 점을 강조한다. 즉, 물가의 비신축성 때문에 정책결정자가 총수요를 기대수준 이상으로 상승시킬 때, 새로운 경제정보를 완전하게 반영하기 위해서 물가가 조정되기에는 시간이 필요하기 때문이다. 이 기간 동안 물가는 좀 더 오래된 과거의 정보만을 반영하기 때문에 이에 기초한 기대 인플레이션은 실제 인플레이션보다 낮아질 수 있다. 그러므로 인플레이션율이 상승할 경우 단기간 동안 실업률은 자연실업률보다 낮아질 수 있다.

장기 필립스곡선

앞에서 살펴본 것처럼, 고전파와 케인즈파 경제학자는 필립스곡선이 일시적으로 실업을 줄이는 데 공헌하는가에 대해 서로 다른 견해를 보인다. 그러나 정책결정자가 높은 인플레이션을 유지한 채 영구적으로 실업률을 자연실업률 아래로 유지할 수 없다는 것에는 같은 견해를 보인다. 즉, 장기적으로 기대 인플레이션율이 실제 인플레이션과 같아지도록 조정된다는 것에는 동의한다($\pi^e = \pi$). 이것을 기대가 적용된 필립스곡선[식 (12.1)]에 대입하면, $\pi^e = \pi$일 때 실제 실업률(u)은 자연실업률($\bar{u}$)과 같아진다. 즉, 인플레이션 수준에 상관없이 실제 실업률과 자연실업률은 항시 같아진다.

실업과 인플레이션 간의 장기적 관계는 **장기 필립스곡선**(long-run Phillips curve)에서 보여주고 있다. 장기적으로 인플레이션율의 차이에도 불구하고 실제 실업률은 자연실업률과 같기 때문이다. 장기 필립스곡선은 그림 12.8에 나타나 있듯이 $u = \bar{u}$에서 수직선 형태로 나타난다.

수직선 형태의 장기 필립스곡선은 10장과 11장에서 논의한 화폐의 장기 중립

10. 11장에서 논의했듯이, 케인즈파 경제학자는 경제가 침체기 혹은 확장기에 있다면 거시경제 정책을 사용해 실업률을 자연실업률 수준으로 돌릴 수 있다고 믿는다.

그림 12.8

장기 필립스곡선

경제주체는 영구적으로 인플레이션을 과대평가 혹은 과소평가하지 않는다. 따라서 장기적으로 기대 인플레이션과 실제 인플레이션은 같아지고, 실제 실업률과 자연실업률은 같아진다. 장기적으로 실제 실업률과 자연실업률은 인플레이션에 관계없이 같기 때문에 장기 필립스곡선은 수직선의 형태가 된다.

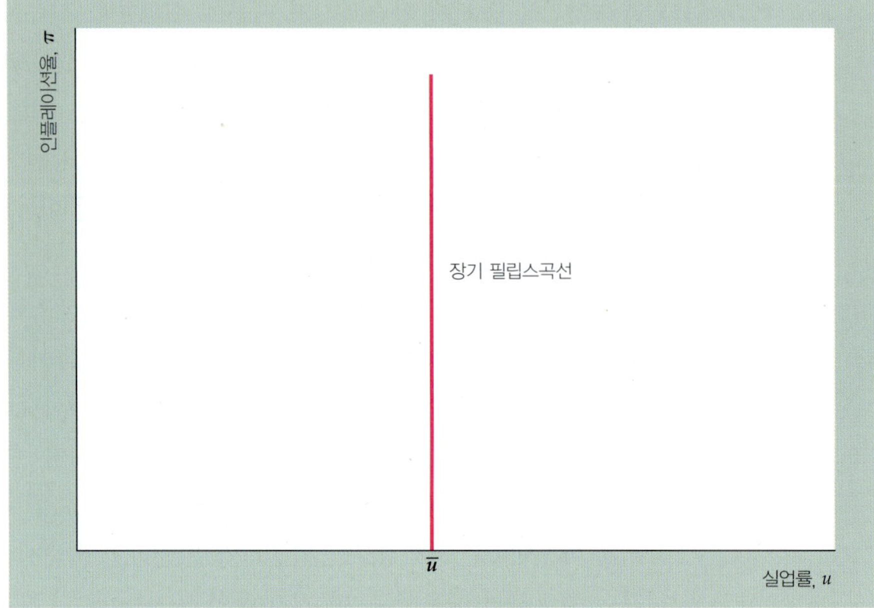

성과 관련된다. 고전파와 케인즈파는 통화공급은 실업을 포함한 실질변수에 장기적으로 어떠한 영향도 미치지 못한다고 봤다. 수직선 형태의 장기 필립스곡선은 인플레이션율의 변화를 초래하는 통화 증가율의 변화 역시 장기에 실물변수에 효과를 주지 않는다는 점을 지적하고, 한 단계 더 나아간 화폐의 중립성에 대한 개념을 내포하고 있다.

12.2 실업

이 장의 나머지 부분에서는 실업과 인플레이션을 좀 더 자세히 살펴볼 것이다. 실업비용에 대한 논의에서 출발해, 장기실업수준을 결정하는 요소를 고려하고, 거시경제 정책이 실업의 존재를 어떠한 방법으로 설명하는지 조사함으로써 결론을 맺는다.

실업비용

실업비용은 다음의 두 가지로 구성된다. 첫째, 실업자가 생산적인 활동에 참여하지 못하게 되어 발생하는 생산의 손실이다. 이 비용은 실업자가 실직기간 동안 상실하게 되는 소득으로 실업자가 부담하는 비용이다. 그러나 실업자는 세금을 납부하지 않고, 대신 실업보험이나 정부의 기타 각종 프로그램을 통해 소득을 일부 보전받기 때문에 사회 전체가 실업비용을 일부 부담하고 있다고 할 수 있다.

이 실업비용을 추정하는 한 방법은 오쿤의 법칙을 사용하는 것이다[식 (3.5) 참조]. 미국의 경우 오쿤의 법칙에 따르면 경기적 실업 1%는 완전고용산출량의 2%에 해당된다. 완전고용산출량이 14조 달러면 실업률 1%는 한 해 2,800억 달러 산출량을 감소시킨다는 것을 나타낸다.

오쿤의 법칙에 따른 산출량의 손실은 실업의 증가에 따른 직접적인 충격뿐만 아니라 경기침체기 동안 발생하는 다른 노동시장의 변화, 즉 노동시간의 축소, 노동력 참여의 감소, 낮은 생산성 등을 종합적으로 반영한다(이런 변화는 3장 계산문제 10번에서 설명했다). 이와 같이 오쿤의 법칙에 의해 추정된 실업비용은 대체로 매우 크다. 그러나 오쿤의 법칙에 의해서 제시되는 산출량 손실의 4분의 1만 하더라도 이는 사회의 저소득자가 부담하는 엄청난 비용이 된다.

실업의 또 다른 비용은 실직자와 그 가족에게 직면한 개인적 혹은 심리적 비용이다. 이 비용은 특히 장기적인 실업으로 고통을 받는 근로자와 만성적 실업자에게 중요하다. 장기간 안정된 직장을 갖지 못한 노동자는 자신이 보유한 직업기술과 자존심을 상실하게 되고 스트레스로 고통을 받는다.

실업비용은 현실적이고 심각하다. 그러나 실업이 제공하는 두 가지 긍정적인 요소 역시 고려해야 한다. 첫째, 실직한 노동자는 직업을 찾거나, 새로운 기술을 익히게 된다. 이 경우 현재 실업으로 인한 산출량 손실의 증가는 미래에 증가된 산출량으로 보상받을 수 있다. 특히 노동자와 기업이 적정한 일자리를 찾는 동안 발생하게 되는 마찰적 실업은 미래의 생산성과 산출량을 증가시켜 순생산 증가효과를 유발할 수 있다.

둘째, 실업자는 실업기간 동안 가족, 친구와 시간을 보내고 가정을 돌보는 등의 더 많은 여가시간을 가질 수 있다. 그러나 일반적으로 추가적인 여가시간 증가가 주는 이득은 여가시간이 늘어나면서 점차 줄어들게 된다. 그리고 대부분의 실업자는 증가된 여가시간이 실업으로 인한 소득 감소를 보상하지 못한다고 생각한다.

실업률의 장기추세

고전파와 케인즈파 경제학자는 실제 실업률이 단기적으로 자연실업률로부터 벗어날지라도 장기에는 자연실업률과 같다는 것에 동의한다. 그러므로 장기 실업률의 움직임을 이해하기 위해서는 자연실업률의 결정요소를 조사해야 한다. 3장에서 자연실업률이 항상 0보다 큰 이유에 대해서 논의했기 때문에 12장에서는 미국의 자연실업률이 변화하는 이유를 중점적으로 설명한다.

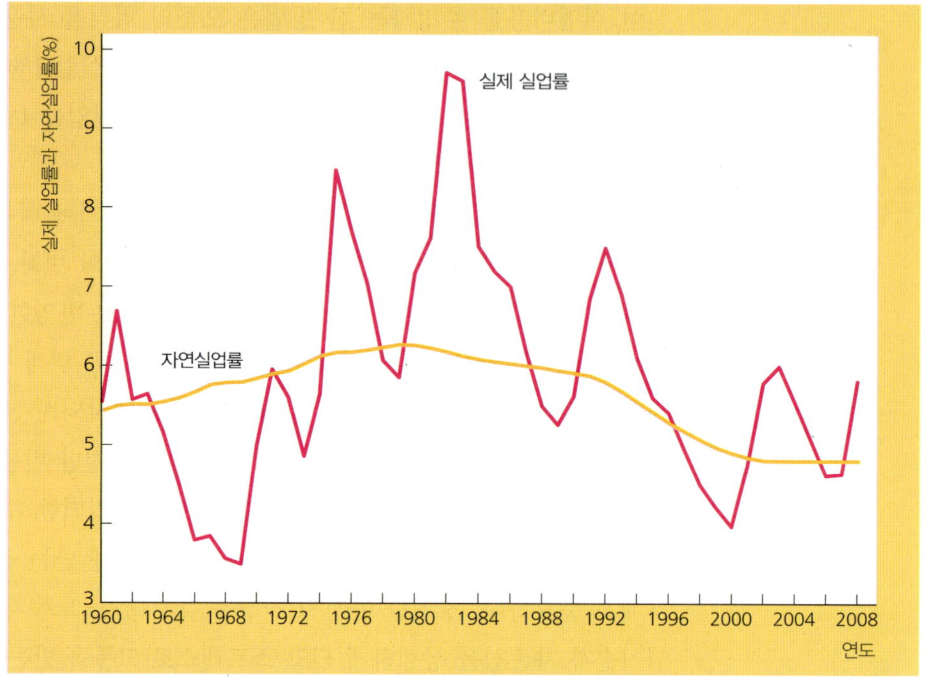

그림 12.9

실제 실업률과 자연실업률(미국, 1960~2008)

이 그림은 1960~2008년 미국의 실제 실업률과 자연실업률 추정치를 나타낸 것이다. 실제 실업률과 자연실업률의 차이는 경기적 실업을 의미한다. 자연실업률은 1960년부터 1970년대 후반까지 상승하다가 1980년부터 2001년까지 하락하고 있다.

출처 : 세인트루이스 연방준비은행 FRED 데이터베이스, research.stlouisfed.org/fred2, series UNRATE. 자연실업률 – 의회예산처, www.cbo.gov/ftpdocs/100x x/doc10014/Mar09Web_Tbl_potential.xls.

자연실업률의 변화 자연실업률은 완전고용산출량에 해당되는 실업률을 의미한다. 그러나 현실적으로 경제상태가 언제 완전고용에 도달하는지 확신할 수 없기 때문에 정확하게 자연실업률을 관찰할 수 없고, 또한 추정할 수도 없다. 따라서 특정한 시간에 자연실업률의 값을 얻는 것은 불가능하다. 그림 12.9는 미국 의회예산처(CBO : Congressional Budget Office)가 발표한 1960년에서 2008년까지의 실제 실업률과 자연실업률의 추정치다. 그림 12.9에 제시된 자연실업률은 대체로 약 5%에서 5.5% 사이에 있다. 즉 1960년대 실제 실업률은 자연실업률보다 같거나 낮은 수준에 있는 반면, 1970년대와 1980년대에는 실제 실업률이 대체로 6% 수준을 넘어 자연실업률을 상회하고 있다.

자연실업률의 상승과 하락의 원인을 충분히 설명하는 것은 어렵다. 하지만 이러한 변화는 일부분 인구통계적 변화에 기인한 것으로 해석된다. 인구통계적으로 나이, 성별, 인종에 따른 노동자의 비율은 시간에 따라 서서히 변화했다. 이때 일부 그룹이 다른 그룹보다 더 높은 실업률을 나타내기 때문에 인구구성의 변화에 따라 자연실업률이 변화하게 된다. 예를 들면, 1960년대 여성이 노동시장에 대규모로 진입할 때, 여성의 평균실업률이 남성의 평균실업률보다 더 높았던 것이 자연실업률 상승에 기여한 것으로 해석할 수 있다.[11] 한편, 10대들은 학

11. 그러나 1980년대 초반 이후 남성과 여성의 평균실업률은 같아졌기 때문에 이러한 노동구성의 변화는 더 이상 자연실업률 변화의 원인이 되지 못했다.

교 다니는 동안 노동시장을 수시로 진입하고, 또한 일시적인 미숙련 직종에 집중적으로 취업하기 때문에 실업률이 높다.

2차 대전 이후 1980년까지 10대 청소년과 여성은 미국 노동력 구성에서 그 비중이 점차 증가했다. 따라서 높은 실업률을 보였던 그룹의 노동력 구성비 상승은 특히 1960년대와 1970년대에 전체적으로 실업률 상승 원인이 됐다. 반면 1980년 이후로 인구통계적 구성요소 변화는 자연실업률을 감소시키는 역할을 했다. 가장 두드러진 것은 미국 인구의 노령화로 노동력에서 젊은 사람이 차지하는 비중이 최근 10년 꾸준히 하락한 것이다. 예를 들어, 1980년 미국 노동력의 약 25%가 16세에서 24세에 속했으나, 1998년에는 16%가 속할 정도로 노동력의 노령화가 진행됐다. 시카고대학교의 로버트 시머(Robert Shimer)[12]는 젊은 노동자의 실업 감소가 1980년 이래로 미국 자연실업률 하락현상을 설명할 수 있다고 주장했다.

일부 경제학자는 1990년대 후반 미국이 상당 기간 동안 인플레이션을 유발하지 않고 실업률을 4%로 유지했기 때문에 미국의 자연실업률이 5%에서 5.5% 사이로 추정된 것에 의구심을 표현했다. 그들은 이러한 사실에 기초해 자연실업률이 4.5% 또는 그 이하가 돼야 한다고 주장한다. 이런 의견 차이는 자연실업률을 정확히 추정하는 것이 매우 어렵다는 것을 보여주는 좋은 예다(이것은 일반적으로 경제학자뿐만 아니라 정책입안자에게도 중요한 문제다). 20세기 말 미국의 자연실업률이 4.5%와 같이 낮다면 이것은 미국 경제가 매우 좋아졌다는 의미인가? 이에 대한 설명은 여러 가지가 있을 수 있으나 그중 하나는 노동시장에서 노동자와 직업이 좀 더 효율적으로 연결되어 마찰적 및 구조적 실업이 감소했다는 것이다. 예를 들어, 임시직 알선업체 수가 최근 크게 증가했다. 이들은 능력 있는 노동자가 회사의 일시적인 빈자리를 채울 수 있게 도와준다. 또한 대개 이런 임시직이 영구직으로 전환된다. 임시직 알선업체나 인터넷 고용알선서비스 및 기타 기술 혁신이 노동자와 연결효율성을 향상시킨다면 이는 자연실업률 하락을 유도하게 된다.[13]

또 다른 가능성은 1990년대 후반 노동자의 생산성 증가가 자연실업률의 하락을 유발했다는 것이다. 장기 균형상태에서 노동자에게 지급된 실질임금은 그들의 한계생산성과 같다. 그러나 실질임금이 상승하는 시간과 생산성이 상승하는

12. Robert Shimer, "Why Is the U.S. Unemployment Rate So Much Lower?" in B. Bernanke and J. Rotemberg, eds., NBER *Macroeconomics Annual*, 1998.

13. 하버드대학교의 로렌스 카츠(Lawrence Katz)와 프린스턴대학교의 앨런 크루거(Alan Krueger)는 임시직업소개소가 자연실업률 감소에 일부 기여했다고 주장한다. "The High-Pressure U.S. Labor Market of the 1990s," *Brookings Papers on Economic Activity*, 1991:1, pp. 1–88을 참조하라.

시간 사이에 시차가 발생한다. 예를 들어, 실질임금과 생산성이 일정 기간 동안 2%씩 상승했다. 이후 생산성이 4%씩 증가하기 시작하면, 2% 실질임금 성장에 익숙해진 노동자는 점차로 임금 상승을 원하게 된다. 이렇게 실질임금보다 더 빨리 생산성이 증가하는 기간 동안 기업은 더 많은 노동자를 고용할 것이고, 자연실업률은 일시적으로 하락할 수 있게 된다.[14]

자연실업률의 측정 경제이론에서 자연실업률이 매우 중요한 역할을 하기 때문에, 정책입안자는 경제정책을 수립할 때 자연실업률 추정치를 활용하고 싶어 한다. 간단히 말해 정책입안자는 실제 실업률이 자연실업률보다 높게 나타났다면, *AD* 곡선과 *SRAS* 곡선의 교차점이 *LRAS* 곡선의 왼쪽에 위치한다고 생각한다. 이처럼 정책입안자는 완전고용균형 경제로 가기 위해서 14장과 15장에서 논의할 확장적 팽창 통화정책이나 재정정책을 통해 *AD* 곡선을 오른쪽으로 이동시키는 것을 고려하게 된다. 정책입안자는 실업률을 정책 설정 시 유용한 지표로 활용하기 위해 적절한 자연실업률 지표를 필요로 한다.

그림 12.9는 미국 의회예산처(CBO)에서 추정한 자연실업률을 나타낸다. 그러나 실제로 경제학자는 자연실업률을 어떻게 측정하는가에 대해 여러 가지 의견을 보인다. 더욱이 CBO는 시간이 지나면서 자연실업률을 자주 수정했기 때문에 이에 대한 논쟁을 더욱더 가열시켰다.[15] 도르트문트대학교의 더글러스 스테이저(Douglas Staiger), 하버드대학교의 제임스 스톡(James Stock), 프린스턴대학교의 마크 왓슨(Mark Watson)[16] 같은 경제학자는 자연실업률 측정을 위해 매우 정확하고 상세한 분석을 수행했다. 그러나 그들은 여러 가지 방법론에도 불구하고 자연실업률은 정확하게 측정할 수 없는 지표라는 결론에 도달했다. 예를 들어, 그들의 최적 자연실업률 측정치는 1994년 5.75%였으나 95% 신뢰구간이 4.8%와 6.6% 사이로 너무 넓게 추정되어 정책입안자가 사용하기에 부적합하였기 때문이다.

이런 상황에 직면한 가운데 1990년대 말 연구자들은 정책입안자가 무엇을

14. 존스홉킨스대학교의 로렌스 볼(Laurence Ball)과 하버드대학교의 그레고리 맨큐(N. Gregory Mankiw)는 1990년대 자연실업률의 감소를 설명하면서 이 가설을 지지했다. "The NAIRU in Theory and Practice," *Journal of Economic Perspectives*, Fall 2002, pp. 115–136.

15. 샤론 코직키(Sharon Kozicki)의 논문을 살펴보면 미국 의회예산처(CBO)가 숫자를 어떻게 극적으로 수정했는지를 알 수 있다. "How Do Data Revisions Affect The Evaluation and Conduct of Monetary Policy?" Federal Reserve Bank of Kansas City, *Economic Review*, First Quarter 2004, pp. 5–38.

16. "The NAIRU, Unemployment and Monetary Policy," *Journal of Economic Perspectives*, Winter 1997, pp. 33–49.

할지 숙고했다. 자연실업률을 추정하는 것이 매우 불확실했기 때문에 그들이 과거 자연실업률을 더 정확하게 알고 있다고 생각했을 때보다 덜 적극적으로 정책을 실시했을 것이다.[17] 일부 연구자는 연방준비제도가 자연실업률을 정확하게 정하지 못한 것이 1970년대 인플레이션 상승의 원인이라고 주장했다.[18] 한편, 자연실업률 추정이 어렵다면 완전고용에서의 산출량 또한 더욱 부정확해진다. 따라서 경제이론상의 완전고용산출량 및 자연실업률 개념을 활용한다 할지라도 엄밀하게 이 개념들을 측정할 수 없기 때문에 적절한 정책수립은 매우 어렵게 된다.

12.3 인플레이션의 문제

1971년 8월 미국 닉슨(Richard M. Nixon) 대통령은 인플레이션을 낮추기 위해 임금과 가격 통제법을 제정했다. 당시의 인플레이션율이 5%에 불과했지만 정부는 이런 강력한 조치를 시행했다. 또한 1970년대 말 미국의 인플레이션율이 '두 자리 숫자'에 다가갔을 때, 유권자는 인플레이션을 '공공의 적 1호'라고 생각했다. 당시 국민들이 인플레이션을 매우 두려워했고, 이는 1980년 미국 대통령선거에서 지미 카터(Jimmy Carter) 대통령이 패배하고 로널드 레이건(Ronald Reagan) 대통령이 당선된 가장 커다란 요인이 됐다. 이제 이렇게 중요한 역할을 했던 인플레이션을 살펴보고 인플레이션 비용 및 인플레이션을 관리하는 방법을 알아본다.

인플레이션 비용

인플레이션 비용은 인플레이션이 소비자와 투자자, 노동자 및 기업이 인플레이션을 예측할 수 있는지 없는지에 따라 크게 다르다. 이를 좀 더 정확히 설명하기 위해서 모든 사람이 예상할 수 있는 인플레이션과 예상치 못하게 찾아온 인플레이션의 두 가지 극단적인 경우를 살펴보자.

완벽하게 예상된 인플레이션 첫째, 경제주체가 완벽하게 예상한 인플레이션이

17. 예를 들면, 다음을 참조. Volker Wieland, "Monetary Policy and Uncertainty about the Natural Unemployment Rate: Brainard-Style Conservatism versus Experimental Activism," *Advances in Macroeconomics*, vol. 6, no. 1, 2006.

18. 다음을 참조. Athanasios Orphanides & John Williams, "The Decline of Activist Stabilization Policy: Natural Rate Misperceptions, Learning, and Expectations," *Journal of Economic Dynamics and Control*, November 2005, pp. 1927–1950.

발생하는 경우를 가정하자. 예를 들어, 모든 경제주체가 인플레이션율이 1년에 4%가 될 것이라고 가정하는 경우, 실질가격에는 변화가 없고 모든 개별 상품과 서비스 또한 연 4%씩 증가하는 경우다.

완전하게 예상된 인플레이션이 경제에 부과하는 비용은 무엇인가? 식료품이나 영화표 및 기타 상품을 구입할 때 지불하는 가격은 1년에 4%씩 상승한다. 또한 근로자의 명목임금이나 생산품 및 서비스의 명목가치 또한 4%씩 상승한다. 따라서 이 경제주체의 구매력은 상품가격 인상에도 불구하고 전혀 줄어들지 않는다.[19]

한편 은행예금계좌에 저축된 자금은 어떻게 될까? 인플레이션이 화폐 구매력을 줄인다고 할지라도 인플레이션이 완벽하게 예상됐다면 저축예금의 가치는 떨어지지 않을 것이다. 즉, 명목이자율이 화폐구매력의 손해부분을 상쇄하기 위해 조정되기 때문이다. 예를 들어, 저축성 예금 명목이자율이 3%이고 0의 인플레이션이라면 실질이자율은 3%가 된다. 4%의 예상된 인플레이션율이 발생한다면, 명목이자율이 7%까지 상승해야 3%의 실질이자율이 유지될 것이다. 예금자와 은행은 실질이자율만을 신경 쓰기 때문에, 인플레이션이 4%에 이를 때 은행은 기꺼이 7%의 명목이자율을 제안할 것이고, 예금자는 이 명목이자율에 동의할 것이다. 이처럼 은행뿐만 아니라 예금자도 예상된 인플레이션 상승에 의해 손해를 보지 않는다.[20]

완벽하게 예상된 인플레이션이 사회에 어떠한 경제적 비용도 유발하지 않는다는 명제가 항상 옳은 것은 아니다. 예를 들어, 경제주체는 과거 예금인출을 위해 은행이나 현금자동인출기(ATM)에 한 달에 두 번 갔지만 이제는 매주 가게 된다. 또한 기업은 인플레이션이 발생할 경우 전산화된 현금관리시스템을 도입하거나 회계부서의 직원을 고용해 현금 보유액을 줄이려고 할 것이다. 이렇게 소비자와 기업이 보유하는 현금 보유액을 최소화하는 과정에서 발생하는 비용을 **구두창비용**(shoe leather cost)이라 한다. 적정한 인플레이션 시 발생하는 구두창비용은 크지 않지만 무시할 정도는 아니다. 예를 들어, 완전히 예상된 인플레이션이 10% 발생할 경우 구두창비용은 미국에서 1년에 300억 달러, GDP의 약

19. 실제로 노동자는 인플레이션으로 인한 임금 상승을 자신의 생산성이 증가해 일어난 것으로 생각해서 매우 '정당한' 결과라고 생각하고, 인플레이션으로 인한 가격 상승은 '정당하지 않은' 결과라고 생각한다. 이것이 비록 혼돈에서 발생한 것이긴 하지만, 이는 사람들에게 인플레이션에 대해 정치적으로 강력하게 대응하게 하는 효과를 준다.

20. 이러한 주장은 명목으로 제공되는 이자에 세금이 부과된다는 사실을 무시한 것이다. 세금공제 후에도 실질이자율이 일정하게 유지되려면 명목이자율은 인플레이션 상승분보다 더 올라야 할 것이다. 4.1절을 참조하라.

0.3%일 것으로 추정된다.[21]

둘째, 완벽하게 예상된 인플레이션 비용에는 메뉴 비용 또는 명목가격변경에 따른 비용이 있다. 인플레이션과 가격이 계속해서 상승할 때, 상품의 판매자는 명목가격을 계속 바꿔야 한다. 예를 들어, 통신판매회사는 가격 상승을 알리기 위해서 자주 새롭게 카탈로그를 인쇄하고 배송해야 한다. 그러나 일부 기업이 상당한 수준의 메뉴 비용을 부담한다고 할지라도 경제 전체적인 비용은 대체로 매우 작다. 더욱이 슈퍼마켓의 전자스캐너 도입과 같은 기술적 진보는 가격 변동에 따라 발생하는 각종 비용을 줄일 수 있다.

예상치 못한 인플레이션 경제주체가 인플레이션을 싫어하는 가장 주된 이유는 예상치 못한 인플레이션, 즉 기대 인플레이션율과 실제 인플레이션이 다르기 때문에 생기는 것이다. 예를 들어, 경제주체가 연간 4%의 인플레이션을 기대하지만 실제 인플레이션이 6%라면 예상치 못한 인플레이션이 2% 발생한 것이다.

경제주체가 (1) 4%의 인플레이션을 기대하고 (2) 예금계좌에서 7%의 이자율을 지급받는다면 6%의 인플레이션이 주는 효과는 무엇인가? 인플레이션이 연 4%가 아니고 연 6%일 때 이 경제주체의 예금계좌에 부과되는 실질이자율은 이 경제주체가 예상한 3%가 아니고 1%가 될 것이다(7% 명목이자율에서 6%의 인플레이션을 제하게 된다). 즉, 예상치 못한 인플레이션이 발생함에 따라 경제주체는 더 낮은 실질이자율을 받기 때문에 손실을 보게 된다. 반면 은행은 예상한 것보다 더 낮은 실질이자율을 지급하기 때문에 추가로 이익을 얻게 된다. 실제 인플레이션이 예상한 것보다 낮아지면, 위의 과정이 거꾸로 작용하게 된다. 이 경우 경제주체가 받는 실질이자율 및 은행이 지불해야 하는 실질이자율은 예상한 것보다 높아진다.

같은 이유로 어느 노동자의 명목임금이 미리 결정된 경우를 가정하자. 인플레이션율이 예상한 것보다 높다면 이 노동자가 받는 명목임금의 실질가치는 하락한다. 반면 이 노동자의 손실은 기업의 이익이 된다. 그러나 실제 인플레이션율이 예상한 것보다 낮으면 노동자는 이익을 얻고 기업은 손해를 입는 것이다.

이러한 예들은 예상치 못한 인플레이션이 미치는 가장 기본적인 효과가 특정 노동자 혹은 기업에서 다른 노동자나 기업으로 부를 이동시키는 것이라는 점을 보여준다. 이자율이 고정된 상태에서 임대 혹은 저축, 명목수입을 받는 채권자는 예상치 못한 인플레이션에 의해 손실을 입는 반면, 자금을 차입하는 채무자

21. Stanley Fischer, "Towards an Understanding of the Costs of Inflation: II," in K. Brunner and A. Meltzer, eds., *Carnegie-Rochester Conference Series on Public Policy*, vol. 15, Autumn 1981 참조.

나 고정수입을 제공하는 기업 등은 예상치 못한 인플레이션으로 인해 이득을 얻는다.

경제 전체적으로 한 집단에서 다른 집단으로 부가 전환되는 것은 자산의 순손실이 아니고 진정한 비용도 아니다. 그러나 경제 내의 한 개인 혹은 기업은 예상하지 않은 인플레이션의 결과로 발생하는 자산의 손익 위험을 좋아하지 않는다. 대부분의 사람은 위험을 좋아하지 않기 때문에 예상치 못했던 인플레이션으로부터 얻게 되는 손실과 이득 모두 경제주체의 후생을 증가시키지 않으므로 이것은 바로 인플레이션 비용이 되는 것이다. 더욱이 경제주체는 인플레이션을 예상해야 하고, 예상치 못한 인플레이션의 위험으로부터 자신을 보호하기 위해 여러 가지 노력을 해야 하는 추가비용을 부담해야 한다. 그러나 예상치 못한 인플레이션에 따른 비용의 일부는 물가연동계약으로 제거될 수 있고 이는 "최신자료 및 연구와의 접속 : 물가연동계약"에서 설명한다.

예상치 못한 인플레이션이 유발하는 또 다른 비용은 가격이 시장경제에서 신호의 역할을 한다는 사실과 관계가 있다. 예를 들어, 밀이 옥수수보다 더 비싸지면, 이는 소비자에게 밀 소비를 줄이고 옥수수 소비를 늘리며 농부들은 밀 생산을 늘리고 옥수수 생산을 줄이라는 신호가 된다. 이때 신호 역할을 하는 가격은 옥수수가격과 밀가격에 대한 상대적인 가격이다. 따라서 밀가격을 알고 옥수수가격을 모른다면, 소비자와 농부에게 합리적 결정을 내리는 데 어려움을 겪게 된다. 예상치 못한 인플레이션이 자주 발생한다면 경제주체들은 개별 재화에 대한 공급 또는 수요 이동에서 유발되는 가격 변화와 일반적인 물가 변화에서 기인하는 가격 변화와 혼동할 수 있다. 이 경우 가격이 제공하는 신호들은 예상치 못한 인플레이션에 의해 왜곡되므로 시장경제의 효율성이 떨어지게 된다. 더욱이 인플레이션에 대한 불확실성이 증가한다면 경제주체는 여러 가격을 알기 위해서 정보를 수립해야 하므로 많은 시간과 노력을 소비해야만 한다.

초인플레이션 비용 **초인플레이션**(hyperinflation)은 인플레이션율이 일정 기간 동안 매우 높은 수준을 지속할 때를 의미한다.[22] 예를 들어, 1945년 8월 이후 12개월 동안 헝가리의 월평균 인플레이션은 19,800%였다.[23] 또한 볼리비아의 인플레이션율은 1984년 1,281%를 기록했고, 1985년 11,750%까지 치솟은 후, 1986

22. 필립 케이건(Philip Cagan)은 초인플레이션에 대한 연구("The Monetary Dynamics of Hyperinflation," in Milton Friedman, ed., *Studies in the Quantity Theory of Money*, Chicago: University of Chicago Press, 1956)에서 월별 인플레이션율이 50%를 초과하기 시작하는 기간부터 초인플레이션이라고 정의한다.

23. Ibid., 표 1.

최신자료 및 연구와의 접속 *IN TOUCH WITH DATA AND RESEARCH*

물가연동계약

원칙적으로 예상치 못한 인플레이션이 유발하는 손실과 이득은 물가연동계약을 사용함으로써 제거할 수 있다. 예를 들어, 은행이 저축성 예금에 3%의 실질이자율을 보증하기를 원한다면, 은행은 3% 이자율이 인플레이션율을 연동한 명목이자율을 사용하면 된다. 즉, 실제 인플레이션이 6%라면 은행은 명목이자율로 9%를 지급하는 것이다. 따라서 예금자는 실질이자율 3% 지급을 약속받는다. 이와 유사하게 국공채, 주택담보대출, 채권 등의 금융계약에서도 같은 방법으로 예상치 못한 인플레이션에 대해 실질이자율을 보장받을 수 있다. 또한 노동계약에서도 노동자와 고용자는 물가연동계약을 통해 예상치 못한 인플레이션으로부터 보호받을 수 있다(부록 11.A에서 임금 물가연동제의 거시경제효과를 살펴봤다).

물가연동제는 어떻게 정착됐는가? 미국 내 장기 금융계약의 이자율은 은행의 프라임이자율 혹은 재무성 채권 이자율에 어느 정도의 프리미엄을 추가해 결정되는 것으로 인플레이션 변동을 고려하지 않는다. 그러나 명목이자율이 인플레이션과 매우 유사하게 움직이기 때문에 장기 금융계약은 때때로 인플레이션율과 연동된 것처럼 보인다. 미국에서의 많은 노동계약은 생계비 조정(COLA : cost-of-living adjustment)이라는 규정을 통해 인플레이션에 연동된다. 정부는 인플레이션이 기대한 것보다 높을 경우 명목임금이 상승하도록 유도한다. 하지만 일반적으로 예상치 못한 인플레이션이 1% 상승하면, 임금은 1%보다 작게 상승한다. 한편, 1997년 1월 미 재무성은 인플레이션 연동 채권을 팔기 시작했다.

과거 높은 인플레이션을 경험한 여러 국가는 물가연동제를 사용한다. 이스라엘은 1984년 소비자 물가지수로 표시된 인플레이션율이 445%였다. 당시 이스라엘 유동성 자산의 80% 이상이 인플레이션율에 연동됐었다. 예를 들어, 장기정부채권은 소비자 물가지수에 연동됐고, 은행은 단기 예금의 구매력을 보장하기 위해 미국 달러에 연동해 이자를 지급했다. 그러나 1985년 후반기 초인플레이션이 끝나면서 물가연동 적용 사례는 감소하기 시작해 인플레이션이 한 자릿수로 떨어질 때까지 계속됐다.[24]

---

24. 다음을 참조. Stanley Fischer, "Israeli Inflation and Indexation," in J. Williamson, ed., *Inflation and Indexation: Argentina, Brazil, and Israel*, Institude for International Economics, 1985, reprinted in Stanley Fischer, *Indexing, Inflation, and Economic Policy*, Cambridge, Mass.: M.I.T. Press, 1986; Zalman F. Shiffer, "Adjusting to High Inflation: The Israeli Experience," Federal Reserve Bank of St. Louis *Review*, May 1986, pp. 18-29.

년에서야 276%로 하락했다.[25] 초인플레이션이 초래하는 인플레이션 비용이 일반 인플레이션이 유발하는 비용보다 훨씬 크다. 예를 들어, 가격이 믿기 어려운 비율로 상승하면 사람들이 화폐 보유를 최소화하려 하기 때문에 구두창비용이 매우 커진다. 즉, 초인플레이션하에서 노동자는 훨씬 자주 구두창비용을 지불하기 때문이다. 그리고 노동자는 가격이 더욱 상승하기 전에 갖고 있던 돈을 모두 사용하거나 좀 더 가치가 안정된 타국 화폐로 전환하려 한다. 이렇게 자신이 보유하는 통화를 줄이려는 과정에서 시간과 에너지는 낭비되고, 생산은 줄어드는 것이다.

초인플레이션이 유발하는 초기 재해 중의 하나는 정부의 조세징수능력 약화다. 초인플레이션하에서 납세자는 가능한 한 세금을 늦게 납부하려 한다. 즉, 조세청구서상에는 명목상 정해진 금액만이 표시되기 때문에 납세자가 늦게 납부해 납부금액의 실질가치를 낮추려 한다. 결국 정부가 부과하는 조세의 실질가치는 크게 하락해 정부의 재정과 공공서비스 제공능력에 부정적인 효과를 초래하게 된다.

결과적으로 인플레이션이 유발하는 시장 효율성 저하 효과는 초인플레이션의 경우 매우 커지게 된다. 가격이 너무 빨리 변해서 가격이 재화와 용역에 대한 공급과 수요를 반영하지 못한다면, 시장경제의 보이지 않는 손은 효율적으로 작동할 수 없게 된다.

인플레이션 인하 : 기대 인플레이션의 역할

기본적으로 인플레이션은 그림 12.3과 같이 총수요가 총공급보다 더 빠르게 증가할 때 발생한다. 실제로 현실경제에는 총공급보다 총수요를 보다 크게 증가시키는 많은 요인이 있다. 예를 들어, 소비 혹은 투자의 증가, 확장적 재정정책, 부정적 공급 충격 등이 모두 인플레이션의 발생원인이 된다. 그러나 7장에서 논의했던 것처럼, 일반적으로 총수요의 지속적인 상승을 유발해 인플레이션을 발생시킬 수 있는 유일한 요인은 높은 통화공급 증가율이다.

그렇다면 중앙은행이 급속한 통화공급의 증가가 결국 인플레이션을 유발한다는 사실을 알고 있으면서도 계속 통화량을 증가시키는 이유는 무엇인가? 7장에서 언급한 것처럼(그리고 15장에서 더 세부적으로 설명한다) 개발도상국이나 전쟁을 겪는 국가의 정부는 세금 또는 차입을 통해 세수를 충분히 확보할 수 없기 때

25. Juan-Antonio Morales, "Inflation Stabilization in Bolivia," in Michael Bruno, Guido Di Tella, Rudiger Dornbusch, and Stanley Fischer, eds., *Inflation Stabilization: The Experience of Israel, Argentina, Brazil, Bolivia, and Mexico*, Cambridge, Mass.: M.I.T Press, 1988의 표 7.3을 참조한다.

문이다. 즉, 이 정부들은 세수를 조달하기 위해 화폐를 발행한다. 반면, 전쟁에 참여하지 않거나 전쟁피해를 극복한 국가의 정부는 대체로 정부지출을 상쇄할 정도로 충분히 세금을 징수할 수 있거나 자금을 차입할 수 있다. 이런 국가는 대개 경기침체를 타파하기 위해 확장적 통화정책을 사용하게 되므로 통화공급을 증가시키게 된다. 반면 이 정부들은 생산량이 완전고용수준이더라도 긴축 통화정책은 수행하지 않는 경향이 있다.

일반적으로 인플레이션 상승은 급속하게 통화공급을 증가시킨 결과이기 때문에 인플레이션을 억제하는 처방 역시 매우 단순하다. 즉, 통화공급을 줄이는 것이다. 그러나 불행하게도 통화 증가율을 낮춰 **디스인플레이션**(disinflation, 인플레이션율의 감소)에 도달하려면 경기침체를 경험해야 한다. 기대가 적용된 필립스곡선[식 (12.1)]의 관점에서 보면, 거시경제 정책을 통해 기대 인플레이션 이하로 인플레이션이 하락한다면 실업률은 자연실업률 이상으로 상승할 것이다. 그리고 이 실업률은 기대 인플레이션이 계속 하락해 실제 인플레이션 수준에 도달할 때까지 자연실업률보다 높은 수준을 유지할 것이다.

심각하게 실업을 유발하지 않고 인플레이션을 줄일 수 있는 방법이 존재하는가? 기대가 적용된 필립스곡선 이론은 다음과 같은 한 가지 가능성을 제안한다. 즉, 실제 인플레이션율이 하락하면서 동시에 경제주체의 기대 인플레이션이 낮아진다면, 실업률은 자연실업률 이상으로 상승하지 않을 것이다[식 (12.1)에서 실제 인플레이션율 π와 기대 인플레이션율 π^e가 같은 크기로 하락할 경우 경기적 실업률 $u - \bar{u}$는 증가하지 않기 때문이다]. 기대 인플레이션율이 하락할 수 있다면, 인플레이션과 실업률 간의 관계를 나타내는 필립스곡선은 좌측으로 이동할 수 있기 때문이다.

그러나 정책입안자가 경제주체의 기대 인플레이션을 줄이는 방법은 무엇인가? 이제 다음 부분에서 실제 인플레이션과 기대 인플레이션 모두를 하락시킬 수 있는 방법을 알아본다.

급진적 디스인플레이션과 점진적 디스인플레이션 일부 고전파 경제학자는 통화공급 증가율을 신속하고 급격하게 감소시켜 디스인플레이션에 빠르게 도달하는 **콜드터키**(cold-turkey) 전략을 수행해야 한다고 제안한다. 이 정책의 옹호자는 콜드터키 디스인플레이션은 매우 인상적이고 두드러지기 때문에, 정책이 사전에 잘 공표된다면 빠르게 기대 인플레이션을 하락시킬 수 있다고 주장한다. 이때 기대 인플레이션이 충분히 하락한다면, 기대가 적용된 필립스곡선상에서 디스인플레이션에 수반되는 실업비용은 매우 줄어들게 될 것이다.

그러나 대부분의 케인즈파 경제학자는 급속한 디스인플레이션이 경기적 실업을 증가시키지 않기 때문에 추가비용을 유발하지 않는다는 생각에 동의하지 않는다. 이들은 메뉴 비용과 명목임금계약과 같은 요인 때문에 가격과 임금이 디스인플레이션 정책에 따라 조정되려면 수년이 소요될 것이라 주장한다. 그리고 이들은 이 기간 동안 경기적 실업은 높아진다는 점을 강조한다. 또한 케인즈파 경제학자는 콜드터키 전략이 기대 인플레이션 억제에 성공하지 못할지도 모른다고 지적한다. 경제주체가 실업률이 정치적으로 감내할 수 없는 수준에 이른다면 정부가 그 정책을 포기할 것이기 때문이다.

많은 케인즈파는 콜드터키 전략이 실업 증가를 유발하는 것을 두려워하기 때문에 통화공급의 감소와 인플레이션이 장기간에 걸쳐 감소하는 정책인 **점진주의**(gradualism) 정책을 권유한다. 케인즈파는 좀 더 오랜 기간 동안 가격, 임금, 그리고 경제주체들의 기대 등이 디스인플레이션에 적응하게 하는 점진적 접근이 콜드터키 전략보다 실업률의 상승효과를 덜 가져온다고 주장한다. 이들은 점진주의 정책을 채택하면 비록 실제 실업률이 자연실업률을 초과하는 기간이 길어지겠지만, 정치적으로 오래 지속할 수 있기 때문에 좀 더 효율적일 수 있다고 주장한다. 콜드터키와 점진주의를 비교하는 한 연구의 결과는 "최신자료 및 연구와의 접속 : 희생률"에서 볼 수 있다.

임금과 가격 통제 통화 증가율 하락을 통한 인플레이션 하락이 유발하는 각종 비용과 어려움 때문에 많은 국가의 정책입안자는 임금과 가격을 통제하는 좀 더 직접적인 접근방법을 사용한다. 임금-가격 통제(또는 소득정책)의 지지자는 가격 상승을 멈추기 위해 법의 힘을 사용함으로써 심각한 실업을 유발하지 않고 디스인플레이션을 진행하면서 정부가 기대 인플레이션을 해결할 수 있다고 주장한다.

그러나 가격 통제의 비평가는 다음의 두 가지 사항을 지적한다. 첫째, 가격 통제는 시장에서 재화 및 서비스의 공급부족을 유발할 수 있다. 시장에서 계속되는 공급과 수요의 변화는 어떤 상품의 가격이 다른 상품의 가격보다 빠르게 상승하게 하여 상대가격에 변화를 일으키게 한다. 이때 가격 통제가 실시됨에 따라 가격이 공급량과 수요량이 일치하는 수준까지 상승하지 못한다면 이 시장에는 상품에 대한 초과수요가 발생한다. 이러한 초과수요와 혼란은 가격 통제의 주요 비용이 된다.

둘째, 임금-가격 통제는 경제주체의 기대 인플레이션에 크게 영향을 주게 된다. 가격 통제는 일시적으로 인플레이션을 멈출 수 있지만, 시장에서 초과수요와 혼란을 야기하기 때문에 결국에는 제거된다. 이 경우 경제주체는 가격 통제가 일

최신자료 및 연구와의 접속 *IN TOUCH WITH DATA AND RESEARCH*

희생률

인플레이션을 억제하려면 총수요 증가율을 낮추는 긴축적인 통화정책과 재정정책이 수행돼야 한다. 하지만 그러한 정책이 완벽하게 예상되지 않는다면, 실제 생산량과 고용량은 완전고용수준 이하로 감소하게 될 것이다. 이러한 산출량과 일자리의 손실은 인플레이션 감소 정책의 이익과 비교 검토해야만 하는 중요한 비용이다.

때때로 경제학자는 낮은 인플레이션 비용을 측정하기 위해 희생률을 사용한다. **희생률**(sacrifice ratio)은 인플레이션이 1% 감소됐을 때 손실되는 산출량을 의미한다. 예를 들어, 존스홉킨스대학교의 로렌스 볼의 연구에 따르면[26] 1980년대 초의 디스인플레이션 기간 동안 미국에서 인플레이션율은 연 12.10%에서 3.27%까지 8.83%포인트 하락했다. 이렇게 디스인플레이션이 15분기 지속되는 동안 볼은 인플레이션 감소 정책들에 의해 연간 잠재적 GDP의 16.18%에 해당하는 총손실이 발생한다고 추정했다. 8.83%포인트 인플레이션의 감소와 잠재 GDP의 16.18%에 해당되는 산출량 손실 간의 비율인 1.832가 바로 희생률이 된다. 즉, 1980년대 초반 미국의 인플레이션을 감소시키는 비용은 연간 잠재 GDP의 1.832%라고 해석된다.

국가	평균희생률	국가	평균희생률
오스트레일리아	1.00	일본	0.93
캐나다	1.50	스위스	1.57
프랑스	0.75	영국	0.79
독일	2.92	미국	2.39
이탈리아	1.74		

볼은 앞의 표와 같이 9개 국가의 분기 데이터를 사용해 1960년대, 1970년대, 1980년대에 발생했던 28개의 디스인플레이션에 대한 희생률을 추정했다. 각 국가의 평균을 살펴보면 인플레이션의 감소비용이 매우 다르게 나타났다. 프랑스, 영국 및 일본의 평균희생률이 1.0보다 작은 반면, 독일의 평균희생률은 거의 3.0 수준에 이른다. 즉, 독일에서 인플레이션 감소에 따라 손실된 산출량은 다른 산업화된 국가의 손실된 산출량에 비해 3배만큼이나 비경제적이다.

이렇게 손실률이 크게 차이 나는 이유는 무엇인가? 볼은 여러 국가의 특징을 비교하면서 희생률에 영향을 미치는 중요한 요인이 노동시장의 유연성이라는 것을 알아냈다. 임금이 노동 공급과 수요에 따라 상대적으로 느리게 변하는 국가(예를 들어, 노동시장에 정부규제가 많은 국가)에서 희생률이 더 높게 나타나는 것이다. 이러한 현상은 경

26. "What Determines the Sacrifice Ratio?" in N. Gregory Mankiw, ed., *Monetary Policy*, Chicago: University of Chicago Press, 1994, pp. 155-188.

제이론으로 쉽게 설명할 수 있다. 즉, 노동시장이 유연하지 못한 국가에서 총수요가 예상치 않게 천천히 성장할 경우 다음의 장기 균형에 도달하는 데 더 오랜 시간이 걸리기 때문이다. 볼은 또한 급속한 디스인플레이션의 희생률이 더딘 디스인플레이션의 희생률보다 낮다는 점을 보여 점진주의보다는 콜드터키를 선호한다는 주장을 폈다.

볼의 분석결과는 매우 의미가 있는 것이지만 상당히 주의해 해석해야 한다. 즉, 특정한 디스인플레이션 정책에 해당되는 산출량 손실을 정확하게 추정하는 것은 쉽지가 않다는 것이다. 예를 들어, 디스인플레이션에 의한 산출량 손실을 예측하기 위해 디스인플레이션이 없었던 경우의 산출량을 평가해야 하는 매우 어려운 일을 수행해야 한다. 만약 산출량 손실 추정이 틀리다면 희생률 계산 또한 적절하지 않을 것이다. 특히 산출량과 인플레이션 모두에 영향을 미치는 공급 충격과 같은 요인은 또한 희생률의 추정치를 왜곡할 수 있다. 그러므로 희생률이 기껏해야 인플레이션 감소의 비용을 대략적으로 추정하는 것에 불과한 것이다.

시적인 것임을 알기 때문에 미래에 더 높은 기대 인플레이션을 가질 수 있다.

1970년대 초 미국의 가격 통제는 가장 최근의 가격 통제정책의 예다. 당시 닉슨 대통령은 인플레이션율이 5%를 초과하는 것을 막기 위해 1971년 8월에서 1974년 4월까지 가격 통제를 시행했다. 이때 닭고기, 목재 및 철강 제품 시장에서 초과수요현상이 발생했다. 그리고 이러한 가격 통제가 해제됐을 때, 가격은 통제가 있지 않았다면 도달했을 수준으로 돌아갔다.

가격 통제기간 동안 기대 인플레이션에 영향을 미치는 요인 중의 하나는 정부가 어떤 통화정책 혹은 재정정책을 운용하는가이다. 정부가 급속하게 총수요를 증가시키는 정책을 수행한다면, 경제주체는 통제가 걷혔을 때 인플레이션이 다시 시작될 것이라고 생각할 것이다(이 장 마지막의 분석문제 5번을 참조하라). 총수요 억제정책의 실패는 1971년 시작했던 닉슨의 임금-가격 통제정책의 문제로 나타났다. 그러나 가격 통제가 긴축적인 통화정책 및 재정정책과 함께 수행됐다면 가격 통제가 철폐됐을 때 인플레이션이 다시 시작하지 않을 것이라는 생각이 더욱 설득력이 있을 것이다.

신뢰와 평판 고전파와 케인즈파는, 높은 실업비용을 지불하지 않는 디스인플레이션을 위해서는 경제주체의 기대 인플레이션 감소가 매우 중요하다는 견해에 동의한다. 이때 기대 인플레이션 조정이 얼마나 신속하게 이루어지는가를 결정하는 가장 중요한 요인은 정부가 발표한 디스인플레이션 정책의 진실성 또는 신뢰성이다. 정부(예를 들면, 대통령이나 각료 또는 연방준비제도이사회의 의장 등)가

인플레이션을 하락시키기 위한 정책을 발표한다면(그리고 노동자, 소비자 그리고 기업이 정부의 정책을 신뢰한다면) 기대 인플레이션은 급격하게 하락할 수 있게 된다.

그렇다면 정부가 시장에서 신뢰성을 향상시킬 수 있는 방법은 무엇인가? 한 가지 바람직한 방법은 정부가 지속적인 약속이행을 통해 좋은 평판을 유지하는 것이다. 이 경우 정부가 디스인플레이션 프로그램을 발표하면, 경제주체는 이러한 공고를 심각하게 받아들일 것이다. 그러나 좋은 평판을 유지하기 위해서는 시간이 필요하고, 특히 정권이 변화할 경우 정책결정자가 자주 교체되는 문제가 발생한다.

또 다른 전략은 경제주체와 함께 신뢰성을 만들어내는 방법으로 정책입안기관을 설립하는 것이다. 예를 들어, 인플레이션을 억제해야 한다는 견해를 잘 알고 있는 사람이 강하고 독립적인 중앙은행을 운영한다면, 이들이 발표하는 디스인플레이션 정책은 매우 신뢰성을 가질 수 있다. 하지만 중앙은행이 행정부에 의해 직접적으로 통제되어 실업률 상승 시 커다란 정치적 압력에 노출된다면, 중앙은행이 발표한 디스인플레이션 프로그램은 신뢰성을 갖지 못할 것이다. 한편 이러한 제도의 구조, 정부의 진실성 그리고 기대 인플레이션 간의 관계는 14장에서 좀 더 상세하게 설명한다.

1980년대와 1990년대 미국의 디스인플레이션

디스인플레이션 이론은 미국에서 1980년대와 1990년대에 실험적으로 실시됐다. 1979년 폴 볼커에서 1987년 앨런 그린스펀까지 연방준비제도이사회는 경제 불안정의 주요 원인인 인플레이션을 제거하는 데 많은 노력을 했다. 1979년부터 1982년까지 볼커는 두 자릿수 수준의 인플레이션율을 4% 내외까지 인하했다. 그리고 1982년 이후부터 볼커와 그린스펀은 함께 점진적으로 인플레이션을 감소시키려고 노력했다. 그들의 목표는 소비자와 투자자가 인플레이션을 주요 문제로 고려하지 않게 하는 것이었다. 그들은 경제주체가 인플레이션을 더 이상 걱정하지 않고, 실제적으로 물가가 다시 크게 상승하지 않을 것이라는 신뢰를 가질 수 있도록 인플레이션이 낮고 안정적이 되기를 원했다.

연방준비제도이사회가 수행한 정책의 성공을 판단하는 한 가지 방법은 경제주체의 기대 인플레이션을 조사하는 것이다. 그림 12.10과 같이 연방준비은행 필라델피아 지부의 예측전문가 서베이에 따르면 기대 인플레이션율은 1990년 전에 크게 상승한 후 하락한 모습을 보여준다. 그리고 기대 인플레이션율은 1998년까지 점진적인 하락세를 보이면서 안정됐다.

그림 12.10

기대 인플레이션 (1971~2009)

이 그림은 1971년 1/4분기부터 2009년 3/4분기까지 기대 인플레이션 데이터를 나타낸다. 1970년대와 1980년대 초 기대 인플레이션은 매우 불규칙적으로 변화했다. 그러나 1980년대 후반 기대 인플레이션은 점차 안정됐고, 1990년대 후반까지 꾸준히 하락했다.

출처 : 필라델피아 연방준비은행 예측전문가 서베이, www.philadelphiafed.org.

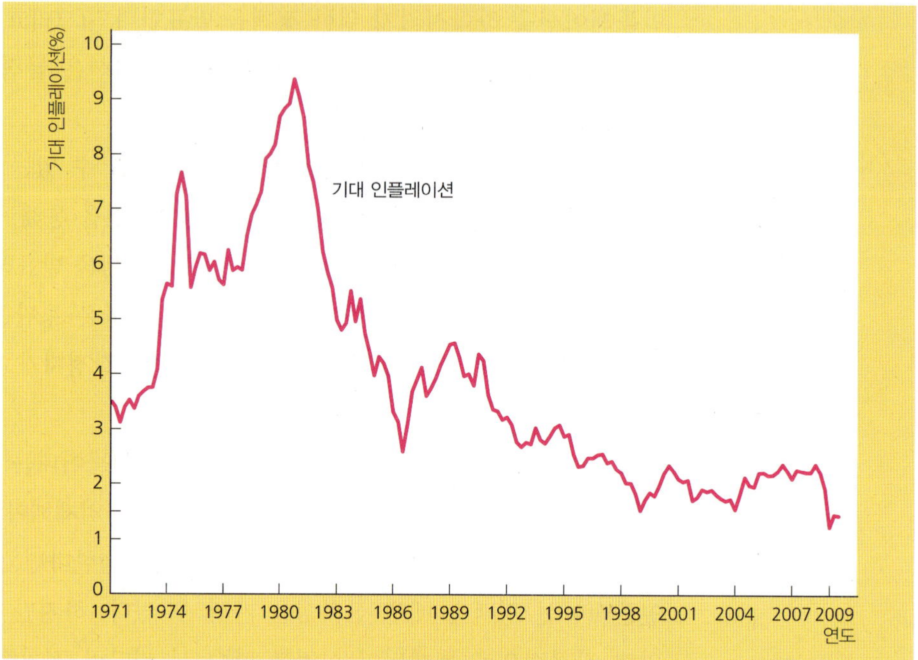

1979년 초 연방준비제도이사회의 디스인플레이션 정책은 초기에 다소 불안정한 모습을 보였다. 이는 아마도 연방준비제도이사회가 1970년대에 인플레이션을 억제하는 데 실패했고, 새롭게 임명된 연방준비제도이사회 의장인 폴 볼커가 아직 신뢰성을 확보하지 못했기 때문이었을 것이다. 그리하여 기대 인플레이션은 인플레이션율이 하락할 때 즉각적으로 하락하지 않았다. 십수 년이 지난 후에야 일반인들은 연방준비제도이사회가 인플레이션 억제를 매우 중요한 정책 목표로 설정했다는 것을 인정하게 됐다. 한편 점진주의에 의해 특징화된 1990년 이후의 기간 동안 기대 인플레이션은 천천히 꾸준하게 하락했다. 그린스펀이 2006년에 의장직을 떠나고 벤 버냉키가 인계받을 때까지, 연방준비제도이사회의 신뢰성은 잘 확보됐다. 2004년부터 2008년까지 석유가격이 크게 상승함에도 불구하고 기대 인플레이션율이 소폭 상승하고 있는 사실은 연방준비제도이사회가 평판과 신뢰성을 잘 확보하고 있다는 것을 보여준다.

요약 SUMMARY

1. 필립스의 1958년 논문과 연이은 여러 연구에 따르면 인플레이션이 높을 때 실업률은 낮고, 인플레이션이 낮을 때 실업률은 높게 나타난다. 이러한 인플레이션과 실업 간 음의 상관관계를 필립스곡선이라 한다. 인플레이션과 실업의 관계는 미국에서 1960년대에는 확인됐으나 1970, 1980년대에는 확인되지 않았다.

2. 일반적인 경제이론에 따르면, 인플레이션과 실업 간의 음의 상관관계는 안정적이지 않을 수 있다. 대신 예상치 못한 인플레이션과 경기적 실업 사이에는 안정적인 음의 상관관계가 존재한다. 특히 실제와 기대인플레이션이 같을 때(즉, 예상치 못한 인플레이션율이 0이다), 실제 실업률은 자연실업률과 같다(즉, 경기적 실업이 0이다). 예상치 못한 인플레이션과 경기적 실업 사이의 음의 상관관계는 기대가 적용된 필립스곡선이라 한다.

3. 기대가 적용된 필립스곡선에 따르면, 기대 인플레이션과 자연실업률이 일정할 때 인플레이션과 실업은 안정된 음의 상관관계를 나타낸다. 기대 인플레이션의 상승 또는 자연실업률의 상승은 필립스곡선을 오른쪽으로 이동시킨다. 부정적 공급 충격은 기대 인플레이션과 자연실업률을 상승시키고, 필립스곡선을 오른쪽으로 이동시킨다. 1970년대의 주요한 공급 충격은 자연실업률을 상승시키고, 기대 인플레이션을 높였다. 이는 1970년대 미국의 필립스곡선이 불규칙적으로 이동하게 되는 이유를 설명한다.

4. 기대가 적용된 필립스곡선에 따르면, 거시경제 정책은 기대 인플레이션보다 더 높은 인플레이션을 유발할 때 비로소 실업률을 자연실업률 아래로 줄일 수 있다. 고전파 경제학자는 합리적 기대와 빠른 가격 조정 때문에 체계적인 경제정책으로 기대 인플레이션보다 높은 인플레이션을 창출할 수 없다고 주장한다. 이 경우 정책결정자는 실업률과 인플레이션 간의 상충관계를 나타내는 필립스곡선을 이용할 수 없다. 케인즈파는 모든 가격이 새로운 정보에 신속하게 반응하지 못하기 때문에 정책결정자가 일시적으로 예상치 못한 인플레이션을 만들어 단기적으로 인플레이션과 실업의 상충관계가 존재한다고 주장한다.

5. 고전파와 케인즈파 경제학자는 장기에서 기대 인플레이션과 실제 인플레이션은 같다고 동의한다. 그러므로 장기에는 인플레이션에 상관없이 실제 실업률과 자연실업률은 같아진다. 이러한 사실은 장기에서 인플레이션과 실업 간의 상충관계가 없음을 반영하며, 장기 필립스곡선은 자연실업률에서 수직선 형태가 된다.

6. 실업비용은 좀 더 적은 수의 사람이 일하기 때문에 발생하는 생산의 손실과 실업 근로자와 그 가족이 부담하는 개인적, 정신적 비용을 포함한다.

7. 장기에서 실업률은 자연실업률에 의해서 결정된다. 경제학자의 추정에 따르면, 1960년대와 1970년대 미국의 자연실업률은 상승했지만 이후 점차 하락했다. 인구통계학상의 노동력 변화는 이 현상을 설명하는 데 도움이 된다. 정책결정자는 자연실업률의 정확한 측정값을 원하지만, 경제학자는 정확한 측정이 어렵다고 말한다.

8. 인플레이션 비용은 인플레이션이 예상된 것인지 혹은 예상되지 않은 것인지에 따라 달라진다. 초인플레이션을 제외한 경우 기대 인플레이션 비용은 상대적으로 작으며, 이는 주로 구두창비용(개인과 기업이 현금 보유를 줄이기 위해 사용되는 자원)과 메뉴 비용(인플레이션 동안 가격표를 바꾸는 데 드는 비용)으로 구성된다. 예상치 못한 인플레이션은 개인과 기업 간에 예상치 않은 부의 전환을 야기한다. 예상치 않은 이득과 손해를 보게

되는 위험, 그리고 이 위험을 줄이기 위해 사람들이 지출하는 자원 등이 예상치 못한 인플레이션 비용이다. 예상치 못한 인플레이션은 사람들에게 상대가격의 관찰을 더 어렵게 하기 때문에 시장제도의 효율성을 낮추게 된다.

9. 디스인플레이션은 인플레이션율의 감소로 정의된다. 통화공급률을 낮춰서 인플레이션을 억제해, 실제 인플레이션이 기대 인플레이션 이하로 하락하면서 경기적 실업이 발생한다. 디스인플레이션의 실업비용을 줄이기 위해서 경제주체의 기대 인플레이션은 실제 인플레이션과 함께 낮아져야 한다. 기대 인플레이션을 줄이기 위한 전략은 빠르고 급격한 통화공급의 감소(콜드터키 전략), 임금과 가격 통제, 정부정책발표의 신뢰성 개선 등을 포함한다.

10. 1980년대와 1990년대 미국에서 발생한 디스인플레이션은 처음에 기대 인플레이션이 즉시 감소하지 않았기 때문에 매우 큰 비용을 지불했다. 하지만 시간이 지나면서 연방준비제도는 신뢰성을 얻었고, 기대 인플레이션은 인플레이션과 함께 감소됐다.

핵심용어 KEY TERMS

구두창비용
기대가 적용된 필립스곡선
디스인플레이션
장기 필립스곡선
점진주의
초인플레이션
콜드터키
필립스곡선
희생률

주요 방정식 KEY EQUATIONS

$$\pi = \pi^e - h(u - \bar{u}) \qquad (12.1)$$

기대가 적용된 필립스곡선에서 예상치 못한 인플레이션($\pi - \pi^e$)은 경기적 실업($u - \bar{u}$)과 음의 상관관계가 있음이 나타난다. 기대 인플레이션 π^e와 자연실업률 $\bar{u}$가 일정하다면, 인플레이션 π는 실업 u와 음의 상관관계를 나타낸다. 기대 인플레이션 혹은 자연실업률의 변화는 인플레이션과 실업률 간의 관계를 나타내는 필립스곡선을 이동시킨다.

복습문제 REVIEW QUESTIONS

1. 필립스곡선이란 무엇인가? 미국의 데이터에서 필립스곡선의 관계가 성립하는가? 설명해 보라.
2. 기대가 적용된 필립스곡선과 전통적 필립스곡선은 어떻게 다른가? 기대가 적용된 필립스곡선의 이론에 따르면 전통적인 필립스곡선의 관계는 어떤 조건하에서 실제 데이터와 일치하는가?
3. 미국의 1960년대, 1970년대, 1980년대 필립스곡선의 움직임에서 기대 인플레이션은 어떻게 변화했는가? 공급 충격은 미국의 필립스곡선 이동을 어떻게 설명하는가?
4. 정책결정자는 필립스곡선의 관계식을 이용해 인플레이션을 인상하고 실업률을 낮출 수 있는가? 상충을 통한 필립스곡선의 관계에서 업적을 이룰 수 있는가? 고전파와 케인즈파의 관점에서

설명해 보라.

5. 왜 정책결정자는 낮은 인플레이션을 유지하려 하는가? 실업이 발생하면 누가 고통을 받는가?

6. 자연실업률은 경제변수에서 왜 중요한가? 미국에서 시대별로 자연실업률의 변화를 설명하는 요소는 무엇인가? 자연실업률을 줄일 수 있는 정책은 무엇인가?

7. 예상된 인플레이션의 두 가지 비용과 예상되지 않은 인플레이션의 두 가지 비용은 무엇인가? 초인플레이션이 발생한다면 이들의 크기는 어떻게 되는가?

8. 디스인플레이션과 연관 있는 가장 큰 잠재적 비용은 무엇인가? 이 잠재적 비용의 크기는 경제주체의 기대 인플레이션율을 형성하는 속도의 영향을 받는가?

9. 기대 인플레이션을 급격하게 감소시키는 두 가지 전략은 무엇인가? 이러한 전략의 장점과 단점은 무엇인가?

10. 연방준비제도는 왜 신뢰성을 확보하려고 노력하는가? 연방준비제도가 신뢰성을 얻는다면 경제주체는 어떤 이익을 얻을 수 있는가?

계산문제 NUMERICAL PROBLEMS

1. 인플레이션 π가 12%이고 자연실업률 $\bar{u}$가 6%인 장기 균형 경제를 고려해 보자. 이때 1년 동안 기대가 적용된 필립스곡선은 다음과 같다.

$$\pi = \pi^e - 2(u - \bar{u})$$

오쿤의 법칙에 따라 1년 동안 1%포인트 실업률이 상승하면 완전고용 GDP의 2%가 감소된다고 가정한다.

a. 2년간 디스인플레이션이 발생한다고 가정하자. 첫해 $\pi = 0.04$, $\pi^e = 0.08$이고, 이듬해 $\pi = 0.04$, $\pi^e = 0.04$이다. 첫해의 실업률은 얼마인가? 산출량은 완전고용산출량에서 몇 퍼센트만큼 부족한가? 이듬해 실업률은 얼마인가? 산출량은 완전고용산출량에서 몇 퍼센트만큼 부족한가? 디스인플레이션의 희생률은 얼마인가?

b. 다음 표에 따라 4년간 수행되는 디스인플레이션을 고려해 보자.

연도	1	2	3	4
π	0.08	0.04	0.04	0.04
π^e	0.10	0.08	0.06	0.04

4년 동안 각 연도의 실업률은 얼마인가? 각 연도의 산출량은 완전고용산출량에서 몇 퍼센트 부족한가? 각 연도의 희생률은 얼마인가?

2. 오인이론이 적용되는 확장된 고전파 경제모형을 고려해 보자.

AD	$Y = 300 + 10(M/P)$
$SRAS$	$Y = \bar{Y} + P - P^e$
오쿤의 법칙	$(Y - \bar{Y})/\bar{Y} = -2(u - \bar{u})$
완전고용산출량	$\bar{Y} = 500$
자연실업률	$\bar{u} = 0.06$

a. 통화공급 $M = 1{,}000$, 기대물가 $P^e = 50$을 가정할 때, 단기 균형에서 생산량(Y), 물가(P), 실업률(u)은 얼마인가? 장기 균형에서 생산량(Y), 물가(P), 실업률(u)은 얼마인가?

b. 예상치 못했던 충격으로 통화공급이 $M = 1{,}260$으로 증가했다고 가정해 보자. 새로운 단기 균형에서 생산량(Y), 물가(P), 실업률(u)은 얼마인가? 새로운 장기 균형에서 생산량(Y), 물가(P), 실업률(u)은 얼마인가? 일반적

으로 이 결과값은 기대가 적용된 필립스곡선 이론과 일치하는가?

3. 한 경제에서 기대가 적용된 필립스곡선이 다음과 같이 나타났다.

$$\pi = \pi^e - 2(u - \bar{u}),\ \bar{u} = 0.06$$

a. 기대 인플레이션율이 0.10인 경우 필립스곡선을 그려 보라. 연방준비제도가 실제 인플레이션을 0.10으로 유지한다면 실업률은 어떻게 되는가?

b. 군사지출 증가에 따른 총수요충격으로 기대 인플레이션율이 0.12로 상승했다. 새로운 필립스곡선을 (a)항목의 그래프와 함께 그려 보라. 연방준비제도가 실제 인플레이션을 0.10으로 고정한다면 실업률은 어떻게 되는가? 총수요충격 이후에도 연방준비제도가 인플레이션율을 0.10으로 유지한다고 발표한다면, 경제주체는 이 발표를 완전하게 믿겠는가?

c. 공급 충격으로 기대 인플레이션율이 0.12로, 자연실업률이 0.08로 상승한다고 가정하고 (b)항목을 다시 풀어라.

4. 다음 방정식과 같은 경제를 생각해 보자.

AD	$Y = 4{,}000 + 2(M/P)$
SRAS	$Y = \bar{Y} + 100(P - P^e)$
오쿤의 법칙	$(Y - \bar{Y})/\bar{Y} = -2(u - \bar{u})$

이 경제에서 완전고용산출량 $\bar{Y}$는 6,000이고 자연실업률 $\bar{u}$는 0.05이다.

a. 장기에서 명목통화공급은 M = 4,000으로 일정하고, 사람들은 이것이 항상 일정하다고 믿는다. 균형상태물가 P, 기대물가 P^e, 기대 인플레이션 π^e, 산출량 Y, 실업률 u의 균형 값은 얼마인가?

b. 기대하지 않은 통화공급 증가로 통화량이 4,000에서 4,488로 증가했다. 단기 균형에서 물가, 기대물가, 산출량, 실업률은 얼마인가? 경기적 실업과 예상치 못했던 인플레이션은 얼마인가?

c. 이 경제에서 기대가 적용된 필립스곡선의 기울기[식 (12.1)에서의 $-h$와 동일]는 얼마인가?

분석문제 ANALYTICAL PROBLEMS

1. 정부가 실업 노동자를 위해, 새로운 기술을 배우고 새 직업을 찾는 것을 돕는 프로그램을 마련한다고 가정하자.

a. 이 프로그램이 구조적 실업을 줄인다면 기대가 적용된 필립스곡선과 장기 필립스곡선에 어떤 효과가 있는가?

b. 정부 프로그램은 비용이 많이 든다. 비평가는 실업을 줄이는 더 값싼 방법은 통화 팽창이라고 주장한다. 이를 평가하라.

2. 오인이 존재하는 다음 두 개의 확장된 고전파 경제를 고려하자. 이들은 다음과 같이 차이점을 갖는다. 먼저 경제 A는 통화공급률과 인플레이션율이 수년 동안 낮고 안정적이다. 하지만 경제 B는 통화공급률과 인플레이션율은 매우 높은 값과 낮은 값 사이에서 크게 변화한다. 경제 B에서 생산자는 과거의 경험으로부터 그들이 생산한 재화의 가격 변화를 관찰한다. 이때 그들은 가격 변화를 재화의 상대가격 변화라기보다 전체 물가수준의 변화로 인지한다. 경제 B에서 단기 총공급곡선의 기울기는 경제 A에서의 기울기보다 더 평평할까? 아니면 더 가파를까? 필립스곡선의 기울기는 어떠한가?

3. 케인즈파 모형을 사용해 기대가 적용된 필립스곡선을 도출하려 한다. 이 케인즈파 경제에서 완전고용산출량은 일정하고, 명목통화공급은 매년 10% 증가했고 향후에도 이와 같을 것으로 기대된다. 이를 좀 더 간단히 하기 위해 통화공급은 12월 31일 10% 증가하고, 다음 해 12월 31일까지 일정하다고 가정한다. 독점적 경쟁시장의 기업은 다음 해 완전고용산출량 수준을 팔기 위해서 다음 해 예상되는 새로운 가격으로 매년 12월 31일 가격을 수정한다. 인플레이션은 1월 1일과 12월 31일 사이의 가격 변화로 측정한다.

a. 이러한 경제에서 *AD* 곡선, *SRAS* 곡선, 산출량, 가격수준, 기대가격수준은 어떻게 도출하는가? 예상치 못한 인플레이션과 경기적 실업은 얼마인가?

b. 2010년 6월 30일 통화공급이 갑자기 5% 추가로 증가했다. 중앙은행은 통화공급의 추가증가는 단 한 번뿐이고 내년 12월 31일 통화공급을 10% 증가시키는 기존의 정책을 수행한다고 발표했다(2010년 1월 1일과 12월 31일 사이의 총통화공급은 15% 증가한다). 기업은 보통 12월 31일까지 가격을 변화시키지 않는다. 하지만 기업은 가격을 조정할 때 통화공급 증가에 대한 새로운 정보에 완전하게 반응한다. 2010년 동안 실제와 기대 인플레이션은 각기 얼마인가? 2010년 동안 경기적 실업은 평균적으로 양, 음, 0 중 무엇인가? 기대가 적용된 필립스곡선을 사용해 답해 보자.

4. 일부 경제학자는 미래 어느 시점에 모든 기업과 은행은 중앙연계시스템으로 연결되는 '현금 없는 사회'에 살고 있을 것이라고 한다. 이 시스템하에서 경제주체는 현금을 사용하지 않고 은행계좌에서 직접 대금을 지급할 수 있다. 현금 없는 사회에서 기대 인플레이션 비용은 무엇인가? 예상치 못한 인플레이션 비용은 무엇인가?

5. 10%의 지속적인 인플레이션과 싸우기 위해 정부는 임금과 가격을 올리는 것을 불법화했다. 그러나 정부는 통화공급(총수요)을 연 10% 계속 증가시킨다. 최초 이 경제는 완전고용산출량에서 출발한다.

a. 케인즈파의 *AD-AS* 모형을 사용해 정부정책이 경제에 미치는 효과를 보여라. 기업은 가격이 고정된 수준에서 수요량을 공급한다고 가정하자.

b. 가격 통제가 몇 년 시행된 후 정부가 인플레이션 극복을 선언하고 가격 통제를 철폐했다. 어떤 일이 생기겠는가?

6. 아래의 변화는 자연실업률에 어떠한 영향을 주는가?

a. 18세 미만은 고용을 금지하는 새로운 법을 제정한다.

b. 새로운 인터넷 서비스 Findwork.com은 경제주체가 국내 여러 곳의 일자리를 쉽게 찾게 했다.

c. 실직자가 정부보조를 받는 기간이 6개월에서 1년으로 증가했다.

d. 전자기기 수요는 크게 증가한 반면 의류와 외식업과 같은 전통적인 재화와 서비스의 수요는 감소하도록 소비자의 구매패턴이 바뀌었다.

e. 인플레이션을 낮추기 위한 긴축 통화정책은 경제를 침체기로 진입하게 했다.

실제 거시경제 데이터를 이용한 문제 *WORKING WITH MACROECONOMIC DATA*

이 연습문제에서 사용하는 데이터를 구하려면 research.stlouisfed.org/fred2에 있는 세인트루이스 연방준비은행의 FRED 데이터베이스를 찾아라.

1. 1956년부터 연간 데이터를 사용해, 다음 변수들의 산포도를 그려 보라.

a. 12월 데이터 간의 차이로 측정한 소비자 물가지수 상승률과 연평균 실업률 (주 : 만약 변환된 자료를 이용하고 싶다면 웹사이트 www. pearsonglobaleditions.com/abel에서 찾을 수 있고 이것을 12월 CPI로 계산하면 된다.)

b. 소비자 물가지수 상승률과 경기적 실업률 (= 실제 실업률 − 자연실업률. www.cbo.gov의 "Budget and Economic Outlook"의 최종버전인 "Budget and Economic Information"에 있음)

c. 전년 대비 소비자 물가지수 상승률과 경기적 실업률

필립스곡선 이론에 기초하여 본인의 결과를 설명하시오.

2. 이 문제는 오쿤의 법칙에 따라 역사적 자료를 이용하며 실업의 가격에 대한 우리의 논의를 연습하는 것이다. 식 (3.5)의 오쿤의 법칙을 기본으로 하여 산출갭을 나타내면 $\frac{\bar{Y} - Y}{\bar{Y}}$이며, 경기적 실업 $u - \bar{u}$ 곱하기 2와 같다. 첫째, CBO의 자연실업률과 실질잠재 GDP를 분기별로 계산하기 위하여 www.cbo.gov/Spreadsheets.html에서 "Key Assumptions in CBO's Projection of Potential Output" 링크를 들어가 자료를 구하고 웹사이트에 NAIRU라고 표시된 실질 자료를 이용한다. 둘째, 실질 GDP를 FRED 데이터베이스에서 1960년부터 분기자료를 구하고 CBO 잠재 산출 자료 시리즈와 계산하여 각 시점에 대한 산출갭을 구한다. 셋째, FRED 데이터베이스에서 1960년부터 실업률에 대한 월 자료를 내려받고 분기평균으로 변환된 자료를 웹사이트 www.pearsonglobaleditions.com/abel에서 구한다. 사용할 자료는 이 분기별 자료와 CBO의 자연율 시리즈를 경기적 실업과 계산한 것이다. 넷째, 세로축의 산출갭과 가로축의 경기적 실업에 대한 그래프를 그린다. 또한 동일한 세트로 구성하여 직선을 그린다. 각 데이터의 점들은 이 선과 가까이 있는가?

3. 1948년 이후 매년 실업자 중 15주 이상 직업이 없었던 사람들의 비율을 계산하라. 비율은 경기순환과 전반적인 실업률과 어떤 연관이 있는가 (표 8.1 참조)? 이런 결과가 경기침체의 비용을 추정하려는 정책결정자에게 어떠한 암시를 주는가?

13

개방경제하에서의 환율과 경기변동 및 거시경제 정책

9~12장은 폐쇄경제를 중심으로 경제를 분석하여 국내경제와 해외경제와의 상호작용을 고려하지 못했다. 당시 대외부문을 고려하지 않은 것은 대외부문이 차지하는 비중이 작았기 때문이 아니라 단순히 분석의 편의를 위해서였다. 국내경제만을 중점적으로 고려할 경우 분석이 매우 간단해지기 때문이다. 그러나 실제로 현실경제는 상호 의존하고 있는 세계경제 시스템 내에 존재하고 있는 것이 사실이다.

거시경제이론에서 국내경제와 세계경제와의 상호 의존성은 두 가지 측면에서 강조된다. 첫째, 재화와 서비스의 국제 간 무역이 제2차 세계대전 이후로 끊임없이 증가하였다. 오늘날 기업은 재화와 서비스를 생산하는 데 있어서 국내시장 및 해외시장을 모두 주시하고 있으며, 멀리 떨어진 국가로부터 많은 원재료를 구입한다. 국제무역이 확대됨에 따라 각국의 기업은 자신이 보유한 물적 및 인적 자원을 좀 더 적절히 활용해 재화와 서비스를 생산할 수 있게 되었고, 이는 생산력 증대에 크게 기여하였다. 또한 무역의 확장으로 국내경제는 다른 나라에서 발생하는 사건에 좀 더 영향을 받게 되었다. 예를 들어, 미국에 대한 일본의 수출이 증가함에 따라 미국의 경기침체나 거시경제 정책의 변화는 일본 경제에 보다 크게 영향을 미치게 된다. 글로벌 금융위기 기간인 2008년 4분기, 미국 GDP는 5%(연간 변화율)나 감소함에 따라 일본의 대미수출이 크게 감소하였는데 이는 일본 GDP를 12%(연간 변화율) 감소시키는 효과를 발휘하였다.

둘째, 금융시장의 세계적 통합이다. 금융시장의 통합은 각국의 차입자나 저축자가 세계에서 가장 낮은 이자율로 차입할 수 있고, 또한 가장 높은 이자율로 투자할 수 있는 기회를 찾게 된다는 것을 의미한다. 세계 금융시장의 통합으로 잉여 자금이 가장 높은 수익률을 제공하는 투자처로 이동하게 됨에 따라 세계의 생산성은 크게 증대됐다. 그러나 무역확대와 마찬가지로 금융시장의 통합 역시 각국의 경제가 대외경제에 좀 더 민감하게 반응하게 하는 역할을 하게 된다. 예를 들어, 국내외 금융시장이 좀 더 밀접하게 관련됨에 따라, 한 국가의 실질환율 조절정책은 다른 국가에서의 실질환율과 경제적 활동에 좀 더 크게 영향을 주게 된다. 2008년 금융위기 기간 중 미국의 실질이자율이 급격히 하락함에 따라 다른 많은 국가의 실질이자율도 역시 하락하는 현상이 나타났다.

13장에서는 무역 및 국가 간 금융거래와 거시경제 정책 간의 연관성을 분석하기 위해 5장의 개방경제이론과 8~11장의 경기순환이론을 활용한다. 특히 경제개방이 재정정책과 통화정책에 영향을 미치는 과정과 거시경제 정책 변경이 교역상대국 경제에 영향을 미치는 과정을 집중적으로 설명한다. 이를 위해 국제경제에서 중심적 역할을 하는 명목환율과 실질환율을 정의하면서 논의를 시작한다.

13.1 환율

환율의 논의는 명목환율과 실질환율의 구분에서 시작된다. 이때 명목환율은 '자국통화 한 단위당 교환되는 외국통화량 간의 비율' 을 의미하며, 실질환율은 '자국재화 한 단위당 교환되는 외국재화량 간의 비율' 을 의미한다.

명목환율

대부분의 국가는 독자적인 통화를 보유하고 있다. 미국의 달러, 일본의 엔, 영국의 파운드, 스위스의 프랑 등은 이미 잘 알려진 각국의 통화이다. [유로를 사용하는 많은 유럽 국가는 여기서 제외된다. 또한 파나마는 미국 달러를 공식적인 통화로 사용하고 있다.] 이때 한 국가의 경제주체가 다른 국가의 경제주체로부터 재화나 서비스, 자산 등을 구입하려 한다면, 이들은 자신이 구입하려고 하는 재화나 서비스 자산 등을 보유하는 국가의 통화가 필요하기 때문에 자국통화를 이들 국가의 통화로 교환하여야 한다.

두 통화 간의 환율은 두 통화 간의 명목환율에 따라 거래된다. 예를 들어, 미국 달러와 일본 엔화 간의 명목환율은 1달러에 90엔이라 하자. 이는 국제적인 통화거래시장인 **외환시장**(foreign exchange market)에서 거래비용을 무시할 때 1달러에 90엔을 구입할 수 있거나, 90엔으로 1달러를 구매할 수 있다는 것을 의미한다. 이렇게 두 통화 간의 **명목환율**(nominal exchange rate) e_{nom}은 자국통화 한 단위당 외국통화를 얼마나 많이 구매할 수 있는가를 의미한다. 때문에 자국

통화로 달러를 사용하는 미국인은 달러와 엔화의 명목환율을 e_{nom} = 90엔/1달러로 표시하게 된다. 명목환율은 단순하게 **환율**(exchange rate)이라 하며, 대체로 실질이나 명목이라는 표현 없이 환율을 언급한다면 명목환율을 의미하게 된다.

달러-엔 환율은 불변하는 것이 아니다. 어느 날에는 1달러가 90엔으로 거래될 수 있고 다음 날에는 92엔으로 상승할 수도, 88엔으로 하락할 수도 있다. 즉, **변동환율제도**(flexible-exchange-rate system) 또는 **유동환율제도**(floating-exchange-rate system)하에서 환율은 공식적으로 고정된 것이 아니라 외환시장에서의 수요와 공급의 변화에 의해 끊임없이 움직인다. 변동환율제도에서 특정 국가의 경제나 정책의 변화는 다양한 통화 간의 수요와 공급에 영향을 끼치는데 이는 "최신자료 및 연구와의 접속 : 환율"에서 논의하기로 한다.

특정 국가 통화의 가치는 항상 변동환율제도에 의해서 결정되는 것은 아니다. 과거 상당 기간 동안 세계 각국들은 **고정환율제도**(fixed-exchange-rate system)를 공식적인 환율제도로 사용했다. 일반적으로 고정환율제도하에서 통화 간 공식적인 교환비율은 중앙은행이 자국통화를 고정된 환율로 구매하고 판매하고자 하는 약속에 의해 보장된다. 예를 들어, 1800년대 후반부터 1900년대 초반까지 사용됐던 금본위제도하에서 각국의 중앙은행은 통화의 가치를 금의 교환비율로 유지하는 데 동의했다. 금본위제도는 제1차 세계대전 동안 중지된 후, 1920년대 후반에 일시적으로 회복됐으나, 1930년대의 경제 및 금융 위기로 인해 붕괴되었다.

고정환율제도의 최근 예로는 브리튼우즈체제(Bretton Woods system)를 들 수 있다. 브리튼우즈체제는 1944년 미국 뉴햄프셔의 브리튼우즈에서 개최된 회담에서 유래된 것이다. 브리튼우즈체제하에서 여러 통화의 가치는 달러로 고정됐으며 미국 달러의 가치는 금 1온스당 35달러로 결정됐다. 이 체제는 1970년 초기까지 적용됐으나, 1970년대 미국의 인플레이션으로 금의 가격이 1온스당 35달러를 초과하여 상승함에 따라 운영이 불가능해지면서 붕괴되기 시작하였다. 브리튼우즈체제 붕괴 이후 고정환율제도는 세계 주요 통화 간 거래에서 사용되지 않았다. 이는 특히 미국의 정책결정자가 달러가치를 고정하는 것을 원하지 않았기 때문이었다.

현재 세계 주요 선진국들이 고정환율제도를 사용하고 있지 않지만, 많은 개방도상국들은 아직까지 고정환율제도를 사용하고 있다. 예를 들어, 아프리카의 일부 국가는 1991년부터 2002년까지 자국의 통화가치를 유로에 고정했다. 아르헨티나도 자신의 화폐 페소(peso)를 달러당 일대일의 비율로 고정하는 시스템을 사용했다. 이렇게 환율을 고정하는 것은 환율변동을 억제해 수출입 가격의 급격한 변동을 줄여 자국 내 통화가치를 유지하기 위해서다.

실질환율

명목환율은 개별 통화의 구매력을 의미하는 것은 아니다. 예를 들어, 미국 달러와 일본 엔화 간 명목환율이 1달러당 90엔이라는 사실은 미국과 일본경제에 대한 별다른 정보를 주지 않는다. 따라서 캔자스의 주민은 1달러를 주면 엔화로 90엔을 받을 수 있다는 사실에 도쿄 생활이 매우 싸다고 생각할 수도 있다. 그러나 일본은 1달러당 90엔의 환율하에 방문하기에는 매우 값비싼 곳이다. 1달러로 많은 엔화를 구입할 수는 있지만 실제로 일본에서 생활하는 데 필요한 재화를 구입하려면 더욱더 많은 양의 엔화가 필요하기 때문이다.

예를 들어, 도쿄와 캔자스시티의 햄버거가격을 비교해 보자. 이때 1달러가 90엔으로 교환된다는 사실을 알고 있다는 것은 별로 도움이 되지 않는다. 또한 캔자스시티의 햄버거가격이 1달러일 때 도쿄의 햄버거가격이 900엔이라면, 두 도시에서 햄버거 가격을 비교할 경우 일본에서 햄버거를 구매할 때 더 많은 달러가 필요하다는 것을 알 수 있다. 즉, 도쿄에서는 햄버거 가격이 900엔이고 90엔이 1달러로 교환되기 때문에 도쿄에서의 햄버거가격은 10달러이기 때문이다. 즉, 엔화로 표시된 일본의 햄버거가격 900엔을 90달러로 나누면 10달러라는 햄버거가격을 얻을 수 있다. 따라서 미국 햄버거가격과 일본 햄버거가격의 비율은 결과적으로 (미국 햄버거 1개당 2달러)/(일본 햄버거 1개당 10달러)는 미국 햄버거 하나당 0.2개의 일본 햄버거가 된다. 즉, 미국 햄버거 1개는 일본 햄버거의 5분의 1에 해당하므로 일본 햄버거가 더 비싸다는 것을 알 수 있다.

이와 유사하게 자국재화와 외국재화 간의 상대가격은 자국재화로 얼마나 많은 외국재화를 교환해 얻을 수 있는가를 의미하는 **실질환율**(real exchange rate)로 정의된다. 위의 햄버거 예시에서 일본 햄버거 0.2개와 미국 햄버거 1개 간의 비율은 실질환율을 나타내는 좋은 예라고 할 수 있다.

일반적으로 실질환율은 양국의 상대가격과 명목환율에 밀접하게 관련되어 있어 아래의 표기로 나타낼 수 있다.

e_{nom} = 명목환율(90엔/1달러)

P_{For} = 외국화폐로 측정된 외국재화의 가격(900엔/일본 햄버거)

P = 국내화폐로 측정된 자국재화의 가격(2달러/미국 햄버거)

실질환율 e는 자국재화(미국 햄버거) 1단위로 교환해 얻을 수 있는 외국재화(일본 햄버거)의 양을 의미한다. 따라서 실질환율의 일반적인 공식은 다음과 같다.

$$e = \frac{e_{\text{nom}}P}{P_{\text{For}}} = \frac{(¥90/\$1)(\$2/\text{미국 햄버거})}{¥900/\text{일본 햄버거}} = \text{미국 햄버거 1개에 대한 일본 햄버거 0.2개} \quad (13.1)$$

각국의 재화 한 단위로 얻을 수 있는 외국재화의 양을 실질환율로 정의할 때, 각 국가는 하나의 재화만을 생산한다고 가정했다. 즉, 프랑스는 와인을 생산하고 사우디아라비아는 오직 원유만을 생산한다면, 프랑스와 사우디아라비아 간의 실질환율은 와인 한 병당 얼마나 많은 원유를 구매할 수 있는가에 따라 결정된다. 그러나 각 국가가 한 개의 재화만 생산한다는 가정은 이론적인 분석을 단순화하기 위해서 설정한 비현실적인 가정이다.[1]

현실적으로 각 국가는 수많은 종류의 재화를 생산하기 때문에 실질환율에서 사용되는 P와 P_{For}는 소비자 물가지수와 같은 물가지수를 의미한다. 이 경우 실질환율은 두 특별한 재화 간 실제로 교환되는 비율을 나타내는 것이 아니다. 대신 한 국가의 전형적인 상품묶음과 다른 국가의 상품묶음 간의 교환비율을 나타낸다. 따라서 실질환율이 상승한다는 것은 평균적으로 자국의 재화와 다른 국가 재화 간 교환비율이 상승한다는, 즉 자국 상품이 평균적으로 더욱 비싸져 간다는 것을 의미한다.

절상과 절하

명목환율 e_{nom}이 하락한다면 1달러로 교환할 수 있는 외국통화의 양이 적어진다. 이는 달러의 **명목절하**(nominal depreciation) 혹은 '달러의 약세'라고 표현된다. 즉, 달러 명목환율 e_{nom}의 상승은 달러의 **명목절상**(nominal appreciation)이 되며, 이는 '달러의 강세'[2]로 표현된다. 절상이나 절하라는 용어는 변동환율제도에서 사용되는 용어다. 고정환율제도에서는 요약표 15와 같이 정부의 정책 변화로 환율이 변동할 경우, 절하 대신에 **평가절하**(devaluation), 절상 대신에 **평가절상**(revaluation)이라 표현한다.

---

1. 개별 국가가 서로 다른 재화를 생산한다는 이 가정은 5장에서 "모든 국가에서 동일 재화를 생산한다"고 설정한 것과 차이를 보인다. 각 국가에서 동일 재화를 생산한다면 실질환율은 항상 '1'이다.

2. 때때로 환율은 외국통화 한 단위당 교환되는 자국통화단위로 정의된다. 영국 파운드와 미국 달러 간의 환율은 종종 이렇게 표시된다(예를 들어, 1.60달러/1파운드). 이 경우 환율의 하락은 평가절상을 의미한다. 환율을 이렇게 정의하는 것은 실제로 일관적으로 사용된다면 별 문제가 없다. 이 절에서 환율을 자국통화당 외국통화의 교환비율로 정의하는 것은, 이렇게 정의하면 환율절상이 환율 상승과 같아져 기억하기 쉬워지기 때문이다.

요약표 15 환율 변화를 의미하는 용어

환율체제	환율 상승 및 통화 강세	환율 하락 및 통화 약세
변동환율제도	절상	절하
고정환율제도	평가절상	평가절하

한편 실질환율 e가 상승하면 **실질절상**(real appreciation)으로 표현되며 이는 동일한 자국재화로 더 많은 외국재화를 교환할 수 있다는 것을 의미한다. 실질환율 e의 상승은 자국재화에 대한 외국재화의 상대가격이 상승하여 발생한 현상이기 때문이다. 실질환율이 떨어진다면, 자국재화의 동일한 양으로 외국재화를 구매할 수 있는 상대적인 양도 감소하는데, 이를 **실질절하**(real depreciation)라 한다.

구매력평가설

명목환율과 실질환율은 어떠한 관계가 있을까? 질문에 대한 가장 단순한 가설은 모든 국가가 동일 재화를 생산하고(또는 동일 재화묶음) 이 재화들이 자유롭게 국가 간 거래된다고 가정하는 경우다. 이때 운송비용을 제외한다면, 각국 재화의 가격은 모두 같아지며 실질환율이 항상 1이 된다. 즉, $e = 1$일 경우, 식 (13.1)은 다음과 같이 표기될 수 있다.

$$P = \frac{P_{\text{For}}}{e_{\text{nom}}} \tag{13.2}$$

식 (13.2)는 외국재화 가격이 자국화폐로 표시되는 비율과, 외국재화의 가격과 자국재화 간의 가격비율이 일치한다는 것을 의미한다. 두 국가에서 개별 상품가격의 비율이나 재화묶음 간 물가비율이 각 통화의 교환비율과 같아진다는 사실을 **구매력평가설**(PPP : purchasing power parity)이라 한다. 식 (13.2)로 표시된 구매력평가설에 따르면 명목환율은 외국물가를 자국물가로 나눈 것을 말하며 다음과 같이 표시된다.

$$e_{\text{nom}} = \frac{P_{\text{For}}}{P}$$

통계분석에 따르면 구매력평가설은 "최신자료 및 연구와의 접속 : 빅맥지수"에 보인 것처럼 장기간에는 성립되나 단기간에는 환율변동을 잘 설명하지 못하는 것으로 나타난다. 단기에 구매력평가설이 잘 성립하지 않는 이유로는 여러 가지가 있다. 예를 들어, 각 개별 국가는 구매력평가설에서 가정한 것처럼 동일 재화가 아닌 매우 다양한 재화묶음이나 서비스를 생산한다. 또한 동일 재화나

최신자료 및 연구와의 접속 IN TOUCH WITH DATA AND RESEARCH

빅맥지수

구매력평가설(PPP)이 성립하면, 서로 다른 국가에서 생산된 유사한 제품의 가격은 같아진다. 이러한 가설에 대해 「The Economist」는 여러 국가의 빅맥가격을 비교하여 발표했다. 이때 빅맥의 달러가격은 2009년 7월 16일의 일부 국가에서 조사됐다.

물론 각국에서 판매되는 빅맥은 다소 차이가 있다. 예를 들어, 이탈리아의 빅맥은 미국이나 캐나다와는 달리 케첩가격 50센트를 추가로 부과한다. 그럼에도 불구하고 각국의 빅맥가격은 대체로 구매력평가설을 지지한다. 즉, 빅맥가격은 중국의 1.83달러에서 스위스의 5.98달러까지 다양하다. 비록 구매력평가설이 완벽하게 성립하지 않는다 해도, 여러 국가에서 빅맥가격은 점차 수렴할 것으로 예상된다. 예를 들어, 빅맥이 상대적으로 비싼 국가의 통화는 그렇지 않은 국가의 통화에 비해 절하될 것이라고 예상되기 때문이다. 이는 영국의 파운드, 유로, 스위스 프랑 등이 달러의 상대가격에 비해 절하되는 것을 의미한다(이 국가에서 빅맥은 매우 비싸기 때문이다). 반대로, 중국의 위안(yuan), 말레이시아의 링깃(ringgit), 러시아의 루블(ruble)화는 절상될 것으로 예상된다.

국가	빅맥 달러가격	국가	빅맥 달러가격
미국	$3.57	일본	3.46
아르헨티나	3.02	말레이시아	1.88
브라질	4.02	멕시코	2.39
캐나다	3.35	러시아	2.04
중국	1.83	한국	2.59
유로화 지역	4.62	스위스	5.98
영국	3.69		

서비스를 생산한다고 할지라도, 이들은 국제적으로 거래되지 않을 수 있다. 마지막으로 운송비용과 무역장벽 역시 다른 국가 간 재화나 서비스의 가격이 균일하게 거래가 이뤄지는 것을 막는 요인이 된다.

실질환율과 명목환율의 관계를 알아보기 위해 식 (13.1)의 실질환율식 $e = e_{nom}P/P_{For}$를 사용한다. 이를 위해 실질환율의 변화비율(백분율)인 $\Delta e/e$를 분석해 본다. 즉, 실질환율은 분자와 분모 간 비율로 표현되므로 실질환율의 변화율을 분자의 변화율에다 분모의 변화율을 나눈 것으로 나타내기 때문이다.[3] 실질

3. 부록 A.7절에서 곱하기와 나누기로 구성되는 지수의 성장률 계산방법을 알려 준다.

4. XY의 변화분은 X의 변화분 더하기 Y의 변화분과 같다. 부록 A.7절을 참조하라.

환율의 정의식에서 분자의 변화율[4]은 $\Delta e_{nom}/e_{nom} + \Delta P/P$이며, 분모의 변화율은 $\Delta P_{For}/P_{For}$이다. 따라서 실질환율의 변화율은 아래 식처럼 표시할 수 있다.

$$\frac{\Delta e}{e} = \frac{\Delta e_{nom}}{e_{nom}} + \frac{\Delta P}{P} - \frac{\Delta P_{For}}{P_{For}}$$

이때 $\Delta P/P$는 자국물가의 변화율로 자국의 인플레이션율 π와 같다. 외국물가의 변화율인 $\Delta P_{For}/P_{For}$는 외국의 인플레이션율인 π_{For}과 같아지므로 이 식은 다음과 같이 표기할 수 있다.

$$\frac{\Delta e_{nom}}{e_{nom}} = \frac{\Delta e}{e} + \pi_{For} - \pi \qquad (13.3)$$

식 (13.3)은 항상 성립하는 정의식이 된다. 이는 명목환율 $\Delta e_{nom}/e_{nom}$의 변화율은 실질환율의 변화율 $\Delta e/e$에 외국 인플레이션율과 자국 인플레이션율의 차이($\pi_{For} - \pi$)를 더한 것과 같다. 이에 따라 자국 통화가치의 상승을 의미하는 명목절상은 다음의 두 가지 요소에 기인한다. 첫째, 이 국가 상품에 대한 해외수요가 증가해 수출품의 상대가격이 상승하는 경우다. 둘째, 이 국가의 인플레이션율 π가 무역상대국의 인플레이션율 π_{For}보다 낮아지는 경우다.

식 (13.3)에서 실질환율이 변하지 않는 경우 다음과 같은 상대구매력평가설이 성립한다.

$$\frac{\Delta e_{nom}}{e_{nom}} = \pi_{For} - \pi$$

상대구매력평가설(relative purchasing power parity)에 따르면 명목환율의 변화율은 외국 인플레이션율에서 자국 인플레이션율을 뺀 것과 같다. 상대구매력평가설은 국가 간 상대적인 인플레이션율의 차이가 실질환율 변화율보다 매우 크게 나타나는 국가, 즉 인플레이션율이 높은 국가에 잘 적용된다.

실질환율과 순수출

실질환율은 다음과 같은 이유로 거시경제분석이나 정책수립에서 매우 중요한 변수가 된다. 첫째, 실질환율이 국내재화와 서비스가 생산되어 해외로 거래될 때의 교환비율을 나타내기 때문이다. 실질환율[**교역조건**(terms of trade)이라고도 한다]이 상승하면 주어진 국내생산량으로 과거에 비해 더 많은 외국의 재화와 서비스를 교환할 수 있게 된다.

둘째, 실질환율은 수출에서 수입을 제한 순수출에 영향을 준다. 순수출의 변화는 수출품을 생산하거나 국내시장에서 수입품과 경쟁하는 국내산업에 영향을 준다. 더욱이 순수출의 변화는 거시경제 전체의 결정에 영향을 끼치고, 경기순환을 유발하는 충격과 국내 거시경제 정책의 변화가 타 국가로 전파되는 중요한 채널이 된다.

실질환율과 순수출은 어떠한 관계를 갖는가? 특정 재화나 서비스 수요를 결정하는 가장 기초적인 요소(예를 들어, 커피나 택시요금 등)는 이들 재화와 서비스 간의 상대가격이다. 커피가격이 지나치게 높다면 소비자는 커피 대신 차를 마실 것이다. 택시요금이 오르면 많은 소비자는 버스를 탈 것이다. 이와 유사하게 국내재화와 외국재화와의 상대가격을 나타내는 실질환율은 자국과 외국의 시장 안에서 소비자들이 국내재화의 수요를 결정하는 요인이 된다.

예를 들어, 실질환율이 높은 경우를 가정하자. 이 경우 국내재화 1단위당 비교적 많은 단위의 외국재화를 구매할 수 있다. 예를 들어, 국내에서 생산된 자동차의 가격이 국내통화로 표시된 외제 자동차가격의 2배인 경우, 국내수요자는 훨씬 저렴한 외제 자동차를 구매하게 될 것이고, 자동차의 수입수요는 증가할 것이다. 반대로 외제 자동차 수요자는 국내산 자동차가 그들의 자동차보다 더 비싸다는 것을 알게 된다면 국내산 자동차의 구입을 원하지 않을 것이다. 따라서 많은 자동차가 수입됨에 따라 국내의 자동차 순수출은 감소하게 되고, 궁극적으로 순수출은 적자를 기록할 것이다.

반대로, 실질환율이 매우 낮은 경우를 가정해 보자. 예를 들어, 자국에서 생산된 자동차의 가격이, 기타 조건이 모두 일정할 때 외국에서 생산된 자동차 가격의 절반이라고 하자. 이 경우 기업은 많은 양의 자동차를 수출하고 매우 적은 양의 자동차를 수입하게 되어 순수출은 늘어나게 된다.

일반적으로 수출과 수입에 영향을 주는 조건이 일정하다면 실질환율이 상승할 때 국내 순수출이 감소하게 된다. 이러한 수출과 수입의 반대요소들은 수요에 영향을 끼친다. 이는 커피나 택시요금의 가격이 상승하면, 커피수요나 택시승차자가 줄어드는 것과 같은 이유다. 실질환율은 재화와 서비스의 상대가격이므로, 실질환율이 상승할 경우 해외수요자와 국내수요자가 자국제품의 수요를 줄이고 해외제품의 수요를 늘리기 때문에, 자국제품의 생산이 감소하고 외국제품의 생산이 증가하므로 순수출이 감소한다.

J 곡선 기타 요인이 일정할 때 실질환율의 상승이 순수출을 감소시킨다는 결론은 일반적으로 타당하다. 그러나 이는 단기적으로는 상대가격의 변화에 수출업자와 수입업자가 얼마나 빨리 적응하느냐에 따라 그 효과가 다르게 나타날 수 있다.

이를 이해하기 위해서 주요 수입품인 원유가격이 갑자기 가파르게 상승하는

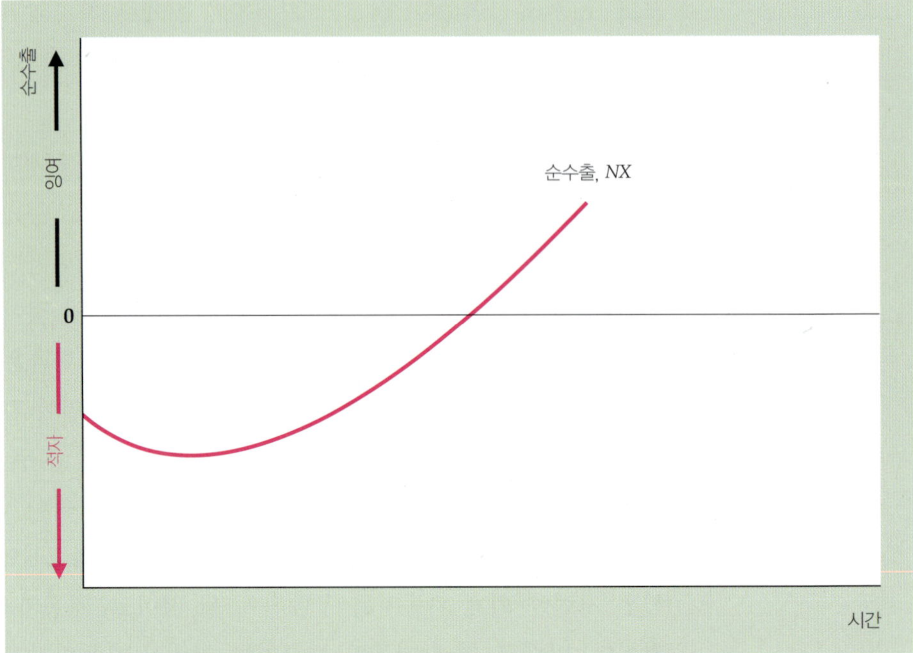

그림 13.1

J 곡선

J 곡선은 실질환율이 절하될 때 순수출의 움직임을 의미한다. 실질환율이 절하된 직후 순수출은 음의 값을 갖는다. 단기적으로 실질환율이 감소하면 수입의 실질가격이 상승해 순수출이 더욱 감소한다. 그러나 시간이 지나면서 수출이 증가하고, 수입 가격 상승분보다 수입량이 더욱 크게 감소해 순수출은 증가세로 전환한다. 결국 순수출은 최초수준보다 증가하게 된다.

경우를 고려해 보자. 먼저 자국생산품으로 국제시장에서 원유를 조금밖에 구매할 수 없다면 그 국가의 실질환율은 하락한다. 그리고 장기적으로 이러한 실질환율의 하락은 해당 국가의 순수출을 증가시키게 된다. 높은 원유가격은 내국인의 원유수입을 줄이고, 자국상품의 상대가격 하락을 유발하였기 때문에 수출을 증가시킨다. 예를 들어, 원유생산국가로 수출이 증가하게 된다. 그러나 단기에는 기존의 원유를 다른 연료로 대체해 사용하기가 어렵기 때문에 원유의 수입이 크게 감소하지는 않는다. 그러나 원유의 배럴당 실제 가격은 상승했기 때문에 수입은 계속 증가하게 된다. 이와 같이 환율하락은 단기적으로 순수출을 상승시키기보다는 감소시키며, 처음에 제시했던 이론의 결론과 반대로 나타날 수 있다(이 장 마지막의 계산문제 2번에서 실질절하가 어떻게 순수출 저하의 원인이 되는지를 살펴본다).

그림 13.1은 전형적으로 특정 국가의 순수출에 실질환율 상승이 어떻게 반응하는지를 보여준다. 그래프의 처음 부분은 실질환율이 절하되어 순수출이 감소하는 것을 나타낸다. 즉, 단기에는 실질환율이 절하될 때 순수출이 증가하기보다는 감소한다. 이는 실질환율 절하 시 수입품에 대해 더 많은 국내재화를 지불해야 하기 때문이다. 시간이 지남에 따라 실질환율의 하락은 수출 증가와 수입 감소로 연결되어 순수출을 증가시키게 된다. 실질환율 절하로 인한 순수출의 전형적인 반응곡선을 **J 곡선**(J curve)이라고 하는데, 이는 순수출의 그래프가 시간

에 따라 J자의 형태로 나타나기 때문이다.

따라서 이 장에서의 분석은 기타 조건이 일정할 때, 장기간에 나타나는 현상을 나타낸다. 실질환율의 절하로 순수출이 증가하고 실질환율의 절상으로 순수출이 감소한다는 가설이 비록 단기에는 유효하지 않더라도, 장기에는 잘 적용된다.

응용 APPLICATION

달러 가치와 미국의 순수출

1970년대 초기, 세계 주요 선진국은 자국의 환율제도를 고정환율제도에서 변동환율제도로 변경하였다. 그림 13.2는 1973년 이후 미국의 실질환율(달러의 실제 가치)과 미국의 순수출을 보여준다. 미국 재화의 상대가격인 미국의 실질환율은 미국의 순수출과 반대방향으로 움직인다. 실질환율의 변화는 순수출 변동의 중요 원인이기 때문이다.

실질환율과 순수출이 반대방향으로 움직인다는 명백한 증거는 1980년대 초반에 발생했다. 1980~1985년, 달러의 실질가치는 50% 이상 상승했고 이는 미국의 순수출을 크게 감소시키는 원인이 됐다. 당시 미국의 많은 기업은 달러강세에 강한 불만을 표시했다. 외국시장에서 그들이 생산한 상품가격은 상승했고, 미국 내 수입상품이 저렴해졌기 때문에 국내판매 역시 감소됐다.

미국 달러의 실질가치는 1985년 3월 최고조에 달한 후에 3년 동안 급격하게 하락했다. 이러한 가파른 하락에도 불구하고, 미국의 순수출은 1987년까지 연속적으로 감소한 뒤에야 겨우 상승하기 시작했다. 2년 반 동안 미국의 순수출은 급격한 달러 절하에도 불구하고 감소세를 유지한 것이다. 따라서 당시 정부의 정책입안자는 실질환율 절하가 순수출을 증가시킬 것이라는 경제학자의 주장을 의심하기 시작했다. 경제학자들은 초기 이것이 J 곡선 때문이라고 대답했으나, 수년간 이러한 현상이 지속되고 난 1987년, 순수출이 향후 증가할 것이라는 이론에 의구심을 갖게 됐다. 그러나 마침내 미국의 순수출은 회복되기 시작했고 이 이론은 적합한 것으로 나타났다.

이렇게 환율 절하에 따른 순수출의 개선효과가 오랜 시간 후 나타나는 이유는 무엇인가? 이에 대한 한 가지 설명은 미국의 기업들이 1980년대 중반 미국 달러의 강세기간 동안 많은 외국고객을 잃었기 때문이라는 것이다. 즉, 미국 기업이 해외 수요자를 일단 놓친 후 새로운 고객을 다시 확보하기가 어려웠으며, 달러 강세 동안 미국 내 수출업자들은 생산능력이 감소하여 외국으로부터의 판매 요구에 거절하는 사태까지 발생했다. 이와 유사하게 달러의 강세는 외국의 생산자에게 미국 내에서보다 많은 생산품을 판매해 미국 내 시장을 잠식할 수 있는 기회를 제공했다. 이때 만들어진 판매망으로 이 기업들이 미국 내 수요자와 긴밀한 관계를 가짐에 따라 1985년 미국 달러가

그림 13.2

미국의 순수출/GDP 비율과 실질환율(1973~2009)

1973년 1/4분기부터 2009년 2/4분기까지 미국의 순수출/GDP 비율과 실질환율을 그림으로 나타냈다. 이때 순수출/GDP 비율은 왼쪽 수직축에, 실질환율은 오른쪽 수평축에 측정했다. 1980년대 전반 미국의 실질환율이 급격하게 상승하면서 순수출이 크게 감소했다. 반면, 1985년 이후 실질환율이 크게 절하됐지만 순수출은 회복되지 못했다. 이는 대체로 J 곡선 현상에 기인한 것으로 판단된다.

출처 : 실질환율—U.S. real broad dollar index, 연방준비제도이사회, www.federalreserve.gov; 순수출/GDP 비율—세인트루이스 연방준비은행의 FRED 데이터베이스, research.stlouisfed.org/fred2, series NETEXP와 GDP.

약해지기 이전보다 훨씬 강한 힘을 갖게 됐다. 수년간에 걸친 달러 강세로 외국기업은 미국 시장에 강력히 침투했고 미국 회사의 외국시장에 판매하는 능력은 감소된 것이다. 이를 경제학에서는 '교두보효과(beachhead effect)'[5]라고 한다.

미국의 실질환율과 순수출 간의 음의 상관관계는 1997~2001년 미국 달러의 강세와 순수출의 급격한 저하현상으로 다시 한 번 나타난다. 이때 순수출의 감소는 달러가치의 상승에 기인한 것이다. 그러나 당시에는 미국의 주요 무역상 대국의 불황과 낮은 경제성장 또한 영향을 준 것으로 평가된다. 당시 해외국가는 소득이 정체된 것이 미국 수출품에 대한 수요 감소의 원인이 됐기 때문이다. 이렇게 수출과 수입에 대한 국민소득의 효과는 다음 절에서 논의한다.

한편, 미달러의 가치는 2002년 초 정상에 도달한 뒤, 다음 6년 동안 약세를 보여주였다. 반면 순수출/GDP 비율은 이후 수년이 지난 2006년에 이르러서야 비로소 상승하기 시작하였다. 2008년 금융위기가 도래하면서 각국의 투자가들이 안정성에 입각하여 달러자산 매입을 추진하면서 미달러는 강세로 전환하기 시작하였다. 동시에 미국의 소득감소로 미국의 수입이 급격히 줄어듦에 따라—이것은 미국의 수출이 급격하게 줄어드는 효과보다 크게 됨에 따라—미국의 순수출은 증가하게 되었다.

5. 교두보효과에 대한 다음 논문을 참조하라. Richard E. Baldwin, "Hysteresis in Import Prices: The Beachhead Effect," *American Economic Review*, September 1988, pp. 773-785.

13.2 환율의 결정 : 수요-공급 분석

변동환율제도하에서 환율은 끊임없이 변동한다. 고정환율제도하에서 환율은 장기간 고정되어 있거나, 때에 따라 큰 폭으로 평가절하되거나 평가절상된다. 이렇게 환율이 상승하거나 하락하는 이유는 무엇일까? 이 절에서는 수요-공급 이론을 바탕으로 변동환율제도에서의 환율 변동을 분석한다(고정환율제도는 13.5절에서 설명한다).

분석의 편리성을 위해 수요-공급 분석은 실질환율보다는 명목환율에 초점을 맞춘다. 그러나 앞의 식 (13.1)에서 볼 수 있듯이 국내가격 및 외국가격이 일정할 경우 실질환율과 명목환율은 비례한다. 따라서 이 절에서는 가격수준이 불변이라고 가정하고, 명목환율에 대한 모든 결론을 실질환율에도 적용한다.

명목환율 e_{nom}은 통화의 가치로, 특히 미국에서는 미국 달러의 가치를 의미한다. 이때 달러의 가치는 다른 자산의 시장에서와 같이 관련시장의 수요와 공급에 따라 결정된다. 달러에 있어 관련시장은 은행과 통화거래자(currency trader)가 지속적으로 거래하는 외환시장이 된다.

그림 13.3은 외환시장에서 달러의 수요와 공급을 보여준다. 수평축은 달러의 양적인 수요와 공급을 나타내며, 수직축은 다른 통화에 대한 달러의 가치 또는 명목환율 e_{nom}을 나타낸다. 달러의 공급곡선 S는 외환시장에서 외환시장참여자

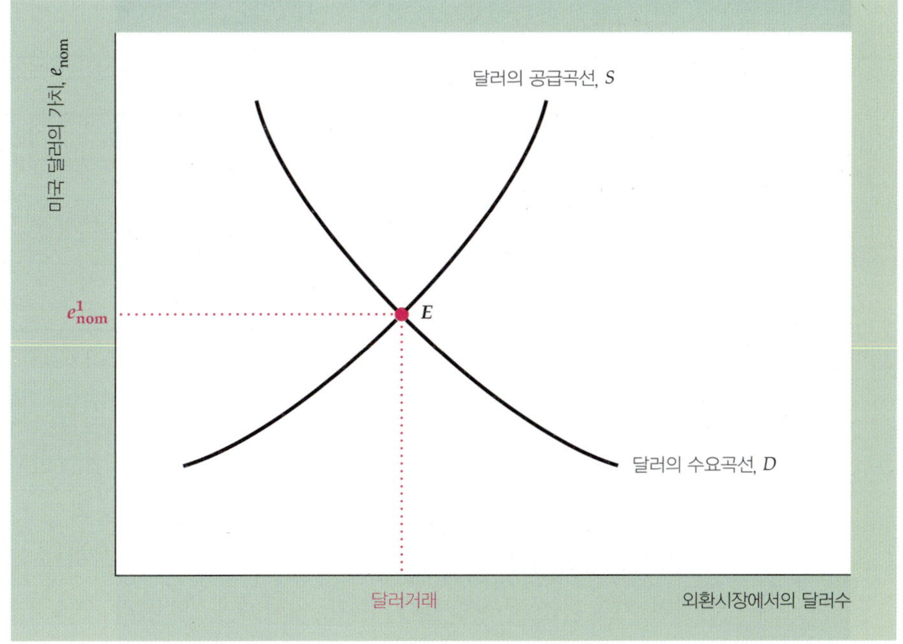

그림 13.3

달러의 공급과 수요

외환시장에서 외환 공급과 수요에 따라 달러의 가치가 결정되는 것을 보여준다. 달러의 공급곡선(S)은 외환시장참여자가 판매하려 하는 달러의 양을 보여준다. 달러의 수요곡선(D)은 시장참여자가 구매하기 원하는 달러의 양을 보여준다. 균형점 E에서 달러의 공급과 수요의 양이 같아지며, 균형 달러의 가치는 e^1_{nom}이 된다.

최신자료 및 연구와의 접속 *IN TOUCH WITH DATA AND RESEARCH*

환율

환율은 여러 국가의 통화가 거래되는 외환시장에서 결정된다. 주요 외환시장은 뉴욕, 런던, 도쿄 등의 각기 다른 금융센터에 위치하고 있다. 외환시장은 세계 각지에 흩어져 있어 하루 중 어떤 시간이라도 적어도 하나 이상의 시장은 열려 있으며 따라서 모든 시간 동안 외환시장에서 통화가 거래된다.

주요 통화 간 환율은 종종 신문, 라디오, 텔레비전이나 금융신문에 실려서 보도된다. 아래에 제시된 환율표는 2009년 8월 21일 자 「Wall Street Journal」에 보도된 것이며, 2009년 8월 20일 자의 거래를 반영하고 있다.

이는 현물(spot)거래 시세와 선물환(forward)거래의 시세로 미국 달러에 대한 외환의 단위를 나타낸다. 예를 들어, 영국에 대한 현물환율은 0.6057로, 시장참여자는 2009년 8월 20일 1달러를 사기 위해 0.6057파운드를 지불했다는 것을 의미한다.

선물환 환율은 미래의 명기된 날짜에 사고팔 외환의 가격을 현시점에서 미리 약정하는 거래이다. 예를 들어, 아래 표는 2009년 8월 20일 시장참여자가 일본 엔화를 30일 뒤에 1달러당 94.18엔의 환율로 사거나 팔기로 약정하는 것을 의미한다. 아래 표의 네 개 환율을 보면 30일 뒤의 선물환거래가 현물거래보다 낮아지고, 90일 뒤의 선물환거래 환율보다 180일 뒤의 선물환 환율이 낮아지는 것을 알 수 있다. 이렇게 선물환 환율이 하락하는 것은 2009년 8월 20일 외환시장참여자들이 달러가치가 다른 국가의 통화와 관련해 앞으로 6개월 동안은 하락할 것을 예상한다는 것을 의미한다. 미국 달러와 영국 파운드화의 관계에 있어 현물환율이 모든 선물환율과 동일한 것을 인지하면, 외환시장 참여자들은 환율이 명목적으로 안정적이라는 것을 믿을 것이다.

달러 대비 환율

국가	현물거래	30일 선물	90일 선물	180일 선물
영국(파운드 대 미국 달러)	0.6057	0.6057	0.6057	0.6057
캐나다(캐나다 달러 대 미국 달러)	1.0877	1.0877	1.0875	1.0875
스위스(스위스 프랑 대 미국 달러)	1.0628	1.0625	1.0618	1.0606
일본(엔 대 미국 달러)	94.20	94.18	94.14	94.05

의 달러공급량을 보여준다. 외환시장에서 달러를 공급한다는 것은 다른 국가의 통화와 달러를 거래한다는 것을 의미한다. 다른 통화에 비해 달러의 가치가 높다면, 외환시장 참여자는 시장에서 달러를 팔려고 하게 된다. 따라서 공급곡선의 기울기는 우상향한다. 이와 유사하게, 달러의 수요곡선 D는 외환시장에서 각 환율에 대해 사람들이 구매하기를 원하는 달러의 양을 보여준다. 다른 통화

에 비해 달러가 매우 비싸진다면, 사람들의 달러수요는 감소하기 때문에 수요곡선의 기울기는 우하향한다. 달러가치의 균형점 E는 달러의 수요와 공급이 일치하는 e^{1}_{nom}점이다.

그림 13.3은 달러나 다른 통화의 가치가 결정되는 요인을 설명하고 있다. 미국 달러의 수요는 일반적인 재화와 서비스인 사과나 이발서비스와는 다르게 나타난다. 즉, 경제주체가 달러 그 자체가 갖고 있는 고유한 가치 때문에 달러를 필요로 하는 것이 아니기 때문이다. 오히려 사람들은 미국 달러로 무엇을 살 수 있는가를 고려하는 과정에서 달러가치를 평가하게 된다. 외환시장에서 해외기업이나 소비자는 다음의 두 가지 이유로 달러를 필요로 한다.

1. 미국의 상품이나 서비스의 구입(미국의 수출)
2. 미국의 실물이나 금융자산의 구입(미국으로의 자본 유입)

외국인이 미국의 수출품이나 자산을 구입하기 위해 필요로 하는 이 두 종류의 거래는 미국 국제수지계정의 가장 중요한 항목인 경상계정과 자본계정을 구성한다.[6]

같은 이유로 미국인 역시 외환시장에서 달러를 공급하고 외국통화를 필요로 한다.

1. 외국상품과 서비스를 구입(미국의 수입)
2. 외국의 실물 또는 금융자산을 구입(미국으로부터의 자본 유출)

미국의 수출과 자산에 대한 해외수요가 증가하면 외환시장에서 달러수요가 증가하고, 미국 달러 환율 역시 상승한다. 마찬가지로 미국인이 외국상품이나 자산에 대한 수요를 줄인다면 외환시장에서 달러가 적게 공급되므로 미국 달러의 가치가 상승하게 된다.

예를 들어, 미국 상품의 품질이 향상된다면 외국인의 미국 상품에 대한 수요는 증가하게 된다. 이러한 미국 수출품에 대한 수요 증가는 달러에 대한 수요 증가로 해석할 수 있다. 이 경우 그림 13.4에서처럼 달러의 수요가 D^1에서 D^2로, 오른쪽으로 이동하고 균형 달러가치는 e^{1}_{nom}에서 e^{2}_{nom}로 상승한다. 결국 여타

6. 경상계정과 금융계정은 5장에서 논의했다. 13장에서는 국제수지의 나머지 계정인 자본계정이 너무도 작기 때문에 없다고 가정한다. 외국인이 미국의 재화나 자산을 구매하기 위해서 달러를 보유한다고 정의하는 것은 정확한 표현이 아니다. 미국과 기타 국가 간의 많은 거래는 달러의 교환 없이도 이뤄지기 때문이다. 그럼에도 불구하고 이렇게 간단하게 가정하는 것은 이것이 향후 복잡한 환율 결정 이론을 쉽게 해석하게 해 주기 때문이다.

그림 13.4

수출품 품질의 향상 효과

미국수출품의 품질이 향상되면, 미국의 재화에 대한 해외 수요가 증가하고, 미국 달러에 대한 수요가 늘어난다. 외환시장에서 달러의 수요는 D^1에서 D^2로 이동하고, 달러가치(명목 환율)는 e^1_{nom}에서 e^2_{nom}로 상승한다.

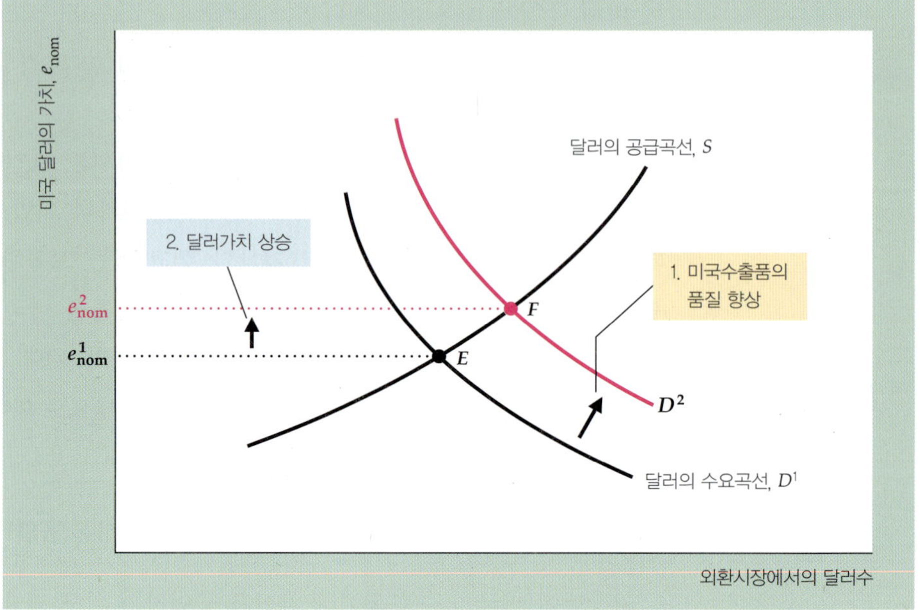

조건이 일정할 경우, 미국 재화의 품질 향상은 달러의 절상을 유발한다.[7]

환율의 거시경제적 결정요인과 순수출

앞에서의 *IS-LM* 분석은 거시경제변수인 실질생산(소득) *Y*와 실질이자율 *r* 간의 관계를 분석한 것이다. 13.3절에서는 개방경제에서의 *IS-LM* 모형을 통해 국내외 실질생산과 실질이자율의 변동이 어떻게 환율과 연결되어 있으며, 순수출에 어떠한 영향을 미치는가를 설명한다. 이때 분석의 편의를 위해 국내와 외국의 물가는 불변이며, 명목환율과 실질환율이 같다고 가정한다.

산출량(소득) 변화의 효과 기타 요소는 변화하지 않을 때 국내생산 혹은 국내소득 *Y*가 증가한다고 가정하자. 이때 환율과 순수출은 어떻게 변화할 것인가?

이것이 순수출에 미치는 효과를 찾아내는 것은 어렵지 않다. 소비는 현재 소비자의 소득에 의존하기 때문에 자국의 소득이 증가하면, 소비자는 수입을 포함한 모든 상품과 서비스의 소비를 늘릴 것이다. 따라서 국내생산(소득)이 증가하면, 기타 요소가 일정할 때 순수출(수출 − 수입)은 감소하게 된다.[8]

7. 미국 제품의 품질 향상은 내국인의 외국제품 수요를 국내제품 수요로 대체해 미국 수입을 감소시키는 효과를 유발한다. 이는 외환시장에서 달러의 공급을 감소시켜, 달러의 공급곡선을 왼쪽으로 이동시킨다.

8. 산출량이 상승하면 순수출이 감소한다는 결론은, 5장에서 공급 충격에서 산출량이 증가하면 순수출이 증가한다고 설명한 결론과는 모순인 것처럼 보인다. 그러나 여기서는 공급량이 고정된 것이라고 가정한 것이고, 5장에서는 공급 충격으로 생산량이 증가한 것이기 때문에 서로 모순된 것이 아니다. 이 장 마지막의 분석문제 4번을 참조하라.

한편, 수입이 증가하게 됨에 따라 내국인은 외환이 좀 더 필요해지므로 외환시장에서 국내통화를 더 많이 공급하게 된다. 그리고 이러한 자국통화의 공급 증가는 통화의 가치 하락을 유발해 환율을 절하시킨다.

이때 또한 무역상대국인 외국의 생산 또는 소득 Y_{For}가 생산의 상승에 대한 효과를 분석할 수 있다. Y_{For}의 증가는 외국 전반적인 소비자의 재화나 용역의 수요를 증가시키기 때문에 국내수출품 수요 역시 증가시키게 된다. 예를 들어, 독일이나 일본의 소득이 상승하게 되면 이 국가에서 미국수출품의 수요가 증가하기 때문에 미국의 순수출은 증가한다. 미국 상품에 대한 해외수요의 상승은 또한 미국 달러의 수요로 연결되어 달러가치 역시 상승한다. 이처럼 외국소득의 변화는 국내소득 변화와 정반대 효과를 일으키게 된다.

실질이자율의 변화 효과 거시경제변수의 두 번째 요소인 실질이자율이 환율에 미치는 효과를 고려하기 위해, 기타 요소가 불변일 때[9] 국내실질 이자율 r이 상승하는 경우를 가정하자. 이 경우 국내 실물이나 금융자산은 국내외에서 고수익을 찾는 투자자에게 매우 매력적인 상품이 된다. 국내의 통화가 국내자산을 구매하는 데 사용된다면, 국내실질이자율의 상승은 외환시장에서 국내통화공급을 감소시키고 수요를 증가시키게 된다. 따라서 환율은 절상하게 된다.

국내실질이자율 r의 상승은 순수출에 직접적인 영향을 주지는 못하지만, 환율을 통해 간접적인 영향을 준다. 즉, r의 상승은 환율의 상승을 통해 국내수출상품의 가격을 인상시키므로 수입품의 상대가격을 낮추게 된다. 이처럼 기타 요소가 불변일 때 r의 상승은 자국의 순수출을 감소시킨다.

해외실질이자율 r_{For}의 변화 효과는 국내실질이자율의 변화 효과와 반대로 나타난다. 예를 들어, 외국의 실질이자율이 상승한다면, 외국의 각종 자산은 국내나 외국의 투자자에게 더욱 매력적인 투자처가 될 것이다. 따라서 국내외 투자자는 해외자산을 구매하기 위해 외환시장에서 자국의 통화를 공급하고 외환을 구입한다. 또는 같은 이유로 외국의 투자자는 자국통화를 적게 수요하게 되므로 결국 국내통화의 공급 증가와 수요 감소는 환율의 절하로 나타나게 된다. 이러한 환율의 절하는 r_{For}의 상승에 의해 유발된 것으로 자국의 국내순수출을 상승시킨다.

---

9. 외국의 실질이자율이 불변이라고 가정한 것은 5장에서처럼 국내와 외국이 모두 같은 세계실질이자율을 직면한다는 것은 아니다. 일반적으로, 서로 다른 상품을 생산하는 국가의 실질이자율은 서로 같지 않다. 이는 각국의 실질이자율이 서로 다른 단위로 측정되기 때문이다. 예를 들어, 일본의 실질이자율은 일본 자산의 일본 상품에 대한 구매력의 증가율로 측정되며, 독일의 실질이자율은 독일자산의 독일 상품에 대한 구매력으로 측정된다. 만약 일본과 독일의 실질환율이 변화한다면, 두 실질이자율은 일치하지 않을 수도 있다.

요약표 16 실질 또는 명목 환율의 결정요소

변화 요인	환율 변동	이유
국내생산(소득), Y	하락	국내생산 증가로 수입수요가 증가하면, 자국통화의 공급이 증가한다.
해외생산, Y_{For}	상승	해외생산 증가로 수출수요가 증가하면, 자국통화의 수요가 증가한다.
국내실질이자율, r	상승	국내실질이자율 상승은 국내자산에 대한 투자 유인을 제공해 자국통화수요를 증가시키고 공급을 감소시킨다.
해외실질이자율, r_{For}	하락	해외실질이자율 상승은 해외자산에 대한 투자 유인을 제공해 자국통화에 대한 공급을 증가시키고 수요를 감소시킨다.
국내상품의 세계수요	상승	국내재화에 대한 높은 세계 수요는 자국통화의 수요를 증가시킨다.

요약표 17 순수출의 결정요소

변화 요인	순수출 변화	이유
국내생산(소득), Y	감소	국내생산 증가는 수입수요를 증가시킨다.
해외생산, Y_{For}	증가	해외생산 증가는 수출수요를 증가시킨다.
국내실질이자율, r	하락	국내실질이자율 상승은 실질환율을 절상시키고 해외상품에 비해 상대적으로 국내재화를 비싸게 만든다.
해외실질이자율, r_{For}	상승	해외실질이자율 상승은 실질환율을 절하시켜 국내재화를 해외재화에 비해 상대적으로 저렴하게 만든다.
자국상품의 세계수요	증가	국내재화에 대한 수요 증가는 직접적으로 순수출을 증가시킨다.

요약표 16과 17은 여러 거시경제변수의 변동에 따른 환율과 순수출 효과를 보여준다.

13.3 개방경제에서의 *IS-LM* 모형

이 절에서는 환율과 국제무역 간의 상호관계와 이와 관련된 경제활동을 살펴본다. 이를 위해 국가 간의 무역이나 금융거래를 포함하도록 기존의 *IS-LM* 모형을 확장한다. 이에 대한 수학적 방법론은 부록 13.B에 제시했다. 이 절에서는 실질이자율에 초점을 두고 실질환율이 재화와 자산의 이동에 어떻게 영향을 주는가를 알아보기 위해 *AD-AS* 그래프보다는 *IS-LM* 그래프를 사용하도록 한다.

IS-LM 모형은 재화용역시장의 균형을 나타내는 *IS* 곡선과 금융시장의 균형을 나타내는 *LM* 곡선 및 노동시장의 균형을 나타내는 *FE*선으로 구성된다. 이 장에서 대외부문의 도입은 국내자산시장에서의 자금 수요나 공급에 영향을 주

지 않는다. 따라서 개방경제 *IS-LM* 모형은 폐쇄경제에서 사용하는 *LM* 곡선을 그대로 사용한다. 마찬가지로 노동시장과 생산함수 역시 대외요인에 직접적으로 영향받지 않기 때문에 폐쇄경제모형의 *FE*선을 그대로 사용한다.[10]

그러나 순수출은 총수요를 구성하기 때문에, 개방경제에서의 *IS* 곡선은 앞에서 설명한 순수출 결정요인을 포함해야 한다. 개방경제의 *IS* 곡선이 고려할 점은 다음과 같다.

1. 개방경제에서의 *IS* 곡선과 폐쇄경제에서의 *IS* 곡선은 다소 차이를 보일 수는 있다. 그러나 생산과 실질이자율 사이의 기울기는 폐쇄경제 내의 *IS* 곡선과 같게 우하향한다.
2. 폐쇄경제에서 *IS* 곡선을 이동시키는 요인은 개방경제에서도 *IS* 곡선을 같은 방향으로 이동시킨다.
3. 개방경제에서 순수출을 변화시키는 요인은 *IS* 곡선을 이동시킨다. 특히 국내생산과 국내실질이자율이 주어질 경우, 순수출의 증가는 개방경제 *IS* 곡선을 우측 이동시킨다. 반대로 순수출의 감소는 *IS* 곡선을 좌측 이동시킨다.

이제 위에서 설명한 세 가지 고려사항을 개별적으로 논의한 후, 개방경제에서의 *IS-LM* 모형을 사용해 한 국가의 경기변동과 거시경제 정책의 변화가 국제적으로 전파되는 과정을 분석한다.

개방경제에서의 *IS* 곡선

IS 곡선은 각 생산수준에서 재화시장의 균형을 가져오는 실질이자율과 생산의 배합을 의미한다. 폐쇄경제에서 상품시장 균형의 조건은 국내저축 S^d 및 투자 I^d와 일치해 $S^d - I^d = 0$이 성립하는 것이다. 그러나 5장에서 살펴봤듯이 개방경제에서의 재화시장 균형조건은 저축 S^d에서 투자 I^d를 제한 것이 순수출 NX와 같아지는 것이다. 개방경제를 위한 재화시장의 균형조건은 다음 식으로 표현된다.

$$S^d - I^d = NX \tag{13.4}$$

이때 $S^d - I^d$, 즉 국내투자를 초과하는 국내저축은 내국인이 해외로 빌려주려는 금액으로 순수출이 된다. 이 순수출은 순요소지급과 이전수지가 0이라면 경상수지와 같아진다. 순수출은 외국인이 국내투자자로부터 차입하기를 원하는

10. 대외부문 도입으로 *FE*선이 변하는 경우는 석유와 같이 매우 중요한 생산원료가 수입되는 경우라 할 수 있다. 이 책에서는 석유가격 충격을 생산성 충격으로서 주로 국내 거시경제에 영향을 끼친다고 가정한다. 석유가 상승이 경제에 미치는 효과에 관한 많은 분석은 너무도 복잡하기 때문에 이 책에서는 다루지 않는다.

그림 13.5

개방경제에서 재화시장의 균형

저축 S^d에서 투자 I^d를 제한 $S - I$ 곡선은 우상향한다. 이는 국내실질이자율이 상승하면, 저축이 투자보다 커지기 때문에 나타나는 현상이다. NX 곡선은 국내실질이자율과 순수출 간의 관계를 보여준다. 국내실질이자율이 상승하면 실질환율이 절하되므로 순수출이 감소하기 때문에 이 곡선은 우하향한다. 결국 재화시장의 균형은 E점이며, 투자수요는 요구된 수요의 초과분이 순수출과 같아지는 점이다(마찬가지로 해외로부터의 차용과 대부가 같아진다). 시장에서 청산되는 실질이자율은 r_1이다.

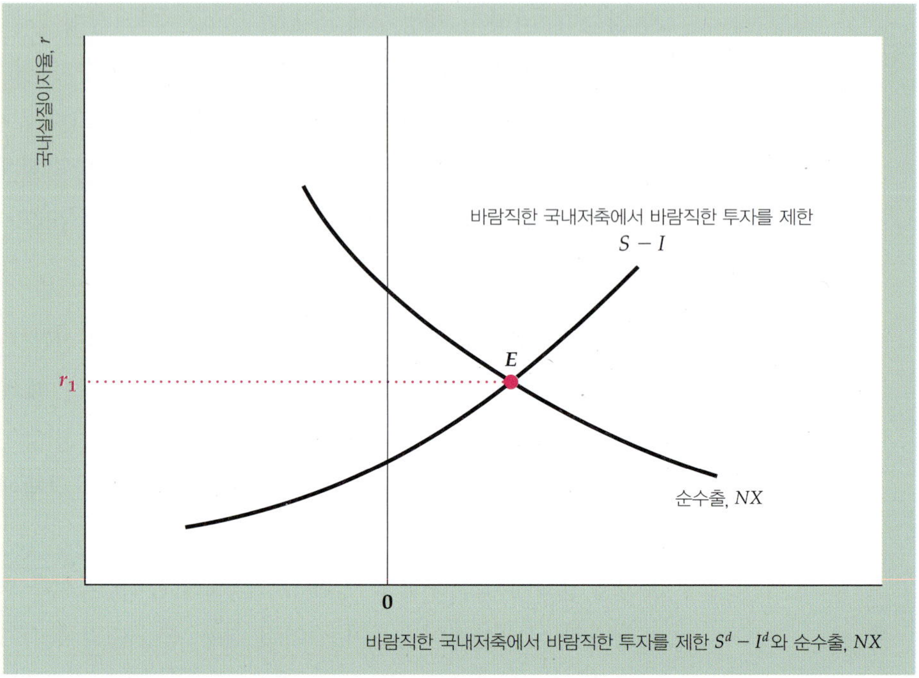

금액과 같다. 이처럼 식 (13.4)는 재화시장이 균형이 되려면 외국에 자금을 빌려주기를 원하는 내국인의 저축과 내국인으로부터 차입하기를 원하는 외국인 차입자의 차입금액이 같아진다는 것을 의미한다.

이는 또한 다음과 같이 재화시장에서의 균형조건으로도 표시될 수 있다.

$$Y = C^d + I^d + G + NX \tag{13.5}$$

식 (13.5)는 식 (13.4)의 저축 S^d 대신 $Y - C^d - G$를 대입함으로써 도출된다. 식 (13.5)는 재화시장에서 재화의 공급 Y와 총수요 $C^d + I^d + G + NX$가 일치할 때 재화시장이 균형이라는 것을 의미한다. 개방경제에서의 총수요는 순수출을 포함하기 때문이다.

그림 13.5는 개방경제에서 재화시장의 균형을 나타낸다. 수평축은 저축에서 투자를 제한 값인 $S^d - I^d$와 순수출 NX를 나타내는 반면, 수직축은 실질이자율 r을 나타낸다.

이때 우상향하는 $S - I$ 그래프는 각 실질이자율 r에 해당하는 국내저축과 투자 간의 차이를 보여준다. 즉, 생산이 변하지 않을 때 실질이자율이 상승하면 국내저축은 증가하나 투자수요는 감소하기 때문에 외국으로부터 차입수요가 증가하게 되므로 이 곡선은 우상향으로 나타난다.

그림 13.5에서 우하향하는 NX 곡선은 기타 요소가 불변일 때 순수출과 국내

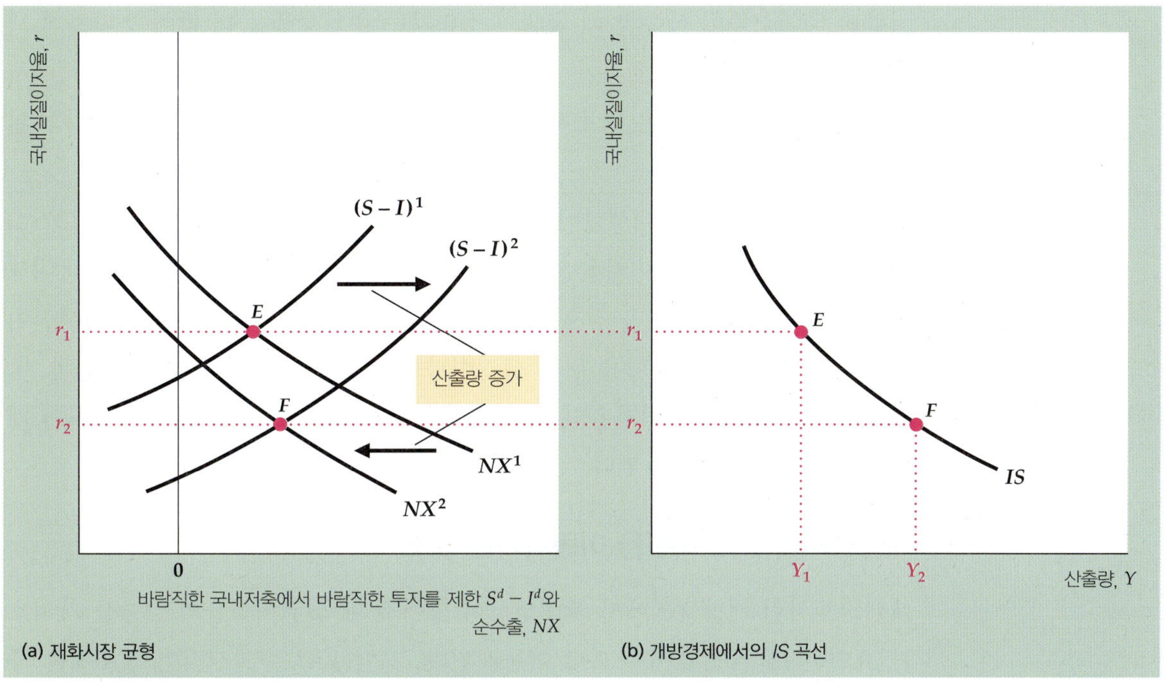

그림 13.6

개방경제에서 IS 곡선의 도출

재화시장에서의 초기 균형은 그림 (a)와 (b)에서 E점에 해당된다.
(a) E점에서 국내산출량은 Y_1이고 국내실질이자율은 r_1이다. 국내산출량이 Y_1에서 Y_2로 상승하면 국내저축은 증가하나, 투자수요는 크게 변하지 않는다. 따라서 $S-I$ 곡선은 $(S-I)^1$에서 $(S-I)^2$로 오른쪽으로 이동한다. 산출량 증가로 수입수요가 증가하면 순수출이 감소해 NX 곡선이 NX^1에서 NX^2로 왼쪽으로 이동한다. 새로운 균형점 F에서는 실질이자율이 r_2이다.
(b) 산출량이 Y_1에서 Y_2로 상승하면, 재화시장 균형을 위한 실질이자율이 r_1에서 r_2로 낮아지므로 IS 곡선의 기울기는 우하향한다.

실질이자율은 서로 음의 관계를 갖는다는 것을 보여준다. 13.2절에서 논의한 것처럼 실질이자율이 상승하면 환율이 절상되고 순수출이 감소하기 때문에 NX의 기울기가 우하향하게 된다(요약표 17 참조).

재화시장의 균형은 저축과 투자수요의 차이가 순수출과 같아질 때 이뤄진다. 그리고 식 (13.4)에 따르면 $S-I$와 NX 곡선이 교차되는 E점에서 이 조건이 만족된다. 즉, 국내재화시장의 균형을 위한 실질이자율은 E점의 r_1이 된다.

개방경제에서 IS 곡선을 이끌어내기 위해 먼저 국내생산이 증가할 때 재화시장의 균형을 위한 실질이자율이 어떻게 되는가를 살펴보자. 그림 13.6과 같이 최초 국내생산이 Y_1과 같을 때 재화시장의 균형점은 E이고 실질이자율은 r_1이 된다. 이때 국내생산이 Y_2로 증가하며 국내저축은 증가할 것이나 국내투자수요는 변화하지 않을 것이다. 따라서 국내저축이 투자수요를 초과하므로 실질이자율은 상승하게 된다. 이처럼 저축과 투자 간의 차이를 나타내는 $S-I$ 곡선은 그림 13.6(a)처럼 $(S-I)^1$에서 $(S-I)^2$로, 즉 오른쪽으로 이동하게 된다.

한편 국내소득이 상승할 때 국내의 소비자는 수입상품을 더 많이 소비하게 되며 순수출이 감소하는 효과가 발생한다(요약표 17). 이처럼 국내생산이 Y_1에서 Y_2로 증가하면 순수출은 감소하기 때문에 NX 곡선은 NX^1에서 NX^2로, 즉 왼쪽으로 이동한다.

결국 Y_1에서 Y_2로 국내생산이 증가하면 새로운 재화시장의 균형은 그림 13.6(a)에서 F점이 되며, 실질이자율은 r_2가 된다. 그림 13.6(b)에서 IS 곡선은 국내생산이 Y_1일 때 재화시장을 균형하게 하는 실질이자율은 r_1이 되고, 국내생산이 Y_2일 때 재화시장의 균형을 위한 실질이자율은 r_2라는 것을 보여준다. 결국, 국내생산의 증가는 실질이자율의 하락을 유발하기 때문에 IS 곡선의 기울기는 폐쇄경제처럼 우하향하게 된다.

개방경제에서 *IS* 곡선을 이동시키는 요소

폐쇄경제처럼 개방경제에서 국내생산이 주어질 때 실질이자율의 상승을 가져오는 요인은 IS 곡선을 우측으로 이동시킨다. 그림 13.7은 일시적인 정부지출 증가가 개방경제 내의 IS 곡선에 미치는 효과를 보여준다. 국내생산이 Y_1일 때 최초 균형점은 E이고 실질이자율은 r_1이다. 이때 정부지출이 일시적으로 증가한다면 모든 국내생산과 실질이자율의 수준에서 국내저축을 감소시킨다. 따라서 $S-I$ 곡선은 그림 13.7(a)와 같이 $(S-I)^1$에서 $(S-I)^2$로, 즉 왼쪽으로 이동하므로 새로운 균형점은 F가 되고 실질이자율은 r_2가 된다.

그림 13.7(b)는 정부지출 증가에 따른 IS 곡선의 변화를 보여준다. 국내생산 Y_1에서, 정부지출이 상승하면 실질이자율도 r_1에서 r_2로 증가하므로 IS 곡선은 IS^1에서 IS^2로 상향 이동한다.

폐쇄경제에서 IS 곡선을 상향 이동시키는 요인은 국내투자보다는 국내저축을 더욱 감소시킨다. 이에 따라 저축과 투자의 차이가 줄어들기 때문에 그림 13.7(a)와 같이 $S-I$ 곡선이 좌측으로 이동하며, 개방경제 IS 곡선 역시 상향 이동한다.

폐쇄경제 IS 곡선을 이동시키는 기본요인 외에도 개방경제 IS 곡선을 이동시키는 새로운 요인도 있다. 특히, 국내의 순수출이 증가하면, 개방경제 IS 곡선은 우측 이동한다. 이러한 균형점은 그림 13.8에 나타나 있다.

그림 13.8(a)와 그림 13.8(b)의 최초 균형점 E에서 국내생산은 Y_1이고 국내실질이자율은 r_1이 된다. 그러나 국내의 순수출이 증가하면 국내생산과 실질이자율은 변화하게 된다. 이렇게 순수출이 증가하면 그림 13.8(a)에서처럼 NX 곡선은 NX^1에서 NX^2로 우측 이동한다. 그리고 새로운 균형점 F에서 실질이자율은

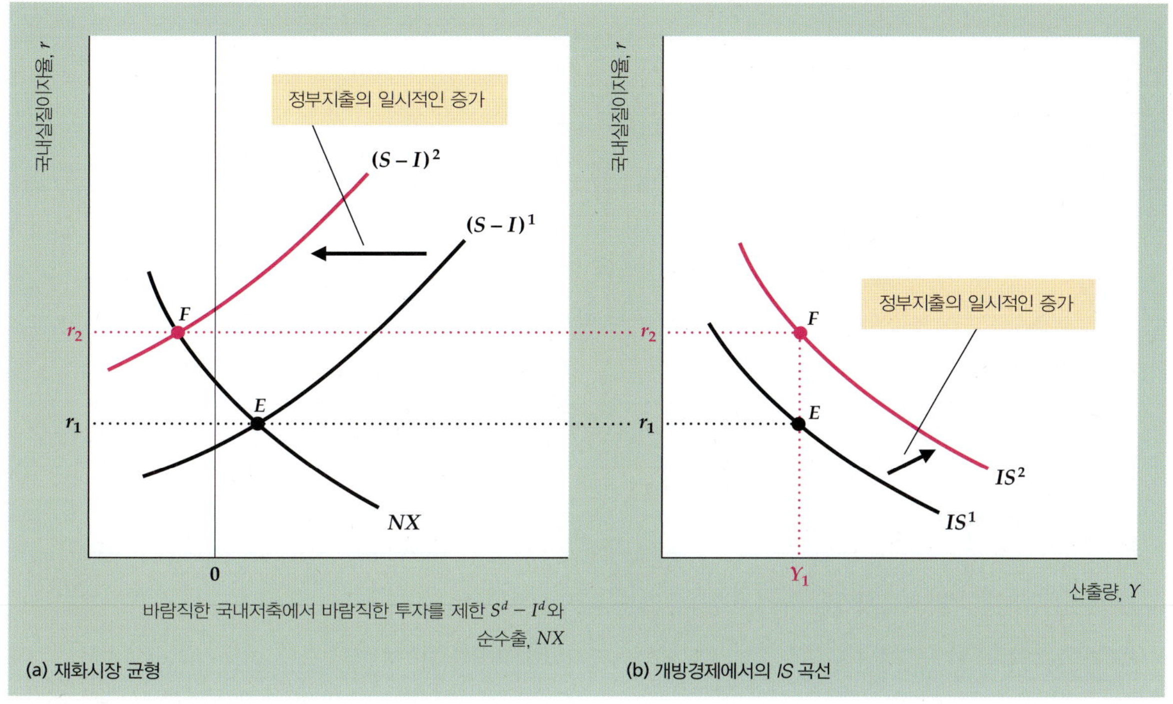

그림 13.7

개방경제에서의 정부지출 증가와 IS 곡선

그림 (a)와 (b)의 초기 균형점 E에서 산출량은 Y_1이고 실질이자율은 r_1이다.

(a) 정부지출의 일시적인 증가로 국내저축이 감소한다. 따라서 $S-I$ 곡선은 $(S-I)^1$에서 $(S-I)^2$로 왼쪽으로 이동한다.

(b) 산출량 Y_1에서 재화시장 균형을 위한 실질이자율은 r_2이고, 균형점은 (a)와 (b)에서 모두 F점이 된다. 정부지출이 증가하면 재화시장 균형을 위한 실질이자율이 상승하므로 IS 곡선은 IS^1에서 IS^2로 우측으로 이동한다.

r_2로 증가한다. 재화시장 균형을 위한 실질이자율이 상승하기 때문에 IS 곡선은 그림 13.8(b)에서처럼 IS^1에서 IS^2로 우측으로 이동한다.

순수출을 증가시키는 요소로는 해외생산의 증가, 외국의 실질이자율 상승, 자국상품에 대한 세계수요의 증가 등이 있다(요약표 17 참조).

- 해외생산 Y_{For}가 증가하면 외국인의 국내상품에 대한 구매가 늘어남에 따라 순수출이 증가하므로 IS 곡선은 우측으로 이동한다.
- 해외실질이자율 r_{For}이 상승하면 해외자산은 국내와 외국의 투자자에게 더 많은 수익을 제공하기 때문에 외환시장에서 국내통화 공급을 늘려 환율을 절하시킨다. 그리고 이러한 실질환율 절하로 순수출이 증가하자 자국의 IS 곡선은 우측으로 이동한다.
- 자국상품의 품질 향상으로 국내상품에 대한 세계수요가 증가한다면 순수출이 증가하기 때문에 IS 곡선이 우측으로 이동하게 된다. 이는 국내의 무역장벽

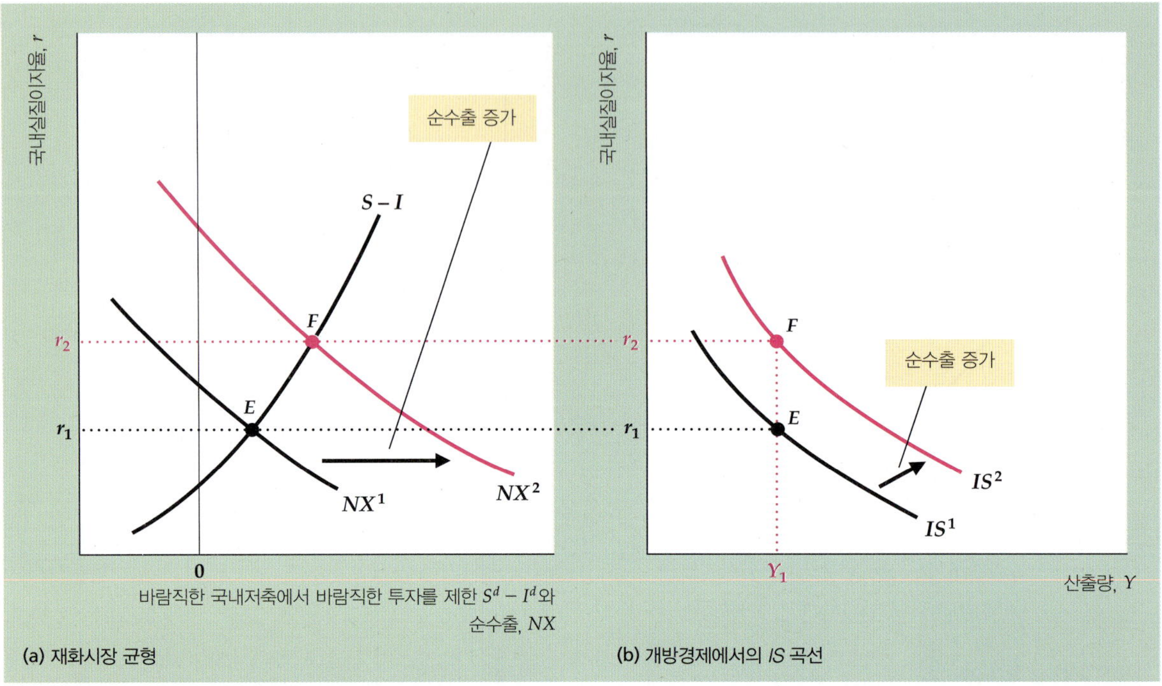

그림 13.8

개방경제에서 순수출 증가와 *IS* 곡선의 이동

그림 (a)와 (b)에서 초기의 균형점 E에서 산출량은 Y_1이고, 균형 실질이자율은 r_1이다.

(a) 순수출이 증가하면, NX 곡선은 NX^1에서 NX^2로 오른쪽으로 이동한다.

(b) 산출량 Y_1에서 재화시장 균형을 위한 실질이자율은 r_1에서 r_2로 상승하며, 그림 (a)와 (b)에서 균형점은 F점이 된다. 이처럼 IS 곡선은 IS^1에서 IS^2로 우측으로 이동한다.

요약표 18 *IS* 곡선을 이동시키는 국제적인 요소

변화 요인	*IS* 곡선 이동	이유
해외생산, Y_{For}	우측 이동	해외생산 증가는 국내수출수요를 증가시킨다.
해외실질이자율, r_{For}	우측 이동	해외실질이자율 상승은 실질환율을 절하시키고 순수출을 증가시킨다.
자국상품과 외국상품의 상대수요	우측 이동	국내재화의 해외수요 증가는 순수출을 증가시킨다.

에 의해 수입을 감소시키는 것과 같은 유사한 효과를 가져올 수 있다(이를 좀 더 자세히 보기 위해 이 장 마지막의 분석문제 1번을 풀어 보라). 요약표 18은 개방경제에서 IS 곡선을 이동시키는 요소를 보여준다.

경기변동의 국제 전파

이 장의 서두에서 국가 간 무역과 금융의 연계성이 강화될 경우, 각국의 경기변동이 주변국에 어떻게 전파되는가를 간단하게 소개했다. 당시 요점은 해외경제 여건의 변화가 실질환율과 순수출에 미치는 효과가 경기변동이 국제적으로 전달되는 매우 중요한 채널 중의 하나라는 것이다.

예를 들어, 미국을 주요 수출시장으로 고려하고 있는 일본경제에 있어서 미국경제의 불황이 미치는 효과를 살펴보자. *IS-LM* 모형의 관점에서 미국의 생산 감소는 일본 순수출에 대한 수요를 감소시켜 일본의 *IS* 곡선을 좌측으로 이동시킨다. 케인즈파 모형을 사용할 때, 일본경제에서의 *IS* 곡선이 좌측으로 이동함에 따라 일본 경제는 불황으로 빠지게 되고, 가격조정 기능이 회복되기 전까지 고용수준도 완전고용수준 아래로 떨어진다(그림 11.7 참조). 고전파 모형에서도 일본의 순수출이 떨어지면 일본의 총수요(*AD*) 곡선도 좌측으로 이동하고, 일본의 단기 총공급(*SRAS*) 곡선의 기울기가 우상향하기 때문에 일본의 생산 역시 줄어든다. 그러나 오인이 없다고 가정하는 고전파 모형에서 생산은 완전고용수준에 남아 있게 되므로, 순수출의 감소는 일본 생산에 영향을 끼치지 않는다.

이와 유사하게 국제시장에서 국내제품에 대한 선호 변화에 따라 국내경제가 민감하게 변동할 수 있다. 예를 들어, 일본상품에 대한 선호도가 떨어지거나 일본상품에 대한 무역제재가 발생하게 된다면 일본의 *IS* 곡선이 좌측으로 이동하며, 미국 생산이 감소하는 경우와 같이 경기후퇴가 발생할 수 있다.

13.4 개방경제에서의 변동환율제도와 거시경제 정책

개방경제 *IS-LM* 모형이 발전하게 된 가장 중요한 이유는 국가 간 무역 및 자본 이동이 재정정책과 통화정책에 주는 영향을 알기 위해서였다. 환율이 변동할 경우 기존 모형에 대외무역부문이 추가됐을 때, 거시경제 정책이 국내생산이나 실질이자율 같은 국내변수에 미치는 효과는 크게 변화하지 않는다. 다만 대외무역부문을 포함할 경우 다음의 두 가지 의문점이 발생한다. 첫째, 재정정책과 통화정책이 실질환율과 순수출에 어떠한 영향을 주는가와, 둘째 특정 국가의 거시경제 정책이 다른 국가 경제에 어떠한 영향을 끼치는가이다. 이때 개방경제 *IS-LM* 모형을 사용하면 이 두 가지 질문에 대한 답변을 할 수 있다.

이 절에서는 거시경제 정책이 국제경제에 미치는 효과를 설명하기 위해 다음의 분석을 실시한다.

1. 경제정책이 국내생산과 국내실질이자율에 미치는 효과를 알아내기 위해서 국내경제의 *IS-LM* 모형을 사용한다. 이것은 9~11장에서 했던 폐쇄경제에서

의 분석과 같은 방법을 사용한다.

2. 13.2절(요약표 16과 17 참조)의 결과를 적용해, 국내생산과 국내실질이자율 변동이 환율과 순수출에 미치는 효과를 결정한다.

3. 국내정책이 외국의 생산과 실질이자율에 미치는 효과를 알아내기 위해, 외국 경제의 *IS-LM* 모형을 사용한다. 외국의 순수출을 변동시키는 국내정책은 외국의 *IS* 곡선을 이동시킬 것이다.

확장 재정정책

개방경제에서의 재정정책 효과를 고려하기 위해 정부지출이 일시적으로 증가하는 경우를 고려한다. 이를 위해 오인이 발생하지 않는 고전파의 *IS-LM* 모형을 사용하고, 이후 이를 케인즈파의 분석결과와 비교한다.

그림 13.9는 재정정책이 실시되는 국내경제 *IS-LM* 모형과 주요 무역상대국의 *IS-LM* 모형을 보여준다. 이때 초기의 균형점은 그림 13.9(a)의 *E*점이 된다. 일반적으로 정부지출이 증가하면 국내 *IS* 곡선은 IS^1에서 IS^2로 우측으로 이동한다. 또한 고전파 모형에서 *FE*선이 FE^1에서 FE^2로 우측 이동한다. 이렇게 그래프가 이동하는 것은 정부지출의 증가가 현재 혹은 미래의 조세부담을 증가시키기 때문이다. 즉, 높은 세금으로 근로자가 소득이 줄었다고 느끼게 됨에 따라 이들은 노동공급을 증가시켜 완전고용수준 생산량을 늘리기 때문이다. 이 새로운 균형점은 IS^2와 FE^2가 교차하는 *F*점이 된다. 한편 국내 물가가 상승하면서 국내의 *LM* 곡선은 LM^1에서 LM^2로 왼쪽으로 이동하며 *F*점과 교차하게 된다. *E*점과 *F*점을 비교하면 정부투자의 증가가 국내생산 *Y*와 실질이자율 *r*을 상승시킨다는 사실을 알 수 있다. 지금까지의 분석은 폐쇄경제의 고전파 분석(10장)과 동일하다. 또한 케인즈파 모형에서도 재정 팽창은 생산과 실질이자율을 증가시키게 된다.

IS-LM 모형에서 국제무역의 역할을 조사하기 위해서 먼저 국내생산과 실질이자율의 상승이 환율에 미치는 효과를 고려해야 한다. 국내생산 *Y*의 증가는 내국인의 수입수요를 늘릴 것이므로 외환시장에서 자국통화공급을 늘리게 된다. 따라서 국내소득의 상승은 환율의 절하를 가져온다. 그러나 국내의 실질이자율이 상승하면 국내 자산의 수요가 증가되기 때문에 외국인의 국내통화수요를 증가시키므로 환율절상을 유발한다. 따라서 정부지출 증가가 미치는 효과는 분명하지가 않다. 즉, 정부지출 증가에 따라 환율이 상승하는지 혹은 하락하는지는 확실하지 않다.

확장 재정정책이 순수출에 미치는 효과는 명확하다. 국내생산이 상승하고(국

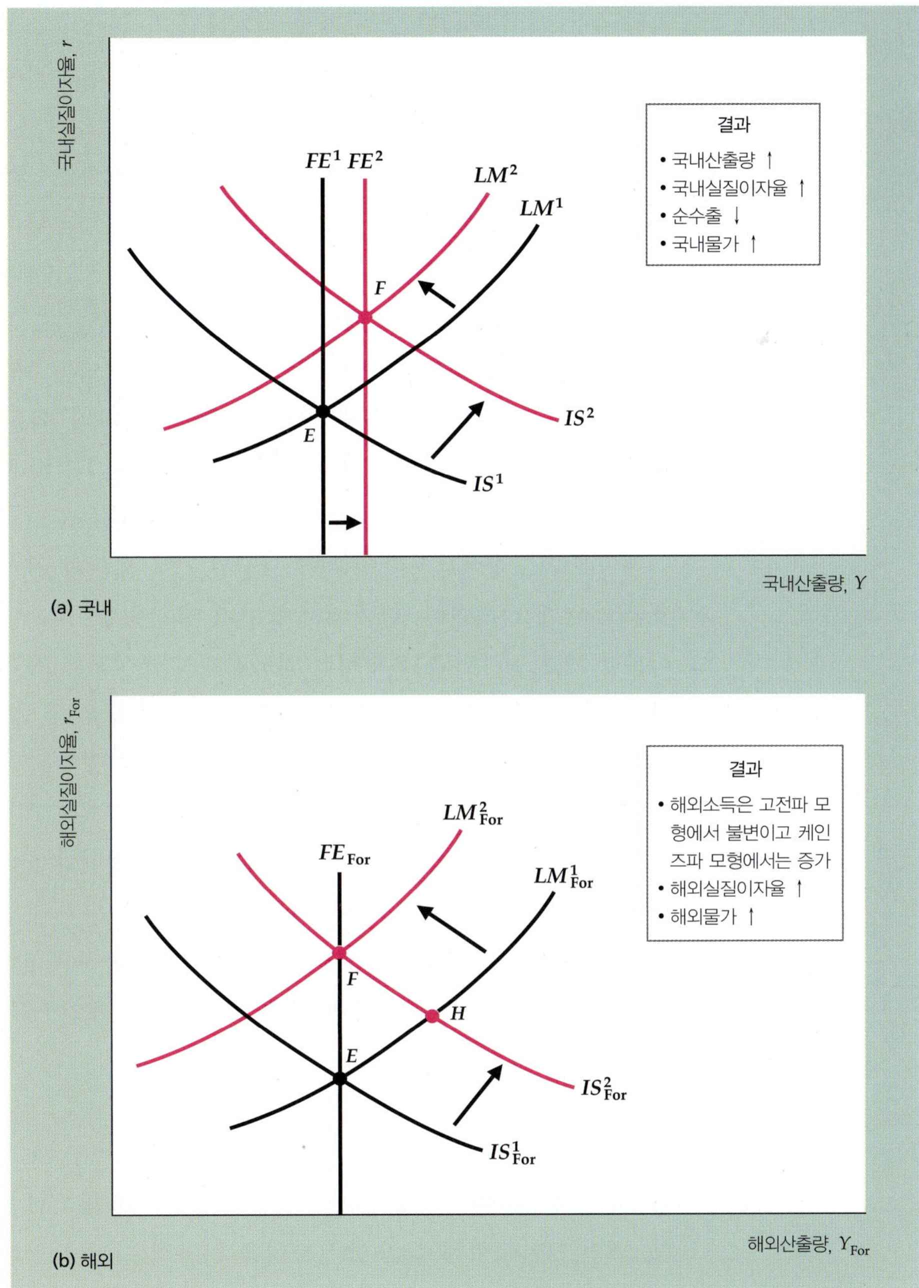

그림 13.9

국내 정부지출 증가 효과

(a) 고전파의 *IS-LM* 모형에서 국내 정부지출이 증가하면 국내 *IS* 곡선이 IS^1에서 IS^2로 우측으로 이동한다. 또한 국내의 *FE*선이 FE^1에서 FE^2로 오른쪽으로 이동한다. 따라서 국내생산이 증가하고 국내실질이자율은 상승한다. 이에 따라 순수출은 감소하나 실질환율의 움직임은 불확실하다. 이 분석 결과는 케인즈파 모형에서와 유사하다.

(b) 국내수출은 외국의 수입에 해당하기 때문에 국내순수출의 감소는 외국 순수출의 증가와 같다. 이러한 외국 순수출의 증가로 외국 *IS* 곡선이 IS^1_{For}에서 IS^2_{For}으로, 즉 우측으로 이동한다. 고전파 모형은 가격이 신축적으로 조정되므로 *LM* 곡선이 LM^1_{For}에서 LM^2_{For}으로 이동한다. 결국 새로운 균형점은 *F*이며 외국의 실질이자율과 물가는 높아지나 해외생산량은 변화하지 않는다. 케인즈 모형에서는 가격이 경직적이므로 일반균형점 *F*로 가격이 결정되기 전에 *H*점을 지나기 때문에 해외생산량이 일시적으로 증가한다.

내소비자의 수입수요가 상승한다) 국내실질이자율이 상승(환율절상을 유도한다)하면 순수출은 감소한다. 즉 확장 재정정책은 무역수지를 적자로 전환하는 효과를 유발한다. 이러한 결과는 5장의 '쌍둥이 적자'(정부 재정적자와 무역적자) 분석결과와 동일하다.

세계경제가 좀 더 통합됨에 따라 한 국가의 거시경제 정책은 그 국가에만 효과를 주는 것이 아니라 전 세계로 퍼져나간다. 위에서 실시한 분석에 의거하면, 국내의 확장 재정정책이 무역상대국의 경제에 어떻게 영향을 끼치는지 찾아내는 것은 어렵지 않다.

국내의 확장 재정정책이 세계경제에 미치는 효과는 그림 13.9(b) 외국의 *IS-LM* 모형에 나타난 것처럼 순수출의 변동을 통해 나타난다. 우리나라의 수입은 외국의 수출과 같기 때문에 국내경제의 순수출 감소는 해외국가의 순수출 증가와 동일하다. 따라서 외국의 *IS* 곡선은 IS^1_{For}에서 IS^2_{For}으로 우측으로 이동한다.

고전파의 *IS-LM* 모형에서 외국 *IS* 곡선의 움직임은 해외생산에 영향을 주지 않는다. 물가가 즉시 상승해 일반균형에 도달하기 때문이다(즉, *LM* 곡선이 LM^1_{For}에서 LM^2_{For}으로 이동한다). 결국 해외경제는 *F*점에 도달하기 때문에 최초 균형수준보다 실질이자율과 물가가 상승하게 된다.

케인즈파 모형에서처럼 물가가 고정된 경우 해외의 *IS* 곡선이 미치는 효과는 조금 다르게 나타난다. 단기에서 물가가 충분히 조정되지 않는다면 *IS* 곡선이 이동할 때 그림 13.9(b)에서처럼 외국경제의 균형점은 *IS* 곡선과 *LM* 곡선이 교차하는 *H*점이 되고 생산은 일시적으로 증가하게 된다. 그러나 기업이 점차 물가를 조정하면서 균형점은 *F*점으로 이동하게 된다.[11]

따라서 개방경제에서의 고전파 모형이나 케인즈파 모형에서 정부지출의 일시적인 증가 또한 국내소득과 실질이자율을 폐쇄경제와 마찬가지로 상승시킨다. 정부지출의 증가는 구축효과(crowd out)를 통해 투자와 순수출을 감소시킨다. 재정지출 증가가 실질환율에 미치는 효과는 명확하지 않다. 한편, 해외경제의 실질이자율과 물가는 상승하게 된다. 해외생산은 케인즈파 모형을 사용할 때 오직 단기에서만 증가한다.

통화긴축

변동환율제도하에서 통화정책의 효과를 개방경제 *IS-LM* 곡선을 사용해 살펴본다. 케인즈파 모형에서 *IS-LM* 모형을 사용해 단기나 장기에서 통화량의 감소 효과를 분석한다. 통화정책의 효과는 기본 고전파 모형과 장기 케인즈파 모형이 같기 때문에 고전파 모형을 사용해 분석한다.

국내경제와 해외경제에 대한 단기효과 그림 13.10은 *IS-LM* 곡선을 사용해 국내경제와 해외경제에서 통화긴축의 효과를 보여준다. 이때 초기의 균형점은 *E*

11. 원칙적으로 외국 산출량과 실질이자율의 변화가 국내경제에 다시 영향을 주는 것을 계속해서 분석할 수 있다. 그러나 이런 피드백효과는 일반적으로 작고, 또한 고려할 경우에도 결론이 크게 바뀌지 않기 때문에 이 절에서는 고려하지 않는다.

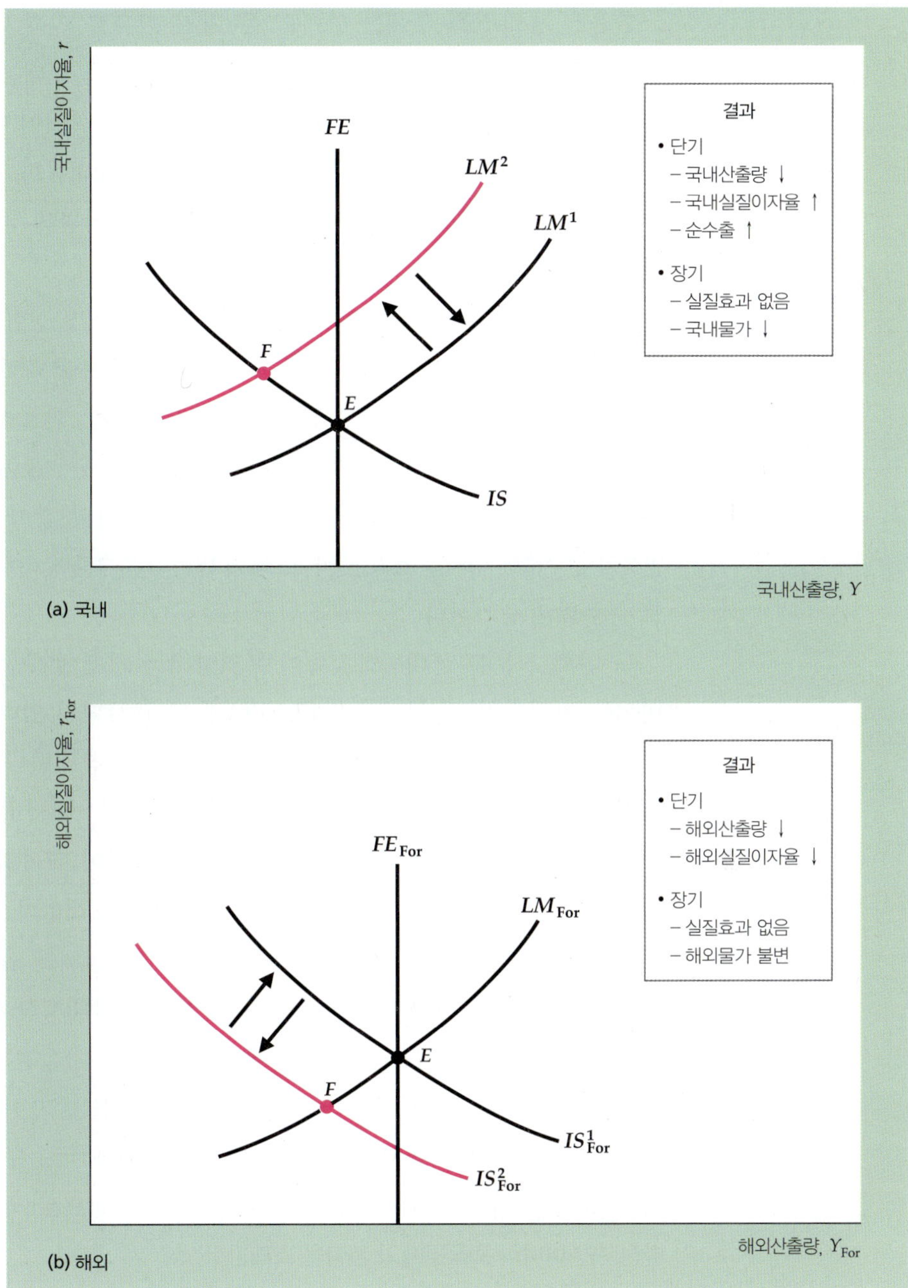

그림 13.10

국내통화량 감소 효과

(a) 국내통화량이 감소하면 국내 LM 곡선은 LM^1에서 LM^2로 좌측으로 이동한다. 케인즈파 모형에서 단기 균형은 IS와 LM^2가 교차하는 F점이다. 통화량이 감소하면 국내산출량은 줄어들고, 실질이자율은 상승하며, 실질환율은 절상한다. 이 경우 순수출의 변화방향은 확정되지 않는다. 국내소득 저하에 따른 순수출의 증가 효과가 환율 절상 효과에 따른 순수출 감소 효과보다 크면 순수출은 증가한다.

(b) 국내순수출이 증가하면 외국순수출은 감소하기 때문에 외국 IS 곡선은 IS^1_{For}에서 IS^2_{For}으로 왼쪽으로 이동한다. 따라서 단기적으로 외국의 생산은 줄어들고 실질이자율은 하락한다. 장기적으로 국내물가가 하락하면서 균형점은 F로 돌아간다. 이처럼 장기에서의 통화는 중립성을 갖는다.

점이고 통화량 감소는 그림 13.10(a)에서처럼 국내경제의 LM 곡선을 LM^1에서 LM^2로 상향 이동시킨다. 케인즈파 모형에서 물가가 단기에 고정되어 있을 때, 단기균형점은 IS와 LM^2가 교차하는 F점이 된다. 이때 균형점인 E점과 F점을 비교하면, 국내생산이 단기적으로 감소하고 실질이자율이 상승함을 알 수 있다. 따라서 이 결과는 폐쇄경제와 동일하다고 할 수 있다.

환율은 통화긴축 후에는 다음의 두 가지 이유로 인해 단기적으로 절상된다. 첫째, 국내소득이 감소하면 국내수입수요가 줄어들기 때문에 수입품 구매를 위한 외국통화에 대한 수요가 감소한다. 둘째, 국내실질이자율이 상승하면 외국투자자는 국내자산을 더욱더 선호하기 때문에 국내통화에 대한 외국투자자의 수요가 증가하고 이러한 외환시장의 영향으로 자국환의 국내 저축 공급이 감소한다.

국내의 순수출에는 다음과 같이 두 가지 효과가 발생한다. (1) 통화긴축으로 인한 국내소득의 감소는 외국상품에 대한 국내수요를 감소시켜 자국의 순수출을 상승시킨다. 그러나 (2) 실질이자율이 상승하면, 환율이 절상되어 순수출이 감소된다. 결국, 경제이론을 따르면 통화긴축으로 순수출이 어떻게 변화할지 확실하지 않다. 그러나 앞서 J 곡선에 대해 논의한 바와 같이 단기적으로 실질환율의 변화가 순수출에 미치는 효과는 국내소득의 변동이 순수출에 미치는 효과보다 작게 되므로 순수출은 증가한다.

두 번째 질문은 국내통화긴축이 무역상대국 경제에 주는 효과다. 해외경제에 미치는 전형적인 효과는 그림 13.10(b)에 잘 표시되어 있다. 국내순수출이 통화긴축에 의해 증가한다면 외국의 순수출은 반드시 감소한다. 자국의 순수출은 외국의 수입이기 때문이다. 즉, 외국의 IS 곡선은 IS^1_{For}에서 IS^2_{For}으로 왼쪽으로 이동하고, 단기 균형점은 IS^2_{For} 곡선과 LM_{For} 곡선이 교차하는 F점이 되어 해외생산이 감소하고 실질이자율도 하락하는 결과를 초래한다.

이러한 결과는 국내의 통화긴축이 해외의 경기침체를 유발할 수 있다는 것을 보여주고 있다. 이러한 경기침체의 해외 전파는 국내생산이 감소하여 해외수입품에 대한 수요도 감소시키기 때문에 발생한다. 국내실질환율의 절상은 해외상품을 상대적으로 저렴하게 만들어 외국의 순수출을 증가시킨다. 그러나 이 절에서는 환율 절상에 따른 해외생산 증가 효과보다 외국순수출 감소에 따른 생산감소 효과가 더 크게 나타난다고 가정한다. 결론적으로 국내통화긴축은 국내경제 발전뿐만 아니라 외국경제의 불황을 초래한다.

국내경제 및 해외경제에 대한 장기 효과 통화긴축 이후 국내기업의 판매량이 줄어들면서 임금과 물가 또한 하락한다. 따라서 LM 곡선은 그림 13.10(a)에서처럼 최초의 LM^1 곡선으로 되돌아가므로 화폐는 장기적으로 중립성을 갖는다. 이렇게 국내경제의 실질변수들이 최초수준으로 돌아감에 따라, 실질환율과 외국상품에 대한 국내수요 역시 최초수준으로 회복된다. 이에 따라 외국의 IS 곡선은 그림 13.10(b)처럼 최초의 IS^1_{For}으로 돌아가고, 외국경제는 초기의 균형점

E로 돌아간다. E점에서 모든 해외 거시경제변수는 초기수준으로 복귀한다. 결론적으로 장기에는 국내통화량 변동이 국내나 해외 실질변수에 영향을 주지 않는다. 특히 장기의 실질환율과 순수출은 장기적으로 통화긴축에 의해 영향을 받지 않는다.

케인즈파 모형에서 장기적으로 화폐는 중립이며, 기본 고전파 모형에서 화폐는 장기, 단기에 모두 중립적이다. 기본 고전파 모형에서 통화정책의 변화는 실질환율과 무역에 영향을 주지 않고, 다만 물가에만 영향을 준다. 통화긴축이 발생하면 외국물가는 변하지만 국내물가는 하락한다.

통화량 변동이 장기적으로 실질환율에 영향을 주지 않는다고 할지라도, 국내물가를 변화시키기 때문에 명목환율에는 영향을 준다(이는 거시경제조건 변화에 따라 실질 또는 명목환율의 변화가 다르게 나타나는 좋은 예다). 예를 들어, 통화의 장기중립성은 명목통화량이 10% 감소할 때 국내물가가 10% 하락한다는 것을 의미한다. 즉, 식 (13.1)과 같이 명목환율 e_{nom}은 eP_{For}/P이다. 여기서 e는 실질환율, P_{For}는 해외의 물가수준, P는 국내물가이다. 실질환율 e와 외국의 물가 P_{For}는 장기에서 국내통화긴축에 의해 변화하지 않기 때문에 국내물가 P가 10% 하락하면 명목환율 e_{nom}은 (대략) 10% 내외 상승한다. 이처럼 통화긴축 시 국내물가는 하락하고, 명목환율은 통화량의 감소비율과 같은 비율로 절상된다.

13.5 고정환율

미국은 1970년대 초반 고정환율제도인 브리튼우즈체제를 포기한 이후 변동환율제도를 사용하고 있다. 그러나 환율이 국제적인 합의에 의해 공식적으로 고정되는 고정환율제도는 역사적으로 매우 중요하며 아직도 많은 국가들이 이 제도를 사용하고 있다. 이 절에서는 (1) 고정환율제도를 사용하는 것이 경제 전반과 거시경제 정책에 미치는 영향과 (2) 고정환율제도와 변동환율제도 중 어떤 제도가 더 좋은 제도인가에 대한 의문을 살펴본다.

환율의 고정

변동환율제도하에서 명목환율은 외환시장의 외환 수요와 공급에 따라 결정되는 반면, 고정환율제도하에서 명목환율은 각국 정부의 독자적인 결정이나 다른 국가와의 합의를 거쳐 공식적으로 결정된다.[12]

---

12. 일부 고정환율제도에서 환율은 제한적으로 일정한 밴드 내에서 변동한다. 이 절에서는 단순하게 설명하기 위해 고정환율제도를 고려할 때, 환율값이 하나라고 가정한다.

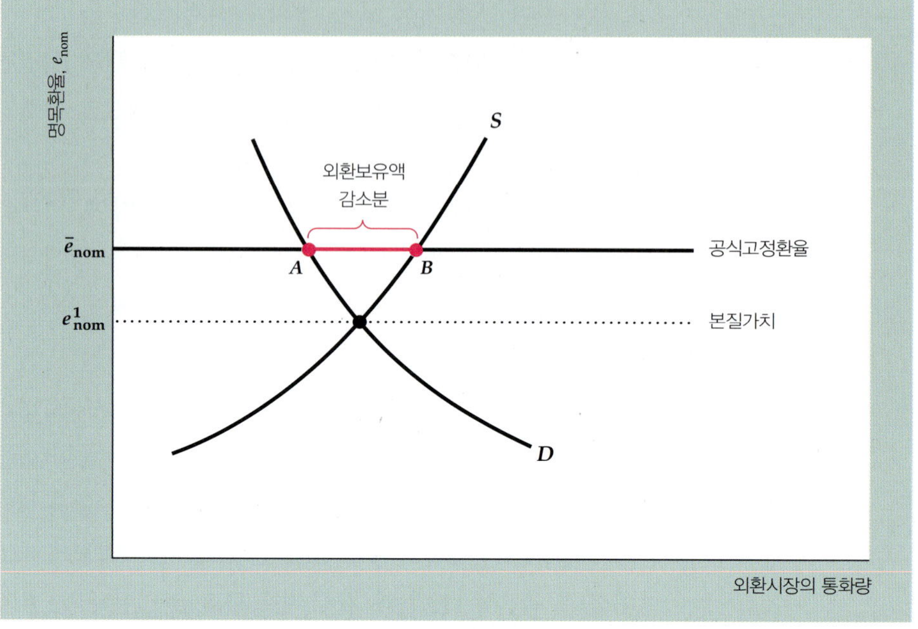

그림 13.11

환율의 과대평가

그림은 정부가 공식적으로 설정한 공식고정환율 $\bar{e}_{nom}$이 외환시장의 수요와 공급으로 결정되는 환율의 본질가치 e^1_{nom}보다 높은 경우를 보여준다. 이때 환율은 과소평가됐다고 말한다. 중앙은행은 고정환율을 유지하기 위해 외환시장에서 외환보유액을 사용해 *AB*만큼 자국통화를 매입한다. 외환보유액 감소분은 국제수지 적자와 같다.

고정환율제도의 가장 기본적인 문제점은 환율이 통화의 수요와 공급에 의해 결정되는 것이 아니고 정부에 의해 결정된다는 점이다. 그림 13.11이 제시하는 현상은 공식고정환율 $\bar{e}_{nom}$이 **환율의 본질가치**(fundamental value of the exchange)인 e^1_{nom} 또는 시장에서 결정되는 환율가치보다 더 높게 나타난다는 점이다. 이렇게 환율이 본질가치보다 높게 나타날 때 **과대평가환율**(overvalued exchange rate)이라고 한다.

환율의 본질가치와 공식고정환율이 달라지면 정부는 어떻게 해야 하는가? 이를 위한 정책은 다음과 같다. 첫째, 정부는 고정환율과 환율의 본질가치가 같도록 조정한다. 그림 13.11과 같이 환율이 과대평가되는 경우, 정부는 명목고정환율을 $\bar{e}_{nom}$에서 e^1_{nom}로 평가절하할 수 있다. 고정환율제도하에서 환율의 평가절하나 평가절상은 자주 발생하지 않는 현상이다. 그러나 환율을 자주 조정해야 한다면 차라리 변동환율제도로 바꾸는 것이 나을 것이다.

둘째, 정부는 국제거래를 제한할 수 있다. 자본유출이나 수입 제한 및 관세부과 등을 통해 외환시장에서 자국통화의 공급을 감소시켜 고정환율을 본질가치까지 상승시킨다. 더 나아가 일부 국가는 외환시장에서의 통화거래를 허가제로 운영한다. 이렇게 국외에서 자유롭게 거래되지 못하는 통화를 **불태환통화**(inconvertible currency)라고 한다. 그러나 정부가 국제적인 거래를 직접적으로 조정하려면 외국재화와 신용을 민간이 접근하기 어렵게 해야 하므로 많은 경제비용이 발생한다.

셋째, 정부는 외환시장에서 외환에 대한 수요자나 공급자가 될 수 있다. 예를 들어, 그림 13.11과 같이 외환시장에서 국내통화가 과대평가되어 있는 경우 국내통화공급량(*B*점)은 통화수요량(*A*점)보다 *AB*만큼 초과한다. 정부는 이 공식 고정환율을 유지하려면 *AB*의 초과분만큼 자국통화를 매입하고 외환을 매각해야 한다.

일반적으로 이러한 외환매각을 위해 중앙은행은 공식지불준비자산(official reserve asset, 혹은 외환보유액)을 갖고 있다. 공식지불준비자산은 국내통화자산이라기보다는 대외지급을 위한 준비자금이다(이는 금이나 해외은행예금, 그리고 국제통화기금과 같은 국제기관이 발행하는 특별한 신용자산 등을 포함한다). 과거 금본위제도기간에는 금이 공식적인 지불준비자산이었고 중앙은행은 고정된 가격으로 자국의 통화를 금으로 교환했다. 그림 13.11에서 *AB*는 금본위제도하에서 공식고정환율이 주어질 때 수요와 공급이 일치하도록 중앙은행이 구매해야 하는 금의 양을 나타낸다. 반면, 1년 동안 공식지불준비자산의 감소분은 국제수지의 적자와 같아진다. 따라서 중앙은행은 자국통화가치를 유지하거나 국제수지적자에 대응하기 위해 반드시 *AB* 이상의 지불준비자산 혹은 외환보유액을 갖고 있어야 한다.

중앙은행이 고정된 가격으로 자국의 통화를 구매함으로써 과대평가된 환율을 한때 유지할 수는 있지만, 공식지불준비자산 규모에 한도가 있기 때문에 이를 지속적으로 유지할 수 없다. 예를 들어, 금본위제도하에서 각국의 중앙은행은 무제한의 금을 소유할 수 없었다. 중앙은행이 오랜 기간 동안 자국통화의 과대평가된 가치를 지지하려면 많은 양의 금을 사용해야 하므로 결국 통화가치의 하락이 일어나게 된다.

과대평가된 통화가치를 지속적으로 유지하려는 중앙은행의 시도는 결국 **투기적 인출상태**(speculative run) 혹은 **투기적 공격**(speculative attack)을 유발할 수 있다. 투기적 공격은 금융투자자가 과대평가된 통화가치 하락으로 그 통화로 표시된 금융자산의 가치가 다른 통화로 표시된 경우 급격히 떨어질지 모른다고 두려워하기 시작할 때 발생한다. 이들은 손실을 피하기 위해서 필사적으로 과대평가된 통화표시 자산을 판매하려 한다. 투기적 공격이 발생하면 금융투자가는 매우 급격하게 국내자산을 판매하려 하기 때문에 외환시장에서 국내통화의 공급곡선이 급격하게 오른쪽으로 이동한다. 이 경우 외환시장의 초과공급 규모는 그림 13.12와 같이 *AB*에서 *AC*로 증가한다. 이렇게 외환시장의 국내통화 초과공급 규모가 증가함에 따라 중앙은행은 더욱더 많은 규모의 공식지불준비자산을 사용해야 한다. 그리고 이를 본 금융투자가는 미래 평가절하의 가능성을 더욱 높게

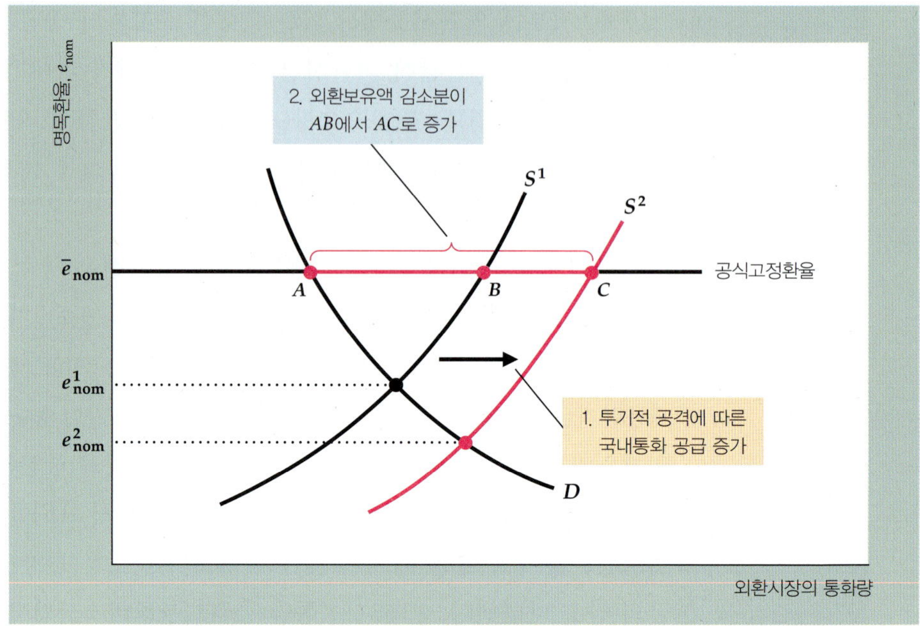

그림 13.12

통화의 과대평가에 따른 투기적 행위

최초 외환시장에서 국내통화의 공급곡선이 S^1이고, 이 고정환율을 유지하려면 중앙은행은 반드시 AB만큼 외환시장에서 외환을 매각해야 한다. 시장참여자가 환율 절하를 예상한다면, 이들은 국내자산을 급격히 매각하려 할 것이다. 즉, 자국통화의 공급곡선이 S^1에서 S^2로 이동한다. 이때 중앙은행이 통화 과대평가를 유지하려면 더욱더 많은 외환을 매각하고 자국통화를 공급해야 한다. 중앙은행의 외환보유액은 더욱 빠르게 고갈되고, 결국 중앙은행은 환율 방어를 포기하고 평가절하를 단행하게 된다.

보게 된다. 예를 들어, "응용 : 아르헨티나의 위기"에서처럼 아르헨티나는 2002년에 이러한 위기를 경험했다.

국제무역이나 금융거래에 강력한 제한이 이뤄지지 않는다면 환율은 오랜 기간 동안 과대평가될 수 없다. 환율이 과대평가됐다면 반드시 해당 국가는 그 통화의 가치를 절하시키거나 본질가치를 증대시키는 정책을 취해야 한다. 이 절의 다음 부분은 환율의 본질가치를 바꿀 수 있는 기본적인 방법으로 통화정책을 설명할 것이다.

한편, 환율은 과대평가될 수도 있지만 또한 과소평가될 수도 있다. 그림 13.13과 같이 환율이 외환시장의 수요와 공급에 의해 결정되는 가치보다 적게 고정되어 있다면 이는 **과소평가 환율**(undervalued exchange rate 혹은 undervalued currency)이 된다. 이때 중앙은행은 외환시장에 자국의 통화를 매각해 AB만큼의 지불준비자산을 추가로 축적하게 된다. 지불준비자산 규모의 한도가 없다면(예를 들면, 금과 같은 자산) 중앙은행은 과소평가된 환율을 유지하기 위해서 자산을 계속 축적할 수 있을 것이다. 그러나 특정 국가의 과소평가된 환율은 교역상대국의 과대평가된 환율을 의미하기 때문에 교역상대국의 준비금 감소로 연결된다. 이때 무역상대국은 무기한으로 준비금을 줄일 수 없기 때문에 환율의 본질가치를 공식고정환율과 같아지도록 평가절상을 단행하게 된다.

그림 13.13

환율의 과소평가

정부의 공식고정환율 $\bar{e}_{\text{nom}}$이 외환시장의 수요와 공급에 의해 결정되는 환율 e^1_{nom}의 본질가치보다 낮을 때, 이를 환율의 과소평가라 한다. 공식고정환율을 유지하기 위해서 중앙은행은 반드시 외환시장에 AB만큼 자국통화를 공급하고, 외국통화를 매입해야 한다. 이때 중앙은행 외환보유액은 점차 늘어난다.

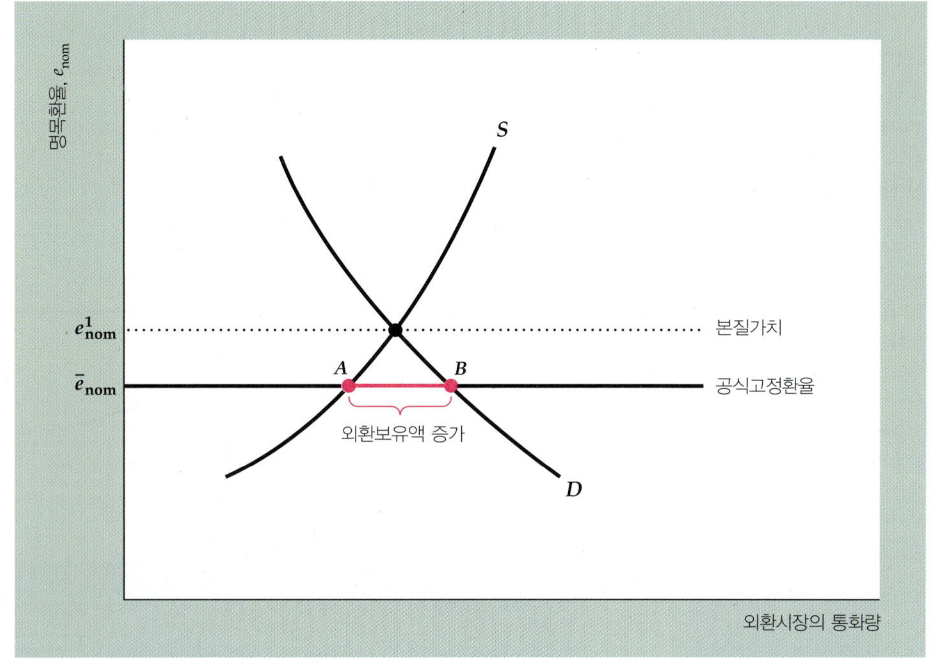

통화정책과 고정환율제도

고정환율제도하에서 환율의 과대평가를 제거하기 위해 통화의 본질가치가 실제 환율과 같아질 때까지 명목환율을 인상하는 경우를 고려하자. 이를 위한 가장 좋은 방법은 긴축 통화정책을 수행하는 것이다.

통화긴축이 명목환율의 본질가치를 증가시키는가를 살펴보기 위해 먼저 명목환율과 실질환율의 관계식 (13.1)을 다시 살펴본다.

$$e_{\text{nom}} = \frac{eP_{\text{For}}}{P} \tag{13.6}$$

식 (13.6)에서 해외물가 P_{For}가 주어진 경우, 명목환율 e_{nom}은 실질이자율 e와 비례하고, 물가 P와 반비례한다.

앞의 변동환율제도하에서 케인즈파 모형의 통화정책을 설명할 때 통화긴축은 국내생산을 줄이고 실질이자율을 상승시켜 실질환율을 절상시킨다는 것을 보였다. 케인즈파 모형에서 단기적으로 국내물가와 해외물가는 고정되어 있기 때문이다. 식 (13.6)에 따르면 단기 실질환율의 절상은 명목환율의 절상을 수반한다. 장기에서의 통화는 중립이기 때문에 통화긴축은 실질환율에는 영향을 주지 못하지만 국내물가를 하락시킨다. 즉, 장기에서 국내물가 P는 하락하나 실질환율 e는 영향받지 않기 때문에 식 (13.6)에 따라 명목환율은 장기와 단기 모두 절상

그림 13.14

고정환율제도에서 통화량 결정

우하향하는 환율의 본질가치곡선은 국내통화량 증가 시 환율의 본질가치가 떨어지는 것을 보여준다. 한편 고정환율은 $\bar{e}_{\text{nom}}$에서 수평선 모양을 띤다. 환율의 본질가치와 고정환율은 오직 통화량이 M_1일 경우 같아진다. 중앙은행이 통화량을 M_1 이상으로 증가시키면 환율은 과소평가되고, 통화량을 M_1 이하로 증가시키면 통화는 과대평가된다.

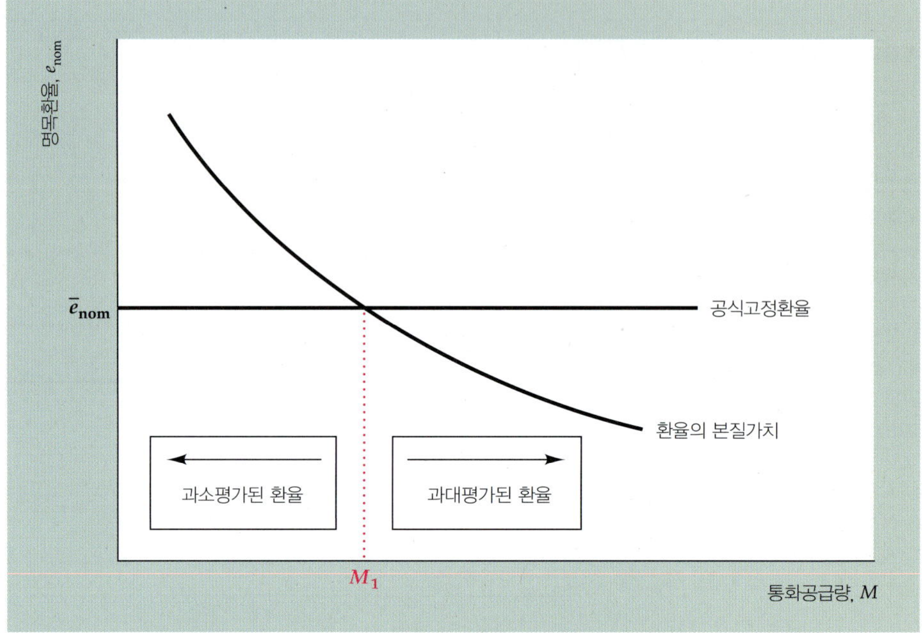

된다. 이처럼 장기와 단기 모두 통화긴축은 명목환율의 본질가치 및 명목환율의 가치를 상승시킨다.[13] 반면 통화량 증가는 장기와 단기에서 모두 명목환율의 본질가치를 감소시킨다.

그림 13.14는 고정환율제도하에서 명목환율과 통화량 간의 관계를 보여준다.[14] 우하향하는 곡선은 통화량과 명목환율의 본질가치와의 관계를 보여준다. 이 곡선이 우하향하는 이유는 기타 조건이 일정할 때 통화량이 증가하는 경우 명목환율의 본질가치가 감소하기 때문이다. 그림 13.14에서 수평축과 나란한 직선은 고정환율제도하에서 공식적으로 결정된 환율이다. 수평축상의 M_1 값은 환율의 본질가치와 공식고정환율이 같아지는 통화량을 의미한다. 만약 통화량이 M_1보다 많다면 그 통화는 과대평가(환율의 본질가치가 공식고정환율보다 낮아지는) 문제를 갖게 되고, 통화량이 M_1보다 적으면 과소평가 문제를 갖게 된다.

그림 13.14는 고정환율제도하에서 개별 국가가 생산과 고용을 상승시키기 위해 통화량 확장정책을 쉽게 사용할 수 없다는 점을 보여준다. 대신 통화량이 공식고정환율과 환율의 본질가치가 같아지도록 조정돼야 한다는 점을 의미한다. 그림 13.14에 제시된 것처럼 정부가 불황을 타개하기 위해 통화량을 증가시킨

13. 고전파 모형에서 통화는 항상 중립이기 때문에 긴축재정은 명목환율의 본질가치를 상승시킨다.

14. 특정 국가의 통화공급을 말할 때는 국내에서 사용되는 통화량을 의미한다. 반면, 외환시장에서 국내통화의 공급은 내국인이 외국재화나 자산의 구입할 때, 외환을 구입하기 위해 제공하는 국내통화를 의미한다.

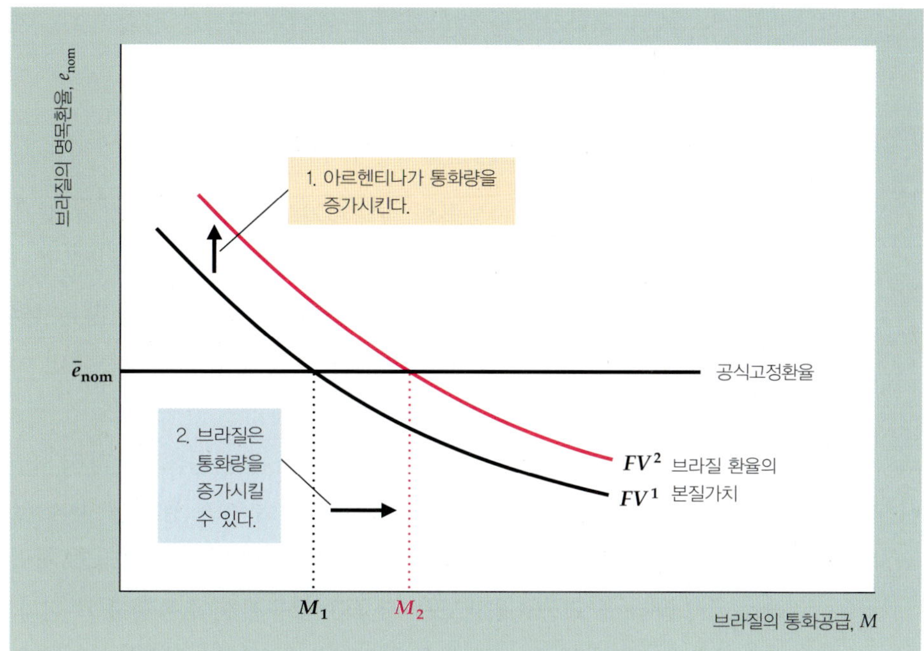

그림 13.15

국가 간 확장 통화정책의 협력

최초, 브라질 환율의 본질가치곡선은 FV^1으로 M_1에서 본질가치와 공식고정환율이 일치한다. 브라질 통화량이 M_2로 상승하면 환율의 본질가치는 고정환율 이하로 떨어지므로 브라질의 통화는 과대평가된다. 이때 아르헨티나의 통화량이 증가하면 아르헨티나 환율의 본질가치는 떨어지나, 브라질 환율의 본질가치는 절상된다. 따라서 브라질 환율의 본질가치는 FV^1에서 FV^2로 상향 이동한다. 이 경우, 브라질이 환율 과대평가 문제 없이 통화량을 M_2로 상승시킬 수 있다.

다면, 즉시 해당 통화의 가치저하 현상이 발생해 과대평가 문제가 나타나고, 대개 미래의 평가절하로 연결된다. 따라서 중앙은행은 고정환율제도하에서 거시경제의 안정성을 달성하기 위해 통화정책을 함부로 사용할 수 없게 된다.

고정환율제도하에서 개별 국가는 자유롭게 통화정책을 사용하지는 못하지만, 여러 국가가 결합해 정책을 추진한다면 목적을 달성할 수 있다. 예를 들어, 고정환율을 사용하는 아르헨티나와 브라질이 양국의 경제불황을 해결하기 위해 확장 통화정책을 수행하고 싶어 하는 경우를 고려하자. 그림 13.15와 같이 브라질이 M_1에서 M_2로 통화팽창을 시도한다면, 브라질 통화는 과대평가될 것이다(M_2와 FV^1이 교차하는 환율의 본질가치는 공식 고정환율보다 낮아진다). 이후 브라질 중앙은행의 준비금이 줄어들어 마침내 그 통화량은 원점수준으로 복구된다.

그러나 아르헨티나가 동시에 통화량을 확장시키는 경우를 가정해 보자. 이는 아르헨티나 통화의 본질가치를 감소시키므로 상대적으로 브라질 통화의 본질가치를 상승시키는 효과를 유발한다. 이는 그림 13.15에서 브라질 통화의 본질가치곡선이 FV^1에서 FV^2로 상향 이동하는 것과 같다. 따라서 브라질은 통화의 과대평가 문제 발생 없이 M_1에서 M_2로 통화량을 확장시킬 수 있다. 즉, M_2와 FV^2가 교차하는 점에서 브라질 통화의 기본가치는 공식고정환율과 같아진다. 이처럼 아르헨티나와 브라질 정부가 협력할 경우 두 국가는 동시에 목표를 달성할 수 있게 된다. 이는 고정환율제도를 여러 국가가 비슷한 거시경제목표를 가지고 통화정책을 협력하거나 위기와 유사한 상황에 대처했을 때 효과적으로 사용될 수 있다는 것을 보여준다.

고정환율과 변동환율

고정환율제도는 통화의 과대평가와 과소평가 현상이 항시 발생할 수 있다는 문제점이 있다. 그러나 변동환율제도 역시 여러 가지 문제점이 있다. 지속적인 환율의 변동은 국제무역이나 국제금융 종사자에게 많은 불확실성을 유발하기 때문이다. 이렇게 두 제도가 서로 다른 문제점을 갖는다면 어느 제도가 더 좋은 제도인지를 판단할 필요성이 발생한다.

고정환율제도를 지지하는 사람들은 다음의 두 가지 주요한 이점을 강조한다. 첫째, 환율이 자주 평가절하되거나 투기적 공격을 받지 않는다면 고정환율제도하에서 국가 간 재화와 자산거래는 매우 쉽게 그리고 저렴하게 이뤄질 수 있다. 따라서 고정환율제도는 경제와 금융시장의 통합을 촉진하고 경제효율성을 향상시킨다. 둘째, 고정환율제도하에서 정부는 팽창통화정책을 실행할 수 없기 때문에 통화정책이 매우 '절도' 있게 활용된다. 그리고 이러한 결과로 장기 인플레이션이 낮아지는 효과가 발생한다.

통화정책과 관련된 또 하나의 문제점은 고정환율제도하에서 정부가 경기불황을 적극적으로 대처하기 위해 통화정책을 사용할 수 없다는 것이다.[15] 이는 고정환율제도하에서 각 국가가 각기 다른 정책목표를 갖고 있거나 각기 다른 형태의 경제충격에 직면하고 있을 때 특히 심각하다. 예를 들어, 특정 국가가 통화 팽창을 통해 불황을 타개하기를 원하지만 다른 국가는 통화량 증가를 원하지 않을 경우다. 이러한 두 국가 간의 통화정책 차이는 통화량을 증가시킨 국가에 평가절하 압력을 유발하며 두 국가 사이의 고정된 환율을 변화시킨다.

결국 어느 환율제도가 더 우수한 제도인가는 해당국이 직면한 경제 환경에 의존한다. 무역증대와 경제통합으로부터 발생하는 이득이 더 크거나 통화정책이 조화롭게 협력되는 국가 간에는 고정환율제도가 유리할 것이다. 그러나 각 국가가 서로 다른 경제충격에 직면하거나 실업이나 인플레이션 간의 상대비용에 대해 각기 다르게 평가하고 있다면 변동환율제도를 존속시키는 것이 바람직할 것이다.

통화연맹

통화연맹(currency union)은 일련의 국가들이 공통통화를 도입해 사용하는 것이

15. 케인즈파는 이러한 비신축성을 비용이라고 고려하는 반면, 고전파는 그렇게 생각하지 않는다.

다. 일반적으로 통화연맹에 속하는 국가들은 정치, 경제적으로 긴밀하게 협력한다. 18세기 미국 13개 식민지 주가 헌법을 제정하고, 각 주의 통화를 포기해 하나의 단일통화를 창조한 것은 통화연맹의 중요한 예라고 할 수 있다. 다음에 나오는 "응용 : 유럽 통화연맹"에서 현대의 통화연맹을 자세히 설명한다.

통화연맹이 효과적으로 운영되려면 각국의 중앙은행은 긴밀하게 협력해야 한다. 통화연맹이 작동하기 위해서는 공통의 통화정책이 하나의 기관에 의해 수립돼야 한다. 일반적으로 각 국가는 각자의 화폐나 통화정책을 포기하기 싫어하기 때문에 통화연맹이 이뤄지는 것은 매우 어렵다. 그러나 통화연맹이 정책적으로 실행될 수 있다면, 통화연맹은 고정환율제도에 비해 적어도 두 가지 이상의 이점이 있다. 첫째, 통화연맹하에서 하나의 통화를 사용할 경우 국가 간 상품이나 자산을 거래하는 비용이 고정환율제도에 비해 크게 낮아진다. 둘째, 국내통화가 사라지고 공통통화가 사용된다면, 국내통화에 대한 투기적 공격은 더 이상 발생하지 않는다.

그러나 통화연맹은 고정환율제도에 비해 다음과 같은 문제점을 갖게 된다. 즉, 통화연맹국 모두 공통의 통화정책을 사용해야 하는 것이다. 통화연맹이 속해 있는 한 국가에서 불황이 발생하고 다른 국가에서 인플레이션이 발생했다면, 하나의 통화정책으로 여러 국가의 문제를 동시에 해결할 수 없게 된다. 반면, 변동환율제도하에서 각 국가는 독립적으로 자국의 통화정책을 유지할 수 있다는 이점이 있다.

응용 APPLICATION

유럽 통화연맹

1991년 12월, 네덜란드의 마스트리히트(Maastricht)에서 개최된 정상회담에서 유럽공동체(EC : European Community)의 주요국은 유럽연합에 관한 조약, 일명 마스트리히트 조약을 체결했다. 이 조약은 각 나라의 국내비준절차를 거쳐 1993년 11월부터 발효됐다. 이 조약의 가장 중요한 내용 중 하나는 협정국들이 유로라는 공통화폐를 1999년 1월 1일부터 사용하기로 한 것이다. 통합할 경우 인구나 GDP 면에서 미국의 규모에 해당하는 11개국이 새로운 공통화폐를 수용하게 된 것이다.[16]

유로지역에 공통으로 적용되는 통화정책은 독일 프랑크푸르트에 위치한 유럽중앙은행의 정책위원회(Governing Council of the European Central Bank)에 의해 결정된다. 정책위원회는 참가국의 회의에서 선출된 6명의 집행이사회와 유로 참가국 각 중앙

16. 5개 국가가 연합에 참여하여 현재 16개 국가가 유로를 사용하고 있다.

은행의 총재로 구성된다. 이에 따라 독일의 연방은행(Germany's Bundesbank)이나 프랑스은행(Bank of France)은 자국을 위한 통화정책의 수립권을 포기했다.

유럽의 통화 단일화는 발전과정에서 매우 중요한 의미를 갖지만 장기적인 이득은 아직 잘 알려져 있지 않다. 통화연맹의 가능한 이점은 참가국 간에 재화나 자본, 그리고 노동력이 쉽게 이동할 수 있고, 금융거래비용이 낮아짐에 따라 정책적 · 경제적 협력이 강화되는 것이다. 통합된 유럽시장은 경제 규모나 부의 크기에 있어서 미국과 경쟁할 수 있는 수준이며, 유로는 달러처럼 국제거래에서 선호되는 통화가 될 것이다. 통화 통합의 가장 큰 어려움은 참가국들이 특정한 시점에 통화정책을 확장할 것인가 아니면 긴축 통화정책을 선택할 것인가에 대해 의견이 일치하지 않을 수 있다는 점이다. 실제로 유로 도입초창기, 유럽의 참여국들은 서로 다른 수준의 경기침체를 직면했다. 따라서 유럽중앙은행(ECB : European Central Bank)은 경기불황이 가장 심한 국가를 기준으로 통화정책을 실시할지, 상대적으로 경기침체 정도가 약한 국가를 기준으로 통화정책을 실시할지에 대한 결정을 해야 했다. 결국 유럽중앙은행은 1999년 적절한 타협점을 찾고, 좀 더 유연한 통화정책을 실시했다.[17]

유로는 출범 당시 두 단계를 거쳤다. 1999년 이후 3년간 지속된 첫 단계에서 유로는 '가상통화(virtual currency)' 로서 작동했다. 즉, 일반거래에서는 지폐와 동전 형태의 유로가 사용되는 것이 아니라, 전통적인 유럽국가 화폐인 독일의 마르크, 프랑스의 프랑 등이 사용됐다. 두 번째 단계는 2002년 1월 1일 지폐와 동전이 발행되고 각 나라의 화폐가 회수되면서 시작했다.

첫 번째의 '가상통화' 단계 동안, 유로의 가치는 각국 통화가치와의 관계 속에서만 존재했다. 당시 통화 통합에 동의한 11개 국가는 유로와 각국 통화 사이에서 교환비율을 영원히 일정하게 유지시키기로 결정했다. 이에 따라 각국 통화와 유로는 다음과 같은 공식적인 교환비율에 따라 거래됐다.

1유로 = 40.3399 벨기에 프랑
= 6.5596 프랑스 프랑
= 1.95583 독일 마르크
= 1936.27 이탈리아 리라
= 166.386 스페인 페세타

국가통화의 가치를 유로에 고정함으로써 얻을 수 있는 이점은 참여국 어디에서나 상품가격을 같은 화폐단위로 표시할 수 있게 되어 무역 및 경제통합이 용이했다는 것이다. 이것은 화폐기능 중 '교환수단' 기능은 각국의 화폐인 프랑 또는 마르크로 이뤄지

17. 유럽 통화연맹의 상세한 논의는 다음을 참조하라. Carol C. Bertaut and Murat F. Iyigun, "The Launch of the Euro," *Federal Reserve Bulletin*, October, 1999, pp. 655-666.

는 반면, 가치기준 기능은 다른 통화인 유로로 이뤄진 특이한 경우다.

이 제도의 또 다른 이점은 환율과 관련된다. 첫째, 1999년 1월 1일 유럽 통화연맹 내에서 두 통화 간 환율은 확실히 고정됐다. 예를 들어, 프랑스의 6.5596프랑과 독일의 1.95583마르크가 1유로로 같아졌기 때문에, 각 유럽국의 6.5596/1.95583프랑 또는 3.354프랑은 1마르크와 같아졌다. 둘째, 유로가 도입된 이후 미국 달러와 같이 유럽 통화연맹지역 밖의 통화에 대해 환율을 따로 가질 필요가 없게 됐다. 예를 들면, 미국 달러가 0.90유로일 경우 달러에 해당하는 프랑스 프랑은 아래처럼 계산된다.

$$
\begin{aligned}
\text{달러당 프랑스 프랑} &= \text{유로당 프랑스 프랑} \times \text{달러당 유로} \\
&= 6.5596 \times 0.90 \\
&= 5.9036
\end{aligned}
$$

유로가 1999년 공식적으로 도입됐을 때, 시장에서 결정된 유로의 가치는 1유로 = 1.16달러 혹은 0.86유로 = 1달러였으나, 이후 유로의 가치는 지속적으로 하락했다. 2002년 1월 1일, 유로화 동전이나 지폐가 발행되는 시점까지 유로의 가치는 1유로 = 0.89달러 또는 1.12유로 = 1달러까지 떨어져 3년 동안 거의 4분의 1만큼 절하됐다. 유로의 급격한 하락은 유럽의 수입가격을 상승시켰다(이에 따라 미국인은 유럽관광을 매우 싸게 할 수 있었다). 이것은 당시 유로를 '강한' 화폐로 만들겠다던 유럽중앙은행의 입지를 어렵게 했다.

유로의 가치가 예상치 못하게 하락한 이유는 다음과 같다. 유럽의 금융투자자는 미국의 자산에 더욱 끌렸다. 유로가 도입되기 시작했을 때, 미국은 특히 첨단기술부문을 중심으로 경제와 주식시장에서 활황세를 보였다. 이에 따라 유럽인은 좀 더 수익성이 높은 미국자산에 투자하는 것을 선호하게 된 것이다. 미국자산을 구입하기 위해서 유럽의 금융투자자는 달러를 사고 유로를 판매했기 때문에 달러에 대한 유로의 상대가격은 하락했다. 이 설명은 이 기간 동안 미국에 의해 많은 자본유입이 이뤄진 사실과 당시 유로를 통합한 거의 모든 통화에 대해 달러가 상대적으로 강해진 사실 등과 일치한다. 그러나 2000년 이후 미국 경제가 약화되고 주식가격이 하락할 때, 유로는 강세로 전환돼야 했지만 실제로는 그렇지 못했다는 문제점이 있다.

유로화 가치하락에 대한 또 다른 설명은 독일의 경제학자 한스-베르너 진(Hans-Werner Sinn)과 프랑크 베스터만(Frank Westermann)[18]이 주장한 것이다. 이들은 미국의 달러, 독일의 마르크와 같이 국제적으로 가치가 안정적인 통화에 대한 수요는 이 통화를 사용하지 않는 국가에서 발생한다는 점에 착안했다. 특히, 달러나 마르크는 높

---

18. "The Euro, Eastern Europe, and Black Markets: The Currency Hypothesis," in Paul. de Grauwe, ed., *Exchange Rate Economics: Where Do We Stand*? (MIT Press: Cambridge, Mass., 2005), pp. 207-238.

은 인플레이션이나 정치적으로 불안정한 나라에서 오랫동안 매력적인 가치저장수단이었다(316쪽의 "달러화화가 미국과 다른 나라에 미친 영향"을 참조하라). 달러가 러시아나 라틴아메리카에서 인기가 있었던 반면, 마르크는 공산주의 몰락 이후 독일에 근접한 동유럽국에서 많이 선호됐다.

한스와 베스터만에 의하면 1999년 1월 1일 유로가 도입된 이후 마르크를 소유한 외국인은 여러 가지 어려움을 겪게 됐다. 독일 밖 외환 암시장의 많은 마르크 소유자는 마르크가 사라지고 유로가 등장했다는 소식을 듣고, 마르크화 가치가 떨어질 것이라고 걱정하기 시작했다. 그들은 마르크를 유로로 바꿀 수 있다는 것을 알게 됐으나, 그 교환과정이 어렵거나, 당국에 의해 그들이 마르크를 갖고 있다는 사실이 드러나는 것을 걱정했다. 많은 마르크 보유자는 마르크를 암시장에서 유로로 바꾸려고 했지만, 아직 유로가 화폐나 동전 등의 물리적인 형태로 나타나지 않았기 때문에 이러한 거래가 불가능했다. 한스와 베스터만은 이들이 마르크를 매각하는 대신 달러를 매입함에 따라, 달러의 가치는 상승하고 마르크의 가치는 하락했다고 주장했다. 이때 마르크와 유로 간 환율은 공식적으로 고정됐기 때문에, 마르크의 가치하락은 유로의 가치하락과 같은 의미를 가졌다. 이 가설은 이 기간 동안 달러의 수요가 크게 증가한 반면 마르크의 수요가 감소한 현상과 일치한다.

2002년 1월 1일부터 유로화 지폐와 동전이 유통되기 시작하면서 달러와 같이 유로를 현금형태로 보관하게 됐다. 더욱이 유로지폐는 가치가 크게 발행됐기 때문에 달러에 비해 상대적으로 자산축적수단으로 더 편리한 방법이 됐다. 즉, 2002년 1월부터 유로가치가 상승한 것은 한스와 베스터만의 이론과 일치한다.

응용 APPLICATION

아르헨티나의 위기

아르헨티나는 경기침체와 높은 실업률 및 막대한 대외채무에 시달렸고 그 결과 많은 국민이 정부에 대항해 가두행진을 하면서 항의를 하는 사태까지 발생했다.

아르헨티나 경제는 주기적으로 경제위기가 발생해 경제발전이 중단되는 좋은 예가 된다. 1970년대와 1980년대 아르헨티나의 주요 경제문제는 지속적이고 극심한 인플레이션이었다. 예를 들어, 1990년 아르헨티나의 소비자 물가지수(CPI)는 1975년 대비 100억 배 상승했다. 아르헨티나 정부는 1980년대 인플레이션을 멈추기 위해 두 번이나 통화를 바꾸기도 했다. 1983년 아르헨티나의 대통령으로 당선된 라울 알폰신(Raul Alfonsin)은 구화폐 10,000페소를 새로 만든 '아르헨티나 페소'로 교체했다. 그러나 이후 2년이 채 안 된 1985년 6월, 아르헨티나는 다시 1,000 아르헨티나 페소와 동일한 가치의 새로운 통화 아우스트랄화(austral, 후에 페소화로 통화개혁)를 도입했다. 이러한 화폐개혁은 여러 다른 정책과 함께 실시됐으나, 인플레이션 억제에는 모두 실패했다.

1991년 4월에 실시된 세 번째 인플레이션 정책은 매우 효과적으로 작용했다. 이에 따라 아르헨티나는 이후 10년 이상 인플레이션을 겪지 않았기 때문이다. 1991년에 실시된 인플레이션 억제정책의 중요 요소는 10,000아우스트랄화와 같은 가치를 지닌 신화폐 뉴페소(new Peso)의 도입이었다. 이때 새 화폐보다 더 중요한 것은 아르헨티나의 경제장관인 도밍고 카발로(Domingo Cavallo)가 작성하고 카를로스 메넴(Carlos Menem) 대통령이 지지한 종합경제개혁정책이다. 이 카발로정책은 정부의 재정적자를 줄이고 아르헨티나의 경제를 국제적으로 경쟁력 있게 만들기 위한 각종 정책을 도입했다. 당시 재정적자 감축은 공공지출의 삭감으로 조세제도 개편과 탈세 축소를 통해 이뤄졌다. 대외경쟁을 촉진하기 위해 정부는 무역관세 및 수입을 제한하던 각종 요소를 제거했다.

그러나 1991년 개혁성공의 주요 요점은 **통화위원회제도**(currency board)를 도입한 태환법(convertibility law)에 있었다. 자국통화의 공급을 중앙은행이 보유하는 대외지급준비금 규모에 의해 엄격하게 제한하는 것이다. 통화위원회의 목적은 중앙은행이 정책에 규율을 세우는 것이었다. 중앙은행의 발권력이 약해짐에 따라 개별 경제주체는 통화량이 급격하게 증가하지 않을 것이라고 생각하기 시작했다. 통화공급이 안정적으로 이뤄지자, 인플레이션 역시 안정됐고 결국 명목환율의 가치도 고정됐다.

특히 1991년 태환법에 따라 아르헨티나의 1뉴페소의 가치는 1달러로 고정됐으며, 아르헨티나의 중앙은행은 페소공급량이 중앙은행보유의 외환보유액보다 많아지지 않게 했다(실제로는 외환보유액 규모가 페소 규모보다 작은 수준을 유지했다). 아르헨티나 페소는 미국 달러와 일대일로 교환되었기 때문에 통화위원회는 페소 보유자에게 그들의 페소가 달러와 쉽고 빨리 교환될 것이므로 '페소가 달러만큼 좋다'는 신뢰를 심어 줬다.

1991년 카발로가 설립한 통화위원회나 각종 개혁정책은 일단 성공적으로 보였다. 통화위원회는 아르헨티나의 고질적인 문제점인 인플레이션을 해결하고, 물가안정 목표를 달성했기 때문이다. 1990년대 후반 아르헨티나의 인플레이션율은 실제로 거의 0%에 가까웠다. 예를 들어, 1999년 4분기의 소비자 물가는 1995년 4분기보다 소폭 낮은 수준이었다. 실물경제는 1990년대를 통해 매우 좋은 성과를 보였다. 실질 GDP는 1990～1998년에 연평균 5.8% 성장했다. 1975년에서 1990년 연평균 GDP 성장률이 −0.2%였다는 것과 비교할 때 이는 매우 경이적인 기록이었다. 따라서 1990년대 중반까지 1991년의 개혁정책은 아주 성공적인 것처럼 보였다.

1990년대 후반 들어 아르헨티나는 경기침체에 빠져들었다. 1999년의 GDP가 3.4% 하락했고, 실업률도 10%를 초과하기 시작했다. 더욱이 아르헨티나의 전통적인 문제인 정부 재정적가가 다시 증가하기 시작했다. 이는 정부가 불황을 극복하기 위한 지출을 확대하고, 공무원의 임금을 인상하며, 사회보장제도의 무리한 개혁으로 많은 비용을 지출했기 때문에 발생한 현상이었다. 정부는 재정적자를 화폐발행을 통해 보전하려 했으나, 일반 경제주체들이 이 채권을 구입하지 않으려 하자 상업은행 차입을 시도했다. 이렇게 상업은행이 정부에 대출을 확대함에 따라 예금자는 은행의 재무건전성에 의문을 품고 예금을 인출하기 시작했다. 은행 예금인출을 줄이기 위해 2001년 정부는 한 달에 예금자가 1,000달러만 인출할 수 있는 '꼬랄리또(corralito, 예금인출 제한조치)'를 발표했다. 이 조치는 예금인출을 줄이는 데 성공했으나 상업활동을 심각하게 붕괴시켰다.

국내 재정문제와 함께 아르헨티나는 주변 무역상대국인 브라질에 비해 매우 커다란 환율의 과대평가 문제에 직면하게 됐다. 1999년 1월 브라질의 레알은 미국의 달러나 아르헨티나의 페소에 비해 거의 40% 가까이 절하됐다. 이 40%에 해당하는 페소가치 상승은 아르헨티나의 경상수지적자 문제를 더욱 심각하게 했다.

아르헨티나는 1990년대에 지속적으로 경상수지적자를 경험해 대외채무가 연간 GDP의 반 이상에 이르렀다. 이렇게 과대평가된 환율 문제를 해결하기 위해 공식 고정환율이 본질가치에 접근하는 평가절하가 시도될 수 있었다. 아르헨티나의 경우 환율의 평가절하는 수출 증가와 수입 감소를 통해 경상수지 개선에 도움이 될 수 있었다. 그러나 아르헨티나 통화위원회는 계속 아르헨티나의 환율을 달러에 대해 고정시켰으며 평가절하를 시도하지 않았다. 아르헨티나는 물가안정의 공신으로 알려진 통화위원회를 해체하고 싶지 않았기 때문이다.

깊은 불황과 대외채무에 대한 높은 이자지급 및 거리 폭동은 아르헨티나에 심각한 문제가 됐다. 아르헨티나는 1,550억 달러의 대외채무 지급을 포기한다고 발표해 역사상 가장 큰 채무불이행 사태를 기록했다. 2002년 1월 아르헨티나는 공식적으로 통화위원회를 포기한다고 선언하고, 페소화 가치가 달러에 대해 변동하도록 했다. 2002년 1월 10일 페소의 가치는 29% 하락해 1달러 = 1페소의 환율은 0.71달러 = 1페소로 떨어졌다. 이어 2월 1일에는 페소가 0.49달러로 교환되어 한 달 안에 그 가치가 절반 이하로 떨어졌다. 이 페소가치의 하락으로 아르헨티나가 대외채무를 갚는 데 필요한 페소의 양이 2배로 증가함에 따라 많은 차입자는 채무불이행을 선언하기에 이르렀다. 그러나 2002년 후반 들어 아르헨티나의 경제는 성장하기 시작했다. 2003년 7월 환율이 0.36달러로 붕괴됐지만 GDP와 산업생산은 견실하게 증가해, 경제학자는 아르헨티나 경제가 최악의 시점은 지났다고 평가했다. 그러나 인플레이션은 2002년부터 2008년까지 6년간 평균이 11%를 기록하면서 다시 2단위 수준으로 복귀해 궁극적으로 통화위원회의 목표는 달성되지 않았다.

요약 SUMMARY

1. 명목환율은 자국통화 1단위로 얻을 수 있는 외국통화 단위수를 의미한다. 실질환율은 자국재화 1단위로 얻을 수 있는 외국재화의 단위수다. 구매력평가설(*PPP*)에 따르면 유사한 재화는 국내외를 막론하고 같은 통화로 표시될 경우 가격이 같아진다.

2. 환율제도는 다음의 두 가지 형태로 구분된다. 변동환율제도에서 명목환율은 시장의 수요와 공급에서 결정된다. 고정환율제도에서 명목환율은 정부가 공식적으로 결정한다. 변동환율제도에서 환율이 상승하는 것을 절상, 하락하는 것을 절하라고 한다.

3. 실질환율은 수입에서 수출을 뺀 순수출에 영향을 준다. 기타 요인이 일정할 때, 장기에서 실질환율이 하락하면 자국재화가 외국재화에 비해 상대적으로 저렴해지기 때문에 순수출이 증가한다. 실질환율의 하락이 수입가격을 상승시키지만, 수출과 수입이 조정되는 데 일정한 시간이 걸리기 때문에 단기적으로 순수출이 감소할 수 있다. 실질환율의 하락이 단기에는 순수출을 감소시키나, 장기에는 순수출을 증가시키는 특성을 J 곡선 현상이라 한다.

4. 변동환율제도하에서 환율은 외환시장에서의 수요와 공급에 의해 결정된다. 외국인의 국내통화 수요는 국내재화나 자산을 구매하는 과정에서 발생한다. 내국인은 자국통화를 공급하고 외국상품이나 자산을 구매하기 위해서 외국통화를 수요한다.

5. 기타 요소가 일정하다면, 국내생산 증가는 내국인의 수입수요를 증가시키고 순수출을 감소시키며, 환율을 절하시킨다. 실질이자율이 상승하면, 국내자산이 투자자에게 좀 더 매력적인 자산이 되므로 국내통화수요가 증가하고 환율이 절상된다. 환율의 상승은 순수출을 감소시킨다. 해외생산과 해외실질이자율의 변화가 국내순수출과 환율에 미치는 효과는 국내생산과 국내실질이자율의 변화가 미치는 효과와 반대로 나타난다.

6. 개방경제에서 *IS-LM* 모형은 폐쇄경제와 유사하다. 개방경제 *IS-LM* 모형의 중요한 차이점은 순수출이 증가하면 *IS* 곡선이 우측으로 이동한다는 것이다. 순수출이 증가하는 원인으로는 해외생산의 증가와 해외실질이자율의 상승 및 국내재화에 대한 세계수요의 증가 등이 있다. 특정 국가의 경제적 충격이나 정책 변화가 순수출의 변화를 통해 다른 국가로 전송된다면, 이것은 *IS* 곡선의 이동형태로 나타난다.

7. 변동환율제도를 사용하는 개방경제에서 확장 재정정책은 폐쇄경제와 마찬가지로 국내생산, 국내물가, 국내실질이자율을 상승시킨다. 반면, 환율에 미치는 효과는 명확하지 않다. 국내생산이 증가하면, 수입재화에 대한 수요가 증가해 환율을 하락시키지만, 실질이자율이 상승하면 국내자산을 더 매력적으로 만들어 환율을 상승시키기 때문이다. 생산 증가 시 수입수요가 증가하기 때문에 순수출은 감소한다. 확장 재정정책은 해외수출수요를 증가시켜서 그 효과가 국외로 전파된다.

8. 변동환율제도하의 개방경제에서 통화량의 변화는 고전파 모형을 사용할 때 중립적으로 나타난다. 통화량 변화는 케인즈파 모형을 사용할 때도 장기적으로 중립으로 나타난다. 그러나 케인즈파 모형에서 단기적으로 국내통화량 감소는 국내실질이자율을 상승시켜 실질환율을 절상시킨다. 국내생산 감소에 따른 순수출 증가 효과가 실질이자율 상승에 따른 순수출 감소 효과보다 클 경우 순수출은 증가한다. 통화긴축 시 외국의 순수출이 감소하기 때문에 외국으로 그 효과가

전파된다.

9. 고정환율제도에서 명목환율은 정책적으로 결정된다. 정책적으로 결정된 환율이 외환시장에서의 수요와 공급에 의해 결정된 환율의 본질가치보다 크다면, 그 환율은 과대평가됐다고 한다. 중앙은행은 외환시장에서 공식지불준비금(금이나 외환형태의 예금)을 매각해 환율의 과대평가상태를 유지할 수 있다. 정부가 환율의 과대평가를 유지하는 과정에서 지급준비금은 줄어들기 때문에 환율은 평가절하 압력을 받는다. 금융투자자는 평가절하를 예상한다면, 대규모로 국내자산을 매각할 것이다. 투기적 행위로 외환시장에서 국내통화 매각이 증가하면 중앙은행이 지급준비금을 사용한 외환 매각 역시 증가해야 한다.

10. 환율의 본질가치를 상승시키려면, 중앙은행은 긴축 통화정책을 실시해야 한다. 환율의 본질가치와 공식고정환율이 같아지는 점에서 국내통화 공급량이 결정된다. 고정환율제도하에서 개별 국가는 경기침체에 대응해 자유롭게 확장 통화정책을 사용할 수 없다. 이 경우 환율이 과대평가되기 때문이다. 그러나 고정환율제를 사용하는 국가들이 서로 협력하면 확장 통화정책을 효과적으로 사용할 수 있다.

11. 고정환율제도의 이점은 해당 국가가 경제와 금융통합을 촉진하고, 개별 국가가 통화정책을 규범적으로 실시하게 한다는 점이다. 고정환율제도 참여국이 서로 다른 거시경제 불안요인에 직면하거나 거시경제 목표가 달라서 통화정책을 상호 협력해 실시하지 않는다면, 통화정책은 적절히 작동하지 않는다.

핵심용어 KEY TERMS

고정환율제도	변동환율제도	통화연맹
교역조건	불태환통화	통화위원회제도
과대평가 환율	상대구매력평가설	투기적 인출사태
과소평가 환율	실질절상	평가절상
구매력평가설	실질절하	평가절하
명목절상	실질환율	환율
명목절하	외환시장	환율의 본질가치
명목환율	유동환율제도	J 곡선

주요 방정식 KEY EQUATIONS

$$e = \frac{e_{\text{nom}} P}{P_{\text{For}}} \tag{13.1}$$

실질환율 e는 자국재화의 한 개당 얻을 수 있는 외국재화의 수를 나타내며, 국내통화 1단위당 얻을 수 있는 외국통화의 양을 나타내는 명목환율 e_{nom}과 국내물가 P 그리고 해외물가 P_{For}으로 다음과 같이 정의된다.

$$\frac{\Delta e_{\text{nom}}}{e_{\text{nom}}} = \frac{\Delta e}{e} + \pi_{\text{For}} - \pi \tag{13.3}$$

명목환율의 변화율 $\Delta e_{\text{nom}}/e_{\text{nom}}$은 실질환율 변화율 $\Delta e/e$에 해외 인플레이션율에서 국내 인플레이션율을 뺀 값 $\pi_{\text{For}} - \pi$를 더한 것과 같다.

$$S^d - I^d = NX \tag{13.4}$$

개방경제하에서, 재화시장의 균형(*IS* 곡선)은 국내저축에서 투자수요를 빼 준 초과분이 순수출과 같을 때 성립한다. 식 (13.4)는 국내생산 Y가 총수요식 (13.5) $C^d + I^d + G + NX$와 반드시 일치하는 조건을 의미한다.

복습문제 REVIEW QUESTIONS

1. 명목환율과 실질환율을 정의하라. 명목환율과 실질환율은 어떠한 관계를 갖는가?

2. 환율제도의 두 가지 주요 형태는 무엇인가? 일반적으로 주요 통화인 달러나 엔, 유로 등의 가치는 어느 제도하에서 결정되는가?

3. 구매력평가설(*PPP*)을 정의하라. 구매력평가설은 현실적으로 잘 적용되는가?

4. J 곡선이란 무엇인가? 순수출이 J 곡선 형태로 나타나는 이유는 무엇인가?

5. 실질환율이 주어져 있다면, 국내소득 증가는 순수출에 어떠한 영향을 주는가? 해외소득이 상승할 때는 어떻게 되는가? 국내실질이자율이 상승한다면 실질환율과 순수출은 어떻게 되는가?

6. 외환시장에서 외국인이 달러를 수요하는 이유는 무엇인가? 왜 미국인은 외환시장에서 달러를 공급하는가? 외환시장에서 달러수요를 증가시키는 현상과 달러공급을 증가시키는 현상의 예를 두 가지씩 들어라.

7. 개방경제에서의 *IS-LM* 모형은 폐쇄경제의 *IS-LM* 모형과 얼마나 다른가? 개방경제에서의 *IS-LM* 곡선을 그리고, 특정 국가의 경기침체가 다른 국가로 전파되는 과정을 설명하라.

8. 경험적으로 확장 재정정책은 순수출에 어떠한 영향을 주는가? 확장 통화정책은 또한 어떠한 영향을 주는가? 이러한 효과들의 부호가 확정되지 않는 이유는 무엇인가?

9. 확장 통화정책이 단기와 장기에 명목환율에 미치는 영향은 무엇인가?

10. 통화의 본질가치란 무엇인가? 특정 통화가 과대평가됐다는 것은 무엇을 의미하는가? 통화의 과대평가는 왜 문제가 되는가? 정부는 과대평가된 통화에 무엇을 할 수 있는가?

11. 고정환율제도하에서 정부가 통화량 조절에 제한을 받는 이유는 무엇인가? 고정환율제도하에서 여러 국가가 협력하면 통화정책으로 거시경제정책 목표를 달성할 수 있게 되는 이유는 무엇인가?

12. 변동환율제도와 고정환율제도 및 통화연맹의 장단점을 논하라.

계산문제 NUMERICAL PROBLEMS

1. 서부비누나라는 일반 비누를 5길더(guilder)로 판매하고, 동부비누나라는 명품 비누를 100플로린(florin)으로 판매하고 있다. 서부와 동부비누 간의 실질환율은 2개의 일반 비누당 1개의 명품 비누다.

a. 두 국가 간 명목환율은 얼마인가?

b. 다음 해 서부비누나라의 국내 인플레이션이 10%인 반면, 동부비누나라의 국내 인플레이션은 20%이다. 두 개의 일반 비누는 여전히 한 개의 명품 비누로 거래된다. 다음 연도 말

에 명목환율은 어떻게 되는가? 어떤 국가의 명목환율이 절상하고 어떤 국가의 명목환율이 절하되는가?

2. 일본은 오직 카메라만 생산해 수출하며, 사우디아라비아는 원유만 생산해 수출한다. 초기에 일본은 카메라 40대를 사우디아라비아에 수출했고, 64통의 원유를 수입했다. 실질환율이 카메라 한 대에 원유 4통이다. 두 국가 모두 다른 무역 상대국은 없다.

a. 초기, 일본의 국내재화로 측정된 순수출은 얼마인가? (힌트 : 일본의 원유수입 규모에 해당되는 카메라수출 규모로 실질환율을 표현할 수 있다. 그리고 일본의 순수출은 카메라의 수출에서 카메라로 표시된 수입 규모를 뺀 것으로 계산할 수 있다.)

b. 실질환율이 카메라 한 대당 원유 3통으로 떨어졌다. 실질환율이 하락해 카메라가격에 비해 원유가격을 더 비싸게 만들긴 했지만, 단기에는 수출과 수입 규모가 소폭 변화해 일본의 수출이 42대의 카메라로 증가됐고 원유수입이 60통으로 감소했다. 일본 순수출의 실제 가치는 어떻게 됐는가?

c. 실질환율이 4에서 3으로 하락한 경우 장기에는 수출과 수입이 더 크게 조정되어 일본의 카메라 수출이 45대로 증가하고, 원유수입이 54통으로 하락했다. 이때 일본의 순수출은 무엇인가?

d. (a), (b), (c)에 대한 답변을 J 곡선의 개념을 사용해 설명하라.

3. 다음과 같은 고전파 경제를 고려하자.

바람직한 소비 $C^d = 300 + 0.5Y - 200r$

바람직한 투자 $I^d = 200 - 300r$

정부지출 $G = 100$

순수출 $NX = 150 - 0.1Y - 0.5e$

실질환율 $e = 20 + 600r$

완전고용산출량 $\bar{Y} = 900$

a. 실질이자율, 실질환율, 소비, 투자, 순수출의 균형 값은 얼마인가?

b. 완전고용산출량이 940으로 증가할 경우 실질이자율, 실질환율, 소비, 투자, 순수출의 균형 값은 얼마인가?

c. 완전고용산출량이 940이고, 정부지출이 132로 증가할 경우 실질이자율, 실질환율, 소비, 투자, 순수출의 균형 값은 얼마인가?

4. 다음과 같은 케인즈파 경제를 고려해 보자.

바람직한 소비 $C^d = 200 + 0.6(Y - T) - 200r$

바람직한 투자 $I^d = 300 - 300r$

조세 $T = 20 + 0.2Y$

정부지출 $G = 152$

순수출 $NX = 150 - 0.08Y - 500r$

통화수요 $L = 0.5Y - 200r$

통화공급 $M = 924$

완전고용산출량 $\bar{Y} = 1{,}000$

a. 국내총소득, 실질이자율, 소비, 투자, 순수출, 물가의 장기 일반균형 값은 얼마인가?

b. 완전고용에서 정부지출이 62만큼 증가해 214가 됐다. 이것이 장기와 단기 국내총소득, 실질이자율, 소비, 투자, 순수출, 물가에 미친 효과는 얼마인가?

c. 정부지출이 초기와 같이 152일 때, 순수출 방정식의 절편이 62만큼 상승해 $NX = 212 - 0.08Y - 500r$이 됐다. 이 변화가 장기와 단기에서 국내총소득, 실질이자율, 소비, 투자, 순수출, 물가에 미친 효과는 무엇인가? (b)항목의 답과 비교하라.

5. 다음과 같은 고전파 경제를 고려하자.

AD $Y = 400 + 50\,M/P$

AS $Y = \bar{Y} = 1{,}000$

이 경제는 오직 와인만 생산하며, 화폐로 프랑

(franc)을 사용한다. 이 경제의 무역상대국은 오직 치즈만을 생산하고, 크라운(crown)을 화폐로 사용한다. 이때 실질환율 e는 와인 한 병당 5장의 치즈다. 해외에서 가격수준이 치즈 1장은 20크라운이고, 국내통화량은 48프랑이다.

a. 국내물가는 얼마인가? (명목)환율의 본질가치는 얼마인가?

b. 정부가 환율을 1프랑에 50크라운으로 고정했다고 가정하자. 이 통화는 과소평가됐는가, 과대평가됐는가? 중앙은행이 1프랑 대 50크라운의 환율을 유지한다면, 미래 지급준비금 규모는 어떻게 되겠는가?

c. 정부가 환율의 본질가치와 고정환율을 1프랑 대 50크라운이 되도록 통화량을 조절하려고 한다. 현재의 통화량 수준으로 이 목표를 이룰 수 있는가? (힌트 : 실질이자율과 해외물가가 주어져 있다면, 공식고정환율을 유지하기 위한 국내 가격 수준은 무엇인가? 이러한 가격수준을 이루기 위한 국내통화량 규모는 얼마인가?)

6. [부록 13.B]

a. 계산문제 4번에서 식 (13.B.1), 식 (13.B.2), 식 (13.B.3)의 모든 변수값을 구하라. 식 (13.B.8)과 식 (13.B.9)를 사용해 개방경제 *IS* 곡선을 도출하라.

b. 이 경제에서의 *LM* 곡선을 도출하라.

c. 경제가 일반균형수준에 있을 때 산출량, 실질이자율, 물가를 구하라.

d. 이 경제의 *AD* 곡선을 구하라. 순수출이 산출량과 실질이자율에 상관없이 62만큼 증가한다고 가정하자. *AD* 곡선은 어떠한 영향을 받는가?

e. 이 경제에서 순수출 증가가 산출량에 미치는 효과를 찾아라. 단, 물가는 (c)에서 찾은 일반균형 값으로 고정되어 있다고 가정한다(힌트 : 이 가정은 *SRAS* 곡선이 수평선의 형태라는 가정과 일치한다).

분석문제 *ANALYTICAL PROBLEMS*

1. 불황이 발생하면 보호무역주의자는 국내일자리를 보호하기 위한 정책을 요구한다. 불황을 겪고 있는 어느 국가가 수입을 제한하는 조치를 발표한다고 가정해 보자.

a. 케인즈파 *IS-LM* 모형을 사용해 경제불황 시 수입제한이 고용, 산출량, 실질이자율, 실질환율에 미친 효과를 분석하라.

b. 이 정책이 해외의 고용, 산출량, 실질이자율, 실질환율에 미친 효과는 무엇인가? 수입제한에 영향을 받는 해외국가가 국내수출을 제한하는 조치를 한다면 무슨 일이 발생할 것인가?

c. 수입제한조치가 국내경제가 완전고용수준일 때 실시됐다. 오인이 없는 기본적인 고전파 모형을 사용해, 수입제한조치가 고용, 산출, 실질이자율, 실질환율에 미치는 효과를 찾아라.

2. 미국은 1980년대 초반 국제시장에서 매력적인 투자처로 인식됐다. 미국 내에서는 기업에 우호적인 조세법이 실시되고, 자본사용료가 하락한 반면, 타 국가에서는 개도국 외채위기에 따라 자본 한계생산성이 감소했다. 고전파 *IS-LM* 모형을 사용해 이러한 변화가 국내실질환율을 절상시키고 순수출을 감소시키는 과정을 설명하라. 이때 각국의 생산성이나 노동공급은 변화하지 않는다고 가정한다. 또한 금융자본의 이동은 어떻게 나타날 것인가? 그리고 이렇게 금융자본이 이동하는 이유는 무엇인가?

3. 동부비누나라의 주요 무역파트너는 서부비누나라다. 인플레이션을 타개하기 위해서 서부비누

나라가 긴축 통화정책을 실시했다.

a. 동부비누나라의 정책이 변화하지 않을 경우, 단기적으로 서부비누나라의 긴축 정책이 동부비누나라의 실질환율에 미치는 효과는 무엇인가? 장기에 이 효과는 어떠한가? 변동환율제도에서의 케인즈파 모형을 사용해 분석하라.

b. 단기와 장기에서 서부비누나라의 긴축 통화정책이 동부비누나라의 명목환율에 미치는 효과는 무엇인가?

c. 현재 동부비누나라와 서부비누나라가 서로 환율을 고정했다고 가정하자. 동부비누나라가 고정환율을 본질가치와 같아지도록 하려면, 동부비누나라는 서부비누나라의 긴축 통화정책에 어떻게 대응해야 하는가? 고정환율을 본질가치와 같게 유지한다면 동부비누나라의 산출량, 실질환율, 순수출은 어떻게 되는가? (a)의 답과 비교하라.

d. 서부비누나라가 긴축 통화정책을 실시할 때, 동부비누나라는 거시경제 정책을 바꾸지 않기로 결정했다. 이 경우 동부비누나라에서는 어떤 일이 발생할 것인가? 가능한 여러 시나리오를 선택해 설명하라.

4. 그림 13.7(a)와 같은 그래프에서 일시적으로 1인당 완전고용산출량이 100만큼 증가하는 총공급 증가 충격이 발생할 때, 순수출은 어떻게 되는가? 이때 소득이 항시 완전고용수준에 있는 기본 고전파 모형을 사용한다.

a. 소득의 일시적인 증가에도 불가하고, 내국인이 지출 규모를 변화하지 않는다고 가정하자. 이때 총공급 증가 충격이 순수출에 미치는 효과는 무엇인가? (힌트 : 소득 증가가 저축-투자 곡선에 미치는 효과는 무엇인가? 이것은 순수출 곡선에 어떤 효과를 주는가?)

b. 지금 일시적으로 내국인이 지출을 1인당 100만큼 증가시켰다. 그리고 이 증가된 지출의 일부는 해외에서 생산된 제품으로 충족된다. 이것이 자국의 순수출에 미치는 효과는 무엇인가?

c. 심화문제 : 소득 증가가 일시적으로 이뤄진다면, (a)에서 가정한 지출행위와, (b)에서 가정한 지출행위 중 어떤 것이 발생 가능성이 더 높은가? 순수출이 공급 충격에 조정되도록 설명했던 5장의 개방경제모형이 이 문제의 답과 일치하는가, 일치하지 않는가?

실제 거시경제 데이터를 이용한 문제 *WORKING WITH MACROECONOMIC DATA*

이 연습문제에서 사용하는 데이터를 구하려면 research.stlouisfed.org/fred2에 있는 세인트루이스 연방준비은행의 FRED 데이터베이스를 찾아라.

1. 미국은 1970년대 초반 브리튼우즈체제의 고정환율제도를 포기했다.

a. 1973년부터 현재까지 명목환율의 그림을 그려라. 1973년부터 현재까지 국내물가로 미국의 소비자 물가를 사용하고, 해외물가로 캐나다의 소비자 물가지수(캐나다의 소비자 물가지수 데이터는 www.statcan.ca/start.html에서 구할 수 있다)를 이용해 미국의 실질환율을 계산하고 그림을 그려라. 위의 두 그림을 비교하고, 실질환율의 변동이 명목환율의 변동으로부터 발생한 것인지, 아니면 국내와 해외에서 물가의 변동으로부터 발생한 것인지를 구별해 보라.

b. 경제이론에 따르면 미국의 실질이자율이 상승하면 달러자산이 더 매력적이게 되므로 미국 달러가 절상된다. 명목환율과 실질환율 및 실질이자율(3개월 재무성채권 이자율에서 인플레이션율을 제해서 구한다)의 그림을 그려라.

그리고 실질이자율과 환율 간의 이론적인 관계가 통계자료에서 성립하는가를 조사하라.

2. 1973년 이후 분기별 데이터를 사용해, 문제 1에서 계산한 미국의 실질환율과 GDP 계정상의 순수출을 그래프로 그려라. 이때 실질환율과 순수출 간 음의 관계가 나타나는가?

3. 1981년 1월부터 현재까지 미국 달러와 홍콩 달러 간의 환율을 그려라. 1981년과 1983년 후반까지 홍콩 달러가 상대적으로 미국 달러에 비해 절상됐는가, 절하됐는가? 1983년 이후에는 무슨 일이 발생했는가? 1983년 이후 환율의 변화를 설명하라.

부록 13.A

개방경제 *IS-LM* 모형에서의 계산문제 풀이 연습

이 장에서는 수학적 방법을 사용해 개방경제의 *IS-LM* 모형 연습문제를 풀어 본다.

먼저 아래의 방정식으로 구성되는 경제를 고려하자.

$$
\begin{aligned}
C^d &= 140 + 0.8(Y - T) - 200r \\
T &= 400 + 0.1Y \\
I^d &= 1{,}000 - 700r \\
NX &= 50 - 0.07Y + 0.15Y_{\text{For}} - 100r + 400r_{\text{For}} \\
L &= 0.5Y - 1{,}000i \\
\bar{Y} &= 5{,}000,\ G = 400,\ M = 489{,}900,\ \pi^e = 0.17, \\
Y_{\text{For}} &= 4{,}000,\ r_{\text{For}} = 0.2,\ P_{sr} = 213
\end{aligned}
$$

이때 단기와 장기에서 Y, P, r, T, C, I, NX 그리고 i를 구하라. 이 문제를 풀기 위해 다음과 같은 단계를 따른다.

1단계 : 재화시장에서의 균형조건을 사용해 *IS* 곡선을 도출한다. 재화시장의 균형조건은 $Y = C^d + I^d + G + NX$이다. 먼저 C^d 방정식에 T의 방정식을 대입한다. 또한 G, Y_{For}와 r_{For}의 값을 I^d와 NX 방정식에 대입한다. 그리고 최종적으로 I^d와 NX를 모두 $Y = C^d + I^d + G + NX$에 대입한다.

$$
Y = \{140 + 0.8[Y - (400 + 0.1Y)] - 200r\} + [1{,}000 - 700r] + 400 + [50 - 0.07Y + (0.15 \times 4{,}000) - 100r + (400 \times 0.2)]
$$

이 식을 Y에 대한 r의 식으로 재배열하면

$$
Y = \{140 + 0.8Y - [(0.8 \times 400) + (0.8 \times 0.1Y)] - 200r\} + [1{,}000 - 700r] + 400 + [50 - 0.07Y + 600 - 100r + 80]
$$

이 되고,

$$\begin{aligned} Y &= [140 + 0.8Y - 320 - 0.08Y - 200r] + [1{,}000 - 700r] \\ &\quad + 400 + [50 - 0.07Y + 600 - 100r + 80] \\ 0.35Y &= [140 - 320 + 1{,}000 + 400 + 50 + 600 + 80] \\ &\quad - (200 + 700 + 100)r \\ 1{,}000r &= 1{,}950 - 0.35Y \end{aligned}$$

가 된다. 따라서 $r = 1{,}950/1{,}000 - (0.35/1{,}000)Y$가 되므로

$$r = 1.95 - 0.00035Y$$

의 *IS* 곡선이 도출된다.

2단계 : 자산시장의 균형조건을 사용해 *LM* 곡선을 도출한다.

a. 첫째, 일단 물가지수를 모른다고 가정하고 *LM* 곡선을 도출한다. 자산시장의 균형조건은 실질통화 공급과 수요량이 같아지는 것이다. 실질통화수요는 $L = 0.5Y - 1{,}000i = 0.5Y - 1{,}000(r + \pi^e) = 0.5Y - 1{,}000(r + 0.17)$이고, 실질통화공급은 $M/P = 489{,}900/P$이다. 따라서 자산시장의 균형조건은 $489{,}900/P = 0.5Y - 1{,}000(r + 0.17)$이며 $1{,}000r = 0.5Y - 170 - 489{,}900/P$가 된다. 따라서 $r = (0.5/1{,}000)Y - (170/1{,}000) - (489{,}900/1{,}000)/P$이며, $r = 0.0005Y - 0.17 - 489.9/P$의 *LM* 곡선이 도출된다. 이때 이 *LM* 곡선에서 아직 P 값은 정해져 있지 않다.

b. $P = P_{sr}$일 때의 *LM* 곡선의 식을 찾아본다. $P = P_{sr} = 213$이면, *LM* 곡선은 $r = 0.0005Y - 0.17 - 489.9/213$이므로 $r = 0.0005Y - 0.17 - 2.30$이 된다. 즉, $r = 0.0005Y - 2.47$이 된다. 이 식은 $P = P_{sr}$일 때의 *LM* 곡선식이다.

3단계 : 단기 균형을 찾는다.

a. *IS* 곡선과 *LM* 곡선을 교차시켜서 단기 균형 값 Y, r을 찾는다. *IS* 곡선과 *LM* 곡선을 나타내는 방정식의 우변에는 r이 있다. *IS* 곡선과 *LM* 곡선의 우변을 똑같이 놓으면 $1.95 - 0.00035Y = 0.0005Y - 2.47$이 되므로 $4.42 = 0.00085Y$가 된다. 따라서 $Y = 4.42/0.00085 = 5{,}200$이 된다. 이제 *IS* 곡선과 *LM* 곡선 둘 중 하나에 Y 값을 대입하면 r 값을 구할 수 있다. *IS* 곡선을 사용하면 $r = 1.95 - 0.00035Y = 1.95 - (0.00035 \times 5{,}200) = 1.95 - 1.82 = 0.13$이 도출된다. *LM* 곡선에 대입하면 $r = 0.0005Y - 2.47 = (0.0005 \times 5{,}200) - 2.47 = 2.60 - 2.47 = 0.13$이 도출된다.

b. Y, r의 균형 값을 기타 방정식에 대입해서 T, C, I, NX, i의 균형 값을 구한다.

$$T = 400 + 0.1Y = 400 + (0.1 \times 5{,}200),\ \text{따라서}\ T = 920$$
$$C = 140 + 0.8(Y - T) - 200r = 140 + [0.8(5{,}200 - 920)] - (200 \times 0.13) = 140 + 3{,}424 - 26 = 3{,}538$$
$$I = 1{,}000 - 700r = 1{,}000 - (700 \times 0.13) = 1{,}000 - 91 = 909$$
$$NX = 50 - 0.07Y + 0.15Y_{For} - 100r + 400r_{For} = 50 - (0.07 \times 5{,}200) + (0.15 \times 4{,}000) - (100 \times 0.13) + (400 \times 0.2) = 50 - 364 + 600 - 13 + 80 = 353$$

($C + I + G + NX = 3{,}538 + 909 + 400 + 353 = 5{,}200$은 Y 값과 동일하다.)

$$i = r + \pi^e = 0.13 + 0.17 = 0.3$$

4단계 : 장기 균형을 찾는다.

a. $Y = \overline{Y}$인 장기 균형조건을 사용하라. 산출량의 균형수준에 IS 곡선식을 대입해 실질이자율의 균형 값을 구한다. $\overline{Y} = 5{,}000$일 때, IS 방정식에 대입하면 $r = 1.95 - 0.00035Y$에서 $r = 1.95 - (0.00035 \times 5{,}000) = 1.95 - 1.75 = 0.20$이 도출된다.

b. Y, r의 균형 값을 다른 방정식에 넣어 T, C, I, NX, i의 균형 값을 구한다.

$$T = 400 + 0.1Y = 400 + (0.1 \times 5{,}000),\ \text{따라서}\ T = 900$$
$$C = 140 + 0.8(Y - T) - 200r = 140 + [0.8(5{,}000 - 900)] - (200 \times 0.2) = 140 + 3{,}280 - 40 = 3{,}380$$
$$I = 1{,}000 - 700r = 1{,}000 - (700 \times 0.2) = 1{,}000 - 140 = 860$$
$$NX = 50 - 0.07Y + 0.15Y_{For} - 100r + 400r_{For} = 50 - (0.07 \times 5{,}000) + (0.15 \times 4{,}000) - (100 \times 0.2) + (400 \times 0.2) = 50 - 350 + 600 - 20 + 80 = 360$$

($C + I + G + NX = 3{,}380 + 860 + 400 + 360 = 5{,}000$이고 Y 값과 동일하다.)

c. Y, i의 균형 값을 화폐수요방정식에 대입해 실질통화수요 값을 구한다. 그리고 실질통화공급량 M/P와 실질통화수요 L이 같아지는 P 값을 구한다.

즉, 화폐수요곡선은 $L = 0.5Y - 1000i = (0.5 \times 5{,}000) - (1{,}000 \times 0.37) = 2500 - 370 = 2{,}130$이다. 실질통화공급량이 489,900으로 주어질 때, 실질통화수요는 $489{,}900/P = 2{,}130$이 되고, $P = 489{,}900/2{,}130 = 230$이 된다.

위의 경제에서 실질환율과 명목환율을 계산하기 위해서 아래와 같은 문제를 고려한다.

문제 : 실질환율 e가 $e = 67 - 0.005Y + 0.002Y_{For} + 100r - 300r_{For}$이고, 해외

물가수준이 $P_{\text{For}} = 115$라고 가정하자. 이때 장기 균형하에서 실질환율과 명목환율 값을 계산하라.

답 : Y, r과 Y_{For}, r_{For}의 장기 균형 값을 실질환율방정식에 대입하면, $e = 67 - (0.005 \times 5{,}000) + (0.002 \times 4{,}000) + (100 \times 0.2) - (300 \times 0.2) = 67 - 25 + 8 + 20 - 60 = 10$이 성립해, 자국재화 1단위당 10단위의 외국재화가 교환됨을 알 수 있다.

명목환율 e_{nom}은 $e_{\text{nom}} = e \times P_{\text{For}}/P$ 공식에 따라 (1개의 자국재화 대 10개의 외국재화 비율) × (외국재화의 가격당 화폐 115단위)/(국내재화의 가격 230)로 계산하면, $e_{\text{nom}} = 5$로 자국통화 1단위당 외국통화 5단위가 교환됨을 알 수 있다.

부록 13.B

개방경제 *IS-LM* 모형에 대한 수학적 설명

개방경제에서의 *IS-LM* 모델은 기본적으로 부록 9.B와 같이 재화시장에서의 균형(*IS* 곡선)에 순수출을 포함해 도출한다. 반면, *LM* 곡선과 *FE*선은 이전 분석과 다르지 않다.

개방경제에서의 *IS* 곡선을 도출하기 위해 소비와 저축의 식 (9.B.8)과 식 (9.B.10)을 사용한다.

$$C^d = c_0 + c_Y[Y - (t_0 + tY)] - c_r r \tag{13.B.1}$$

$$I^d = i_0 - i_r r \tag{13.B.2}$$

식 (13.B.1)은 소비가 가처분소득 $Y - T$와 양의 관계를 갖고, 실질이자율 r과 음의 관계를 갖는다는 것을 보여준다[식 (13.B.1)은 T 대신 식 (9.B.9)를 사용한 것이다]. 식 (13.B.2)는 투자수요가 실질이자율 r과 음의 관계를 갖는다는 것을 의미한다. 소비와 투자에 영향을 끼치는 기타 요인은 모두 c_0와 i_0의 상수항으로 각각 나타낸다.

개방경제에서 순수출은 국내총수요의 구성요인이 된다. 순수출은 다음 식으로 표시된다.

$$NX = x_0 - x_Y Y + x_{YF} Y_{\text{For}} - x_r r + x_{rF} r_{\text{For}} \tag{13.B.3}$$

여기서 $x_0, x_Y, x_{YF}, x_r, x_{rF}$는 모두 양의 값이다. 식 (13.B.3)에 따르면, 순수출은 국내소득 Y와 음의 관계(국내소득이 상승하면 수입지출이 증가한다)를 가지며, 해외소득 Y_{For}와 양의 관계(해외소득이 상승하면 수출품수요가 증가한다)를 갖는다. 순수출은 또한 국내실질이자율 r과 음의 관계(실질이자율이 상승하면 실질환율은 절상되며, 국내재화는 상대적으로 더 비싸진다)를 맺고, 해외실질이자율 r_{For}은 양의 관계(해외실질이자율이 상승하면 국내실질환율이 절하한다)를 맺는다. 국내나 해외상품의 품질과 같이 순수출에 영향을 주는 그 밖의 요인은 식 (13.B.3)에서 상수 x_0에 반영된다.

개방경제에서의 재화시장 균형조건은 식 (13.5)와 같다.

$$Y = C^d + I^d + G + NX \tag{13.B.4}$$

한편, 개방경제에서 재화시장의 균형조건은 $S^d = I^d + NX$로 표시된다.

이때 소비방정식 (13.B.1)과 투자방정식 (13.B.2), 순수출방정식 (13.B.3)을 재화시장 균형조건식 (13.B.4)에 대입하면 다음 식을 얻게 된다.

$$\begin{aligned} Y = c_0 + c_Y(Y - t_0 - tY) - c_r r + i_0 - i_r r + G + x_0 - x_Y Y \\ + x_{YF}Y_{\text{For}} - x_r r + x_{rF}r_{\text{For}} \end{aligned} \tag{13.B.5}$$

이때 Y를 모두 좌변으로 이동하면,

$$\begin{aligned} [1 - (1 - t)c_Y + x_Y]Y = c_0 + i_0 + G - c_Y t_0 + x_0 + x_{YF}Y_{\text{For}} \\ + x_{rF}r_{\text{For}} - (c_r + i_r + x_r)r \end{aligned} \tag{13.B.6}$$

가 된다.

식 (13.B.6)은 산출량 Y와 실질이자율 r 간의 관계식으로 개방경제에서 재화시장을 균형 잡아 주는 *IS* 곡선이 된다. 식 (13.B.6)을 쉽게 그림으로 설명하기 위해 r을 좌변에, Y를 우변에 놓으면 다음 식이 도출된다.

$$r = \alpha'_{IS} - \beta'_{IS}Y, \text{ 개방경제 } IS \text{ 곡선} \tag{13.B.7}$$

이때 α'_{IS}와 β'_{IS}는 양수로 다음과 같이 정의된다.

$$\alpha'_{IS} = \frac{c_0 + i_0 + G - c_Y t_0 + x_0 + x_{YF}Y_{\text{For}} + x_{rF}r_{\text{For}}}{c_r + i_r + x_r} \tag{13.B.8}$$

$$\beta'_{IS} = \frac{1 - (1 - t)c_Y + x_Y}{c_r + i_r + x_r} \tag{13.B.9}$$

이때 순수출이 없다면 $x_0 = x_Y = x_{YF} = x_r = x_{rF} = 0$이 되므로, 계수 α'_{IS}와 β'_{IS}는 폐쇄경제 *IS* 곡선의 계수 α_{IS} 및 β_{IS}와 같아진다[식 (13.B.8)과 (13.B.9)를 식 (9.B.15) 및 (9.B.16)과 비교하라].

개방경제에서의 *IS* 곡선식 (13.B.7)을 사용하면, 이 장에서 설명한 *IS* 곡선의 세 가지 중요한 성격을 확인할 수 있다. 첫째, 기울기가 우하향한다. *IS* 곡선의 기울기는 $-\beta'_{IS}$로 음수 값을 갖기 때문이다. 둘째, 폐쇄경제에서 *IS* 곡선을 이동시키는 요소는 개방경제에서도 모든 *IS* 곡선을 이동시킨다. 즉, 절편 α_{IS}를 변화시키는 요소는 모두 α'_{IS} 절편을 같은 방향으로 변화시킨다. 마지막으로 산출량과 실질이자율이 주어질 때, 순수출을 증가시키는 요인은 개방경제에서 *IS* 곡선을 우측 이동시킨다. Y_{For} 또는 r_{For}가 증가하거나 x_0가 늘어나면, 절편 α'_{IS}가 증가하기 때문에 *IS* 곡선이 우측으로 이동한다.

개방경제 *IS-LM* 모형의 일반균형은 폐쇄경제 *IS* 곡선식 (9.B.14)를 개방경제 *IS* 곡선식 (13.B.7)로 대체해 도출된다. 또한 개방경제에서의 고전파와 케인즈파의 *AD-AS* 분석도 총수요식 (9.B.24)의 계수 α_{IS}와 β_{IS}를 개방경제에서의 α'_{IS}와 β'_{IS}로 대체하는 것을 제외하고는 폐쇄경제와 같아진다(부록 9.B).

산출량 Y, 실질이자율 r, 물가 P의 값은 개방경제에서의 *IS-LM* 모형이나 *AD-AS* 모형에 의해 결정되고, 환율은 다음 식으로 결정된다.

$$e = e_0 - e_Y Y + e_{YF} Y_{For} + e_r r - e_{rF} r_{For} \tag{13.B.10}$$

여기서 $e_0, e_Y, e_{YF}, e_r, e_{rF}$는 양수고, 명목환율은 실질환율과 다음과 같은 관계식을 갖는다.

$$e_{nom} = \frac{eP_{For}}{P} \tag{13.B.11}$$

식 (13.B.10)에 따르면, 해외소득 Y_{For}이 증가하거나 국내실질이자율 r이 상승하면 실질환율 e가 절상하고, 국내소득 Y나 해외실질이자율 r_{For}이 상승하면 실질환율이 절하된다. 식 (13.B.11)은 명목환율 e_{nom}이, 실질환율 e와 해외와 국내의 물가인 P_{For}와 P에 의존한다는 것을 나타낸다.

식 (13.B.10)과 식 (13.B.11)을 활용하기 위해서 케인즈파 모형에서 통화 확장의 효과를 고려한다. 단기에서 통화량이 증가하면 국내생산량 Y는 증가하고, 국내실질이자율 r은 하락하나, 물가 P는 변화하지 않는다. 이러한 변화는 식 (13.B.10)과 식 (13.B.11)에서 해외생산 Y_{For}과 해외실질이자율 r_{For}이 고정될 경우 실질환율 e와 명목환율 e_{nom}이 하락한다는 것을 의미한다. 즉, 장기에서 통화는 중립이기 때문에, Y와 r은 원래 수준으로 돌아간다. 식 (13.B.10)에 따르면 실질환율 e 역시 장기적으로 원래 수준으로 돌아가게 된다. 그러나 장기적으로 통화 증가는 국내물가 P를 상승시키므로 명목환율 e_{nom}은 식 (13.B.11)에 따라 절하된다.

CHAPTER 14

통화정책과 연방준비제도

정부의 통화공급량 조절을 의미하는 통화정책은 재정정책과 함께 매우 중요한 거시경제 정책수단이다(재정정책은 15장에서 논의한다). 통화정책은 경제 전반에 광범위한 영향을 준다. 앞에서 분석한 거시경제모형에 따르면 통화공급의 변화는 물가나 명목이자율과 같은 명목변수에 영향을 준다. 더욱이 통화의 비중립성을 인정할 경우(오인이 발생하는 고전파 이론과 케인즈파 이론을 포함한다) 통화정책은 단기에 실질 GDP, 실질이자율과 실업률과 같은 실질변수에도 영향을 준다. 이렇게 통화정책은 경제에 매우 광범위한 효과를 주기 때문에 미디어, 금융시장 참가자와 일반 대중 등 거의 모든 경제주체는 중앙은행의 정책 발표나 각종 조치 등을 매우 세심하게 살피고 있다.

14장에서는 통화정책의 원리를 자세히 살펴보고, 정부의 통화공급과정 및 방법론을 분석할 것이다. 각 나라의 중앙은행(미국에서는 연방준비제도)이 통화공급량 결정에 매우 강력한 영향을 주며, 또한 은행시스템과 개별 경제주체 역시 통화공급에 영향을 준다는 점을 설명한다. 그리고 연방준비은행과 함께 수많은 은행들이 통화공급보다 이자율에 더 중점을 두는지도 설명한다.

이 장의 두 번째 부분은 중앙은행이 어떻게 통화정책을 수행하는가를 조사한다. 고전학파와 케인즈파의 차이를 넘어, 통화정책의 효과나 경기변동을 줄여야 하는 필요성 등에 대한 논쟁을 살펴본다. 일반적으로 케인즈파는 통화당국이 경기변동폭을 줄이기 위해 각종 정책을 수행해야 한다고 주장한다. 반면, 고전학파와 통화주의자는 중앙은행이 간단한 준칙을 통해 통화정책을 수행하며, 재량적으로 실시해서는 안 된다고 주장한다. 통화주의자와 고전학파 경제학자는 비록 통화정책을 위한 준칙 설립이 정책수립자의 손을 불필요하게 묶을 수는 있지만, 준칙을 사용하는 것이 장기에 있어 더 안정적이고 인플레이션이 낮은 경제에 도달할 수 있다고 주장한다. 이 장은 통화정책 수행 시 준칙을 사용하는 것이 좋은가에 대한 논쟁을 고찰한 후, 미국과 그 밖의 나라들의 통화정책에서 준칙 사용의 효율성을 논할 것이다. 또한 준칙 사용에 대한 논쟁을 통화정책 수립기관이 어떻게 설계돼야 하는가의 질문과 연관해서 살펴볼 것이다. 예를 들어, 중앙은행이 정부의 그 밖의 기관들로부터 완전히 독립돼야 하는가 혹은 더 직접적으로 행정부와 입법부에 의해 통제돼야 하는가 등에 대한 올바른 답변을 찾도록 조사한다.

14.1 통화공급의 결정 원리

특정 국가의 통화공급은 어떻게 결정될까? 지금까지 가정해 왔듯이, 통화공급 M은 중앙은행에 의해 직접적으로 통제된다. 이 가정은 매우 유용한 가정이지만, 실제로 이는 현실과 일정 수준 거리가 있는 사실이다. 통화공급에 대한 중앙은행의 통제는 간접적일 뿐이고, 전반적인 경제구조가 이에 크게 영향을 주기 때문이다.

일반적으로 중앙은행, 예금기관, 비은행 민간 등의 경제주체들이 다음과 같이 통화공급에 영향을 미친다.

1. 거의 대부분의 국가에서 **중앙은행**(central bank)은 통화정책에 책임을 지는 정부기관이다.[1] 예를 들어, 미국의 연방준비제도이사회나 유럽의 유럽중앙은행, 일본의 일본은행 등이 각국의 중앙은행은 통화정책에 책임을 지고 있다.
2. 민간은행과 저축기관으로 구성되는 **예금기관**(depository institution)은 비은행 민간으로부터 직접적으로 예금을 받고, 대출을 하는 기관이다. 일반적으로 예금기관 중 가장 중요한 기관은 은행이다.
3. 비은행 민간은 지폐와 동전 같은 화폐를 보유하고, 은행에 예금을 하고 대출을 받는 가계 및 기업을 포함한다. 이들은 은행시스템 밖의 모든 개별 경제주체를 포함한다.

이 절은 달러를 사용하고, 중앙은행이 연방준비은행(이하 연방준비제도)인 미국 경제의 예를 통하여 각국의 통화공급과 중앙은행의 역할을 살펴보기로 한다. 먼저 연방준비제도의 대차대조표는 다음과 같이 표시된다.

1. 중앙은행은 대부분의 산업화된 국가에서 19세기 혹은 20세기 초에 설립했다. 중앙은행 설립 이전에는 대체로 재무부에서 통화발행과 통화공급에 관련된 문제를 책임졌다.

연방준비은행			
자산		**부채**	
유가증권	$900	비은행부문보유통화	$700
금	$100	은행보유현금	$100
		지급준비예금	$200
총자산	**$1,000**	**총부채**	**$1,000**

연방준비제도 대차대조표의 차변은 자산으로 구성된다. 이때 자산은 유가증권과 금으로 구성된다. 일반적으로 유가증권은 미국의 단기 및 중·장기 국채를 의미하고, 연방준비제도의 자산은 투자자들에게 자금을 받고 판매한 국채라고 할 수 있다. 최근 금융위기 기간 중 연방준비제도는 대차대조표상에 모기지 담보증권과 금융회사 대출이 포함되는 특징이 나타났다. 대차대조표상의 대변은 연방준비제도의 부채를 나타낸다. 연방준비제도에 의해 발행된 통화와 비은행보유통화, 민간은행보유현금은 연방준비제도가 갚아야 하는 채무로 대차대조표상에서 부채로 기록된다. 지급준비예금은 연방준비제도에 은행들이 계좌를 개설하고 예금한 것이다. 이것은 연방준비제도에서는 부채로, 일반 은행에서는 자산으로 기입된다. 연방준비제도의 부채에서 지급준비예금과 통화(일반부문 통화보유와 시재금 등을 포괄하는 넓은 의미)의 총액은 **본원통화**(monetary base) 혹은 **고성능화폐**(high-powered money)라 불린다. 본원통화는 이 예에서 1,000달러로 정한다.

다음으로 일반 시중은행의 대차대조표를 살펴보자. 이때 제시되는 대차대조표는 모든 시중은행의 대차대조표를 합한 것으로 다음과 같다.

모든 민간은행의 결합대차대조표			
자산		**부채**	
현금	$100	예금	$3,000
지급준비예금	$200		
대출	$2,700		
총자산	**$3,000**	**총부채**	**$3,000**

은행의 자산은 은행보유현금 100달러(연방준비제도 대차대조표에서는 부채로 잡혀 있다), 지급준비금 200달러(이 금액 또한 은행보유현금과 마찬가지로 연방준비제도의 부채로 되어 있다)와 더불어 2,700달러의 비은행 일반부문 대출로 이루어져 있다. 은행의 부채는 3,000달러로 비은행 일반부문의 예금 전체 금액과 같다. 예를 들어, 당신이 은행에 가서 예금계좌를 개설하면 이것이 바로 은행 대차대조표의 부채부문에 더해진다.

은행의 보유유동자산은 예금자의 인출 또는 예금계좌를 닫을 때 지불하기 위한 **지급준비자산**(bank reserve)으로 불린다. 은행 지불준비자산은 은행이 연방준비제도에 예금한 지급준비예금과 현금의 합으로 총 300달러다. 최근까지 미국의 은행들은 연방준비제도에 예금한 지급준비예금에 대해 이자수익을 얻지 못했으며, 연방준비제도 또한 지급준비예금에 이자를 지급하지 않았다. 그러나 2008년 10월부터 연방준비제도는 지급준비예금에 대하여 아주 낮지만 이자를 지급하기 시작했고, 이에 대한 자세한 설명은 14.2절에서 논의할 것이다. 은행은 신용도가 높은 은행고객들에게 대출을 할 경우, 지급준비예금을 보유하는 것보다 높은 수익을 얻게 된다. 은행은 자신의 예금을 사용하여 중앙은행에 지급준비예금을 하기보다는 차라리 대출을 하는 것이 보다 높은 수익을 얻는 방법이 된다. 따라서 은행들은 예금의 일부만을 지급준비예금으로 보유하게 된다. 위의 예에서 지급준비금을 예금으로 나눈 **예금지급준비율**(reserve-deposit ratio)은 10%로, 은행이 예금액 3,000달러를 갖고 지급준비금으로 300달러를 보유하고 있는 경우를 의미한다. 은행 시스템에서 예금지급준비율이 1보다 작은 경우 이를 **부분지급준비제도**(fractional reserve banking)라 부른다. 이와 반대인 경우는 **100% 지급준비제도**(100% reserve banking)로, 은행이 예금의 100%를 지급준비금으로 가지고 있는 것을 뜻한다. 100% 지급준비제도하에서 은행은 일반 대중의 화폐를 안전하게 보관하는 서비스밖에 제공하지 못한다. 만약 중앙은행이 0 또는 아주 낮은 금리에 대하여 지급준비예금에 대해 이자를 지급한다면, 은행이 100% 지급준비제도하에서 각종 지출을 부담하고 이윤을 창출하는 유일한 방법은 예금자에게 보관수수료를 부과하는 것이 된다(이는 예금에 음의 이자율이 부과된다는 것을 의미한다).

공개시장조작

연방준비제도가 채권시장에서 민간투자자로부터 유가증권을 매입할 경우, 통화량은 증가하게 된다. 예를 들어, 연방준비제도가 바클레이 은행(Barclays Bank)에 은행계좌를 개설한 바클레이 캐피탈(Barclays Capital)로부터 100달러의 증권을 사는 경우를 가정하자. 이때 연방준비제도는 증권 100달러를 바클레이 캐피탈로부터 받게 되고, 연방준비제도의 바클레이 은행 예금계좌에 예금이 100달러 증가할 것이고, 또한 바클레이 캐피탈의 바클레이 은행 계좌에도 100달러가 증가한다. 결과적으로 이러한 과정 속에서 연방준비제도의 대차대조표상에서 자산부문에서 증권은 100달러가 증가한 1,000달러를 기록할 것이고, 부채에서 지급준비예금이 100달러 증가한 300달러가 될 것이다. 전체적인 은행의 대차대조표에서는 자산부문은 지급준비예금이 100달러 증가할 것이고, 부채에서는 바클레이 캐피탈의 예금이 늘어난 100달러만큼 증가할 것이다. 이러한 과정을 거친 후, 연방준비제도와 전체은행의 대차대조표는 다음과 같다.

연방준비은행			
자산		**부채**	
유가증권	$1,000	비은행부문보유통화	$700
금	$100	은행보유현금	$100
		지급준비예금	$300
총자산	**$1,100**	**총부채**	**$1,100**

모든 민간은행의 결합대차대조표			
자산		**부채**	
현금	$100	예금	$3,100
지급준비예금	$300		
대출	$2,700		
총자산	**$3,100**	**총부채**	**$3,100**

은행의 대차대조표상에서 총지급준비금(현금과 지급준비예금을 합한 것)이 400달러가 되며, 총자산은 예금액인 3,100달러와 같게 된다. 만약 은행의 예금지급준비율이 10%였다면(연방준비제도가 채권을 사기 전의 비율), 그들은 0.1 × 3,100달러만큼 필요하거나 또는 310달러의 지급준비금이 필요할 것이다. 현재 그들은 400달러의 지급준비금을 가지고 있고, 그들은 400달러에서 310달러를 뺀 90달러만큼으로 추가적 대출을 통한 이자수익이 발생할 수 있다.

예를 들어, 앤이 바클레이 은행으로부터 90달러를 대출받고 이 자금을 사용하여 상인 폴로부터 90달러만큼의 물건을 살 수 있게 된다. 이 경우 폴은 상품판매대금인 90달러를 자신이 거래하는 은행에 추가로 예금할 수 있게 된다. (우리는 여기서 폴이 외화를 가지고 있는 것보다 모든 금액을 은행에 예금해서 보유할 것이라고 가정한다. 우리는 더욱 일반화된 상황을 다음 절인 통화승수 부분에서 설명한다.) 이 경우 앤이 대출한 90달러는 은행 대차대조표에 자산으로 들어가 대출부문에 더해지게 되므로 총대출금은 2,790달러가 될 것이고, 총자산은 3,190달러가 될 것이다. 한편, 폴이 예금한 금액은 은행의 부채에 해당되므로 총예금이 3,190달러로 증가하게 될 것이다(은행의 지급준비제도는 변하지 않을 것이고, 90달러는 기본적으로 앤의 거래은행에서 폴의 거래은행으로 바뀔 것이다). 이에 따라 모든 민간은행의 결합대차대조표는 다음과 같다.

모든 민간은행의 결합대차대조표			
자산		부채	
현금	$100	예금	$3,190
지급준비예금	$300		
대출	$2,790		
총자산	$3,190	총부채	$3,190

이러한 대출-예금과정은 여기서 멈추지 않고 계속된다. 은행은 마지막 대출금과 이것이 재예금된 후, 그들의 대차대조표를 확인하고, 지급준비금(400달러)이 여전히 예금의 10% 또는 0.10 × 3,190달러인 319달러를 초과하고 있음을 알게 된다. 따라서 또 다시 대출을 시도하고 이는 다시 예금으로 연결된다.

부분지급준비제도하에서 **대출과 예금의 승수확장**(multiple expansion of loans and deposits)은 은행시스템 전체의 지급준비금이 예금의 10%와 같아질 때까지 계속될 것이다. 즉 이는 매 대출발생 시마다 은행시스템의 총지급준비금인 400달러[2]와 같아지는 금액이 될 때까지 계속되며, 즉 이는 총은행예금이 400달러/0.10인 4,000달러가 될 때 이 과정은 멈출 것이다. 결국 최종시점에서 은행의 결합대차대조표는 다음과 같다.

모든 민간은행의 결합대차대조표			
자산		부채	
현금	$100	예금	$4,000
지급준비예금	$300		
대출	$3,600		
총자산	$4,000	총부채	$4,000

이 최종적 단계에서, 예금에 대한 지급준비금의 비율이 은행이 최초에 바라던 비율인 10%와 같으며, 이후에 더 이상 대출과 예금의 승수확장현상은 일어날 수 없다.

여기서 중요한 점은 연방준비제도가 100달러의 증권을 은행으로 사들이게 된다면, 은행에는 1,000달러의 예금과 900달러의 추가 대출이 발생한다는 사실이다. 다시 말해서, 이러한 중앙은행에 의한 자산구매를 **공개시장매입**(open-market purchase)[3]이라고 부른다. 이것은 본원통화와 통화공급을 증가시키는 행위가 된

---

2. 지급준비금은 400달러로 고정된 것이며, 그것은 이 예에서 우리가 어떠한 대출도 완전한 재예금으로 이루어지고 다른 화폐를 보유하지 않는다고 가정했기 때문이다. 이것에 대하여 우리는 "통화승수" 절에서 통화를 보유하는 것에 대한 변화를 설명할 것이다.

3. '공개시장' 이라는 용어는 일반 대중과 중앙은행의 거래가 발생되는, 일반 대중에게 공개되고 사용되는 일반적인 자산시장을 나타낸다.

다. 한편 중앙은행이 자산을 판매할 경우 이는 **공개시장매각**(open-market sale)되며, 이는 통화공급을 줄이는 행위가 된다. 이러한 공개시장매입과 공개시작매각을 통틀어 공개시장조작이 되고 이 공개시장조작은 중앙은행이 자국 화폐 공급을 줄이는 직접적인 방법이 된다.

통화승수

연방준비제도는 공개시장조작을 이용하면서 본원통화의 크기를 조절한다. 일반적으로 본원통화 1달러가 증가하면 통화공급은 1달러보다 많이 증가하게 된다. 이때 이러한 본원통화와 통화공급의 관계에 있어서 본원통화 1달러가 증가하면 얼마만큼의 통화공급이 증가하는지 살펴보면 다음과 같다. 이를 위하여 먼저 다음과 같은 변수를 정의한다.

M = 통화공급
$BASE$ = 본원통화
DEP = 총은행예금
RES = 총은행지급준비금
CU = 일반 대중의 현금보유
res = 은행이 원하는 지급준비금-예금 비율, RES/DEP
cu = 일반 대중이 원하는 현금-예금 비율, CU/DEP

현금은 일반 대중과 은행의 거래에 있어 교환수단이 되므로, 모두 통화에 포함된다. 일반 대중이 현금을 보유한 것을 CU라 하고 은행의 예금을 DEP라 한다면 통화공급 M은 다음과 같다.

$$M = CU + DEP \tag{14.1}$$

본원통화는 두 가지로 쓰이는데, 대중에게 보유되는 것과 은행의 지급준비금으로 보유되는 것이다. 따라서 본원통화는 다음과 같이 나타낼 수 있다.

$$BASE = CU + RES \tag{14.2}$$

연방준비제도는 본원통화를 조절하지만, 직접적으로 통화량을 조절할 수는 없다. 본원통화에 대한 화폐공급의 관계에 있어 우리는 첫째로 식 (14.1)을 식 (14.2)로 나누면 다음과 같은 식이 성립된다.

$$\frac{M}{BASE} = \frac{CU + DEP}{CU + RES} \tag{14.3}$$

다음으로 식 (14.3) 우변의 분자와 분모를 DEP로 나누어 주면 다음과 같이 성립된다.

$$\frac{M}{BASE} = \frac{(CU/DEP) + 1}{(CU/DEP) + (RES/DEP)} \tag{14.4}$$

식 (14.4)의 우변은 두 가지 중요한 변수를 포함한다. 첫째, (*CU*/*DEP*)는 비은행 일반인이 보유하고 있는 현금의 요구불예금에 대한 비율, 즉 **현금-예금 비율**(currency-deposit ratio)이다. 현금의 요구불예금에 대한 비율은 대중에 의해 결정되고, 이는 대중이 현금과 은행예금 중 어떤 것을 더 선호하는지에 따라 달라진다. 대중은 은행으로부터 인출하여(은행예금을 낮추고 현금보유를 늘림) 이 비율을 높일 수 있고, 비슷하게 예금을 늘리게 되면 비율은 낮아진다.

둘째, 예금의 지급준비율인 (*RES*/*DEP*)로 이는 이미 앞 절에서 논의한 것이다. 예금지급준비율은 은행이 받은 예금 중 얼마만큼을 대출하고 얼마만큼을 보유하는지에 따라 달라진다.[4]

예금과 대출에 통화승수 과정이 완료되었을 때, 현금-예금 비율은 일반이 원하는 수준인 *cu*로 될 것이며, 예금지급준비율은 은행이 원하는 수준인 *res*가 될 것이다. 식 (14.4)에서 (*CU*/*DEP*) 대신에 *cu*를 대입하고, (*RES*/*DEP*)를 대신하여 *res*를 대입하고, 양변에 *BASE*를 곱해 주면 다음과 같은 식이 성립된다.

$$M = \left(\frac{cu + 1}{cu + res}\right) \times BASE \tag{14.5}$$

식 (14.5)는 통화공급이 본원통화의 일정한 배수임을 보여준다. 통화공급과 본원통화의 관계는 대중이 선택한 현금-예금 비율과 은행이 선택한 지급준비율에 의존한다. $(cu + 1)/(cu + res)$는 본원통화 1달러로부터 창출할 수 있는 통화공급량인 **통화승수**(money multiplier)가 된다. 1단위의 본원통화는 $1/res$단위만큼의 화폐를 창출하므로 통화공급은 본원통화의 배수로 나타난다. 1단위의 본원통화는 여러 단위의 통화량을 창출하기 때문에, 본원통화는 고성능 통화라고도 한다.

식 (14.5)에서의 통화승수는 M1과 M2과 같은 통화공급을 정의할 수 있다. M1에 있어서 유통현금통화와 예금통화에 대한 합으로 우리는 예금통화에 대하여 M1 통화승수 안에서 *cu*와 *res*로 측정할 수 있다. M2는 유통현금통화와 은행의 저축성예금과 거주자 외화예금까지를 포함시키는 것으로 M2의 통화승수 안에서 예금통화를 *cu*와 *res*로 측정할 수 있다.

표 14.1은 미국의 데이터를 사용해 통화승수와 현금, 지급준비금, 본원통화

4. 정부규정은 은행의 최소 지급준비금-예금 비율을 정하고 있다. 이는 이 장 뒷부분에서 논의할 것이다.

표 14.1 미국의 본원통화, 통화승수와 통화공급

현금, *CU*	8,535억 달러
은행지급준비금, *RES*	8,127억 달러
본원통화, *BASE*(= *CU* + *RES*)	1조 6,662억 달러
예금, *DEP*	7조 4,944억 달러
통화공급, *M*(= *CU* + *DEP*)	8조 3,479억 달러
지급준비금-예금 비율, *res*(= *RES*/*DEP*)	0.1084
현금-예금 비율, *cu*(= *CU*/*DEP*)	0.1139
통화승수, (*cu* + 1)/(*cu* + *res*)	5.01
본원통화에 대한 통화공급 비율, *M*/*BASE*	5.01

출처 : 연방준비제도이사회의 통계발표 H.3과 H.6, 2009년 8월 27일. 예금은 외화예금을 포함한 M2의 모든 예금 부문이 포함되어 있고, 단기금융투자신탁 시장과 M2의 통화공급으로 자료가 구성되었다. 데이터는 2009년 7월 데이터다. 최근 데이터와 시계열 데이터는 www.federalreserve.gov/releases에 있다.

그리고 통화공급의 관계를 설명한다. 이 데이터에서 현금-예금 비율이 0.1139고, 지급준비금-예금 비율이 0.1084이다. 따라서 통화승수 $(cu + 1)/(cu + res)$는 5.01이 된다. 통화공급(8조 3,479억 달러)을 본원통화(1조 6,662억 달러)로 나누어 보면 5.01이 된다.[5]

수학적으로 현금-예금 비율인 *cu* 혹은 지급준비금-예금 비율인 *res*가 상승할 때, 통화승수는 감소하게 된다.[6] 본원통화가 승수효과를 주는 것은 부분지급준비제도하에서 은행이 예금으로 받은 현금의 일부분을 비은행 민간에게 대출을 하기 때문에 발생하는 현상이다. 한편, 비은행 민간은 은행으로부터 빌린 현금을 그냥 보유하거나 은행에 다시 예금할 수 있다. 그러나 두 경우 모두 이러한 활동으로 인하여 통화공급은 대출 발생 이전보다 증가하게 된다. 지급준비율이 상승할 때, 은행은 예금의 좀 더 적은 부분만을 대출하기 때문에 정해진 본원통화에서 더 적은 통화를 창출하게 된다. 따라서 지급준비율의 상승은 통화승수를 하락시킨다. 현금-예금 비율이 상승하면 비은행 민간은 그들이 보유한 현금 중에서 아주 작은 부분만 은행에 예금한다. 이 경우 은행이 대출에 사용할 자금이

5. 표 14.1은 M2의 값을 가지고 작성되었다. 우리는 또한 M1으로 계산할 수 있다. 금융위기 이전 M1의 승수 값은 1보다 컸다. 그러나 각주 6번에서 나타나듯이 금융위기 기간 중 M1의 값은 1이 되지 않았다.

6. 분자와 분모 모두에 *cu*가 있기 때문에 *cu*가 증가할 때 통화승수가 감소한다는 것은 명백하지 않다. 그러나 간단한 수를 대입하거나 혹은 미분을 통해 확인할 수 있다. *cu*의 증가는 *res*가 1보다 작을 때 통화승수를 감소시키고, 통화승수는 1보다 크다. 이것은 부분지급준비제도하에서 일반적으로 만족된다. 그러나 2008년 금융위기 당시 이러한 조건은 M1에 대해서 만족하지 못하였다. 예를 들어, 2009년 7월 지급준비금은 8,127억 달러였고 예금액은 8,008억 달러로 *res*는 1.0149였다. 이 상황에서 $cu = 1.0658$이고, 통화승수는 0.99가 된다. 그러나 표 14.1에서 보여주듯이 외화예금이 7조 4,944억 달러로 예금에 포함시키면 *res*는 0.1084가 되고, *cu*는 0.1139가 되어 통화승수는 5.01이 된다.

줄어들기 때문에 은행은 대출 규모를 줄이게 되고, 정해진 양의 본원통화에서 더 적은 통화가 창출된다. 즉, 통화승수는 하락하게 된다.

예금인출사태

부분지급준비제도는 은행지급준비금의 유입과 유출이 거의 비슷할 것이라는 가정하에서 시행된다. 특히 은행예금자들이 예금을 동시에 인출하지 않는다고 가정한다. 그러나 많은 예금자가 일제히 현금을 인출하려고 시도한다면(은행예금의 10%를 초과하는 금액) 은행의 지급준비금은 바닥이 나고, 은행은 예금자의 현금수요를 맞추지 못할 것이다.

미국 역사에서 특정 은행이 많은 부실 대출금을 갖게 되어 파산위기에 처했다는 소문이 났었던 상황이 있었다. 유비무환의 원리에 따라 은행의 예금자들은 자신의 돈을 인출하기 위해 은행으로 몰려갔다. 예금자는 은행 파산 시 예금의 전부를 지급받지 못한다는 위험을 인식하고 이를 피하려고 예금을 인출하려 한 것이다. 이렇게 대규모로 은행으로부터 예금인출이 이뤄지는 것을 **예금인출사태**(bank run)라 한다. 후에 그 은행의 부실 대출금에 대한 소문이 사실이 아니라고 밝혀졌지만, 예금인출 규모가 크다면 은행은 지급준비금이 고갈되어 문을 닫게 될 수 있다.[7]

이러한 미래의 예금인출사태가 발생하지 않도록 1933년 예금자 보호를 위한 미국연방예금보험공사(FDIC : Federal Deposit Insurance Corporation)가 설립되었다. 예금자보험은 은행이 파산하더라도 그들이 예금했던 금액 전체 또는 지정된 비율만큼의 금액만큼 보장해 주는 것이다. 이렇게 예금자보험제도가 도입되면서 예금자들은 예금인출사태를 시작하려는 인센티브가 없어졌다. 은행은 보험에 대한 프리미엄을 지불하면서 FDIC는 서비스를 제공하기 위해 필요한 자금을 얻는다. 나아가 연방정부는 FDIC의 뒤에서 영향력을 발휘하며, 1980년대 말과 1990년대 초와 같이 만약 FDIC 펀드가 고갈되면 예금자들의 예금을 보호하기 위하여 다른 펀드를 제공해 준다. 결과적으로 2008년 금융위기가 강타하였을 때,[8] 예금보험으로 말미암아 사람들은 대공황이 발생했을 때와는 다르게 은행에 상당한 금액의 예금을 하였다. 이것은 "응용 : 금융위기 기간 동안의 통화승수"를 통하여 살펴본다.

---

7. 예금인출사태를 막기 위해서 은행은 그들이 '건실함'(재정적으로 지불능력이 있음)과 충분한 자금을 보유하고 있다는 사실을 고객에게 확신시켜야 했다. 이것은 〈멋진 인생(It's A Wonderful Life)〉이라는 영화 속에서 지미 스튜어트(Jimmy Stewart)의 전략이다.

8. 금융위기 기간 중 연방정부는 FDIC의 보장 한도를 임시적으로 10만 달러에서 25만 달러로 높였다.

응용 APPLICATION

금융위기 기간 동안의 통화승수

일반적으로 통화승수는 비교적 안정적이다. 그러나 대공황의 초기와 2008년 금융위기에 통화승수는 급격히 떨어져, 통화정책 수행에 대한 심각한 문제를 야기했다.

대공황 동안의 통화승수

밀턴 프리드먼과 안나 슈워츠가 『1867~1960년 미국의 화폐역사』[9]에서 자세히 논의한 것처럼 통화승수 불안정의 원인은 심각한 은행위기였다. 당시 은행위기의 발생으로 많은 은행에서 예금자의 예금인출사태가 발생해 일부 은행이 문을 닫을 수밖에 없었다. 미국의 대공황은 은행시스템의 재정약화와 경제와 재정에 대한 나쁜 소식에 따라 발생한 것이다. 프리드먼과 슈워츠가 은행위기의 원인으로 강조한 것은 (1) 1930년 가을의 농산물 가격 하락, (2) 1930년 12월, '미국의 은행'이라 불리는 뉴욕 대형은행의 실패, (3) 유럽 금융위기로 이어진 1931년 5월의 오스트리아 대형은행의 실패, (4) 1931년 9월, 영국의 금본위제도 포기 등이다. 결국 심각한 은행위기가 1933년 1월부터 시작됐고, 이는 당시 새로이 취임한 프랭클린 루스벨트 대통령이 1933년 3월 모든 은행이 업무를 중단한 '은행휴업'을 선언한 후에야 비로소 멈췄다. 당시, 미국 내 3분의 1 이상의 은행이 파산했거나 다른 은행에 인수 · 합병됐다. 루스벨트 대통령이 뉴딜

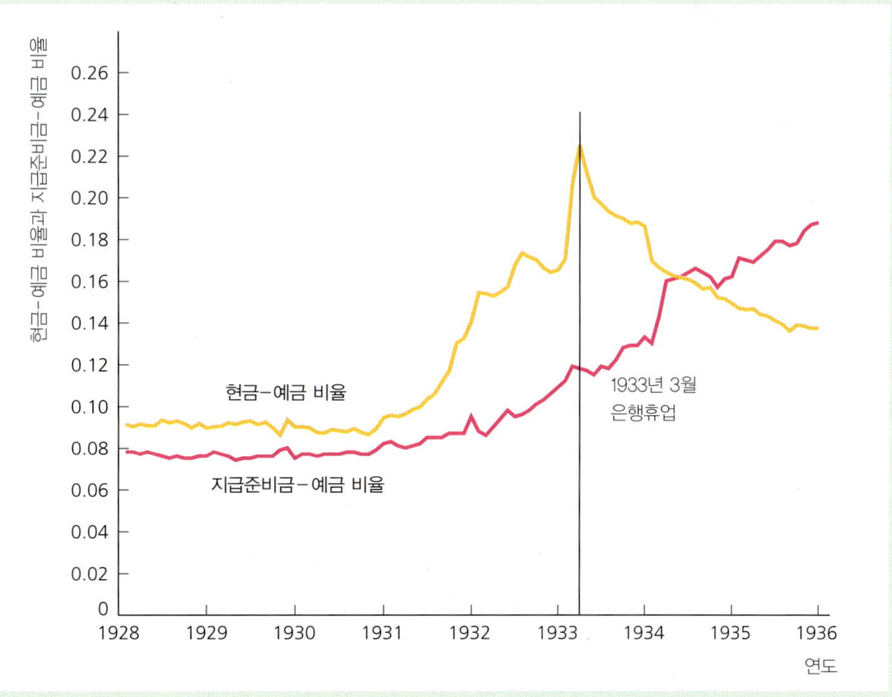

그림 14.1

대공황 시기의 현금-예금 비율과 지급준비금-예금 비율

대공황 동안 은행예금의 안정성에 대한 우려가 증대되어 현금-예금 비율이 크게 상승했고, 은행은 예금 인출사태의 가능성을 고려해 지급준비금-예금 비율을 높였다.

출처 : 밀턴 프리드먼과 안나 슈워츠 저, 『1867~1960년 미국의 화폐역사』: 통화는 표 A-1의 (1)열, 예금은 (4)열이며 은행지급준비금은 표 A-2의 (3)열에서 인용.

9. Princeton, N.J.: Princeton University Press for NBER, 1963.

그림 14.2

대공황 동안의 통화변수

(a) 현금-예금 비율과 지급준비금-예금 비율의 상승으로 대공황 동안 통화승수는 급격히 하락했다. 반면, 본원통화는 대공황 동안 증가했다.

(b) 대공황 동안 본원통화는 증가했지만, 통화승수가 크게 하락해 통화공급(통화승수와 본원통화의 곱)이 급격히 감소했다.

출처 : 밀턴 프리드먼과 안나 슈워츠 저, 『1867~1960년 미국의 화폐역사』 : 통화는 표 A-1의 (1)열, 예금은 (4)열, 은행지급준비금은 표 A-2의 (3)열에서 인용.

본원통화 = 현금 + 지급준비금

$$\text{통화승수} = \frac{\text{현금 + 예금}}{\text{지급준비금}}$$

통화 = 현금 + 예금

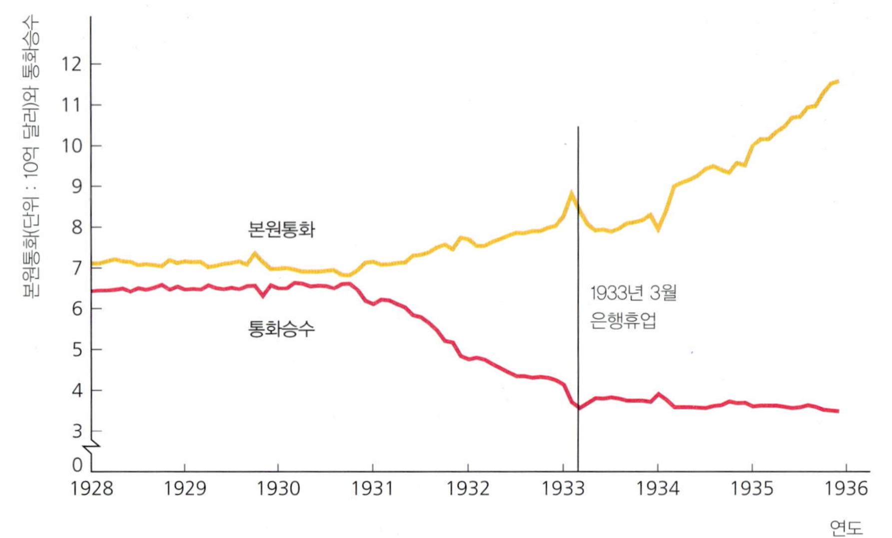

(a) 대공황기의 본원통화와 통화승수

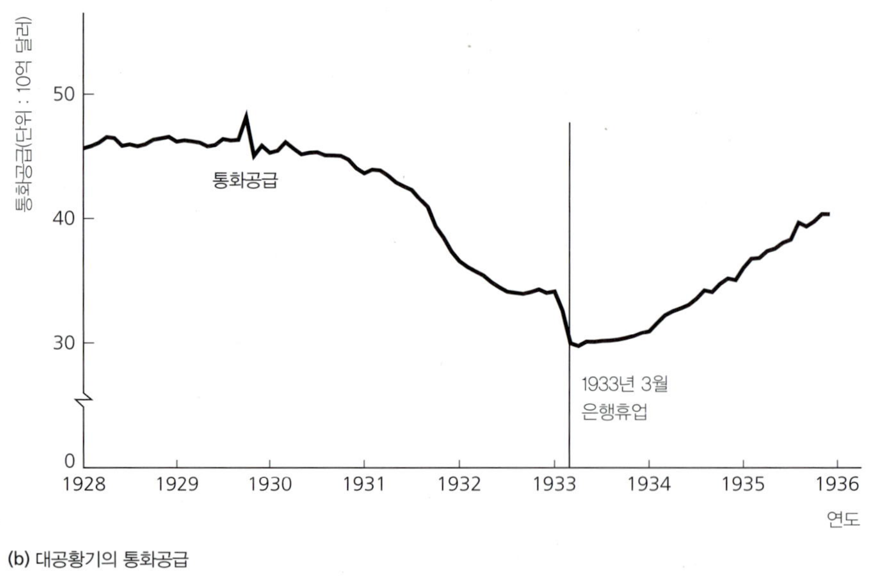

(b) 대공황기의 통화공급

정책의 일환으로 실시한 은행개혁은 은행제도에 대한 신뢰성 회복에 기여해, 1933년 3월 이후 예금인출사태는 멈추게 됐다.

은행위기는 그림 14.1과 같이 통화승수에도 영향을 미쳤다. 첫째, 사람들은 은행이 갑자기 파산해서 그들의 예금전액을 지급받지 못할 것을 두려워했다(이 사건은 지금처럼 연방정부가 예금을 보장하기 전에 일어났다). 사람들은 은행에 예금하는 대신에, 현금을 보유하는 것이 좀 더 안전하다고 느꼈다. 당시 사람들은 현금을 매트리스 밑에 두

그림 14.3

현금-예금 비율 및 지급준비금-예금 비율 (2007~2009)

2008년 금융위기 기간 중 사람들은 은행예금은 예금보험에 따라 안전할 것이라고 생각하여, 현금-예금 비율은 거의 안정적인 수준을 보였다. 은행은 지급준비금 비율이 높아졌고, 부분적으로 연방준비제도가 지급준비예금에 대하여 이자를 지급한 영향도 있다.

출처 : 세인트루이스 연방준비은행의 FRED 데이터베이스, research.stlouisfed.org/fred2의 자료를 이용하여 저자가 계산함. 변수는 현금은 CURRSL, 예금은 M2SL-CURRSL, 지급준비금은 ADJRESSL임.

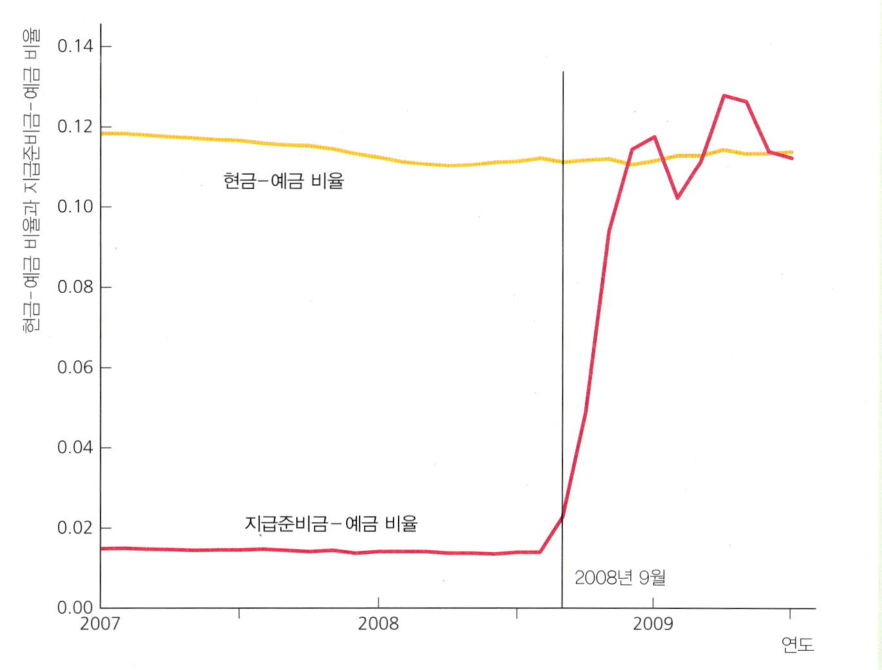

거나, 커피캔에 넣어 뒤뜰에 묻었다. 그림 14.1과 같이 예금인출사태의 발생으로 1933년의 1분기 현금-예금 비율은 크게 상승했다.

둘째, 예금인출사태가 예상됨에 따라 그림 14.1과 같이 지급준비율이 상승하기 시작했다. 은행이 더 많은 지급준비금을 보유하기 시작한 것이다. 은행은 은행금고에 충분한 현금을 보유해 예금자에게 신뢰성을 심고자 했다.

앞서 논의한 것처럼, 현금-예금 비율 혹은 지급준비율의 상승은 통화승수의 하락을 유발한다. 은행위기의 결과로 그림 14.2(a)에서 볼 수 있듯이, 통화승수는 1930년 3월 6.6에서 1933년 3월 3.6으로 급격히 하락했다. 그 결과 그림 14.2(b)에서처럼, 본원통화가 3년 동안 20% 증가했지만 통화승수가 크게 하락해 통화공급은 35%나 줄어들었다. 프리드먼과 슈워츠는 통화공급의 감소가 1930~1933년 생산 감소의 원인이 됐다고 주장한다. 이에 대해 많은 논쟁이 있지만, 대체로 많은 경제학자가 30%에 해당되는 물가하락이 통화공급 감소에 기인했다는 것에는 동의한다.

2008년 금융위기 기간 동안의 통화승수

대공황 시절 은행의 패닉이 통화승수를 감소시켰다면, 2008년에는 비슷한 이유인 세계금융위기("응용 : 2008년의 금융위기" 참조)로 통화승수가 감소하였다. 예금 보험으로 인해서 사람들은 주식과 채권을 팔고 은행에 모든 돈을 예금하였다. 결과적으로 현금-예금 비율이 대공황 시절 올랐던 것과 다르게 약간 떨어졌다(그림 14.3 참조). 그러나 대공황 기간과 같이 은행은 지급준비금의 양을 상당히 늘려야만 했다. 지급준비금

그림 14.4

2008년 금융위기에서 통화 변수

(a) 2008년 금융위기 기간 중 결과적으로 지급준비금-예금 비율이 증가하였고, 통화승수는 떨어졌다. 이때 연방준비제도는 본원통화를 증가시켰다.

(b) 본원통화가 증가하면서 통화공급-통화승수와 본원통화의 곱-도 이에 상응하게 증가하였다.

출처 : 세인트루이스 연방준비은행의 FRED 데이터베이스, research.stlouisfed.org/fred2의 자료를 이용하여 저자가 계산함. 변수는 현금은 CURRSL, 예금은 M2SL-CURRSL, 지급준비금은 ADJRESSL임.

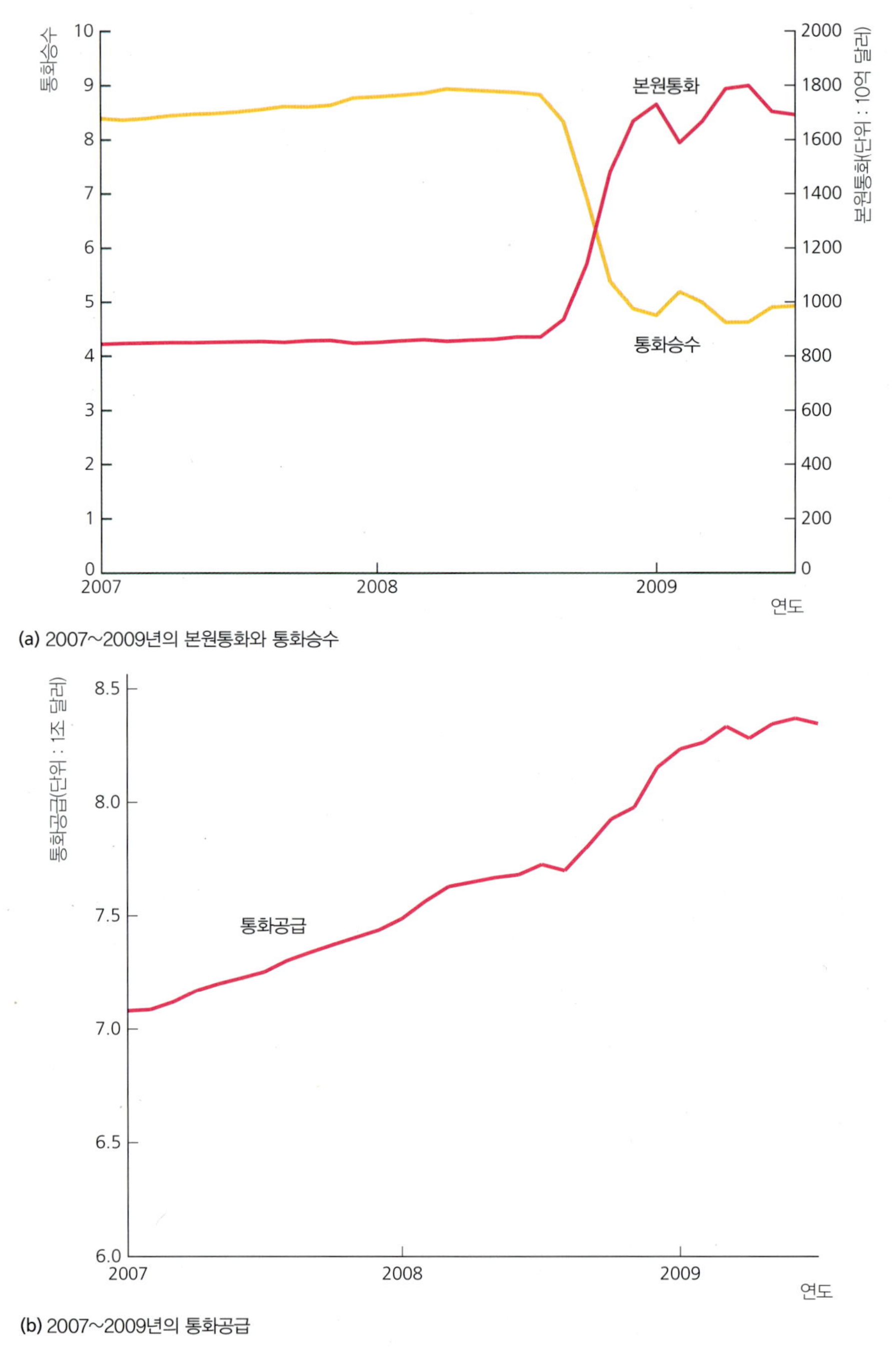

(a) 2007~2009년의 본원통화와 통화승수

(b) 2007~2009년의 통화공급

은 2008년 7월 450억 달러 정도였으나 10월에는 1,030억 달러로 늘어났으며, 그 이후에도 지속적으로 증가하여 2009년 5월에는 9,010억 달러를 기록하였다. 이러한 충격적인 지급준비금의 증가는 지급준비금-예금 비율을 그림 14.3과 같이 상승시켰으며,

이는 2008년 9월 이전 0.014에서 2008년 12월에는 0.110까지 올랐다.

왜 은행은 이렇게 많은 지급준비금을 보유하고 있어야 할까? 첫 번째 이유는 우리가 앞에서 설명하였듯이 연방준비은행이 2008년 10월부터 지급준비금에 대하여 이자를 지급했기 때문이다. 이전에는 은행이 지급준비금에 대해서 이자수익이 없었으므로 약간의 지급준비금만을 보유하려고 노력했다. 그러나 연방준비제도가 이자를 지급함에 따라 은행들은 많은 지급준비금을 보유할 인센티브를 갖게 되었다. 연방준비제도는 이것이 은행시스템에서 유동성을 증가시키는 바람직한 것이라고 생각했다. 또 다른 이유는 그림 14.4(a)에서 보이듯이 공개시장에서 연방준비제도가 증권을 사면서 본원통화가 증가했기 때문이다. 이러한 공개시장에서의 매각은 은행으로 큰돈이 들어오는 것이었지만, 은행은 현실적으로 대출을 해줄 만한 좋은 고객들이 많이 없어 모든 금액을 연방준비제도에 지급준비금으로 예금했기 때문이다.

지급준비금-예금 비율이 상당히 증가함과 동시에 현금-예금 비율은 크게 변하지 않아 통화승수는 그림 14.4(a)에서 2008년 8월 8.8에서 2008년 12월 4.9로 급격히 떨어졌다. 그림 14.2(a)에서 대공황시기에도 이러한 통화승수의 하락이 발생했었다. 그러나 1930년대와 2008년 사이의 중요한 다른 점은 최근 연방준비제도가 통화승수 감소를 상쇄하고도 남을 만큼의 본원통화를 증가시켜 그림 14.4(b)에서 보이듯이 통화공급이 증가한 것이다. 2008년 통화공급은 그림 14.2(b)에서 보이는 대공황시기의 공급량 감소와는 정반대이다.

결국 지급준비금-예금 비율이 증가하고 통화승수가 감소하는 같은 모습을 보이고 있으나 1930년대와 달리 2008년 연방준비제도는 통화공급을 증가시키는 관리법을 택했다. 이러한 연방준비제도의 선택이 또 다른 경기침체를 발생시키는 것을 막는 역할을 한다고 말하기에는 이르지만, 우리는 과거 통화공급을 줄여 생긴 실수를 연방준비제도가 되풀이하지 않을 것이라는 것을 알고 있다.

14.2 미국의 통화공급 조절

14.1절에서 일반적인 중앙은행과 은행제도의 예를 통하여 통화공급결정원리를 설명하였다. 이 절에서는 연방준비제도와 같은 미국의 중앙은행을 보다 세부적으로 살펴본다.

연방준비제도

미국의 중앙은행은 연방준비제도(Federal Reserve System) 혹은 짧게 연준(Fed)이라고 한다. 연방준비제도는 1913년 연방준비법에 의해 창립됐고, 1914년부터 운영되기 시작했다. 의회가 연방준비제도를 설립한 주요 동기는, 중앙은행이 심

그림 14.5

연방준비은행의 위치

12개의 지역연방준비은행은 미국의 12개 주요 도시에 위치한다. 연방준비제도이사회는 워싱턴 D.C.에 위치한다.

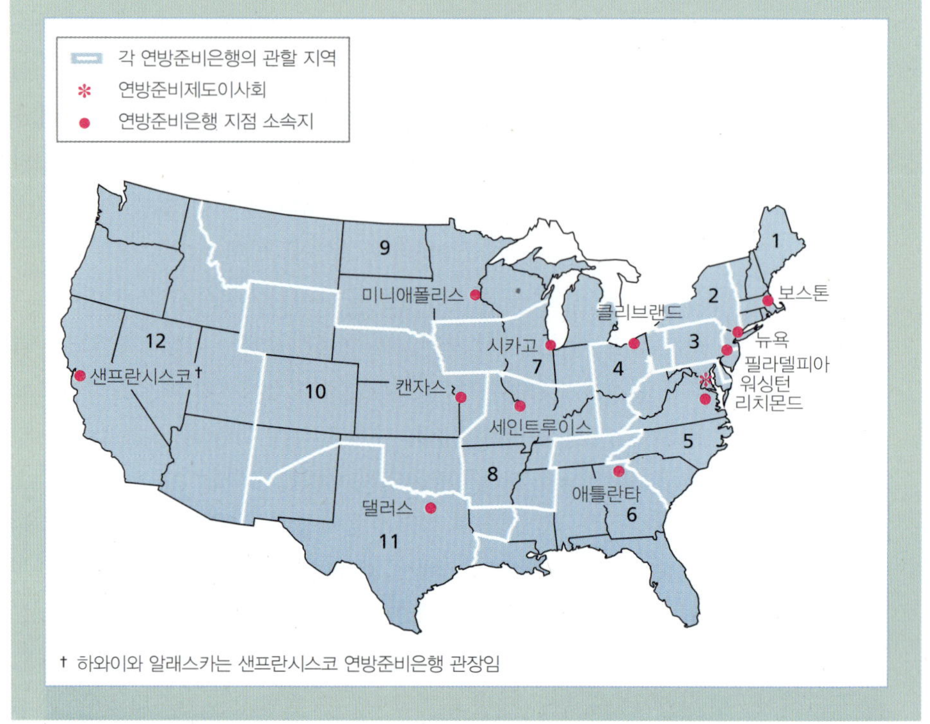

각한 금융위기(증권시장의 붕괴, 기업경영 실패, 은행공황 등)를 미리 방지할 수 있다고 생각했기 때문이었다. 미국에서 금융위기는 제1차 세계대전 전까지 매우 정기적으로 발생했다. 특히, 연방준비제도가 설립된 지 15년 후인 1930~1933년 미국 역사상 가장 심각한 금융위기가 발생했다.

연방준비법에 따라 미국은 12개의 연방준비지구로 구분됐고 각 지역에는 지역연방준비은행이 설립되어 전체적인 연방준비제도를 구성했다. 12개 지역연방준비은행의 위치는 그림 14.5에 나타난 것과 같다. 지역연방준비은행은 지역 내 연방준비제도의 구성원인 민간은행이 소유한다. 모든 연방공인 민간은행(국법은행)은 연방준비제도의 회원이고, 주 공인은행(주법은행)도 참여할 수 있다. 실제 개별 은행이 연방준비제도의 회원인가 아닌가는 별 의미가 없다. 1980년 연방준비제도 회원은행의 책임과 특권을 모든 은행으로 확대하는 법안이 제정됐기 때문이다. 1980년 이전에 회원은행은 비회원은행보다 엄한 규제를 받은 반면, 그 대가로 수표결제와 같은 일부 유용한 서비스를 이용할 수 있었다.

워싱턴 D.C.에 있는 **연방준비제도이사회**(Board of Governors of the Federal Reserve System)는 연방준비제도의 정책방향을 결정한다. 연방준비제도이사회는 미국 대통령이 임명하는 14년 임기의 7명의 이사(총재)로 구성된다. 대통령은 또한 이사 중 한 명을 4년 임기의 연방준비제도이사회 의장으로 임명한다. 이사회 의장은 통화정책수립에 커다란 영향력을 행사하고, 금융시장에서 중요한 위치를 차지한다(연방준비제도는 은행부문과 유가증권시장을 규제하고 조절할 부분적 책임이 있다). 대통령과 의회는 때때로 이사회 의장에게 국가경제정책에 대해 자문을 구한다.

통화정책에 대한 결정은 **연방공개시장위원회**(FOMC : Federal Open Market Committee)에서 이뤄진다. 연방공개시장위원회는 7인의 이사와 뉴욕 연방준비은행의 총재 및 지역연방준비은행의 총재 중 4인으로 구성된다. 이 4인의 지역 연방준비은행 총재는 각 지역연방준비은행 총재가 1년씩 교대로 참여한다.[10] 연방공개시장위원회는 경제 현황을 점검하고 통화정책을 결정하기 위해 1년에 8회 내외 회의를 한다. 물론 경제상황이 긴박하게 변할 경우, 연방공개시장위원회는 더 자주 회의를 갖는다. 연방공개시장위원회가 확장 통화정책을 선택할 것인가 아니면 긴축 정책을 선택할 것인가의 결정 결과는 결정 즉시 발표된다. 이는 언론, 일반 대중, 금융시장 참여자 등이 매우 조심스럽게 살펴보기 때문이다. 연방공개시장위원회 위원장은 연방준비제도이사회 의장이 겸임하며, 부위원장은 연방준비제도이사회 부위원장이 아닌, 뉴욕 연방준비은행 총재가 겸임한다.

연방준비제도의 대차대조표와 공개시장조작

2009년 8월, 연방준비제도의 대차대조표는 표 14.2와 같다. 연방준비제도에서 가장 높은 비중을 차지하는 자산은 미국 재무성 발행채권 혹은 정부채권이다. 연방준비제도는 정부채권 중 5%에서 10% 내외를 보유하고 있다. 이어 연방준비제도 중의 주요 자산은 금과 민간은행대출금이다. 2008년 금융위기 기간 중 연방기관으로부터 발행된 채권을 포함한 국채와 더불어 모기지 담보증권을 사들였다. 그리고 입찰을 통하여 금융기관에게 자금을 빌려주기 시작했고, 이 대출은 기간신용입찰을 통하여 이루어졌다. 또한 기타 외국환, 2008년 금융위기 기간 중 베어스텐스(Bear Stearns)나 AIG에 대한 기타 연방기관 발행 채권 등이 포함된다.

연방준비제도의 가장 중요한 부채는 현금이다. 이 현금 중 일부분인 494억 달러는 민간은행의 금고에 보관된 **은행 보유현금**(vault cash)이다. 그리고 나머지 8,605억 달러는 앞에서 CU로 표시한 비은행 민간의 현금보유액이다.

---

10. 나머지 7인의 연방준비은행 총재는 연방공개시장위원회에 참석해 토론에는 참석하지만, 정책시행에 대해 투표하지는 않는다.

표 14.2 연방준비제도의 대차대조표(10억 달러)

자산		부채		
금	$11.0	현금		$909.9
금융기관 대출금	30.6	은행 보유현금	49.4	
미국 재무부보증채권	740.5	비은행 민간 보유현금	860.5	
연방기관부채	114.2	예금		833.1
모기지 담보증권	624.3	기타 부채와 자본		361.6
기간신용입찰	221.1			
기타 자산	362.9			
총합	**$2104.6**	**총합**		**$2104.6**

부록

중앙은행의 지급준비금 = 예금기관들의 예치금 + 각 은행지급준비금 = $882.5(10억 단위)

본원통화 = 비은행 민간 보유현금 + 중앙은행의 지급준비금 = $1743.0(10억 단위)

주 : 반올림을 사용했음.

출처 : Federal Reserve Statistical Releases H.4.1과 H.3. 2009년 8월 26일에 끝난 2주의 자료.

연방준비제도의 또 다른 주요 부채는 은행, 저축 대부기관, 상호저축은행과 같은 예금수취기관으로부터의 예금이다. 예금수취기관으로부터 예금을 받는 것은 연방준비제도가 은행의 은행 역할을 하는 것과 같다. 이는 예금수취기관이 지급준비금을 보유하는 편리한 방법이다. 연방준비제도 계정에서 8,331억 달러의 예금수취기관 예금과 494억 달러의 보유현금의 합은 앞에서 *RES*라고 한 은행 전체의 총지급준비금 8,825억 달러와 같다.

식 (14.2)에서 본원통화는 은행의 지급준비금(8,825억 달러)과 민간의 현금보유액(8,605억 달러)을 합친 금액(1조 7,430억 달러)과 같았다. 그림 14.6과 같이 본원통화는 총현금(9,099억 달러)과 연방준비제도에 예금된 예금수취기관의 예금(8,331억 달러)의 합은 다시 1조 7,430억 달러가 된다.[11]

만약 연방준비제도가 통화공급을 변화시키고자 한다면 일차적인 방법은 공개시장조작이 된다. 예를 들어, 통화공급을 증가하고자 한다면 연방준비제도는 정부증권 딜러에게서 미국 국채를 공개시장에서 매입할 것이다. 이미 14.1절에서 논의한 바와 같이 공개시장매입은 본원통화를 증가시키고, 통화승수를 통하여 통화공급을 증가시키게 된다. 통화공급을 줄이고자 한다면 연방준비제도는 공개시장매각을 통하여 정부증권 딜러에게 미국 국채를 팔 것이고, 이는 본원통화

11. 연방준비제도는 다른 부채를 갖고 있다. 미국 재무부와 외국중앙은행에 의해 보유되는 계정이다. 이 계정은 민간 혹은 미국 은행이 소유하는 것이 아니기 때문에 본원통화의 일부분으로 계산되지 않는다.

그림 14.6

본원통화의 구성요소

본원통화는 비은행 민간 보유현금(*CU*)과 은행지급준비금(*RES*)의 합과 같다. 본원통화는 예금취급기관이 연방준비제도에 예금한 금액과 총현금(비은행 민간 보유현금과 일반은행의 지급준비금)의 합으로 표현될 수 있다.

출처 : Federal Reserve Statistical Releases H.3과 H.4.1, 2009년 8월 26일에 끝난 2주간의 자료.

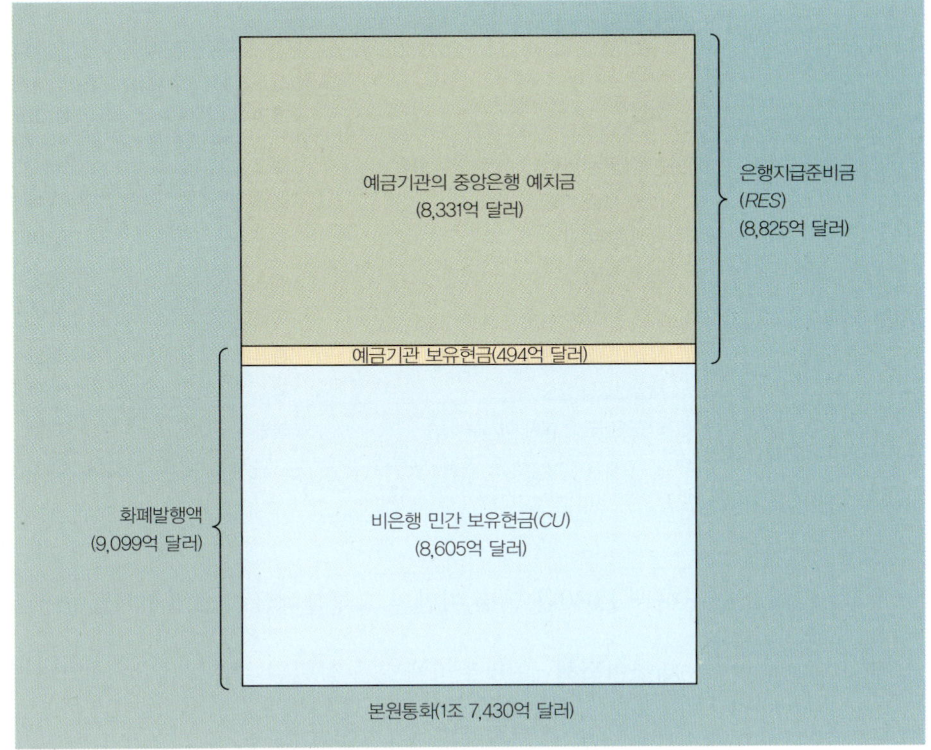

를 줄일 것이다.

기타 통화공급조절 방법

연방준비제도가 통화공급을 조절하는 가장 주된 방법이 공개시장조작이긴 하지만, 또 다른 방법으로 법정지급준비금의 조절, 재할인정책, 연방준비제도에서 지급준비예금에 대한 이자율 조정 등의 방법이 있다. 이들에 대한 차이점은 요약표 19에 제시하였다.

법정지급준비금 연방준비제도의 법정지급준비금(reserve requirements)은 은행이 법률에 따라 예금의 일정 비율을 지급준비금으로 반드시 보유해야 하는 준비금을 의미한다. 이 법정지급준비금이 증가하면 은행은 반드시 지급준비금을 더 보유해야 하므로 지급준비율이 상승한다. 지급준비율이 상승하면 통화승수가 하락하므로 법정지급준비금의 증가는 통화공급을 줄이는 역할을 한다.

지난 몇 년 동안, 연방준비제도는 예금의 법정지급준비금을 단계적으로 폐지 혹은 감소시켰다. 현재에는 단지 특정 요구불예금에만 법정지급준비금이 적용된다. 2009년 1월 현재 은행은 1,030만~4,440만 달러 사이의 요구불예금에 3%, 4,440만 달러가 넘는 요구불예금에 대해 10%의 지급준비금을 보유해야 한

요약표 19 각 변수의 변화가 본원통화, 통화승수, 통화공급에 미치는 영향

요인	본원통화(*BASE*)에 효과	통화승수[(*cu*+1)/(*cu*+*res*)]에 효과	통화공급(*M*)에 효과
지급준비금-예금 비율(*res*)의 상승	불변	하락	감소
현금-예금 비율(*cu*)의 상승	불변	하락	감소
공개시장매입	증가	불변	증가
공개시장매각	감소	불변	감소
필요 지급준비금의 증가	불변	하락	감소
재할인대출의 증가	증가	불변	증가
재할인율의 상승	감소	불변	감소
지급준비금에 대한 이자율 상승	불변	하락	감소

주 : 통화공급, 통화승수, 본원통화 간의 관계는 $M = [(cu + 1)/(cu + res)]BASE$이다.

다.[12] 1,030만 달러 미만의 요구불예금에는 법정지급준비금이 필요 없다.

재할인정책 연방준비제도가 설립된 주된 이유는 심각한 금융위기를 막기 위해서였다. 연방준비제도는 이 목표를 주로 최종대부자 기능을 사용해 달성했다. 즉, 연방준비제도는 필요시 예금인출사태에 대처하기 위해 은행에게 자금을 빌려주는 것이다. 연방준비제도가 필요 지급준비금을 은행에 대출하는 것을 **재할인정책**(discount window lending)이라 하고, 이 지급준비금에 부과되는 이자율을 **재할인율**(discount rate)이라고 한다.

연방준비제도가 재할인정책을 통해 은행에게 지급준비금을 대출하면 본원통화가 영향을 받게 된다. 예를 들어, 민간은행이 연방준비제도로부터 1억 달러를 대출받아 대출금이 연방준비제도의 은행지급준비금계좌에 예금된다면 연방준비제도의 대차대조표는 두 가지 측면에서 영향을 받는다. (1) 자산 측면에서, 금융기관 대출이 1억 달러만큼 증가한다. (2) 부채 측면에서 금융기관이 보유한 예금이 1억 달러만큼 증가해 1억 달러만큼의 본원통화가 증가한다. 따라서 재할인정책을 통한 대출의 증가는 본원통화를 증가시키고, 대출의 감소는 본원통화를 감소시킨다.

2003년부터 연방준비제도는 재할인정책을 통한 은행대출 방법을 수정했다. 2003년 이전 연방준비제도는 위급한 상황을 제외하고는 재할인정책을 통해 은행에 대출하는 정책을 별로 사용하지 않았다. 연방준비제도가 이것을 효율적으로 사용하려면, 연방준비제도가 민간은행이 이 대출금으로 이윤을 창출하려는 목적

12. 최근의 모든 법정지급준비금은 「Federal Reserve Bulletin」의 표 1.15를 참조하라.

으로 사용하지 않는다는 것을 지속적으로 감독하고 확인해야 했기 때문이다. 그러나 시간이 지남에 따라, 은행은 연방준비제도로부터 대출받는 것을 꺼리게 됐다. 투자자의 입장에서 이런 대출금은 부실한 은행경영의 신호로 보이기 때문이다. 이에 따라 연방준비제도의 최종대부자기능이 약화되고, 은행이 연방준비제도로부터 대출받기를 꺼려 이자율의 변동성이 커지는 현상이 나타나게 됐다.

2003년 연방준비제도는 이 제도를 수정하고 새로운 대출절차를 만들었다. 재무상태가 우수한 은행은 연방준비제도의 통제나 감독을 받지 않고 우선신용할인대출(primary credit discount loan)을 받을 수 있게 됐다. 재무상태가 좋지 않은 은행은 차선신용할인대출(secondary credit discount loan)을 신청할 수 있으나, 높은 이자율과 함께 연방준비제도로부터 감독을 받아야 했다. 새로운 정책으로 인해 컴퓨터 오류 등의 기술적 문제로 은행이 어려움에 직면할 때, 은행이 좀 더 편리하게 연방준비제도로부터 대출을 받게 됐다. 이 새 정책이 연방준비제도에 가져다준 이점은 관리상의 부담을 줄여주고 시장이자율의 변동을 줄이는 것이다. 은행자금조달 이자율이 너무 많이 상승한다면, 은행은 우선신용할인대출을 사용해 연방준비제도로부터 대출을 받을 것이기 때문이다. 이는 또한 연쇄적으로 다른 이자율의 상승을 억제하는 역할을 한다.

연방준비제도는 재할인율을 조절해 통화공급에 영향을 줄 수 있다. 재할인율이 상승하면 은행이 재할인정책을 통해 대출받는 비용이 증가한다. 따라서 은행은 대출을 줄이고, 본원통화는 감소한다. 그리고 이 본원통화의 감소는 통화공급의 감소로 연결된다.

민간은행은 연방준비제도로부터 대출 외에, 초과지급준비금을 보유한 기타 민간은행으로부터 지급준비금을 차입할 수 있다. 이렇게 빌린 자금은 연방기금이 되고, 이 대출에 부과된 이자율은 **연방기금이자율**(Fed funds rate)이 된다. 이 자금의 이름에 '연방'이라는 단어가 사용되긴 하지만, 연방기금이자율은 연방준비제도가 부과하는 이자율이 아니다. 이는 대출하는 민간은행이 대출받는 민간은행에 부과한 이자율이다. 그림 14.7은 연방기금이자율과 재할인율의 움직임을 보여준다. 2003년 이전에는 오직 하나의 재할인율만 있었으나, 이후에는 우선과 차선, 두 가지 재할인율이 등장했다. 이 그림은 우선신용재할인율만 보여준다. 수요와 공급의 힘에 의해 결정되는 시장이자율인 연방기금이자율은 연방준비제도가 결정한 재할인율보다 더욱 자주 변한다. 2003년 이전 연방기금이자율은 종종 재할인율보다 높은 수준을 보였다. 이는 민간은행이 연방준비제도로부터 대출받는 것보다 높은 이자율을 부담하고 기타 민간은행으로부터 차입하는 것을 더 선호했기 때문이다. 2003년, 연방준비제도는 우선신용할인대출이

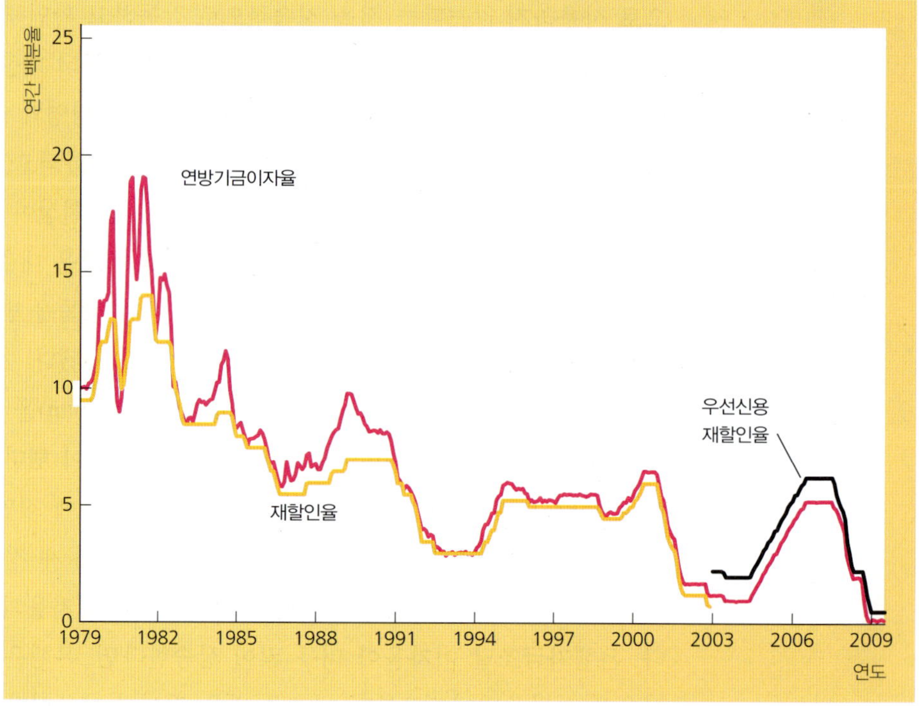

그림 14.7

재할인율과 연방기금이자율(1979~2009)

지급준비금 필요시 은행은 재할인율을 지급하고 연방준비제도로부터 차입하거나, 다른 은행으로부터 연방기금이자율을 지급하고 차입할 수 있다. 2003년 이전에 연방준비제도는 재할인 대출을 별로 권장하지 않았기 때문에 은행은 연방기금시장에서 약간의 프리미엄을 제공하고 자금을 차입했다. 그 결과, 연방기금이자율은 일반적으로 재할인율보다 높은 수준을 유지했다. 2003년 초, 우선신용재할인율이 연방기금이자율을 넘어섬에 따라 연방준비제도는 대출을 억제해 종전의 태도를 바꿨다.

출처 : 세인트루이스 연방준비은행의 FRED 데이터베이스, research.stlouisfed.org/fred2, series FEDFUNDS(연방기금이자율), MDISCRT(2003년 이전 재할인율), MPCREDIT(우선신용재할인율).

자율을 연방기금이자율보다 1.0%포인트 높게 책정했고, 차선신용할인대출이자율 역시 1.5%포인트 높게 책정했다. 한편, 2008년 금융위기 기간 중 우선신용할인대출이자율과 연방기금이자율은 모두 하락하였다.

재할인정책으로 연방준비제도는 본원통화를 좀 더 다양한 방법으로 조절하게 됐다. 은행이 연방준비제도로부터 너무 많이 대출한다고 생각하면 재할인율을 올리거나 차선신용대출을 간단히 거절함으로써 대출을 줄일 수 있다.[13] 한편, 연방준비제도는 공개시장조작을 통해 은행대출이 본원통화에 주는 효과를 상쇄할 수 있다.

지급준비금의 이자율

2008년 10월부터 연방준비제도는 은행이 자신들에게 예금한 지급준비금에 대해서 이자를 지급하기 시작했다. 은행이 가능한 한 낮은 지급준비금을 보유하는 대신 추가적인 지급준비금을 보유할 것이라는 기대였다. 은행이 많은 양의 지급준비금을 보유하면 예금자들은 자신의 예금이 더욱 안전할 것이라 생각하고 좋

13. 연방준비제도는 우선신용할인대출을 위한 좋은 상태의 은행에 할인대출하는 것을 거절할 수 없을 것이다. 그러나 은행이 대출 상환이 불가능하거나 연방준비제도로부터 너무 많은 자금을 빌렸다면 차선신용대출을 거절할 수 있다.

은 인상을 줄 것이었기 때문이다. 실제로는 우리가 각주 6번에서 말한 것과 같이 은행은 2009년 여름, 그들이 가지고 있는 자금 중 너무 많은 양을 지급준비금으로 보유하였다.

지급준비금에 대하여 이자율을 지급하는 것은 은행이 보유하는 지급준비금을 변화시킬 뿐만 아니라 연방준비제도가 통화공급에 있어 또 하나의 도구를 제공해준다. 연방준비제도가 지급준비금 이자율을 높여 은행이 더 많은 지불준비금을 보유하게 한다면, 통화승수와 통화공급을 모두 줄이게 될 것이다.[14] 이와 대조적으로 연방준비제도가 통화공급을 늘리기 위해서는 지급준비금 이자율을 낮추어 지급준비-예금 비율을 떨어뜨리고 통화승수가 상승하면 된다.

연방자금이자율 목표

통화정책을 시행할 때 연방준비제도는 물가안정, 경제성장과 같은 확고한 목적 혹은 궁극의 목적을 달성하려 한다. 그리고 이러한 목적에 도달하기 위해 연방준비제도는 **통화정책수단**(instrument)을 사용한다. 이미 논의했듯이, 법정지급준비금, 재할인율 그리고 특히 공개시장조작이 이에 해당된다. 연방준비제도가 직면한 문제는 이 목적을 달성하기 위해 이런 수단을 어떻게 사용하는가이다. 공개시장조작과 가격변동이나 경제활동 등의 변수 사이에는 여러 단계가 있기 때문이다. 연방준비제도는 통화정책이라는 궁극의 목적을 성취하기 위해 **중간목표**(intermediate target)를 사용한다. 이 중간목표는 연방준비제도가 직접적으로 조절할 수는 없지만, 상당히 예측 가능하고 최종목표와 깊은 연관성을 가진 변수를 의미한다.

역사적으로, 가장 빈번히 사용한 중간목표는 M1, M2 같은 통화지표, 연방자금이자율과 같은 단기이자율이었다. 연방준비제도는 공개시장조작을 통해 통화지표에 영향을 미치는 본원통화의 수준을 직접적으로 조절할 수 있다. 통화지표의 변동은 *LM* 곡선의 이동을 통해 이자율에 영향을 미친다. 통화지표나 단기이자율은 그 자체가 경제주체의 후생복리에 영향을 주는 변수가 아니다. 그러나 두 변수의 변화는 거시경제에 영향을 미친다. 결국 통화지표나 단기이자율은 연방준비제도 정책에 의해 영향을 받고, 또한 주요 경제변수에 영향을 미치기 때문에 중간목표로 적합하게 된다.

오랫동안 연방준비제도는 통화 증가율과 단기이자율을 미리 정해 놓은 목표

14. 2008년 금융위기 중 연방준비제도는 본원통화가 증가하여 통화승수가 떨어져서 통화공급을 줄이는 것 대신에 지급준비금에 대한 이자를 제공하기 시작하였다. 결과적으로 통화공급은 감소하지 않았다. 이는 "The Money Multiplier During Severe Financial Crises," pp. 533-537을 참조하라.

그림 14.8

이자율목표제

이 그림은 미국 경제에 명목충격이 발생한 경우를 나타낸다. 화폐공급 혹은 화폐수요가 변화하면 LM 곡선은 LM^2와 LM^3 사이로 이동하고, 총수요는 Y_2와 Y_3 사이에서 움직인다. 이자율이 r_1을 초과할 때 연방준비제도가 본원통화를 증가시키고, 이자율이 r_1 아래로 떨어질 때 본원통화를 줄이는 정책을 실시하면, 경제는 완전고용수준인 E 점에 머물게 될 것이다.

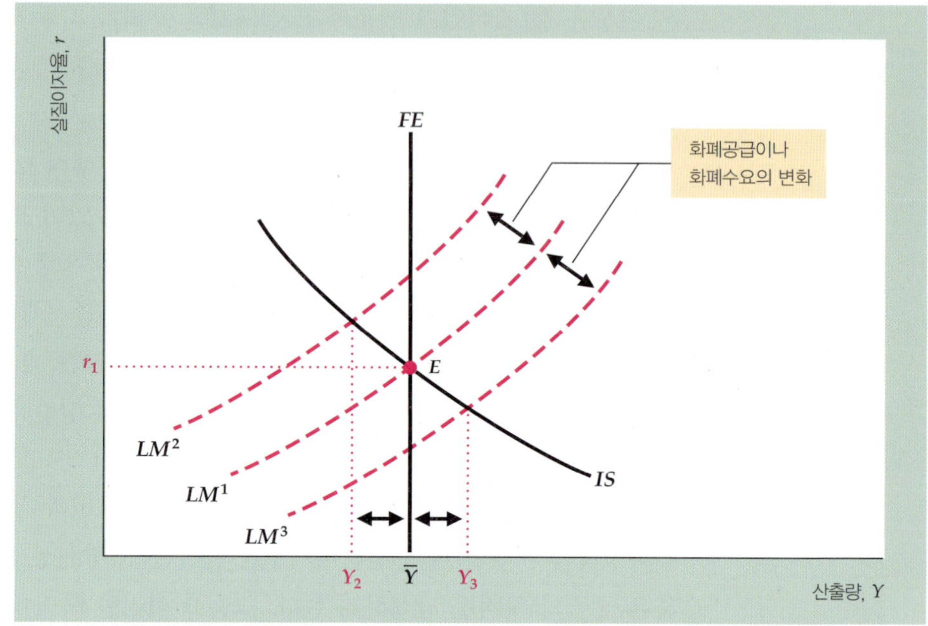

범위 내에서 움직이게 하는 통화정책을 펼쳤다. 그러나 연방준비제도가 이 중 하나를 안정시킬 수 있다 하더라도, 두 가지 목표를 동시에 달성하기는 매우 어려웠다. 예를 들어, 연방준비제도가 통화공급과 연방자금이자율을 모두 목표변수로 삼고, 이 두 변수를 모두 상승시키려는 목표를 세웠다고 하자. 연방준비제도는 이 목표를 과연 동시에 만족시킬 수 있을까? 본원통화가 증가하면 통화공급이 증가하고, 단기에서 LM 곡선이 우측으로 이동해 연방자금이자율은 낮아질 것이다. 반면, 연방준비제도가 연방자금이자율을 상승시키려고 본원통화를 줄인다면 통화공급은 감소할 것이다. 따라서 연방준비제도는 이자율 상승과 통화공급 증가라는 두 목표를 동시에 만족시킬 수 없다.

최근 연방준비제도는 총통화를 조절하는 것보다는 연방기금이자율을 목표수준에 안정시키는 데 초점을 맞췄다. 그림 14.8은 이 전략이 유용하다는 것을 보여준다. 즉, 이 경제에서 LM 곡선이 LM^1이고, 균형점 E에서 생산량 $\bar{Y}$와 실질이자율 r_1으로 완전고용균형을 이룬다. 이때 이 경제가 통화공급 및 통화수요 충격과 같은 명목충격을 받는다고 가정하자(통화승수가 변화했다). 연방준비제도가 개입하지 않는다면, 이 명목충격은 LM 곡선을 LM^2와 LM^3 사이로 이동시키고, 총수요는 Y_2와 Y_3 사이에서 움직이게 된다. 이 총수요의 변동은, 오인이 있는 고전학파의 모형이나 케인즈파 모형에서 모두 경기변동을 초래한다.

이때 연방준비제도는 실질이자율을 r_1 수준에 유지하는 통화정책을 실시해 명목충격에 의한 생산의 불안정성을 줄일 수 있다.[15] 달리 말해, LM 곡선이

LM^2로 이동할 때, 연방준비제도는 *LM* 곡선을 LM^1으로 되돌리기 위해 통화공급을 줄일 것이다. 반면에 *LM* 곡선이 LM^3로 이동할 경우, *LM* 곡선을 LM^1으로 되돌리기 위해 통화공급을 늘릴 것이다. 이 경우 중간목표인 이자율을 안정시킴으로써 완전고용수준에서 생산량을 안정시킬 것이다. 이렇게 이자율목표제가 좋은 중간목표가 되려면 명목충격이 거시경제 불안정성의 주된 원인이 돼야 한다.

1980년대 후반, 연방준비제도가 연방기금을 중간목표로 설립했을 때, 일부 경제학자는 중앙은행이 1960년대와 1970년대에 높은 인플레이션을 유발할 잘못된 정책을 수행할 것이라는 우려를 표시했다. 그러나 연방준비제도의 정책입안자는 당시의 정책결함이 연방자금이자율을 중간목표로 사용해서 발생한 것이 아니라, 연방준비제도가 연방자금이자율에 대한 목표치를 잘못 설정해 발생한 문제라고 주장했다.

실물경제충격으로 *IS* 곡선이 우측으로 이동했다고 가정하자. 예를 들어, 수출상품에 대한 수요가 급격히 증가했다. 연방준비제도는 어떻게 반응할까? 그림 14.9는 이를 자세히 설명한다. 즉 충격 발생 이전, 이 경제는 일반균형인 *E*점에 위치한다. 즉, 초기 *IS* 곡선인 IS^1과 *LM* 곡선인 LM^1과 교차하는 점이다. 따라서 균형 실질이자율은 r_1이고, 생산량수준은 $\overline{Y}$가 된다. 수출수요가 증가하면 *IS* 곡선은 우측의 IS^2로 이동한다. 연방준비제도가 통화량을 조절하지 않는다면 *LM* 곡선이 이동하지 않아, 단기적으로 균형점은 *F*점이 되고 생산량은 Y_2로 증가하고 실질이자율은 r_2로 상승한다. 그리고 장기에 있어 물가수준은 상승할 것이다. 연방준비제도가 실질이자율을 r_1으로 유지하려면, 통화공급을 늘려 *LM* 곡선을 LM^2로 이동해서 균형점은 *H*점이 될 것이다. 이 경우 단기에 생산량은 Y_3로 증가하고, 장기에는 균형이 회복되는 과정에서 물가가 상승할 것이다. 완전고용을 유지하고 물가를 유지하는 유일한 방법은 통화공급을 줄여 실질이자율을 r_3으로 상승시키고, *LM* 곡선을 LM^3로 이동시켜 단기균형인 *J*점에 도달하는 것이다. 즉, 그림 14.9에서 보이는 것처럼 연방준비제도는 완전고용을 유지하기 위해서 통화공급을 줄이고 실질이자율 목표치를 상향조정해 *LM* 곡선을 왼쪽으로 이동시켜야 한다. 연방준비제도는 연방기금이자율을 목표치로 선정했을 때, *IS* 곡선에 충격이 발생하거나 만약 변화로부터 가격수준을 지키기 위해서는 이 목표치를 조절해야 한다.

그러나 실제로 이러한 충격이 거시경제에 얼마나 중요하며, 또한 연방준비제

---

15. 연방준비제도는 실제로 명목이자율을 목표로 삼는다. 단기간에, 예상한 인플레이션이 변화하지 않으며, 목표된 명목이자율과 목표된 실질이자율은 같다.

그림 14.9

IS 곡선에 충격이 발생했을 때의 이자율목표제

그림은 실물경제충격으로 IS 곡선이 우측으로 이동하는 경제를 제시한다. 연방준비제도가 LM 곡선을 변화시키지 않을 경우, 이 경제는 단기에 생산량이 Y_2로 증가하고, 실질이자율은 r_2로 상승해 균형점 F로 이동하고 장기에서 물가수준이 상승한다. 이때 연방준비제도가 통화공급증가를 통해 실질이자율을 r_1에 유지해서 LM 곡선을 LM^2로 이동시키면, 단기에서 생산량은 Y_3인 H점으로 이동하며, 장기에서 물가수준은 상승한다. 반면, 통화공급을 줄여 실질이자율이 r_3로 상승하도록 LM 곡선을 LM^3로 이동시키면 단기적으로 완전고용상태인 J점이 유지되고, 장기적으로 물가수준도 변하지 않는다.

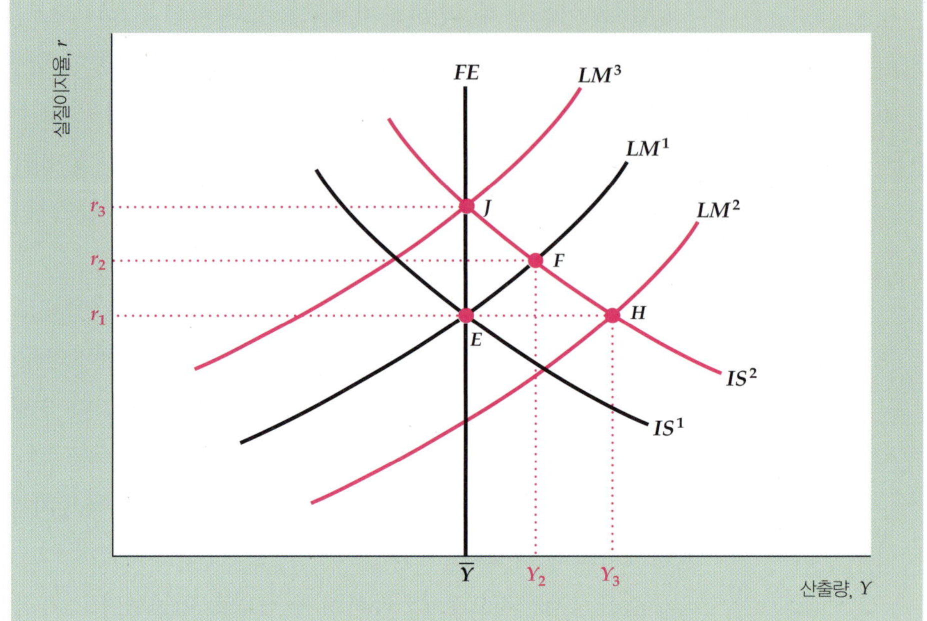

도가 연방기금이자율 목표치를 얼마나 바꿔야 할까? 연방기금이자율에 대한 목표치의 최적값을 구하는 것은 매우 어려운 일이다.[16] 12장에서 논의했듯이, 생산량 혹은 자연실업률의 완전고용수준을 추정하기 어려운 것과 마찬가지로, 최적 연방기금이자율을 추정하는 것 역시 매우 어려운 일이다.

만약 연방준비제도가 이자율을 변경한다면, LM 곡선을 수정하는 데 유용한 도구가 된다. 우리는 이전 그림에서와 같이 LM 곡선을 상승시키는 대신 그림 14.10에서와 같이 IS-LM 그래프에서 수평인 LR 곡선을 연방준비제도의 정책에 의해 직접적으로 변경시킬 수 있다. 이 그래프에서 r^T는 이자율목표를 나타낸다. 연방준비제도는 일일금리 목표변경 또는 이 통화공급에 필요한 만큼의 목표를 조절하면서 공개시장조작을 이용할 수 있다.

LR 곡선을 이용한 통화정책을 수립하는 데 있어, 연방준비제도는 명목 통화공급이 필요한 것보다 경제에 실질이자율 변경이 더 바람직한지 반드시 생각해야 한다. 연방준비제도는 그림 14.9와 같이 IS 곡선 충격에 대비하여 고려해야 한다. 이러한 상황에서 우리는 장기적 물가 변화 원인을 제외하고 완전고용 균형 경제에 대해 연방기금이자율의 목표를 반드시 수정해야 한다. 따라서 연방준비제도는 반드시 실질 연방기금이자율 r^T를 유동적으로 설정해야 하고 만약에

16. 시간이 흐르면서 목표가 얼마나 변화하는지에 대한 최근 연구의 요약은, www.frbsf.org/publications/economics/letter/2003/el2003-32.html에서 볼 수 있는 존 윌리엄스(John Williams)의 "The Natural Rate of Interest," FRBSF Economic Letter 2003-32를 참조하라.

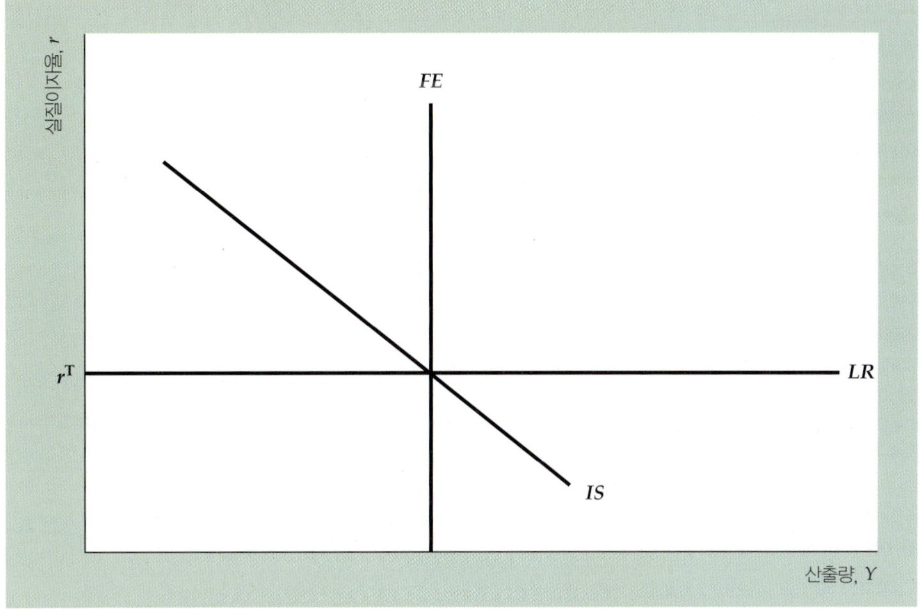

그림 14.10

LR 곡선

연방준비제도가 이자율목표를 정한 *LM* 곡선에 의해 *LR* 곡선이 정해진다. 연방준비제도는 이자율목표를 변경시켜 단기적으로 통화공급을 변화시키는 것을 허용한다.

IS 곡선이 움직이는지 경제를 잘 감시해야 한다.

실질이자율 목표와 *LR* 곡선을 이용하는 데 하나의 장점은 통화수요의 충격에 대해 자동적으로 상쇄한다는 것이다. 경제에 어떠한 충격이 가해져 통화수요가 증가하면 통화공급이 증가함에 따라 자동적으로 균형을 이루고 실질이자율은 변함이 없는 것이다.

만약 기대인플레이션 π^e가 증가하였다고 하자. π^e의 증가는 7장(요약표 9 참조)에서 봤듯이 통화수요의 감소가 원인일 것이다. 통화공급 감소에 의한 충격을 생각해보면 연방준비제도는 실질이자율을 변경시키지 않는 것이 필요하다. 물론, 명목이자율이 실질이자율과 기대물가상승률의 합인 까닭에 기대인플레이션이 증가하면 명목이자율도 상승한다. 그래서 이 정책에 따라 연방준비제도는 실질이자율 목표를 설정하기 위해서 반드시 기대물가상승률에 의한 명목이자율 증가와 기대인플레이션을 주의 깊게 감시해야 한다.

통화정책의 수립

통화정책에 대한 *IS-LM* 혹은 *AD-AS* 분석에서 통화정책을 생산량과 가격에 영향을 미치기 위해 사용하는 것은 비교적 간단한 일인 것처럼 보인다. 연방준비제도는 원하는 지점으로 *LM* 곡선과 *AD* 곡선을 이동하기 위해 통화공급을 조절하면 되기 때문이다. 그러나 사실, 통화정책을 수립하고 진행하는 과정은 매우 복잡하다. 이때 정책입안자가 직면하는 두 가지 현실적인 문제점은 통화정

그림 14.11

통화정책 충격에 대한 생산량, 물가, 연방기금이자율의 반응

이는 연방준비제도의 기대하지 못한 긴축 통화정책에 대해 48개월 동안의 연방기금이자율, 실질 GDP, GDP 디플레이터의 변화값이다. 연방기금이자율과 기타 이자율은 통화정책 변화에 빠르게 반응하지만, 생산량(실질 GDP)과 물가수준(GDP 디플레이터)은 매우 늦게 반응한다. 생산량과 물가반응의 긴 시차는 경제안정화를 위해 통화정책을 적절히 사용하는 것이 얼마나 어려운지를 나타낸다.

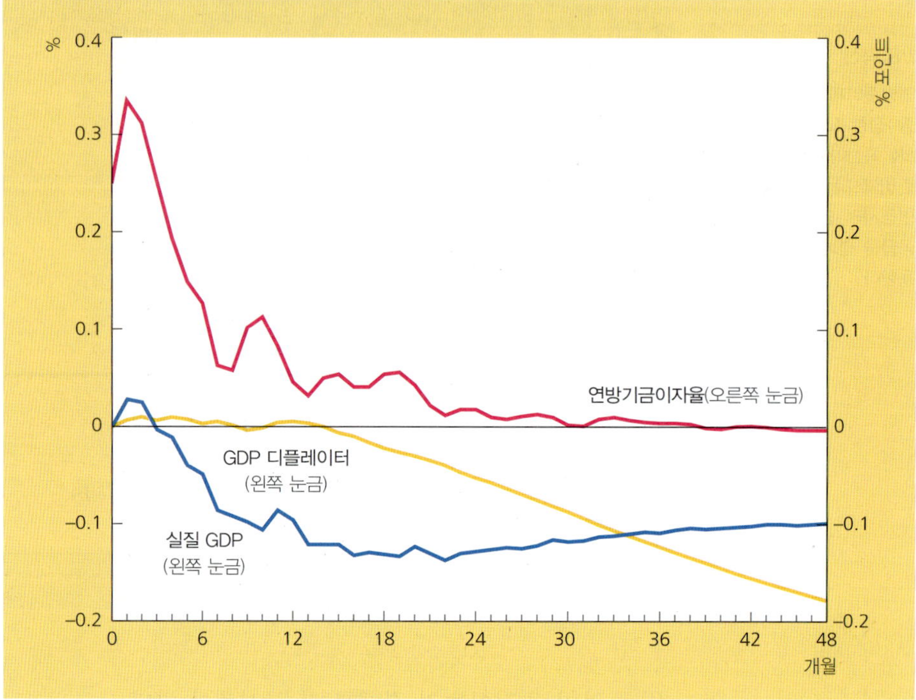

책의 실시 시점과 효과가 나타나는 시점 간의 정책효과 발생 시차와 통화정책이 작용하는 경로에 대한 불확실성이다.

통화정책 효과 발생 시차 통화공급의 변화가 생산량과 물가에 즉각적인 변화를 일으킨다면, 경제안정화를 위한 통화정책수립은 비교적 쉬울 것이다. 연방준비제도는 경제가 완전고용과 안정적인 물가수준에 도달할 때까지 정책수단을 조정하면 되는 것이다. 그러나 불행하게도 현실에서 통화정책의 변화가 경제에 영향을 미치기까지는 상당히 오랜 시간이 소요된다.

통화정책이 작용하는 데 얼마나 시간이 소요되는가에 대한 몇 가지 연구결과가 그림 14.11에 나타나 있다. 이것은 연방준비제도이사회 의장인 벤 버냉키(Ben Bernanke)와 뉴욕대학교의 마크 거틀러(Mark Gertler)의 논문[17]을 쉽게 설명한 것이다. 그림은 연방준비제도가 쓴 예상하지 못한 강력한 통화정책 후 첫 48개월간의 세 가지 중요 변수의 결과다. 이때 분석에 사용된 변수는 연방기금이자율, 실질 GDP 및 GDP 디플레이터(물가의 척도)고,[18] 좌측의 수직축은 정책

17. "Inside the Black Box: The Credit Channel of Monetary Policy Transmission," *Journal of Economic Perspectives*, Fall 1995, pp. 27-48.

18. 실질 GDP와 GDP 디플레이터에 대한 공식적인 데이터는 분기 데이터뿐이다. 그들의 연구에 따르면, 버냉키와 거틀러는 이 두 변수의 월별 시계열 데이터를 만들기 위해 통계적 보간법을 사용했다.

변화 후 발생한 각 변수의 변화를 백분율로 측정한 것이고 우측 수직축은 정책 변화 후 연방기금이자율을 %포인트로 나타낸 것이다.

이 경우 가장 눈에 띄는 것은, 이자율(여기서는 연방기금이자율)이 통화정책의 변화에 매우 빠르게 반응하는 것이다. 긴축 통화정책 실시 이후, 연방기금이자율은 한 달 사이에 0.3%포인트 이상 상승한다(예를 들어, 5.0%에서 5.3%). 그러나 이러한 이자율 변화효과는 일시적이다. 이후 연방기금이자율은 급격히 하락하기 시작하고, 긴축 통화정책의 시행 6~12개월 후에 거의 최초의 값으로 돌아간다.

반대로, 생산과 물가는 더 오랜 시간이 지난 후 반응하기 시작한다. 실질 GDP는 정책 변화 후, 첫 4개월까지 거의 반응하지 않는다. (실제로 그림 14.11에서 첫 두 달 동안은 하락한 것이 아니고, 소폭 상승하는 것으로 나타난다. 생산이 실제 경제 움직임과 다르게 나타나는 것은, 아마도 통계적 불확실성에 기인하는 것으로 해석된다.) 그러나 4개월이 지난 후, GDP는 가파르게 감소하기 시작해 완전하게 효과가 나타나기까지는 16~20개월이 지나야 한다.

정책 변화에 대한 물가의 반응은 생산량 반응보다 더 천천히 나타난다. 물가는 통화정책 시행 후, 1년 이상 영향을 받지 않고 원래 수준을 유지한다. 긴축 통화정책이 물가를 떨어뜨리기 시작하는 것은 그 이후다.

통화정책의 시행에 있어 시차가 길다는 사실은 정책수단을 정확하게 사용하기 어렵다는 것을 의미한다.[19] 연방공개시장위원회(FOMC)는 생산과 인플레이션의 현재 수준에 기초해 의사결정을 할 수 없다. 대신에, 6개월에서 2년 후 미래에 경제가 어떻게 움직일지 예측하고 그 예측에 기초해 정책을 수립해야 한다. 경제예측은 매우 어렵기 때문에, 통화정책수립은 때때로 자욱한 안개 속에서 배를 조종하는 것에 비유된다.

통화정책의 시차문제로 유발된 최초의 실례는 연방준비제도가 인플레이션 방지적인 정책에 대해 얼마나 적극적이냐에 대한 논쟁이다. 연방공개시장위원회는 인플레이션에 대한 선제공격에 참여해, 현재 물가상승률이 낮음에도 불구하고 연방기금이자율을 인상했다. 즉, 연방준비제도가 긴축 통화정책을 실시했다는 것이다. 연방준비제도의 비평가는, 인플레이션이 일반적으로 문제가 되지 않을 때 이러한 긴축 통화정책을 사용할 필요가 있느냐고 질문했다. 연방공개시장위원회(FOMC)는 현재의 인플레이션에 반응하지 않고, 오히려 1년 혹은 그 이상의 미래 인플레이션에 대한 예측에 기초해 정책을 수립한다고 답변했다. 연방준비제도의 이러한 주장은 사실상 옳은 것이다. 통화정책의 시차로 인해, 현재

19. 더욱이 통화주의자들은 긴 시차 때문에 통화정책을 경제정책으로 사용하는 것이 어렵다고 주장한다.

의 인플레이션에만 반응하는 것보다 미래 인플레이션 예측치에 기초해 통화정책을 실시해야 하기 때문이다. 그러나 인플레이션 예측이 매우 어렵기 때문에, 미래의 인플레이션을 막기 위해 실제로 긴축 통화정책을 실시하는 것이 옳은지에 대해서는 많은 논쟁의 여지가 있다.

통화정책의 파급경로 통화정책입안자가 직면한 또 다른 실질적인 어려움은 통화정책이 어떻게 경제에 영향을 미치는가를 정확히 알아내는 것이다. 지금까지 통화정책이 생산과 물가에 영향을 미치는 두 가지 주요한 채널을 소개했다.

첫째, 케인즈파의 *IS-LM* 분석에 따르면(11장 참조), 통화공급이 감소하면 실질이자율이 상승하고 총수요가 감소한다. 그리고 이 총수요의 감소는 생산량 감소와 물가의 하락으로 이어진다. 통화정책이 이자율 변화를 통해 경제에 미치는 효과를 통화정책의 **이자율경로**(interest rate channel)라 한다.

둘째, 개방경제에서 긴축 통화정책은 실질환율을 절상시킨다(13장 참조). 환율이 절상되면 외국인에게 국내 상품이 더 비싸지고 국내 사람들에게 수입품이 더 싸지므로 국내순수출이 감소한다. 이 순수출에 대한 수요 감소는 역시 총수요를 감소시키고, 생산량을 감소시켜서 물가를 하락시킨다. 실질환율의 변화를 통한 통화정책의 효과를 **환율경로**(exchange rate channel)라 한다.

일부 경제학자에 따르면, 긴축 통화정책은 대출 수요와 공급을 줄인다고 주장한다. 이는 통화정책의 **신용경로**(credit channel)로 "최신자료 및 연구와의 접속 : 통화정책의 신용경로"에서 서술한다.

통화정책 전달경로의 중요성에 대한 논쟁은 매우 분분하다. 이것은 정책입안자로 하여금 어떤 특정 시점에 통화정책이 긴축적인가 혹은 확장적인가를 판단하는 어려움을 가중시킨다. 예를 들어, 실질이자율이 높지만 동시에 달러가치 또한 하락했다고 가정하자. 이 경우 통화정책은 확장적인가 아니면 긴축적인가? 이자율경로와 환율경로 사이의 상대적인 크기를 모른다면 이것을 이야기하기 어렵다. 또 다른 예로, 실질이자율은 낮으나(확장 통화정책을 제시) 대출이 비정상적으로 줄어드는(긴축 통화정책 제시) 경우를 가정하자. 이 경우 두 신호가 모순되기 때문에 중앙은행은 이 두 효과의 상대적 크기에 의존해 확장 혹은 긴축 통화정책을 써야 할 것인가를 결정해야 한다.

실질적으로 통화정책을 수립하는 데 문제가 있다는 것이 좋은 통화정책을 수립하는 것이 불가능하다는 것을 의미하는 것은 아니다. 실제로 미국은 지난 20여 년간 적절한 통화정책을 수립해 인플레이션과 실업률이 모두 비교적 낮고 안정적인, 상당히 좋은 결과를 가져왔다. 그러나 이 논의는 통화정책입안이 과학인 동시에 예술로 묘사되는 이유이기도 하다.

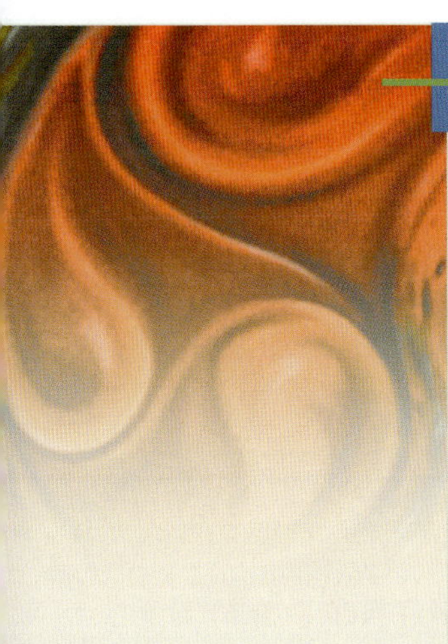

최신자료 및 연구와의 접속 IN TOUCH WITH DATA AND RESEARCH

통화정책의 신용경로

일부 경제학자는 통화정책이 이자율과 환율채널 외에 대출에 대한 공급과 수요를 통해 경제에 영향을 미친다는 통화정책의 신용경로를 주장한다.[20]

대출시장의 공급 측면에서 본다면, 긴축 통화정책은 은행대출 감소로 이어진다. 이 장의 앞 절에서 설명했듯이, 긴축 통화정책이 실시되면 은행의 지급준비금이 감소하고, 또한 은행이 받을 수 있는 고객예금 역시 감소한다. 이렇게 은행예금이 줄어들면, 은행은 대출해 줄 수 있는 자금의 양도 줄어들기 때문에 대출을 줄이게 된다. 결국, 은행대출에 의존하는 소비자나 중소기업은 대출을 받기 어려워지기 때문에 총수요가 줄어들고, 경제활동이 위축된다.

대출시장의 수요 측면에서 긴축 통화정책은 잠재적 대출자가 대출받기 어려워지거나 대출에 부적합하게 만드는 효과를 가져온다. 예를 들어, 변동금리 부채를 많이 보유한 어느 기업을 고려하자. 긴축 통화정책으로 이자율이 상승한다면 기업의 이자비용은 증가할 것이고, 수익성은 낮아질 것이다. 기업의 수익성이 낮아지면 기업의 신용도도 하락하기 때문에 기업이 은행에서 대출받는 것에 문제가 생기게 된다. 한편, 은행의 대출담보로 주식을 사용하고자 하는 고객을 가정해 보자. 긴축 통화정책은 주식가격을 떨어뜨린다(높은 이자율에 현혹된 금융투자자가 주식에서 채권으로 이전하기 때문이다). 이렇게 담보가치가 줄어들면 고객이 대출할 수 있는 금액도 줄어든다. 이 두 가지의 예로 미루어볼 때, 대출 감소는 지출 감소로 연결되고 생산 감소로 이어진다.

그렇다면 신용경로가 실제 통계자료로 입증이 되는가? 대출시장의 수요 측면을 고려했을 때, 많은 경제학자는 신용경로가 1960년대와 1970년대 미국에서 아주 영향력이 있었지만, 최근에는 그렇지 않다고 주장한다. 즉, 은행 분야의 규제완화와 거액 예금에 대한 법정지급준비금의 폐지로, 긴축 정책에도 불구하고 은행이 대출을 유지하기가 용이해졌기 때문이다. 예를 들어, 현재 은행은 예금 대신 양도성예금증서(CD)를 기업이나 부유한 개인에게 판매해 부족한 예금을 대체할 수 있다. 양도성예금증서는 지급준비가 필요 없는 은행의 부채다. 즉, 은행은 양도성예금증서의 발행 후 지급준비금을 적립할 필요가 없기 때문에, 긴축 통화정책은 은행의 자금조달 능력에 영향을 미치지 않는다.

대출시장의 수요 측면에 영향을 주는 통화정책의 증거는 좀 더 확실하다. 예를 들어, 소비자나 중소기업 지출은 대기업 지출보다 통화정책에 더 민감하다.[21] 이는 소비자나

---

20. 신용경로에 대한 이론의 연구와 증거는 각주 17번에 인용한 벤 버냉키와 마크 거틀러의 "Inside the Black Box: The Credit Channel of Monetary Policy Transmission" 을 참조하라.

21. Mark Gertler and Simon Gilchrist, "Monetary Policy, Business Cycles, and the Behavior of Small Manufacturing Firms," *Quarterly Journal of Economics*, May 1994, pp. 309-340을 참조하라.

중소기업이 대기업보다 재정적으로 더 위험하다는 사실에 기초한다. 즉, 긴축 통화정책이 실시될 때, 중소기업이 대출을 받을 수 있는 자격이 줄어드는 것이다. 긴축 통화정책이 실시되면 중소기업과 소비자의 파산이 증가하고, 대기업보다 대출 규모가 줄어든다.

응용 APPLICATION

2008년의 금융위기

주택위기의 첫 번째 달에("최신자료 및 연구와의 접속 : 2007년 시작된 주택위기" 참조) 많은 분석가들은 주택가격의 하락으로 은행이 손실을 입거나 경기불황이 올 것이라 생각했고, 어느 누구도 2008년 가을 금융시스템에 문제가 생길 것이라고 예상하지 못했다.

2007년 몇몇 금융기관은 모기지와 모기지 담보증권에 무리하게 투자하여 문제가 생기거나 파산하였다. 그러나 이러한 금융기관들의 사태가 경제에 중요한 위치에 있다고 생각하지 않았다. 연방준비제도는 2007년 9월까지 연방기금 명목이자율을 변동시키지 않았고, 수개월간 낮은 상태를 유지하였다. 연방준비제도는 주택위기로 주택건설이 줄어들면서 *IS* 곡선을 좌하향시키는 것을 보았고, 이러한 *IS* 곡선의 움직임에 대하여 낮은 연방기금 실질이자율 목표를 필요로 하였다.

몇몇 은행들은 투자은행과 같은 다른 금융기관들의 생존력에 대하여 우려를 나타내기 시작하면서 신용공급을 줄이기 시작하였다. 한편 연방준비제도는 신용부족문제를 해결하기 위하여 새로운 대출제도를 제공하였다. 2007년 12월 연방준비제도는 기간입찰대출(Term Auction Facility)을 발표하고 다른 은행으로부터 대출을 받을 수 없는 금융기관에 대해서 입찰을 통한 대출을 제공하였다. 2008년 3월 비슷한 아이디어로 연방준비제도는 증권담보기간대출(Term Securities Lending Facility)에 의하여 회사가 보유하고 있는 채권에 대하여 대출을 하였다. 또한 비슷한 형태로 프라임딜러대출(Prime Dealer Credit Facility)제도를 만들어 투자은행에까지 유동성을 공급하기 시작하였다. 2008년 3월 거대투자은행인 베어스텐스가 파산할 때, 많은 투자자들은 주택위기가 광범위한 충격을 줄 수도 있음을 우려했다.

그러나 모든 금융기관들의 손실이 모든 경제활동에 있어 큰 악영향을 주는 요인처럼 보이진 않았다. 2007년 12월 경기침체가 시작되었지만, 2008년 초 경제상태는 그리 나쁘지 않았고, 2008년 여름에는 경제에 강건해지는 부분이 발견되는 것 같았다. 사실 1990~1991년이나 2001년과 같은 미약한 경기침체가 2008년 9월 말에 발생할 것 같았다.

그러나 2008년 9월 상황은 극적으로 변하였다. 9월 7일 거대 모기지 대출자인 페니매(Fennie Mae)와 프레디 맥(Freddie Mac)이 모기지와 연관된 큰 자산손실로 법정관리에 들어갔다. 9월 15일 주요 투자은행 중 하나인 리먼 브라더스(Lehman Brothers)가 파산신청을 하였는데, 당시 많은 금융기관들이 리먼에 상당한 금액을 투자하였기 때문에 시장에 연쇄작용을 초래하였다. 이틀 뒤 연방준비제도는 거대보험회사인 AIG에게 수천억 달러의 채무불이행과 파산을 막기 위하여 850억 달러를 대출해 주었다. 이로써 미국과 전 세계의 투자자들은 공황상태에 빠져 주식은 폭락하였다.

이러한 공황상태에서 연방준비제도는 재빠르게 이자율을 인하함으로써 다시 *IS* 곡선을 좌하향시키기를 기대하였다. 연방정부는 부실자산구제프로그램(TARP : Troubled Asset Relief Program)을 만들고 임시적 저평가되었다고 생각되는 금융자산을 매입하였다. 이러한 정책은 유동성 부족으로 인한 문제가 발생되는 기관들을 금융시장 공황에서 지켜냈다. TARP 기금은 상당히 광범위하게 쓰였으며, 특히 은행 지분의 매입을 통하여 은행이 필요한 자금을 공급해주었다. 연방예금보험공사 역시 예금보고 한도를 10만 달러에서 25만 달러로 증액시킴으로써 더 많은 예금자들의 인출사태를 방지하였다.

이러한 금융위기에 직면하면서 경제는 급격히 악화되었다. 실질 GDP는 2008년 3분기에 2.7%나 떨어졌고, 4/4분기에는 5.4% 감소하였으며, 2009년 1/4분기에는 6.4% 감소하였다. 전체적으로 당시의 길고도 혹독한 경기침체(2009년 2/4분기까지)는 과거 1973~1975년과 1981~1982년 경기침체와 유사하였다. 그러나 연방준비제도와 연방정부의 대출 프로그램 발전이 없었다면, 이 경기침체는 더욱 길고 혹독했을 것이다.

응용 APPLICATION

제로금리한계

1990년대 일본의 경험은 세계적으로 정책입안자에게 염려의 대상이었다. 일본 경제는 성장세가 매우 느렸고 특정 연도에는 GDP가 감소하는 모습까지 보였다. 당시 일본 경제는 통화정책 입안자가 경제를 자극하기 위해 명목이자율을 더 이상 내릴 수 없는 **유동성 함정**(liquidity trap)에 빠져 있었다. 이자율은 이미 제로금리한계(zero bound)에 도달해 있었기 때문이다. (명목이자율은 음수일 수 없기 때문이다. 그렇게 되면 은행은 대출을 하기보다 그냥 현금을 갖고 있는 것이 더 이익이기 때문이다.) 제로금리한계를 경험한 일본의 선례는, 이미 인플레이션과 이자율이 매우 낮은 수준까지 하락한 적이 있는 미국을 포함한 많은 나라의 정책입안자에게 영향을 미쳤을 수 있다.

일본의 제로금리경험은 1991년 경제가 저성장을 시작했을 때 발생했다. 그림 14.12에서 볼 수 있듯이 경기침체는 인플레이션 하락을 초래했고, 마침내 1995년 초 인플레이션은 0을 기록했다가 그 후 몇 년간 상승한 후 1999년 다시 음으로 떨어졌고, 2005년까지 마이너스 상태를 유지했다. 음의 인플레이션은 디플레이션이며(1장 참조) 이것은 역사적으로 매우 빈약한 경제 성과와 연관되어 있다. 미국의 경우도 대공황에서 이

그림 14.12

일본의 1일 이자율과 인플레이션(1985~2008)

그림은 1985~2008년에 일본의 연간 물가상승률(소비자 물가 변화율)과 연율로 나타낸 1일 이자율(미국의 연방기금이자율과 유사함)을 보여준다.

출처 : 일본은행. 1일 이자율—www.boj.or.jp/type/release/teiki/sk/data/sk2.pdf; 인플레이션—www.boj.or.jp/type/release/teiki/sk/data/sk5.pdf.

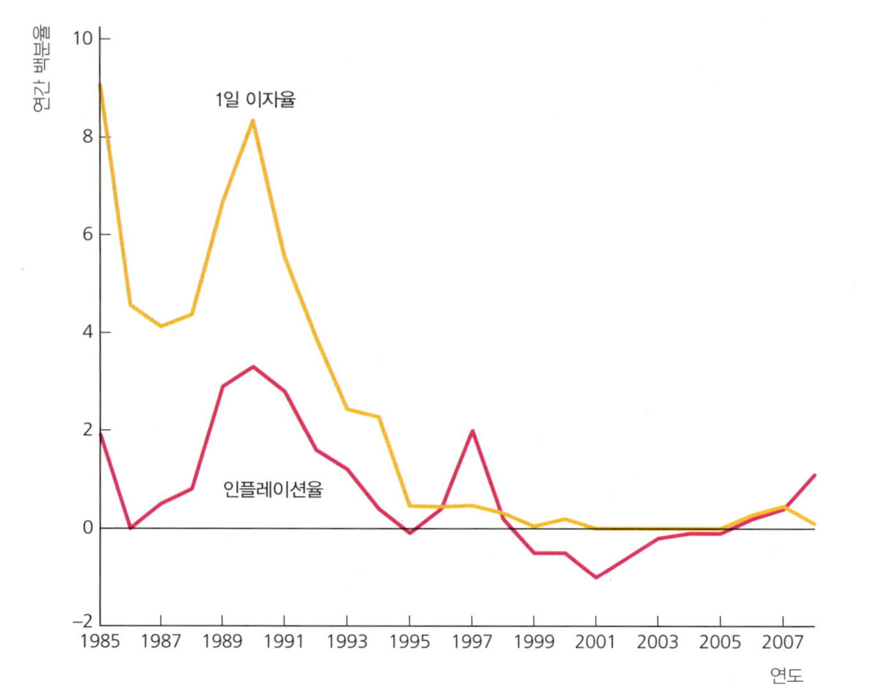

러한 현상을 경험했다.

그림 14.12는 미국의 연방기금이자율과 비슷한 일본의 무담보 대출에 대한 1일 이자율(overnight interest rate)이다. 이 1일 이자율은 일본은행의 통화정책 시행에서 기준이 되는 이자율이기도 하다. 일본은행은 경제를 활성화시키기 위하여 1990년대 1일 이자율을 크게 인하했다. 예를 들어, 이자율은 1990년 8% 이상에서 1995년 0.5% 이하로 하락했다. 급격한 이자율 인하에도 불구하고 일본 경제는 크게 개선되지 못했다. 1990년대 내내 인플레이션과 예상 인플레이션은 음수였고 일본은행은 이자율을 더 이상 내릴 여지가 없었다. 2001년에 일본은행은 이자율을 1,000분의 1%까지 세분해 측정하기 시작했다. 1일 이자율은 2001, 2002, 2004년에 평균 0.002%, 2003년에 0.001%, 2005년에 0.004%로 추정되었다(마침내 2006년 7월 일본은 이자율을 0.2%로 인상했다). 당시 일본은 분명히 제로금리한계에 도달했다. 일본의 이러한 경험은 미국의 통화정책 입안자에게 미국이 제로금리한계에 근접하면 어떤 일이 발생할 것인가를 생각하게 만들었다. 연방준비제도 의장인 버냉키[22]는 미국과 스위스에서 행한 연설에서

22. Ben S. Bernanke and Vincent R. Reinhart, "Conducting Monetary Policy at Very Low Short-Term Interest Rates," Speech at the meetings of the American Economic Association, San Diego, California, January 3, 2004, and at the International Center for Monetary and Banking Studies Lecture, Geneva, Switzerland, January 14, 2004. www.federalreserve.gov/boarddocs/speeches/2004에서 볼 수 있다. 당시 버냉키는 연방준비제도 이사였으며, 2006년 의장이 됐다.

제로금리한계를 다루는 세 가지 전략을 요약 설명했다. (1) 기대 이자율에 영향을 준다. (2) 중앙은행이 보유하고 있는 자산구성을 바꾼다. (3) 중앙은행의 대차대조표 규모를 확장한다. 제로금리한계를 다루는 첫 번째 방법은, 중앙은행의 정책으로 사람들의 미래 이자율에 대한 예상을 바꾸는 것이다. 사람들의 소비와 투자 결정이 장기 이자율에 의존하는데 중앙은행은 단기 이자율에만 영향을 줄 수 있다면, 중앙은행은 소비와 투자에 큰 영향을 미칠 수 없을 것이다. 그러나 향후 단기 이자율이 오랜 기간 동안 매우 낮게 유지될 것으로 예상된다고 중앙은행이 선언하면 장기 이자율의 하락 가능성은 높아진다. 즉 단기 이자율이 낮게 유지될 것으로 예상한다고 선언함으로써, 중앙은행은 수익률곡선(4.1절의 "최신자료 및 연구와의 접속 : 이자율" 참조)이 평탄해지고 따라서 장기 이자율이 낮아지기를 바란다.

제로금리한계를 다루는 버냉키의 두 번째 방법은, 연방준비제도가 공개시장에서 단기채권보다 장기채권을 더 많이 매입함으로써 수익률곡선에 영향을 미치는 것이다. 연방준비제도가 대량으로 그런 거래를 할 수 있다면, 장기 이자율이 하락하게 될 것이고 따라서 소비와 투자 증가를 자극할 수 있다. 그러나 중요한 사실은 이 방법이 성공하려면 연방준비제도가 재무성과 협력해야 한다는 것이다. 만약 이러한 협력을 얻는데 실패하면, 연방준비제도가 이런 형태의 정책을 마지막으로(1963년) 시도했던 전철을 되풀이하게 될 것이기 때문이다.

중앙은행이 취할 수 있는 세 번째 방법은, 본질적으로 새로운 통화를 더 발행하거나 공개시장에서 채권을 매입함으로써 대차대조표의 규모를 키우는 것이다. 즉, 연방기금 이자율을 목표로 하기보다, 연방준비제도는 1979~1982년에 했던 것처럼 본원통화 혹은 은행 지불준비금에 초점을 맞추는 방법이다. 일본은 2002~2003년 디플레이션 악화를 방지하기 위해 이러한 '통화량 완화(quantitative easing)' 방법을 사용했으며, 그 결과 인플레이션을 2004년 0%로 되돌릴 수 있었다.

한편 버냉키는 일반 대중이 중앙은행이 무력하다고 생각하기 이전에 이러한 단계적 방법을 사용하여 경제에 효과적으로 대처하는 것이 중요하다고 주장한다. 통화정책이 경제 회생에 무력하다고 일반 대중이 일단 믿어버리게 되면, 일본에서의 경우와 같이 사람들의 기대 형성에 영향을 미치기가 점점 더 어려워진다. 일본의 정책에 대한 비판은, 그것이 디플레이션을 과감히 잘라버리고 제로금리한계를 탈피할 만큼 충분히 공격적이지 못했다는 점이다.

물론, 버냉키가 이러한 생각을 논할 때 버냉키는 자신이 연방준비제도 위원장으로서 대공황 이후 최대의 금융위기인 글로벌금융위기를 직면할 것이라고 생각하지 못했었다. 2008년 가을 글로벌 금융위기가 닥쳤을 때, 연방준비제도는 인플레이션이 급격히 하락하면서 디플레이션이 발생할 가능성을 조심스럽게 걱정하기 시작했다. 실제로 이러한 일련의 상황에서 연방준비제도는 그림 14.13에서 보듯이 연방기금의 이자율을 0에 가깝게 인하하여 확장적 통화정책을 추진하였다.

그림 14.13

미국의 연방기금이자율과 물가상승률 (1998~ 2009)

그림은 1998년 1월부터 2009년 6월까지 월간 물가상승률(앞선 12개월 동안의 소비자 물가 변화율)과 연방기금이자율을 보여준다.

출처 : 연방기금이자율—연방준비제도 이사회. research.stlouisfed.org/fred2/series/FEDFUNDS에서 이용 가능하며, 소비자 물가지수—노동통계국. research.stlouisfed.org/fred2/series/PCEPI에서 이용 가능함.

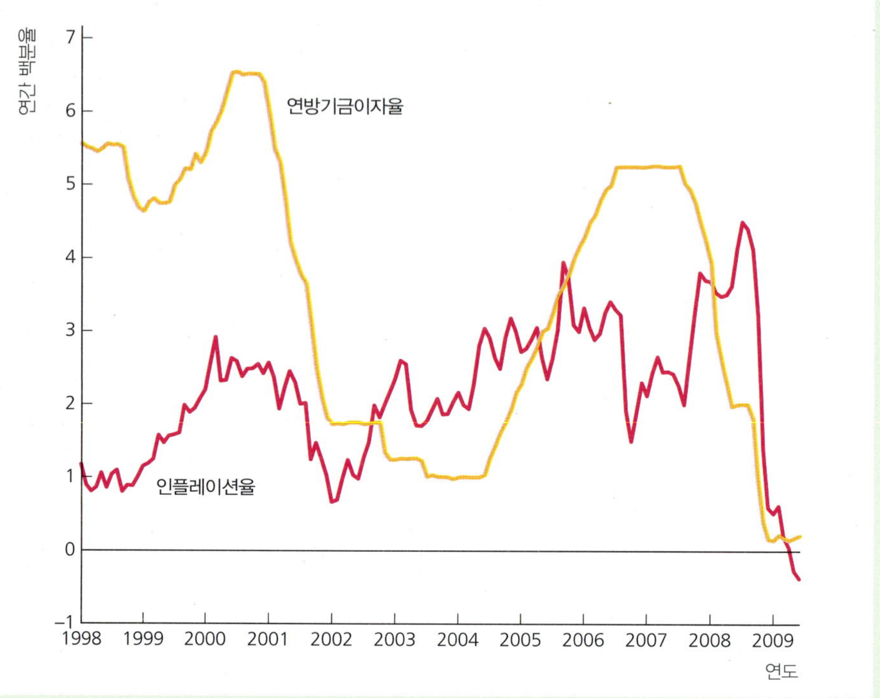

2008년 12월 연방준비제도 위원회의에서 연방준비제도 이자율 목표를 역사상 최하 금리인 '0%에서 0.25%'로 설정하였다. 당시 회의에서 버냉키는 위의 첫 번째 방법을 언급하면서 연방준비제도가 "경제상황은 앞으로 상당 기간 동안 극히 이례적으로 낮은 수준의 연방기금이자율을 필요로 할 것 같다"라고 발표하여 사람들이 단기 이자율과 장기 이자율 모두 낮을 것이라는 상황을 확신하도록 하였다. 동시에 버냉키는 두 번째 방법으로 연방준비제도가 "장기 국채 매입의 잠재적 이득을 검토하고 있다"고 발표하여 수익률곡선에 영향을 주려 하였고, 실질적으로 2009년 3월 장기국채를 매입하기 시작하였다. 마지막으로 버냉키가 사용한 세 번째 방법은 대차대조표를 이용한 것인데, 비록 연방기금 이자율이 저점을 찍었을지라도 새로운 대출과 미국재무성으로부터 돈을 빌려 통화공급을 늘리는 것이었다. 이에 따라 본원통화는 2008년 8월 8,430억 달러에서 2009년 5월 1조 7,700억 달러로 증가하였다.

이러한 모든 대책에도 디플레이션을 완전히 제거하기에는 부족하였으며, 그림 14.13에 나타나듯이 2009년 초반 인플레이션은 마이너스를 기록하였다. 그러나 연방준비제도는 이러한 지속적인 디플레이션에도 걱정하지 않는데 그 이유는 에너지 분야 가격이 전년대비 25%나 떨어졌으며, 2010년에 인플레이션은 낮지만 양(+)의 값을 나타낼 것이라는 전망 때문이었다. 결국, 버냉키의 방법은 잘 작동할 것이며, 비록 경제가 안정되지 않은 상황에서 속단하기에 이르지만 연방준비제도는 본원통화를 상당히 늘리지만 높은 인플레이션을 발행시키지 않을 것으로 예상된다.

14.3 통화정책의 수행 : 준칙과 재량

통화정책은 어떻게 수행되어야 할까? 많은 경제학자는 이 질문에 대해 다음과 같은 몇 가지 점에서 합의점을 갖는다. 먼저 대부분의 고전파와 케인즈파는 장기에 있어 화폐는 중립적이라는 것에 동의한다. 즉 통화 증가가 인플레이션에 영향을 미치지만, 장기에 있어서 실질변수에는 영향을 미치지 않는다는 점에 대하여 대부분의 경제학자들이 동의한다. 그리고 대부분이 통화정책의 중요한 장기목표가 물가상승률을 낮게 안정적으로 유지하는 것이라고 생각한다. 그러나 10장과 11장에서 살펴보았듯이, 이들은 단기적인 통화정책의 유효성과 적절한 사용방법에는 합의하지 못했다. 대부분의 케인즈파는 통화정책이 경기순환을 조절하는 데 사용될 수 있고, 또 사용돼야 한다고 주장하는 반면, 대부분의 고전학파는 이에 동의하지 않는다. 이 절에서는 거시경제학에서 오랫동안 이어져 온 통화정책의 적절한 방법에 대한 논쟁, 즉 "통화정책은 확고한 준칙에 따라 시행돼야 할 것인가, 아니면 중앙은행의 재량에 따라 시행돼야 할 것인가?"에 대한 분석을 실시할 것이다.

통화주의자와 고전학파 거시경제학자는 통화정책에 있어 '준칙' 사용을 옹호했다. **준칙**(rule)의 지지자는 본질적으로 통화정책이 특정 준칙에 의하여 자동적으로 실시돼야 한다고 믿는다. 특히, 이들은 통화공급량 조절에 있어 중앙은행이 공개적으로 발표한 준칙과 미리 정해 놓은 간략한 규정을 따라야 한다고 주장한다. 여기에는 많은 준칙이 고려될 수 있다. 예를 들어, 연방준비제도가 분기마다 1%씩 본원통화를 증가시킬 것이나, 금가격을 일정 수준으로 유지하는 통화정책을 시행하는 것이 포함될 수 있다(이 준칙은 금본위제도에 기초한다). 하나 더 생각할 수 있는 준칙은 연방준비제도가 현실 경제상황에 특정한 규칙에 따라 대응하는 것이다.

비록 준칙의 정확한 형태는 중요하지 않지만, 준칙의 지지자는 통화정책 준칙은 간결해야 한다고 강조한다. 즉, 준칙이 예외나 조건을 갖고 있지 않아야 한다는 것이다. 또한 준칙은 연방준비제도가 직접 또는 거의 직접적이게 조절할 수 있는 변수들에 관해 규정돼야 한다. 예를 들어, 연방준비제도는 본원통화를 조절할 수 있기 때문에 본원통화 성장률을 준칙으로 받아들일 수 있다. 그러나 실업률은 연방준비제도가 직접적으로 조절할 수 없기 때문에, "실업률을 4% 수준에서 유지시키라"는 준칙은 의미가 없게 된다.

준칙에 상대적인 통화정책수립방식은 대부분의 케인즈파 경제학자가 지지해 온 '재량적 통화정책'이다. **재량**(discretion)의 의미는 중앙은행이 낮고 안정적인 인플레이션, 높은 경제성장 그리고 낮은 실업률이라는 궁극적인 목적을 달성하기 위해서는 자유롭게 통화정책을 수립할 수 있어야 한다는 것이다. 특히 중앙은행은 계속적으로 경제를 관찰하고, 경제전문가의 조언을 사용해 최적의 목표를 달성하기 위해 통화공급을 변화시켜야 한다. 재량적 통화정책은 경제 환경의 변화에 대해 중앙은행이 적극적으로 반응하는 것을 의미한다. 따라서 이러한 정책 수행방식을 주장하는 경제학자는 때때로 행동주의자로 불린다.

준칙과 재량을 설명할 때, 많은 경제학자가 준칙의 사용을 옹호하는지를 이해하기는 쉽지 않다. 이는 중앙은행이 통화정책을 수행하는 데 손을 묶어 두는 것과 유사한 것이기 때문이다. 중앙은행이 경제조건의 변화에 적절히 대응할 수 있는 선택권을 가져야 한다는 생각이, 준칙으로 통화정책을 구속하는 것보다 항상 낫다는 생각이 재량에 대한 케인즈파 입장이다.

통화정책 수립방식 논쟁에서 재미있는 점은 재량적 방법이 매우 좋아 보이지만, 실제로 많은 경제학자가 이보다는 준칙을 선호한다는 점이다. 다음으로 준칙에 대한 전통적인 통화주의자의 주장을 설명하고, 준칙의 사용이 중앙은행의 신뢰성을 향상시킨다는, 준칙에 대한 비교적 새로운 주장을 고찰한다.

통화주의자의 준칙 옹호 주장

통화주의(monetarism)는 거시경제에 있어 화폐의 중요성을 강조한다. 대표적인 통화주의자 경제학자인 밀턴 프리드먼은 오랜 기간 동안 통화정책이 준칙에 의해 시행돼야 한다고 주장했다.[23]

준칙에 대한 프리드먼의 주장은 다음의 여러 명제로 구성된다.

명제 1. 통화정책은 단기적으로 실물경제에 커다란 영향을 준다. 그러나 장기에서 통화공급의 변화는 주로 물가에 영향을 미친다.

미국 통화정책의 역사에서 프리드먼은 통화공급의 변화가 단기에서 비중립적이라는 많은 증거를 제시한다(10장 참조). 프리드먼과 그 밖의 통화주의자는 통화공급의 변동이 역사적으로 가장 중요한 경기변동 원인 중 하나라고 주장한다. 에드먼드 펠프스와 함께 프리드먼은 물가가 통화공급에 따라 결정되기 때문에 화폐가 실질변수에 대한 효과는 일시적이라고 처음으로 주장한 사람이다(12장 참조).

명제 2. 통화량이 단기적으로 경제에 매우 커다란 효과를 일으킬 수 있음에도 불구하고, 통화정책을 사용해 경기변동을 줄이는 것은 사실상 불가능하다.

---

23. 프리드먼의 1959년 책 『A Program for Monetary Stability』(New York: Fordham University Press)에서 그의 견해에 대한 초기 주장을 명백히 나타낸다.

프리드먼은 다음과 같은 이유를 들어 이 명제를 지지했다(앞 장에서 거시경제 정책과 연관해 이미 논의했다). 첫째, 중앙은행이나 기타 기관이 경제의 현재 상태에 대한 정보를 모으고 처리하는 데 시간이 필요하다. 이러한 정보시차는 중앙은행이 경제가 실제로 불경기인지 혹은 정책의 변화가 적합시기인지를 결정하는 데 어려움을 준다.

둘째, 통화공급의 변화가 경제에 미치는 효과가 발생하기까지 소요되는 시간이 매우 불확실하다(그림 14.11 참조). 프리드먼은 통화정책 시행시점과 경제적 효과 발생시점 사이에는 길고 다양한 시차가 있다고 강조했다. 이는 통화정책이 효과를 발휘하는 데 상대적으로 많은 시간이 걸릴 뿐만 아니라, 시행되는 데 걸리는 시간이 예측 불가능하다는 것을 의미한다.

셋째, 임금과 가격 조정이 즉각적이고 빠르게 일어나기 때문에 연방준비제도가 불경기나 통화공급 증가의 필요성을 인식했을 때, 경제는 이미 불경기를 탈출했을 가능성이 높다. 통화공급 증가효과가 1년의 시차로 나타난다면, 현재의 통화공급 증가효과가 나타날 때는 이미 생산량이 회복되어 경제가 호황에 도달된 때가 될 것이다. 이 경우 통화 증가는 생산량이 완전고용수준을 초과하고 물가상승을 유발한다. 따라서 경기불황에 대응하기 위한 통화의 증가는, 실제로 인플레이션을 일으키는 것과 마찬가지로 경제를 불안정하게 할 것이다.

명제 3. 경기순환을 완만하게 하는 데 통화정책을 사용하는 것이 가능하다 하더라도, 연방준비제도는 이것을 효과적으로 이용할 수 없다.

프리드먼은 정치적인 이유로 연방준비제도가 효과적으로 통화정책을 수행하는 데 어려움이 있다고 생각했다. 그는 중앙은행이 법적으로 독립됐지만 대통령과 기타 정부기관으로부터 여러 정치적 압력을 받는다고 주장했다. 예를 들어, 연방준비제도가 선거기간 동안 경기부양의 압력을 받는다는 것이다. 만약 선거해에 유권자가 투표소에 가기 전에 확장 통화정책에 따른 생산량과 고용증대효과가 나타난다면, 현 직위자들이 재선된 이후에야 인플레이션의 효과가 나타날 것이다.

좀 더 본질적으로 프리드먼은 과거 거시경제의 역사를 분석하고 연방준비제도에 대해 신뢰성을 잃게 됐다. 프리드먼은 안나 슈워츠와의 연구에서 연방준비제도의 무능력, 정책의 근시성, 불운과 같은 이유로 통화정책이 역사적으로 경제 불안정성을 유발했다고 결론지었다. 프리드먼이 이에 대해 언급한 가장 중요한 예는, 1929~1933년에 연방준비제도가 예금인출사태로 인해 통화공급이 3분의 1 내외로 줄어드는 것을 멈추지 못했던 것이다. 프리드먼과 슈워츠는 이러한 통화공급 감소가 대공황의 주된 이유 중 하나라고 주장했다. 따라서 프리드먼은 경제 불안정성의 원천으로서 통화정책을 없애는 것이 지속적으로 거시경제를 향상시키는 것이라고 결론지었다.

그렇다면 연방준비제도가 불안정성의 원천이 되지 않는 것이 가능한가? 이 질문은 마지막 명제인 프리드먼의 정책 제안으로 이어진다.

명제 4. 연방준비제도는 특정한 통화지표(M1, M2와 같은)를 선택하고, 이를 해마다 고정된 백분율로 증가하게 해야 한다.

프리드먼에게 있어 불안정성의 원천으로서의 연방준비제도를 제거하는 중요한 단계는 연방준비제도가 재량적 통화정책을 포기하고 스스로가 공식적으로 발표한 몇몇 준칙을 따르게 하는 것이었다. 이때 프리드먼이 특정 준칙을 선택하는가는 크게 중요하지 않지만, 통화 증가율을 일정하게 유지하는 준칙이 다음의 두 가지 면에서 좋다고 주장했다. 첫째, 연방준비제도는 완벽하지 않지만 이 지표를 적절히 조절할 수 있다. 따라서 통화증가율이 목표치에서 상당히 벗어날 경우, 연방준비제도에 이에 대해 책임을 부과할 수 있다. 둘째, 프리드먼은 역사적으로 통화 증가율을 일정하게 유지하는 정책이 경기순환을 억제하기 위한 통화정책보다 경기안정에 더 기여한다고 주장했다. 그는 일정한 통화 증가율을 유지하는 것이 안정적인 금융환경을 제공해 경제성장을 촉진한다고 주장한다.

프리드먼은 재량적 통화정책에서 급격하게 통화 증가율을 낮추는 정책으로 전환하는 것이 바람직하지 않다고 주장했다. 대신에, 그는 연방준비제도가 점진적으로 미리 예고된 단계를 통해 과도기를 거치고, 통화 증가율을 꾸준히 낮춰야 한다고 주장했다. 그리고 프리드먼은 마침내, 0에 가까운 인플레이션을 유지할 수 있도록 통화 증가율을 억제해야 한다고 주장했다. 통화 증가율이 이런 수준에 도달한 후, 연방준비제도는 경기변동에 적극적으로 반응하지 말고 고정된 통화 증가율을 유지하는 정책을 계속 따라야 한다. 한편 프리드먼은 금융위기와 같은 커다란 경제충격이 발생할 때 일시적으로 통화 준칙을 중지시켜야 한다는 가능성을 열어 놓았다.

준칙과 중앙은행 신뢰성

준칙을 옹호하는 대부분의 통화주의자는 연방준비제도의 능력 또는 정치적 신뢰성에 대해 비관적으로 생각한다. 정부의 능력을 좀 더 신뢰하는 경제학자는 준칙을 옹호하는 통화주의자의 입장에 의문을 품는다. 즉, 정책 낙관론자는 다음과 같이 주장한다.

과거 통화정책이 부적절하게 시행된 적이 있었다. 그러나 시간이 흐름에 따라 경제에 대한 이해도가 증가했고, 그 결과 정책 활용도가 훨씬 나아졌다. 예를 들어, 제2차 세계대전 이후 미국의 통화정책은 대공황기간보다 명확히 좋게 실시됐다. 준칙을 엄격하게 준수하는 것은 재량적 통화정책을 적절하게 사용하는 것보다 어리석은 것이다. 정치적 신뢰성의 문제에도, 재정정책입안자나 정부의 모든 부처가 좀 더 확실히 개선됐다. 민주사회에서 정책수립자가 사회복리를 극대화하도록 정책을 수립한다는 사실이 인정돼야 한다.

정책 낙관론자의 이 답변은 준칙을 옹호하는 통화주의자에 대한 매우 적절한 표현이었다. 그러나 지난 30년 동안, 중앙은행이 통화정책 변화가 경제에 영향을 미치는 효과를 정확히 알고 국민을 위해 행동한다는 점을 인정한다고 하더라도, 새롭게 준칙을 옹호해야 한다는 논의가 전개됐다. 이는 준칙 옹호자가 새롭게 정책 낙관론자에게 도전하는 것이라 할 수 있다. 이는 통화 준칙을 사용하는 것이 중앙은행의 **신뢰성**(credibility)을 향상시킬 수 있고, 중앙은행의 미래 통화정책 발표에 대한 일반 대중의 신뢰성을 강화할 수 있으며, 중앙은행의 신뢰성이 통화정책의 유효성을 개선한다는 것이다.

중앙은행의 신뢰성이 중요한 한 이유는 사람들의 행동이 중앙은행의 행동에 대해 영향을 받기 때문이다. 만약 중앙은행이 안정적인 통화공급으로 가격수준을 안정적으로 하겠다는 발표를 했다고 하자. 만약 이때 기업들이 가격을 올리고 물가수준을 높인다면, *LM* 곡선은 좌상향으로 이동하면서 실질 통화공급은 줄어들 것이고 생산과 고용률은 줄어들 것이다. 만약 연방준비제도가—안정된 통화공급을 하겠다는 당초 선언과는 다르게—고용과 생산이 떨어지는 것을 막기 위해 통화공급을 늘릴 것이라고 기업들이 믿는다면, 기업들은 인상한 가격을 유지할 것이다. 그러나 연방준비제도가 안정된 통화공급을 지속할 것이라고 믿는다면 가격을 올리지 않을 것이다. 중앙은행이 생산과 고용이 감소하는 상황을 허용할 것이므로 결국 기업들은 미래에 가격을 낮추어야 하기 때문이다. 따라서 만약 중앙은행이 안정된 가격과 통화가치를 유지한다는 신뢰성이 확보되어 있다면 기업들은 절대 가격을 올리지 않을 것이다. 그러나 중앙은행의 신뢰성에 문제가 생기면 가격은 올라갈 것이다.

준칙, 약속 및 신뢰성 우리는 중앙은행의 신뢰성이 얼마나 중요한가를 보았다. 중앙은행의 신뢰성이 높다면, 높은 실업률을 초래하지 않고 통화 증가율과 인플레이션을 동시에 줄일 수 있다. 그렇다면 중앙은행은 어떻게 신뢰성을 확보할 수 있을까?

한 가지 가능성은 중앙은행이 그들의 약속을 이행하면서 명성을 쌓는 것이다. 앞의 예에서 기업은 가격을 인상할 때 중앙은행이 통화공급을 올린다고 예상한다. 그러나 이 경우 중앙은행이 통화공급을 일정하게 하여 경기침체를 유발한다고 하자. 이 경우 기업은 중앙은행의 약속을 좀 더 심각하게 받아들일 것이다.

이 전략의 문제는 좋은 명성이 쌓이기까지 막대한 비용이 든다는 것이다. 예를 들어, 중앙은행이 명성을 쌓는 동안 경제는 경기침체를 겪는다. 그렇다면 신뢰를 확보하는 데 필요한 비용을 줄이는 방법은 무엇일까?

준칙의 지지자는, 신뢰를 쌓는 데 중앙은행이 약속을 반드시 지키도록 제도화하는 것이 필요하다고 제안한다. 외부기관이 강요하는 엄격한 준칙이 있다면, 중앙은행은 통화공급 증가율을 점진적으로 줄여야만 한다. 기업은 이 준칙의 존재를 인정할 경우, 통화공급 증가율이 유지될 것을 믿게 될 것이고, 가격 안정성도 달성될 수 있다고 믿는다. 중앙은행이 좀 더 신뢰성을 갖는다면 중앙은행 준칙의 유효성은 더욱 증대될 것이다. 따라서 통화정책 준칙을 옹호하는 이러한 이유는 과거 통화주의자가 주장한, 준칙의 이점과는 다른 것이다.

재량적 정책수행 지지자는 준칙과 신뢰성 간의 관계에 대해 어떻게 반응할까? 케인즈파는 신뢰와 신축성 간에 상충관계(trade-off)가 있을 것이라고 주장한다. 신뢰를 쌓으려면 준칙은 사실상 변경이 불가능해야 한다. 그렇지 않으면, 중앙은행이 준칙을 충실히 수행할 것이라는 것을 아무도 믿지 않을 것이다. 극단적으로 통화 증가율 준칙이 헌법에 추가될 정도로 막대한 비용과 긴 기간 동안의 논란을 통해서만 변화될 수 있다. 그러나 준칙이 완전히 깨지지 않는 것이라면, 예를 들어, 새로운 공황과 같이 예상치 못한 금융위기가 발생한다면 어떤 일이 일어날까? 이 경우 중앙은행의 무능한 행동은 비참한 결과를 가져올 것이다. 따라서 케인즈파는 중앙은행이 충분한 신뢰성을 쌓게 될 정도로 엄격한 준칙을 설립하는 것은 중앙은행의 신축성을 제거하는 것이므로, 또 다른 위험을 만들어낸다고 주장한다.

테일러 준칙

통화정책에 있어 준칙 사용의 지지자는 연방준비제도가 정책도구를 정할 때, 앞서 설명한 것처럼 간단하고 대중적으로 공표된 준칙을 따라야 한다고 믿는다. 또한 준칙의 형태는 제한이 없지만 일단 정해지면 반드시 준수돼야 한다는 점을 강조한다. 스탠포드대학교의 존 테일러(John Taylor)[24]는 연방준비제도가 경제

24. "Discretion Versus Policy Rules in Practice," *Carnegie-Rochester Conference Series on Public Policy*, 1993, pp. 195–214.

상황에 반응할 수 있게 하는 통화정책 준칙의 예로 **테일러 준칙**(Taylor rule)을 주창했다. 테일러 준칙은 다음과 같이 표시된다.

$$i = \pi + 0.02 + 0.5y + 0.5(\pi - 0.02) \tag{14.6}$$

i = 명목 연방기금이자율(Fed의 중간목표)

π = 지난 4분기 동안의 물가상승률

$y = (Y - \bar{Y})/\bar{Y}$ = 완전고용생산량으로부터의 생산량 백분율 오차

테일러 준칙에서 실질 연방기금이자율인 $i - \pi$는 (1) 실제 생산량과 완전고용생산량의 차이, (2) 실제 인플레이션과 목표 인플레이션값의 차이에 반응한다. 여기서는 인플레이션 목표값은 2%, 즉 0.02로 설정됐다. 14.2절에서 많은 중앙은행이 중기적 통화공급보다 실질이자율목표를 설정하였다는 점을 논의하였는데 이는 테일러 준칙으로 설명할 수 있다. 생산량이 완전고용생산량수준이고 인플레이션이 목표값 2%에 근접하면, 연방준비제도는 테일러 준칙을 따른 경우 실질연방기금이자율을 장기 평균수준인 2%로 설정한다. 경제가 완전고용수준 이상의 생산량과 목표값 이상의 인플레이션을 보인다면, 테일러 준칙은 실질연방기금이자율을 2% 이상으로 설정해 연방준비제도가 긴축 통화정책을 실시하게 한다. 반대로, 경제가 완전고용수준 이하의 생산량과 목표값 이하의 인플레이션을 보인다면, 테일러 준칙은 실질 연방기금이자율을 2% 아래로 설정해 통화정책을 완화시킨다. 테일러 준칙에 따른 이 두 반응은 연방준비제도의 일반적인 정책과 일치한다. 더욱이 테일러는 과거 통계자료를 사용해 그의 간단한 준칙이 실제 연방준비제도의 정책과 상당히 일치하는 점을 보여줬다.

일부 준칙 지지자와는 달리, 테일러는 연방준비제도가 준칙을 맹목적이고 기계적으로 따라야 한다고 주장하지 않는다. 대신에 그는 준칙이 통화정책에 대한 가이드라인 역할을 할 수 있다고 주장한다. 즉, 테일러는 정책입안자가 특별한 상황이 발생했다고 판단하면 준칙과는 다른 정책을 사용할 수 있다고 주장했다. 현재, 준칙 준수가 의미를 갖는 것은 연방준비제도가 대개 준칙을 따르는 것을 수용했다는 점이다.

테일러가 1993년 준칙을 제시한 이래로 경제학자들은 세계 각국의 통화정책을 연구한 결과 실제로 각국의 중앙은행이 테일러 준칙과 비슷한 형태의 준칙을 따른다는 가정이 일반화되었다. 실제로 경제학자들은 중앙은행이 정책에 대하여 테일러 준칙을 따라 이용하는 것과 그 준칙을 왜 벗어나고 싶은지에 대한 논의를 자주 목격하였다.

그림 14.14

테일러 준칙과 실질연방기금이자율

1960년대와 1970년대에는 연방기금이자율을 테일러 준칙보다 낮게 설정하였고, 그 결과 인플레이션은 상승했다. 1980년대에는 물가상승률이 하락하면서 테일러 준칙보다 높게 이자율을 설정하였다. 1990년대 연방기금이자율은 테일러 준칙 수준과 거의 비슷하였다. 2000년대에는 테일러 준칙 수준보다 항상 낮게 설정되었다. 그림에서 음영 부분은 경기침체를 나타낸다.

출처 : 세인트루이스 연방준비제도 FRED 데이터베이스의 1960년부터 2009년 2/4분기 자료를 이용하여 식 (14.6)으로 저자 계산, research.stlouisfed.org/fred2, 변수는 GDPCTPI(물가지수), GDPPOT(완전고용생산량), GDP(명목 생산량), FEDFUNDS(연방기금이자율)임.

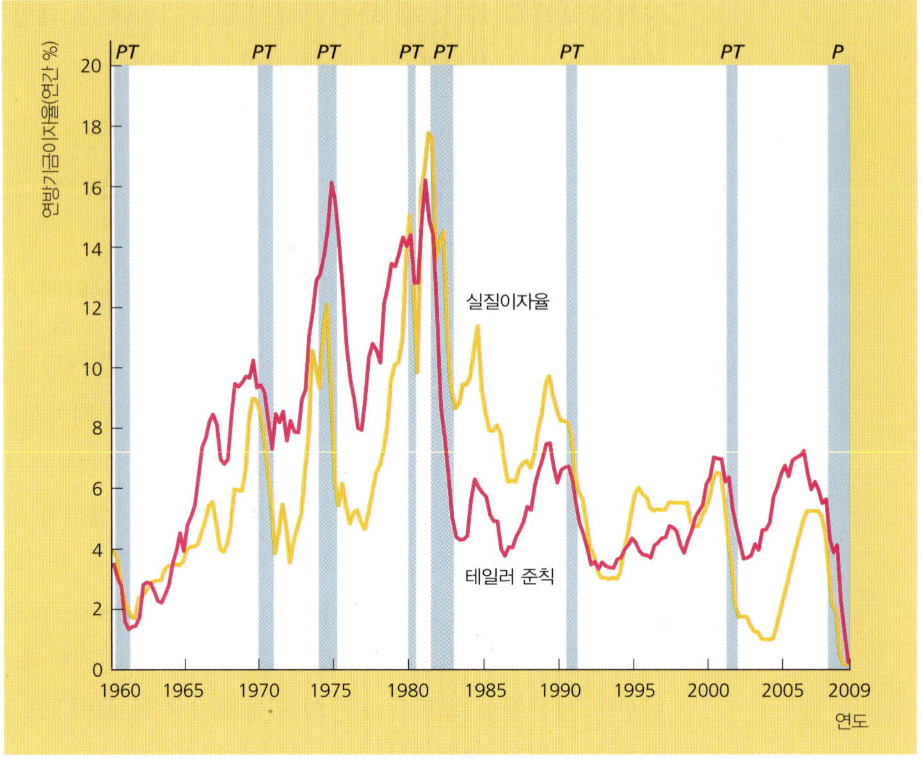

그림 14.14는 실질 연방기금이자율과 기본적인 테일러 준칙에 따른 연방기금이자율에 대해 나타낸 것이다.[25] 연방준비제도가 1960년대와 1970년대에 테일러 준칙에 의해서 제안된 수준보다 설정된 연방기금이자율은 낮았으며, 이 시기에 물가상승률은 1963년 1%에서 1975년 10%까지 상승하였고 평균적으로 1960년대 2.5%와 1970년대에는 6.7%를 각각 기록하였다. 1980년대에는 연방준비제도가 테일러 준칙에 의해 제안된 수준보다 설정된 연방기금이자율이 높았는데 그 이유는 1981년 10%에서 1989년 3.5%로 감소하였기 때문이며, 10년간 평균은 4.5%였다. 1990년대 연방기금이자율은 준칙에 의한 수준과 거의 비슷하게 설정되었는데, 물가상승률은 거의 일정하였으며 평균적으로는 2.2% 수준이었다. 2000년대 들어서는 비록 물가상승률이 2.2%였지만 테일러 준칙에 의해 추천되는 수준보다도 한참 낮았다.

지난 50년간 테일러 준칙은 기대한 만큼 작동한 것처럼 보인다. 연방준비제도

25. 그림 14.14의 곡선에 쓰여 있는 "테일러 준칙"은 현재 가능한 자료를 기반으로 하였으며, 실제로 그 시점에 연방준비제도가 테일러 준칙에 따라 했는지 모른다. 또한 현재 우리는 과거의 완전고용에서 생산량에 대해 알고 있다.

가 연방기금이자율을 테일러 준칙에 의한 수준보다 낮게 설정할 경우 물가상승률은 상승하였으며, 이와 반대로 수준보다 높으면 물가상승률은 떨어졌다. 예외적으로 한 번, 2000년대 들어 테일러 준칙 수준보다 이자율이 낮았지만 인플레이션이 높아지지 않았다. 명확하게 2008년 금융위기 기간 중, 신용대출시장에서 잠재적인 대재앙에 대해 연방준비제도의 행동이 타당함을 보여주었다. 그러나 2000년대 초반 경제가 낮은 성장률로 기인한 경기침체에 빠졌을 때, 연방준비제도는 디플레이션의 가능성("응용 : 제로금리" 참조)을 제시하며 테일러 준칙에 의한 수준보다 낮은 이자율을 유지하였다.

식 (14.6)과 같은 테일러 준칙은 과거 15년 동안 많은 연구의 주제였다. 경제학자들은 이 공식에서 과거의 물가상승률, 완전고용생산량과 현재 생산량의 관계와 같은 것을 보는 것보다 인플레이션의 미래가치와 완전고용생산과 생산의 편차를 위한 미래예측이 가능한지 발견하고자 했다. 경제학자들은 이 법칙에 대해 다른 계수 값(테일러의 완전고용생산량과 현재 생산량과의 계수인 0.5를 대체할 만한 값)과 인플레이션 목표를 2%가 아니게 설정하고 실험하였다. 전 세계에 있는 중앙은행을 위해 테일러 준칙은 정책설정의 중요한 기준점이 될 것이다.

중앙은행 신뢰성 확보를 위한 그 밖의 방안

통화증가율 혹은 인플레이션에 대한 목표치를 발표하는 것 외에, 중앙은행이 신뢰성을 증대시키고 통화정책의 유효성을 향상시킬 또 다른 방안은 없을까? 강직한 중앙은행 수장의 임명, 중앙은행 직원의 인센티브 향상 및 중앙은행의 독립성 확보 등과 같은 세 가지 방법을 제안할 수 있다.

1. 강직한 중앙은행 총재의 임명 : 중앙은행의 신뢰성은, 일반적으로 중앙은행 총재가 통화 증가율과 인플레이션을 줄이는 계획을 제시할 때 일반 대중이 이를 믿는 것과 같다. 신뢰를 증가시킬 한 가지 방법은 대통령이 인플레이션을 하락시킬 필요가 있을 때, 인플레이션을 매우 싫어하고 실업률 상승을 기꺼이 받아들일 수 있는 사람을 중앙은행 총재로 임명하는 것이다. 과거 지미 카터(Jimmy Carter) 대통령 시기인 1979년, 미국은 심각한 인플레이션 문제에 직면했다. 이때 지미 카터 대통령은 반인플레이션적인 평판이 높은 폴 볼커를 연방준비제도이사회 의장으로 임명했다. 카터는 확고한 경제학자를 중앙은행 수장으로 임명해, 금융시장과 대중이 그가 인플레이션 하락을 매우 진지하게 생각한다는 것을 수긍하기를 희망했다. 결과적으로 볼커는 인플레이션을 줄이는 데 성공했다. 그러나 그 과정에서 실업률이 현저히 상승했기 때문에 그

의 의장 임명은 신뢰의 문제를 완벽히 풀지 못했다.[26]

2. 중앙은행 직원의 인센티브 제고 : 중앙은행의 신뢰를 강화하기 위한 두 번째 방법은 인플레이션 목표 달성에 강한 인센티브를 주는 것이다.[27] 이 인센티브가 충분히 강하고 대중적으로 알려진다면 사람들은 중앙은행의 반인플레이션 정책 발표를 믿을 것이다. 이러한 접근의 최근 예는 "응용 : 물가안정목표제"에서 설명할 것이고, 이는 중앙은행이 명백한 물가안정목표제를 설정하고, 만약 그 목표가 성취되지 않았을 때 중앙은행의 수장을 교체하는 뉴질랜드의 법안이다. 뉴질랜드에서 이 법안이 통과된 이후, 인플레이션은 현저히 감소했지만 실업률은 증가했다. 즉, 신뢰의 문제는 완벽히 해결되지 못했다.

3. 중앙은행의 독립성 강화 : 세 번째 방법은 기타 정부기관으로부터 중앙은행의 독립성을 증대시키는 것이다. 예를 들어, 통화정책결정에 입법부나 행정부의 산하기관이 간섭하는 법적인 권한을 제한하는 것이다. 이 이유는 중앙은행의 독립성을 확보해 단기에 있어 생산과 고용을 확대하려는 정치적 압력을 덜 받을 것이고, 장기 물가상승률을 낮은 수준으로 유지하는 것을 더욱 강력히 수행할 수 있기 때문이다. 일반 대중은 독립적인 중앙은행이 정치적 압력을 덜 받을 것이고, 중앙은행이 만든 발표를 더 믿을 만하다고 느낄 것이기 때문이다.

독립적인 중앙은행이 더 신뢰성을 받는다는 생각을 뒷받침하는 많은 증거가 있다. 하버드대학교의 알베르토 알레시나(Alberto Alesina)와 로렌스 서머스(Lawrence Summers)의 연구[28]에서 발췌한 그림 14.15는 산업화된 16개국의 1955~1988년 기간 동안 중앙은행의 독립성과 인플레이션의 관계를 보여준다. 이때 수직축은 각 나라의 평균 인플레이션을 나타내고, 수평축은 중앙은행의 독립성 지수를 나타낸다(이 지표는 정부가 쉽게 중앙은행 수장을 교체할 수 있거나, 혹은 중앙은행의 의사결정을 번복할 수 있는가 등의 요소에 기초하고 있다). 독일, 스위스, 미국과 같이 중앙은행이 비교적 독립적인 국가는 영국, 뉴질랜드,[29] 이탈리아, 스페인과 같이 중앙은행이 독립적이지 않은 국가보다 명백히 낮은 장기 물가상승률을

26. 강직한 중앙은행 수장의 임명이 중앙은행의 신뢰성을 향상시킬 것이라는 논지는 케네스 로고프(Kenneth Rogoff, "The Optimal Degree of Commitment to an Intermediate Monetary Target," *Quarterly Journal of Economics*, November 1985, pp. 1169-1189)가 주장했다. 케인즈파는 볼커가 신뢰성이 높았지만, 지속적인 임금과 가격 경직성이 1981~1982년 실업 증가의 원인이라고 주장했을 것이다.

27. 중앙은행 수장의 인센티브 분석. Carl Walsh, "Optimal Contracts for Central Bankers," *American Economic Review*, March 1995, pp. 150-167.

28. "Central Bank Independence and Macroeconomic Performance," *Journal of Money, Credit and Banking*, May 1993, pp. 151-162.

29. 뉴질랜드 중앙은행의 독립성 평가는 앞서 언급한 뉴질랜드 중앙은행법의 개정에 앞서 이뤄졌다.

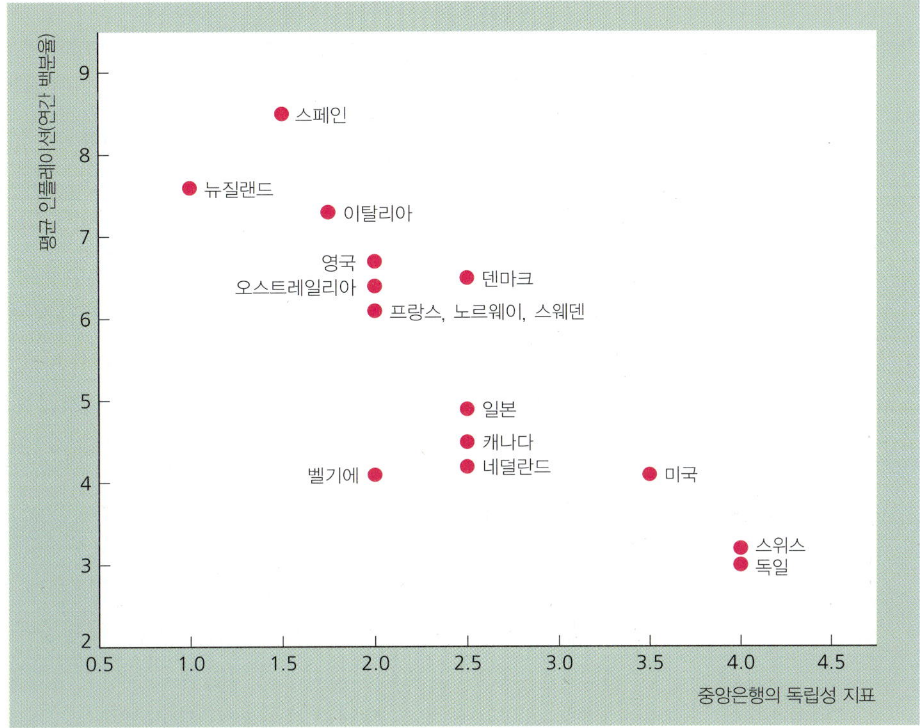

그림 14.15

중앙은행의 독립성과 인플레이션 (1955~1988)

이 그림은 1955~1988년 동안 16개국 중앙은행의 독립성 지표(지표가 높을수록 중앙은행이 더 독립적이다)와 평균 인플레이션을 비교한다. 더 독립적인 중앙은행의 국가는 평균물가상승률이 낮다는 것을 보여준다.

출처 : Alberto Alesina and Lawrence Summers, "Central Bank Independence and Macroeconomic Performance," *Journal of Money, Credit and Banking*, May 1993, pp. 151-162, Table A1 and Fig. 1a.

보였다. 알레시나-서머스의 연구에서 또 다른 그림은 독립적인 중앙은행이 있는 국가가 그렇지 않은 국가보다 실업률이 장기적으로 높지 않다는 것을 보여준다. 이 증거는 독립성이 증가된 중앙은행이 신뢰성을 증대시키고, 그 결과로 인플레이션을 낮게 유지하는 데 소요되는 실업비용을 낮춘다는 생각을 지지한다.

응용 *APPLICATION*

물가안정목표제

1989년부터 많은 중앙은행들이 통화정책을 함에 있어 **물가안정목표제**(inflation targeting)를 채택했다.[30] 일반적으로 이 전략은 중앙은행이 목표 물가상승률을 발표하는 것이다. 그것은 물가상승률 목표를 정책적으로 발표하면, 일반 사람들은 쉽게 중앙은행의 목표 도달을 확인할 수 있고, 목표에 도달하면 중앙은행의 신뢰를 향상시키는 데 도움이 되기 때문이다.

30. 이러한 접근의 역사적 분석과 논의에 대해서는 다음을 참조하라. Ben S. Bernanke, Thomas Laubach, Frederic S. Mishkin, and Adam S. Posen, *Inflation Targeting: Lessons from the International Experience* (Princeton, N.J.: Princeton University Press, 1999); Bernanke and Mishkin, "Inflation Targeting: A New Strategy for Monetary Policy?" *Journal of Economic Perspectives*, Spring 1997.

이 전략의 개척자인 뉴질랜드는 경제개혁안의 한 부분으로 중앙은행이 목표물가상승률을 발표하고, 이를 달성하도록 정책을 수행하는 물가안정목표제를 수립했다. 뉴질랜드가 제정한 법안에 따르면, 중앙은행이 물가안정목표 달성에 실패한다면 중앙은행 총재는 직위에서 해제되는 것이었다. 최근 캐나다, 영국, 스웨덴, 오스트레일리아, 이스라엘, 브라질, 스페인, 한국을 비롯한 수많은 국가가 이 물가안정목표제를 채택했다. 미국은 안정적인 인플레이션 유지가 매우 중요하다고 강조하지만 물가안정목표제를 공식적으로 채택하지 않았다. 현재 유럽중앙은행은 물가안정목표제를 사용한다.

물가안정목표제하에서 중앙은행은 다음 4년간 달성할 목표 인플레이션율을 발표한다. 따라서 통화 증가율 같은 중간목표변수를 목표로 설정하는 것이 아니라, 중앙은행이 궁극적 목적의 하나인 인플레이션율을 목표로 설정하는 것이다. 물가안정목표제는 단기에 생산을 안정화하거나, 다른 거시경제 변수들을 안정화하는 데 통화정책을 사용하게 한다. 그러나 물가안정목표제를 발표함으로써, 중앙은행은 장기적으로 목표를 달성하는 것이 가장 중요한 사항이라는 것을 국민에게 알리게 된다.[31]

물가안정목표제의 가장 큰 단점은 인플레이션이 정책행동에 긴 시차를 두고 반응한다는 것이다(그림 14.11 참조). 그 결과 중앙은행은 물가안정목표제를 성취하기 위해 어떤 정책행동이 필요한지를 확실히 판단하지 못할 뿐만 아니라, 국민들이 쉽게 중앙은행이 약속을 지키고 있는지를 확실히 알 수 없다는 점이다. 따라서 물가안정목표제를 시행하는 중앙은행은 가끔 그들의 목표를 도달하지 못해 신뢰성을 잃기도 한다. 물가안정목표제가 미래의 통화정책에 있어, 좀 더 선호되는 전략이 될 것인지는 두고 봐야 알 수 있을 것이다.

연방준비제도이사회의 수장이 되기 전 벤 버냉키는 연방준비제도의 바람직한 전략으로서 물가안정목표제를 공식적으로 지지했다. 이로 인해 많은 경제학자는 그가 결국 물가안정목표제의 몇 가지 형태를 따르는 연방공개시장위원회(FOMC)의 수장이 될 것이라고 믿었다. 연방준비제도 위원회가 열리고 난 뒤, 우리는 연방준비제도가 물가안정목표와 관련 있는 것들을 논의하지만, 명쾌한 물가안정목표를 결정하지 못했다는 것을 알고 있다. 하지만 연방준비제도는 다른 물가안정목표를 시행하고 있는 국가들을 일부 차용해서 일반에게 이전보다 더욱 자세한 증가수치를 제공한다. 덧붙여 연방준비제도의 정책입안자들은 정책에 대한 다른 많은 변수를 고려한 장기적 예측을 발표하고 분석가들은 물가안정목표가 내포된 장기 물가상승 예측을 볼 수 있게 되었다.

31. 프리드먼에 따르면 엄격한 의미의 물가안정목표제는 두 가지 이유에서 정책준칙으로서 자격이 없다. 첫째, 물가안정목표제는 이자율 혹은 통화총량이 아니고 물가상승률 같은 목적변수를 목표로 삼기 때문이다. 둘째, 중앙은행은 장기에 있어 물가안정목표를 성취하는 한 단기에 있어 약간의 재량을 사용하는 것이 허용된다. 물가안정목표제의 지지자는 이러한 접근이 엄격한 준칙의 신뢰성 이점과 약간의 정책재량을 갖는 이점이 결합되기를 바란다. 각주 30번에 인용한 논문에서 버냉키와 미시킨은 '제약된 재량' 의 전략으로서 물가안정목표제를 언급했다.

요약 SUMMARY

1. 중앙은행, 금융기관 및 일반 대중은 통화공급을 결정한다. 중앙은행은 화폐로 사용할 수 있는 중앙은행의 부채인 본원통화를 결정한다. 본원통화는 은행지급준비금(예금은행들의 중앙은행예금과 예금은행이 소유한 지급준비금)과 은행이 아닌 비은행 민간이 보유한 현금의 합과 같다. 시중은행과 비은행 민간은 통화승수를 결정하는 데 상호작용한다. 통화승수는 본원통화에 대한 통화공급의 비율이다.

2. 통화승수는 $(cu + 1)/(cu + res)$이다. cu는 일반 대중이 원하는 현금-예금의 비율이고, res는 은행이 원하는 지급준비금-예금 비율이다. 통화공급은 예금과 비은행 민간이 보유한 현금의 합으로, 통화승수와 본원통화를 곱한 값과 같다. 현금-예금 비율(cu)과 지급준비금-예금 비율(res)의 상승은 통화승수를 감소시킨다. 미국의 대공황 동안 은행위기는 cu와 res를 모두 급격히 증가시켜 통화승수와 통화공급을 줄이는 원인이 됐다. 2008년 금융위기 때는 통화승수가 여전히 줄어들었지만 연방준비제도가 통화공급을 감소시키지 않고, 본원통화를 늘렸기 때문이다.

3. 중앙은행은 공개시장조작을 통해 본원통화 규모에 영향을 주고, 결과적으로 통화공급에 영향을 줄 수 있다. 공개시장매각(중앙은행의 자산을 판매해 현금 혹은 은행지급준비금을 회수)은 본원통화를 감소시킨다. 공개시장매각(중앙은행이 보유한 화폐로 정부채권과 같은 자산을 일반 대중으로부터 구입)은 본원통화를 증가시킨다.

4. 미국의 중앙은행은 연방준비제도, 짧게는 연준(Fed)이라고 한다. 연방준비제도는 이사회에 의해 통제된다. 이 이사회는 연방준비은행의 수장들이 차례로 역임한다. 연방공개시장위원회(FOMC)는 통화정책을 정하기 위해 매년 여덟 차례 열린다.

5. 연방준비제도는 주로 공개시장조작을 통해 미국의 통화공급을 조절한다. 재할인정책과 지급준비금 보유수준의 변화 역시 통화공급을 변화시키기 위해 사용된다. 재할인대출의 증가는 본원통화를 증가시키고 통화공급을 증가시킨다. 지급준비금 증가는 지급준비금-예금 비율을 증가시키고, 통화승수와 통화공급을 감소시킨다.

6. 연방준비제도는 통화정책을 수행하기 위해 통화공급이나 단기이자율(주로 연방기금이자율)을 중간목표로 사용한다. 이자율을 안정화시키는 것은 통화공급 혹은 수요의 변동으로 *LM* 곡선이 불규칙적으로 이동할 때 유용한 전략이다.

7. 연방준비제도 및 다른 많은 중앙은행은 이자율 목표 정책을 택하고 있다. 이 방법은 전통적인 *IS-LM* 모형이나 *LM* 곡선을 대체하는 *LR* 곡선을 이용한 방법으로 설명될 수 있다.

8. 통화정책은 이자율경로, 환율경로, 신용경로 등을 통해 경제활동에 영향을 준다. 신용경로의 지지자는 통화정책이 대출공급(은행이 대출해 줄 수 있는 자금의 양)과 대출수요(잠재적 대출자의 대출자격)에 영향을 주는 과정에서 그 효과를 발휘한다고 주장한다.

9. 통화정책은 준칙 혹은 재량에 의해 시행된다. 준칙하에 중앙은행은 통화정책에 대해 미리 정해진 간략한 준칙을 따라야 한다. 재량하에 중앙은행은 경제를 관찰하고, 완전고용과 낮은 인플레이션을 유지하기 위해 통화정책을 적극적으로 사용한다. 일반적으로 케인즈파는 재량적인 통화정책을 선호한다. 케인즈파는 재량적 통화정책을 사용하면 연방준비제도가 경제를 안정화하기 위한 유연성을 충분히 갖는다고 주장한다.

10. 밀턴 프리드먼이 이끄는 통화주의자는 정보획득

및 시차 문제가 있기 때문에 경제안정화를 위해 통화정책을 사용하는 것을 반대한다. 게다가 연방준비제도가 현명하고 공익을 위해 적절하게 통화정책을 사용하지 않는다고 주장한다. 통화주의자는 통화의 공급 변화가 경제 불안정성의 원인이 되는 것을 막고, 연방준비제도의 신뢰성을 얻는 방법으로 통화공급을 일정하게 증가시키는 준칙 사용을 주장한다.

11. 준칙에 대한 추가적인 주장은 준칙이 중앙은행의 신뢰성을 향상시킨다는 것이다. 준칙의 지지자는 엄격한 준칙을 준수하는 것이 일반 대중으로 하여금 중앙은행을 신뢰하게 만든다고 주장한다. 예를 들어, 신뢰성이 높은 중앙은행이 통화 증가율을 인하할 것이라고 이야기한다면, 정책의 시행에 있어서 실업률의 큰 상승 없이 인플레이션을 줄일 수 있다.

12. 테일러 준칙은 실제 물가상승률과 목표 물가상승률의 편차와 실제 성장률과 목표 성장률의 편차를 이용해서 금리를 조정하는 것을 추천한다.

13. 많은 국가가 물가안정목표제를 채택하고 있다. 이 제도하에서 중앙은행은 단기에서 약간의 재량을 갖지만, 장기적으로는 인플레이션 목표치를 성취해야 한다.

14. 중앙은행의 신뢰성 향상을 위한 가능한 대안은 인플레이션에 대해 강직한 중앙은행 수장 임명, 인플레이션을 줄이는 것에 대한 인센티브 제공, 기타 정부부서로부터 중앙은행의 독립성 강화 등이 있다.

핵심용어 *KEY TERMS*

고성능화폐
공개시장매각
공개시장매입
대출과 예금의 팽창
물가안정목표제
본원통화
부분지급준비제도
신뢰성
신용경로
연방공개시장위원회(FOMC)
연방기금이자율
연방준비제도이사회
예금기관
예금인출사태
예금지급준비율
유동성 함정
은행 보유현금
은행지급준비금
이자율경로
재량
재할인율
재할인정책
준칙
중간목표
중앙은행
지급준비금-예금 비율
테일러 준칙
통화승수
통화정책수단
통화주의
현금-예금 비율
환율경로
100% 지급준비제도

주요 방정식 *KEY EQUATIONS*

$$M = CU + DEP \quad (14.1)$$

일반 대중이 현금을 보유한 것을 CU라고 하고, 은행의 예금을 DEP라고 한다면 통화공급은 M이다.

$$BASE = CU + RES \quad (14.2)$$

본원통화는 대중에게 보유되는 CU와 은행의 지급준비금으로 보유되는 RES의 합으로 이루어진다.

$$M = \left(\frac{cu + 1}{cu + res}\right)BASE \quad (14.5)$$

통화공급 M은 본원통화의 $(cu+1)/(cu+res)$ 배수이며, cu는 대중이 선택한 현금-예금 비율이고 res는 은행이 선택한 지급준비율이다.

$$i = \pi + 0.02 + 0.5y + 0.5(\pi - 0.02) \quad (14.6)$$

테일러 준칙은 명목 연방기금이자율(Fed의 중간목표) i가 인플레이션율 π, 장기 평균 실질 연방기금이자율 0.02, 완전고용생산량과 생산량의 편차인 y 및 목표치(0.02)와 인플레이션의 편차에 의해 어떻게 설명되는지 보여준다.

복습문제 REVIEW QUESTIONS

1. 본원통화를 정의하라. 본원통화는 통화공급과 어떻게 다른가?
2. 통화승수를 정의하라. 비은행 민간과 은행의 어떤 행동이 통화승수를 증가시키거나 감소시키는지 토론해 보라. 비은행 민간과 은행이 통화승수에 영향을 줄 수 있다는 사실이 중앙은행이 통화공급을 조절할 수 없다는 것을 뜻하는가? 그 이유는 무엇인가?
3. 재무성 채권의 공개시장매입이 본원통화에 미치는 영향은 무엇인가? 통화공급에는 어떤 영향을 주는가?
4. 미국에서 통화정책은 누가 결정하는가? 대통령은 어떤 역할을 하는가?
5. 공개시장조작 외에, 통화공급을 조절하기 위해 연방준비제도이사회가 쓸 수 있는 방법에는 무엇이 있는가? 어떻게 이 대체방안이 작동하는지 설명하라.
6. 중간목표관리제란 무엇인가? 통화정책의 목적과 어떻게 다른가? 연방준비제도가 실질이자율 목표를 어떻게 설정해서 *IS-LM* 그래프에서 *LR* 곡선을 어떻게 움직여야 *LM* 곡선을 변경시키는지 설명하라.
7. 통화정책의 세 가지 채널은 무엇인가? 각 채널을 간략히 설명하라.
8. "재량은 준칙을 따르는 것보다 통화정책을 시행하는 더 좋은 방법이라는 것은 명백하다. 재량에 의한 정책을 펴게 되면 중앙은행이 새로운 경제에 대해 반응할 수 있기 때문이다." 이 주장에 대한 통화주의자의 견해는 무엇인가? 재량보다 준칙을 사용하는 것이 더 좋다는 것에 대한 더 최근의 논거는 무엇인가?
9. 테일러 준칙을 설명하라. 이 준칙에 따른 이자율 설정에 있어 어떤 변수가 선택되는가? 역사적으로 준칙은 작동하였는가?
10. 중앙은행의 신뢰성을 향상시키기 위해 물가안정목표제가 어떻게 사용되는가? 물가안정목표제의 주요 단점은 무엇인가?

계산문제 NUMERICAL PROBLEMS

1. 본원통화는 100만 달러다. 일반 대중은 항상 화폐공급의 절반을 현금으로 보유하고 있고, 나머지 절반은 예금으로 보유한다. 은행은 예금의 20%를 지급준비금으로 보유한다. 최초 중앙은행은 비은행 민간으로부터 100만 달러의 증권을 구입하고 본원통화를 지급한다. 이후 화폐 보유

자는 이 대금을 은행에 예금한다. 은행이 첫 번째 예금을 받은 후, 첫회차의 대출과 재예금이 일어난 후, 2회차의 대출과 재예금이 일어난 후 은행의 결합대차대조표를 각각 나타내라(힌트 : 비은행 민간들은 그들 돈의 절반만을 은행예금의 형태로 보유한다는 것을 잊지 마라). 중앙은행의 대차대조표, 은행의 대차대조표, 대출과 예금의 승수확장과정을 마친 국민의 대차대조표를 보여라. 최종적인 통화공급은 얼마나 되는가?

2. a. 통화공급은 600만 달러, 일반 대중이 보유한 현금은 200만 달러이다. 그리고 지급준비금-예금 비율은 0.25이다. 예금, 은행지급준비금, 본원통화, 통화승수를 구하라.

b. 다른 경제에서 보유현금은 100만 달러, 중앙은행에 예금기관의 예금은 400만 달러, 본원통화는 1,000만 달러이고, 은행예금(일반은행에 예금된 금액)은 2,000만 달러다. 지급준비금, 통화공급, 통화승수를 구하라.

3. 실질이자율이 상승할 때, 은행은 예금의 좀 더 많은 부분을 대출할 인센티브를 가지므로 지급준비금-예금 비율이 하락한다. 이때 $res = 0.4 - 2r$이 성립한다고 가정한다. res는 지급준비율이고, r은 실질이자율이다. 현금-예금 비율은 0.4, 물가는 1.0에 고정되어 있고, 본원통화는 60이다. 실질화폐수요량은 $L(Y, i) = 0.5Y - 10i$인데 여기서 Y는 실질생산량이고, i는 명목이자율이다. 기대 인플레이션을 제로로 가정하면, 명목이자율과 실질이자율은 같아진다.

a. $r = i = 0.10$일 때, 지급준비금-예금 비율, 통화승수, 통화공급은 어떻게 되는가? 실질이자율이 0.10일 때, 어떤 실질생산량 Y에서 자산시장이 균형이 되는가?

b. $r = i = 0.05$일 때, (a)항목을 다시 풀어라.

c. (a)에서 구한 지급준비금-예금 비율이 고정되어 있고, 이자율에 영향을 받지 않는다고 가정하자. $r = i = 0.05$일 때, 자산시장의 균형을 이루는 실질생산량 Y는 얼마인가?

d. 지급준비금-예금 비율이 고정되어 있을 때보다 지급준비금-예금 비율이 실질이자율에 영향을 받을 때, LM 곡선이 평평해지는가 아니면 더 가팔라지는가? 경제 용어로 설명하라.

4. 현재 물가수준이 149.2이고, 1년 전에는 147.3이었다고 가정하자. 현재 생산량은 12,892.5이고, 잠재생산량은 13,534.2이다(모두 2005년 기준 10억 달러).

a. 식 (14.6)의 테일러 준칙에 따라 연방준비제도는 연방기금이자율을 얼마로 설정하겠는가?

b. 1년 후 물가수준은 0.4%, 생산량은 1.3% 감소하고, 잠재생산량은 3% 증가하였다고 가정하자. 새로운 상황에서 테일러 준칙에 따라 연방준비제도는 연방기금이자율을 얼마로 설정하겠는가? 이 상황에서 테일러 준칙에 따라 연방기금이자율을 설정하는 데 문제는 무엇인가?

분석문제 *ANALYTICAL PROBLEMS*

1. 다음 조건이 미국의 통화공급에 어떻게 영향을 미치는지 설명하라.

a. 은행이 초과 지급준비금을 더 많이 보유하기로 결정했다(초과 지급준비금은 은행이 법적으로 예금에 대해 보유해야 할 법정지급준비금수준을 초과해 보유하는 지급준비금이다).

b. 사람들은 크리스마스 쇼핑을 위해 좀 더 많은 현금을 은행에서 인출한다.

c. 중앙은행이 일반 대중에게 금을 판매한다.

d. 중앙은행은 중앙은행에 예금된 예치기관의

예금에 이자를 지급한다.

e. 금융위기에 사람들은 그들의 증권을 팔고, 연방 보험이 적용되는 은행에 예금을 하였다.

f. 정부가 200억 달러어치의 정부채권을 중앙은행에 판매한다. 판매의 수입은 공무원에게 월급으로 지급된다.

g. 중앙은행은 정부발행 유가증권의 일부분을 도쿄에서 엔을 받고 판매한다.

2. 연방준비제도가 식 (14.6)의 테일러 준칙을 따른다고 가정하자. 다음과 같은 충격에 대해 테일러 준칙에 입각해서 통화정책을 수립하는 것이 통화공급을 고정하는 것보다 경제 안정성을 (1) 증대시키는가, (2) 감소시키는가, (3) 효과가 불확실한가를 결정하라. 이때 평가기준은 생산과 인플레이션이다.

a. 화폐수요의 증가

b. 정부구매의 일시적 증가

c. 부정적 공급 충격

d. 소비자 신용의 하락

e. 수출수요의 증가

3. *LR* 곡선을 이용해서 케인즈파 모형의 장·단기 경제에 충격이 가해졌을 때의 영향을 보여라. 각 질문에 그래프를 그려 답하라.

a. 투자를 활성화하기 위하여 투자세액 공제를 늘리고, 연방준비제도는 실질이자율 목표를 바꾸지 않는다.

b. 투자를 활성화하기 위하여 투자세액 공제를 늘리고, 연방준비제도는 생산량을 지키기 위해서 단기적으로 실질이자율 목표를 바꾼다.

c. 기대물가상승률이 증가하고 연방준비제도는 자신들의 목표를 지키기 위하여 명목이자율을 바꾸지 않았다.

d. 기대물가상승률이 증가하고 연방준비제도는 자신들의 목표를 지키기 위하여 실질이자율을 바꾸지 않았다.

4. 수많은 정부가 인질을 잡는 테러리스트와의 협상정책을 갖고 있는 이유는 무엇일까? 만약 있다면, 어떤 조건에서 이러한 정책은 테러리스트가 인질을 잡는 것을 줄이는가? 통화정책의 준칙과 유사한 점에 대해 토론하라.

실제 거시경제 데이터를 이용한 문제 *WORKING WITH MACROECONOMIC DATA*

이 연습문제에서 사용하는 데이터를 구하려면 research.stlouisfed.org/fred2에 있는 세인트루이스 연방준비은행의 FRED 데이터베이스를 찾아라.

1. 비은행 민간이 보유한 현금통계를 구하라. 이 데이터는 통화지표 M1의 현금 부분이 된다. 1959년 이후 각 연도의 예금은 M1－현금이고, 지급준비금은 본원통화－현금으로 정의한다. 1959년부터 M1에 대한 통화승수, 지급준비금-예금 비율, 현금-예금 비율을 계산하고 그래프로 나타내라. 통화승수의 추세는 어떠한가? 이 추세는 지급준비금-예금 비율과 현금-예금 비율의 추세와 어떻게 관련되어 있는가? 어떤 요소가 이러한 추세의 원인이라고 생각하는가?

2. 전후 대부분의 기간 동안 연방준비제도는 명목이자율을 안정시키려고 시도했다. 그러나 1979～1982년 연방준비제도의 수장이었던 폴 볼커는 인플레이션 억제에 초점을 맞추고, 이자율 안정에 대한 중요성을 크게 줄였다. 1961년부터의 3개월짜리 재무성 채권 수익률의 분기별 변화를 계산하고 그래프로 나타내라. 1979～1982년 동안 이자율의 변동성은 어떻게 됐고, 1982년 이후 이자율의 변동성은 어떻게 됐는가? 이자율 측정 방법이 10년짜리 정부채권 수익률이라면 답은 달라지는가?

3. 본문에서 논의한 것처럼, 화폐수요가 안정적이지 않다면 연방준비제도는 아마 화폐공급 그 자체보다 오히려 이자율에 목표를 둘 것이다. 연방준비제도가 이자율안정목표제를 따른다고 할 때, 언론과 금융시장에 있는 연방준비제도 감시자는 일반적으로 연방준비제도의 계획을 평가하기 위해, 통화공급의 변화를 살피기보다 단기이자율의 변화를 살핀다.

1961년부터 월별 데이터를 이용해 3개월짜리 재무성 채권 이자율과 실업률의 그래프를 그려라. 통화정책의 변화가 단기이자율의 변화에 크게 영향을 받는다고 하면, 이 두 변수 간의 어떤 관계를 예상할 수 있는가? 이 관계는 데이터에 나타나는가?

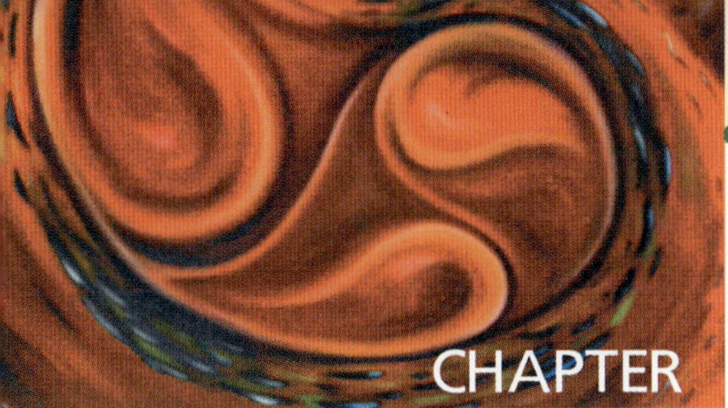

15

정부지출과 재정

정부의 지출 규모와 재원조달방법 결정을 의미하는 재정정책은 국민경제에서 매우 중요한 역할을 한다. 중앙정부나 지방소도시 정부 모두 재정정책을 통해 국민생활에 영향을 주기 때문이다. 일차적으로 재정정책은 국민이 납부하는 세금과 정부로부터 받는 서비스와 혜택을 결정하는 것이기 때문에 국민생활에 직접적인 영향을 준다. 한편, 재정정책이 거시경제 전반에 미치는 영향도 매우 중요하다. 특히 최근에는 국민들이 정부의 재정수지 적 · 흑자, 세제개혁, 사회보장제도 개혁 등이 미치는 거시경제적 효과를 좀 더 명확하게 이해함에 따라 이에 대한 논쟁이 더욱 중요시됐다.

이 장에서는 재정정책 및 재정정책의 거시경제적 효과를 면밀히 관찰할 것이다. 이를 위한 기초이론으로, 먼저 정부예산의 정의와 구성요소를 설명하고, 정부지출과 세금이 경제활동에 미치는 효과, 정부부채의 부담, 그리고 재정수지적자와 인플레이션 간의 관계를 포함한 기본적인 재정정책 문제점을 조사할 것이다.

15.1 정부예산 : 요소와 특징

재정정책의 문제점을 분석하기 전에, 정부예산의 구성요소와 예산의 최근 동향을 알아보고, (1) 정부지출, (2) 조세수입, (3) 재정수지흑자 또는 재정수지적자 등 재정에 대한 세 가지 주요 양상을 분석한다. 이 장에서는 2장에서 소개한 기본적인 예산 개념을 재검토하고 좀 더 확장한다.

정부지출

정부지출은 일정 기간 동안 정부가 재화와 서비스 구입에 지출한 총금액으로 정부구매, 이전지출, 순이자지급의 세 가지로 구성된다.

1. 정부구매(G)는 정부가 재화와 서비스 및 자본재 구매에 사용하는 정부지출을 의미한다. 정부가 자본재의 구입이나 투자에 사용하는 비용은 총정부구매의 6분의 1 정도며, 나머지 6분의 5는 정부의 소비재 구입비용이다.
2. 이전지출(TR)은 정부가 특정한 재화 또는 서비스로 대가를 받지 않고, 개인에게 지급하는 지출을 의미한다. 사회보장연금 지출과 군인 및 공무원 연금, 실업보험, 생활보호 대상자 및 소년소녀 가장에게 지출하는 사회복지지출과 의료보장제도 지출 등이 이전지출의 주요 예다.[1]
3. 순이자지급(INT)은 정부가 국채소유자에게 지불하는 이자에서 학자금대출이나 농어민대출 등과 같이 정부가 대출하고 받은 이자를 제한 금액이다.

정부지출은 이 밖에 정부기업 보조금에서 이윤을 제한 계정과 같은 소규모 계정을 포함한다. 이 보조금은 정부가 각종 상품의 생산 또는 가격에 영향을 미치기 위해 의도적으로 지출하는 정부지출이다. 농산품 가격을 유지하기 위해 지급하는 보조금과 공공여객 운송제도를 위한 운임 장려금 등이 이에 해당된다. 공기업의 이윤은 전력 생산을 위한 테네시 계곡 개발공사와 같은 정부기업의 이익으로 대표한다. 이러한 종류의 지출은 그 규모가 비교적 작기 때문에 이 장의 분석에서는 제외할 것이다.

미국에서 정부지출은 GDP의 약 3분의 1을 차지한다. 그림 15.1은 1940년 이래 정부지출의 세 가지 구성요소의 추세를 GDP 대비 비율로서 나타내고 있다. 그림 15.1의 가장 두드러진 특징은 제2차 세계대전이 정점이었던 1943년과 1944년에 정부구매가 엄청나게 늘어나 GDP의 45%까지 증가했다는 점이다. 1951년에서 1953년까지의 한국전쟁기간에 정부의 재화와 용역의 구매는 15.9%에서 23.9%로 상승했다. 1960년대 후반 이후 정부구매가 GDP에서 차지하는 비율이 지속적으로 하락해 19~23%를 유지했다.

그림 15.1에서 이전지출액이 GDP에서 차지하는 비중은 1950년대 초부터 1980년대 초까지 30년간 2배로 상승해 현재 12% 내외를 차지하고 있다. 이전지출의 장기적인 증가세는 1965년 시작된 의료보험제도와 같은 신규 사회보장 프로그램의 도입과 사회보장과 같은 기존 프로그램의 확대 및 사회보장제도의 혜택을 받는 인구의 증가로 인한 결과다.

---

1. 의료보험과 의료보장제도를 위한 정부지출이 의료서비스를 위해 사용됨에도 불구하고, 이는 이 서비스를 구매하려는 개인에게 이전지출 형태로 지출된다.

그림 15.1

정부지출 : 연방정부와 주정부 및 지방정부의 지출 (1940~2008)

이 그림은 총정부지출과 정부지출의 구성요소를 GDP 대비 비율로 나타내고 있다. 정부지출은 제2차 세계대전(1941~1945)과 한국전쟁(1951~1953)기간에 가장 급격히 증가했다. 이전지출은 GDP 대비 비중이 지속적으로 상승했다. 이자지급은 제2차 대전기간과 1980년대에 가장 급격히 증가했다.

출처 : 국민소득 및 생산계(NIPAs), 경제분석국(BEA), www.bea.gov, GDP–표 1.1.5; 정부지출 구성요소–표 3.1. 자세한 최신 통계는 의회예산처(CBO), www.cbo.gov를 참고하라.

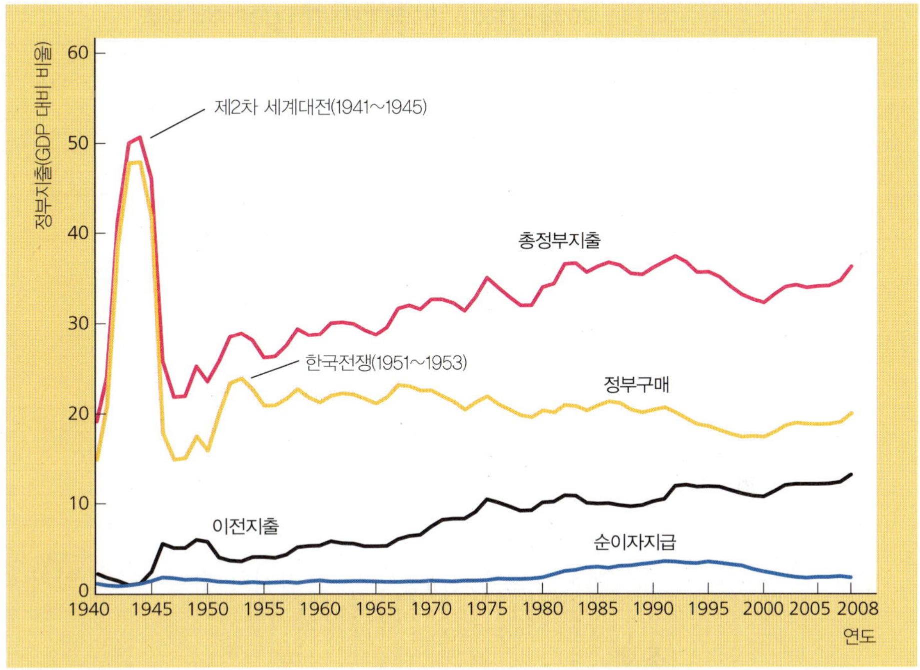

마지막으로 그림 15.1은 순이자지급(줄여서 이자지급)의 변화를 보여준다. 이자지급은 정부지출의 다른 두 항목보다 매우 작기 때문에 그림상에서 별로 변동하지 않은 것으로 나타난다. 하지만 이자지급의 GDP 대비 비율은 다음의 두 기간 동안 급격히 상승했다. 첫째, 이자지급은 1941년 GDP의 1.03%에서 1946년 1.93%로 2배 가까이 상승했다. 이는 제2차 세계대전 동안 국방비 지출을 위해 정부가 대규모로 자금을 차입했기 때문이다. 그다음은, 1980년대로 GDP 대비 이자지급 비율이 1979년 1.6%에서 1989년에 3.3%로 2배 이상 상승한 것이다. 이는 이 기간 중 정부가 차입을 크게 늘린 것과 1980년대 전반적인 고금리정책의 두 현상에 기인한 것이다. 이후 이자율 하락과 정부재정수지의 흑자 전환으로 GDP 대비 순이자지급 비율은 2000년대에 지속적으로 하락했다.

미국의 정부지출 비율을 소득수준이 비슷한 다른 국가의 비율과 비교하면 어떠한 결과가 나올까? 정부재정수지를 기록하는 공식적인 회계규칙이 국가들 간에 매우 다르기 때문에 이 질문에 대한 대답은 생각처럼 간단하지 않다. 이러한 문제점에도 불구하고, 경제개발협력기구(OECD) 18개 국가의 GDP 대비 정부지출 비율을 비교한 결과, 미국의 GDP 대비 정부지출은 표 15.1과 같이 세 번째로 낮은 국가로 나타났다. 한편, 오스트레일리아는 GDP 대비 정부지출이 34.0%를 기록해 이 비율이 가장 낮은 국가가 됐다. 이렇게 미국의 GDP 대비 정부지출 비율이 상대적으로 낮은 것은 유럽의 다른 선진국이 국민건강보험과 같

표 15.1 2008년 OECD 18개국 정부지출의 GDP 대비 비율

국가	비율	국가	비율
미국	39.0	벨기에	50.0
일본	37.1	덴마크	51.3
독일	44.0	핀란드	48.4
프랑스	52.7	그리스	44.9
이탈리아	48.7	아이슬란드	57.7
영국	48.1	아일랜드	41.0
캐나다	39.7	네덜란드	45.5
오스트레일리아	34.0	스페인	40.5
오스트리아	48.7	스웨덴	51.9

출처 : OECD Economic Outlook, Annex Table 25, www.oecd.org.

은 사회복지 프로그램을 보다 광범위하게 실시하고 있기 때문이다.

조세

정부의 재정수지 중 수입 측면을 나타내는 것이 조세수입이다. 조세수입은 개인세, 사회보험 납부금, 상품 및 수입품에 부과되는 세금, 법인세의 네 가지 기본 범주로 이뤄져 있다. 그림 15.2는 미국의 주요 조세수입을 GDP에 대한 비율로서 나타낸 것이다. 조세수입이 GDP에서 차지하는 비율은 1940년 GDP의 16%에서 2000년까지 거의 2배에 이를 정도로 지속적으로 상승했고, 2000년이 지나서야 하락세로 반전해, 2008년 이후 25.9%를 유지하고 있다.

조세수입 중 가장 큰 비중을 차지하는 것은 소득세와 재산세 같은 개인세다. 소득세는 남북전쟁 중 미국 연방정부가 처음 도입한 것으로, 당시에는 부유한 사람에게 아주 낮은 세율로 부과됐다. 하지만 이 소득세는 당시 법률소송의 대상이 되어 연방대법원에서 위헌이라고 판정되어 사라지게 됐다. 이후 1913년, 16차 개헌을 거치고서야 비로소 소득세는 합법화됐다. 소득세는 처음 도입됐을 때 그 규모가 매우 작았으나, 현재는 정부의 가장 중요한 수입원이 됐다.

개인세는 제2차 세계대전기간인 1940년 GDP의 1.7%에서 1945년 8.7%로 가장 크게 상승했다. 개인세 수입은 1964년 케네디-존슨과 1981년 레이건의 감세 정책에 의해 하락하기도 했지만 전반적인 증가세를 지속했다. 특히 최근 몇 년 사이 클린턴 대통령이 정부 재정수지 개선정책을 추진함에 따라 개인세가 일시적으로 상승했지만, 2000년대 초 부시 대통령의 감세정책으로 다시 감소했다.

그림 15.2에 따르면 제2차 세계대전 이후 조세수입 증가분 중 가장 큰 비율을 차지하는 것은 사회보험기금 납부액이다. 사회보험기금은 상한선하에서 노동자

그림 15.2

연방정부와 주정부 및 지방정부의 조세(1940~2008)

이 그림은 GDP 대비 비율로 측정된 정부의 조세수입을 나타낸 것이다. 지난 60년 동안 총조세는 꾸준히 증가해 왔다. 사회보험금의 증가와 개인세의 증가는 조세 증가의 원인이다.

출처 : 국민소득 및 생산계정(NIPAs), 경제분석국(BEA), www.bea.gov. GDP－표 1.1.5; 정부수입의 구성요소－표 3.1.

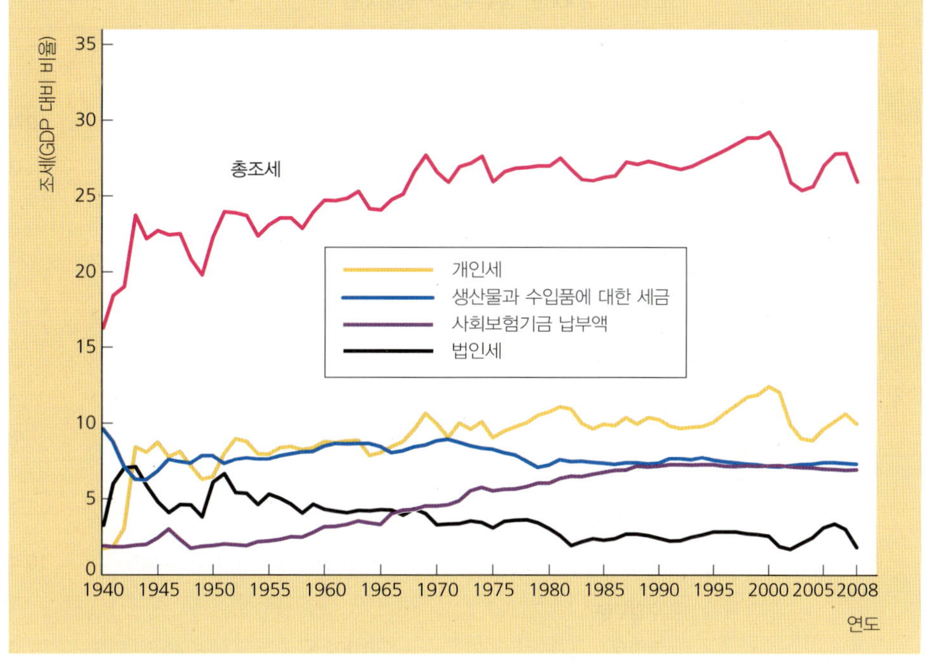

봉급에 대해 고정비율로 부과되는 것이다.[2] 대개 노동자에게 부과한 이 세금의 절반은 고용주가 부담한다. 따라서 노동자의 월급명세서에 나타난 공제액은 실제 조세징수액의 약 절반을 차지한다. 사회보험기금의 증가는 기부금 비율의 상승과 상한소득의 인상 등 두 가지 현상의 결과다.

세 번째는 생산물과 수입품에 대한 세금으로 주로 상품과 수입품에 부과하는 세금이다. 판매세의 GDP 대비 비율은 제2차 세계대전 동안 하락했고, 이후 장기적으로 뚜렷한 상승세나 하락세를 보이지 않았다.

마지막은 기업이윤에 대한 법인세다. 그림 15.2에서 GDP 대비 법인세 비중은 제2차 세계대전과 한국전쟁 동안 급격히 증가했지만, 1950년대 중반 이후부터 1980년대 중반까지 그 비중이 지속적으로 하락하고 있다. 법인세 수입은 최근 몇 년 동안 GDP의 2~3% 내외를 유지하고 있다.

지출과 조세의 구성 : 연방정부 대 주정부와 지방정부 그림 15.1에서 보여준 정부지출과 그림 15.2에서 보여준 조세의 구성요소는 연방정부, 주정부, 지방정부를 하나로 묶은 것이다. 거시경제분석에서 연방정부와 주정부 및 지방정부의 재정정책은 서로 구분 없이 분석된다. 예를 들어, 신규고속도로 건설 프로그램의 거시경제효과는 그 건설비용이 연방정부나 주정부 또는 지방정부의 예산에

2. 의료세에 대한 상한은 없다.

표 15.2 2008년 정부수입과 경상지출

경상지출부분	연방정부 10억 달러	연방정부 경상지출에 대한 비율(%)	주정부와 지방정부 10억 달러	주정부와 지방정부 경상지출에 대한 비율(%)
소비지출	934.4	30.9	1452.4	78.3
국방비	634.0	21.0	0.0	0.0
국방비 외	300.4	9.9	1452.4	78.3
이전지출	1448.9	47.9	455.0	24.5
보조금	391.7	13.0	0.0	0.0
순이자지급	272.3	9.0	40.5	2.2
공기업의 이윤*	−22.9	−0.8	−93.4	−5.0
총경상지출	3024.4	100.0	1854.5	100.0

	연방정부 10억 달러	연방정부 수입에 대한 비율(%)	주정부와 지방정부 10억 달러	주정부와 지방정부 수입에 대한 비율(%)
수입부분				
개인세	1102.5	46.3	330.0	18.9
사회보험분담금	974.5	40.9	21.1	1.2
생산물과 수입품에 대한 세금	92.0	3.9	955.3	54.6
법인세	212.3	8.9	51.0	2.9
보조금	0.0	0.0	391.7	22.4
총수입	2381.3	100.0	1749.1	100.0
경상적자	643.1		105.4	
기초경상적자	370.8		64.9	

* 공기업의 이윤, 다른 부분으로부터의 세금, 분배, 임대와 로열티 및 이전수입.
주 : 모든 항목을 다 수록하지는 않았기 때문에 각 열의 합이 일치하지 않을 수 있음.
출처 : BEA 웹사이트, www.bea.gov, 표 3.2, 3.3, 3.9.5.

서 나온 것이든, 아니면 여러 정부가 결합해 지출하는 것이든 별로 차이가 나지 않기 때문이다. 이 점에서 주로 연방정부 예산에 초점을 둔 재정정책에 관한 각종 기사는 재정정책에 관해 많은 오해를 유발할 수 있다.

미국에서 연방정부수지는 지출과 수입이라는 측면에서 주정부 또는 지방정부와는 매우 다른 항목으로 구성된다. 표 15.2는 2008년 연방정부의 예산과 주정부와 지방정부 예산의 합을 주요 항목별로 요약한 것이다. 이때 정부소비지출, 이전지출, 지방정부교부금, 순이자지급 등을 중심으로 살펴보면 다음과 같다.

1. 정부소비지출 : 주정부와 지방정부의 경상지출(여기서는 투자를 제외한 지출)의 약 4분의 3은 재화와 서비스를 구입하는 비용이다. 이와 반대로 연방정부 경

상지출의 약 30%가 재화와 용역의 구매에 사용되고, 이 비용의 약 3분의 2는 국방비에 사용된다. 결국 미국에서 국방비 외에 재화와 용역을 구입하는 금액의 80% 이상이 주정부 또는 지방정부의 예산으로 지급된다.

2. 이전지출 : 연방정부지출은 주정부 또는 지방정부지출보다 사회보장제도와 이와 관련된 프로그램 등의 이전지출에 사용된다.
3. 지방정부교부금 : 지방정부교부금은 연방정부가 주정부 및 지방정부에게 교육, 교통 및 복지혜택을 주기 위한 지출이다. 지방정부교부금은 연방정부에게는 현금지출로서, 주정부와 지방정부에게는 수령액의 형태로 나타난다.
4. 순이자지급 : 연방정부채권이 증가하면서, 순이자지급은 연방정부지출의 중요 항목이 됐다. 반면, 주정부와 지방정부의 순이자지급은 매우 규모가 작다. 일부 주정부와 지방정부는 상당한 규모의 연방정부채권을 보유하기 때문에 지급액보다 더 많은 이자를 수령해 순이자지급수지가 음의 값을 갖기도 한다.
5. 조세의 구성 : 연방정부수입의 약 80% 이상이 주로 소득세인 개인세와 사회보험금이다. 그리고 법인세가 10%를 차지하며, 나머지 4%는 판매세처럼 생산과 수입에 부과하는 세금이다. 반면, 주정부와 지방정부 수입의 절반 내외가 수입과 생산에 대한 세금으로 구성된다. 지방정부 세입의 약 5분의 1은 소득세와 재산세 등의 개인세와 사회보험납입금이다. 이미 말했듯이, 지방정부는 연방정부로부터 받은 보조금을 수입에 포함시킨다.

적자와 흑자

매 기간 정부지출이 조세수입과 같을 필요는 없다. 2장에서 봤듯이, 정부지출이 수입보다 많을 때 재정수지적자(간단히 적자)가 되고, 반대로 수입이 지출보다 많으면 재정수지흑자가 된다. 이 정의를 간단히 수식화하면 다음과 같다.

$$\begin{aligned} \text{재정수지적자} &= \text{정부지출} - \text{조세수입} \\ &= (\text{정부구매} + \text{이전지출} + \text{순이자지출}) - \text{조세수입} \\ &= (G + TR + INT) - T \end{aligned} \tag{15.1}$$

기초재정수지적자(primary government budget deficit)는 정부지출에서 순이자지출을 제한 것을 지출금액으로 고려한 것으로 다음과 같이 표시된다.

$$\begin{aligned} \text{기초재정수지적자} &= \text{정부지출} - \text{순이자지출} - \text{조세수입} \\ &= (\text{정부구매} + \text{이전지출}) - \text{조세수입} \\ &= (G + TR) - T \end{aligned} \tag{15.2}$$

그림 15.3

총재정수지적자와 기초재정수지적자의 관계

일반적으로 총정부재정수지적자는 정부지출에서 조세수입을 뺀 것이다. 기초재정수지적자는 정부구매와 이전지출을 합한 금액에서 조세수입을 제한 값이다. 재정수지적자는 기본재정수지적자에 순이자지급을 더한 것과 같다.

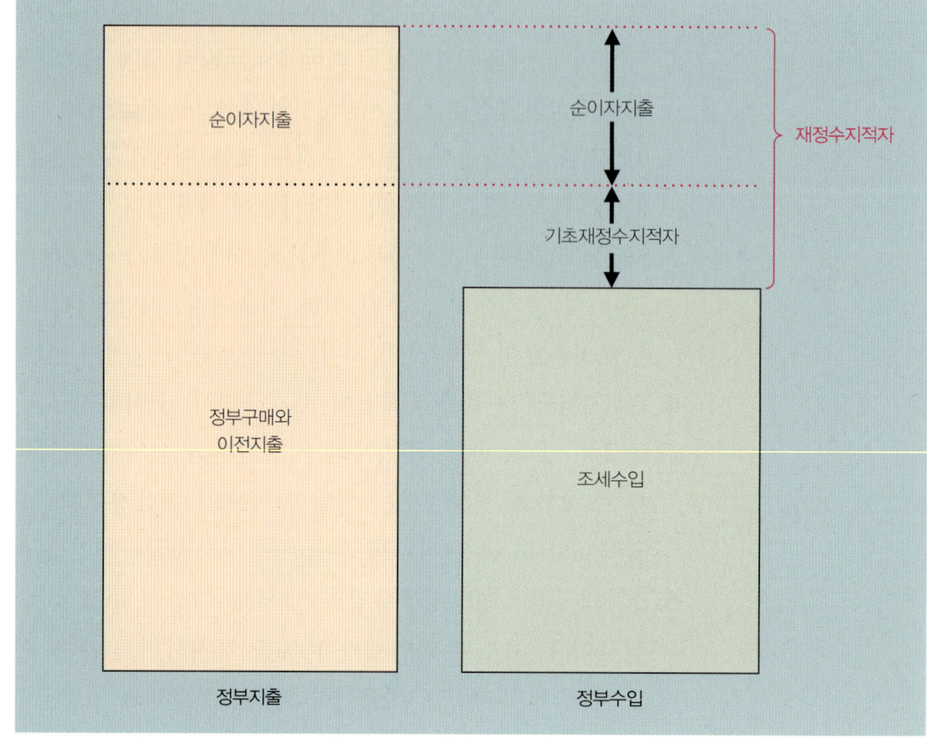

기초재정수지적자는 조세수입을 초과한 정부구매와 이전지출의 총합이며, 기초재정수지적자에 순이자지출을 더한 것은 재정수지적자와 같다. 그림 15.3은 두 개념 간의 관계를 나타내고 있다.

이렇게 두 가지 적자의 개념이 존재하는 이유는 무엇인가? 이는 각각의 적자 개념이 서로 다른 의미이기 때문이다. 일반적으로 재정수지적자는 정부차입금 규모를 의미한다. 예를 들어, 연간 재정수지적자는 정부가 그해 차입해야 할 금액과 같아진다.

기초재정수지적자는 정부가 경상지출을 지급할 수 있는가를 의미한다. 기초재정수지적자가 0이라면, 정부는 조세수입만으로 재화와 용역 구매 및 이전지출로 반영되는 사회 프로그램을 운영할 수 있을 것이다. 기초재정수지적자가 0보다 크면, 정부구매와 사회 프로그램 지급액이 조세수입보다 큰 것을 의미한다. 순이자지급은 현재의 정부활동 비용이 아니라 과거 활동에 대한 비용이 현재로 이전되어 발생한 것이므로, 기초재정수지에서 제외된다.

정부구매는 정부투자와 정부소비지출로 구분되며, 재정수지적자는 경상적자(current deficit)와 기초경상적자(primary current deficit)로 구분된다. 경상적자는 식 (15.1)에서 정부지출을 정부소비로 바꾼 것이고, 기초경상적자는 여기서 이

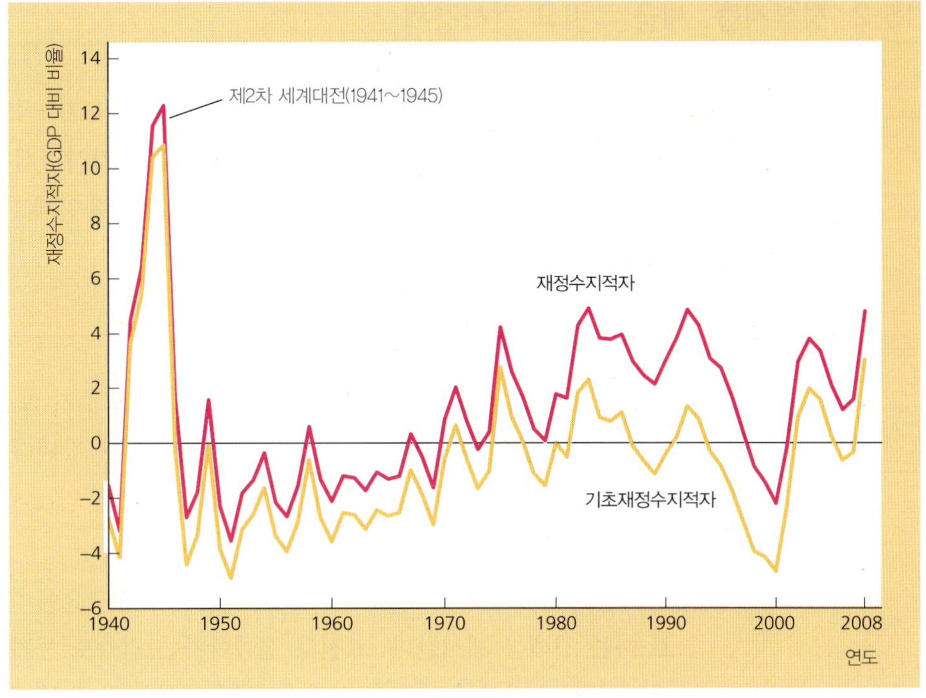

그림 15.4

재정수지적자와 기초재정수지적자 : 연방정부와 주정부 및 지방정부의 적자(1940~2008)

이 그림은 1940년 이래 정부재정수지적자와 기초재정수지적자를 GDP 대비 비율로 나타낸 것이다. 제2차 세계대전 중 정부부채가 크게 늘었고, 1980년대와 1990년대 초반과 2000년대에도 정부부채가 크게 증가했다. 1982년 이후 재정수지적자와 기초재정수지적자 간의 큰 차이는 정부부채에 대한 이자지급액의 증가에 기인한 것이었다.

출처 : 국민소득계정과 국민생산계정, 경제분석국(BEA), www.bea.gov. GDP — 표 1.1.5; 적자 — 표 3.1; 기초재정수지적자 — 표 3.1의 적자와 순이자지급에 관한 데이터임.

자지급을 뺀 것이다. 표 15.2는 2008년의 경상적자와 기초경상적자를 나타낸 것이다.

그림 15.4는 1940년 이후 정부의 경상적자와 기초경상적자를 GDP 대비 비율로 나타낸 것이다. 제2차 세계대전 동안, 정부는 세금으로 전쟁비용의 일부를 충당했기 때문에 대규모 기초경상적자와 재정수지적자가 지속됐다.[3] 한편 1970년대 중반과 1980년대 초, 이 두 지표에서 대규모 적자 또한 재차 발생했다. 1980년대와 1990년대 수년 동안 기초경상수지가 흑자를 보였지만, 전체 재정수지는 대규모의 이자지급으로 적자를 유지했고, 1990년대 후반에 들어서야 비로소 흑자로 전환됐다. 그러나 2000년대 초 정부의 세금감면조치와 2009년 GDP의 11.2%를 차지하는 금액인 1조 5,870억 달러를 경기부양책의 일환으로 제공하면서 재정수지는 다시 적자로 전환했다.

3. 제2차 세계대전 중 늘어난 정부지출의 대부분은 정부투자 형태이기 때문에 경상적자에는 포함되지 않는 것이었다. 따라서 식 (15.1)에서 정의된 재정수지적자는 경상적자보다 높아서 GDP의 20%를 초과했다. 이는 그림 15.1과 그림 15.2를 비교하면 알 수 있다.

15.2 정부지출, 세금 그리고 거시경제

재정정책이 거시경제 지표에 어떠한 영향을 끼치는가? 경제학자는 정부지출과 조세수입 규모 결정이 생산, 고용과 물가와 같은 거시경제변수에 영향을 끼치는 과정으로 (1) 총수요, (2) 정부자본 형성, (3) 각종 유인제도의 세 가지 주요 채널을 강조한다.

재정정책과 총수요

재정정책은 경제의 총지출 또는 총수요에 영향을 주기 때문에 경제활동에 영향을 미친다. 총수요는 *IS-LM* 곡선의 교차점에서 결정된다. 고전파 또는 케인즈파 *IS-LM* 모형에서 정부지출의 증가는 국민저축을 감소시키고, *IS* 곡선을 우측으로 이동시켜 총수요를 증가시킨다.

고전파와 케인즈파 경제학자는 조세 변화가 총수요에 미치는 효과에 대해 서로 다른 견해를 제시한다. 고전파 경제학자는 리카도 등가 정리를 받아들여, 총괄적인 조세 변화가 저축에 영향을 주지 않기 때문에 *IS* 곡선 또는 총수요에 영향을 미치지 않는다고 주장한다.[4] 반면 케인즈파 경제학자는 일반적으로 이러한 결론에 동의하지 않는다. 그들은 세금감면이 소비를 자극하고 저축을 감소시켜 *IS* 곡선을 오른쪽으로 이동시키고 총수요를 증가시킨다고 주장한다.

고전파와 케인즈파 경제학자는 "재정정책이 경기변동을 줄이기 위해 사용돼야 하는가?"라는 질문에 서로 다른 답변을 제시한다. 고전파 경제학자는 정부가 재정정책이나 기타 수단으로 경기변동을 원활하게 하려는 시도를 거부한다. 반면 케인즈파 경제학자는 경제를 안정시키고 완전고용을 유지하기 위해 재정정책을 사용하는 것이(예를 들어, 경기침체기에 세금감면과 지출 증가를 시도) 바람직한 것이라고 주장한다.

그러나 케인즈파 경제학자조차 재정정책을 안정화 정책수단으로 사용하는 것이 어렵다는 것을 인정한다. 재정정책은 신축성이 결여되기 때문이다. 정부지출은 거시경제안정화 외에 국가안전유지, 저소득층에 대한 생계보조, 도로, 다리 및 공공건물과 같은 국가 기반시설 건설, 교육과 공중보건 같은 정부서비스 제공 등 많은 목적에 사용된다. 무기개발을 위한 지출은 수년 동안 이미 지출 규모가 결정되고, 사회보장 혜택 같은 지출은 몇십 년 전에 이미 지출 규모가 결정된다. 거시경제안정화 목적을 위해 신속히 총정부지출을 확장 또는 긴축하는 것은 낭비적인 지출을 만들거나, 다른 재정정책의 목표를 손상시키기 쉽다. 세금은

4. 이미 4장에서 리카도 등가 정리를 설명했고, 15.3절에서도 다룰 것이다.

지출보다 변경하기 쉽지만, 세법도 여러 다양한 목표를 달성하기 위해 제정된 것이고, 정치적 타협의 결과이므로 쉽게 개정할 수 없다.

재정정책의 비신축성 문제를 더욱 커지게 하는 것은 재정정책을 수립하기 위해서 오랜 정치적 의사결정을 거쳐야 한다는 점이다. 신규 재정지출 또는 조세안이 만들어져 실시될 때까지 거의 8개월 이상의 시간이 소요된다. 이에 따라 재정정책을 경기변동에 대응해 효과적으로 활용하기가 매우 어려워진다. 예를 들어, 경기회복을 위해 수정한 재정정책이 실제로 경제에 영향을 미치게 됐을 때 경기침체는 이미 끝났을 수도 있기 때문이다.

자동안정화정책과 완전고용재정적자 앞에서 살펴본 것처럼 경기변동에 대응하기 위해 재정정책을 사용할 때 가장 문제가 되는 것은 재정정책의 비신축성과 시차 문제다. 이 문제를 극복하는 한 가지 방법은 정부예산에 자동안정화장치를 수립하는 것이다. **자동안정화장치**(automatic stabilizer)는 GDP가 하락할 때, 정부가 법률을 수정하지 않고 자동적으로 정부지출이 증가하거나 세금을 낮추도록 만들어진 예산조항이다. 예를 들어, 자동안정화장치를 사용하면 GDP가 상승할 경우 직접적인 입법 행위 없이 지출이 감소하거나 세금이 늘어나게 된다.

자동안정화장치의 중요한 예는 실업보험이다. 경제가 하강기에 들어서면 실업이 증가하므로 실업수당을 받는 노동자수가 증가한다. 이 경우 정부는 국회승인을 받지 않고, 자동적으로 정부지출을 증가시키게 된다. 즉, 경기침체기 동안 실업보험 부분이 이전지출에서 차지하는 비중이 증가해 자동적으로 확장 재정정책이 수행된다.[5]

규모 면에서 볼 때, 가장 중요한 자동안정화장치는 소득세 제도다. 경제가 하강기에 들어서면, 국민소득은 떨어지고 소득세 납부액이 감소한다. 케인즈학파 경제학자에 따르면 이러한 '자동감세'는 가처분소득의 하락을 완화하고, 총수요의 급격한 감소를 막아 주는 역할을 한다. 마찬가지로, 국민들의 소득이 급증하면 정부는 더 많은 소득세를 징수해 총수요 증가를 억제한다. 케인즈학파 경제학자는 이러한 자동안정화정책이 제2차 세계대전 이후 경제안정이 달성된 주요 이유라고 주장한다.

자동안정화장치의 부작용은 정부의 재정수지적자가 경기침체 중 증가할 수 있다는 것이다. 이는 GDP 하락 시 정부지출은 자동적으로 증가하는 반면, 세금은 자동적으로 감소하기 때문이다. 이와 유사하게, 재정수지적자는 경기상승기

---

5. 이러한 의견은 세금 감소와 같은 이전지출의 증가는 총수요를 증가시킨다는 케인즈학파의 관점에 기초한다.

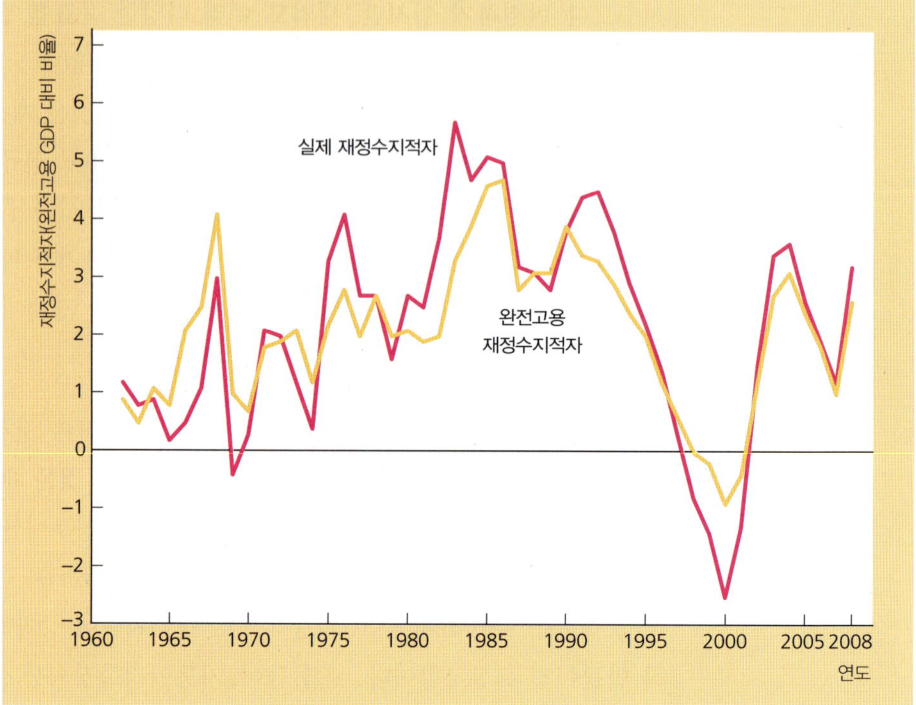

그림 15.5

완전고용 재정수지적자와 실제 재정수지적자(1962~2008)

실제 재정수지적자와 완전고용 재정수지적자를 완전고용 시의 총생산에 대한 비율로 나타낸다. 자동안정화 장치의 영향으로 1973~1975, 1981~1982, 1990~1991, 2001년의 경기침체 시 실제 재정수지적자는 완전고용 재정수지적자를 초과했다.

출처 : 의회예산처(CBO) 웹사이트 www.cbo.gov/budget/historical.shtml.

에 감소하는 경향이 있다. 경기후퇴 또는 경기상승에서 비롯된 적자 변화와 다른 요인에 의한 재정수지 변화를 구별하기 위해 일부 경제학자는 **완전고용 재정적자**(full-employment deficit)라는 용어를 제시했다. 완전고용 재정적자는 세금과 지출 정책이 현재의 정책과 같다고 가정할 때, 경제가 완전고용수준에 도달할 경우의 정부재정적자를 의미한다.[6] 이것은 자동안정화장치의 영향을 받지 않기 때문에, 주로 법률개정 시 재정정책의 변화에 따른 재정수지의 변화를 의미한다. 특히, 케인즈학파 모형에서 정부지출 증가 또는 세율 인하에 따른 확장 재정정책은 완전고용 재정적자를 확대시키는 반면, 긴축 재정정책은 완전고용 재정적자를 축소시킨다.

그림 15.5는 1960년 이후 연방정부의 완전고용 재정적자를 완전고용수준 생산량의 백분율로 보여준다. 주목할 것은 생산량이 완전고용수준 이하였던 1973~1975년, 1981~1982년, 1990~1991년, 2001년의 경기침체기간 동안이나 이후에 실제 재정수지적자가 완전고용 재정적자를 상당히 초과했다는 것이다. 이 두 적자 간 차이는 정부재정에서 자동안정화장치의 중요성을 반영하는 것이다.

6. 실제로 완전고용 적자의 추정은 경기침체가 완전고용 시의 총생산의 변화를 반영한다는 고전파 경제학자의 가정보다 완전고용으로부터의 이탈이라는 케인즈파의 가정에 바탕을 두고 있다.

정부자본 형성

경제의 건전성은 정부가 얼마나 지출하느냐보다는 어디에 지출하는가에 달렸다. 예를 들어, 6장에서 논의했듯이 도로, 교육, 의료와 같은 공공 경제기반시설은 잠재적으로 경제성장에 매우 중요한 변수다. 그러므로 정부가 보유하는 **정부자본**(government capital)의 형성은 재정정책이 거시경제에 영향을 끼치는 또 하나의 채널이 된다. 정부예산은 물적자본 형성뿐만 아니라 인적자본 형성에도 영향을 끼친다. 예를 들어, 건강, 영양 및 교육에 대한 정부지출은 하나의 투자로, 미래 노동자의 생산성을 높이기 때문이다.

정부자본투자는 공식적으로 인적자본의 형성보다는 물적자본의 형성에 초점이 맞춰져 있다. 2008년 연방정부의 투자지출은 연방정부가 구매한 재화와 서비스의 약 7분의 1인 1,482억 달러였으며, 투자지출의 70%는 국방비 그리고 나머지 30%는 국방비 외의 부분에 지출됐다. 주정부와 지방정부의 자본투자는 주정부와 지방정부 상품과 서비스구매의 5분의 1인 3,482억 달러였다. 주정부와 지방정부에 의한 정부 자본투자 구성은 연방정부와 차이를 보인다. 대부분의 연방정부 자본투자는 시설투자가 아닌 군사용 하드웨어와 소프트웨어 같은 장비 형식이지만, 주정부와 지방정부 자본투자의 5분의 4는 시설투자다.

재정정책의 유인효과

재정정책이 거시경제에 영향을 미치는 세 번째 채널은 각종 인센티브의 부과다. 특히 세금조절정책은 다양한 활동에 금전적 보상을 제공해 경제활동에 영향을 끼칠 수 있다. 예를 들어, 4장에서 세율의 변화가 가계의 저축과 기업의 자본 투자에 영향을 준다는 사실을 알아봤다.

평균세율과 한계세율 세금이 경제 인센티브에 미치는 영향을 분석하기 위해, 평균세율과 한계세율을 구별해 살펴봤다. **평균세율**(average tax rate)은 한 개인 또는 기업이 납부하는 총세금액을 개인의 세전소득으로 나눈 비율이다. **한계세율**(marginal tax rate)은 소득 변화 시 세금으로 납부하는 추가소득 부분과 총추가소득 간의 비율이다. 예를 들어, 최초 1,000달러의 소득에는 세금을 부과하지 않고 10,000달러 이상의 모든 소득에 25%의 세금을 부과하는 경우를 가정해 보자(표 15.3 참조). 이러한 소득세 제도하에서 18,000달러 소득을 받는 개인은 2,000달러의 세금을 납부한다. 이때 개인의 평균세율은 세금 2,000달러를 세전소득 18,000달러로 나눈 11.1%다. 그러나 이 납세자의 한계세율은 25%다. 소득 1달러 증가 시 세금으로 0.25달러를 더 납부하기 때문이다. 표 15.3은 10,000달

표 15.3 한계세율과 평균세율 : 예제(총세금 = 10,000달러 이상 소득의 25%)

소득	소득-10,000달러	세금	평균세율	한계세율
$18,000	$8,000	$2,000	11.1%	25%
50,000	40,000	10,000	20.0%	25%
100,000	90,000	22,500	22.5%	25%

러 이상의 소득을 지닌 모든 사람에게 한계세율은 25%로 동일하지만, 평균세율은 소득과 함께 증가한다는 것을 보여준다.

평균세율과 한계세율은 노동공급결정에 서로 다른 역할을 한다. 즉, 세금 증가가 노동공급에 미치는 효과는 평균세율 또는 한계세율의 변화에 따라 영향을 받는다. 경제이론에 따르면, 한계세율이 불변일 때 평균세율의 상승은 노동공급을 증가시키는 반면, 평균세율이 불변일 때 한계세율의 상승은 노동공급을 감소시킨다.

이를 설명하기 위해 먼저 평균세율이 변화하는 경우를 생각해 보자. 표 15.3의 예에서 한계세율은 25%에 머물고 있지만, 과세최소소득이 현재 10,000달러에서 8,000달러로 줄어들도록 세법이 개정됐다고 하자. 소득이 18,000달러인 납세자가 부담하는 세금은 2,000달러에서 2,500달러[0.25 × (18,000 − 8,000)]로 증가했고, 평균세율은 11.1%에서 13.9%(2,500/18,000)로 상승하게 된다. 그 결과, 납세자의 세후소득은 과거보다 500달러만큼 줄어들기 때문에 이 납세자는 과거보다 더 가난해진다. 결국 이 납세자는 세후소득의 감소를 깨닫고, 근로시간 중 노동량을 증가시킬 인센티브가 생기게 된다(3장 요약표 4 참조). 따라서 한계세율이 고정인 채, 평균세율이 상승하면 노동공급이 늘어나 노동공급곡선은 우측으로 이동한다.[7]

이제 평균세율이 불변일 때, 한계세율이 상승하는 경우를 고려해 보자. 예를 들어, 평균세율이 동일하게 유지되는 가운데 한계세율이 25%에서 40%로 상승한다고 가정해 보자. 위의 예에서 과세최소소득이 10,000달러에서 13,000달러로 인상됐다면, 소득이 18,000달러인 납세자의 총세금납부액은 0.40 × (18,000 − 13,000)인 2,000달러며 평균세율은 11.1%다. 이때 이 11.1% 평균세율은 최초 납세자가 부담했던 평균세율 11.1%와 같아진다.[8]

평균세율이 변하지 않을 때, 납세자의 전체 소득과 부는 영향을 받지 않기 때

7. 3장에서의 분석에 의하면, 평균세율의 상승은 노동공급에 순수 소득효과만을 포함한다.

8. 18,000달러 소득 납세자의 평균세율이 변하지 않는다 하더라도 18,000달러 이상 소득 납세자의 평균세율은 상승하고, 18,000달러 미만 소득 납세자의 평균세율은 하락한다.

문에, 세재개편에 따른 노동공급의 변화는 없다. 그러나 한계세율의 상승은 시간 외 노동에 대한 납세자의 세후 보상이 감소한다는 것을 의미한다. 납세자의 세전 시간당 임금이 20달러라면, 본래 한계세율 25%에서 시간 외 노동시간에 대한 실수령 급여는 15달러(20 − 20 × 0.25)다. 새로운 한계세율 40%하에서, 납세자의 시간 외 노동시간에 대한 실수령 급여는 12달러로 줄어든다(세전임금 20달러 − 세금 8달러). 실질소득으로 볼 때, 시간 외 노동시간에 과거보다 적은 보상이 주어지기 때문에, 납세자는 근로시간을 줄이고 여가를 더 즐기려 한다. 따라서 평균세율이 고정된 가운데 한계세율이 상승하면 노동공급곡선이 왼쪽으로 이동한다.[9]

조세왜곡과 세율유연화 세금은 경제 인센티브를 바꾸기 때문에, 경제활동 패턴을 변하게 한다. 자유경제의 보이지 않는 손이 적절히 작용하고 있다면, 경제활동은 세금이 없을 때 가장 효율적인 성과를 가져온다. 따라서 세금부과에 따른 경제활동 변화는 경제후생을 감소시킨다. 이렇게 세금도입으로 인해 효율적인 자유경쟁시장으로부터 이탈하는 현상을 **조세왜곡**(distortion)이라 한다.

조세왜곡을 설명하기 위해, 세전 실질임금이 20달러인 노동자의 예로 돌아가보자. 이때 이윤극대화를 추구하는 고용주는 노동의 한계생산성이 실질임금과 같은 지점까지 노동을 수용하며, 노동자의 한계생산성 역시 20달러라고 가정한다. 그리고 이 노동자가 14달러를 받을 때, 기꺼이 여가를 포기하고 추가로 일을 하려 한다고 가정하자. 이 경우, 이 노동자는 시간 외 노동에서 생산할 수 있는 가치가 자신이 추가 여가시간에 두는 가치를 초과하기 때문에 시간 외 근무를 하려 할 것이고, 이는 경제적으로 효율적인 선택이 된다.

세금이 부과되지 않는 경제에서 이렇게 노동자가 추가시간에 근무하는 것은 효율적 배분에 해당한다. 이 노동자는 실질임금 20달러를 얻기 위해 기꺼이 시간 외 노동을 하려고 하기 때문이다. 이 경우, 소득에 대한 한계세율이 25%라면 이 노동자는 기꺼이 시간 외 노동을 할 것이다. 25%의 한계세율하에서 노동자의 세후 실질임금은 15달러이므로, 그가 기꺼이 받아들이려 하는 14달러의 실질임금을 초과하기 때문이다. 그러나 한계세율이 40%까지 인상되어 세후 실질임금이 12달러까지 하락하면, 비록 경제학적으로 효율적이라 할지라도 이 노동자는 시간 외 노동을 할 가치가 없다고 결정할 것이다. 임금에 세금이 부과되지 않을 경우, 노동자가 일했을 시간과 세금이 부과될 때 그가 실제로 일하는 시간 간의 차

9. 3장에서 논의한 바에 의하면, 평균세율이 변하지 않은 상태에서의 한계세율의 변화는 노동공급에 대한 순수 대체효과만을 의미한다.

응용 *APPLICATION*

1980년대 노동공급과 세제개혁

1980년대 미국 의회는 한계세율을 크게 줄이는 조세개혁법을 두 번 통과시켰다. 1980년대 초기, 근로소득에 대한 최고한계세율은 50%였다. 1981년 경제회복조세법(ERTA : Economic Recovery Tax Act)은 1984년까지 세 단계에 걸쳐 개인소득세율을 인하했다. 개인세율은 1986년 조세개혁법으로 더욱 하락해, 1980년대 말 개인소득에 대한 최고한계세율은 28%까지 인하됐다.[10]

1981년 경제회복조세법은 **공급중시경제학**(supply-side economics)을 찬성하는 경제학자와 정치가 및 언론인의 옹호를 받았다. 공급중시경제학의 기본 가정은 경제주체의 노동공급, 저축, 투자와 같은 모든 경제행동이 경제적 인센티브, 특히 세법이 제공하는 인센티브에 반응한다는 것이다. 실제로 많은 경제학자가 이러한 사고에 동의하지만, '공급중시경제학자'는 이보다 한층 더 나아가 세금정책의 인센티브 효과가 대부분의 경제학자가 생각했던 것보다 훨씬 더 크다고 주장했다. 특히, 공급중시경제학자는 노동공급량이 경제회복조세법(ERTA) 감세 결과로 상당히 증가할 것이라고 전망했다.

이 장에서 논의하는 이론과 경제회복조세법 이후 노동공급의 반응과 일치하는가를 살펴보면, 먼저 당시 한계세율이 크게 하락하면서 평균세율 또한 크게 떨어졌다(다음 표 참조). 1981～1984년 연방정부의 세금납부액은 GDP의 21.1%에서 GDP의 19.2%로 하락했고, 연방정부와 주정부 및 지방정부가 징수한 세금 총액은 GDP의 31.1%에서 GDP의 29.7%로 하락했다. 이론에 따르면 한계세율의 인하는 노동공급을 증가시키고, 평균세율의 인하는 노동공급을 감소시켜야 한다. 따라서 이를 종합하면 노동공급에 미친 효과는 별로 크지 않음을 알 수 있다. 실제 경제활동참가율(노동을 하고 있거나 실제적으로 직장을 찾고 있는 성인의 비율)은 1981년 이후 크게 변화하지 않았기 때문에, 노동공급에 대한 경제회복조세법의 영향은 매우 작았다고 할 수 있다.

1986년 조세개혁법은 경제회복조세법과 달리 근로소득에 대한 한계세율은 인하했지만, 평균세율을 소폭 상승시켰다. 1986년 조세개혁법이 통과되고 1988년 이것이 완벽하게 시행된 사이에, 연방정부의 평균세율은 GDP의 19.4%에서 GDP의 19.8%로

10. 세법의 비선형성 때문에 최상위 소득자가 아닌 일부 고소득자는 33%의 한계세율에 직면한다.

이는 세금의 왜곡효과다. 한편 세율이 높을수록 왜곡은 더 커질 가능성이 있다.

완전히 세금이 없는 것은 불가능하다. 이 때문에 재정정책입안자는 조세왜곡을 비교적 작게 유지하면서 필요한 정부 세입을 어떻게 조달하는가에 대한 문제를 해결하려고 노력한다. 높은 세율은 경제 효율성 면에서 특히 손실이 크기 때

미국의 평균세율(1981~1988)

연도	연방정부 세금		연방정부, 주정부, 지방정부 세금	
	실질조세수입 (10억 달러, 1987년 기준)	평균세율 (GDP 대비 %)	실질조세수입 (10억 달러, 1987년 기준)	평균세율 (GDP 대비 %)
1981	809.9	21.1	1193.8	31.1
1982	758.2	20.2	1146.2	30.5
1983	756.9	19.4	1165.6	29.9
1984	797.6	19.2	1234.7	29.7
1985	835.4	19.5	1289.2	30.1
1986	853.7	19.4	1332.1	30.2
1987	913.8	20.1	1405.2	31.0
1988	935.8	19.8	1436.4	30.5

출처 : *Economic Report of President*, 1993. 세금은 표 B-77, GDP는 표 B-1, GDP 디플레이터는 표 B-3.

상승했다. 연방정부와 주정부 및 지방정부의 평균세율 또한 GDP의 30.2%에서 30.5%로 상승했다. 이 절에서 살펴본 이론에 따르면, 1986년 조세개혁법이 한계세율을 줄이고 평균세율은 소폭 인상했기 때문에, 전체적으로 노동공급은 증가해야 한다. 통계자료에 기초할 때, 당시 노동공급이 증가했다는 증거가 일부 나타난다. 예를 들어, 적어도 1950년 이후 하락세를 지속했던 남성 경제활동참가율이 1988년부터 안정기에 들었고, 1989년에는 처음으로 증가했기 때문이다.

전체적으로, 1980년대 세법개정에 대한 노동공급의 변화는 평균세율과 한계세율 변화효과에 대한 이 장의 분석과 일치했다. 그러나 공급중시경제학자의 예측과 상반되게, 노동공급의 실제 변화 규모는 미미했다. 한 연구는 1986년 조세개혁법은 남성 노동공급을 0.9% 증가하게 했고, 1981년 경제회복조세법은 남성 노동공급을 단지 0.4% 증가시켰다고 평가했다.[11]

11. Jerry A. Hausman and James M. Poterba,"Household Behavior and the Tax Reform Act of 1986," *Journal of Economic Perspectives*, Summer 1987, pp. 101-119.

문에, 경제학자는 적당한 수준에서 세율을 대략 일정하게 유지하는 것이, 매우 낮고 매우 높은 세율을 번갈아 사용하는 것보다 바람직하다고 주장한다. 예를 들어, 정부가 수년 동안 평균 20%의 세율을 부과하려 한다면, 대부분의 경제학자는 그 기간의 절반은 30%, 나머지 절반은 10%의 세율을 유지하는 정책을 사용하지 말 것을 정부에 조언한다. 이는 30% 세율 실행기간 중 발생하게 될 많은 왜곡효과 때문이다. 대신 20%의 세율을 일정하게 유지하는 것이 좀 더 바람직한 방법이 된다. 왜곡효과를 최소화하기 위해 안정된 세율을 유지하는 정책을 **세율유연화**(tax rate smoothing)라 한다.

실제로 연방정부는 세율유연화 정책을 시행하고 있는가? 통계자료를 통해 살펴보면, 연방정부의 세율은 정치적 요인 및 기타 요인에 의해 영향받기 때문에 조세왜곡을 최소화할 만큼 유연하지 않다는 것이 밝혀졌다.[12] 다만 미국정부는 세금유연화정책을 상당히 유용하게 사용한 것으로 나타났다. 예를 들어, 제2차 대전 중 미국정부는 막대한 재정수지적자를 기록했다(그림 15.4 참조). 당시 이에 대한 대안은 전시에 세율을 매우 높게 책정하고, 전후 세율을 인하하는 것이었다. 그러나 전쟁 중 높은 세율은 생산 효율성이 중요했던 시기에 경제를 왜곡시킬 가능성이 높았다. 따라서 정부는 세금을 인상하지 않고 대신 차입을 통해 전시에 필요한 자금을 조달했다. 그리고 오랜 기간에 걸쳐 세금을 인상해 그 채무를 상환했다. 이러한 행위는 세금유연화 사고와 일치한다.

15.3 정부 적자와 부채

연방정부 예산에서 가장 논쟁이 되는 것은 예산적자 또는 흑자의 크기다. 1980년대와 1990년대 초반, 재정수지적자가 크게 확대됨에 따라 이것이 과연 경제에 큰 부담이 되는가에 대한 찬반논쟁과 더불어 2009년 GDP의 11%를 상회하는 재정적자에 대한 논쟁이 재차 반복되었다. 이 절에서는 정부재정수지적자와 정부부채 및 이것이 거시경제에 미치는 영향을 논의한다.

정부부채의 증가

정부재정수지적자와 국가부채라고도 하는 정부부채는 서로 다른 개념이다. 유량변수인 정부재정수지적자는 정부지출과 조세수입의 차이로 정의된다. 저량변수인 **정부부채**(government debt)는 특정 시기에 측정한 국채의 총가치다. 정부지출이 조세수입보다 클 경우, 이 초과분은 바로 정부가 새로 차입해야 하는 액수와 같다. 따라서 특정 해에 재정수지적자 규모는 그해 정부부채 혹은 정부채권 발행 규모의 변화량과 같다. 정부부채와 재정수지적자의 관계는 다음과 같이 설명

12. David Bizer and Steven Durlauf, "Testing the Positive Theory of Government Finance," *Journal of Monetary Economics*, August 1990, pp. 123–141.

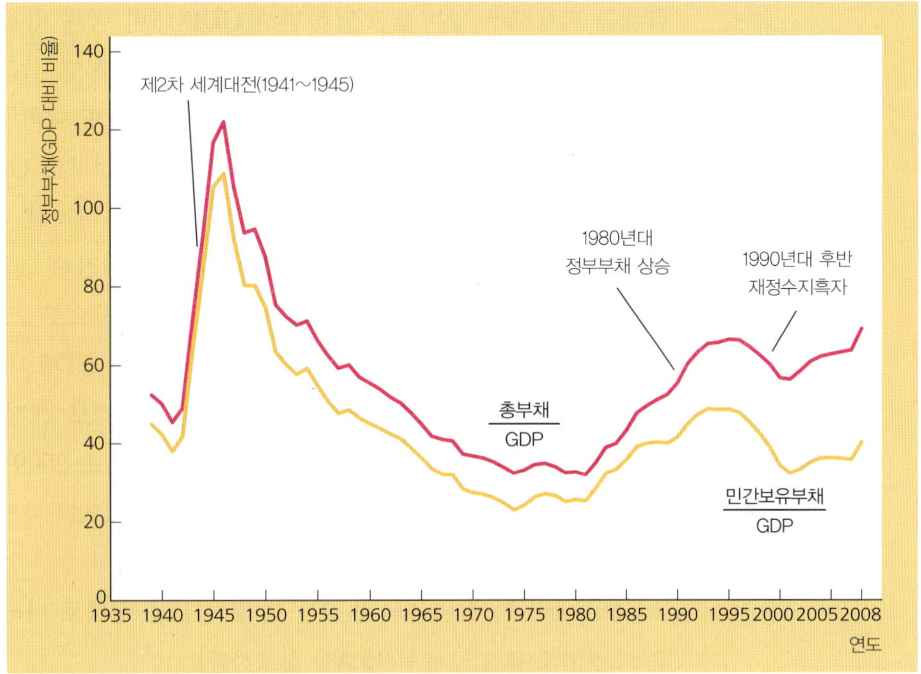

그림 15.6

GDP 대비 연방정부부채 비율(1939~2008)

위 곡선은 민간, 정부 및 연방준비제도가 보유한 총정부부채를 GDP 대비 비율로 나타낸 것이고, 아래 곡선은 민간보유부채를 GDP 대비 비율로 나타낸 것이다. GDP 대비 부채 비율은 제2차 대전 동안 급격히 상승하다가 1980년까지 지속적으로 하락했다. 이후 GDP 대비 국채 비율은 1980년대부터 상승세를 보였으나, 1990년대 들어 재정수지흑자에 힘입어 현저히 하락했다. 한편 국채 비율은 2002년 대규모 적자로 인해 다시 상승하기 시작했다.

출처 : 세인트루이스 연방준비은행 FRED 데이터베이스, research.stlouisfed.org/fred2, series, FYGFD(총부채), 공공부채(FYGFDPUB)와 GDP.

할 수 있다.

$$\Delta B = \text{명목재정수지적자} \qquad (15.3)$$

이때, ΔB는 정부채권 명목가치의 변화를 의미한다.

1980년대와 1990년대 초 · 중반의 미국과 같이 대규모 재정수지적자가 지속된 기간 동안, 정부부채의 명목가치는 급격히 증가했다. 예를 들어, 연방정부부채는 1980년 9,090억 달러에서 2008년 9조 9,860억 달러로 약 11배 가까이 증가했다.[13] 인플레이션을 고려하더라도 정부부채의 실질가치는 이 기간 동안 5배 이상 증가한 것이었다.

선진국은 국채에 대한 원금과 이자를 지불하기 위한 자원을 비교적 많이 갖고 있다. 따라서 정부부채 규모의 적절성을 판단하는 기준으로 정부부채의 GDP 비율 또는 GDP 대비 국채 비율을 사용한다. 그림 15.6은 1939년 이래 미국의 GDP 대비 국채 비율을 보여준다. 위쪽 곡선은 민간, 정부기관 및 연방준비제도가 보유한 국채를 포함할 때의 GDP 대비 국채 비율이다. 아래쪽 곡선은 민간이 보유한 정부부채만을 포함한 GDP 대비 국채 비율이다.

그림 15.6에서 나타나는 가장 두드러진 특징은 제2차 세계대전 동안 정부가

13. 세인트루이스 연방준비은행 FRED 데이터베이스, research.stlouisfed.org/fred2, series FYGFD.

국채를 발행해 국방비를 조달하면서 GDP 대비 국채 비율이 크게 상승한 것이다. 전쟁 말기까지 GDP 대비 국채 비율은 100%를 넘어, 정부부채가 연간 GDP를 상회하는 현상이 초래됐다. 이후 35년 동안 GDP 대비 국채 비율은 지속적으로 하락했으나, 1980년대 초반 대규모 재정수지적자로 GDP 대비 국채 비율이 상승하기 시작해 10여 년 동안 계속됐다. 그러나 이러한 국채 비율의 상승에도 불구하고, 1995년까지 GDP 대비 국채 비율은 여전히 제2차 세계대전 말의 절반수준을 맴돌았다. 1990년대 후반 빠른 경제성장으로 조세수입이 지속적으로 증가함에 따라, 정부재정수지가 흑자로 전환됐고 GDP 대비 국채 비율은 현저히 감소했다. 그러나 2002년부터 연방정부가 대규모 재정수지적자를 기록하면서 GDP 대비 국채 비율은 다시 상승하기 시작했고, 2009년 부양책을 실시하게 됨에 따라 극적으로 더욱 증가하였다("최신자료 및 연구와의 접속 : 2009년 경기부양책"을 참조).

GDP 대비 국채 비율의 변화는 다음과 같은 형태로 나타낼 수 있다(자세한 것은 이 장의 끝에 있는 부록 15.A를 참조하라).

$$\Delta\text{GDP 대비 국채 비율} = \frac{\Delta\text{재정수지적자}}{\text{명목 GDP}} - \left(\frac{\text{총부채}}{\text{명목 GDP}} \times \text{명목 GDP 성장률}\right) \tag{15.4}$$

식 (15.4)는 GDP 대비 국채 비율이 매우 빠르게 상승하게 하는 두 가지 요인을 다음과 같이 설명한다.

- GDP 대비 재정수지적자 비율의 상승
- GDP 성장률의 하락

식 (15.4)는 그림 15.6에서 보여준 GDP 대비 부채 비율 패턴방정식을 설명한다. 제2차 세계대전 동안 국채 비율의 급격한 상승은 재정수지적자가 크게 불어난 결과다. 제2차 세계대전 이후 3년 반 동안 연방정부의 재정적자가 크게 줄어들었고 GDP는 빠르게 증가했기 때문에 GDP 대비 국채 비율은 현저히 하락했다. 1980년대 및 1990년대 초반, GDP 대비 국채 비율이 상승한 것은 당시 연방정부의 재정적자가 크게 늘어났기 때문이다. 한편, 연방정부의 재정수지 흑자전환은 1990년대 후반 GDP 대비 부채 비율 하락에 크게 기여했다. 반면, 2002년에 시작된 재정적자는 GDP 대비 부채 비율의 상승으로 이어졌다. GDP 대비 부채 비율에 영향을 미치는 중요한 요소는 사회보장제도다.

응용 APPLICATION

남아프리카공화국의 사회보장제도 : 어떻게 고칠 수 있는가?

배경

1994년 남아프리카공화국(이하 남아공)에 새로운 민주정부가 들어섬에 따라 그들은 새로운 사회보장제도를 도입하게 되었다. 이때 새 정부는 사회보장제도를 비인종차별적인 시스템으로 모두에게 공평하게 제도적 보장을 받는 것을 추구하였다. 새로운 헌법에는 "모두가 사회보장에 접근할 수 있으며 더불어 만약 그들이 그들 자신을 돌보지 못하거나 그들이 의존적일 때, 적절한 사회복지…"[14]와 같은 부분이 포함되어 있고, 2004년 사회보장법은 가정에서 스스로를 돌볼 수 없는 사람들에게까지 확대되어 개정되었다.

내용

남아공의 사회보장제도는 크게 두 가지로 나누어 볼 수 있으며 이는 사회복지와 사회보험이다. 사회복지는 남아공 사회보장의 대부분을 차지하는 것으로 모든 주에서 실시되고 대체로 고용주 부담의 기금이다. 사회복지는 현금 또는 그와 비슷한 것을 직접적으로 빈곤층에게 전달하는 것이다.

한편, 사회보험은 고용자들의 수입이 매우 불규칙하게 되는 것을 방지하는 제도다. 이 제도는 고용자와 고용주에게 모두 부담하는 것으로 연금기금, 의료보험, 질병, 장애, 실업, 고용상해보험, 가족보험과 유족 급부금 같은 것에 대해 해당된다. 다른 많은 아프리카 국가들처럼 남아공도 낮은 임금의 노동자들이 대부분이기 때문에 이러한 사회보험제도가 기여하기 상당히 힘들었다.

남아공은 광범위한 사회보장제도를 도입하기 위하여 노령연금, 장애 보조금, 자녀양육보조금, 수양자녀 보조금, 영유아 돌봄 보조금과 같은 다섯 개의 중요한 사회보조금을 포함시켰고 이는 국가정부기관인 남아공 사회보장청에 의해 관리되었다. 보조금은 국가 전체에서 걷는 세금과 큰 고용주 부담을 통하여 만들어진다. 사회 보조금의 전체적인 지출 규모는 2008~2009년 약 750억 자르(약 100억 달러)였으며, 이는 총정부지출의 10.3%, GDP의 3.4%에 달한다. 수혜자의 수는 2001~2002년에 360만 명에서 2008~2009년에는 235%나 늘어난 1,200만 명 이상으로 급격하게 증가하였다. 2008~2009년에는 남아공 인구의 3분의 1에 달하는 1,300만 명의 사람이 보조금으로 생계의 밑바탕이 되었다.

자녀양육보조금(CSG : child support grant)은 보조 프로그램 중 가장 큰 것이며, 수혜자는 14세 미만 어린이 900만 명 정도다. CSG의 첫 번째 목표는 최저생활 수준에도 미치지 못하는 빈곤에 허덕이는 어린이들에게 금전적 지원과 기초 생활을 누릴 수 있

14. 1996년 남아프리카공화국 헌법, Section 27, 1c.

게 해주는 것이다. 이 프로그램의 수혜대상이 되는 어린이는 1997~1998년 50만 명에 미치지 못했으나[15] 2006~2007년에는 433%나 증가한 800만 명의 어린이가 보조를 받았다. 이후 3년 동안 정부는 CSG 프로그램을 2010년 1월 15세, 2011년 1월 16세, 2012년 1월 17세까지 확대하여 추가적으로 200만 명의 수혜자를 늘릴 예정이다. 돌봄 보조금과 수양자녀 보조금도 1997~1998년부터 급격히 증가하였다. 돌봄 보조금의 경우 18세 이하 어린이가 대상이다. 수혜자는 반드시 정신 또는 육체적 장애로 인하여 영구적으로 가정에서 돌봄을 받는 사람이어야 한다. 노령연금 제도는 은퇴 시기가 된 사람들을 대상으로 자산조사를 통하여 선발된다. 수혜자는 1997~1998년부터 매년 12.4%의 성장률을 보였다.

장애보조금은 또 다른 정부 지원 보조금으로 HIV/AIDS과 각종 장애를 포함한 평생에 걸쳐 만성적인 장애를 가지고 있는 사람이 대상이다. 보조금 수혜대상 사전 조사의 목적은 정밀 의학검사와 적격성이다. 수혜자의 규모는 2006~2007년에 1997~1998년보다 2배 정도 증가하였다.

효과

남아공의 사회 보조금 시스템은 빈곤층에게 큰 도구가 되며, 특히 빈곤층 어린이에게 도움이 된다. 우라드(2003)가 추정한 바에 의하면, 1994년부터 2005년까지 빈곤층은 33.1%에서 28.9%로 축소되었다. 특히 어린이 빈곤층은 42.7%에서 34.3%로 감소되었

표 15.4 2000년부터 2006년까지의 사회 부문 집중률

보조금 형태	2000	2006
학교 교육	−0.121	−0.128
제3차 교육	0.499	0.579
전체 사회 보조금	−0.371	−0.357
■ 어린이 지원	−0.247	−0.318
■ 장애	−0.291	−0.288
■ 노령	−0.412	−0.436
건강	−0.087	−0.110
■ 공공 클리닉	−0.163	−0.245
■ 공공 병원	−0.071	−0.071
주거	0.160	0.070
전체	−0.106	−0.146

출처 : Van der Berg

15. 계산은 저자가 National Treasury Statistics의 2005년 자료를 기초로 하였으며, Pauw, K., and Mncube, L. (2007)과 Van der Berg, S., and Moses, E. (2009)에서 인용하였음.

고, 같은 기간 동안 최극빈곤층은 13.1%에서 4.2%로 감소하였다. 나아가 어떠한 사회적 보조금이 없다고 한다면 남아공 성인의 55.9%가 빈곤에 직면할 것이며, 38.2%는 최극빈층에 직면할 것이라 하였다.

남아공의 사회보장제도에 대한 효과는 가난한 계층을 목표로 한 효율성 측면에서 비추어졌다. 이를 위해 반 데 베르그(2009)는 집중률(concentration ratio)을 이용하였다. 집중률은 지니 계수와 비슷한 계념으로 양(+)의 값을 나타내면 부유층을 중심으로 분배가 이루어지고, 0이면 고루 분배가 이루어짐을 나타내며, 음(−)의 값을 나타내면 빈곤층에게 돈이 쓰인다는 것을 나타낸다. 이것을 통한 결과는 표 15.4에 나타나 있으며, 이 값은 2000년 −0.106에서 2006년 −0.146으로 향상되어 가난한 계층에 분배가 더욱더 이루어지는 목표가 더 잘 달성되었다고 볼 수 있다. 그러나 여전히 목표가 제대로 이루어지지 않는 부분은 대학 및 직업 교육과정인 제3차 교육과정과 주거에 있어서 여전히 0.579와 0.070을 나타내고 있다. 전체적인 사회 보조금은 −0.371에서 −0.357로 목표치에 대하여 악화된 것으로 나타났다.

개선 가능성

구조적 실업

테일러 위원회(2002)에서 지적한 바와 같이, 남아공의 사회보장제도는 실업은 일시적이라는 근본적인 가정과 같은 남아공의 인종차별 시대로부터 차용되었다. 그러나 남아공의 실업 문제는 구조적인 것에서 기인하였으며, 완전고용 목표는 있지 않다. 그렇기 때문에 높은 비율의 인구는 기술 부족으로 인하여 경제활동의 변두리에서 살고 있으며, 사회의 최부유층이 더 부유해지면 더 많은 일자리 창출 등을 통해 그 부가 서민들이나 그 아래층들에게도 확산된다고 보는 트리클-다운의 효과가 커지므로 가난으로 가는 길이 줄어들 것이다. 여기서 질문을 하자면, 과연 남아공의 사회보장제도는 구조적 실업으로부터 사람들에게 얼마나 큰 장을 열어줄 것인가에 관한 것이다.

HIV/AIDS와 같은 전염병

최근 남아공은 세계적으로 HIV 감염 비율이 32.2%로 높은 국가 중 하나다. 그러나 다른 중요한 문제는 HIV/AIDS 전염에 대한 사회적 비용이 계속 늘어난다는 것이다. 수천의 남아공 인구가 HIV/AIDS에 걸리고, 최종적으로는 장애 보조금을 받게 되는 것이다. 또 다른 부정적 측면은 부모가 AIDS로 사망하고 난 뒤 고아가 늘어나 결국 이들은 어린이 보조금 대상자로 들어가는 것이다. 결국 문제는, 남아공의 사회보장시스템은 늘어나는 어린이, 고아, 노인, 장애 등의 빈곤층 문제를 해결할 수 있는가이다.

참고문헌

Delany, A., Ismail, Z., Graham, L. and Ramkissoon, R. (2008), United Nations Childern's Fund report, "Review of the Child Support Grant, Uses, Implementation and

Obstacles," June.

Pauw, K., and Mncube, L. (2007), "Expanding the Social Security Net in South Africa: Opportunities, Challenges and Constraints," *International Poverty Centre UN Development Program, Country Study*, July, No. 8.

Taylor, V. (2002), "Transforming the Present-Protecting the Future." *Report of the Committee of Inquiry into a Comprehensive System of Social Security for South Africa*.

Van der Berg, S. (2009), "Fiscal incidence of social spending in South Africa, 2006." *Report to National Treasury*, February, http://www.finance.gov.za.

Van der Berg, S. and Moses, E. (2009), "The Limits to Budgetary Redistribution in South Africa." *Paper presented to the IIPF Congress, Cape Town, South Africa*, August.

Woolard, I. (2003), "Impact of Government Programs Using Administrative Data Sets: SocialAssistance Grants." *Project 6.2 of the Ten Year Review Research Program*, http://www.sarpn.org.za.

미래 세대의 정부부채 부담

연방정부가 갖고 있는 수십 조 달러의 채무는 다음 세대 또는 그다음 세대들이 세금을 납부해 해결할 것이다. 이런 견해에서, 국가채무가 많은 것은 현재 정부지출이 너무 높거나 세금이 너무 낮기 때문에 발생하는 현상으로 '미래를 도둑질하는 것'과 같다.

이러한 전통적인 논의는 미국 국채의 대부분을 미국인이 소유한다는 사실을 간과한 것이다. 즉, 후손들이 국가채무의 이자와 원금을 지불하기 위해 무거운 세금에 직면하게 된다 하더라도, 이러한 미래 납세자 또한 많은 국채를 물려받을 것이므로 이자와 원금의 수령인이 될 것이기 때문이다. 현재 상당 규모의 국가채권은 미국인이 소유하고 있기 때문에, 그 채무를 외국인이 갖고 있는 경우와 의미가 다르다. 국가채무 부담에 대한 견해가 여러 가지 결점이 있긴 하지만, 경제학자는 몇 가지 채널을 통해 국가채무가 미래 세대에게 부담이 될 수 있다고 지적한다. 먼저 채무를 청산하기 위해 세율이 상당히 인상된다면 이로 인한 조세왜곡은 경제효율성을 낮출 것이기 때문에, 미래 세대가 상당한 희생을 치러야 할 것이다.

둘째, 대부분의 사람이 아주 소규모로 국채를 보유하고 있거나 전혀 갖고 있지 않다(연금기금처럼 간접적인 것은 제외). 국채를 거의 보유하고 있지 않거나 전혀 없는 사람은 미래에 이자와 원금을 지급받는 사람보다 국가채무를 청산하기 위해 더 많은 세금을 납부해야만 할 것이다. 반면, 많은 금액의 국채를 보유하고 있는 사람은 세금 증가분보다 더 많은 이자와 원금을 받을 것이다. 일반적으로 채권보유자는 보유하지 않은 자보다 더 부유한 사람이다. 따라서 국가채무에 대한 이자지급은 상대적으로 가난한 사람에게서 부유한 사람에게로의 자원이전을 유발할 수 있다. 그러나 이는 예를 들어, 고소득자에 대한 세금 인상이나 이전소득 조절정책으로 상쇄할 수 있다.

셋째, 많은 경제학자는 재정수지적자가 국민저축을 감소시킨다고 주장한다. 즉, 재정수지적자가 커지면 국내자본축적은 감소하고, 대외자산매입은 감소한다는 것이다. 이 주장이 옳다면, 재정수지적자는 다음 세대의 생활수준을 떨어뜨릴 것이다. 다시 말해 다음 세대는 좀 더 작은 자본금을 물려받고 외국인에게 더 많은 이자를 지불해야만 하거나, 더 적은 이자를 받기 때문이다. 이러한 미래 생활수준 하락은 국가 채무의 진정한 부담이 된다.

그러나 이러한 주장의 결정적인 가정은 국가재정수지적자가 국민저축을 감소시킨다는 생각이다. 4장에서 여러 번 언급했던 것처럼, 재정수지적자가 국민저축에 영향을 끼치는가는 논쟁의 여지가 있는 명제다. 이 절의 나머지 부분에서 이 문제를 심층적으로 토의할 것이다.

재정수지적자와 정부저축 : 리카도 등가 정리의 재해석

정부재정수지적자의 증가가 국민저축을 과연 감소시키는가? 많은 경제학자는 전시에 정부지출의 증가로 재정수지적자가 증가할 경우, 국민저축이 감소하고 실질부담이 늘어나는 것에 동의한다. 하지만 조세감면에 의한 재정수지적자나 이전지출 증가가 국민저축을 감소시키는지는 명확하지 않다. 리카도 등가 정리를 옹호하는 경제학자는 세금감면 또는 이전지출의 증가가 국민저축에 영향을 미치지 않을 것이라고 주장하는 반면, 일부 경제학자는 영향을 줄 것이라고 주장한다.

리카도 등가 정리 : 예제 리카도 등가 정리를 설명하기 위해서 정부의 현재와 미래 지출 규모가 일정하다고 할 때, 정부가 1인당 100달러의 세금을 감면한다고 가정하자. 이때 이 조세감면은 유인효과를 무시하기 위해 일괄적으로 이뤄진다. 세금감면이 국민저축에 유발할 효과는 무엇인가? 이 질문에 대답하기에 앞서 먼저 식 (2.8)의 국민저축 정의를 되돌아보자.

$$S = Y - C - G \tag{15.5}$$

식 (15.5)에서 국민저축(S)은 총생산(Y)에서 소비(C)와 정부구매(G)를 뺀 것이다.[16] 이에 따르면, 정부구매(G)가 일정하고 총생산(Y)이 완전고용수준에서 고정되어 있다면, 조세감면에 따라 소비(C)가 늘어날 경우 국민저축(S)은 줄어들게 된다. 리카도 등가 정리 옹호론자는 만일 현재와 미래의 정부지출이 변하지 않으면 조세감면은 소비에 아무런 영향을 주지 않을 것이고, 따라서 저축에도 영향을 미치지 않을 것이라고 주장한다.

그렇다면 조세감면이 소비의 증가로 이어지지 않는 이유는 무엇인가? 이 문제에 대한 대답은 만일 현재와 미래의 정부지출이 변하지 않는다면, 오늘의 조세감면은 미래 언젠가 감면액만큼 반드시 조세가 늘어난다는 사실에서 시작된다. 정부지출이 변하지 않고 1인당 100달러의 조세감면 혜택이 주어지면, 정부는 1인당 100달러씩에 해당하는 금액을 채권으로 발행해야 한다. 이 채권이 실질이자율이 r인 1년짜리 채권이라고 가정하자. 그다음 해에 정부가 1인당 100달러의 원금과 $(100 \times r)$달러의 이자를 주고 이 채권을 환수하면, 결국 1인당 $100(1 + r)$달러의 세금을 추가해야 한다. 따라서 올해 1인당 100달러의 조세감면은 다음 해에 1인당 $100(1 + r)$달러만큼의 조세 증가로 연결된다.[17]

현재의 조세감면액은 미래 조세 증가액의 현재가치와 같기 때문에, 현재의 소득세에 대한 혜택은 장기적으로 납세자에게 이득이 되지 않는다. 실제로, 조세감면 이후 납세자의 현재와 미래의 소비능력은 조세감면하지 않았을 경우와 다르지 않다. 다시 말해 1인당 100달러의 소득세가 감소하면 모두들 소비를 늘리지 않고, 1인당 100달러에 해당하는 저축을 할 것이다. 그리고 다음 해에 이 저축액은 $100(1 + r)$달러로 증가하고, 이는 증가된 세금납부액을 충당하기 위해 사용된다. 결국 현재의 조세감면은 미래의 조세 증가로 이어지기 때문에 사람들은 소비를 늘릴 아무런 이유가 없다. 따라서 리카도 등가 정리 지지자가 주장하는 것처럼 조세감면은 국민저축에 아무런 영향을 미치지 않는다.

세대 간 리카도 등가 정리 리카도 등가 정리는 현재의 정부차입이 오늘 살아있는 사람들의 일생 동안에 상환될 것이라는 가정에 기초한 것이었다. 다시 말해, 오늘 얻은 감세효과는 결국 같은 사람들이 나중에 더 많이 납부하기 때문에 장기적으로 효과가 없다는 것이다. 하지만 정부가 축적하고 있는 부채의 일부는 조세감면을 받는 사람에 의해서가 아니라, 그다음 세대가 상환할 수 있다. 이 경우 조세감면이 소비를 증가시킬 가능성이 존재한다.

16. 외국으로부터의 순요소지급(NFP)은 0이라고 가정한다.

17. 정부는 2년, 3년 또는 그 이상 동안 세금을 올릴지 모른다. 그럼에도 불구하고 조세감면에 대한 일반적인 결론은 미래의 세금 증가분에 의해 상쇄돼야 하고 결국 변하지 않는다는 것이다.

하버드대학교의 경제학교수 로버트 바로(Robert Barro)[18]는 이론상 리카도 등가 정리는 심지어 현재 세대가 세금을 감면받고 다음 세대가 정부의 빚을 상환하는 경우에도 여전히 적용된다고 주장했다. 바로 교수의 주장을 설명하기 위해 모든 세대의 인구가 같다고 가정하고, 현 세대가 1인당 100달러의 감세혜택을 받는다고 가정하자. 정부지출이 일정한 상태에서, 이러한 세금감면은 정부차입과 정부부채를 각각 1인당 100달러씩 증가시킨다. 하지만 현재 살고 있는 사람들은 이 부채를 상환하는 세금을 납부하지 않는다. 대신 이 세금에 대한 납세의무는 다음 세대까지 미수금의 형태로 남는다. 정부는 늘어나는 부채를 상환하기 위해 다음 세대의 세금은 1인당 $100(1 + \rho)$달러까지 상승하는데, 이때 $1 + \rho$는 오늘 빌려서 어느 시점에 상환해야 하는 달러의 가치다.[19]

현 세대는 세금감면 혜택을 받으면서도 평생 추가세금납부 의무를 부담하지 않기 때문에 소비를 늘릴 것이다. 하지만 바로 교수는 현 세대가 다음 세대가 미래에 좀 더 잘살기를 원한다면, 조세감면이 되더라도 소비를 줄이지 않을 것이라고 주장한다.

물론 부모세대는 건강과 교육, 상속 등 아이들을 위해 경제적 지원을 하며 자식이 잘살도록 돌본다. 그렇다면 다음 세대에 대한 현 세대의 관심이 조세감면에 대한 현 세대의 반응에 어떠한 영향을 주는가? 조세감면 혜택을 받는 현재 세대 중 한 명인 조는 언제나 소비를 늘리고 싶어 한다. 그러나 바로 교수는 조가 오늘의 조세감면액은 그의 아들인 조 주니어가 미래에 $1+ \rho$만큼 추가로 내야 하는 세금이라는 것을 알고 있다는 점을 지적한다. 그렇다면 조는 아들을 위해 무언가를 할 수 있을까를 살펴봐야 한다. 조가 조세감면액 100달러를 소비하는 대신, 100달러를 저축해 이를 아들에게 상속한다고 가정하자. 다음 세대가 정부부채를 지불해야 할 때, 조 주니어의 상속액은 원금과 이자 $100(1+ \rho)$달러고, 이는 조 주니어가 늘어난 세금을 납부할 금액인 것이다. 따라서 조는 현재의 소비를 유지하면서 조세감면액을 저축하고 이자를 받아 상속할 것이므로 조 주니어의 소비는 과거 조가 했던 것과 같게 된다.

바로 교수는 이 경우 조가 감면된 세금 전부를 조 주니어의 이익을 위해 저축한다는 점을 지적한다. 조가 조세감면액의 일부를 소비한다면 조 주니어가 부담할 조세 증가액을 상속해 주지 못하기 때문이다. 이 경우 조 주니어는 조가 조세감면

18. "Are Government Bonds Net Wealth?" *Journal of Political Economy*, November/December 1974, pp. 1095–1117.

19. 예를 들어, 정부부채가 30년 뒤에 환수된다면 ρ이 연간 실질이자율일 때 30년 뒤의 징수액은 $1 + \rho = (1 + r)^{30}$이 된다.

을 받지 않았을 경우보다 적게 소비하게 될 것이다. 한편 조가 조 주니어에게 적은 부담을 주면서 자신의 소비를 늘리고 싶어 한다면, 그는 세금을 조정하지 않더라도 충분히 그렇게 할 수 있을 것이다. 예를 들어, 조 주니어의 대학 등록금을 줄이거나 상속액을 줄이는 방법이 그것이다. 조가 실제로 그러한 행동을 취하지 않은 것은 조세감면 이전에 계획했던 조와 조 주니어 사이의 소비 배분을 확신했기 때문이다. 즉, 조세감면이 원래 소비계획을 변화시킬 이유가 없었기 때문이다. 따라서 조와 현 세대의 사람들이 조세감면에도 소비를 늘리지 않는다면, 심지어 미래 세대에 부채를 상환하도록 할 때도 리카도 등가 정리는 유지될 것이다.

이러한 분석은 여러 세대와 다른 방법을 사용해 확대할 수 있다. 다시 말해 납세자가 궁극적으로 책임을 져야 한다는 것을 안다면, 조세 변화가 정부지출의 변화를 수반하지 않을 경우 소비가 변화하지 않게 된다. 결국 조세감면으로 생긴 부채는 국민저축을 감소시키지 않고 미래 세대에도 부담이 되지 않는다.

리카도 등가 정리의 현실

리카도 등가 정리에 대한 이런 주장들은 매우 논리적으로 들리며, 실제로 이는 재정수지적자에 대한 경제학자의 생각에 크게 영향을 주었다. 30년 전 대부분의 경제학자는 세금감면이 잠재적으로 소비를 증가시킨다고 생각했었으나, 오늘날에는 이 주장이 점점 설득력을 잃고 있다. 1980년대 미국의 저축률이 매우 낮은 수준인 가운데, 재정수지적자가 지속되어 리카도 등가 정리가 실패한 것처럼 보였다. 그러나 장기간의 통계분석에 따르면, 미국의 재정수지적자와 국민저축률 간의 상호관계는 매우 낮은 것으로 나타났다. 또한 캐나다와 이스라엘 등의 나라에서는 리카도 등가 정리가 잘 작용되는 것처럼 보였다.[20]

그러나 많은 경제학자는 효과는 비록 작지만, 정부차입을 증가시키는 조세감면은 소비와 국민저축에 영향을 미친다고 생각한다. 이는 1980년대 미국의 경험과 리카도 등가 정리가 정확하게 일치하지 않는다는 이론에 기초한 것이다. 리카도 등가 정리를 부정하는 주요 주장은 현실적으로 대출한도, 소비자의 근시안적 행위, 유산을 남기지 않는 행동, 대부분의 조세가 정액세가 아닐 가능성 등이 존재한다는 것이다.

1. 대출한도 : 많은 사람은 신용이 확대되면 소비를 좀 더 늘리려고 한다. 그러나

20. 리카도 등가 정리에 대한 찬반 증거를 공부하고 싶다면 다음 논문들을 참조하라. Robert Barro, "The Ricardian Approach to Budget Deficits," *Journal of Economic Perspectives*, Spring 1989, pp. 37-54; B. Douglas Bernheim, "Richardian Equivalence: An Evaluation of Theory and Evidence," in Stanley Fischer, ed., NBER *Macroeconomic Annual*, Cambridge, Mass.: M.I.T. Press, 1987.

소비자는 때때로 대출한도라는 문제에 직면한다. 더 많은 소비를 원하지만 돈을 더 빌릴 수 없는 사람은 소비 증가를 위해 조세감면을 원한다. 따라서 대출한도의 존재는 리카도 등가 정리를 실패하게 할지도 모른다.

2. 소비자의 근시안적 행위 : 일부 경제학자는, 많은 경제주체가 근시안적으로 판단해 정부부채에 대해 납세자로서 자신들이 궁극적 책임이 있다는 것을 인식하지 못하고 있다. 예를 들면, 일부 경제주체는 미래소득이 어떻게 변할지는 생각하지 않고 주먹구구식으로 소득의 일정 비율을 소비한다. 이렇게 사람들이 근시안적으로 행동하면 조세감면은 소비 증가로 이어질 것이고, 리카도 등가 정리는 성립하지 않게 될 것이다. 하지만 리카도 등가 정리를 주장하는 경제학자는 리카도 등가 정리가 성립하기 위해 반드시 소비자가 매우 정교하게 재정정책의 효과를 분석할 필요는 없다고 대답한다. 예를 들어, 일반적인 경제주체가 대규모 정부적자가 미래 경제의 문제가 된다고 인식하기만 한다면, 적자를 팽창시키는 원인인 조세감면정책이 실시되더라도 소비를 별로 늘리지 않을 것이기 때문이다. 결국 이러한 행동양식은 대체로 리카도 등가 정리를 주장하는 학자들의 예측과 일치한다.
3. 유산을 남기지 않음 : 많은 사람은 재산을 잘 관리하지 못했거나 장기적으로 후손들의 경제적 복지에 대해 생각하지 않기 때문에 유산을 남기지 않는다. 또한 자신의 후손이 더 부유하기 때문이 굳이 유산을 남기지 않는 사람도 있다. 이를 고려한다면, 세금감면 시 소비는 늘어날 것이고 리카도 등가 정리는 성립하지 않는다. 조세감면 이후 이러한 생각이 계속 유지된다면 소비는 늘어나고 리카도 등가 정리는 성립하지 않을 것이다.
4. 비정액세 : 이론상으로 리카도 등가 정리는 정액세 경우에만 적용된다. 정액세는 개개인이 소득이나 저축 등의 경제변수에 상관없이 똑같은 금액을 납부하는 제도다. 15.2절에서 논의했듯이, 세금이 비정액세가 되면 부과액 및 세금부과자의 동기유발을 통해 경제활동이 영향을 받을 것이다. 따라서 감세가 비정액세 형태로 이뤄진다면, 리카도 등가 정리와는 다르게 실물경제가 영향을 받을 것이다.

 비정액세의 경우 세금감면은 유인효과를 통해 세금구조와 감면금액에 따라 실질적인 소비와 저축에 서로 다른 영향을 준다. 예를 들어, 일시적인 세금감면은 소비를 진작시키지만, 저축이자에 대한 조세감면이 저축에 미치는 효과는 명확하지 않다. 따라서 단지 세금이 정액세가 아니기 때문에, 조세감면이 소비를 증대시킬 수 있을 것이라고 생각할 수 없다. 이러한 결론은 앞서 설명한 리카도 등가 정리를 성립하지 않게 하는 다른 세 가지 사항에 의존한다.

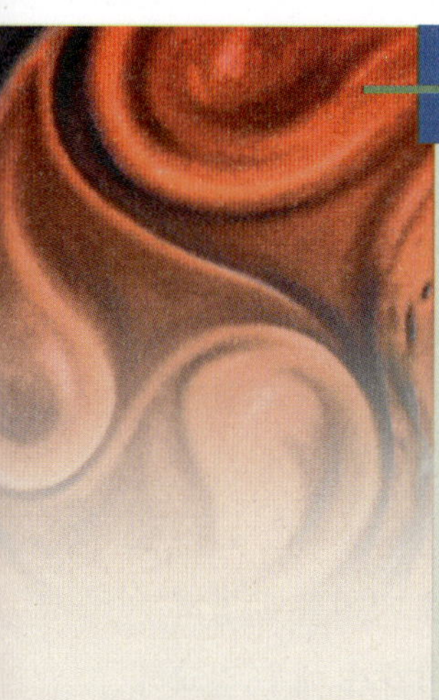

최신자료 및 연구와의 접속 IN TOUCH WITH DATA AND RESEARCH

2009년 경기부양책

미국 정부는 2007년 12월부터 시작된 경기침체에 활력을 불어넣기 위하여 회복 및 재투자 관련 법안(the American Recovery and Reinvestment Act of 2009)에 의거해 2009년 2월 경기부양법을 통과시켰다. 이 법은 경기부양을 위하여 오는 10년 동안 연방정부는 2,880억 달러의 세금을 감축하고, 4,990억 달러의 정부 지출을 늘려 재정적자를 7,879억 달러로 증가시키는 것이다.

4,990억 달러의 추가 지출에 대해서 주요 분야는 다음과 같다(단위 : 10억 달러).

144	주정부와 지방정부 지원
111	사회기반시설 및 과학 분야 지출
81	'약자 보호' 사회 프로그램
59	보건
53	교육 및 훈련
43	에너지
8	기타

세부적 경기부양책에는 건강기록의 전산화를 통하여 보건 지출을 줄이고, 재생 가능 에너지 개발에 필요한 자본을 늘리고, 노후차량 보상 프로그램 환경을 개선함과 동시에 노후차량을 친환경적인 신차로 바꿀 경우 4,500달러의 보조금을 지원하며, 정부 건물과 가정집을 에너지를 절약하는 절연재로 늘리고, 전문대학 학생 장학금 증가와 세금 감소로 운영에 알맞은 환경을 조성하며, 도로와 다리 및 대량 운송시설 같은 국가 사회기반시설에 투입되는 자금을 늘리고, 가계 세액공제 혜택을 주고 추가적으로 아이에 대한 세액공제를 추가함으로써 가계 세액 부담을 줄이는 것이다.

의회예산처(CBO : Congressional Budget Office)는 경기부양책이 연방정부 적자가 2009년 회계연도 기준(2008년 10월 1일부터 2009년 9월 30일)으로 1,850억 달러 증가하고, 2010년에는 3,990억 달러, 2011년에는 1,340억 달러로 증가하며, 2012년부터 2015년까지도 계속 증가할 것이라고 계산했다. 또한 다른 부분의 지출 증가(7,000억 달러에 달하는 부실자산구제프로그램과 같은 금융기관 구제에 사용된 것 등과 같은 것은 14장

15.4 재정적자와 인플레이션

이 절은 재정수지적자가 인플레이션을 유발한다는 명제를 설명한다. 재정수지적자와 인플레이션 간 이론적 관계는 특정 상황에서 재정수지적자는 통화공급률을 높이고, 통화공급률의 상승은 인플레이션을 유발한다는 사실에 기초한 것이다.

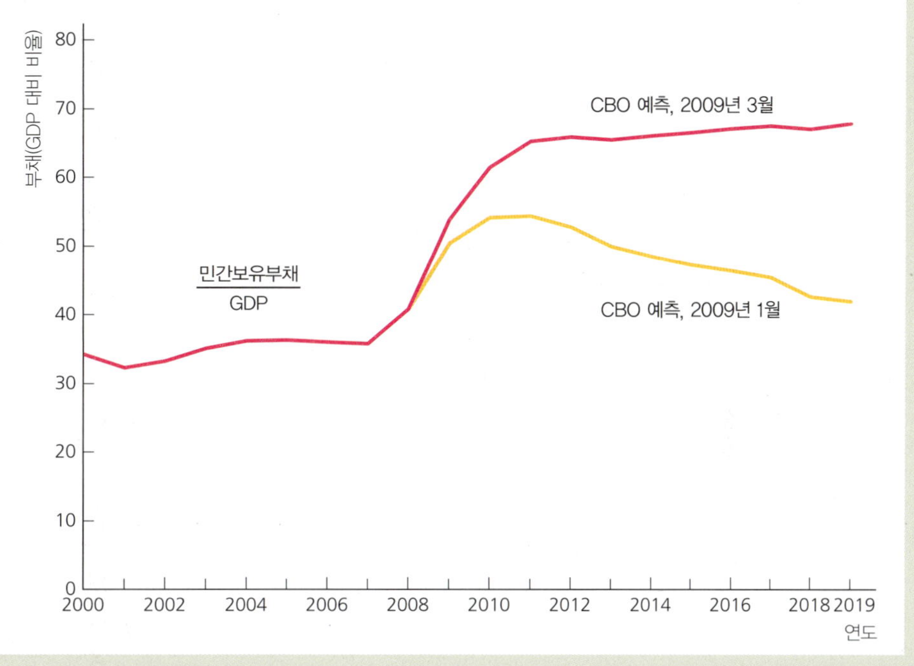

그림 15.7

2000년부터 2019년까지의 연방부채-GDP 추정비율

그래프는 의회예산처에서 부채-GDP 비율을 예측한 것으로, 2000년부터 2008년까지의 실제 자료를 이용하여 2009년부터 2019년까지의 예측을 한 것이다(자료는 그림 15.6에 나타나 있다). 하단의 곡선은 2009년 1월을 기준으로 CBO에서 예측한 것으로 경기부양책이 적용되지 않은 시점을 나타내는 것이고, 상단의 곡선은 2009년 3월 경기부양책이 실시되고 난 뒤의 영향이 반영된 것이다. 예측에 따르면, 경기부양책이 반영되지 않은 경우 2019년에 부채-GDP 비율은 41.9%이고, 반영된 결과는 2019년에 67.8%를 나타내고 있다.

출처 : Congressional Budget Office, *Budget and Economic Outlook*, January 2009, and *Estimated Macroeconomic Impacts of the American Recovery and Reinvestment Act of 2009*, March 2009; www.cbo.gov/publications/bysubject.cfm?cat=0에서 이용가능.

의 "응용 : 2008년 금융위기"에서 설명했다)와 2007년 12월부터 시작된 세입 감소로 정부부채-GDP 비율은 그림 15.7과 같이 갑작스럽게 상승하였다.

경기부양책이 미래 부채-GDP 비율에 미치는 영향은 그림 15.7에서 부채-GDP 비율에 대한 2009년 1월 CBO 예측치(경기부양책이 통과하기 전)와 2009년 3월(경기부양책이 통과하고 난 뒤)의 CBO 예측치 비교를 통하여 알 수 있다. 2009년 1월 CBO의 부채-GDP 비율 예측치는 2011년 54.4%로 최고점에 도달한 후 2019년에는 41.9%로 하락하게 제시되었다. 그러나 경기부양책이 발표되고 난 뒤, 이 비율은 미래 예측 최종 시점인 2019년까지 계속 상승하여 67.8%에 도달할 것이라 CBO는 예측하였다. CBO는 이 경기부양책으로 인하여 실업이 많이 감소하고 GDP는 상당 수준 증가할 것이라고 예측하고, 둘의 관계에 따라 2007년 12월부터 시작된 불황에 따른 경제적 비용은 감소할 것이라 하였다.

재정적자와 통화공급

인플레이션은 총수요가 총공급보다 매우 빨리 증가할 때 발생한다. 총수요-총공급 체계에서, 생산능력에 영향을 미치는 장기 총공급곡선이 고정됐다고 가정하자. 이때 물가가 상승하려면 총수요곡선은 계속 우측으로 이동해야 한다.

고전파 및 케인즈파 경제모형에서 재정수지적자는 총공급보다 총수요를 더 많이 증가시키기 때문에 물가상승을 유발한다. 두 모형에서 정부지출 증가로 인한 재정수지적자는 저축을 감소시키고, *IS* 곡선을 우측으로 이동시켜 총수요를 증가하게 한다. 그리고 이러한 총수요의 증가는 물가상승의 원인이 된다.[21] 케인즈파 학자가 주장하듯이 리카도 등가 원칙이 성립되지 않는다고 가정하면, 조세감면 및 이전지출의 증가로 인한 재정수지적자 역시 저축을 감소시키고 총수요를 증가시켜 물가상승을 유발한다. 따라서 정부지출의 감소 또는 조세감면과 같이 확장 재정정책이 실시되면 재정수지적자는 물가상승을 유발하게 된다.

그러나 정부지출 증가 또는 조세감면은 단지 일시적인 총수요의 증가만을 초래한다. 일시적인 확장 재정정책은 물가상승을 유발하는 지속적인 인플레이션을 초래하지 않는다. 일반적으로 인플레이션을 지속시키는 총수요 증가요인은 지속적인 통화공급 증가다. 실제로 높은 인플레이션율은 항시 높은 통화 증가율과 연관되어 있다(7장의 "응용 : 전환기에 놓여 있는 유럽 국가의 통화 증가와 인플레이션"을 참조하라). 따라서 재정수지적자와 인플레이션 간의 관계는 "정부재정수지적자가 지속적인 통화공급 증가를 야기하는가?"라는 질문으로 대변될 수 있다.

위 질문에 대한 경제학자들의 답변은 "그렇다"이다. 정부는 세금을 징수하거나 국민으로부터 차입해 재정을 충당할 수 없을 때 통화를 발행한다. 예를 들어, 정부가 잠수함을 건조하기 위해 100억 달러를 지출한다고 가정해 보자. 그러나 이때 정부가 세금을 걷거나 차입할 능력이 없다면, 100억 달러를 현금으로 발행해 잠수함 건조비용으로 사용해야 한다. 이때 새롭게 통화를 발행해 정부가 얻게 되는 수익을 **통화주조이차**(seignorage)라고 한다. 통화를 발행할 수 있는 권한을 가진 중앙정부는 통화주조이차를 사용할 수 있지만, 주정부와 같이 통화발행 권한이 없는 정부는 통화주조이차를 사용할 수 없다.

한편, 정부는 재정수지적자를 해결하기 위해 통화주조이차를 사용하지만 정부가 직접 통화를 발행해 유통시키지 않고, 좀 더 간접적인 방법을 사용한다. 먼저, 재무부는 재정수지적자(위의 예를 들면 100억 달러)에 해당하는 정부차입을 승인하고 새로운 정부채권을 발행하고 판매한다. 이 경우 재정수지적자는 정부부채의 변화량과 같다[식 (15.3)]. 이때 차이점은 새로 발행된 정부채권이 일반국민에게 판매되지 않는다는 것이다. 대신 중앙은행이 이 새 채권을 구입하고 그

21. 고전파 경제학자는 정부지출 증가가 총공급 증가를 유발한다고 주장하지만, 총공급 증가의 효과가 총수요 증가의 효과보다 작다고 가정했었다.

대가로 100억 달러를 정부에 지불한다.[22] 정부가 이 화폐를 잠수함 구입과 같은 정부지출에 사용할 때, 비로소 통화는 유통되기 시작한다. 중앙은행이 공개시장에서 정부채권을 매입하는 것과 같이 중앙은행의 채권매입이 본원통화를 증가시키게 된다(14장 참조).

재정수지적자와 본원통화 증가량 간의 관계는 다음과 같다.

$$\text{정부재정적자수지} = \Delta B = \Delta B^{p} + \Delta B^{cb} = \Delta B^{p} + \Delta BASE \qquad (15.6)$$

식 (15.6)은 정부재정수지적자와 정부부채의 총증가분 ΔB는 서로 같고 이것이 민간이 구매한 정부부채의 증가분 ΔB^{p}와 중앙은행이 구매한 ΔB^{cb}로 구성된다는 것을 나타낸다. 다시 말해 중앙은행이 소유한 정부부채의 증가분은 본원통화의 증가분 $\Delta BASE$와 같고, 이 본원통화 증가분은 정부가 거둬들인 통화주조이차와 같다.

마지막으로 재정수지적자와 통화공급 사이에는 통화공급과 본원통화 간 연관성이 존재한다는 것이다. 일반적으로 통화공급(M)의 증가분은 본원통화 증가량에 통화승수를 곱한 것과 같다[식 (14.8) 참조]. 현금만이 통용되는 경제에서 통화공급과 본원통화는 같고, 통화승수는 1이다. 이렇게 단순히 현금만이 사용되는 경제에서 통화공급의 변화량은 본원통화의 변화량과 같다. 이러한 가정을 바탕으로 식 (15.6)은 다음과 같이 바꿀 수 있다.

$$\text{정부재정적자수지} = \Delta B = \Delta B^{p} + \Delta B^{cb} = \Delta B^{p} + \Delta M \qquad (15.7)$$

이 경우 $\Delta BASE$와 ΔM은 같다.

그렇다면 계속되는 통화발행이 결국 인플레이션을 야기한다는 것을 알면서도 "왜 정부는 재정수지적자를 해소하기 위해 통화주조이차를 사용하는가?"라는 의문이 발생한다. 일반적으로 선진국은 통화주조이차를 거의 사용하지 않는다. 예를 들어, 최근 미국의 본원통화는 해마다 평균 약 400억 달러씩 증가하며, 이는 연방정부수입의 약 2%밖에 해당되지 않는다. 정부가 통화주조이차를 이용하는 경우는 대체로 전쟁 또는 기타 사회적 조건이 악화되어 국민으로부터 차입하거나 세금인상을 통해 정부지출을 충당하기 어려운 전시국가나 개발도상국에서 발생한다.

실질통화주조이차의 선택과 인플레이션

정부가 통화주조이차로부터 얻은 실질수익은 인플레이션율과 밀접한 연관이 있

22. 중앙은행이 새로 발행한 통화는 중앙은행의 예금 형태가 된다.

다. 이러한 연관성을 시험하기 위해서 실질생산 및 실질이자율이 고정되고 통화증가율과 인플레이션이 일정한 어느 경제를 고려해 보자. 실질통화공급량(M/P)이 변하지 않기 때문에, 명목통화공급 증가율($\Delta M/M$)은 물가증가율 또는 인플레이션율(π)과 같다. 이 경제에서 실질화폐수요량은 일정하고,[23] 실질화폐공급 증가율은 아래와 같이 일정하다.

$$\pi = \frac{\Delta M}{M} \tag{15.8}$$

식 (15.8)은 인플레이션율과 통화 증가율 간의 관계를 나타내고 있다.

이 경제에서 정부가 거둬들이는 통화주조이차는 다음과 같다. 특정 기간 동안 통화주조이차의 명목가치는 현재 유통되는 통화의 증가량(ΔM)이다. 식 (15.8)의 양변에 명목통화량(M)을 곱하고, 통화주조이차의 명목가치에 대한 식으로 다시 정리하면 아래와 같다.

$$\Delta M = \pi M \tag{15.9}$$

실질통화주조이차수입(R)은 새로 발행한 통화의 실질가치고, 이것은 명목통화주조이차수입(ΔM)을 물가수준(P)으로 나눈 것과 같다. 즉, 식 (15.9)의 양변을 물가수준(P)으로 나누면 다음과 같다.

$$R = \frac{\Delta M}{P} = \pi \frac{M}{P} \tag{15.10}$$

식 (15.10)에 따르면, 정부의 실질통화주조이차수입(R)이 인플레이션율(π)과 실질통화공급(M/P)의 곱과 같다.

식 (15.10)은 경제학자가 통화주조이차를 **인플레이션 조세**(inflation tax)라고 하는 이유를 설명한다. 일반적으로 어떤 유형의 세금이든지 조세수입은 과세기준에 의해 부과된 세율과 같다. 인플레이션 조세의 경우, 과세기준은 실질통화공급량이고 조세율은 인플레이션율이다. 인플레이션율인 조세율과 실질통화공급인 조세기준을 곱하면 인플레이션 조세수입이 도출된다.

정부는 어떻게 인플레이션 조세를 징수하고 누가 이 세금을 납부하는가? 정부는 재화와 용역을 구매하기 위해 화폐를 발행하거나 중앙은행으로부터 돈을 차입함으로써 인플레이션 조세를 징수한다. 인플레이션이 화폐의 구매력을 감소시키기 때문에 화폐를 보유한 모든 사람이 인플레이션 조세를 지불하는 것이다. 예를 들어, 인플레이션율이 연간 10%일 때, 1년간 화폐를 갖고 있는 사람은

23. 실질통화수요는 실질생산 및 명목이자율에 의존한다. 생산은 일정하고, 실질이자율과 실질인플레이션율이 일정하기 때문에 명목이자율 또한 일정하다. 따라서 실질화폐수요량은 일정하다.

10%의 통화구매력을 잃고 실질화폐보유에 대한 10%의 세금을 내는 것이다.

정부는 통화주조이차가 정부지출을 충당하지 못할 경우 통화공급을 빨리 증가시키는 것을 고려한다. 그러나 통화 증가율 상승은 실질통화주조이차를 증가시키지 않을 수도 있다. 식 (15.10)에 나타나듯이 실질통화주조이차는 세율을 의미하는 인플레이션율과 과세기준을 의미하는 실질통화공급의 곱으로 결정된다. 통화 증가율이 상승함에 따라, 정부는 인플레이션율을 상승시킬 수 있다. 하지만 실질이자율이 일정하다면, 높은 인플레이션율은 명목이자율을 상승시켜 실질화폐보유량을 줄이는 결과를 초래할 것이다. 따라서 인플레이션율(π)의 상승률이 실질화폐보유량(M/P)의 증가분을 초과하는가의 여부에 따라 통화 증가율이 상승할 때 실질통화주조이차수입에 미치는 영향은 다르게 나타낼 수 있다.

이러한 사항은 그림 15.8에 나타나 있다. 이 그림은 이자율이 3%로 일정하다는 가정하에 실질통화주조이차수입을 나타내고 있다. 이때 수평축은 실질통화량을 나타내고, 수직축은 명목이자율을 나타낸다. 우하향하는 *MD* 곡선은 실질화폐수요를 의미한다. 이는 명목이자율이 상승하면 실질화폐수요가 줄어드는 현상을 반영한다.

그림 15.8(a)에서 기대 인플레이션율이 8%이고, 실질이자율이 3%이기 때문에 명목이자율은 11%가 된다. 명목이자율이 11%일 때, 실질통화수요량은 1,500억 달러(*H*점)가 된다. 식 (15.10)을 이용하면 통화주조이차수입의 실질가치는 0.08 × 1,500억 달러인 120억 달러가 된다. 이때 실질통화주조이차수입은 그래프상에 색칠한 직사각형과 같다. 이 직사각형의 세로는 인플레이션율 8%이고 가로는 사람들이 보유한 실질통화량 1,500억 달러와 같다.

그림 15.8(b)는 두 가지 인플레이션율에서 실질통화주조이차수입을 나타낸 것이다. 그림 15.8(b)에서 3%의 실질이자율과 통화수입곡선은 그림 15.8(a)와 같다. 인플레이션율이 연간 1%포인트 상승하면 명목이자율은 4%가 되고 사람들이 보유하는 실질통화량은 4,000억 달러가 된다. 실질통화주조이차수입은 직사각형 *ABCD*인 40억 달러(0.01 × 4,000억 달러)가 된다. 대신 인플레이션율이 연간 15%일 때, 명목이자율은 18%이고 실질화폐수요는 500억 달러다. 이 경우 실질통화주조이차수입은 직사각형 *AEFG*인 75억 달러가 된다.

그림 15.8(a)와 그림 15.8(b)를 비교하면, 인플레이션율이 연간 8%일 때가 인플레이션율이 1% 또는 15%일 때보다 실질통화주조이차수입이 더 크다는 것이 나타난다. 그림 15.9는 인플레이션율과 통화주조이차수입 간의 상관관계를 보여준다. 인플레이션율이 낮을 때 인플레이션율의 상승은 실질통화주조이차수입을 증가시키지만, 인플레이션율이 높을 때 인플레이션율의 상승은 실질통화주

그림 15.8

실질통화주조이차수입

(a) 우하향하는 MD 곡선은 실질소득수준이 일정하다는 가정하의 통화수요곡선이다. 실질이자율이 3%이고, 인플레이션율이 8%일 때 명목이자율은 11%가 된다. 이 경우 실질통화량은 1,500억 달러(H점)고, 정부의 실질통화주조이차수입은 인플레이션율(8%)에 실질통화주식(1,500억 달러)을 곱한 120억 달러로, 직사각형의 색칠한 부분이 된다.

(b) 화폐수요함수(MD)는 (a)에서와 같고, 이때 실질이자율은 3%다. 인플레이션율이 1%일 때 명목이자율은 4%이고 실질통화량은 4,000억 달러다. 이러한 경우 실질통화주조이차수입은 직사각형 $ABCD$인 40억 달러가 된다. 인플레이션율이 15%일 때, 명목이자율은 18%이고 실질통화증권은 500억 달러가 된다. 이 경우 실질통화주조이차수입은 75억 달러로 직사각형 $AEFG$이다.

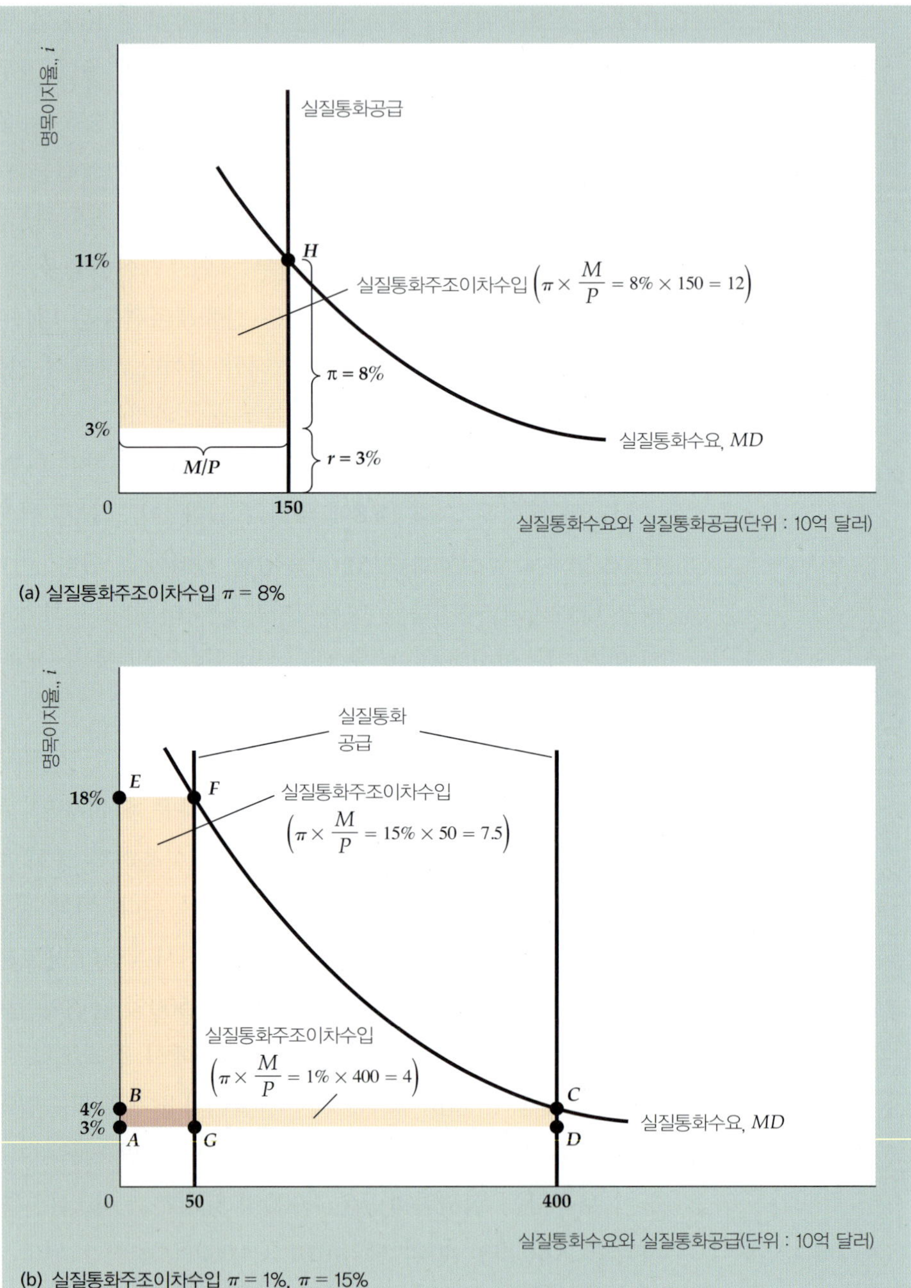

(a) 실질통화주조이차수입 $\pi = 8\%$

(b) 실질통화주조이차수입 $\pi = 1\%$, $\pi = 15\%$

조이차수입을 오히려 감소시킨다. 그림 15.9에서는 인플레이션율이 연간 8%에 도달할 때 실질통화주조이차수입은 120억 달러로 극대화된다.

정부가 극대점보다 많은 통화주조이차수입을 올리려 한다면 어떻게 될까? 이 경우 인플레이션율은 상승하겠지만, 정부 통화주조이차의 실질가치는 실질통화 보유량과 같이 감소할 것이다. 정부가 통화 증가율을 계속 늘리려 한다면, 경제

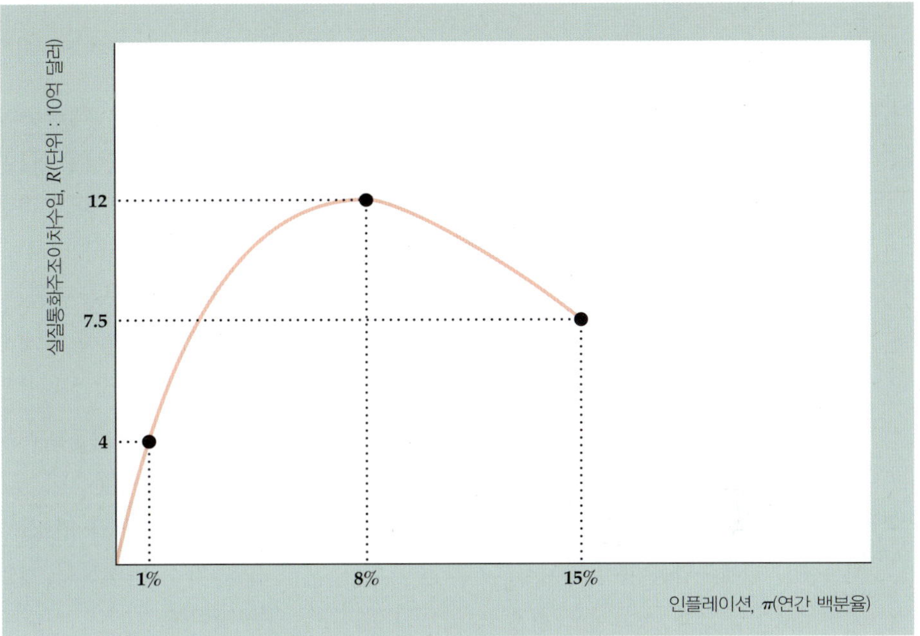

그림 15.9

실질통화주조이차수입과 인플레이션율의 연관성

이 그림은 그림 15.8의 예를, 세로축에 실질통화주조이차수입 R과 가로축에 인플레이션율 π을 표시해 나타내고 있다. 그림 15.8(a)에서 인플레이션이 연간 8%일 때, 실질통화주조이차수입은 120억 달러다. 그림 15.8(b)에서 인플레이션율이 1%일 때, 실질통화주조이차수입은 40억 달러고, 15%일 때 75억 달러다. 인플레이션율이 낮을 때 인플레이션의 상승은 통화주조이차를 증가시키지만 인플레이션율이 높을 때 인플레이션율의 증가는 오히려 통화주조이차를 감소시킨다. 이 예에서, 인플레이션율이 8%일 때 정부가 얻을 수 있는 최대 통화주조이차수입은 120억 달러다.

는 고인플레이션을 경험하거나 심지어 초인플레이션을 겪게 될 것이다. 정부가 새롭게 재정수지적자를 해소할 방법을 찾아내어 균형 재정에 도달하거나, 통화 발행 증가율을 낮출 때까지 인플레이션은 계속될 것이다.

일부 초인플레이션하에서 정부는 정부수입 증대를 위해 실질화폐주조세를 극대화하는 수준보다 훨씬 높은 통화증가율을 유지하려고 한다. 예를 들어, 제1차 세계대전 이후 독일에서는 급격한 통화 증가로 한 달 동안 322%의 인플레이션이 발생했다. 컬럼비아대학교의 필립 케이건(Philip Cagan)[24] 교수의 측정에 따르면, 독일의 초인플레이션 기간 중 실질통화주조이차를 극대화한 인플레이션율은 월간 20%에 불과했다.

24. "The Monetary Dynamics of Hyperinflation," in Milton Friedman, ed., *Studies in the Quantity Theory of Money*, Chicago: University of Chicago Press, 1956.

요약 SUMMARY

1. 정부지출은 재화와 용역의 구입, 이전지출, 순이자지급으로 구성된다. 이들을 지급하기 위해 정부는 개인세, 사회보험을 위한 기부금, 생산과 수입품에 부과하는 세금, 법인세 같은 주요 네 가지 세금을 거둔다.

2. 정부재정수지적자는 정부지출에서 조세수입을 뺀 것으로, 해당 연도의 정부차입금액을 의미한다. 기초재정수지적자는 총재정수지적자에서 순이자지급을 제한 것이다. 기초재정수지적자는 그해 경상정부지출과 이전지출로 구성되는 경상지출에서 조세수입을 제한 것이다.

3. 재정정책은 총수요, 정부자본 형성, 동기부여 채널을 통해 경제에 영향을 미친다.

4. 정부지출의 증가와 감소는 저축의 변화를 통해 총수요에 영향을 주고 *IS* 곡선을 움직이게 한다. 케인즈파 학자가 항상 주장하듯이 리카도 등가정리가 성립하지 않는다면, 조세의 변화 역시 저축과 *IS* 곡선, 총수요에 영향을 미친다. 정부지출의 자동안정화장치는 불황기에 자동적으로 지출을 늘리거나 조세를 인하하도록 하는 것으로 불황기에 총수요 감소를 줄이는 완충작용을 한다. 완전고용 재정수지적자는 정부가 현재의 사회보장 프로그램이나 세법하에서 정부가 완전고용을 달성하려 할 경우 발생하는 적자다. 불황기에 소비를 늘리고 조세를 감면하는 자동안정화장치 때문에 불황기의 실제 재정수지적자는 완전고용 재정수지적자보다 많아진다.

5. 정부자본 형성은 경제의 생산능력에 영향을 준다. 정부자본 형성은 도로와 학교 같은 물적자본투자와 교육 및 보건과 같은 인적자본투자 모두 포함하지만, 공식적인 정부투자는 물적자본투자만을 포함한다.

6. 평균세율은 세금납부액과 총소득 간의 비율이고, 한계세율은 세금증가분과 소득증가분 간의 비율이다. 평균세율의 변화와 한계세율의 변화는 경제행위에 각기 다른 영향을 미친다. 예를 들어, 한계세율이 변하지 않는 가운데 평균세율이 상승하면 노동공급은 늘어나지만, 평균세율이 일정한 가운데 한계세율이 상승하면 노동공급은 오히려 감소한다.

7. 정책입안자는 세금부과가 경제활동을 바꾸기 때문에 조세왜곡현상이 발생한다는 것을 명심해야 한다. 조세왜곡을 최소화하는 한 가지 전략은 세율을 자주 변경하는 것보다 고정세율을 유지하는 것이다.

8. 국가부채는 정부발행채권의 가치와 같다. 명목상 정부재정수지적자는 정부부채의 변화량과 같다. GDP 대비 부채 비율은 명목 GDP 대비 재정적자 비율과 명목 GDP 대비 총부채 비율 그리고 명목 GDP 성장률과 관련된다.

9. 재정수지적자가 저축을 감소시키고 자본축적을 줄이면 이는 미래 세대에 부담을 주게 된다. 리카도 등가 정리는 조세감면으로 인한 재정수지적자는 소비에 영향을 미치지 못하기 때문에 국민저축에도 영향을 미치지 못한다고 지적한다. 리카도 등가 정리를 지지하는 학자의 관점에서, 조세감면으로 인한 소득 증가는 미래 예상되는 조세 증가액으로 상쇄되기 때문에, 조세감면은 소비에 영향을 미치지 못한다. 이론상 정부부채가 현재 세대에 의해 환수되지 않는다고 해도, 이들이 자손들의 후생이 감소하는 것을 원하지 않고, 후손들의 부담으로 자신들이 더 잘살기를 원하지 않는다면, 리카도 등가 정리는 여전히 유효하다.

10. (1) 대출한도로 인해 소비에 제한이 있을 경우, (2) 근시안적인 사고로 미래의 조세 변화를 지출

계획에 포함하지 못할 경우, (3) 재산상속이 이뤄지지 않을 경우, (4) 조세가 정액세가 아닌 경우, 리카도 등가 정리는 성립되지 않을 수 있고, 조세감면이 저축에 영향을 미칠 수 있다. 리카도 등가 정리에 관한 통계분석에서 일부는 리카도 등가 정리를 지지하지만 일부는 이를 지지하지 않는다.

11. 정부재정수지적자를 통화발행으로 해결할 때, 재정수지적자는 인플레이션과 관련이 있다. 통화발행을 늘려 정부가 얻은 수입을 통화주조이차라고 한다. 통화주조이차의 실질가치는 인플레이션율에 실질통화공급을 곱한 것과 같다. 인플레이션이 높을 때 경제주체는 화폐보유를 줄이려 하기 때문에, 인플레이션율의 상승은 정부의 실질통화주조이차의 증가와 연결되지 않는다. 정부가 통화주조이차의 극대값을 초과해 통화주조이차를 얻으려 한다면 초인플레이션으로 이어지게 된다.

핵심용어 KEY TERMS

공급중시경제학	인플레이션 조세	조세왜곡
기초재정수지적자	자동안정화장치	통화주조이차
세율유연화	정부부채	평균세율
완전고용 재정적자	정부자본	한계세율

주요 방정식 KEY EQUATIONS

$$\Delta B = \text{명목 정부재정수지적자} \tag{15.3}$$

정부부채의 명목가치 변화는 정부재정수지적자와 같다.

$$\text{GDP 대비 정부부채 비율} = \frac{\text{재정수지적자}}{\text{명목 GDP}} - \left(\frac{\text{총부채}}{\text{명목 GDP}} \times \text{명목 GDP 성장률}\right) \tag{15.4}$$

GDP 대비 정부부채 비율의 변화는 GDP 대비 총부채율과 명목 GDP 대비 성장률과 같다.

$$\text{재정수지적자} = \Delta B = \Delta B^p + \Delta B^{cb} = \Delta B^p + \Delta M \tag{15.7}$$

정부재정수지적자는 정부부채 B의 변화량과 같고, 이것은 민간보유 정부부채의 변화량(ΔB^p)과 중앙은행 보유 정부부채 변화량(ΔB^{cb})의 합과 같다. 중앙은행이 보유한 부채의 증가량은 본원통화의 증가량과 같고, 이 본원통화의 증가량은 현금만이 사용되는 화폐경제에서 명목통화공급(M)의 증가량과 같다.

$$R = \frac{\Delta M}{P} = \pi \frac{M}{P} \tag{15.10}$$

통화를 사용하는 모든 경제에서 실질통화주조이차(R)는 통화공급 증가량(ΔM)을 물가수준(P)으로 나눈 것이다. 이때 비율은 화폐보유에 대한 세금인 인플레이션율에 실질통화공급을 곱한 것이다.

복습문제 REVIEW QUESTIONS

1. 정부지출의 주요 구성요소는 무엇인가? 정부수입의 주요 구성요소는 무엇인가? 연방정부의 지출과 수입구조는 주정부 또는 지방정부와 어떻게 다른가?
2. 정부재정수지적자와 기초재정수지적자의 차이점을 설명하라. 이렇게 서로 다른 적자 개념이 필요한 이유는 무엇인가?
3. 정부부채는 정부재정수지적자와 어떤 연관이 있는가? GDP 대비 부채 비율을 크게 변화시키는 요인은 무엇인가?
4. 재정정책이 거시경제에 영향을 미치는 세 가지 채널은 무엇인가? 각 채널이 어떻게 작용하는지 간단히 설명하라.
5. 자동안정화장치의 정의를 예를 들어 설명하라. 불경기를 해결하려는 재정정책입안자에게 자동안정화장치는 조세 및 재정지출 조절정책보다 어떤 장점이 있는가?
6. 소득에 있어서 평균세율과 한계세율의 차이를 구체적인 예를 들어 설명하라. 세전 실질임금이 고정된 경우 어떤 세율이 사람들이 느끼는 부에 직접적으로 영향을 주는가? 어떤 세율의 변화가 노동자의 노동시간을 늘리는 데 효과적인가?
7. 경제학자가 세율을 자주 변동하기보다 세율을 일정하게 유지하라고 주장하는 이유는 무엇인가?
8. 어떤 경우에 정부부채가 미래 세대의 잠재적인 부담이 되는가? 리카도 등가 정리와 정부부채가 곧 미래부담이라는 생각은 서로 관련이 있는가?
9. 리카도 등가 정리가 정확히 성립하기 어려운 네 가지 이유를 설명하라.
10. 통화주조이차라고도 하는 인플레이션 조세를 정의하라. 정부는 어떻게 이 조세를 거두며 누가 이 세금을 내는가? 정부는 통화 증가율을 늘리고 물가상승을 유발하는 인플레이션 조세를 통해 실질수입을 늘릴 수 있는가?

계산문제 NUMERICAL PROBLEMS

1. 다음은 중앙정부와 지방정부를 포함하는 어느 국가의 예산이다.

중앙정부의 재화와 용역 구입비용	200
지방정부의 재화와 용역 구입비용	150
중앙정부의 이전지출비용	100
지방정부의 이전지출비용	50
지방정부에게 지원하는 정부보조금	100
중앙정부의 조세수입	450
지방정부의 조세수입	100
중앙정부가 민간으로부터 받는 이자	10
지방정부가 민간으로부터 받는 이자	10
중앙정부의 총부채	1,000
지방정부의 총부채	0
지방정부가 보유한 중앙정부부채	200
명목이자율	10%

중앙정부와 지방정부 그리고 둘을 통합한 재정수지적자와 기초재정수지적자를 계산하라.

2. 의회는 자동차 안테나 산업을 구제하기 위해 10억 달러의 이전지출을 의결했다. 그러나 조세수입은 최소 몇 년 동안 아무런 변화가 없다. 이때 이전지출의 증가는 재정수지적자와 기초재정수지적자를 얼마만큼 증가시키는가? 2년 후 또는

3년 후는 어떻게 되는가? 명목이자율은 10%로 고정됐다고 가정한다.

3. 자동안정화장치 때문에 정부예산의 여러 요소가 생산수준 Y에 의존한다. 다음은 예산의 주요 요소다.

조세수입	$1{,}000 + 0.1Y$
이전지출	$800 - 0.05Y$
정부구매	1,800
이자지급	100

완전고용생산은 10,000이다. 실제 소득이 아래와 같을 때, 각각의 실제 재정수지적자와 완전고용 재정수지적자를 계산하라.

a. $Y = 12{,}000$ b. $Y = 10{,}000$ c. $Y = 8{,}000$

일반적으로 실제 재정수지적자와 완전고용 재정수지적자 간의 관계는 현재 경제의 상태에 따라 어떻게 달라지는가?

4. 세법상 8,000달러 이하의 수입에 대해서는 소득세를 면제하고, 8,000달러에서 20,000달러 사이일 때는 25%의 세율을 적용하고, 20,000달러 이상일 때는 30%의 세율을 적용한다고 가정하자.

a. 소득이 16,000달러일 때와 30,000달러일 때의 평균세율과 한계세율을 구하라.

b. 6,000달러 미만의 소득에 대해서는 비과세하고 6,000달러에서 20,000달러 사이일 때는 20%, 20,000달러 이상일 때는 30%로 세법이 바뀔 때, (a)문항을 다시 풀어라.

c. (b)에서 바뀐 세법이 16,000달러의 임금을 받는 사람의 노동공급에 어떠한 영향을 미칠 것인가? 그리고 30,000달러를 받는 사람의 노동공급에는 어떤 영향을 미치는가?

5. 모든 노동자가 하루 휴일의 가치를 90개의 상품과 같게 생각한다고 가정하자. 하루 생산량 Y와 하루에 일하는 노동자수 N의 관계인 생산함수는 다음과 같다.

$$Y = 250N - 0.5N^2$$

이때 이 생산함수와 일치하는 노동의 한계생산은 다음과 같다.

$$MPN = 250 - N$$

a. 세금이 없다고 가정하면 실질임금, 고용(N), 생산량(Y)의 균형 값은 얼마인가? (힌트 : 균형점에서 실질임금은 노동의 한계생산성과 노동자가 휴일에 부과하는 가치와 같다.)

b. 근로소득에 25%의 세금이 부과됐다. 이때 실질임금, 고용(N), 생산량(Y)의 균형 값은 얼마인가? 생산량 측면에서 조세왜곡비용은 얼마인가?

c. 임금에 대한 세금이 50%로 인상됐다. 이때 실질임금, 고용(N), 생산량(Y)의 균형 값은 얼마인가? 생산량으로 측정할 때, 세율 인상에 따른 조세왜곡비용은 얼마인가? 50% 세율하에 야기되는 조세왜곡을 25%일 때와 비교하라. 세율이 25%에서 50%로 2배 인상될 때 조세왜곡은 2배 이상 발생하는가 아니면 2배 미만으로 발생하는가? 이를 조세유연화와 어떻게 연관지어 설명할 수 있는가?

6. 다음 각 가정하에서, 정부가 GDP 대비 부채 비율을 상승시키지 않고 도달할 수 있는 가장 큰 적자규모는 얼마인가?

a. 명목 GDP 성장률은 10%이고 명목상 정부부채는 1,000이다.

b. 실질 GDP는 5,000이고 나머지는 동일하며, 명목 GDP는 최초 10,000이고 인플레이션은 5%이며 GDP 대비 부채 비율은 0.6이다.

7. 정부가 신규 채권 발행자금을 사용해 기존 채권에 대한 이자를 지급할 경우 궁극적으로 부채상환을 피할 수 있는가? 아래의 상황을 고려하라.

a. 명목 GDP가 10억 달러일 때, 정부가 1억 달러의 부채를 갖고 있다고 가정하자. 이 채권은 명목이자율이 7%인 1년짜리 채권이고, 연간

명목 GDP 성장률은 5%다. 이제 정부가 기초수지적자를 영원히 0으로 만들기 시작하면서 새로운 채권을 발행해 현존하는 부채의 이자를 지급한다. 현재 GDP 대비 부채 비율은 얼마인가? 1년, 2년, 5년, 10년 뒤에 이것은 어떻게 바뀌는가? GDP 대비 부채 비율이 10% 이상일 경우, 사람들은 정부부채를 추가로 구매하지 않는다고 가정하자. GDP 대비 부채 비율은 결국 그 수준에 도달할 것인가? 정부는 부채를 상환하기 위해 기초재정수지를 흑자로 만들어야 하는가? 아니면 영원히 부채상환을 피할 수 있는가?

b. 명목 GDP 성장률이 매년 8%이고, 정부채권에 대한 명목이자율은 매년 7%일 때, (a)항목을 다시 풀어라.

8. 한 경제의 실질통화수요는 다음과 같다.

$$L = 0.2Y - 500i$$

여기서 Y는 실질소득이고, i는 명목이자율이다. 균형상태에서 실질통화수요 L은 실질통화공급량 M/P와 같다. 이때 Y는 1,000이고 실질이자율 r은 0.04이다.

a. 수직축에 실질통화주조이차수입을, 수평축에 인플레이션율로 표시한 그래프를 그려라. 인플레이션율이 0, 0.02, 0.04, 0.06, ⋯ , 0.30일 때, 통화주조이차는 얼마인가?

b. 인플레이션율이 얼마일 때 통화주조이차가 최대가 되는가?

c. 최대 통화주조이차수입은 얼마인가?

d. Y = 1,000, r = 0.08일 때, (a)~(c)항목을 다시 풀어라.

9. 현금과 예금이 동시에 화폐로 사용되는 어느 경제를 가정하자. 본원통화 증가율과 통화공급 증가율, 인플레이션율 및 기대 인플레이션율은 매년 10%로 일정하다. 생산과 실질이자율 또한 일정하다. 2010년 1월 1일, 이 경제의 통화 관련 통계자료는 다음과 같다.

민간이 보유한 화폐	$200
은행의 지급준비금	$50
본원통화	$250
예금	$600
통화공급량	$800

a. 명목통화주조이차는 얼마인가? (힌트 : 그해 본원통화가 얼마나 생성됐는가?)

b. 예금과 은행의 지급준비금은 이자를 지급하지 않고, 은행은 예금이 없는 경우 시장이자율로 지급준비금을 빌린다고 가정하자. 이때 인플레이션 조세를 지불하는 사람은 누구이고, 얼마만큼 지불하는가? (힌트 : 이 예에서 은행이 지불하는 인플레이션 조세는 음이다.)

c. 예금에 시장이자율을 지급한다고 가정할 때, 인플레이션 조세는 누가, 얼마나 지출하는가?

분석문제 ANALYTICAL PROBLEMS

1. 일부 주정부나 지방정부가 해당 지방 주민들의 조세로 재정지출을 충당하지 않고, 연방정부로부터 보조금을 받는 이유는 무엇인가? 정부보조금제도의 장점과 단점은 무엇인가?

2. 이전지출 프로그램과 조세 프로그램은 동기부여에 영향을 미친다. 가난한 사람에게 10,000달러의 최저소득을 보장하도록 하는 사회보장 프로그램을 고려해 보자. 이는 10,000달러 미만 소득자에게 10,000달러가 될 때까지 소득을 지원하는 프로그램이다.

이 프로그램이 저소득자에게 근로의욕을 낮추는 유인효과를 가져오는지 설명하라(힌트 : 이 프로그램은 10,000달러를 지원한 후, 높은 한계세율을 부과하는 것과 같다). 동기유발 면에서 좀 더 우수한 프로그램을 제시하라. 이 프로그램은 어떤 단점이 있는가? 그렇다면 어떻게 해야 하는가?

3. a. 명목재정수지적자는 명목기초재정수지적자와 정부부채에 대한 이자지급액의 합이라는 점을 사용해 식 (15.4)에서 GDP 대비 부채 비율의 변화가 GDP 대비 기초재정수지적자, 명목 GDP 증가율과 명목이자율 간 차이의 함수임을 밝혀라.

b. 기초재정수지적자가 0일 때, GDP 대비 부채 비율의 변화는 (1) GDP 대비 부채 비율과 (2) 실질 GDP 성장률을 초과한 실질이자율의 곱과 같다는 것을 보여라.

4. 매년 정부지출이 수입과 같아지도록 하는 균형예산안이 헌법에 포함되도록 헌법개정안이 제안됐다. 이 법안에 따르면 매년 정부지출은 수입과 같아져야만 한다. 이 개정안의 장점과 단점을 논의해 보자. 연방정부가 대규모 적자를 갖고 있을 때 균형예산 조항의 포함은 아래 항목에 어떤 영향을 미치는가?

a. 자동안정화장치의 이용

b. 조세유연화를 위한 의회의 능력

c. 자본투자를 유도하는 의회의 능력

실제 거시경제 데이터를 이용한 문제 *WORKING WITH MACROECONOMIC DATA*

이 연습문제에서 사용하는 데이터를 구하려면 research.stlouisfed.org/fred2에 있는 세인트루이스 연방준비은행의 FRED 데이터베이스를 찾아라.

1. 1959년 이후의 분기별 데이터를 사용해 GDP 대비 연방정부지출과 수입의 비율을 각각 그리고, 둘을 비교하라. 연방정부와 주정부 및 지방정부의 (a) 총지출 및 조세의 증가율과 (b) 적자의 추세는 어떠한 차이점을 보이는가?

2. 1948년 이후의 분기별 데이터를 사용해, GDP 대비 연방정부부채 비율을 그래프로 나타내라. 이 그림에서 경기순환의 고점과 저점에 해당하는 선을 그려라. 연방정부재정적자의 순환선은 어떻게 나타나는가? 주정부와 지방정부의 경우로 바꾸어서 이 문제를 다시 풀어 보라. 주정부 또는 지방정부의 적자는 연방정부의 적자보다 경기변동에 더 민감한가, 아니면 덜 민감한가?

3. 연방의회예산국 웹사이트(www.cbo.gov)에 가서 미래 정부 재정적자의 5년 전망을 찾는다. 잠재 GDP와의 관계에 있어 이 적자의 크기를 완전고용 시 적자(연방의회예산국에서는 경기 조정 적자로 표현된다)의 크기와 비교하고 그 결과를 그림 15.5의 역사적인 것과 비교해 보라. 어떤 거시경제적 또는 정책적 요인이 자료의 적자 측정에 대한 변화를 주는가?

부록 15.A

GDP 대비 부채 비율

식 (15.4)에서 GDP 대비 부채 비율 공식을 도출한다. GDP 대비 정부부채 비율을 Q라고 놓으면 이는 다음과 같이 정의된다.

$$Q = \frac{B}{PY} \tag{15.A.1}$$

이때 B는 명목정부부채이고, P는 물가수준, Y는 실질 GDP이다. 어떤 분수값의 변화율은 분자의 백분율에서 분모의 백분율을 뺀 것과 같다는 규칙(부록 A.7절 참조)을 사용해 식 (15.A.1)에 적용하면 다음과 같다.

$$\frac{\Delta Q}{Q} = \frac{\Delta B}{B} - \frac{\Delta(PY)}{PY} \tag{15.A.2}$$

식 (15.A.1)의 $Q = B/PY$를 적용해 식 (15.A.2)의 왼쪽에는 Q를 곱하고 오른쪽에는 B/PY를 곱하면 다음과 같다.

$$\frac{\Delta Q}{Q} \times Q = \left(\frac{\Delta B}{B} \times \frac{B}{PY}\right) - \left(\frac{\Delta(PY)}{PY} \times \frac{B}{PY}\right)$$

이를 단순화하면 다음과 같다.

$$\Delta Q = \frac{\Delta B}{PY} - \left(\frac{B}{PY} \times \frac{\Delta(PY)}{PY}\right) \tag{15.A.3}$$

즉, 식 (15.A.3)의 좌변은 GDP 대비 정부부채 비율의 변화를 의미하며, 식 (15.4)와 같아진다.

부록

기초수학

부록에서는 이 책을 이해하는 데 필요한 기본적인 수학과 그래프를 설명한다.

A.1 함수와 그래프

수학에서 함수는 두 개 또는 그 이상의 변수 간의 관계를 말한다. 이 함수가 경제학에서 어떻게 이용되는가를 보여주기 위해 아래와 같은 예를 고려한다. 먼저 한 기업에서 노동자가 하루에 다섯 개의 상품을 생산하는 경우를 가정하자. 이 경우 이 기업의 노동자수와 생산량은 다음과 같이 표시된다.

N = 기업의 노동자수 혹은 고용량

Y = 기업에서 생산하는 하루 총산출량

이 경우 산출량 Y와 노동자수 혹은 고용량 N의 관계를 수학적 함수로 표시하면 다음과 같다.

$$Y = 5N \qquad \text{(A.1)}$$

식 (A.1)은 변수 Y와 변수 N 간의 관련 함수를 나타낸다. 이 함수를 사용하면 어떠한 고용량 N에서도 기업이 하루에 생산하는 총산출량 Y를 계산할 수 있다. $N = 3$이라면 $Y = 15$이다.

함수는 그래프로도 표현할 수 있다. 함수 $Y = 5N$의 그래프는 N이 0과 16 사이의 값을 가질 때 그림 A.1과 같다. 산출량 Y는 수직축 그리고 고용량 N은 수평축으로 설정할 경우, 직선 $0AB$상의 점들은 식 (A.1)의 조건을 만족시킨다. 예를 들어 $N = 4$, $Y = 20$인 A점은 식 (A.1)을

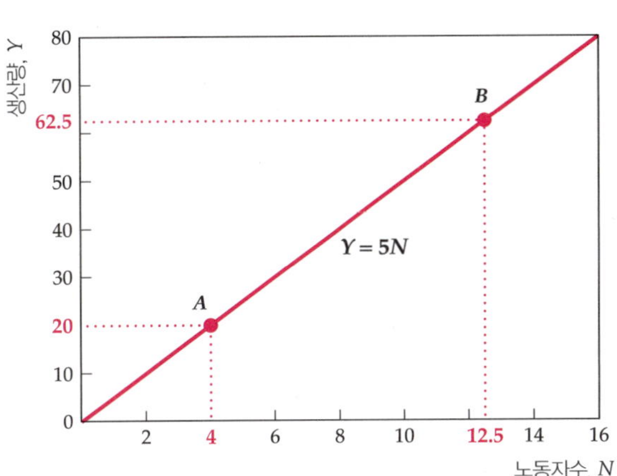

그림 A.1

선분 $0AB$ 위의 점은 $Y = 5N$의 관계를 만족시킨다. $Y = 5N$의 함수 그래프는 직선이며, 이러한 함수를 선형함수라고 한다.

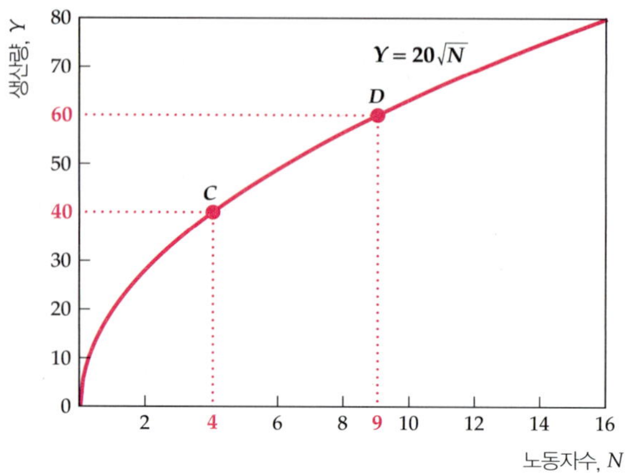

그림 A.2

그림에서 $Y = 20\sqrt{N}$의 함수 그래프는 비선형함수를 보여준다.

충족시키는 N과 Y의 조합 중 하나다. 이와 마찬가지로 $N = 12.5$, $Y = 62.5$인 B점 역시 $Y = 5N$의 관계를 만족시킨다. 여기서 주의할 것은, (예를 들어, B점처럼) 변수 Y와 N의 값이 정수인 것만은 아니라는 점이다. N과 Y 값이 분수나 소수로 표시될 경우, 이는 노동자가 파트타임으로 일하거나 초과근무를 하여 하루 동안에 부분적으로 생산한 산출량의 단위를 의미한다.

$Y = 5N$과 같이 함수 그래프가 직선이면 **선형함수**라고 한다. 한편, 함수의 그래프가 직선이 아닐 경우 이는 **비선형함수**가 된다. 비선형함수의 예를 들면 다음과 같다.

$$Y = 20\sqrt{N} \tag{A.2}$$

그림 A.2는 $Y = 20\sqrt{N}$의 비선형함수 그래프를 보여주고 있다. 곡선 위의 모든 점은 식 (A.2)를 만족시킨다. 예를 들어 점 C에서, $N = 4$이고 $Y = 20\sqrt{4} = 40$이다. D점에서는 $N = 9$이고, $Y = 20\sqrt{9} = 60$이다.

지금까지 주어진 함수의 두 예는 특정식의 관계를 나타낸다. 이때 각 변수를 문자나 기호를 사용해 더 일반적인 용어로 함수를 표현할 수 있다.

$$Y = G(N) \tag{A.3}$$

식 (A.3)은 노동자의 고용량 N과 산출량 Y의 일반적인 관계로 G의 함수 형태로 표현된다. 식 (A.1)과 식 (A.2)에서 주어진 숫자함수들은 이와 같이 일반적인 관계의 특수한 예다.

A.2 함수의 기울기

노동(N)과 생산(Y)이 함수 $Y = G(N)$의 관계가 있다고 하자. 즉, 함수 G를 만족하는 N과 Y로부터, 그 지점의 함수 G의 기울기는 노동(N) 한 단위의 변화에 대한 생산(Y)의 변화를 나타낸다.

좀 더 정확히 기울기를 정의하기 위해 어느 시점의 노동(N)의 값을 N_1이라 하면 생산(Y)은 $G(N_1)$이 된다. 현재 노동(N)이 ΔN만큼 증가한다면, 생산(Y)은 노동(N)에 의해 결정되므로 노동(N)이 증가하면 생산(Y)도 증가하게 된다. 노동(N)이 $N_1 + \Delta N$으로 증가했다면 노동(N)의 증가에 대한 생산은 $G(N_1 + \Delta N)$으로 증가한다. 이때 생산(Y)의 변화량은 다음과 같다.

$$\Delta Y = G(N_1 + \Delta N) - G(N_1)$$

노동(N)의 증가에 대한 함수 G의 기울기는 다음과 같이 정의된다.

$$\text{기울기} = \frac{\Delta Y}{\Delta N} = \frac{G(N_1 + \Delta N) - G(N_1)}{(N_1 + \Delta N) - N_1} \tag{A.4}$$

노동의 증가량(ΔN)이 1일 때 기울기는 생산(Y)의 변화 ΔY와 같다.

그림 A.3과 그림 A.4는 앞에서 논의된 두 요소에 대한 그래프상의 기울기를 결정하는 것을 보여준다. 그림 A.3은 그림 A.1과 같은 함수 $Y = 5N$

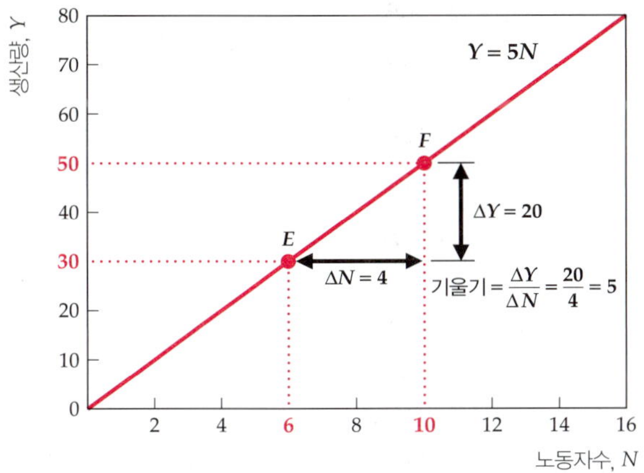

그림 A.3

함수의 기울기는 생산(Y) 변화량과 노동(N) 변화량 간의 비율과 같다. 예를 들어 E점과 F점 사이의 노동(N) 변화 ΔN은 4이고, 생산(Y) 변화 ΔY는 20이다. 이때 두 점 간 함수의 기울기는 $\Delta Y/\Delta N$이고, 그 값은 5이다. 일반적으로 선형함수의 기울기는 일정하다. 이 그림에서 기울기는 항상 5이다.

의 그래프다. 그림 A.3에서, $N = 6$이고 $Y = 30$인 E점에서 노동(N)이 4만큼 증가하면, $N = 10$이고 $Y = 50$인 F점이 된다. 이때 노동의 변화(ΔN)는 $10 - 6 = 4$이고, 생산의 변화(ΔY)는 $50 - 30 = 20$이며, 두 점 간 기울기($\Delta Y/\Delta N$)는 $20/4 = 5$가 된다.

일반적으로 선형함수의 기울기는 모든 점에서 똑같다. $Y = 5N$에서 모든 ΔN에 대한 기울기는 $\Delta Y = 5\Delta N$이다. 이때 이 선형함수의 기울기($\Delta Y/\Delta N$)는 항상 5인 상수다.

$Y = 20\sqrt{N}$인 비선형함수인 경우, 기울기는 일정하지 않고 최초 노동투입량(N_0)과 노동의 변화량(ΔN)에 따라 달라진다. 이러한 결과는 그림 A.4와 그림 A.2에 나타나 있다. 노동 $N = 1$이고 생산 $Y = 20$인 시작점 G에서 노동(N)이 8만큼 증가하면 $N = 9$이고 $Y = 20\sqrt{9} = 60$인 점이 된다. G점과 D점 사이에 노동의 변화(ΔN)는 $9 - 1 = 8$이고 생산의 변화(ΔY)는 $60 - 20 = 40$이다. 따라서 G점과 D점 간 기울기는 $40/8 = 5$이다. 기하학적으로 G점과 D점 사이의 함수의 기울기는 G점과 D점 사이의 직선의 기울기와 같다.

그림 A.4

G점과 D점 사이에 노동 변화량(ΔN)이 8이고 생산 변화량(ΔY)이 40이면, 두 점 간의 함수 기울기($\Delta Y/\Delta N$)는 $40/8 = 5$가 되고 이는 GD의 기울기와 같다. 마찬가지로 G점과 C점 사이의 기울기 $\Delta Y/\Delta N$는 $20/3 = 6.67$이다. G점에서의 접선의 기울기는 노동(N)이 아주 미세하게 변했을 때의 기울기와 거의 같다. 일반적으로 비선형함수의 어느 한 지점에서의 기울기는 접선의 기울기라고 한다.

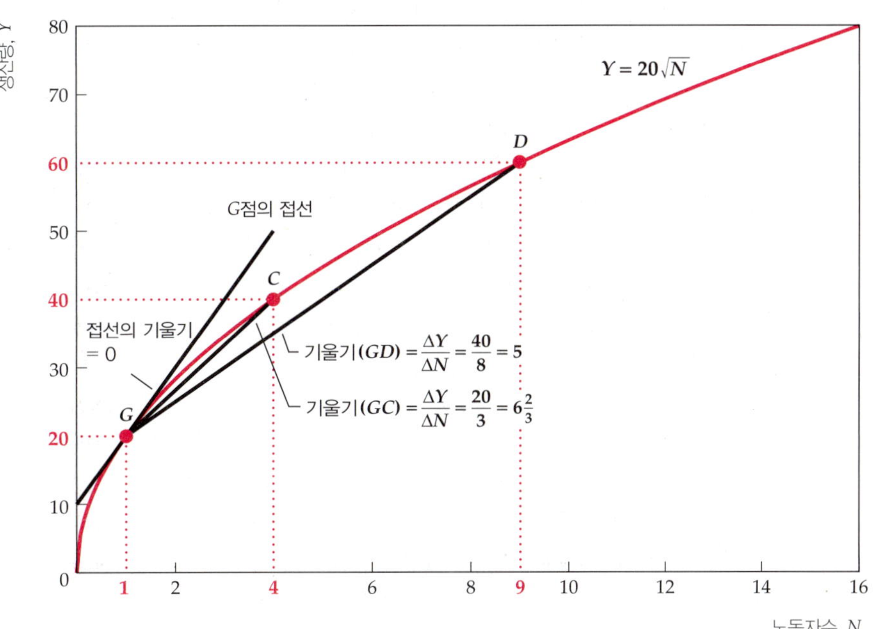

그림 A.4로 다시 돌아가서, 노동(N)이 3만큼 증가한다면 $N = 4$이고, $Y = 20\sqrt{4} = 40$인 C점에 이르게 된다. 이때 두 점 간 기울기는 20/3 = 6.67이고, 앞에서 계산한 노동이 8단위 증가했을 때의 기울기 5와 같지 않다. 기하학적으로 GC의 기울기는 GD의 기울기보다 크다.

그림 A.4에서 G점을 지나면서 함수에 접하는 직선을 그릴 수 있는데 이는 G점의 접선이 된다. 노동의 변화(ΔN)가 작을수록 G점에서의 접선의 기울기에 가까울 것이다. 예를 들어 ΔN이 8인 직선 GD와 ΔN이 3인 직선 GC의 기울기를 비교하면, 직선 GC의 기울기가 G점의 접선의 기울기에 가깝다는 것을 알 수 있다. ΔN이 3 이하라면, 기울기는 접선의 기울기에 더욱 가까워질 것이다.

이러한 것은 다음과 같은 중요한 결과를 제시한다. 즉, 함수의 특정 점에서 노동 증가량(ΔN)이 작을수록 기울기는 접선의 기울기에 가까워진다. 따라서 이 책에서는 특별하게 언급하지 않을 경우, 한 점에서 비선형방정식의 기울기는 접선의 기울기를 의미한다. 그러므로 그림 A.4의 G점에서의 함수의 기울기는 G점에서의 접선의 기울기 10과 같다.[1]

그림 A.4에서 계산을 통한 예시는 비선형함수는 노동(N)의 증가량에 따라 기울기가 결정된다는 것을 나타낸다. 한 지점에서의 비선형함수의 기울기 또한 계산 가능하다. 예를 들어 D점에서의 접선의 기울기는 G점에서의 접선의 기울기보다 작다.

1. G점에서의 접선의 기울기가 10이라는 것은 다음과 같은 계산으로부터 나온다. 함수 $Y = 20\sqrt{N}$을 이용하면 $dY/dN = 10/\sqrt{N}$이 되는데, N이 1일 때 기울기를 계산하면 10이 도출된다.

A.3 탄력성

기울기와 유사하게, 탄력성(elasticity)은 하나의 변수가 변화하면 다른 변수는 얼마나 변화하는지를 나타내는 것이다. 생산(Y)과 노동(N)의 함수를 다시 가정하면, 노동(N)이 변하면 생산(Y) 역시 변한다. 생산(Y)에 대한 노동(N)의 탄력성은 생산(Y)에 대한 생산 변화(ΔY)의 비율인 $\Delta Y/Y$와 노동(N)에 대한 노동 변화(ΔN)의 비율인 $\Delta N/N$으로 나눌 수 있고, 이것은 다음과 같이 표시된다.

$$\text{생산에 대한 노동의 탄력성 } N = \frac{\Delta Y/Y}{\Delta N/N}$$

함수의 기울기가 $\Delta Y/\Delta N$이기 때문에 생산(Y)에 대한 노동(N)의 탄력성은 함수의 기울기 $\Delta Y/\Delta N$에 N/Y을 곱한 것이다.

노동(N)의 변화에 따른 생산(Y)의 탄력성이 크다는 것은 노동(N)이 1% 변하면 생산(Y)은 1%보다 큰 비율로 변한다는 것을 의미한다. 이는 노동(N)의 변화에 대해 생산(Y)이 매우 민감하게 변화한다는 것을 의미한다.

A.4 다변수 함수

일반적으로 함수는 두 개 이상 변수 간의 관계를 설명한다. A.1절의 예를 확장하면, 기업의 생산량 Y는 기업에 고용된 노동자의 수 N과, 사용된 기계의 수 K에 의해 결정된다. 이때 Y는 K, N과 다음과 같은 함수관계에 있다고 가정한다.

$$Y = 2\sqrt{K}\sqrt{N} \tag{A.5}$$

사용된 기계수가 100대고 고용된 노동자가 9명이라면, 식 (A.5)에 $K = 100$, $N = 9$를 대입해

$Y = 2\sqrt{100}\ \sqrt{9} = 2 \times 10 \times 3 = 60$을 얻을 수 있다.

또한 문자 혹은 기호를 사용해 함수를 일반적인 형태로 나타낼 수 있다. 생산량 Y, 두 생산요인 자본 K와 노동 N 사이의 관계는 다음과 같이 나타낸다.

$$Y = F(K, N)$$

이 식은 간략하게 나타낸 생산함수며, 이는 3장에서 설명했다.

세 가지 변수를 가진 함수의 그래프는 3차원으로 나타난다. 편의상 함수의 두 변수에 대하여 2차원 그래프로 나타내고, 우변의 다른 한 변수는 상수로 고정한다. 예를 들어, 식 (A.5)의 함수를 그래프로 나타내기 위해 기계의 수 K는 상수 100으로 고정한다. 여기에 $K = 100$을 대입하면 식 (A.5)는 다음과 같다.

$$Y = 2\sqrt{100}\sqrt{N} = 20\sqrt{N} \qquad \text{(A.6)}$$

K가 100으로 일정하면 식 (A.6)은 식 (A.2)와 같아진다. 식 (A.2)와 같이 식 (A.6)도 Y와 N의 관계를 2차원의 그래프로 나타낼 수 있다. 식 (A.6)의 그래프는 그림 A.5에서 실선으로 나타낸 것이며, 이는 식 (A.2)의 그림 A.2와 같아진다.

A.5 곡선의 이동

생산량 Y, 기계수(자본) K, 노동자수 N의 관계는 식 (A.5)와 같고, K는 100으로 일정하다고 가정하자. A.4절에서처럼 K는 상수 100이면 식 (A.5)는 식 (A.6), 그림 A.5로 나타낼 수 있다. 예를 들어 그림 A.5에서 나타낸 것처럼 생산량 Y와 노동자수 N의 관계는 C점에서 $N = 4$, $Y = 20\sqrt{4} = 40$이고, D점에서 $N = 9$, $Y = 20\sqrt{9} = 60$이다.

이때 기업이 추가적인 기계를 구입해 기계수 K가 100에서 225로 증가했다고 가정해 보자. 식 (A.5)에 새로운 K를 대입하면 다음과 같다.

$$Y = 2\sqrt{225}\sqrt{N} = 30\sqrt{N} \qquad \text{(A.7)}$$

식 (A.7)은 그림 A.5의 점선으로 나타난다. K가 증가하면 곡선은 위로 이동한다. 기계수 K가 증

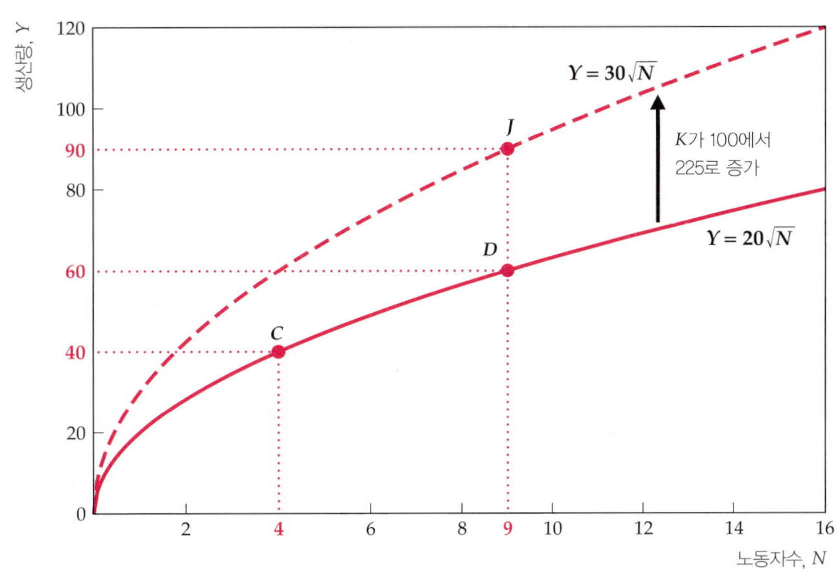

그림 A.5

식 (A.5)의 함수는 생산량 Y, 자본 K, 노동자수 N에 의해 결정된다고 가정하자. 이때 K가 100으로 고정됐다면 Y와 N의 관계는 실선으로 나타난다. K가 225로 증가한다면 고용된 N은 동일한 가운데 더 많은 생산량을 얻게 되므로 Y와 N의 관계를 나타내는 곡선은 위로 이동한다. 일반적으로 좌표축에 나타나지 않는 변수의 변화는 곡선을 이동시킨다.

가하고, 고용된 노동자수 N은 일정하기 때문에 생산량 Y는 증가한다. 예를 들어 초기에 고용된 노동자수 $N = 9$일 때 생산량 Y는 60이다(그림 A.5의 D점). K가 증가한 후 $N = 9$로 일정하다면 생산량은 $Y = 30\sqrt{9} = 90$이 된다(그림 A.5의 J점).

위의 예는 다변수 함수의 그래프에 관해 중요한 점을 설명한다.

1. 다변수 함수를 2차원 그래프로 나타내기 위해서는 우측의 변수 하나를 제외한 나머지 변수를 상수로 고정한다.
2. 상수로 고정하지 않은 우측의 한 변수(여기서는 N)는 가로축에 나타낸다. 이 변수의 변화는 함수의 그래프를 이동시키지 않는다. 대신 가로축에 있는 이 변수의 변화는 이 함수의 곡선 상에서의 움직임을 나타낸다.
3. 그래프로 나타내기 위해 상수로 고정된 변수(여기서는 K)는 그래프의 어떤 축에도 나타나지 않는다. 그러나 이 변수의 값이 변화한다면 곡선 전체가 이동한다. 예를 들면 고용된 노동자수 N, 증가된 기계의 수 K는 더 많은 생산량 Y를 얻을 수 있음을 의미한다. 즉, 곡선의 이동, 그림 A.5의 실선에서 점선으로의 이동을 나타낸다.

A.6 지수

숫자 혹은 변수의 거듭제곱은 위첨자로 표현된 지수로 나타낸다. 예를 들어 지수 2와 4는

$$5^2 = 5 \times 5,\ \text{그리고}\ Z^4 = Z \times Z \times Z \times Z$$

어떤 수 Z, a, b에 대해 지수법칙에 따라서

$$Z^a \times Z^b = Z^{a+b},\ \text{그리고}\ (Z^a)^b = Z^{ab}$$

첫 번째 법칙의 예는 $5^2 \times 5^3 = (5 \times 5) \times (5 \times 5 \times 5) = 5^5$이다. 두 번째 법칙의 예는 $(5^3)^2 = (5^3) \times (5^3) = (5 \times 5 \times 5) \times (5 \times 5 \times 5) = 5^6$이다.

지수는 자연수만 나타내는 것은 아니다. 예를 들어, $5^{0.5}$은 5의 제곱근을 나타낸다. 즉, 지수법칙의 두 번째 법칙을 사용하면 $(5^{0.5})^2 = 5^{(0.5)2} = 5^1 = 5$가 된다. $5^{0.5}$의 제곱은 5이기 때문이다. 이와 같이 Z와 0이 아닌 정수 q를 사용해 나타낸 $Z^{1/q}$은 Z의 q제곱근을 의미한다. 또한 $5^{0.25}$은 5의 4제곱근을 의미한다. 예를 들어, 지수를 사용해 식 (A.5)를 다시 나타내면

$$Y = 2K^{0.5}N^{0.5}$$

여기서 $K^{0.5} = \sqrt{K}, N^{0.5} = \sqrt{N}$이다.

일반적으로 0이 아닌 두 정수 p, q의 비율로 표현된 어떤 수에 대해서 가정하자. 지수의 법칙을 사용하면

$$Z^{p/q} = (Z^p)^{1/q} = Z^p\text{의 } q\text{제곱근}$$

예를 들어 0.7은 7/10, $N^{0.7}$은 N^7의 10제곱근과 같다. N의 값이 1보다 크기 위해서, $N^{0.7}$은 $N^{0.5}$, N의 제곱근보다 크지만 N보다는 작아야 한다.

지수는 또한 0과 음수가 될 수 있다. 일반적으로 두 관계를 나타내면

$$Z^0 = 1,\ \text{그리고}\ Z^{-a} = \frac{1}{Z^a}$$

이것은 지수와 탄력성의 관계를 나타내는 유용한 방법이다. 두 변수 Y, N을 아래와 같은 함수의 형태로 가정해 보자.

$$Y = kN^a \tag{A.8}$$

여기서 a는 숫자고, k는 숫자 또는 변수 N의 함수다. 즉, N에 대한 Y의 탄력성(A.3절 참조)은 a와 같아진다.

A.7 곡선의 이동

임의의 두 변수 X와 Z가 있다. 이것은 함수일 필요는 없고, 시간에 따라 변한다. $\Delta X/X$와 $\Delta Z/Z$는 각각 X와 Z의 백분율 변화를 나타내는 증가율이다. 다음의 법칙은 근사치를 구할 때 유용하다(다양한 법칙에 대한 증명은 참고문헌에 있다).

법칙 1 : X와 Z의 곱의 증가율은 X 증가율과 Z 증가율의 합과 같다.

증명 : X가 ΔX만큼 증가하고, Z가 ΔZ만큼 증가한다고 가정하자. X와 Z의 곱에서 순수(absolute)한 증가는 $(X + \Delta X)(Z + \Delta Z) - XZ$가 되고, X와 Z의 곱 XZ의 증가율은 다음과 같다.

$$XZ\text{의 증가율} = \frac{(X + \Delta X)(Z + \Delta Z) - XZ}{XZ}$$

$$= \frac{(\Delta X)Z + (\Delta Z)X + \Delta X \Delta Z}{XZ}$$

$$= \frac{\Delta X}{X} + \frac{\Delta Z}{Z} + \frac{\Delta X \Delta Z}{XZ} \quad \text{(A.9)}$$

식 (A.9) 우변의 마지막 항 $(\Delta X \Delta Z)/XZ$는 X의 증가율 $\Delta X/X$와 Z의 증가율 $\Delta Z/Z$의 곱과 같다. 이 마지막 항은 일반적으로 값이 매우 작다. 예를 들어, X와 Z의 증가율이 각각 5%(0.05)라면, 두 증가율의 곱은 0.25%(0.0025)밖에 안 된다. 이 마지막 항이 무시할 수 있을 정도로 충분히 작다면, 식 (A.9)는 XZ의 증가율은 X의 증가율 $\Delta X/X$와 Z의 증가율 $\Delta Z/Z$의 합과 같음을 나타낸다.

법칙 2 : X/Z 비율의 변화율은 X 증가율에서 Z 증가율을 뺀 것이다.

증명 : W를 Z에 대한 X의 비율로 놓자. $W = X/Z$가 되고, $X = ZW$가 된다. 법칙 1에 따라 X는 Z와 W의 곱과 같고, X의 증가율은 Z의 증가율과 W의 증가율의 합과 같다.

$$\frac{\Delta X}{X} = \frac{\Delta Z}{Z} + \frac{\Delta W}{W}$$

$\Delta W/W$을 좌변에 놓고 이 방정식을 정리하면, $\Delta W/W$가 (X/Z)의 증가율과 같기 때문에 다음을 얻을 수 있다.

$$X/Z\text{의 증가율} = \frac{\Delta X}{X} - \frac{\Delta Z}{Z} \quad \text{(A.10)}$$

법칙 3 : Y라는 변수가 있다고 가정하자. Y는 두 변수 X와 Z에 대한 함수다.

$$\frac{\Delta Y}{Y} = \eta_{Y,X}\frac{\Delta X}{X} + \eta_{Y,Z}\frac{\Delta Z}{Z} \quad \text{(A.11)}$$

여기서 $\eta_{Y,X}$는 X에 대한 Y의 탄력성이고, $\eta_{Y,Z}$는 Z에 대한 Y의 탄력성이다.

증명(약식) : 식 (A.11)에서 X만 변한다고 가정하면, $\Delta Z/Z = 0$이 된다. 따라서 식 (A.11)은 A.3절에서처럼 $\eta_{Y,X} = (\Delta Y/Y)/(\Delta X/X)$, 즉 X에 대한 Y의 탄력성에 대한 정의가 된다. 같은 방법으로, 식 (A.11)에서 Z만 변한다면, 식 (A.11)은 $\eta_{Y,Z} = (\Delta Y/Y)/(\Delta Z/Z)$라는 Z에 대한 Y의 탄력성이 된다. X와 Z가 모두 변한다면 식 (A.11)은, Y에 대한 전체의 효과가, X가 변할 때 Y에 미치는 효과와 Z가 변할 때 Y에 미치는 각 효과의 합과 거의 같다는 것을 나타낸다.

법칙 4 : a 제곱으로 증가한 X, 즉 X^a의 증가율은 a의 증가율과 X의 곱이 된다.

$$X^a\text{의 증가율} = a\frac{\Delta X}{X} \quad \text{(A.12)}$$

증명 : $Y = X^a$라고 하자. 식 (A.8)의 공식에서, $k = 1$일 때에 적용해 보면, X에 대한 Y의 탄력

성이 a와 같음을 알 수 있다. 따라서 식 (A.11)에 의해, Y의 증가율은 a의 증가율과 X의 곱과 같다. $Y = X^a$이고, Y의 증가율은 X^a의 증가율과 같기 때문이다. 이는 식 (A.12)에서의 관계를 증명한다.

예 : 실질이자율 증가율 공식을 적용하기 위해 명목이자율과 인플레이션율에 관련된 실질이자율 방정식 (2.12)를 유도한다.

저축계정이라 할 수 있는 어떤 자산의 실질가치는 자산의 명목가치 혹은 화폐가치를 물가수준으로 나눈 것이다.

$$\text{실질자산가치} = \frac{\text{명목자산가치}}{\text{물가수준}} \qquad \text{(A.13)}$$

자산의 실질가치는 명목자산가치와 물가 간의 비율이다. 따라서 법칙 2에 따르면, 실질자산가치의 증가율은 명목자산가치의 증가율에서 물가의 상승률을 뺀 값과 거의 같다. 자산의 실질가치 증가율은 그 자산으로 벌어들인 실질이자율과 같다. 이때 자산의 명목가치 증가율은 그 자산에 대한 명목이자율과 같다. 그리고 물가 상승률은 인플레이션율이다. 따라서 법칙 2는 다음의 관계를 내포한다.

$$\text{실질이자율} = \text{명목이자율} - \text{인플레이션율}$$

이것은 앞서 주어진 식 (2.12)의 관계를 나타낸다.

연습문제

1. $0 \le X \le 5$일 때, 함수 $Y = 3X + 5$의 그래프로 나타내라. 이 함수의 기울기는 얼마인가?

2. $0 \le X \le 5$일 때, 함수 $Y = X^2 + 2$를 그래프로 나타내라. $X = 1$인 점에서 시작해 $\Delta X = 1$과 $\Delta X = -1$인 함수의 그래프를 구하라. $X = 1$인 함수의 접선의 기울기는 얼마인가? (연습문제 3번을 참조하라.)

3. 함수 $Y = X^2 + 2$를 식 (A.4)를 사용해 기울기의 일반식으로 나타내라. 기울기의 식은 X의 초기값 X_1과 X의 변화량 ΔX로 나타낸다. $(\Delta X)^2$가 무시 가능할 때, 최소한의 ΔX의 값의 기울기는 X의 초기값 X_1에만 의존한다는 것을 나타내라. $X_1 = 1$일 때 접선의 기울기는 얼마인가?

4. 기업에서 자본량 K와 노동자의 고용량 N에 의해 산출량 Y를 생산한다고 가정할 때, 함수는 다음과 같다.

$$Y = K^{0.3}N^{0.7}$$

a. $N = 100$일 때, Y를 K의 함수로 나타내고, 이 관계를 그래프로 나타내라. 단, $0 \le K \le 50$이다(이때 함수의 형태를 얻기 위해서는 Y 값을 충분하게 계산해야 한다).

b. N이 200으로 상승한다면, Y와 K의 그래프 함수관계는 어떻게 되는가? N이 50으로 하락하면 어떻게 되는가? 경제학적으로 설명하라.

c. K와 N의 함수 Y에서 K에 대한 Y의 탄력성과, N에 대한 Y의 탄력성을 구하라.

5. 계산기를 사용해 각각 계산하라.

a. $5^{0.3}$

b. $5^{0.3}5^{0.2}$

c. $(5^{0.25})^2$

d. $(5^{0.5}5^{0.3})^2 5^{0.4}$

e. $5^{0.2}/5^{0.5}$

f. $5^{-0.5}$

6. a. 명목 GDP는 실질 GDP와 GDP 디플레이터

의 곱과 같다(2.4절 참조). 명목 GDP 성장률이 12%이고 실질 GDP 성장률이 4%라고 가정 할 때, GDP 디플레이터의 증가율인 인플레이션은 무엇인가?

b. 화폐의 유통속도 V는 다음과 같은 식으로 정의된다.

$$V = \frac{PY}{M}$$

P는 물가수준, Y는 실질산출량, M은 통화공급량이다[식 (7.4) 참조]. 특정 연도에 유통속도가 고정일 때 통화 증가율은 10%, 인플레이션은 7%이다. 경제성장률은 얼마인가?

c. 자본 K와 고용량 N에 대한 산출량 Y의 함수는 다음과 같다.

$$Y = 10K^{0.3}N^{0.7}$$

특정 연도에 자본스톡이 2%, 고용이 1% 증가했다면 경제성장률은 어떻게 되는가?

용어해설

(용어 다음에 표기된 괄호 안의 숫자는 해당 용어가 처음 나왔거나 가장 집중적으로 논의된 장을 나타낸다.)

가격설정자(price setter): (11) 어느 정도 가격결정에 영향력을 가진 시장참여자. '독점적 경쟁' 참조

가격순응자(price taker): (11) 시장에서 주어진 가격을 받아들이는 시장참여자. '완전경쟁' 참조

가격의 완고성(price stickiness): (11) 케인즈학파 이론으로 경제의 변화에 대해 가격은 아주 완만히 조정되는 경향이 있다는 주장. 가격의 경직성이라고도 함

가치의 저장수단(store of value): (7) 시간이 경과하는 과정에서 부를 보유하는 수단

감가상각(depreciation): (2) 일정 기간 동안 마모된 자본의 양

개방경제(open economy): (1) 다른 나라와의 무역거래, 금융거래의 비중이 상당히 높은 국민경제

개방대국경제(large open economy): (5) 타국과 교역하는 개방경제로서 세계경제의 실질이자율에 영향을 미칠 만큼 경제 규모가 큰 국가

개방소국경제(small open economy): (5) 다른 국가와 무역을 하지만 세계실질이자율수준에 대한 영향은 무시할 정도밖에 안 되는 경제

거시경제안정화(macroeconomic stabilization): (11) 경기변동을 완화하고 인플레이션을 진정시키기 위해 통화·재정정책을 시행하는 것. 이를 총수요관리정책 또는 안정화정책이라고 한다.

거시경제학(macroeconomics): (1) 국민경제의 구조와 작동 그리고 정부가 경제운행에 영향을 주기 위해 사용하는 정책들에 관한 연구

경기순응적(procyclical): (8) 총체적 경제활동의 집계량 변수가 경기변동과 동일한 방향으로 움직이는 경향(확장기에는 상승 및 수축기에는 하락). '비경기적', '경기역행적' 참조

경기순환(business cycle): (8) 총체적 경제활동의 감소(수축 혹은 침체)로부터 저점(바닥)에 이른 후, 이에 연이어 경제활동의 회복(팽창 혹은 호황)에서부터 고점(정상)에 이르기까지의 순환. 완전한 주기의 경기순환은 정상에서부터 정상까지 혹은 바닥에서부터 바닥까지로 측정될 수 있다.

경기순환 연표(business cycle chronology): (8) 경기순환의 정점과 바닥의 시기를 연대별로 나타낸 것

경기역행적(countercyclical): (8) 경기순환에서 총체적 경제활동과 반대방향으로 움직이려고 하는 경향(예를 들어 수축기에는 상승하고 확장기에는 하락하는 것). '경기순응적', '비경기적' 참조

경기적 실업(cyclical unemployment): (3) 산출량이 완전고용 이하일 때 발생하는 실업. 실제 실업률이 자연실업률을 초과하는 부분으로 측정된다.

경기침체(recession): (8) 경기변동에서 총체적 경제활동이 감소하는 기간. 경기수축이라고도 함

경상계정(current account): (5) 경상적으로 생산된 재화와 서비스를 타국과 거래한 한 나라의 국제무역의 기록

경상계정수지(current account balance): (2, 5) 경상적으로 생산된 재화와 서비스를 교환해 해외로부터 얻은 수입에서, 그와 유사하게 국내경제가 해외에 지불한 금액을 차감한 것

경제모형(economic model) (1) 경제의 일부 특징을 단순화해 표현한 것으로 보통 수학적 형태로 표시된다.

경제이론(economic theory): (1) 논리적 체계로 조직화되어 온 경제에 관한 일련의 사상체계

계산단위(unit of account): (7) 경제적 가치를 측정하는 기본적인 척도(예: 달러)

고성능통화(high-powered money): (14) 통화로 사용될 수 있는 중앙은행의 부채로서 은행의 지불준비금과 비은행 민간부문의 통화보유액을 합친 것과 같다. 본원통화라고도 함

고전적 접근법(classical approach): (1) 가격과 임금의 신속한 조정을 통해 모든 시장에서 수요량과 공급량이 일치한다는 가정을 바탕으로 하는 거시경제학의 접근방법. 고전파 경제학자는 일반적으로 자유로운 시장이 경제를 조직하는 좋은 방안이며 경제에 대한 정부간섭(예를 들어 경기순환을 조절하는 것)의 범위는 제한돼야 한다고 주장한다.

고정환율제도(fixed-exchange-rate system): (13) 환율이 공적으로 정해진 수준에 고정되어 있으며, 정부의 개입에 의해서만 환율 변경이 가능한 제도

공개시장매각(open market sale): (14) 중앙은행이 통화공급량을 줄이기 위해 재무성 증권과 같은 보유 자산을 일반인에게 매각하는 것

공개시장매입(open market purchase): (14) 중앙은행이 통화공급량을 늘리기 위해 재무성 증권과 같은 자산을 일반인으로부터 구입하는 것

공개시장조작(open market operation): (7) 중앙은행이 통화공급량을 조절하기 위해 공개시장에서 자산을 매각하거나 구입하는 것. '공개시장매입', '공개시장매각' 참조

공급중시경제학(supply-side economics): (15) 노동공급, 저축, 투자 등의 모든 경제행위가 경제적 유인, 특히 조세체계에 의해 제공되는 유인에 강력히 반응한다는 전제에 기초를 둔 경제학파

공급 충격(supply shock): (3) 국민경제의 생산함수가 변화하는 상황. 즉, 주어진 자본과 노동을 사용해 생산할 수 있는 생산량의 변화하는 것. 생산성 충격이라고도 함

공식적 결제 잔고(official settlements balance): (5) 한 나라의 공식지불준비자산의 순증

공식지불준비자산(official reserve asset): (5) 중앙은행이 국제거래에 대한 지급을 위해 보유하는 자산. 내국화폐나 국내 발행 금융증서는 제외된다. 이 자산에 포함되는 것으로서, 예를 들어 금, 외국은행예치금, IMF가 창출한 특별자산을 들 수 있다.

과대평가된 환율(overvalued exchange rate): (13) 고정환율제도하에서 환율이 기본치보다 높게 책정된 경우. '환율의 본질가치' 참조

과소평가된 환율(undervalued exchange rate): (13) 고정환율제도하에서 근본가치보다 낮은 환율. '환율의 본질가치' 참조

교역조건(terms of trade): (13) 내국재와 외국재의 교환비율. 실질환율이라고도 함

교체비용(turnover cost): (11) 새로운 노동자를 고용하고 교육하는 것과 관련된 비용

교환불능 화폐(inconvertable currency): (13) 외환시장에서 다른 나라의 통화와 자유롭게 교환거래할 수 없는 통화로서 주로 각국 정부의 규제 때문에 일어난다.

교환의 매개체(medium of exchange): (7) 거래를 시행할 때 사용되는 자산(화폐를 말함)

구두창비용(shoe leather costs): (12) 은행에 좀 더 자주 가야 하는 불편함과 같이 현금 보유를 줄이는 과정에서 생겨나는 비용

구매력평가설(purchasing power parity): (13) 외국상품이나 국내상품을 막론하고 유사한 상품 또는 상품의 한 바구니는 동일한 화폐단위로 측정했을 때 동일한 가격이 성립한다는 학설

구조적 실업(structural unemployment): (3) 노동시장에서 기업의 요구와 노동자의 기술 또는 다른 특성이 균형을 이루지 못해 발생하는 장기적이고 만성적인 실업

구직률(job finding rate): (8) 현재 실업자가 다음 달에 직장을 얻을 확률

국내총생산(GDP: gross domestic product): (2) 일정 기간(보통 1년) 일정 국가의 영토 내에서 새로 생산된 최종 생산품과 서비스의 시장가치의 총액

국민소득(national income): (2) 재화의 생산자에게 분배해 줄 수 있는 소득의 크기. 이는 또 종업원 보수, 재산소득, 개인의 임대소득, 기업이윤, 순이자수입, 생산과 수입(import)에 부과된 세금의 수입, 기업의 경상이전 소득, 공공기업의 경상잉여를 합친 금액과도 같다. 국민소득은 국내총생산(GDP)에 순요소지급을 더한 후 감가상각을 차감하고 그에 통계적 오차를 가감해 산출하기도 한다.

국민소득계정(national income account): (2) 그해의 경제 활동을 측정하는 데 쓰이는 회계체계

국민소득계정의 기본 항등식(fundamental identity of national income accounting): (2) 주어진 기간 동안 총산출량, 총소득, 총지출이 서로 일치하는 것을 설명하는 항등식

국민저축(national savings): (2) 국민경제 전체의 저축. 민간저축(기업 및 가계의 저축)과 정부저축으로 구성된다.

국민총생산(GNP: gross national product): (2) 일정 기간(보통 1년) 내국인이 소유한 생산 수단에 의해 새로이 생산된 최종 생산품과 서비스의 시장가치의 총액

국부(national wealth): (2) 일국의 거주자들이 보유하고 있는 부의 총량. 국내의 물적자산(자본재 저량과 토지와 같은 자산)과 순해외자산으로 구성된다.

국제수지(balance of payments): (5) 한 국가의 공식지불준비자산의 순증. 공적 청산 잔고라고도 함

국제수지계정(balance of payments accounts): (5) 한 국가의 국제적 거래를 기록한 것으로 경상계정, 자본계정 및 금융계정으로 구성됨

규범분석(normative analysis): (1) 어떤 정책이 꼭 시행돼야 하는지를 판별하려고 하는 정책분석방법. 정책시행의 결과에 대한 분석은 물론 그 결과들이 바람직한 것인지에 대한 가치판단도 포함된다.

균제상태(steady state): (6) 시간이 경과하는 과정에서도 한 경제의 1인당 생산량, 1인당 소비량, 1인당 자본량이 일정한 비율로 유지되는 상황

균형(equilibrium): (1) 수요량과 공급량이 하나의 시장 혹은 일련의 시장에서 균등하게 되는 상태

금융계정(financial account): (5) 한 국가로 유입된 자산과 유출된 자산을 기록한 계정

금융수지(financial account balance): (5) 유입된 금융자산의 가치(자산 항목)에서 유출된 금융자산의 가치(부채 항목)를 뺀 것

기간구조에 대한 기대이론(expectations theory of the term structure): (7) 투자자는 예컨대 2년 만기 장기채권의 기대수익률과, 1년 만기 단기채권을 2년 동안 연속적으로 투자했을 때의 기대수익률을 비교해 투자한다는 이론. 균형에서 N년 만기 장기채권의 기대수익률은 1년 만기 단기채권을 현재 연도와 $N-1$년 동안 투자했을 때의 기대수익률의 평균값과 같다.

기간 프리미엄(term premium): (7) 장기채권의 경우 단기채권에 비해 위험이 부가되는데, 이를 보상하기 위해 장기채권 보유자에게 더 높은 이자율이 지불된다. 따라서 장기채권 이자율은 기간구조에 대한 기대이론에 의해 제시된 수익률보다 높다.

기대가 적용된 필립스곡선(expectations-augmented Phillips curve): (12) 예상치 못한 인플레이션과 경기적 실업의 역관계를 나타낸 것

기대수익률(expected returns): (7) 투자자가 얻기를 기대하는 실물자산 혹은 금융자산의 수익률

기대 실질이자율(expected real interest rate): (2) 명목이자율에서 기대 인플레이션율을 뺀 것. 실질자산가치의 예상 증가율과 같다.

기초재정수지적자(primary government budget deficit): (15) 정부의 총지출에서 순지급이자를 제외한 재정적자의 측정치. '재화와 서비스의 정부구매 + 이전지출 − 조세수입'과 같음

긴축 정책(contractionary policy): (11) 총수요를 감소시키는 통화정책 혹은 재정정책

낙심한 노동자(discouraged worker): (3) 직장을 찾는 데 성공하지 못해 실망했기 때문에 직장 탐색을 중단한 사람들. 낙심한 노동자는 비경제활동인구로 분류되어 공식적인 실업률에 포함되지 않는다.

내생적 성장이론(endogenous growth theory): (6) 경제성장의 모형 안에서 생산성 향상(나아가서 산출량 성장률)을 설명하고자 하는 성장이론의 한 갈래

노동력(labor force): (3) 노동할 의사가 있는 사람들의 수. 여기에는 현재 고용된 노동자뿐만 아니라 적극적으로 직장을 구하고 있는 사람도 포함된다.

노동 사장(labor hoarding): (10) 기업이 불경기 중에도 당연히 임시해고했어야 할 노동자 중 일부를 그대로 고용하고 있는 행태. 이는 노동자를 해고하고 재채용할 때 지불해야 하는 비용 때문에 발생한다.

노동의 한계생산물(*MPN*: marginal product of labor): (3) 노동력 한 단위를 추가로 고용해 추가로 생산되는 산출물의 양

노동의 한계수입생산물(*MRPN*: marginal revenue product of labor): (3) 노동력 한 단위를 추가로 고용했을 때 추가로 생산되는 산출물을 시장에서 판매해 얻은 추

가수입. 경쟁시장에서 활동하는 기업의 경우 산출물의 단위당 가격에 노동의 한계생산물을 곱한 수치와 같다.

노동참가율(participation rate): (3) 성인 중 노동력에 포함되어 있는 사람들의 비율

노력곡선(effort curve): (11) 노동자의 노력수준과 실질임금의 관계를 나타낸 곡선. 양의 기울기를 갖는 이 곡선은 높은 실질임금이 노동자를 더 노력하게 만든다는 것을 보여준다.

단기 총공급곡선(short-run aggregate supply (*SRAS*) curve): (9) 총생산량을 가로축에, 물가수준을 세로축에 나타낸 그래프에서 단기에 적용되는 물가수준과 총생산량 간의 관계를 나타낸다. 단기에 물가수준은 고정되어 있으며 생산자는 고정된 물가수준에서 수요되는 생산량을 생산하므로 *SRAS* 곡선은 수평선임. 오인이론(즉, 공급자가 물가수준이 기대보다 높을 경우 더 많은 생산품을 공급하는 잘못된 인식을 갖고 있을 경우를 상정한 이론)에 기초한 확장된 고전파 모형에 의하면, *SRAS* 곡선은 양의 기울기를 가짐. 이 모형에서 단기는 기대 물가수준이 변하지 않는 동안의 기간임

대출과 예금의 승수확장(multiple expansion of loans and deposits): (14) 부분지불준비제도가 시행되고 있는 은행체제하에서는 은행이 예금 중 일부를 (기업이나 가계에) 대출하면 대출자금은 궁극적으로 은행조직으로 재예입되며, 그렇게 발생한 신규예금의 일부는 다시 대출된다. 이와 같은 승수확장과정의 결과로 통화공급량은 본원통화를 훨씬 초과하는 크기로 늘어난다.

독점적 경쟁(monopolistic competition): (11) 어느 정도의 경쟁은 있지만 비교적 소수의 판매자밖에 없고 상품 표준화도 불완전하기 때문에 각 개별 생산자가 가격 순응자라기보다는 어느 정도 가격설정자처럼 행동하는 시장의 한 형태

동조성(comovement): (8) 경기순환에서 많은 경제변수가 예측 가능한 방향으로 함께 움직이는 경향

동행변수(coincident variable): (8) 어떤 변수의 정점과 바닥이 경기순환의 정점 및 바닥과 같은 시기에 나타난다면 이를 동행변수라고 한다. '후행변수', '선행변수' 참조

디스인플레이션(disinflation): (12) 인플레이션율의 하락

디플레이션(deflation): (1) 대부분 재화와 서비스의 가격이 시간이 경과함에 따라 하락하는 현상

리카도의 대등 정리(Ricardian equivalence proposition): (4) 조세정액제 증가에 의해 완전히 충당되는 정부의 재정적자는 경제에 아무런 영향이 없다는 명제

마찰적 실업(frictional unemployment): (3) 노동자는 자기에게 적합한 직업을 찾고 기업은 적합한 인재를 찾는 과정에서, 상호 불일치로 인해 발생하는 실업

만기기간(time to maturity): (7) 만기가 도래해 투자가가 원금을 회수하는 시기까지의 기간

메뉴비용(menu cost): (11) 가격을 변경하는 데 수반되는 제비용. 예를 들어 새로운 가격표를 인쇄하고, 상품에 새 가격표를 붙이는 등의 비용

명목변수(nominal variable): (2) 현재의 시장가격으로 평가되는 변수

명목이자율(nominal interest rate): (2) 이익을 내는 자산의 명목가치가 시간이 경과하는 데 따라 증가하는 비율. 시장이자율과 같다.

명목절상(nominal appreciation): (13) 변동환율제도하에서 명목환율이 상승하는 것

명목절하(nominal depreciation): (13) 변동환율제도하에서 명목환율이 하락하는 것

명목 GDP(nominal GDP): (2) 현재 시장가격으로 평가한 최종생산물의 가치. 경상 GDP라고도 함

명목충격(nominal shock): (10) 통화공급이나 수요에 대한 충격으로 *LM* 곡선의 이동을 가져온다.

명목환율(nominal exchange rate): (13) 자국의 화폐 한 단위로 구입할 수 있는 외국화폐의 수량. 그냥 환율이라고도 한다.

무역적자(trade deficit): (1) 한 국가의 수입이 수출을 초과할 경우 발생하는 차이

무역흑자(trade surplus): (1) 한 국가의 수출이 수입을 초과할 경우 발생하는 차이

무차별곡선(indifferent curve): (4) 주어진 효용수준하에서 현재소비와 미래소비의 조합을 나타내 주는 그래프상의 곡선

무차입, 무대출점(no-borrowing, no-lending point): (4) 소비자의 예산선상에서 현재의 소비가 현재소득과 초기의 부를 합한 크기와 같은 점을 말한다. 소비자가 이 점에 부합하는 소비의 조합을 선택한다면, 그는 차입할 필요도 없고 또 자원을 미래로 이연(移延, carry over)시킬 필요도 없다.

물가지수(price index): (2) 일정 재화와 서비스에 대한 평

균가격수준을 측정한 지수로서, 기준시점의 물가에 대해 비교시점의 상대적 물가수준을 지수로 나타낸 것

민간가처분소득(private disposable income): (2) 조세 납부 후 정부로부터 받은 이전지출소득과 이자소득을 합친 민간부문(가계와 기업을 동시에 고려)의 소득

민간저축(private saving): (2) 민간부문(가계와 기업)의 저축으로 민간가처분소득에서 소비를 뺀 것과 같음

바람직한 자본스톡(desired capital stock): (4) 기업이 가능한 최대의 기대이윤을 실현할 수 있도록 하는 자본의 양

변동환율제도(flexible-exchange-rate system): (13) 환율이 공적으로 고정되어 있지 않으며 외환시장의 수요와 공급 조건에 따라 정해지는 제도. 유동환율제도라고도 함

보유현금(vault cash): (14) 은행이 지점의 금고에 보관하는 통화. 시재금은 은행의 지불준비금의 한 형태임

보이지 않는 손(invisible hand): (1) 애덤 스미스(Adam Smith)가 제시한 견해로, 자유로운 시장이 있고 그 안에서 각 개인이 각자의 최대이익을 위해 경제행위를 한다면 경제는 전체적으로 잘 운행될 것이라는 주장이다.

본원통화(monetary base): (14) 중앙은행의 부채로서 은행 지불준비금, 화폐로 사용되는 비은행 민간부문이 보유하는 통화. 일명 고성능통화라고도 함

부(wealth): (2) 개인, 기업, 국가의 자산에서 부채를 뺀 가치. 순자산이라고도 함

부가가치(value added): (2) 어떤 생산자에 있어 생산물 가치에서 구매한 투입물의 가치를 뺀 금액

부가율(markup): (11) 상품가격에서 한계비용을 뺀 차액을 한계비용으로 나누어 산출한 비율

부분지급준비제도(fractional reserve banking): (14) 은행이 예금의 일부만 지급준비금으로 보유해 지급준비율이 1보다 작은 금융제도

부채-GDP 비율(deb-GDP ratio): (15) 정부채무의 현재 잔액을 GDP로 나눈 비율

불황(depression): (8) 경제활동에 있어서 특히 심각하면서 장기간의 침체가 지속되는 것

비경기적(acyclical): (8) 경기순환에 있어서 규칙적 패턴을 나타내지 않는 것. '경기순응적', '경기역행적' 참조

상대구매력평가설(relative purchasing power parity): (13) 명목환율의 상승률은 외국 인플레이션율에서 내국 인플레이션율을 뺀 값과 같다는 사고

생산성(productivity): (3) 경제가 생산물을 생산하기 위해 사용하는 자본과 노동을 어떻게 사용하는지 전반적으로 나타내는 효율성의 측정치. 총요소생산성이라고도 함

생산성 충격(productivity shock): (10) 경제의 생산함수 변화, 혹은 동일한 자본과 노동을 사용해 생산되는 생산물 크기의 변화. 공급 충격이라고도 함

생산요소(factors of production): (3) 자본재, 노동, 원자재, 에너지 등과 같이 생산과정에 투입된 것

생산접근방법(product approach): (2) 경제활동을 생산된 재화와 서비스의 시장가치의 합에서 생산의 중간과정에서 사용된 재화와 서비스를 뺀 값으로 측정하는 방법. 모든 생산물의 부가가치를 합산해 측정한 것과 같음

생산함수(production function): (3) 주어진 자본과 노동을 사용해 (기업 혹은 경제 전체에 의해) 최대한 얼마만큼의 생산물을 생산할 수 있는지 보여주는 함수

선행변수(leading variable): (8) 경기순환과정에서 정점과 저점에 먼저 도달해 본격적인 경기순환을 예고해 주는 변수. '동행변수', '후행변수' 참조

선행지표지수(index of leading indicator): (8) 경기순환을 유도하는 경제 변수의 가중평균치. 미래의 경제활동을 예측하는 데 사용된다.

성장회계(gross accounting): (6) 경제성장률을 경제성장에 기여한 각 요인(즉 자본, 노동, 생산성)별로 그 기여의 비율을 나누어 환산하는 방식

성장회계방정식(gross accounting equation): (6) 생산함수를 경제성장률 형태로 표현한 방정식으로 ① 생산성 향상의 성장률, ② 산출량의 자본 탄력성에 자본 증가율을 곱한 수치, ③ 산출량의 노동 탄력성에 노동 증가율을 곱한 수치를 합치면 전체 경제성장률과 같다는 것을 나타낸다.

세계실질이자율(world real interest rate): (5) 개인, 기업 및 정부가 다른 나라와 대출과 차입을 행하는 국제금융시장에서의 실질이자율

세율유연화정책(tax rate smoothing): (15) 조세체계 변경으로 인해 생겨나는 왜곡을 최소화하기 위해 상당 기간 세율을 안정적으로 유지하려는 정책. '조세왜곡' 참조

세후 기대 실질이자율(expected after-tax real interest rate): (4) 세후 명목이자율에서 기대 인플레이션율을 뺀 것. 이자소득세 공제 후 실질자산가치의 증가율과 같다.

소득접근방법(income approach): (2) 경제활동을 측정하는 방법으로서 노동자의 임금수입, 정부의 조세수입, 기업의 세후 이윤 등 모든 수취소득을 합산한다.

소득지출 항등식(income-expenditure identity): (2) 총소득이 소비, 투자, 정부구매순수출을 합친 총지출(혹은 총생산)과 같다는 회계상의 항등식

소득효과(income effect): (4) 어느 경제주체가 소득이나 부의 변화에 반응해 나타내는 경제행위의 변화(예를 들어 개인의 저축금액이나 노동시간의 변화 등). 그래프에서는 예산선의 평행이동에 따라 유발되는 행위의 변화

소비(consumption): (2) 국내 가계의 최종 재화와 서비스에 대한 지출

소비 안정화 동기(consumption-smoothing motive): (4) 대부분의 사람이 어떤 시기에는 소비가 많고 어떤 시기에는 소비가 적은 것을 피해, 시기별로 일정하거나 상대적으로 안정된 소비 패턴을 선호하는 것

소비자 물가지수(consumer price index): (2) 주어진 소비재와 서비스 꾸러미의 현재(비교연도) 비용을 기준연도 꾸러미의 비용으로 나누어 계산된 물가지수

솔로우 잔차(Solow residual): (10) 총요소생산성의 실증적 측정

수축(contraction): (8) 경기순환에서 총체적 경제활동이 하락하는 시기로서 침체(recession)라고도 함

순국민생산(NNP: net national product): (2) GNP에서 감가상각을 뺀 금액

순수출(net export): (2) 상품과 서비스의 수출에서 수입을 뺀 차액

순정부소득(net government income): (2) GDP 중 민간부문이 처분할 수 없는 부분. 민간부문이 납부한 조세에서 정부가 민간부문에 지급한 총지급(이전지출과 정부부채의 이자지급액)을 차감한 것과 같다.

순투자(net investment): (4) 1년간 자본재고량(capital stock)의 증가분. 총투자에서 기본 자본재의 감가상각액을 차감한 크기와 같다.

순해외자산(net foreign asset): (2) 한 국가의 해외자산(국내거주자가 소유하고 있는 외국의 주식, 채권, 공장 등)에서 해외부채(외국이 소유하고 있는 국내의 물적자산과 금융자산)를 차감한 금액

스태그플레이션(stagflation): (1) 1970년대 중반 미국에서 발생한 것과 같이 높은 실업(경기침체)과 높은 인플레이션이 동시에 존재하는 상태

승수(multiplier): (11) 어떤 유형의 지출에 있어서 지출 한 단위의 변화에 의해 유발되는 단기 산출량의 변화량

신뢰도(credibility): (14) 장래 경제정책에 대한 중앙은행의 발표를 일반 대중이 믿는 정도

신용경로(credit channel): (14) 이자율과 환율경로를 통한 효과 외에도, 통화정책이 신용의 공급과 수요를 통해 경제에 영향을 미치는 경로

실업(unemployment): (1) 일할 의사와 능력을 지니고 있는데도 취업의 기회가 주어지지 않는 사람의 수

실업기간(unemployment spell): (3) 한 개인이 실업상태로 있는 연속적인 기간

실업률(unemployment rate): (3) 실업자가 경제활동인구에서 차지하는 비율

실증분석(empirical analysis): (1) 경제이론 및 모형의 함축성을 실제 데이터와 비교 분석하는 방법

실증분석(positive analysis): (1) 어떤 정책의 경제적 결과에 대한 분석이며, 그 정책의 결과가 바람직한가에 관한 문제는 고려하지 않음. '규범분석' 참조

실직률(job loss rate): (8) 현재 고용자가 다음 달에 직장을 잃을 확률

실직의 지속기간(duration): (3) 실업이 지속되는 기간

실질경기순환이론(real business cycle(RBC) theory): (10) 생산성 충격(혹은 공급 충격)을 경기변동의 주된 원인으로 파악하는 고전파 이론의 한 변형

실질변수(real variable): (2) 하나로 고정된 기준연도의 가격으로 측정된 변수. 생산 혹은 사용 수량으로 표시하기 위한 지표

실질이자율(real interest rate): (2) 시간의 흐름에 따라 금융자산의 실질가치 혹은 구매력이 증가하는 비율. 명목이자율에서 인플레이션율을 뺀 값과 같다.

실질이자율의 저축에 대한 대체효과(substitution effect of real interest rate on saving): (4) 소비자가 더 많이 저축하려는 경향. 즉, 저축에 대한 보상이 증가함으로써 현재소비를 미래소비로 대체한다.

실질임금(real wage): (3) 기업이 고용한 노동이라는 생산요소에 대해 단위당 지불해야 하는 (상품의 구매력으로 측정한) 실질가치. 명목임금을 물가수준으로 나눈 값과 동일

실질임금 상승의 대체효과(substitution effect of a higher real wage): (3) 노동자가 여가를 노동으로 대체하려는 경향. 즉, 실질임금이 상승하면 노동에 대한 보상이 증

가하므로 이에 상응해 여가를 줄이고 노동공급을 증가시킨다.

실질임금 상승의 소득효과(income effect of a higher real wage): (3) 실질임금이 상승할 때 노동자가 노동공급을 줄이는 성향. 좀 더 높은 실질임금이 노동자를 더욱 부유하게 만들기 때문에 일어나는 결과다.

실질임금의 경직성(real-wage rigidity): (11) 케인즈파의 견해로서 경기변동기간 중 노동수요량과 노동공급량이 균형을 유지하도록 실질임금이 거의 변화하지 않는 경향

실질잔고(real balance): (7) 실질화폐의 보유량. 명목금액으로 표시된 화폐의 양을 물가수준으로 나눈 값으로 측정한다.

실질절상(real appreciation): (13) 실질환율의 상승, 즉 주어진 내국재화의 양으로 구입할 수 있는 외국재화의 양이 상승하는 현상

실질절하(real depreciation): (13) 실질환율의 하락, 즉 주어진 내국재의 양으로 구입할 수 있는 외국재의 양이 감소하는 현상

실질 GDP(real GDP): (2) 기준연도의 가격으로 평가한 경제의 최종생산물의 시장가치. 불변가격 GDP라고도 함

실질충격(real shock): (10) 경제의 실물 측면에 미치는 교란. 예를 들어 생산함수, 노동력의 크기, 실질정부구매의 양, 혹은 소비자의 소비/저축의 결정 등에 대해 영향을 미치는 충격. 실질충격은 *IS* 곡선 혹은 *FE*선(완전고용선)에 영향을 미침

실질환율(real exchange rate): (13) 내국재 한 단위로 획득할 수 있는 외국재의 양. 교역조건이라고도 함

여가(leisure): (3) 모든 비직무적 활동. 식사, 수면, 오락, 가사 돌보기 등을 포함한다.

역 인과관계(reverse causation): (10) 산출물 생산이 장래 변화할 것이라는 예상이 현재의 통화공급을 같은 방향으로 변화시키는 경향이 있다는 주장. 실질경기변동을 주장하는 경제학자가 통화공급이 경기변동을 야기하는 이유를 설명하기 위해 사용함

연방공개시장위원회(FOMC: Federal Open Market Committee): (14) 미국 통화정책의 과정을 결정하는 12인 위원회. 연방준비제도이사회의 이사 7인, 뉴욕 연방준비은행 총재, 기타 지역의 연방준비은행 총재 중에서 4명 등으로 구성됨.

연방기금이자율(Fed funds rate): (14) 어떤 은행이 다른 은행에 빌려주는 지급준비금에 부과되는 이자율

연방준비제도이사회(Board of Governors of the Federal Reserve System): (14) 7인의 이사로 구성되며 미국 대통령에 의해 14년 임기가 서로 어긋나게 배치되도록 임명된다. 이사 중 1명이 연방준비제도이사회 의장으로 대통령에 의해 선임된다.

예금기관(depository institution): (14) 일반 대중으로부터 예금을 받고 직접 대출을 수행하는 민간은행과 저축기관

예금인출사태(bank run): (14) 은행이 파산해 예금 전액을 돌려받지 못할지도 모른다는 예금자의 공포심 때문에 발생하는 은행예금의 대규모 인출사태

예산선(budget line): (4) 소비자의 예산제약을 나타내는 그래프. 예산선은 어떤 소비자의 초기 부와 현재 및 미래 소득, 그리고 이자율이 주어진 경우, 그 소비자가 할당하는 현재소비와 미래소비의 조합을 그래프로 보여준다.

예산잉여(budget surplus): (2) 정부수입에서 정부지출을 차감한 것. '정부지출', '정부수입', '정부저축' 참조

예산적자(budget deficit): (2) 정부지출에서 정부수입을 차감한 것. '정부지출', '정부수입' 참조

예산제약(budget constraint): (4) 어떤 소비자의 초기 부와 현재 및 미래 소득, 그리고 이자율이 주어진 경우, 그 소비자가 현재소비와 미래소비를 얼마만큼씩 할당할 수 있는가를 보여주는 관계식

예상치 않은 인플레이션(unanticipated inflation): (12) 실질 인플레이션율에서 예상된 인플레이션율을 뺀 값

오인이론(misperceptions theory): (10) 생산자가 일반 물가수준을 직접 관찰할 수 없기 때문에 일반 물가수준이 그들의 예상보다 높을 때는 산출물의 총공급량이 완전고용수준 이상으로 증가할 것으로 예상하기 때문에, 단기 총공급곡선은 상향 기울기를 갖는다고 주장하는 이론

오쿤의 법칙(Okun's Law): (3) 실업률이 1% 증가하면 산출량이 2% 정도 줄어든다는 개략적인 공식

완전경쟁(perfect competition): (11) 상품의 품질규격이 표준화되어 있고 다수의 판매자와 구매자가 있어 모든 판매자와 구매자가 모두 가격순응자로 행동하는 시장 상황

완전고용산출량(full-employment output): (3) 물가와 임금이 완전히 균형수준으로 조정되었을 때 기업이 공급하는 산출량수준

완전고용선(full-employment(*FE*) line): (9) 수평축이 산출량이고 수직축이 이자율인 그래프에서, 완전고용산출량에서 나타내는 수직선. *FE*선 위의 점들은 노동시장의 균형점들과 일치한다.

완전고용수준의 고용(full-employment level of employment): (3) 물가와 임금이 완전히 조정된 후에 달성되는 균형 고용수준

완전고용 재정적자(full-employment deficit): (15) 조세와 지출 정책이 주어진 상태에서, 경제가 완전고용수준에 있다고 가정할 때, 정부예산적자가 얼마가 돼야 할 것인가의 문제

외국인 직접투자(foreign direct investment): (5) 외국기업이 자본재를 구입(및 설치)하거나 건설(공장 건축)하는 것. 예를 들어 일본 자동차회사가 미국에 새 공장을 짓는 것

외환시장(foreign exchange market): (13) 여러 국가의 통화가 거래되는 시장

위험(risk): (7) 자산보유에 따른 실질수익이 기대수익과 현저한 차이가 생겨날 가능성

유동성(liquidity): (7) 이것을 보유하면 상품, 서비스, 기타 자산으로 즉시 쉽게 변환할 수 있는 자산(광의의 화폐를 통칭하는 말)

유동성 함정(liquidity trap): (11) 명목이자율이 거의 0%에 가깝게 낮은 수준으로 유지되는 상태에서 이자율을 추가인하하는 통화정책으로는 경기를 부양하기가 불가능한 상황을 말함

유동환율제도(floating-exchange-rate system): (13) '변동환율제도' 참조

유량변수(flow variable): (2) 기간을 정해서 측정되는 변수. 예를 들어 GDP는 연간 혹은 분기 산출량으로 측정된다. '저량변수' 참조

유통속도(velocity): (7) 일정 기간 동안 화폐가 다른 사람에게 전달되어 소유주가 바뀌는 횟수. 명목 GDP를 명목통화공급으로 나누어 계산함

유효노동수요곡선(effective labor demand curve): (11) 수평축은 산출량, 수직축은 고용량인 그래프에서, 생산성과 자본스톡 및 기술수준이 주어졌을 때 주어진 산출량을 생산하기 위해 얼마만큼의 노동이 필요한가를 보여주는 우상향하는 곡선

유효자본세율(effective tax rate on capital): (4) 투자에 영향을 미치는 많은 종류의 조세 규정을 요약해, 자본에 대한 조세부담을 단일 척도로 제시한 것

은행지급준비금(bank reserves): (14) 예금자의 인출 요구에 응하거나 예금자 계정에서 발행된 수표 금액을 지급하기 위해 은행이 보유하고 있는 유동자산

이자율(interest rate): (2) 차입자(borrower)가 대부자(lender)에게 지급하기로 약속한 수익률

이자율경로(interest rate channel): (14) 통화당국의 통화정책이 실질이자율의 변화에 미치는 영향을 통해 효과를 나타낼 경우 그 작용경로를 말함

이전지출(transfers): (2) 사회보장지출, 의료보험급여, 실업보험, 후생지출 등과 같이 재화나 서비스의 교환 없이 정부가 일방적으로 지불하는 것

인적자본(human capital): (6) 각 개인이 갖고 있는 생산적인 지식, 기술, 훈련에 의한 숙련도 등을 말한다.

인플레이션(inflation): (1) 상품과 서비스 대부분의 가격이 상당기간 지속적으로 상승하는 상황

인플레이션 조세(inflation tax): (15) 통화주조권을 가진 정부가 통화발행 증가로 일반 물가의 상승을 유도함으로써 거둬들이게 되는 수입. 통화주조이차라고도 함

일반균형(general equilibrium): (9) 어떤 국민경제 내의 모든 시장이 동시에 균형상태에 놓여 있는 상태를 말한다.

일방적 이전지출(unilateral transfers): (5) 재화나 서비스 혹은 자산의 구매와 상관없이 일국이 타국에 행하는 지출. 예로서 내국인이 외국인에게 지불하는 대외원조를 들 수 있음

일생소비의 현재가치(*PVLC*: present value of lifetime consumption): (4) 예산제약식에 의해 *PVLR*과 동일한 현재 및 미래 소비의 현재가치

일생재원의 현재가치(*PVLR*: present value of lifetime resource): (4) 초기의 부, 현재소득 및 기대 미래소득의 합계를 현재가치로 환산한 것. 예산제약선의 수평축에 상응함

일생주기 모형(life-cycle model): (4) 기본적 2기간 모형을 다기간으로 변형한 것으로서 소득, 소비, 저축이 일개인의 인생을 여러 단계로 나누어 단계별로 어떻게 변화하는지를 중점적으로 분석하는 모형

자동안정화장치(automatic stabilizer): (15) GDP가 감소할 때 자동적으로 정부지출이 증가하게 하거나 조세가

감소하도록 하는 정부예산 조항

자본계정(capital account): (5) 한 국가의 측면에서 국가 간 자본이동을 기록한 계정

자본 및 금융계정(capital and financial account): (5) 한 국가의 실물 및 금융자산의 국제적 거래를 기록한 계정

자본 및 금융수지(capital and financial account balance): (5) 자본수지와 금융수지의 합계. 즉, 한 국가로 이전된 순자산과 순금융흐름(자본유입에서 자본유출 차감)의 합계

자본-노동 비율(capital-labor ratio): (6) 노동자 1인당 자본량으로서 자본스톡을 노동자수로 나눈 것과 같다.

자본수지(capital account balance): (5) 한 국가로 이전된 자산의 순흐름

자본유입(financial inflow): (5) 국내거주자가 자산(asset)을 외국에 매각할 때 증가하는, 금융계정에 있어서 자산(credit) 항목(플러스). 외화가 유입되는 경우

자본유출(financial outflow): (5) 국내 거주자가 자산(asset)을 외국으로부터 매입할 때 증가하는, 금융계정에 있어서 부채(debit) 항목(마이너스). 외화가 유출되는 경우

자본의 사용자비용(user cost of capital): (4) 일정 기간 동안 자본 1단위를 사용함으로써 발생할 것으로 예상되는 실질비용. 감가상각비용과 이자비용을 합한 값과 동일

자본의 한계생산물(*MPK*: marginal product of capital): (3) 자본 한 단위를 추가로 투입함으로써 추가로 생산되는 산출물의 양

자본재(capital goods): (2) 생산된 재화로서 다른 재화를 생산하기 위해 사용되는 재화며, 중간재(intermediate goods)와는 달리 그것이 생산된 것과 동시에 완전히 소모되지 않는 재화(일반적으로 사용연한이 다년도임)

자산의 분산(diversification): (7) 다양한 자산에 나누어 투자하는 것이 투자자의 총체적 위험을 줄일 수 있다는 개념

자연실업률(national rate of unemployment): (3) 국민경제의 산출량이 완전고용수준에 도달했을 때 존재하는 실업자의 비율. 마찰적 실업과 구조적 실업을 합한 것과 같다.

장기적 실업자(chronically unemployed): (3) 오랜 기간 동안 실업한 노동자

장기 총공급곡선(long-run aggregate supply(*LRAS*) curve): (9) 산출량을 횡축으로 물가를 종축으로 하는 그래프에서, 완전고용산출량수준에서는 수직선으로 나타난다. 이는 장기에 있어 산출량공급은 가격수준 변화의 영향을 받지 않는다는 것을 의미한다.

장기 필립스곡선(long-run phillips curve): (12) 실업률을 가로축으로 물가상승률을 세로축으로 하는 그래프에서, 자연실업률수준에서는 수직선으로 나타난다. 이는 장기에는 현실 실업률은 자연실업률과 같아지고 인플레이션율과는 무관하게 된다는 것을 의미한다.

재고(inventories): (2) 기업이 보유하고 있는 판매되지 않은 최종생산물, 제조·가공 중의 중간생산물, 생산원료의 저량(stock)을 뜻한다.

재량(discretion): (14) 인플레이션 안정, 높은 경제성장, 낮은 실업률 등 최종적 목표를 달성하기 위해 중앙은행이 옳다고 믿는 방식으로 정책을 수행할 수 있는 자유. 반대는 준칙(rule)

재정정책(fiscal policy): (1) 정부지출과 조세의 수준 및 구성과 관련된 정책

재할인율(discount rate): (14) 연방준비은행이 지급준비금을 은행에 빌려줄 때 부과하는 이자율

재할인 창구(discount window lending): (14) 연방준비은행이 은행에 지급준비금을 대출해 주는 창구

저량변수(stock variable): (2) 특정 시점에 경제적 수량으로 측정한 변수. 예로는 부 혹은 통화량. '유량변수' 참조

저점(trough): (8) 경기변동에 있어 경제회복 직전의 경제활동의 최저점

저축(saving): (2) 현재소득에서 현재의 필요를 충족하기 위해 지출한 금액을 뺀 것

저축에 대한 실질이자율의 소득효과(income effect of the real interest rate of saving): (4) 실질이자율이 상승하는 데 대한 일반 저축자의 반응은 소비지출을 증가시키고 저축은 줄이는 경향이 있는데, 이는 그들의 부가 증가하기 때문이다. 이에 반해 차입자는 실질이자율의 증가에 반응해 소비를 줄이고 저축을 늘리는 경향이 있는데 이는 그들의 부가 감소하기 때문이다.

저축용도 항등식(uses-of-saving identity): (2) 민간저축이 국내총투자, 재정수지적자 그리고 경상수지를 합한 값과 동일하다는 회계적 항등식

전파경로(propagation mechanism): (10) 재고 변화동태와 같이 단기간의 충격이 경제에 더 오랜 기간 영향을 미치는 경제의 한 측면

전환점(turning point): (11) 경기변동에서 정점과 저점을 통칭함

절상(appreciation): (13) '명목절상', '실질절상' 참조

절하(depreciation): (13) 환율의 하락(자국통화 표시 기준). '명목절하', '실질절하' 참조

점진주의 정책(gradualism): (12) 디스인플레이션을 위한 정책처방의 한 방법으로서 통화량 증가율과 물가상승률을 수년간에 걸쳐 서서히 줄여 나가는 방식이다. 콜드터키 전략의 반대다.

정부구매(government purchases): (2) 당해연도에 생산된 상품과 서비스를 구매하기 위한 정부의 지출

정부부채(government debt): (15) 정부 발행의 미상환채권을 일정 시점에 측정한 총금액

정부수입(government receipts): (2) 정부가 징수하는 세금과 기타 수입

정부자본(government capital): (15) 도로, 공립학교와 같이 수명이 긴 정부소유의 물적자산

정부저축(government saving): (2) 순정부소득에서 정부구매를 뺀 금액. 정부조세수입에서 조세지출을 뺀 금액과 같고, 또한 정부의 예산잉여와도 같다.

정부지출(government outlay): (2) 정부의 재화와 용역을 구입하기 위한 지출에 이전지출과 이자지급액을 합친 금액. 정부지급이라고도 함.

정상(peak): (8) 경기순환주기에서 경제활동이 증가하는 것을 멈추고 하강하기 시작하는 점

조세로 조정된 자본의 사용자비용(tax-adjusted user cost of capital): (4) 계획된 어떤 투자가 수익성이 있기 위해서 조세전 자본의 기대 미래 한계생산물이 얼마나 돼야 하는지를 나타내 준다. (조정되지 않은) 자본의 사용자비용을 '1－유효조세율'로 나눈 값과 동일

조세왜곡(distortion): (15) 조세로 인해 경제행태가 효율적인 자유시장경제의 결과와 괴리가 발생하는 것

준칙(rule): (14) 통화정책을 실행함에 있어 간단하면서도 명확하게 공공에게 사전에 공표된 일련의 가이드라인. '재량'의 반대

중간목표(intermediate target): (14) 중앙은행이 직접 조정할 수는 없지만 상당 수준 예측 가능한 정도로 영향을 미칠 수 있고, 중앙은행이 궁극적으로 도달하고자 하는 최종목표에 연결되어 있는 거시경제변수를 지칭한다. 일명 통화지표(indicator)라고도 하며, 통화량 증가율과 단기이자율이 여기에 포함된다.

중간재·중간서비스(intermediate goods and service): (2) 최종재화와 서비스 자체를 생산하는 기간 중 사용되는 다른 재화와 서비스. 또는 어떤 재화와 서비스를 생산하기 위해 사용되는 그 자체의 재화와 서비스(예: 제빵에 사용되는 밀가루)

중앙은행(central bank): (14) 통화정책의 책임을 지는 정부기관으로서 미국의 연방준비제도와 같은 것

지급준비금-예금 비율(reserve-deposit ratio): (14) 은행이 보유한 지급준비금이 전체 예금에서 차지하는 비율

지불준비금(reserves): 1. (14) '은행지급준비금' 참조. 2. (5) '공식지불준비자산' 참조

지속성(persistence): (8) 경제활동에서의 하락은 더 큰 하락을 가져오고 성장은 더 높은 성장을 수반하는 경향

지출접근방법(expenditure approach): (2) 모든 최종 재화와 서비스 구입에 지출된 금액을 합계함으로써 경제활동을 측정하는 과정

지하경제(underground economy): (2) 불법적인 경제행위와 정부의 통계자료에 잡히지 않는 합법적 경제행위로 구성된 국민경제의 일부분

집계(aggregation): (1) 경제 전체의 총량을 얻기 위해 개별 경제변수를 합계하는 과정

차입제약(borrowing constraint): (4) 차입가능 금액에 대해 대출자가 부과하는 제약. 어떤 사람이 차입제약이 없을 경우 빌리고자 하는 금액보다, 차입제약으로 인해 더 적게 빌릴 수밖에 없다면, 그 차입제약은 구속력이 있는 것이며, 그렇지 않은 경우는 구속력이 없다고 한다.

초인플레이션(hyperinflation): (12) 일정 기간 동안 지극히 높은 물가상승이 계속되는 상황. 월별 물가상승률이 50% 이상이 되는 경우라고 정의하는 사람도 있다.

총공급곡선(aggregate supply(*AS*) curve): (9) 산출량이 수평축이고 물가수준이 수직축인 그래프에서, 물가수준과 기업이 공급하는 총산출량과의 관계를 나타내는 곡선

총노동공급(aggregate supply of labor): (3) 경제 내의 모든 사람에 의해 공급되는 노동의 총합

총노동수요(aggregate demand for labor): (3) 한 경제 내의 모든 고용자에 의한 노동수요의 총합

총수요(aggregate demand): (9) 재화시장과 자산시장이 균형상태에 있을 때 산출량에 대한 경제 전체의 수요. *IS-LM* 곡선의 교차점과 일치하는 산출량수준

총수요곡선(aggregate demand(*AD*) curve): (9) 산출량이 수평축이고 물가수준이 수직축인 그래프에서, 물가수준과 산출량에 대한 경제 전체의 수요 사이에 우하향하는 기울기 관계로 나타나는 곡선

총수요관리(aggregate demand management): (11) 경기순환을 조절하기 위해 통화정책과 재정정책을 사용해 총수요곡선을 이동시키는 것. 거시경제안정화 혹은 안정화정책이라고도 함

총수요충격(aggregate demand shock): (11) *IS* 곡선 혹은 *LM* 곡선을 이동시킨 결과 총수요에 영향을 미치는 경제적 충격(예를 들어 통화량의 변동, 투자의 외생적 변동 등)

총요소생산성(total factor productivity): (3) 경제가 생산물을 생산하기 위해 사용하는 자본과 노동의 전반적인 효율성을 측정하는 측정치. 생산성이라고도 함

총투자(gross investment): (4) 새로운 자본재의 총구입액 또는 총건설금액

총흡수(absorption): (5) 국내 거주자, 기업 및 정부에 의한 총지출로 $C + I + G$와 같다.

최종 재화와 서비스(final goods and service): (2) 중간재와 대비해, 생산과정의 최종 산물인 재화와 서비스

취업률(employment ratio): (3) 경제활동인구에서 취업노동자의 비율

케인즈의 접근방법(Keynesian Approach): (1) 임금이나 상품가격이 각 시장에서 수요 공급량이 일치하도록 즉각적으로 조정되지는 않는다는 가정에 기초를 둔 거시경제의 분석방법. 케인즈파 경제학자는 고전파 경제학자보다 정부의 경제에 대한 적극적인 개입(예를 들어 경기변동을 완화 조정하기 위한 조치들)이 좀 더 바람직하다고 주장하는 경향이 있다.

콜드터키 전략(cold turkey): (12) 인플레이션 감소를 목표로 통화공급 증가율을 급속하게 낮추는 정책. '점진주의 정책' 참조.

테일러 법칙(Taylor rule): (14) 실질연방자금이자율이 실질총생산량과 완전고용총생산량의 차이와 같아야 하고 또 실제 인플레이션과 목표 인플레이션의 차이와 같아야 한다는 통화정책의 가이드라인

통계적 오차(statistical discrepancy): (2, 5) 국제수지표에 경상수지와 자본수지의 합에 부가돼야 할 금액(이들의 합이 이론적 값인 영이 되도록 오차와 누락을 사용). 측정상의 오류나 불완전한 보고에 기인한다.

통화(money): (7) 지불수단으로서 광범위하게 사용되고 받아들여지는 자산들의 총칭

통화공급량(monetary supply): (7) 어떤 국민경제에서 사용 가능한 화폐의 총량으로서 각종 예금과 비은행 민간부문이 보유한 통화로 이뤄진다. 화폐저량(money stock)이라고도 함

통화(화폐)수량이론(quantity theory of money): (7) 유통속도가 일정할 때 명목통화수요가 명목 GDP와 비례한다고 주장하는 이론

통화수요(demand for money): (7) 사람들이 그들의 자산선택에서 보유하고자 하는 통화자산(현금, 수표 계정 등)의 양

통화수요의 소득 탄성치(income elasticity of money demand): (7) 실질소득이 1% 증가하는 데 따라 통화수요가 몇 % 변화하는지를 나타내는 수치

통화수요의 이자율 탄성치(interest elasticity of money demand): (7) 이자율이 1%(1%포인트와 다름) 변화하는 데 따른 통화수요의 변화율

통화수요함수(money demand function): (7) 통화의 실질수요량이 산출량, 그리고 비통화자산에 의해 지급되는 이자율에 대해 어떠한 관련이 있는지 보여주는 함수

통화승수(money multiplier): (14) 본원통화 한 단위가 창출해내는 통화공급량의 단위. 통화공급량을 본원통화량으로 나눈 비율로 계산된다.

통화연맹(currency union): (13) 동일 통화를 사용하기로 협정한 국가들의 그룹

통화위원회제도(currency board): (13) 국내에 유통되는 현금통화의 공급이 중앙은행이 보유한 외환보유고에 의해 엄격히 제한되는 통화정책제도. 이 제도의 목적은 중앙은행을 통제하기 위한 것이다.

통화정책(monetary policy): (1) 국민경제의 통화공급수준과 그 증가 비율을 결정하는 정책. 중앙은행(미국에서는 연방준비은행)이라는 정부기구가 관장한다.

통화조절 수단(instrument): (14) 중앙정부가 국민경제에

영향을 미칠 수 있는 정책수단으로서 지급준비율 조정, 재할인율 조정, 공개시장조작이 포함된다.

통화주의(monetarism): (14) 거시경제에서 화폐가 중요한 역할을 하지만 경제안정화를 목적으로 정부가 통화정책을 사용하는 것은 반대하는 사상을 옹호하는 거시경제학파

통화주조이차(seigniorage): (15) 화폐발행을 통해 정부가 얻는 수입. 인플레이션 조세라고도 함

통화지표(indicator): (14) '중간목표' 참조

통화집계량(monetary aggregates): (7) M1, M2와 같이 집계량을 측정하는 척도. 'M1', 'M2' 참조

투기적 인출상태(speculative run): (13) 고정환율제도하에서 자국통화의 급격한 평가하락이 임박했다고 생각하는 금융투자자들이 그 통화로 표시된 자산을 급속히 매각하는 사태

투자(investment): (2) 신규자본재에 대한 지출은 고정투자라 하고, 기업의 재고 보유량 증가는 재고투자라 한다. '총투자', '순투자' 참조

평가절상(revaluation): (13) 고정환율제도하에서 중앙은행이 조치를 취해 통화가치를 인상하는 것

평가절하(devaluation): (13) 고정환율제도하에서 정부가 공식적으로 자국 통화가치를 하락시키는 것

평균노동생산성(average labor productivity): (1) 노동투입 단위당 생산된 산출량(노동자 1인당 산출량 혹은 노동시간당 산출량)

평균세율(average tax rate): (15) 총납세액을 납세자의 소득으로 나눈 비율

폐쇄경제(closed economy): (1) 다른 나라와 무역거래 혹은 금융관계를 갖지 않는 국민경제

포트폴리오 배분결정(portfolio allocation decision): (7) 자산의 형태 및 각 자산의 보유 정도에 관한 자산 보유자의 결정

필립스곡선(Phillips curve): (12) 인플레이션율과 실업률 사이의 음의 관계. 이론에 의하면 필립스곡선은 기대인플레이션과 자연실업률이 상대적으로 안정적인 기간의 데이터에서만 관측됨. '기대가 적용된 필립스곡선', '장기 필립스곡선' 참조

한계비용(marginal cost): (11) 상품 한 단위를 추가로 생산하기 위해 지출해야 하는 비용

한계생산성 체감(diminishing marginal productivity): (3) 다른 생산요소의 투입이 일정할 때, 어떤 특정한 생산요소의 투입이 늘어날수록 추가로 얻어지는 산출량이 감소하는 생산함수의 특성. 예를 들어 자본스톡이 일정할 때, 노동투입이 1단위 증가하면 총산출량은 증가하지만 산출량의 증가분은 감소하는 경우를 말한다.

한계세율(marginal tax rate): (15) 소득이 한 단위 증가함에 따라 추가로 납부해야 하는 조세액의 비율

한계소비성향(*MPC*: marginal product to consume): (4) 경상소득이 한 단위 증가할 때 바람직한 소비가 얼마나 증가하는지를 나타내는 산출물의 양

합리적 기대(rational expectations): (10) 이용 가능한 모든 정보를 이용해 합리적이며 이성적인 검토를 바탕으로 하여 형성한 경제변수들의 가치에 대한 기대. 비록 거시경제정책 혹은 경제의 변화에 대한 예측오차가 생겨날 수 있지만, 합리적 기대에 기초한 경제주체는 체계적인 오류를 범하지는 않는다.

항상소득이론(permanent income theory): (4) 소비가 일생동안 사용 가능한 총자원의 현재가치에 의존한다는 가설로서, 소비는 일시적인 소득의 변화보다는 항구적인 변화에 더 잘 반응한다는 것을 의미한다.

해외순수취요소소득(*NFP*: net factor payments from abroad): (2) 국내의 생산요소에 대해 외국이 지급해 수취한 소득에서 국내의 경제주체가 해외의 생산요소에 지급한 소득액을 차감한 금액

행동주의자(activist): (14) 경제환경의 변화에 대해 중앙은행이 적극적으로 반응하는 정책 전략을 말한다. '재량' 참조

현금-예금 비율(currency-deposit ratio): (14) 민간 보유 현금통화의 예금통화에 대한 비율

현금통화(currency): (7) 정부가 발행한 지폐와 동전. 현금

현재가치(present value): (4) 미래에 지급받기로 한 금액을 현재의 화폐가치로 환산한 금액. 해당 기간 동안 주어진 이자율하에서 미래에 지급받도록 정해진 금액과 동동한 가치를 가진 현재 투자금액

호황(boom): (8) 경기순환에서 총체적 경제활동이 증가하는 기간. 경기 확장기라고도 함

화폐(통화) 중립성(monetary neutrality): (9) 어떤 국민경제에서 명목통화(화폐)공급량이 변할 때 일반 물가수준도 그 비율만큼 변하는 특성을 나타내는 경우를 말한다. 고전파 기본모형에서는 이 중립성 가설을 주장

하나, 경제주체의 오인(misperception)을 고려한 고전파 모형이나 케인즈파 모형에서 이 중립성은 장기에는 성립하지만 단기에서는 성립하지 않는다고 가정한다.

확장 국면(expansion): (8) 경기순환에서 총체적 경제활동이 상승하는 기간. 호황이라고도 함

확장 정책(expansionary policy): (11) 총수요를 증가시키는 통화정책 혹은 재정정책

환율(exchange rate): (13) 자국통화 한 단위로 취득할 수 있는 외환의 단위. 보통 명목환율이라고 한다.

환율경로(exchange rate channel): (14) 통화정책의 효과가 실질환율 변화를 통해 작동하는 경로를 지칭함

환율의 본질가치(fundamental value of exchange rate): (13) 정부의 개입이 없을 때 외환시장에서 수요와 공급의 힘에 의해서 결정되는 환율의 값

황금률 자본-노동 비율(Golden Rule capital-labor ratio): (6) 균제상태하에서 노동자 1인당 소비를 극대화하는 자본-노동 비율의 수준

효용(utility): (4) 한 개인의 경제적 만족도 혹은 후생수준

효율성 임금(efficiency wage): (11) 노동자의 노력 혹은 실질임금 1원당 효율성을 극대화하는 실질임금

효율성 임금 모형(efficiency wage model): (11) 노동자는 더 높은 임금을 받을수록 더 열심히 일하기 때문에, 이윤극대화를 추구하는 고용자는 노동시장 청산 실질임금보다 더 높은 실질임금 지불을 선택하게 된다는 노동시장 모형. 이 모형은 실질임금 경직성 및 실업의 존재를 설명하는 데 사용될 수 있다.

후행변수(lagging variable): (8) 경기순환과정에서 정점과 저점에 동반하지 않고 뒤늦게 도달하는 변수. '동행변수', '선행변수' 참조

희생률(sacrifice ratio): (12) 인플레이션율을 1% 낮추기 위해 상실을 감수해야 하는 생산물의 양

100% 지급준비제도(100% reserve banking): (14) 은행이 예금의 100%를 모두 지불준비금으로 보유하는 은행제도

***FE*선**(*FE*-line): (9) '완전고용선' 참조

GDP: (2) '국내총생산' 참조

GDP 디플레이터(GDP Deflator): (2) 일반물가수준의 측정지표, 해당 연도의 명목 GDP와 실질 GDP의 비율로 계산된다.

GNP: (2) '국민총생산' 참조

***IS* 곡선**(*IS* curve): (9) 가로축은 산출량, 세로축은 실질이자율로 표시된 그래프에서, 각각의 주어진 산출량수준에서 재화시장의 수급균형을 보여주는 실질이자율의 궤적을 나타내는 우하향의 곡선. 폐쇄경제를 가정할 때 *IS* 곡선상 어느 점에서도 바람직한 저축수준과 바람직한 투자는 일치한다. 마찬가지로 재화시장의 총수요량과 총공급량도 일치한다.

J 곡선(J curve): (13) 실질환율을 평가절하했을 때 순수출이 그에 대해 반응하는 전형적인 패턴으로서, 처음에는 순수출이 감소하다가 점차 상승하는 모양을 보인다.

***LM* 곡선**(*LM* curve): (9) 생산량을 횡축으로 실질이자율을 종축으로 하는 그래프에서, 각 산출량수준별로 자산시장의 수요·공급 균형을 나타내는 점들의 궤적으로서 우상향의 곡선을 말함. *LM* 곡선상 어느 점에서나 통화공급과 통화수요는 일치한다.

M1: (7) 통화량 집계치 중 하나로 현금, 수표, 요구불예금, 당좌예금이 포함된다.

M2: (7) 통화량 집계치 중 하나로 M1에 포함된 자산과, 그보다는 화폐와 같은 유동성이 다소 떨어지는 저축예금, 소액 정기예금(10만 달러 이하), 비기관 개인이 보유하는 통화시장 상호기금(MMMF: money market mutual fund), 통화시장 예치계정(MMDA: money market deposit account) 등이 포함된다.

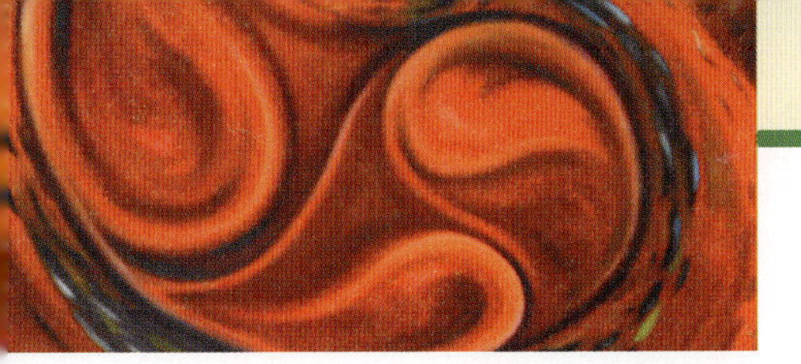

찾아보기

| 기타 |

| A |

| B |

| C |

| D |

| E |

|N|

|O|

|P|

|Q|

|R|

|S|

저자 소개

앤드류 B. 아벨
(Andrew B. Abel)
펜실베이니아대학교
워튼 경영대학원 교수

워튼 경영대학원의 로널드 A. 로젠펠드 금융학 교수이면서 펜실베이니아대학교 경제학과 교수를 겸임하고 있는 앤드류 아벨은 프린스턴대학교에서 최우등 졸업생으로 학사학위를 받았고, 박사학위는 매사추세츠 공과대학에서 받았다.

그는 교수생활을 시카고대학교와 하버드대학교에서 시작했으며 그동안 이스라엘의 텔아비브대학교와 예루살렘의 헤브류대학교에서 방문교수직을 겸하고 있다.

연구성과물을 많이 출판하기로 이름난 아벨 교수는 그동안 재정정책, 자본형성, 통화정책, 자산가격 평가, 사회안전 분야에서 수많은 저작물을 출간했고 다수의 학술지에서 편집위원으로 활동했다. 그는 이러한 업적으로 알프레드 슬로언 명예연구위원, 계량경제학회 명예학자로 추대됐고, 경제학을 가르치는 데 우수한 업적을 인정받아 갤브레이드 상을 수상했다. 아벨 교수는 필라델피아 연방준비은행의 초빙 연구위원, 국회예산처 경제자문위원, 사회안전 자문위원회의 기술자문 패널의 위원으로도 봉사해 왔으며, 현재 국립경제연구소(NBER)의 협동연구위원과 카네기-로체스처 총회시리즈 자문위원이기도 하다.

벤 S. 버냉키
(Ben S. Bernanke)

과거 프린스턴대학교의 경제학 및 공공문제학과의 하워드 해리슨, 가브리엘 스나이더 벡 교수를 역임한 벤 버냉키는 하버드대학교에서 최우등으로 졸업하면서 경제학사를 받았는데 그와 동시에 학부생 졸업논문 최우수자에게 수여하는 앨린 영 상과 경제학과 최우수 상급생에게 주는 존 윌리엄스 상을 받았다. 공저자 아벨과 같이 그도 MIT에서 박사학위를 받았다.

버냉키는 교수생활을 1979년 스탠포드대학교 경영대학원에서 시작했다. 1985년 프린스턴대학교로 옮기면서 바로 경제학과장직을 맡아 2002년까지 봉직했다. 그는 MIT에 두 번, 뉴욕대학교에 한 번 초빙교수로 부름을 받아 학부 및 경영대학원(MBA), 공공문제대학원(MPA)의 석사과정과 박사과정 학생들을 가르쳤다. 그는 지금껏 거시경제학, 거시경제역사, 재정 분야에서 60여 개의 논문을 출간했다.

버냉키는 연방준비은행의 자문위원 겸 초빙교수로 봉사해 왔다. 또한 계량경제학회의 명예회원이며 구겐하임 명예위원이기도 하다. 버냉키는 그간의 업적을 인정받아 알프레드 슬로언 명예연구위원, 후버 경제연구소 국가 명예위원, 국립과학재단 고등위원, 국립경제연구소(NBER)의 협동연구위원을 역임했으며, 「American Economic Review」의 편집장을 역임했다. 2005년에는 대통령 경제자문위원회의 의장이 됐다. 그는 현재 미국 연방준비은행제도의 이사 겸 총재직을 맡고 있다.

딘 크라우셔
(Dean Croushore)
리치몬드대학교
로빈스 경영대학원

딘 크라우셔는 리치몬드대학교 경제학 부교수며 릭스비(Rigsby) 펠로우다. 그는 오하이오대학교에서 경제학사를, 오하이오주립대학교에서 경제학 박사학위를 수여받았다.

그는 경제학 교수생활을 1984년 펜실베이니아 주립대학교에서 시작했다가 5년 후 필라델피아 연방준비은행으로 옮겨 경제조사역 겸 부총재직을 역임했다. 그는 이 은행에서 14년간 재직하면서 거시경제 조사과장으로서 총재 및 이사회에 경제현황 분석내용을 보고하고 이사회가 통화정책을 수립하는 데 자문했으며 두 개의 전국 규모의 경제예측 프로젝트를 지휘하면서, 경제 전반 및 통화정책에 관련된 현안문제를 조사연구하고 논문을 집필했다. 그가 이 연방준비은행에서 일하는 동안 당시 무기력하게 중단되어 있던 ASA/NBER 서베이를 인수받아 현재의 '예측전문가 서베이(Survey of Professional Forcasters)'로 새 출발하게 했고, '거시경제학자를 위한 실시간 데이터 세트(Real-Time Data Set for Macroeconomists)'도 개발했다.

크라우셔는 2003년 리치몬드대학교의 교수직을 맡아 교직생활로 돌아왔다. 최근 그의 연구 중점은 경제예측 분야인데 특히 데이터 수정(data revision)이 통화정책, 경제예측, 거시경제연구에 어떠한 영향을 미치는지에 대해서도 관심이 높다. 크라우셔의 저작물로는 유명 경제학술지에 발표한 많은 논문, 화폐금융론 교재 등이 있다. 그는 또한 여러 학술지의 부편집장을 맡고 있으며 그가 일하던 필라델피아 연방준비은행의 초빙 경제조사역으로 활동하고 있다.

역자 소개

■ 박성휘

고려대학교 경제학과(경제학사)
오스트레일리아 뉴잉글랜드대학교(경제학석사)
고려대학교 대학원 경제학과(경제학박사)
영국 요크대학교 객원연구교수
호서대학교 대학원장 역임
현재 호서대학교 경제학과 명예교수

『하이테크 벤처의 경제이론과 정책』(산문출판),
『테크놀로지 리더』(한국능률협회) 외 다수

■ 이충열

고려대학교 경제학과(경제학사)
미국 오하이오주립대학교 경제학과 졸업(경제학박사)
한국금융연구원 부연구위원 역임
현재 고려대학교 세종캠퍼스 경제학과 교수

『한국 외환위기의 성격과 발생원인에 대한 연구』(한국금융연구원), 『디지털금융』(공저, 도서출판 홍) 외 다수

■ 김홍진

고려대학교 경제학과(경제학사)
고려대학교 대학원 경제학과(경제학박사)
미국 오하이오주립대학교, 오레곤대학교 방문교수
순천향대학교 학생처장, 사회과학대학 학장 역임
현재 순천향대학교 경제금융학과 교수

『경제학원론』(공저, 유풍출판사),
『화폐경제론』(공저, 경세원) 외 다수

■ 황진영

중앙대학교 경제학과(경제학사)
중앙대학교 대학원 경제학과(경제학석사)
미국 펜실베이니아대학교 대학원 경제학과(경제학박사)
미국 반더빌트대학교 대학원 경제학과(경제학박사)
현재 한남대학교 경제학과 교수

『경제학 등대지기』(공저, 박영사),
『불평등과 경제활동』(산문출판) 외 다수

Key Macroeconomic Data

Year	Nominal GDP[a] (*PY*)	Real GDP[b] (*Y*)	Consumption[b] (*C*)	Investment[b] (*I*)	Government Purchases[b] (*G*)	Net Exports[b] (*NX*)
1959	506.6	2762.5	1736.7	296.6	869.5	−29.1
1960	526.4	2830.9	1784.4	296.5	871.0	−16.0
1961	544.8	2896.9	1821.2	294.6	914.8	−14.8
1962	585.7	3072.4	1911.2	332.0	971.1	−22.7
1963	617.8	3206.7	1989.9	354.3	996.1	−18.6
1964	663.6	3392.3	2108.4	383.5	1018.0	−12.4
1965	719.1	3610.1	2241.8	437.3	1048.7	−23.5
1966	787.7	3845.3	2369.0	475.8	1141.1	−37.1
1967	832.4	3942.5	2440.0	454.1	1228.7	−46.7
1968	909.8	4133.4	2580.7	480.5	1267.2	−63.6
1969	984.4	4261.8	2677.4	508.5	1264.3	−68.5
1970	1038.3	4269.9	2740.2	475.1	1233.7	−61.1
1971	1126.8	4413.3	2844.6	529.3	1206.9	−70.8
1972	1237.9	4647.7	3019.5	591.9	1198.1	−85.4
1973	1382.3	4917.0	3169.1	661.3	1193.9	−62.1
1974	1499.5	4889.9	3142.8	612.6	1224.0	−37.5
1975	1637.7	4879.5	3214.1	504.1	1251.6	−7.5
1976	1824.6	5141.3	3393.1	605.9	1257.2	−46.2
1977	2030.1	5377.7	3535.9	697.4	1271.0	−72.9
1978	2293.8	5677.6	3691.8	781.5	1308.4	−74.4
1979	2562.2	5855.0	3779.5	806.4	1332.8	−51.7
1980	2788.1	5839.0	3766.2	717.9	1358.8	7.0
1981	3126.8	5987.2	3823.3	782.4	1371.2	2.2
1982	3253.2	5870.9	3876.7	672.8	1395.3	−20.5
1983	3534.6	6136.2	4098.3	735.5	1446.3	−73.1
1984	3930.9	6577.1	4315.6	952.1	1494.9	−142.7
1985	4217.5	6849.3	4540.4	943.3	1599.0	−163.9
1986	4460.1	7086.5	4724.5	936.9	1696.2	−181.0
1987	4736.4	7313.3	4870.3	965.7	1737.1	−173.2
1988	5100.4	7613.9	5066.6	988.5	1758.9	−128.5
1989	5482.1	7885.9	5209.9	1028.1	1806.8	−99.2
1990	5800.5	8033.9	5316.2	993.5	1864.0	−72.8
1991	5992.1	8015.1	5324.2	912.7	1884.4	−32.0
1992	6342.3	8287.1	5505.7	986.7	1893.2	−35.2
1993	6667.4	8523.4	5701.2	1074.8	1878.2	−75.0
1994	7085.2	8870.7	5918.9	1220.9	1878.0	−106.6
1995	7414.7	9093.7	6079.0	1258.9	1888.9	−98.8
1996	7838.5	9433.9	6291.2	1370.3	1907.9	−110.7
1997	8332.4	9854.3	6523.4	1540.8	1943.8	−139.9
1998	8793.5	10283.5	6865.5	1695.1	1985.0	−252.6
1999	9353.5	10779.8	7240.9	1844.3	2056.1	−356.6
2000	9951.5	11226.0	7608.1	1970.3	2097.8	−451.6
2001	10286.2	11347.2	7813.9	1831.9	2178.3	−472.2
2002	10642.3	11553.0	8021.9	1807.0	2279.6	−548.8
2003	11142.1	11840.7	8247.6	1871.6	2330.5	−603.9
2004	11867.8	12263.8	8532.7	2058.2	2362.0	−688.0
2005	12638.4	12638.4	8819.0	2172.2	2369.9	−722.7
2006	13398.9	12976.2	9073.5	2230.4	2402.1	−729.2
2007	14077.6	13254.1	9313.9	2146.2	2443.1	−647.7
2008	14441.4	13312.2	9290.9	1989.4	2518.1	−494.2

[a]In billions of dollars. [b]In billions of chained (2005) dollars.

Key Macroeconomic Data

Year	Price Level[c] (*P*)	Inflation Rate (%) (π)	Unemployment Rate (%) (*u*)	Money Supply[d] (*M*)	Federal Government Budget Surplus[a]	Interest Rate (%)[e] (*i*)
1959	18.34	1.2	5.5	140.4	−12.8	3.39
1960	18.60	1.4	5.5	140.3	0.3	2.87
1961	18.81	1.1	6.7	143.1	−3.3	2.35
1962	19.06	1.4	5.5	146.5	−7.1	2.77
1963	19.27	1.1	5.7	150.9	−4.8	3.16
1964	19.56	1.5	5.2	156.8	−5.9	3.55
1965	19.92	1.8	4.5	163.5	−1.4	3.95
1966	20.48	2.8	3.8	171.0	−3.7	4.86
1967	21.12	3.1	3.8	177.7	−8.6	4.29
1968	22.01	4.2	3.6	190.1	−25.2	5.34
1969	23.10	4.9	3.5	201.4	3.2	6.67
1970	24.32	5.3	4.9	209.1	−2.8	6.39
1971	25.53	5.0	5.9	223.2	−23.0	4.33
1972	26.63	4.3	5.6	239.0	−23.4	4.06
1973	28.11	5.5	4.9	256.4	−14.9	7.04
1974	30.66	9.1	5.6	269.2	−6.1	7.85
1975	33.56	9.5	8.5	281.4	−53.2	5.79
1976	35.49	5.7	7.7	297.2	−73.7	4.98
1977	37.75	6.4	7.1	320.0	−53.7	5.26
1978	40.40	7.0	6.1	346.3	−59.2	7.18
1979	43.76	8.3	5.8	372.7	−40.7	10.05
1980	47.75	9.1	7.1	395.7	−73.8	11.39
1981	52.23	9.4	7.6	424.9	−79.0	14.04
1982	55.41	6.1	9.7	453.0	−128.0	10.60
1983	57.60	4.0	9.6	503.2	−207.8	8.62
1984	59.77	3.8	7.5	538.6	−185.4	9.54
1985	61.58	3.0	7.2	587.0	−212.3	7.47
1986	62.94	2.2	7.0	666.4	−221.2	5.97
1987	64.76	2.9	6.2	743.5	−149.7	5.78
1988	66.99	3.4	5.5	774.8	−155.2	6.67
1989	69.52	3.8	5.3	782.2	−152.6	8.11
1990	72.20	3.9	5.6	810.6	−221.0	7.50
1991	74.76	3.5	6.8	859.0	−269.2	5.38
1992	76.53	2.4	7.5	965.9	−290.3	3.43
1993	78.22	2.2	6.9	1078.5	−255.1	3.00
1994	79.87	2.1	6.1	1145.2	−203.2	4.25
1995	81.54	2.1	5.6	1143.1	−164.0	5.49
1996	83.09	1.9	5.4	1106.5	−107.4	5.01
1997	84.56	1.8	4.9	1070.1	−21.9	5.06
1998	85.51	1.1	4.5	1080.6	69.3	4.78
1999	86.77	1.5	4.2	1102.3	125.6	4.64
2000	88.65	2.2	4.0	1103.6	236.2	5.82
2001	90.65	2.3	4.7	1140.3	128.2	3.40
2002	92.12	1.6	5.8	1196.2	−157.8	1.61
2003	94.10	2.2	6.0	1273.5	−377.6	1.01
2004	96.77	2.8	5.5	1344.4	−412.7	1.37
2005	100.00	3.3	5.1	1371.7	−318.3	3.15
2006	103.26	3.3	4.6	1374.3	−248.2	4.73
2007	106.21	2.9	4.6	1373.2	−160.7	4.36
2008	108.48	2.1	5.8	1429.4	−458.6	1.37

[c]GDP deflator, base year 2005 = 100. [d]M1 measure, in billions of dollars. [e]3-month Treasury bills, secondary market.